KB083376

불안한 승리

자본주의의
세계사
1860~1914

The Anxious Triumph
A Global History of Capitalism
1860~1914

불안한 승리

자본주의의
세계사
1860~1914

THE ANXIOUS TRIUMPH
A GLOBAL HISTORY OF CAPITALISM
1860~1914

DONALD SASSOON

도널드 서순 지음 | 유강은 옮김

뿌리와
이파리

마리나에게.

성공한 사회체제는 모두 엇비슷하고, 실패한 사회체제는 각각 나름의 방식으로

실패한 것처럼 보인다. (톨스토이의 통찰에 감사한다.)*

---

* [옮긴이] 톨스토이는 소설 『안나 카레니나』를 다음과 같은 문장으로 시작한다. "행복한 가정은 모두
엇비슷하고, 불행한 가정은 불행한 이유가 모두 제각각이다."

일러두기

1. 한글 전용을 원칙으로 했으며, 독자의 이해를 돕기 위해 단체명, 정기간행물 등 익숙하지 않은 것은 처음 나올 때 1회 원어를 병기했다. 주요 개념이나 한글만으로는 뜻을 짐작하기 힘든 용어의 경우에도 한자나 원어를 병기했다.
2. 본문에 나오는 인명은 찾아보기에 원어를 병기했다.
3. 옮긴이 주는 대괄호(〔 〕) 속에 달고 '−옮긴이'라고 밝혀두었다.
4. 단행본, 정기간행물은 겹낫표(『 』), 논문, 시, 노래 등에는 홑낫표(「 」), 오페라, 영화, 판례, 선박 이름 등에는 홑화살괄호(〈 〉)를 사용했다.
5. 대체로 외래어 표기법 표기일람표와 용례를 따랐고, 그에 준한 네이버백과사전, 브리태니커 등을 참조했다.
6. 원문의 이탤릭체 강조는 진한 명조체로 표시했고, 원문의 대문자 강조는 진한 고딕체로 구분했다.
7. 헝가리인의 경우 원문의 서양식 '이름＋성' 표기를 따르지 않고, 헝가리식 '성＋이름'으로 표기했다. 찾아보기에도 '이름, 성'이 아니라 '성 이름'으로 표기했다(예: 베케를레 산도르, 코슈트 러요시).
8. 참고문헌에 국역본을 밝혀두었다. 국역본이 여럿이고 고전인 경우에는 '국역본 다수'라고 표시했다.
9. 중국, 일본, 베트남 등의 인명은 근대(중국의 경우 1911년 신해혁명)를 기준으로 표기했다.

차례

표목록 10

감사의말 11

서론 13

● 제1부 세계의 상태
　제1장 신생 국가, 오래된 국가 59
　제2장 사람들의 삶 110

● 제2부 근대화
　제3장 동양의 서구화 185
　제4장 산업의 매력 227
　제5장 국가 250
　제6장 조세 286

제7장 후발 주자와 선구자 302

제8장 러시아: 낙후를 원치 않는 후발 주자 343

제9장 미국의 도전과 자본 사랑 376

● 제3부 대중 끌어들이기

제10장 민족 건설 417

제11장 민주주의를 향한 열망이 세계를 휩쓸다 447

제12장 '외부자' 배제하기 477

제13장 참정권 512

제14장 사적 풍요, 공적 복지 551

제15장 자본과 노동의 관리 592

제16장 신과 자본주의 624

● **제4부 세계를 마주하다**

제17장 유럽이 온 세상을 정복하다　　　　　663

제18장 식민지 대논쟁: 프랑스와 영국　　　718

제19장 첫 번째 전 지구적 위기　　　　　　761

제20장 경제 보호하기　　　　　　　　　779

에필로그: 여전히 승승장구하나? 여전히 불안한가?　802

옮기고 나서 840

참고문헌 846

미주 945

찾아보기 1052

표 목록

표 1. 세계의 주권국가들, 1900   70

표 2. 사하라사막 이남 국가들, 2019   84

표 3. 유럽 국가들, 2019(42개국)   90

표 4. 전체 인구 중 도시 인구 비율   123

표 5. 1인당 주간 소비, 1860~1913   136

표 6. 선별한 유럽 나라들의 출생시 기대수명   161

표 7. 선별한 나라들의 유아사망률 1881~1911   162

표 8. 일부 유럽 나라들과 미국의 1인당 국내총생산, 1870~1913   173

표 9. 일부 유럽 나라들과 미국의 1인당 국내총생산, 1950   174

표 10. 산업 발전 성적표, 1810~1910   248

표 11. 1917년 이전 총선거 보편 참정권의 확산: 선별한 나라   521

표 12. 미국 대통령 선거, 1912   564

표 13. 서유럽 각국의 식민지 획득, 1880~1914   689

표 14. 유럽 강대국들이 보유한 유럽 외부 영토   690

표 15. 영국 식민지와 보호령의 독립   714

표 16. 유럽의 1인당 국민총생산, 1870~1910   762

표 17. 1인당 산업화 수준, 1860~1913   764

표 18. 공학기술 부문 상대 임금, 1850~1905   764

표 19. 주민당 수출액, 1840~1910   765

표 20. 보호 관세, 1875년 무렵~1913   781

감사의 말

초고를 꼼꼼히 읽고, 조언과 편집과 격려를 해주고, 이의와 동의, 그밖에 모든 것을 해준 마리나 레비츠카, 초고를 읽고 현명한 조언을 해준 지혜로운 사람 라우로 마르티네스, 똑같은 일을 해준 폴 아워바크, 탁월한 편집 실력을 발휘해준 캔디다 맥도너, 완벽하게 교열을 해준 리처드 메이슨, 스튜어트 프로핏뿐만 아니라 물론 토비 먼디도, 그리고 거의 1년 동안 파리에 체류하게 해준 인문학연구소(MSH), 1년간 휴가를 받을 수 있게 지원금을 준 리버흄재단, 2017년 방문교수로 초청해준 파도바대학, 영국도서관과 프랑스국립도서관에 감사한다.

서론

세계화는 여러 세기 전에 시작된 과정인 세계의 점진적 통합에 오늘날 우리가 붙인 명칭이다. 세계화란 무역과 생산의 대규모 팽창만이 아니라 전례 없이 두드러진 소비의 증대와 획일화도 가리킨다. 우리는 점차 비슷한 제품을 사고, 비슷한 음식(햄버거, 피자, 초밥, 파스타, 프렌치프라이, '중국'음식, 커리, 타코, 쿠스쿠스)을 먹으며, 똑같은 음료(콜라, 커피, 차, 맥주)를 마시고, 똑같은 상표(리바이스, 퀵실버, 나이키 등등)가 붙은 똑같은 옷(청바지, 티셔츠, 운동화)을 입으며, 똑같은 베스트셀러(J. K. 롤링, 댄 브라운, 켄 폴릿)를 읽고, 비슷한 음악을 들으며, 같은 종류의 텔레비전 프로그램을 시청한다.

이런 전 세계적 체계를 떠받치는 것은 마찬가지로 전 지구적 이데올로기인 시장자본주의다. 시장자본주의는 끊임없이 공격을 받기는 해도 이제 옹호할 필요도 없이 강력하다. 서구 중심지대에서는 유의미한 어떤 대항 세력도 자본주의에 반대하지 않는다. 세계 나머지 지역에서는 반대의 목소리가 작아진다. 중국, 브라질, 인도 같은 개발도상국에서는 자본주의 자체에 대한 반대가 거의 존재하지 않는다. 대중적 논쟁은 어떤 종류의 자본주의가 지배해야 하는가라는 문제를 중심으로 진행된다. 일각에서 이른바 '신세계질서'에 저항하는, 유일하게 남은 도전자로 간주하는 이슬람 근본주의는 경제에 관해 거의 아무 말도 하지 못한다.

이 책에서 내가 염두에 둔 목표는 자본주의 초기의 몇몇 단계를 재검토하는 게 아니라 19세기 후반기와 대전쟁[Great War. 당대 사람들이 1차대전을 일컬은 표현.-옮긴이] 사이의 시기를 연구하는 것이다. 이 시기에 자본주의는 승리를 거두고 전 세계에서 받아들여지게 됐으며, 대다수 반대자들도 자본주의가 불가피하며 어쩌면 심지어 바람직한 체제일지 모른다고 인정했다. 여기서 나는 엘리트들이 산업자본주의의 도전에 어떻게 대응했는지, 그리고 어떻게 해서 민족 공동체 의식, 또는 애국심을 창조하거나 국가를 활용해서 자본주의를 규제하거나 새로운 영토를 정복함으로써 반체제 세력을 최소한도로 유지하는 한편 산업 발전을 달성할 수 있었는지를 검토할 것이다.

대다수 자유주의 이데올로그들이 보기에는, 이윤 극대화를 추구하는 기업가야말로 예나 지금이나 자본주의 발전을 이끈 진짜 영웅이다. 이런 기업가는 정치인과 관료, 옹졸한 입법, 건방진 노동자와 끝없이 욕심을 부리는 노동조합에 맞서 싸운다. 그는 많은 사람들이 원하는 수요를 확인하고, 그 수요를 충족시키는 방법을 궁리하며, 새로운 생산 기법을 개발함으로써 생산성을 향상시킨다. 투자를 위해 돈을 빌려달라고 은행을 위협하거나 간청하고, 자기 집안의 재산이나 어렵게 벌어서 저축한 돈을 과감하게 투자한다. 마지막으로, 대개 은혜를 모르는 노동자들을 위해 일자리를 창출하고 자신이 무언가를 필요로 한다는 사실을 알지 못하는 고객들을 만족시킨 기업가는 정당하게 벌어들인 소득을 탐욕스러운 세금 징수인의 손길로부터 지켜내야 하는 현실을 깨닫는다. 오로지 이런 기업가 덕분에 사회와 문명은 행복과 번영으로 나아가는 작은 한 걸음을 뗐다. 다른 누구보다도 기업가야말로 진정한 부의 진정한 창조자다.

물론 이런 설명은 자유기업에 관한 환상이며, 옛적 반자본주의자들이 설파한 환상과 거의 맞먹는 공상이다. 옛날 반자본주의자들은 자본가가 겉만 번드르르하고 무정하며, 멋으로 시가를 물고 다니고 오만하며, 냉담하고 돈만 밝히는 부자 악당으로, 인간적인 품위가 없고 가난한 이들의 얼굴을 짓밟으며 쾌감을 느끼는 사람이라고 보았다(성경의 표현으로는 이사야서 3장 15절을 보라. [이 구절은 다음과 같다. "어찌하여 너희는 내 백성을 짓밟느냐? 어찌하여 가난한 자의 얼굴을 짓찧느냐? 주, 만군의 야훼가 묻는다."『공동번역 성서』를 인용했다.-옮긴이]).

　　현실에서 기업가는 노동자가 그러하듯 그 모양과 크기가 다양하다. 기업가들이 죄다 단일한 목표를 추구하거나 똑같은 목소리로 말을 하거나 통일된 정치 전략을 가진 것은 아니다. 일부 기업가는 국가로부터 최대한 많은 것을 얻으려고 하는 반면, 다른 기업가는 그런 일에 관심이 없고, 대다수는 정치인과 정치를 혐오하면서도 필요로 하며, 또 대다수는 자신들의 이해관계가 더 큰 집단의 이해관계와 똑같다고 생각한다. 정치인들도 여기에 동의한다. 대단한 지각이나 직관이 없어도 실패한 자본주의보다는 번영하는 자본주의가 더 낫다는 건 쉽게 알 수 있기 때문이다. 더 많은 일자리와 더 많은 돈, 그리고 세금과 여론의 합의도 많아진다.

　　자본주의는 정의하기 쉽지 않은 하나의 과정이다. 왜냐하면 자본가 몇 명이나 자본주의 기업 몇 개가 존재한다고 해서 '자본주의적' 사회가 되는 것은 아니기 때문이다. 이른바 '산업혁명'이 영국에서 시작됐다는 사실은 논쟁의 여지가 없다. 그러나 자본주의가 언제 시작됐는지는 논란거리다. 무릇 과정이라는 것은 전쟁이나 정권과 달리 정확한 날짜에 시작되지 않는다. 산업혁명에 관해 이야기할 수 있기 훨씬 전에도 '자본가'라고 부를 만한 사람들이 존재했다. 예를 들어, 고대 메소포타미아의 어느 직물업자가 일꾼을 고용해서 연장과 원료를 제공하고 급여를 지불한다고 생각해보자. 카를 마르크스 본인이 이 기업가를 '자본가'라고 인정할 것이다. 생산수단(자본)을 소유하고, 노동자에게 임금을 지불하며, 직물을 팔아서 마르크스가 '잉여가치'라고 불렀을 돈을 손에 넣기 때문이다. 하지만 수메르 제3왕조 시기인 기원전 2000년 무렵에 중심 도시인 우르에 직물업자가 1만 3200명이 있었다 할지라도 어느 누구도 고대 메소포타미아가 자본주의 경제였다고 말하지 않는다. 경제의 토대는 농업에 있었고, 교역과 생산은 주로 테라코타 명판 같은 사치재에서 이루어졌다.[1] 고대 로마에서는 노예들이 종종 광산과 들판에서, 그리고 귀족 집안 가정에서 하인으로 일을 했다. 노예 출신인 퀸투스 렘미우스 팔라이몬 같은 기업가도 있었다(수에토니우스는 『로마의 문법학자들De illustribus grammaticis』에서 그에 대해 교만하고 "특히 여자들하고 음탕한 짓을 하는 것으로 악명 높다"고 비난하듯 언급했다).[2] 티베리우스 황제와 클라우디우스 황제 시대를 살았던 팔라이몬은 교사 노릇과 포도밭만이 아니라 직조 공방에서도 상당한 돈을 벌었다. 그리하여 그는 농업, 제조업, 서비스업 등 주요 경제부문 모두에서 활약했다.[3]

우리는 고대 로마 경제가 기술적으로 얼마나 정교했는지 과소평가해서는 안 된다. 화폐가 상당히 많이 사용됐고, 무역이 번성했으며, 생산과 생산성 수준은 아마 천 년 뒤인 중세 유럽만큼 높았을 것이다.[4] 하지만 이번에도 역시 어느 누구도 로마 제국이 자본주의 사회였다고 말하지 않는다. 장인과 사업가들은 2류 시민으로 간주됐기 때문에 우리는 그 사람들에 관해 거의 알지 못한다. 이 초기 '자본가'들이 만든 분유리[blown glass. 입으로 불어서 만드는 유리 제품.-옮긴이], 금속 무기, 도자기 등은 당국의 엄격한 규제를 받았다. 여기서도 역시 농업이 여전히 근본적인 경제 활동이었고, 장인과 제조업자들은 소수였다.[5]

카롤루스 시대 유럽(서기 9세기)에서는 지중해만이 아니라 북유럽(북해, 발트해, 라인란트)에서도 상당한 규모의 무역이 존재했다. 숙련공이 제조하는 사치재가 주요 교역품이었지만, 교역망은 지구적 차원이어서 오늘날의 덴마크에 있던 바이킹의 오랜 교역 전진기지에서부터 바그다드까지 뻗어 있었다. 바그다드는 인도와 중국까지 이어지는 교역망의 중심이었다.[6] 그 시절에는 이슬람 세계와 비잔티움 세계가 북유럽보다 훨씬 '발전'한 반면, 브리튼제도는 대륙 나라들보다 확실히 뒤처졌다.

1294년 볼로냐에는 갖바치cordovaneri 1700명이 조합으로 조직돼 있었다. 조합의 주요 목표는 경쟁을 막는 것이었다. 각 조합 내에는 비록 불평등이 존재하긴 했지만, 안정을 보장하고 경쟁을 억제하기 위해 다양한 장인들 사이에 합리적인 균형 상태를 유지하려는 열망이 있었다. 다른 생산자로부터 노동자를 빼내거나 과다한 양의 원료를 쟁여두는 것이 금지된 것은 이런 이유 때문이다.[7]

약 1340년에서 1530년 사이에 피렌체에서는 양모업이 자본주의적 특징을 띠었다. 노동자가 도시 노동력의 3분의 1에서 2분의 1 정도를 차지했다.[8] 노동계급 또는 하층민popolo minuto(그중 일부는 멀리 라구사—오늘날의 두브로브니크—, 플랑드르, 나폴리, 쾰른 등지에서 온 이주 노동자였다)의 일부인 이 노동자들은 도시 운영에서 배제되었고, 높은 세금을 내고 낮은 임금을 받았으며, 권리를 박탈당했다. 중세에 가장 중요한 프롤레타리아 반란은 1378년에서 1382년 사이에 피렌체에서 일어났다. 치옴피(주로 양모업에 고용된 임금노동자)의 난(tumulto dei Ciompi)이 그것이다. 이 반란은 1378년 여름에 단명한 '노동자 정부'의 형성으로 이어졌다. 물론 선례들이 있었다. 1252년 플랑드르 동부 헨트의 직물 노동자들이 파업을 벌여 잔인하게 탄압을 받았지만, 치옴피의 난이 훨씬 더 중대한 사

건이었다.[9]

　이런 '초기' 형태의 자본주의는 대체로 자체적으로 규제되었다. 국가 통제가 엄격한 베네치아에서도 조합들은 일정한 자치권을 유지했다.[10] 수백 년 뒤 나폴레옹이 도시를 정복하고 1797년 강화조약의 대가로 오스트리아에 넘겼을 때, 베네치아에는 114개 조합이 건재했고 총 조합원이 3만 1664명이었다.[11] 하지만 전체 인구는 오랫동안 감소했고 수출 또한 줄어들었다(밀라노에서 제노바와 피렌체에 이르기까지 한때 부유했던 다른 이탈리아 도시들도 마찬가지였다). 베네치아국이 약해지자 지역 기업들과 상업도 힘을 잃었고, 1808년에 이르면 조합들이 종적을 감추었다.

　하지만 13세기의 볼로냐나 14세기의 피렌체에서는 산업혁명도 자본주의도 시작되지 않았다. 대표적인 생산단위는 여전히 장인 한 명이 도제 몇 명을 고용해 단순한 연장을 이용해서 운영하는 소규모 작업장이었다. 상인들은 또한 '선대제putting out' system'를 활용할 수 있었는데, 각자 집에서 일하는 노동자에게 원료와 연장, 심지어 반쯤 짠 옷감을 공급하고는 노동자가 완성한 제품을 판매하는 방식이었다. 이렇게 하면 공장같이 비용이 많이 들고 위험성이 있는 더 큰 생산단위를 만드는 일을 피할 수 있었다.[12] 토스카나의 프란체스코 디 마르코 다티니나 프랑스 부르주 출신의 자크 쾨르, 당시 베네치아에 속해 있던 라구사 사람으로 복식부기의 창시자 중 한 명인 베네데토 코트루글리같이 중세 유럽에도 '대'기업가, 진짜 '거물'들이 있긴 했지만, 그들은 예외였다.[13]

　완전히 규제받지 않는 '자본주의'는 산업의 기원 당시에도 존재할 수 없었다. 고대 바빌론에서는 함무라비 법전(기원전 1750년경)에 따라 고용된 숙련공에게 지급해야 하는 임금 수준이 결정되었다. "누구든 숙련 장인을 고용하면 일당으로 … 5게라[gerah. 바빌론의 화폐 단위.-옮긴이]를 주어야 하며, 도공은 일당으로 5게라, 재봉사는 5게라를 주어야 한다."[14] 물론 규제는 반대편에도 적용돼서 노동자가 더 나은 일자리를 찾기로 마음먹으면 벌을 받을 수 있었다. 가령 15세기 잉글랜드에서는 '방랑'을 막는다는 구실로 노동자의 이동을 통제했다. 이런 입법은 잉글랜드만이 아니라 서유럽 대다수 지역에서도 18세기까지 내내 유지되었다.[15]

국가가 중요했다. 또한 일부 국가는 다른 국가들에 중요했다. 상업이나 금융의 패권을 쥔 강대국은 의식적으로든 무의식적으로든 세계 상업을 위한 국제적 규칙을 강요할 수 있었기 때문이다. 무역을 하고자 한다면 외부에서 강제하는 기준을 받아들여야 했다. 그리하여 15세기의 베네치아와 브뤼헤, 그 뒤를 이어 안트베르펜, 17세기의 암스테르담, 19세기의 런던과 20세기 전반기의 미국은 해외무역에 관여하는 무역업자들이 그들이 정한 규칙을 따라야 했다는 바로 그런 의미에서 '패권'을 쥐었다.[16]

중세 이탈리아 도시들은 특별한 이점을 누렸다. 14세기에 북유럽은 여전히 발전하지 못한 상태였고 이슬람은 쇠퇴하고 있었기 때문에, 이탈리아 상인들은 동방에서 만들어진 사치품 무역을 독점하고 북유럽에 수출할 수 있었다.[17] 농업이 지배하는 대륙에서 이런 무역은 정치와 문화의 중심부인 도시에 집중되었다. 그리고 무역과 상업은 농업보다 훨씬 더 불안정했기 때문에 상당한 불안이 존재했다.[18]

플랑드르는 이탈리아에 크게 뒤지지 않았다. 1581년 탄생한 네덜란드 공화국은 특히 17세기를 거치며 자본주의 경제의 몇 가지 특징을 띠면서 두드러진 상업·금융 강국이 되었는데, 호화 직물과 맥주를 생산, 수출하는 동시에 금세 유럽의 주요한 신용과 금융 공급자로 부상했다.[19] 1676~1700년 시기에 암스테르담 새신랑의 절반 이상이 "산업노동자나 장인의 성격을 띤 직업을 갖고 있다고 밝혔다". 암스테르담 기혼 남성의

14퍼센트가 직물 생산에 관여했다.[20] 여기서도 역시 국가가 중요한 역할을 했다. 17세기 네덜란드 도시들(사실상의 정치권력이 도시에 있었다)에서는 산업 정책이 존재했다. 기업가들에게 이점을 제공하는 한편 양모 같은 주요 원료의 이동을 금지하는 식으로 기존 산업을 보호함으로써 산업을 유인했다.[21] 인구의 절반이 도회지에 살면서 제조업에 종사하는 네덜란드는 '유럽에서 도시화와 산업화 수준이 가장 높은 지역'이었다.[22] 그러다가 18세기를 거치면서 잉글랜드와 전쟁을 치르는 와중에 네덜란드 공화국은 쇠퇴했다.[23]

네덜란드의 쇠퇴와 동시에 산업국가 잉글랜드가 부상했다. 잉글랜드는 전통적으로 산업혁명의 시초라 간주되는 시기(1760) 전부터 산업을 보유하고 있었다. 도제와 숙련공을 고용해 집에 딸린 작업장에서 직물을 생산하는 소규모 제조업자들이 있었다. 요크셔를 비롯한 잉글랜드의 지방에서는 금속'산업'의 초기 단계가 존재했다. 1720년대 중반에 여행을 한 대니얼 디포는 "사람이 많은" 셰필드에는 "끊임없이 가동되는 철공장에서 나오는 그을음 때문에 집들이 시커멓"고 칼 제조공도 많다고 언급했다.[24] 잉글랜드의 도시 인구는 산업혁명 직전 수십 년 동안 기하급수적으로 늘어났다. 1800년에 이르면 잉글랜드는 네덜란드 공화국을 제외한 다른 어떤 유럽 나라보다도 도시화가 진척되었다.[25] 1850년이 되면 도시화의 측면에서는 모든 나라를 압도하게 되었다.[26]

'진보', 특히 기술 발전의 횃불이 서양, 그중에서도 영국에 넘어가는 데 기여한 요인은 무엇일까? 서양과 동양 사이에 케네스 포머런츠가 말하는 이른바 '대분기great divergence'가 생긴 까닭은 무엇일까?[27] 석탄 생산이 영국의 성공을 낳은 주요 요인 가운데 하나로 설명된 바 있다.[28] 그 증거는 설득력이 있다. 영국의 석탄 생산은 1700년 295만 톤, 1800년

1504만 5000톤으로 다른 모든 나라들을 훌쩍 앞질렀다.[29] 하지만 다른 요인들도 많이 작용했다. 문화와 법률과 종교, 탄탄하게 확립된 재산권, 기술, 기업가들에게 혁신을 강제한 유럽의 높은 임금 수준, 해양 탐험과 정복, 은행과 복식부기와 신용장 등이었을까? 아니면 영국의 18세기를 특징지은 것은 단지 일군의 놀라운 기술혁신일까? 증기기관(토머스 뉴코먼 1712년, 제임스 와트 1781년), 방적의 산업화를 가능케 만든 제니 방적기(제임스 하그리브스 1764년), 수력 방적기(리처드 아크라이트 1769년), 석탄을 코크스로 전환해서 주철을 생산할 수 있게 만든 코크스 제련법(에이브러햄 다비 1709~10년과 이후의 존 윌킨슨) 등. 그 차이는 흔히 천재나 행운이 낳은 기적에 가까운 순간들로 여겨지는 재능 있는 아마추어들의 작품인 이런 혁신들만이 아니라 그 혁신들을 시험하고 응용하고 다듬는 등의 고된 작업으로 인한 것이기도 했다.[30] 영국 사회가 특히 기업가 정신과 혁신에 개방적이어서 노동 절감형 혁신을 낳은 걸까? 이런 혁신은 국가가 장려한 걸까, 아니면 높은 임금 때문에 유도된 걸까?[31] 마르크스가 『자본』에서 그토록 막대한 이윤을 제공했다고 치켜세운 노예무역이 주요 요인일까? "리버풀은 노예무역 덕분에 살을 찌웠다."[32] 당시에는 이것이 일반적인 견해였다.[33] 아니면 세계 다른 지역, 확실히 유럽의 다른 지역은 18세기 말과 19세기 초에 소요를 겪은 반면, 영국은 나라가 안정되고 견실하고, 기업에 보상을 주고 혁신을 지지했으며, 사회가 자유롭고 숙련 노동자와 기술자들(그중 많은 수가 외국에서 온 이들이었다)에게 의존할 수 있었기 때문일까? 각각의 상대적 중요성은 여전히 논란거리이지만 이 모든 요인들이 중요했다. 무엇보다도 영국인들, 또는 일부 영국인들은 진보를 신봉했다. 그들은 반드시 의식적으로는 아닐지라도 계몽주의의 자식이자 산업계몽주의의 선구자였다. 유명한 발명가들 대부분이 오늘날 우

리가 말하는 계몽주의를 거의 알지 못했을지라도 말이다.[34]

산업혁명이 한창 진행되면서 영국의 경쟁자가 사실상 전무하던 1800~30년의 시기에 영국은 연평균 1.4퍼센트씩 성장했다. 프랑스는 1840년 이후 평균 1.8퍼센트로 약간 앞섰다(하지만 더 낮은 수준에서 출발했다). 사실 19세기 유럽의 성장은 1퍼센트 내외로 낮은 수준이었다.[35] 미국조차도 1860년에서 1910년 사이에 평균 성장률이 1퍼센트를 약간 상회했을 뿐이다. 국가 규모를 감안할 때 이런 성장은 나라 전체에 고르게 퍼지지 않았지만, 일찍이 1850년대 초에 산업생산에서 영국을 따라잡기에 충분했다.[36] 1890년에 이르러 이미 미국은 세계를 선도하는 제조업 강국이 되어 있었다. 영국과 마찬가지로, 펜실베이니아에서 켄터키에 이르는 지역의 석탄 채굴이 핵심 요인이었다. 중서부 북부에서는 철광이 발견되었다. 피츠버그는 대표적인 철강 도시가 된 반면, 남북전쟁 이후의 남부와 서부는 여전히 발전되지 않았다.

영국은 이제 탁월한 지위를 잃은 지 오래고, 지금과 같은 서구의 '선도적 지위'가 얼마나 지속될지, 아니 '선도'라는 말이 정확히 무슨 의미인지 우리는 알지 못한다. 단지 군사적 우위일까? 획기적인 기술 발전 속도일까? 문화적 힘일까? 인권에 대한 더 많은 관심일까? 아니면 단순히 부의 문제일까? 1800년 이후 세계 대다수 지역에 서구의 근대가 강요되었고, 때로는 열렬한 환영을 받기도 했다. 그리고 오늘날 서구 바깥의 (전부는 아닐지라도) 많은 이들이 추구하는 목표는 이제는 사라진 호모 소비에트쿠스 Homo sovieticus나 호모 이슬라미쿠스Homo islamicus, 호모 옥시덴탈리스 Homo occidentalis가 아니다.[37]

국가와 국가제도는 경제발전의 자동적인 옹호자가 아니다. 국가는 자진해서 의식적인 행위자가 되어야 한다. 어떤 상황에서는 국가가 생산성

성장과 혁신의 장애물이 되고 심지어 특정한 반反산업 계급의 권력을 유지하거나 관료 집단의 이해를 견고하게 지키는 도구가 되기도 한다.[38] 하지만 제도는 중요하다. 자본주의는 강한 국가를 필요로 하며, 그것도 자본주의를 장려할 의지와 능력이 있는 국가여야 한다. 유럽이 이런 경우였다. 19세기에 벨기에와 러시아, 그밖의 여러 나라에서 국가는 철도를 발전시켰다. 프랑스와 이탈리아에서는 금융 대출을 동원하고 보증을 제공했다.[39] 영국에서는 1855년 유한책임법Limited Liability Act of 1855을 도입해서 자본 조달을 규제했다. 이로써 회사 등록, 회계 감사, 파산 절차 등의 공식체계가 마련되었다.[40] 우체국은 사실상 모든 나라에서 국가의 수중에 있었다. 잉글랜드에서는 17세기 이래 우체국이 독점체였는데, 우편배달이 상당한 규모로 확대된 19세기에는 독점이 더욱 강화되었다. 1840년에는 1페니 우편세가 도입되어 거리에 상관 없이 나라 안 어디로든 배달이 보장되었다. 세계 최초로 도입된 제도였다.[41] 1850년대 중반에 이르면 영국의 우편배달이 완전히 국가 통제로 편입되어 사실상 국유 산업으로 확립되었다. 1870년에는 전신 시스템이 그 뒤를 이었다.

1875년 수에즈운하 지분의 40퍼센트를 매입하면서 "영국 정부는 세계에서 가장 규모가 큰 국제적 공익사업체의 단일 최대 주주가 되었다".[42] 마지막으로, 제1차 세계대전(이하 '1차대전') 직전에 정부(엄밀하게 말하면, 윈스턴 처칠이 해군장관으로 있던 해군본부)는 영국-페르시아 석유회사 Anglo-Persian Oil Company의 대다수 지분을 매입하여 파산 사태를 막아냈다(이 회사는 1954년에 브리티시석유BP로 명칭이 바뀌었다).[43]

따라서 각국과 자본주의는 점차 서로 맞물리게 됐지만, 어느 시점이 되면 한 사회를 '자본주의'라고 부를 수 있는지는 분명하지 않다. 아마 제조업이 상당한 비중을 얻어야 했을 것이다. 하지만 상당하다는 것은 어느 정도일까? 산업화 수준은 어떻게 계산할 수 있을까? 선철 생산(1인당이 아니라 총 수치)을 기준으로 하면, 1800년에 19만 톤을 생산한 영국이 1위였지만, '후진적인' 러시아가 16만 톤, 뒤이어 프랑스가 12만 톤, 스웨덴과 독일이 각각 5만 톤으로 뒤를 이었고, 미국 4만 톤, 벨기에와 오스트리아가 각각 3만 톤으로 바짝 추격했다.[44] 하지만 1800년에 러시아가 세계 2위의 산업국이었다거나 1850년에 벨기에보다 더 자본주의적이었다고 주장하기는 쉽지 않다. 1인당 생산량을 기준으로 한 성적표로 보면 러시아는 상위권 근처에도 가지 못할 게 분명하다.

문명은 산업과, 산업은 권력과 연결된다는 것이 주지의 사실이었지만, 어떤 단일한 강국도 유럽을 지배하지 못했다. 영국은 선도적인 산업 강국이고 영국 해군이 해양을 지배했지만, 육군은 유럽 대륙에서 대단한 힘이 없었다. 19세기 말 대륙의 주요한 산업국가였던 독일은 1870년 프랑스를 물리친 뒤에도 결코 정치적 패권을 확립하는 지위에 오르지 못했다. 벨기에 역시 산업국가였지만 유럽 차원의 문제에서 힘을 발휘하기에는 나라 규모가 너무 작았다. 포르투갈, 네덜란드, 스웨덴은 한때 보유했던 힘과 부를 잃은 상태였고, 에스파냐 역시 세기말에 이르면 제국을 상실한 처지였다. 1880년 라틴아메리카와 아프리카, 아시아 —모두 합쳐— 세계무역의 20퍼센트만을 차지했다.[45] 유럽이 세계 수출에서 차지하는 비중이 17퍼센트이고 미국이 고작 12퍼센트인 2010년의 상황과 얼마나 다른가![46]

19세기에 유럽은 지금과 마찬가지로 수많은 나라들로 분열돼 있었지만(1장을 보라), 그렇다고 해서 보호주의와 민족 정체성 때문에 치명적으로 갈라진 채 사사건건 다투는 바벨탑 같았다고 생각한다면 오산이다.[47] 더욱이 산업 발전은 국가 경계선과 정확히 일치하지 않는다. 선진 부문이 후진부문과 공존하는 경우가 다반사다. 민족 경계선, 더 나아가 정치를 무시하고 19세기 중반의 유럽 산업사회를 꼽아보자면, 랭커셔, 요크셔, 잉글랜드 중부 지방, 스코틀랜드 남부 일부 지역(글래스고 지역), 스위스 독일어권 일부 지역, 벨기에 프랑스어권, 프랑스의 알자스와 리옹, 독일의 루르 지방, 이탈리아의 피에몬테와 롬바르디아 일부 지역이 포함된다. 유럽 '주변부'에도 만약 국가가 존재했다면 신흥산업국 상위 명단에 포함됐을 지역들이 있었다. 그리하여 이제 막 구성된 오스트리아-헝가리 제국(1867)에는 상당히 뚜렷한 산업 부문이 존재했지만, 대부분 보헤미아와 모라비아(오늘날의 체코공화국)에 국한되었다.[48] 프랑스는 영국과 독일에 비하면 후진적이었겠지만, 알자스는 적어도 나폴레옹 전쟁(1797~1815) 이후 수십 년 동안은 영국을 능가했다.[49]

영국은 1850년에 무려 239만 톤의 선철을 생산함으로써 선두를 달린다는 게 분명했으며, 미국은 얼마간 뒤처져서 67만 톤으로 2위, 프랑스가 45만 톤으로 그다음이었다. 러시아(22만 톤)는 여전히 독일(21만 톤)과 오스트리아 제국, 벨기에, 스웨덴을 앞섰다.[50] 선철 생산은 산업화로 나아가는 거대한 도약의 조짐을 보여준다. 영국은 50년 만에 선철 생산이 12.5배 증가했고, 독일은 4배, 프랑스는 2배 증가했다. 1900년에 이르면 영국은 유럽 철강 생산 선두 자리를 독일에 내주었고, 미국은 이미 영국과 독일을 합한 양에 맞먹는 철강을 생산하고 있었다.[51] 면방적 생산을 기준으로 삼으면, 다른 모든 나라를 합친 양에 대한 영국의 우위는 1890년 무렵까지 지속되었다. 그 후에는 '나머지 세계'가 영국을 추월했다.[52]

산업에 고용된 인원을 기준으로 삼으면 어떨까? 여기서도 우리는 몇 가지 문제에 맞닥뜨린다. 오늘날에도 대체로 '자본주의' 국가로 간주되는 나라들은 산업에 고용된 인원의 수가 상대적으로 적다(여기에는 화이트

칼라 노동자도 포함된다). 세계은행World Bank의 2010~14년 수치를 보면, 미국은 산업 고용 인구가 17퍼센트 정도이고, 영국은 19.2퍼센트로 약간 많으며, 포르투갈·이탈리아·독일은 약 28퍼센트로 세계 평균에 해당하고, 폴란드는 30퍼센트로 이란(32~34퍼센트)보다 낮다. 반면 중국은 제조업 고용 인구가 44퍼센트로 세계 최고의 '산업국'이다.[53] 오늘날 '산업국'이라 함은 더이상 선진 경제의 보증수표가 아니다. 유엔이 인정하는 것처럼, 실제로 제조업과 기타 부문을 가르는 경계가 '다소 흐릿할 수 있다'.[54]

19세기 말 당시, 소비자가 50만 명이 넘는 대도시권 9곳(암스테르담, 파리, 루르 지방, 버밍엄, 글래스고, 랭커셔, 요크셔, 함부르크, 런던)이 미국의 대도시권(뉴욕, 보스턴, 필라델피아, 피츠버그, 세인트루이스, 시카고)보다 더 거대한 산업 중심지를 형성했다.[55] 나라나 도시별로 전문화도 일부 이루어졌다. 면직물은 랭커셔와 스코틀랜드, 그리고 나중에는 릴과 루앙, 모직물은 스코틀랜드와 요크셔, 카탈루냐, 프랑스 북부 일부 지역, 철강은 요크셔와 웨일스와 잉글랜드 중부 지방, 그리고 프랑스와 독일 일부 지역에 집중되었다. 1880년 이전에는 대규모 공장이 드물었다. 1867년 프랑스 르크뢰조에서 9950명을 고용한 슈네데르(Schneider. 슈나이더) 철강공장이나 에센의 크루프Krupp 공장(1865년 당시 노동자 8500명) 같은 대공장이 몇 개 있었지만, 대부분의 기업은 비교적 규모가 작았다. 평균 고용한 노동자 수가 10명이 채 되지 않았다.[56] 이 기업들은 주로 기업가가 직접 자금을 조달했다. 은행은 대규모 사업에서만 역할을 맡았는데, 대개 국가가 보증을 섰다. 그리고 거의 통제가 되지 않는 국경을 가로질러 사람과 자본이 끊임없이 이동했다.

1880년대에 이르면 '근대'가 세계 전체를 사실상 에워싸게 되었다. 물론 전 세계가 '근대'가 됐다—전혀 그렇지 않았다—는 의미가 아니라 근대가 거의 보편적인 목표가 됐다는 의미에서 하는 말이다. 물론 근대는 대체로 이데올로기적 구성물이다. 서양인들은 가장 산업화된 지역과 나라의 정치, 문화, 경제적 특징을 몇 가지 골라내서 근대라고 정의했다. 서양인들이 근대화하면서 전통 숭배가 발전했다. 이런 전통 숭배 또한 '근대적'이었다. 전통사회에서는 어느 누구도 **스스로 선택해서** 전통을 받들어 모시지 않기 때문이다. 전통사회에서 전통은 문화 환경의 일부일 뿐이다. 과거를 돌아보는 것은 의도적인 선택 행위다. 1867년 테오필 고티에가 덴마크 조각가 베르텔 토르발센에 관한 책의 서평에서 언급한 것처럼, "한편에는 가장 극단적인 근대가 있고, 다른 한편에는 고대 양식에 대한 꾸밈없는 사랑이 있다".[57] 하지만 근대에는 여러 가지 의미가 있었다. 존 스튜어트 밀에게 근대는 상업 및 국제무역과 연결되었다. 이런 상업과 무역을 통해 사람들은 "자신과 비슷하지 않은 사람들과, 그리고 익숙한 것과 거리가 먼 사고방식이나 행동양식"과 접촉하게 되었다.[58]

근대 자본주의가 시작될 무렵 그에 대한 저항은 거의 없었다. 영국에서는 나폴레옹 전쟁 중에 러다이트들luddites이 존재했다. 이 노동자들은 (흔히 생각하는 것처럼) 신기술의 강요보다는 가혹한 노동조건과 식료품 가격 인상에 저항했지만 금세 진압되었다. 1857년에 사실상 투쟁을 끝낸 차티스트들Chartists은 더 많은 민주주의를 원했다. 노동조합들은 임금 인상을 원했다. 사회주의운동은 사회개혁과 노동시장 규제를 원했다. 하지만 새로운 경제체제는 인류 전체의 불가피한 미래로 여겨졌다. 희망뿐만 아니라 불안도 가득한 미래였다. 자본주의는 비록 "4000년 동안 지배해 온 모든 규범에서 급작스럽게 이탈하는 것"이었지만 앞선 모든 과거가 낳은 자연스러운 결과로 여겨졌다.[59]

자본주의가 부상한 과정에 불변의 법칙이나 예정된 운명 따위는 없었다. 자본주의의 범위 안에서 살고 있는 이들을 예전부터 괴롭혀온 불안은 이런 사실 때문일지 모른다. 불안은 자본주의 사회의 지속적인 속성이며, 외부에 존재하는 게 아니라 이 체제의 일부다. 과거에는 변덕스러운 날씨와 기근, 전쟁, 역병의 끊임없는 위협이 땅에서 사는 대다수 사람들에게 불안을 안겨주는 주된 원천이었다. 진보 개념이 익숙하지 않은 대다수 사람들에게 새로운 것, 예상치 못한 것은 무엇이든 경계의 대상이었다. 그리고 신이나 우리 안의 죄인들, 또는 그냥 불운의 탓으로 돌릴 수 있었다. 하지만 근대 자본주의는 다르다. 자본주의는 분명히 수많은 개인적 결정의 축적에 의지하는 인간의 체제임이 명백하기 때문에 끊임없는 혁신에 따라 승자와 패자가 생겨난다. 이런 만성적 불안정은 체제의 결함이나 우연한 부산물이 아니라 자본주의 발전의 토대다.

여기서 살펴보는 시기는 자본주의가 승리를 구가한 시기다. 전 지구적인 승리였다. 1900년에 이르러 영국은 이제 더이상 19세기 초에 그랬던 것처럼 거의 유일한 산업 강국이 아니었다. 독일이 영국을 따라잡고 있었고 미국 역시 이미 따라잡은 상태였다. 1914년 이전 수십 년 동안 어떤 자본주의 국가도 군사적으로나 경제적으로나 '패권'을 잡지 못했다. 하지만 1차대전이 끝나는 순간 세계는 현대의 유일한 진짜 초강대국인 미국이 이례적으로 부상하는 모습을 목도했다. 미국의 위대성은 전쟁 이전 수십 년 동안 돋보이는 성장을 거두었을 뿐만 아니라 양차대전 사이에 지속적으로 부상한 덕분이었다. 1928년 영국 외무부가 작성한 한 보고서는 경계와 경탄이 뒤섞인 어조로 미국이 "우리 현대사에서 유례를 찾기 힘든 현상"이라고 언급했다. "거의 불사신인 미국은 번영과 활력, 기술 장비와 산업 과학에서 최소한 우리와 맞먹는다."[60] '최소한 우리와 맞먹는다'는 구절은 자기기만이었다. 그때쯤이면 미국은 부와 과학, 에너지 등에서 분명 우위에 있었다. 비록 많은 이들이 당시에는 소망적 사고에 눈이 멀어 승승장구하는 척했지만, 영 제국은 쇠퇴의 길을 걷고 있었다.

일본은 1868년 위에서부터 독특한 산업화 과정을 시작한 상태였다. 프랑스는 충분히 빠른 속도로 따라잡지 못한다고 걱정하고 있었다. 제정 러시아에서는 전제정을 위험에 빠뜨리지 않으면서 어떻게 산업화를 이룰지가 주된 논쟁거리였다. 새로운 국가들이 생겨나고 있었다. 산업 강국들은 곳곳에서 영토를 식민지로 삼았다. '산업화를 이루지 못하면 멸망한다'가 시대를 지배하는 표어인 것 같았다. 많은 나라가 망했지만 또 많은 나라가 번성했다.

오늘날 서구 사람들은 과거 어느 때보다도 더 부유하지만 불평등도 심해졌다. 어떤 곳—미국과 영국—에서는 불평등이 특히 두드러진다. 불평등을 좁힌다는 사회민주주의의 오랜 꿈은 사회민주주의와 나란히 거의 포기되고 있다. 이런 현상은 문제일까? 19세기 중반의 경우처럼 남들이 마차를 타고 가는데 걸어야 하는 것은, 소형차를 타고 가는데 마세라티를 탄 남들이 추월하는 것보다는 확실히 더 심한 불평등이다. 소형차를 가진 사람들은 스포츠카를 가진 사람을 시기(또는 경멸)하겠지만, 속도 제한과 교통법규의 통제를 받는 두 그룹의 이동 권력은 상당히 비슷하다(러시아워에는 오히려 두 그룹보다도 자전거 탄 사람이 더 빠를지 모른다). 19세기에 유럽 여행을 한 소수와 하루도 쉬지 못한 사람 사이의 격차는 오늘날 저가 패키지여행을 다니는 사람과 호화 크루즈 여행을 하는 사람 사이의 격차보다 확실히 더 크다. 가시적인 재정적 불평등은 커지는 한편—적어도 세계의 부유한 지역에서는—, 실질적인 가능성의 불평등은 줄어들 수 있다.

대다수 사람들은 지금과 같은 사회의 경제체제가 유일하게 가능한 것임을 인정하는 듯 보인다. 자본주의는 작동한다. 하지만 곳곳에 불만이 만연해 보인다. 정치인들은 경멸의 대상이다. 그들 자신이 이런 사실을 알고 있으며(일부 정치인은 거꾸로 유권자를 경멸한다), 인기 있는 유명인을 흉내내고 자신의 개성을 강조하며 미디어 활용을 촉진—내용에 대한 형식의 승리다—하는 식으로 다시 여론의 지지를 얻으려고 한다. 투표하는 유권자는 점점 줄어들고, 투표하는 사람들 가운데 점점 많은 수가 국민이 겪는 모든 피해를 이민자들 탓으로 돌리는 당에 표를 던진다.

　여러 문제가 있지만, 많은 이들이 이를 일시적인 결함으로 볼 뿐 체제의 종말을 알리는 신호로 보지 않는다. 자본주의를 대체하는 체제의 윤곽이 전혀 보이지 않기 때문에 현 체제가 종언을 고할 가능성은 거의 없다. 가시적인 대안이 전혀 없기 때문에 이 체제는 영원히 이어질 것 같다. 물론 지금도 많은 이들이 지저분하고 가난한 삶을 산다. 하지만 —서구에서는— 빈민이 다수가 아니다. 겨우 입에 풀칠이나 하는 제3세계 많은 지역의 사람들에 비하면 그래도 특권을 누리기는 하지만. 후기 자본주의 사회의 빈민은 체제에 전혀 위협이 되지 않는다. 간헐적으로 일어나는 폭동, 대중적 분노의 폭발, 이따금 나타나는 폭력 사태는 시장경제에 대해 어떤 진지한 정치적 도전도 할 수 없음을 인정하는 것이나 마찬가지다. 한때는 '대지의 저주받은 사람들'이 체제에 맞서 반란을 일으킬 것이라고 생각되었다. 이제 우리는 그런 생각을 할 정도로 어리석지는 않다. 그들이 반란을 일으킨다면, 그것은 체제를 전복하기 위해서가 아니라 체제에서 저주받는 현실에 좌절하기 때문이다. 소비자 자본주의라는 황홀한 세계에 속하지 못하는 이들—여전히 세계 인구의 다수다—은 전례 없는 규모의 이주 물결을 이루어 그 문을 두드린다.

　오늘날 기업 엘리트들이 쌓아놓은 부는 시기와 추문을 불러일으키지만, 제안된 처방들(그들에게 세금을 부과하고 통제하고 망신을 주는 처방들)은 자본주의의 타당성에 의문을 제기하지 않는다. 다만 자본주의가 낳은 불쾌한 결과 한 가지에 의문을 제기할 뿐이다. 실제로 '살찐 고양이'들이 탐욕스럽게 획득한 재산을 빼앗으려면 체제를 위험에 빠뜨리지 않는다는 전제를 두어야 한다. 체제를 위험에 빠뜨린다면 이런 재산 박탈이 지지를 받을 수 있겠는가?

게다가 오늘날의 진짜 부자들은 빈민을 학대하지 않는다. 일부 빅토리아시대 기업가나 19세기 미국의 날강도 귀족robber baron과 달리, 서구의 대다수 자본가들은 저임금에 억압받는 노동자를 직접 고용하지 않는다. 금융 산업과 '청정한' 신부문인 닷컴 산업에 종사하는 새로운 금권지배자들을 위해 일하는 사람들은 대개 상당히 안락하게 일한다. 억압과 저임금에 시달리는 이들은 멀리 떨어진 나라에 있거나, 세계에서 가장 수익성이 좋은 기업으로 손꼽히는 애플 같은 회사의 하청업체에서 일한다. 스마트폰이나 아이패드, 아이폰, 킨들, 아이팟, 그리고 수많은 플레이스테이션에 동력을 공급하는 소프트웨어 아이디어와 패키지는 서구에서 개발된다. 실제 컴퓨터와 전화, 태블릿—하드웨어—은 폭스콘Foxconn 같은 기업에서 만들어진다. 홍하이Hon Hai의 주요 자회사인 폭스콘은 세계 **최대의** 전자제품 제조업체로 손꼽힌다. 폭스콘은 대만에 본사를 두고 있지만 공장은 인도와 브라질, 멕시코 그리고 무엇보다도 홍콩 가까이에 있는 선전深圳에 있다. 선전은 새로운 시장경제의 공식 명칭인 '중국적 특색을 띤 사회주의'의 핵심 지역이라 할 수 있다. 폭스콘은 중국에서 100만 명의 노동자를 고용해서 최대의 민간 고용주다. 16~29세의 젊은 이농 노동자가 전체 노동력의 85퍼센트 이상을 차지하는데, 종종 법정 최대 근로시간인 주당 60시간 이상을 일한다.[61] 신흥국 노동자와 '서구' 노동자의 노동조건의 격차는 여전히 두드러진다. 제3세계라고 불리는 나라에서 비참한 임금을 받으며 일하는 노동자와 굉장히 높은 소득을 버는 서구 노동자를 하나로 연결하는 사슬이 존재하지만, 이 사슬은 너무 길어서 거의 보이지 않는다.

빅토리아시대 영국은 상황이 달랐다. 『자본』의 인상적인 한 장에서 카를 마르크스는 분노와 의분에 넘치는 필치로 과로에 시달리다 죽은 20세의 여성용 모자 제조공 메리 앤 워클리의 상황을 설명한다.[62] 메리 앤은 휴식 시간도 없이 하루에 평균 16시간을 일했지만, '성수기'(3월부터 7월까지)가 되면 작업장에서는 왕세자비 축하 무도회에 늦지 않게 귀부인들이 입을 화려한 옷을 만들어야 했다. 어느 순간 메리 앤은 작은 방에서 서른 명의 소녀와 함께 26시간 넘게 계속 일을 해야 했다. 메리 앤의 죽음은 모든 주요 신문에 보도되었다. 온건 토리 성향의 『펀치Punch』는 마르크스만큼이나 분개했다. 존 테니얼이 그린 유명한 만평은 1863년 7월 4일자에 실렸는데, 〈유령에 홀린 부인, 또는 거울 속 '유령'The Haunted Lady, or 'The Ghost' in the Looking-Glass〉이라는 제목이 붙었다. 메리 앤의 죽음을 묘사한 이 만평은 그 어떤 급진 팸플릿만큼이나 떠들썩하게 부자들을 향해 격렬한 비난을 퍼붓는다. 어쩌면 메리 앤의 죽음을 초래했을지도 모르는 드레스를 입던 귀부인은 거울에 비친 자기를 보다가 녹초가 된 봉제공의 주검을 발견하고 소스라치게 놀란다. 귀부인 뒤에 선 여자가 안심시키는 말을 한다. "마님, 우리가 어떤 희생을 치르더라도 마님을 실망시키지 않았을 겁니다. 게다가 옷이 멋지게 완성됐네요."

그때, 그러니까 —이 책의 시작점과 엇비슷한— 1863년에는 메리 앤을 비롯해 비슷하게 고통받는 노동자들이 그들 노동의 산물을 이용하는 소비자들과 1마일[약 1.6킬로미터.-옮긴이]도 떨어지지 않은 곳에서 일했다.

THE HAUNTED LADY, OR "THE GHOST" IN THE LOOKING-GLASS.

MADAME LA MODISTE.—"*We would not have disappointed your Ladyship, at any sacrifice, and the robe is finished à MERVEILLE.*"

소호에서 메이페어 정도의 거리다. 그로부터 150년이 지난 뒤에도 현대 세계의 메리 앤이 여전히 존재하지만, 그들의 비참한 상태를 야기하는 것으로 추정되는 곳과는 멀리 떨어져 있다. 현대 미디어의 힘 덕분에 그 거리가 다소 줄어들기는 하지만 말이다. 현대 '선진' 세계에서는 메리 앤의 후손들—오늘날의 서구 노동자들—이 상대적으로 번영을 누린다. 수명도 길고, 노동시간은 짧으며, 휴가를 누리고, 교육을 받는다. 식료품 지출은 비교적 소득의 작은 부분을 차지하고, 언제든지 문화(텔레비전, 음악, 인터넷)를 향유하며, 연금을 받고, 의료보험을 이용한다. 많은 보수주의자들이 두려워하는 것처럼 사회의 토대를 위협하기는커녕, 메리 앤의 후손들은 사회의 전형적인 지지자가 되었다. 그런데 누가 그들을 탓할 수 있을까? 민주화 과정 덕분에 그들은 동등한 권리를 지닌 시민으로 변신했다. 또한 경제성장 덕분에 소비자 사회의 일원이 되었다. 많은 이들은 참정권보다 소비자 사회를 더 소중히 여긴다.

오늘날 서구에는 여전히 빈민들이 존재하지만 자신이 착취체제의 희생자라고 생각하는 이는 거의 없다. 소수자가 된 그들은 승자가 다수를 차지하는 세계에서 패사—'뒤처진 사람들'—로 낙인찍힌다. 그들은 자기 자신과 자신의 무기력한 처지 탓을 하거나, 불운의 탓으로 돌리거나, 외국인 이민자들을 비난할 수 있다. 하지만 자본주의 탓을 하지는 않는다. 언뜻 보기에 자본주의는 다수에게 많은 것을 제공하고 있기 때문이다. 그리고 세상에 충분한 부가 존재하기 때문에 빅토리아시대 사람들이 '도와줄 가치가 없는 빈민'이라고 부른 이들을 국가복지 혜택을 주어 목숨을 부지시킬 수 있다. 점점 마지못해 지원해주기는 하지만. 그리하여 거지와 노숙인의 수가 계속 늘어나고, 미국(푸드 뱅크가 처음 시작된 나라다)과 독일, 프랑스와 영국 같은 부자 나라에서도 '푸드 뱅크'가 확산된다.

시장자본주의의 승리는 소비의 민주화로 봉인되었다. 소련이나 체코슬로바키아 같은 몇몇 공산주의 경제는 산업사회의 토대를 닦는 데 성공을 거두었지만, 현대 소비자 자본주의가 이룩한 업적에는 그 어떤 공산주의도 필적하지 못했다. 1989년 11월에 베를린 장벽이 무너졌을 때, 일부 미디어는 아이러니하게도 동구와 서구를 가르는 장벽이 무너진 틈을 처음 비집고 넘어간 이들이 상점으로 달려갔다고 보도했다. 모종의 극적인 감사 순례 행렬이 이처럼 역사적인 사건에 더 적절해 보이기라도 하는 것 같았다. 1989년 11월 11일자 『뉴욕타임스』는 '동구의 아우성, 베를린의 환호성, 축하와 동시에 약간의 쇼핑을 위한 날'이라고 운율을 붙였다. 신성한 시대였다면, 아마 거의 모든 이들이 성당에 모여 자유를 되찾은 것을 축하하기 위해 기도를 드렸으리라.

베를린 장벽이 무너지기 10년 전인 1978년 12월, 중국 공산당 중앙위원회 전체회의에서 신임 '최고지도자' 덩샤오핑은 '개혁개방' 정책에 착수한 바 있었다. '중국적 특색을 띤'이라는 단서가 붙기는 하나 중국을 시장경제로 향하는 길에 올려놓을 정책이었다. 소비자 사회로 나아가는 분명하면서도 냉철한 움직임이었다. 상징적이게도, 바로 그 중앙위원회 전체회의에서 상하이에 최초의 코카콜라 공장이 문을 연다는 사실도 발표되었다.[63] 마오쩌둥 사후 2년여 만에 벌어진 일이었다.

19세기 후반에는 자본주의가 그처럼 뚜렷한 승리를 거둘 것이라는 예상이 일반적인 게 아니었다. 1880년대에 이르자 독립국가들로 이루어진 세계 전역—유럽 대다수 지역, 북미와 중미·남미 거의 전부, 일본, 중국, 아시아와 아프리카의 몇몇 나라(에티오피아 등)—에서 '근대화', 즉 산업자본주의를 받아들일 필요가 있다는 게 공히 인정되었다. 하지만 산업자본주의가 발전함에 따라 심지어 번영하는 잉글랜드에서도 상당한 불안이 야기되었다. 예상 가능한 것처럼, 고통받는 노동자와 위협받는 농민만이 불안해한 게 아니라 노동자의 소요 가능성과 경제적 불확실성, 급변하는 지위, 유대인과 아일랜드인, 콜레라와 천연두, 그리고 무엇보다도 빈민을 두려워하는 중간계급 스스로도 상당한 불안을 느꼈다.

그들이 겁을 먹은 것은 당연한 일이었다. 산업혁명이 잉글랜드에서 시작되어 서구 전역을 휩쓸고 그와 동시에 노동자들이 농촌에서 도시로 이동함에 따라 사회구조에서 유례없는 격변이 일어나고 있었다. 단순히 직업이 바뀐 게 아니었다. 고정된 공동체에서 조용한 가난의 삶을 포기하고 때로는 다른 나라까지 가면서 도시 생활의 불안정한 상태를 선택하는 것이었다. 언제나 그런 것은 아닐지라도 대개 주거와 음식이 개선되었지만,

또한 미래에 대한 불안도 커졌다.

낙관주의와 불안은 동시에 온다. 풍요의 시기에 이어 결핍의 시기가 오리라고 가정하는 것은 터무니없는 예상이 아니기 때문이다. 어쨌든 이런 가정은 구약성서에서도 이야기되는 오랜 견해다. 요셉이 파라오에게 설명한 것처럼, 풍요의 7년 뒤에는 기근의 7년이 올 것이다. "이집트 땅에서 인제 배불리 먹은 일이 있었더냐는 듯이 옛일을 까마득히 잊어버리게 될 것입니다. 이런 흉년으로 나라는 끝장이 납니다"(창세기 41장 25~31절). 일종의 전자본주의적인 '호황과 불황'이다. 이런 불안은 잉글랜드가 미지의 바다로 나아가는 거대한 배와 같던 19세기 초반에 한층 더 뚜렷했다. 산업화는 무엇을 만들어낼까? 경기 순환은 얼마나 심각할까?(프랑스의 경제학자 클레망 쥐글라르가 1862년『프랑스, 영국, 미국의 상업 위기와 그 주기적 반복Des Crises commerciales et leur retour périodique en France, en Angleterre et aux États-Unis』에서 확인했다). 식자층에서는 비관주의가 팽배했다. 맬서스는『인구론An Essay on the Principle of Population』(1798)에서 인구증가가 전쟁이나 질병으로 저지되지 않는다면, 특히 식량 생산의 증가를 앞질러서 광범위한 기근이 야기될 것이라고 생각했다. 그는 최초의 인구조사(1801) 이전에 책을 썼기 때문에 수치를 확신할 수 없었지만, 우리는 인구가 **실제로** 증가했다는 것을 확실히 안다. 1721년에 잉글랜드(스코틀랜드, 웨일스, 아일랜드 제외) 인구는 500만 명 이상이었는데, 1761년에 이르면 600만 명이었고, 1801년 인구조사 시점에는 860만 명이었다.[64]

토머스 칼라일 같은 이들은 근대의 참화를 개탄하면서 「시대의 징후Signs of the Times」(1829)라는 에세이에서 이렇게 설명했다. "지금은 기계의 시대다. … 예전의 행동양식은 모조리 신뢰를 잃고 내팽개쳐졌다."[65] 그리고 10쪽에 걸쳐 넋두리를 늘어놓은 끝에 이런 말을 덧붙였다.

진실은 인간이 보이지 않는 것에 대한 믿음을 상실하고, 오로지 보이는 것 속에서만 믿고 기대하고 일한다는 것이다. … 지금은 종교의 시대가 아니다. 우리에게는 신성하고 영적인 것이 아니라 오직 물질적인 것, 당면한 현실만이 중요하다. 덕의 무한하고 절대적인 성격은 유한하고 조건적인 것으로 바뀌었다. 덕이란 이제 더는 아름답고 선한 것에 대한 숭배가 아니라 수익성의 계산이 되었다. … 우리의 참된 신은 기계장치다. 기계는 우리를 위해 외부의 자연을 정복하고 있으며, 우리는 이걸로 충분하다고 생각한다.[66]

그로부터 20년 전인 1802년, 윌리엄 워즈워스는 다음과 같이 시작하는 유명한 소네트(「세상은 우리에게 너무 벅차다The World Is Too Much with Us」)를 만들었다.

세상은 우리에게 너무 벅차다. 조만간 그렇게 되리.
벌고 쓰느라, 우리는 힘을 소진한다.
우리 것인 자연에서 우리는 아무것도 보지 못하니,
마음을 내주었으나, 치사한 이익이로세!

자본주의의 여명과 화폐의 제국, 근대의 위협을 개탄하는 이들이 19세기 내내 항상은 아닐지라도 대개 종교의 관점에서 계속 불만을 제기했다. 교황 비오 9세가 1864년 자유주의에 반대하는 문서인 『오류목록Syllabus Errorum』을 발표하도록 부추긴 후안 도노소 코르테스는 1851년에 발표한 말년의 에세이에서 1848년 혁명을 배경으로 자유주의와 사회주의를 논하며 다음과 같이 개탄했다.

현대의 혁명은 … 고대의 혁명이 가지지 못한 억누를 길 없는 파괴적 힘을 지 닌다. 그리고 이 파괴적 힘은 신성한 것일 수 없기 때문에 필연적으로 악마의 것이다.

그러면서 계속해서 부패는 자유주의의 신이라고 규정했다. "모두가 결합해서 민중에게 희망을 늘어놓으며 매수한다. 그러면 민중은 떠들썩하게 위협하면서 모든 이에게 으름장을 놓는다."[67] 이런 악담은 특히 프랑스에서 19세기의 대부분을 특징지었다. 과학과 계몽주의에 반대하는 조제프 드 메스트르의 장광설(『베이컨 철학 검토Examen de la philosophie de Bacon』, 1836)에서부터 루이 드 보날(1754~1840)과 루이 뵈이요 (1813~1883)까지 숱한 이들이 악담을 퍼부었다. 모두 교황 수위권 원리를 지지하는 전통적인 가톨릭교도였다. 그들이 보기에 '새롭고' '근대'적인 것은 재앙의 전조였다.

세기 중반에 이르면 파멸을 경고하는 이들이 낙관주의자들에게 길을 내주기 시작했다. 영국 산업이라는 선박은 근대의 매혹적 쾌락으로 나아가는 항로를 발견한 상태였다. 프랑스에 이어 독일과 일본 등 다른 나라들도 열광과 미지근함의 정도는 달라도 뒤처질까 두려워 영국의 선례를 따라야 했지만, 불안에 시달리기는 마찬가지였다.

1860년대에 이르면 적어도 유럽에서는 정치 엘리트 내부의 토론이 특정한 틀 안에서 진행되었다. 산업화는 피할 수 없는 정언명령임이 인정되었고, 산업화 때문에 정치체제가 불안정해질 것이라는 두려움(사회주의자들에게는 희망)이 만연했다. 정치 엘리트들은 자유주의자(그때는 가장 중요한 집단이었다), 계몽된 보수주의자, 반동주의자, 사회주의자 등 각양각색의 광범위한 정치 집단으로 분열되었다. 각 집단마다 자본주의에 대한 나름의 서사가 있었는데, 물론 각각의 서사는 서로 겹쳐지는 부분이 있었다.

자유주의 집단은 자본주의 그 자체를 목적으로 여기면서 열정적으로 받아들였다. 자본주의 산업화가 이루어지면, 귀족과 성직자의 특권 같은 봉건적 잔재가 사라지고, 기업가 정신이 해방되며, 경제성장과 번영이 가능해지고, 국가(종종 신생 국가)가 군사적·정치적으로 강해질 것이었다. 산업화는 또한 진보를 가능케 하고 과학을 장려할 터였다. 이 자유주의자들은 계몽주의의 진정한 상속인이었다. 그들은 개인이 출생과 카스트에 의해 부과된 한계를 깨뜨리는 자기 운명의 창조자라고 치켜세웠다.

하지만 1880년대에 이르면 심지어 영국에서도 대다수 자유주의자가 이전과 달리 시장 세력의 무제한적인 발전에 대한 약속을 포기한 상태였다. 이런 통념은 이제 더이상 신앙과 같이 교조적으로 신봉되는 게 아니라 자국 자본주의의 발전에 적합할 때에만 실용적으로 받아들여졌다. 대다수 자유주의자들과 보수주의 지식인들은 자본주의가 또한 파괴 세력이 될 수 있음을 인정하고, 사회·정치 개혁 정책으로 그 파괴적 효과를 완화하려고 했다. 자유주의 자체는 그 중심지인 영국을 시작으로 세기말 유럽에서 개혁을 촉진했다.

세기말에 이르면 여기서 개인주의적 자유주의가 새로운 '집단주의적' 자유주의에 길을 내주고 있었다. 이 새로운 자유주의는 사회문제를 해결하고 정의로운 사회를 세우는 데서 국가의 적극적 역할을 구상했다. 영국 복지국가의 토대를 닦은 1906~14년의 위대한 개혁정부인 자유당 행정부가 수립되는 길이 열렸다. 제한 없는 자본주의 주창자들은 영국에서도 수세에 몰렸다.

영국이 '유연하게 돌보는' 새로운 자유주의를 향해 나아간 반면, 대륙에서는 인텔리겐차의 대다수가 오래된 '정통' 자유주의 입장을 여전히 정치 이데올로기의 결정판으로 간주했다. 뒤처진 나라들, 즉 다른 나라를 따라잡는 데 실패한 나라들이 선진국에서 속속 폐기되는 개념들에 근거해서 근대화를 추구하는 것은 흔한 일이다. 그리하여 프랑스에서는 1890년대에 이르러 자유주의자들이 대학과 정치·경제 제도권을 지배했다. 영국 자유주의자들이 자유시장 세력이 환희를 구가하는 모습을 보고 재고를 거듭한 반면, 프랑스 자유주의자들은 여전히 국가 개입은 유익하기는커녕 유해할 것이라고 생각했다. 그들은 국가에 철도와 우체국을 맡기지 말아야 했다고 믿었다. 피고용인으로부터는 임금 인상 압력에 직면하고 소비자로부터는 가격인하 압력에 맞닥뜨릴 것이었기 때문이다. 게다가 설상가상으로 지지자들의 비위를 맞추는 데 열심인 정치인들은 아무 거리낌 없이 세입을 써버릴 것이었다.

이 자유주의자들의 판단이 옳았다. 프랑스 정치인들은 독일이나 이탈리아, 그밖의 나라 정치인들과 마찬가지로 경제 자유주의 원리에 관해 입에 바른 말을 하는 한편, 공공자금을 표와 맞바꿨다. 금세 이런 관행이 굳어졌다. 민주화는 장인이나 소농민, 상점주같이 자본주의의 발전을 두려워하는 집단에 힘을 실어주었다. 민주주의 덕분에 이런 집단은 정치인에게 압력을 가해 세금 양보나 경쟁 제한 등의 약속을 얻어낼 수 있었다.[68] 지방 정치인들은 지역구 유권자들을 위해 돈을 써달라고 정부에 간청하느라 하루를 보낸 뒤 식후 탁상연설에서는 시장 세력에게 몇 마디 기도를 황급히 드렸다. 각국 정부는 일부 세금을 도입하고 다른 세금은 인하하며, 공공사업 프로그램을 개시하고 이런저런 기업에 보조금을 주는 식으로 대응했다.

자본주의에 정치가 개입해서는 안 된다고 주장하는 경제학자들은 단순한 진실을 이해하지 못했다. 자본주의는 단순히 하나의 경제체제가 아니라 사회적 관계를 조직하는 방식이라는 진실 말이다. 자본주의가 번성하기 위해서는 체제를 지탱하는 기반시설과 폭넓은 합의의 존재가 필요했다. 보통 단기적으로 사고할 수밖에 없는 자본가들 자신은 이런 기반시설과 합의를 스스로 만들어낼 수 없었다.

무엇보다도 새로운 사회계급인 부르주아지가 국가와 여러 국가기구를 필요로 했다. 새롭게 등장하는 자본주의체제는 상업을 규제하고, 계약을 강제하며, 노동자들을 저지하고, 통신과 교통 기반시설을 발전시키는 공무원 조직과 상비군, 법률체계를 갖춘 중앙집권적 국가를 필요로 했기 때문이다.[69] 과거 18세기의 귀족 집단(과 농민 집단)은 국가 구조에 그만큼 의존하지 않았다.

이런 합의는 정치권력으로만 조직할 수 있었다. 표를 좇는 정책이 없다면 ―민주주의에서― 이런 합의가 어떻게 달성될 수 있었을까? 그리고 합의를 이루기 위해 공공지출 확대와 시장 메커니즘에 대한 일정한 간섭이 필요했다면, 그것은 자본주의의 발전을 위해 충분히 치를 만한 대가였다. 물론 정확히 계산할 수는 없었다. 국가가 도를 넘어 개입했는지 여부를 둘러싸고 끝없는 논쟁의 문이 열렸다. 구식 자유주의자들조차 국가 간섭의 경계를 어디에 세워야 할지 확실히 알지 못했다. 국가가 ―훗날 막스 베버가 말한 것처럼― 힘의 수단을 독점해야 한다는 데는 모두들 동의했다. 도로나 다리 같은 몇몇 기본적 기반시설은 오직 국가만이 건설하고 유지할 수 있다는 데에도 대다수가 동의했다. 교육을 둘러싸고는 논쟁이 벌어졌다. 원칙적으로 자유주의자들은 충분히 여력이 있는 사람들이 교육을 거의 독차지하는 데 찬성했지만, 또한 만약 국가가 학교 운영에 적극적으로 나서지 않으면 사제들의 손에 학교가 들어갈 것이라고 걱정했다.

따라서 유럽 대다수 나라에서 무상 의무 국가교육이 빠르게 발전했다.

당시 유럽 바깥에서는 무슨 일이 벌어졌을까?

1870년에서 1930년 사이에 라틴아메리카 나라들은 천연자원을 수출하고 유럽의 자본과 노동에 경제를 개방하는 이른바 '자유주의' 시대였다. 이 나라들은 수출 지향 국가였기 때문에 외부의 충격에 취약했지만, 1차 대전이 일어나기 전까지 경제에 관해 압도적인 합의가 존재했다. 지배계급은 정치적으로 분열되었다. 자유주의자와 보수주의자, 중앙집권주의자와 연방주의자, 가톨릭교도와 교권반대론자가 대결했다. 하지만 그들 모두 자유무역에 동의했고, 국내 활동을 위한 일정한 보호를 받아들였으며, 외국인 투자와 이민 유입을 장려했다.

19세기 후반기 러시아에서는 전제정을 수호하기 위해서는 나라를 근대화할 필요가 있음을 너무도 잘 깨달은 재무상들(미하일 로이테른, 니콜라이 분게, 이반 비슈네그라드스키, 세르게이 비테)이 잇따라 재임하면서 자유주의보다 계몽된 보수주의가 우세했다. 이처럼 지적이고 계몽된 보수주의의 정신은 당시 유럽의 다양한 지도자와 정치인들의 면면으로 요약되었다. 독일의 비스마르크나 영국의 디즈레일리 같은 보수주의자만이 아니라 이탈리아의 졸리티나 영국의 글래드스턴 같은 자유주의자도 그런 정신을 대표했다. 일본에서는 메이지유신의 주역인 오쿠보 도시미치大久保利通와 근대화를 이끈 위대한 내각총리대신 오쿠마 시게노부大隈重信가 필수적이라고 여긴 체제를 지키기 위해 변화를 끌어안았다. 이 모든 지도자들과 급진 정치인들(미국의 시어도어 루스벨트 등)은 오늘날의 보수주의자들이 거의 진가를 알지 못하는 사실을 이해했다. 낡은 질서가 살아남으려면 어떤 개혁이 불가피한지를 일찌감치 감지해서 자기 방식대로 자신의 방향으로 실행하는 게 중요하다는 사실 말이다. 그렇게 하지 못하면 결국 개혁에 저항하거나 피하거나 관리할 수 없게 된다. 개혁을 마지막 순간까지 내버려둬서 혁명의 위협이 닥치면 때는 이미 늦게 된다. 알렉시 드 토크빌은 이 점을 탁월하게 설명했다.

혁명으로 이어지는 과정이 언제나 나쁜 상황으로 악화되는 것은 아니다. 가장 자주 벌어지는 일은, 대단히 억압적인 법률이라도 마치 실감하지 못하는 것처럼 불만 없이 견디는 민족이, 부담이 덜어지면 오히려 폭력적으로 그 법률을 거부하는 것이다. 혁명으로 파괴되는 정권은 거의 언제나 바로 전에 존재한 정권보다 더 나은데, 경험에 비춰보건대, 나쁜 정부에게 가장 위험한 시기는 언제나 정부가 개혁을 시작할 때다. … 어떤 악폐든 불가피한 것처럼 보일 때는 인내심을 갖고 견디지만, 그것을 제거할 수 있다는 생각이 드는 순간 참을 수 없는 존재가 된다.[70]

보수 개혁가들은 본질적인 변화가 일어나지 않도록 하기 위해 필요하면 반대파를 흡수하고 그들의 대의를 받아들여야 한다. 주세페 토마시디 람페두사의 위대한 소설 『표범 Il gattopardo』에서 젊은 탄크레디는 소설의 주인공이자 삼촌인 살리나 공작 파브리치오에게 1860년 가리발디의 시칠리아 혁명 원정대에 합류한 것은 급진주의를 억누르기 위해서였다고 안심시켰다. "거기도 가지 않으면 그자들이 공화국을 세울 겁니다. 모든 것을 그대로 유지하려면 모든 것을 바꿔야 합니다. 아시겠어요?(Se non ci siamo anche noi, quelli ti combinano la repubblica. Se vogliamo che tutto rimanga com'è, bisogna che tutto cambi. Mi sono spiegato?)"[71]

자유주의자와 보수주의자에 맞서는 세력은 '반동주의자'다. 여기서 나는 이 용어를 경멸의 의미가 아니라 사실을 묘사하는 식으로 사용한다.

원래 토머스 칼라일뿐만 아니라 프랑스와 이탈리아의 기라성 같은 가톨릭교도들같이 앞에서 언급한 반동주의자는 산업화 이전 시대로 돌아가기를 원했다. 옛날이 언제나 더 좋았고, 변화는 언제나 나쁜 쪽으로만 이루어진다는 것이다. 역사학자 마이클 벤틀리가 19세기의 완고한 영국 토리당파에 관해 쓴 것처럼,

> 보수주의는 세계의 종말과 밀접하면서도 필연적인 관계를 갖는다. 모든 것이 좋은 상태에서 나쁜 상태로 바뀐다는 것은 단지 토리당파의 주장일 뿐만 아니라 토리당파가 존재하는 중요한 이유다.[72]

'반동주의자'들은 모든 사람이 자기의 본분을 알던 이상화된 과거를 동경했다. 무엇이든 새로운 것이라면 질색을 했다(그들이 항상 틀린 것은 아니었다). 그들은 시장의 새로운 권력이 귀족의 가치 대신 돈의 힘을 특권화한다는 이유로 거부했다. 시장 덕분에 누구든 돈만 있으면 신분을 얻을 수 있어서 개인주의가 향상되었다. 반동주의자들은 19세기 말에 퇴조하고 있었지만, 그들의 견해는 모든 정치에 영향을 미쳤고 지금도 영향을 미친다. 그들은 변화를 비난함으로써 속도를 늦췄다. 빅토리아 후기 영국의 위대한 반민주적 수상이었던 솔즈베리 경은 이런 입장을 훌륭하게 설명했다.

> 변화의 위험이 너무 크고, 아무리 희망찬 이론이 던지는 약속이라도 흔히 기만일 뿐이어서 할 수만 있다면 기존 상태를 지지하는 게 현명한 쪽이 된다. 물론 논쟁의 관점에서는 순전히 변호의 여지가 없더라도 말이다.[73]

물론 반동주의자들은 결코 승리를 기대할 수 없었지만—싸우는 족족 패배했다—, 새로운 자본주의 질서 때문에 위협받는다고 느끼는 하층계급 성원들 사이에서 상당한 지지를 얻었다. 시계를 거꾸로 돌릴 만큼 힘을 모으지 못한 반동주의자들은 시계를 멈춰 세우려고 했다. 그들은 개혁을 어렵게 만들었다. 민주주의와 시민권, 여성해방이 나아가는 길에 장애물을 놓았다. 그리고 전통을 신념의 문제로 옹호함으로써 종종 개혁이 절대적으로 필요해 보일 때에만 공표되도록 만들었다. 그들의 견해는 아무리 몰역사적일지라도 널리 공유되며 지금까지 살아남았다. 그리고 변화는 세계 역사에서 몇 안 되는 항구적인 요소 가운데 하나이지만, 변화에 회의적인 태도는 불건전한 게 아니다. 모든 변화는 점진적인 것이든 신속한 것이든 모든 이에게 유리한 경우가 거의 없기 때문이다.

종교는 많은 반동주의자의 신념을 떠받쳐주었다. 적어도 유럽에서는 반동주의자 가운데 로마 가톨릭교도가 많았다. 그들 역시 근대의 등장에 당황했다. 그들은 종교가 오랜 농촌 질서의 생존을 필요로 한다고 가정했다. 이 질서에서는 모든 사람이 운명에 따라 정해진 삶을 선선히 받아들였다. 하지만 19세기가 진행됨에 따라 많은 기독교인이, 개신교 감독뿐만 아니라 교황까지도 과거 상태로 돌아가는 것은 유토피아적 꿈이고 세계는 가만히 멈춰설 수 없음을 깨달았다. 종교인들은 반동주의자에서 벗어나 계몽된 보수주의자의 견해를 일부 받아들였다. 이 기독교인들은 종교가 사회적 목표를 가져야 하고, 필멸자인 평범한 인간의 일상생활이 이 눈물의 골짜기(현세)에서도 견딜 만한 삶이 되어야 한다고 믿었다. 비록 인간 사회에 대한 종교적 관점과 신성한 전통, 사회적 복종에 대한 신념은 여전했으나 그들은 또한 자본주의 근대가 발전하는 상황에서 이런 태도만으로는 더이상 충분하지 않음을 알았다. 마냥 무시만 한다고 몰아낼 수 없는 위협이었다.

무엇보다도 가장 세가 강한 독일의 사회주의자들은 하나도 남김없이 모든 것을 바꾸기를 원했지만, 자유주의자들과 마찬가지로 자본주의의 불가피성은 받아들였다. 그들이 보기에 자본주의는 일시적으로나마 진보적인 힘이었기 때문이다. 사회주의자들은 자유주의자들과 마찬가지로 자본주의 근대와 산업화를 위해 헌신했다. 그들은 자본주의가 전통을 체계적으로 파괴하는 것을 찬미했다. 농촌 생활이 파괴되면서 터무니없는 미신과 불가사의한 종교적 믿음이 산산이 부서지는 것을 찬양했다. 마르크스와 베르너 좀바르트를 따라 그들은 파괴, 이 경우에는 전통 세계의 파괴가 새로운 창조성의 정신을 낳을 것이라고 확신했다. 좀바르트가 말한 '창조적 파괴schöpferische Zerstörung'는 훗날 조지프 슘페터가 이론화한 개념인데, 슘페터에게는 창조적 파괴 과정이야말로 '자본주의의 본질적인 사실'이었다.[74]

사회주의자들은 자본주의 그 자체를 목적으로 찬양한 게 아니라 계급과 특권이 없는 미래 사회를 예견하게 해주는 체제로 찬양했다. 그들은 ―마르크스를 따라― 자본주의 사회 질서는 사회주의 사회로 가기 위해 반드시 거쳐야 하는 대기실이라고 믿었다. 어떤 이들은 자본주의가 결국 자체의 모순을 견디지 못하고 최종적인 위기와 붕괴로 접어들어 인류가 사회를 새롭게 재건할 수 있을 것이라고 확신했다. 다른 이들은 오직 혁명적인 봉기, 자본주의의 성채에 대한 최후의 돌격으로만 새로운 사회를 탄생시킬 수 있다고 믿었다. 사실 이런 교의상의 논쟁은 참가자들이 믿은 것만큼 크게 중요하지 않았다. 혁명가들과 개혁가들은 둘 다 자신들의 승산이 노동계급 수의 물리적 증가에 밀접하게 연결돼 있으며, 따라서 자본주의의 확대에 달려 있다고 확신했다. 대다수 사회주의 정당은 19세기 마지막 몇십 년 동안 형성됐지만, 거의 서유럽과 중유럽, 그리고 전부터 유럽인들이 정착한 나라(미국, 오스트레일리아, 뉴질랜드)에서만 만들어졌다. 다른 곳에서는 사회주의 정당이 약세거나 아예 존재하지 않았다.

많은 사회주의자들의 머릿속에서 사회주의 정당의 본보기는 독일 사회민주당Sozialdemokratische Partei Deutschlands이었다. 1863년에 생겨난 이 당은 금세 조직과 교의, 선거 득표에서 세계에서 가장 성공한 사회주의 정당이 되었다.

프랑스에서는 분열된 사회주의운동이 급진 공화주의 전통에서 떨어져 나오는 데 얼마간 시간이 걸렸다. 1870년에 탄생한 제3공화국은 1880년대에 이르러 군주정을 다시 세우려고 한 이들을 물리쳤다. 그러고 나서야 프랑스에서는 사회주의 정당이 발전했지만, 다양한 정파가 심각하게 분열된 채로 유지되다가 1905년에야 형식적인 통일을 이루었다.

영국에서는 노동조합운동이 강력했는데도 19세기 내내 좀처럼 사회주의 정당을 결성하려고 하지 않았다. 자유당이 노동운동에 상당한 성과를 안겨줄 것이라고 믿었기 때문이다. 영국 노동조합들은 자본주의 자체에 전혀 반대하지 않았고 자본주의의 몇몇 측면(착취, 불공정, 불평등)에만 반대했다. 필요한 것은 노동과 자본의 경제 투쟁이 노동자에게 좀더 유리한 규칙의 틀 안에서 진행될 수 있도록 만드는 정치체제였다. 이런 점에서 대륙의 정당들도 크게 다르지 않았다. 당 강령에서는 생산수단의 사적 소유 폐지를 내걸었지만, 당면한 목표는 민주주의의 확대와 자본주의 규제 틀의 발전, 사회개혁 등이었다. 사회주의 정치에는 언제나 역설이 존재했다. 사회주의자들은 자본주의를 폐지하고자 했지만, 그들이 옹호하는 개혁은 자본주의를 강화하는 경향이 있었다. 그들이 개혁주의의 목표에서 성공을 거둘수록 자본주의 폐지라는 최종 목표는 점점 후퇴했다.

그리하여 19세기 말에는 강력하면서도 완전히 이질적인 광범위한 세력이 형성되었다. 자본주의에 타격을 받은 사람들의 삶을 개선한다는 공통된 열망과 자본주의 근대가 불가피하다는 인식에 따라 통일되긴 했으나, 자본주의가 정말로 바람직한 것이냐는 시각에서는 서로 갈라졌다. 물론 이런 다양한 정치 '집단'(자유주의, 반동주의, 사회주의)은 결코 순수한 상태로 존재하지 않아서 각자 열성적이고 일관적으로 정세를 순찰했다. 끊임없이 바뀌는 안개 자욱한 정치의 세계에서 사람들은 종종 빌려온 개념과 미완성의 사상을 가지고 싸우면서 예전의 적과 친구가 되고, 좀 전까지 군건하게 옹호하던 입장을 수정하며, 엊그제까지만 해도 분명 정당화할 수 없었던 내용을 정당화한다. 그리하여 영국에서는 참정권 확대가 불가피하다는 것을 깨닫자마자 디즈레일리의 보수당은 1867년 선거법 개정Reform Bill을 도입해서 남성 노동계급 거의 전부에게 선거권을 주었다. 오스트리아-헝가리에서는 친자본주의적인 세계시민주의 자유주의자들이 반동적 귀족과 반자본주의적인 사회민주당, 반유대주의를 내세우는 하층 중간계급 기독교 사회주의와 슬라브계 소수민족의 민족주의에 직면한 가운데 자신들의 지위를 지키고 제국을 근대화하기 위해 합스부르크 황가의 지지를 얻으려고 했다(결국 성공했다).[75]

종교는 어땠을까? 기독교 사회주의는 중요한 세력이었지만 주로 (서)유럽에 존재했다. 기독교 사회주의가 라틴아메리카에서 영향력과 명성을 확보한 것은 19세기 마지막 몇십 년에 이르러서일 뿐이다. 로마 가톨릭 교회는 19세기 마지막 십 년까지도 반동의 보루였다. 몇몇 나라에서는 20세기까지도 그런 역할을 계속했다. 러시아정교회 역시 전제정 지원 체제였지만, 러시아에서도 언제나 반체제의 대변인이 있었다. 가령 정교회 사제인 게오르기 가폰은 1905년 상트페테르부르크에서 노동계급 지도자였다.

　다양한 형태의 개신교는 항상 사회의식이 높았다. 감리교와 퀘이커교는 19세기 영국에서 많은 노동조합원과 노동자 활동가에게 영감을 준 반면, 영국 국교회는 여전히 충실한 토리당 세력이었다. 미국에서는 복음교회와 침례교회가 노예제 폐지론자들 사이에서 지도적인 역할을 했다. 기독교는 또한 노예들 사이에서 힘과 저항의 원천이자 대기업에 맞선 미국 포퓰리즘운동의 중요한 구성요소였다. (미국의 근본주의자들은 20세기의 마지막 몇십 년이 되어서야 친자본주의자로 변신했다.) 신자유주의 사상과 창조론—다윈의 진화론을 거부하고 성경의 설명을 옹호하는 입장—이 비교적 최근에 동맹을 맺은 것을 볼 때, 19세기에 미국의 많은 친자본주의 사상이 다윈주의의 파생물—사회다윈주의—에 영향을 받은 것은 아이러니한 일이다. 전통적 유대가 **아니라** 합리적 계약에 근거를 두었다는 바로 그 이유로 자본주의를 극찬한 윌리엄 그레이엄 섬너의 『사회계급들이 서로 빚지고 있는 것What Social Classes Owe to Each Other』(1883)은 대표적인 사례다.[76] 거꾸로, 일부 진보적 사상 조류는 다윈주의에 철두철미하게 반대했다. 포퓰리즘의 지도적 정치인이자 은행과 트러스트의 적, 독실한 장로교도인 윌리엄 제닝스 브라이언과, 영국 노예무역 반대운동의 지도자 윌리엄 윌버포스의 아들인 새뮤얼 윌버포스 같은 자유주의자들이 대표적인 사례다.

* * *

이 책의 서사는 1860년 무렵에 시작된다. 당시 유럽은 여전히 세계의 중심을 자처하고 있었고 주변으로 밀려나는 오랜 여정은 아직 시작되지 않은 상태였다. 하지만 자본주의 근대화는 지구 대부분 지역을 아울렀기 때문에, 이 책은 지나친 유럽중심주의를 피하려고 한다. 1차대전에 이르기 전 수십 년의 시기에 주로 초점이 맞춰질 것이다. 무시무시한 전쟁으로 민간인 대학살이 벌어지는 시대 이전인 이 황금기는 프랑스를 비롯한 나라에서는 '좋은 시절la Belle Époque', 미국에서는 '도금시대Gilded Age', 영국에서는 '빅토리아 대호황기Great Victorian Boom'라고 불렸다.[77] 전 지구적 자본주의가 진짜로 등장한 시기이자 최초로 거대한 근대 경제의 세계화가 이루어진 시기다. 1914~18년 전쟁 이후 세계화는 가라앉고 심지어 흐름이 역전되었으며, 자본주의는 "각각의 민족국가 경제 및 그와 결합된 제국들의 이글루" 속으로 물러나 앉았다.[78] 세계화는 1945년 뒤에 다시 등장해서 1980년 이후 수십 년 동안 새롭게 정점에 다다랐다.[79] 마찬가지로, 자본 이동은 1870년에서 1914년 시기에 무척 높았다가 1930년대에 떨어졌고, 그 뒤 1945년부터 1971년까지 서서히 확대되다가 이후 수십 년 동안 급속하게 도약했다.[80]

　1900년 이전 수십 년 동안 스스로 후발 주자라고 생각하면서 선도 국가(영국)를 따라잡으려고 결심한 나라들은 민족국가의 힘을 키우는 것말고는 선택의 여지가 없었다. 자본주의 발전을 기업가들에게 맡겨야 한다는 생각을 진지하게 받아들인 경우는 거의 없다. 자본가들 자신이 국가에 보호를 요청했다. 어쨌든 대부분의 나라에 자본가가 많지 않았고, 국가 보호 없이 위험을 무릅쓰려는 의지나 능력이 있는 자본가는 거의 없었다. 자본가를 양성하고 보호해야 했다. 20세기 말에 이르러 자본주의는 성장하고 성숙했다. 자본주의가 강하고 견고한 곳에서는 마치 오이디푸스 콤플렉스처럼 자본가와 그 옹호론자들이 국가의 품에서 벗어나려고 하면서 '좋았던 옛 시절'에 존재했다고 상상하는 최소 국가로 '돌아갈' 것을 요구했다. 월트 휘트먼이 『풀잎Leaves of Grass』(1888)에서 노래한 것처럼, 좋았던 옛날—'타락 이전'—이라는 환상은 세계 역사에서 되풀이해서 등장하는 신화다.

그러면 지극히 고요하고 행복한 비옥한 시절이 되나니!
곰곰이 생각에 잠기는 더없이 평화로운 시절!

1880년대에 정치의식에 눈뜬 이들의 지배적인 견해는 자유주의 자본주의가 번성하려면 국가를 강화할 필요가 있다는 것이었다. 그리고 산업화에 따른 혼란이 상당히 크고, 사람들을 동원하기 위해 전례 없는 자원이 필요하며, 그 혜택이 곧바로 나오는 것이 아니기 때문에 인구의 중요한 부분, 아마 다수를 경제발전에 포함시키는 게 필요했다. 이렇게 하려면 자본주의는 집단적 기획이 되어야 했다. 사람들, 국가 전체를 동원해야 했다.

앞서 살펴본 것처럼, 자본주의는 결코 단순한 경제학의 문제가 아니다. 자본주의의 확장은 사회적·정치적 문제를 낳으며, 순조롭게 확장하지 못하면 성격은 다를지언정 훨씬 더 많은 문제를 야기한다. 지배 엘리트들은 자본주의가 지나친 정치적·사회적 혼란을 겪지 않고 발전하며 자신들을 끌어내리려 하는 이들을 좌절시킬 수 있는 방도를 찾아야 한다. 필요한 것은 모든 집단이 차이에 아랑곳하지 않고 자본주의 발전에 공통의 이해관계를 갖게 되는 **민족 공동체**를 형성하는 일이다. 그러려면 다수의 생활 조건이 꾸준히 지속적으로 개선되어야 한다. 그래야 개인들이 자신의 문제를 일시적인 것으로 간주하고, 현재가 아무리 나쁘더라도 미래는 더 나아진다는 희망을 품으면서 진보의 낙관적 이데올로기에 합세할 수 있다.

바로 이것이 자본주의의 이데올로기적 토대다.

하지만 다수의 물질적 조건이 개선되려면 시간이 걸리며, 종종 충분히 고르게 분배되지 않는다. 어쨌든 민족 공동체의 형성은 단지 번영을 증대함으로써 진행되는 게 아니다. 민족이 하나라는 사회적 유대감을 형성하려면 단순히 미래에 부가 더 많아질 것이라는 희망 이상이 필요하다. 19세기 말에 항상 의식적인 것은 아니지만 민족 공동체를 구성하기 위해 다양한 전략이 전개되었다. 민족주의적 국가 건설, 민주화, 식민주의와 해외 팽창, 사회개혁 등이 그것이다.

이 주제들이 이 책의 골격을 형성한다.

제1부('세계의 상태')는 두 장으로 구성된다. 제1장에서는 19세기에 급격히 늘어난 국가들을 두루 살펴본다. 독일, 루마니아, 이탈리아 같은 신생 국가(벨기에와 그리스는 몇십 년 전에 만들어졌다), 프로이센에 패배한 뒤인 1867년에 오스트리아-헝가리 '이중 군주국'이 된 오스트리아 제국같이 새로운 토대 위에 재건된 국가, 미국같이 몸집이 커진 국가 등이 있다. 이 국가들이 영국과 프랑스, 에스파냐와 일본 같은 오래된 국가들에 가세했다. 제2장에서는 사회의 상태를 검토하고, 농촌과 도시의 상황, 부자와 빈자가 어떻게 살고 무엇을 먹었는지 등을 대조해본다. 다시 말해 자본주의가 조건으로 삼아야 했던 사회가 어떤 종류였는지 살펴본다.

제2부('근대화', 제3~9장)에서는 1차대전에 앞선 몇십 년 동안 세계 각지에서 국가가 경제에 관여한 과정을 비교분석한다. 산업의 새로운 매력, 경제 관리에서 국가가 새롭게 맡은 역할, 조세 문제, 그리고 무엇보다도 몇몇 나라가 다른 나라들보다 발전했다는 인식이 야기한 불안, 미국의 근대적 이미지에 초점을 맞추는 한편 제정 러시아를 특징지은 근대화 대논쟁에서 극명하게 드러난 불안 등을 검토한다.

제3부('대중 끌어들이기', 제10~16장)에서는 자본주의 산업화에 따른 혼란과 불안에 대처하기 위해 고안된 다양한 전략을 다룬다. 민족 건설과 그 경계(누가 '민족'의 일원이고 누구는 아닌가), 민주화, 즉 참정권의 확대와 복지권을 비롯해 사람들을 점차 시민으로 뒤바꾼 정치·사회·경제적 권리의 발전, 이 과정에서 종교가 맡은 역할 등이다.

민주화는 본질적으로 19세기의 구성물인 민족주의의 호소력을 향상시켰다. 민족주의가 정확하게 어떻게 구성되는지는 나라마다 달랐을 테지만, 유럽과 라틴아메리카 민족주의의 초창기 대표자들은 민주적 성격을 띨 것이라고 생각했다(여기서 민주적이라 함은 19세기적인 의미로, 많은 이들이 배제된다). 민족주의는 전근대 사회에서 전통적으로 그랬던 것처럼 종교나 계급을 바탕으로 해서만이 아니라 어느 정도 인위적으로 고안된 종족을 바탕으로 해서도 '타자'를 배제함으로써 다른 차이와 상관없이 사람들을 하나로 묶어주는 이데올로기적 접착제가 될 수 있었다. 마르크스와 엥겔스가 저 유명한 1848년 『공산당 선언』을 '온 세계의 프롤레타리아여 단결하라'는 구호로 마무리한 데에는 충분한 이유가 있었다. 하지만 이런 국제주의의 호소는 아무 주목도 받지 못했다. 바로 그 선언에서 두 사람이 프롤레타리아트가 "정치적 지배권을 장악"하려고 한다면 "민족을 이끄는 계급"이 되고 "스스로를 민족으로 정립해야 한다"고 호소한 것을 보면, 놀라운 일도 아니다.

민족 건설을 위해서는 또한 식민지를 획득하거나(주로 영국과 프랑스, 벨기에, 그리고 한참 뒤에는 독일과 일본과 이탈리아), 가령 제정 러시아가 동쪽으로 넓히고 미국이 서부로 확장한 것처럼 국내에서 영토를 지속적으로 확대하거나, 인구의 일부 계층에게 이득이 되리라는 기대 속에 관세로 민족자본주의를 보호함으로써 민족의 힘을 해외로 투사할 필요가 있었다. 이런 주제들은 제4부('세계를 마주하다', 제17~20장)에서 다룬다. 물론 식민주의는 산업자본주의와 무관하게 다양한 형태로 존재했다. 네덜란드, 에스파냐, 포르투갈 등의 제국은 실제로 이 나라들이 상당한 힘을 지녔던 앞선 시대의 유물이었다. 19세기 동안 에스파냐는 제국의 대부분을 상실한 반면, 포르투갈과 네덜란드는 커다란 대가를 치르면서 일부 식민지를 간신히 유지했다. 하지만 이 식민지들은 민족직 자부심이나 산업화에 별로 도움이 되지 않았다.

식민주의는 여러 가지 방식으로 민족 건설에 기여했다. 식민지 행정관과 이민자를 위한 출구를 제공하고, 무역을 장려했으며, 군대를 발전시키고, 자기 나라가 정말로 우월하다는 자부심을 높여주었다(문명화 사명 la mission civilisatrice이나 백인의 짐white man's burden 같은 환상). 민주화, 조세, 복지국가와 나란히 식민주의는 자본주의 아래서 국가가, 국가 아래서 자본주의가 비약적으로 발전하는 데 기여했다. 식민주의는 국가를 해외 영토로 확장하는 형태이기 때문이다.

하지만 국가와 자본주의 사이에는 조화로운 관계란 있을 수 없고 오직 끊임없는 충돌만이 있을 뿐이다. 국가는 연방 형태거나 지방정부로 권력을 이양하거나 권력 분립이 존재한다 할지라도 필연적으로 거대한 단일체다. 하나의 지휘본부만 있을 수 있으며 모든 규칙은 국가 스스로 결정한다. 반면 자본주의는 무정부 상태로, 중심도 없고 단일한 의지도 없다. 국가는 한 영토 안에 고정돼 있다. 자본주의는 생산과 소비 모두에서 전 지구적인 경향을 갖는다. 할 수 있는 모든 곳에서, 이윤과 기회와 틈새가 존재하는 모든 곳에서 작동한다. 한 자본가가 실패할 때마다 다른 자본가가 성공한다. 모든 위기에는 승자가 존재한다. 모든 승리는 일시적이다. 슘페터가 말한 것처럼, 자본주의는 손님들이 '영원히 바뀌는' 호텔과도

같다.[81]

　그리고 자본의 조직 형태는 언제나 전 지구적인 반면, 규제 기관인 국가는 다른 국가들의 제약을 받는다. 물론 국가들은 모임을 갖고, 협정을 맺고, 조약을 체결하고, 규칙을 정하지만, 다른 국가들에 통제를 강요할 수 있는 초국가는 존재하지 않는다. 반면 자본주의는 거대한 단일체가 아니고, 중심이 없으며, 경쟁관계를 유발하고 경쟁을 바탕으로 번성한다는 바로 그 이유 때문에 지구 전체에 뻗어나갈 수 있다.

제1부
세계의 상태

제1장 신생 국가, 오래된 국가
제2장 사람들의 삶

제1장

신생 국가, 오래된 국가

고립 상태에서 살면서 자기들이 독특하다는 환상에 젖어 있는 작은 공동체들로 세계가 이루어진 시기가 존재했을까? 그런 시기가 있었다 하더라도, 즉 가난과 무지, 거의 존재하지 않는 기술 때문에 그런 믿음이 생겼다 할지라도, 마을 밖을 돌아다니면서 새로운 세계를 발견하고 상품과 생각을 교류하고 다른 사람들을 정복한 진취적인 사람들이 걸핏하면 그 믿음을 허물어뜨렸을 것이다.

　우리가 사는 지구가 '축소'되기 시작한 것은 약 7만 년 전이나 더 오래전부터다. 기술을 익히게 된 호모 사피엔스는 몇 차례의 시도에서 실패한 끝에 아프리카에서 유라시아 대륙으로 뻗어나가기 시작했고, 오스트레일리아와 남북아메리카에 도달해서 몇 군데 영구 동토지와 작은 섬들을 제외하고 사실상 지표면 전체를 서식처로 삼았다. 성공의 열쇠는 크고 작은 배로 이동하는 기술의 발전이었다. 물론 도보만으로도 먼 거리를 이동하는 게 가능하기는 하다. 매일 20킬로미터씩만 걸으면, 케이프타운에서 헬싱키, 블라디보스토크를 거쳐 싱가포르까지 불과 4년여 만에 갈 수 있었다.

이처럼 이동 능력이 좋은 인간은 다른 포유류와 가장 중요한 차이점이 언어를 사용하는 능력인데, 결국 먹을거리를 재배하고 고기를 조리하는 법을 발견했다. 인간은 제국을 건설하고, 종교와 신념 체계를 퍼뜨렸으며, 서로 교역을 했다.[1]

한참 뒤에 여행자와 침략자들은 아시아와 유럽과 아랍 세계로부터 다른 지역을 체계적으로 탐험하면서 이따금 적당한 곳에 정착했다. 그리하여 8세기를 시작으로 바이킹은 유럽의 광활한 땅을 식민지로 삼았고, 13세기에 몽골족은 오늘날의 헝가리와 폴란드에 도달했으며, 같은 시기에 마오리족은 폴리네시아 동부에서 뉴질랜드로 와서 정착했다. 중국의 대탐험가 정화鄭和(1371~1434)는 거대한 '보선寶船'(당시 세계 최대 크기였다)으로 돌아다니면서 추정컨대 멀리 아프리카 동부 해안과 북으로 캄차카까지 다니며 교역을 했다. 이런 해상 탐험은 중국의 해외 제국을 창건할 수도 있었지만 1433년에 중단되었다. 몽골족의 위협이 재발해서 중국이 국내 생산과 내부 안정, 식민화를 위한 자원이 필요하던 시기에 명나라 황제들이 이런 지출은 낭비라고 판단했기 때문이다.[2] 유럽 국가들과 달리 강력한 중국의 국가는 탐험을 중단할 수 있었다. 중국은 폭넓은 교역을 하고 다른 나라에 정착민들이 있긴 했지만, 해외 제국을 발전시키지는 않았다. 지난 500여 년에 걸쳐 유럽인들은 아프리카와 남북아메리카, 오스트랄라시아에 엄청나게 많은 수가 정착했다. 콜럼버스 이전 아메리카에서도 아즈텍족 같은 원주민들은 비록 아프리카와 아시아, 유럽과는 차단돼 있었지만 폭넓게 교역을 했다.[3] 중국과 지중해를 잇는 고대 무역로인 실크로드는 교역의 대표적인 사례였고, 18세기 노예무역도 마찬가지였다.

따라서 세계화는 지난 몇십 년 동안 낌새조차 알아채지 못한 세계에 갑

자기 나타난 현상이 아니라 오랜 과정이다. 하지만 '이전 시대'에는 소수만이 전 지구적인 과정에 관여했다. 13세기에 중국까지 갔다가 베네치아로 무사히 돌아온, 아니 그랬다고 주장하는 전설적 상인인 마르코 폴로 같은 여행자는 극소수의 일부였다. 16세기까지 농민들은 주로 자기 집에서 몇 마일 거리 이내에서 생산된 것을 소비했고, 결혼도 대부분 가까이 사는 사람들끼리 했다. 대부분의 시장은 24시간 안에 갈 수 있는 곳이었다. 대다수 사람들에게 자신이 속한 더 넓은 범위는 국가가 아니라 지역이었다. 당시에 세계화된 경제에는 선박으로 운송되는 전체 생산물의 1퍼센트만이 포함되었다.[4]

하지만 19세기 마지막 몇십 년 동안 이루어진 세계화는 무척 달랐다. 사람들은 오래전부터 원거리 교역을 하면서 한 장소에서 물건을 사다가 다른 장소에서 더 높은 가격으로 팔아왔지만, 19세기 말에는 전 지구적 자본 시장이 시작되고 제조업의 세계화가 이루어졌다. 다시 말해 자본주의의 근대적 국제화가 등장했다.[5] 따라서 세계화는 오랜 역사를 가진 과정이긴 하나, 정복과 경제발전과 교통통신 혁명의 도움을 받아 1860년대부터 줄곧 높아진 세계화의 강도는 새로운 것이었다. 1차 대세계화(1860~1910)와 2차 대세계화(1980~)를 가르는 가장 중요한 차이는 시간의 가속화다.[6]

2차 대세계화가 진행되는 가운데 낡은 것 속에서 나타나는 새로운 것을 부각시키기 위해 새로운 단어가 고안되었다. 1980년대 말까지만 해도 '세계화globalisation'라는 용어가 거의 사용되지 않았다. 지금은 너무도 대중적인 이 개념은 1990년 전에 드문드문 등장했는데, 대개 '글로벌 기업'이나 글로벌 마케팅과 관련해서 나타났다. 1983년 시어도어 레빗은 『하버드비즈니스리뷰Harvard Business Review』에 쓴, 다소 과장되면서도 유명한 기사에서 '시장의 세계화'에 관해 이야기했다.[7] 1990년 이전에 미국 의회도서관의 서지목록에는 '세계화'라는 단어가 제목에 들어가는 영어 서적이 10여 권에 불과했고, 1987년 이전에 나온 책은 하나도 없었다. 하지만 그때까지 '국제적'이나 '초국적'이라고 불리던 현상이 갑자기 '전지구적'이라고 불리게 되었다.

1990년 이후에 '세계화'라는 용어가 점점 열광적으로 사용되었다. 1990년에서 1995년 사이 제목에 이 단어가 포함된 책이 24권 등장했고, 2000년에는 추가로 86권, 2001년에서 2005년에는 다시 또 913권, 그리고 2006년에서 2010년 사이에는 추가로 1330권이 등장했다. 1964년 『르몽드』 기사 중에서 세계화mondialisation라는 단어가 나오는 것은 하나뿐이었다. 그런데 1992년에 이르면 이 용어가 포함된 기사가 200건에 육박했고, 2000년에는 800건이 넘었다.[8]

'세계화'는 인기가 좋다. 1996년에 이미 수전 스트레인지는 이 개념 역시 아무나 내키는 대로 떠들어대는 "애매모호한" 단어이고, 정확한 의미가 분명하게 정의되지 않았으며, "대개 소비자 취향과 문화의 지속적인 미국화를 점잖고 완곡하게 표현한 데 지나지 않는다"고 어느 정도 타당한 불만을 토로했다.[9] 세계화는 제대로 정의되지 않은 세계의 상태가 되었는데, 어떤 이들은 혐오하고 두려워한 반면, 다른 이들은 분리된 공동체들로 이루어진 원시 세계로부터 하나의 '지구촌'(마셜 매클루언이 인터넷 시대가 열리기 한참 전인 1962년 출간한 『구텐베르크 은하계The Gutenberg Galaxy』에서 사용한 표현이다)으로 인류가 진화하는 새로운 단계라고 치켜세웠다.

물론 세계화는 무역, 종교, 범죄, 먹을거리, 심지어 질병 등의 통로를 통해 여러 세기 동안 진행된 과정이다. 고대의 교역로는 지구의 상당 부분을 가로질렀다. 종교는 종종 정복과 식민주의의 등에 올라타서 멀리까지 옮겨갔다. 기독교는 지중해에서 아시아와 아프리카, 남북아메리카까지 갔고, 이슬람은 아라비아 반도에서 서쪽으로는 에스파냐와 동쪽으로는 인도네시아까지 퍼졌으며, 불교는 인도에서 중국과 일본까지 갔다. 범죄 역시 범죄자(해적)들이 점차 기술을 따라잡아 기동성이 좋아지면서 현대의 마피아 조직처럼 퍼져나갔다. 1500년 이후 신세계로부터 감자, 토마토, 카카오, 고추(칠레 고추 포함), 땅콩, 옥수수의 존재가 만방에 알려지자 먹을거리의 세계화가 진행되었다. 프란시스코 피사로가 이끄는 병사들이 페루를 정복(1532)하고 불과 4년 뒤에 에스파냐에서 처음 감자(이 뿌리줄기는 안데스산맥이 원산지다)를 먹었다는 사실은 좀 놀랄 만한 일이다. 1597년에 이르면 런던에서도 감자가 재배되었고, 금세 아일랜드에서 널리 보급되었다. 미국의 벼 재배는 노예들이 서아프리카에서 여러 세대에 걸쳐 하던 것처럼 언제 어디서든 짬만 나면 벼를 심으면서 시작되었다.[10] 먹을거리나 사람과 나란히 질병도 옮겨가면서 신세계에서 유럽 식민자들이 직접 자행한 잔학행위보다 더 많은 죽음을 야기했다. 하지만 질병의 세계화는 새로운 현상이 아니었다. 벼룩 안에 들어간 세균, 쥐에 붙은 벼룩, 쥐가 득실거리는 배가 무역 항로를 따라 이동하면서 14세기에 아시아로부터 유럽에 도달하여 인구의 3분의 1이 목숨을 잃는 대참사가 벌어졌다.

먹을거리의 세계화는 그 자체가 연구 주제다. 감자, 옥수수, 쌀, 카사바 같이 세계 곳곳에서 주식이 된 산물들이 이때 퍼진 것들이기 때문이다. 커피는 15세기에 예멘의 모카항에서 터키를 거쳐 지중해, 중동, 인도, 자바 등지로 퍼졌다. 결국 루이 14세의 궁정에서도 커피를 마셨는데, 상투메섬과 브라질의 노예 플랜테이션 농장에서 재배된 설탕을 넣은 커피를 중국산 자기 잔에 따라 마셨다.[11] 얼마 지나지 않아 사치품도 '세계화'되었다. 1530년대에 헨리 8세의 비서장관을 지낸 토머스 크롬웰의 저택에서 열린 디너파티에서 요리사는 생강, 육두구, 무화과, 오렌지, 마르치판[marzipan. 아몬드 가루와 설탕, 계란 흰자로 만든 페이스트. 십자군전쟁을 계기로 중동에서 유럽에 소개되었다고 전해진다.-옮긴이] 같은 이국적인 진미를 사용하곤 했다.[12] 이제 부르주아지가 '국제적' 음식을 먹을 치례기 되었다. 1833년 파리의 유명한 레스토랑인 오프레르프로방소Aux Frères Provençaux는 오늘날 우리라면 '세계 요리'라고 부를 법한 메뉴판을 내놓았다. 오스텐더(벨기에)산 굴, '영국식으로 속을 채운farcis à l'anglaise' 오리 요리, '중국산 콩soya de Chine'으로 조리한 왕새우, 그리고 북부의 디에프(홍합)에서부터 레스토랑 소유주의 고향인 프로방스 요리에 이르기까지 프랑스 각지에서 온 다양한 음식이 있었다.[13] 과일 샐러드는 이미 이름 자체가 '마세도앙Macédoine'이었다. 알렉산드로스 대왕의 마케도니아 제국이 지닌 다종족적 성격을 넌지시 가리키는 이름이었다. 1766년 문을 연 라페루즈Lapérouse 레스토랑(지금도 그랑 조귀스탱 강변로에 자리잡고 있다)을 1891년에 찾은 손님은 네덜란드 소스로 요리한 가자미Barbue sauce hollandaise(영어로는 'brill', 이탈리아어로는 'rombo liscio'라고 부르는 물고기다)와 베네치아식 살구 푸딩Puddings d'abricots à la Vénitienne을 먹을 수 있었다.[14] 19세기의 부르주아계급은 남북아메리카나 아프리카에서 들여온 커피를 마시고, 버지니아나 켄터키에서 온 담배로 파이프를 채우며, 아프리카나 남북아메리카에서 수입한 카카오로 만든 초콜릿을 먹을 수 있었다.[15] 상층계급 부인들은 비버와 비쿠냐의 털, 또는 캐나다나 페루, 서아프리카, 수단, 레반트 등에서 들여온 원료로 만든 모자를 썼다. 프랑스 모자 제조업자들이 18세기에 유행시킨 모자였다.[16]

1876년 최초의 냉동선이 얼린 쇠고기를 싣고 아르헨티나에서 프랑스로 운항했다. 1870년에서 1914년 사이에 운송비가 더욱 하락하자 놀라울 정도의 가격 수렴 현상이 나타났다. 1870년만 해도 리버풀의 밀 가격은 여전히 시카고에 비해 58퍼센트 높았지만, 1895년에는 겨우 18퍼센트 높았다.[17] 운송이 발전함에 따라 세계가 작아졌다. 1842년 최초의 정기여객선은 속도가 시속 10해리[약 19킬로미터.-옮긴이]였다. 그런데 1912년에 이르면 시속 18해리[약 33킬로미터.-옮긴이]로 운항할 수 있었다. 수에즈 운하가 개통되면서(1869) 런던과 봄베이[지금의 뭄바이.-옮긴이] 사이의 거리가 거의 절반으로 줄었다. 1840년대에는 인도까지 가는 데 5~8개월이 걸렸지만 1912년에는 2주 만에 갈 수 있었다.[18]

생각도 퍼져나갔다. 오늘날의 세계시민주의자들은 국제적 상호연결에 대한 오랜 찬미를 되돌아볼 수 있다. 존 던은 『묵상 17Meditation XVII』(1623)의 유명한 구절에서 "어떤 인간도 그 자체로 완전한 하나의 섬이 아니다. 모든 사람은 대륙의 한 조각이자 대양의 일부다"라고 노래했고, 제러미 벤담은 '흔히 만민법이라고 통하는 법의 분야'를 지칭하기 위해 '국제적international'이라는 단어를 처음 사용했으며(1780), 이마누엘 칸트는 『영구평화론Project for a Perpetual Peace』(1795)에서 서로 평화를 이루는 주권국가들로 이루어진 세계(ius gentium)만이 아니라 사람들이 보편 국가의 시민으로 간주되는 세계(ius cosmopoliticum)도 상상했고, 콩도르세 후작은 『인간 정신의 진보에 관한 역사적 개요Esquisse d'un tableau historique des progrès de l'esprit humain』(1795)에서 "이성 외에는 다른 주인을 알지 못하는 자유로운 민족들에게만 태양이 비추는" 때가, "폭군과 노예와 사제는 역사 속에만 존재하는" 때가 오기를 고대했다.[19]

이런 꿈들은 아직 실현이 요원하지만, 1864년에는 국가의 절대적 주권을 제한하는 최초의 국제 협정이 체결되었다. 그것은 제네바 협약으로, 전장에서 부상당한 군인을 보호할 수 있게 되었다. 협약 직전에는 최초의 초국가적인 인도주의 조직인 적십자(1863)가 만들어졌다. 그 후 지금까지 국제전신연맹(1865)과 만국우편연합(1874), 그리고 1875년 17개국이 서명해서 미터법을 채택한 국제 협정(미터협약) 같은 초국가적 조직과 협정이 급증했다(미터법은 현재 버마[미얀마. 1989년 버마 독재 정권은 국가 이미지 개선을 위해 일방적으로 국명을 '버마'에서 '미얀마'로 바꿨다. 아웅산수치를 비롯한 민주 세력은 국명 변경에 항의하며 '버마'라는 명칭을 고집하고, 영국과 미국의 정부와 언론도 지금까지 '버마'라는 명칭을 고수한다.–옮긴이]와 라이베리아, 미국을 제외한 세계 모든 나라가 채택했다).[20] 1914년에 이르면 국제기구가 112개 존재했다.[21] 이 수는 그 후로도 꾸준히 증가했다.

시간 지키기도 세계화되었다. 세계 곳곳에서 하나의 시계를 사용해서 시간을 측정하기 때문이다. 보편적으로 채택되는 역법이 그레고리력이기 때문에 모든 곳에서 날짜가 동일하다. 비기독교권 문화도 종종 고유 역법과 나란히 그레고리력을 사용한다.

20세기에 전 세계의 거의 모든 나라들 사이에 협력이 많아진 결과로 유엔, 경제협력개발기구(OECD), 세계무역기구(WTO), 세계은행, 국제통화기금(IMF), 국제전범재판소 같은 국제기구들이 생겨났다. 지역 연합체도 존재하는데, 주로 무역을 다루는 연합체로는 유럽연합, 남아시아자유무역지대SAFTA(South Asian Free Trade Area), 메로코수르MERCOSUR(남미공동시장Common Market of South America), 나프타NAFTA(북미자유무역협정 North American Free Trade Agreement), 아세안ASEAN(동남아시아국가연합 Association of Southeast Asian Nations), 아프리카연합African Union 등이 있다. 하지만 이런 기구들은 국가를 대체하지 못한다. 정반대로 이 기구들은 주권국가들이 맺은 협정이며 두 가지 형태를 띤다. 경제 동맹은 거의 언제나 지역 내의 자유무역과 관련되고(19세기에 1833년부터 독일관세동 맹Zollverein이 그런 역할을 했다), 나토 같은 군사 동맹은 미국이 지배한다. 사실 종종 인간의 평등처럼 국가 간 평등이 선언되긴 했지만, 현실을 보면 국제무대에서 힘은 여전히 몇몇 나라의 수중에 있다. 19세기의 이른바 '국가 간 협조체제Concert of Nations'를 이끈 열강이나 오늘날 우리가 말하는 '국제사회'는 대개 미국이 이끄는 서구를 의미한다.

시장자본주의와 대의민주주의 지지자들은 이 두 가지가 모든 사람들에게 예외 없이 적합하다고 생각한다(종교적 믿음과의 유사성은 인상적이다). 하지만 자본주의는 자유민주주의보다 더 범위가 넓다. 컴퓨터 및 인터넷 혁명과 관련된 거의 모든 하드웨어와 소프트웨어—IBM, 휴렛패커드, 델, 인텔, 시스코, 마이크로소프트, 애플, 구글, 이베이, 트위터, 페이스북, 유튜브, 아마존, 위키피디아—가 미국에서 생겨나긴 했지만, 물리적 재화(컴퓨터나 태블릿) 가운데 점점 큰 비율이 '서구' 바깥에서 제조된다. 그중에서도 전 세계 컴퓨터의 절반을 수출하는 중국이 독보적이다.[22] 계속 빨라지는 여행 속도와 이주 물결, 그리고 무엇보다도 문화 교류와 통신(라디오, 텔레비전, 인터넷)의 압도적인 속도는 지구 행성이 작아지고 있음을 보여주는 두드러진 면모다. 18세기와 19세기의 경제학자인 애덤 스미스와 데이비드 리카도가 연구해서 이론화한 국제적 분업은 당시에 상상조차 하기 어려웠던 수준까지 발전했다.

몇십 년 전만 해도 거의 언급조차 되지 않았던 보편 인권 개념이 적어도 형식적으로나마 일반적으로 받아들여진 것을 보면, 공통의 도덕 기준이 확립됐음을 알 수 있다. 이 개념은 최근에 이루어진 업적이다. 1853년 고비노 백작이 인종주의적 내용이 담긴 『인종불평등론Essai sur l'inégalité des races humaines』을 출간했을 때, 사람들은 그의 견해가 특히 도발적이라고 보지 않았다. 지구온난화와 전 세계 온도의 상당한 상승에 따른 위험 때문에 우리 모두가 한 배에 타고 있다는 견해가 강해졌다. 이 배는 서서히, 그러나 확실히 불타고 있지만 그래도 우리는 함께 타고 있다.

오늘날 많은 이들이 국제주의와 세계시민주의를 찬미해야 마땅하다고 본다. 하지만 20세기 전반기만 해도 사정이 달라서 국제주의자와 세계시민주의자는 종종 비난을 받았고, 어떤 곳에서는 총까지 맞았다. 실제로 19세기에는 러시아의 서구화론자인 비사리온 벨린스키 같은 진보적 문학비평가도 일부 작가들의 '뿌리내리지 못한 세계시민주의rootless cosmopolitanism'를 비판했다. 이 표현을 초기에, 어쩌면 처음 사용한 사례일 것이다.[23] 벨린스키가 겨냥한 것은 유대인이 아니었다. 하지만 '세계시민'이라는 용어는 오래된 것이다. 디오게네스는 어디 출신인지를 묻는 질문에 이렇게 말했다고 전해진다(서기 3세기 전반에 그리스 전기 작가가 기록한 말이다). "나는 세계의 시민입니다(kosmopolitês)."[24] 그만큼 호기롭지는 않지만, 1886년 미국에서 처음 발간된 국제 잡지는 이 단어를 제호로 정했다. 하지만 원래 '가족' 잡지를 표방한 『코스모폴리탄The Cosmopolitan』은 주로 패션, 요리, 가정 살림 등에 관한 기사로 여성을 겨냥했다. 성상담은 나중에 덧붙여졌다. 잡지에서 정기적으로 다룬 분야 중 하나인 패션은 이미 여러 나라와 대륙을 아울렀다.

오늘날 민족주의 세력이 세계시민주의 세력보다 더 강하다. 정치는 여전히 민족 정치가 압도한다. 시민들은 정치인을 신뢰하지 않을지 몰라도 그래도 다른 나라 정치인보다는 자국 정치인을 믿는다. 시민들은 자국 정부가 외국인의 이익보다 자신들의 이익을 더 보호해주기를 기대한다. 세계화 시대에는 강한 국가에 속하는 것이 이점이라고 느껴진다. 물론 강한 국가는 또한 강한 적대감을 낳기 때문에 언제나 그런 것은 아니다. 중동 어디에서든 미국인보다는 오스트리아인이 아마 더 안전할 것이다.

19세기가 민족주의의 시대였다면 20세기는 민족국가들의 시대였고, 민족주의의 시대는 종언을 고하는 것과는 거리가 한참 멀다. 1900년에는 공식적인 주권국가가 50여 개에 불과했다(지금은 예멘의 일부인 상아울라키셰이크국Upper Aulaqi Sheikhdom 같은 다양한 술탄국과 여전히 현존하는 안도라 같은 소국은 계산에 넣지 않았다). 미국과 캐나다와 아이티, 유럽 19개국, 라틴아메리카 17개국, 아프리카와 아시아는 각각 6개국, 7개국뿐이었다(〈표 1〉을 보라).

1960년에 이르면 주권국가가 100개국이 넘었고, 오늘날에는 200개국 이상이다. 하지만 민족주의가 비록 성공을 거두었다 할지라도 요즘에는 19세기와 달리 의문의 여지가 없는 긍정적 함의를 상실하고 있다. 오늘날의 학생들도 영광스러운 과거에 관해 배우겠지만, 또한 다른 문화를 너그럽게 보고 소중히 여기라고 배우기도 한다. 이런 서사는 보통 지적 엘리트들로부터 나온다. 가장 세계시민적인 인구 집단인 이 계층은 2개 이상의 언어를 구사하고, 툭하면 여행을 다니며, 다른 민족의 관습에 호기심을 갖는다. 세계시민주의자들은 민족주의자가 촌티나고 편협하며 자국 문화 수호에 집착한다고 여기는 한편, 스스로는 경계와 국경을 초월해서 '세계의 시민'이 될 수 있다고 자부한다. 하지만 문화나 정치에 관한 한, 각 민족국가의 주민 대다수는 바로 이웃나라의 상황조차 알지 못하는 경향이 있다(국제 언론에서 끊임없이 논하는 미국 정치는 예외이고, 또한 미국의 문화 산물, 특히 음악, 영화, 텔레비전 드라마는 널리 수출된다). 훌륭한 학교와 유서 깊은 대학을 보유한 선진국에서도 이웃 민족에 대한 이처럼 절망적인 무지가 나타난다. 그리하여 17세기의 극작가인 장 라신은 프랑스의 각

<표 1> 세계의 주권국가들, 1900

과테말라	시암
그리스	아르헨티나
남아프리카공화국	아이티
네덜란드	에스파냐
네팔	에콰도르
노르웨이	에티오피아
니카라과	엘살바도르
덴마크	영국
도미니카공화국	오렌지자유국
독일	오스만 제국
라이베리아	오스트리아-헝가리
러시아	온두라스
루마니아	우루과이
룩셈부르크	이탈리아
멕시코	일본
모로코	중국
몬테네그로	칠레
미국	캐나다
베네수엘라	코스타리카
벨기에	콜롬비아
볼리비아	파라과이
부탄	페루
브라질	페르시아
세르비아	포르투갈
스와질란드	프랑스
스웨덴	한국
스위스	

급학교에서 배우지만, 이웃한 독일과 이탈리아에서는 사실상 생소한 인물이다. 마찬가지로 독일인과 프랑스인의 대다수는 단테라는 이름을 들어본 적도 없다.[25] 사람들은 지금도 자기 나라 안에서 마치 마을에 사는 것처럼 살고 있다.

일본의 경영 전문가 오마에 겐이치大前研一 같은 몇몇 학자들은 우리가 '국경 없는 세계'에 살고 있으며 우리 시대의 커다란 문제는 전 지구적인 것이기 때문에 전 지구적 또는 초국가적 접근법으로만 해결할 수 있다고 주장할 정도다. 그들은 민족국가는 빈 수레, 즉 과거에 속한 환상일 뿐이며 전 지구적 경제에서는 '부자연스러운 사업 단위'라고 말한다. 오늘날 중요한 것은 '지역 국가regional state', 즉 이탈리아 북부나 웨일스, 샌디에이고, 홍콩, 실리콘밸리 같은 지리적 단위라는 것이다.[26] 하지만 한때 오마에는 일본은 국경 없는 나라이기는커녕 연안 지역 200해리까지 경계선과 주권을 일방적으로 확대할 수 있다고 생각했다. 이런 '국가적 행동'을 통해 '외국산' 생선에 대한 의존도를 낮추기 위해서였다.[27] 어쨌든 우리는 여전히 국경 없는 국가와는 거리가 멀다. 민족국가의 국제화가 계속 확대될 운명이라는 사고는 새로운 것이 아니다. 1910년, 당시 국제적 사회주의자로서 아직 열렬한 민족주의자이자 무솔리니 찬미자로 변신하기 전이던 귀스타브 에르베는 『국제주의L'internationalisme』라는 팸플릿에서 이런 사고를 설파했다. "근대적 모국은 이제 막 창조된 것인데, 이미 국제주의의 위협을 받고 있다." 그는 만약 19세기가 민족주의의 세기라면 20세기에는 국제주의가 승리를 거둘 것이라고 자신만만하게 예언했다.[28]

그렇다면 세계화 시대에 민족국가는 얼마나 중요한 의미가 있을까? 국가가 중요하지 않다면 국가가 내리는 결정이 세계경제에 그렇게 중요하지 않을 것이라고 주장할 수 있다. 하지만 1971년 미국이 달러화를 평가 절하한 결정이나 유럽연합 회원국들이 1992년 마스트리히트 조약Maastricht Treaty으로 단일 시장을 수립한 결정, 또는 1978년 중국 공산당이 경제개혁에 착수하기로 한 결정, 2016년에 영국이 유럽연합을 탈퇴하기로 한 결정에 대해 과연 어느 누가 그런 주장을 하겠는가?

오늘날 국가가 커지는지 아니면 작아지는지에 관한 논쟁이 맹위를 떨치고 있다. 국가를 정의하는 일이 쉽지 않기 때문에 논쟁이 더욱 불이 붙는다. 어떤 이들은 한동안 경제가 거의 방해받지 않은 성장을 구가한 끝에 신자유주의가 도래하면서 각국이 몸집을 줄이고 있다고 지적한다. 복지, 의료, 교육에 대한 공공 지출을 삭감하고, 1945년 이후 30년간의 성장기에 발전시킨 경제 관제고지에 대한 통제권을 포기한다는 것이다. 이와 관련된 통계는 명확하지 않다. 국가 지출은 여전히 놀라울 정도로 안정적이다. '국가'와 그 미래에 관한 일반적인 언명을 보면, 국가들의 다양성과 계속 변화하는 국가 간 관계에 대한 이해가 부족함이 드러난다. 지금은 지도상의 선에 불과한 프랑스-에스파냐 국경은 나치의 손아귀에서 도망치려 했던 사람에게는 너무나도 뚜렷한 실체였다. 1940년 9월 25일 밤, 위대한 사회이론가 발터 벤야민은 국경을 넘어서 안전한 곳에 가는 게 힘들다는 말을 듣고 스스로 목숨을 끊었다. 오늘날에는 누구든지 그냥 걸어서 국경을 넘는다.

지난 150년 동안 어떻게, 그리고 왜 국가들이 늘어난 걸까? 신생 국가들은 ―더 큰 단위에서 폭력적이거나 평화적으로 떨어져 나오는 식으로(가령 영국의 옛 식민지, 덴마크에서 분리된 노르웨이, 유고슬라비아에서 분리된 슬로베니아)― 분리를 통해, 또는 위에서부터 부과된 통일을 통해 형성되었다. 19세기 후반기에 이탈리아와 독일이 통일을 이룬 경우가 후자에 해당한다. 분리가 훨씬 일반적인 경우고 흡수는 보기 드물다.

각 신생 국가는 아무리 작더라도 19세기에 대체로 확립된 주권의 장식품들을 모두 갖고 있다. 여권, 국경, 군대, 제복 차림의 경찰, 화폐, 국가國歌, 국경일, 중앙은행, 그리고 나중에는 국적 항공사, 국가대표 축구팀, 유로비전 송 콘테스트나 미스월드 대회 참가자까지 보유하게 되었다.

이 모든 사례에서 눈에 띄는 예외가 한 가지 있다. 많은 유럽 국가들이 단일 화폐를 채택했으며(1999년에 11개국으로 시작해서 2015년에 19개국으로 늘어났다), 1985년 솅겐 협정Shengen Agreement을 체결해 가입국끼리 국경 통제를 폐지했다. 하지만 유럽연합 회원국을 포함해서 모든 주권국가는 '민족'문화를 찬미하고, 최소한 한 개 이상의 공영 텔레비전 채널을 보유해서 자국 뉴스를 주로 다루며, 학교에서 국사를 가르쳐서 아이들이 자기 나라를 자랑스럽게 여기게 만든다. 물론 대다수 사람들은 그래도 어떤 특정한 장소에서 태어났다는 게 개인적 이점이 되지는 않는다는 데 동의할 것이다. 사람들은 자기 민족의 탄생과 발전에 관해 다소 윤색된 설명을 듣고 자란다.

장황한 민족 서사는 상당히 비슷해서 ─하나의 문학 장르다─ 애절한 자기연민을 담은 피해 서사부터 자부심으로 가득 찬 영웅적 행동의 서사 사이에서 균형을 잡는다. 민족 서사에서 '우리'는 여러 세기 전부터, 심지어 그전부터 존재했다(영국은 1066년, 폴란드는 966년, 이탈리아는 로물루스와 레무스 이래, 그리스는 플라톤과 아리스토텔레스 이래, 이스라엘은 아브라함 시절부터). 우리는 영광스러운 역사의 장을 쓰고 있으며, 압제자들이 비겁하게 행동하지만 않았더라면 더욱더 영광을 누렸을 것이다. 마침내 우리는 자유와 독립과 행복을 이루었고, 그 누구와도 같지 않은 우리(가령 우리는 슬로베니아인이 아니라 크로아티아인이고, 오스트리아인이 아니라 이탈리아인이고, 독일인이 아니라 프랑스인이고, 러시아인이 아니라 우크라이나인이기 때문이다)는 마침내 누구와도 같아질 수 있다. 한 나라의 구성원이자 소유자고, 한 민족이며, 탁월한 문학과 일류 문화, 아름다운 언어와 유일무이한 풍경의 수호자가 되는 것이다.

우리는 보통 국가가 국경으로 정의된다고 생각하지만, 오늘날 대다수 주권국가의 경계와 국경은 비교적 최근에 만들어진 것이다. 지구 곳곳의 국가들뿐만 아니라 유럽 국가들도 마찬가지다. 이탈리아 국가는 모양이나 형태가 어떻든 간에 1861년 이후에야 존재했는데, 이것도 꽤 넉넉하게 잡은 것이다. 베네치아와 인근 지역은 1866년에야 이탈리아에 통합됐고, 수도인 로마 역시 1870년에 통합됐다. 오스트리아의 현재 국경은 1919년 이후에야 존재하게 된 것이다. 섬나라라고 해도 영국의 현 국경은 훨씬 더 최근에 만들어졌다. 영국 국경은 확실히 각급학교에서 아이들이 배우는 것처럼 1066년에 그어진 게 아니다. 영국은 스코틀랜드와 잉글랜드가 연합법Act of Union을 통과시킨 1707년 이후에야 존재하게 되었다. 영국의 경계선은 1801년에 아일랜드가 영국의 일부가 되면서 다시 바뀌었고, 1922년에 아일랜드섬 남부에 아일랜드자유국이 세워지면서 또 바뀌었다. 한편 한 국가로 존재한 잉글랜드는 적어도 유럽의 기준으로 보자면 비교적 오래된 나라다. 중세 말에 이르러 잉글랜드는 공통의 언어를 사용하는 한편 뚜렷하게 규정된 법률 아래 분명하게 정의된 영토를 아우르는 강력한 국가 구조를 갖게 되었다. 하지만 1066년까지 한동안 크누트 대왕이 다스리는 잉글랜드는 덴마크, 노르웨이와 함께 북부 스칸디나비아 왕국의 일부였다. 1066년 노르만 정복 이후 잉글랜드는 적어도 중세 후기까지는 프랑스의 일부를 포함하는 정치체에 속했다. 1707년 이후 이제 '잉글랜드'라고 불리는 국가는 그때는 존재하지 않았다.

역사는 국경과 인구를 무신경하게 다루면서 어떤 장소가 민족적 정서와 아무 관계가 없는 이유로 한 국가의 일부일 수 있다고 판정했다. 대부분의 경우에 그런 정서가 존재하지 않았기 때문에 비교적 쉬운 일이었다. 이마누엘 칸트가 1724년 쾨니히스베르크(칼리닌그라드의 당시 이름)

가 아니라 1946년 칼리닌그라드에서 태어났더라면, 그는 독일 철학자가 아니라 러시아 철학자가 됐을 것이다. 아르투어 쇼펜하우어가 독일의 단치히(1788년 그가 태어날 당시의 명칭)가 아니라 1946년 폴란드의 그단스크에서 태어났더라면 역시 폴란드 철학자가 됐을 것이다. 코르시카섬 주민들은 지금은 좋든 싫든 간에(일부는 싫어한다) 프랑스 사람이지만, 이는 1770년에 프랑스가 섬을 차지했다는 이유말고 다른 이유는 없다. 전에는 제노바공화국의 '굴레'를 벗어던진 독립 공화국이었다. 프랑스가 섬을 차지하지 않았더라면, 나폴레옹(1769년생)은 작은 섬나라의 독재자에 불과했을 것이다. 코르시카가 유럽 대부분은 고사하고 어느 한 나라라도 정복했을 가능성은 없기 때문이다. 오늘날 니스 사람들이 프랑스인인 것은 1860년 피에몬테 왕국이 이 도시와 주변 지역(그리고 현재 프랑스 사부아 지방이라고 불리는 곳까지)을 프랑스에 넘겨주었기 때문이다. 이 일이 없었더라면 이탈리아 리비에라는 훨씬 넓은 지역이었을 테고, 마르세유 여행자들은 부야베스[bouillabaisse. 생선을 비롯한 해산물에 채소를 넣어 끓인 마르세유의 전통 스튜.-옮긴이]가 아니라 주파 디 페셰[zuppa di pesce. 토마토소스 베이스에 해산물을 넣어 끓인 리비에라식 수프.-옮긴이]를 즐겼을 것이며, 주민들은 프랑스가 아니라 이탈리아 국가대표팀을 응원했을 테다. 세네갈의 생루이시는 릴보다 오래된 프랑스 도시다. 생루이는 1659년에 프랑스 땅이 된 반면, 릴은 9년 뒤인 1668년에 프랑스 왕이 엑스라샤펠 조약Treaty of Aix-la-Chapelle으로 차지했기 때문이다. 프랑스의 경계선은 과들루프나 마르티니크 같은 해외 영토가 프랑스의 일부로 편입된 제2차 세계대전(이하 '2차대전'이라 함) 이후에도 계속 바뀌었다. 프랑스 국경은 여러 세기 내내 불안정했다. 스트라스부르를 뺀 알자스는 30년 전쟁(1648)이 끝나고서야 프랑스에 부속되었고, 아르투아 지방(1659년 편입)도 마찬가지다. 로렌은 단지 루이 15세가 로렌 공작의 딸인 마리 레슈친스카와 결혼한 까닭에 프랑스 땅이 되었다(애초에 로렌 공작이 로렌을 차지한 것은 1738년에 폴란드 왕위를 포기한 대가였다). 하지만 20세기 대부분 시기 로렌의 어린이들은(최근까지도 집에서는 다양한 독일어 방언을 썼는데) 프랑스 학교에서 자신들은 일반적인 의미의 프랑스인일 뿐만 아니라 '우리 조상인 골족nos ancêtres les Gaulois'의 후손이라고 배웠다. 골족이 현대 프랑스인의 조상이라는 이런 믿음조차 최근에 생겨난 것이다. 중세시대 내내 사람들은 골이라는 말을 언급하지 않았다.[29] 골족이 프랑스 민족의 조상으로 선택된 것은 19세기의 일이다.[30] 현대 연구자들은 골족이라는 단일한 민족이 존재했는지도 심각하게 의문시한다. 실제로 골족은 문헌을 하나도 남기지 않았고, 우리가 위대한 '민족' 영웅 베르킨게토릭스에 관해 아는 내용이라곤 그의 반란을 진압한 로마인들에게서 나온 것뿐이다.[31] 만화 『아스테릭스Astérix』가 1959년 출간된 이래 거둔 놀라운 판매고는 확실히 '우리 조상인 골족'에 대한 믿음을 탄탄하게 해주었다.

 프랑스의 경계선이 불안정해 보일지 몰라도 폴란드에 비하면 바위처럼 단단해 보일 지경이다. 폴란드는 유럽 북쪽 평원 한가운데에 자리하기 때문에 놀랄 일이 아니다. 이 평원은 몇 안 되는 자연적인 지리적 경계를 빼면 거의 평탄한 풍경이다. 더욱 놀라운 것은 (민족주의자의 뜨거운 상상력에 익숙한 사람이 아니라면) 폴란드 국가가 1966년에 '천 년에 걸친 역사'를 기념했다는 사실이다. 이 '역사'는 폴란드가 기독교를 국교로 삼고 국왕 미에슈코 1세가 세례를 받으면서 시작됐다(미에슈코 1세는 여러 종족 중 하나인 유력한 폴라니에Polanie 종족의 지도자였다). 1966년 폴란드는 여전히 공산주의 치하였지만, 공산주의자와 애국자, 가톨릭교도와 불가지론자 등 모든 사람이 천 년이라는 사고를 중심으로 똘똘 뭉쳤다.[32] 하지만 기나긴 역사를 기리는 이 나라의 경계선은 팽창과 축소를 끊임없이 거듭했다. 1634년에 '폴란드'는 굉장히 넓어서 오늘날의 리투아니아(역시 1253년부터라고 터무니없이 오랜 역사를 주장하는 독립 주권국가)뿐만 아니라 몰다비아[지금의 몰도바.-옮긴이]와 프로이센의 일부까지 아울렀다. 당시 이름인 폴란드-리투아니아 연합국은 발트해에서 흑해까지 펼쳐져 있었다. 그 뒤 폴란드는 줄어들기 시작해서 러시아와 오스트리아, 프로이센에 의해 수십 년 동안 분할되었다. 나폴레옹 전쟁 이후 오늘날 폴란드를 이루는 많은 땅이 러시아 제국에 편입되었고, 러시아혁명 이후에야 다시 독립을 이루었는데, 옛 폴란드-리투아니아 연합국과는 경계선이 사뭇 달랐다. 2차대전 이후 폴란드는 옛 '독일' 영토를 획득하고 소련에 일부 영토(지금은 독립한 우크라이나 땅. 우크라이나의 경계선 역시 지금까지도 고무줄처럼 늘었다 줄었다 하며 열띤 다툼의 대상이다)를 내주면서 서구로 옮겨갔다. 노먼 데이비스가 말하는 것처럼, "비록 폴란드 사람들은 '모국macierz'을 열렬히 믿지만, 항상 오로지, 그리고 양도 불가능한 폴란드 땅이었던 어떤 고정된 영토적 기반을 확인하기란 불가능하다."[33]

일부 국가는 정말로 오랜 역사를 가진 것처럼 보인다. 수백 년 동안 어느 정도 동일한 경계를 가진 일본이 대표적인 예다. 섬나라의 경우에는 비교적 쉬운 일인데, 일본은 큰 섬 네 개와 몇천 개의 작은 섬으로 이루어져 있다. 그렇지만 도요토미 히데요시 통치 시기인 1590년에 통일됐는데도 일본이 하나의 민족국가(곳카[國家])라는 관념은 수면 아래 가라앉아 있었고, 사람들은 주로 다이묘가 다스리는 각 지방의 번藩에 충성했다. 번들은 수백 년 동안 싸움을 계속했다. 수천 개의 섬들 또한 영향을 미쳐서 '지속적인 경제·문화 교류가 이루어지는 지대' 역할을 하는 한편 엄격한 의미의 '근대적' 국경선이 19세기 중반에야 그어지는 결과를 낳았다. 따

라서 일본 국가조차도 근대의 인위적 구성물이다.[34]

　미국은 주권을 먼저 선언하고 나중에 팽창에 착수했다. 1776년의 미합중국 경계선은 2019년의 경계선과 거의 공통점이 없다. 영국인 정착민들이 모국으로부터 독립을 선언하고 미국인이 되어 영국인들이 시작한 서부 정복을 계속 이어나갔다고 말해도 무방하다.

　따라서 각 민족국가는 들쭉날쭉하기는 해도 자신민의 특별한 '민족' 사를 세운다. 예를 들어, 몬테네그로(세르보크로아티아어로는 역시 '검은 산'이라는 뜻의 츠르나고라Crna Gora다. 몬테네그로는 베네치아식 이름이다)는 유럽에서 '신생' 국가로 손꼽히지만, 1차대전 이전에 주권국가였고(짧은 경계선은 시간이 흐르면서 계속 바뀌었다) 오스만 제국의 지배에 성공적으로 저항해서 완전히 종속되지 않았다. 1919년에 유고슬라비아로 합병됐고, 2006년에 유고슬라비아 후계 국가(즉 세르비아)에서 분리하면서 다시 독립했다. 자체 헌법을 마련했지만 화폐는 발행하지 않고 사실 유럽연합 회원국은 아니나 유로를 사용하기로 결정했다. 외교단을 갖추고 독자적인 군대도 창설했지만 모든 국민이 세르보크로아티아어를 사용하기 때문에 고유 언어는 없었다. 그런데도 민족주의자들은 자기 나라에서 쓰는 세르비아어는 몬테네그로어라고 불러야 한다고 고집했다. 벨기에나 스위스, 미국같이 오래된 국가들은 이렇게 정체성을 내세우지 않는데, 몬테네그로 민족주의자들은 자국 시민들이 사용하는 언어를 다른 이름으로 부르고 싶어한다. 어느 누구도 벨기에어나 스위스어, 미국어를 구사하지 않지만, 몬테네그로 사람들은 분명 몬테네그로어를 구사한다. 이 나라는 또한 새로운 국가國歌도 있는데, 〈오, 5월의 찬란한 여명이여Oj, svijetla majska zoro〉는 19세기 민요 곡조를 바탕으로 만든 곡으로, 가사는 지배적인 정치 분위기에 맞춰 계속 바뀌었다. 몬테네그로는 인구가 70만 명이 채 되지 않는다. 잉글랜드 버밍엄이나 애리조나주 투손보다 적은데, 그래도 최소한 20개 주권국가(몰타와 룩셈부르크 같은 유럽연합 회원국 포함)보다는 많다. 형식적으로 말하자면, 몬테네그로는 미국과 똑같은 '주권'국가이지만, 사실상 다른 나라들의 힘에 의해 주권이 제한받는다. 이 나라 주민들은 자국에 대해 자부심을 맹세할 수 있지만, 이런 자부심은 주권국가였던 적이 없는 콘월이나 롬바르디아 주민이 그 지방 사람임을 자랑스러워하는 것과 크게 다르지 않다.

따라서 우리의 세계화된 멋진 신세계는 크고 작은(대개 작은) 국가들이 자기 존재를 내세우려고 노력하고, 분노하고 자랑스러워하며, 내부에서 부글부글 끓으면서 빠져나가려고 하는 훨씬 더 작은 '민족들'의 분리주의 주장에 맞서 신성한 국경을, 때로는 위선적으로, 수호하는 '그들과 우리'로 이루어진 세계이기도 하다. 조지아가 남오세티야와 압하지야의 고집불통 주민들과 직면하는 상황이 바로 이러하다. 이 사람들은, 터무니없는 상상의 비약 속에서 기원전 1600년의 히타이트인들까지, 또는 좀더 최근에 에그리시 왕국(기원전 6~7세기)까지 기원을 거슬러 올라가는 조지아 민족주의자들과 같은 조상을 공유한다고 느끼지 않는다. 에그리시 왕국 자체가 지역 족장들이 권력과 세력 강화를 위해 끝까지 싸운 결과물이었다. 그리하여 칼리스트라트 살리아의 『조지아 민족의 역사Histoire de la nation géorginne』(1980)는 역사학자 행세를 한 이바네 자바키슈빌리 같은 민족주의 이데올로그들의 저작에 근거해서 조지아인이 유서 깊은 민족이라고 찬미한다("세계에서 손꼽히게 아름다운 민족이다"). 조지아인은 외부의 위협과 침략자들에 맞서 민족의 개성과 언어, 문화를 지켜왔다는 것이다.[35] 우크라이나 민족주의 역시 허술한 지반 위에 서 있는데, (러시아가 주도해서) 소련이 붕괴할 때까지 우크라이나인들이 러시아로부터 독립을 확보하기 위해 별다른 노력을 하지 않은 한 가지 이유가 여기에 있다. 우크라이나 초대 대통령(이자 전 공산주의자)인 레오니드 크라우추크 (1991~4년 재임)의 열렬한 지지를 받으며 인기를 누린 유리 카니힌 같은 우크라이나의 민족주의 사학자들은 심지어 우크라이나인이 성경에 언급되며 노아의 후손이라고 주장했다.[36] 하지만 사실 독자적인 우크라이나 민족은 존재한 적이 없다.

보리스 옐친의 지휘 아래 러시아인들이 공작을 벌인 결과로 소련이 붕괴한 가운데, 비록 우즈베키스탄 같은 일부 지역에서는 소련이 붕괴한 상황에서도 독립을 미적거리긴 했지만, 민족을 재발견하는 것이 다반사가 되었다. 일단 독립을 획득하면 역사책을 다시 써서 이전의 '합의'를 뒤집었다. 우즈베크족의 기원은 선사시대까지 거슬러 올라갔고, 한때 수백만 명의 죽음을 낳은 잔인한 폭군이었던 티무르(서양에서는 타메를란/태멀레인)는 이제 나라를 창건한 영웅이 되었다. 한때 카를 마르크스의 입상이 서 있던 자리에는 이제 티무르의 기마상이 빛나고 있다. 독립을 획득한 **뒤에** 민족주의 감정이 고조되는 것은 아주 흔한 일이다. 민족주의는 민족주의자들의 작업을 이어받는 국가가 존재할 때까지는 보통 소수자의 문제다. 가령 20세기 말에 이르러서야 이라크나 나이지리아의 민족주의에 관해 이야기할 수 있는 것은 이런 이유 때문이다. 19세기에는 두 나라가 존재하지 않았기 때문에 민족주의를 거론하는 것은 어처구니없는 일이었을 것이다.

* * *

오늘날에는 1860년이나 심지어 1880년에 비해서도 훨씬 많은 국가가 존재하지만, 1800년 이전에는 1880년보다 더 많은 국가가 존재했다. 국가의 생성과 소멸에는 변동이 있기 때문에 국가의 미래에 대해서는 결정론적인 견해를 피하는 게 마땅하다. 국가가 많아질 수도, 적어질 수도 있다. 카탈루냐와 어쩌면 스코틀랜드는 언젠가 주권국가가 될지 모른다.

국가의 주권은 또다른 논쟁적 용어로서, 여러 세기에 걸쳐 그 의미가 바뀌어서 포괄적인 정의를 내리기 어려울 정도다. 리비우스가『로마사Ab urbe condita』에서 말한 것처럼, 국가란 모든 구성 요소가 "동일한 법률과 이름 아래 통일되도록" 충분히 중앙집권화되어야 한다.[37] 좀더 근대에 와서는 제대로 기능하는 국가라면 자기 의지를 충분히 강제해서 세금을 징수할 수 있어야 한다. 시민들을 강제하거나 설득해서 국가가 제대로 기능할 수 있도록 세금을 납부하게 만들지 못한다면, 그 국가는 '파탄'국가다.

어떤 이들은 다른 나라의 인정을 받아야만 주권이라고 할 수 있다고 주장하고 대체로 그렇기는 하지만, 우리는 사실 스스로 방어 능력이 있는 국가라면 타국의 인정을 받는지 여부와 상관없이 주권국가임을 안다. 미국이 인정하지 않았을 때의 중국이나 대다수 아랍 국가들의 인정을 받지 못하는 이스라엘은 확실히 주권국가다.

한 나라가 주권을 획득하는 것은 힘이 충분하고 주권을 열망할 때, 또는 다른 나라들이 약해서 주권 획득 시도를 저지하지 못할 때다. 그 나라가 허약하고 우유부단하거나 다른 나라가 더 강할 때는 주권을 상실하거나 획득하지 못한다. 주권국가의 수가 가장 적었던 19세기 마지막 몇십 년 이래로 국가들은 이런 식으로 발전했다.

프랑스, 영국, 네덜란드 등이 거느린 식민 제국과 새롭게 형성된 벨기에 제국, 단명한 나폴레옹의 제국, 기존의 러시아 제국과 오스만 제국 같은 19세기의 대제국들은 수많은 자치 단위, 부족 지역, 공국, 공작령, 주교

관할권, 도시국가(때로는 중앙집권화된 신성로마제국에 의해 느슨하게 연결되었다)의 폐지를 근본적인 유산으로 남겼다. 우리는 이 과정을 거대한 지정학적 정리 작업으로 볼 수 있지만, 어떤 이들은 불공정한 자치 폐지로 볼지도 모른다. 훗날 신성불가침해지는 국경은 종종 더 힘이 센 나라들이 원거리에서 규정했다. 그리하여 1862년 차르 정부는 종족 구성보다는 지형에 따라 중국인들에게 국경을 강요함으로써 키르기즈족 같은 민족들을 분리했다. 이런 문제는 20세기가 한참 지나서까지 곪아 들어갔다.[38]

훨씬 더 중대한 문제는 1893년 영국인들(모티머 듀랜드 경은 영국의 외교관이었다)과 아프가니스탄의 통치자 압두르 라흐만 칸이 확정한 이른바 듀랜드 라인Durand Line이었다. 이 국경선은 사실상 파슈툰 부족 지역들(뿐만 아니라 다른 부족의 지역들)을 관통해서 결국 파슈툰족은 아프가니스탄과 오늘날의 파키스탄(당시에는 영국령 인도의 일부)으로 갈라졌다. 파슈툰족은 수백 년, 아니 그보다 오랫동안 이 지역에서 살아왔다. 부족이 분할된 것은 이 나라가 직면한 여러 문제들 가운데 하나일 뿐이었는데, 이런 문제들 때문에 아프가니스탄은 근대국가로 등장하는 게 거의 불가능했다. 아프가니스탄은 식민화되지 않았지만(따라서 민족해방운동 같은 게 등장하지 않았다), 육지로 둘러싸여 고립되고, 경제적으로 뒤처졌으며, 종교 덕분에 하나로 뭉치긴 했으나 언어로 분열되었다.[39]

다른 곳에서는 국가 건설이 열강의 이해관계에 지배되었다. 그리하여, 1916년 사이크스-피코 협정Sykes-Picot Agreement이라고 알려진 영국-프랑스 비밀 협정에 따라 오스만 제국의 미래 세력권이 정해진 한편, 세브르 조약Treaty of Sèvres(1920)과 로잔 조약Treaty of Lausanne(1923)의 결과로 그전까지 존재한 적이 없던 세 국가의 국경선이 정해졌다. 이라크와 레바논과 시리아의 국경은 오늘날에도 뜨거운 논쟁의 대상이다. 오늘날의 이스라엘의 일부 지역은 영국 외무장관에 의해 유대인의 '민족적 고국 national home'으로 지정되었다. 팔레스타인이라고 알려진 지역의 일부 는 이후 1948년에 유엔에 의해 '이스라엘'로 분할되었고, 얼마 지나지 않 아 군사행동과 일부 팔레스타인 주민에 대한 종족청소를 통해 넓어졌다.

사하라사막 이남 아프리카에서도 외부 요인에 따라 국가 건설이 결정 되었다. 식민주의가 도래하기 전, 1만여 개의 정치체가 전근대 시대의 유 럽만큼이나 다양한 조직으로 존재했다. 왕국, 도시국가, 소규모 고립된 공동체, 교역도시, 제국 등이 있었다. 식민주의 아래서 수천 개의 자치 단 위가 사라지고 기존에 확립된 교통선을 가로질러 경계선이 그어졌다. 그 결과로 마사이족은 케냐와 탄자니아 국경을 사이에 두고 반으로 갈라졌 다. 바킹고족(콩고족)은 가봉과 콩고, 앙골라라고 이름 붙은 국가들로 쪼 개졌다. 요루바족Yoruba(인구가 3000만 명이 넘어서 대다수 유럽 민족들보다 많았다)은 나이지리아와 베냉, 토고에서 찾을 수 있었다.[40] 아프리카에서 가장 인구가 많은 국가인 나이지리아 자체는 영국 보호령 두 곳을 통치자 인 프레더릭 루가드 경이 한 식민지로 통합(1912~14)한 결과물이었다. 나 이지리아라는 이름은 『더타임스The Times』의 저명한 언론인이자 식민지 담당 편집인인 플로라 쇼(1902년에 루가드와 결혼했다)가 기사에서 제안 한 것이었다. "'나이지리아'라는 이름은 … 이웃나라를 불쾌하게 하지 않 으면서 왕립니제르회사Royal Niger Company가 영국의 영향력을 확대한 영토와 똑같은 범위로 받아들여질 것이다."[41] 나이지리아는 1960년에 독 립국가가 되어서도 1897년에 플로라 쇼가 고안한 이름을 계속 유지했다. 1960년에 채택된 첫 번째 국가國歌인 〈나이지리아여, 그대를 환영하노라 Nigeria, We Hail Thee〉는 영국인 여자 둘이 쓴 것이었다(1978년에 현재의 국가인 〈동포들이여, 일어나라Arise, O Compatriots〉로 바뀌었다).

가나	모리타니	잠비아
가봉	모잠비크	적도기니
감비아	베냉	중앙아프리카공화국
기니	보츠나와	지부티
기니비사우	부룬디	짐바브웨
나미비아	부르키나파소	차드
나이지리아	상투메프린시페	카메룬
남수단	세네갈	카보베르데
남아공	세이셸	케냐
니제르	소말리아	코모로
라이베리아	수단	코트디부아르
레소토	스와질란드	콩고(공화국)
르완다	시에라리온	콩고(민주공화국)
마다가스카르	앙골라	탄자니아
말라위	에리트레아	토고
말리	에티오피아	
모리셔스	우간다	

* 사하라사막 이남 아프리카에 속하지 않는 아프리카 나라들: 리비아, 모로코, 알제리, 이집트, 튀니지, 그리고 모로코가 자국 영토라고 주장하는 서사하라. 여기서는 유엔의 사하라사막 이남 정의를 사용한다.

    식민자들이 사하라사막 이남 아프리카를 떠난 뒤 수십 년 동안 백인 점령자들이 그린 경계선 그대로 형성된 49개 국가(〈표 2〉를 보라)는 —몇 가지 예외는 있지만— 국기와 국가, 축구팀을 갖춘 주권국가가 되었다. 이 나라들은 사정은 각기 달라도 21세기까지 살아남았다.

    단지 국경을 가로질러 종족 집단이 다양하게 존재한다는 이유만으로 탈식민화 이후 아프리카에서 내전이 극심하게 벌어졌다고 보기는 어렵다. 왜냐하면 아프리카 국가들 **사이에** 벌어진 전쟁(내전과 구별되는)은 20세기 전반기에 유럽 내부에서 벌어진 전쟁만큼 두드러지거나 격렬하지 않았기 때문이다. 온갖 종류의 죄악에 대해 아프리카 통치자들을 비난할 수 있겠지만, 그들이 식민 지배자들이 정한 국경선을 수정하지 않기로 결정하고 아프리카통일기구Organization of African Unity(아프리카연합의 전신) 헌장에 서명함으로써 이 국경선을 사실상으로만이 아니라 법률상으로도 수용한 것은 현명한 조치였다.

식민지 국경선을 그대로 받아들인 결정은 전반적으로 볼 때 다른 국제 협정에 비할 바가 없을 정도로 꼼꼼하게 존중되었다. 물론 오가덴 지역을 둘러싸고 벌어진 에티오피아-소말리아 전쟁(1977~8), 탄자니아-우간다 전쟁(1978~9), 시에라리온 내전(1991~2002), 콩고 내전(1998~2003) 등 중요한 예외가 있기는 했다. 그때마다 다른 아프리카 국가들(시에라리온 내전의 경우에는 특히 라이베리아)이 전쟁에 개입해서 한쪽 편을 들었다. 하지만 식민지 국경선을 받아들인 결과로 아프리카에서 최악의 여러 전쟁이 벌어졌는데, 국가 간 전쟁보다는 내전의 형태를 띠었다. 한 가지 이유를 찾자면, 상대적으로 짧은 시간 안에 이질적인 문화 재료를 바탕으로 '민족'을 만들어내는 일이 어려웠기 때문이다. 하지만 세계 전체를 보아도 사정은 마찬가지였다. 2001년 현재 세계에서 벌어지는 대부분의 전쟁은 내전이었다.[42] 내전이 벌어진 아프리카 나라들로는 옛 벨기에령 콩고(지금의 콩고민주공화국), 옛 프랑스령 콩고(지금의 콩고공화국), 앙골라, 르완다, 시에라리온, 수단, 에티오피아/에리트레아, 알제리, 리비아, 말리 등이 있는데, 막대한 인명 손실을 낳았다. 이 전쟁들은 전부는 아닐지라도 대다수가 분리주의 투쟁의 형태를 띠었다. 서사하라의 폴리사리오Polisario 운동이나 에티오피아의 오가덴 해방운동 등이 대표적인 사례다. 가장 심각한 분리 시도가 벌어진 곳은 나이지리아의 비아프라 지역(1967~70)과 콩고민주공화국의 카탕가 지역(1960~63. 벨기에로부터 직접적인 군사 지원을 받았다) 등이다. 둘 다 실패로 돌아갔지만 막대한 인명 피해가 발생했다. 유럽이나 아시아와 달리 아프리카에서는 탈식민화 이후에 새롭게 탄생한 국가가 둘뿐이다. 첫 번째는 1993년에 독립한 에리트레아이지만, 원래 1952년에 이 나라의 독립을 가로챈 것은 유럽 강대국이 아니라 에티오피아였다. 두 번째는 남수단으로, 이 나라는 2011년에 국민투표를 통해 독립국가의 지위를 얻었다. 에리트레아와 남수단은 현재 비참한 상태다.

식민지 이전 시대의 아프리카만큼 가루 같은 상태는 아니었지만, 나폴레옹 이전 시대 유럽 역시 수십 개의 소국들이 대국의 지배나 보호, 관용 아래 존재하는, 상당히 파편화된 상태였다. 이 작은 나라들 가운데 일부는 도박 전용 구역(몬테카를로)이나 조세 회피처(역시 몬테카를로나 리히텐슈타인), 저렴한 주류 판매지(안도라), 예쁜 우표 생산지(산마리노) 등으로 지금도 명맥을 유지한다.

* * *

민족 개념은 신화와 전설, 역사와 소망적 사고가 뒤범벅된 가운데 구성된다. 1800년 이전에 우세했던 자치 단위의 주민들은 한 민족의 자의식적인 성원인 경우가 드물었지만, 주권자나 종교, 언어나 무력, 지방 엘리트들의 사리추구 때문에, 또는 이런 단위를 그냥 내버려두는 게 강대국의 이해에 맞았기 때문에 하나로 뭉쳤다. 특히 중유럽은 이런 국가와 소국들이 복잡하게 뒤섞여 있었다.

오늘날 우리가 이탈리아라고 부르는 곳의 경계선 안에는 프랑스혁명 시기에 거의 20개에 달하는 이런 자치 단위가 존재했다. 1870년에 이르러 이 모든 국가와 소국들은 단일국가로 통합되었다. 이탈리아는 고대부터 이어졌다고 주장하는 역사와 주민의 소수만이 항상 말하거나 말했던 언어인 이탈리아어를 보유한 나라였다. 이 국가가 합류한 유럽 국가체제는 서쪽에서는 대체로 안정되지만 동쪽에서는 불안정한 것으로 드러났다(1880년 이후 서유럽의 안정성이라는 규칙의 주요한 예외를 꼽자면, 1922년 아일랜드공화국의 탄생과 노르웨이와 아이슬란드 독립의 공식화다. 이에 관해서는 아래를 보라). 다음 표와 지도를 보면, 유럽의 주권국가가 1901년에서 2010년 사이에 어떻게 늘어났는지를 알 수 있다.

1880년의 20여 개에서 오늘날의 42개 국가로 엄청나게 복잡해진 것은 거의 전적으로 1차대전의 결과로 19세기의 세 대제국이 붕괴한 때문이다. 거대한 오스만 제국과 러시아 제국, 오스트리아-헝가리 제국이 무너졌다.

터키가 중심이었던 오스만 제국은 오래전부터 쇠퇴하고 있었다. 19세기를 거치면서 알바니아와 마케도니아, 그리스, 크레타와 키프로스, 왈라키아와 몰다비아, 불가리아, 그리고 오늘날의 세르비아의 대부분, 보스니아와 헤르체고비나까지 '잃었다'.

1830년에 이미 대체로 자치를 확보한 세르비아는 1869년에 터키인들의 간섭을 받지 않고 새로운 헌법을 채택할 수 있었고,[43] 1882년에는 완전히 독립했다. 1866년에는 루마니아(왈라키아와 몰다비아가 연합한 결과물이다)가 국민투표를 거친 끝에 터키의 명목적인 종주권을 인정하고 독립 공국이 되었다. 완전히 독립을 선언한 것은 1881년이다.[44] 루마니아는 주로 1878년 베를린 회의 덕분에 독립을 획득했지만, 공식적인 역사에 따르면 루마니아인들 스스로가 훨씬 더 큰 역할을 했다. 마찬가지로 그리스의 영토 확장은 그리스인 스스로보다는 대체로 외부 세력의 행동을 통해 이루어졌다. 에올리에제도는 1864년에 영국으로부터 받았고, 테살리아 지방

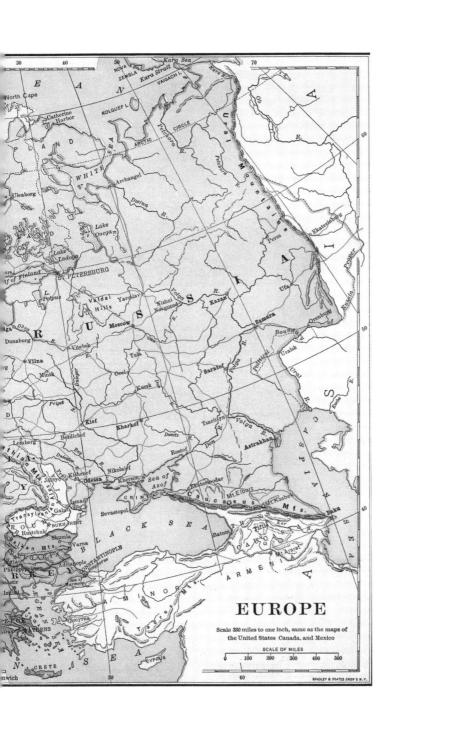

EUROPE

Scale 330 miles to one inch, same as the maps of
the United States Canada, and Mexico

SCALE OF MILES

| 0 | 100 | 200 | 300 | 400 | 500 |

<표 3> 유럽 국가들, 2019(42개국)

유럽연합(28개국)		유럽연합 이외(14개국)
그리스*	이일랜드*	노르웨이
네덜란드*	에스토니아*	러시아
덴마크	에스파냐*	마케도니아
독일*	영국**	*몬테네그로
라트비아*	오스트리아*	몰도바
루마니아	이탈리아*	벨라루스
룩셈부르크*	체코공화국	보스니아
리투아니아*	크로아티아	세르비아
몰타*	키프로스*	스위스
벨기에*	포르투갈*	아이슬란드
불가리아	폴란드	알바니아
스웨덴	프랑스*	우크라이나
슬로바키아*	핀란드*	*코소보
슬로베니아*	헝가리	터키

* 유로화 사용
** 2016년 치러진 국민투표에서 영국은 유럽연합을 탈퇴하기로 결정했다.
주: 1900년에는 유럽 국가가 오스만 제국을 포함해서 19개국이었다.

은 1878년 베를린 조약으로 손에 넣었으며, 마케도니아의 일부와 크레타, 에피루스는 1912~13년 발칸 전쟁 중에 획득했다.[45]

1878년 베를린 회의에는 오스만 제국이 붕괴한 뒤 유럽을 안정화하기 위해 열강(영국, 프랑스, 독일, 러시아, 오스트리아-헝가리, 이탈리아)이 한자리에 모였다. 발칸 나라들은 하나도 참석하지 않았다. 그리스, 세르비아, 몬테네그로, 루마니아 대표단은 자신들의 운명이 결정되는 회의에 발언권 없이 참관하는 것만 허용되었다.[46]

베를린 조약에 따라 세르비아와 몬테네그로가 독립을 인정받았다. 불가리아는 자치 공국이 되었다가 1908년에는 완전한 독립 왕국이 되었다.

알바니아는 1912년 발칸 전쟁이 끝난 뒤 오스만으로부터 독립을 획득했다. 그리하여 이른바 1914년 이전 발칸인들의 '발칸화[balzanisation. 오스만 제국이 약화되다가 결국 해체된 이후 발칸반도의 경우처럼, 지역이나 국가가 소국으로 분열되는 현상을 가리키는 표현.-옮긴이]'는 대체로 오스만 제국이 해체된 덕분이었고, 1918년 이후 오스트리아-헝가리 제국이 몰락하면서 추가적인 발칸화가 이루어졌지만, 1945년 유고슬라비아 창건으로 이 과정이 제한되었다. 마침내 1990년대에 유고슬라비아가 해체된 결과로 더 많은 국가가 생겨났다.

북아프리카에서는 오스만 제국의 마그레브 지방이 19세기를 거치면서 프랑스의 수중에 넘어갔고, 리비아(당시에는 트리폴리타니아와 키레나이카라고 불렸다)는 1911년에 이탈리아에 넘어갔다. 오스만 제국의 고갱이라 할 수 있는 이집트는 이스마일 파샤가 다른 지방의 총독에게는 주어지지 않은 칭호인 헤디브Khedive라는 이름으로 이집트의 세습 통치자로 권좌에 오르면서 조약을 체결하고 차관을 들여오는 권한을 확보했을 때 이미 사실상 독립국가가 된 상태였다.[47] 그리하여 '화려한 황제' 술레이만(술레이만 1세) 시대에 빈의 성문까지 진출했다가(1529) 1683년에 역시 빈 바로 외곽에서 팽창을 결정적으로 저지당한 터키는 인구의 거의 전부가 무슬림인 가운데 보스포루스 해협 건너편에 잔존국가로 쪼그라들었다.[48]

오스만 제국은 계속 오그라든 반면, 1721년 모스크바 대공국이 표트르 대제 아래 러시아 제국이 되면서 공식적으로 탄생한 차르 제국은 아시아에 대한 지배를 계속 굳혀나갔다. 19세기 말에 이르면 차르 제국은 러시아, 과거 폴란드였던 땅의 대부분, 우크라이나, 몰도바, 벨라루스, 발트 3국과 핀란드, 그리고 아르메니아와 조지아, 아제르바이잔, 더 나아가 오늘날의 카자흐스탄, 키르기스스탄, 타지키스탄, 투르크메니스탄, 우즈베키스탄 등까지 아우르게 되었다. 아마 차르 제국은 오스만 제국보다도 무슬림 인구가 더 많았을 것이다.

　차르 제국의 직접적 계승자인 소련은 기존의 국경선을 크게 수정하지 않았다. 폴란드와 핀란드(핀란드는 1809년부터 1917년 말까지 러시아 제국 내의 자치 대공국이 되었다)뿐만 아니라 발트 3국도 잃었다(리투아니아, 에스토니아, 리트비아는 2차대전 이후 소련이 다시 점령했다). 하지만 공산주의가 몰락하면서 완전히 새로운 상황이 펼쳐졌다. 정치보다는 언어와 문화를 근거로 민족성을 주장하는 나라들(가령 우크라이나와 벨라루스, 그리고 또한 아르메니아와 조지아, 아제르바이잔, 그밖에 아시아의 여러 공화국)은 상당한 규모의 민족해방 투쟁을 거치지 않고 새롭게 얻어낸 국가 지위에 걸맞은 종류의 민족주의를 신속하게 발전시켜야 했다. 사상 처음으로 규모가 크게 줄어든 러시아는 오로지 러시아인들의 나라처럼 보였다. 하지만 신생 러시아연방은 단일 종족과는 거리가 멀어서 상당히 다양한 종족 집단의 고향이며, 차르 제국 시절과 마찬가지로 사용되는 언어도 많고(공식적으로 인정된 언어만 24개다) 민족주의도 여럿이다. 이 종족 집단들은 강한 분리주의를 추구하거나(체첸의 경우) 새로운 위협이 되는 민족주의에 맞서 러시아의 보호를 요구한다(남오세티야와 압하지야의 경우). 가령 기오르기 12세 치하의 조지아는 러시아의 패권보다 이웃 이슬람 민족들이 더 두려워지자 1801년에 차르 제국에 편입해 달라고 요구했다.[49]

　오스트리아, 헝가리, 보헤미아, 슬로베니아, 크로아티아 등을 아우르는 오스트리아-헝가리 제국은 1914년까지도 확장을 계속했는데, 특히 터키에 타격을 주면서 보스니아와 헤르체고비나를 병합했다. 오스만 제국이나 차르 제국과 대조적으로, 이 제국 자체는 최근에 생겨난 것으로 1804년 신성로마제국의 마지막 황제 프란츠 2세가 프란츠 1세라는 이름으로 오스트리아 황제에 등극하면서 옛 오스트리아 제국을 바탕으로 만들어진 것이다. 1866년 독일에 패배한 뒤(당시 베네치아를 이탈리아에 빼앗기고 독일에 패권을 내주었다), 오스트리아 제국은 점점 복잡해지는 다민족 국가를 통치하는 업무를 헝가리와 공유하면서 새롭게 재구성되었다. 이른바 1867년 대타협Ausgleich이다.

1867년 대타협으로 헝가리 민족이 확립됐는데, 이제 자체 의회를 만들어서 내부문제를 모두 처리했다. 하지만 이 의회는 헝가리 종족에 사실상의 통제권을 주면서 소수 종족인 크로아티아인과 슬로바키아인을 차별했다. 그리하여 모든 다수민족 안에 존재하기 마련인 소수민족은 그들의 지위가 공식적으로 주어지는 순간 분리 독립을 위해 싸우게 된다.

1880년 유럽에 존재했던 20개 국가 가운데 9개국(스위스, 영국, 프랑스, 포르투갈, 에스파냐, 스웨덴, 덴마크, 차르 제국, 오스만 제국)만이 18세기에도 존재한 나라였고, 이 가운데 7개국만이 21세기까지 살아남았다. 하지만 이렇게 겉으로는 오래 지속되는 국가들에서도 연속성이 일반적인 경우는 거의 없다.

1815년 빈 회의에서 1870년 사이에 프랑스 국경은 안정을 유지했다. 그러다가 1870년에 프로이센과의 전쟁에서 패배한 프랑스는 알자스와 로렌을 신생 독일제국에 할양할 수밖에 없었다. 하지만 안정된 국경과 상관없이 끊임없이 충격을 낳은 정치적 변화를 거치면서 프랑스는 19세기 서유럽에서 가장 불안정한 나라로 전락했다. 1870년 이전 100년 동안, 프랑스는 놀랄 만큼 오락가락하는 변화를 겪었다. 1789년까지 절대 왕정이다가 구체제Ancien Régime가 몰락하고 1791년 입헌군주정이 선포될 때까지 공백기가 이어졌으며, 1792년에서 1794년 사이에는 급진(자코뱅) 공화정이었고, 1794년에서 1799년 사이에는 온건 공화정, 1799년에서

1804년 사이에 나폴레옹의 군사독재를 거쳐 1804년에서 1815년까지는 나폴레옹 제국이 지배했다. 그 후 부르봉 왕가(1814~30)와 오를레앙 왕가(1830~48)의 입헌군주정이 이어졌다. 그다음에는 제2공화국(1848~52), 나폴레옹 3세의 제2제정(1852~70), 시민 소요기(1870~71)를 거쳐 마침내 1880년에야 제3공화국이 확립되었다.

에스파냐는 정치적 충돌에서 프랑스를 능가했다. 1808~14년 사이에 나폴레옹의 프랑스에 직간접적으로 지배를 받은 이 나라에서는 연이어 내전이 벌어져서 1854년 비칼바로 혁명Vicálvaro Revolution과 1868년 '명예'혁명La Gloriosa, 아마데오 국왕의 온건 군주정(1870~73), 1873~4년의 단명한 제1공화국, 그리고 1874년 군주정 복고로 이어졌다.

다른 곳에서는 이만큼 극적인 변화가 없었다. 포르투갈은 여전히 안정을 누렸지만 1822년에 브라질을 잃었고, 비록 1970년대까지 아프리카 제국을 고수하긴 했지만 급격하게 쇠퇴했다. 그때쯤이면 영국과 프랑스, 벨기에와 네덜란드 식민지가 대부분 독립을 이루었다. 스위스는 1815년 빈회의 덕분에 발레와 뇌샤텔, 제네바를 손에 넣었고, 연방제를 채택해서 내부 분쟁을 해결한 1848년에야 안정된 나라가 되었다.

북유럽에서는 상황이 이만큼 복잡하지 않았지만 그래도 정적인 것과는 거리가 멀었다. 덴마크는 1814년에 노르웨이를 (스웨덴 왕가에) 내주었고, 1864년에는 슐레스비히-홀슈타인 지방을 프로이센에 빼앗겼다. 아이슬란드는 1874년 덴마크로부터 자치를 확보했지만 1944년에야 독립국이 되었다. 19세기를 거치면서 두 주요 국가가 새로 생겨났다. 1861년에 이탈리아가, 1871년에 독일이 탄생했다. 벨기에와 그리스는 1830년에 창건됐지만, 1830년대에 그리스는 지금보다 훨씬 작았고, 현재 영토의 대부분은 여전히 오스만 제국의 수중에 있었다.

물론 19세기 유럽에는 주권국가를 갖지 못한 '민족'이 많았고, 웨일스인, 플랑드르인, 카탈루냐인, 브르타뉴인, 코르시카인, 바스크인 같은 많은 민족이 지금도 존재한다. 그리고 19세기에는 종족과 관련된 인종주의 이론이 대단히 많았지만, 많은 이들은 민족의 종족적 정의 같은 것이 과연 존재하는지 심각하게 의심했다.[50]

따라서 영국은 19세기 유럽의 성공담이었다. 영국은 영토를 상실하지 않았고, 제국을 획득했으며, 산업화를 지속하는 한편 참정권을 상당히 확대함으로써 1832년에 이어 1867년에도 사회적 소요를 계속 피했다. 두 연도의 중간점은 근대 영국 역사에서 가장 심각한 정치적 소요였던 차티스트운동의 패배로 각인되었다. 그리하여 구세계(유럽)와 신세계(남북아메리카)를 대비시키는 용어법과는 정반대로, 1880년에 유럽에 존재한 많은 국가들은 북아메리카나 라틴아메리카 국가들보다 역사가 길지 않았다. 역설이 있다면, 오늘날 우리가 유럽연합이라고 부르는 지역 차원의 연합은 국가의 속성을 거의 갖고 있지 않으면서도 세계에서 가장 강력하고 긴밀한 국가 간 연합이지만, 정치적 파편화의 정도가 가장 큰 대륙에 존재한다는 점이다. 이런 파편화는 새로운 현상이 아니다. 아득한 옛날부터 어떤 단일한 국가나 정복자도 유럽을 통일하지 못했고, 심지어 최소한 2000년 동안 살아남은 중국이나 적어도 200년 지속된 인도 무굴같이 넓고 안정된 제국을 건설하지도 못했다.

이미 19세기에 두드러진 유럽의 파편화는 21세기 초 유럽에서 새롭게 정점에 다다랐다. 2015년에 이르면 (앞의 〈표 3〉에서 볼 수 있는 것처럼) 유럽에는 42개 국가가 존재했다. 터키는 포함하지만 소국들과 터키 동쪽의 구소련 공화국 전체는 제외한 숫자다(가령 유럽회의Council of Europe 회원국들인 아르메니아, 조지아, 아제르바이잔은 제외했다. 이 나라들까지 더하면 파편화라는 요지가 더욱 강화될 뿐이다). 이 주권국가들 가운데 28개국이 유럽연합 회원국이었다. 1980년 —당시 '겨우' 30개국이 있었다— 이래 유럽 국가가 늘어난 것은 전적으로 공산주의가 종언을 고한 때문이다. 소련과 유고슬라비아가 해체되고 체코공화국과 슬로바키아가 분리되었다. 국가 통합은 하나뿐이었다. 독일민주공화국이 독일연방공화국과 (재)통일을 이룬 것이다. 새로운 통합을 예상하는 이는 아무도 없지만, 추가로 탈퇴하거나 분리할 가능성은 있다(벨기에, 스코틀랜드, 카탈루냐).

유럽 바깥에서는, 비록 종종 유럽인 정착민들이 초래하긴 했지만, 국가 형성이 다른 방식으로 진행되었다. 유럽에서 국가와 민족이 끊임없이 다시 그려진 것과 극히 대조적으로, 미국은 경이로울 정도로 연속성을 보여주었다. 1776년 이래 독립한 미국은 1787년에 헌법을 채택했다. 세계에서 가장 오래된 이 헌법은 지금도 사실상 똑같은 내용이다. 미국의 주요한 형식적인 정치제도(대통령, 상원, 하원, 연방제, 비교적 자율적인 사법부)는 고스란히 남아 있다. 하지만 19세기 내내 민족(국가)을 이루는 핵심적인 측면인 영토와 인구를 포함해서 다른 모든 것은 바뀌었다. 상당한 규모의 나라 가운데 미국을 특징지은 것과 같은 이례적인 인구 변화를 겪은 나라는 거의 없다. 1800년에 브리튼제도에서 온 정착민들(약 430만 명)과 그들이 소유한 노예(89만 3000명과 노예 출신 10만 8000명), 그리고 꾸준히 줄어드는 원주민(원주민의 숫자에 관해서는 믿을 만한 자료가 없다)이 주로 사는 옛 식민지였던 곳이 남북전쟁 직전(1861)에는 인구가 몇 배 늘어난 나라가 되었다. 백인이 2700만 명, 노예가 390만 명, 해방노예가 48만 8000명이었다.[51] 전체 인구의 13퍼센트 이상이 해외 태생으로 유럽의 어떤 나라보다도 다종족 국가였다(여러 종족과 영토가 종종 겹친 오스트리아-헝가리 제국은 아마 예외일 것이다).

게다가 미국은 자국 역사상 최악의 유혈 전쟁인 1861~65년의 남북전쟁을 거치면서 사실상 국가가 다시 창건되었다. 남북전쟁의 미국인 사상자 수는 2차대전의 두 배였다(남북전쟁에서 남부와 북부를 합쳐 62만 명 정도가 전사했는데, 2차대전 전사자는 40만 명이 약간 넘었다). 물론 인구 비율을 따지면 그 차이가 더욱 심각해진다. 1940년 미국 인구는 1860년에 비해 훨씬 많기 때문이다(1940년 인구가 1억 3200만 명으로 1860년 400만에 가까운 노예를 포함한 3140만 명보다 압도적으로 많다).[52]

남북전쟁을 계기로 플랜테이션 시스템이 종언을 고했을 뿐만 아니라 분리주의 경향도 종적을 감추었다. 전쟁 이후 연방에서 분리하겠다는 가벼운 위협조차 없었다(알래스카독립당Alaskan Independence Party이나 텍사스민족주의운동Texas Nationalist Movement을 진지하게 받아들이는 사람은 거의 없다). 어쨌든 미국 헌법은 분리를 허용하지 않는다.

다른 극적인 변화는 내부 식민화가 마무리된 것이었다. 엄격하게 말해서, 미국의 탄생은 연방의 일부로 영토가 공식적으로 인정된 것만 따져보아도 긴 과정이었다. 미합중국의 형성은 캘리포니아가 주로 승격한(이로써 서부 팽창이 끝이 났다) 1850년에서 애리조나가 48번 째 주이자 땅으로 연결된 영토 가운데 마지막으로 병합된 1912년 사이에 완료되었다. 멕시코와 여러 차례 전쟁을 벌이면서 남부 국경이 확정되었다. 알래스카와 하와이는 1959년에 연방에 합류했지만 그에 따른 인구 변화는 크지 않았다(그렇긴 해도 알래스카의 경우에 비록 얼어붙은 땅이 대부분이지만 상당한 영토가 추가되었다).

역사학자 프레더릭 잭슨 터너는 1893년 시카고 미국역사학회American Historical Association에서 발표한 유명한 논문에서 서부 정복을 일컬어 독특한 '미국적' 성격의 형성으로 이어진 사건이라고 묘사했다. 정착민들이 서부로 나아가면서 인디언과 버펄로를 죽이고, 농장과 철도를 건설하는 가운데 원래 지니고 있던 유럽인다움의 맹아를 털어버리고 진정한 미국인으로 거듭났다는 것이었다.

> [식민자는] 서서히 황무지를 변형시켰는데, 그 결과는 구유럽이 아니고, 단순히 독일의 싹이 성장한 것도 아니다. … 여기 펼쳐진 것은 미국적인 새로운 산물이다. … 서부로 이동하면서 변경은 더욱더 미국적으로 바뀌었다. … 그리하여 변경의 진전은 유럽의 영향력에서 꾸준히 벗어남을 의미했다. 미국의 노선을 따라 독립이 꾸준히 증대한 것이다.[53]

캐나다의 탄생 역시 거의 그만큼 복잡했는데, 그래도 이 나라는 1860년대에 사실상 하나의 국가였기 때문에 오늘날의 대다수 유럽 국가들보다 역사가 길다. 1841년 영국 정부는 따로 떨어져 있던 두 식민지를 하나로 합쳤다. 영어권인 어퍼캐나다(오늘날의 온타리오)와 프랑스어권인 로어캐나다(오늘날의 퀘벡)를 합친 것이다. 뉴펀들랜드는 1907년까지 식민지로 유지되다가 그해에 영연방 자치령 지위를 획득했다. 1949년 캐나다 합류에 찬성하는 사람들이 주민투표에서 비교적 근소한 차이로 승리(52퍼센트 대 48퍼센트)를 거둔 뒤에야 캐나다에 합류했다.

라틴아메리카는 (유럽이나 아프리카에 비교해서) 국경선이 이례적으로 안정된 대륙이지만 각국의 국내체제는 종종 대단히 불안정하다. 독립의 직접적인 자극제가 된 것은 1807년 나폴레옹이 에스파냐와 포르투갈을 침략하면서 곧이어 일어난 반도전쟁이었다. 이 전쟁으로 에스파냐의 권력이 잠식되면서 에스파냐 정착민들(그리고 브라질에서는 포르투갈인들)이 10년 안에 독립을 선언할 수 있었다. 정착민들이 힘을 발휘한 것은 (북아메리카 정착민들과 마찬가지로) 에스파냐가 자국 소유지를 통제할 능력이 거의 없었기 때문이다.[54] 결국 정착민들이 권력을 장악해서 독립을 선언했다. 그리하여 에스파냐의 라틴아메리카 제국이 해체되면서 20개가 넘는 국가가 생겨났다.

제국의 해체(오스만, 오스트리아-헝가리, 차르/소비에트, 영국, 프랑스, 에스파냐)가 오늘날 많은 국가가 존재하게 된 근본적인 원인이지만, 라틴아메리카의 사례는 앞선 미국이나 나중의 캐나다, 오스트레일리아, 뉴질랜드의 사례와 마찬가지로 변종을 보여준다. 아프리카와 아시아의 사례에서는 대체로 토착민들이 식민 강대국으로부터 독립을 얻어낸 것과 달리, 라틴아메리카 국가들은 정착민들(거의 언제나 유럽계 정착민들)이 모국으로부터 독립을 획득한 덕분에 생겨난 것이다.

1830년대와 1840년대에 텍사스, 애리조나, 뉴멕시코, 캘리포니아의 일부 등 미국에 많은 영토를 빼앗긴 뒤 멕시코의 경계선은 비교적 안정된 상태를 유지했지만, 1822년에서 1872년 사이에 이 나라에는 52개 정부와 36명의 국가수반이 명멸을 거듭했다. 대다수 라틴아메리카 나라들은 처음 50년 동안 최소한 20개 정부가 들어섰다. 도미니카공화국은 1844년에 독립한 이래 처음 50년 동안 25개 정부와 17명의 정부수반, 6개 헌법이 거쳐갔다.[55]

엄청난 인구증가조차도 영토 불안정으로 이어지지 않았다. 1900년, 유럽이나 북아메리카와 비교해서 라틴아메리카 총인구는 작은 규모였다. 전체 6100만 명으로 당시 독일 인구인 5600만 명보다 크게 많지 않았다.[56] 오늘날 라틴아메리카 인구는 유럽연합보다 많다.

라틴아메리카는 영토상으로는 파편화됐지만 언어와 종교상으로는 놀랄 만한 통일성을 보여주었다. 주요 언어가 두 개(브라질의 포르투갈어와 다른 모든 나라의 에스파냐어)뿐이었고 지배적인 종교는 가톨릭 하나였다. 예외라고는 작은 지역뿐이고 그나마도 엄격하게 말하면 '라틴'아메리카의 일부로 분류할 수 없는 영역에 국한되었다. 카리브제도의 대부분 지역과 가이아나에서는 영어가 주요 언어이고, 아이티와 프랑스령 기아나는 프랑스어, 수리남은 네덜란드어가 주요 언어다. 물론 주요 언어에 밀려난 토착어가 많이 있는데, 일부는 소멸 위기에 빠지거나 거의 사용하는 사람이 없는 반면, 아메리카의 주요 토착 어족인 케추아어Quechua 같은 언어는 사용 인구가 1000만 명이고 안데스산맥을 가로질러 수많은 방언이 퍼져 있다.

라틴아메리카 국가들의 국경은 아프리카의 경우처럼 원주민을 전혀 고려하지 않고 그어졌다. 원주민들은 질병과 억압으로 많은 수가 죽었고, 정착민들에 맞서 중대한 대항 세력이나 위협이 되지 못했다(여기서도 미국이나 오스트레일리아와 상황이 비슷하다). 대중의 반란과 군사쿠데타는 다른 나라의 지배가 아니라 자국의 통치를 주요 목표로 삼았고, 라틴아메리카 국가들의 안정을 해치지 않았다. 1819~31년 그란콜롬비아Gran Colombia(콜롬비아와 에콰도르, 베네수엘라, 파나마를 통합하려고 했다) 같은 대규모 국가를 창설하려 한 시몬 볼리바르의 시도는 수포로 돌아갔다. 볼리바르가 주장한 것처럼,

아메리카에는 선의란 존재하지 않으며, 민족들 사이에서는 더더욱 그러하다. 우리가 체결하는 조약은 종이쪼가리이고 우리의 헌법은 무의미한 문서다. 우리가 치르는 선거는 총력전이고 우리가 누리는 자유는 무정부 상태일 뿐이다. 삶은 순수한 고통이다.[57]

하지만 에스파냐가 강제한 국경선은 대체로 오래 지속되었다. 라틴아메리카의 사례에서처럼 주로 행정적인 이유 때문에 만들어진 국경선의 장점은 이따금 지리적 제약(산, 사막, 숲)이 그대로 반영된다는 것이다. 토착민이 반란을 일으키지 않는 가운데 이 국경선이 — 유럽의 많은 국경선처럼— 열강끼리 잇따라 맺은 조약이나 종족이나 종교 분쟁, 고대의 정복과 병합 전쟁으로 만들어진 국경선보다 더 안정적임이 드러났다. 일단 독립을 획득하고 나면 대외 분쟁이 비교적 낮은 수준인 것도 이런 이유 때문이다. 물론 19세기 라틴아메리카에서도 국가 간 분쟁은 벌어졌다.[58] 가장 중요한 분쟁은 삼국동맹(브라질, 아르헨티나, 우루과이)과 파라과이 사이에 벌어져 파라과이 쪽에 대단히 많은 사상자를 안겨준 1865~70년 파라과이 전쟁이다. 하지만 이 전쟁을 제쳐두면, 칠레와 페루-볼리비아 동맹이 맞붙은 태평양전쟁(1879~83)을 비롯한 다른 전쟁들은 20세기 유럽의 학살극이나 19세기 중국이 벌인 전쟁, 미국의 남북전쟁에 비하면 비교적 작은 규모였다. 태평양전쟁에서 가장 중요한 전투로 손꼽히는 칠레와 페루가 맞붙은 아리카 전투(1880)는 '겨우' 1500명의 사상자를 낳았다.

아프리카의 경우와 마찬가지로 국경선은 비교적 안정되었지만, 국경선 내부에서는 정치 불안이 들끓고 때로는 폭력이 분출했다. 그래도 몇 가지 사소한 예외를 빼면 공화국 정부 형태를 고수해야 한다는 사실이 심각하게 의문시된 적은 없다. 멕시코에서는 아구스틴 데 이투르비데 장군이 1822년 스스로 아구스틴 1세 황제에 등극했는데, 그의 '제국'은 광대하기는 했지만(멕시코만이 아니라 중앙아메리카 전체, 그리고 오늘날의 캘리포니아와 텍사스, 애리조나, 뉴멕시코, 네바다, 콜로라도, 유타까지 아울렀다) 겨우 몇 달 동안 지속되었을 뿐이다. 브라질에는 국왕(1808년 나폴레옹 군대를 피해 도망쳐온 포르투갈의 주앙 1세[주앙 6세의 오기.-옮긴이])이 있었는데, 왕은 아들인 페드루 1세에게 브라질 왕위를 넘겨주었다. 페드루의 뒤를 이어 '계몽군주' 페드루 2세(1825~89)가 오래 왕위를 지켰는데, 그는 비교적 평화로운 군사쿠데타로 공화국이 수립되면서 왕좌에서 내려왔다.[59]

라틴아메리카 국가들의 국내 불안은 유럽에서 생각하는 것 같은 계급투쟁과는 거의 관계기 없었다. 탄탄한 산업체제가 전혀 없었으며, 프롤레타리아트는 무기력하거나 아예 존재하지 않았고 주로 광업이나 식품산업에 집중돼 있었다. 가장 중요한 분열은 도시와 농촌의 이해관계에서 나타났는데, 이런 분열은 종종 교회와 국가, 또는 중앙집권론자와 권한 이양론자 간의 싸움의 형태를 띠었다. 자유주의자들은 대개 자유무역에 찬성하는 반교권주의적 서구화론자였지만, 자유주의자와 보수주의자가 대립한 주 요인은 이데올로기가 아니었다.

라틴아메리카의 이중적 구조에 관해서는 많이 거론된 바 있다. 농업노동자와 농민들의 사회는 광범위한 정치 현실과 거의 관련성이 없었고, 지주와 광산 재벌로 이루어진 엘리트 집단은 정치를 장악하기 위해 종종 평화적으로 끝까지 싸웠다. 물론 유럽의 많은 나라에서도 이런 이중적 구조가 지배했다. 하지만 주요한 차이는 유럽에서는 모든 나라가, 심지어 제정 러시아같이 '후진적'이라고 간주된 나라조차도 산업화의 영향을 받았다는 것이다. 라틴아메리카는 산업화의 필요성을 느끼지 못했다(아르헨티나의 중요한 식품산업은 예외다). 엘리트들은 자국의 주요 산물(페루의 구아노, 브라질의 설탕, 브라질·콜롬비아·엘살바도르·코스타리카의 커피, 칠레의 밀 등)을 수출해서 유럽과 북아메리카의 엘리트들과 비슷한 생활방식을 누릴 수 있었기 때문이다. 산업화 시도가 빈번히 이루어졌지만 효과는 거의 없었다. 그리하여 시몬 볼리바르가 에스파냐로부터 독립을 선언한 직후인 1823~5년에 페루에서는 자국 사업체의 설비를 갖추기 위해 영국산 기계를 구매하려는 소심한 시도가 있었지만, 얼마 지나지 않아 프랑스와 영국의 직물, 책자, 파리의 잡화 같은 사치품과 준사치품이 다시 수입 물품의 대종을 이루었다.[60]

나중에 탈식민 시대 아프리카에서 일어난 일과 비슷하게, 19세기에 에스파냐와의 연결고리를 끊기 위해 무력투쟁이 필요했던 까닭에 군사 독재자인 카우디요caudillo 계급이 전면에 등장했다. 카우디요들은 1870년대와 그 이후까지 라틴아메리카의 정치를 대부분 지배했다. 어떤 엘리트도 산업화 정책을 열정적으로 추구하지 않았기 때문에 정치적 갈등은 주로 사회 내의 지도적 집단 내부에서 벌어지는 갈등이었다.

라틴아메리카 나라들 사이에서 우리가 주목한 공통된 속성(언어, 종교, 이베리아반도 출신 등)은 유럽연합에 견줄 만한 이 지역의 정치적 통합을 낳은 것 같지 않다. 오히려 유럽에서는 언어와 종교, 정치의 분리가 예나 지금이나 상당한데도 말이다. 이렇게 볼 때 (주권의 공유에 대한 저항이라는 의미의) 근대 민족주의는 라틴아메리카에서 탄생했다는 베네딕트 앤더슨의 주장은 어느 정도 타당성이 있다. 여기서 알 수 있듯이, 국경선이 아무리 인위적이고 차이가 아무리 사소할지라도 관료제 구성과 선전은 애국적 열정을 확인하는 데 놀라운 일을 한다.[61]

* * *

남북아메리카뿐만 아니라 오스트레일리아와 뉴질랜드(19세기 4분기에 여전히 영제국의 일부였지만 캐나다와 마찬가지로 사실상 자치권이 있었다)에서도 국가 형성은 대체로 원주민을 정복하거나 쓸어버리고 자신들만의 국가를 형성한 유럽계 정착민들의 활동을 반영했다. 반면에 사하라사막 이남 아프리카의 국가 형성은 완전히 달랐다. 이 지역의 국가 형성은 2단계 과정을 거친 결과였다. 주로 19세기 후반기에 이루어진 식민화와 20세기 후반기에 이루어진 탈식민화가 그것이다. 아프리카에서는 남아프리카나 로디지아(짐바브웨)의 경우처럼 정착민 국가를 세우려 한 모든 시도가 결국 수포로 돌아갔다.

아시아와 중동은 또다른 양상을 보여주었다. 이스라엘을 예외로 치면, 아시아나 중동의 어떤 국가도 정착민들이 스스로 국가를 세운 결과물이 아니다. 몇몇 국가는 식민주의가 낳은 직접적인 결과물이지만, 식민 열강은 기존 엘리트들을 통해 활동하면서 교섭을 거쳐 모종의 해결책에 도달해야 했다. 다른 국가들은 식민주의보다 앞서 세워졌고 고대 세계와 연속되는 강한 요소를 유지했다. 중국, 일본, 베트남, 캄보디아, 이란, 마다가스카르, 튀니지 등이 대표적인 예다. 많은 경우에 근대의 국경선은 오래된 국경선과 직접적인 상응관계가 없다. 따라서 지금과 같은 인도와 파키스탄은 예전에는 존재한 적이 없다. 이라크와 시리아, 요르단, 레바논에서는 유럽 열강이 국가 경계선을 정했다.

2000년의 역사가 이어지는 중국은 세계에서 가장 오래된 국가로 손꼽히지만, 대부분의 역사 동안 19세기와 20세기의 근대적인 의미에서 '민족국가'라고 부를 수 없는 나라였다.[62] 통일 중국의 초대 황제인 진시황은 기원전 221년 단명한 진나라를 세웠지만, 그가 통치한 중국은 오늘날의 중국과 국경선이 달랐다. 중국은 2000년 역사 동안 이민족의 왕조를 비롯해서 많은 왕조가 거쳐갔다. 몽골의 쿠빌라이 칸은 원나라(1271~1368)를 세웠고, 1662년에는 만주족이 마지막 왕조인 청나라를 세웠다. 청나라는 중화민국이 탄생한 1911년까지 중국을 다스렸다. 여러 세기를 거치면서 국가 경계선이 자주 바뀌었을 뿐만 아니라 전쟁과 반란, 소요와 격변이 끊이지 않았다. 그렇지만 관료기구는 법규만큼이나 연속성이 두드러졌다. 중국의 법규는 진시황 치하에서 이른바 '법가法家'가 지배한 초기이후 공자의 가르침에 바탕을 두었다.

중국은 식민지였던 적은 한 번도 없지만, 1840년대에서 1949년 중화인민공화국이 수립되기 전까지 주권국가라고 보기 힘들었다. 중국인들이 이 시기를 '굴욕의 세기'라고 부르는 데에는 충분한 이유가 있다.[03] 굴욕 정도가 아니었다. 재앙의 세기였다. 아편전쟁이 벌어지고, 이른바 '조약'항港을 양도했으며, 홍콩을 영국에 빼앗겼다. 뒤이어 잔인하고 유혈적인 내전인 태평천국의 난(1850~64)이 일어나고, 2차 아편전쟁(1856~60)이 벌어져 나라 전체를 아편을 포함한 무역에 강제로 개방했으며, 1895년 일본이 침략해 대만을 빼앗겼고, 반외세 봉기인 의화단사건(1899~1901)이 일어나 외세의 개입이 확대되었다.

1911년 제국이 종언을 고하자 중국은 혼돈의 나락으로 빠져들었다. 왕정을 복권하려는 시도가 실패로 돌아갔고(1915~16), 1920년대에는 지역 군벌들이 오랫동안 대격전을 벌였으며, 1928년 장제스가 주도하는 가운데 국민당 정부가 수립됐으나 나라의 일부만을 통제했고, 1930년대에는 공산주의자들과 충돌이 벌어졌으며, 1937년에는 일본이 중국을 침략하고, 2차대전 이후에는 민족주의자와 공산주의자의 내전이 가속화되었다. 결국 1949년 중화인민공화국이 수립되고 장제스 군대는 대만으로 물러났다.

이런 사실을 놓고 보면, 중국 역사의 연속성이 한층 더 두드러져 보인다. 일찍이 진나라(첫 번째 황제인 진시황의 왕조) 때부터 반쯤 통일된 법전(아직 유가의 법전은 아니었다)과 통일된 도량형, 중국 문자의 표준화가 마련되었다. 중국 국가는 아프리카나 남북아메리카의 국가는 말할 것도 없고 대다수 유럽 국가에 비해서도 변화한 게 거의 없었다. 근대국가는 최근에 고안된 경우가 많으며, 대개 유럽 식민주의가 낳은 소산이다. 이스라엘 같은 몇몇 신생 국가는 사실 '모국'이 없는 정착민 국가(오스트레일리아나 미국 같은)의 변종이면서도 오랜 역사를 주장한다. 유대인이 '이스라엘'로 '돌아오기' 위한 운동은 1947년 이전 2000년 동안 유대인이 거의 살지 않았던 땅에 귀환할 것을 주창했다. 이 땅은 유대와 이스라엘이라는 두 고대 유대 왕국 가운데 어느 쪽과도 일치하지 않았다. 통일 이스라엘 왕국—사울, 다윗, 솔로몬의 왕국—은 설령 존재했다 하더라도(성서 속의 증거라고 해봤자 의문스러울 뿐이다) 그 기간이 120년에 불과했다. 시온주의는 사실상 종교의 언어를 채택한 유대인들이 이끈 유럽 민족주의운동이었다. 박해와 종교말고는 유대인을 하나로 묶어주는 요소가 거의 없었기 때문이다. '시온주의'라는 용어는 나탄 비른바움이 만들어낸 것이다 (비른바움은 결국 정통파 유대인이 되어 시온주의에 등을 돌렸다). 근대 시온주의운동은 랍비들의 손에서 시작되었다. 세파르디 유대인인 예후다 비바스와 유다 알칼라이, 그리고 아슈케나지 유대인인 히르쉬 칼리셔가 그 주인공이다. 이 운동의 가장 유명한 대변인은 창시자로 잘못 알려진 테오도어 헤르츨(1860~1904)인데, 그는 어쩌면 무신론자였을 테고 확실히 세속적이고 비종교적인 유대인이었다.[64] 1896년에 펴낸 팸플릿『유대 국가 Der Juden-staat』에서 헤르츨은 아르헨티나 당국이 동의한다면 그 나라에 유대 국가를 세울 수 있을 것이라고 주장했다. 또는 '술탄 폐하'가 동의하면 팔레스타인에 세울 수도 있었다. "우리에게 팔레스타인을 준다면 … 우리가 거기로 가서 아시아에 맞서는 유럽의 성채로, 야만과 싸우는 문명의 전초기지로 한몫을 할 것이다. 우리는 중립국가로서 유럽 전체와 계속 접촉할 테고, 유럽은 우리의 존재를 보장해주어야 할 것이다."[65]

헤르츨은 '유대인들의 국가'를 분명히 미숙련 노동자들이 주로 사는 유럽계 정착민들의 국가로 보았다. 부유한 유대인 은행가들이 모은 기금으로 러시아와 루마니아의 유대인 공동체로부터 들여온 이 노동자들은 일정한 군사적 규율 아래 조직되었다.[66] 헤르츨의 팸플릿에는 정착한 땅에 이미 그전부터 살고 있는 사람들이 존재한다는 인식이 없었다. 그는 아무 생각 없이 말했다. "유대인들이 일단 자신들의 국가에 정착하면 더는 적과 마주할 일이 없을 것이다."[67]

몇몇 아프리카 국가들은 적어도 한동안은 식민화의 운명을 피했다. 에티오피아는 1896년 아두와 전투에서 이탈리아를 격파한 뒤에 독립을 유지하는 데 성공했지만, 결국 1936년에 이탈리아에 점령당했다. 이 점령은 오래가지 않았다. 1941년에 영국인들 손에 해방되었기 때문이다. 하지만 서구 식민주의에서 벗어났다고 해서 에티오피아가 특별히 이득을 얻은 것 같지는 않다. 기근과 내전, 계속 이어진 독재 정부는 몇몇 이웃 나라들만큼이나 에티오피아를 괴롭혔다. 하지만 에티오피아조차 오래된 나라가 아니었다. 19세기 초에 에티오피아 왕국은 명목상으로만 존재했다. 실질적인 통치자는 지방 족장ras들이었다. 에티오피아는 1855년에야 황제('왕 중의 왕') 테워드로스 2세(1855~68)가 통치하게 되었다. 후에 그의 계승자 중 하나인 메넬리크 2세(1889~1913)는 왕국을 더욱 확대했다.[68] 따라서 에티오피아 역시 독일이나 이탈리아와 마찬가지로 최근에야 국경을 확정한 상태였다. 오늘날의 국가들은 대부분 최근에 생겨났다. 오래된 민족(국가)은 접하기 쉽지 않다.

20세기 초에 사하라사막 이남 아프리카에는 주권국가가 라이베리아와 남아프리카 두 개뿐이었는데, 두 나라 모두 원주민이 통치하지 않았다. 라이베리아는 사실 1847년에 식민화된 나라였다. 정착민들은 미국 흑인(주로 해방노예)이었는데, 1816년 아메리카식민협회American Colonization Society라는 적절한 이름으로 창설된 단체의 후원 아래 한 무리의 부유한 미국 백인들이 이 나라를 지원했다. 흑인 식민자들은 백인 식민자들처럼 행동했다. 적대감을 나타내는 원주민을 속여 땅을 빼앗은 것이다. 그들은 "북아메리가 변경의 전통대로 말뚝 울타리를 세우고 대포를 설치했다".[69] 그리고 현지 주민들에게 예속 체제를 부과하면서 고무 플랜테이션의 끔찍한 환경 속에서 노동을 강요했다. 이 흑인 정착민들의 후손들(1980년에 인구의 3퍼센트에 불과했다)이 1980년 군사쿠데타가 일어나기 전까지 정부와 국내 시장경제를 독점했다. 쿠데타에 뒤이은 내전(1989~2003)으로 인구 300만의 나라에서 20만 명이 목숨을 잃었다.

1909년 영국 의회의 법령으로 남아프리카연방이 창설되었다. 최소한 명목적 독립을 갖춘 영연방 자치령으로 오렌지자유국과 트란스발공화국뿐만 아니라 케이프와 나탈 식민지의 옛 영토까지 아우르는 나라였다. 남아프리카연방은 1931년에야 완전한 주권국가가 되었다. 1994년까지 남아프리카는 사실상 백인 정착민들이 통치했는데, 그들은 독립 이후 점차 인종차별을 강화해서 1948년에 아파르트헤이트 체제를 공식 채택하는 것으로 정점을 이루었다.

* * *

따라서 오늘날 유엔 회원국인 200여 개 국가의 대부분은 역사가 길지 않다. 국가 형성은 세계화된 자본주의의 최근 역사와 동시에 이루어졌다. 경제를 관리하는 국가의 경제적 책임이 국가 성장에 유리한 핵심 메커니즘이었다. 흔히 자본주의가 세계를 활보하려 한다고 보지만, 이런 시각은 추상적인 통념이다. 실제로 자본주의의 여러 변종은 국가의 보살핌을 받아야 하며 각 지방의 조건에 따라 모양이 규정된다. 단일한 경로 같은 건 존재하지 않는다. 강한 국가는 자본주의 발전에 도움을 주었다. 약한 국가는 산업화 문제에 직면했다. 효과적인 국가가 아닌 국가, 최근에야 국가가 된 국가, 또는 다른 국가들에 종속된 국가는 최악의 성적을 기록했다.

그런데 자본주의가 발전하기 전에 각국 국민의 생활조건은 어떠했을까? 19세기에 고안되거나 재고안된 국가의 평범한 주민은 어떤 삶을 살았을까? 이제 이 문제로 고개를 돌려보자.

제2장
사람들의 삶

서론

19세기 마지막 몇십 년 동안 서유럽 중심부의 프랑스는 지금처럼 세계에서 부유한 나라로 손꼽혔는데, 이 나라의 많은 농가는 끔찍한 위생 상태에서 방 하나에 끼어 살았다. 이 제3공화국 시민들은 평상복을 입고 잠을 잤고, 평상복도 많아야 한 달에 한 번이나 갈아입었다. 대부분은 손과 얼굴만 겨우 씻었다. 식수도 항상 모자랐다. 많은 프랑스 농민의 일상적인 끼니는 수프와 라드(돼지기름 굳힌 것) 약간과 빵이었다. 오늘날 일부 도시인들이 떠올리는 낭만적인 이미지와 달리(소박하지만 건강에 좋은 순수한 음식, 대지와 맞붙은 삶, 우리가 잃어버린 세계 등등), 농민의 밥상은 빈약하기 짝이 없는데다가 영양학적 가치가 전혀 없고 비타민이 부족했으며 비위생적이었다.[1]

북부 지방에서는 자기 땅이 있는 350만 명 중 일부 형편이 좀 나은 농민들이 정기적으로 고기를 먹었지만, 나머지는 오늘날 제3세계 사람들의 생활상태와 별반 다르지 않은 비참한 삶을 살았다.[2] 실제로 1930년대에도 제3세계 농민들이 1870년대 일부 프랑스 농민보다 형편이 나았을 것이다. 1936년 통킹 삼각주에 사는 가난한 농민들의 생활상태에 관한 피에르 구롱의 설명을 보면 알 수 있다.[3]

이런 농촌 세계가 발전하는 자본주의와 공존했다. 낙관주의자들이 믿은 것처럼, 당시는 진보의 시대였을까? 증거는 탄탄하다. 바야흐로 방적기와 증기기관, 철도의 시대였고, 직물 가격은 내려가고 통신과 교통은 편리해졌으며 세계는 점점 작아졌다. 19세기 말에는 전기 사용, 내연기관, 실내 배관을 갖춘 상수도, 화학혁명, 정보혁명(전화, 축음기, 영화) 등 온갖 혁신이 줄을 이으면서 생활이 편리해지고 경제 생산성이 한층 높아졌다. 이런 경이적인 기술 발전은 수십 년 동안 계속 생산성이 증대되는 길을 닦았고, 사상 유례가 없는 경제성장기로 이어졌다.[4]

19세기는 또한 노예무역 폐지의 시대이자 (일정한) 민주주의의 도입기, 과학과 사회과학(다윈과 마르크스), 오페라(베르디와 바그너), 위대한 소설(톨스토이, 도스토옙스키, 플로베르, 디킨스)의 시대이자 민족해방(주세페 가리발디와 시몬 볼리바르, 그리고 에이브러햄 링컨)의 시대였다. 물론 산업화의 시대이자 전 지구적 자본주의가 탄생한 시대이며 따라서 '새로운' 제국주의, 식민주의, 아편전쟁의 시대이기도 했다. 이런 발전 가운데 많은 것이 오직 소수에게만 이익이 되었다. 나머지 사람들의 상태는 20세기가 되어서야 조금이나마 개선되었다. 하지만 19세기에 여러 전쟁과 기근, 질병에도 불구하고 과거 어느 때보다도 더 많은 사람들이 살아남은 것은 확실하다. 세계 인구가 3억 명 조금 넘게 증가하는 데 1500년부터 1750년까지 250년이 걸렸다. 1500년 4억 6000만 명에서 1750년 7억 7000만 명이 된 것이다. 그런데 1900년에 이르면 16억 3000만 명에 도달했다. 1950년에는 지구 인구가 25억 명에 이르렀다. 1987년에는 인구가 다시 두 배로 늘어났다. 2018년에는 세계에 76억 명이 존재했다.[5]

1900년 '자본주의' 유럽은 여전히 농촌이 압도했다. 2000년에 이르면 농민은 거의 사라지다시피 했다. 잃을 것은 족쇄뿐이라 마르크스의 투쟁 호소에 따를 것으로 여겨졌던 세계의 노동자들은 『공산당 선언』(1848)이 쓰인 시점에는 수가 극히 적었고, 거의 전부 서유럽과 북아메리카에 있었다. 그런데 20세기가 끝날 무렵에는 산업 노동자의 대다수가 '서구'가 아니라 '나머지 지역'에 있었다. 한때 제3세계라고 일컬어진 지역이었다.

농촌 세계

1900년에도 유럽 전역에서는 농촌 세계가 여전히 지배적이었다. 예외가 있다면 영국, 그리고 그보다 정도가 덜한 네덜란드와 독일, 벨기에 정도였다. 산업생산 능력에서 이 나라들에 크게 뒤지지 않는 프랑스는 여전히 대체로 농업사회였다. 주민의 70퍼센트 가까이가 농촌에 살았다. 소상공인은 인구의 11퍼센트를 차지했지만, 그 대다수는 상점주인과 행상인이었고 다수인 소농민보다 잘사는 경우는 많지 않았다.[6]

1910년에는 러시아 제국 주민의 10퍼센트만이 도시에 살았고, 1961년에 이르러서야 당시 소련은 도시가 주축이 되었다. 스웨덴에서는 1870년에 인구의 13퍼센트만이 도시 지역에 거주했다. 2015년에는 그 비율이 86퍼센트가 되었다.[7]

영국에서는 1790년에서 1840년 사이에 농업노동자의 생활상태가 거의 개선되지 않았다. 이후 수십 년 동안 약간 좋아지기는 했지만, 1873~96년의 이른바 장기 불황 동안에 물가가 하락하면서 그나마도 무효로 돌아갔다.[8]

19세기 초, 조만간 세계에서 가장 부유한 지역으로 손꼽히게 되는 취리히 인근 마을들에서는 농민의 주식이 우유를 약간 첨가한 멀건 죽이었다.[9] 1800년에 스위스의 특징을 띤 지방이 지금이라면 유엔 기준에 따라 국제 원조를 받을 자격이 있는 곳으로 분류될 것이다.[10]

오늘날 가장 유명한 이탈리아 요리의 대다수(프로슈토, 파르메산 치즈, 토르텔리니, 라비올리 등)의 발상지이자 페라리, 마세라티, 람보르기니 같은 명품 차의 본고장인 지금의 에밀리아로마냐주의 시골에서는 1870년 대만 해도 사람들이 포도주나 빵을 거의 구경하기 어려웠고, 멀건 폴렌타 [옥수수 가루로 끓인 죽.-옮긴이]와 채소 몇 가지, 그리고 가끔 고기 구경이나마 하는 데 만족해야 했다. 계몽된 보수주의 정치인인 스테파노 야치니 백작이 수행해서 1884년에 발표한 저 유명한 『농업과 농민계급의 상태에 관한 조사Inchiesta agraria e sulle condizioni dela classe agricola』의 내용이 바로 이런 것이다.[11] 1880년대에 이탈리아에 체류한 영국 외교관 윌리엄 N. 보클레어의 여행일기에서도 비슷한 관찰 결과를 찾을 수 있다. "고기와 포도주가 농민의 식탁에 오르는 일은 거의 없다." 농민은 거친 빵과 밤, 향채 정도만 먹었다.[12]

주거는 황량했고, 임시 노동자의 주거는 끔찍했다. 야치니 보고서에 따르면, 로마 인근의 임시 노동자들은 '가축처럼' 살았다.

이따금 그들은 낡은 집이나 오래된 여인숙, 다 허물어진 건물을 찾아서 빼곡히 들어앉는다. 남녀노소 따질 것 없이 아래위로 몸을 포갠 채 잠을 자는데, 바람과 추위를 막을 것도 없고, 인간 생활에 필수적인 이불 따위도 없다.

이 사람들은 운이 좋은 이들이었다. 다른 이들은 그냥 굴이나 언덕배기에 판 구덩이에서 잠을 잤다.

이 가족들은 한번 이런 굴에 들어앉으면 몇 달씩 사생활 같은 것도 없이 산다. 침대도 없고 변소도 없이 그냥 짐승처럼 산다. 이런 원시적 주거지 옆을 지나치는 여행자는 딱한 광경을 마주친다. 사람 몰골이 아닌 여자들, 반쯤 헐벗은 아이들이 파리 떼처럼 방문자를 에워싸고 구걸을 한다.[13]

그늘이 먹는 거라곤 조라한 밥상이었다. 소금노 지지 않은 폴렌타, 옥수수 가루로 만든 피자 모양의 빵, 그리고 가끔 라드나 리코타 치즈, 산패된 올리브오일이 식탁에 올랐다. 그나마 상한 음식을 먹기가 일쑤였다. 남쪽으로 갈수록 상태가 나빠졌다. 밀가루로 만든 빵은 보기 드물었는데, 사실 당시에는 지중해 북부같이 밀을 재배하는 지역에서도 밀 소비가 상당히 제한되었다.[14] 대다수 농민들은 옥수수나 밤으로 만든 빵을 먹었다. 당시만 해도 파스타는 좀 잘사는 사람들만 먹는 음식이었다.[15] 1891년, 이탈리아 중남부 몰리세주의 작은 소읍(주민 5000명)인 카프라코타의 보건 관리는 사람들이 작은 오두막에서 돼지, 말, 양, 소 등 가축들하고 한데 뒤엉켜 산다고 보고했다.[16] 그로부터 20년 뒤 시칠리아의 상황도 별로 개선되지 않았다. 파이니의회위원회Faini Parliamentary Commission(1907~10)는 전형적인 농가에서는 짐승과 사람이 같이 잠을 잔다고 지적했다. 할아버지와 할머니, 자녀, 손자, 노새, 당나귀, 닭, 때로는 돼지도 한데 뒤엉켜 잤다.[17] 1930년대 중반까지도, 반파시즘 활동 때문에 이탈리아 남부 농촌에 유배된 의사이자 화가인 카를로 레비는 그의 유명한 작품『그리스도는 에볼리에 머물렀다Christ Stpped at Eboli』에서 현지 주민들이 굉장히 낯설게 보였다고 언급했다(그 자신도 주민들에게 낯설게 보였다).

농부들하고 이야기를 나누면서 그들의 얼굴과 체격을 관찰했다. 작고 까무잡

잡하고 둥그스름한 얼굴에 눈이 크고 입술이 얇았다. 고풍스러운 면면은 로마인이나 그리스인, 에트루리아인이나 노르만인, 또는 그들의 땅을 지나간 다른 어떤 정복자들과도 닮지 않았다. 사람들을 유심히 들여다보는데 아주 오래전 이탈리아인들이 떠올랐다. 태곳적 이래로 사람들의 삶이 바뀌지 않았다는 생각이 들었다. 역사는 그들을 건드리지 않은 채 그들 위로 휩쓸고 지나갔다. ···[18]

남부는 '서유럽'에 속했을지 모르지만 농민들은 이탈리아인이라는 의식조차 거의 없었다. 이탈리아의 문맹률은 특히 두드러졌다. 1911년 피에몬테 지방에서는 11퍼센트만이 문맹이었지만, 사르데냐의 문맹률은 58퍼센트였고, 가장 열악한 최남부 지역인 칼라브리아에서는 69퍼센트였다. 하지만 1861년 이탈리아가 통일되기 전에 북부와 남부의 격차는 그만큼 두드러지지 않았다.[19]

이탈리아 반도 최남단인 칼라브리아에서는 나라가 통일된 뒤에도 대부분의 소작농이 이름만 아니지 사실상 농노였다. 거대한 노동력 공급망 속에서 소작 계약을 갱신할 시점이 돌아올 때마다 지주가 우위를 점했기 때문에 항상 예속 상태에 묶여 있었다. 많은 농민들이 벨기에와 프랑스, 아르헨티나, 미국 등지로 이주했다. 나머지는 항상 두려움에 떨며 살았다. 날씨와 지주를 두려워하고, 서로를 두려워하고, 세상만사를 두려워했다.[20] 농촌에서는 변화에 대한 불안과 전통의 무게가 삶을 지배했다. 그렇다고 놀랄 일이 아니다. 인간이 어찌할 수 없는 일이 너무도 많을 때는 하느님을 믿고 새로운 것을 두려워하며 걸핏하면 기도를 드리는 게 합리적인 일이었다. 그리고 아무도 믿어서는 안 되었다. 그래서 '자기가 아는 걸 친구한테 말하지 마라. 언젠가 적이 될지 모르니(Non diri all'amico toi quantu sai cà 'ncunu jornu tu nimico l'ài)'라는 사투리 속담이 널리 퍼졌다.[21]

19세기 중반 대부분 시기 동안 유럽의 가난한 농민이 일반적으로 먹는 식사는 옥수수같이 배가 든든한 녹말로 만든 죽에 어쩌다 채소나 고기가 '선심' 쓰듯 얹어졌다. 아침, 점심, 저녁, 매일, 해마다 이 죽으로 끼니를 때웠다.[22] 옥수수투성이 식사의 영양학적 가치는 밀 중심 식사보다도 훨씬 열악했다. 당연한 얘기지만, 이런 식생활이 펠라그라의 주요 원인 가운데 하나였다. 펠라그라는 남유럽과 동유럽 전역에서 유행한 비타민 결핍증이다.[23] 1891년 펠라그라로 이탈리아에서 4303명이 사망했고, 결핵, 발진티푸스, 말라리아로 훨씬 더 많은 수가 죽었다.[24] 사실 우리는 19세기에 얼마나 많은 사람이 결핵으로 사망했는지 알지 못한다. 프랑스에서는 1886년 이전까지 신뢰할 만한 통계가 전혀 없었고, 그나마도 주민 5000명 이상인 도시에 관한 통계만 있었다. 농촌 사망자는 1906년에야 집계되었다.[25] 하지만 그 무렵이면 프랑스 한 나라에서만 매년 9만 명 정도가 결핵으로 사망했을 것이다.[26]

농촌 공동체가 공통의 가치관과 일종의 유서 깊은 응집으로 똘똘 뭉쳐 있었을 것이라는 믿음은 도시의 개인주의와 마을의 집단주의를 대비시키는 낭만적 신화다. 1903년 게오르크 지멜이 개인이 해방을 추구하고 서로서로 구별된 것은 다름 아닌 도시에서였다고, 즉 도시 덕분에 개인이 비로소 개인이 되고 역사적 유대로부터 자유로워질 수 있었다고 말했을 때, 그의 말에는 일리가 있었다.[27] 도시에 대한 암울한 견해는 산업화 훨씬 전부터 팽배했다. 장-자크 루소는 교육에 관한 논저인 『에밀Émile』(1762)에서 이렇게 개탄했다. "지방 출신의 젊은 여자들은 금세 소박하고 행복한 삶을 경멸하고 파리로 달려와서 우리처럼 부패해야 한다고 배운다. 악덕은 … 이 여자들의 편력에서 유일한 목표다. 파리 귀부인들의 멋지고 방탕한 행동에 너무도 뒤처져 있는 게 부끄러운 나머지 도시의 당당한 일원이 되기를 열망한다."[28] 올리버 골드스미스는 「황폐한 마을The Deserted Village」(1770)이라는 시에서 마을을 떠나 도시로 갈 수밖에 없는 젊은 여자의 이미지를 빌려서 공유지의 강제 인클로저enclosure(산업혁명의 전제조건 가운데 하나였다)가 낳은 결과를 묘사한다. 이제 가난하고 '살 집도 없는' 여자는 '몸을 떤다'.

> 여자는 아마 한때 축복받은 마을에서
> 무구한 이가 고통받는 이야기에 눈물을 흘렸을 테지.
> 시골집은 여자의 수수한 외모를 꾸며주었고,
> 여자는 가시 아래 피기 시작하는 앵초처럼 향기로웠지.
> 이제 모두 사라졌네. 친구들도, 여자의 정조도 달아났지,
> 바람둥이 집 문 근처에 여자는 머리를 누인다. …

1850년대에 바이에른의 언론인이자 대학교수인 빌헬름 하인리히 릴은 도시가 현대 세계 최악의 면모를 상징하며 그 원천이라고 묘사했다. "유럽은 기괴한 대도시들 때문에 병들어가고 있다." 릴은 도시가 전통과 가족의 유대를 상실한 채 고독과 소외 속에 사는, 뿌리 없는 프롤레타리아트의 본거지라고 생각했다(이런 상투적 비난은 지금도 계속된다).[29]

그로부터 몇십 년 뒤, 독일과 유럽 대부분 지역이 빠르게 도시화하는 가운데, 많은 이들은 계속해서 도시가 사회를 파괴한다고 생각했다. 독일의 성직자 크리스티안 로게는 만약 대도시가 "수많은 범죄자의 주거지가 된다면, 대중이 타락"하고 "매춘부와 뚜쟁이 무리가 도시의 토대를 먹어치울 것"이라면서 당시 널리 퍼져 있던 반反도시 정서를 표출했다. 다른 이들은 대도시에서 벌어지는 사회주의의 선동이 농촌까지 퍼져나갈 것

이라고 경고했다.[30]

유럽 각지의 도시 인텔리겐차가 비슷한 불만을 표명했다. 세상은 도시에 발을 내딛는 순간 음탕한 창녀로 변신하는 시골 출신 순진한 여자들로 가득 차 있는 듯 보였다. 프랑스 속담에서 말하는 것처럼, '브르타뉴 여자들은 몽파르나스 역에 내리는 순간 신앙을 잃는다'(Toute bretonne perd la foi au moment où elle met le pied sur le quai de la gare de Montparnasse). 이주 노동자들은 범죄자와 도둑, 거지와 매춘부가 되었다. 그들은 위험한 계급이었다. 물론 대부분은 19세기의 을씨년스러운 도시조차도 더 나은 삶을 제공했기 때문에 그 매력에 이끌려 착실한 도시 거주자가 되었다. 이런 가능성은 젊은 여자들한테 특히 중요했다. 여자들에게 시골의 삶이란 끝이 없는 노동과 불안정한 생활, 그리고 '제대로 된 남자', 즉 열심히 일하면서 너무 자주 아내를 때리지는 않는 남자를 찾지 못할 수도 있다는 두려움으로 이루어진 생활이었다. 프랑스에서는 여자들이 땅과 마을 생활을 포기하도록 남자를 설득하는 데 결정적인 역할을 했는데, 만약 젊은 남자를 설득하지 못하면 여자들은 혼자 떠났다. 프랑스 일부 지방에서는 농업노동자 가운데 그대로 눌러앉은 수가 여자보다 남자가 세 배 많았다.[31]

농촌 세계가 사라짐에 따라 이 세계를 장밋빛으로 그리는 시각이 나타났다. 특히 문학에서 풍부하게 묘사되었다. 그리하여 로베르트 무질의 『특성 없는 남자The Man Without Qualities』에 나오는 라인스도르프 백작은 도시의 역겨운 세계와 진보의 위협을 시골의 고요하고 행복한 생활과 대조했다.

하느님의 은총은 그가 한낱 문학이라고 부르는 것을 결정적으로 혐오했다. 문학이란 그가 유대인과 연관짓는 것, 신문, 화젯거리에 굶주린 서적상, 그리고 자유주의적이고 가망 없이 말만 많은, 부르주아지의 유급 고용인들을 의미했다. … 그가 생각하고 있던 것은 … 들판과 거기서 일하는 남자들, 작은 시골 교회, 그리고 추수가 끝난 들판의 밀단처럼 하느님이 단단히 묶어두신 저 위대한 질서, 반듯하고 착실하고 보람 있는 질서였다.[32]

도시에 저주를 퍼붓는 것은 오래된 관습이다. 선지자 스바니야는 예루살렘을 큰소리로 규탄했다.

> 이 저주받을 도성아,
> 야훼께 반항이나 하는 더러운 도성아,
> 압제나 일삼는 도성아,
> 불러도 듣지 아니하고
> 징계를 해도 코웃음만 치며
> 제 하느님 야훼를 멀리하고 의지하지도 않는구나.
>
> —스바니야서 3장 1~2절

하지만 위대한 문명은 모두 도시를 바탕으로 삼은 반면—바빌론, 멤피스, 아테네, 로마, 베네치아, 팀북투, 교토, 베이징, 사마르칸트—, 농촌은 야만적이고 퉁명스러운 삶이 지배하는 홉스적 정글이었다. 지금과 마찬가지로 수백 년 전에도 도시는 거의 언제나 근대의 중심이었다. 특정한 시대에 근대를 어떻게 정의하든 간에 말이다. 하지만 도시는 옛날처럼 가까이 있든 아니면 지금처럼 멀리 있든 간에 농촌에 의지한다. 도시는 농촌으로부터 먹을거리와 노동자를 얻기 때문에 교역과 이주를 필요로 한다. 페르낭 브로델이 서정적인 어조로 설명한 것처럼, 사람들이 도시의 불빛과 자유(실질적인 것이든 표면적인 것이든)와 더 나은 임금에 이끌리지 않는다면, 또한 농촌의 삶이 어려워지고 견디기 힘든 지경이 되어 사람들이 도시로 향하지 않는다면, 도시는 사라진다.[33] 도시는 농촌 세계에 의존하지만, 이런 의존은 극적인 문화적 분리와 공존한다. 도시 거주자들은 농촌에 사는 사람들을 얕잡아본다. 도시 거주자는 시민(citizen, civis)이자 문명화된 인간, 도시(city, polis)의 성원이다(이런 이유로 영어 'polite', 'urbane', 프랑스어 'polie' 등이 생겼다). 농촌에 살면 '시골뜨기villain'가 된다. villano(이탈리아어), vilain(프랑스어), villanus(라틴어) 등은 모두 농장 villa 땅에 묶인 농업노동자를 가리킨다. 사전을 찾아보면 '무지하거나 무례한, 또는 소박한 사람'이라고 정의된다.

18세기와 그전에 유럽 나라들 사이의, 그리고 유럽과 세계 나머지 지역 사이의 1인당 소득 격차는 비교적 작았다. 가장 부유한 나라와 가장 가난한 나라 사이에 엄청난 간극이 나타난 것은 19세기, 즉 산업자본주의가 등장한 뒤의 일이다.[34] 따라서 '서구'의 신성한 경계선 바깥에 있는 유럽 '주변부'에서 땅에 의지해 사는 사람들의 상황이 훨씬 나빴던 것도 놀랄 일은 아니다. 러시아 제국의 인구는 1860년 7400만 명에서 1910년 1억 6100만 명으로 급증했는데(인구증가의 일부 요인은 병합이었다), 1885년에서 1897년 사이에는 흉작과 뒤이은 기근 때문에 실제로 인구가 줄어들었다.[35] 1861년 농노가 해방됐을 때 주민 1000명당 사망률은 36.5명이었다. 1913년에 이르면 1000명당 27.1명으로 약간 개선되었다.[36]

1897년(러시아에서 최초로 인구조사를 한 시점) 우크라이나 카자크 인구의 대다수는 문맹이었고, 주로 농촌에 살았다. 이 지역에서는 상당한 비중의 석탄과 철강, 곡물을 생산했지만 별개의 국가기관이 전무했다. 우크라이나인 대다수는 단순한 목재 농기구를 사용하면서 초가집에 사는 가난한 농민이었다. 발진티푸스, 이질, 디프테리아 발병률은 러시아 중심부와 똑같았다. 우크라이나 부자 가문은 러시아의 부유한 귀족 가문과 혼인을 맺고 제국 엘리트 집단으로 동화됐는데, 이렇게 러시아화된 귀족들 가운데 고향 땅에 실질적인 관심을 유지하는 경우는 거의 없었다.[37]

몰다비아와 왈라키아(오늘날의 루마니아)에서도 상황이 별로 나을 게 없었다. 1848년에 이 지역을 여행한 프랑스 외교관은 "부쿠레슈티 집집마다 … 모든 가정이 … 좁디좁은 지하 방에서 햇빛도 받지 못한 채 옹송그리며 모여 사는" 걸 보고 당혹감을 나타냈다. "그리고 그런 비참한 풍경 옆에 자연스럽게 대비되듯 숲이 울창한 언덕에 지어진 쾌적한 저택과 멋지고 부유한 수도원들이 한눈에 들어온다."[38] 루마니아에서는 19세기 말까지도 나무로 만든 쟁기를 썼고, 비료나 심지어 짐 나르는 짐승도 거의 사용하지 않았으며, 체계적인 돌려짓기(윤작)도 전혀 이뤄지지 않았다. 12세기의 플랑드르나 마찬가지였다.[39] 그로부터 수십 년이 지나서도 농촌의 상태는 여전히 을씨년스러웠다. 1879년 의료 당국은 징집병의 10퍼센트가 신체적으로 허약하다고 판정했다. 1895년에 이 데이터를 보고한 샤를 아리옹은 이렇게 덧붙였다. "1864년에서 1879년 사이에 농민의 상태는 두 단어로 요약할 수 있다. 유대인이든 그리스인이든 최초 이주자, 즉 지주가 부리는 마름의 폭정에 '굴복'하고 '세금'에 짓눌렸다는 것이다."[40]

을씨년스러운 도시

산업화와 이농으로 농민층의 역사적 쇠퇴가 더욱 가속화되었다. 도시화는 흔히 생각하는 것만큼 산업화와 밀접한 상관관계가 있었던 것은 아니지만 그래도 빠른 속도로 진행되었다. 도시는 수천 년 동안 존재했다. 도시는 근대의 발명품이 아니며 자본주의의 시작을 알리는 전조도 아니다. 메소포타미아의 우르에는 기원전 2000년에 6만 5000명의 인구가 살았고, 바빌론에는 기원전 430년에 20만 명, 로마는 기원전 100년에 45만 명에 도달한 것으로 추산된다. 세력이 정점에 다다른 서기 2세기에 로마에는 100만 명의 주민이 있어서 1800년 런던 이전에 유럽 최대의 도시였다.[41] 서기 800년 무렵 세계에는 주민이 20만 명이 넘는 도시가 7개 있었다. 중국의 장안(지금의 시안), 낙양(뤄양, 각각 100만 명), 항주(항저우), 일본의 교토, 그리고 서쪽으로 한참 가서 바그다드(70만 명으로 추정), 콘스탄티노플(유일한 유럽 도시), 알렉산드리아 등이다.[42] 콜럼버스 이전의 아메리카는 1500년 무렵에 유럽보다 도시화가 진전되었다. 깔끔하고 우아한 도시인 테노치티틀란(지금의 멕시코시티)에는 주민이 25만 명이었을 테지만, 당시 유럽 최대의 도시였던 파리는 겨우 22만 5000명이었다.[43]

1700년에 이르러 세계에서 가장 인구가 많은 도시는 아마 이스탄불이었을 테고, 북경(베이징)과 이스파한이 그 뒤를 이었다. 지금처럼 당시에도 서유럽 최대 도시였던 런던이 4위, 파리가 5위였다. 1800년에 이르면 런던은 북경을 거의 따라잡았고, 광저우(광주)와 이스탄불, 파리가 그 뒤를 이었다. 나폴리가 8위였다. 그밖에 다른 모든 대도시는 아시아에 있었다.[44] 하지만 급속한 도시화는 근대적 현상이다. 1850년에서 1910년 사이에 유럽의 도시화 수준(주민 5000명 이상이 모여 산다고 정의되는 도시 인구 비율)은 15퍼센트 이하에서 32퍼센트로 높아졌다(〈표 4〉를 보라).[45]

도시화는 농촌산업의 부분적인 소멸로 이어졌다.[46] 산업화 이전 시대에 농촌 마을은 대체로 유연한 구조를 갖추고 있었다. 사람들이 도시로 이동하는 것은 대체로 계절적 특성을 띠어서 들에서 바쁜 일이 없는 겨울

	1870년	1890년	1913년
영국	53.3	64.0	69.7
벨기에	38.8	48.0	58.0
네덜란드	38.5	46.3	51.3
독일	24.5	34.5	51.0
이탈리아	25.0	31.0	41.5
프랑스	24.3	30.7	39.5
스위스	17.5	24.5	39.3
에스파냐	22.5	30.5	39.3
발칸 국가들**	11.8	12.5	22.6
러시아	9.2	11.6	14.6

* 도시 지역: 주민 5000명 이상.
** 불가리아, 그리스, 루마니아, 세르비아.
출처: Paul Bairoch, 'Une nouvelle distribution des populations: villes et campagne', p. 221.

에는 농촌 노동자들이 도시에서 일했다. 하지만 공장체계는 지속적이고 상당히 표준화된 노동 관행과 정밀한 기술을 요구한다. 농촌을 벗어나는 이주가 점차 영구적인 성격을 띠게 되었다.[47]

도시와 산업이 성장함에 따라 새로운 분리가 확대되었다. 많은 농민이 노동자(또는 19세기의 주요 직종인 가내하인)가 됐지만, 농촌에 남은 이들도 이전에 비해 세계 전체로부터 차단되지 않았다. 세계화는 농촌에서도 생생한 현실이었다.

실제로 농민들은 거의 19세기 내내 이동하고 있었다. 일부는 '자기 나라' 도시로 갔지만, 많은 이들이 '외국' 도시로 이주했다. 지금도 줄어들 기미가 전혀 없는 전 지구적인 도시화 이동 현상이다. 사람들이 선호하는 목적지는 남북아메리카였다. 그 결과 미국의 백인 인구가 급증했다. 높은 출산율 때문이기도 했고 사망률이 감소한 때문이기도 했지만, 무엇보다도 19세기 4분기에 전체 인구증가의 25~33퍼센트를 차지한 대규모 이주 때문이었다. 남북아메리카로 이주한 유럽인 4000만 명 가운데 2800만 명이 미국으로 갔다.[48] 대다수 이민자는 빠르게 확대되는 산업부문에 고용되었다. 1810년에도 미국의 산업 발전은 프랑스와 스위스, 벨기에와 맞먹는 수준이었다.[49] 남북전쟁 이전에 미국이 대체로 농업경제였다면(1850년 자유인 남성의 44퍼센트가 농민으로 분류되었다), 1900년에는 이미 산업국이 되어 있었다. 인구의 3분의 1이 10만 명 이상의 도시에 거주했고, 농민은 전체 인구의 20퍼센트에 미치지 못했으며, 블루칼라 노동자가 35.8퍼센트를 차지했다.[50] 이런 인구학적 변화에도 불구하고 미국은 여전히 세계의 주요 농산물 생산국이었다.

1870년대까지 유럽인의 미국 이주는 주로 영국과 독일, 스칸디나비아에서 나왔다. 모든 집단(아일랜드 가톨릭교도 제외)은 백인 개신교도가 압도적으로 많은 기존의 인구에 꽤 쉽게 동화되었다. 나중에, 그러니까 1880년 이후에 도착한 이들은 주로 동유럽과 남유럽 출신이었다. 유대인과 가톨릭교도, 정교회 신자들이었다. 1900년대 초에 이르면 이 새로운 이민자들이 전체 신규 이민자의 3분의 2를 차지했다.[51] 이 사람들은 그렇게 쉽게 동화되지 못했다. 그리하여 20세기가 막을 내리기 전까지도 '○○계 미국인(폴란드계 미국인, 유대계 미국인, 이탈리아계 미국인 등)'이 계속 존재했다. 많은 이민자들은 정착하지 않고 본국으로 돌아갔다. 일부는 '성공'을 거두어 본국으로 돌아가서 사업체나 땅을 사거나 은퇴생활을 했고, 다른 이들은 실패하거나 향수병에 빠져, 또는 본국에서 새로운 기회가 생겨나서 돌아갔다. 1880년에서 1950년 사이에 이탈리아를 떠난 이민자의 절반이 고국으로 돌아왔다.[52] 유럽 출신 이민자들을 미국으로 끌어들인 것은 미국의 민주주의나 근대성이 아니라 아주 단순하게도 생활수준을 향상시킬 수 있는 가능성이었다. "미국은 다른 무엇보다도 풍성하고 맛좋은 음식과 양질의 주택과 의복, 의료와 교육을 의미했다."[53] 그렇다 하더라도 미국으로 간 이들은 전체 이주자의 소수였다. 19세기 동안 유럽을 떠난 사람보다 9배 많은 수가 유럽 **안에서** 이동했다. 아일랜드인은 잉글랜드로 갔고, 이탈리아인은 프랑스와 벨기에로, 차르 제국의 유대인은 독일과 프랑스로 이주했다.[54]

이주자들은 농촌의 위태로운 환경을 떠났지만 도시에서 그들이 발견한 환경이 더 나은 경우는 거의 없었다. 급진적인 프랑스 언론인 레옹 보네프와 모리스 보네프 형제가 발표한 조사 보고를 보면 1908년 릴의 어느 노동계급 가정을 방문한 이야기가 나온다. 이 집은 비좁은 진흙탕 거리에 있다. 계단에는 난간이 없고, 안에는 바싹 여윈 여자 하나가 있다. 여자는 스물여섯 살인데 쉰은 돼 보인다. 여자가 남편과 다섯 아이하고 사는 방은 4×2미터 넓이다. 여자는 일자무식이다. 남편은 새벽 다섯 시에 일하러 나가서 저녁 일곱 시에 돌아온다. 여자는 쉴 새 없이 기침을 하는데, 결핵 때문에 오래 살지 못하겠다.[55] 1902년 지역 병원은 결핵 환자인 노동자 519명 가운데 68퍼센트는 결핵의 직접적인 원인이 영양실조라고 추산했다. 이후 6년 동안 상황은 거의 나아지지 않았다.[56] 벨기에 국경 근처에 있는 우플린에서 보네프 형제는 어느 직물 노동자 집을 방문했는데, 이 집에서는 1년에 겨우 두 번 고기를 먹었다. 국제 노동계급의 날인 5월 1일에 한 번, 프랑스혁명 기념일인 7월 14일에 한 번. 그나마 시 당국이 빈곤층에게 배급해준 덕분에 고기 맛이나 보았다.[57]

1819년에 쓴 시 「피터 벨 3세Peter Bell the Third」(워즈워스에 대한 풍자)에서 셸리는 "지옥은 런던과 똑 닮은 도시"라고 선언했다. 그로부터 수십 년 뒤 많은 사람들에게 런던은 여전히 생지옥이었다. 1873년, 빅토리아 여왕의 탄생지인 켄싱턴 궁에서 멀지 않은 곳에 제닝스빌딩Jennings' Buildings이 서 있었다. 2층짜리 목조 주택 81채로 이루어진 빈민굴이었는데, 200명 수용 건물에 1500명이 넘게 살았다. 변기 49개를 같이 썼다. 하수도가 전혀 없었고, 1866년까지 식수 시설도 전무했다. 그 결과 사망률이 켄싱턴의 이웃 부자들보다 두 배가 넘었다.[58]

페이비언협회Fabian Society의 회원인 모드 펨버 리브스는 램버스의 노동계급 가구의 상태에 관한 유명한 보고서『1주일에 1파운드로 살기 Round About a Pound a Week』(1913)에서 어느 젊은 노동계급 부인이 직면한 문제들을 자세히 설명했다. 삶 자체가 가족을 돌보기 위한 끝없는 악전고투였다. "런던의 가난한 아이들이 먹는 식사가 불충분하고 비과학적이고 성에 차지 않는다는 것은 지독한 사실이다. 하지만 이런 상태를 낳은 진짜 원인이 아이 어머니들의 무지와 무관심이라는 것은 사실이 아니다."[59] 하지만 비록 주거 환경은 끔찍했으나(해충 전염병, 과밀, 제대로 갖춰지지 않은 조리 및 위생시설) 가족들은 꽤 정기적으로 고기를 먹는 것 같았다(종종 유일한 생계부양자인 남자가 고기와 생선의 알짜배기를 먹었다).[60]

이런 보고들은 노동계급의 궁핍한 상태를 과장했을지 모른다. 두 경제학자에 따르면, 1880년대에 이르러 적어도 대도시(파리, 리옹, 그르노블)에서는 육류 소비가 저소득 집단 가운데서도 진귀한 일이 아니었다.[61] 하지만 향후 50년 동안 경제가 발전했다 할지라도 1950년대 중반 프랑스의 많은 노동계급 가정에는 상수도나 가스, 실내 화장실이 전혀 없었다. 파리 외곽에서도 마찬가지였다.[62]

산업화 이전 영국에서는 노동자의 임금과 생활수준이 세계에서 가장 높은 축에 속했고, 19세기 중반에 이르면 상황이 대륙에 비해 상당히 좋아졌다.[63] 1840년대에 프리드리히 엥겔스는 영국 자본주의가 가져온 이득에 관한 무비판적 설명과는 거리가 먼 글에서 이렇게 서술했다. "임금 수준이 좀 높은 노동자는, 특히 가족 구성원 전부가 돈벌이를 하는 경우에는, 이런 상태가 유지되는 한 좋은 음식을 먹는다. 매일 고기를 먹고 저녁에는 베이컨과 치즈를 먹는다."[64] 이 정도면 프랑스나 독일의 대다수 노동자들이 먹는 식사보다 좋았을 것이다. 하지만 1840년에 발표된 프랑스의 한 보고서에서도 노르망디와 리옹, 랭스의 노동자들은 기름진 수프 la soupe grasse와 흰 빵에다가 고기를 같이 먹는 일이 드문 게 아니었다고 말한다.[65]

영국 노동자들의 영양 상태가 다른 나라에 비해 더 좋았겠지만, 엥겔스는 건강과 생태 둘 다의 관점에서 볼 때 도시—특히 런던—가 재앙과도 같다는 사실을 추호도 의심하지 않았다.

런던의 대기는 이 나라 공기만큼이나 결코 그렇게 깨끗하지 않고 산소가 풍부하지도 않다. 250만 쌍의 허파와 25만 개의 석탄난로가 3~4평방마일[약 7.77~10.36평방킬로미터.-옮긴이] 면적에 빼곡히 들어차서 엄청난 양의 산소를 소비한다. 도시를 건설하는 방법 자체가 환기를 방해하기 때문에 이 산소를 재충전하기가 쉽지 않다. … 주민들의 폐가 산소 공급을 제대로 받지 못해 그 결과 정신적·육체적 피로와 활력 저하가 생겨난다.

계속 엥겔스의 설명을 들어보자.

따라서 수도의 노동자 거주 지역에 쌓인 쓰레기와 고인 물은 공중보건에 최악의 영향을 미친다. 질병을 유발하는 가스가 피어오르기 때문이다. 오염된 개천에서 뿜어져 나오는 악취나는 공기도 마찬가지다. 그런데 이것이 전부가 아니

다. 오늘날 거대한 수의 빈민들이 사회에서 받는 대접은 참으로 역겹다.[66]

나른 외국인 방문자들도 영국 노동자들의 상태를 보고 똑같이 놀랐다. 외젠 뷔레는 『영국과 프랑스 노동계급의 비참한 상황에 관하여De la misère des classes laborieuses en Angleterre et en France』에서 영국의 부를 극찬하면서도("누구든 이 나라가 얼마나 부유한지 깊은 인상을 받을 수밖에 없다. 깜짝 놀란 여행자 앞에 오만 가지 방식으로 부가 펼쳐진다. … 물질적 삶은 세련됨의 극치에 다다랐다.") 이런 극도의 부가 "끔찍하기 짝이 없는 비참"과 공존한다고 지적했다. "영국의 풍요를 기리는 기념비들에서 멀지 않은 곳에 가난을 나타내는 서글픈 기념비들이 펼쳐져 있다."[67] 이스트런던의 쇼어디치와 베스널그린을 방문한 뷔레는 사람들이 흙구덩이와 악취, '비열한 도덕infamie'에 파묻혀 사는 끔찍한 판잣집들을 발견했다. 하수도나 쓰레기장, 가로등 따위는 전혀 없다. "상상할 수 있는 가장 절대적인 자유방임의 풍경이다."[68] 뷔레는 덧붙이기를, 영국인들이 하는 말이라곤 "아일랜드 것들이 그렇죠, 뭐"라는 개탄뿐이다. 빈민가 주민의 상당한 비율이 아일랜드 이민자들이었기 때문이다. 위안이라도 삼듯 뷔레가 말한 것처럼, 프랑스 도시들은 영국 도시만큼 우아하고 깨끗하지 않을지 몰라도 적어도 영국의 가난 같은 혐오스러운 광경은 없다. 프랑스 빈민들은 영국 빈민만큼 비참하지 않기 때문이다.[69] 뷔레는 결론내리기를, 이런 빈곤은 고용주들이 아니라 체제, 즉 사물의 권력puissance des choses이 야기한 결과다. 마르크스는 초기 저작 가운데 하나에서 그의 통찰에 고개를 끄덕이며 인용했다.[70] 뷔레 자신은 인종주의적인 책임 떠넘기기에 거리낌이 없었다. 가장 '유동적인' 부가 유대인의 수중에 있다고 믿었기 때문이다. "이 재주 좋은 고리대금업자들이라니! 유대인이 눈썹을 찌푸리기만 해도 세계의 모든 시장에서 소동이 일기에 충분하다."[71] 몇십 년이 지난 뒤에도 이런 발언이 드문 일이 아니었다. 1885년『포트나이틀리리뷰Fortnightly Review』편집장 T. H. S. 에스콧은 이렇게 지적했다. "한때 귀족의 통치를 받던 영국 사회는 이제 재벌의 지배를 받는다. 그리고 이 재벌 집단은 대체로 그 구성상 히브리적이다."[72] 하지만 런던 이스트엔드에 모여 사는 유대인 이민자들의 상태는 비참했다.『스펙테이터Spectator』(1887년 4월 23일자)에 따르면, 셋에 하나 꼴로 빈민 구제를 받았고 사망률 역시 오래된 주민들에 비해 더 높았다.[73]

다섯 권짜리 영국문학사를 집필한 바 있는 이폴리트 텐은 런던이 얼마나 지루한지를 알고 깜짝 놀랐다. 텐은『영국에 관한 노트Notes sur l'Angleterre』(1872)의 서두에서 다음과 같이 말했다.

런던의 어느 비 내리는 일요일이다. 상점들은 문을 닫고, 거리는 거의 텅 비었다. 마치 깔끔하고 거대한 공동묘지 같다. 이 사막 같은 광장과 거리에서 우산을 쓴 채 걸어가는 몇 안 되는 행인들은 흡사 끊임없이 출몰하는 걱정 귀신 같다. 오싹해지는 광경이다.[74]

나중에 헤이마켓과 스트랜드가 근처에서 어린 매춘부들을 마주친 텐은 다음과 같이 말했다.

백 보를 걸을 때마다 여자 스무 명 정도는 마주친다. 어떤 여자는 진 한 잔 사달라고 하고, 다른 여자는 "나리, 집세 좀 내려고 합니다"라고 말을 걸어온다. 방탕이 아니라 비참함의 광경이다. 참담한 비참함이라니! … 그 모습에 가슴이 찢어진다. 망자들의 행렬을 지켜보는 것 같았다. 이건 역병, 영국 사회를 좀먹

는 진짜 역병이다.[75]

벨기에의 언론인이자 사회개혁가였던 에두아르 뒥페티오는 뷔레보다 5년 뒤인 1845년에 쓴 글에서 번영하는 벨기에의 노동계급이 얼마나 비참한지, 그리고 그 자녀들이 영국에서처럼 얼마나 잔인하게 착취당하는지 언급했다. 노동계급 아이들은 사소한 잘못을 저질러도 벌을 받고 가장 기초적인 교육조차 받지 못했다. 광부들은 벌이가 있어도 전혀 저축을 하지 않았다. "그들 대다수는 자기가 번 돈을 써보지도 못하고 죽을까 두려워하기" 때문이다.[76]

당시 도시 빈민의 상태에 관한 글쓰기는 지금보다 훨씬 인기 있는 장르였다. 1830년대에 프랑스 정신·정치과학아카데미Académie des Sciences Morales et Politiques는 루이 르네 비예르메 박사와 그의 동료 브누아스통드 샤토뇌프에게 프랑스 공장에서 일하는 노동자들의 상태를 조사할 것을 요청했다. 비예르메는 북부와 동부의 직물공장에 초점을 맞추었다. 당시에는 직물 제조업체가 프랑스에서 단연 최대의 고용주였기 때문이다. 비예르메는 특히 아동의 상태와 높은 사망률에 깜짝 놀랐다. 그의 말에 따르면, 어린아이의 절반이 두 살이 되기 전에 사망했다.[77] 완료하는 데 4년이 걸린 비예르메의 조사는 공장을 찾아다니며 관찰한 모든 내용을 기록한 결과, 사상 처음으로 노동계급이 대단히 긴 노동시간을 감내하고 극도의 빈곤 상태에서 생활한다는 사실을 입증할 수 있었다.[78]

비예르메는 아마 제임스 필립스 케이 박사의 보고서『노동계급의 정신적·육체적 상태The Moral and Physical Condition of the Working Classes』(1832)에 영향을 받은 듯싶다. 엥겔스 역시 맨체스터 면제조업의 상태를 다룬 이 보고서에 동조하며 이를 인용한다. 케이는 맨체스터 노동자들이

1주일에 세 번 고기를 먹지만 "섭취하는 양은 … 많지 않다"고 확인했다.[79] 하지만 어쨌든 상황은 암울했다. 케이의 설명에 따르면, "사람들은 빽빽한 한 덩어리를 이루어 모여 산다. 비좁고 포장도 되지 않은, 거의 역병을 유발하는 도로를 사이에 두고 판잣집이 가득하다. 대기 중에는 거대한 공업도시에서 뿜어져 나오는 연기와 악취나는 공기가 자욱하다". 케이의 말마따나 이 가운데 어떤 것도 당시 흔히 자본주의를 일컫던 표현대로 하면 '상업체제'가 낳은 결과가 아니었다. 자본과 노동의 싸움은 '자연스럽지 않은' 것이다. '자본은 오직 축적된 노동이기' 때문이다. 이런 해악이 생기는 것은 '문명의 진보를 촉진시키는 상업체제'가 아니라 '외래의 우연적인 원인들' 때문이다. 알코올 중독, '독실한 감정의 부재', 그리고 무엇보다도 아일랜드인들 때문이다. 아일랜드인들은 '전염성이 강한 무지의 본보기'를 들여왔고, 그들의 "야만적인 습관과 절약이라곤 모르는 미개한 심성이 필연적으로 부단한 노고를 감소시키는 결과와 결합해서 사람들을 타락시키고 있다".[80] 케이는 랭커셔 직물공장마다 고용된 어린이들이 걸핏하면 매를 맞는다는 사실을 무시한 것 같다.[81] 1849년 제임스 케이는 준남작이 되었다.

물론 실직하는 것이 이런 상태로나마 고용되는 것보다 더 나빴다. 이 경우에 다른 나라처럼 영국에서도 상황은 끔찍하기 그지없었다. 1867년 4월 5일 런던의 보수지인 『스탠더드Standard』는 다음과 같이 보도했는데, 카를 마르크스는 『자본』에서 공감을 표하며 이렇게 인용했다.

어제 수도의 한 구역에서 소름끼치는 광경을 볼 수 있었다. 비록 이스트엔드의 실업자 수천 명이 검은 조기를 들고 떼를 지어 행진하지는 않았지만, 물결처럼 쏟아지는 사람들의 모습은 충분히 위압적이었다. 이 사람들이 얼마나 고통을 받는지 기억하자. 그들은 굶주림으로 죽어가는 중이다. 단순하면서도 끔찍한 사실이다. … 무려 4만 명이다. … 우리 면전에서, 이 경이적인 수도의 한 구역에서, 일찍이 세계가 보지 못한 거대한 부의 축적과 나란히 4만 명의 인간이 어쩔 도리 없이 죽어가는 중이다. 이 수많은 사람들이 지금 다른 구역으로 침입하고 있다. 항상 반쯤 굶주린 이 사람들은 우리 귀에 대고 자신들의 참상을 고함치고, 하늘을 향해 울부짖는다. 그들은 비침한 주거지에 들어앉아 일자리를 찾기가 너무도 어렵고 구걸을 해도 아무 소용이 없다고 우리에게 하소연한다.[82]

그리고 글래드스턴 자신이 24년 전 젊은 하원의원 시절에 인정한 것처럼(1843년 2월 13일), 부자들은 더욱 부자가 되는 반면 일자리가 있는 사람들조차 소비가 점점 줄었다.

도저히 부정할 수 없는 사실로, 지금 이 순간 하층민의 소비력이 감소하는 한편 궁핍과 고난의 압박이 커지는 모습이 목격된다는 것은 이 나라 사회의 상태에서 가장 우울한 특징으로 손꼽힙니다. 그와 동시에 상층계급에서는 부가 끊임없이 축적되고 사치스러운 습관과 즐길 거리가 늘어납니다. 비록 국가 번영의 한 요소로서 그 존재와 풍요를 보여주는 충분한 증거로 만족스러울지 몰라도, 나머지 우리 동포들이 처한 곤경 때문에 씁쓸한 성찰을 할 수밖에 없습니다. …[83]

영국의 도시 노동자들은 형편이 나빴지만 그래도 유럽 다른 나라들에 비하면 한결 나았다. 1870년대에 이탈리아의 역사학자이자 정치인인 파스콸레 빌라리는 잉글랜드를 잘 알고 부인인 린다 화이트도 영국인이었는데, 런던의 참상이 아무리 거대하다 해도 "그 누구도 런던의 빈민이 나폴리 빈민보다 못 산다고 주장할 수는 없다"고 말했다. "런던의 빈민을 모르든 나폴리의 빈민을 모르든 간에 말이다."[84]

어떤 이들은 영국 빈민의 상태를 나폴리가 아니라 암흑의 아프리카에 비유했다. 구세군 창립자 윌리엄 부스(빈곤 사회학자인 찰스 부스와 혼동하면 안 된다)는 —헨리 모턴 스탠리의 『암흑의 대륙을 가로질러Through the Dark Continent』(1878)를 읽은 뒤—『암흑의 잉글랜드와 탈출구In Darkest England and the Way Out』(1890)에서 다음과 같이 말했는데, 어쩌면 좀 지나칠 정도로 힘이 들어간 어조다.

> 그런데 아프리카의 광대한 숲속에 존재하는 그대로의 삶을 무시무시하게 묘사한 것을 보면서 곰곰이 생각하다보니 우리나라 땅의 많은 지역의 모습이 너무도 생생하게 떠올랐다. 암흑의 아프리카가 존재하는 것처럼 암흑의 잉글랜드도 존재하지 않는가? … 우리는 바로 우리 문 앞에서 똑같은 광경을 발견하고, 스탠리가 적도의 거대한 숲속에 존재하는 것을 발견한 것과 비슷한 참상을 우리의 대성당과 궁전 바로 코앞에서 목도하지 않는가?[85]

잉글랜드와 '암흑의 아프리카'를 비교하는 것은 흔한 수사법이었다. 사회학자이자 페미니스트 소설가인 마거릿 하크니스는 일찍이 『암흑의 런던에서In Darkest London』(1889)라는 소설에서 바로 그런 비유를 한 바 있었다.[86]

찰스 부스는 1889년 런던 빈민을 다룬 선구적인 조사연구인 『런던 하층민의 삶과 노동Life and Labour of the People of London』에서 인구를 여덟 개의 계급으로 나누었다. 하위 네 계급인 빈민에는 '최하위' 계급, 즉 '임시직 막노동자, 게으름뱅이, 준범죄자(A등급)', 임시소득자('극빈층'—B

등급), '간헐적인 소득'이 있거나(C등급) '소액이나마 정기 소득'이 있는(D
등급) '빈민'이 포함된다. 부스는 이스트런던의 인구 중 35퍼센트는 빈민
이나 극빈층으로 분류될 수 있다고 추산했다.[87] A등급의 삶은 이러했다.

> 극심한 곤궁과 간혹 있는 폭식이 교차하는 야만인의 삶이다. 먹는 음식이라야
> 가장 질이 떨어지는 종류이고, 유일한 사치는 음주다. … 이 사람들은 사회에
> 유용한 일을 전혀 하지 않으며 아무런 부도 창출하지 않는다. … 손대는 족족
> 가치를 떨어뜨린다.[88]

이스트런던의 화이트채플 지구에서는 전체 인구가 7만 3500명을 약간
상회하는데 2500명 가까운 수가 A등급에 속했다.[89] 네 범주의 빈민이 전
체의 40퍼센트에 육박했다. 지금처럼 당시에도 세계 금융의 중심부였던
시티오브런던에서 엎어지면 코 닿을 거리였다.

찰스 부스의 분류에 따르면, 이스트엔드는 가난한 곳이었지만 홀번은
더욱 가난한 지역이었다. 홀번 주민의 50퍼센트 가까이가 빈곤한 생활을
했다. 홀번 다음으로 이스트런던의 여러 지구가 뒤를 이었지만 웨스트민
스터조차도 빈곤율이 35퍼센트였다. 이즐링턴은 31퍼센트였다. 24퍼센
트인 첼시는 그 시절에 해크니와 스토크뉴잉턴(23퍼센트)과 같은 수준이
었다. 가장 잘사는 곳이 햄스테드로 빈곤율이 겨우 13.5퍼센트였다.[90] 부
스가 묘사하는 '빈민'은 '노동 빈민'이나 '버젓한 빈민'이지 'A등급'인 무
기력한 빈민이 아니었다. 또한 헨리 메이휴가 『런던의 노동자와 런던의
빈민London Labour and the London Poor』(1851)에서 묘사한 1840년대의
극빈층, 즉 사회의 최하위 2.5퍼센트인 소수 하층계급도 아니었다. 부스
가 말하는 '노동' 빈민과 '버젓한' 빈민은 산업혁명의 진짜 피해자였지만,

그들 역시 다음 세기를 거치면서 점차 산업혁명의 혜택을 누리게 된다. 버밍엄, 맨체스터, 셰필드, 그리고 산업 시설이 많은 스코틀랜드에 거주하는 이들이 특히 혜택을 받았다.[91] 잭 런던이 이스트런던에서 몇 달 머무르며 쓴 인기작 『밑바닥 사람들The People of the Abyss』(1903)을 보면 이와 같은 런던의 을씨년스러운 인상이 더욱 짙어진다. 이 책에서 소설가는 "짐승같이 비참한 삶과 말로 다할 수 없는 빈곤에 시달리는 무리"를 "웨스트엔드의 대저택에 사는 백만장자 양조업자"의 삶과 대조한다. 양조업자는 "런던의 멋진 극장에서 펼쳐지는 환락을 맘껏 즐기고, 젊은 귀족과 왕자들과 어울리며, 왕에게 기사 작위를 받는다".[92]

모든 곳에서 버젓한 노동자와 임시직 막노동자가 뚜렷하게 구분되었다. 1901년 이탈리아의 인구조사에 따르면, 북부에만 임시직 막노동자가 100만 명 있었다. 그들은 위험한 계급으로 간주되었고 경찰 조서에 마치 외국인처럼 서술되었다. 어떤 사람은 짙은 속눈썹에 '백치' 같은 얼굴이라고 묘사되고, 여자들은 난잡하다고 묘사된다.[93]

대다수 영국인은 가난하지 않았지만 소수는 빈민이었다. 그리하여 1904년 1월 16일자 『햄프셔크로니클Hampshire Chronicle』은 '실업자들 The Unemployed'이라는 표제 아래 다음과 같이 읊조렸다.

해마다 겨울이면 우리나라 신문에 매일같이 등장하는 가난과 고통을 기록하기 위해 이런 우울한 제목이 나붙는다. 참으로 가련한 현실이지만, 이런 해악은 지극히 현명한 정치인이나 아무리 부유하고 너그러운 박애주의자라도 최선을 다해야만 겨우 완화할 수 있다.[94]

빈민의 생활상태를 둘러싸고 추문이 인 것은 대부분 빈민이 소수였기

<표 5> 1인당 주간 소비, 1860~1913

	1860년	1909~13년
고기와 베이컨(파운드)	1.8[약 0.8킬로그램.—옮긴이]	2.5[약 1.13킬로그램.—옮긴이]
생우유(파인트)	1.75[약 0.994리터.—옮긴이]	3.2[약 1.817리터.—옮긴이]
설탕(파운드)	0.7[약 317그램.—옮긴이]	1.4[약 630그램.—옮긴이]
차(온스)	0.8[약 22.6그램.—옮긴이]	2.1[약 59.5그램.—옮긴이]
버터(온스)	2.7[약 76.5그램.—옮긴이]	4.8[약 136그램.—옮긴이]

출처: Mary Mackinnon, 'Living Standards, 1870-1914', in Roderick Floud and Donald Mc-Closkey(eds), *The Economic History of Britain since 1700*, vol. 2: *1860-1939*, 2nd edn, Cambridge University Press 1994, p. 279.

때문이다. 영국의 식품 소비는 1860년에서 1913년 사이에 꾸준히 증가했다(〈표 5〉를 보라).

하지만 세기 초에 이르러 영국에서는 거의 모든 가구가 지속적인 노동을 하는 데 충분한 에너지가 담긴 식사를 했다. 물론 그 수준을 크게 넘지는 못했겠지만 말이다.[95] 1865년에 창간된 의학저널로 상트페테르부르크 하층계급의 건강문제를 정기적이고 일관되게 논의한『법의학 및 사회위생학 기록Archiv sudebnoi meditsiny i obshchestvennoi gigieny』의 편집인인 G. I. 아르항겔스키 박사가 통계를 바탕으로 수행한 연구에 따르면, 런던은 상트페테르부르크에 비하면 빈민의 낙원이었다.[96] 아르항겔스키의 말을 빌자면, 상트페테르부르크는 "유럽의 모든 주요 도시 중에서 가장 치명적인 도시"였다. 그 원인은 통상적인 것들이었다. 과밀과 열악한 위생 상태에 이례적으로 높은 수준의 알코올 중독이 추가되었다.[97]

미국인들은 아마 가장 번성한 유럽 나라들에 비해서도 이미 평균적으로 더 잘살았을 것이다. 남북전쟁이 정점에 달했을 때에도 빼먹지 않고 고기를 먹었고, 1880년대에 도착한 유럽계 이민자들은 유럽에서는 부유층만 먹는 음식을 자기들도 살 수 있다는 것을 깨달았다.[98] 미국의 크로아티아계 이민자인 피터 마레티치는 고국에 살던 19세기 말에는 운이 좋으면 일주일에 한번 고기를 먹었다고 설명했다. 아침은 우유에 옥수수 가루를 타먹었고, 저녁은 감자나 국수에 버터 없이 빵을 조금 먹었다. "그런데 이 나라에 오니까 마음만 먹으면 매일 고기를 먹었다." 왜 크로아티아를 떠났느냐는 질문에 마레티치는 굶주림 때문에 쫓겨난 셈이라고 대답했다.[99]

1875년 매사추세츠에서 7인 가구(부모와 한 살부터 열두 살까지의 자녀 다섯 명)는 가끔 생선과 고기를 먹고, 버터, 생강빵, 당밀, 차를 포함한 다채로운 식사를 했다. 프랑스계 캐나다 태생인 미숙련 막노동자 아버지는 1년에 385달러를 벌었는데, 장남(12세)이 145달러, 차남(10세)이 120달러를 벌어서 가계에 보탬이 됐다. 어머니는 집에서 아이들을 돌봤다. 유럽의 비슷한 노동자 가정보다는 훨씬 잘살았지만, 형편이 좋은 것은 아니었다. 소득의 절반이 훌쩍 넘는 돈을 먹을거리에 썼고, 허름한 옷을 입었으며, 아이들은 누렇게 뜬 얼굴이었다.[100]

뉴욕 로어이스트사이드의 '유대인 거리'에 모여 사는 유대인들은 확실히 차르 제국에 살 때보다 형편이 좋아졌다. 게다가 유대인 박해도 전혀 없었다. 하지만 번창하는 것과는 거리가 멀었다. 언론인이자 사진가인 제이컵 A. 리스가 『세상의 절반은 어떻게 사는가How the Other Half Lives』(1890)에서 전한 것처럼,

궁핍과 빈곤은 어디서나 불결과 질병과 짝을 짓는데, 유대인 거리도 예외는 아니다. 특히 이 지역 사람들의 낮은 지적 수준을 감안하면, 이렇게 북적이는 곳에서 다른 모습일 리가 없다. 이 지역의 심장부에 자리한 이스턴진료소의 관리자들은 다음과 같은 말로 전체상을 보여주었다. "이 사람들이 앓는 질병은 폭

음이나 풍기문란 때문이 아니라 무지와 적절한 먹을거리의 부족, 그리고 주거지와 일터를 뒤덮은 더러운 공기 때문이다."[101]

어쩌면 리스가 빈곤만을 보았을지도 모르고, 또는 이후 20년 동안 상황이 크게 개선됐을지도 모른다. 왜냐하면 1913년에 이르면 로어이스트사이드의 유대인 거리를 이루는 57개 블록에 사탕과 아이스크림 가게 112곳, 이발소 78곳, 정육점 93곳, 빵집 43곳이 있었기 때문이다.[102]

소비자 사회로 나아가는 중요한 일보는 의식주 등 분명한 생필품 값을 치르고도 가처분소득의 상당 부분이 남을 때 이루어진다. 1901년 미국의 **평균** 가정은 연간 769달러를 벌었다. 노동자는 시간당 0.23달러를 벌었는데, 따라서 1년 내내 주당 50시간을 일하면 집에 600달러를 가져올 수 있었다. 이 가운데 42.5퍼센트가 식료품에 지출되고, 14퍼센트가 의복에, 23.3퍼센트가 주거(집세, 난방)에 지출되었다. 다시 말해, 가구 소득의 79.8퍼센트가 생필품에 지출되었다. 리옹이나 그르노블 같은 프랑스의 대도시에서는 노동계급 가구 예산의 26퍼센트가 식료품에 지출되었다(1913년 수치).[103] 물론 이것도 18세기 프랑스 막노동자가 소득의 절반을 빵에, 16퍼센트를 채소와 요리용 기름과 포도주에 쓴 것에 비하면 놀라운 진보였다.[104]

1876년에서 1885년 사이에 독일에서는 노동계급 소득 가운데 식료품에 지출되는 비율이 큰 변화가 없었고(약 47퍼센트로 미국과 똑같았다), 주거비 지출 비율은 약간 떨어졌으며(20.4퍼센트에서 18.2퍼센트로), 의복비 지출 비율은 9.8퍼센트에서 13퍼센트로 높아졌다. 합산해보면, 이 세 항목이 1876년에는 전체 지출의 77.9퍼센트, 1885년에는 78.2퍼센트를 차지했다. 거의 변화가 없는 셈이다.[105]

2000년에 이르면, 미국에서 식비에 지출된 평균 소득 비율은 13.1퍼센트로 떨어졌다(이 13퍼센트 중에서 40퍼센트가 집 밖에서 만들어진 음식, 즉 식당과 포장 음식에 소비되었다). 의복비는 4.2퍼센트, 주거비는 32.8퍼센트(1901년보다도 높다)였다. 그 결과 가계소득의 50퍼센트를 온전히 휴가와 오락, 자동차, 텔레비전, 라디오, 컴퓨터게임, 그밖에 거의 모든 미국인의 생활필수품이 된 여러 항목에 쓸 수 있었다.[106]

1905년, 미국 경제학자 사이먼 패튼은 이미 최초의 '즉석'식품을 환영하고 있었다. "이 식품은 단조롭지 않고, 맛이 좋고, 아주 쉽게 상을 차릴 수 있"으며 "영양과 노동력 절감에 비해 사상 유례가 없을 정도로 저렴하다".[107] 패튼은 또한 "현금 전용 식료품점에서 7, 6, 5센트에 파는 '특가 상품'"도 환영했다. 이런 상품 덕분에 확장된 "구매자 집단과 빈민층 부인이 밍밍한 고기스튜로 식탁을 차릴 때에도 아주 맛좋아 보이게 만들 수 있기 때문이다". 이제 그는 노동자들이 아침에 시리얼을 설탕 탄 우유에 말아 먹고, 토마토와 보존식품을 먹을 수 있다는 사실에 감격했다.[108]

미국은 상표가 붙은 식료품의 발전에서 유럽을 훌쩍 앞질렀다(원래 생선 같은 음식을 깡통에 저장 처리하는 아이디어는 19세기에 프랑스와 영국의 발명가들이 개척한 분야였다). 1870년대에 하인즈 형제는 중국에서 기원한 케첩이라는 이름의 소스를 생산하기 시작했다.[109] 1880년대에 싱어Singer는 재봉틀을 판매했고, 운더베르크는 눈길을 끄는 특별한 병에 넣은 약초술을 팔았다. 1886년 5월 8일, 조지아주 애틀랜타에서 존 스티스 펨버턴은 콜라너트 추출물을 기본 재료로 한 음료를 팔기 시작했다. 숙취와 두통을 없애준다는 음료였다. 펨버턴은 음료에 코카콜라라는 이름을 붙였다. 1894년 존 하비 켈로그는 콘플레이크를 발명했는데, 지금도 그의 이름이 붙어 있다. 1912년 1월 프록터앤갬블은 크리스코라는 이름의 식물성 쇼트닝을 출시했는데, 『레이디스홈저널Ladies' Home Journal』에 실린 광고에 따르면, 이 제품은 "미국의 모든 주방에 영향을 미치게 될 과학적 발견"이었다.[110] 이러한 발전 덕분에 서구에서 식료품이 더욱 풍요로워지자 유럽과 북아메리카에서는 3코스 식사가 대중화되었다. 나중에 20세기에는 간식이 늘어나면서, 19세기라면 (부유층을 제외하고는) 거의 들어보지 못했던 질병의 주된 원인인 비만을 겪을 만큼 하루 종일 먹자판이 벌어졌다.

번영을 구가하는 밀라노에서도 과식은 노동자의 문제가 아니었다. 1879년 밀라노 노동자들은 쌀, 콩, 양파, 붉은 양배추 등으로 이루어진, 반드시 건강에 좋지 않다고 보기는 어려운 식사를 했다.[111] 하지만 몇 가지 문제가 있었다. 노동자 임금이 낮고 시 당국이 주거에 거의 관심을 기울이지 않았다. 1870년대와 1880년대 내내 밀라노에 밀려든 이주자들은 당연하게도 현지 노동계급의 적대를 경험했다. 이주자들이 늘어나면서 주택을 비롯한 자원을 놓고 경쟁이 심해졌기 때문이다.[112] 노동자들이 여러 도시로 유입되면서 거의 모든 곳에서 대대적인 주택난이 생겨난 한편, 여러 조사에서 걸핏하면 이런 주거의 비위생적 상태를 비난했다.[113]

19세기 말에 임금노동자가 되는 것은 물론 '진짜 빈민'들이 부러워하는 상황이었지만, 재앙이 될 수도 있었다. 임금노동자들은 극도로 의존적이고 불확실한 상황에 빠지게 됐는데, 이런 곤경을 스스로 선택한 게 아니라 가난 때문에 어쩔 수 없이 강요받은 것이었다. 그들은 종종 기계 때문에 몰락한 장인이나, 땅만 파먹고는 생계를 유지할 수 없거나 기술에 밝은 이들과 더이상 경쟁할 수 없게 된 농민이었다. 임금노동자가 되면 질병이나 장애(작업 중에 입은 장애 포함) 때문에, 또는 경기 순환이나 고용주의 비효율성 때문에 단번에 일자리를 잃을 수 있었다.[114]

동유럽의 가난한 나라들에서는 공장노동자와 광부가 서유럽의 농업노동자보다 훨씬 열악한 상태에서 살았다. 세기 전환기에 우크라이나 동부 돈바스 지방의 공장 지구에는 상하수도 같은 위생시설이 사실상 전무했다. 주민들은 우물과 강물, 저수지 물을 사용했는데, 이 물들은 대개 산업 폐기물로 오염된 상태였다. 많은 이들이 산업화 이전 시절처럼 강물을 길어다 먹었다. 배설물은 그냥 땅에다 쏟아버렸다.[115] 그 결과 돈바스 노동자 인구 전체에 발진티푸스와 콜레라가 거듭해서 발발했다.

광산에서 일하는 이들의 생활상태가 최악이었는데, 단지 석탄을 캐는 이들만이 아니었다. 칼라브리아주 룽그로의 소금광산의 상태가 특히 끔찍했다. 소금광산은 깊이가 220미터에 달했는데 기계로 소금을 지표면으로 끌어올리는 시설은 118미터까지만 있었다. 나머지 거리는 광부들이 등에 소금을 지고 올라와야 했다. 1888년까지도 여자와 아이들이 이 일에 투입되었다.[116]

대기업에서는, 프랑스 부르고뉴 지방 르크뢰조의 철강공장 소유주인 슈네데르 형제같이 '배려심 많은' 기업가들이 온정적 방침으로 운영하는 기업에서조차 노동자들이 여전히 비인간적인 환경 아래서 땀 흘려 일했다. 1897년, 보수 성향 일간지 『르피가로』에서 일한 사회주의자 언론인 쥘 위레는 크뢰조의 주물공장을 생지옥의 현장처럼 묘사했다. 굴뚝마다 연기와 불꽃이 피어오르고, 공기는 황 냄새가 가득하다는 것이었다. 노동자들의 얼굴은 창백한데다 수척하고, 눈은 붉게 충혈되고, 눈썹은 그을려 있었다. 노동자들은 "손때가 묻어 거뭇거뭇한(le pain que leurs mains noircissent) 빵"을 먹고, 매일 아침 여섯 시에 일어나 꼭두새벽부터 해질 녘까지 쉬지 않고 열두 시간을 일했다. 왜 그랬을까? "하루 일을 하지 않으면 하루 빵을 먹지 못했기 때문이다(parce qu'un jour sans travail est pour eux un jour sans pain).”[117] 파리도 사정은 마찬가지여서, 과로가 지배하는 시기 다음에 실업의 시기가 이어지는 게 상례였다.[118]

지구 반대편인 일본에서도 사정은 나을 게 없었다. 빈민가마다 썩는 냄새가 진동했다. 1890년대 도쿄는 거대한 경제발전의 시기였는데, 젊은 언론인 마쓰바라 이와고로松原岩五郎가 찰스 부스의 런던 빈민 조사와 빅토르 위고의 『레미제라블Les Misérables』에 고무되어 ‘빈민가’에 직접 들어가 생활했다. 그리고 그 경험을 토대로 이렇게 썼다. “길과 골목은 비좁고 배수구도 없다. 길가에 있는 변소는 여러 가구가 같이 쓰는데, 공기를 더럽힌다. 왜 이런 게 허용될까? 땅주인이 자기 소유지에 최대한 많은 주택을 건설하고 싶어하기 때문이다.”[119] 마쓰바라가 그날 밤을 보낸 빈민용 숙소에는 “후텁지근한 공기에 막노동꾼들 몸에서 나는 악취가 가득해서 숨쉬기가 곤란할 지경이었다. 벼룩이 떼를 지어 달라붙고 모기가 모기장 구멍으로 들어오는데, 더 나쁜 해충이 있을까 두려웠다”.[120] 또다른 언론인 요코야마 겐노스케横山源之助는 도쿄 아사쿠사 지역에서 풍기는 냄새는 “말로 표현할 길이 없다”고 주장했다. 냄새가 편두통을 유발해서 반시간 이상 그 지역에 머무르기가 어렵다는 것이었다.[121]

파리 역시 나폴레옹 3세의 파리 지사인 오스만 남작이 하수도를 크게 개선하기 전에는 도쿄나 뉴욕과 비슷한 냄새가 자욱했다. 급진적 저서인 『공화국과 양립할 수 없는 파리: 혁명이 불가능한 새로운 파리를 위한 계획Paris incompatible avec la République. Plan d'un nouveau Paris où les révolutions seront impossibles』의 저자인 앙리 르쿠튀리에르는 1848년에 쓴 글에서 이렇게 말했다. “이 불가사의한 파리의 거리 대부분은 병균이 득시글거리는 물이 가득한 더러운 창자와 똑같다. … 창백하고 병든 군중이 끊임없이 거리를 오간다.”[122]

냄새만이 아니라 하층민도 문제였다. 사회주의자이자 페미니스트 작가 겸 활동가였던 플로라 트리스탕(폴 고갱의 할머니)은 파리의 어느 노동계급 가정을 방문했다가 노동자에 대한 혐오감에 압도당했다. "나는 이 노동자들하고 2주일을 지내면서 너무도 많은 걸 배웠다. 노동자는 코앞에서 보면 끔찍하다."[123] 몇 주 뒤에는 훨씬 더 정나미가 떨어졌다.

> 그렇게 추잡하고 무지하고, 그렇게 하찮고 어울리기 불쾌하며, 코앞에서 보면 그렇게 혐오스러운 빈민들을 위해 그 누가 일할 수 있을까! 많은 이들이 빈민을 짐승에 비유하지만, 짐승은 들짐승이라도 그보다 천 배는 덜 불쾌하다. … 저 어리석은 부자들이 이처럼 타락한 상태의 사람들 한가운데서 고요하게 살고 있다. 정말 미칠 노릇이다.[124]

부자들은 고요하게 살았을지 몰라도 당국은 불안했다. 경찰청장은 프랑스 내무부에 보내는 편지(1831년 9월 11일자)에서 비참한 가난이 너무 심각해서 그 희생자들이 폭력에 호소할 공산이 크다고 신호를 보냈다.[125]

과밀문제를 해결하는 한 가지 방법은 간단한 것이었다. 사람들이 도시를 떠나도록 부추기면 되었다. 1851년 시티오브런던(더 넓은 광역도시권과는 별개로)에는 주민이 13만 2354명이었는데, 다들 전설적인 1평방마일[약 2.59평방킬로미터.-옮긴이]에 모여 살았다. 그런데 6년 뒤에는 주민이 2만 7402명뿐이었다.[126] 2015년에는 그 수가 8072명으로 감소했고, 이제 빈곤은 이 지역에서 문제가 되지 않는다.[127] 한편 런던광역시는 1801년 100만 명(이미 유럽 최대의 도시였다)에서 1851년 220만 명, 1901년 620만 명으로 커지고, 1951년 810만 명으로 정점에 다다랐다.[128] 그 뒤로 교외화 덕분에 인구가 서서히 감소하다가 다시 이민 유입으로 급격하게 늘어났다. 2014년에 이르면 860만 명에 다다랐다.[129] 요즘은 인구가 가장 많은 도시가 대부분 아시아에 있다. 광저우, 도쿄, 상하이가 대표적이다.

하지만 사람들이 이른바 상쾌한 시골에서 도시의 더러운 생활로 옮겨 갔다는 낭만적 견해는 바보 같은 농촌의 삶과 대비해서 도시를 몽상에 찬 눈빛으로 찬미하는 것만큼이나 단순한 시각이다. 1820년대와 1830년대 영국 산업노동자들이 쓴 자전적 서술을 바탕으로 수행한 한 연구는 시골을 떠난 사람들이 결코 향수에 젖어 과거를 돌아보지 않았고, 농촌 생활의 소박함이나 건강함을 애석해하지 않았으며, 시골로 돌아간 사람도 전무하다는 사실을 지적한다.[130]

하지만 산업화의 장기적 이익에 열광한 사람들조차 기술이 낳은 업적에 자부심을 느끼면서도 환경 파괴의 불길한 예감 때문에 마냥 환호할 수만은 없었다. 그리하여 급진 언론인이자 자유무역 지지자인 윌리엄 코빗은 1820년대에 쓴 『농촌 기행Rural Rides』(1830년 출간)에서 다음과 같이 말했다.

리즈에서 셰필드까지 가는 내내 석탄과 철, 철과 석탄뿐이다. 우리가 셰필드에 도착하기 전에 날이 어두워지는 바람에 제철소 용광로에서 끝없이 불길이 솟아오르는 무시무시한 장관이 눈에 들어왔다. … 참으로 놀라운 광경이다. … 다른 나라들이 면화와 양모로 무엇을 하든 간에 철과 강철로 만드는 제품과 관련해서는 결코 잉글랜드에 필적하지 못하리라. 이 셰필드와 그 주변 땅은 철과 석탄이 한 지층을 이룬다. 사람들이 검은 셰필드라고 부르는 게 당연하다. 하지만 이 한 도시와 주변 지역에서 전 세계에서 사용되는 칼의 9할이 나온다. …[131]

이런 '놀라운 수공품'에는 끔찍한 대가가 따랐다. J. C. 홀이 『영국의학저널British Medical Journal』(1857년 3월)에서 추산한 바로는 셰필드의 칼갈이공들은 서른다섯을 넘겨 사는 경우가 드물었다.[132]

도시들은 근대 합리성의 중심지가 아니었다. 특히 남유럽에 있는 많은 도시의 거주자들은 농촌 주민에 비해 더 계몽되었다고 보기 어렵다. 1884년 콜레라가 덮친 나폴리에서 일한 스웨덴 의사 악셀 문테는 의사와 의학을 불신하는 많은 주민들의 '원시적인 미신'에 맞서 싸워야 했다고 개탄했다.[133] 1886년 시칠리아섬의 칼타니세타에는 화장실이 있는 집이 두어 집밖에 없었는데, 이 집들도 배설물을 하수구로 흘려보냈다. 다른 집들은 보통 길거리에 똥을 휙휙 던졌다.[134] 작가이자 여행가인 막심 뒤캉은 주세페 가리발디의 1860년 이탈리아 남부 원정을 따라갔는데, 시칠리아의 메시나시를 미신의 소굴이라고 묘사했다. 시를 다스리는 사제들은 지역에서 나는 황이 악마를 끌어들인다는 이야기로 회중에 겁을 주었다. 뒤 캉은 칼라브리아주의 카탄차로 근처에 있는 마이다라는 도시는 반 미개인들이 사는 곳이라고 설명했다. 그는 전에 (귀스타브 플로베르와 함께) 방문한 적이 있는 동양 도시들을 상기시키는 장소를 발견했다. 개들이 제멋대로 날뛰고, 벌거숭이 아이들이 흙먼지를 뒤집어쓰고, 거리 한가운데에 돼지가 우글거리고, 여자들은 우울한 노래를 부르는데, 그 친구들은 여자들의 머리를 빗으며 이를 잡고 있었다.[135]

프랑스에서는 19세기 중반에 빈민으로 분류될 수 있는 인구, 즉 사적 박애와 공적 부조로만 목숨을 부지할 수 있는 인구가 10퍼센트에 약간 못 미쳤다.[136] 그때까지만 해도 빈곤과 산업화의 연관성은 분명한 기정사실이었다. 1835년 알렉시 드 토크빌은 『빈곤에 관한 기억Mémoire sur le paupérisme』에서 산업사회 때문에 사적·공적 시혜에 의지해야 하는 사람의 수가 늘어났다고 주장했다. 잉글랜드(1833년에 토크빌이 방문했다) 같은 부자 나라들은 가장 많은 수의 사람들을 궁핍 상태에 묶어두었다. "잉글랜드 농촌을 가로질러 보면 현대 문명의 에덴동산에 온 것 같은 느낌이 든다." 도로는 잘 관리되고 주택은 튼튼하고 깨끗했으며, 가축은 토실토실했다. 하지만 일단 도시에 들어서면, "인구의 6분의 1이 공공 자선에 의지해서 사는 모습을 발견하게 된다".[137]

그로부터 40년 정도가 흐른 뒤 다른 여행자가 비슷한 의견을 기록으로 남겼다. 1871년 일본 정부가 지구 곳곳을 돌아보도록 파견한 이와쿠라 사절단岩倉使節團의 기록자 구메 구니타케久米邦武는 "영국은 국민이 다른 나라 국민보다 월등히 근면하기 때문에 세계에서 가장 부유한 나라가 될 수 있었다"고 적었다. 그러면서 한마디 덧붙였다. "빈민의 수 역시 거의 다른 어떤 나라보다도 많을 것이다."[138]

잉글랜드에는 오래전부터 빈민층을 다루는 법률이 있었지만, 낡은 형태의 자선인 구빈법Poor Laws(1601)은 산업 발전을 가로막는 장애물이었다. 빈민을 게으르게 만들기 때문이 아니라 공적 원조를 받으려면 거주지 교구에 등록을 해야 하는데, 이 때문에 노동력의 이동이 가로막혔기 때문이다. 1834년의 개정 구빈법은 빈민들에게 구빈원 노동을 받아들일 것을 강요했는데, 구빈원의 환경은 차라리 공장에서 일하는 게 훨씬 나을 정도였다.[139] 빈민들이 어떤 노동이든 받아들이지 않으면 더욱 비참한 상태에 빠뜨리는 것은, 그때나 지금이나, 빈곤을 감소시키는 한 방편으로 여겨졌다. 자본주의의 관점에서 볼 때, 이 방법의 장점은 도시화 과정을 가속화했다는 것이다. 구빈원은 도시 중심부에 있었고, 물론 구빈원 때문에 임금은 계속 낮은 수준을 유지했기 때문이다. 단점은 도시 납세자들이 구빈원을 유지하기 위해 더 많은 비용을 지불해야 했다는 것이다. 여행자들의 보고에 따르면, 19세기 중반에 이르러 제네바같이 번성하는 도시에서도 빈민에 대해 비슷하게 억압적인 태도가 존재했다. 제네바에서는 주민의 5퍼센트가 공적 원조를 받았다.[140]

19세기 말에 이르러서도 문제가 크게 개선된 것 같지는 않았다. 이 분야가 원래 통계 수치가 신뢰성이 낮고 빈곤의 정의 자체가 불확실하기 때문에 정확하게 말할 수는 없지만 적어도 극빈층의 상황은 여전했다. 시봄 라운트리가 수행한 유명한 조사에 따르면, 1899년 잉글랜드 북부 요크의 경우, 도시 인구의 10퍼센트 가까이가 라운트리가 정의한 '1차 빈곤선' 이하('진짜 진짜 빈민')에 해당했고, 또다른 13퍼센트는 2차 빈곤선 이하(빈민)에 해당했으며, 그리고 다시 21.5퍼센트는 앞의 두 집단과 그리 멀리 떨어져 있지 않았다.[141] 라운트리는 다시 계산을 한 끝에 "인구의 30퍼센트 가까이가 빈곤한 생활을 하는 것으로 밝혀졌다"고 결론지었다.[142]

이 사람들은 왜 가난했을까? 라운트리는 도박과 음주가 2차 빈곤의 주된 요인이라고 넌지시 말했지만, 사람들이 진짜로 빈곤 상태에 빠지는 것은 주 생계부양자가 사망하거나 노동 능력 또는 일자리를 잃을 때거나, 가족 규모가 너무 크거나 임금이 지나치게 낮기 때문이었다.[143] 오늘날에는 이런 원인들이 특별히 이례적인 게 아니라고 볼지 모르지만, 당시에는 사람들이 가난한 건 일을 하려고 하지 않기 때문이라고 여겨졌다(지금도 많은 이들이 그렇게 생각한다). 빈곤이 빈민이 어찌할 수 없는 외부 환경 때문에 야기될 수 있다는 믿음은 사회에 책임이 없다는 명백한 증거와 충돌했다. 만약 그렇다면, 왜 비슷한 환경에서 태어난 사람 중에 어떤 이는 가난하고 다른 이는 가난하지 않은가?

찰스 부스는 1891년에 수행한 조사에서 전혀 의문을 품지 않았다. 부스가 열거한 빈곤의 주된 요인은 '음주, 부도덕, 게으름, 가난뱅이와 어울리기, 유전'이었다.[144] 하지만 라운트리와 마찬가지로 그 역시 섣불리 재단하려고는 하지 않았다. 그는 "이렇게 된 것은 그들 자신의 잘못일지 모른다. 하지만 그것은 또다른 문제다"라고 말하고는 불편부당한 사회학자(최초의 사회학자 가운데 한 명이다)의 균형 잡힌 어조로 한마디 덧붙였다. "내가 우선 할 일은 원인이 무엇이든 간에 빈곤이나 극빈 상태 이하에서 생활하는 사람들의 수효를 다루는 것이다."[145]

번영을 구가하는 사람들

사실 진정한 부유층(지주, 대은행가, 기업가)과 진짜 빈곤층(실업자, 이른바 위험한 계급) 사이에는 다양한 사회집단이 존재했고, 각각은 소득과 지위의 작은 차이에 따라 계층별로 나뉘었다(반숙련 노동자, 숙련 노동자, 상점주인, 사무원, 점원 등등).

귀족층은 나머지 사람들과 완전히 다른 생활방식을 누렸다. 런던과 파리, 나폴리, 베를린을 비롯한 대도시의 귀족들만이 아니라 주변 지역의 소귀족들도 마찬가지였다. 프랑스의 지질학자인 바르텔레미 푸자스 드 생-퐁은 여기서 서술하는 시기보다 한 세기 전인 1784년에 스코틀랜드를 여행했는데, 자기를 집으로 초대한 '매클리안 씨Monsieur Mac-Liane'가 대접한 아침식사에 관해 매혹적인 설명을 보여준다. 멀섬 톨로이스크 영주의 아들인 '매클리안'은 십중팔구 앨런 매클레인 장군일 텐데, 그는 스튜어트가 복원을 위한 반란과 미국 독립 혁명군에 맞선 퀘벡 방어전에 참여한 인물이었다. 그는 부자와는 거리가 멀었지만(푸자스 드 생-퐁은 그의 집이 소박했다고 말한다), 프랑스인 손님에게 차려낸 음식은 양과 가짓수에서 입이 딱 벌어지는 수준이었다. 어쩌면 대단한 인상을 주려고 했던 것일지 모른다. 확실히 그런 인상을 주기는 했다. 오전 열 시에 차려진 아침식사는 훈연 쇠고기, 소금에 절인 청어, 버터, 우유, 크림, 죽 같은 음식(오트밀 죽), 계란 노른자와 설탕과 럼주를 섞은 우유(에그노그eggnog의 일종), 구스베리 잼, 블루베리, 섬에서 나는 갖가지 과일, 홍차, 커피, 여러 종류의 빵, 자메이카산 럼주 등이었다. 오후 네 시에는 저녁식사를 했다. 큰 사발에 담긴 쇠고기 수프, 귀리와 양파와 파슬리와 완두콩을 곁들인 양고기와 닭고기가 나온 다음, 후추와 생강을 듬뿍 넣은 블랙푸딩, '최상급' 쇠고기 철판구이, '고급' 양고기 구이, 육즙과 닭고기와 오이와 생강 처트니로 만든 감자 요리, 우유, 마데이라산 백포도주, 보릿가루와 크림과 그리스 건포도로 만든 '푸딩poudingue' 등이 차려졌다. 이 모든 음식이 맥주와 포도주하고 나란히 한번에 식탁에 차려졌다. 저녁식사가 끝나자 포트와인, 셰리주, 마데이라산 백포도주, 펀치 등의 술, 체셔산과 섬에서 나는 치즈, 그리고 마지막으로 홍차와 빵과 버터가 나왔다.[146] 푸자스 드 생-퐁은 계속해서 멀섬의 일반 주민들(7000명)은 대부분 신발이나 모자도 없이 돌아다니는(스코틀랜드 북부에서!) 양치기와 어부들이라고 말해준다. 고기를 잡는 사람들은 연어 훈제를 만들기는 해도 이 사람들은 귀리와 감자만 먹었다. 여자들은 못생겼는데(반대로 매클레인의 딸에 대해서는 몇 번이고 예쁘장하고, 몸집이 단아하고, 몸매가 매력적[jolie, d'une taille élégante, de la plus charmante figure]이라고 말한다), 기후와 음식이 좋지 않고 제대로 된 옷이나 주거가 없어서라고 말한다.[147]

부유층, 특히 19세기 중반 벼락부자들의 삶은 중간계급들에게 깊은 인상을 주었다. 1867년 폴란드 태생의 덴마크인 화가인 엘리사베트 예리카우-바우만은 남편인 조각가 옌스 아돌프 예리카우에게 보낸 편지에서 카를 요아킴 함브로 남작의 시골 저택(함브로가 1852년에 사들인 도싯의 밀턴애비Milton Abbey)에 손님으로 초대됐을 때 먹은 저녁식사에 관해 이

야기했다. '부자들의 기괴한 생활'(역시 덴마크인인 함브로는 함브로스은행 Hambros Bank의 설립자였다)에 깜짝 놀란 예리카우-바우만은 18세기에 케이퍼빌러티 브라운[랜슬럿 브라운Lancelot Brown이 본명인 영국의 조경사. 장소가 갖는 '가능성capability'이라는 말을 입버릇처럼 했기 때문에 '케이퍼빌러티'라는 별명을 얻었다.-옮긴이]이 조경 설계한 풍경에 경탄하고는 저녁식사를 묘사했다.

> 상상할 수 있는 온갖 산해진미가 지겹도록 끝없이 나왔어요. 멜론, 딸기, 포도, 무화과 등등에다가 당연히 샴페인도 나왔답니다. 다른 한편에는 가장 기본적인 생필품도 없이 가난하고 굶주리는 수많은 아이들이 있지요.[148]

1900년, 20세기 후반기 서구의 특징이 되는 번영이 하층 중간계급 일부에게 이제 막 다다르기 시작했을 뿐이었다. 그들의 지출은 대부분 소비재가 아니라 식료품과 집세에 쓰였다. 파리 숙련 노동자의 경우(1907년 조사)에 지출의 80퍼센트, 장인의 경우에는 65퍼센트가 식료품과 집세가 차지했다.[149] 그리고 물론 발전이 있었다. 1910년에 이르면, 평균적인 프랑스인은 1831년의 평균적인 프랑스인보다 포도주를 4배 많이 소비했고, 맥주는 3배, 설탕은 7배, 홍차는 11배, 초콜릿은 30배 많이 소비했다.[150]

중간계급, 특히 도시 중간계급들은 산업 성장의 주된 수혜자였고, 따라서 당연히 그들은 근대의 중추가 되고 때로는 심지어 민주주의의 중추가 되기도 했다. 그들은 계몽주의의 진정한 상속자였다. 반드시 그들이 계몽되었기 때문이 아니라(물론 일부는 계몽되었다) 중간계급이야말로 진보의 신세계에서 진정으로 편안한 유일한 계급이었기 때문이다. 불평등은, 어쩌면 겨우 지금만큼 심했을 테지만, 여전히 매우 심했다. 20세기 초 영국 중간계급을 이루는 9만 가구는 연간 소득이 300~1000파운드 사이에서 오락가락했는데, 일주일에 6일을 일하는 미숙련 노동자는 연간 56파운드를 벌었다.[151] 1908년에 이르면, 연간 700파운드 이상을 버는 사람들(전체 인구의 3.1퍼센트)이 부자 대접을 받았고, 160~700파운드를 버는 사람들은 그저 '형편이 넉넉했다'.[152] 시카고에서는 19세기 말에 화이트칼라 노동자의 소득이 숙련 육체노동자의 2배였다(이 격차는 그 후로 거의 사라졌다).[153] 하지만 미래에 대한 불확실성이 굉장히 심해서 중간계급은 강박적으로 저축을 했고, 즐거움을 위한 지출은 최소한으로 제한되었다. 결국 쾌락은 정말로 번영하는 이들의 몫이었다.

20세기 말에 극빈층조차도 일상적인 소비 품목으로 당연시한 것들이 19세기 말에는 여전히 반쯤 사치품이었다는 사실을 유념해야 한다. 홍차를 예로 들어보자. 1840년 서유럽과 중유럽의 연간 홍차 소비는 1인당 4온스[약 113그램.-옮긴이] 정도였다(오늘날 세계에서 홍차를 가장 많이 소비하는 터키에서는 3킬로그램이다. 영국과 아일랜드에서는 2킬로그램 정도다). 당시에 중국인들은 2.5배 많이 차를 마셨다. 어쨌든 차는 '중국인들의' 음료였기 때문에 놀랄 일도 아니다.[154] 1800년 영국에서 당시 사치품이었던 설탕의 연간 소비량은 1인당 8킬로그램(하루에 21.9그램)을 약간 넘었는데, 유럽 대륙의 평균은 1인당 겨우 1킬로그램(하루에 2.7그램)이었다.[155] 2015년에 이르면, 치과의사들로서는 유감스럽게도(아니 어쩌면 기뻐할지도 모른다), 평균적인 미국인 1인당 일일 설탕 소비량은 126.4그램으로 독일(102.9그램)이나 네덜란드(102.5그램)를 능가했다. 영국인들은 세계 7위로 하루에 1인당 93.2그램을 소비한 반면, 인도인들은 조사국 가운데 최하위로 하루에 5.1그램만을 소비했다(그래도 1800년 유럽 대륙 사람들보다는 2배에 육박했다). 세계보건기구 권장량은 하루에 50그램이다.[156]

1900년 무렵 하층 중간계급은 이런 '사치품' 몇 가지를 소비할 수 있었지만, 그래도 편의시설이 없는 비좁은 주거에서 살았다. 상점주인들은 가게 뒤편에서 주방을 식사 공간 겸용으로, 때로는 침실로도 쓰면서 생활했다.[157] 하층 중간계급은 결국 더욱 번창하게 되면서 중간계급 내의 격차를 좁혔다. 숫자는 추산하기 어렵지만, 19세기 말에 이르면 한때 풍부한 가내하인 공급 기반이었던 사람들의 숫자가 감소하기 시작한 것으로 보인다. 하녀와 청소부를 구하기가 점점 어려워지면서 한때 가구 관리자였던 중간계급 부인들이 가정주부로 변신했다. 19세기 말에는 '요즘 하인 구하기가 하늘의 별따기'라는 말이 진부한 문구가 되었다. 파리에서는 탄탄한 부르주아계급의 많은 부인들이 하녀가 한 명밖에 없어서 직접 장을 보러 다녀야 했다. 가끔은 남편이 도와준 것 같다. 하인들의 운명은 십중팔구 원래 태어난 가정에 비하면 좋아진 게 분명하기는 해도 황량한 상태였다.

일라이저 린 린턴은 1870년대 런던의 전형적인 하녀 앞에 놓인 암담한 운명에 관한 설명을 제공한다. 필자가 '정치에 적극적으로 나서는 여성에 대한 도덕적 반대'를 제기하면서 '여성의 존재 이유raison d'être는 모성'이라는 것이 '절대적인 진리'라고 선언한 지독한 반페미니스트이기 때문에 더더욱 흥미롭다.[158] 자유당 정치인이자 여성 참정권 지지자인 윌리엄 우돌에게 보낸 편지(1898년 1월 26일자)에서 린턴은 남성 보편 참정권과 나란히 여성 참정권이 도래하면 "여성적 요소의 히스테리로 강화된 군중통치"가 초래될 것이라고 말했다.[159] 그렇긴 해도, 일라이저 린턴은 10년이 채 안 되는 열정 없는 결혼 생활에 자식이 없었고, 크게 성공을 거두어 넉넉히 돈을 받는 작가이자 언론인이었다. **하지만** 린턴은 하인들에게 동정심이 있었다. 1874년 『콘힐매거진The Cornhill Magazine』에 쓴 기사에서 그는 다음과 같이 적었다.

아무리 인정 많은 여주인이라 할지라도 하녀들이 권리를 조건으로 요구하면서 가령 고정 휴일을 달라고 하면 주제넘은 짓이라고 여긴다. … 하녀는 언제든지 벨을 눌러 호출할 수 있어야 하고, 밥을 먹다가도 부르면 언제든 달려가야 하며, 자기만의 시간이라곤 없고, 자는 시간도 신성불가침이 아니다. 한밤중에 주인이 무엇이든 필요한 게 생기면 냉큼 일어나서 갖다 바쳐야 한다. … 하녀는 지하나 지붕 바로 아래서 생활한다. 축축하고 물이 새는데다 제대로 환기도 안 되고, 겨울에는 웃풍이 끊이질 않는다. … 먹는 음식은 질이 낮은 것이어서 주인 가족의 식사에 비하면 맛도 없다. … 시골에서 올라오는 하녀는 전에 살던 환경의 신선한 공기와 널찍한 공간에서 곧바로 런던의 어느 집 부엌의 을씨년스러운 어둠 속으로 던져진다. … 쫓아다니는 남자도 없고, 부엌에서 같이 일하는 친구도 없으며, 계단 위에서 들려오는 웃음소리도 없다. … 영국의 가내하인이란 이런 형편이다.[160]

귀족들 사이에서는 많은 하인을 거느리는 것이 (단지) 과시의 문제였을 뿐만 아니라 가사 기술이 낮은 수준이어서 어쩔 수 없는 선택이기도 했다. 상수도가 없었기 때문에 하인들이 펌프로 물을 퍼올려야 했다. 모든 걸 손으로 빨아야 했다. 난로에서 뜨거운 물을 데워서 주인네 욕실까지 날라야 했다. 정해진 시간에 요강도 비워야 했다. 복잡한 끈으로 고정하는 코르셋을 묶어주어야 했을 뿐만 아니라 저녁이면 부인이 부츠 벗는 것을 도와야 했다. 아침이면 옷 입는 데 비슷한 의식이 치러졌다. 양말은 값이 비쌌기 때문에 양말 꿰매는 일이 끊이질 않았다. 중앙난방 같은 게 없으므로 주인이 정한 방식에 따라 다양한 시간에 불을 피워야 했다. 칼도 스테인리스강으로 만든 게 아니라 매번 깨끗이 씻어서 말려야 했다. 자동차를 사용하게 되자 비가 내린 뒤마다 녹슬지 않도록 운전수가 잘 말려야 했다. 재고가 충분한 근처 상점이 없었기 때문에 시골 귀족들은 자기 영지에서 채소와 과일을 길러 먹어야 했다. 그러려면 대부대는 아니어도 한 무리의 농사꾼이 필요했다. 1차대전 이전 루아르 강변에 있는 슈베르니성城에서는 남자 가족마다 시종이 한 명씩 있었고, 부인은 시녀 한 명씩 거느렸으며, 주방에서는 주방장이 '소스 담당자'뿐만 아니라 설거지 하녀와 부주방장을 거느렸다.[161] 이 모든 하인을 먹이고 입혀야 했다. 비용이 워낙 많이 들었기 때문에 1914년에는 주인들이 성을 개방해서 유료 입장객을 받았다. 오늘날 슈베르니에는 20세기 초보다도 고용된 사람이 훨씬 더 많은데, 이제는 관광객들이 찾는 명소이자 사업체이기 때문이다(또 하나의 보너스는 슈베르니가 인기 만화책 『땡땡의 모험』에 나오는 물랭사르성에 영감을 준 장소라는 것이다). 만약 '대중'이 번영을 누리는 한편 1936년 인민전선 정부의 몇 안 되는 업적 가운데 하나인 유급 휴가 같은 '사회주의적' 개혁이 이루어지지 않았다면, 이런 관광은 불가능했을 것이다.

물론 하급 귀족과 대다수 부르주아는 슈베르니에 비하면 고용 하인이 조금밖에 되지 않았지만, 1914년에도 파리에는 가내하인이 20만 명 정도 있었다. 전체 인구의 11퍼센트였다.[162] 영국에서는 1차대전 직전까지만이 아니라 1945년에도 가내하인업이 여성 노동력의 최대 고용주였다.[163] 1881년 런던에서는 15명 중 1명이 하인이었다(잉글랜드 전체로는 22명 중 1명). 1851년 영국에는 하인이 75만 명 있었고, 그 수는 1891년에 거의 140만 명으로 늘어나 정점을 찍었다(몇몇 역사학자는 정점을 1871년으로 잡는다).[164]

19세기를 거치면서 주인(또는 그보다는 여주인)과 하인의 관계 역시 바뀌었다. 보호적 가부장주의는 점차 사라졌다. 하녀가 '주인'과 맺는 관계는 주로 경제적 성격으로 바뀌었다.[165] 물론 우리는 영화나 소설, 텔레비전 드라마에서 유래한 '가내하인'에 관한 심적 이미지를 조심해야 한다. 가내하인이란 (인구조사 보고서에서) '허드레 하녀', '하우스키퍼[housekeeper. 여자 하인 중 서열이 가장 높은 가사 책임자.-옮긴이]', '유모', '요리사' 등을 아우르는 포괄적 용어다.[166] 게다가 많은 고용주가 중간계급이 아닌데다가 입주 하인을 두지 않았으며, 그 대신 구빈원에서 젊은 여자를 구해다가 식사와 동전 몇 푼을 제공하는 대가로 노동력을 써먹었다.[167]

영국에서는 세기 전환기에 전형적인 중간계급 가정이 하인 두세 명을 고용했는데, 그중 한 명은 대개 하녀였다(초인종이 울리면 뛰어나가고, 부인이 옷 입는 걸 도와주고, 저녁을 차리는 등의 일을 했다). 다른 하인들은 요리나 청소를 했다. 점점 늘어나는 중간계급은 공손한 하인 두세 명을 거느림으로써 자신들이 귀족의 생활방식에 접근하고 있다는 환상을 만끽했다.[168]

소기업가들은 비록 인구 대다수보다는 잘살았지만, 지금도 그렇듯이 그때도 끊임없는 불안 상태에 빠져 있었다. 대기업과의 경쟁을 걱정하기도 했지만, 봉급생활을 하는 부르주아들, 특히 공공부문에 고용된 부르주아들의 시샘을 샀기 때문이다. 공공부문 부르주아들은 대다수 무역업자와 상인에 비해 집세와 자녀 교육, 책과 신문에 더 많은 돈을 썼다.[169] 그들은 또한 미래도 더 확실했다. 기존 정치질서에 대해 거의 난공불락의 충성을 바친 것도 충분한 이유가 있었다.

하인을 전혀 거느리지 않은 압도적 다수는 어땠을까? 실내 배관이 도입되기 전에 필수불가결했던 단순 작업 한 가지를 예로 들어보자. 전에는 세탁, 청소, 조리 등에 필요한 물을 하루에 몇 번이고 집 밖에서 길어와야 했다. 일단 물을 끓여서 침대보나 식탁보같이 무거운 빨래를 하는 데 썼는데, 피부에 유해하기 쉬운 세제를 사용했다. 비벼 빨아서 비틀어 짠 뒤 빨랫줄에 널어 말리고 마지막으로 다림질을 했다.[170] 노스캐롤라이나 농민동맹North Carolina Farmer's Alliance의 어느 조직 담당자는 1886년에 여자가 보통 1년에 물 긷는 데만 150마일[약 241킬로미터.–옮긴이]을 걷는다고 계산했다. 노스캐롤라이나에서 물 긷기는 인도의 경우처럼 여자가 하는 일로 여겨졌다.[171] 그리고 음식 하기가 있었는데, 지금보다 훨씬 오랜 시간이 걸렸다. 닭털을 뽑고, 빵을 구워야 했기 때문이다. 그리고 마지막으로 아이 돌보기가 있었다. 여자의 일은 결코 끝나는 법이 없었다.

죽음과 질병

도시화는 거대한 살인마였다.[172] 산업화 이전 시대에 이미 건강에 유해했던 도시는 산업화와 도시화에 따라 더욱 유해해졌다. 도시의 유아 사망률은 적어도 20세기 초까지 농촌 지역보다 높았다.[173] 어쨌든 도시는 질병에 쉽게 유린되는 장소다. 농촌 지역에 비해 인구밀도가 훨씬 높기 때문이다. 높은 사망률은 사망자가 출생보다 많으면 도시 인구의 감소를 유발했겠지만, 일자리를 찾기 위해 도시로 유입되는 사람의 물결이 끊이지 않아서 죽은 이들이 남긴 공간이 계속 채워졌다. 가령 스웨덴에서는 대부분의 도시에서 19세기 전반기까지도 사망률이 출산율보다 높았다.[174]

19세기의 대부분 시기 동안 농촌에서 도시 세계로 이주하는 경우에 사망 확률이 높아졌다. 이탈리아와 프랑스, 그밖에 다른 곳에서도 농촌보다 도시에서 유아 사망률이 높았다.[175] 1811년 런던의 출생시 기대수명은 겨우 30세였다. 농촌에서는 평균적으로 41세까지 살 것으로 기대할 수 있었다. 그 후 서서하게나마 상황이 개선되었다. 1911년에 이르면 런던의 출생시 기대수명은 52세였고, 농촌에서 55세였다. 격차가 상당히 좁혀졌지만 완전히 사라진 것은 아니었다.[176] 도시는 미국에서도 죽음을 초래했다. 1904년 12월 6일 연방교서 연설에서 시어도어 루스벨트는 비탄한 심정을 토로했다. "빈민가는 그곳에 거주하는 사람들에게 엄청난 죽음을 강요합니다. 이런 현상은 뉴욕이나 시카고의 고층건물 사이 밀집한 슬럼가만이 아니라 워싱턴의 뒷골목 빈민가에서도 나타납니다."[177]

도시는 '공동묘지'로 묘사되었다.[178] 1880년 베를린에서는 10만 명이 넘는 사람들이 지하 셋방Kellerwohnungen에 살았는데, 대개 컴컴하고 축축한 이런 방은 사망률이 가장 높았다.[179] 독일과 잉글랜드 모두에서 도시 사망률 수치가 전국 평균을 웃돌다가 1870년대가 되어서야 추세가 뒤집어졌다.[180] 1877년 프로이센 농촌의 출생시 평균 기대수명은 38세 정도였는데(남아의 경우. 여아는 조금 더 오래 살았다), 도시에서는 33세 이하였다. 1905년이 되어서야 프로이센 도시에 사는 것이 도시 바깥에 사는 것보다 약간 더 건강에 유리하게 되었다.[181] 하지만 도시화는 막을 수 없는 흐름이었다. 1871년에 독일 인구의 36퍼센트가 도시에 살았는데, 1914년이 되면 그 비율이 60퍼센트였다.[182]

1870년대와 1880년대의 도시 거리에서는 인간의 배설물과 하수도 부족 때문만이 아니라 당시 널리 보급된 교통수단인 말 때문에도 오물이 생겼다. 오늘날에는 많은 사람들이 내연기관 때문에 발생하는 오염에 대해 (제대로) 불만을 토로하지만, 자동차가 등장하기 이전 시절 뉴욕에서는 말들이 매일같이 상당한 양의 똥오줌을 배설했고, 말이 죽으면 그 사체가 며칠씩 거리에 방치되는 일이 흔했다.[183] 돼지는 쓰레기를 먹어치웠기 때문에 도시에서 어슬렁거리게 내버려두었다. 맥주보다 물이나 우유를 마시는 게 더 위험했다. 일본과 중국에서는 젖당 불내성이 흔했기 때문에 저온 살균법이 도입되기 이전 시대에 사람들이 우유를 마셔서 끔찍한 결과가 생기는 사태를 피할 수 있었다.[184] 차를 마시는 것 역시 맹물보다 안

전했는데, 찻잎의 특별한 성질 때문이 아니라 먼저 물을 끓여야 했기 때문이다.[185]

1882년 당시 뉴욕은 세계에서 손꼽히는 부자 도시였지만, 상수도가 있는 주택은 2퍼센트에 불과했다(프랑스에서는 1946년까지도 도심지 가정의 31퍼센트에 수도나 전기가 없었다).[186] 뉴욕 빈민가에서는 무려 8명이 비좁은 방 하나에 끼여 살았다. 미국 석탄 광산과 철강 산업의 노동자들은 더럽고 위험한 환경에서 주당 60시간을 일하면서 치명적인 가스와 연기에 노출되었다.

유전자 변형 식품과 살충제 걱정을 하는 요즘보다도 음식이 훨씬 더 위험했다. 규제가 거의 없었기 때문에 병든 동물의 고기를 파는 일이 잦았고, 라드에는 탄산소다가 함유되고, 초콜릿에는 종종 색소를 넣었다. 1848년 (에드윈 채드윅이 여러 도시의 비위생적 상태에 맞서 싸움을 벌인 끝에) 공중보건법Public Health Act of 1848이 제정된 뒤, 다른 법안도 속속 발의되었다. 특히 1850년대와 1860년대에 내과의 아서 힐 하살 박사가 식품 위화제[food adulteration. 식품의 중량이나 용량을 늘리기 위해 혼합하는 비영양 물질.-옮긴이]에 대해 대중의 관심을 환기시키고 이후에 『식품: 위화제와 탐지 방법Food: Its Adulterations, and the Methods for their Detection』(1876)에서 그 목록을 제시한 것이 기폭제가 되었다. 하살은 맥주에서 코쿨루스 인디쿠스Cocculus indicus(독성 물질의 원료)를 발견하고, 피클과 보존식품에서는 황산구리, 과자류에서는 납과 수은을, 그리고 아비산구리로 색을 낸 블랑망제blancmange를 발견한 바 있었다. 19세기에 만성 위염이 흔한 질병이었던 것도 놀랄 일은 아니다.[187] 그리하여 1860년 식품음료위화제법1860 Food and Drink Adulteration Act이 제정되어 식품과 음료에 위화제를 넣는 것이 형사범죄가 되었다. 수많은 공중보건 조치의 첫

발이었다. 뒤이어 예방접종법이 잇따라 제정되어 모든 아동이 무상으로 예방접종을 맞을 수 있었다(1840, 1853, 1867, 1871, 1898, 1907). 1866년 위생법과 1875년 공중보건법에 따라 지방 당국은 충분한 수도 공급, 배수 시설, 하수 처리 등을 보장해야 했다. 그리고 '불쾌한 업종'을 통제하고, 전염병을 신고하고, 식품의 질을 개선하는 것을 목표로 한 일련의 규제도 마련되었다(10년 뒤에는 잉글랜드의 장티푸스 발병률이 50퍼센트 감소했다).[188]

미국에서는 업턴 싱클레어가 베스트셀러 소설 『정글The Jungle』(1906)에서 시카고 정육 산업의 건강에 유해하고 위험한 환경을 고발하면서 순정식품의약품법(1906, Pure Food and Drug Act)의 통과에 일조했고, 이 법은 결국 시어도어 루스벨트 대통령에 의해 식품의약청의 설립으로 이어졌다.[189] 그리하여 '자유주의' 미국에서 공중보건에 대한 공공의 개입이 상당한 수준에 도달했다. 1900년에 이르면 미국 50대 도시의 압도적 다수에 공영 상수도가 갖춰졌고, 1910년에 이르면 "인구 3만 명 이상인 도시의 70퍼센트가 사설 상수도에서 시영 상수도로 전환한 상태였다".[190] 그에 비해 2016년 인도에서는 7580만 명(전체 인구의 5퍼센트)이 깨끗한 물을 전혀 이용하지 못해서 어린이 14만 명이 설사로 사망했다.[191] 게다가 유니세프에 따르면, 2014년에 전 세계의 10억 인구가 야외에서 배변을 했는데, 그중 5억 9700만 명이 인도인이었다.

부자는 이득이 많았다. 19세기 런던의 빈민가인 화이트채플의 사망률은 부촌인 웨스트엔드보다 훨씬 높았다.[192] 이런 격차는 오늘날까지도 존재하지만, 상당히 좁혀졌다. 물론 빈곤(또는 좀더 구체적으로 불평등)은 여전히 사람의 수명을 상당히 갉아먹는다.[193] 세기말에 이르면 도시의 사망 확률이 시골보다 훨씬 높지는 않았다. 이제 파리가 튼튼한 촌뜨기 이주자

의 무덤이라는 많은 전통적 역사서의 서술은 더이상 확실하지 않았다.[194]

물론 중간계급은 지금과 마찬가지로 노동자나 농민, 빈민보다 오래 살았지만, 우리 기준으로는 오래 살지 못했고 편안하게 살지도 못했다. 중간계급은 오늘날 우리처럼 놀라운 의학 덕분에 생명을 이어가다가 퇴행성 질환으로 서서히 죽기보다는 보통 전염병으로 순식간에 죽었다.

지금과 비교하면, 19세기에는 부자나 유명인조차 오래 살지 못했다. 1800년 당시 65세 이상의 사람들은 인구의 5퍼센트에 미치지 못했다.[195] 유럽과 미국의 몇몇 유명 작가의 수명을 잠깐 훑어보면(일화적이고 비과학적인 방식이다) 그들에게도 인생이 짧았음을 알 수 있다. 알레산드로 만초니와 토머스 하디는 88세까지 살고, 빅토르 위고와 조반니 베르가, 레프 톨스토이, 워즈워스 등은 80을 넘겨 산 반면, 다른 많은 이들은 그만큼 운이 좋지 못했다. 바이런은 36세에 죽었고(그 전해에 전장에서 걸린 열병), 셸리는 30세(익사), 키츠는 26세(결핵 그리고/또는 수은 중독), 푸시킨은 37세(결투 중 사망), 발자크는 51세(건강 악화), 보들레르는 46세(아편? 알코올 중독?), 에드거 앨런 포는 40세(아편과 알코올 중독), 에밀리 디킨슨은 56세(신장 질환), 제인 오스틴은 42세(발진티푸스? 결핵?), 조지 엘리엇은 61세(신장 질환), 도스토옙스키는 60세(폐기종), 하인리히 하이네는 63세(납 중독), 샬럿 브론테는 39세(임신 중 탈수증과 영양실조), 플로베르와 스탕달은 59세(각각 뇌출혈과 매독 치료용 약물 부작용), 비사리온 벨린스키는 37세(결핵), 안톤 체호프는 44세(결핵)에 사망했다. 사람이 60대를 넘겨 살기 어렵다는 사고는 20세기까지도 지속되었다. 아돌프 하우스라트는 1914년에 역사학자 하인리히 폰 트라이치케에 관해 쓴 글에서 이렇게 말한다. "트라이치케는 62세에 세상을 떠났으니 스승들보다 더 늦거나 거의 같은 나이에 사망했다. 호이서, 마티, 게르비누스 등은 모두 우리가 언제나 덕망 있는 노인이라고 여기는 이들이다."[196] 성경은 우리의 수명에 관해 더욱 낙관적이어서 70년을 약속한다. 시편 90편 10절에서 말하는 대로 "인생은 기껏해야 **칠십 년**"이다. 70년은 합당해 보였다. 단테의 『신곡Divina Commedia』은 "우리 인생 여정의 반고비에(Nel mezzo del cammin di nostra vita)"라는 말로 시작하는데, 당시 그가 서른다섯 살이었음을 의미한다.

유럽 부자 나라들의 생활상태를 감안하면, 1880년대에도 여전히 사망률이 매우 높았던 것은 놀랄 일이 아니다. 하지만 적어도 유럽에서는 수명에서 극적인 향상이 이루어졌다(〈표 6〉을 보라).

〈표 6〉 선별한 유럽 나라들의 출생시 기대수명

	1880년		1910년	
	남성	여성	남성	여성
잉글랜드와 웨일스	44.3	47.1	51.1	55.4
프랑스	41.0	47.1	48.5	52.2
독일	36.3	39.2	47.4	50.7
이탈리아	33.3	34.0	44.3	45.7
유럽 러시아(드네프르, 우크라이나, 벨라루스 포함)	26.3	29.1	34.7	37.8
스위스	40.6	43.2	50.6	54.0
스웨덴	48.7	50.0	55.2	57.6

출처: Alfred Perrenoud and Patrice Bourdelais, 'Le recul de la mortalité', p. 77.

유아 사망률에서도 완전히 일치하지는 않지만 비슷한 감소가 있었다(〈표 7〉을 보라).

따라서 이 30년의 시기에는(표에 나오는 대로 1880~1910 또는 1881~1911) 특히 태어나서 처음 5년 동안 살아남으면(특히 도시에서는 이 연령의 사망률이 무척 높았다), 상황이 개선되고 있었다. 그런데 1875년 이

〈표 7〉 선별한 나라들의 유아사망률 1881~1911

	프로이센	잉글랜드와 웨일스	프랑스	벨기에	네덜란드	스웨덴	이탈리아
1881년	199	130	165	155	182	113	자료 없음
1891년	201	149	161	162	169	108	188
1901년	200	151	142	142	149	103	165
1911년	188	130	117	167*	137	72	153

출처: R. I. Woods, P. A. Watterson, and J. H. Woodward, 'The Causes of Rapid Infant Mortality Decline in England and Wales, 1861-1921, Part I ', pp. 343-66.
* 1911년 벨기에의 수치는 어린이들 사이에 이질이 이례적으로 발발한 탓에 훨씬 높다.[197]

후 성인, 적어도 일자리가 있는 '버젓한' 노동계급의 경우에는 사태가 악화되었다. 아마 해외에서 유입된 값싼 식료품의 영양 가치가 낮았기 때문일 것이다(미국산 흰 밀가루, 아르헨티나산 통조림 고기, 서인도제도산 설탕).[198] 노르웨이와 스웨덴에서는 1875년 무렵 5세 **이전** 사망률이 약 20퍼센트로 잉글랜드의 25퍼센트, 프랑스의 30퍼센트와 대비됐는데, 이탈리아에서는 통일 직후(1861) 무려 47퍼센트였다.[199]

오늘날 수명이 길어진 것은 영양, 교육, 환경, 공중보건 등이 비용을 들여 두드러지게 개선된 덕분인데, 이런 요인들 가운데 어느 것이 더 중요한지는 논란의 대상이다.[200] 알기 쉽게 말하자면, 개인만큼이나 나라로서도 가난한 것보다는 부유한 게 낫다. 번영을 누리면 더 좋은 식사와 더 위생적인 주거, 더 깨끗한 환경을 누릴 수 있어 질병에 대한 내성이 높아지거나 질병과 접촉하는 빈도가 낮아지기 때문이다.

이런 식의 진보를 위해서는 종종 공적 개입이 필요하다. 19세기에 보건상의 개선은 경제성장이 낳은 결과('시장'의 유익한 작용)일 뿐만 아니라 공공기관이 의식적으로 직접 개입한 결과이기도 했다.[201] 1875년 영국 정부는 콜레라와 발진티푸스 같은 질병의 확산에 대처하기 위해 비위생적인 생활환경을 해소하는 것을 골자로 한 공중보건법을 통과시키고 공중보건체계를 개선하기 시작했다. 그로부터 10년 뒤 잉글랜드에서 장티푸스 발생률이 절반으로 떨어졌다. 1880년에서 1920년 사이에 미국의 수백 개 도시에서 상수도를 시영화했다(상수도는 1880년 293개에서 1932년에 거의 8000개에 육박했다). 장티푸스로 인한 사망률이 곤두박질쳐서 어떤 곳에서는 70퍼센트나 감소했다.[202] 공중보건, 하수도, 살균소독, 저온 살균법, 상수도 정화 등이 개선된 것이 기대수명을 향상시킨 주된 요인이었다. 1900년에 이르면 미국인의 40퍼센트 이상이 공영 상수도를 이용했고 하수도 이용률은 30퍼센트에 육박했다. 1880년에 미국인 가운데 3만 명만이 이용할 수 있었던 여과 처리된 물은 1910년이면 1000만 명이 사용하게 되어 장티푸스 사망률이 대폭 줄어들었다.[203]

몇몇 사례에서는 부자라고 해서 반드시 더 건강한 것은 아니었다. 스코틀랜드는 잉글랜드보다 상당히 가난했는데, 19세기 내내 유아 사망률이 더 낮았다. 그리고 앞의 표에서 볼 수 있는 것처럼, 이탈리아가 프로이센보다 유아 사망률이 낮았다. 오늘날 케랄라주는 인도의 다른 부유한 주들보다 상황이 더 낫다.[204] 2010년 코스타리카의 출생시 기대수명은 훨씬 부자 나라인 미국보다 높았다.[205] 스웨덴은 18세기(이때는 부자 나라가 아니었다)부터 1978년(가장 부유한 축에 속했다) 무렵까지 기대수명에서 세계 선두를 달렸다. 1920년대에 이집트와 비슷한 건강 수준을 보인 일본이 그 후 선두를 차지했다.[206] 민주주의 역시 반드시 건강에 유리한 것은 아니다. 2014년에 볼티모어의 15개 동네(주로 흑인 동네)가 북한(2015년 70.6세)보다도 기대수명이 낮았다. 도시 북부 롤런드파크의 부유한 교외에서 태어난 아이는 84세까지 살 수 있었다(미국 평균은 79세). 그런데 3마일[약 4.8킬로미터.-옮긴이] 떨어진 시내의 시턴힐에서 태어난 아이는 65세에 사망할 것으로 예상되었다. 19년이 차이나는 셈이다.[207] 다른 연구들에서도 미국 내에서 지역별로 기대수명의 격차가 엄청나다는 사실이 확인된 바 있다.[208] 1979년(경제개혁이 시작되기도 전이다) 공산주의 국가인 중국의 출생시 기대수명은 64세로, 민주주의 국가인 인도(52세), 저소득 국가 평균(50세), 그리고 심지어 당시 중간소득 국가 평균(61세)보다도 높았나.[209] 2015년 공산주의 국가 중국(과 역시 공산주의인 베트남)은 여전히 민주주의 인도를 앞섰고(76세와 68.3세), 공산주의 쿠바는 79.1세로 79.3세인 미국에 근소한 차이로만 뒤졌다.[210]

1860년 무렵 8대 살인 질병(백일해, 홍역, 성홍열, 디프테리아, 천연두, 장티푸스, 발진티푸스, 결핵)이 잉글랜드와 웨일스에서 연간 총 사망자의 30퍼센트를 차지했다. 20세기 초에 이르면 그 비율이 20퍼센트 이하로 떨어졌다. 각종 공중보건법과 예방의학을 비롯한 여러 요인이 결합된 결과였다.[211]

대부분의 당대 사람들은 국가 행동의 중요성을 과소평가하지 않았다. 영국의 군의관이자 보건위생 전문가, 크림 전쟁 참전군인인 에드먼드 A. 파크스는 '국가 간섭의 필요성'을 조금도 의심하지 않으면서 "모든 문명국에는 … 국민의 건강에 손상을 가하는 환경을 제거하는" 법률이 존재한다고 덧붙이고, 잉글랜드 역시 그런 법률을 더욱 강화해야 한다고 제안했다.[212]

여전히 진보를 믿는 이들은 위안을 구할 수도 있다. 전반적으로 볼 때, 오늘날의 빈민은 과거의 부자보다 오래 산다. 2004년 사하라사막 이남 아프리카의 기대수명은 46.1세로 세계 최하위이지만, 그래도 1880년 거의 모든 유럽 나라들보다 높다.[213] 오늘날과 마찬가지로 당시에도 진보는 무척 불균등했다. 1880~1900년에 성장률이 꽤 탄탄했는데도 러시아와 이탈리아의 기대수명은 여전히 독일과 프랑스, 미국과 영국에 비해 한참 뒤처졌다. 물론 라틴아메리카에서는 상황이 훨씬 나빴다. 1865년에서 1895년 사이에 브라질, 칠레, 콜롬비아, 코스타리카, 파나마의 1세 아동의 기대수명은 암울하게도 26.9세였다.[214] 19세기 말 아시아의 사망률에 관한 신뢰할 만한 데이터는 존재하지 않지만, 아마 유럽보다 상황이 나빴을 테고 지금보다는 확실히 훨씬 열악했을 것이다. 우리가 아는 것은, 1845~51년의 아일랜드 기근을 예외로 치면, 19세기와 20세기에 서유럽에는 유럽 러시아와 달리 평시에 심각한 기근이 전혀 없었다는 사실이다. 유럽 러시아에서는 1891~2, 1921~2, 1932~3년에 국토 전역이 기근으로 유린되었다. 18세기 초 프랑스의 전형적인 식단은 1965년 르완다만큼이나 열악했다(세계은행에 따르면 르완다는 당시 세계에서 영양실조가 가장 심한 나라였다).[215] 오늘날 서유럽의 번성한 지역으로 간주되는 곳에서도 심각한 격차가 존재했다. 19세기 초 평균적 벨기에인은 하루에 2500칼로리를 소비한 반면, 평균적 노르웨이인은 겨우 1800칼로리를 소비했다. 한편 1950년대까지도 아시아와 아프리카의 거의 전부, 라틴아메리카의 대부분 지역에서 일일 섭취량이 1800칼로리에 머물렀다.[216] 오늘날 세계보건기구는 개인 평균 일일 2000칼로리 섭취를 권고한다.

천연두, 발진티푸스, 말라리아, 결핵 같은 살인 질병은 농촌보다 도시에서 훨씬 잘 퍼졌다. 다행히 19세기를 거치면서 예방접종으로 천연두 확산이 점차 제어되기는 했지만 말이다. 비교적 새로운 질병인 콜레라는 19세기에 세계 곳곳의 도시를 유린했다. 갠지스강 삼각주에서 발원한 콜레라는 치명적인 여정을 계속해서 1820년대에 러시아에 도달한 뒤 서유럽까지 퍼졌다.[217] 무역이 팽창한 덕분에 중국까지 다다랐고 계속해서 남북아메리카로 퍼져나갔다. 헌신적인 순례자들이 콜레라 병균을 보유한 채 메카로 가서 1846년에 1만 5000명이 사망했다.[218] 살아남은 이들은 질병을 본국으로 가져갔다. 이집트에서는 1848년에 3만 명이 사망했고 1865년에는 그 두 배가 목숨을 잃었다.[219] 콜레라는 살인 행진을 계속해서 파리에서 2만 4000명을 죽인 뒤 브뤼셀로 이동했다. 1847년에서 1851년 사이에 러시아에서 100만 명이 콜레라로 목숨을 잃었다.[220] 1865~8년 동안 이탈리아에서 16만 명이 콜레라로 죽었다.[221] 나폴리에서만 19세기 후반기 동안 4만 2000명(전체 인구의 10퍼센트)이 콜레라로 사망했다. 이 전염병이 유해한 것은 콜레라 균 자체 때문이 아니라 열악한 주거와 빈약한 위생시설, 원시적이거나 아예 존재하지 않는 하수도 때문에 야기된 질 낮은 위생 환경과 인구 대부분의 허약한 건강 상태 때문이었다.[222] 형가리에서는 1870년대 콜레라 유행으로 인구증가 속도가 눈에 띄게 줄어들었다.[223]

1854년 런던 소호에서는 지금의 브로드윅가에 있던 오염된 펌프 물을 먹고 616명이 사망했다. 나중에 존 스노 박사가 확인해서 유명해진 발원지였다. 1866년 4000명 가까운 런던 시민이 이스트엔드를 중심으로 콜레라로 목숨을 잃었는데, 8월 4일까지 1주일 동안에만 916명이 사망하기도 했다.[224] 1892년 이 살인 질병이 부자 도시 함부르크를 덮쳐서 9000명의 사망자를 낳았다.[225] 함부르크의 문제는 현지 엘리트들이 자유방임 정책에 몰두하면서 공중보건을 게을리 했다는 점이다. 사망자들은 오늘날의 표현으로 하자면 '신자유주의' 경제학의 희생양이었다. 전염병 발생 중에 이 도시를 방문한 로베르트 코흐는 함부르크 노동자들의 상태와 알렉산드리아와 캘커타[지금의 콜카타.─옮긴이] 노동자들의 상태를 못마땅한 듯 대조했다. "내가 지금 유럽에 있다는 사실을 잊어버렸다."[226] 그로부터 80년 뒤 똑같은 세균(오염된 조개와 관련)이 나폴리와 바리(1973년), 포르투갈(1974)을 다시 덮쳤을 때는 사망자 수가 극히 적었다. 사회 환경이 크게 개선된 덕분이었다.[227]

유럽 바깥에서는 전염병이 더욱 창궐했다. 1855년 윈난성에서 선페스트가 창궐했다. 선페스트는 주석과 아편무역로를 따라 이동해서 통킹만에 다다랐다. 중국의 정크선, 나중에는 고속선이 병을 옮겨서 1894년에는 광저우와 홍콩에 도달했다. 2년 뒤에는 인도에서 발발해서 캘커타부터 뭄바이와 카라치에 이르는 항구도시를 강타했다. 수천 명이 목숨을 잃었다. 1899년에는 알렉산드리아에 상륙하고, 뒤이어 1900년 부에노스아이레스를 비롯한 라틴아메리카 도시를 휩쓸었다. 남아프리카와 오스트레일리아도 모면하지 못했다.[228] 1900년에는 샌프란시스코에 상륙했다. 이 도시 희생자의 대부분이 차이나타운에서 나온 탓에 툭하면 더럽고 병이 많다고 여겨진 중국인 이민자들에게 비난의 화살이 쏟렸다.[229] 사실 거의 어디서나 빈민이 역병 창궐의 주범으로 몰렸다. 가난, 불결, 열악한 위생 상태, 과밀한 주거지 등이 충분한 증거가 되었다. 시드니의 경우처럼 몇몇 사례에서는 중국인 외에도 전염병의 원인으로 하느님의 진노나 지폐 사용 증가에 따른 감염이 거론되었다.[230] 어떤 이들은 지당하게도 쥐에게 화살을 돌렸다(사실 질병을 옮긴 것은 쥐에 기생하는 벼룩이었지만). 어떤 이들은 공중보건 조치를 취할 것을 주장했다. 당연히 찬양을 받은 루이 파스퇴르나 로베르트 코흐 같은 공중보건 과학자들은 '세균' 이론의 선구자로서 자국(프랑스와 독일)의 든든한 지원을 받았다. 국가가 개입해서 자동차를 탈 때 안전벨트를 매도록 강제하는 우리 시대에는 이런 일이 별로 놀랍지 않을지 모르겠지만, 19세기에는 예방접종을 맞도록 강제하거나 깨끗한 물과 식품을 확보하는 법률을 제정하는 것이 논란을 야기했다.[231]

2차대전 이전 수십 년 동안 세계에서 가장 부유한 나라의 국민들도 대

유행병이 낳은 재앙에 워낙 익숙해졌던 터라 그 실상에 상대적으로 거의 관심을 기울이지 않았다.[232] 유럽과 남북아메리카에서 이전 '대전쟁(1차대전)' 때보다 훨씬 더 많은 사람이 사망한 1918~19년의 대人독감[요즘의 표현으로는 '에스파냐 독감'이다.-옮긴이]은 소설이나 영화로 후세에 남겨진 바가 거의 없다. 기념물이나 노래로 기억되지도 않고, 어디에서도 의례로 기념되지 않는다. 1차대전 희생자들과는 전혀 딴판이다. 멕시코는 당시 여전히 혁명적 소요가 한창이었겠지만, 1918년의 독감 대유행으로 훨씬 더 많은 수가 목숨을 잃었다. 순식간에 수십만 명이 사망한 독감은 "350년 만에 멕시코에서 가장 많은 인명을 앗아간 파괴적 일격"이었다.[233]

적어도 유럽에서는 상황이 좋아졌지만 속도는 더뎠다. 1806년 프랑스에서 태어난 남아는 33세 전에 죽을 것으로 예상되었고, 여아는 그보다 몇 년 더 산다고 예상되었다. 1850년에 이르면 상황이 이미 개선된 상태였다. 수명은 남성은 10년, 여성은 5년 늘어났다. 하지만 이후 50년 동안은 진전이 거의 없었다. 남성은 겨우 1년이 추가됐고, 여성은 늘어난 수명이 4년에 미치지 못했다.[234]

미국에서는 1870년에 사망률이 감소하기 시작했다.[235] 일부 요인은 이제 해방된 노예들의 생활 및 노동 환경이 다소 개선된 것이었다. 노예들은 어려서부터 죽을 때까지 대개 들판 작업조를 이뤄 끔찍한 상태에서 일을 했기 때문이다.[236] 그렇다 하더라도 노예제가 폐지된 뒤에도 그들의 상태는 유럽 빈민보다 한참 뒤떨어졌다. 남부에 머무른 해방노예들은 여전히 예전 주인이 소유하는 바로 그 밭에서 소작농으로 일했다.[237] 전 노예들은 기술도 없고 경제적 자원도 전무한 채 완고하고 둔감한 인종주의에 직면했다. 19세기 유럽에서는 어느 종족 집단도 직면한 적이 없는 인종주의였다.

해방노예보다 더 열악한 집단은 무자비하게 많은 수가 몰살당한 아메리카 원주민뿐이었다(후에 무수히 많은 영화에서 이런 학살을 기렸다). 아메리카 원주민 인구는 1500년에서 1800년 사이에 폭락한 반면, 유럽 인구는 계속 증가했다. 특히 영국은 이 3세기 동안 북아메리카로 끊임없이 이민을 갔는데도 인구가 3배 늘었다.[238] 원주민들은 식민자들 손에만이 아니라 새로운 질병으로도 더 많은 수가 살해당했다. 앨프리드 크로스비가 말한 이른바 '콜럼버스의 교환Columbian Exchange' 과정에서 에스파냐와 포르투갈, 더 나아가 프랑스와 잉글랜드 출신의 식민자들은 옥수수, 감자, 종류도 다양한 콩·땅콩·토마토 같은 새로운 식품을 유럽으로 수출했다. 그리고 남북아메리카로 천연두, 홍역, 백일해, 발진티푸스, 수두 같은 질병을 수입했다. 이런 질병 때문에 신세계 토착 인구의 사망이 엄청나게 늘어났다. 아메리카 원주민은 이런 새로운 세계화의 주된 희생자였다. "아메리카 인디언 사망자 수가 가장 폭증한 시기는 유럽인 및 아프리카인과 접촉한 처음 100년과 일치"하기 때문이다.[239] 주된 원인은 인디언들이 "구세계에서 온 많은 질병에 대한 내성이 거의 또는 전혀 없었다"는 점이다.[240] 유럽인들과 처음 만나는 것은 SF 공포영화에서 보듯 우주 공간에서 온 오염된 괴물들에게 침략을 당하는 것과 마찬가지였다.

콜럼버스 이전 아메리카의 멕시코 북부에는 아메리카 원주민이 500~1800만 명이고, 신세계 전체로는 7500만 명 정도가 살았을 것이다.[241] 정착민들이 '서부' 정복을 달성한 때쯤이면 미국에 원주민이 거의 남아 있지 않았다. 캘리포니아주에서만 1852년에서 1860년 사이에 원주민 인구가 8만 5000명에서 3만 5000명으로 급락했다. 1890년에 이르면, 그때까지 살아남은 캘리포니아의 아메리카 원주민은 1만 8000명이 되지 않았다.[242] 브라질에서는 유럽의 식민화가 시작되던 시점에 약 500만 명의 사람이 자치 단위로 나뉘어 살고 있었다. 질병과 학살로 인명 피해가 발생했고, 2010년에 남은 원주민은 89만 6917명, 전체 인구의 0.47퍼센트였다.[243]

산업

19세기 초가 되어서도 농업 생산성은 중세시대 이래 거의 증대하지 않았다. 그렇다고 반드시 문제였던 것은 아니다. 이런 사실이 의미하는 게 있다면, 농가의 일부 구성원이 자기 자신이 먹는 데 필요한 만큼에다가 너무 어리거나 늙어서 일을 할 수 없는 다른 성원이 먹을 만큼까지 생산해야 했다는 것뿐이다.[244] 너무 늙거나 약한 이들은 세대 간 연대에 의지해서 삶을 이어나갔다(일하는 사람들도 젊어서 죽지 않으면 조만간 나이가 들었다). 복지국가가 존재하지 않는 가운데 자녀를 많이 낳는 것이 합리적 선택이었다. 일종의 연금, 노령보험이었다. 그리고 많은 아이가 태어나는 중에 또는 그 직후에 사망했기 때문에 최대한 많은 자녀를 낳을 필요가 있었다. 일찍 낳을수록 일을 더 잘할 수 있었다.

프랑스는 이런 유형에서 예외였다. 19세기에 프랑스 인구는 다른 비슷한 나라들에 비해 정체했다. 출산율이 이례적으로 낮았기 때문이다. 그리하여 노동시장이 견고해졌는데, 아동노동에 대한 법적 제한 때문에 더욱 견고해졌다.[245]

프랑스 사람들은 왜 그렇게 아이를 낳지 않았을까? 통상적인 설명은 많은 프랑스 농부들이 토지 규모를 유지하기 위해 매우 의도적으로 작은 가구를 선택했다는 것이다. 그렇지 않으면 법에 따라 지나치게 많은 상속자들에게 땅을 나눠주어야 했기 때문이다. 이런 현상은 특히 19세기 전반기에 두드러졌는데, 당시 프랑스 농민들은 다른 나라 농민들과 달리 특히 피임기구를 애용했던 것 같다.[246] 지금도 이것이 가장 그럴듯한 설명이다. 1870년 독일과 잉글랜드, 이탈리아와 견줘볼 때, 프랑스의 가임 여성 비율에 뚜렷한 차이가 전혀 없고, 혼인 연령대 여성의 차이도 없기 때문이다.[247] 1차대전 발발 이전 시기에 낮은 출산율의 새로운 원인이 확인되었다. 군대 복무 기간이 지나치게 길어서 젊은 남자와 젊은 여자(그리고 남편과 부인)가 떨어져 있었기 때문에 출산 주기가 늦게 시작되었던 것이다.[248] 프랑스의 느린 인구증가가 미친 효과 가운데 하나는 국외 이민자가 거의 없었다는 것이다.[249] 독일인과 폴란드인, 이탈리아인과 유대인, 아일랜드인과 중국인, 잉글랜드인과 스코틀랜드인은 본국을 떠나 미국, 라틴아메리카, 여러 식민지로 갔다. 반면 프랑스인은 대체로 프랑스에 계속 살았다.

실제로 19세기에 프랑스는 노동력 수입국이어서 다른 어떤 유럽 나라보다도 많은 이민자를 받아들였다. 1886년 프랑스에는 외국인 노동자가 100만 명이 넘었다. 산업 고용 노동자의 7퍼센트였다. 1891년에 이르면 임금 노동자의 12퍼센트가 외국인이었다.[250] 이민자들은 주로 당시 서유럽에서 내로라하는 산업화 국가의 하나인 벨기에와 산업화 수준이 최저인 이탈리아 출신이었다. 1872년, 그리고 1911년에도 여전히 벨기에인과 이탈리아인은 프랑스 이민 노동자 인구의 61퍼센트를 차지했다. 이탈리아인보다는 벨기에인이 많았지만 벨기에인은 숙련 광부인 반면 이탈리아인은 일종의 하위 프롤레타리아로 이런 집단이 대개 그렇듯이 지방 인종주의의 표적이었다. 다른 이민자들은 에스파냐, 포르투갈, 그리고 차르 제국의 많은 유대인을 비롯한 중동부 유럽 출신이었다.[251] 1870년대의 공황에서 회복하는 동안 국내 이주자 수도 상당히 늘어났다. 주로 미숙련 노동력인 이 사람들은 대도시에서 박탈감과 방향감각 상실을 느꼈고, 다수가 결핵을 앓았다.[252] 여성 고용도 증가했다. 여성은 1866년에 노동력의 30퍼센트를 차지했고, 1906년에는 37.7퍼센트로 늘어났다.[253] 산업 고용의 대부분은 소기업에 집중되었다.[254]

19세기 말에 산업화된 유럽은 농업의 대양 위에 점점이 떠 있는 제조업의 섬들로 이루어져 있었다. 이런 전초기지들은 영국, 벨기에, 네덜란드, 독일 일부 지역, 스칸디나비아 일부 지역, 프랑스 일부 지역 등이었다. 그리고 스칸디나비아 나머지 지역, 독일 나머지 지역, 이탈리아 일부 지역 등 후발 주자들이 있었다. 다른 곳에서는 산업화가 유아 단계에 머물렀다. 예를 들어 19세기 중반에 왈라키아와 몰다비아(근대 루마니아의 주요 구성 지역) 인구의 8퍼센트만이 제조업에 고용돼 있었다.[255] 1900년에도 이제 루마니아가 된 나라에는 제대로 된 자본주의가 존재하지 않았다. 노동자가 25명 이상인 산업체의 자본금은 국가 전체의 1.5퍼센트만을 차지했다.[256]

하지만 후발 주자들은 더 낮은 기반에서 출발했기 때문에 급속하게 성장했다. 아니 적어도 일부는 그랬다. 1870년 유럽 전체 국내총생산(GDP)에서 북서유럽이 차지하는 비중은 26.3퍼센트였다(인구는 전체의 16퍼센트에 미치지 못했다). 1913년에 이르면 이 비율이 24.4퍼센트로 약간 떨어진 반면, 중동부 유럽은 급성장했다(46퍼센트에서 53.2퍼센트로). 러시아와 루마니아, 불가리아는 지중해 나라들보다 빠르게 성장했다.[257]

1850년, 1인당 소득 기준으로 볼 때, 에스파냐는 여전히 독일보다 부자였고, 포르투갈은 스웨덴보다 부자였다. 1870년에 이르면 독일이 에스파냐를 훌쩍 앞서서 유럽에서 가장 부유한 축에 속한 반면, 포르투갈은 최빈국 대열에 속했다.[258]

1870년에 유럽에서 내로라하는 부유한 나라들은 1차대전 직전에도 여

〈표 8〉 일부 유럽 나라들과 미국의 1인당 국내총생산, 1870~1913*

	1870년	1913년
영국	3328	5030
벨기에	2722	4263
미국	2454	5301
네덜란드	2417	3539
스위스	2098	4270
독일	2006	4181
덴마크	1929	3768
이탈리아	1838	2721
프랑스	1746	3245
오스트리아–헝가리	1584	2576

* 1990년 국제 물가 기준 달러.
출처: Stephen Broadberry and Alexander Klein, 'Aggregate and Per Capita GDP in Europe, 1870-2000'.

전히 부자였다(〈표 8〉을 보라).

이 수치를 곧이곧대로 받아들여서는 안 된다. 사용된 방법 자체가 불확실한 수치에 의존하고(1870년에 이탈리아가 프랑스보다 부유했을 리는 없다), 국내총생산은 사이먼 쿠즈네츠가 1934년에 개발한 비교적 최근의 통계 수치이기 때문이다. 중요한 것은 상위 10개국 사이의 상대적 격차다. 오늘날에는 모두 상당히 근접하지만, 당시에는 격차가 꽤 컸다. 1913년 평균적 프랑스인의 소득은 여전히 평균적 영국인에 비해 60퍼센트에 불과했다. 그리고 평균적 미국인의 소득은 평균적 이탈리아인이나 노르웨이인보다 2배였다. 하지만 향후에 벌어질 상황을 보여주는 가장 뚜렷한 징후는 미국의 놀라운 성적이었다. 미국의 1인당 국내총생산은 1913년 세계 최고로 올라섰다. 1950년에 이르면 미국은 스위스를 제외한 유럽의 가장 부유한 국가들조차 훌쩍 앞섰다. 1970년대와 1980년대가 되어서야 유럽 각국은 다시 한번 따라잡게 된다(〈표 9〉를 보라).

〈표 9〉 일부 유럽 나라들과 미국의 1인당 국내총생산, 1950*

미국	9,561
스위스	9,071
영국	6,879
스웨덴	6,539
덴마크	6,404
벨기에	5,472
노르웨이	5,376
네덜란드	5,285
프랑스	4,943
핀란드	4,362
독일	4,075

* 1990년 국제 물가 기준 달러.
출처: Stephen Broadberry and Alexander Klein, 'Aggregate and Per Capita GDP in Europe, 1870-2000'.

1870~1913년 시기에 서구 산업국들의 연간 성장률은 2.5퍼센트로 1820~70년(2.4퍼센트)이나 1913~50년(2.0퍼센트)보다 약간 나은 편이 었지만 1950~73년(4.9퍼센트)보다는 훨씬 낮았다.[259] 유럽 전체로 보면, 1830년에서 1910년 사이의 연간 성장률은 1.7퍼센트로, 최근까지 우리 가 스태그네이션으로 보는 성장률 수준이다. 하지만 산업화 시기의 소 득 증가는, 경기가 좋지 않은 때에도, 앞선 여러 세기의 1인당 소득 증가 보다 상당히 높았다는 데는 의문의 여지가 없다. 1500년에서 1800년 사 이에 1인당 소득은 0.3퍼센트 이하로 증가했다.[260]

19세기 말 유럽에서 가장 빠르게 성장한 나라들은 북부(스칸디나비아) 에 집중되었다. 이른바 '후발 주자들'은 모두 동유럽과 지중해 지역에 있 었다.[261]

1차대전 직전에 유럽의 국민총생산(GNP) 평균을 상회한 나라들은 스 칸디나비아 국가들, 핀란드, 독일, 스위스, 프랑스, 벨기에, 영국, 오스트리아-헝가리, 러시아, 네덜란드, 그리고 확실하진 않지만 루마니아까지였다. 물론 국민총생산의 규모 자체가 반드시 대단히 중요한 것은 아니다. 인구가 많은 나라는 적은 나라보다 국민총생산이 더 많기 때문이다. 따라서 1880년에 중국은 아마 세계에서 국민총생산이 가장 많았을 테고, 1913년 러시아의 국민총생산은 유럽 전체 국민총생산의 20.4퍼센트로, 17.2퍼센트인 영국보다 많았다. 마찬가지로 독일은 19.4퍼센트로, 프랑스와 오스트리아-헝가리가 각각 10.7퍼센트와 10.1퍼센트로 약간 거리를 두고 뒤를 이었다.[262] 영국과 네덜란드(벨기에 포함), 프랑스와 스위스 같은 몇몇 부자 나라들은 이미 1800년에 부유했지만, 1800년에 (식민지 덕분에) 가장 부유한 축에 속했던 포르투갈은 1913년에 이르면 유럽 최빈국 대열에 들어가서 주로 포도주와 코르크, 정어리를 수출했다.[263] 몇몇 나라는 빈자에서 부자로 올라섰다. 그리하여 차르 제국의 일부였던 핀란드는 1860년대 초 1인당 국내총생산이 유럽 나머지 나라들의 평균보다 25퍼센트 낮았다. 19세기 유럽의 마지막 대규모 기근이었던 1866~8년의 기근 때문에 상황이 더욱 나빠졌다. 하지만 1914년에 이르면 핀란드는 유럽 평균을 따라잡았다.[264] 1890년 영국은 혼자서 유럽 국민총생산의 20퍼센트를 차지했는데, 1800년에 '겨우' 9퍼센트였던 비중에서 늘어난 것이었다.[265] 식민지를 보유하는 것은 일종의 보너스였지만 결정적인 요인은 아니었다. 1913년에 이르면 다른 나라들이 따라잡고 있었다.

국제경제의 상황과 관련해서 19세기에 가장 중요한 사태 진전은 유럽이 부상한 것이었다. 1800년 유럽의 1인당 국민총생산은 나중에 제3세계라고 불리는 지역보다 20퍼센트 높았다. 그런데 1860년에 이르면 제3세계의 2배가 되고 1900년에는 3배가 넘었다.[266]

자본주의 성장이 각 산업국 국민들에게 균등하게 분배되었더라면 사람들이 '배제'되는 걸 불안해할 이유가 거의 없었을 것이다. 전통적인 생활방식이 대대적으로 와해되었을 테고, 언제나 그렇듯이 승자와 패자가 존재했을 것이다. 하지만 생활수준의 광범위한 향상이 고르게 분배되었다면 산업국 국민들은 상당히 안심할 수 있었을 것이다. 그러나 그와 같은 평온함은 전혀 없었다. 자본주의는 그 스스로는 결과의 평등과 비슷한 어떤 것도 만들어내지 못한다. 소득의 합리적인 분배는 자본주의와 진혀 양립하지 못하지만, 개별 자본가들은 사회적 이득이 아니라 사적 이득을 추구하기 때문에, 재분배를 위한 체계적인 정치적 개입이 없다면 사적 이익의 추구는 불평등의 확대로 이어진다. 하지만 정치적 개입은 제한적일 수밖에 없다. 사적인 부의 축적 배후에 있는 동기 중 하나는 남보다 잘살려는 것이기 때문이다. 대규모 재분배는 자본 축적에 유리할 리 없다. 그렇다고 해서 몇몇 평등화 정책이 필연적으로 기능부전을 야기한다는 말은 아니다. 다른 한편 대규모 불평등 또한 기능부전을 야기하는데, 명백한 정치적 이유만이 아니라 경제적 이유에서도 성장의 대부분이 최상층에게만 쌓인다면 총수요가 감소하기 때문이다. 케인스가 종종 지적한 것처럼, 부자는 빈자보다 저축을 많이 하는데, 저축은 성장에 좋지 않다. "기본적인 심리 법칙에 따르면 … 인간은 … 소득이 늘어남에 따라 소비를 늘리는 성향이 있지만, 소비의 증가는 소득의 증가에 미치지 못한다."[267]

실제로 불평등은 산업화와 더불어 증대했다. 불평등을 계산하는 데 흔히 사용되는 척도는 지니계수로, 1912년 이탈리아의 수학자 코르라도 지니가 고안한 공식이다. 한 나라의 지니계수가 0에 가까울수록 평등도가 높아지고, 100에 가까울수록 평등도가 줄어든다[최소값을 0, 최대값을 1로 잡기도 한다.-옮긴이]. 현재의 여러 연구를 보면, 많은 선진 자본주의 나라들은 저발전 나라들에 비해 분배가 더욱 평등하다. 따라서 2010~13년에

스칸디나비아 국가들은 다른 나라들보다 더 높은 평등 수준을 보여주었다. 덴마크와 스웨덴, 노르웨이는 25 정도인 반면 유럽연합 평균은 30.9였다(2014년 수치).[268] 하지만 문제가 그렇게 단순하지는 않다. 2013년 우크라이나는 영국과 프랑스, 이탈리아에 비해 훨씬 가난했지만, 셋 중 어떤 나라보다도 더 평등했다. 우크라이나의 지니계수가 24.6인 데 비해 프랑스는 30.1, 이탈리아는 31.9, 영국은 32.4였다. 앵거스 디턴이 말하는 것처럼, "불평등은 종종 진보가 낳은 **결과**다."[269] 슬로바키아의 소득 불평등(지니계수 26)은 노르웨이와 같은 수준이다. 미국은 어떤 유럽 나라보다도 더 불평등하고(지니계수 45), 세계 최빈국 중 하나인 말라위(지니계수 39)보다 약간 더 불평등하다. 공산주의 중국은 46.9로 자본주의 미국보다 더 불평등하고, 나이지리아(43.7)도 거의 그만큼 불평등하다. 분명 번영하면서 평등할 수도 있고(가령 일본과 스웨덴), 빈곤하면서 평등할 수도 있다(우크라이나와 말라위). 평균적으로 국제 지니계수는 1820년에서 1950년까지 10년마다 1씩 늘어난 뒤 1950년에서 1992년 사이에 줄어들었다.[270] 토마 피케티에 따르면, 1990년 이후 소득 불평등이 다시 늘어났고, 앵글로색슨 나라들(영국, 미국, 오스트레일리아, 캐나다)에서는 1980년 이후 급격히 늘어났다.[271] 하지만 소득 불평등은 산업혁명이 시작된 19세기 초에 이미 높았다. 지니계수는 산업화와 더불어 커져서 1차대전에는 61에 도달했다(거의 모든 아프리카 나라와 모든 라틴아메리카 나라보다 나쁜 수치였다). 양차대전 사이에 불평등이 줄어들었지만 1950년에 세계의 지니계수는 여전히 64로 매우 높았다. 나미비아(74.3)를 제외하면 1990년대 말 세계 모든 나라보다도 높은 수치였다.[272] 지금(2017)은 어떤 나라도 1950년 세계 평균만큼 불평등하지 않지만, 불평등이 심각한 나라들은 대부분 라틴아메리카와 아프리카에 있다.

건강 **불평등**은 19세기 초와 지금의 상황이 거의 비슷하다.[273] 물론 오늘날 전 세계 사람들은 더 건강하고 오래 살며, 현대의 빈민들은 절대적인 면에서 19세기 빈민만큼 가난하지 않다. 극빈층의 비율은 1820년 84퍼센트에서 1992년 24퍼센트로 줄어들었다.[274] 오늘날 우리는 종종 상대적 빈곤에 관해 이야기한다. 절대적 빈곤이 아니라 이 개념을 사용하는 것이야말로 풍요로운 시대임을 보여주는 신호다. 정의상, 불평등한 사회에서는 상대적 빈곤을 절대 뿌리뽑을 수 없다. 많은 선진 자본주의 사회에서 빈민들이 오늘날 사회복지로 받는 것이 —구매력을 기준으로 따져보면— 1880년에 많은 노동자들이 임금으로 받은 것을 능가한다. 현대의 빈민들은 사회복지 덕분에 1950년대에 부유층의 특권으로 간주됐던 것들, 즉 냉장고나 전화, 텔레비전 등을 소유할 수 있기 때문이다.

불평등에 관한 논의가 새로운 문제라고 보기는 힘들다는 사실을 언급하고 넘어가야 한다. 1880년 프랑스의 경제적 자유주의 주창자인 폴 르루아-볼리외는 부의 집중이 최근 과거의 문제이고 지속될 가능성이 없다고 믿었을 뿐만 아니라 미래의 진짜 위협은 충분한 불평등이 존재하지 않고, 모든 사람이 똑같아지면서 삶이 지루해지는 것이라고 생각했다.[275]

절대적 빈곤과 진짜 빈민, 절대 빈곤층에 관해 이야기하자면, 적어도 20세기 말 중국 경제가 성장하면서 4억 명 정도가 빈곤선에서 벗어나기 전까지는 산업화와 더불어 세계에서 그 수가 증가했다. 1820년 이래 국가 간, 또는 각국 내에서 소득 증가율이 똑같았다면, 1992년에 '극단적' 빈민의 수(1985년 구매력 지수를 기준으로 하루 수입 1달러)는 13억 명이 아니라 1억 5000만 명에 불과했을 것이다. 즉 전체 인구의 24퍼센트가 아니라 3.6퍼센트였을 것이다.[276] 우리가 알지 못하는 것은 불평등이 어느 정도나 성장에 유리했는가 하는 점이다. 20세기 말과 그 후 이데올로기적 경계선의 대부분은 이 질문을 중심으로 그어진다. 평등과 경제발전 사이에 상쇄 관계trade-off가 존재하는가?

자본주의는 두 가지 모순되는 요소를 필요로 한다. 첫째는 점점 번영을 구가하는 노동자들로 이루어진 번성하는 시장이다. 이 노동자들의 상품 수요가 투자를 위한 탄탄한 유인이 된다. 둘째는 푼돈을 받고서도 일을 많이 할 각오가 된 노동자다. 자본주의는 비참한 노동자들의 노동으로 생산된 물건을 번영하는 노동자들에게 판매한다. 이런 방식은 국제무역에서 특히 순조롭게 작동하며, 몇몇 나라가 남들보다 앞서 산업화를 이루면서 격차를 확대할 때 벌어진다. 1820년 영국과 중국의 산업 및 기술 격차가 심각했지만, 1800년에는 중국의 생활수준이 서유럽 나머지 나라들과 견줄 만했다. 특히 상하이와 난징, 저장성에 해당하는 양쯔강 삼각주 같은 부유한 지역은 서유럽에 뒤지지 않았다.[277] 실제로 양쯔강 삼각주는 1350년에서 1750년 사이에 세계에서 '가장 착실하고 역동적인 경제'로 손꼽히는 지역이었다.[278] 19세기 중반 중국 곳곳을 여행한 식물학자 로버트 포천은 평범한 중국인이 풍요로운 음식을 마음껏 누리는 모습을 보고 깊은 인상을 받았다. 그러면서 다음과 같이 의견을 밝혔다.

> 세계 모든 나라가 중국에 비해 진정한 빈곤과 가난이 더 심했다. … 스코틀랜드에서 옛날에 —지금도 별반 다를 게 없다고 생각되지만— 추수 노동자가 먹는 아침밥이 죽과 우유뿐이었고, 점심으로는 빵과 맥주, 그리고 저녁밥은 다시 죽과 우유를 먹었다. 아마 중국인이 그렇게 먹으면 굶어죽을 게다.[279]

애덤 스미스는 『국부론The Wealth of Nations』에서 거듭 강조한 것처럼, 중국이 부유한 나라라는 것을 전혀 의심하지 않았다. "중국은 오랫동안 세계에서 가장 부유한 나라, 즉 가장 비옥하고 가장 농사를 잘 지으며, 가장 근면하고 가장 인구가 많은 나라로 손꼽혔다. "중국은 유럽 어느 지역보다도 훨씬 더 부유하다." "세계 어느 지역보다도 훨씬 부유한 중국."[280]

하지만 중국의 선도적 지위는 1750년 이후 지속적으로 하락했다. 농업 생산성이 증대되지 않았을 뿐더러 산업을 발전시키지 못했기 때문이다. 1910년에 이르러 영국은 중국보다 6배 부유해졌고, 1950년에는 10배 부유해졌다. 사실 19세기 대부분 시기 동안 영국은 점차 유럽의 경쟁자들보다 더욱 번영했다.[281] 이런 사실이 이 책에서 펼쳐지는 이야기의 서두에서 산업화에 찬성하는 엘리트들이 승리를 결정짓게 된 핵심적 요인 가운데 하나다. 산업은 번영과 힘, 정치적 안정과 동일시되었다. 1913년에 이르면 영국의 산업 노동자들은 비록 미국에는 미치지 못하지만 유럽 어느 나라보다도 소득이 많았다.[282] 자본주의 세계의 거의 모든 곳에서 여전히 노동 착취 공장의 긴 노동시간이 지배적이었지만, 대다수 선진국에서는 1880년에서 1914년 사이에 미숙련 노동자의 임금이 느리게나마 꾸준히 늘어난 한편 기본 식품인 빵의 가격은 떨어졌다.[283]

노동과 생활환경이 황량하고, 위생시설이 부족하고, 질병이 확산되는 가운데 이어지는 삶은 우리 기준으로는 야만적이고 짧았지만, 이전보다는 더 길고 덜 야만적이었다. 그리하여 산업자본주의 사회가 자본 소유자만이 아니라 자신의 노동력을 팔아야만 하는 이들에게도 이득이 될 수 있었다. 1914년 이후 수십 년간 세계 대부분 지역이 전례 없이 잔인하고 황폐한 전쟁에 시달릴 것임을 알거나 짐작한 이는 거의 없었다. 이런 전쟁이 1945년 이후 수십 년 동안 자본주의 역사에서 가장 급속한 성장으로 나아가는 길을 닦아주리라고 예상한 이는 더더욱 없었다. 많은 예언들이 단순히 전에 일어난 일들이 미래에도 일어나리라고 가정했다. 1800년 이래 상황이 개선되었기 때문에 대략 같은 속도로 계속 개선될 것이라고 가정하는 게 합리적이었다. 하지만 인류 전체의 운명과 인간 개개인의 운명 사이에는 차이가 있다. 진보는 결코 모두를 위한 진보가 아니다. 자본주의하의 삶이 끊임없는 불안의 원천이 되는 것은 바로 이런 자각 때문이다. 빈자와 실업자에게는 일자리를 얻을지가 결코 확실하지 않은 게 불안이고, 피고용인들에게는 일자리를 계속 지킬지가 결코 확실하지 않은 게 불안이며, 부유층은 자신들이 계속 부를 유지할지가 불확실하다는 게 불안이고, 자본가들은 경쟁 자본주의의 한층 더 역동적인 소요 속에서 자신들이 승자가 될지 패자가 될지 확신할 수 없다는 게 불안이다.

제2부
근대화

제3장 동양의 서구화
제4장 산업의 매력
제5장 국가
제6장 조세
제7장 후발 주자와 선구자
제8장 러시아:
낙후를 원치 않는 후발 주자
제9장 미국의 도전과 자본 사랑

제3장

동양의 서구화

19세기의 마지막 몇십 년 동안 '서구'라는 개념은 세계의 등대, 근대의 본보기인 서유럽과 동일시되었다. 그리고 다시 근대는 산업자본주의를 의미했다. 여러 지표로 볼 때, 미국은 이미 산업 최강국이었기 때문에 '서구'의 일원이었다. 물론 1880년에는 다음 세기가 미국의 세기American Century가 되리라는 게 아직 그렇게 만천하에 명백하지는 않았지만 말이다. 지리적 위치에도 불구하고 이탈리아의 여러 지역과 포르투갈 전체, 그리스 전체, 아일랜드 전체, 에스파냐의 대부분은 서구 세계에 속하지 않았다. 일본은 이제 막 산업자본주의를 향한 행진을 시작한 상태였다. '동양' 나라가 서구화를 향해 발돋움하고 있었다.

추상적인 동양과 서양의 대립은 "역사 시대만큼이나 오래된" 것이며 적어도 고대 그리스나 로마 때부터 있었다.[1] 이런 대립은 서양의 로마 가톨릭과 동방정교회의 분리 때문에 한층 강화되었다. '유럽'을 서유럽과 동일시하고 그에 따라 동양(극동은 제외)을 부정적으로 평가한 것은 계몽주의 시대 이래 흔한 시각이었다. 예외가 있다면, 18세기 세속적 철학자들이 이따금 이슬람을 유대교나 기독교와 같은 불완전성이 없는 더 순수

한 계시 종교라고 긍정적으로 평가한 것이다.[2]

볼테르는 1731년에 출간되어 거의 곧바로 영어로 번역된 『샤를 12세의 역사Histoire de Charles XII』—18세기 문학의 성과다—에서 이 책을 읽는 독자들은 동유럽의 멀리 떨어진 외딴 지역은 말할 것도 없고 북구의 추운 지역이 아니라 '문명화된' 서유럽에 사는 이들일 것이라고 가정했다. 틀리지 않은 가정이었다.[3] 그는 모스크바 사람들은 에르난 코르테스가 당도하기 전 멕시코인보다 덜 문명화되어서 온갖 예술과 상업에 무지하고, 수학을 알지 못하며, 그들이 믿는 기독교는 갖가지 미신에 오염된 것이라고 설명했다.[4] 그로부터 30년 뒤 출간된 『표트르 대제 치하 러시아 제국의 역사Histoire de l'Empire de Russie sous Pierre le Grand』에서는 차르 표트르 대제 같은 개혁가들이 페르시아나 투르크를 모방하려고 하지 않고 '우리 쪽 유럽'에서 본보기를 찾았다고 지적했다. "이 땅에서는 온갖 종류의 재능이 영원히 찬양받았기 때문이다."[5]

서구는 계몽과 진보, 세속주의와 인권, 심지어 여성의 권리까지 의미했다. 몽테스키외는 『법의 정신De l'esprit des lois』(1748)에서 일부다처제 같은 관습(그는 원시적 관습으로 간주했다)을 보면, 아시아에서는 "전제정이 말하자면 그만큼 자연스럽게 느껴지고", 그만큼 몸에 배었음을 알 수 있다고 주장했다.[6] 비유럽권 나라들에서 여성을 대하는 방식은 후진성의 지표로 여겨졌다. 19세기가 끝나갈 무렵 중국의 서구화 학자 옌푸(엄복嚴復)는 중국을 괴롭히는 온갖 '해로운 관습' 가운데 두 가지가 두드러지는데, 하나는 아편 중독이고 다른 하나는 여자의 발을 졸라매는 관습인 전족이라고 말했다.[7] 그보다 몇십 년 전, 카를 마르크스는 루트비히 쿠겔만에게 보낸 편지(1868년 12월 12일자)에서 이렇게 단언했다. "역사를 조금이라도 아는 사람이라면 누구나 여성이 들끓지 않으면 거대한 사회변화가 불가능하다는 걸 압니다. 사회진보는 사회적으로 공정한 성별 지위를 잣대로 정확히 측정할 수 있습니다. …"[8]

서구 남성들은 종종 자신들이 이중 잣대를 적용하고 있음을 알지 못한 채 이런 견해를 내놓았다. 그리하여 1883년에서 1907년까지 이집트 주재 영국 총영사를 지낸 크로머 경은 이슬람 종교와 사회가 열등하다고 확신했으며, 무슬림의 여성 분리(베일과 무지를 강요함으로써 가능했다)가 이집트 문명 발전을 가로막는 '치명적 장애물'이자 하나의 사회체제로서 이집트가 '완전한 실패작'일 수밖에 없는 주된 원인이라고 보았다.[9] 하지만 영국에 돌아간 크로머는 여성을 옹호하기는커녕 여성참정권 반대 남성동맹Men's League for Opposing Women's Suffrage 의장이 되었다. 다른 많은 문제와 마찬가지로 이 문제에서도 크로머 경은 여성들이 참정권을 획득하기 한참 전부터 역사의 편에 서지는 않았다. 1882년 기혼여성재산법 Married Women's Property Act 1882이 통과되면서 마침내 여성이 혼자서 재산을 소유할 수 있게 된 한편, 1886년 유아후견법Guardianship of Infants Act 1886 덕분에 여성이 이혼한 뒤에 자녀 양육권을 얻게 될 가능성이 커졌다.[10]

'여성이 들끓은' 것(마르크스의 용어)은 서구의 특권이 아니었다. 19세기 말과 20세기 초에 추근秋瑾(1875~1907) 같은 여성 시인들은 『삼가 중국의 2억 여성 동포에게 고함A Respectful Proclamation to China's 200 Million Women Comrades』이라는 선언에서 전족과 남자 아이만 학교에 보내는 관습에 분노했다. 한 시에서 추근은 다음과 같이 말했다.

전족을 풀어 천년의 독을 씻어버리고
뜨거운 가슴으로 모든 여성의 정신을 일깨우리라.[11]

추근은 1907년에 청 왕조에 대해 반역 음모를 꾸민 죄로 처형당했다. 아나키스트이자 페미니스트인 하진何震은 1911년 신해혁명으로 이어지는 시기에 노동과 섹슈얼리티 문제를 씨름하면서 여성해방의 중심성과 어떤 혁명에서든 여성이 결정적인 역할을 한다는 점을 역설했다.[12] 몇몇 이슬람 나라에서도 여성들이 진전을 이루었다. 이란에서는 여성들이 1906년 근대화 입헌혁명의 성과를 지키는 데 적극적으로 참여했다. W. 모건 슈스터는 이란 여성들이 헌법 개정에 찬성하고 러시아와 영국의 간섭에 반대하며 벌인 시위를 목격하고 1912년에 다음과 같이 썼다.[13]

> 정치적·사회적인 이중적 형태의 억압으로 고통받아온 여성들은 입헌적 정부 형태를 채택하고 서구의 정치·사회·상업·윤리 규범을 도입하기 위한 거대한 민족주의운동을 조성하는 데 더욱 열심이었다.[14]

문명의 상징으로 여겨진 '유럽'은 야만적이고 왜소하며 병들고 거의 문맹인 유럽 대중이 아니라, 특권적인 소수 도시 거주자들의 생활방식과 태도로 정의되는 사회적 공간이었다. 오스만 제국과 일본의 일부 엘리트 성원들은 근대화를 원하면서도 또한 자신들의 '정신'과 문화, 전통을 보존하고자 했으며, 전설 속 서양이라는 포장물을 다양한 구성요소로 분해해서 마음에 드는 것을 골라잡을 수 있다고 생각했다.

서양이 성공하고 우월하게 된 것은 비교적 최근의 일로 18세기 마지막 몇십 년부터였다. 당시만 해도 동아시아 같은 지역은 산업체제를 발전시키는 능력에서 유럽에 크게 뒤지지 않았다.[15] 1850년 무렵 유럽 일부 지역이 보유한 기술적 우위는 훗날에 드러나는 것만큼 1750년에 분명하지 않았다. 실제로 인도나 중국 일부 지역의 제조업은 서유럽 일부 지역에 비해 더 발전해 있었다.[16] 또한 소비 수준이나 기대수명을 기준으로 볼 때 북-서유럽과 중국의 발전한 지역 사이에는 특별히 의미 있는 격차가 존재하지 않았다. 조지프 니덤의 저작(여러 권으로 된 『중국의 과학과 문명 Science and Civilisation in China』)을 보면, 중국이 18세기까지 대부분의 과학 분야에서 유럽을 훌쩍 앞섰음을 알 수 있다. 인쇄술은 구텐베르크보다 몇 세기 전에 도입되었다. 기원전 200년 중국인들은 철을 주조했는데, 이 기술은 1400년 무렵이 되어서야 유럽에 전해졌다. 중국의 제지술은 1000년이 걸려서 서양에 도달했다.[17] 황금기인 송나라 시대(960~1279)에는 나침반이 도입되고 세계 최대 규모의 해군을 자랑했으며, 다른 어느 곳보다도 먼저 지폐가 발행되고 새로운 관개시설 덕분에 벼농사가 기하급수적으로 확대되었다. 또한 인구는 1100년에 1억 명에 이르고(유럽 전체보다도 많았다), 면과 비단을 비롯한 직물 산업이 개선됐으며, 화약이 개량되고 선박 건조, 도자기 생산, 철과 강철 생산이 확대되었다. 그리고 마지막으로 국가 관리를 선발하기 위해 대단히 능력주의적인 과거제도가 확립되고 간접세 징수체계가 마련되었다.[18] 이 황금기의 대부분은 국가 개입에 따른 결과였고, 국가 개입은 대체로 외부 세력의 위협에 따른 결과였다. 무엇보다도 커다란 위협이었던 쿠빌라이 칸이 이끄는 몽골인들은 결국 1271년에 중국을 장악하고 원나라를 세웠다.[19] 그 뒤를 이은 명나라 (1368~1644) 시기에 중국은 산업적 규모로 면, 비단, 도자기, 종이 등을 생산하는 원형적 산업사회가 되어 번성하는 시장경제를 창출했다.[20]

1800년 무렵, 중국은 여전히 유럽 대부분 지역보다 번영을 누렸다.[21] 이미 18세기에 강남(상하이를 비롯한 양쯔강 이남 지역)의 농업은 '전근대 세계에서 가장 상업적이고 대외 지향적인 농업'으로 손꼽혔다. 강남은 비단과 면의 주요 생산자이자 수출자로서 영국보다 많은 면직물을 생산했다.[22] 19세기 중반에 이르면 강남 주민의 5명 가운데 1명이 도시에 살았다(전체 인구는 4억 3600만 명이었다).[23] 그리하여 도시화를 기준으로 볼 때 강남은 영국과 벨기에, 네덜란드를 제외한 유럽 나라들보다 앞섰고, 당시 강남 인구는 제정 러시아를 제외하고 유럽 어느 나라보다도 많았다.[24] 광둥은 강남에 크게 뒤지지 않았다. 1860년대에 이르러 광둥성 남해현南海縣(지금의 포산시佛山市 남해구) 한 곳에만 견직공 3만~4만 명이 비단 동업조합에 속해 있었다.[25] 따라서 강남이 19세기 후반 중화제국이 산업화를 시도한 중심지이자 현재 중국의 주요 산업·상업 지역인 것도 놀랄 일은 아니다.[26]

1750년대까지도 중국인은 평균적 유럽인만큼 교육을 잘 받았다. 18세기에 중국 하층계급은 서양의 하층계급에 비해 더 많은 교육 기회를 누렸다.[27] 19세기에도 청나라가 문해율이 비교적 높았다. 남성의 30~45퍼센트, 여성의 2~10퍼센트가 글을 읽을 줄 알았다.[28]

19세기에는 지식인들 사이에서 중국이 비교적 번성한다고 가정하면서도 예술적 성취에 대해서는 깔보는 일이 흔했다. 따라서 1850년대에 에르네스트 르낭은 18세기 말 중국은 다른 모든 나라보다 발전했지만, 예술에 관한 한 "중국은 예술이라는 이름에 값할 만한 어떤 것도 갖고 있지 못하다(la Chine n'a rien qui puisse mériter le nom d'art)"고 말했다.[29] "세계사는 동에서 서로 이동한다"는 헤겔의 언급에는 일말의 진실이 있겠지만(그의 저술에서 너무나 빈번하게 나타나는 검증할 수 없는 발언들 중 하나다), 이 문장의 뒤에 이어지는 "…왜냐하면 유럽은 절대적으로 역사의 종말이고, 아시아는 역사의 시초이기 때문이다"라는 말은 의문이 든다.[30]

전통적으로 중국은 중앙 권력이 다스리는 광대한 영토로 이루어졌는데, 외부 세계에서 필요로 하는 게 아무것도 없었기 때문에 내향적이었고 합리적 탐구와 혁신을 억눌렀다.[31] 예외가 있기는 했다. 강희제 (1654~1722)와 건륭제(1711~99)는 둘 다 서양의 영향, 특히 예술 분야의 영향에 개방적이었지만, 중국 전체로 보면 외래의 것을 수입하기보다는 흡수했다. 원나라(13~14세기)를 세운 몽골족이나 청나라(1644~1911)를 세운 만주족 같은 외부의 침략은 외국의 지배로 이어지지 않고 오히려 외래 통치자들을 중국의 정치구조 안으로 흡수하는 결과를 낳았다.[32] 실제로 13세기부터 중국 제국이 막을 내릴 때(1911)까지 토착 한족 황제들이 중국을 다스린 시기는 1368년부터 1644년까지 276년뿐이었다(명나라). 어떻게 보면 중국 역대 황제들의 출신 종족은 별 의미가 없었다. 황제는 중국의 통치자만이 아니라 세계의 황제이자 인류의 군주, 하늘의 아들(천자)로 여겨졌다.[33]

1793년 조지 3세가 많은 선물과 함께 외교관 조지 매카트니를 보냈다. 무역 장벽을 낮춰 달라고 중국인들을 설득하기 위해서였다. 건륭제가 영국 왕에게 보낸 서한은 오늘날까지도 유명하다.

우리 천조(天朝, 중국)에는 모든 게 풍부해서 국경 안에 부족한 생산물이 없다. 그래서 우리 생산물을 대가로 해서 외부의 오랑캐[夷狄. 당시 중국 이외의 모든 외국인을 낮잡아 부르는 표현이다.-옮긴이]가 만든 제품을 수입할 필요가 전혀 없었다. 하지만 유럽 나라들과 당신네가 천조에서 생산하는 차와 비단, 도자기를 절실히 필요로 하는 까닭에 상징적인 호의의 표시로 광동에 외국 상관商館을 설치하도록 허락했다. 당신네가 바라는 필수품을 공급하고 당신 나라가 우리의 은덕을 받을 수 있도록 한 것이다.

계속해서 건륭제는 다시는 조르지 말라면서 한마디 덧붙였다. "당신네 섬나라가 불모의 바다가 가로놓여 세계로부터 단절된 가운데 외로이 떠 있는 것은 유념할 터이며, 우리 천조의 관습을 알지 못하는 것도 너그러 이 봐주겠다."[34]

건륭제는 그저 시간을 벌면서 탄탄한 방어체계를 갖추고자 했던 것일 지도 모르지만, 이 서한은 중국이 오만하고 근대화를 거부한다는 신호로 널리 해석되었다.[35] 실제로 매카트니가 중국을 떠날 때 황제는 중국의 군 사력을 계속 과시하도록 했다.[36]

중국은 아무것도 필요한 게 없다는 믿음은 수십 년 동안 지속되었다. 중국 해관海關(항구에 설치한 세관)의 영국인 총세무사로 진짜 중국 전문 가이자 50년 가까이 중국에 거주한 로버트 하트는 1901년에 다음과 같이 말했다.

> 무역이 늘어나고 거기서 생겨나는 세입이 증가한 것은 사실이지만, 아직까지 우리 전임자들이 기대한 수준과는 거리가 멀다. 그 이유는 중국 정부가 해외 상업에 적극적으로 반대했기 때문이 아니라 중국인들이 그것을 필요로 하지 않기 때문이다. 중국인들은 세계 최고의 식품인 쌀과 최고의 음료인 차, 최 고의 의복인 목면과 비단과 모피를 갖고 있다. 그들은 이런 주산물과 무수히 많은 토착 부속물을 보유하고 있기 때문에 다른 나라에서 푼돈어치 물건을 살 필요가 없다. 중국 제국 자체가 그토록 거대하고 인구가 방대한 한편, 자기들 끼리 사고파는 게 엄청나고 충분한 교역을 이루기 때문에 외국에 대한 수출은 불필요하다.[37]

영국과 프랑스에 이어 러시아와 미국이 이른바 아편전쟁(1839~42년 과 1856~60년)을 벌이면서 중국 땅에서 아편무역을 허용하도록 중국 당국을 압박하는 가운데 한때 '세계의 중심'이었던 중국 제국은 서구로부터 최후의 일격을 맞았다. 이미 1832년에 중국 군대에서 자리를 잡은 아편의 확산은 19세기 내내 국민 사이에서 꾸준히 증대했고, 1870년대에는 농민들 사이에 대대적으로 퍼졌다.[38] 1900년에 이르러 정부 고위 관리인 장지동張之洞은 이렇게 말했다. "아편이 무시무시한 속도로 퍼지면서 전국 각지에서 비통한 결과가 나타나고 있다. 수천수만 명이 아편이라는 역병으로 쓰러졌다. … 아편은 정신을 허물어뜨리고 피해자의 기력과 재산을 좀먹는다."[39]

미처 약세를 깨닫지 못한 중국인들은 처음에는 행동으로 뒷받침되지 않는 말로 외국의 오만에 저항하려 했다. 1839년, 영국 군대가 보호하는 가운데 중국으로 아편이 침투하는 상황에 깜짝 놀란 황제는 아편무역을 억누르기 위해 흠차대신[欽差大臣. 황제가 특정한 중요 사건을 처리하기 위해 임시로 임명한 관직.-옮긴이] 임칙서林則徐를 광저우(광둥)에 파견했다. 아편상인들을 체포하고 화물을 몰수해서 폐기했는데, 100만 킬로그램이 넘는 아편을 바다에 던져버린 장기간의 작전은 6월 26일(오늘날의 유엔 세계 마약남용 방지의 날)에 종료되었다. 이후 임칙서는 이 문제를 근원에서부터 다뤄야 한다는 것을 깨닫고 빅토리아 여왕에게 유명한 서한을 보냈다.

오랑캐 무리 가운데 … 아편을 밀수해서 중국 백성을 꼬드기고 결국 중국 전역에 이 독약을 퍼뜨렸습니다. 자신의 이익만을 좇고 남에게 끼치는 해악은 나몰라라 하는 이런 이들은 천리天理(하늘의 법)가 용납하지 않으며 온 인류가 하나같이 증오합니다. 황제 폐하께서는 이 소식을 듣고 격노하셨습니다. … 하지만 오랑캐의 배가 … 여기에 교역을 하러 오는 것은 많은 이익을 벌어들이기 위해서입니다. … 그런데 도대체 그 대신에 무슨 권리로 중국인을 해치는 독약을 사용하는 것입니까? 오랑캐들이 반드시 고의로 우리에게 해를 입히려는 것은 아닐지라도, 탐욕스럽게 이익을 노리는 그들은 타인을 해친다 해도 상관하지 않을 것입니다. 감히 질문을 해도 된다면 묻겠습니다. 당신의 양심은 어디에 있습니까? … 중국이 외국에 수출하는 모든 상품 가운데 사람에게 이롭지 않은 것은 하나도 없습니다. … 중국산 제품 가운데 외국에 해를 끼치는 것이 하나라도 있습니까? 차와 대황大黃을 예로 들어보겠습니다. 외국은 차와 대황이 없으면 하루도 살지 못합니다. … 만약 다시 중국이 이 유익한 수출을 차단한다면, 오랑캐는 어떤 이익을 거둘 수 있겠습니까? … 어떻게 당신네는 만족을 모르는 자신의 욕망을 채우기 위해 남에게 해로운 제품을 계속 판매하는 것을 참을 수 있습니까?[10]

답장은 오지 않았다. 오히려 영국인들은 약물(당시 아편은 영국을 비롯한 대다수 나라에서 합법이었다. 임칙서는 대부분의 서양인이 대황이 없어도 '하루'보다 훨씬 오랫동안 살 수 있음을 알지 못한 것처럼 이 사실도 알지 못했다)을 포함해서 중국 전역에서 교역할 자유를 확보하기 위해 무력으로 보복했다. 아편전쟁의 시작이었다.

물론 영국 안에서도 반대의 목소리가 있었다. 그중에서도 젊은 윌리엄 글래드스턴이 1840년 4월 8일에 정부를 비판하면서 한 연설은 유명하다. 글래드스턴에 따르면, 중국인들은 "여러분에게 밀수 거래를 포기하라고 통고했습니다. 중국인들이 여러분이 포기할 마음이 없음을 깨달았을 때 그들에게는 여러분을 중국 해안에서 몰아낼 권리가 있었습니다. 이런 흉악하고 악명 높은 거래를 계속하겠다고 고집을 부렸기 때문입니다". 계속해서 글래드스턴은 "이보다 더 부당한 원인에서 벌어진 전쟁, 이 나라에 영원히 굴욕을 안겨주기 위해 철저하게 계산된 과정에 따라 벌어진 전쟁"
은 찾아보기 어렵다고 덧붙였다.[41] 공무원이자 홍콩 입법국 의원인 로버
트 몽고메리 마틴은 1846년에 맹렬히 비난했다.

우리는 그저 계속 수수방관하며 아편무역 때문에 야기되는 범죄와 살인이 조
용히 지속되도록 내버려두겠는가? 여왕 폐하의 정부가 알지 못하고 승인하지
않는 가운데? … 차라리 기독교의 이름을 버리는 게 더 낫다―훨씬 낫다―무
한정 낫다. 이제 우리 자신을 이교도라 부르자―**'황금 송아지'** 숭배자, '악마'
우상교도라 부르자. … '아편무역'과 비교하면 '노예무역'은 자비로울 정도다.
우리는 아프리카인들의 신체를 무너뜨리지 않았다. … 반면에 아편 판매상은
불행한 죄인의 도덕적 존재를 더럽히고 타락시키고 허물어뜨린 뒤 그 신체를
살해한다. … 이런 국가적 범죄가 매일같이 하늘의 복수를 자초하는데 잉글랜
드가 축복을 받을 리 만무하다. … 우리는 전 세계 민족들 앞에서 유죄판결을
받고 있다. …[42]

카를 마르크스는 1858년에 이 구절을 인용하면서 다음과 같은 아이러
니를 지적했다.

낡은 세계의 대표자는 윤리적 동기에 따라 움직이는 것처럼 보이는 반면, 압도
적인 현대 사회의 대표자는 가장 싸게 사서 제일 비싼 시장에서 파는 특권을
위해 싸운다. …[43]

1860년 2차 아편전쟁의 마지막 국면 동안 영국과 프랑스 군대는 엘긴
경(몇십 년 전에 파르테논에서 대리석을 뜯어간 엘긴 경의 아들. 그 아버지에 그

아들이다)이 내린 명령에 따라 베이징의 여름 궁전인 원명원圓明園을 파괴했다. 난징조약(1842)과 톈진조약(1858), 베이징조약(1860)에 따라 중국은 자유무역을 강요받고 여러 항구를 서양 무역에 개방해야 했으며, 홍콩을 영국에 할양하고 서양의 물건이 중국 내에서 자유롭게 오갈 수 있도록 모든 국내 세금을 폐지해야 했다. 또한 선교사들과 서양 상인들이 아무 방해도 받지 않고 중국을 드나들 수 있었는데, 선교사들은 개종이 목적이었고 상인들은 돈을 버는 게 목적이었다. 이런 굴욕에 더하여 중국은 세관 수입으로 영국과 프랑스에 배상금을 지불해야 했다.[44] 1895년 이후 중국 정부는 철도 부설권과 광산 채굴권을 여러 서양 나라와 일본에 넘겨줄 수밖에 없었다. 1911년에 이르면 중국 철로의 41퍼센트가 외국인 소유였다. 1896년에서 1913년 사이에 수많은 광산 채굴권이 영국인, 독일인, 러시아인, 미국인, 벨기에인 등에게 넘어갔다.[45] 1차대전 직전에는 외국인이 거주와 거래의 절대적 권리와 어떤 범죄를 저질러도 면책특권을 누리는 조약항이 무려 48곳이 있었다. 이런 조약항의 일부는 몇몇 유럽 국가들이 국가적 자부심을 진작시키는 것말고는 어떤 존재 이유도 없었다. 그저 자신들도 유럽 열강 체제의 일원임을 과시하고 싶었을 뿐이다. 이탈리아가 아무런 실제적 이익도 없는 톈진을 할양받은 것이 대표적인 예다.[46]

2000년을 거슬러 올라가는 역사를 자랑하는 '사방이 바다로 둘러싸인 땅'(즉 '세계 그 자체')인 '중화제국'은 이미 서구의 반식민지로 전락한 상태였다. 외적에 비해 약했던 중국은 마찬가지로 국내적으로도 허약했다. 강력한 중앙정부가 부재한 탓에 어떤 단일한 권력도 지방 관리나 군사 관리, 부패한 지주들이 공공의 부를 점점 독차지하는 것을 막지 못했다. 중국의 오랜 속담에서 말하는 것처럼, '산은 높고 황제는 멀다(山高皇帝遠)'.

농민의 불만은 흔한 일이었다. 이런 불만은 대규모 혁명인 태평천국의 난 (1850~64)으로 비화했다. 필시 세계에서 가장 파괴적이고 '유혈적인 내 전'이었을 것이다.[47] 태평천국의 난은 최소한 2000만 명, 아니 그 이상의 목숨을 앗아갔는데, 주로 내전 때문에 발생한 기아와 질병이 원인이었다. 태평천국 이데올로기는 기독교와 중국의 오랜 급진 사상이 기묘하게 뒤 섞인 것이었다. 이 운동이 내세운 강령은 20세기 농민공산주의의 전조였 다. 지주제도 종식, 토지 재분배, 양성 평등, 아편과 도박 금지 등이 핵심이 었다. 태평천국의 난을 진압한 것은 중앙정부가 아니라 권력을 위협받던 지방정부들이었다.[48] 거센 탄압이 벌어진 결과 중앙 권력이 줄면서 지방 권력이 커졌다.[49]

인구의 상당한 부분이 국외로 이주하고(19세기에 3500만 명), 1876~9년 에 기근이 일어나고, 1894~5년에 청일전쟁이 벌어져 결국 조선과 대만 을 빼앗기고, 1899~1901년에 의화단사건이 일어나는 과정에서 중국은 이제 더는 자신의 운명을 제어하지 못했다. 유럽에서는 유례를 찾기 힘든 자연재해도 일어났다. 태평천국의 난이 한창이던 1855년, 황하의 물길이 바뀌어서 엄청난 홍수가 났다. 이 거대한 강은 전에도 여러 차례 홍수가 났지만, 물길이 바뀐 것은 1194년 이래 처음이었다. 황하는 계속 불안정 해서 우기가 되면 통상적인 물길에서 거침없이 빗나갔다. 1889년에는 또 다시 어마어마한 홍수가 발생했다.[50] 농민 소요가 계속되고, 그와 동시에 청 제국이 점진적으로 붕괴했다. 후난성에서는 많은 이들이 태평천국 반 란자들을 따랐지만, 이데올로기적 이유보다는 지주의 착취를 끝장낸다 는 기대 때문이었을 것이다. 산적과 조세 저항이 널리 퍼져나갔다.[51] 중국 북부에서는 1872년에 폭우가 쏟아져 농사를 망쳤고, 계속해서 1876~9년 에 대기근이 덮치고 다시 1890~95년에 홍수가 발생했다.[52] 19세기 동안

중국인 수백만 명이 기근으로 목숨을 잃고 또 수백만 명이 집을 잃었다.[53]

세기말에 이르러 중국은 추가로 '불평등조약'에 서명할 수밖에 없었다. 영국뿐만 아니라 미국, 러시아, 프랑스, 독일, 일본, 그밖에 몇몇 나라와도 조약을 맺었다. 사실상 중국은 주권을 상실한 상태였다. 근대화에 실패한 것이 주요한 이유였다. 19세기 전반기에 청나라 황제들은 국가의 근대화를 가로막기 위해 할 수 있는 모든 일을 했다. 1860년에 이르면 아편전쟁과 태평천국의 난으로 나라가 황폐해진 끝에 개혁이 불가피해 보였다. 1861년, 당시 어린아이에 불과한 새로운 황제의 등장은 중국 역사의 새로운 시대의 시작이라고 환호를 받았다. 하지만 일본에서는 개혁(1868년 메이지유신이라는 든든한 이름 아래 진행되었다)으로 나라가 영원히 바뀐 반면, 동치중흥同治中興은 위기에 빠진 황제를 중심으로 결집한 상층계급이 마지못해 나선 일이었다(동치제는 제위에 오를 때 다섯 살이었고, 황궁의 권력은 어머니인 서태후의 수중에 있었다).[54] 동치'중흥'은 중국 사회의 전통적인 유교적 토대를 허물어뜨리지 않았지만, 유교를 개혁의 토대로 활용하지도 않았다.[55] 동치제가 추구한 경제적 목표는 전통적 농업경제를 복원하는 것이었다. 인구의 절대 다수가 땅에 매달려 살았고 정부 역시 수입의 대부분을 토지세에서 얻었기 때문이다. '농업을 중시(重農)'하고 '상업을 경시(輕商)'한다는 원리가 여전히 중국 경제를 떠받치는 유일하게 바람직한 토대로 간주되었다. 목표는 엄격하고 안정된 농업사회였지, 현대적 산업사회(1868년 이후 일본인들은 이런 목표를 추구했다)가 아니었다.[56] 태평군 토벌을 지휘한 장군 출신으로 동치중흥의 실질적 지도자인 증국번曾國藩은 지방 관리들에게 보내는 지시 서한을 썼다.

농민들이 너무 오래 고통받으면 논밭이 메마르고 농사를 짓지 않게 된다. 군대가 군량이 없으면 백성에게 고생을 끼칠 게 분명하다. 백성이 양식이 없으면 산적을 쫓아갈 게 확실하다. 산적이 식량이 없으면 떠돌이 도적 떼가 되어 대규모로 혼란을 야기할 테고, 혼란이 끝없이 이어질 것이다. 따라서 행정관의 첫 번째 임무는 '농업을 중시'하는 것이다.[57]

안정은 여전히 가망 없는 기대였다. 중국은 100년이 넘도록 내전과 외국의 간섭, 사회적 소요가 잇따르면서 끊임없이 혼란에 빠졌다. 몇 가지 변화가 있었다. 1860년 이후 서양식 교육체계를 채택하자는 운동이 일어났고, 당국이 백성에게 풍요를 선사하는 과제를 역설한 1875년에는 새로운 사고방식이 등장했다.[58] 조선, 직물, 무기 등에서 산업화도 일부 이루어졌다. 해외로 유학생을 보내고, 철도를 부설했으며, 제철소가 생산을 시작했다. 메이지시대 일본보다 활력이 떨어지긴 했지만, 중국 정부도 은행과 화폐제도를 개혁하고, 도량형을 표준화하고, 세금을 인상하고, 제대로 된 경찰을 창설하고, 전신 같은 현대적 기반시설을 구축하는 등 근대화 작업을 떠맡았다.[59] 하지만 이 모든 것은 제대로 체계가 잡히지 않았다. 중앙정부는 여전히 서태후같이 근대화에 적대적인 이들의 수중에 놓여 있었다.[60]

중국은 영국인들이 이루었다고 간주되는 '자생적' 근대화를 할 수 없었다. 소기업들은 여전히 작았다. 산업화를 수행한 주체는 국가나 외국인이었다. 서양의 힘 때문에 중국에서는 '서풍이 동쪽으로 불어오며' 서양의 영향력 때문에 중국인들에게 변화가 강요되고 있다는 느낌이 커져갔다. 1860년 영국 군대가 원명원을 불태운 뒤, 중국 당국은 마침내 총리아문總理衙門을 설치하고, 외국 외교관들을 받아들였으며, (1873년에) 이제 더는 황제에게 고두叩頭를 드릴 것을 요구하지 않았다. 근대화 압력은 로버트 하트 같은 우호적인 서양인들로부터 나왔다.[61] 「한 외부인이 드리는 의견Observation by an outsider」이라는 제목으로 총리아문에게 보낸 각서에서 하트는 철도와 증기선, 전신의 중요성을 역설하면서 이런 준비를 갖추면 중국이 힘을 키워 국제적 노예 상태에 제대로 저항할 수 있을 것이라고 설명했다.[62] 서양 열강이 중국에 설치하도록 강요한 해관이 외국의 특권과 치외법권을 뒷받침하긴 했지만, 로버트 하트는 엄밀히 말하면 중국 정부의 공무원으로, 중국에 충성과 의무를 다한다는 인식이 깊었다. 총세무사 직을 맡았을 때 그는 직원들에게 이렇게 말했다. "각자 첫째로 유념할 일은 특정한 업무를 수행하도록 중국 정부에서 돈을 받는 직원이며, 이 일을 잘하는 것을 무엇보다도 우선시해야 한다는 것이다."[63]

중국은 마치 발길에 차여 괴로워하며 심각하게 분열된 상처 입은 거인처럼, 고통스러울 정도로 서서히 근대화를 이루었다. 1911년까지 중국은 고작 8900킬로미터의 철로를 부설할 수 있었다.[64] 그에 비해 러시아는 6만 6000킬로미터, 나라가 훨씬 작은 이탈리아는 1만 6400킬로미터가 깔려 있었다. 이렇게 보잘것없는 철로망 건설조차 어려운 과업이었고 반동들의 반대가 심했다. 근대화 언론인 『노스차이나헤럴드North China Herald, 北華捷報』 1867년 4월 22일자는 이런 충돌을 다음과 같이 요약했다. "우리에게 철도는 자유로운 교류와 계몽, 상업과 부를 의미한다. 반면 중국 관리들에게 철도란 소란 행위, 예로부터의 관습과 전통의 전복, 격변과 고통을 가리킨다."[65]

중국의 근대화는 왜 그토록 고통스러운 과정이었을까? 막스 베버는 『중국의 종교: 유교와 도교The Religion of China: Confucianism and Taoism』(1915)에서 유교와 도교가 중국에서 자본주의 발전을 가로막은 장애물이라고 설명했다. 비록 베버는 "중국인들이 자본주의의 요구를 충족시킬 '타고난 재능이 없다'고 간주해야 하는 문제는 분명 아니"라고 신중하게 덧붙였지만, 그래도 "현대 서양에 특징적인 합리적 경제와 기술은 전혀 불가능하다"고 생각했다.[66]

베버보다 한참 전에 중국 인텔리겐차의 몇몇 성원은 이제 더는 중국이 천하의 중심을 자부할 수 없음을 인식했다. 학자 풍계분馮桂芬은 『교빈여항의校邠廬抗議』(1861)라는 문집에 실린 글에서 비록 중국이 러시아와 미국, 프랑스와 영국보다 큰 나라(러시아보다 크다는 것은 그의 생각이다)라고는 해도 다음과 같은 점을 유념해야 한다고 말했다.

우리는 최근에 맺은 여러 조약에서 이 네 나라에 치욕적인 굴욕을 겪고 있다. 우리의 기후나 토양, 자원이 그 나라들보다 열등해서가 아니라 우리 민족이 정말로 열등하기 때문이다. … 왜 그 나라들은 작은데도 강한가? 왜 우리는 큰데도 허약한가? 우리는 그 나라들과 대등해지기 위한 수단을 발견하려고 노력해야 마땅하다.[67]

풍계분은 열등한 분야로 네 가지를 꼽았다. 인력 활용, 농업, '통치자와 백성 간에 밀접한 관계를 유지하는' 기술, 이론과 실제를 연결하는 능력이 그것이다. "이 네 가지를 바로잡는 길은 우리 자신에게 있다. 왜냐하면 우리 황제가 전반적인 정책을 제대로 정할 때에만 네 분야가 바뀔 수 있기 때문이다. 이 문제에 관해서는 외부의 도움이 필요하지 않다."

개혁으로 가는 길은 대단히 어려웠다. 학자(이자 장군)인 증국번은 19세기의 위대한 보수적 근대화론자 가운데 하나였는데, 풍계분에게 고무되어 서양의 전문 지식을 수입하기 위한 일련의 기획에 착수했다.[68] 이런 시도가 한층 더 중요했던 것은 증국번이 전통적인 유교의 위계질서를 보전하는 데 전적으로 몰두했기 때문이다. 그는 전쟁과 혼란, 자연재해가 빈발하며 거듭해서 소요에 빠져들던 세계에서 질서와 고요를 지키는 데 전념했다. 하지만 그는 바로 이런 본질적인 목표를 달성하기 위해 근대화가 필요하다고 믿었다.[69]

그런데 중국이 당장 필요한 개혁에 적응하려면 비교적 조용한 시기가 있어야 했으나, 그런 순간은 없었다. 갖가지 재앙이 계속되었다. 1894~5년 청일전쟁에서 일본에 다시 굴욕을 당하면서 결국 대만을 빼앗기고 조선에 대한 통제권이 끝이 났다. 일본은 메이지유신으로 개혁에 성공하고 이제 중국을 무너뜨리면서 서양 클럽에 합류했다. 중국은 자존심에 상당한 충격을 받았다. 한때 "중화 문명의 동쪽 끄트머리에 떨어져 있어서 가기도 어렵고 중요하지도 않던 일개 섬나라"(이자 문화적으로 중국에 커다란 빚을 진 나라)였던 곳이 이제 '서양 열강'과 비슷해진 것이다.[70] 일본 또한 중국에 대한 이미지를 수정했다. 이제 중국은 지식인들이 상상하는 존경하는 현인들과 학문의 땅이 아니라 신뢰하기 힘든 지도자들이 이끄는 오합지졸이 우글거리는 나라였다.[71]

중국에서는 지도적 개혁가이자 정부 관리인 장지동이 "바야흐로 나라가 백척간두의 위험에 빠져 있다"고 경고하면서 "중국 관리들과 백성은 계속 옛날처럼 맹목적이고 완고하게 자부심에 취하기로 마음먹었다"고 개탄했다. "만약 우리가 조만간 바뀌지 않는다면 어떻게 될까? 유럽의 지식은 날이 갈수록 증대하는 반면 중국의 우둔함은 점점 더 심해질 것이다. … 외국인들은 우리 피를 빨아먹고 … 우리의 신체와 정신을 집어삼킬 것이다."[72] 나라가 해체될 지경이라는 경각심이 팽배한 가운데 개혁운동—1898년 6월부터 9월까지 벌어진 백일유신百日維新 운동—이 등장했다. 표면상으로는 젊은 황제 광서제(1875년에 동치제를 계승한 서태후의 조카)가 운동을 이끌었지만, 당시 중국의 지도적 개혁가인 강유위姜有爲(캉유웨이)가 고무한 것이었다. 개혁운동은 위로부터의 혁명을 주창했다. 일본이나 프로이센도 이룩한 것처럼 국가가 경제를 장려하는 책임을 맡아야 한다는 것이었다.[73] 하지만 서태후의 지지를 받은 보수적 반대자들이 불안감에 사로잡혀 운동을 중단시켰다. 일본에 패배한 것을 계기로 점차 여론이 확대되면서 개혁이 절대적 과제로 대두된 바 있었다. 어쨌든 중국은 다시 한번 패배했고, 또다시 배상금을 지불해야 했으며, 다시 또 주권을 포기해야 했고, 이번에도 역시 굴욕을 당했다.[74] 황제는 개혁가들이 세운 계획을 원칙적으로 받아들였지만, 헌법과 의회를 만들고 황제와 백성이 '공동으로' 통치를 해야 한다는 권고는 수용하지 않았다.[75] 광서제는 가택연금에 처해졌고 측근들은 처형되었다.[76] 태후를 특히 놀라게 한 것은 국가 관료제를 근대화하자는 제안이었다.[77]

마침내 황궁은 어쩔 수 없이 변화를 받아들였다. 의화단사건은 반외세 민족주의운동으로 청 왕조 통치자들을 지지한다고 주장하면서 구호를 외쳤다. '나라를 지키고, 외국인을 몰아내고, 기독교도를 죽이자.'[78] 1899년 반란자들은 서양 공사관과 선교회를 공격하기 시작하면서 사실상 청나라에 진출한 외세에 맞선 전쟁을 승인할 것을 조정에 강요했다. 중국인의 잔인하고 야만적인 행동에 관한 이야기는 서양 언론에까지 들어갔다. 런던에서 『데일리메일Daily Mail』은 1900년 7월 7일 베이징에 있는 외교단 전체가 살육을 당했다고 보도했다.[79] 이런 가짜 기사가 퍼지자 8개국 원정대—영국, 미국, 프랑스, 독일, 이탈리아, 일본, 러시아, 오스트리아-헝가리—가 '인도주의적' 이유에서 개입하는 데 대한 지지가 커졌다. 1900년 8월 14일, 연합군 원정대가 베이징을 장악하자 서태후와 광서제는 시안으로 피신할 수밖에 없었다. 태후와 황제는 39년에 걸쳐 은 4억

5000만 냥[4억 5000만 인구 1인당 1냥으로 매긴 액수로 약 1만 7000톤에 해당한다. 39년간 연 이자율 4리까지 합산하면 총액 9억 8000만 냥.-옮긴이]을 지불한다는 합의문에 서명하고 나서야 베이징에 돌아올 수 있었다.[80] 1901년 1월 완전한 패배와 굴욕을 당한 황제는 서태후의 마지못한 지시를 받아 다음과 같은 칙령을 반포했다.

중국이 약한 것은 관습이 강하고 규제망이 완고하기 때문이다. 우리에게는 평범한 관리는 많으나 재능과 용기를 가진 인재는 거의 없다. … 인재 임명이 너무도 경직된 각종 규제 때문에 제한되는 바람에 비범한 재능을 지닌 인재조차도 제대로 등용하지 못한다. 이 나라를 그릇되게 인도하는 것은 이기심[私]이라는 한 단어로 표현할 수 있으며, 천하 만물을 질식시키는 것은 전례[例]다.[81]

이때쯤이면 모든 사람이, 제아무리 외골수 반동이라도 침체가 선택지가 아님을 분명히 깨달았고, 서태후가 이끄는 보수파와 공친왕 혁흔奕訢 같은 개혁파로 오랫동안 분열돼 있던 황궁은 마지못해 근대화를 받아들이고 풍계분이 주도한 자강운동에 고무된 일련의 새로운 개혁에 착수하기로 결정했다. 어쨌든 그전까지 오랫동안 청나라 조정은 사태를 통제하는 것을 저지당하면서 사건이 벌어지면 대응만 할 뿐이었다.[82] 1901년 광대한 제국의 지방 관리들 사이에 개혁안을 내놓을 것을 권유하는 편지 한 통이 회람되었다. 두 중요한 지방 총독(이자 지도적 개혁가)인 장지동과 유곤일劉坤—이 내놓은 회답이 특히 커다란 영향을 미쳤다.

일반적으로 한 나라를 건설하는 데는 중요한 요인이 세 가지 있습니다. 좋은 행정과 부와 힘이 그것입니다. … 중국 정치체제의 재편은 행정을 개선하기 위

한 수단으로 작용합니다. 서양의 방식을 채택하는 것은 부와 힘을 획득하기 위함입니다.[83]

그리하여 중국은 일본의 선례를 따라 자존심을 억누르고 서양으로부터, 서양의 대학과 학교, 군사학교로부터 배우려고 했다.[84]

개혁 압력은 1905년 일본이 러시아에 승리를 거둔 뒤 더욱 가속화되었다.[85] 유럽 나라가 일본에 패배한 것은 근대화가 '효과를 발휘했으며' 근대화에는 아무리 제한적이라도 일정한 형태의 대중 참여가 포함된다는 것을 보여주는 신호였다. 1898년 백일유신운동에서 활동한 양계초梁啓超 같은 개혁가들이 일본 망명에서 돌아와 입헌군주제를 주창했다.[86]

1905년 12월, 청나라 정부는 정치개혁을 연구하기 위해 일본, 잉글랜드, 미국, 독일, 프랑스 등으로 고위급 사절단을 보냈다. 동양은 서양으로부터 배우고 있었지만, 유럽인들(과 미국인들)은 일본이나 중국 문화에 조금도 관심을 보이지 않으면서 패권자의 편협성을 다시 한번 보여주었다. 중국의 개혁운동은 여전히 보수적이었다. 개혁가들이 외치는 구호는 '서양으로부터 사상이 아니라 실용을 수입하자'였다. 장지동이 『권학편勸學篇』(1898)에서 대중화한 정식화(체용體用)에 따르면, '옛 학문을 본체로 삼고 새 학문을 실용으로 삼자(舊學爲體 新學爲用)'는 것이었다. 옛 학문은 중국의 것으로 근본(體)이고, 실용적(用) 지식은 서양의 것이었다.[87] 장지동은 무모한 진보주의자는 아니었다. 호광총독[湖廣總督. 호광은 지금의 후베이성과 후난성.-옮긴이] 시절인 1900년 그는 입헌군주제를 주창한 당재상唐才常을 처형할 것을 명령했다.[88] 장지동은 민주주의(무질서로 이어지고 "이점이라곤 하나도 없고 해악은 백 가지다")와 개인의 자유("훨씬 더 터무니없다")를 배제했었다. 하지만 이제 동포들에게 오랑캐를 제어하려면 그들로부터 배워야 한다고 촉구했다. "중국을 강한 나라로 만들고자 한다면 ··· 서양의 지식을 배워야 한다."[89]

청나라 관리들은 산업 발전을 개인 기업가의 선도에 맡겨서는 안 된다고 생각했다. 하지만 19세기 후반기에 매판(買辦, comprador)이라고 알려진 새로운 종류의 상인들이 등장했다. 외국 기업과 외국 무역에 의존하는 이 상인들은 또한 중국 상인계급에게 새로운 사상을 들여왔다.[90]

주요 개혁가 중 한 명이 사실 정관응鄭觀應이라는 이름의 '매판' 상인이었다(대개 개혁가들은 고위 공무원과 지식인이었다).[91] 정관응은 상전商戰(군사적 대결인 병전兵戰과 대조된다)을 주창했다. 경제 전쟁이란 뜻이지만 보통 경제적 경쟁으로 번역된다. 그를 비롯한 이들은 중국의 개혁은 서양인과 일본인에 저항하기 위해 군사력을 발전시키는 것보다는 경제발전을 방해하는 제도를 개혁하는 것이라고 믿었다.[92] 따라서 상인의 사회적 지위를 높이고 조세체계를 개혁하며, 과거제를 바꾸고 농업을 근대화하며, 상업과 산업을 장려하고, 기술학교를 세울 필요가 있었다.[93] 다시 말해 자본주의가 발전할 수 있는 조건을 마련하는 게 필요했다.

1902년 애덤 스미스의 『국부론』이 중국어로 처음 번역되었다. 번역자인 옌푸(존 스튜어트 밀의 『자유론』과 몽테스키외의 『법의 정신』도 번역한 사람으로 사회다윈주의에 흠뻑 빠졌다)의 주된 관심사는 중국의 부와 권력이었다. 그가 보기에 중국의 부와 권력이 손상된 것은 제국주의 외세만이 아니라 상업과 무역을 천시하는 중국 지식인들의 태도 때문이기도 했다.[94] 상인은 전통 유교에서 사회 신분상 최하위에 놓였다. 상업이 중국 역사에서 대단히 중요한 역할을 했음에도 유교는 상인을 경멸했다.[95] 하지만 이렇게 멸시받는 사업가들은 혼자 힘으로 나라를 산업화할 수 없었다. 옌푸는 "전문가들은 현대 유럽이 부와 힘을 누리는 것은 경제학 덕분이라고 생각하"며 "경제학을 창시한 애덤 스미스는 … 더 큰 이익을 도모하려면 양쪽의 이익을 모두 도모해야 한다는 위대한 원리를 발전시켰기" 때문에 중국은 애덤 스미스로부터 배워야 한다고 확신했다.[96] 옌푸의 설명에 따르면, 서양은 역동성과 적극성을 드높였다. 그리고 자유에 전념했기 때문에 각 개인의 잠재력이 해방되었다. 서양이 부유하고 강한 것은 바로 이 때문이었다. 중국은 백성들을 허약하고 무지하게 억누르는 '성인聖人의 도道'와 전통에 등을 돌려야 했다.[97] 중국인들은 서양에서 그냥 기술을 빌려올 수 없고 자국의 사회와 정부 전체를 변신시켜야 했다. 서양인들은 고유의 문화를 지닌 새로운 종류의 '오랑캐[夷]'였다. 그들은 고대에 중국을 침략한 옛 오랑캐들과는 달랐다. 옛 오랑캐는 물리적 힘만 갖고 있어서 중국의 우월한 문화로 교화할 수 있었으나 이제는 상황이 달라졌다.[98] 이런 정서가 루쉰으로 대표되는 반전통 지식인 학파인 이른바 '신문화운동新文化運動'의 일부가 되었다. 고골의 단편에 영감을 받은 루쉰의 『광인일기』(1918)는 유교 문화에 대한 풍자적 공격으로 커다란 영향을 미쳤다.

1918년에 이르자 서양에 환멸을 느낀 옌푸는 이미 보수파로 돌아서서 공자와 맹자로 돌아갔다.

나는 중화민국 7년과 유럽에서 4년간 벌어진 끔찍한 전쟁을 직접 목격했다. … 나는 서양이 지난 300년간 이룬 모든 진보 때문에 서양인들이 비인간화되어 서로 죽이고, 고결함과 명예심을 상실했음을 깨닫게 되었다. 이제 나는 공자와 맹자의 가르침에 관해 생각한다. 내가 보기에 두 성인이야말로 보편적 지혜의 화신이자 우리나라에 많은 이득을 가져다주는 은인이다.[99]

그런데도 1949년 공산당이 승리를 거둔 직후 마오쩌둥은 옌푸를 4대국가적 인물의 하나로 치켜세웠다. 공산당이 탄생하기 전에 서양으로 고개를 돌려 '진리'를 발견한 나머지 인물은 태평천국의 난의 지도자 홍수전, 1898년 이른바 백일유신운동의 설계자 강유위, 1911년 신해혁명 지도자 쑨원이었다.[100]

수십 년 전 일본이 그랬던 것처럼, 주요 관리들이 유럽과 미국 문화의 정수를 알아내기 위해 다시 한번 파견되면서 1906~11년에 이른바 '신정新政(새로운 정책)'이 등장했다.[101] 하지만 성공한 서양 각국과 일본에는 있고, 중국에는 없는 것은 사회 전체에 권력을 투사할 수 있는 제도적 역량이었다.[102] 국가가 충분히 강하지 않았을 뿐만 아니라 나라 자체에 기업가들을 도와 자본주의를 발전시킬 수 있는 각종 제도—은행, 합자회사—나 입법적 틀이 아예 존재하지 않았다.[103] 게다가 의화단사건과 청일전쟁에서 발생한 배상금을 지불하느라 막대한 자금이 유출되자 결국 세금이 늘어나고 개혁의 가능성이 상당히 약해졌다(안타깝게도 그때쯤이면 개혁에 관한 합의가 한층 확대되었는데 말이다).[104]

당연하게도 중국의 개혁운동은 다시 한번 주춤했다. 오래전부터 거대한 인구(1900년에 4억 명)를 통치해온 소수 지배계급이 감당하기에는 엄청난 문제가 많았다. 지방정부에 추가로 권력을 양도하고 '새로운' 시민층을 창출해야 한다는 분위기가 만들어졌다.[105] 서태후는 1906년 11월 헌법과 의회를 만들고 중앙 국가의 권한을 억제하겠다고 약속하는 칙령을 발표했다.[106] 하지만 개혁은 제국체제를 구하기에는 너무 늦게 이루어졌다. 1908년 광서제가 고모인 태후의 명령에 따라 여전히 궁에 연금된 상태에서 의문스러운 죽음을 맞았다. 서태후 스스로도 죽음을 코앞에 두고 있었는데, 광서제가 통치하는 일이 없도록 비소로 중독시켰을지 모른다.[107] 서태후는 이튿날 세상을 떠났는데, 두 살짜리 푸이를 후계자로 임명해두어 푸이가 중국의 마지막 황제가 되었다. 이미 황위의 행방은 거의 의미가 없었기 때문에 어쨌든 개혁은 계속되었다. 1908년 새로운 헌법이 반포되었다.[108]

쑨원(현대 중국의 '아버지')이 이끄는 민족주의운동이 계속 지반을 확보해서 결국 1911년 청조가 붕괴했다. 청조는 1644년 이래 유럽의 어느 왕가보다도 더 오래 지배했는데, 기원전 221년에 중국을 통일한 진秦 제국 이래 마지막 통치자들이었다. 2000년을 훌쩍 넘긴 끝에 마침내 마지막 황제의 최후가 찾아왔다. 새로운 중화민국은 쑨원이 지휘했다. 공화국은 앞선 개혁가들이 정한 과제를 계속 이어나갔다. 따라서 1906~11년까지 이어진 신정은 죽어가는 체제의 마지막 순간이 아니라 새로운 국가의 토대였다.[109] 하지만 이런 체제를 건설하는 일은 예상보다 훨씬 오래 걸렸다. 20세기 내내 나라는 여전히 끊임없는 소요 상태였다. 처음에는 내전이 벌어져 지역 지주들이 서로 싸웠고, 뒤이어 중국이 국민당 아래 통일되려던 참에 일본이 만주를 침략(1931, 만주사변)해서 일본에 맞선 저항전쟁(1937~45)이 벌어졌다. 그리고 다시 유혈 내전이 벌어진 끝에 공산주의자들이 승리해서 1949년에 다시 독립국가를 세웠다. '중화'에 고요가 찾아온 것은 아니다. 대약진운동(1958~61, 삼년대기황三年大飢荒)은 대규모 기근으로 귀결되었고, 문화대혁명으로 다시 10년간 경제가 붕괴되었다.[110] 마침내 중국은 1978년 이후 '중국적 특색을 띤 사회주의'라는 다소 수세적인 이름 아래 시장경제로 전환했다.

19세기 이전에 동양은 서양을 깔보거나 아예 눈길조차 주지 않았다. 서양에서 배울 게 거의 없었기 때문이다. 중국은 1400년 무렵까지 세계 최고의 기술을 보유한 나라였다.[111] 그런데 오랫동안 열등감에 시달리던 유럽인들이 마침내 형세를 뒤집었고, 유럽의 동경은 경멸로 바뀌었다. 유럽인들이 발견한 중국은 정체되고 퇴보하는 쇠락한 제국으로, 급상승하는 서양에 얼마간의 무역과 구원해야 할 약간의 사람들만을 제공할 수 있을 뿐이었다.[112] 하지만 서양은 중국이 쇠약해진 가운데서도 중국을 두려워했다. 19세기의 저명한 중국학자로 손꼽히는 외교관 토머스 웨이드 경은 중국어 로마자화(유명한 웨이드-자일스 표기법)에 기여한 인물인데, 중국이 함대나 강한 군대를 보유하게 내버려두어서는 안 된다고 주장했다.[113] 그리고 1850년, 외무장관 파머스턴 경은 비슷한 맥락에서 중국이 "질서를 바로잡기 위해 8~10년마다 한 번씩 붕대를 붙여줘야 하는 이런 반反문명국 정부들" 중 하나라고 말했다.[114]

하지만 앞서 17세기와 18세기에 서양은 청나라에 사로잡혔었다. 동양의 정원과 탑이 큐[Kew. 런던 서남부에 있는 지구. 1840년 설립된 큐왕립식물원으로 유명하다.-옮긴이]와 티볼리[Tivoli. 1766년 파리에 조성된 공원.-옮긴이]를 장식했고, 도자기와 칠기 장식장을 수입하거나 모방했으며, 상트페테르부르크의 겨울궁전에서부터 아일랜드의 킬케니성에 이르기까지 유럽 각지의 왕궁과 성의 방들이 '중국식'으로 장식되었다. 또한 앙투안 바토 같은 로코코 화가들은 중국 미술에서 다루는 주제에서 영감을 받았고, 당대의 위대한 사상가들은 중국의 '지혜'에 경탄했다. 대표적 인물인 볼테르와 라이프니츠는 공자를 찬미했다.[115] 볼테르가 『풍속시론Essai sur les moeurs』에서 중국에 관해 다룬 장은 멀리 떨어진 이 나라에 대한 찬사로 가득하다.[116] 헤겔은 중국이 "예나 지금이나 유럽인들을 깜짝 놀라게 만드는 불가사의하고 독특한 제국"이라고 단언했다.[117] 나중에 19세기에는 중국 숭배만이 아니라 비서구 사회와 '동양'(보통 중동을 가리키지만 언제나 그런 것은 아니다)에 대한 일반적인 경외심이 서양 문화의 천박함과 석탄에 바탕을 둔 산업화의 추악함에 대한 반발이 되었다. 프랑스에서는

'동양'에 관한 지식을 장려하는 것을 목표로 한 협회가 우후죽순처럼 생겨났다. 1893년 파리에 설립된 프랑스동양화가협회Société des peintres orientalistes français가 대표적인 예다.

물론 플로베르나 푸시킨, 데이비드 로버츠(중동 스케치로 유명한 스코틀랜드 화가), 들라크루아같이 동양을 다룬 작가와 화가들이 발견하고 싶었던 것은 서양, 즉 그들 자신이 만들어낸 그림이었다. 에드워드 사이드가 대표작 『오리엔탈리즘Orientalism』(1978)에서 설명한 것처럼, 이런 경외심에는 낮잡아보는 우월감도 종종 있었다. 그렇다 하더라도 경탄할 것이 많았다. 중국인들은 분업을 세련되게 다듬으면서도 공장 생산의 문제를 야기하지 않았다. 대규모 작업장의 정밀한 전문화를 바탕으로 비단과 석조 제품, 금속 가공품을 생산했다. 이런 작업장에서는 개별 장인이 각각의 생산과정을 총괄했다. 한나라(기원전 206~기원후 220)가 출범할 무렵 중국인들은 비단에 복잡한 문양을 짜 넣을 수 있었는데, 서양은 수백 년 동안 이 기술을 부러워했다.

1697년 고트프리트 라이프니츠는 『최신 중국 소식Novissima Sinica』에 붙인 서문에서 중국과 유럽을 비교하면서 유럽인은 중국인으로부터 배우려고 하지 않는다고 개탄했다. 중국인은 "… 거의 대등한 싸움에서 여러 면에서 우리와 경쟁한다. … 그들은 (고백하기 부끄러운 일이기는 하나) 실용 철학에서 우리를 능가한다".[118] 17세기부터 '이교도'를 개종시키기 위해 해외로 나간 예수회 선교사들이 쓴 각종 보고서에서는 이교도의 부와 취미, 정교한 문화와 예술, 놀라운 수준의 관료제, 언뜻 보기에 자애롭고 너그러운 통치자(기독교도 통치자보다 더 너그러웠는데, 확실히 어려운 위업은 아니었다) 등을 극찬했다. 마테오 리치(중국 이름은 이마두利瑪竇)는 1582년부터 베이징에서 사망한 1610년까지 중국에 거주한 최초의 예수회 선교사 중 하나였는데, 중국 문화의 명백한 '부도덕성'에 당황하기는 했어도 여러 측면에 감탄했다. 마테오 리치는 한편으로는 불교나 신유학에 거리를 두면서도 전통적 유교와 기독교 신앙이 양립불가능하지 않다는 견해를 갖고 있었다.[119] 데이비드 흄은 1752년에 쓴 글에서 중국이 "자국 영토 밖에서는 상업 활동을 거의 벌이지 않지만 세계에서 가장 번성하는 제국으로 손꼽힌다"고 말했다.[120] 중국은 19세기에 잇따른 전쟁과 외국의 간섭으로 치명적인 손상을 입기 전까지 탄탄대로를 달렸다. 새로운 작물을 장려하고, 홍수 조절을 잘했으며, 화폐 흐름을 자유자재로 관리하고, 은행제도를 발전시켰다. 또한 전통적으로 중국 정부가 다른 무엇보다도 먼저 해야 하는 일, 즉 '자연'재해와 기근을 예방하거나 대처하는 일을 처리하고자 노력했다(점점 실패가 많아지긴 했다).[121] 자연재해는 하늘의 명령[천명天命]인 통치권을 위험에 빠뜨릴 수 있는 신호로 여겨졌다.

18세기에 중국은 비교적 높은 수준의 경제발전에 다다랐지만 이런 추세가 19세기에도 지속되지는 않았다. 서양 산업의 파괴적 경쟁에 직면해야 하는 때에 도자기를 제외하고는 대부분의 산업이 여전히 수공업 단계에 머물러 있었다.[122] 서양 각국이 자본주의 발전을 지원하는 동안 제국은 발전을 가로막는 장애물을 세우고 있었다. 그리하여 1801년 평천平泉(평취안)(직례성[지금의 허베이 성.-옮긴이])의 일부 상인들이 구리 광산을 개발하겠다고 허가를 신청했을 때(광업은 금지되거나 제한을 받았다), 제국은 부정적인 반응을 보였다. 당국은 광산이 고갈되고 노동자들이 뿔뿔이 흩어지면 어떤 일이 생길지 걱정했다. "노동자들이 문제를 일으킬 위험은 없을까?" 그리하여 이 지역의 광업은 '영원히' 금지되었다.[123] 개발에 대한 이런 불안은 뿌리 깊게 새겨져 있었다. 유월(俞樾. 1821~1905[바이두 백과사전 같은 여러 백과사전이나 『유월전집俞樾全集』 등 대부분의 중국 자료에는 사망연도가 1907년으로 표시되어 있다.-옮긴이]) 같은 학자는 기술이 장기적으로 해를 끼칠 것이라고 생각했다. 공급이 제한된 천연자원이 빠르게 소모되기 때문이었다(최근까지만 해도 이런 견해가 궤변으로 여겨졌지만 그의 말이 얼마나 옳았던가). 1870년대에 장시성(강서성) 순무[巡撫. 오늘날의 성장省長과 비슷한 직위. 순무가 1개 성을 다스린 반면 총독은 1~3개 성을 관장했다.-옮긴이] 유병장劉秉璋은 이런 (명백한 생태적) 이유를 들면서 현대적 광업에 계속 반대했다. 왕병섭王炳燮(외세에 반대한 지식인) 같은 다른 이들은 서양 기술을 도입하면 사회적 부정의가 더욱 악화될 것이라고 주장했다.[124]

중국이 영국에 맞먹는 산업혁명을 일으키지 못한 이유는 경제사학자들 사이에서 오랫동안 논쟁거리였다. 최근에야 경제사학자들은 이전의 지나친 유럽중심적 관점에서 거리를 두기 시작했다.[125] 1820년 중국의 국민총생산은 나머지 전체 세계의 3분의 1 규모였던 것으로 추정되었다. 1949년에 이르면 그 비중이 1퍼센트로 몰락했고, 2013년이 되어서야 12.3퍼센트로 다시 늘어났다.[126]

일본에서는 상황 전개가 달랐다. 일본은 중국보다 일찍이 서양의 진보에 열광하는 물결이 휩쓸었다. 물론 일본이 서양 관습을 채택하는 과정은 아주 달랐다. 근대와 산업화에 찬성하는 '혁명'이 있었지만, 황제를 권력에 '복귀'시키기 위해 도자마번外樣藩('번'은 준독립적인 영주가 다스리는 영역이다)의 몇몇 인물이 이끈 반란이라기보다는 궁정 쿠데타에 가까웠다. 이것이 1868년의 메이지유신(대정봉환大政奉還)이다.[127] 이 사건의 중요성을 고려하면, 어떤 기준에서 보아도 놀랍도록 비폭력적인 사태였다. 메이지 '혁명가'들은 미국이나 프랑스의 혁명가, 또는 50년 뒤 러시아의 공산주의자들과 달리, 전 지구적 이데올로기나 보편적 구호가 없었고, 나머지 세계 사람들에게 영감을 주겠다는 바람이나 야심도 전혀 없었다. 그들은 자기 계급에 이익이 되는 일을 거의 하지 않았다. 정반대로 자기 계급이 가진 특권을 철폐했다. 그들은 일본을 보호하고 세계 속 일본의 자리를 지키기를 열망한 민족주의자였다. 물론 그것은 엘리트 집단의 민족주의이지 민중의 정치적 연대의식에서 탄생한 민족주의가 아니었다. 주로 외부의 위협에 대한 반응으로 생겨난 이 민족주의는 우선 도쿠가와 막부의 봉건제라는 주요한 장애물에 맞서야 했다. 이 봉건제 아래서 평민, 즉 농민은 국가 외부에 존재했고 세금 납부말고는 거의 국가에 기여할 일이 없었다. 상인은 부자가 되는 일에만 관심을 기울여도 됐고, 국가 사무에 신경을 써야 하는 정치 계급은 사무라이뿐이었다.[128] 메이지유신은 이 모든 상태를 일거에 날려버리고 근대적 일본 민족, 그리고 더 나아가 일본 민족주의를 위한 토대를 창조했다. 1860년 개혁가이자 학자인 요코이 쇼난橫井小楠(1869년 보수파 사무라이 손에 암살당했다)은 매슈 페리 제독(1852~4년 제독의 함대는 일본 항구를 서양과의 무역에 개방하도록 강요했다)이 "이 나라를 어떤 정부도 없는 나라로 간주한 것은 [실로] 정확한 판단"이었다고 일갈하면서 이전의 도쿠가와 통치기 260년에 관해 판단을 내렸다.[129]

메이지 신정부에는 반서양, 즉 '양이攘夷' 정책 주창자가 일부 있었지만, 그런 이들조차 진정한 방어책은 일본을 근대화하는 것뿐임을 금세 깨달았다. 따라서 메이지유신은 일종의 '부르주아 혁명'이었지만 하층 사무라이 계급과 인텔리겐차 성원들이 실행한 혁명이었다. 자본가와 상인은 아무런 역할도 하지 않았고, '민중'도 전혀 역할을 하지 않았다. 대중적인 사회 소요가 거의 일어나지 않았기 때문이다.[130]

과거에 황제(천황)의 통치는 순전히 형식적인 것이어서 서양의 입헌군주보다도 권한이 훨씬 적었다. 진짜 권력은 도쿠가와 막부(서양인들이 쇼 군將軍이라고 부르는 봉건시대의 준군사 통치자)의 수중에 있었다. 새로운 국가 구조가 확립되면서 이런 관계가 가능했었다. 그런데 이제 더는 황궁과 막부가 권력을 공유할 수 없었다. 이와쿠라 도모미岩倉具視(후에 일본의 서양 사절단을 이끈 인물이다)가 말한 것처럼, "하늘 아래 두 태양은 없는 법. … 따라서 우리는 막부 폐지를 위해 전력을 다해야 한다".[131] 1868년 1월 이후 열여섯 살에 불과한 어린 천황 메이지(일본의 122대 천황)에게 행정이 공식적으로 이양되었다.[132] 부국강병富國强兵이라는 애국적 구호 아래 새로운 중앙 권력이 등장했다.[133] 그 결과로 나라가 서양적 의미에서 근대화되었다. 과거 지배계급 성원들은 자본주의 건설로 이끌렸다. 안토니오 그람시라면 '수동적 혁명passive revolution'이라고 불렀을 법한 일종의 무의식적인 적응적 흡수co-optation였다. 공부성工部省(산업부)은 사전에 정해진 원대한 계획이 전혀 없이 무시무시한 속도로 서양의 기술을 수입·응용하고, 최초의 철로를 부설했으며, 격렬한 반대를 무릅쓰고 전국적인 전신망을 깔았다. 그리고 수백 명의 외국인 기술자와 전문가를 고용하고 그중 많은 수를 활용해서 일본인 기술자와 전문가를 훈련시켰다.[134]

메이지 지도자들은 현대의 제3세계 엘리트들과 비슷하게 서양에 대한 경탄과 증오 사이에서 정신적 분열을 겪었다. 그들은 과거와의 대대적인 단절을 대표하면서 200년 넘게 이어진 자발적 고립을 철회했다. 17세기에 3대 쇼군 도쿠가와 이에미쓰가 네덜란드인을 제외한 서양인을 전부 추방하고, 일본이 외부 세계와 행하는 무역과 소통에 대해 엄격한 국가 통제를 부과한 시절부터 이어진 고립이었다. 자발적 고립의 이면에 도사린 목적은 결국 고립을 끝낸 목적과 똑같았다. 일본을 외국의 정복으로부터 지키려는 열망이었다. 그리하여 역사학자이자 사상가인 아이자와 세이시사이會澤正志齋는 『신론新論』(1825)에서 이렇게 말했다. "오랑캐들이 자기네 것이 아닌 나라를 정복하려고 꾸밀 때, 대개 통상 개방을 시작하면서 약점의 징후를 주시한다. 기회가 생기면 오랑캐는 사람들의 마음을 사로잡기 위해 자신들의 생소한 종교를 설파한다."[135] 그의 말이 옳았다. 일찍이 일본의 고립을 깨뜨리고 개혁을 자극한 계기는 매슈 페리 제독과 그의 미국 함대가 군대를 배치한 것이었다. 처음에 1850년대와 1860년대에는 서양이 미친 충격으로 존황양이尊皇攘夷(천황을 숭상하고 오랑캐를 몰아내자)라는 구호 아래 외국인 혐오 운동이 터져 나왔다. 정부는 호전적인 민족주의자들이 벌이는 활동을 제한하려 하지 않았다. 민족주의자들도 똑같이 천황 이데올로기를 신봉했기 때문이다. 또한 정부는 이런 낭만적 전통주의자들보다 서양을 지향하는 급진주의자들을 더욱 두려워했다.[136] 자유당 지도자인 고노 히로나카河野廣中조차도 처음에는 '양이' 운동에 이끌렸다. 뒤이어 고노는 존 스튜어트 밀의 『자유론』을 읽었는데(자기 말로는 말에 탄 채 다 읽었다고 한다), 그의 말에 따르면, 그 후 사고방식 자체에 "순식간에 혁명이 일어났다". "이제 충과 효에 관련된 생각을 제외하고는 이전에 지녔던 사고 전체가 산산이 부서졌다."[137]

이런 태도는 이른바 '문명개화기'를 거치면서 서양에 대한 전반적인 열광에 자리를 내주었다. 문명개화는 서양식 주택을 짓고, 서양 의복을 입고(정부 관리는 양복을 입는 게 의무사항이었지만 보통의 일본인은 양복을 거의 입지 않았다), 쇠고기를 수입하는 식으로 나타났다. 기독교 금지는 1873년에 해제되었다.[138]

이와쿠라 도모미가 이끄는 사절단(1871~3)은 이후 속속 이어진 해외 사절단의 선구자였는데, 서양을 방문해서 외교문제를 다뤘을 뿐만 아니라 서양의 정부와 문화도 꼼꼼히 탐구했다. 사절단은 많은 나라에서 영감의 원천을 발견했다. 일본은 프랑스로부터 패션 품목과 학구제, 형법(나폴레옹 법전), 심지어 프랑스 법학자 귀스타브 부아소나드까지 수입했다. 부아소나드는 일본에서 20년을 체류하고도 일본어를 거의 하지 못했지만 금세 '일본 법률의 아버지'라는 별명을 얻었다. 독일에서는 민법과 군대 조직을 받아들였고, 영국에서는 해군과 전신과 철도를, 미국에서는 대학을 들여왔다.[139] 공작, 후작, 백작, 자작, 남작 같은 작위를 갖춘 서양식 귀족체계가 생겨났다. 천황조차 유럽 군주들처럼 서양식 군복을 입기 시작했다.[140]

지배 집단의 모든 파벌이 국가를 강화할 필요가 있다는 데 동의했기 때문에 근대화가 신속하게 진행되었다.[141] 그 추진력은 정치에서 나왔다. 정권은 일본이 식민지로 전락하는 사태를 피하기 위해 결정적인 군사적 요건으로 나라의 독립을 보호하기 위한 산업 발전을 선택했다.[142] 그전까지만 해도 일본은 군사적으로 허약했다. 이제 일본은 동맹국과 함대, 현대식 군대와 산업을 갖추지 못한 가운데 강력한 서양 나라들에 직면했다.[143] 일본의 지배계급은 (중국처럼) 유교의 가치에 충실한 관료 집단이 아니라 전사 계급이었는데, 그들은 서양의 우월한 군사력에 깊은 인상을 받았다.[144] 산업화 과정은 대체로 군사적 요구에 따라 결정되었고, 군부 자체, 즉 장군이나 제독들이 1901년에서 1937년까지 36년 중 21년 동안 정부를 이끌었다.[145]

일본이 스스로를 유일무이한 민족으로 여기던 시대는 끝이 났다. 모방 열풍이 불었는데, 일본 역사상 처음 있는 일은 아니었다. 5세기에 종교(유교, 불교), 건축, 행정, 한자 등이 중국으로부터 종종 한국을 통해 도입되었다.[146] 1888년에서 1890년까지 케임브리지에서 영 제국 역사학자 존 로버트 실리 밑에서 공부한 외교관이자 학자인 이나가키 만지로稲垣満次郎

는 이렇게 말했다. "일본인의 위대한 특성 가운데 하나는 새로운 체계와 법률이 자기 나라에 유익하다고 생각하면 주저없이 받아들인다는 것이다."[147] 일부 사람들은 그만큼 이상에 빠지지 않았다. 소설가 나쓰메 소세키(런던에서 2년 산 적이 있는데 런던을 혐오했다)는 1911년에 한 '현대 일본의 개화'라는 강연에서 일본의 근대화는 100년을 10년으로 압축해야 했는데, 그 결과 일본인들은 일종의 자기식민화에 빠져 마치 "빌려온 옷을 입고서 허세를 부리는" 것처럼 느낀다고 말했다.[148]

극단적인 친서양 감정의 시기는 외국의 성공에 대한 좀더 냉정한 평가에 자리를 내주었지만, 정책이 크게 뒤집어지는 일은 결코 없었다.[149] 냉정한 평가는 '화혼양재和魂洋才'라는 표현처럼 일본의 정신을 서양의 기술과 결합하는 것을 의미했다. 메이지시대의 으뜸가는 친기업적 자유주의 지식인이자 1858년 양학(서양 학문)을 가르치는 학교로 게이오대학을 설립한 후쿠자와 유키치는 큰 영향을 미친 팸플릿(『학문을 권함』[1872~6]과 『문명론의 개략』[1875])에서 민족주권이 일본의 주요한 목표이기는 하나 궁극적으로 볼 때 민족의 힘은 현대 문명을 수용하고 존황양이 운동의 외국인 혐오를 거부하는 수준에 달려 있다고 강조했다. 후쿠자와는 자서전에서 이렇게 말했다. "외국인을 몰아내자는 이 운동이 성공할수록 우리는 위신은 말할 것도 없고 국력도 더욱 잃어버릴 것이다."[150] '침략적 외국인들'에게 굴복하는 사태를 피하려면 일본인들 스스로 개화되는 법을 배워야 했다. 그러려면 근대화와 산업화, 독립적 사고를 받아들여야 했다.[151] 그는 일본인들에게 오랜 관습을 버리고 일본을 '새로운 서양 국가'로 변신시키자고 권유했다.[152]

후쿠자와가 서양에 무비판적이었던 것은 아니다. 1859년 일본이 미국에 처음 보낸 사절단의 한 성원으로 그가 보인 반응은 일본인이 전통 따위에 아랑곳하지 않고 친척에 거의 관심이 없는, 현대적이고 낭비를 일삼는 소비자 사회를 처음 접했을 때 어떤 충격을 받았는지를 특징적으로 보여준다. 그는 조지 워싱턴의 가족이 어떻게 됐는지 아무도 모르거나 관심이 없는 걸 보고 깜짝 놀랐다. 또한 아무도 절약 같은 전통적 가치를 실천하지 않는 걸 보고 충격을 받았다. "낡은 양철통과 빈 깡통, 부서진 공구가 아무데나 나뒹구는 모습을 보았다. 우리로서는 눈이 휘둥그레지는 광경이었다. 에도에서는 불이 나고 나면 사람들이 잿더미에서 못이라도 찾으려고 우글거리곤 했기 때문이다."[153]

개혁운동 안에는 분열이 있었다. 후쿠자와와 히로나카 같은 일부 사람들은 영국의 자유주의에 감화를 받았다. 가토 히로유키加藤弘之 같은 다른 이들은 프로이센의 전제정 모델을 찬미했다.[154] 하지만 운동의 모든 진영은 일본이 중국이 맞이한 비운의 망령을 피하기 위해 서양의 방식을 받아들여야 한다는 열망으로 하나가 되었다. 일본인들은 중국이 겪은 경험(아편전쟁, 태평천국의 난)에 경각심을 느끼면서 그런 경험을 되풀이하지 않겠다고 결심했다. 조슈번의 사무라이 지도자로 1862년 두 달간 상해에 체류한 다카스기 신사쿠高杉晋作는 중국인들이 외국인에게 비굴하게 구는 모습을 보고 소스라치게 놀랐다. "영국인과 프랑스인이 거리를 따라 걸으면 중국인은 옆으로 길을 비켜준다. 상해는 중국 영토이지만 사실은 영국인과 프랑스인의 소유다. … 우리한테도 틀림없이 이런 일이 벌어질 게다."[155] 피할 수 없는 결론은 서양에 문을 걸어 잠그는 오랜 쇄국 정책은 아무런 방비책이 되지 못한다는 것이었다.[156] 중국에 닥친 무시무시한 사태를 보고 일본이 겁에 질려 자본주의를 받아들였다고 말해도 무방하다. 일본의 문호 개방에서 주목할 만한 점은 비교적 사회 갈등을 거의 겪지 않고 개방했다는 사실이다.

세기말에 이르러 일본은 기술자와 교수, 의사와 경영자, 군 장교를 보유하게 되었다. 산업화를 향해 나라를 이끌 능력이 있는 토착 엘리트를 형성하는 데 성공한 것이다. 터키와 중국, 아르헨티나와 브라질은 그러지 못했다. 일본 엘리트들이 특별한 점은 단합이 강해서 지주와 도시의 이해관계가 뚜렷하게 분열되는 경우가 거의 없었다는 것이다(게다가 일본은 종족적으로 유럽 나라들에 비해 훨씬 균일했다). 일본은 근대화에 전념하는 진정한 테크노크라시 체제였다. 그에 비해 다른 나라들에서는 기존 체제의 중요한 몇몇 집단이 반기를 드는 일이 왕왕 있었다. 라틴아메리카에서는 주교와 지주, 인도에서는 지방 태수nawab, 중국에서는 유학자, 터키와 이집트에서는 율법학자mullah가 대항 세력이었다. 일본은 영국과 독일, 미국의 팽창에 연료 역할을 한 대규모 석탄 매장량이 없었다. 토양이 특별히 비옥하지도 않았다. 해외 차관에 의지하지도 않았다(러시아, 그리고 실로 다른 많은 유럽 나라들은 해외 차관에 의지했다).[157] 사실 처음에 정부는 해외 투자자들을 멀리하려고 했다. 해외 차관이 나라가 넘어가는 첫 단계가 될 수 있음을 알았기 때문이다[158](이집트가 1879~81년의 채무 불이행 사태 이후 영국에 넘어갔다).

일본은 자본주의가 자생적으로 발전하는 것을 기다릴 여유가 없었다. 일본 상인들은 위험 감수를 싫어했고 새로운 어떤 것에도 투자하기를 꺼렸으며, 강철을 만드는 것보다 비단 제조를 선호했다. 결국 메이지 정부가 개입해서 일본 부르주아계급을 적극적으로 구성하고, 증기기관과 광산용 기계를 생산하는 시험공장pilot plant을 직접 설립하거나 재정 지원을 하는 식으로 산업에 투자했으며, 면방적 같은 산업에 보조금을 지급하고, 은행 설립을 장려했다.[159]

1895년 전쟁 이후 중국에 강요한 배상금 덕분에 더 많은 공공자금을 투자로 돌릴 수 있었다. 서양의 자본은 그 이후에야 쏟아져 들어왔다.[160] 하지만 일본 기업들은 여전히 일본의 것으로, 일본의 통제 아래 있었다. 몇 가지 이유를 찾자면, 총투자에서 국가가 차지하는 비중이 유럽에 비해 훨씬 높았고, 유럽 대륙처럼 상당한 자원을 교육에 쏟아부었기 때문이다. 일본이 일단 산업화로 가는 도상에 오르자 가장 소중한 자원은 값싸고 교육받은, 그리고 열심히 일하는 노동력이 풍부하게 공급된 것이었다.[161] 그리하여 "초기의 일본 자본주의는 국가의 보호와 보조금이 비바람을 가려주는 가운데 무럭무럭 자라난 온실 품종이라고 설명해도 된다".[162]

1896년부터 1899년까지 정부는 일본 조선업을 세계에서 가장 유력한 수준으로 끌어올리기 위해 막대한 보조금을 투입하기 시작했다.[163] 메이지시대(1868~1912) 내내 정부 소유 중공업부문이 민간부문보다 고용이 많았다. 일찍이 1880년대 중반부터 정부가 주요 기업을 민간부문에 매각하기 시작했는데도 그랬다.[164] 정부가 극히 적은 해외 차입으로 거의 모든 철로를 부설했다. 국가 정부와 지자체 정부가 차입의 85퍼센트를 수행했고, 외국인 직접 투자는 고작 5.5퍼센트였다.[165] 1880년대 무렵에 민간 자본이 확신을 갖게 되어서야 일본뿐만 아니라 외국 자본가들도 산업 투자에 합류했다.[166] 얼마 지나지 않아 국영 대기업들이 (민영화의 초기 본보기로) 신생 산업 자본가계급에 헐값에 넘겨졌다.

일본 기업의 집중도는 특히 높았다. 스미토모(住友, Sumitomo), 미쓰이(三井, Mitsui), 미쓰비시(三菱, Mitsubishi), 야스다(安田, Yasuda) 등등 이른바 4대 재벌(자이바쓰財閥, 이 용어는 말 그대로 '돈 많은 집단'을 의미한다)은 모두 메이지시대가 낳은 산물이다(몇몇은 그전부터 뿌리가 있긴 했지만).[167] 국가가 창조한 일본 자본가들은 계속해서 국가에 감사하고 순종하며 충성했다. 경쟁은 일본의 경제성장에서 부차적인 역할을 했다. 자유주의 지식인 후쿠자와 유키치는 자서전에서 영어로 된 경제학 교과서를 일본어로 번역해 달라는 요청을 받았을 때 'competition'에 해당하는 단어를 찾지 못해서 교소(競爭[경쟁]. 말 그대로 '종끼리 벌이는 싸움'이나 경쟁)라는 단어를 만들어냈다는 일화를 들려준다. 또한 그는 곤혹스러워하는 관리에게 이런 호전적인 단어가 서양의 개념을 제대로 나타낸다고 설명해야 했다.[168]

자유기업 이데올로그들이 신봉하는 신화와 정반대로, 국가 개입은 효과가 있었다. 1880년대와 1890년대에 이르러 경제가 급격히 도약했고, 20세기 초가 되면 일본은 세계에서 가장 빠르게 성장하는 경제로 손꼽혔다.[169] 일본 경제가 보인 성과는 놀라웠다. 1886년(1868~86년은 일종의 준비 단계였다) 이후 일본 경제가 도약한 시기 동안 국민총생산이 두 배로 늘었다. 한 예로 이탈리아에서는 비슷한 시기에 국민총생산이 '겨우' 30퍼센트 증가했다.[170]

메이지유신 전에도 도쿠가와 치하에서 국가가 강력한 역할을 했다.[171] 역사학자 핫토리 시소服部之総가 1930년대에 지적한 것처럼, 일찍이 1830년에도 맹아적 자본주의가 존재했다. 메이지 정권이 소유하고 운영한 3대 조선소 중 두 개가 메이지유신 이전에 건설된 곳이었다.[172] 도쿠가와 막부의 고립주의, 즉 '쇄국' 정책은 사실 발전 과정을 촉진하는 경제 보호주의의 일종이었다.[173] 상황이 바뀌면서 국가의 개입이 필요해졌을 때 메이지 이전의 정부는 개입을 주저하지 않았다. 1860년대에 인플레이션이 발생하자 막부는 쌀, 석유, 목재, 구리, 비료, 상품 가격 전반에 대한 통제령을 쏟아냈다.[174]

보수파의 반발은 불가피한 일이었다. 반동주의자들은 마치 이전에 아무 일도 없었던 것처럼, 관습과 전통이 중요하지 않은 것처럼, 과거가 모조리 비극적인 오류인 것처럼, 그냥 처음부터 외국의 모델을 발전시켜야 하는 것처럼 한 사회를 다시 건설할 수는 없다고 주장했는데, 어느 정도 정당한 주장이었다.[175] 하지만 이런 운동은 오래가지 않았고, 역설적으로 일본은 19세기에 여전히 유례를 찾아보기 힘든 경제발전 모델을 세웠다. 언뜻 드러나기로는 국가가 산업화를 지휘했기 때문에 국가가 점점 강해지고 개입주의적으로 바뀐 것처럼 보일지 모른다. 사실을 말하자면 개입의 종류가 바뀐 것이었다. 1868~72년에 메이지 정부가 실행한 개혁의 일부는 통제를 완화했다. 동업조합을 폐지하고, 직업의 자유가 보장됐으며, 농민이 농작물과 토지를 제한 없이 판매하는 것을 허용했다.[176] 다시 말해 낡은 봉건적·조합주의적 제한이 폐지되고 친산업화 조치가 도입되었다.

농민들은 변화의 속도에 깜짝 놀랐다. 그들에게는 유리할 게 없는 변화였다.[177] 특히 메이지유신 직후 몇 년간 농민들이 약간 동요했고, 일각에서는 폭력적인 소요도 일어났지만, 이행의 속도, 이행을 추진한 독재적 방식, 애당초 변화가 대중의 요구에 대한 응답으로 시작된 게 아니라는 사실, 지배계급 내부의 높은 통일성, 군대(사무라이 계급)가 자신들에게 유리할 것이라고 생각했다는 사실(반면 중국에서는 관료 집단이 어떤 변화가 일어나도 자신들이 패배할 것임을 알았다) 등에서 볼 때, 결국 일본은 이른바 봉건주의에서 자본주의로 비교적 평화롭고 순조롭게 옮겨갔다.[178] 군인 계급인 사무라이는, 조만간 유일한 무장력이라는 권리를 박탈당하지만, 사업 운영을 시작했다. 적어도 일부는 사업에 뛰어들었다.[179] 메이지 시대 전반기의 기업가 가운데는 1881년 이후 정부 기업 민영화로 혜택을 받은 세이쇼(政商, 정치권과 연줄로 이어진 상인)뿐만 아니라 항구가 개방되면서 얼마간 돈을 번 모험적 사업가도 있었다.[180]

하지만 종래의 상인계급은 결국 기대에 어긋났다. 그들은 모험적 사업에 나서거나 해외무역을 하거나 아직 해보지 않은 사업에 위험을 무릅쓰고 자본을 투자하려 하지 않았다. 그래서 정부가 상인 대신 나서야 했다. 1870년 설립된 산업부(공부성工部省)가 민간 부문의 본보기가 된 시험 기업을 설립해서 신규 사업에 불가피한 비용을 흡수하고 외국인 기술자를 끌어들인 것은 이런 이유 때문이다. 봉건시대부터 존재한 환전상도 상인과 마찬가지로 새로운 실시에 직접하지 않은 것으로 드러났다. 근대적 금융제도를 시급하게 창조할 필요가 있었다. 이 제도 역시 메이지 국가가 1872년 은행법(1863년 미국은행법을 본보기로 삼았다)으로 구축했다.[181]

일본은 그전부터 오랫동안 '도시' 사회였다. 일찍이 1700년에 일본은 세계에서 가장 도시화된 사회로 손꼽혔다(그렇지만 도시 하층계급의 상당 비율은 사실 하인이었다).[182] 1731년 에도(도쿄)는 세계에서 손꼽히는 규모의 대도시였다. 인적 자본 형성과 교육 자원은 이미 19세기 전반기에 발전한 상태였다.[183] 문해율도 높았다.[184]

서양 또한 메이지'유신' 이전에도 일본의 잠재력을 알고 있었던 것 같다. 1860년 8월 『하퍼스먼슬리Harper's Monthly』는 일본인들이 "다른 어떤 동양 민족도 권리를 주장할 수 없는 서양 문명을 배우는 데 소질이 있어 보인다"고 단언했다. 다른 한편 중국은 "너무 부패하고, 비참할 정도로 타락하고, 그릇된 통치로 허약해진 나머지 이미 절반 넘게 쇠퇴에 빠진" 나라로 여겨졌다.[185]

일본 국가는 주로 토지세 처리를 통해 산업 경제의 재원을 마련했다. 세기 전환기에 다른 세입 원천이 현실화됐지만 주로 농업에 바탕을 둔 세금이었다(설탕, 술, 직물, 콩, 담배에 매긴 세금). 그리고 농촌 지역의 젊은 여자들이 빠르게 발전하는 경공업, 특히 직물 산업으로 결집함에 따라 농촌은 다른 식으로 고통을 받았다.[186] 실제로 서양과 무척 다르게, 직물 산업에 크게 집중된 산업 노동력의 80퍼센트가 여성 노동력으로 이루어져 있었다. 1901년 나가노현에서는 상위 205개 직물공장에서 일하는 노동자의 91퍼센트가 여성이었다. 대개 가난한 농민의 딸로 농촌을 떠나 방적공장에서 일하려고 온 이들이었다.[187]

그렇더라도 1914년까지 일본 경제는 여전히 압도적으로 농업이 지배했고, 주요 수출품은 대개 차, 면사, 생사[生絲. 누에고치에서 뽑아내 아직 가공하지 않은 실.-옮긴이] 같은 1차 생산품이었다.[188] 나라가 발전하면서 생사 수출의 비중이 1868년 60퍼센트에서 1920년대 초 46퍼센트로 줄어들긴 했지만 생사는 실제로 일본의 수출을 지배했다. 산업을 바탕으로 경제성장을 하는 데 필요한 천연에너지 자원이 부족했던 일본 국가는 (1910년에 이르러) 대만과 조선, 사할린 남부와 그밖의 여러 섬에 대해 공식적인 지배권을 확립함으로써 국가 경제에 힘을 실어주었다. 이제 일본에서 공급이 달리는 원료를 확보할 수 있게 된 것이다.[189]

노골적인 보호주의는 없었지만, 정부는 의도적으로 국산품을 선호했고, 법률과 규제를 통해 자국 시민들에게 토착 산업의 생산품과 서비스를 구매할 것을 장려하는 한편 서양인들이 일본에 공장을 설립하는 것을 저지했다. 19세기의 다른 어느 곳보다도 일본에서 국가 없이는 자본주의가 아예 존재하지 않았을 것이다. 일본과 중국이 다른 길을 걷게 된 많은 원인 가운데 가장 중요한 것을 꼽자면, 국가의 힘과 조직, 지휘감독의 차이였다.

1890년대 중국에서 일어난 개혁운동은 산업화를 위해 자원을 동원하는 효과적인 기구로 국가를 변신시키지 못했다.[190] 실제로 1894~5년 청일전쟁 이전에 중국에서 이루어진 얼마 안 되는 산업 투자는 청 조정에서 나와야 했다.[191] 일본이 중국이 실패한 지점에서 성공한 것은 강력한 중앙 권력을 구성해서 주변부에 자신의 의지를 각인시킬 수 있었기 때문이다. 중국은 화려한 황궁의 허세와 달리, 중앙 권력을 희생시키면서 힘을 키운 반자율적인 지방정부들로 조각나 있었다.

유럽에서는 민간의 선도적 움직임이 본질적이었지만, 그 자체로는 기껏해야 극소수 나라에서만 산업화로 이어졌을 것이다. 아마 영국에다 벨기에와 스위스 정도를 꼽을 수 있다. 아시아에서는 서양을 따라가기 위해 강한 국가가 위에서부터 자본주의를 건설할 필요가 있었다. 일본은 일찍이 1868년부터 이런 사실을 이해했다. 중국이 이 교훈을 숙달하는 데는 한 세기가 넘게 걸렸다. 일단 교훈을 익히자 중국의 기세는 저지하기 어려웠고, 경제적 지배를 향한 전 지구적 경쟁에서 서양을 추월할 태세를 갖추었다. 역사에서 언제나 그러하듯, 그 결과가 어떻게 될지는 불확실하다. 영원한 건 아무것도 없기 때문이다. 명나라 시인 양신楊愼(1488~1559)은 「강가의 신선臨江仙」에서 이렇게 노래했다. "넘실넘실 장강 물결 동으로 흐르며, 수많은 영웅들 물살 속으로 사라졌네. 승리와 패배 모두 멀리서 보면 허무한 것(滾滾長江東逝水 浪花淘盡英雄 是非成敗轉頭空)."

제4장
산업의 매력

산업화는 지구 전역에서 각기 다른 정도로 성공을 거두면서 진행되었는데, 매끄럽지 않고 예측 불가능하며 미리 정해지지 않은 방식으로 이루어졌다. 일본과 중국이 들끓는 동안 오스만 제국 역시 비슷한 상황이었다. 1839년 술탄 마흐무드 2세(1785~1839)가 이끄는 '재조직화(탄지마트 Tanzimat)' 주창자들은 제국의 끝없는 쇠퇴를 막기 위해서는 위로부터 근대화를 진행할 필요가 있다고 결정했다. 하지만 엘리트 집단 내부의 저항이 일본보다 심했고, 개혁은 본질적으로 경제보다는 사회적·법적 측면의 서양화와 관련되었다. 실제로 오스만 제국은 진정한 경제 정책이 전무했고, 1860년대까지는 근대의 전형적인 특징 가운데 하나가 경제에 대한 정부의 책임이라는 인식도 거의 없었다.[1]

하지만 몇 가지 상징적인 제스처가 이루어졌고, 여기에 중요한 의미가 있었다. 마흐무드 2세는 이슬람의 관습에 어긋나게 (서양의 군주처럼) 공공장소에 자신의 초상화를 내걸라고 지시했다.[2] 얼마 전인 1823년에도 왈라키아 공 그리고레 기카가 '프랑스식'(즉 서양식) 의복 착용을 삼가라는 명령을 내렸음에도 술탄은 서양식 의복을 받아들였다.[3] 터키인은 "입에 담기도 싫"(글래드스턴의 표현)고, 오스만 제국은 피에 굶주린 폭군이나 음탕한 '동양인들'이 우글거리는 타락한 둥지라는 식으로 서양에서 굳어진 이미지는 도전을 받았다.[4] 도로와 다리가 건설되고 공공의료와 교육이 장려됐지만, 이런 선도적 기획은 제한적이었다. 공공사업과 교육, 의료 등에 투입된 액수는 국가 지출에서 작은 비중을 차지했다.[5] 인구 대다수에게 국가는 징집과 과세를 통해 그 모습을 드러냈다.[6]

크림 전쟁(1853~6) 비용 때문에 발생한 막대한 부채는 제국의 재정에 심각한 손상을 가했다. 마흐무드 2세의 후계자 중 하나로 1876년부터 1909년 폐위될 때까지 통치한 술탄 압뒬하미드 2세(오스만의 사실상 마지막 통치자다)는 강한 경제가 절대적으로 필요하며 기반시설과 교통통신을 근대화해야 한다는 것을 알았다. 하지만 그의 통치기에 군비와 행정 지출이 평균적으로 정부 지출의 60퍼센트 정도를 차지했고, 30퍼센트는 막대한 공채를 상환하는 데 쓰였다.[7] 1870년대에 세계 농산물 가격이 침체하면서 제국의 재정이 더욱 압박을 받았다. 재정 고갈에 직면한 정부는 여러 중요한 광산을 비롯한 개발 사업에서 유럽 콘체른들에게 독점권을 부여할 수밖에 없었다. 오스만 정부는 어느 정도 유럽의 기득권을 활용해서 자국의 정책을 계속 이어나갈 수 있었지만, 유럽 열강이 무력 위협을 뒷배로 삼아 누리는 굴욕적인 상업적·법적 특권 때문에 오스만 정부는 운신의 여지가 거의 없었다. 술탄은 1838년 영국-터키 상업협정으로 구체화된 자유무역 정책을 지속하는 쪽을 선택했다. 협정의 내용은 오스만 제국에게 유리한 부분이 거의 없었지만 어쩔 수 없었다. 협정의 목적은 영국이 중동 시장에서 더 많은 비중을 확보하려는 것이었다. 오스만 제국은 영 제국과 충돌할 여력이 없다고 생각했다. 차르 니콜라이 1세에게 붙은 '유럽의 병자'라는 별명은 오스만 제국을 묘사하는 문구로도 잘못된 게 없었다.

세기 후반에 문제가 더욱 늘어났다. 1873~4년에는 대규모 기근이 일어나 아나톨리아 중부가 황폐해졌다. 뒤이어 러시아와 전쟁(1877~8)이 일어났는데, 전쟁에서 패배하면서 인구와 영토를 잃었다. 이른바 '1873~96년 대불황'은 채무 불이행으로 이어졌고, 오스만 제국과 나머지 세계와의 무역을 약화시켰다. 이 시점에 이르면 무역이 제국 경제에 대단히 중요해진 상태였다.[8] 1881년에서 1903년 사이에 터키는 유럽 열강 및 은행가들과 끝없는 부채 교섭을 벌였는데, 때로는 채권자들끼리 서로 싸움을 붙여서 재미를 보기도 했지만 재정문제를 타개할 장기적 계획은 전혀 세우지 못했다.[9] 결국 유럽 열강이 오스만 제국의 재정을 점점 장악하게 됐고, 1881년에는 오스만공채관리단Ottoman Public Debt Administration이 만들어졌다.[10]

바야흐로 변화의 시기가 무르익었다. 1908년 청년투르크당Young Turks이라고 알려진 한 무리의 장교, 지식인, 망명자들이 행동에 나서 결국 쿠데타까지 일으켰다. 술탄 압뒬하미드 2세는 1878년에 중단시킨 1876년 헌법을 부활시키고 비교적 민주적인 체제를 도입할 수밖에 없었다. 서양에 영감을 받은 청년투르크당은 오스만 제국을 서양으로부터 보호하기 위해 근대화를 추진한 전형적인 '제3세계' 엘리트 집단이었다. 처음에 그들은 종교를 진보를 가로막는 장애물로 여겼지만, 나중에는 이슬람을 활용해 나라를 단합하면서 터키를 '중동의 일본'으로 만들고자 했다.[11]

청년투르크당이 정치개혁을 이루기는 했지만, 대개 정치개혁만으로는 쇠퇴를 저지하기에 충분하지 않다. 사실 정치개혁이 달성되면 쇠퇴가 가속화하는 경우가 다반사다. 정치개혁 자체가 쇠퇴를 나타내는 징후인 경우가 많기 때문에 놀랄 일이 아니다. 1914년에 이르러 두 차례의 발칸 전쟁에서 유럽 쪽 영토의 거의 전부를 잃은 제국은 오로지 농산물 수출에만 의존하는 처지가 됐다.[12] 이렇게 국력이 쇠퇴하자 군주의 통치에 대한 저항이 더욱 거세졌다.[13]

제국을 개혁하기 위한 추동력은 후진성 자체에 대한 두려움보다는, 일본의 경우처럼 러시아를 비롯한 서양 열강에 잡아먹히는 것에 대한 두려움이었다. 하지만 일본과 달리, 오스만 제국은 다민족 제국으로, 무엇보다도 발칸 민족들과 이집트 같은 지방의 분권적 압력을 받을 수밖에 없었다. 러시아 제국이나 청 제국과 마찬가지로, 오스만 제국 역시 19세기에 평화를 거의 누리지 못하고 1차대전 이후 붕괴했다(러시아 제국은 이미 1917년에 붕괴했고, 청 제국은 1911년에 무너졌다).

일본인이나 중국인과 나란히 유럽을 우러러본 것은 근대화에 몰두한 터키인과 이란인, 이집트인만이 아니었다. 유럽의 '주변부'(즉 동유럽) 또한 '중심부'—잉글랜드, 프랑스, 독일—로 눈을 돌렸고 남부(이탈리아, 그리스, 에스파냐, 포르투갈)도 마찬가지였다. 20세기에는 모든 나라가 미국을 우러러보게 되는데, 언제나 똑같은 의문을 품었다. 어떻게 하면 미국처럼 되지 않으면서 미국을 닮을 수 있을까? 무엇을 받아들이고 무엇을 지켜야 할까? 서양, 즉 서유럽과 미국에서 들어온 이데올로기적 수입품은 20세기에 지구 곳곳에서 벌어진 정치투쟁에서 변치 않는 요소였다. 가장 명백한 것은 공산주의 사상이었다. 이란 이슬람혁명의 이데올로그인 아야톨라 루홀라 호메이니같이 당대에 목청 높여 서양에 반대한 이들조차 서양으로부터 민족국가와 공화국이라는 관념, 더 나아가 정당 개념까지 수입했다.[14] 그리고 호메이니 자신이 1906년 입헌혁명의 발자국을 그대로 따랐다. 1906년의 선례는 서양의 패권에 도전하기 위해 서양의 가치(인민 대표제와 입헌주의)를 활용한 혁명이었다.

관념은 가장 쉽게 수입할 수 있는 품목인데, 19세기 후반기에 사람들은 이런 융통성 있는 상품의 전 지구적 교역이 번성하는 광경을 목도했다. 관념 수입자들은 대개 '후진' 지역 출신으로 자신들의 후진성을 인식하고 당혹스러워하는 지식인이다. 이런 지식인은 관념이 사물을 변화시킬 수 있다는 낭만주의적 신념에 집착한다.

역설적으로 민족주의 관념조차 수입될 수 있었다. 한 예로 러시아 지식인들은 모든 '역사적' 민족(원민족Urvolk은 분명 독일인이었다)에게 특정한 자리를 부여하는 피히테의 『독일 민족에게 고함』(1808)과 헤겔의 『역사철학』(1837)을 읽었고, 이런 관념을 러시아에 '응용했다'. 물론 여기서는 러시아가 만물의 중심에 있었다. 자유주의적 서구화론자인 파벨 밀류코프는 1905년에 다음과 같이 썼다.

> 그리하여 역사의 기묘한 장난처럼 러시아에서 최초이자 유일하게 발전한 민족주의 이론은 서유럽 철학사상의 토대 위에 세워졌다. 러시아 민족주의자들이 이 이론을 처음 알렸을 때 이미 그 이론은 서유럽에서 무척 오래된 것이었다는 점을 덧붙여야 한다.[15]

러시아 인텔리겐차는 전제정에 반기를 들고 전진할 필요성을 놓고는 단합했지만 무엇을 할 수 있고 해야 하는지에 관해서는 분열되었다. 뒤에서 더 자세히 이야기하겠지만, 이 분열은 러시아가 고유한 비서구적 방식으로 발전할 수 있다고 생각한 슬라브주의자들과, 따라야 할 길이 하나 존재하고 후발 주자는 선구자가 전에 간 방향으로 가야 한다고 믿은 서구화론자 사이에 나타났다. 이 대논쟁은 동유럽 나라들을 비롯한 다른 곳에서도 고스란히 되풀이되었다. 루마니아의 사례를 검토해보자.

20세기 초반 루마니아에서는 에우젠 로비네스쿠 같은 문학평론가와 슈테판 젤레틴 같은 경제학자들은 서구의 길, 즉 '문명으로 가는 길'을 그대로 따라가는 것말고는 선택의 여지가 없다고 주장한 반면, 전통주의자들은 이른바 루마니아의 독특한 농업적 성격을 고집했다.[16] 하지만 당연하게도, 산업화를 수입한다는 사고가 이미 널리 퍼져 있었다. 1차대전 직전에도 전체 인구의 5분의 4가 여전히 농업에 의지해서 살았고 3퍼센트만이 산업부문에서 일했기 때문이다.[17]

1881년 민족주의 성향의 자유주의 역사학자 알렉산드루 디미트리에 크세노폴(나중에 극우 반유대주의 단체 철위단Iron Guards의 이론가가 된다)은 무엇보다도 루마니아는 '후발' 국가이기 때문에 수공과 장인 기업가에 의존하기보다는 국가가 대규모로 지휘하는 가운데 위에서부터 산업화를 강제해야 한다고 말했다.[18] 실제로 루마니아 같은 나라에서는 봉건제 폐지 같은 대대적인 변화는 대부분 서구의 영향이 직접적으로 야기한 결과였다.[19]

이 나라에는 반봉건적 관계의 족쇄로부터 해방되기를 열망하는 상인계급이 없었다. 루마니아 엘리트들은 대부분 민족 통일에, 그리고 나중에는 민족 보전에 여념이 없었다.[20] 소귀족('the lesser boyars') 성원들은 기업가 정신과 관련된 모험보다는 안전한 공직을 선호했다. 무역상과 장인의 자제로 태어나 교육받은 이들도 금세 소귀족의 선례를 따랐다.[21] 19세기 루마니아 경제의 특징은 장인 산업이 쇠퇴하고 공산품 수입으로 대체되는 현상이었다. 상업의 대부분을 외국인이 장악했다.[22] 중간계급은 인구에서 작은 비중만 차지했다. 1870년대 초 초등학교 학생 비율은 이루 말할 수 없이 낮았다. 초등학생 수가 8만 2145명에 불과했는데, 선진국 벨기에(인구 규모가 비슷했다)에서는 그 수가 54만 5000명이었다.[23] 하지만 결국 국가의 문화 정책이 성공을 거두어 점점 더 많은 사람들이 교육을 받았다.[24]

자본주의적 근대화에 찬성했을 법한 루마니아 자유주의자들은 '외국인' 사업가계급(주로 독일인과 유대인)이 부상하는 것을 개탄했다. 물론 경제적 합리성에 따르면 그 계급의 존재가 필요했는데도 말이다. 루마니아는 민족의 통일을 굳히기 위해 많은 신생 민족들이 하는(그리고 계속하는) 것과 똑같은 일을 했다. 공공부문을 확대함으로써 '토박이' 중간계급과 하위 귀족의 자제들을 위해 일자리를 창출한 것이다. 그 결과로 거대한 관료 집단이 탄생했는데, 부패와 뇌물에 취약한 이 집단에 지급하는 급여가 비록 낮긴 했어도 국가 예산의 3분의 1을 차지했다.[25] 그리하여 루마니아 국가는 막대한 차입을 통해 성장했다.[26]

진정한 도시 노동시장은 전무했다. 대다수 농촌 노동자들은 소작농이었고, 농업 생산자 7명에 1명만이 정기적으로 작물을 팔아 돈을 벌었다. 이 모든 상황에 더해 자유주의자들은 농민층이 '성숙성'이 부족하다(즉 사업가 정신이 부족하다)고 불만을 토로했다.[27] 자유주의자들은 농업을 근대화하고, 농민의 생활수준을 향상시키고, 경제를 다변화하고, '문명'국가가 되는 게 가능하다고 생각했다. 반면 보수주의자들은 루마니아가 예견 가능한 미래에는 여전히 농업 국가를 벗어나기 힘든 운명이라고 확신했다.[28]

이것은 또한 그들의 소망이기도 했다. 보수주의자들이 추구한 이상적 상황은 루마니아가 밀을 수출해서 상층계급이 서구식으로 흥청망청 살 수 있는 충분한 부를 제공하는 것이었다. 값비싼 밀을 수출하면서도 농민들은 머멀리거mămăligă—옥수수죽—를 먹어서 계속 유순하게 눌러둘 수 있었다. 이처럼 힘이 센 대지주계급(라틴아메리카 지주들과 비슷하다)은 부쿠레슈티에 살거나 외국에서 시간을 보내는 쪽을 선호했다. 그들은 세계 곳곳에서 산업화를 가로막는 가장 중요한 장애물의 본보기였다. 토지와 주요 생산물을 틀어쥔 덕분에 산업에 투자할 이유가 전혀 없고 다만 부를 이용해서 다른 나라에서 만든 사치품을 사는 데 만족하는 귀족계급이었다. 따라서 그들의 소비는 국가 경세에 이득도 되지 않았다. 그들은 대개 국가의 근대화는 말할 것도 없고 자기 사유지의 근대화를 위해서도 자본을 활용할 이유가 없었다.

그들은 가진 재산 덕분에 서구, 또는 적어도 프랑스를 '따라잡을' 수 있었지만, 나라는 여전히 뒤처졌다. 이폴리트 드프레(루마니아 각지를 여행한 프랑스 외교관)에 따르면, 일찍이 1848년에도 루마니아 상층계급은 파리와 빈, 이탈리아에서 제 집처럼 편안했고, 부쿠레슈티에서는 유럽 각국의 거대한 수도에 사는 상층계급처럼 살았다. "부쿠레슈티의 살롱들은 우리네 살롱하고 똑같다."[29] 그들은 기술 발전이나 농업 개선 방법에는 거의 관심이 없었다. 소유지를 고정된 액수를 받고 임대해서 그 수입을 흥청망청 썼다. 1900년에 이르면 합스부르크 제국 출신 유대인이 대다수를 이루는 이 차지인들arendaşi이 지주 소유지의 상당한 부분을 관리했다.[30] 말할 필요도 없이, 이런 상황은 농민들의 반유대주의를 고조시키는 데 이바지했을 뿐이다. 1864년의 대규모 토지개혁과 그에 뒤이은 자잘한 개혁 조치로 농민들의 빈곤이 거의 개선되지 못한 채 지속되면서 농업부문은 끊임없이 불만이 끓어오르는 상태였다.[31] 토지개혁으로 농촌에 자본주의적 농업이 도입되고, 공동체 마을이 뿌리가 뽑혔으며, 가장 비옥한 토지가 지주들의 수중에 들어갔다. 1905년에 이르면, 전체 지주의 0.6퍼센트가 토지의 절반 가까이를 소유했다. 실제 농사를 지은 것은 차지인들이었는데, 그들은 지불한 토지 임대료를 농민들에게서 최대한의 수확을 짜내서 회수하려고 했다. 1900년에 이르면 차지인들이 500헥타르가 넘는 규모의 토지 가운데 절반 이상을 장악했다.

이런 변화를 뒷받침한 토대는 밀 생산과 수출의 놀라운 증대였다. 1880년에서 1906년 사이에 연간 수출량이 다섯 배 이상 증가해서 루마니아 전체 수출액의 82.5퍼센트를 차지했다.[32] 하지만 여러 문제가 기다리고 있었고 루마니아만의 문제는 아니었다. 기술 때문에 농업이 변모해서 19세기 말에 이르면 특히 농업의 산업화가 급속하게 진행되던 아메리카에서 농업과 산업의 구분이 무의미해지고 있었다. 존 디어는 일찍이 1837년에 미국에서 한쪽 날을 매끄럽게 만든 쟁기 사용을 선도했다. 1892년에 이르러 존 프롤릭은 세계 최초의 석유 동력 트랙터를 개발했다. 미국 땅에서 원주민을 대부분 몰아낸 뒤 기술적 돌파구가 열리고 마케팅에서 혁신이 이루어지자 농산업이 탄생했다. 가령 밀은 이제 다른 재배자들의 것과 섞여서 균일 상품으로 수송되었다. 상인들이 거래하는 밀은 멀리 떨어진 익명의 소비자들에게 전달되었다.[33] 게오르크 지멜 같은 사회이론가들은 근대화의 이런 측면을 부각시켰다. "현대의 대도시는 … 생산자의 실제 시야에 전혀 들어오지 않는 완전히 미지의 구매자들을 겨냥한 … 생산에 거의 전적으로 의지해서 공급을 받는다."[34]

미국, 헝가리, 루마니아는 모두 주요 밀 수출국이었지만, 미국산 밀은 당시 생산성을 끊임없이 높여주는 정교한 기술로 생산되었다. 그 때문에 루마니아의 수출이 심각한 타격을 입었다. 밀을 가루로 만들어 수출하는 기술을 보유한 헝가리는 루마니아보다 형편이 나았다.[35]

다른 곳과 마찬가지로 루마니아에서도 주요한 정치적 분열은 자유당과 보수당의 대결이었다. 어림잡아 말하자면, 자유당은 도시에서 세력이 강하고 보수당은 농촌에서 강했지만, 현실은 그보다 더 복잡했다. 자유당은 자급자족하는 보호주의적 발전을 선호(루마니아 산업 생산자를 장려하고자 했기 때문이다)한 반면, 보수당은 자신들의 농업적 이해에 해를 끼치지 않는 외국의 투자에 개방적이었다. 따라서 자유당은 국가주의적인 보호주의자인 반면, 보수당은 강한 국가를 두려워하고 자유무역에 찬성했다. 보수당은 친유대인, 친외세 성향, 자유당은 반유대주의와 민족주의 성향이었다.

1900년 루마니아의 주요 정치인으로 손꼽히는 페트레 카르프가 이끄는 보수당은 상당한 적자에 직면하자 최근에 발견된 석유를 추출할 권리를 외국 회사들에 내주었다. 바야흐로 석유의 중요성이 분명해지던 때였다. 자유당은 민족주의적 구호로 대응했다. '미국은 미국인에게, 유럽은 유럽인에게, 루마니아는 루마니아인에게.' 하지만 디미트리에 스투르자가 이끄는 자유당은 1901년 정부를 구성하자마자 경로를 바꿔서 외국 이권 세력과 교섭을 개시했다.[36] 1914년에 이르러 루마니아 경제는 외국 자본에 지배되었다. 독일, 네덜란드, 오스트리아, 미국, 프랑스 자본이 경제를 장악했다.[37]

루마니아 발전의 후진적 성격은 보수당과 딱 맞았다. 보수당이 선호하는 자유무역 정책은 루마니아가 생산하는 곡물과 가축을 판매할 해외 시장에 대한 접근성을 높일 것이기 때문에 루마니아 경제의 농업 중심성을 영속화하는 데 도움이 됐다. 반면 자유당은 관세 장벽을 튼튼히 세우면 그 뒤에서 루마니아 산업이 성장하리라는 희망을 품으면서 보호주의를 원했다. 자유당의 기대는 좌절되었다. 산업화는 거의 이루어지지 않았다(러시아와 다른 점이다). 산업화 자체가 미미했던 까닭에 루마니아 농민들은 산업화 때문에 위협받은 게 아니다. 그보다는 땅이 너무 부족하고, 또한 1875년에 국제 밀 가격이 폭락한 이래 생산물을 판매할 시장이 위축됐기 때문에 위협을 받았다. 마침내 1907년에 농민 세금 폭동이 일어났지만 잔인하게 진압당했다(12장을 보라).

결국 루마니아에서 이루어진 경제발전은 국가에 크게 의존하는 방식이었다. 농촌 주민들은 발전의 혜택을 받지 못했다. 빈곤은 사라지지 않았고, 유럽의 기준에서 보면 루마니아는 여전히 1912년에 인구의 82퍼센트가 농촌에서 거주하는 저발전 국가였다.[38] 물론 왈라키아 지방을 필두로 상당한 도시화가 이루어졌다. 부쿠레슈티 인구는 1860년에서 세기말 사이에 두 배 이상 늘었지만, 이런 증가는 산업 발달보다는 주로 행정과 상업의 발전에 따른 결과였다. 농업의 기계화도 미국과의 경쟁에 어느 정도 자극을 받아 약간이나마 이루어졌다.[39]

다른 곳과 마찬가지로 루마니아에서도 민족주의자들은 여러 모순적인 관념에 시달렸다. 한편으로 그들은 나라가 고유한 문화와 언어, 전통을 지닌 강한 국가가 되기를 원했다. 그러면서 도시 생활의 익명성에 저항하는 농촌의 가치와 농민의 기억으로 이루어진 민족 문화를 끊임없이 만들어냈다. 그와 동시에 그들은 다른 모든 나라처럼 근대국가가 되기를 원했지만, 근대는 산업과 진보, 도시화와 세계에 대한 개방을 수반했다. 그들은 양쪽 모두를 바라보았다. 신화 속 과거와 희망으로 가득한 미래에 동시에 눈길을 준 것이다. 파울 클레의 그림(다음 쪽을 보라)에 등장하는 〈새로운 천사Angelus Novus〉 같았다. 발터 벤야민이 이 그림을 찬미한 구절은 유명하다.

천사는 눈을 크게 뜨고 있고, 입은 벌어져 있으며 날개도 한껏 뻗은 상태다. 역사의 천사도 이런 모습일 게 분명하다. 얼굴은 과거를 바라본다. … 하지만 천

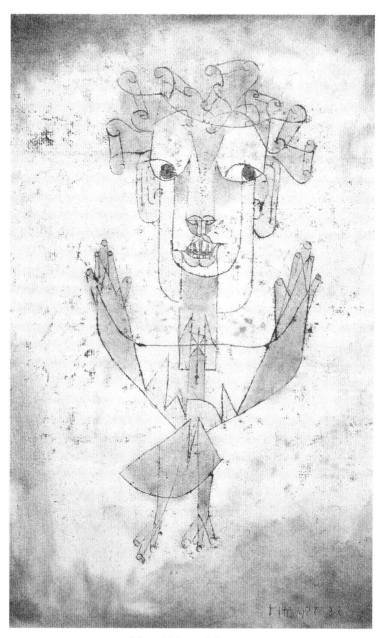

파울 클레 〈새로운 천사〉(1920)

국에서 폭풍이 휘몰아치고 있고, 폭풍 때문에 옴짝달싹하지 못하는데 바람이 너무 강해서 날개를 접을 수도 없다. 폭풍은 천사가 등을 돌리고 있는 미래 쪽으로 꼼짝할 수 없이 밀어내는데, 천사의 앞에 쌓인 잔해더미는 하늘 높이 치솟는다. 우리가 진보라고 말하는 것은 바로 **이런** 폭풍이다.[40]

루마니아의 지도적 민족주의자로 1931년에 잠깐 총리를 지낸 니콜라에 이오르가는 1906년 잡지 『서머너토룰(Sămănătorul. 씨 뿌리는 사람)』에서 부쿠레슈티 국립극장에서 상연하는 연극의 대다수가 프랑스어로 진행된다고 항의했다. 그의 말에 따르면, 이 외국어는 우리를 짓밟고 종속시키고 모욕하며, 멸시받는 우리의 언어를 쓰는 이들과 다른 이들, 즉 다른 언어를 구사하는 훌륭하고 위대하고 부유한 사람들, 이 다른 언어 속에서 생활하고 사랑하고 죽는 사람들로 우리 민족을 갈라놓는다.[41] 다른 모든 나라와 마찬가지로 루마니아 역시 어쨌든 부자와 빈자, 극장에 출입하는 이들과 그러지 못하는 절대다수로 나뉘는 게 아니라 이런 식으로 분열되는 것 같았다.

엄연한 경제적 사실 또한 작용했다. 세계 밀 가격이 하락하자 근대화를 추진하는 주요 세력인 루마니아 자유당은 산업화를 가속화할 수밖에 없었다. 그리하여 교육부 장관 스피루 하레트의 지휘 아래 (농민을 '교육받은 생산자'로 변신시킨다는 기대 속에) 농민 교육이 확대되고, 1903년에 서민은행Popular Banks 설립법이 제정됐으며, 1904년에 마을 협동조합obștii sătești이 설립되었다.[42]

루마니아 자유당은 다른 동유럽 나라의 자유당과 마찬가지로 강한 헌법과 적절한 관료제, 토지 소유권 확립, 봉건시대의 부역과 예속 의무를 임금노동으로 대체하는 노동 등을 갖춘 강한 국가를 원했다.[43] 문제는 제대로 된 은행체계가 전무하고 지주들이 투자를 하지 않는다는 점이었다. 지주들은 돈을 빌렸고 국가 역시 자금을 차입했다. 20세기가 시작될 무렵, 루마니아는 유럽에서 으뜸가는 채무국으로 공공 부채가 국민총생산(1870~1880년대)의 116퍼센트에 달했다. 물론 세르비아의 부채는 120퍼센트로 더욱 나빴다.[44]

자본주의를 발전시키는 데서 국가가 결정적인 역할을 한다는 데 합의가 존재했는데, 이런 합의는 루마니아만의 이야기는 아니었다. 근대의 경제성장에는 과학지식이 결정적으로 중요했지만, 자본주의가 단순히 기술의 문제였다면 별로 외상을 입지 않는 방식으로 서구에서 수입할 수 있었을 것이다. 하지만 자본주의는 또한, 그리고 주로 정치의 문제였다. 중국과 러시아, 루마니아와 오스만 제국이 서양과 직면했을 때 부딪힌 진짜 문제는 바로 이것이었다. 국가가 너무 약했던 것이다.

번영하기 위해서 반드시 산업국일 필요는 없다. 유럽 백인 정착민들의 식민지는 결코 주요 제조업 국가가 되지 않았다(미국은 중요한 예외다). 캐나다와 뉴질랜드, 오스트레일리아에서는 1차 생산물(농업, 어업, 광업)이 경제의 풍경을 압도했지만, 어떤 기준으로 보아도 그 나라 국민들은 번영했다.

하지만 라틴아메리카에 대해서도 같은 이야기를 할 수는 없다. 오스트레일리아나 뉴질랜드처럼 라틴아메리카도 주로 영국과 프랑스, 독일과 미국에 1차 생산물을 수출하고 공산품을 수입했다.[45] 라틴아메리카에서 가장 부유한 나라인 아르헨티나에서도 민간의 부가 산업을 발전시키는 데 사용되지 않았다. 아르헨티나는 19세기 말에 스웨덴이나 노르웨이보다 더 부유하고 인구도 훨씬 많았지만(산업을 위한 국내 시장을 제공하는 기반이었다), 두 나라에 비해 제조업 수준이 낮았다.[46] 중요한 수출품인 냉동육, 밀, 옥수수 덕분에 아르헨티나는 라틴아메리카 어느 나라보다도 생활 수준이 높았다.[47] 실제로 1차대전 직전인 1912년, 아르헨티나의 1인당 국내총생산은 서유럽 주요 나라들과 맞먹는 수준으로, 프랑스와 독일보다 높고 벨기에와 네덜란드, 스위스와 영국에만 뒤졌다. 특히 이탈리아에서 아르헨티나로 오는 이민자 비율이 높았던 것은 이런 이유 때문이다.[48] 우루과이도 아르헨티나에 크게 뒤지지 않았다. 여기서 일본과 대조해보는 게 효과적이다. 일본 역시 많은 라틴아메리카 나라들처럼 1차 생산물(생사와 차) 수출국이었다. 하지만 칠레에서는 초석(질산염) 수출로 초석을 장악한 이들이 부자가 되고, 브라질에서는 커피 수출로 재배업자들이 부를 쌓았다. 일본에서는 생사와 차에서 나오는 수입이 외국산 기계를 구입하는 데 사용됐다.[49]

라틴아메리카, 아니 더 정확히 말해서 라틴아메리카 엘리트들은 세계체제에 통합되는 한편 여전히 주변부에 남았고, '서구' 산업이 축적한 부에 의존하는 한편 자체 생산은 거의 전적으로 수공업으로 이루어졌다.[50] 물론 1차대전 이전에 산업화가 어느 정도 이뤄졌지만, 멕시코와 브라질, 페루에서 면직물 같은 생산물에 국한됐다.[51] 칠레 같은 몇몇 나라에서는 전통적인 농업 대토지 소유(아시엔다hacienda 시스템)로부터 모종의 농업 자본주의와 농촌 프롤레타리아트의 형성으로 이행이 이루어졌다.[52] 그렇다 하더라도 대다수 라틴아메리카 나라들은, 비록 산업화의 측면에서는 서구에 비해 후진적이었지만, 인도 같은 식민지보다는 한결 나았다.

인도 같은 옛 비정착형 식민지와 식민지가 아닌 나라들이 자국 생산물을 세계시장에 내놓는 데 성공한 데에는 커다란 차이가 있었다. 예를 들어 인도 생산물(주로 직물)은 사실상 영국인들 때문에 세계무역에서 배제됐다. 인도는 심지어 자국 시장 안에서도 영국과의 경쟁에 버티지 못했다. 1833년에는 자국 소비용 직물을 거의 전부 생산한 반면, 1877년에 이르면 35~42퍼센트만 생산하게 되었다. 식민지가 아닌 멕시코는 1879년에 자국에서 소비하는 직물의 60퍼센트를 생산했는데, 1906~8년에는 이 비중이 78퍼센트에 이르렀다.[53]

산업화되지 않은 나라들에서는 수출이 여전히 1차 생산물에만 국한되있다. 멕시코는 수출품이 다양했다(그리고 미국 같은 대규모 시장이 근처에 있는 행운을 누렸다). 1913년에 브라질과 베네수엘라에서는 커피가 전체 수출품의 50퍼센트를 차지했다. 칠레에서는 주요 수출품이 초석이었고, 온두라스는 바나나, 페루는 구아노[guano. 바닷새의 배설물이 퇴적된 것으로 비료의 원료.-옮긴이]와 초석(나중에는 설탕과 구리까지), 아르헨티나는 옥수수(전체 수출품의 22퍼센트)와 육류(20퍼센트)였다. 쿠바는 전 세계 사탕수수의 25퍼센트를 생산했다.[54] 에콰도르는 주요 수출품이 카카오였는데, 밀짚모자(파나마모자라고 알려졌다), 기나나무quinquina(여러 용도가 있지만 프랑스인들이 인기 있는 아페리티프인 듀보네Dubonnet를 만드는 데 사용하는 대중적인 방향 허브), 담배도 수출했다. 19세기 중반에 이 네 가지 생산물이 에콰도르 수출품의 90퍼센트를 차지했다.[55]

20세기 푸에르토리코의 대표 작가로 손꼽히는 호세 루이스 곤살레스는 이렇게 외쳤다. "산업이라니! … 유럽[주로 영국]이나 미국에서 수입을 해서 소비를 충족시킬 수 있다면, 형편없는 물건을 비싸게 생산하는 낡은 공장들이 어떤 이익 때문에 각성할 수 있겠는가?"[56]

나라가 수출을 많이 할수록 세계시민주의적이고 고도로 도시화된 지주 엘리트들은 더 높은 생활수준을 향유하고 근대화의 각종 혜택을 누릴 수 있었다.[57] 그들은 미국과 유럽의 엘리트들의 생활방식과 소비 패턴을 흉내냈다. 부에노스아이레스의 헐링엄Hurlingham(1908년 영국인들이 조성한, 런던의 한 스포츠클럽의 이름을 따서 명명한 클럽이다)이나 몬테비데오의 치몬트Chimont(1910년 미국인들이 조성한 클럽이다) 같은 컨트리클럽이 확산될 정도였다. 당연한 현상이지만, 그와 동시에 미국에 무비판적인 태도를 가리키는 '북부마니아nordomanía'에 대한 거부도 존재했다. 호세 엔리케 로도가 1900년에 출간한 에세이 『아리엘Ariel』은 라틴아메리카에 엄청난 영향을 미쳤다. 여기서 로도는 이상화된 라틴아메리카 정신을 부활시키자고 호소하는 한편 미국의 일방주의와 민주주의의 열등한 본질을 고발했다.[58] 주변부의 많은 사상가가 그러하듯, 로도(우루과이의 중요한 모더니즘 작가다) 역시 야만이나 문명 어느 쪽의 도구든 될 수 있는 대중과 미국 민주주의의 '천박한 정신el espíritu de vulgaridad'에 대한 엘리트주의적 혐오를 드러냈다.[59]

1870년 이후 해외 제조업에 대한 이런 의존이 줄어들었지만, 실패에 가까운 수입 축소 시도 속에서 국가 주도의 수입대체 정책이 확립되기까지는 1929년 공황을 거쳐야 했다.[60] 그때까지 라틴아메리카는 후에 '자유주의' 시대라고 알려진 시기 동안 미국과 달리 여전히 외부의 충격에 취약했다.[61] 19세기 내내 라틴아메리카의 논쟁에서 경제문제가 중심을 차지한 적은 거의 없다. 엘리트들을 움직인 것은 중앙집권주의와 연방주의 사이, 그리고 교회와 국가 사이에 벌어지는 싸움이었다. 실용적인 형태의 자유무역은 국내 경제 활동을 어느 정도 보호하면서 완화된 방식으로 널리 받아들여졌고, 외국인의 투자와 이민도 장려되었다.[62]

권위주의적 통치 형태가 우세했는데도 라틴아메리카 각국 정부는 허약했다. 영토의 안정성은 인상적이었지만, 정치의 불안정성은 어디서나 뚜렷했다. 변화는 군사쿠데타나 부정선거를 통해 일어났다. 하지만 대기업들은 이런 변화에 아랑곳하지 않았다. 이미 정치 수준과 어느 정도 무

관해졌기 때문이다(의심할 나위 없이 정치가 허약했던 덕분이다).[63] 기업들에게 진짜로 영향을 미친 것은 활동의 터전인 국가가 아니라 세계경제 전반에서 전개되는 상황이었다. 산업이 거의 또는 전혀 없는데도 전반적으로 근대화를 이룬 라틴아메리카의 주변적 지위를 확인해주는 현실이었다.

근대는 대다수 유럽 나라들에서도 후진성과 뒤섞였다. 한 예로, 세기말 이탈리아는 나라의 대부분이 여전히 상대적으로 '후진적'이었지만, 훗날 '산업 삼각지대(밀라노-토리노-제노바)'라고 알려지는 지역은 이미 상당히 높은 문해율을 비롯해 산업 발전의 전제조건을 여럿 갖추고 있었다.[64] 경제가 점점 다변화하면서 직물과 철강(철강은 움브리아주 테르니에 집중됐는데, 국가가 주도한 사업이었다)만이 아니라 고무(피렐리, 1872), 화학제품(몬테카티니, 1888), 자동차(피아트는 1899년에 생산을 시작했다), 전력(에디슨, 1884), 엔지니어링(칸토니크룸은 1874년, 프랑코토시는 1894년) 등도 아울렀다. 노동계급은 여전히 소수였다. 1901년 인구조사에 따르면 전체 노동 인구의 15퍼센트였는데, 장인과 작업장 소유주가 포함됐기 때문에 이 수치조차 과대평가된 것이었다. 따라서 실제로 산업노동자는 노동 인구의 10퍼센트 정도였을 것이다.[65] 이탈리아 다른 지역에서는 근대화가 급속한 도시화가 진행되면서도 그에 상응하는 산업 성장이 나타나지 않는 형태를 띠었다. 대개 상업과 공공부문 일자리가 늘어난 결과였다.[66] 산업화가 진행되면서 북부와 남부의 격차가 커졌는데, 남부가 자체적인 기업을 설립할 능력이 없었기 때문이기도 하고 북부와 외국 자본이 남부에 투자하지 않았기 때문이기도 하다.[67] 1900년 주민 50만 명이 넘는 나폴리 같은 대도시의 공익설비는 외국인의 수중에 있었다. 가스 공급은 프랑스인, 전력은 스위스인이 장악했고, 기본 상수도는 영국 회사의 수중에 있었으며, 전차망은 벨기에 회사 소유였다.[68]

몇몇 나라는 산업 성적표에서 비교적 상위를 차지하면서도 사회는 여전히 후진적이었다. 그리하여 러시아는 상당한 산업 발전과 극도로 후진적인 농업의 결합을 보여주었다. 농노제 자체가 1861년에야 폐지됐는데, 유럽 많은 나라에서는 이미 오래전에 폐지된 상태였다. 덴마크는 1788년, 사부아 공작령은 1771년, 프랑스는 1789년(당시 프랑스에는 실질적인 농노제가 거의 남아 있지 않았다), 스위스는 1798년에 농노제를 폐지했다. 영국에서는 농노제 폐지가 일찍이 14세기에 이루어졌다. (농노제가 러시아보다도 늦게 폐지된 나라들이 일부 있다. 가령 루마니아에서는 1864년에 공식적으로 폐지됐고, 티베트에서는 1959년이 되어서야 폐지됐다.)[69] 프로이센에서는 대부분의 봉건적 권리가 늦게, 그러니까 1850년에 폐지됐지만, 이미 강력한 지주 농민 계급이 존재했다.[70]

러시아에서는 산업이 머뭇거리며 서서히 발전하고 있었지만 (아직) 그리스나 에스파냐, 오스만 제국에서는 발전하지 않았다. 농업은 그리스 경제의 중심을 차지했다. 1914년 이전 농업 생산물은 그리스의 주요 수출품을 차지했다(1887년과 1912년에 각각 75퍼센트와 78퍼센트. 100년 뒤인 지금도 농산물은 그리스 수출의 주요 구성 부분이다). 주로 포도주, 건포도, 올리브, 올리브유, 담배 등이었는데, 이 가운데 어느 것도 많은 산업기술이 필요하지 않았다. 해야 할 일이라곤 포도를 말려서 건포도를 만들고 발효시켜서 포도주를 만들고, 담뱃잎을 말고, 올리브를 짜서 기름을 내는 것뿐이었다. 무려 1874년까지도 도로 건설은 이제 막 첫발을 뗀 상태였고 투자는 주로 유통과 금융 분야에 이루어졌다.[71] 세금은 현지 명사들 proestoi이 오스만 제국을 대신해서 징수했다. 이 명사 집단은 후에 후견 체제의 토대가 된다. 1880년대에 산업화를 위한 전제조건 가운데 일부가 마련됐지만(운송체계, 통일된 국내 시장, 국가 개입 장치 강화), 그리스 노동계급은 여전히 규모가 작았고, 농민들은 계속 땅에 묶여 있거나 미국으로 이민을 갔다(매년 떠나는 수가 그리스 산업에 고용된 노동자 총수보다 많았다).[72] 1880년대와 1890년대에 여러 차례 총리를 지낸 하릴라오스 트리쿠피스 시절에 군대와 사법부, 공무원 조직에서 상당한 근대화가 이루어졌지만, 가장 중요한 산업 발전은 해운 분야에서 나타났다. 1920년에 이르러 그리스 선박은 세계 최대 규모로 꼽혔다.[73] 2015년에도 그리스는 여전히 재화중량톤수deadweight tonnage(해상 운송에서 선박에 적재할 수 있는 화물의 최대 중량)에서 최상위였다. 다만 세금상의 이유 때문에 많은 선박이 파나마 같은 다른 나라 국적으로 등록돼 있다.[74] 그리스는 실제로 주목할 만한 기업가계급을 보유했지만, 레바논이나 아르메니아 기업가들처럼 오스만 제국의 여러 지역에 흩어져 있어서 그리스 자체에는 산업이 거의 없었다.[75]

그리스와 마찬가지로, 에스파냐도 프랑스나 영국·벨기에 같은 선진국에 수출할 품목이 거의 없었다. 그나마 포도주 같은 농산물을 수출했다(1880년에서 1914년 사이에 에스파냐는 유럽에서 으뜸가는 포도주 수출국이었다).[76] 에스파냐 광산의 관리권은 (철도 기반시설과 마찬가지로) 외국인, 주로 영국인·프랑스인·독일인의 수중에 있었고, 부패한 현지 엘리트들이 그들과 공모했다.[77] 이런 상황은 결코 사소한 문제가 아니었다. 19세기 4분기에 에스파냐는 전 세계 납의 23퍼센트 이상, 구리의 16퍼센트, 그리고 철광석과 황의 많은 양을 생산했기 때문이다. 그러다가 20세기가 시작되면서 쇠퇴가 시작되고 다른 경쟁자들이 나타났다.[78] 이런 거대한 자원은 후진적인 에스파냐와 나머지 서구 세계 사이의 격차를 메우는 데 도움이 될 수도 있었다. 하지만 그렇지 못했다. 국가가 너무 관료적이어서 큰 쓸모가 없었고 금융 시스템이 원시적이었다. 에스파냐는 이런 두 이유 때문에 19세기에 산업혁명을 이루지 못했다.[79] 일찍이 1891년에 엔지니어인 파블로 데 알솔라는 여러 광업이 있어도 경제성장을 촉진시키지 못했다고 개탄했다.[80] 그나마 제한적으로 이루어진 산업화는 카탈루냐와 바스크 지방에 국한됐다.[81] 다른 곳에서는 산업 발전이 무척 느린 속도로 진행됐고, 여전히 미약해서 농업 생산을 증대할 만큼 충분한 자극을 주지 못했다. 노동자들은 여전히 농촌에 비생산적으로 남아서 에스파냐 경제에 제약으로 작용했다. 포르투갈의 경우에도 사정은 마찬가지였다.[82]

1차대전으로 이어지는 수십 년 동안 유럽에서 이루어진 산업 성장은 서구의 몇몇 지역에 집중되었다. 서구(와 일본) 바깥에서는 근대적 제조업이 거의 없었다. 산업화는 여전히 서유럽과 미국의 수중에 확고하게 쥐어져 있었다. 아래 표에서 분명히 드러나는 것처럼(〈표 10〉을 보라), 오직 일본만이 이런 패권에 얼추 도전했다.[83]

각 산업국을 둘러싼 환경은 서로 달랐다. 놀랄 일은 아니다. 발전하는 자본주의 세계 안에는 주목할 만한 다양성이 존재했다. 신생 국가(독일과 이탈리아)와 오래된 국가(영국과 스웨덴), 내륙 국가(스위스)와 섬나라(일본과 영국), 큰 나라(미국과 러시아)와 작은 나라(벨기에와 스위스), 다민족 국가(러시아)와 종족적으로 상당히 균일한 국가(스웨덴과 일본)가 두루 있었다. 몇몇 작은 나라는 큰 나라 시장에 수출할 제조업 제품을 생산하는 식으로 큰 나라를 따라갈 수 있었다. 벨기에와 스위스가 이런 경우인데, 두 나라의 1인당 수출은 1880년에서 1914년까지의 시기 내내 영국을 비롯해서 다른 어떤 나라보다도 월등히 많았다.[84] 같은 시기에 스웨덴은 유럽에서 가장 높은 1인당 국민총생산 증가율을 달성했다.[85] 그러나 주변부의 다른 작은 나라들은 성과가 좋지 못했다. 19세기 전반기에야 독립을 이룬 발칸 국가 대부분은 불리한 경제 환경의 제약을 받는 가운데 민족국가 건

〈표 10〉 산업 발전 성적표, 1810~1910

	1810년	1840년	1860년	1880년	1900년	1910년
1	영국	영국	영국	영국	미국 영국	미국
2	벨기에	벨기에	벨기에	영국		영국
3	미국	미국	미국	벨기에	벨기에	벨기에
4	프랑스	스위스	스위스	스위스	스위스	독일
5	스위스	프랑스	프랑스	프랑스	독일	스위스
6	독일	독일	독일	독일	프랑스	프랑스
7	스웨덴	스웨덴	스웨덴	스웨덴	스웨덴	스웨덴
8	에스파냐	에스파냐	에스파냐	에스파냐	에스파냐	에스파냐
9	이탈리아	이탈리아	이탈리아	이탈리아	이탈리아	이탈리아
10	러시아	러시아	러시아	러시아	러시아	러시아
11	일본	일본	일본	일본	일본	일본

출처: Paul Bairoch, 'Niveaux de développement économique de 1810 à 1910'.

설에 따른 여러 문제에 직면했다. 이후의 역사는 경제 번영에 가장 불리한 것으로 드러났고, 결국 오늘날에도 이 나라들은 상대적인 경제적 후진성 때문에 고통받는다. 이 나라들은 1차대전 이전, 양차대전 사이, 공산주의 시기와 공산주의 이후에 서유럽에 뒤처졌다.

1차대전 직전 훗날 '제3세계'라 불리게 되는 지역이 세계 산업생산고에서 차지하는 비중은 2~3퍼센트에도 미치지 못했다.[86] 서구의 성장은 주변부에 비교해서만 두드러진 것이었다. 2차대전 이후 수십 년, 그러니까 자본주의의 진정한 황금기와 비교하면 그다지 놀랄 만한 수준이 아니다. 이 황금기에 유럽과 북아메리카 각국의 선진 경제는 그야말로 급격하게 성장했다.

제5장
국가

19세기 후반기에(또는 실제로 1980년 무렵까지도) 국가 개입은 최소한일수록 좋다는 사고는 많은 지식인이 주창하기는 했어도 정치 엘리트들이 진지하게 내놓는 일은 드물었다. 국가가 성장의 장애물을 치우는 데 적극적인 역할을 하는 동시에 성장 때문에 생겨나는 몇몇 사회문제를 해결하려고 노력해야 한다는 데 많은 이들이 동의했다. 세계화가 진행됨에 따라 각국은 한 나라가 직면한 일, 특히 국제 금융 거래의 모든 면을 통제하기가 점차 어려워진다는 것을 깨닫는다. 하지만 국가는 중요하며 예측 가능한 미래에도 계속 중요할 것이다. 따라서 국가 반대론자들조차 나프타 NAFTA(북미자유무역협정)나 1992년 유럽연합 조약(마스트리히트 조약) 같은 국가 조약이 의미가 없다거나 1971년 리처드 닉슨이 달러와 금의 연동을 끊은 결정(사실상 브레튼우즈 협정을 폐지한 결정)이 아무런 영향을 미치지 못했다고 대담하게 주장을 하지는 못한다.

국가는 경쟁을 규제하는 한 무리의 입법기관을 비롯한 경제구조 변화의 전제조건을 창출하는 데 결정적이었다. 자본주의는 다른 경제체제와 달리 무정부적 성향이 강하기 때문이다. 짐승을 구하려면 우선 길들이는 게 필수적이었다. 자본가들은 자본주의를 통제하지 않는다. 자본가들 자신이 한 무리의 사회·경제 관계의 포로이며, 이런 관계 속에서 경쟁자보다 우위에 서기 위해 노력한다. 승자와 패자의 구분은 기업 경영 기술의 상대적 구분에 어느 정도 좌우되지만, 외생적 요소, 심지어 행운(원료의 활용 가능성)이나 다른 이들이 과거에 내린 결정 등에도 영향을 받는다. 정치의 경우와 마찬가지로 자본주의에서도 성공은 어느 정도 개인이 직면하는 상황과 이 상황을 자기에게 유리하게 활용하는 역량에 좌우된다. 『군주론』 6장에서 마키아벨리가 설명하는 것처럼, 포르투나fortuna(외적 상황)와 비르투virtù(자신의 역량과 기술)의 조합이 중요하게 작용하는 것이다. 바로 여기서 정치가 끼어든다. 국가의 안정성, 그리고 국가가 권력을 확대하거나 적으로부터 자신을 보호하는 데서 거두는 성공은 점차 국내에서 성장한 기업가계급의 경제적 성과에 의존하게 되었다. 그와 동시에 강한 국가가 기업가들을 보호하는 것도 대단히 중요했다. 양자는 공생 관계였다.

만약 기업가가 전혀 없었다면 어땠을까? 독일 태생인 러시아의 예카테리나 2세(1762~96년 재위) 같은 '계몽' 군주들은 기업가를 창출해서 영국처럼 '중간계급'을 만들어내야 한다고 생각했다. 그렇게 해야만 국가를 튼튼히 할 수 있었다. "상업의 목적은 국가를 위해 상품을 수출하고 수입하는 것이다."[1] 예카테리나 2세가 1763년 7월 22일 발표한 포고문은 유럽 각지에 배포됐는데, 이를 통해 여제는 향후 6년에 걸쳐 수천 명의 기업가와 장인에게 자금 대출과 사업권을 내걸고 러시아로 이민 올 것을 독려했다.[2] 적어도 19세기에는 사업가 중간계급이 부족해서 산업이 부재했다는 것이 일반적인 설명이었다. 가령 오스만 제국의 문제는 귀족은 너무 많고 상인은 충분하지 않은 것이라는 게 일반적인 믿음이었다. 그리하여 오스

만 제국은 그리스인과 아르메니아인, 유대인 사회에서 중간계급을 수입하거나 발전시켰다.[3]

앞서 살펴본 것처럼, 일본에서도 근대화 주창자들은 토착 생산업자가 허약하기 때문에 정부가 그 역할을 대신 떠맡아야 한다고 믿었다. 중국 당국 역시 1870년대 초반 근대화 시도를 하면서 관독상판官督商辦(말 그대로 정부가 경영을 감독하는 기업)이라 불리는 기업을 설립했다. 개혁가 정관응(3장을 보라)은 일정한 형태의 보호주의나 상전商戰을 주창하면서 서양의 힘을 감안할 때 병전兵戰(군사 대결)보다는 상전으로 경쟁하는 게 낫다고 설명했다.[4] 하지만 서양이 서서히 침입하면서 군사 개입과 배상금 강요 등으로 방해를 하는 가운데 이런 시도들은 실패로 끝났다.[5]

일본뿐만 아니라 러시아와 프로이센, 심지어 영국조차도 국가가 정력적으로 선도하지 않았더라면 아마 발전하지 못했을 것이다. 진정한 근대국가는 제대로 기능하는 국가, 효율적인 관료제, 일련의 제도, 가급적이면 일정한 대중 통제의 요소들, 분명하게 정의된 소유권(공적 또는 사적 소유권), 산업 경제, 교육받은 인구를 필요로 한다. 진정한 근대국가는 기반시설 투자를 위해 직접 자금을 모으거나 투자자와 대부자로부터 자금을 끌어올 수 있어야 한다. 더 나아가 기반시설 건설 사업은 충분한 의료 체계뿐만 아니라 적절한 교육 체계, 법질서를 유지하고 집행하는 제도 등으로 뒷받침되어야 한다. 약한 국가는 자금을 모으거나 투자를 끌어들일 수 없고, 공공지출이 결국 부패한 정치인들의 수중에 들어가는 것을 막지 못한다. 다시 말해 강한 국가는 경제적 자원이다. 우리는 국가를 자국 시민을 위해 보호와 안전을 생산하는 하나의 경제적 기업, 일종의 합법적인 갈취범으로 볼 수 있다.[6]

19세기가 막을 내릴 때 오스만 제국처럼 변화에 적응하지 못한 나라는 오랜 쇠퇴를 겪다가 결국 이후에 필연적으로 붕괴했다. 청 제국 같은 다른 나라는 오만한 외국인들에게 거듭 굴욕을 당하다가 역시 붕괴했다. 일본처럼 적응한 나라들은 주요 열강이 되었다.

전통을 옹호하는 쪽도 있었고, 새로운 것을 정당화하기 위해 새롭게 발명하는 쪽도 있었다. 영국인과 일본인은 전통을 발명하는 데 뛰어났다. 그 목적은 진보의 진전 속도를 늦추거나 방해하는 게 아니라 변화가 상처를 야기하지 않는다고 모두를 안심시키는 것이었다. 그리고 진보는 오직 한 가지 방식으로만 측정될 수 있었다. 산업화 이전 시대에서 벗어나 흥미진진한 자본주의의 신세계로 얼마나 나아갔는지가 유일한 잣대였다. 근대와 관련된 모든 바람직하고 결정적인 속성 가운데 산업화된 자본주의 경제가 가장 분명한 것이었기 때문이다.

자본주의에 상응하는 법률체계나 효율적인 국가 같은 다른 속성들, 즉 마르크스가 '상부구조Überbau'—『정치경제학 비판을 위하여Zur Kritik de Politischen Ökonomie』에 붙인 1859년 서문의 몇 쪽에서만 사용한 용어다—라고 지칭한 속성들은 산업화를 가능케 한 핵심 요소였다. 제대로 기능하는 국가가 없는 지속적인 산업화와 경제성장을 상상하기는 쉽지 않다. 1980년대에 이름을 날린 워싱턴 컨센서스Washington Consensus라는 신자유주의 프로그램에도 재정 규율, 탄탄한 소유권, 민영화, 환율 경쟁 같은 주요한 정치적 요소들이 들어 있었다.[7] 신자유주의자들은 또한 효율적인 국가를 요구한다. 하지만 아담 쉐보르스키가 말하는 것처럼, 일단 신자유주의 프로그램의 핵심 요소들이 자리를 잡으면 '하늘에서 만나manna가 떨어진다'고 생각한다면 순진한 오산이다.[8] 그리고 역사적으로 볼 때, 어쨌든 민주주의가 미약하고 시민권이 거의 없이도 산업화에 시동을 걸 수는 있다. 스탈린의 소련은 —민주주의는 말할 것도 없이— 독립적인 사법부나 뚜렷한 소유권, 독립적인 중앙은행이 조짐조차 없는데도 놀라운 수준의 산업화를 달성했다. 물론 최종 결과는 성공작이 아니었지만 말이다. 한국과 대만은 1960년대와 1970년대, 1980년대에 독재 정권의 보호 아래 빠르게 성장했다. 중국이 1980년 이래 이룩한 성장은 국제통화기금이나 미국 재무부, 세계은행(결국 '워싱턴 컨센서스'에 대한 집착을 포기했다), 『월스트리트저널』, 『이코노미스트』, 또는 러시아식 '충격 요법(급격한 자유화)'의 처방과는 전혀 무관하다.[9] 실제로 이른바 서구 모델이 어떤 매력이 있었든 간에 중국 엘리트들에게는 아무런 지배력을 발휘하지 못한다.[10] 일본의 경제적 성공도 마찬가지이며, 1960년대와 1970년대에 국가의 보호주의 덕분에 아시아의 네 마리 호랑이(홍콩, 싱가포르, 대만, 한국)가 성장의 시동을 건 과정에 대해서도 똑같이 말할 수 있다. 소유권의 분명한 정의가 발전에 필수적이라는 공리조차 중국에는 적용되지 않는 듯하다. 중국에서 1970년대와 1980년대에 성공을 거둔 향촌기업鄕村企業은 탈집중적인 구조에 소유권이 분명하지 않은 가운데 지자체 사업체와 협동조합을 뒤섞은 것이었다.[11] 소련과 동유럽의 옛 공산주의 경제와 달리, 여기서는 통제권이 지방정부의 수중에 있었다. 이 과정에 지방이 더욱 관여할수록 발전 과정은 더 큰 성공을 거뒀다.[12] 19세기에 산업화한 나라들과 18세기 말과 19세기 초에 산업화한 영국이 만약 워싱턴 컨센서스 심사를 받았다면 분명 탈락했으리라.[13] 최근을 보면, 라틴아메리카의 여러 나라처럼 워싱턴 컨센서스를 충실하게 따른 나라들은 중국같이 따르지 않은 나라들만큼 빠르게 성장하지 못했다.[14]

하지만 많은 사회과학자들은 보편적으로 적용 가능한 모델을 제시하지 않고는 배기지 못했다. 가령 윌리엄 J. 보멀과 그의 동료들 같은 저명한 경제학자들은 2007년에 쓴 글에서 '원활하게 돌아가는 기업 경제'에 필요한 주요 요소는 순조롭게 기능하는 금융 시스템, 유연한 노동시장, 소유권, 기업가를 위한 유인책 등이라고 설명했다. 이 글을 쓸 당시에 가장 빠르게 발전하는 각국 경제에서 좀처럼 공존하지 않는 요소들이었다.[15] '순조롭게 기능하는 금융 시스템'을 어떻게 정의할지도 분명하지 않았다. 예를 들어 2007년에 제대로 기능하는 것처럼 보인 시스템이 리먼브라더스가 붕괴(미국 역사상 최대 규모의 금융 파산)한 2008년 9월 15일에는 그렇게 좋아 보이지 않았기 때문이다.

실제로 특정한 공식을 적용하는 것은 정책결정권자들의 의지만이 아니라, 훨씬 더 중요하게는, 특정한 나라가 전 지구적 경제에 편입되는 방식에도 좌우된다. 따라서 작은 나라일수록 국제 경쟁에 노출될 때 노동시장을 개혁할 가능성이 더 높다. 핀란드, 덴마크, 스웨덴, 뉴질랜드, 아일랜드 같은 나라가 프랑스나 독일처럼 규모가 큰 경제에 비해 훨씬 더 정력적으로 이런 노동시장 개혁을 공표한 것도 이런 이유 때문이다.[16] 과거에 영국에서는 노동시장의 경직성이 입법보다 노동조합에 의해 한층 더 좌우되었다. 따라서 노동조합의 힘이 약해지면 노동시장은 더 유연해진다.

자본주의로 가는 첫 번째 길은 영국의 길이었는데, 19세기 말에 대다수 자유주의자들이 영국의 뒤를 따르고자 한 것은 이런 이유 때문이다. 영국이 다른 나라들에 비해 부유하고 강하며 자유로웠기 때문에 이런 유혹이 한층 더 컸다. 시민권(다수를 위한)과 부(일부를 위한)의 감미로운 결합은 어느 때는 두 마리 토끼를 다 잡을 수 있음을 보여주는 증거 같았다. 하지만 유럽 대륙과 미국에서 대다수 자유주의자는 정력적인 강한 국가 주창자였다. 독일의 영향력 있는 경제학자 프리드리히 리스트(『정치경제학의 민족적 체계The National System of Political Economy』, 1841) 같은 자유주의자들은 자본주의의 민족적 진보와 발전을 장려했다. 하지만 영국의 자유방임이나 '자유'시장은 장려하지 않았다. 무엇보다도 중요한 것은 산업이었다. 리스트의 말을 들어보자.

순수한 농업 국가는 국내·해외 무역과 통신·교통, 해상운송을 높은 수준으로 발전시킬 수 없다. 인구가 증가하는 대로 번영을 증대하지도 못한다. 도덕, 지식, 사회, 정치 문화에서 현저한 진보를 이루지도 못한다. 커다란 정치권력을 획득하지도 못하고, 저발전 나라들의 문명과 진보에 어떤 중대한 영향력도 행사하지 못한다. 또한 식민지를 세우지도 못한다. …[17]

그리고 산업을 발전시키려면 적어도 초기에는 외국과의 경쟁을 저지해서 자국 경제를 보호할 필요가 있었다. 핵심은 국가인데, 아무런 국가가 아니라 강한 국가였다.

사회의 전반적인 상태가 유리하지 않으면, 그리고 개인들이 자신이 가진 생산적 힘의 가장 큰 부분을 정치조직에, 자신이 거주하는 나라의 권력에 빚지지 않는다면, 개인의 활동은 국가의 상업과 산업과 부를 보전하는 데 무력하다.[18]

리스트는 이른바 '세계시민주의 학파'(즉 애덤 스미스, 데이비드 리카도, 장-바티스트 세 등과 그들의 추종자들)가 세 가지 본질적인 오류를 안고 있다고 비난했다. 첫째, '민족성을 제대로 이해하지 못하고 민족의 이해에 무관심한 공상적 세계시민주의', 둘째, '모든 곳에서 물건의 교환가치를 중시하는 메마른 물질주의', 셋째, '사회적 노동의 본성을 경시하면서 … 개별 산업이 사회에서 제약만 받지 않으면, 즉 각기 다른 민족들로 분리되지 않고 전체 인류가 가족처럼 함께하면 저절로 발전할 것이라고 묘사하는 무질서한' 개인주의.[19] 그는 개인과 인류 사이에는 특정한 언어와 역사와 기원을 가진 민족이 존재한다고 설명했다. 개인이 시민성civility을 획득하는 것은 바로 이런 민족을 통해서다. 일부 민족은 거의 문명화되지 않았다. 정치경제학자의 임무는 그들이 곤경에서 빠져나오도록 돕는 것이다. 프리드리히 리스트는 계속해서 다음과 같이 말했다.

> [애덤 스미스] 학파는 미래에 나타날 상태를 이미 실현된 것처럼 여긴다. 이 학파는 만국 연합과 영구평화를 가정하고, 그로부터 자유무역의 막대한 혜택을 추론한다. … 역사를 보면 정치적 연합이 언제나 상업적 연합보다 앞서 이루어짐을 알 수 있다. … 지금과 같은 세계의 상태에서 자유무역이 시행되면 민족들의 공동체 대신 제조업과 상업, 항해에서 여러 민족이 모두 강대국의 우위에 종속되는 결과가 나타날 것이다.[20]

리스트는 이 영국 학파의 고전적 경제학자들이 자유무역 교의를 얼마나 신봉하는지에 대해 과대평가했다. 애덤 스미스와 데이비드 리카도를 비롯한 이들이 대체로 현대 신자유주의자들의 이론적 조상으로 명성을 누리는 현실을 감안하면 놀랄 일은 아니다. 물론 신자유주의자들의 열광적인 포옹으로부터 애덤 스미스를 구해내기 위해 상당한 연구가 진행된 사실은 짚고 넘어가야겠다. '보이지 않는 손' 개념—스미스에게 명성과 악명을 동시에 준 개념—은 그의 저작 전체에서 세 번만 언급될 뿐이다.[21] 『국부론』에서 이 개념이 한 번 등장하는데, 그 맥락은 기업가는 자기 사업에 몰두하며 자신의 협소한 이익만을 볼 수 있을 뿐, 대체로 무의식적으로 행동한다는 무미건조한 설명이다.

사실 그는 공공의 이익을 증진시키려고 한 것도 아니고 자신이 얼마나 기여하는지도 알지 못한다. … 다른 많은 경우와 마찬가지로, 그는 이렇게 함으로써 보이지 않는 손에 이끌려 자신이 전혀 의도하지 않은 목적을 증진시키게 된다. … 그는 자신의 이익을 추구함으로써 종종 정말로 사회의 이익을 증진시키려고 의도하는 경우보다 더욱 효과적으로 사회에 기여한다. 나는 공공복지를 위해 사업한다고 띠드는 사람들이 그만큼 좋은 일을 많이 하는 것을 본 적이 없다.[22]

도널드 윈치가 설명하는 것처럼, '사적인 의도나 개인이 공언하는 목적'과 개인의 행동이 '사회나 공공에 의도치 않게 미치는 결과'를 이렇게 대비한(그리고 현대 신자유주의자들이 주장하는 것처럼 개인주의를 근거 없이 찬양하지 않은) 결과로 스미스와 그의 후계자들(카를 마르크스 포함)은 '비인격적인 익명의 관계로 특징지어지는' 자본주의의 상업 세계를 분석할 수 있었다.[23] 스미스는 '자본가'들의 확고한 지지자와는 거리가 멀었다. 또한 그는 개인주의가 자본주의의 토대라고 생각하지도 않았다. 실제로 스미스는 자본주의를 협동적 체계로 여겼다. 『국부론』에서 분업을 검토하는 부분의 주된 논점이 바로 이것이다.

선량한 자유주의자인 애덤 스미스는 산업자본가들이 하나로 뭉쳐서 가격을 고정시킬 수 있다는 사실에 특히 경각심을 갖고 일정한 형태의 국가 규제를 주창했다. "동종 업계 사람들은 어울려 놀거나 기분전환을 위해서도 서로 만나는 일이 드물지만, 만나기만 하면 대화는 언제나 대중에 대한 음모, 또는 가격을 올리기 위한 모종의 술책으로 끝난다." 그는 규제(오늘날 우리가 쓰는 용어로는 독점 규제법)가 어려울지 몰라도 이런 관행을 부추겨서는 안 된다고 역설했다.[24]

스미스는 이제 막 산업사회가 화산처럼 분출해서 나라 전체를 몰아치리라는 것을 알지 못했다. 각국 사회가 끝없이 성장할 수 있다고 생각하지도 않았다. 사실 스미스는 중국이 이미 최종 목표에 도달했다고 생각했다. "중국은 오랫동안 정지 상태에 있는 것으로 보이는데, 어쩌면 이미 오래전에 법과 제도의 본성에 따라 가능한 부를 완전히 성취한 듯하다."[25] 1820년에 중국이 전 세계 국내총생산에서 가장 큰 비중(32.9퍼센트)을 차지했다는 사실을 감안하면, 그다지 놀라운 견해는 아니다.[26]

하지만 애덤 스미스는 다른 나라를 희생시키면서 자국 경제를 장려(하고 보호)하려고 하는 국가 정책인 '중상주의'나 보호주의의 철두철미한 반대론자였다. 훗날 프리드리히 리스트가 제안하는 바로 그 정책 말이다. 물론 리스트가 생각한 보호주의는 항구적인 정책이 아니라 자국 경제를 성장시키기 위한 한 단계였다. 그리고 리스트가 스미스의 '세계시민주의'를 부각시킨 것은 옳았다. 스미스 자신이 자본가들의 잠재적인 세계시민적 성격을 알고 있었기 때문이다. 스미스가 보기에 토지 소유자와 자본 소유자의 근본적인 차이는 전자는 나라의 시민인 반면 "자본 소유자는 당연히 세계의 시민이고 반드시 어느 특정한 나라에 속하지는 않는다"는 것이었다.[27] 우리는 고향을 떠난 부자들이라는 새로운 세계시민주의 계급에 대한 이런 규정에서 오늘날의 금융 자본가들을 쉽게 인식할 수 있다. 소설가 마리나 레비츠카가 『살아 움직이거나 죽은 여러 애완동물Various Pets Alive and Dead』에서 말하는 것처럼 그들은 "크게 성공해서 가방도 없이 자유롭게 움직이는 젊은 전 지구적 엘리트 집단이며, 그들의 직함은 부이고, 여권은 두뇌이며, 유일하게 소속된 나라는 돈이다".[28]

많은 대학교수가 그러하듯, 애덤 스미스도 자본가를 좋아하거나 존경하지 않았다. 그는 자본가를 거래업자나 제조업자, 상인이라고 지칭했다. '자본가'라는 단어를 한 번도 사용하지 않았고(당시 이 용어가 통용되고 있었다. 특히 장-바티스트 세의 저작에서 많이 나온다), '자본주의'보다 '상업 사회'라는 용어를 선호했다. 마찬가지로 마르크스도 『자본』에서 '자본주의'라는 용어를 전혀 사용하지 않았다(하지만 '자본주의적 생산양식'이라는 용어는 사용했다).[29] 스미스는 제조업자들이 바라는 대로 비겁하게 따르는 국가에 비판적이었다. 『국부론』(1776) 1편에서 그는 상인의 이해관계는 "항상 어떤 면에서는 사회의 이해관계와 다르고 심지어 상반되기도 한다"고 말했다. "시장을 확대하고, 경쟁을 제한하는 것은 항상 상인의 이익이 된다."[30] 실제로 시장은 견제를 받지 않으면 자동적으로 변화에 적응하기는커녕 독점으로 이어질 것이다.

이런 회사는 가능한 한 언제나 자신의 이윤율을 최대한 높이고자 하며, 자신이 수출하는 상품이나 수입하는 상품 모두에 대해 항상 공급을 최대한 부족하게 유지하려 한다. 이렇게 하려면 경쟁을 제한하거나 새로운 모험상인이 거래에 진입하지 못하게 막아야만 한다.[31]

경제의 목적은 이윤이 아니었다. 소비자의 목표인 소비가 모든 생산의 유일한 목적이자 목표였다. 『국부론』에서 스미스가 말한 것처럼,

이런 명제는 더없이 자명하므로 이를 증명하려고 시도한다면 우스꽝스러운 일일 뿐이다. 하지만 중상주의체제에서는 소비자의 이익이 거의 언제나 생산자의 이익에 희생된다. 중상주의에서는 소비가 아니라 생산을 모든 산업과 상업의 궁극적 목표이자 목적으로 삼는 듯 보인다.[32]

이 원리는 160년 뒤 존 메이너드 케인스가『고용, 이자 및 화폐의 일반 이론General Theory of Employment, Interest, and Money』에서 그대로 되풀이한다. 케인스는 '모든 생산은 궁극적으로 소비자를 만족시키기 위한 것'이라고 주장한 뒤, '소비야말로 ―분명한 사실을 반복하자면― 모든 경제활동의 유일한 목적이자 목표'라고 덧붙였다.[33]

애덤 스미스에게 소비가 중심을 차지한다는 사실은 경제학자가 아닌 사람들에게도 잘 알려져 있었다. 시인 푸시킨은 1830년대에 주인공답지 않게 천박한 예브게니 오네긴에 관해 '그는 애덤 스미스를 높이 평가했다'고 말한다.

> 어느 누가 전부 알았던가. 국가가 어떻게 존재하고,
>
> 어떻게 국가를 변모시키고, 부유하게 만들 수 있는지,
>
> 그리고 팔 수 있는 물건만 있다면
>
> 왜 국가에 금이 아예 없어도 되는지.[34]

스미스는 비록 경제적 자유주의자였지만, 어떤 상황에서는 오직 정부 정책만이 인간의 고통을 막거나 완화할 수 있고, 어떤 환경에서는 취약 계층을 보호하기 위해 정부의 개입이 필요하다는 것을 알고 있었다.[35] 그는 국가가 경제에 간섭해서는 안 된다는 규칙에 수많은 예외를 허용했다. 가령 도로나 교량 같은 공공사업은 국가가 책임지는 게 더 낫고, 신생 국내 산업은 적어도 어느 정도 발전할 때까지 외국과의 경쟁에서 보호할 수 있으며(스미스가 쓴 용어는 아니지만 이른바 유치산업 보호론이다), 국가는 또한 화폐를 규제하고 세금을 활용해서 행동을 바로잡아야 했다. 가령 증류주 같은 유해한 알코올음료에 세금을 부과해서 상대적으로 덜 해로운 맥

주 같은 술의 소비를 장려해야 했다.[36] 스미스는 확실히 자본가를 좋아하지 않았고 '소小소유자'를 훨씬 선호했다. "소소유자는 자기가 가진 작은 토지의 모든 부분을 잘 알고, 재산 특히 적은 재산이 자연스럽게 불러일으키는 모든 애착을 품고 재산을 바라보며, … 개량가 중에서 보통 가장 부지런하고 가장 현명하며 가장 성공을 거둔다."[37]

이런 견해와 사회적 관심에도 불구하고 19세기 대부분 시기 동안(그리고 지금은 더더욱) 애덤 스미스는 자유방임의 비타협적 지지자로 여겨졌고, 프리드리히 리스트 같은 사람들은 스미스를 절대적 자유시장의 옹호자로 묘사했다. 하지만 스미스는 그런 사람이 아니었고, 18세기와 19세기 영국 자유주의의 다른 기둥들, 즉 데이비드 흄, 제러미 벤담, 데이비드 리카도, 존 스튜어트 밀같이 오늘날 우리라면 '신자유주의자'라고 부를 법한 사람들도 그런 인물이 아니었다. 흄은 1752년에 쓴 글에서 자유무역 원리와 어느 정도 결별했다.

하지만 외국 상품에 매겨지는 모든 세금이 편파적이거나 쓸모없다고 여겨지는 게 아니라 앞에서 언급한 시기심에 바탕을 둔 세금만 그렇게 여겨진다. 독일산 리넨에 매기는 세금은 국내 제조업자를 장려하기 때문에 우리 국민과 산업을 증대한다. 브랜디에 매기는 세금은 럼주 판매를 늘려서 우리의 남쪽 식민지들을 먹여 살린다.[38]

존 스튜어트 밀은 『정치경제학 원리Principles of Political Economy』(1848)에서 "정부의 필수적인 기능은 대다수 사람들이 언뜻 생각하는 것보다 훨씬 더 다양하다"고 말했다.[39] 그러고는 자유방임 규칙의 예외를 나열했다. 교육, 빈민 구제, 병원, 다양한 공공서비스, 노동시간 제한, 노동조

건 규제 등이었다.[40]

에드먼드 버크는 자유방임을 더욱 제한했다. 1795년 11월 윌리엄 피트 수상에게 제출한 비망록(사후인 1800년에 출간)에서 버크는 입법의 핵심적인 문제 가운데 하나는 "공중의 지혜에 따라 방향을 잡기 위해 국가가 무엇을 직접 떠맡아야 하고, 무엇을 가급적 간섭하지 않고 개인의 재량에 맡겨두어야 하는지"를 정하는 일이라고 말했다.[41] 존 메이너드 케인스가 「자유방임의 종언The End of Laissez-Faire」(1926)에서 약간 잘못 인용한 유명한 구절이다.[42] 케인스는 매컬러John Ramsay McCulloch의 『정치경제학 원리Principles of Political Economy』의 후기 판본에서 인용하면서 버크가 쓴 원문과 달리 'discretion'을 'exertion'으로 잘못 인용한 매컬러의 오류를 되풀이한다. 에드먼드 버크가 쓴 비망록의 전반적인 맥락에는 다른 이들이 제시하고자 한 것보다 더 장밋빛으로 빛나는 영국의 모습이 담겨 있다. 나중에 만들어진 표현을 빌자면, '번영 속에 하나되는 한 나라'의 모습이다.

이런 점을 고려할 때 우리, 즉 부자와 빈자 모두, 가난한 이들을 부추겨 그들의 친구와 후견인, 후원자와 보호자에 맞서게 하는 저 사악한 신문 필자들에 맞서 뭉쳐야 합니다. 실제로 … 먹을 것이 없어 굶어죽는 이는 거의 없을 뿐더러 그런 끔찍한 절멸의 전염병은 흔적도 보지 못했습니다. 예전에는 먹을 것이 부족하고 부패해서 민족 전체가 황폐해지는 일이 드물지 않았지만 말입니다. 지나칠 정도로 많은 우리 자신의 지혜에서 벗어납시다. 그러면 꽤 잘살게 될 겁니다.

버크는 맥락을 설명한 뒤 국가 간섭의 한계를 정하고자 했다.

국가는 국가 또는 국가의 피조물이라고 여겨지는 것에만 국한되어야 합니다. 즉 종교의 대외적 승인, 치안판사, 국가 세입, 해상과 육상의 군사력, 국가의 인가 덕분에 생겨나는 각종 조합, 다시 말해 진정으로 그리고 당연히 공적인 모든 것, 공공의 평화와 공공의 안전, 공공질서와 공공의 번영에만 간섭해야 합니다. … 자신을 아는 정치인이라면 … 오직 이 길로만 나아갑니다. 자신에게 주어진 임무의 으뜸가는 궤도이자 첫 번째 동기에 따라 방심하지 않고 꾸준히, 엄격하면서도 용감하게 말입니다. … 정치인은 각기 다른 만물의 분야를 알아야 합니다. 무엇이 법률의 소관인지, 무엇은 관습으로만 규제할 수 있는지 등을 말입니다.[43]

하지만 당시는 1795년이었고, 이 말은 휘그당 보수파의 지도적 인물의 입에서 나온 것이다. 국가가 반대파의 수중에 있을 때 국가는 억압 세력이고, 자신이 혁명가일 때 국가를 끝장낸다는 생각은 매력적으로 다가온다. 그리하여 톰 페인은 『상식Common Sense』(1776)의 서두에서 이렇게 선언했다. "사회는 어떤 상태든 간에 축복이지만, 정부는 최선의 상태에서도 필요악이며 최악의 상태에서는 참을 수 없는 존재다."[44] 프리드리히 엥겔스는 공산주의 아래서 국가가 서서히 사라질 것이라고 고대했다. "사람의 정부는 사물의 관리로 대체된다. … 국가는 '폐지'되는 게 아니라 서서히 사라진다."[45] 레닌은 볼셰비키가 실제로 10월에 권력을 잡기 전인 1917년 8월 『국가와 혁명State and Revolution』에서 이런 반反유토피아적 개념을 되풀이했다. 하지만 자신이 권력을 잡고 있거나 권력에 가까이 있으면, 케인스가 현실적으로 그리고 아마도 현명하게 단언한 것처럼, 정부의 우선과제는 "개인들이 이미 하고 있는 일을 하는 게 아니라 현재 전혀 이뤄지지 않고 있는 일을 하는 것"이 된다.[46]

영국에서 1860년 이후 최소 국가의 진정한 주창자를 찾으려면 독설을 일삼는 자유지상주의 '철학자'인 허버트 스펜서에게 고개를 돌려야 한다. '적자생존'이라는 표현(흔히 다윈이 만들어낸 말이라고 오해받는다)을 고안한 것이 바로 스펜서다. "여기서 내가 기계적인 용어로 표현하고자 한 이 적자생존은 다윈 씨가 '자연선택 또는 생존투쟁에서 유리한 종의 보존'이라고 부른 것이다."[47] 스펜서의 반反국가주의는 오늘날 다소 기묘해 보일 테고, 교조적인 극단적 자유지상주의자들만 좋아할 것이다. 스펜서는 워낙 극단적이었던 터라 국가가 전염병 예방을 돕는 일에도 개입해서는 안 된다는 견해를 취했다. 『개인 대 국가The Man versus the State』(원래 1884년 『컨템퍼러리리뷰Contemporary Review』에 발표)에서 그는 '모든 고통을 예방해야 한다'는 것을 당연시해서는 안 된다고 설명했다. "그런 주장은 사실이 아니다. 많은 고통은 치료 효과가 있으며, 고통을 예방하는 것은 치료법을 예방하는 셈이다."[48] 그 시대에 그는 동년배 가운데 위대한 사상가 중 하나로 여겨졌다. 1891년 스코틀랜드의 철학자 데이비드 조지 리치는 한창 스펜서를 비난하다가 다음과 같은 사실을 인정할 수밖에 없다고 느꼈다. "스펜서 씨는 아마 새로운 급진주의가 고려해야 하는 가장 만만찮은 지적 적수일 것이다."[49]

근대의 많은 자유주의자뿐만 아니라 분별 있는 사람들이 그러하듯, 리치 역시 나쁜 정부에 맞서 좋은 정부를 옹호하고 원칙적으로 정부에 반대해서는 안 된다고 생각했다.[50] 하지만 스펜서에게는 그런 문제가 없었다. 그에게 빈자를 돕는 것은 언제나 나쁜 일이었다. 그의 사상은 대단한 것은 못 되지만 19세기 말 미국의 풍경에는 기가 막히게 들어맞았다. 과학적이고 종합적으로 여겨졌기 때문이다. 미국에서는 1880년대에 스펜서에 정통하지 않고서 사회과학과 정치철학에서 활동하는 게 불가능했다.[51] 프랑스에서는 1871년에서 1881년 사이에 스펜서가 학술지에서 가장 인기 있는 저자였고, 그의 논문 20편 이상이 『철학평론Revue philosophique』에 발표되었다.[52] 이탈리아에서는 새로운 실증주의 사상가들이 스펜서의 책을 게걸스럽게 읽었다. 특히 정치적으로 부상 중이던 '역사적 좌파Sinistra storica'와 관련된 체사레 롬브로소, 아킬레 로리아, 엔리코 페리 등이 앞장섰다.[53] 중국에서는 옌푸(스펜서의 책을 번역했다) 같은 서양화론자들이 감탄해 마지않았다.[54] 일본에서는 새로운 메이지 국가를 건설한 이들 대부분이 스펜서의 능수능란한 체계 구축에 압도되었다.[55] 1877년에서 1900년 사이에 스펜서의 저작 30권 이상이 일본어로 번역됐다. 일본 독자들은 특히 진보와 개인의 권리에 대한 그의 견해에 관심을 보였다.[56] 1885년 아랍의 과학 저널 『알무크타타프Al-Muqtataf』는 스펜서를 '우리 시대에 손꼽히는 위대한 철학자'라고 지칭했다.[57] 멕시코에서는 스펜서가 오귀스트 콩트보다 더 큰 영향을 미쳤다.[58] 오스트레일리아에서는 정치인 브루스 스미스가 적절한 제목을 붙인 저서 『자유와 자유주의: 국가의 부당한 간섭으로 향하는 점증하는 경향에 대한 항의. 개인의 자유와 사기업, 소유권을 중심으로Liberty and Liberalism: A protest against the growing tendency towards undue interference by the state, with individual liberty, private enterprise and the rights of property』(1887)에서 여러 차례 존경하는 마음으로 스펜서 저작을 언급했다.

하지만 동시대인들의 긍정적인 평가는 스펜서만큼 오래 살아남지 못했다. 스펜서의 명성은 1870년대와 1880년대에 정점에 달했다.[59] 그의 생애 동안 그와 '자유와 소유 연맹Liberty and Property League'에 속한 지지자들은 약간 극단적이라고 여겨졌으며, 그가 쓴 『개인 대 국가』(1884)는 온건한 개인주의자들에게 당혹감을 안겨주는 저작이었다.[60] 오늘날 스펜서가 만들어낸 '적자생존'이라는 표현은 흔히 다윈이 처음 쓴 것처럼 여겨지는 한편 스펜서 자신은 사실상 잊었고 거의 읽히지도 않는다. 스펜서의 견해는 분명 사상들의 시장에서 살아남을 만큼 적자가 아니었다.

진정한 자유방임 자유주의자들은 좀더 일찍, 그러니까 1840년대와 1850년대에 싸움을 치렀다. 그들은 개인의 자유가 '좋은' 사회질서의 토대라는 단순한 가정에서 출발했다. 가장 모범적인 주창자는 이른바 맨체스터 학파Manchester School에 속한 개혁가들이었는데, 이 학파의 주요 제안자는 리처드 코브던과 존 브라이트였다(어쨌든 그들에게는 자유무역이 자유방임보다 훨씬 더 중요했다). 두 사람과 유럽 다른 지역의 자유방임론자들은 법질서 유지와 계약 이행에만 집중하는 최소 국가를 지지했지만, 그들조차 일정한 노동시장 규제 주장을 받아들였다. 특히 아동노동과 도로 유지보수 및 삼림 보전 같은 공공재 문제에서는 규제를 수용했다.

엄격한 자유주의 경제학이 널리 환호를 받았지만, 실제로 실행된 적은 없다. 잉글랜드에서도 현실적 자유주의자들은 정치 때문에 이런 사고를 지나치게 열정적으로 옹호할 수 없음을 인정해야만 했다. 자유방임 자유주의의 가장 당당한 정치적 대표자인 윌리엄 글래드스턴은 수상으로 재직할 때 제한된 국가 개입과 사회개혁주의의 옹호자가 되었다.

그리하여 19세기 후반기에 비개입주의적 자유주의는 영국에서도 의문시되고 있었다. 존 스튜어트 밀 같은 자유주의자들은 인간 개선(진보)과 인권 보호 때문에 사적 소유에 간섭해야 하는 상황이 존재한다고 주장했다. 밀 사후에 출간된 『사회주의론Chapters on Socialism』에는 자본주의체제의 부당성과 게으른 부자들, 노동계급의 비참한 처지에 대한 열정적인 비판이 담겨 있었다. 밀은 비록 이윤과 경쟁 개념을 받아들이면서도 생산의 목적은 공공선이 되어야 하고 생산수단을 공동으로 소유해야 한다고 주장했다. 1880년대부터 줄곧 영국에서 '새자유주의New Liberalism'라는 새로운 종류의 자유주의가 활개치고 있었다. 1880년대에 이르러 "자유주의 주류는 [자유방임을] 결정적으로 포기했고, 일반적인 윤리적 의미의 사회주의가 자유주의 용어집의 일부분이 되었다".[61] 헨리 시지윅은 『정치의 요소들Elements of Politics』(1891)에서 국가가 해야 하는 일을 나열하는 식으로 온건한 개인주의를 제시하고자 했다. 아동 보호, 직업 기준 시행, 질병 통제, 일부 유형의 정보 공개 등이었다.[62] 그리고 1883년 『팔말가제트Pall Mall Gazette』는 "이제 자유주의자들조차 자유방임을 경멸스럽게 언급한다"고 개탄했다.[63]

시드니 웹은 1892년에 쓴 글에서 자유방임에 집착하는 것은 이제 글래드스턴 주위로 모인 자유당의 한 분파만의 특권이 되었다고 지적했다. 글래드스턴의 사회개혁 구상은 노동조합이 원하는 것처럼 '하층계급 자체의 사회적 처지를 끌어올리는 것'이 아니라 일부 성원이 소자본가가 될 수 있도록 한다는 것이었다.[64] 하지만 웹이 계속해서 설명하는 것처럼, 당내에서 급진적인 '집단주의' 분파가 등장하고 있었다. 이들이 새롭게 내세운 원리는 '최선의 정부는 최대한 많은 것을 안전하고 유리하게 관리할 수 있는 정부'였다.[65] 웹은 자유방임을 옹호하는 구식 맨체스터 자유주의자들과 새로운 급진파 사이에 벌어진 싸움이 현대 자유주의가 직면한 난점의 핵심에 자리하고 있다고 지적했다. "개인주의적 자유주의의 성채가 노동 세력에 의해 사방에서 포위당하고 있다."[66]

일찍이 19세기 중반 영국의 경제적 자유주의는 현실적인 면에서 곡물법(수입 식량의 가격을 낮춰 노동 비용을 억제하는 법)의 폐지를 의미했다. 곡물법 폐지는 1846년에 이루어졌다. 영국 자유주의 역사상 최대의 승리였다.

얼마 지나지 않아 자유주의 국가는 예금(더 나아가 금융기관)과 통화의 안정성(예금자를 보호하기 위해)을 보호하고, 임금노동자와 자본가가 벌이는 분쟁에 간섭하기를 삼가며(실제로는 종종 간섭했고 또 종종 자본가의 편을 들었다), 특히 고용주가 비용을 부담하기만 한다면 사회보장 같은 일정한 복지 원리를 지지할 것으로 기대되었다. 많은 자유주의자가 일정한 보호주의에 기꺼이 호의를 보였다. 대중의 믿음과는 달리 대다수 기업가는 '타고난' 자유주의자가 아니다. 기업가는 체질적으로 질서와 평화에 끌린다. 또한 당연하게도 불안해하고 취약하다고 느끼기 쉽다. 다음에 어떤 일이 벌어질지 알지 못하기 때문이다. 기업가가 자유주의의 깃발을 흔드는 것은 이데올로기 때문이 아니라 자신의 이익을 지키기 위해서다. 국가 개입에 관해서 기업가 공동체에서 단합된 반대의 목소리가 나온 적이 없다. 이런 '공동체'는 본성상 자신들의 존재를 가능케 하는 정치적 틀을 (국가를 통해) 강제하는 것말고 공통의 이해관계가 상대적으로 거의 없기 때문이다. 신자유주의적 자본가들 가운데 가장 이데올로기적인 이들조차 자신들이 속한 국가가 인플레이션을 활용해서 공공부채를 줄이지 않고 채무 상환 불이행을 하는 게 아니라 신용을 보장하기를 기대하는 것은 매우 명백하다. 물론 각국이 때로는 어쩔 수 없이 전자의 정책을 시행하지만 말이다.

정치인들은 이런 점을 잘 이해했다. 1885년 4월 28일에 한 연설에서 당시 아직 자유당원이자 글래드스턴 정부의 장관이던 조지프 체임벌린은 오직 정부만이 해법을 내놓을 수 있다고 생각하는 당대의 주요한 사회적 악폐를 자세히 열거했다.

어린이들은 적절한 영양섭취가 부족해서 발육이 저해되고 지능이 둔화됩니다. … 인구의 많은 비율에서 평범한 생활상태가 이러한 까닭에 인간의 기본적 품위가 전혀 불가능합니다. 게다가 이 모든 상황이 부자들의 대저택에서 내려다보이는 가운데 … 사치스러운 낭비와 나란히 펼쳐집니다.

정부는 전체 성원을 위한 국민 전체의 유일한 조직이며, 이 공동체는 개인들이 연대와 분산된 시도로 제공하기가 불가능한 이득을 모든 성원에게 제공할 수 있습니다—네, 그래야 합니다. … 정부야말로 지금까지 제가 거론한 것처럼 너무도 고질적인 악폐를 하나의 전체로 행동하면서 다룰 수 있는 유일한 공동체입니다.[67]

빅토리아시대 사람들은 '작은 정부'를 선호하기는커녕 공공생활과 사생활의 모든 영역에 체계적으로 개입했다. '빅토리아시대의 가치'라는 용어에서 풍기는 도덕 같은 영역에만 개입한 게 아니다. 빅토리아시대 사회입법이 아우르는 범위는 대단히 인상적이었다(14장과 15장을 보라).

개입주의는 독일에서 훨씬 더 인기를 누렸다. 독일의 저명한 지식인들은 일찍부터 프리드리히 리스트의 처방을 받아들였고, 독일이 통일국가로 공고화되는 1870년대 초에 이르면 노동계급을 위한 사회개혁에 관심을 기울이게 되었다. 아이러니하게도 적수들에 의해 강단사회주의자 Kathedersozialisten라는 꼬리표가 붙은, 이른바 독일의 역사주의 경제학파이자 1872년 구스타프 폰 슈몰러, 아돌프 바그너, 에티엔 라스파이레스 등의 주도로 설립된 사회정책학회Verein für Sozialpolitik 성원들은 거의 만장일치로 이른바 영국학파(애덤 스미스, 데이비드 리카도 등등)에 비판적이었다. 그들이 판단하기로 영국학파는 전혀 바뀌지 않은 자유방임 자유주의자들이었다. 슈몰러는 당대의 영국학파 추종자들의 견해가 부적절하다고 걸핏하면 비판했다. 1890년대에 나타난 사회문제나 새로운 형태의 영리 기업, 경쟁이 의도치 않게 야기하는 결과 등을 설명하지 못한 다는 이유에서였다.[68] 독일의 또다른 지도적 강단사회주의자인 루요 브렌타노는 1900년에 국제노동기구International Labour Organization(ILO)의 전신인 국제노동입법협회International Association for Labour Legislation를 창설했으며, 임금은 높고 노동시간은 짧은 경제를 주창했다. 그렇지만 독일 각지에서 끓어오르는 8시간 노동제에는 열정적이지 않았다.[69]

자본주의는 이미 통일 전부터 독일에서 발전하고 있었다. 1850년대와 1860년대에 독일연방 일부 국가들이 공포한 친기업 입법도 요인으로 작용했다. 이 입법으로 산업자본가들의 확신이 높아지고 통일 이후에 산업 발전을 이루는 환경이 조성되었다. 국가가 후원하는 가운데 철도, 화학, 전력, 광학 산업이 발전했다. 많은 지주들이 이미 자본주의 노선을 따라 토지를 운영하기 시작했다.[70]

'부르주아' 급진주의자와 강단사회주의자, 그리고 확고한 개입주의만이 산업화로 가는 길이라고 여기면서 스스로를 '온건파'로 규정한 잡다한 지식인 그룹이 유럽 각지에서 등장했다. 영국에서는 페이비언협회, 에스파냐에서는 식민지 상실을 개탄하는 한편 동포들에게 앞으로 나아갈 것을 촉구한 98세대generación del 98(11장을 보라), 오스트리아에서는 자신의 저널 『횃불Fackel』을 활용해서 (전에 테오도어 헤르츨의 시온주의를 공격하고 조롱한 것처럼) 독일 민족주의와 자유주의 경제학, 그리고 위선적이라고 여긴 거의 모든 것(말 그대로 거의 모든 것)을 비판한 두려움 없는 공적 지식인 카를 크라우스, 보헤미아에서는 곧이어 청년체코당(1891)에 합류한 토마시 마사리크가 이끈 '현실주의자들', 루마니아에서는 농업국가에서 사회주의운동에는 제한적 기대만을 걸 수 있음을 깨달은 콘스탄틴 도브로제아누-게레아(본명은 솔로몬 카츠) 주변의 사회주의자 그룹, 형가리에서는 독자들에게 실증주의나 마르크스주의같이 새롭게 등장하는 '현대'사상을 소개하려고 한 잡지 『20세기Huszadik Század』를 중심으로 한 사회과학협회Society for the Social Sciences가 나타났다.[71]

이탈리아에서 등장한 이런 운동은 주로 남부의 자유주의적 실증주의 인텔리겐차 성원들, 이른바 남부주의자들meridionalisti로 이루어졌다. 그들은 사회주의('주적')를 비난하면서도 순수한 자유방임으로는 남부 농민들의 비참한 생활상태를 해결하지 못한다는 것을 깨달았다. 파스콸레 빌라리, 주스티노 포르투나토, 프란체스코 사베리오 니티 같은 남부 지식인들과 나란히 파도바를 근거지로 한 『경제학자 저널Il giornale degli economisti』을 중심으로 모인 루이지 루차티(1910~11년에 잠깐 수상 재임) 같은 이들도 있었다(독일의 강단사회주의자 추종자들도 있었다).[72] 이탈리아 언론과 도시 부르주아지, 인텔리겐차가 자유주의(와 실증주의)를 과장되게 약속한 것을 보면, 남부주의자들과 북부 동맹자들이 추구한 진짜 이데올로기의 왜곡된 이미지가 드러난다. 자유로운 자본주의의 해방적 에너지는 결코 널리 퍼진 사회문제의 치유책으로 간주되지 않았다. 그 결과, 이탈리아 국가는 고개를 돌려 두 가지 구별되는 전략에 의지했다. 주로 프란체스코 크리스피(1887~91, 1893~6년 수상 재임)가 휘두른 탄압과 중앙집권이라는 채찍과, 누구보다도 1903년에서 1914년 사이에 여러 해 동안 수상을 지낸 조반니 졸리티가 받아들인 합의와 중재라는 당근이 그것이다.

그에 따라 이탈리아 엘리트들은 분열되었다. 남부의 지주 젠트리뿐만 아니라 북부의 군부 엘리트들도 산업화에 무관심하거나 두려워했고, 대규모 프롤레타리아트의 부상에 부정적이었으며, 근대 개념에 흠칫 놀랐다. 하지만 전문직과 지식인, 기업가 가운데 이탈리아가 유럽의 '선진국'—영국, 프랑스, 독일—과 비슷해지기를 바라는, 시야가 좁지 않은 엘리트도 있었다. 자유주의 세력인 이른바 '역사적 좌파'가 1876년 선거에서 승리한 뒤, 그때까지 보기 드물게 협소했던 참정권이 확대되었다. 결국 '역사적 좌파'는 이전의 보수 세력인 '역사적 우파Destra storica'와 크게 다르지 않았다.[73] 안토니오 그람시가 『옥중수고Prison Notebooks』에서 쓴 것처럼, "좌파는 오직 안전밸브 역할을 하는 데만 성공했다. 주로 좌파의 인물과 언어를 가지고 우파의 정책을 이어나갔다".[74] 하지만 '좌파'는 '우파'보다 약간 더 진보적이고 반교권주의적이었다. 좌파는 상업·산업 부르주아지의 이익을 옹호하는 한편, 국가가 빈민을 위해 무언가를 하지 않으면 빈민이 위협이 될 수 있음을 인식했다. 그리고 계급들 간의 더 큰 조화를 위해 일하고자 했으며, 계급 갈등은 과거의 원산업화proto-industrial 시기나 적어도 후진적 또는 초기 자본주의에서만 일어난다고 믿었다.[75]

'역사적 좌파'는 운이 좋지 않았다. 그들이 집권하는 것과 동시에 이른바 1873~96년 대불황의 초기 단계가 시작됐다. 아마 이런 이유 때문에 '역사적 좌파'는 점차 원래 추구했을 자유주의 경제학에 대한 애착을 버렸을 것이다. 이탈리아 부르주아지가 무능한 탓에 국가가 성장을 장려하는 데 주도권을 쥐어야 했다. 마침내 국제적 위신을 얻으려면 경제성장이 필요함을 깨달은 군부 엘리트들(군주정 포함)이 이 과정을 도왔다. 국가 통일 비용과 통일 이전 각국으로부터 물려받은 부채에 더해 이런 사정 때문에 나라는 상당한 공공부채를 졌다. 워낙 부채가 많아서 프랑스의 한 언론인은 당대의 이탈리아를 해설한 책에 '적자의 나라로 떠나는 여행Voyage au pays du déficit'이라는 제목을 붙일 정도였다. "파산에 파산이 잇따르고, 재앙은 또다른 열 가지 재앙으로 이어진다. 사방 어디서나 통곡 소리와 분에 차서 이를 가는 소리를 들을 수 있다."[76] 필연적으로 공공

자금을 둘러싼 금융 스캔들도 빈번하게 일어났다.[77]

이탈리아 부르주아지는 자신들에게 주어진 역사적 임무—근대화와 산업화의 임무—를 수행할 능력도 의지도 없다는 부정적인 견해는 그람시와 졸리티에서 넬로 퀼리치 같은 파시즘 사상가에 이르기까지 이탈리아 정치사상에서 주제선율처럼 흘렀다. 1930년 퀼리치는 프랑스나 영국과 달리 이탈리아에서는 부르주아지가 변화와 근대를 두려워히며 시는데, 이 때문에 아무 저항도 하지 않고 파시즘에 굴복했다고 말했다. "이탈리아 부르주아지는 오직 자기 지갑만 생각한다."[78]

물론 산업화를 가로막는 진정한 장애물이 존재했다. 이탈리아는 가늘고 길게 뻗은 산악 지형에 천연자원과 국내 시장이 제한돼 있었다. 국가 개입 덕분에 혁신과 산업화의 시기가 이어진 것은 국제경제 상황이 개선되기 시작하고 전전 시기의 지배적인 정치 인물인 조반니 졸리티의 영향 아래 새로운 경제 관리 방식이 등장한 1890년 무렵에 이르러서였다. 국가는 철도를 규제하면서 철도의 수익성을 보장했으며, 20년의 시기 동안 철도 경영을 민간 집단에 위임했다. 곧이어 기업가들이 매우 투기적이고 위험한 모험사업으로 여긴 제철과 철강 산업도 국가의 보증을 받게 되었다.[79]

국가는 유럽 전역에서 온갖 다양한 임무를 떠맡느라 분주히 움직였다. 기존의 중앙집권적 전통 덕분에 나폴레옹 3세와 파리 지사 오스만 남작은 파리의 하수도를 다섯 배 늘려서 결국 사실상 파리의 모든 거리에 하수도가 연결됐고, 다른 한편 지상에서는 정기적인 거리 청소와 쓰레기 수거가 진행되었다. 런던과 베를린보다 거리 청소부가 더 많은 "파리는 얼마 지나지 않아 문명 세계의 선망의 대상이 되었다."[80]

프랑스 자유주의자들은 이따금 실용적이었다. 초자유주의적 경제학자(그러나 친식민주의자였다)인 폴 르루아-볼리외조차 만성적으로 낮은 프랑스인의 출산율에 직면하자 『인구문제La question de la population』 (1913)에서 출산 촉진 정책을 설파하면서 대가족(즉 자녀가 서너 명인 가족)을 거느린 이들이 공공부문 일자리에 구직할 때 우선권을 주자고 제안했다.[81]

그렇다 하더라도 19세기에 자유방임의 진짜 주창자는 영국인보다는 프랑스인이었다. 경제학자인 동시에 기업가였던 몇 안 되는 인물인 장-바티스트 세나 프레데리크 바스티아, 일반균형 이론(시장이 집합적으로 균형을 향하는 경향이 있다는 교의)을 정교화한 레옹 발라 같은 이들이 대표적이다. 이 프랑스 지식인들의 어조는 (프랑스 정치인들과 달리) 영국 경제학자들에 비해 훨씬 더 이데올로기적이었다. 영국인들은 예전의 모든 경제적 경계를 깨뜨리는 사회 속에서 글을 썼고, 실용주의 때문에 자유주의가 누그러졌다. 반면 프랑스인들은 두 세기에 걸친 중앙집권의 무게에 짓눌려 경제적 후발 주자를 자처했다. 이런 태도가 루이 14세의 재무상 장-바티스트 콜베르와 자코뱅 혁명 및 그 이후를 연결해주는 연속성의 한계선이었다.

훗날 카를 마르크스는 의욕에 불타 글을 쓰면서 프레데리크 바스티아를 일컬어 "변호론적 속류 경제학의 … 가장 천박한 대표자", "현대의 자유무역 외판원", "우습기 짝이 없는 … 보잘것없는 경제학자"라고 지칭했다.[82] 케인스는 그의 저작에 대해 "철학적 경제학자의 종교가 가장 과장되고 열광적으로 표현된 것"이라고 규정했다.[83] 1848년 무렵 바스티아는 리처드 코브던과 존 브라이트의 곡물법 반대 연맹Anti-Corn Law League을 본보기로 삼아 협회를 창설했지만, 국가에 대한 혐오에서는 두 사람을 능가했다. 1850년(그가 사망한 해)에 출간된 『경제의 조화Harmonies économiques』에서 그는 사적 용역이 공적 용역으로 전환되고 있다고, 즉 정부가 시민들이 버는 소득의 3분의 1 이상을 '몰수'(즉 과세)하면서 법률을 약탈의 도구로 삼고 있다고 불만을 토로했다. 그러면서 정부가 스스로 보편 세력universal force임을 선언했다고 낙심했다. 오늘날의 표현으로 하면 전체주의가 되었다는 것이었다. 그러고는 혁명이 더 자주 일어나지 않는 게 놀라운 일이라고 덧붙였다.[84] 각국 정부는 무엇을 해야 하는가? 바스티아가 보기에는 많은 일이 아니다. 국방, 공공안전('우리의 자유를 지키는 일'), 공유 재산(삼림과 도로 등) 관리 등이다. 이런 범위를 넘어서는 정부 개입은 모두 정의에 어긋난다.[85] 또한 국가가 교육 같은 '무상' 서비스를 제공한다고 말해서는 안 된다고 그는 덧붙였다(19세기 중반 프랑스에서 교육은 무상도 아니고 의무도 아니었다). 어디선가 누군가가 그 비용을 치른다는 그의 설명은 오늘날의 극단적 자유지상주의자들보다 150년 이상 앞선 것이다. '무정부자본가anarcho-capitalist' 머리 로스바드 같은 상당수의 극단적 자유지상주의자들은 그를 숭배했다. 바스티아의 말에 따르면, 국가는 시장을 우회하기 때문에 모든 사람에게 원하든 원하지 않든 간에, 즉 개인적 선호와 무관하게 똑같은 생산물을 제공한다.[86] 그는 "우리 눈앞에 고통과 비참, 프롤레타리아트와 빈민, 아동 유기와 영양실조, 범죄와 불평등"이 버젓이 존재하는데도 시장을 찬양하는 그가 비정하다고 비난하는 비판자들에 맞서 자신을 옹호했다. 비판자들이 보기에 그는 병든 사회를 눈앞에 두고도 "자유방임, 자유통상. 모든 것은 가능한 최선의 세계에서 최선의 것을 위해 만들어졌다(Laissez-faire, laissez-passer; tout est pour le mieux dans le meilleur des mondes possibles)"는 말만 되뇌고 있었다. 그의 수세적 대꾸(라이프니츠와 볼테르를 연상시키는 반론)는 '우리도 반대 진영과 똑같이 악폐를 보지만 해법은 다르다'는 것이었

다.[87] 그 해법은 최소 국가였다.

벨기에에서도 『벨기에 경제학자들L'Économiste belge』 같은 잡지와 그 편집인인 귀스타브 드 몰리나리를 중심으로 옹기종기 모인 같은 부류의 자유주의자들 또한 덕이 세상에 군림하도록 하는 것은 국가가 할 일이 아니며 사회적 불평등은 필수불가결하다고 주장했다. 이런 불평등 덕분에 부의 축적이 가능한 반면 사회적 평등은 사회적 비참을 야기할 것이었기 때문이다.[88] 드 몰리나리는 더 나아가 법질서를 사유화하고 시장 법칙에 종속시킬 수 있다고 말하기까지 했다.[89] 벨기에 국가가 창건되고 50년 뒤인 1880년에 이르러 자기만족에 빠진 벨기에의 부르주아지가 완전히 국가를 떠맡았다.[90] 발테르 프레르-오르방이 이끄는 벨기에 자유주의자들은 끈질긴 경제적 자유주의, 강한 반교권주의, 국왕의 식민 정책에 대한 조력 거부, 참정권 확대에 대한 극심한 혐오 등으로 유별났다. 하지만 그때는 벨기에 자유주의자들에게 종말의 시작이었다. 1884년 가톨릭당이 예상치 못한 승리를 거두는 것과 동시에 사회주의자들이 진전하면서 자유주의자들의 패권이 타격을 입었다. 참정권이 확대되자 가톨릭당이(사회주의자들도) 더욱 힘을 얻었다. 그동안 내내 벨기에는 산업을 중심으로 경제성장을 계속했고, 인구의 더 많은 여러 집단까지 번영을 누렸으며, 초기 수십 년을 지배한 초자유주의ultra-liberalism는 사회입법에 길을 내주었다. 한편 자본주의는 점점 더 집중되었다. 다시 말해 자본주의와 '집단주의'가 더욱 심화되었다.[91]

경제적 자유주의의 다른 거대한 국가적 성채는 프랑스보다 훨씬 뒤처진 나라인 오스트리아에 있었다. 이른바 '오스트리아 학파'(당시에 독일 학자들이 경멸적으로 사용한 용어)는 카를 멩거가 이끌었는데, 그의 저서 『국민경제학의 원리Principles of Economics』(1871)는 20세기의 몇몇 중요한 자유시장 주창자들에게 영감을 주었다. 오이겐 폰 뵘-바베르크와 루트비히 폰 미제스, 그리고 누구보다도 프리드리히 하이에크가 큰 영향을 받았다. 하지만 카를 멩거조차도 일부 추종자들이 생각하는 것만큼 그렇게 국가 간섭에 반대하지 않았다.

흔히 그러하듯, 초자유주의의 비타협적 옹호자들은 신중한 학자들이 아니라 제임스 윌슨(1843~59년 『이코노미스트』 초대 편집인)이나 해리엇 마티노(하지만 자유방임의 수많은 예외를 받아들였다) 같은 대중적 저술가나 언론인이었다.[92] 그들은 단순한 형태의 경제적 자유주의를 설파했다. 존 스튜어트 밀은 마티노에 관해 쓴 글에서 이런 식의 경제적 자유주의가 '상당한 장점이 있기는' 해도 정도가 지나친 것이라고 생각했다.[93]

언론인들과 달리 학계의 경제학자들은 삶이 복잡하다는 것을 알았으며 진정한 자유방임과 거리를 유지했다. 나중에 존 메이너드 케인스가 「자유방임의 종언」이라는 글에서 이 논쟁을 다시 거론하면서 설명한 것처럼, 주요한 경제학자들은 자유방임 교의를 지지하기는커녕 '개인의 이익과 사회의 이익이 조화를 이루지 않는 주요한 사례를 설명하는' 일에 관심을 돌리는 한편 다음과 같은 전통적 가정을 여전히 유지했다.

> 개인들이 독립적으로 행동하면서 시행착오를 통해 걸러지면 생산 자원의 이상적 분배를 이룰 수 있다. 올바른 방향으로 움직이는 개인들이 경쟁 과정에서 잘못된 방향으로 움직이는 개인들을 물리치기 때문이다.[94]

정치인과 국가공무원들의 경우에 자유주의자조차도 개입주의자이기 쉬웠다. '아무것도 할 수 없다'고 단언하려면 스스로 실업자가 되어야 했기 때문이다(지금도 마찬가지다). 개입 찬성론은 특히 1880년 이후 의회를 장악한 자유주의적 공화파가 국가의 경제적 권한을 체계적으로 강화한 프랑스에서 두드러졌다. 국가개입주의는 이미 일찍부터 본격적으로 시작되었다. 1878년 프레이시네 계획Freycinet Plan(샤를 드 프레이시네는 당시 공공사업부 장관이었고, 후에 총리가 되었다)이 시작되어 사기업에 직접 보조금을 주거나 국가가 직접 철로 부설에 투자하는 식으로 철도 개발을 보장한 것이 계기였다.[95]

미국에서도 연방정부가 초창기 철도 개발 추진에서 핵심 요인으로 작용했다. 정부는 기업들을 그릇된 판단과 부패의 결과로부터 보호해주는 보호 입법 환경뿐만 아니라 자본까지 제공했다. 윌리엄 G. 로이가 설명한 것처럼, "정부의 막대한 지원이 없었더라면 철도회사들이 그만큼 광범위하거나 순식간에 설립될 수 있었으리라고 상상하기는 어렵다".[96]

러시아의 경우도 마찬가지였다. 러시아의 경제성장에서 핵심적 역할을 한 것은 국가였고 외국 은행들도 상당한 도움을 주었다.[97] 1860년대와 1870년대에 민간 철도회사들이 국가 보조금을 받았지만 결과는 좋지 못했다. 민간 기업의 투기와 남용이 기승을 부리면서 부채와 전반적인 무능이 심해졌다. 결국 니콜라이 분게(나중에 알렉산드르 3세 아래서 재무상에 이어 수상을 지냄)같이 민간의 선도적 기획에 깊이 몰두한 이들조차 철도의 국유화와 국가 관리를 옹호했다.[98]

프랑스 국가공무원(과 정치인)들은 자유주의자 교수 밑에서 경제학을 배웠지만, 일단 국가기구를 책임지게 되자 그 경제학을 활용했다. 때로는 정력적으로, 때로는 마지못한 태도로. 국가개입의 결과가 ―철도의 경우처럼― 모든 사람에게 유리하게 보일 때에도 이론적으로 개입은 그릇된 것이라고 확신한 그들은 한 민간기업에 독점권을 부여함으로써 이 어려운 문제를 해결했다.[99] 물론 대불황 시기처럼 경제가 곤경에 빠질 때는 자유주의 원리가 한층 더 경시됐고, 1873~95년 시기에 프랑스가 민간부문에 지불한 공공 보조금은 1850~73년 시기보다 4배 많았다.[100]

이론가들의 주장과 무관하게 자본주의는 이미 민족국가와 **짝을 이룬** 경제 조직 형태가 되어 있었다. 다른 나라와 마찬가지로 프랑스에서도 소비가 조금이라도 향상된 것은 국가의 경제 정책 덕분이었다. 국가가 간접적으로만 원인일 경우에도 그렇게 여겨졌다. 상황이 좋지 못할 때에는 별로 상관이 없는데도(가령 국제 가격이 변동했을 때에도) 국가와 정치인이 비난을 받았다. 정치(국가)와 자본주의의 운명은 돌이킬 수 없을 정도로 하나로 묶였다(이런 결합은 지금도 계속 이어진다).

이때쯤이면 국가와 경제—'우리'의 국가와 '우리'의 경제—가 상호연결돼 있다는 사실이 무척 분명해진 상태였다. 여론 주도자들이 하나같이 '세계화'라는 단어를 입에 올리는 오늘날에도, '자국의' 경제 관리를 주요한 임무의 하나—아마도 **핵심적인** 임무—라고 여기지 않는 정부는 세계에 하나도 없다. 어떤 국제기구도, 심지어 유럽연합도 민족국가가 여전히 배치하는 것과 비슷한 통제와 법규를 확립하는 데는 근처에도 가지 못했다. 우리가 사는 세계는 민족국가들로 이루어진 세계이며, 전 지구적 국가가 아니라 국가들의 전 지구적 체계를 향해 나아가고 있다.

국가를 강화하려면 필연적으로 관료제를 확대해야 했고, 국가공무원 수도 늘려야 했는데, 공무원이 국가에 헌신하는 것은 충성심만이 아니라 자기 일자리의 안전성에 대한 개인적인 이기심 때문이기도 했다. 물론 국가에 의지하는 인원은 오랫동안 존재해왔다. 군인·장교·세무 관리·서기·수사·사제 등은 오래된 직종이지만, 수가 그렇게 많지도 않았고 그렇게 밀접하게 국가에 의지하지도 않았다. 서력기원이 시작될 무렵 중국에는 이미 관료가 13만 명이 넘었는데(전체 인구는 약 6000만 명), 그 대부분은 경쟁시험으로 선발되었다.[101] 하지만 이 숫자는 전체 인구의 0.21퍼센트에 불과했다. 반면 오늘날 OECD 평균은 15퍼센트다. 서양에서는 최소한 19세기까지도 관료제가 거의 발전하지 않았다. 관료제의 성장은 19세기에 시작된 20세기의 현상이다. 국가가 커지면 분명한 이유 때문에 관료제가 필요하다. 특히 다양한 구성 때문에 여러 집단을 아우르는 적응적 흡수 정책이 필요해진다(일종의 미화된 매수다). 따라서 1867년 대타협으로 헝가리가 오스트리아 제국(오스트리아-헝가리 제국으로 이름을 바꾸었다) 내의 한 나라로 세워지고, 프란츠 요제프 1세가 오스트리아 황제와 동시에 헝가리 왕에 오르고 헝가리가 사실상 자치 국가가 됐을 때, 상당한 비중의 관료계급이 생겨나고 1890년에서 1910년 사이에 두 배로 늘어났다. 1914년에 이르러 헝가리 공공부문이 전체 노동력의 3.5퍼센트를 고용했는데, 영국 공무원 수의 세 배이고 독일의 두 배였다. 경제는 여전히 후진적이었는데, 경제가 후진적일수록 공공부문 일자리가 더욱 많이 생겨났다. 일자리를 찾는 중간계급과 하층 중간계급의 아들들을 달래야 했기 때문이다.[102] 물론 이 수치는 오늘날의 선진국들과 비교하면 빛이 바랜다. 2000~8년 시기에 공공부문(정부와 공기업 합산) 고용 비중을 보면, 노르웨이와 덴마크는 30퍼센트에 육박하고, 스웨덴·핀란드·프랑스, 그밖에 OECD 주요국 대부분은 20퍼센트 이상, 영국과 미국은 15퍼센트 내외인 반면, 그리스·일본·한국은 10퍼센트 이하였다.[103]

'국가'나 '민족국가'(경계선 안에 한 민족의 모든 성원을 에워싼다고 주장하는 국가) 같은 용어의 더 광범위한 문제는 규모와 인구, 조직적 효율에서 크게 차이를 보이는 실체를 아우른다는 것이다. 룩셈부르크와 일본, 미국과 태국은 '주권'을 갖고 행사하는 방식이 무척 다른데도 모두 엄밀히 말해 '주권'국가다.

하지만 각 국가는 적어도 한 가지 의미에서 근대적이다. 근대국가의 핵심에는 '인민'이 있다. 독재국가라 할지라도 국가의 목적 또는 '계획'은 적어도 형식적으로는 '자국' 인민의 생활 조건을 향상시키는 것이다. 국가 통치자는 자신의 권력과 부, 자기 가족을 주로 생각할지 모르지만, 근대국가가 내세우는 이데올로기적 언어는 본질적으로 '민주적'이다. 국가 통치자는 '인민'을 위해 행동한다고 주장해야 한다. 앞선 시대에는 이런 언어가 활용되지 않았다는 말이 아니라 근대국가가 등장하고 나서야 이 언어가 보편화되었다는 말이다. '인민'은 현실적이든 잠재적이든 간에 주로 19세기 말에 산업자본주의와 나란히 하나의 정치 세력으로 존재하게 되었다. 이때가 되자 인민을 달래거나 구워삶거나 을러댈 필요가 있었다. 이제 그들을 무시할 수는 없었다. 인민의 상태를 향상시키는 것이 나라 지키기라는 오랜 정언명령과 나란히 하나의 정언명령이 되었다. 여기서도 경제적 고려가 우세했다. 부자 나라는 가난한 나라보다 자신을 더 잘 지킬 수 있었기 때문이다. 그리하여 자본주의는 국가 정책의 문제가 되었다. 기업가들의 변덕이나 시장의 변동에 맡겨두기에는 너무도 중요한 것이었다. 자본주의는 결코 순수한 사적 과정이 아니었다.

일부 사회이론가들은 이런 점을 분명하게 인식했다. 특히 —영국을 따라잡는 데 집착한— 독일에서는 학계 여론이 똘똘 뭉쳐서 국가가 역동적 자본주의의 발전을 장려할 것을 촉구했다.[104] 한때 많은 지식인 진영과 보수 진영에서 유행한 자본주의에 대한 거부는 1900년 이후 점점 주변으로 밀려났다.[105] 막스 베버는 1895년 5월 프라이부르크대학 취임 연설에서 '우리 국가는 민족국가National-staat'이기 때문에 국가 경제 정책의 목표는 독일인 개개인이 아니라 전체를 지키는 것이어야 한다고 선언했다. '민족자본주의' 이데올로기라고 부를 법한 이념이 충만한 연설이었다.

베버는 계속해서 이렇게 덧붙였다. "독일 국가의 경제 정책, 그리고 마찬가지로 독일 경제이론가가 활용하는 가치 기준은 따라서 오직 독일의 정책이나 독일의 기준일 수 있을 뿐이다."[106] 다시 말해, 자본주의는 개인들이 부자가 될 수 있게 하는 사회체제가 아니라 **민족** 공동체 성원들의 상태를 향상시키는 것을 목표로 삼는 집단적 기획이었다.[107] 생산을 위한 생산은 그렇게 중요하지 않았다. 정말로 중요한 것은 독일적 가치의 생산이었다.[108] 『프로테스탄트 윤리와 자본주의 정신The Protestant Ethic and the Spirit of Capitalism』(1904~5)을 비롯한 후기 저작에서 베버는 관료제가 확대되고, 개인이 질식당하며, 전통사회의 인격적 관계가 비인격적인 계급 갈등으로 대체되는 현상에 어지러워하면서도 정치가 필연적으로 점차 경제적·물질적 관심에 지배되고 있음을 인식했다.[109]

영국인들은 베버의 도움 없이 한동안 이런 사실을 알고 있었다. 18세기 말 이래 영국 정부 진영에서는 장차 대외 정책을 비롯한 정책이 경제적 요구를 고려해야 할 것이라는 점이 일반적으로 수용되었다. 영국의 무역은 "영국 해군의 활동으로 정리된 … 국제적 공백 지대"로 확대되었다.[110] 1757년 7월 정부 공사인 홀더니스 경은 다음과 같이 설명했다.

> 우리는 군인인 동시에 상인이어야 한다. 우리의 무역은 해양의 힘을 적절하게 행사하는 데 좌우되고, 무역과 해군력은 서로 의존하며, 이 나라의 진정한 자원인 부는 상업에 의존한다.[111]

영국의 정책은 언제나 상업이라는 저속한 분야에 경험이 없는 도도한 귀족들의 수중에 있었던 것처럼 보이겠지만, 어떤 영국 수상도 자국이 해외무역에 의존한다는 사실을 무시하지는 않았다. 역대 최연소 수상이자 최고의 수상으로 꼽힌 아들 윌리엄 피트(1783년 24세의 나이로 처음 수상이 되었다)는 '영국의 정책은 영국의 무역'이라고 언급했다. 1840년대에 외무상을, 1850년대에 수상을 지낸 파머스턴 경은 하원에 나와 상업의 이해관계에 무관심하다는 비난을 받는 것은 상식이 없다고 비난을 받는 것이나 마찬가지라고 답했다. 마지막으로, 궁정 신하와 외교관, 정치인을 배출한 오랜 귀족 가문 출신으로 무역과 상업 같은 지저분한 일은 손도 대지 않은 클래런던 경은 1853년 외무상이 되자마자 상업을 으뜸가는 우선과제로 여긴다고 설명했다. "우리나라는 상업관계가 워낙 거대하기 때문에 일찍이 존재하지 않던 이해관계가 생겨나고 있다."[112] 이제 나라를 운영하는 주역은 귀족이 아니라 자유당이나 보수당으로 정계에 진출한 사업가들이 압도적 다수를 차지했다.[113]

누구나 영국이 성공을 거둔 열쇠는 무역이라는 사실을 알았다. 1700년에서 1780년 사이에 영국의 대외무역은 거의 두 배로 늘어났다. 1780년에서 1800년 사이에는 세 배로 증가했다.[114] 영국이 산업 강국으로 세계 최고로 부상한 이면의 핵심적인 변수는 강한 해군과 경제 보호주의(또는 당시 표현으로 중상주의), 적절한 조세체계였다. 이 모든 것을 위해서는 대단히 강한 국가가 필요했다. 일단 이런 기반이 달성되자 실용적인 종류의 경제적 자유주의가 영국과 결합되었다. 다른 곳에서는 19세기를 거치는 동안 자유주의 사상이 대대적인 변형을 겪으면서 훨씬 더 국가주의적 étatique이 되어 좋은 쪽으로든 나쁜 쪽으로든 정치와 자본주의적 사회관계의 밀접한 연계를 인식하게 되었다. 이런 연계를 이론화하려 한 최초의 인물은 카를 마르크스였지만, 일부 추종자들(그리고 어쩌면 마르크스 자신)이 생각한 것처럼 그가 속물근성의 바다에서 분투하는 외로운 괴짜였던 것은 절대 아니다. 마르크스 역시 그 시대의 인물이었으며, 동시대의 많은 자유주의자들과 전혀 다르지 않은 국가 개념을 붙잡고 씨름했다. 그리고 강경한 비개입주의적 국가를 옹호한 자유주의자들조차 그런 주장의 배경에는 자유시장이 산업화를 진척시키는 데 더 유리하고 다수의 생활 상태를 향상시킬 것이라는 믿음이 있었다.

이런 향상은 이제 더는 운명이나 하느님의 뜻이 아니라 정치가 낳은 결과였다. 1900년대 초에 이르면 가장 보수적인 신문을 비롯해서 대다수 언론이 오직 산업사회만이 다수 인구를 먹여 살리고 국가방위를 확고히 할 수 있다는 데 동의했다. 신문들은 산업을 국가적 위신과 동일시하는 것과 동시에 친산업적 입장으로 돌아섰다. 산업 정책은 이미 국가 정체성의 핵심 부분이 되어 있었다. 그리고 그 정책의 자금을 조달하는 주요 방식은 조세였다.

제6장
조세

조세는 전혀 새로운 것이 아니다. 고대 이집트와 그리스, 로마에서도 세금이나 관세를 징수했다. 전설에 따르면 고다이바 부인(11세기의 실존 인물)은 남편이 지나치게 많은 세금을 부과하자 세금 감면을 설득하기 위해 벌거벗은 채 말을 타고 코번트리로 들어갔다(그리하여 일종의 초기 페미니즘을 조세 저항과 결합했다). 마그나카르타Magna Carta(1215)의 핵심 조항인 12조는 국왕이 '일반의 동의'를 받아야만 세금을 부과할 수 있도록 규정했다. 여기서 일반의 동의란 귀족과 사제의 동의를 의미했다. 다시 말해 조세는 정치권력의 문제였다.

에드먼드 버크가 『프랑스혁명에 관한 성찰Reflections on the Revolution in France』(1790)에서 알기 쉽게 설명한 것처럼, "국가의 세입이 곧 국가다. 유지든 개혁이든 사실 모든 것이 세입에 의존한다. … 모든 힘의 원천인 세입은 그 관리를 통해 모든 활동적 미덕의 영역이 된다".[1] 이 발언은 20세기에 맞게 조정할 필요가 있다. 소련의 경우처럼 생산에 대대적으로 관여하는 국가는 세금 인상의 중요성을 떨어뜨렸기 때문이다(소련이 주요하게 활용한 방법은 부가가치세와 비슷한 거래세turnover tax였다). 봉건시대의 유럽에서는 중앙집권 국가가 부재한 가운데 영주들이 과세 면제 권리('특권')를 주장하는 식으로 지배계급 성원임을 확인했다. 농민들은 '보호'를 받는 대가로 영주에게 세금을 낸 한편, 영주와 국왕의 연계는 결국 군사력과 정치적 충성의 문제였다.[2] 농민이 영주에게 지는 의무(지대)는 오늘날 노동자가 내는 세금보다 훨씬 더 부담스러운 짐이었다. 오늘날 높은 세율에 불만을 토로하는 이들은 1755년 프랑스 농민들이 생산물의 33퍼센트에 해당하는 액수를 영주에게 바쳐야 했다는 사실을 생각해볼 일이다. 프랑수아 케네는 『경제표Tableau économique』(1766)에서 그 수치를 40퍼센트로 정했다. 중세시대에 오스트리아, 러시아, 프로이센에서는 농민들이 노동시간의 3분의 2를 봉건적 의무를 채우는 데에 썼다.[3] 1780년대에 갈리치아(오스트리아 제국)의 여러 마을에서는 농민들이 총 생산물의 최대 85.9퍼센트까지 영주에게 바쳤다.[4] 다른 연구들을 보면, 19세기 말 무렵 마케도니아의 기독교도 농민들이 생산물의 37퍼센트만 가지고 나머지는 무슬림 지주와 오스만 제국 정부에 바쳤음을 알 수 있다.[5]

말할 필요도 없겠지만, 농민들은 세금 내는 것을 좋아하지 않았고, 때로는 폭력적인 항의로 분노를 터뜨렸다. 그리하여 1381년에 잉글랜드에서는 많은 이들이 인두세를 내지 않았고 결국 폭동까지 일으켰다.[6] 하지만 농민 소요가 심각한 혁명적 봉기로 비화되는 일은 설사 있더라도 드물었다. 과거의 거대한 혁명들—프랑스혁명, 미국혁명, 심지어 영국내전도—은 농민이 아니라 **중간계급**의 세금 반대 분노로 촉발된 것이다. 세금을 낸다는 생각만 해도 미칠 듯이 기쁜 사람은 아무도 없지만, 마지못한 동의일지라도 부과받는 이들의 동의가 없다면 상당한 액수의 세금을 부과할 수는 없다. 민주주의와 과세는 동행한다고 말하기도 한다. 근대국가는 귀족들이 운영하는 경우에도 세입을 끌어모으기 위해 부르주아지에게 영합해야 했다. 부르주아의 동의를 얻기 위해 통치계급은 일정한 형태의 대표나 협의를 허용해야 했다.[7]

마키아벨리는 세금은 민감한 문제이며 인민들을 적으로 돌릴 수 있다는 사실을 너무도 분명히 알았다. 그리하여 돈을 너무 헤프게 쓰지 말라고 군주에게 조언했다(『군주론』16장 「너그러운 씀씀이와 인색함에 관하여」를 보라). 돈을 헤프게 쓰면 인민들에게 세금을 물리고 "돈을 얻기 위해 무슨 일이든 해야(fare tutte quelle cose che si possono fare per avere danari)" 할 것이기 때문이다. 그러면 조만간 "신민들에게 미움을 받고 … 누구에게도 존경을 받지 못"한다(odioso con suddeti, e poco stimare da nessuno). 결국 우선 재정을 신중하게 다루고, 반드시 국고에 돈이 충분하도록 하며, 인민에게 과도한 세금을 매기지 않고 침략으로부터 국가를 방어하거나 사업비용을 치를 만큼 충분한 자원을 갖춰야 한다. 다시 말해 예산 흑자를 넉넉하게 해야 한다.

『통치론Second Treatise of Government』(1690)에서 존 로크는 "인민들 스스로 표명하든 인민의 대표자들이 표명하든 간에 인민의 동의 없이 그들의 재산에 세금을 부과해서는 안 된다"고 말했다.[8] 장-자크 루소는 『정치경제론Discours sur l'économie politique』(1755년『백과전서』5권에 집필한 글)에서 비슷한 견해를 표명하면서 "세금은 인민이나 대표자의 동의를 얻을 때에만 정당하게 부과할 수 있다"고 언급했다.[9] 프랑스의『인간과 시민의 권리선언Déclaration des droits de l'homme et du citoyen』(1789)은 17개조 가운데 두 조항(13조와 14조)을 조세에 할애했다. 구체제 아래서도 이미 형평의 원리(세금은 납부 능력에 비례해야 한다)가 존재했다는 사실을 짚고 넘어가야 한다.[10] 근대에 이르러 조세는 정부 정책, 그리고 개인과 국가의 관계에서 중심을 차지하게 되었다. 조세는 사적인 소득이나 부를 공적 자원이나 국가 자원으로 바꾸었기 때문이다. 조세가 없이는 경제 정책이 있을 수 없다. 국방도 존재할 수 없다. 교육이나 연금, 복지나 공공의료 조치, 도로 건설이나 대규모 기반시설도 있을 수 없다.

1919년 막스 베버는 숱하게 논의된 「직업으로서의 정치Politics as a Vocation」라는 강연에서 근대국가를 논하면서 홉스의 『리바이어던 Leviathan』을 그대로 되풀이한 규정으로 유명하다(홉스를 언급하지는 않았다). 베버에 따르면, 근대국가는 "주어진 영토 안에서 물리력의 정당한 사용을 독점한다고 (성공적으로) 주장하는 인간 공동체다".[11] 하지만 무력을 행사하기 위해서는 그 값을 치를 수 있어야 한다. 자금이 없으면 무력의 독점도 없다. 이 둘은 본질적으로 연결된다. '폭력의 정당한 사용'을 근대국가를 정의하는 중심 개념으로 특권화하면, 국가―'제대로 된' 국가, 즉 효율적인 관료기구와 상당히 높은 수준의 정당성을 지닌 국가―가 활용할 수 있는 근본적인 경제적 수단이 조세라는 사실을 경시하게 된다. 조세라는 절차를 통해 국가는 시민들에게서 돈을 거두는 대신 집단에 이익이 된다고 여겨지는 서비스를 제공한다. 올리버 웬들 홈스 2세(미국 연방대법관)가 했다는 말처럼, "세금은 우리가 문명사회를 위해 치르는 대가다"(1927). 심지어 조세를 편견 가득한 눈으로 보는 진정한 자유시장 자유주의자들도 기껏해야 필요악으로 여긴다. 세금에 반대하는 확고한 편견을 지닌 고전적 자유주의자인 장-바티스트 세는 세금의 필요성을 부인하지 않았다. 그는 가장 좋은 세금은 가장 낮거나 공평하고, 가장 유용하거나 도덕적인 것이며, 생산에 불리한 영향을 가장 작게 미치는 것이라고 말했다.[12]

그래서 사람들은 세금을 낸다. 왜 그럴까? 물론 강제와 처벌의 두려움이 중요한 역할을 한다. 많은 세금은 물건에 지불하는 가격에 이미 들어 있거나(관세, 소비세, 부가가치세) 급여에서 공제되기 때문에 피할 수 없다. 조세의 역사를 훑어보면 온갖 종류의 품목에 세금을 도입하려고 시도한 사례들이 가득하다. 헨리 8세는 '턱수염세'를 도입했고, 러시아의 표트르 대제도 1698년에 (나라를 근대화하기 위해) 그 선례를 따랐다. 잉글랜드와 프랑스, 스코틀랜드는 18세기부터 20세기까지 각기 다른 시기에 '창문 세'를 부과했다(기 1'당 창문 수에 세금이 매겨졌기 때문에 결국 사람들이 세금 을 피하기 위해 일부 창문을 벽돌로 막기도 했다). 1784년 영국에서는 아메리 카 전쟁 비용에 보태기 위해 '벽돌세'가 신설되었다(그 결과 벽돌의 크기가 커졌다).

세금이 공공재를 확보하기 위해 필요하다는 원리에 진지하게 이의를 제기하는 이는 없다. 세금을 회피하는 이들은 무임승차자로, 다른 사람들 도 똑같은 식으로 행동하면 모두가 고통을 받으리라는 점을 인정한다. 따 라서 세금을 성실하게 납부하는 것은 강제 때문만이 아니라 어느 정도 국 가를 신뢰하기 때문이다.[13] 나는 국가가 어느 정도는 '나의' 국가이고 내 가 필요로 하는 서비스를 제공할 것이라고 신뢰하기 때문에 세금을 낸 다. 즉 국가가 국경을 보호하고, 범죄자를 추적하고, 질서를 유지하고, 법 규를 집행하고, 쓰레기를 수거하고, 학교 예산을 지원하고, 최근에는 연 금과 복지와 의료를 제공하기 때문이다. 따라서 세금 징수는 국민 공동체 의 발전에서 얼마나 성공을 거뒀는지 보여주는 좋은 지표가 된다. '파탄 failed'국가는 세금을 거둬들이지 못하는 국가, 즉 세무공무원이 쉽게 매 수되고, 보통 사람들이 서로 공모해서 탈세를 하며, 탈세가 용인되고 정 당하게 여겨지는 국가다.[14] 시민 소요로 이어지는 법질서의 붕괴는 재정 적으로 실패한 국가가 최종적으로 보이는 모습일 뿐이다. 조지프 슘페터 가 유명한 글(「조세 국가의 위기The Crisis of the Tax State」, 1918)에서 말한 것처럼, "만약 조세 국가Steuerstaat가 실패한다면 … 현대 국가는 스스로 그 성격을 바꿀 것이다. 새로운 모터로 새로운 경로를 따라 경제를 운전해야 할 테고, 사회구조가 그대로 유지될 수 없다. … 모든 것이 변해야 할 것이다".[15]

몇몇 세금은 다른 것에 비해 징수하기가 쉽다. 성공한 국가는 재산세, 물품세, 상품세만이 아니라 소득세까지 광범위한 세금을 거둬들일 수 있는 국가다. 조세는 사람들에게 부당한 상처를 주지 않는 광범위하고 다양한 징수체계에 의존한다. 루이 14세의 위대한 재무상(1665~83) 장-바티스트 콜베르가 했다고 하는 말처럼, "과세의 기술은 거위가 최소한으로 꽥꽥거리게 하면서 최대한 많은 깃털을 뽑는 것이다(pluck L'art de l'imposition consiste à plumer l'oie pour obtenir le plus possible de plumes avec le moins possible de cris)".[16]

영국 국가는 국내에서 거의 반대에 직면하지 않은 대단히 중앙집권적인 체계 덕분에 세금을 뽑아낼 수 있었다.[17] 18세기에 영국은 왕정복고기의 비효율적인 세금체계에서 벗어나 '대단히 전문적인 국가공무원 집단이 공공자금을 질서정연하게 징수하는' 체계로 옮겨갔다.[18] 그 무렵 영국의 재정체계는 이미 대륙의 어떤 나라보다도 더 효율적으로 바뀐 상태였다.[19] 그때쯤이면 영국은 유럽에서 가장 성공적인 조세 국가였다. 이 점에서 잉글랜드가 우위를 점한 것은 잉글랜드 군주들이 (다른 나라 군주들과 비교할 때) 신민과의 관계에서 상대적으로 입지가 약했기 때문이다. 이 때문에 왕들은 의회의 재정 권한을 늘리는 쪽으로 양보할 수밖에 없었다. 프랑스에서는 1789년에야 이런 양보가 이루어졌다. 그때는 이미 너무 늦은 일이었다.[20] 18세기에 영국보다 부자였던 네덜란드는 파편화된 정치구조 때문에 국가적인 조세 권력이 전혀 없었다.

물론 그렇다고 해서 영국인들이 열정적인 납세자였던 것은 아니다. 토머스 모티머는 『상업, 정치, 재정의 첫걸음The Elements of Commerce, Politics and Finances』(1772)—'영국 젊은이들의 교육을 위한 보론으로 씀 designed as a supplement to the education of British youth'이라는 부제를 붙였다—에서 조세의 필요성을 옹호하면서도("법률로 부과된 모든 세금을 납부하고, 공공 세입을 절대 기로채지 않는 것이 선량한 신민의 의무다") "영국의 신민들은 대체로 이런 의무를 경시하는 일이 너무 많다고 말해야 하는 게 유감이다"라고 덧붙였다. 그리고 나중에는 이런 말도 덧붙였다. "어느 왕국에서나 신민들은 세금의 성격이 어떻든 간에 무엇이든 마지못해 납부한다."[21] 영국의 조세는 아메리카 식민지에 정착한 이들로부터 한층 더 큰 저항에 맞닥뜨렸다. 식민지 정착민들은 멀리 떨어진 런던 당국이 공공 세입을 자신들의 이익을 위해 사용한다고 이제 더는 믿지 않았고, 납세 의무를 충실히 하지 않아도 될 만큼 먼 곳에 있었다. 미국혁명의 시작이었다.

영국은 스코틀랜드(1707) 및 아일랜드(1801)와 연합법Act of Union을 체결한 뒤 국가 건설의 여러 중요한 과제에 몰두하게 되었다. 군사적으로 볼 때 엘리자베스 1세 시절 2류 국가였던 영국은 18세기를 거치면서 주요한 해양 강국이 되었다. 영국이 성공을 거두게 된 중요한 요소 하나는 재정 건전성이었다. 영국은 더 많이, 더 순조롭게 세금을 걷을 수 있었고, 이런 능력 덕분에 저렴하게 돈을 빌릴 수 있었다. 국가의 가장 좋은 담보는 세금 징수 능력에 있기 때문이다. 당대 사람들은 이 점을 알고 있었다. 이마누엘 칸트는 신용제도 덕분에 전쟁이 가능해졌다고 지적했다. 나라가 돈을 빌릴 수 있었기 때문이다. "현 세기에 **상업 민족**이 발명한 [이런] 독창적 제도는 다른 모든 국가들이 보유한 자원을 모두 합한 것보다 많은 군대 예산을 제공한다."[22] 이런 '상업 민족'은 물론 영국인이었다.

조세 덕분에 영국 국가는 수출품에 보조금을 제공하는 식으로 국제무역에서 존재감을 내세울 수 있었다. 소금이나 맥주, 기타 일정한 소비 품목에 매기는 징세같이 지출에 부과되는 세금은 로마 점령 시대에도 존재했다. 하지만 영국은 나폴레옹 전쟁 중인 1799년에야 직접소득세를 도입했다. 서양 나라로는 최초였다(세계 최초로 소득세를 부과한 나라는 중국으로 거의 1800년 전의 일이다. 신新나라를 창건한 황제 왕망은 서기 10년에 10퍼센트 세금을 도입했다.)[23] 1815년에 이르러 영국의 세금은 세계 어느 나라보다도 높았다. 주로 나폴레옹 전쟁과 관련된 비용 때문이었다. 영국 납세자들(즉 중간계급과 상층계급)은 이 전쟁이 불가피하고 필요하다고 생각했다. 영국의 소득세는 1880년 무렵까지 (국민총생산에서 차지하는 비율로 볼 때) 서서히 줄어들어서 조세 저항이 별로 없었지만 다른 나라들과 비교하면 전쟁 이후에도 높았다. 그러다가 다시 오르기 시작했다. 이런 점을 보면, 영국 정부가 19세기 내내 납세자들 사이에서 꽤 높은 수준의 신뢰를 얻었음을 알 수 있다. 어쨌든 소득세는 절대 다수의 납세자가 자발적으로 순응하지 않으면 징수비용이 많이 든다. 그런데 많은 납세자는 소득세가 '공정하다'고 여기고 돈이 제대로 쓰이면 고분고분 세금을 낸다.[24]

하지만 영국인들이 세금을 쉽게 받아들인 또다른 이유는 직접소득세(1842년에 재도입) 대상인 사람들이 1832년 선거법 개정 이래 의회 선거에서 투표를 할 수 있게 되었다는 사실이다. 투표권을 얻은 납세자들은 나폴레옹 전쟁 중에 생겨난 재정-군사 국가를 해체하는 데 열심인 세금 감면 정부에 표를 던질 수 있었다.[25] 다시 말해, 사람들은 세금 인하에 투표할 수 있다면 기꺼이 세금을 내려고 했다. 실제로 참정권을 확대하고자 한 급진주의자들은 새로 투표권을 얻은 유권자들이 세금 인하에 표를 던질 것이라고 가정했다. 민주주의를 두려워한 이들은 빈민이 새로 획득한 정치권력을 이용해서 '부자의 돈을 빼앗고' 부를 급진적으로 재분배할 것이라고 경고했다. 프라이버시의 문제도 있었다. 국가가 개인의 재정 상태를 꼬치꼬치 들여다볼 수 있도록 개인 소득을 신고해야 했던 것이다. 자유주의 페미니스트 해리엇 마티노는 경악했다.

> 모든 세금이 마음에 들지 않는데 … 소득세에는 특히 혐오스러운 부분이 있다. 소득세는 한 사람의 주머니에서 상당한 액수를 곧바로 빼갈 뿐만 아니라 절대 막역한 친구로 택하지 않을 법한 패거리에게 자기 상황을 고스란히 드러내도록 강요한다.[26]

실제로 소득세가 정기적으로 부활한 것은 인기가 있었기 때문이 아니라 정반대로 다른 대안(간접세)은 지지자가 훨씬 적었을 것이기 때문이다. 다시 한번 전쟁이 개입해서 국가가 돈을 조달하는 데 도움을 주었다. 크림 전쟁(1853~6)은 소득세를 구해주었다. 전쟁은 승리로 끝났고, 발생한 비용은 커다란 곤경을 야기하지 않았으며, 경제는 순조로웠다. 그리하여 소득세는 완전히 자리를 잡았다. 파머스턴 경은 공직에서 물러났을 때는 소득세에 반대했었지만, 수상이 되자 소득세 옹호론자로 변신했다. 그는 당대 정치인들과 달리 아주 솔직한 태도로 만약 영국이 전쟁에서 승리하기를 원한다면 그 비용을 치를 각오를 해야 한다고 설명했다.[27] 1913년 영국은 독일과 프랑스보다 (1인당) 거의 3배의 돈을 해군에 지출했다. 물론 프랑스는 육군에 다른 어느 나라보다도 많은 돈을 썼다(러시아보다 3배 많은 액수였다).[28] 그 결과 1차대전 직전에 영국은 세계 최강의 해군을 보유하게 되었다.

합의의 문제만은 아니었다. 강제도 활용되었다. 영국 국가는 대륙의 다른 국가들보다 더 강했고, 따라서 사람들의 소득을 조회해서 세금 납부를 강제하는 능력도 뛰어났다. 프랑스 같은 다른 국가는 세금 징수를 위해 공식적인 부의 과시에 좀더 의존해야 했다.[29] 그렇지만 영국에서도 지배적인 과세 형태는 소득세보다는 불공정하면서도 더 쉽게 확보할 수 있는 소비세였다(불공정한 이유는 저소득층일수록 소득 가운데 더 많은 비중을 소비에 지출하기 때문이다). 1900년, 영국 국가 세입의 68퍼센트가 지출세(소비세)에서 나온 반면 소득세는 10.3퍼센트에 불과했다. 소득세 비중은 1979년의 3분의 1 수준이었다.[30]

영국을 자유freedom와 자유권liberty의 안식처로 우러러본 대륙의 사람들이 언제나 그런 자유권에는 말 그대로 대가가 따른다는 사실을 깨달은 것은 아니다. 세금 징수는 지금과 마찬가지로 그때도 골치 아프게 복잡한 업무였다. 철학적 자유주의자들 사이에서는 부자가 빈자보다 세금을 더 많이 내야 한다는 사실에 아무 의심이 없었다. 애덤 스미스도 그렇게 생각했다. 실제로 스미스는 "부자들이 수입에 비례해서만이 아니라 그 비례를 약간 초과해서 공공비용을 부담한다 해도 대단히 불합리한 일은 아닐 것"이라고 생각했다.[31] 제러미 벤담과 존 스튜어트 밀도 그렇게 생각했다.[32] 하지만 오늘날의 상황과 정반대로, 당시 '좌파'에 속한 많은 이들은 '우파'보다 조세에 호의적이지 않았다. 급진주의자 토머스 페인은 『인간의 권리The Rights of Man』(1792)에서 세금을 비난했다.

구세계 중에서도 참상이 심한 지역에서 눈을 돌려, 개선이 어느 정도 진전된 단계에 와 있는 지역을 바라본다 하더라도, 우리는 여전히 탐욕스러운 정부의 손이 산업의 모든 구석, 모든 틈새까지 찌르고 들어가 대중이 노력해서 얻은 성과를 채가고 있는 모습을 본다. 정부 수입과 과세를 위한 새로운 구실을 마련하기 위해 끊임없이 꾀를 짜내고 있다. 정부는 번영을 먹잇감처럼 노려보면서 공납을 바치지 않고서는 어느 누구도 빠져나가지 못하게 한다.[33]

다른 한편 온건주의자 버크는 『프랑스혁명에 관한 성찰』(1790)에서 번영하는 국가는 수입과 과세의 적절한 균형을 유지하는 데 성공한 국가라고 단언했지만, 조세에 전혀 반대하지 않았다.[34] 몽테스키외는 『법의 정신』(1748)에서 세금은 시민들이 자기 돈을 보호하기 위해 내는 비용이라고 말했다.[35] 러시아 재무상(1892~1903)이자 오랜 개혁가인 세르게이 비테같이 영리한 정치인들은 러시아 같은 나라에서 건전한 재정 정책을 운영하려면 번영하는 튼튼한 농민층이 필요하다는 것을 지극히 잘 알았다. 하지만 농민의 생활상태를 개선하려는 꾸준한 시도는 성공을 거두지 못했고 결국 재정 정책을 손상시켰다.[36]

프랑스는 소득에 세금을 부과하는 게 어렵다는 사실을 발견했다. 직접 소득세를 둘러싼 논의가 1870년에 시작됐지만, 대다수 프랑스 정치인은 (선거에서 질까봐 두려워서) 극렬하게 반대했고 소득보다 물건에 세금을 매기는 쪽을 선호했다. 신생 제3공화국(1870) 대통령 아돌프 티에르는 소득세를 부자에게 매기는 세금이자 민중선동 수단인 사회주의적 조치로 간주했다.[37] 프랑스의 조세는 여전히 시대착오적이고 불공정했다. 간접세(혁명기에 신설된 세금으로 영국에서는 1851년에 폐지됐지만 프랑스에서는 1926년에야 폐지된 창문세 등)가 압도적으로 많았기 때문이다. 독일 언론은 이런 실패를 종종 언급하면서 제3공화국은 분명 현대적 조세를 이해할 수 없다고 악담을 퍼부었다.[38]

1895년부터 1896년까지 레옹 부르주아가 이끈 프랑스 정부는 사회개혁과 나란히 연대주의solidarisme라는 개념 아래 누진소득세를 도입하려 했지만, 의회 안에서 반대가 극심했다. 독일 제국이나 영 제국에 비해 공화국 프랑스는 1차대전까지 여전히 세금이 낮은 나라였다. 국내총생산에서 차지하는 비율로 볼 때, 프랑스의 조세는 1880년에서 1913년 사이에 11.2퍼센트에서 8.9퍼센트로 줄어든 반면, 같은 시기에 독일의 세금은 10퍼센트에서 17.7퍼센트로, 일본은 9퍼센트에서 14.2퍼센트로, 영국은 9.9퍼센트에서 13.3퍼센트로 늘어났다.[39] 오랫동안 일반소득세를 위해 싸운 끝에 전운이 짙게 드리운 1914년 7월에 재무장관 조제프 카요가 마침내 소득세를 도입하는 데 성공하고 나서야 상황이 바뀌었다.

이 문제는 40년 넘게 논쟁이 분분했다.[40] 카요가 내놓은 제안이 1909년에 하원에서 승인됐지만 상원에서 기각되었다.[41] 프랑스 상원의원들과 그들이 대변하는 사람들(사회의 부유층 구성원들)을 불안하게 만든 것은 강한 국가가 개인의 사생활을 시시콜콜 캘지도 모른다는 우려였다. 카요가 맞닥뜨린 싸움은 대부분 이런 불안감, 앞으로 생겨날 우려스러운 상황의 문제였다. 제안된 세금의 실제 규모가 비교적 작고 예외조항이 수없이 많았기 때문이다. 따라서 의원 대다수가 농촌 선거구 출신이었기 때문에 많은 농민들이 세금을 감면받았다. 또한 많은 의원이 본인이 전문직이었기 때문에 전문직도 감면을 받았다.[42]

2차대전 이전에 선진국들에서는 세금이 여전히 낮았다. 국내총생산의 10퍼센트 내외였다.[43] 2007년에 이르러 평균 35퍼센트가 됐는데, 28.3퍼센트인 미국부터 48.7퍼센트인 덴마크까지 다양했다.[44] 세금이 높은 나라들(세금이 국내총생산의 25~50퍼센트를 차지하는 나라들)은 보통 민주주의 국가이고 개인의 자유도 광범위하다.

메이지시대 일본처럼 국가가 산업 발전 자금을 댄 곳에서는 농민과 지주가 세금을 집중적으로 부담했고, 산업화 비용도 농업의 몫으로 돌아갔다. 농민은 메이지시대에 이루어진 변화의 주요 희생자였다. 봉건주의로 여겨지던 시대로부터 급작스러운 이행은 주로 토지 판매를 허용함으로써 농업을 돈을 가진 세력에 노출시키는 과정이었다. 실질적인 토지개혁은 전혀 이루어지지 않았지만, 신설 농지세(1879년 시행)는 경작자가 아니라 토지 소유자에게 부과됐고, 중앙정부에 납부해야 했다. 농지세는 정부 세입 가운데 이례적으로 높은 비율(1885~9년 시기에 69.4퍼센트)이어서 농촌의 사회문제에 기여한 바가 결코 작지 않았다.[45] 1900년에 이르면 농지세가 국가 세입의 25퍼센트로 떨어졌다. 심지어 주세酒稅가 더 많았다.[46]

19세기 말에 대다수 국가는 징수하는 세금의 범위를 확대할 만큼 강하지 않았다. 많은 국가가 허약하거나 외세의 보호 아래 있었고, 불평등한 무역 조건을 강요받거나 외채에 높은 이자를 물어야 하거나 국내 시장이 열악했다.[47] 영국과 일본, 프랑스는 예외였다. 루마니아는 평균에 가까웠다. 정치적으로 보면, 루마니아는 비교적 근대화된 나라였다. 의회가 존재하고 선거를 치르고 헌법을 보유하고 비교적 자유로운 언론도 있었지만, 경제는 국가 발전에 필요한 충분한 재정적 토대를 제공할 수 없었다. 1차대전 이전 동유럽의 다른 독립국들(불가리아, 몬테네그로, 세르비아 등)에서는 의회가 세금을 인상하는 것을 꺼렸기 때문에 국가가 무력을 행사해서 필요한 돈을 확보했다. 의원들이 유권자를 위해 관료기구로부터 환심을 사려고 하면서 의회의 권력이 땅에 떨어졌다.[48] 루마니아 국가는 워낙 약했기 때문에 19세기 마지막 20년 동안 경제발전을 장려하기 위해 법률 수백 건이 통과됐어도 미미한 경제 성과를 향상시키지는 못했다.[49]

약한 국가들의 문제점은 과감하게 시민들에게 세금을 부과하거나 징세를 집행하지 않는다는 것이다. 이 나라들은 아무도 장래에 더 큰 혜택을 받으리라고 기대하면서 신설 세금을 지지하지 않을 것이라고 우려한다. 예를 들어 과거에 부르봉 왕가 치하에 있던 이탈리아 남부 국가들은 통일 이전에 조세 수준이 매우 낮았다. 통일은 남부 사람들이 더 많은 세금을 내게 될 것임을 의미했다. 이후 19세기 말에 남부에서 산적 행위가 빠르게 증가한 것은 높은 과세 탓도 일부 있었다.[50] 오스만 제국에서는 19세기 후반기에 정치적 취약성이 세금을 징수하지 못하는 제국의 무능으로 나타났다. 제국은 돈을 찍어내고 런던, 파리, 빈 등지에서 채권을 팔아서 늘어나는 재정 부채를 갚으려고 했는데, 계속 높아지는 이자율로 더 많은 돈을 빌릴 수밖에 없었다. 1875~6년에 이르러 제국은 사실상 채무 불이행 상태에 빠졌다. 1881년 유럽 채권국들은 오스만공채관리단을 설립해서 오스만 제국의 재정을 사실상 장악했다. 이 조치는 효과가 좋았지만 실질적인 문제는 여전히 남았다. 오스만 제국은 제대로 된 조세체계를 세울 수 없는 파탄국가였고, 1차대전이 발발할 무렵 다시 한번 파산 위기에 직면했다.[51] 제국은 전쟁에서 살아남지 못했다.

세금으로 충분한 수입을 거둬들이지 못하는 약한 국가들은 자체의 상업 독점권에 의지했다. 그리하여 1차대전 직전 수십 년 동안 제정 러시아에서는 전체 국가 수입의 일부분만이 직접세를 통해 징수됐는데, 영국이나 독일, 오스트리아-헝가리, 심지어 당시 여전히 소득세가 없던 프랑스보다도 훨씬 작은 비율이었다. 나머지 대부분은 다양한 제품에 붙인 간접세나 국가의 독주 판매 독점권에서 나왔다.[52] 이런 독점권은 고통스러운 논의 끝에 만들어졌다. 세르게이 비테가 회고록에서 설명한 것처럼, 차르 알렉산드르 3세는 전에 러시아의 알코올 중독(보드카 생산이 사실상 아무 통제도 받지 않았다)을 우려해서 '전례 없이 엄청난 규모의 조치를 실행하기로' 결정했다. 보드카를 국가가 독점하기로 한 것이다.[53] 니콜라이 분게 (재무상, 1881~6)는 현실적인 조치가 아니라고 생각했다. 그의 후계자인 이반 비슈네그라드스키(재무상, 1887~92)도 열의를 보이지 않았다. 하지만 그다음 재무상인 세르게이 비테는 보드카에 세금을 매기는 데 성공했다. 전하는 바에 따르면 그는 이렇게 말했다고 한다. "나는 보드카 거래 전체를 정부 수중으로 이관했다."[54] 알코올 중독과 사망률의 연관성은 러시아의 사망률에서 극명하게 드러난다. 1861년 러시아의 사망률은 100년 전 서유럽보다도 높았고, 1차대전 직전에도 서유럽에 비해 두 배 높았다.[55] 그리고 오늘날에도 상황이 여전히 비참하다는 사실은 짚고 넘어가야 한다.[56] 비테와 표트르 스톨리핀 밑에서 재무상을 지낸(그리고 나중에 직접 수상이 된) 블라디미르 코콥초프는 소득세를 도입했으며, 농노해방령 시절부터 계속 남아 있었던 해방 보상금[1861년 농노해방령으로 해방된 농노에게는 최소한의 생활을 위한 농지가 할당됐는데, 정부가 토지 가격의 75퍼센트를 지주에게 먼저 지불하고, 해방된 농노가 정부에 보상금으로 갚아야 했다.-옮긴이] 지불을 폐지했다(1905년 11월). 소득세에 대한 주된 반발은 지주들에게서 나왔는데, 지주들은 젬스트보(zemstvo. 지주들이 지배한 지방자치기관)가 소득세를 관할하기를 원했다. 조세는 러시아의 정치적 투쟁에서 이미 주요한 요인이 되어 있었다.[57]

중국은 2000년 전부터 세금을 물렸다. 제국은 계몽되지 않은 전제 군주가 다스리는 거대한 관료기구로 여겨졌다. 조세 저항이 만연했다.[58] 중앙정부의 주요 세입은 관세에서 나왔는데, 관세는 중국이 나머지 세계 전체를 대상으로 벌이는 상업에 거의 전적으로 의존했다.[59] 19세기에도 세금 징수는 여전히 외부에 맡겼는데, 세금 징수인들에 대한 감독이 워낙 부실하고 체계가 없어서 세금이 얼마나 징수됐는지 알 길이 없었다. 징수된 세금의 일부는 중앙정부까지 가지 않고 '관리, 산적, 지방 정치인, 비밀결사, 군벌 등'이 나눠가졌기 때문이다.[60] 태평천국의 난(1850~64) 동안 중앙 권력이 약해지자 문제가 더욱 악화되었다.[61] 조너선 스펜스가 설명한 것처럼, 황궁과 관료기구, 지방 관리, 상인들이 각자 자기 이익을 챙긴 결과, 메이지유신 시기에 일본에서 큰 성공을 거둔 것과 같은 일사불란한 정책을 발전시킬 수가 없었다.[62]

각국이 국가 기능을 확대함에 따라 재정체계도 확대되었다. 복지국가의 발전은 필연적으로 세금 증대에 기여했다. 오랜 세월 재정문제에 관한 표준 교과서 노릇을 한 『공공재정론The Theory of Public Finance』(1959)의 저자 리처드 머스그레이브가 1997년에 마치 점점 목소리를 높이는 세금 반대 압력에 경고라도 하듯 설명한 것처럼, "좋든 싫든 간에 정부와 공공재정은 우리 삶의 일부다". 세금은 시장의 실패를 바로잡고, 분배문제를 다루고, 경제 정책 실행을 돕기 위해 필요하다. 머스그레이브가 덧붙여 말한 것처럼, 세금은 비록 인기가 없을지 몰라도 '시장체계'에 없어서는 안 될 '동반자'다.[63]

세금의 체계적인 증가는 근현대 시기 내내 계속되어 빅토리아시대 사람들이라면 깜짝 놀랄 수준까지 치솟았다. 레이건주의 및 대처주의와 관련된 신자유주의적 반혁명조차 이 추세를 뒤집지 못했다. OECD 평균 국내총생산 대비 세입 비율은 1965년 25.4퍼센트에서 2011년 34.1퍼센트로 증가했다. 탄탄한 세금 반대운동의 본거지인 미국에서도 이 시기 동안 비율이 거의 바뀌지 않았다.[64] 자본주의, 특히 효과적인 자본주의는 조세라는 산소를 필요로 한다.

제7장
후발 주자와 선구자

상이한 나라들마다 서로 다른 속도로 산업화의 길을 밟았고, 어떤 나라에서는 산업화의 전제조건을 확립하기도 어려웠다. 1500년에 선두에 선 지역은 이탈리아 중부와 북부였다. 그 뒤 경제 선도자의 자리는 네덜란드 공화국으로 넘어갔다. 1700년에 이르러 네덜란드의 1인당 소득은 영국의 두 배였다. 그리고 1820년에 이르면 영국이 네덜란드(이제는 공화국이 아니라 네덜란드 연합왕국이었다)를 앞질렀다. 에릭 홉스봄이 말한 것처럼,

> 너무 현학적으로 따지지 않는다면, 세계사에는 영국을 세계의 유일한 공장, 유일한 대규모 수입업자이자 수출업자, 유일한 운송업자, 유일한 제국주의자, 거의 유일한 해외 투자자로, 그리고 이런 이유로 유일한 해상 강국이자 진정한 세계 정책을 보유한 유일한 나라로 묘사할 수 있는 순간이 있었다.[1]

1900년에 이르면 미국이 이미 세계경제 선도자의 자리에 올라섰다.[2] 하지만 1870년에는 영국이 여전히 다른 모든 나라를 훌쩍 앞지르고 있었다.[3] 영국은 전 세계 선철의 절반을 제조해서 생산량이 미국의 3.5배, 독

일의 4배, 프랑스의 5배였다.[4] 그리고 물론 영국은 '주변부' 나라들을 훌쩍 앞질렀다. 이런 거대한 부는 질투심을 불러일으켰다. 찰스 마스터먼은 『잉글랜드의 상태The Condition of England』(1909)에서 영국이 쌓은 부와 영국인들의 오만에 불편한 심기를 드러냈다.

영국인이 해외에 나가면 그 나라의 관습과 영국인 주변에 사는 사람들의 견해는 아무 쓰잘데기 없는 것이 되어버린다. 영국인은 비아리츠에 살러 오는데, 여기서도 양껏 먹고 격렬한 운동을 하고 클럽에 다니며 브리지를 즐기는 전통적인 영국인의 삶을 산다. … 제국의 이 국경 전초기지에 토박이 주민이 이따금 나타나도 너그럽게 눈감아준다.[5]

실제의 산업 발전보다 자기만족이 먼저 자리를 잡았다. 이미 1740년에 스코틀랜드 시인 제임스 톰슨은 훗날 사실상 왕립해군 찬가가 되는 노래의 가사를 썼다. 가사에서는 폭정에서 해방된 것이 다른 모든 나라보다 영국이 특별히 누리는 이점처럼 나타난다.

그대만큼 축복받지 못한 나라들은,
반드시 차례로 폭군이 몰락하게 되리니.
그대가 위대하고 자유롭게 번성할 동안,
다른 나라 모두의 두려움과 선망의 대상이 되리라!
지배하라 브리타니아! 대양을 지배하라!
영국인은 결코 노예로 살지 않으리라.

당시 영국은 아직 대양을 지배하지 못했지만, 얼마 지나지 않아 대양만이 아니라 세계의 상업과 산업을 지배했다. 이런 패권은 필연적인 일이 아니었다. 사태가 다르게 진행됐을 수도 있다. 17세기 말 네덜란드 공화국과 잉글랜드, 프랑스의 경제는 비슷한 발전 수준이었다. 18세기에도 영국은 네덜란드만큼 부유하지 않았다. 영국은 또한 프랑스만큼 국토가 넓거나 인구가 많지 않았고, 에스파냐 규모의 제국을 보유하지도 않았다. 하지만 이미 1750년에 잉글랜드 인구 가운데 농업에 종사하는 비율은 절반 이하였다. 그 단계에 이르기 위해 서유럽과 북유럽은 19세기 후반기까지 기다려야 했고, 남유럽(이탈리아, 에스파냐, 포르투갈)은 20세기가 되어야 했다.[6] 영국이 선구자가 된 것은 스스로 기술을 혁신하는 한편, 다른 곳에서 이루어진 혁신을 받아들여 다른 나라보다 한층 더 상업적으로 활용할 의지와 능력이 있었기 때문이다.[7] 산업화를 가로막는 장애물(정치, 종교, 지리, 기타 등등의 장애물)이 거의 없었고 운도 좋았다. 이미 알려진 석탄 자원이 풍부했던 것이다.

대륙의 많은 국가들과 달리, 영국은 국내의 교역 장벽이 전혀 없이 균일한 대규모 시장이 있었다(아직 통일을 이루어야 하는 이탈리아는 사정이 달랐고, 독일 국가들은 관세동맹의 혜택을 누렸다). 영국의 도시화는 빠르게 진행되었다. 1831년에는 상당한 크기의 도심지에 사는 수가 전체 인구의 10분의 1도 되지 않았는데, 1901년에는 4분의 1이 되었다.[8] 하지만 영국은 인구학적으로도 끊임없는 혼란에 빠지지 않았다. 1851년에서 1911년 사이에 빅토리아시대 영국에서 제조업과 가내하인에 고용된 사람의 비율은 상당히 안정됐지만 절대적인 숫자는 두 배로 늘었고, 농업부문 고용은 급격히 감소한 반면 공공서비스와 전문직에 고용된 숫자는 늘어났다.[9] 노동계급이 차지하는 비중이 눈에 띄게 안정된 탓에 직물부문에서 철강 같은 다른 제조업부문으로 이동하는 것과 같은 대대적인 내적 변동이 감취진다.[10] 당시 실제로 증대한 부문은 공공부문과 화이트칼라 노동자 일 반이었다.

해외에서는 많은 이들이 영국의 경제성장을 훗날 표현으로 하면 '맨체 스터' 자유주의가 낳은 직접적인 결과로 보았다. 또한 곡물법을 폐지하 고 영국을 자유무역 국가로 변신시키려는 압력운동이 주요 세력으로 지 목되었다. 하지만 앞서 살펴본 것처럼, 영국이 진정으로 해외무역에서 자 유를 확립한 것은 19세기 후반기에 이르러서일 뿐이다. 곡물법 반대 연맹 (1838년 맨체스터에서 창설)의 주요 대변인인 리처드 코브던은 유럽 전역 에서 이름을 날렸고, 프레데리크 바스티아는 그를 열렬히 존경해서 그의 연설문을 다수 번역하기도 했다(5장을 보라).

하지만 유럽인들을 흥분시킨 것은 자유무역만이 아니었다. 영국은 여 러 전선에서 승리를 거두는 것처럼 보였다. 1832년 선거법 개정 이래 이 미 영국은 유럽에서 가장 민주적이고 자유로운 나라가 되었다. 산업과 수 출 덕분에 영국은 국민 모두에게 부를 늘릴 수 있는 전망을 제공했다. 다 른 나라들과 비교할 때(프랑스는 정권 교체가 잦았고, 미국은 남북전쟁에 시달 렸으며, 중국은 태평천국의 난에 부딪히고, 이탈리아와 독일은 아직 통일도 이루 지 못했다), 영국은 내적으로 안전하고 정치적으로 안정되었다. 영국의 주 요한 내부 위협인 차티스트운동은 1850년에 이르러 비교적 큰 폭력 사태 없이 진정되었다.

그리고 마지막으로 언급하지만 못지않게 중요한 점으로, 1688년 명예 혁명을 거치며 의회 지배가 공고해진 이후 영국 국가는 자본주의 축적을 위한 요건과 상충되지 않았다. 잉글랜드는 진정한 근대 자본주의 국가로, 국가의 역할이 (이를테면 혁명 전 프랑스의 경우처럼) 지주계급과 연합한(또 는 충돌하는) 특정한 왕조의 이익을 지키는 것이 아니라 나라의 경제적 성취를 향상시키는 데 있었다.

영국은 이른바 경제적 자유주의 때문에 존경을 받았지만, 그렇다고 해서 다른 나라들도 실제로 이 교의를 채택한 것은 아니다. 19세기에 대다수 정치인들은 대륙의 최소 국가 이론가들—현대 '신자유주의자'의 선구자들—을 기인으로 여겼다. 유럽 대부분 나라에서, 폴란드처럼 헝가리에서도, 독일처럼 프랑스에서도, 러시아처럼 이탈리아에서도 엘리트들 사이에 이뤄진 합의는 산업화를 위해서는 민족국가의 힘이 필요하다는 것이었다. 그리고 자유주의적인 정치제도(공정한 재판, 확실한 권리, 일정한 형태의 민주적 대표제)는 합의의 일부였지만 경제적인 최소 국가는 그렇지 않았다. 개혁가들이 추구한 목표는 전통사회의 여러 제한을 약화하거나 심지어 제거하고 이 폐허 위에 강한 국가를 건설하는 것이었다. 영국의 산업혁명을 '수입'하기 위해서는 '산업화 초창기의 일화와 관련되는 공식 정책—아니 정책의 부재—을 채택'해선 안 된다는 점을 모두들 이해하는 듯 보였다.[11] 근대국가, 즉 '근대'를 이루고자 바라는 국가의 역사적 임무는 자본주의 성장을 장려하는 것이었다. 영국의 자유방임 정책은 자신들이 감당하기 어려운 사치품이었다.

하지만 (영국 국가의 정책과 반대로) 영국의 기업가 정신은 프랑수아 드 방델이나 외젠 슈네데르, 조르주 뒤포같이 영국을 정기적으로 오간 프랑스 철강 재벌들이 주목한 주요한 본보기였다.[12] 1839년 '잉글랜드가 철강 제조에서 수위를 차지하는 비결을 배우'려고 셰필드로 달려간 독일의 알프레트 크루프도 마찬가지였다.[13] 19세기 중반 전 세계의 철강 생산량은 연간 7만 톤에 불과했다. 그중에서 영국이 4만 톤을 차지했다. 현재와 비교해서 균형을 맞춰보자. 2013년에 그리스는 120만 톤을 생산해서 세계 철강 생산자 연맹에서 50위를 차지했는데, 1850년 영국보다 30배 많은 수치였다. 그러다가 1856년 이후 헨리 베서머의 전로[轉爐. 대형 도가니에 쇳물을 붓고 공기를 주입해서 선철에서 바로 강철을 만든 베서머의 발명품. 강철 제작 과정을 획기적으로 단축한 제강법이다.-옮긴이] 같은 수많은 기술 발전 덕분에 철강 산업이 대대적으로 팽창했다.[14] 누구든지 이런 혁신을 신속하게 활용할 수 있었기 때문에 영국이 수위를 누리는 시절도 얼마 남지 않게 되었다.

다른 나라들이 따라잡고 있었는데도 영국은 계속 성공을 구가했다. 1870년대에 제철과 철강 같은 핵심 산업의 생산성 증대는 영국이 한층 높았다. 하지만 1890년대에 이르면 미국에 추월당했다.[15] 오스트리아-헝가리 제국의 보헤미아나 모라비아같이 산업적으로 중요한 지역들도 1910년에는 영국에 한참 뒤처졌다. 1인당 산업생산이 영국의 66퍼센트였기 때문이다. 그래도 영국의 22퍼센트에 머무른 폴란드보다는 한결 앞섰다.[16]

19세기 초, 프랑스의 생산성이 영국보다 약간 높았지만, 마지막 4분기에 이르면 영국이 뚜렷이 앞서 나갔다.[17] 프랑스 농업은 샴페인이나 고급 포도주 같은 몇몇 유명한 사치품을 제외하면 19세기 말까지도 국제 시장에서 거의 활약하지 못했다.[18] 프랑스는 대다수 나라들보다 빠르게 산업화를 이루었지만 가장 가까운 경쟁자들만큼 빠르지는 못했다. 1882년에서 1907년 사이에 독일의 노동자 수는 1000만에서 1600만 명으로 늘어났지만, 프랑스에는 77만 8000명의 소기업가가 고용한 임금소득자가 338만 5000명에 불과했다(고용주 1명당 노동자 4.4명). 프랑스 농업이 관세의 보호를 제대로 받지 못했더라면 훨씬 대대적인 이농 현상이 나타났을 것이다.

그렇다 하더라도 1879년에 이르러 프랑스 산업은 국민경제 기여도 측면에서 농업을 거의 따라잡았다. 1890년 산업이 차지하는 비중은 여전히 29퍼센트(1820년과 거의 대동소이)인 반면 농업은 35.1퍼센트였다. 1913년에 이르면 산업 비중이 농업을 추월했다(각각 38.6퍼센트와 35.3퍼센트).[19] 서비스와 운송부문이 전체 노동력의 23퍼센트를 고용했고, 공공부문은 3.2퍼센트였다.[20]

프랑스는 제조업 국가 순위에서 1880년에 독일에 처음 추월당했고, 뒤이어 1914년에 미국에, 1930년에 일본에 추월당했다.[21] 물론 2011년에 이르면 미국을 제외한 모든 나라가 세계 제조업 생산량 순위에서 중국에 추월당했다. 그리고 중국은 세계경제에서 차지하는 비중을 기준으로 결국 미국을 추월할 것으로 예상된다. 엄청난 인구를 생각하면 놀랄 일도 아니다.[22] 2011년, 옛날의 선구자이자 한때 세계를 이끄는 경제 강국이었던 영국은 미국, 중국, 인도, 일본, 독일, 러시아, 브라질, 프랑스에 이어 9위였다.[23] 1인당 국내총생산 기준으로 세계에서 가장 부유한 나라는 이제 작은 나라들이다. 국제통화기금이나 세계은행 어느 쪽 데이터로 보더라도 룩셈부르크, 카타르, 싱가포르처럼 거의 특별한 사례들이다.[24]

그렇다면 이른바 후발 주자들은 어땠을까? 넋 놓고 추월당하기를 기다리는 '선진'국은 없다. 선진국은 선두 자리를 지키기 위해 최선을 다한다. 뒤에 처진 나라들은 각기 다른 이유로 따라잡지 못한다. 단지 상위 그룹에 끼지 못한다는 이유만으로 다른 면에서는 공통점이 거의 없는 나라들이 하나로 묶인다. 1870년 이탈리아는 확실히 후발 주자였지만, 파라과이도 마찬가지였고 훨씬 더 뒤처졌다. 나라들이 선발 주자를 '따라잡는' 가운데 새롭고 더욱 복잡한 차이가 드러났다.

핵심적인 구별 지표 가운데 하나는 부르주아 민주주의 국가의 등장이었다. 1880년 대다수 유럽 나라들은 여전히 초기 선두 주자(잉글랜드와 벨기에)에 뒤처져 있었다. 바로 뒤에 붙은 나라는 독일, 프랑스, 덴마크, 스웨덴, 그리고 오스트리아-헝가리 제국의 몇몇 지역이었다. 덴마크와 스웨덴같이 이 그룹에 속한 일부 나라에서는 혁명이나 폭력사태, 또는 내적·외적 충돌 없이 부르주아 민주주의가 확립되었다. 낡은 질서의 굴레를 벗어던지는 데 혁명이 요구되지 않았고, 이미 민족국가였기 때문에 독일이나 이탈리아와 달리 민족 독립을 위한 투쟁이 필요하지 않았다. 또한 외부의 적이 주권을 위협하지도 않았다(하지만 덴마크는 1864년에 슐레스비히-홀슈타인 지방을 프로이센에 빼앗겼다). 이미 근대화 개혁이 공표되어 종교의 자유와 여성의 평등 확대, 지방자치 정부, 새로운 형법, 개헌 등이 이루어졌다.[25]

스칸디나비아 각국 경제 역시 발전하는 중이었다. 19세기 중반까지 스웨덴의 수출품은 주로 1차 생산물, 특히 목재였다.[26] 끊임없이 늘어나는 영국의 수요가 주도한 이 수출은 스웨덴 경제성장을 이끈 원동력임이 드러났다.[27] 노르웨이는 목재와 나란히 생선을 수출했고, 덴마크는 식료품 수출을 전문으로 삼았다. 이후 스칸디나비아 3국은 자국의 수출품과 직간접적으로 연결된 산업을 발전시켰다. 스웨덴은 철과 강철, 노르웨이와 스웨덴은 목재 가공, 덴마크는 식품 가공 산업이 발전했다. 스웨덴이 앞장선 가운데 세 나라 모두 매우 높은 성장률을 달성하면서 1인당 소득 기준으로 서유럽 주요 나라들을 따라잡았다.[28] 스웨덴은 1차 생산물을 활용했기 때문에 국가 의존도가 덜한 자본주의 경제발전이 가능했고, 국가 개입은 기반시설 사업에 국한될 수 있었다.[29] 하지만 국가, 또는 이 경우에 스웨덴국교회Svenska kyrkan(1526년 구스타브 1세 국왕이 설립)는 경제성장의 핵심 조건 가운데 하나를 장려하는 데 결정적인 역할을 했다. 읽고 쓰는 능력이 월등하고 교육받은 인구를 발전시킨 것이다. 일찍이 1686년

교회법은 모든 사람이 성경을 읽을 수 있어야 한다고 선포한 셈이었다. 그 덕분에 19세기 중반에 이르러 스웨덴은 유럽에서 가장 문해율이 높은 나라로 손꼽혔다. 유능한 성경 독자들로 이루어진 인구의 진짜 이점은 숙련된 노동계급이었다. 이 노동계급은 목재 산업을 출발점으로 해서 다른 훨씬 더 복잡한 산업에도 기여했고, 결국에는 선진 은행·금융 부문에도 이바지했다.[30] 스웨덴 농업 역시 19세기를 거치면서 상당한 변화를 겪었다. 특히 새로운 무토지 농업노동자 계급이 등장한 스웨덴 남단 스코네주를 중심으로 대규모 자본주의적 농장이 발전했다.[31]

스칸디나비아 3국 경제는 규모가 워낙 작아서 영국을 동요하게 만들지 못했지만, 독일은 19세기 말에 이르러 새롭고 두려운 경쟁자로 부상했다. 만약 독일이 동부에서는 프로이센이, 남부에서는 바이에른과 오스트리아가 지배하는 가운데 계속 소국들의 집합체로 남았더라면, 아마 영국이 크게 두려워할 일이 없었을 것이다. 스위스나 스웨덴을 두려워할 필요가 없었던 것처럼 말이다. 하지만 1871년 이후 독일은 유럽 대륙에서 최강의 국가가 되었고, 이전부터 관세동맹이라는 깃발 아래 존재했던 독일 국가들의 관세연합은 이제 보호자이자 새로 통합된 제국이라는 강력한 정치적 실체를 갖게 되었다.

독일인들은 환호성을 질렀다. 1913년에 쓴 글에서 베르너 좀바르트는 이제 독일은 새로운 자본주의 정신이 최고로 발전한 나라로서 미국과 맞먹을 정도라고 자부심에 찬 어조로 선언했다(독일인들의 조직적 능력과 과학에 대한 태도 덕분이라고 했다).[32] 그리고 다소 흡족해하며 과거의 선구자 잉글랜드는 이제 쇠퇴하는 중이라고 설명했다.

[그 나라에서는] 이제 분명한 사고가 경제 활동에 적극적이고 강력하게 영향

을 미치지 못한다. ⋯ 기업 정신, 사업에 대한 관심, 산업에 대한 열의가 모두 쇠퇴하는 중이다. ⋯ 영국인은 사치와 귀족적인 생활방식, 그리고 무엇보다도 스포츠에서 쾌락을 찾는다.[33]

오랫동안 영국인들은 자신들의 경제적 운명에 참고할 만한 역사적 선례가 없고 위험으로 가득 차 있을지 모른다는 '당혹스러운 징후'를 받아들이려고 애썼다.[34] 이제 모두가 인정하는 선도적 지위가 의문시되고 있었다. 영국 인텔리겐차는 여전히 자족감에 젖어 있었지만, 경고의 목소리가 높아졌다. 물론 아직까지는 영국의 쇠퇴는 현실보다는 상상이었고, 이 나라는 예전과 똑같이 번영을 구가했다.

1907년, 『옵저버Observer』의 편집인을 잠깐 지내고 후에 『잉글리시리뷰The English Review』 편집인(1909~23)으로 일한 오스틴 해리슨은 불안과 감탄 사이에서 갈피를 잡지 못하는 속내를 밝혔다. 베를린을 방문한 이래 독일의 생활수준이 놀라울 정도로 향상되어 "해운과 국가의 부, 산업, 상업, 인구, 생산, 소비, 번영에서 참으로 엄청난 수준의" 발전을 이루었다는 것이었다.[35] 여자들은 옷을 잘 차려입고, 진짜 가난이나 술 취한 여자를 보기가 어려우며, "빈민 아이들도 우리나라의 빈곤층에 비하면 한결 옷매무새가 좋다".[36] "몇십 년 전만 해도" 독일은 "소공국과 소궁정, 쩨쩨한 정책과 시시한 속물근성"으로 갈라져 있었지만, 지금은 하나의 나라다.[37]

어니스트 E. 윌리엄스도 영국이 곤경에 빠졌다고 불안해했다. 그가 쓴 『'독일제Made in Germany'』(1896)는 영국의 쇠퇴를 다룬 여러 문헌에 큰 영향을 미치고 대중적인 기여를 했다. 그 이후로 끊임없이 불어난 문헌들은 똑같은 상투적 문구를 되풀이하면서도 전부 예전에 이미 나온 말이라는 걸 알지 못했다. 윌리엄스는 영국 노동자가 게으르다고 질책하면서도 영국 기업가 역시 무능하다고 훈계했고, 양쪽 다 독일의 노동자와 기업가에 비하면 형편없다고 꼬집었다.

단골 재봉사한테 영국인이나 독일인 중에 누구를 고용할 작정이냐고 물어보리. … 분명 단호한 대답이 돌아올 것이다. … 사람들이 꾸준하면 공장 운영비가 줄어든다. … 독일이 성공을 거둔 커다란 원인은 빈틈없는 혁신인데, 우리 자신의 보수적인 마비상태와 극명한 대조를 이룬다.[38]

아서 섀드웰도 『산업의 효율성Industrial Efficiency』(1906)에서 같은 맥락에서 이렇게 개탄했다. "한때 진취적이던 제조업자가 게을러져서 사업이 저절로 굴러가게 방치한 채 뇌조 사냥을 다니거나 지중해에서 요트 놀이를 한다." 섀드웰은 훗날 익숙해지는 투덜거리는 어조로 영국 노동자역시 형편없기는 도긴개긴이라고 말을 이었다. '돈은 최대한 많이 받고 일은 가급적 적게 하라'는 좌우명을 내세우는 노동자들의 주된 관심사는 '축구 아니면 노름'이기 때문이다. 지금과 마찬가지로 그때도 제조업자의 손발을 묶는 낡고 과도한 규제가 이런 상황을 낳은 장본인으로 지목되었다. 정부 부처들은 "너무 게을러서 … 변화하는 상황에 맞게 규제를 바꾸지 못하는" 한편 "모든 사람이 쾌락과 놀이에만 열중한다. … 우리는 노는 민족이다. 노동은 성가신 일, 즉 가급적 피하거나 적당히 해치워야 하는 필요악이다".[39] 섀드웰은 자신의 주장을 강화하기 위해 영국 언론에 이따금 독자편지를 보내는 외국인들이 드러내는 기묘한 견해를 인용했다. 여기 『내셔널리뷰The National Review』(1905년 6월)에 편지를 보낸 '어느 독일인'이 있다.

당신네 노동자의 대다수는 스포츠 신문말고는 거의 읽는 게 없고, 노름과 스포츠말고 다른 데는 관심이 없습니다. … 제가 알기로 당신네는 심지어 빈민 자녀들에게 음식을 제공할 준비를 하고 있고, 다음에는 아마 옷가지도 주고 결국은 그 부모들까지 부양할 겁니다. … 당신들은 착실한 사람들이 아니라 타락한 빈민들의 나라를 만드는 데 열중하는 것 같습니다. … 당신네 정치인들은 다른 누군가를 희생시켜가며 노동자에게 어떤 약속이든 기꺼이 해주려고 합니다. … 이런 걸 민주 정부라고 부르지요. 저라면 어린이집의 지배라고 부르겠습니다. 어린아이들이 현명하고 선견지명 있는 사람들을 다스리니까요. 결국 자기 자신들의 변덕을 만족시키면서 당신네 국가를 파멸시키겠지요.[40]

『데일리텔레그래프Daily Telegraph』에 보낸 편지에서 영국이 쇠퇴한 이면의 진짜 이유를 설명한 뉴욕의 테일러 씨도 있다.

분명한 사실은 영국인들이 무절제와 부도덕에서 생겨나는 신체적 질병을 앓고 있다는 겁니다. 당신네 여자들은 신장이 지나치게 커지는 신체적 퇴화를 보여줍니다. 사치와 악덕으로 지구 표면을 초토화한 고대 민족들의 전형적인 특징이지요. 여성이 키가 커지면 체력과 지구력, 다산 능력이 줄어드니까요.[41]

어느 러시아인은 『팔말가제트』에서 다음과 같이 말했다.

당신들이 급속한 절멸을 모면하기 위해 어떤 조치를 취하기에는 이미 너무 늦었습니다. 왜냐하면 지난 30년 동안 영국인은 정신적, 도덕적, 신체적으로 뿌리까지 썩었기 때문입니다. 영국의 남성 인구만 결함이 있다면 되살아날 기회가 어느 정도 있겠지만, 여성도 쇠퇴했습니다. 미래의 영국 시민으로 세상에

내놓는 아이들이 참담할 정도로 허약하고 우둔하며 신체불구와 신경쇠약인 걸 보면 분명히 증명됩니다.[42]

물론 영국 엘리트들은 여전히 자신들이 세계 최고라고 믿은 반면, 다른 나라 엘리트들은 부러워하는 친영파가 많았다. 하지만 독일인들은 정말로 영국을 따라집고 있다고 느꼈다. 1900년에 이르러 독일은 다른 산업국들과의 무역에서 영국보다 더 많은 비중을 차지하게 되었다.[43] 대전쟁에 앞서 벌어진 영국과 독일의 거대한 경쟁에는 경제적 토대가 있었다. 새로운 현상이었다. 그전까지 영국의 커다란 경쟁자는 프랑스였다. 그런데 이제 산업 경쟁이 정치적 경쟁보다 더욱 중요해졌다. 달리 말하면, 경제가 정치의 주요한 결정 요소가 되었다. 경제적으로 선두에 서 있다면 계속 그 자리를 지키려고 한다. 선두에 가까이 다가갔다면 선두에 올라서고자 애쓴다. '상위 국가들'의 마법진魔法陣 바깥에 있다면, 그 안으로 들어가려고 애를 쓴다. 자본주의의 세계에서 현상을 유지하는 것은 감당하기 어려운 사치이기 때문에 영국인들은 내리막과 쇠퇴를 걱정했다. 1800년부터 1900년까지 『더타임스』나 여러 책에서 '쇠퇴decadence'라는 단어가 점점 더 많이 쓰이다가 서서히 진정되었다. '내리막'이라는 단어의 사용은 1810년에서 1920년 사이에 서서히 줄어들다가 (2차대전 중에 잠시 중단되긴 했지만) 늘어났고, 1980년대에 다시 감소했다. 역설적이게도 자본주의적 성장이 내리막길을 걷는 순간과 일치했다.[44]

갈 길이 먼 후발 주자들도 있었다. 가령 이탈리아는 유럽의 발전이라는 면에서 보면 리그 최하위에서는 멀었지만(이탈리아는 대다수 나라들보다 성과가 좋았다), 이탈리아 직물 산업은 조직 면에서 거의 전적으로 전前자본주의적이었고, 국가의 지원을 필요로 하는 농촌 출신 소기업가가 지배했다.[45] 이탈리아에서 몇 안 되는 대규모 직물 산업자본가 가운데 한 명인 알레산드로 로시(1873년 라네로시Lanerossi 설립자)는 대규모 산업, 특히 자기가 소유한 산업의 이점을 확신하긴 했으나, 그래도 마찬가지로 국가가 산업(특히 자기 산업)을 보호해야 한다고 믿었다. 빈민 구제를 완곡하게 표현한 이른바 '사회문제'에 관한 한, 그는 경제적 자유주의자였다. 국가는 복지에 손을 대지 않아야 했다. 복지는 자기 같은 박애적 기업가의 손에 맡겨야 했다. 노동자들을 고무하는 길은 온정주의 정책(포상, 연금, 주택, 학교)을 펴는 것이었다. 하지만 로시는 전통과 혁신을 결합하고 가장 발전한 유럽의 상업 중심지들과 연결할 수 있는 근대적 기업가였다.[46] 오늘날의 표현으로 하면 '온정적 자본주의compassionate capitalism'에 전념한 것은 국가를 배제하기 위함이었다. 다만 자본주의와 자본가들이 곤경에 빠지면 국가가 개입해서 둘 다 구해야 했다.

이탈리아 엘리트들은 어떤 외국을 모델로 선택할 것인가를 놓고 끊임없이 고민했다. 그렇지만 대체로 편의에 따라 아무 나라나 골라서 선택했다. 경제의 선각자로 여겨지는 사람들은 나라가 뒤처진 이유에 대해 기묘한 설명을 내놓았다. 그리하여 훗날 이탈리아 공화국 대통령(1948~55)이 되는 루이지 에이나우디는 1899년에 이탈리아의 생활수준이 유럽 다른 나라들보다 낮은 것은 인구 밀도가 높기 때문이라고 말했다(인구가 너무 많다는 말이었다). 실제로는 훨씬 더 번영을 누리는 벨기에나 영국이 인구 밀도가 더 높았다.[47] 그리고 에이나우디는 만약 이탈리아가 이베리아나 발칸 사람들의 운명을 피하고자 한다면, 프랑스보다는 잉글랜드나 독일을 모방해서 더 자유로운 경제 정책을 채택해야 한다고 덧붙였다.[48] 분명 그는 잉글랜드와 독일 모두 이미 자유주의적 개입주의로 돌아섰다는 사실을 깨닫지 못했다.

실제로 이탈리아 국가는 보수주의자(이른바 '역사적 우파')나 자유주의자 어느 쪽이 다스리든 무기력한 것과는 거리가 멀었다. 1차대전 직전 시기의 공공지출은 국민총생산의 16~18퍼센트로 상당한 수준이었다.[49] 전통적인 법질서 임무와 교육만이 아니라 공공사업(무엇보다도 철도, 그리고 전신과 우편), 그리고 자본주의 발전에 필요한 일부 기반시설에도 돈이 쓰였다. 사기업은 종종 대출과 보증의 형태로 국가의 보조금을 받았다. 이탈리아 남부에서는 농업에 추가로 개입이 이루어졌다. 빈곤을 줄이고 지주 집단을 신생 이탈리아 국가 편에 묶어두기 위해서였다.[50]

모두들 산업과 근대가 연결된다는 점, 그리고 유럽의 부유한 나라들과 격차를 메워야 한다는 점에 동의했으며, 더 나아가 번영으로 가는 길에서 만약 엘리트보다 더 넓은 국민 집단을 아우르려면 최근에 통일된 이탈리아가 더 높은 수준의 정통성을 확보하기 위해 오랜 과정을 거쳐야 한다는 생각에도 뜻을 모았다. 일라리아 바르차기가 풍부한 실례를 통해 보여주는 것처럼, 민족 통일을 이루고 불과 20년 뒤인 1881년 밀라노에서 열린 전국산업박람회Esposizione Industriale Nazionale를 계기로 산업생산과 산업 소비를 통해 민주화를 이룬다는 이 기획, 또는 희망이 분명해졌다.[51]

다른 지중해 나라들의 경우에는 이탈리아에 존재한 것과 같은 후진적 자본주의조차 없었기 때문에 전망이 부정적이었다. 에스파냐와 그리스가 그런 사정이었지만, 포르투갈은 1차대전으로 이어지는 수십 년 동안 정체가 극심했다. 흉년이 든 탓도 있고(포르투갈은 농업에 크게 의존했다), 브라질에서 들어오는 송금이 줄어든 탓도 있었다.[52] 포르투갈 국내 시장이 작더라도 일부 수출품(코르크, 생선 통조림, 포도주)에서 얻는 수입을 활용해서 제조업 자금을 댈 수 있었겠지만, 유럽의 선진국들과 경쟁하던 상황을 볼 때 이 분야에서 앞서나갈 가능성이 희박했다. 포르투갈은 유럽에서 문해율이 가장 낮은 축에 속했는데도 교육에 대한 지출은 거의 없었다.[53] 아프리카에서 영국에 굴욕을 당하고, 만성적인 정정 불안(1834년에서 1905년 사이에 내각이 54차례 세워지고, 1905년에서 1910년 사이에는 10차례 구성됐다)으로 쇠약해지고, 최고위직에서 부패가 만연하고, 사회적 소요 때문에 한층 더 약해진 포르투갈 군주정은 1908년 카를루스 1세가 암살된 직후 붕괴했다. 1910년에 공화국이 선포되었다.[54] 포르투갈 '혁명'에서 결정적인 역할을 한 세력은, 에스파냐와 라틴아메리카 대다수 나라의 경우처럼 반교권적 자유공화주의 이데올로기에 몰두한 인텔리겐차와 중간계급이었다. 이런 이데올로기 때문에 그들은 전통적인 농민층과 한층 더 멀어졌다.

하지만 일부 '후발' 국가들은 언뜻 보기에 악조건 속에서도 따라잡았다. 가령 핀란드는 1809년 이래 차르 제국의 일부인 대공국이었다. 이 나라는 가난했다. 1860년 핀란드의 1인당 국내총생산은 유럽 평균의 25퍼센트 이하였다. 전체 인구의 4퍼센트만이 제조업에 종사했다. 그런데 산업생산량이 매년 5퍼센트 넘게 증가했다.[55] 1914년에 이르러 핀란드는 유럽 평균 1인당 국내총생산을 따라잡았다. 농업과 무엇보다도 임업이 성장한 덕분이었다.[56]

러시아에서는 다른 양상이 나타났다. 러시아와 우크라이나의 농민들은 흔히 생각하는 것보다 한결 이동성이 좋아서 우랄산맥 동쪽에서 팽창하는 러시아 제국의 아시아 지역들(특히 시베리아와 카자흐스탄)로 이주했다. 전체적으로 보면, 이 식민이주자들이 현지 주민들을 해친 것은 아니다(아메리카 원주민과 달리 현지 주민들은 정착민들이 옮겨온 질병에 걸리지 않았다). 하지만 이주민들은 점차 아시아 러시아(러시아의 아시아 지역)의 넓은 지역을 식민지로 개척함으로써 자신들의 생활방식을 크게 바꾸지 않은 채 인구증가를 유지할 수 있었다. 그들은 가족의 크기를 제한하려 할 필요가 없었다. 해외로 이주할 필요도 없고, 혁신을 할 필요도 없었다. 그 냥 후진적인 생활을 유지할 수 있었다. "1897년에도 여전히 무척 뚜렷한" 러시아 농민 사회가 유지된 것은 "대체로 16세기 중반에서 19세기 말까 지 농민이 이주해서 러시아 변경에 정착한 결과였다".[57] 물론 차르 제국의 몇몇 주요 지역에서는 산업 성장이 시작됐고, 유럽의 다른 나라들과 마찬 가지로 이 지역들은 뒤처진 지역과 공존했다.

역사에서 '후발 주자'들이 맞닥뜨리는 운명은 다소 흥미롭다. 이 나라 들은 이른바 선구자에 비해 외부 세계의 침해를 훨씬 많이 받는다. 개척 자를 따라잡아야 하지만 그 행동을 똑같이 따라할 수는 없다. 정의상 개 척자는 경쟁자가 거의 또는 전혀 없는 환경에서 움직이기 때문이다. 만약 선두에 올라 있는데 도전자가 아무도 없다면, 변화를 시도할 필요가 전혀 없다(물론 그래도 변화 시도를 해야 하지만). 오래된 엘리트들이 보수적인 데는 이유가 있다. 영국의 사례처럼 스스로 나서서 변화를 시작하는 것과 변화를 강요받는 것은 전혀 다른 일이다. 강요를 받으면 대응을 해야 한 다. 후발 주자는 기업가들이 무에서 유를 창조하기를 기다릴 수 없다. 국 가가 나서서 이끌어야 한다. 동유럽에서는 서구의 사회경제적 견인력이 워낙 커서 오래된 엘리트들이 마지못해서나마 산업혁명과 정치혁명을 이끌려고 했다.[58]

'따라잡기' 과정을 묘사하는 데 사용되는 언어는 ('후발 주자'라는 표현 과 마찬가지로) 눈에 보이는 단계를 가정한다. 저발전에서 발전으로, 하 위에서 상위로, 후진에서 선진으로 나아가는 단계다. 이런 '단계론적이 고' 결정론적인 견해는 불가피하게 복잡한 과정을 단순화하기 쉽다. 어 쨌든 영국의 산업 성장은 꽤 긴 농업 발전 시기와 마찬가지로 현저한 상업 팽창 시기를 거친 뒤 이루어졌다. '단계론적' 견해는 역사에서 언제나 흔히 등장했다. 마르크스와 그의 수많은 추종자들은 과거의 성공을 복제하는 것에 근거한 진보 개념을 신봉했다. 마르크스는 『자본』 서문에서 "산업이 더 발전한 나라는 덜 발전한 나라에 미래상을 보여줄 뿐"이라고 주장했다.[59] 이후 『경제성장의 여러 단계: 비공산주의 선언The Stages of Economic Growth: A Non-Communist Manifesto』(1960)을 쓴 월트 로스토 같은 반마르크스주의자나 프리드리히 리스트(『정치경제학의 민족적 체계』에서 정리한 것처럼, 목축생활에서 농업을 거쳐 제조업과 그 이후로 나아가는 단계적 진보를 상상했다) 같은 전前마르크스주의자도 비슷한 입장을 신봉했다. 애덤 스미스는 『법학강의Lectures on Jurisprudence』(1762년 12월) 1부에서 "인류가 네 가지 구별되는 상태를 통과한다"고 말했다. "첫째 사냥꾼 시대, 둘째 양치기 시대, 셋째 농업 시대, 넷째 상업 시대다."[60] 『국부론』(1776)을 출간할 무렵 스미스는 '자연적' 발전을 세 단계로 줄였다. 첫 번째 단계에서는 "모든 성장하는 사회의 자본이 대부분 우선 농업으로 향하고", 그다음에는 제조업으로 향하며, "그리고 마지막으로 해외무역으로 향한다". 하지만, 곧바로 그가 덧붙이는 것처럼, "이런 자연스러운 사물의 순서"는 유럽의 모든 근대국가에서 "완전히 역전되고 있다".[61] 칼 폴라니나 알렉산더 거셴크론, 배링턴 무어 같은 저명한 경제사학자들은 비록 저발전에서 벗어나는 길이 다양할 수 있다는 데 모두 동의하면서도 발전 개념에 몰두했다.[62] 각기 다른 국면에서 정책적 차이가 나타날 수밖에 없었던 사실은 '부르주아' 혁명 모델을 찾는 일이 결국 그토록 논쟁적이고 무익하게 된 이유를 설명해줄지 모른다. 배링턴 무어의 유명한 연구 『독재와 민주주의의 사회적 기원Social Origins of Dictatorship and Democracy』(1966)이 획기적인 저작인 것은 세 가지 사례를 구별하여 산업화와 민주

주의로 나아가는 진화의 유형학을 구성하려고 했기 때문이다.[63]

1. 산업 부르주아지와 지주 집단의 갈등에서 생겨난 자본주의적 민주주의(미국, 영국, 프랑스).
2. 지주 엘리트들이 여전히 지배하면서 '위에서부터 혁명'을 수행하는 권위주의체제(독일과 일본).
3. 토지를 얻기 위한 농민 혁명에서 생겨난 공산주의체제(러시아와 중국).

이런 발전 개념에는 어느 정도 서구적이고 근대적인(즉 포스트계몽주의적인) 면이 있다. 패트릭 오브라이언이 지적한 것처럼, 경제발전사학자들은 전통적으로 단계 범주를 사용하지 않는 것을 어려워했다.[64] 한 단계를 벗어나서 새로운 단계로 진입하는 정확한 순간을 표시하기란 결코 쉽지 않지만, 대중적 문헌과 언론, 일상적인 정치 담론에서는 단계 개념(이전과 이후)이 여전히 강하다.

그리고 또다른 문제도 있다. 제1/제2/제3세계라는 시각은 언제나 냉전과 밀접하게 연결되었다. 제1세계는 서구이고, 제2세계는 공산권, 그리고 나머지 세계가 있었다. 그런데 실제로 제3세계라는 용어는 어느새 저발전 국가와 같은 의미를 띠게 되었기 때문에 사실 두 세계가 존재했다. 선진국과 저발전국, 또는 둔감하게 말하자면 서구와 나머지 세계가 있었다. 하지만 '나머지 세계'는 언제나 지나치게 광범위한 개념이었다. 콜린 레이스가 지적한 것처럼, 저발전 국가라는 범주에는 결국 아이티와 태국, 르완다와 중국 등 아주 다른 나라들이 포함된다. '제3세계' 범주는 이 모든 나라를 아우르는 것이다.[65] 유엔 총회는 그 정도로 둔감한 것을 피하기 위해 1971년에 세계 '최저개발국east developed countries(LDCs)' 명단을 작성했다. 이 명단이 일종의 축구 순위표처럼 작용해서 '최저개발국' 지위에서 벗어나 그만큼 황량하지는 않은 '개발도상국'으로 나아가는 나라들이 생길 것이라고 기대되었다. 하지만 지위가 상승한 나라는 거의 없고, 어떤 명단(국제통화기금의 세계경제 전망 데이터베이스World Economic Outlook Database를 보라)을 보더라도 국가별 순위 밑바닥에 자리한 나라들은 사실상 전부 아프리카 국가다. 하지만 발전이론의 중심적인 가정이 여전히 유력하게 작동했다. 때가 무르익으면, 그러니까 열심히 일하고, 탄탄한 부르주아계급을 발전시키고, 후진적인 지주들을 없애고, 부패를 제거하는 등의 일을 하면, 부자 나라들의 행복한 세계에 합류할 수 있으리라는 것이었다.

단계 개념과 대칭을 이루는 것은 순환 개념이다. 단계 개념은 진보의 전망을 주장하는 반면, 순환 개념은 위에 있는 나라는 반드시 내려가고, 제국들은 명멸하며, 미국이 쇠퇴하고 중국이 귀환한다고 주장한다. 순환 개념은 거의 우리의 자연적 정의 개념을 강화하는 것처럼 보인다. 패자가 부상하고 승자가 패배하기 때문이다. 진보 개념은 순환하는 역사 개념과 대립될지 모르지만 둘 다 결정론적 요소를 공유한다. 진보 개념은 상승만 가능하다고 믿는 반면 순환 개념은 올라가는 것은 필연적으로 내려간다고 믿는다. 중국의 역사 문화는 흥망성쇠의 자연적 순환이 존재한다는 사고에 깊이 몰두했다. 중국인들이 가장 많이 읽는 고전인 14세기 책 『삼국지』의 첫 장은 "제국은 오래 나뉘어 있으면 반드시 하나로 합쳐지고, 오래 합쳐져 있으면 반드시 갈라진다. 제국은 언제나 그러했다"는 문구로 시작한다.[66] 물론 이 예언은 사실로 입증될지 모른다. 순환론적 견해의 장점은 거짓임이 입증될 수 없다는 것이다. 오랫동안 기다리기만 하면 아마 하락세가 나타날 것이다. 하락세가 나타나지 않는다면, 아직 충분히 오래 기다리지 않았을 뿐이다. 하지만 순환론적 견해는 산업화 같은 새로운 현상을 제대로 설명하지 못한다. 또한 전자본주의에서 벗어나려면 어떻게 해야 하는지도 설명해주지 못한다. 한 가지는 확실하다. 어떤 나라도 오로지 시장의 자생적인 작동을 통해서만 전자본주의에서 벗어난 게 아니다. 잉글랜드도 마찬가지다.

후발 수자들이 선구사가 전에 한 일을 그대로 되풀이해서 띠리잡는다는, 발전으로 가는 어느 정도 정해진 경로가 있다는 생각이 상식적으로 보일지 모른다. 어쨌든 이런 사고가 후에 워싱턴 컨센서스(5장을 보라)라는 이름을 얻은 관념의 토대다. 이런 견해는 매혹적일 정도로 단순하기 때문에 많은 전문가들이 받아들였다. 전문가들은 한 나라가 민영화, 작은 정부, 규제 완화, 자유무역 등등의 공식을 충실히 따르면 빈곤에서 벗어날 수 있다고 생각했다.

역사학자들은 오랫동안 이런 견해를 혹평했다. 1952년 경제사학자 찰스 킨들버거는 세계은행의 파견단과 '국가 보고서'들에 관해 논평하면서 발전의 차이를 하나의 수학 공식으로 단순하게 환원한다고 비판했다. 워싱턴 컨센서스의 정식화가 등장하기 수십 년 전에 킨들버거는 다소 비꼬는 투로 이 보고서들은 '비교 정역학 논문'이라고 꼬집었다. "세계은행 파견단은 저발전 세계에 선진국의 모습에 관한 통념을 가져온다. 그리고 후진국을 관찰하면서 선진국에서 후진국을 뺀다. 그 차이가 프로그램이 된다."[67] 그가 내린 결론은 이 보고서의 필자들은 자신이 방문한 나라에서 많은 것을 배웠을지 몰라도 "경제발전 과정에 관해서는 아직 아는 게 많지 않다"는 것이었다. "다른 모든 사람도 마찬가지라는 말을 서둘러 덧붙여야겠다."

여기서도 새로운 것은 많지 않다. 19세기에 후발 국가들은 자국의 경제

구조를 성공한 모델의 구조(대개 영국의 이상화된 형태)와 비교하는 일이 많았다. 영국이 거친 경제발전단계가 '워낙 필연적인 것'으로 보였던 까닭에 "서구의 개발도상국이 영국과 같은 몇몇 전제조건이 존재하지 않거나 영국의 단계를 일부 우회하게 될 때면 언제나 비록 성과를 낸다 해도 규칙을 입증하는 예외로 치부되었다".[68] 영국이 걸은 길을 그대로 되풀이할 수는 없거나 영국의 길이 '최선'이라고 가정할 이유가 거의 없다 할지라도 영국은 오랫동안 본보기 노릇을 했다.[69]

'후발' 국가들의 문제는 스스로 해결해야 한다고 여겨졌다. 그리하여 프랑스에서는 기업가들의 지나친 개인주의적 심성, 완고한 시골 근성, 가족에 대한 강박적 관심, '넓게 생각하지' 못하는 무능력, 농민적 뿌리에서 생겨난 편협한 정신 등을 탓하는 일이 흔했다.[70] 프랑스의 은행은 영국과 비교해서 원시적이고 산업에 필요한 자본을 제공하지 못한다는 말을 들었다.[71] 낮은 출산율이 낳은 노동력 부족, 민간부문 노동력을 고갈시켰다고 여겨진 공공 고용의 유인, 많은 소기업의 존재 등도 원인으로 꼽혔다.[72] 프랑스는 혁명 덕분에 유럽 전역에서 정치적으로 발전한 나라로 여겨졌기 때문에 이런 평가는 더욱 놀라웠다. 게다가 이미 프랑스 제2제정(1852~70)은 붕괴한 뒤 수십 년간 산업이 일사불란하고 신속하게 발전할 수 있는 토대를 닦아놓았다. 프랑스의 산업화는 프랑스에 어울리는 본보기를 따랐는데, 이 본보기는 소비자 지출을 위한 거대한 잉여가 없는 대규모 농민 인구, 부유한 도시 시장, 프랑스가 오랫동안 이름을 날린 양질의 상품을 흡수한 수출 시장 등에 맞게 개조되었다.[73]

1865~95년 사이에 프랑스의 성장률은 낮았다(평균 0.6퍼센트로 이전 20년 동안의 1.5퍼센트, 이후 30년 동안의 1.6퍼센트, 1929~63년의 1.9퍼센트와 대비됐다). 갑작스러우면서도 지속적인 도약은 없었겠지만, 적어도 다

른 나라들보다는 발전이 조화롭게 이루어졌다.[74] 출산율이 낮고 그 때문에 노동력이 부족한 탓에 필연적으로 다른 나라들보다 임금이 높은 수준을 유지했다.[75] 프랑스는 비록 항상 영국과 독일에는 뒤처졌을지라도 산업화의 기둥인 철도, 전신, 해운의 발전에서는 다른 거의 모든 나라를 앞질렀다(그렇다고 1등이 되지 못한 프랑스의 불만이 진정된 것은 아니다). 게다가 인구증가 수준이 낮다는 것은 성장이 주로 생산성 증대 덕분임을 의미했다.[76] 프랑스인들과 똑같이 남들만큼 잘하지 못하는 데 대해 고뇌를 드러낸 독일인들은 프랑스를 대륙의 주요한 근대국가이자 자연스러운 경쟁자로 여겼고, 프랑스가 1870년의 패배를 딛고 경제적·정치적으로 빠른 속도로 회복하는 것을 보고 경탄했다.[77] 프랑스는 독일보다 부유해 보였다.[78] 크레디리요네Crédit Lyonnais나 소시에테제네랄Société Générale(1886년부터 1901년까지 영국인 은행가 에드워드 찰스 블라운트가 운영), 파리네덜란드은행Banque de Paris et des Pays-Bas 같은 은행은 독일은행보다 더 유력했다. 파리증권거래소는 런던증권거래소와 라이벌관계였다. 프랑스 자본주의는 미국이나 영국과 비교할 때만 소기업 자본주의였다. 1000명 이상을 고용하는 기업을 '대'기업(20세기 초에는 전 세계에 3000개 정도 있었다)으로 정의하고 제조업에서 '대'기업 피고용인 비율을 계산하면, 프랑스는 독일과 스웨덴 바로 아래였다.[79]

하지만 프랑스에서도 자유주의자들은 영국을 따라야 할 본보기로 우러러보았다. 프랑스 자유주의자들은 맨체스터 학파뿐만 아니라 정치적 자유주의와 그 대표 주자인 윌리엄 글래드스턴도 존경했다. 글래드스턴은 1870년대 내내 『두 세계 평론Revue des deux mondes』 기사에서 가장 눈에 띄는 자리를 차지한다. 프랑스의 대표적 자유주의자이자 지도적 정치인인 레옹 강베타와 쥘 페리의 지지자였던 폴-아르망 샬르멜-라쿠르는 글래드스턴을 장기적 시야를 갖춘 드문 정치인이자, "한 계급의 이기심과 다른 계급의 무지 때문에 생기는" 계급적 차이를 근절하려고 노력하며 "공공의 지갑을 열어서 노동계급을 돕고 공평한 법률과 풍부한 고용으로 노동계급을 진정시킬" 각오가 된 정치가라고 치켜세웠다.[80] 또다른 대표적 자유주의자인 레옹 세는 거대한 프랑스 자유당을 만들고자 한다면 영국의 의회제를 본보기로 삼아 따라야 한다고 주장했다.[81] 적어도 세기가 끝날 때까지는 진지한 경제 사상을 내놓지 못한 군주제 우파는 경쟁상대가 되지 않았다.[82]

영국이 본보기가 되어야 했다는 사실은 놀랍지 않다. 영국인들 스스로가 이 점을 아주 잘 알고 있었다. 그것은 단지 더 부유하다는 문제만이 아니라 더 **근대적인** 생활방식을 누린다는 문제이기도 했다. 아일랜드 작가 마이클 멀홀은 "우리 시대의 정신적·물질적 진보를 열정적으로 촉진하는 영국 언론"(비꼬는 표현이 아니다)에 헌정한 저작 『세계 예술, 농업, 상업, 제조업, 교육, 철도, 공적 부의 진보The Progress of the World in Arts, Agriculture, Commerce, Manufactures, Instruction, Railways, and Public Wealth』(1880)에서 영국은 더 번성할 뿐만 아니라("우리 국민은 더 잘 먹고, 더 많은 일을 할 수 있으며, 다른 어떤 나라보다도 국가적 부의 더 많은 양을 소유한다") 더 문명화되고 덜 '야만적'이라고 언급했다. 멀홀은 학교와 도서관이 증가하고, 공공기관이 확대되며, 범죄율이 하락하고(1840~77년 사이에 64퍼센트 감소), 여성 300만 명이 "이제 남성에게 부양을 의존하는" 대신 "돈을 벌고 있"으며, 노동계급이 점점 번영을 누린다는 사실을 찬양했다.[83] 멀홀의 선구적인 비교통계 연구는 모든 사람이 아는 사실에 경험적 실체를 제공했다. 1894년에 영국이 비록 미국만큼 부유하지는 않더라도 유럽에서 가장 부유한 나라이며 세계에서 단연 앞서는 무역 국가라는 사실 말이다.[84] 대륙에서, 특히 영국식 자유주의 모델을 활용해서 특정한 경제발전 프로그램을 진척시키고 있던 엘리트들 사이에서 영국 숭배가 강했던 것은 전혀 놀랄 일이 아니다.

몽테스키외는 초기 친영파였다(그는 영국의 군주제가 진정한 공화국에 가장 가깝다고 생각했다). 제르멘 드 스탈은 사후에 출간된『프랑스혁명의 주요 사건들에 관한 고찰Considérations sur les principaux événements de la Révolution française』(1818)에서 호의적인 태도로 잉글랜드와 프랑스를 비교했다. 잉글랜드는 자유와 안정 덕분에 프랑스가 앞선 수십 년간 겪은 끔찍한 경험을 피했다. 또한 노예무역 폐지를 주창한 윌리엄 윌버포스 같은 진짜 영웅을 배출했다. 그리고 언론의 자유 수준, 종교에 대한 존중, 문화의 개방성과 깊이, 정치 제도의 견고함 등에서 프랑스보다 한층 우월했다. 잉글랜드는 능력이 출생보다 중요한 나라였다.[85] 지도적 정치가이자 개신교도, 역사학자, 잉글랜드 추앙자였던 프랑수아 기조는 1857년에 쓴 편지에서 찬사를 늘어놓으면서 이렇게 단언했다. "잉글랜드는 존엄과 인간 자유로 나아가는 대로다. 태초 이래로 어떤 나라도 분노와 뇌물 없이 그렇게 위대하고 부유해지지 못했다. 잉글랜드가 그렇게 된 것은 개신교와 의회체제 덕분이다."[86]

'해외', 즉 영국으로부터 교훈을 배우자는 말이 시대의 표어가 되었다. 독일에서는 영국 정치 상황에 대한 가장 영향력 있는 논평가들—루요 브렌타노나 게르하르트 폰 슐체-개버니츠 같은 경제학자와 사회개혁가들—이 노동조합을 비롯해서 영국의 모든 것을 존경했다. 독일 노동조합과 달리 영국 노동조합은 비정치적이고, 임금과 노동조건을 개선하느라 분주하며, 자본주의를 전복하려는 의도가 없기 때문이었다.[87] 프리드리히 리스트는 후발 주자 독일의 지위를 의식하면서 쓴 1841년의 글에서 영국에 대한 찬사를 토해냈다.

예나 지금이나 제조업과 무역, 항해에서 남들을 능가하는 도시나 나라가 있었
다. 하지만 우리 시대에 존재하는 것과 견줄 만큼 패권을 차지한 나라는 세계
역사상 존재하지 않았다. … 세계는 잉글랜드 때문에 진보를 저지당하기는커
녕 이 나라로부터 가장 강력한 추진력을 얻고 있다. 잉글랜드는 국내외 정책,
위대한 여러 발명과 온갖 종류의 거대한 기업, 유용한 기술의 발전, 도로·철도
·운하 건설, 미개 상태에 있는 토지의 발견과 경작, 특히 열대 나라들의 자연적
부를 드러내고 개발하는 일, 미개 부족이나 야만 상태에 빠진 부족의 문명화
등에서 모든 나라에 귀감 노릇을 했다. 만약 잉글랜드가 없었더라면 세계가 얼
마나 뒤처졌을지 그 누가 알겠는가? 그리고 만약 지금이라도 잉글랜드가 사라
진다면 인류가 얼마나 퇴행할지 그 누가 알겠는가?[88]

리스트는 편협한 민족주의자가 아니었다. 정반대로 그는 모든 나라가
비슷한 수준의 번영을 누리고 평화로운 공존을 공유하기를 원했다. 영국
이 초기에 성공을 거둔 덕분에 영국 제조업 제품이 유럽 대부분에 침투하
면서 시기심과 우려가 섞인 논평이 나왔다. 훗날 독일이나 미국, 중국 제
품들도 비슷한 운명을 겪었다.

영국에 대한 찬미는 새로운 현상이 아니었다. 18세기가 막을 내릴 무
렵 영국을 여행한 지질학자 바르텔레미 푸자스 드 생-퐁은 가죽, 맥주,
그리고 무엇보다도 웨지우드Wedgwood 도자기(프랑스에서는 영국도자기
fayence anglaise라고 알려졌다) 같은 영국산 제품의 우수성에 경탄했다. 웨
지우드 도자기는 그가 보기에 당연하게도 파리에서 상트페테르부르크에
이르기까지, 그리고 네덜란드, 스웨덴, 에스파냐, 이탈리아 등 어디서나

구할 수 있었다.[89] 그는 심지어 왕립학회에서 먹은 훌륭한 만찬까지 언급했다. 다만 냅킨이 없어서 당황하는 바람에 약간 기분이 상했고, 커피 맛이 형편없어서 놀랐으며, 포트와인을 엄청나게 먹는 걸 보고 충격을 받았다.[90]

사실상 대륙 사람들이 전부 영국이라고 부른 잉글랜드에 대한 찬미는 50년 뒤에도 변함없이 굳건했다. 1845년 영국이 곡물법을 폐지하려는 모습을 보이자 훗날 통일 이탈리아의 수상이 되지만 당시에는 사르데냐 왕국 의회의 일개 의원이던 카보우르 백작 카밀로 벤소는 다음과 같이 썼다.

지금 잉글랜드에서 벌어지고 있는 상업혁명은 … 대륙에 막대한 영향을 미칠 것이다. 이 혁명은 세계에서 가장 부유한 시장을 식량에 개방함으로써 식량 생산을 장려할 것이다. … 정기적인 해외 수요를 충족시킬 필요성 때문에 이런 농산업의 에너지가 깨어날 것이다. … 무역은 농민계급의 번영에 필수적인 요소가 될 것이다. 결국 농민들은 자연스럽게 자유주의 체제의 지지자 대열에 합류하게 된다.[91]

그보다 15년 전에 자유주의 경제학자 주세페 페키오는 잉글랜드 망명 중에(1835년 브라이튼에서 사망) 쓴 『한 잉글랜드 망명자의 반쯤 진지한 견해Osservazioni semi-serie di un esule sull'Inghilterra』(1833년에 영어로 번역)에서 이렇게 말했다. "유럽에는 잉글랜드에 보호받는 빚을 지지 않은 나라가 하나도 없"으며 "도로와 운하를 비롯해서 잉글랜드의 것이 모두 더 낫다. 나머지 유럽 전체를 합한 것보다 잉글랜드가 기반시설이 더 많고 문명화 수준도 높기" 때문이다. "거대하고 화려한" 베들럼Bedlam을 비롯

해서 정신병원도 더 낫다.[92]

　이탈리아가 통일을 이룬 뒤에도, 특히 보수 진영을 중심으로 인텔리겐차 내부에서 영국 숭배는 기본적 입장이었다. 어쨌든 영국은 부와 자유를 동시에 손에 넣었고, 프랑스인들이 걸핏하면 소요를 일으킨 것과 달리, 점진적으로 변화를 이루었다. 법학자 도메니코 차니켈리는 항상 우호적인 태도로 영국을 프랑스나 이탈리아와 비교했다. 1883년에 한 강연에서 그는 영국이 보여준 '거대한 장관'을 찬미했다. "혁명의 교의가 뿌리를 내리지 못한 유럽의 유일한 국가이자, 나폴레옹이 무너뜨리지 못한 유일한 나라입니다. 이 모든 것이 국민들을 질서정연한 자유로 인도하는 데 기여했습니다."[93] 1886년에 이탈리아 국왕과 왕비가 참석한 가운데 한 다른 강연에서는 이렇게 단언했다. "잉글랜드 헌법의 발전은 프랑스의 경우와 매우 다른데, 역사를 보면 잉글랜드의 제도가 프랑스보다 훨씬 뛰어나다는 것을 알 수 있습니다."[94]

　선진국들은 유럽의 '후진'국들, '주변부' 나라들에 경제적 도전과 기회를 제공했다. 빠르게 산업화하는 나라들은 원료와 농산물의 수입국이 되었고, '후진'국들은 원료 수출국이 됨으로써 세계무역에 합류했다.[95] 하지만 동유럽 나라들은 이런 도전을 받아들일 준비가 되어 있지 않았다. 나라가 후진적이고, 적절한 제도적·경제적 틀이 전무하며, 봉건적 관습의 지속으로 고통받고, 건전한 금융 시스템이 부재하며, 교육이 열악하고, 통일된 국내 시장이 없었기 때문이다. 동유럽 엘리트들은 근대화론자와 전통주의자로 갈렸다.[96] 1차대전 이전, 양차대전 사이, 공산주의 치하, 공산주의 몰락 이후까지 동유럽 나라들은 여전히 서유럽에 뒤졌다.[97]

　문제는 산업 발전만이 아니었다. 선진국이라고 해서 전부 산업화된 것은 아니다. 가령 미국은 주요 식량 수출국이었고, 보통 후발 주자로 분류되지 않는 오스트레일리아는 예나 지금이나 주로 1차 생산물 수출국이다. 문제는 동유럽의 '후발 주자' 나라들이 농업 생산국으로도 뒤처졌다는 것이다. 그리고 이 나라들은 설령 농산물을 수출하는 데 성공한다 할지라도(루마니아와 헝가리가 곡물을 수출했다) 후진적인 농업부문을 강화하기만 했다. 그런데 결국 이 부문은 선진국의 높은 농업 생산성 때문에 빛을 잃었다.

헝가리 사례가 상징적이다. 이 나라(오스트리아-헝가리 제국의 일부)는 1880년대 말이 되어서야 산업화가 대대적으로 급등하면서 연간 6~7퍼센트의 성장률을 기록했다.[98] 주요 부문은 모두 중공업으로, 보통 철도와 공공 토목공사, 무기 등과 연결됐으며 따라서 국가가 유도하는 수요와 연결되었다.[99] 하지만 주요 수출품은 밀이었고, 실제로 1875년 이전 시기는 밀 재배업자들(소농인 경우는 거의 없었다)이 상대적으로 번영을 누린 때였다. 1880년대와 1890년대에 부다페스트는 미니애폴리스에 이어 세계 2위의 밀 제분 중심지였다.[100] 밀이 돈이 됐기 때문에 다른 작물이나 양 기르기는 언제든 쉽게 포기되었다. 그러자 재앙이 닥쳤다. 운송과 재배가 향상되면서(북아메리카 철도 부설과 상업적 증기선 운항 등) 미국산 밀이 헝가리산보다 훨씬 싸진 것이다. 1890년대에 이르러 헝가리의 밀 생산 비용이 미국보다 30퍼센트나 높았다. 국제 가격이 50퍼센트 가까이 하락하자 가난한 헝가리 농민들이 큰 타격을 입었다. 뒤이어 형편이 좋은 집에서 교육을 잘 받은 자식들이 농토를 점차 포기했다. 루마니아와 똑같은 상황이 벌어졌다(4장을 보라). 그리고 구할 수 있는 가장 좋은 일자리가 공공부문과 무엇보다도 국가 관료기구에 있었기 때문에 많은 이들이 그쪽으로 갔다. 수가 많고 조직력도 좋은 지주들은 관세를 높여서 외국산 밀에 맞서 자신들을 보호해 달라고 국가에 압력을 가했다.[101] 이번에도 역시 순전한 필요가 이데올로기를 이겼다. 베케를레 산도르(1887년에서 1892년까지 재무상을 지낸 뒤 수상을 세 차례 역임)는 자유방임을 신봉하는 자유주의자였지만, 농업 위기가 발발하자 '농업은 생산을 증대할 수 없다'고 인정했다. "계속 늘어나는 과잉 인구는 국가가 기꺼이 개입할 때만 흡수할 수 있다."[102]

1914년에 이르러 헝가리 농업의 1인당 생산량은 낮은 생산성에도 불구하고 서유럽 나머지 나라들과 거의 비슷했고, 1인당 산업생산은 이탈리아와 엇비슷한 수준이었다.[103] 하지만 이탈리아와 달리 헝가리는 비록 4000~5000만 명으로 이루어진 한 시장에 통합되어 있기는 해도 주권국가가 아니라 제국의 일부였다.[104] 주권을 약간 손해보는 대가로 더 넓은 시장(유럽연합과 비슷)의 일부로서 갖는 이점은 계속 논쟁의 대상이 된다.

각 나라는 비록 언제나 스스로 시점을 선택하지는 못해도 나름의 방식으로 근대에 진입했다. 때로는 내부 세력이 지배적인 역할을 했고, 때로는 외부의 압력이 결정적이었다.

따라서 쫓아가기만 하면 되는 잘 다져진 경로나 성공을 위한 처방전, 모방할 만한 본보기가 전혀 없다면, 근대를 어떻게 누가 정의하든 간에 어떻게 자기 나라를 이른바 근대로 끌고 갈 수 있었을까? 근대는 탄탄하게 자리를 잡기 전까지 친구가 거의 없지만, 대개 몇 안 되는 이 친구들이 워낙 힘이 세서 말 안 듣는 다수를 새로운 경로 위로 억지로 올려놓을 수 있다. 이런 작업은 대체로 자본주의의 확립보다 앞서는 민주주의가 상대적으로 부족한 탓에 쉬워진다. 어쨌든 일정한 인간적 고통 없이 산업화가 발전하는 일은 드물다. 또는 마르크스처럼 다소 과장되게 표현하자면, 자본은 "머리부터 발끝까지, 털구멍 하나하나에서 피와 오물을 뚝뚝 흘리면서" 생겨난다.[105] 18세기 영국에서는 지주들이 공유지에 강제로 울타리를 첫다. 노예를 남북아메리카로 보내서 목화를 따게 해서 돈을 벌었다. 이 목화는 랭커셔의 제조업자들을 부자로 만들어주었다(그중 하나인 프리드리히 엥겔스의 가족 기업인 에르멘&엥겔스방적Baumwollspinnerei Ermen & Engels은 노르트라인베스트팔렌주만이 아니라 맨체스터와 올덤에도 방적공장이 있었다). 이 면직물은 대부분 인도로 팔렸다. 인도는 산업혁명 이전에 주요 목화 수출국이던 나라다. 땅 없는 농민들은 건강에 좋지 않지만 신규 공장에서 일자리를 찾을 수 있는 도시로 갔다. 다른 이들은 대양을 건너가서 미국 같은 식민지나 예전 식민지에 정착했다. 남북아메리카, 오스트레일리아, 아프리카 일부 지역에서 토착 인구가 절멸되거나 주변으로 밀려남에 따라 더 많은 폭력이 이어졌다. 산업 성장 과정은 완전한 민주주의와 비슷한 어떤 것도 수반하지 않았다. 1830년대 영국만이 아니라 1930년대 러시아, 1980년대와 1990년대 중국, 1945년 이전의 일본, 1996년 이전의 대만, 1987년 이전의 한국, 1994년까지의 남아공, 1970년대 프랑코 독재가 끝장나기 전까지의 에스파냐 등 모두 똑같았다.

모든 사례에서 엘리트들이 위에서부터 산업화를 인도했다. 엘리트의 일부는 계몽되고 일부는 계몽되지 않았지만, 프랑스의 러시아 전문가 아나톨 르루아-볼리외(폴 르루아-볼리외의 형)가 1881년에 한 말을 빌자면, 대개 러시아 귀족 성원들의 전위 정신으로 무장한 채 행동했다.

러시아 귀족들은 돌격하고 싶어 안달이 나서 뒤돌아보지 않고 전속력으로 출발하는 작전참모처럼 행동했다. 한편 군장을 둘러메고 마차를 끄는 휘하 부대는 뒤에 처진다. 진흙탕인 행군로에 갇히거나 잡목과 덤불에 발목이 걸리거나 트럼펫이나 나팔 소리를 듣지 못한다. ⋯ 그리하여 러시아 사회의 엘리트들은 서둘러서 전진했다. 문명의 매혹적인 빛에 이끌린 그들은 유럽을 향해 돌진하면서 뒤따르지 못하는 이들은 생각도 하지 않은 채 낙오자들을 팽개쳤다. 마치 나라 전체가 군대에 징집된 것처럼, 러시아 전체가 상트페테르부르크의 세계와 똑같은 목표를 공유라도 하듯이.[106]

러시아 개혁가들은 너무 조급한 나머지 나라가 준비된 정도보다 훨씬 빠르게 나아갔다. 하지만 그들이 완전히 틀린 것은 아니었다. 산업화는 경제보다는 정치의 문제였다. 그리고 선례가 중요했다. 영국이 처음 산업화의 길에 올라섰을 때 이 나라는 유럽에서 가장 민주적인 나라였겠지만, 이 '민주주의'는 기껏해야 중간계급만을 아울렀다. 당대 표현으로 하면 보통 사람들은 정치적 의사결정 과정에 곁가지로라도 참여하지 못했다. 어떤 유럽 나라든 (반드시 선거 과정을 통하지는 않더라도) 모종의 대중적 지지를 추구하지 않은 채 산업화를 하는 게 불가능하지는 않아도 어렵게 된 것은 19세기의 마지막 몇십 년에 이르러서일 뿐이다. 산업사회만이 아니라 민족 공동체 건설에도 민중을 참여시켜야 했다.

이런 민족 공동체를 어떻게 건설할 수 있는지가 1차대전 이전 수십 년간 주요한 정치적 문제가 되었다. 다양한 전략이 추구되었다. 가장 명백한 전략은 부유한 나라들만 활용할 수 있었다. 소비의 급속한 향상을 통해 산업화에 따른 이익을 빠르게 분배하는 전략이었다. 한껏 번영을 누리는 유럽 나라들에서도 인구 대다수의 생활 조건은 낮은 수준이었다. 다만 영국이나 독일, 벨기에, 프랑스 같은 나라들에서는 숙련 노동계급이 거의 체제의 일부로 편입되고 있었다. 하지만 전반적으로 보면, 물질적 번영만이 아니라 이데올로기적 수단을 통해서도 민중을 자본주의 기획에 연결해야 했다. 그러려면 민중으로 하여금 자신들도 공동의 기획의 일부라고 느끼게 만드는 동시에 1일 노동시간같이 자본주의적 착취에 한계를 설정하거나 강화하고, 공공의료, 복지, 무상교육을 장려해야 했다. 한마디로 오늘날 우리가 말하는 복지국가를 만들어야 했다. 3부에서 자세히 살펴보겠지만, 복지국가는 19세기 마지막 몇십 년 동안 한층 집약적으로 발전했다.

민족 공동체를 건설하는 다른 방법들도 활용되었다. 민족주의는 모든 시민을 끌어안고자 했고, 식민지 획득은 민족적 사부심만이 아니라 시장과 국외 이주 중심지, 국가가 지원하는 일자리를 제공했으며, 마지막으로, 일정한 형태의 대중적 통제를 받는 민주적 구조가 발전했다. 그리하여 민주주의, 복지주의, 민족주의, 제국주의가 자본주의 기획의 일부가 되었다. 소비자 사회는 아직 도래하지 않았다. 영국에서도 산업 성장의 혜택이 광범위한 인구까지 퍼져나가는 데는 오랜 시간이 걸렸다.

마침내 자본주의는 지구 곳곳에 지배권을 확대했다. 마르크스와 엥겔스는 일찍이 1848년에『공산당 선언』에서 다음과 같이 선언하면서 자본주의의 세계시민주의적 경향을 언급한 바 있었다.

예전의 지방적이고 민족적인 고립과 자족 대신에 민족 상호 간의 전면적인 교류와 보편적인 의존이 등장한다. … 민족적 일면성과 편협성은 점점 더 불가능하게 된다. …[107]

하지만 후발 주자들에게도 이점이 있다. 후발 주자들은 남들이 수십 년에 걸쳐 발명하거나 완성한 성과를 비교적 짧은 시기 동안 활용할 수 있다. 그리하여 일본과 독일은 결국 선두 국가인 영국과 미국을 따라잡았다. 기술을 차용한 것도 어느 정도 도움이 되었다. 영국은 이제 더는 농업 기술에서 선구자가 아니었다. 농업 기계화 덕분에 덴마크와 네덜란드

(낙농업), 독일(감자와 사탕무), 미국에서 토지 생산성이 빠르게 증대했다. 이 나라들은 모두 자작농—소유권 원리의 옹호자—이 지배하는 경제였다.[108] 1840년에서 1910년 사이에 미국 농업의 생산성이 두 배로 높아졌고 스웨덴과 스위스도 두 배 늘었다. 1840년에 (유럽 기준에서) 농업 후발 주자였던 독일은 1910년에 이르러 영국을 앞질렀지만, 러시아의 농업 생산성은 거의 향상되지 못했다.[109]

사실을 말하자면, 한 나라의 경제발전은 그 나라 자체만이 아니라 여전히 저발전 상태인 나라들을 비롯한 전체 세계경제에도 좌우된다. 어떤 나라가 얼마나 양호한지는 다른 나라가 얼마나 열악한지에도 좌우된다. 게다가 선구자들은 단지 선두에 서 있다는 사실만으로 다른 나라들의 환경을 바꾸는데, 대개 최소한 단기적으로는 나쁜 쪽으로 바꾼다. 마르크스와 엥겔스가 초기 저작인『독일 이데올로기The German Ideology』(1846)에서 설명한 것처럼,

개별 민족들의 원시적 고립이 파괴되면 될수록 … 그만큼 역사는 세계사가 된다. … 따라서 가령 인도와 중국에서 무수한 노동자들이 생계를 잃게 만들고 이 제국들의 존재 형태 전체를 뒤바꾸는 기계가 영국에서 발명될 때, 이 발명은 하나의 세계사적 사실이 된다.[110]

이와 같이 지구 전체가 상호연결되어 있다는 시각은 이미 이마누엘 칸트가 언급한 바 있었다. "이와 같이 지구상의 민족들은 다양한 정도로 보편 공동체에 들어섰고, 세계 한 지역에서 권리가 침해되면 모든 곳에서 감지되는 지경까지 이르렀다."[111] 50년 뒤 이런 현상은 적어도 전문가들 사이에서는 익숙한 주제가 되었다. 오스트리아의 통계학자 프란츠 크사

버 폰 노이만-슈팔라르트는 1887년에 다음과 같이 설명했다.

개별 나라들의 경제적 조건은 무수히 많은 끈으로 연결되는 다른 모든 나라에 의존하는 방식과 정도에 따라 결정된다는 사실이 한층 더 분명해지고 있다. … 오늘날에는 무역의 경로 전체가 유럽 대륙의 경계선 바깥에서 결정된다. 한편으로는 극서, 즉 대서양 너머에서 결정되고, 다른 한편으로는 극동에서 결정된다.[112]

1891년 영국학술협회British Association 경제학·통계학분과 분과장 윌리엄 커닝엄 신부는 '경제학의 민족주의와 세계시민주의Nationalism and Cosmopolitanism in Economics'라는 제목이 붙은 강연에서 다음과 같이 지적했다.

[적어도 잉글랜드에서는] 이제 우리는 세계 나머지 지역으로부터 고립되려고 해서는 안 됩니다. 다만 다른 사람들이 장벽을 세워서 알려진 세계의 모든 지역 사이의 자유로운 상업적 교류를 저지하기 때문에 불만을 토로할 뿐입니다. … 우리는 민족이 자급자족해야 한다는 모든 사고를 포기하고 있습니다. … 우리는 잉글랜드를 더 넓은 전체의 일부로 … 세계시민주의적 경제 유기체의 한 부분으로 여깁니다.[113]

세계화라는 용어가 흔히 쓰이게 되기 한 세기 전에 세계화된 세계의 상호의존을 분명하게 극찬한 이런 언급은 미래의 민족 없는 자본주의에 대한 상상을 수반했다. "애국주의는 시야에서 사라지고, 이윤이 분명하게 보장되기만 하면 자본은 어디에나 투자됩니다." "자본은 민족들 사이의 차이를 최소화하는 경향이 있습니다." 커닝엄은 이런 말 뒤에 (『공산당 선언』 결론부의 유명한 표현을 거의 그대로 되풀이하면서) 한마디 덧붙였다. "그리하여 세계 역사상 전혀 유례가 없는 정도로 많은 나라의 임금소득자들 사이에 계급적 공감이 등장합니다."[114]

당시 프랑스의 사회주의 정치인이던 귀스타브 에르베도 마찬가지로 낙관적이었다. 1910년 에르베는 19세기 후반에 과학과 교통통신(철도, 증기선, 전신)이 발전하면서 마치 마술 지팡이를 휘두른 것처럼 상품과 자본과 사람이 자유롭고 저렴하고 안전하게 돌아다닐 수 있고, 국경이 기괴한 시대착오적 구조물처럼 보이는 상황이 만들어졌다고 지적했다.[115]

프랑스 사회주의 지도자 장 조레스도 자본이 자유롭게 떠다니는 체계가 되어 국경을 초월할 수 있게 되었음을 인식했다. 1911년 12월에 한 연설에서 조레스는 자본이 "거대한 철새 떼 같은 이동 속도와 비행의 자유"를 얻었다면서 "산업·금융 자본주의가 민족의 경계와 관습의 장벽을 넘어 조화롭게 협력한다"고 덧붙였다.[116]

하지만 커닝엄이나 마르크스, 조레스, 에르베는 잠재적인 계급적 공감과 국제주의가 국제적 경쟁의 현실에 의해 끊임없이 훼손된다는 사실을 말하지 않았다. (2년 뒤에 에르베는 사회주의를 버리고 열렬한 민족주의자로 변신했으며 전쟁 뒤에는 파시스트가 됐다.) 세계 다른 지역의 임금이 낮아지면 때로 자국 노동자의 생활 조건의 개선으로 이어지기도 하지만, 다른 곳에서 실업을 유발하거나 임금을 압박하게 마련이다. 당대 사람들은 이런 사실을 분명히 알았다. 그리하여 이탈리아의 시사평론가 조반니 달라 베키아는 자유주의적 정기간행물 『컨템포러리리뷰The Contemporary Review』에 1898년 4월 이탈리아 남부에서 벌어진 빵 폭동에 관해 쓴 글에서 그 원인을 세금이나 정치권의 부패, 심지어 에티오피아 식민화 시도 실패만이 아니라 빵 가격의 상승에도 돌렸다. 빵 가격의 상승 자체는 멀리 떨어진 곳에서 벌어진 사건인 '에스파냐-미국 전쟁'의 결과였다.[117]

찰스 부스는 1880년대에 쓴 글에서 런던 중부 클러큰웰 주민들에게 닥친 변화에 주목했다. 그는 『런던 민중의 생활과 노동Life and Labour of the People in London』에서 "반세기쯤 전에는 [지역 산업]—손목시계와 벽시계 세작, 금박 제조, 다이아몬드 절삭, 보석 제작—이 번성했고 이 시구 선역에서 장인과 직인이 번영을 누리며 일하고 생활했다"고 말했다. 사업은 거의 모두 자택에서 이뤄져서 제조업자들은 자택에서 생활하면서 집 뒤편이나 지하실에 작업장을 두었다. "이제 상황이 많이 바뀌었다. 값싼 외국 제품의 압박 때문에 클러큰웰의 사업은 꾸준히 쇠퇴하고 있다." 장인과 숙련공들은 이미 떠났고, 그 자리를 '하층계급'이 차지했다. "경찰관, 우체부, 창고 관리인 등이 꼭대기를 차지하고 임시 노동자가 밑바닥에 있다."[118]

세계화는 당시에도 상당한 영향을 미쳤다. 상하이부터 부에노스아이레스까지, 알렉산드리아에서 나폴리까지 세계 곳곳에 흩어져 있던 도심지는 점차 새롭게 등장하는 이 전 지구적 경제의 일부가 되었다.[119]

선구자와 일부 후발 주자들 사이의 격차가 좁혀졌다. 빅토리아시대가 끝날 무렵 잉글랜드 산업은 주춤했다. 1차대전 이전에 영국의 성장은 평균적으로 미국과 독일, 스웨덴에 뒤졌고, 생산성은 프랑스보다도 낮았다.

미국의 급등은 특히 의미심장했다. 이미 1860년대에 미국은 기술 분야에서 영국을 따라잡았다. 1870년에 이르면 유럽의 기술혁신의 선두 자리가 독일로 넘어간 상태였는데, 독일 또한 탈산업화를 눈앞에 두고 있었다. 1883년에서 1925년 사이에 화이트칼라 노동자의 수가 다섯 배 증가한 반면 산업 노동자 수는 '겨우' 두 배 증가했다.[120]

영국은 해운과 보험, 증권거래, 은행 등에서 선두를 유지했고, 여전히 세계 최대의 무역 강국이었다.[121] 1900년에도 여전히 세계에서 1인당 국내총생산이 가장 높았지만, 1914년에 이르면 미국과 오스트레일리아, 뉴질랜드에 추월당했다.[122]

영국이 선구자가 된 이유는 무엇일까? 물론 근대 자본주의는 영국과 저지국가들에서 생겨났지만, 그 배경에는 예외적인 사회적·경제적 이유가 있었다. 꼭 그랬어야 하는 것은 아니다. 영국의 지주들이 (문화적이거나 정치적인 이유 때문에) 의회의 지지를 받으면서 기존의 공유지에 울타리를 칠 수 없었더라면, 농산물을 증대하고 혁신을 장려할 수 없었을 것이다. 농토에서 쫓겨난 막노동자들이 산업 노동력이자 농업 잉여의 소비자로 변신하지도 않았을 것이다.[123] 유럽에서 상대적으로 임금이 높지 않았더라면 기업가들이 기술 혁신을 실험할 압박도 받지 않았을 것이다.

석탄은 영국의 산업 성공에 크게 기여한 것으로 널리 여겨졌고, 천연자원이 고갈될지 모른다는 불안감도 뒤따랐다. 경제학자 윌리엄 스탠리 제번스는『석탄문제The Coal Question』(1865)에서 영국이 계속 선두 자리를 지킬 수 없다고 생각했다.

우리가 보유한 광물 자원의 크림을 그렇게 아낌없이 흩뜨려버리면 우리 자본을 탕진하는 셈이다. 다시는 돌아오지 않을 자본과 작별하는 것이다. 그리고 어쨌든 상업은 오직 문명과 부의 확산이라는 목적을 위한 수단이다. 문명의 원천이 약해져서 전복될 때까지 상업이 전진하게 내버려두는 것은 황금알을 낳는 거위를 얻기 위해 거위를 죽이는 것과 마찬가지다.[124]

이런 우려는 한갓 경제학자의 관심사만이 아니었다. 1863년 5월 3일

재무상 윌리엄 글래드스턴은 하원에서 행한 재무 보고에서 영국의 성공 뒤에 숨은 이유들을 설명했다. 이 발언에서 놀랄 만한 점—홍보에 관한 기초 지식을 갖춘 오늘날의 장관이라면 누구든지 놀랄 게 분명하다—은 성공의 원인을 대중의 고된 노동이나 정부의 선견지명이나 지적 능력이 아니라 광물 자원을 보유한 행운으로 지목한다는 것이다. 그의 설명에 따르면, 영국이 성공을 거둔 주된 원인은,

> 우리가 광물이라는 보물을 보유하고 있다는 점입니다. 사실은 단지 석탄 보유에 불과한 게 아니라 세계 어느 나라보다도 낮은 가격으로 석탄을 지표면까지 운반할 수 있는 매장 환경 아래 광대한 석탄 저장량을 보유하고 있습니다. … 따라서 우리가 이처럼 상업과 산업 활동에서 이례적으로 발군의 위치에 올라선 것은 … 석탄을 보유한 덕분입니다.[125]

글래드스턴은 덧붙여 말할 필요가 없었지만, 이런 환경은 종말을 고할 수 있었다. 물론 광물 자원은 기껏해야 영국의 성공에 주요하게 기여한 한 요인이었지만, 당대 사람들이 석탄의 중요성을 고집한 것을 보면, 빅토리아시대 사람들이 자기만족에 빠진 집단처럼 보일지 몰라도 실제로는 불안하고 혼란스러워했음을 알 수 있다. 스테판 콜리니가 말한 것처럼, "빅토리아시대 지식인들은 진보의 선두에 선 사회의 자의식적인 성원이었다. 미래에 처음 도착한 사람들은 무엇을 기대해야 할지 확신하지 못한다."[126]

오늘날 우리는 자본주의가 일반적인 표준이라고 생각한다. 우리 시대에 실제로 그러하기 때문이다. 자본주의가 거의 모든 사람이 추구하는 상태이고(반체제주의자들은 사회부적응자 취급을 받는다), 최근까지 유일한 대

안이었던 공산주의는 실패했으며, 전자본주의 시대로 돌아가는 것은 대규모 생태 재앙이 일어난 뒤에야 가능하기 때문이다. 하지만 '역사적으로 보면, 비발전이 예외라기보다는 규칙'임을 상기하는 게 유용하다.[127]

우리는 생산자가 주로 농민인 경제를 쉽게 상상할 수 있다. 농민은 생산물의 일부를 시장에 내다팔고 직접 생산하지 못하는 상품을 일부 산다(가령 소금은 소금광산이나 바다 근처에 살아야만 구할 수 있는 종류의 상품이다). 하지만 농민의 생산은 대부분 소비를 위한 것이다. 장인이 만드는 사치품은 주로 부유층이 구매한다. 상층계급의 소득이 이 시장의 규모를 결정하는 주요한 요인이다. 이 경제에서 지대 수준은 대체로 문화적·정치적 요인뿐만 아니라 날씨 같은 비경제적 변수에 따라 결정된다.[128] 이론상으로는 이런 상황이 영원히 계속될 수 있었다. 실제로 매우 오랫동안 이런 상황이 지속되었다. 그 어떤 것도 필연적으로 이 경제를 자본주의 경제로 내몰지 않았다.

하지만 어떤 계기가 있었다. 많은 요인들이 한 점에 수렴되었고, 일단 한 지역에서 산업 성장이 진행되자 다른 모든 지역과 나라는 '후발 주자'로 바뀌었다. 반면 대규모 해군을 갖춘 작은 나라인 영국은 '선진국'이 되었다. 세계는 전 지구적 무역이 존재한다(오래된 현상이다)는 의미에서만이 아니라 특정한 한 무리의 경제적 조정이 다른 모든 영역에서 성공을 낳는 열쇠로 여겨지게 되었다는 의미에서도 세계화되었다.

다른 어떤 유럽 나라가 똑같은 일을 할 수 있었을까? 18세기에 주요 상업 강국이던 네덜란드? 프랑스? 아니면 벨기에 같은 작은 나라? 훌륭한 광물 자원과 풍부한 노동력을 갖춘 벨기에는 1830년에 국가가 창건됐을 때 세계에서 두 번째로 산업화된 나라였다. 벨기에는 프랑스를 앞섰고 영국에도 크게 뒤지지 않았다. 19세기 중반에 이르면 영국과 마찬가지로 벨기에도 경제적 자유주의에 몰두했다. 당시에 본질적으로 농산물 관세를 폐지하는 것을 의미하는 자유주의였다.[129]

하지만 크기가 중요하다. 결국 드러난 것처럼, 선구자 영국조차 충분히 큰 나라가 아니었다. 새로운 지도자는 미국이었고, 점점 커지는 미국의 힘은 전 세계 산업자본가들에게 깊은 인상을 주었다. 다른 나라들이 우위를 잡으면 국내 생산자들은 자국 정부를 윽박질러서 산업을 보호하고, 보조금을 주고, 온갖 종류의 양보를 하게 만들 수 있다. 적은 현실의 적이든 상상의 적이든 대개 친구보다 더 쓸모가 있다.

제8장

러시아: 낙후를 원치 않는 후발 주자

전쟁이 으레 그렇듯이 나폴레옹 전쟁은 근대화를 향한 주요한 추동력을 제공했다. 프랑스 황제에 저항할 수 없었던 프로이센과 에스파냐, 이탈리아 국가들은 개혁으로 내몰렸다. 프랑스 군대에 **저항한** 러시아는 수십 년간 여전히 절대주의 국가로 남았으나 결국 크림 전쟁(1853~6)에서 패배했고, 절대주의를 약간 완화하는 잠정적인 개혁이 공포되었다. 정치적 절대주의와 경제적 후진성이 복잡하게 결합하면서 19세기 후반부터 오늘날에 이르기까지 러시아가 주저하고 미심쩍게 근대화를 이루는 과정을 지배했다.

지식인들은 러시아의 각성을 꿈꿨다. 러시아의 가장 위대한 시인 알렉산드르 푸시킨은 1818년(불과 열아홉 살이었다)에 표트르 차다예프(러시아의 후발 주자 지위를 비난한 『철학서한Philosophical Letters』의 저자)에게 바친 시에서 다음과 같이 읊었다.

친구들아 우리 믿음을 갖자. 곧 솟아오를 테니,

황홀한 행운의 별이

전제정이 허물어진 파편 위에

우리의 소박한 이름들이 새겨지리니![1]

푸시킨과 동시대를 산 러시아의 또다른 일류 시인 미하일 레르몬토프
는 그보다 비관적이었다. 1830년(불과 열여섯 살이었다)에 써서 1862년에
발표한 「예언A Prophecy」에서 레르몬토프는 러시아를 기다리고 있는 끔
찍한 운명을 예언한다.

그날이 오리라—러시아가 가장 캄캄한 공포에 빠지는 날이.

왕의 머리에서 왕관이 떨어지고

차르의 옥좌는 진흙 속에서 썩어가리라.

많은 이들이 죽음과 피를 양식으로 삼을지니. …[2]

1860년 러시아는 이른바 열강 가운데 가장 발전이 더뎌서 7400만 성
인 인구 가운데 산업 종사자가 86만 명에 불과했다.[3] 크림 전쟁에서 패배
하자 제아무리 부정하려 해도 러시아의 후진성이 낱낱이 드러났다. 러시
아 전함은 영국과 프랑스에 비해 열악했고, 소총은 원시적 수준이었으며,
수송체계는 아직 발달하지 못했다. 1855년 레프 톨스토이는 『세바스토
폴 이야기Sevastopol Sketches』에서 차르가 아니라 조국 러시아를 수호하
는 러시아 사람들의 용기와 활력을 찬미했다.[4] 무언가를 해야 했고, 국가
가 그 주역이 되어야 했다. 국가 주도 성장은 여전히 대체로 군사적 고려
에 따라 결정되었다. 경제사학자 알렉산더 거셴크론의 말처럼, "국가는
군사적 이익에 따라 움직였고, 나라의 경제발전을 촉진하는 주인공 역할
을 맡았다".[5] 훌륭한 자유주의적 보수주의자인 보리스 치체린은 1857년

에 쓴 글에서 다수를 대변했다. "국가기구 전반의 부패, 사방에 보이는 사실상 모든 집단의 부패 때문에 러시아 민중이 활력을 빼앗기는데 민중이 거대한 용기가 있다고 무슨 소용이 있는가?" 그는 계속해서 이제 더는 민중을 어린이 취급해서는 안 되며 '독립적으로 생각하고 행동하는 어른'으로 대접해야 한다고 말했다. 그가 이야기한 내용은 차르의 권한에 제한을 가하자는 게 아니라("러시아에서는 아무도 그런 생각조차 하지 않는다") 차르가 '자기' 백성들이 무슨 생각을 하는지 알 수 있게 하는 방도를 마련하자는 것이었다.[6]

진보의 관점에서 볼 때, 문제는 러시아에서 기업가 부르주아지가 허약하고 전제정치에 아무런 문제를 느끼지 않았다는 것이다. 그들이 전제정에 원하는 것이라곤 약간의 보호뿐이었다. 자유주의 사상을 발전시킨 것은 기업가들 자신이 아니라 귀족과 인텔리겐차의 반체제적 성원들이었다. 언제나 통찰력을 잃지 않은 파벨 밀류코프는 1905년에 쓴 글에서 약간의 과장만 섞어서 언급했다. 유럽에서는 자유주의가 부르주아지 내에서 생겨난 반면,

> 러시아에서는 비록 다른 나라들처럼 지주계급을 겨냥하기는 했어도 같은 계급인 농촌 젠트리와 귀족 성원들이 자유주의운동을 시작했다. 이 운동의 주창자들은 계급적 이해를 지지하기는커녕 귀족의 사회적 지위를 허물어뜨리고 그 정치권력의 원천 자체를 무너뜨렸다.[7]

그들은 계급적 이해가 아니라 박애적 관심과 선진 정치이론의 인도를 받았다. "러시아의 자유주의는 부르주아적이기보다는 지적이었다."[8]

개혁과 경제발전이 연결된다는 것은 모두가 분명히 알았지만, 오랫동

안 러시아의 자유주의 인텔리겐차조차 산업화에 모호한 태도를 보이면서 경제문제보다는 사회, 문화, 정치의 후진성 문제를 강조하는 쪽으로 기울었다. 일찍이 1842년에 러시아의 급진 사상가 알렉산드르 게르첸은 낭만주의 지식인들이 노동과 기계, "현 시대의 물질적 경향"을 경멸하면서 돈키호테처럼 군다고 비난했다. 그러면서 "높다란 종탑 위에 편안히 사리잡은" 그들은 "북아메리카에서 광대한 규모로 펼쳐지는 산업화의 낭만을 보지 못했다"고 개탄했다.[9] 하지만 이런 게르첸도 산업 성장이 가져올 결과를 걱정하면서 사적 자본주의의 축적이라는 무시무시한 '단계'를 건너뛰고 마을 공동체 오브시치나obshchina에 바탕을 둔, 정체가 불분명한 일종의 사회주의 경제로 곧바로 나아갈 수 있다고 생각했다. 바로 이런 토대 위에서 먼 훗날 나로드니키(인민주의자)의 후계자인 사회혁명당은 농민들의 열망과 토지 공유에 대한 분명한 바람에 가장 가까이 다가갔다.[10]

많은 지식인들처럼 게르첸 역시 모든 것을 원했다. 개인을 해방시키면서도 공동체를 보전하고, 전통을 자랑하는 동시에 영국식 자유주의를 빨아들인 특별한 러시아를 가지며, 발전을 누리면서도 그에 따른 단점은 피하기를 바랐다.[11] 그는 서구의 근대와 슬라브 전통 둘 다를 원했다.

서구의 유력한 사상만이 … 슬라브인의 삶의 가부장적 방식 안에 잠들어 있는 씨앗을 발아시킬 수 있다. … 노동자 길드와 마을 공동체, 이윤 공유와 농지 분할, 미르(mir. 마을 공동체) 모임과 여러 마을을 자치기구인 볼로스티volost로 통합하는 것 등은 모두 우리 미래의 자유로운 공동체 생활이라는 대저택을 짓기 위한 주춧돌이다. 하지만 이 주춧돌은 돌일 뿐이며 … 서구의 사상이 없으면 우리 미래의 대성당은 토대 위로 우뚝 솟지 못할 것이다.[12]

슬라브주의자들과 서구화론자 사이에 벌어진 대논쟁이 19세기 내내 러시아 사상을 지배했다. 슬라브주의 세계관의 고갱이에는 러시아 농민 muzhik에 대한, 그리고 러시아 농촌의 중심 기관인 미르나 오브시치나라는 마을 공동체를 통한 토지 공동 소유에 대한 거의 신비적인 믿음이 도사리고 있었다. 슬라브주의자들은 근대에 반발하는 입장에서 '민중'을 신봉했고, 중요한 결정은 지방의 소보르노스티(sobornost. 영적 공동체)에서 이뤄지고 개인주의가 아무런 역할을 하지 못하는 목가적인 마을인 오브시치나를 믿었다. 그러면서 차르 표트르 대제(1682~1725년 재위)와 예카테리나 대제(1762~96년 재위)가 품고 있던 서구화 정서를 비난했다. 서구화론자들은 이미 귀족과 민중narod 사이의 연계를 끊어놓았다. 그들은 귀족은 러시아 민중에게 등을 돌렸다고 주장했다. 그리고 서구로 고개를 돌렸다. 그들은 유럽인 흉내를 냈다. 프랑스인, 독일인, 영국인에게 경외의 눈길을 보냈다. 자신이 러시아인이라는 걸, 슬라브인이라는 걸 부끄럽게 여겼다. 1830년대에 콘스탄틴 악사코프나 시인 알렉세이 호먀코프 같은 종교 저술가는 슬라브 동방의 독특한 성격을 찬미했다. 순수하고 오염되지 않은 기독교, 그리고 로마법이나 '이교적' 비합리주의로 간주되는 것의 흔적이 전혀 없는 문화를 찬양한 것이다.[13] 여기서 곧바로 우리는 러시아에 독특하지 않은, 근대에 대한 일종의 저항을 발견한다. 하지만 러시아에서는 이 저항이 특별히 강렬하게 표명되었다. 슬라브주의자들 사이에서는 러시아와 정교회의 이념을 보전하는 것은 지배계급이 아니라 소박한 민중, 즉 농민들이라는 강한 믿음이 있었다.[14]

슬라브주의자들은 시대에 발을 맞췄다. 진정한 반동주의자인 그들은 새로운 것을 저지하는 새로운 방법을 고안했다. 그들은 오브시치나를 보전하고 싶어했지만, 그 이유는 다름이 아니라 오브시치나가 농촌 경제를 조직하고 유지하는 전통적인 비자본주의적, 비개인주의적 방도였기 때문이다. 자본주의 발전을 놓고 슬라브주의자와 근대화론자 사이에 벌어진 이 논쟁은 자본주의(또는 사회주의)로 가는 길이 모든 나라에 대체로 동일할 것인지를 둘러싸고 다음 세기에 등장하는 거대한 쟁점의 최종 리허설에 가까웠다.[15]

러시아 인텔리겐차가 받아들인 다른 많은 개념들과 마찬가지로, 오브시치나가 러시아의 발전에 대단히 중요할 수 있다는 관념은 해외로부터, 즉 아우구스트 폰 학스트하우젠 같은 외국인 방문객들에 의해 정당성을 인정받아야 했다. 학스트하우젠이 쓴 『러시아의 국내 상황과 민중, 특히 농촌기관에 관한 연구Studien über die innern Zustände, das Volksleben und insbesondere die ländlichen Einrichtungen Russlands』(1847~52)는 출간되자마자 프랑스어와 영어로 번역되어 식자층 사이에서 널리 읽혔다. 그렇지만 그가 농촌 공동체를 극찬한 최초의 인물은 아니었다.[16] 폰 학스트하우젠은 장-자크 루소나 요한 고트프리트 헤르더 같은 초기 낭만주의자들에게서 생겨난 농민의 삶에 대한 목가적 견해를 갖고 있었다. 그는 농민이야말로 도덕적으로 우월한 러시아인의 정수라고 믿었다. 그는 특히 오브시치나에서 나타나는 가부장적 성격에 열광했다. 이 공동체 기관의 원리로 산업 발전의 충격을 완화할 수 있다고 믿었기 때문이다. 그는 농민들이 혁명과 무관한 성격임을 인식하면서 이 점을 장담했다. 그가 생색을 내면서 생각한 것처럼, 농민은

차르에 대해 어린애 같은 두려움과 존경심을 품는다. 농민은 헌신적인 애정으로 차르를 사모한다. … '분부를 내리신다Prikazeno'라는 유명한 표현은 농민에게 마법 같은 힘을 발휘한다. 황제가 명령하는 것이라면 무슨 일이든 해야

한다. … 마음속 깊이 차르에게 느끼는 존경심은 자기가 가진 모든 걸 돌보는 데서도 드러난다.[17]

러시아가 어떤 형태로든 자본주의적 발전을 겪기를 바라지 않은 이들이나, 새롭고 독창적인 방식으로, 덜 개인주의적이고 과거를 덜 파괴하며 덜 가혹하게, 그러니까 카를 마르크스가 다음과 같이 묘사한 참화를 피하면서 산업화라는 약속의 땅에 도달하기를 기대한 이들이나 이런 견해를 열렬히 받아들였다.

기존의 부가 최대한 확대되는 것과 나란히 생산력이 최고조로 발전하면 그와 동시에 자본의 가치가 떨어지고 노동자가 격하되며 노동자의 생명력이 극한까지 오그라들고 고갈될 것이다. 이런 모순이 폭발과 격변, 위기로 이어지면서 … 자본은 … 끝도 없이 맹렬하게 추락한다.[18]

러시아에서 그토록 많은 이들이 지혜의 보고이자 위대한 러시아 영혼의 구현체로서 민중narod에 기대를 건 이유는 이런 격변에 대한 공포에서 찾을 수 있다. 니콜라이 베르댜예프가 『러시아의 이념The Russian Idea』(2차대전 중에 씀)에서 말한 것처럼, "러시아 민중에게는 … 공동생활, 잠재적인 인간의 형제애, 아직 서구 사람들에게서는 발견되지 않는 특성의 싹이 존재한다".[19]

이반 투르게네프의 1867년 소설 『연기Dym』에서 서구화론자 소존트 포투긴은 영국인이 모이면 기술 혁신을 토론하고, 독일인은 국가 통일을 논의하며, 프랑스인은 질펀한 연애담을 이야기하는 반면, 러시아인은 다음과 같은 화제를 입에 올린다고 지적한다.

러시아의 중요한 의미와 미래를 말이지요. … 그다음에는 물론 썩어빠진 서구가 자기 몫을 챙깁니다. 이상한 일이죠. 이 서구는 모든 면에서 우리를 이기는데, 우리는 서구가 썩어빠졌다고 선언한단 말입니다! 그리고 우리가 정말로 서구를 경멸하면 좋을 텐데 … 그런데 … 우리가 소중히 여기는 건 오로지 서구의 견해뿐이에요. 이를테면 파리의 게으름뱅이가 하는 말에 껌뻑 죽는단 말입니다. … 그런데 노예제의 습관이 우리 안에 너무 깊이 박혀 있어요. … 그리고 우리의 자부심은 비굴해요. 우리의 겸손도 비굴하고.

호통은 계속 이어진다.

그리고 러시아는 무려 10세기가 흐르는 동안 자기 스스로 만들어낸 게 하나도 없어요. 정부나 법률, 과학이나 예술, 심지어 수공업에서도 말이죠. … 그런데 진득하게 기다려봐, 좀 기다리면 전부 생길 거래요. 도대체 어떻게 생긴다는 걸까요? 그러니까 왜 생기느냐 하면, 우리 … 교양 계층은 전부 쓸모가 없어요. 그런데 민중은 … 아 그래, 위대한 민중이지요! 저 농부가 걸쳐 입은 작업복이 보이시죠? 모든 게 다 저기서 나오는 거랍니다. 다른 우상은 죄다 고꾸라졌으니 이제 들일할 때 입는 작업복을 믿자는 겁니다. 그런데 작업복이 우리를 배신하면 어쩌지요? 아니, 그럴 일은 없다네요.[20]

표도르 도스토옙스키도 『악령The Devils』(1871)에 나오는 스테판 트로피모비치 베르호벤스키의 입을 빌려 농민의 잠재력에 관해 비슷하게 풍자적인 견해를 표명한다.

서두르는 사람들이 전부 그렇겠지만, 우리는 농민들한테 너무 조급하게 굴었어. … 농민들을 유행으로 만든 거지. 몇 년 동안 우리 문학 전부가 마치 보물이라도 새로 발견한 양 농민들에 대해 안달복달했지. 이가 우글거리는 농민들 머리에 월계관을 씌워준 거야. 지난 천 년 동안 러시아 마을이 우리한테 준 거라곤 카마린스카야 춤밖에 없는데 말야.[21]

마르크스와 레닌이 존경해 마지않은 작가인 니콜라이 체르니셰프스키 같은 다른 이들은 오브시치나를 '신비한 자부심의 대상'으로 여기면서 '러시아 민족의 특성을 배타적으로 숭배하는' 이들과 거리를 두는 한편, 오브시치나 덕분에 러시아 농민들이 서구 프롤레타리아트의 암울한 운명을 피할 수 있으리라고 생각했다. 원시적인 러시아 마을에서 모종의 사회주의적인 노동자 협동조합으로 곧바로 이행하면 되었기 때문이다.[22] 체르니셰프스키가 라틴 속담을 살짝 바꿔서 말한 바에 따르면, 역사는 늦게 온 이들tarde venientibus, 어린 손주들을 좋아하는 할머니 같다. 이 할머니는 손주들에게 뼈ossa가 아니라 골수medullam ossium를 내준다.[23] 『무엇을 할 것인가?What Is To Be Done?』(1862년 감옥에서 쓴 교훈 소설. 후에 레닌이 1901년의 유명한 팸플릿 제목으로 삼는다)에 등장하는 주인공인 해방된 여성 베라 파블로브나는 미래의 이상 사회를 꿈꾸며 재봉사 협동조합을 연다. 하지만 체르니셰프스키의 어조는 베라가 스스로를 속이고 있음을 암시한다.

베라는 스스로 믿고 싶은 대로 확신을 가지려고 했다. 자기가 없어도 공장이 잘 돼서 시간이 지나면 똑같은 종류의 다른 공장들도 완전히 자생적으로 세워질 것이라고. 왜 아니겠어? 그러면 좋은 일 아닐까? 다른 어떤 일보다도 더 좋을 테지. 재봉사 조합원들과 무관한 지도부가 전혀 없이, 그렇지만 재봉사들

스스로 구상하고 계획하는 거니까 말야.[24]

다른 이들은 러시아가 서구의 산업화 단계를 건너뛸 수 있다는 사고는 낭만주의적이고 유토피아적인 헛소리라고 생각했다. 문학평론가 비사리온 벨린스키는 말년(1848년에 겨우 서른일곱의 나이로 세상을 떠났다)에 게르첸과 달리 자본주의의 진보적이고 불가피한 성격을 인정하면서 단계를 건너뛰는 것을 꿈꾸는 이들을 조롱했다.

개혁의 시기를 우회하고, 이를테면 그 시기를 뛰어넘어 앞선 단계로 돌아가는 게 그 사람들이 독자적인 발전이라고 부르는 건가? 정말 우스꽝스러운 생각이다. 계절이 오는 순서를 바꾸거나 봄 다음에 겨울이 오도록 강요할 수 없는 것처럼, 그냥 불가능한 일이기 때문이다. …[25]

하지만 단계 건너뛰기는 심지어 카를 마르크스도 궁리했던 개념이었다. 1881년, 당시 제네바에 망명 중이던 러시아 혁명가 베라 자술리치는 마르크스에게 편지를 보내 "우리 사회주의 정당에 … 사활이 걸린 질문"을 던졌다. 오브시치나가 사회주의의 방향으로 발전할 수 있는지(그렇다면 사회주의운동은 여기에 에너지를 쏟아부어야 하는지), 아니면 '수십 년 뒤에' 농업이 자본주의화되고 다시 '여러 세기의 발전'을 거친 끝에야 러시아 자본주의가 서구를 따라잡을 것인지 물었다.[26] 자신이 바라는 긍정적인 대답, 즉 자본주의를 완전히 건너뛸 수 있다는 대답을 얻으려는 속셈이 빤히 보이는 질문이었다. 마르크스는 이 요청을 진지하게 받아들였다. 그전부터 한동안 단계문제를 숙고하던 터였다. 4년 전인 1877년 말, 마르크스는 자유주의 문학 잡지 『오테체스트벤니예자피스키(Otyecestvenniye

Zapiski. 조국에 관한 노트)』 편집인에게 보낸 편지에서 나로드니키 지도자 니콜라이 미하일로프스키에 대해 불만을 토로했다.

> [그 사람은] 서유럽의 자본주의 발생에 관한 저의 역사적 소묘를 역사철학 이
> 론으로 변형해야 한다는 의무감을 느낍니다. 역사적 상황이 어떻든 간에 운명
> 에 따라 모든 사람에게 일반적 경로marche générale가 부과된다는 거지요. …
> 하지만 그 사람의 용서를 구합니다. (그 사람은 저를 무척 존경하면서도 너무
> 큰 수치를 안겨주는군요.)[27]

베라 자술리치에게 답장을 보낼 때, 마르크스는 처음에 여러 분량으로 네 개의 초안을 썼다(그중 하나는 거의 4000단어 분량이었다). 그리고 마침 내 짧은 답장을 보내서 농업 생산자의 수탈을 통한 자본주의의 발전은 순 전히 서유럽의 현상일 가능성이 높고, 『자본』의 분석은 러시아 농촌 공동 체의 생명력에 관해 찬반 어느 쪽의 근거도 제공하지 않으며, 마지막으로 자신이 '특별한 연구'를 수행한 덕분에 '농촌 공동체가 러시아 사회를 재 생하기 위한 받침대'임을 확신하게 됐다고 단언했다.[28] 이 문제는 1881년 에 열렬한 관심을 끌었겠지만, 자술리치는 마르크스의 답장을 공개하지 않았고, 몇 년이 지나지 않아(마르크스는 1883년에 세상을 떠났다) 자술리 치(와 대다수 마르크스주의자들)는 오브시치나의 해체를 막을 수 없음을 분 명히 깨달았다.[29]

입헌민주당(카데트Kadets)의 창건자이자 지도자인 파벨 밀류코프 같은 자유주의자들은 오브시치나(미르)를 다른 관점에서 비판했다.

> [미르는] 연장자들이 지배하며 관습을 좇는다. … 미르는 심지어 가정문제에

간섭하고 채찍질이나 추방으로 성원을 응징할 권리도 있었다. 사실 미르는 중앙정부가 세금 징수를 위해 활용한 도구였다. 마을 안에서는 권력 남용이 만연했고, 강자의 의지가 지배했다. 젬스트보(zemstvo, 농촌 의회)에 참석하는 마을 대표는 사실상 모든 권한을 가진 작은 독재자였다.[30]

슬라브주의자들의 유토피아적 전망(오브시치나가 자본주의를 가로막고 서구화에 맞서 러시아의 신성성을 유지하는 전망)은 이미 1855년 차르 니콜라이 1세가 사망하면서 종언을 고하기 시작했다.[31] 마침내 농노제 폐지가 눈앞에 다가온 듯 보였다. 새로운 차르 알렉산드르 2세는 농노제를 종식시키는 것이 슬라브주의자와 서구화론자 양쪽 인텔리겐차 모두의 목표가 됐음을 인식하는 진보주의자였다. 19세기 후반에 농노제가 계속 존재하는 것이야말로 러시아가 경제적 후진성의 깊은 나락에 빠진 주된 원인으로 널리 여겨졌다. 스물다섯의 드미트리 그리고로비치가 쓴 『불행한 안톤Anton-Goremyka』(1847)같이 널리 영향을 미친 소설에서도 농노제는 비난을 받았지만, 진보는 결코 단순한 일이 아니었다.

10월혁명 한참 전에 부르주아지의 이미지는 러시아에서 대단히 부정적인 반응을 불러일으켰는데, 비단 사회주의 급진파들 사이에서만 그런 게 아니었다.[32] 이런 이미지는 표트르 대제 시절 이래 회자된 표현처럼 '서구에서 하는 그대로 하고 싶다'는 갈망과 공존했다.

하지만 '서구에서 하는 그대로' 하려면 농민을 봉건주의의 속박에서 해방시킬 필요가 있었다. 아니 사람들은 그렇게 생각했다. 따라서 농노해방을 주창하는 이유는 여러 가지가 섞여 있었다. 인도주의적 이유와 서구화 등 여러 가지가 있었지만, 아마 주된 이유는 농노를 해방하면 산업화를 이룰 수 있다는 것이었다. 알렉산더 거센크론이 설명한 것처럼, 러시아가 경제적 후진성의 나락에 빠지게 된 주된 조건을 제거하려면 무엇보다도 오로지 농노를 해방해야 했다.[33] 자기 먹을 것뿐만 아니라 점점 늘어나는 프롤레타리아 집단을 위해서도 식량을 생산해야 하는 사람이 적어졌기 때문에 자본주의는 농업 생산성의 증대를 필요로 했다. 이 점에서 진정한 본보기는 미국이었지만, 미국은 아무나 따라갈 수 없는 사례였다. 하지만 후진적 러시아와 발전한 미국 사이에는 비슷한 점이 있었다. 차르가 1861년에 공포한 농노해방은 미국의 노예제 폐지(1865)와 거의 동시에 이루어졌다.

농노가 해방되자 2000만 명이 예속과 지주의 자의적 권력에서 벗어났다. 그러나 많은 농민들이 속았다고 느꼈다. 채무의 부담은 어느 때보다도 더 무거웠다. 이제 해방 보상금을 빚으로 떠안았고, 예전 주인들이 챙긴 이른바 '잘라낸 땅[otrezki. 1861년 농노해방과 토지개혁에서 각종 명목으로 지주의 소유지로 인정된 땅. 그전까지 농노들이 경작하던 땅이었다.-옮긴이]'이 관련 토지 면적의 약 6분의 1이었다.[34]

농노해방령에 뒤이어 각종 개혁이 이루어졌다. 바야흐로 러시아에 새 시대의 여명이 밝아오는 듯 보였다. 이후 수십 년에 걸쳐 대학이 자율권을 확대하고, 사법부가 독립성을 높였으며, 교육과 군대가 개혁되고, 검열이 완화되고, 모든 사람에게 배심재판이 도입되었다(인구의 80퍼센트를 차지하는 농민을 제외하고!). 1864년에는 지방에서 선출되는 농촌 의회 젬스트보가 만들어졌다.[35]

1881년 알렉산드르 2세는 내무상 미하일 로리스-멜리코프 백작에게 제한 헌법limited constitution을 제정하기 위한 계획을 마련할 것을 지시했다. 두 달 뒤 차르가 '인민의 의지파Narodnaya Volya'라는 조직의 테러리스트들에게 암살당했다. 주춤하게 된 개혁 과정은 다시는 추진력을 회복하지 못했다. 알렉산드르 2세의 후계자들(1894년까지 통치한 아둔한 알렉산드르 3세와 그보다도 훨씬 계몽되지 못한 니콜라이 2세)은 개혁을 이루지 않은 채 산업화를 열망했다. 재촉을 받을 때만 개혁을 받아들였고, 자신들이 지배한다고 생각하는 사회보다 계속 한두 걸음 뒤처졌다. 측근 참모들은 대단히 보수적인 이들이었다. 내무상 드미트리 톨스토이 백작(작가 톨스토이와 친척), 러시아정교회 최고회의Holy Synod 의장 콘스탄틴 포베도노스체프, 그리고 영향력 있는『모스코브스키베도모스티Moskovskie vedomosti(모스크바뉴스)』의 편집장인 미하일 카트코프 등이 대표적이다. 이런 부류의 사람들은 서구 개인주의와 자본주의 발전을 워낙 모질게 비판하는데다가 권력도 강했기 때문에 종종 자유주의자들이 필수적인 개혁으로 간주하는 조치를 지연시키는 데 성공했다. 철학자이자 문학평론가로『동양, 러시아, 슬라브 세계The East, Russia, and Slavdom』(1885~6)의 저자이며 '번성하는 생활'을 위해서는 전제정이 필요하다고 믿은 콘스탄틴 레온티예프가 평등주의를 현대의 가장 큰 악폐의 하나로 꼽고 보통교육에 반대한 사실은 보수주의자들의 사고 풍토를 극명하게 보여준다.[36]

러시아의 반동주의자들은 알렉산드르 3세 같은 반동적 차르가 보기에도 너무 반동적이었다. 알렉산드르 3세는 그래도 자유주의자들의 견해를 일부 받아들여야 한다는 것을 깨달았기 때문이다. 차르는 자유기업과 서구를 지지한 인물이자 계몽된 전 내무상 로리스-멜리코프의 추종자인 니콜라이 분게를 재무상으로 임명했다.

제정 러시아에서는 재무상이 보통 수상보다 힘이 셌다. 미하일 폰 로이테른(1862~78년간 알렉산드르 2세의 재무상), 니콜라이 분게(1881~6년간 알렉산드르 3세의 재무상을 지낸 뒤 수상 역임), 이반 비슈네그라드스키(1887~92년간 알렉산드르 3세의 재무상), 그리고 주목해 마땅한 세르게이 비테 백작(1892~1903년간 재무상을 지낸 뒤 수상 역임) 등이다.[37] 그들은 어쨌든 차르 정부를 구성하는 통상적인 집단에 '딱 들어맞지' 않았다. 로이테른과 분게는 독일 출신이었고, 비테는 네덜란드계의 후손으로 부인은 개종한 유대인이자 이혼녀였으며, 비슈네그라드스키는 초라한 사제 집안 출신이었다(하지만 결국 엄청난 부자가 됐다). 이 사람들, 그리고 누구보다도 분게가 러시아의 고통스럽고 결함 많은 산업화의 진정한 설계자였다. 후진적인 절대주의 정치체제의 틀 안에서 근대 산업사회를 창조해야 했기 때문에 쉬운 일은 아니었다. 다른 국가기구와 달리 재무부가 실세 기관이었다.[38] 이 걸출한 각료들은 로이테른부터 줄곧 전임자인 게오르크 칸크린과는 근본적으로 다른 길을 개척했다. 니콜라이 1세의 영원한 재무상(1823~44)이던 칸크린은 철도를 '우리 시대의 병폐'라고 여기면서 철도 때문에 국민들이 지나치게 옮겨 다니고 평등주의가 확산될 것이라고 걱정했다.[39] 로이테른은 옛 질서를 비판하면서 과거와 단절했고, 현실정치realpolitik, 민족 재생, 독재정치의 지속 등을 거론하며 자유주의 개혁을 정당화하기 위한 길을 닦았다.[40]

이 영리한 각료들이 맞닥뜨린 문제는 게으른 귀족 집단, 부족한 자본, 해방된 농민을 짓누르는 채무 부담, 완전히 무능한 토착 자본가 집단 등이었다. 토착 자본가들은 전부터 항상 특히 아둔하다고 여겨졌다. 그리하여 표트르 대제와 예카테리나 대제 둘 다 토착 상인들보다 유대인, 아르메니아인, 독일인, 타타르인, 폴란드인 상인들을 선호했다. 1847년 외국 상인들이 해외무역의 90퍼센트 이상을 장악했다.[41] 아마 이 때문에 토착 자본주의가 번성하기가 한층 더 어려웠을 것이다.[42] 외국인 투자를 끌어들이기 위해 온갖 노력이 이루어졌다. 정부가 개입하지 않았더라면 우크라이나 동부(특히 돈바스 지방)의 산업화가 이루어지지 않았겠지만, 외국인 투자가 없었다면 산업화가 그렇게 뚜렷하지 못했을 것이다. 20세기 초에 이르러 외국인 소유 철강공장이 돈바스 지방 철과 강철의 90퍼센트를 생산했다.[43]

이상적인 세계에서라면 선순환 과정이 일어났을 게 분명하다. 농노해방령으로 해방된 농민들 가운데 머리가 좋은 일부, 더 효율적이고 '근대적인' 농민들이 부자가 되어 가난하고 비효율적인 농민들의 농장과 토지를 사들이고, 더 나아가 잉여 생산물을 초기 산업 프롤레타리아트에게 팔았을 것이다. 프롤레타리아트는 예전 농민들(가난하거나 비효율적이거나 그런 농민들)이 농촌을 탈출하면서 수가 늘어난다. 하지만 이 과정은 낙관론자들이 기대한 것보다 느리게 진행되었다.

미국인들의 전설적인 낙관주의와 거의 대위법을 이루기라도 하듯, 러시아 지식인들은 비관주의에 탐닉했다. 모데스트 무소르그스키의 오페라 〈보리스 고두노프Boris Godunov〉(1868~73)―작곡가가 대본을 직접 썼다―의 대단원에서는 '얼간이'의 노래가 울려퍼진다.

흘러라, 흘러라, 쓰라린 눈물이여!
흐느껴라, 흐느껴라, 정교회의 영혼이여!
조만간 적이 찾아오고 어둠이 내릴지니.
캄캄해서 한 치 앞도 보이지 않는 어둠이.
러시아에 화가, 화가 미칠진저.
흐느껴라, 흐느껴라, 러시아 민족이여,
굶주리는 민족이여![44]

비탄의 소리는 계속 이어졌다. 젊은 시절 마르크스주의자였다가 기독교로 돌아선 러시아의 철학자 니콜라이 베르댜예프는 1930년대에 "러시아 민족이 역사 속에서 겪은 운명은 불행과 고통으로 가득했다"고 개탄했다.[45]

집단주의적 오브시치나는 가난한 농민muzhiks을 보호해주었지만, 또한 그 때문에 농민들은 1861년 농노해방령으로 분배된 자기 몫의 땅을 팔기가 어려웠다. 전에 농노해방령을 주창한 이들은 심지어 오브시치나가 해방 이후 농업이 제대로 작동하기 위해 필수적이라고 주장했다. 경쟁하는 자본주의적 농업 때문에 농민들이 대규모로 토지에서 이탈할 것을 우려했기 때문이다.[46] 게다가 많은 토지(1905년에 22퍼센트)가 여전히 귀족의 소유였다.[47] 굶주림에 시달리는 농민들이 귀족의 토지 일부를 빌렸기 때문에 결국 또다시 귀족 지주를 위해 일해야 했다. 많은 농민들에게 해방은 거의 변화를 가져다주지 못했다.

농민들의 처참한 상태를 이해한 니콜라이 네크라소프는 유명한 시『러시아에서 행복하고 자유로울 수 있는 자 누구인가?』(사후인 1879년에 출간)에서 러시아 농촌에서 행복한 사람을 찾으려고 애쓰는 농민 일곱 명의 이야기를 들려준다. 그들의 시도는 비참하게 실패한다.[48] 아나톨 르루아-볼리외가 말한 것처럼, 근대 세계는 개인주의 원리와 집단주의, 또는 공동체 원리의 투쟁으로 특징지어진다. 러시아에서는 특히 농촌에서 두 번째 원리가 전통적으로 지배했다. 어느 누구도 둘 중 어떤 원리가 우세할지 알 수 없기 때문에 러시아 입법자가 오브시치나에 구현된 집단적 소유제도를 파괴하기 전에 주저한 사실을 이해해야 한다. 오브시치나는 다른 나라에서는 유토피아로 보일 수 있는 제도를 적어도 부분적으로 실현한다.[49]

얼마 지나지 않아 농촌에서 폭력사태가 분출했다. 농민들은 마을에서 벗어나 임시직 일자리를 찾아다녔다.[50] 1890년대의 불황과 밀 가격상승, 그에 이어진 기근이 이런 곤경에 더해지는 한편 일부 귀족을 비롯해 땅에서 일하는 사람들이 맞닥뜨린 경제적 곤란을 증폭시켰다. 토지 소유자들은 보상과 더 많은 특권, 더 많은 지방정부 일자리와 한직을 요구해서 받았다. 그들을 달래야 했다. 어쨌든 전제정의 주요한 동맹자였기 때문이다.

러시아에만 국한된 것은 아니지만, 부르주아지는 충분히 기업가 정신을 발휘하고 진보적이고 미래지향적이지 않았을 때 제대로 된 자본가 정신이 부족하고 '본분'을 다하지 않는다고 비판을 받았다. 부르주아지가 귀족 흉내를 내면 조롱을 받았다(일찍이 1670년에 몰리에르가 『부르주아 귀족Le Bourgeois gentilhomme』에서 조롱한 것처럼). 부르주아지의 사회적 허세는 19세기 내내 무자비한 비판과 풍자의 대상이었지만(지금도 그렇다), 세기 전환기에 변화가 나타나기 시작했다. 부르주아지는 이제 더이상 놀림거리가 아니었다. 위험한 집단이었다.

샤를 노르망은 1908년에 17세기의 상층 부르주아지haute bourgeoisie에 관해 쓴 글(「이 잡종 귀족cette aristocratie bâtarde」)에서 귀족보다도 훨씬 나쁜 집단이라고 질타했다.

귀족보다 선견지명이 없고, 이기적이고, 자기 방식이 굳어지고, 허물이 많은 이 무리는 … 야비한 계급이며, 이윤에 눈이 멀고, 지위와 명예를 욕심내며, 특권을 굳게 지키고, 자기 출신을 잊어버리는 만큼이나 출생으로 높은 자리에 오른 이들을 질투한다.[51]

친자본가 엘리트들, 특히 재무상 시절 비테 백작같이 권력층에 있는 이들은 귀족의 허세에 대해 만만찮게 저항했다. 비테는 곰곰이 생각했다. 도대체 왜 소중한 자원을 철도 부설과 산업 발전에서 빼내어 아무짝에도 쓸데없는 비생산적 계급에게 돌리는 걸까?[52] '귀족의 요구Needs of the Nobility'에 관한 특별회의(1895~7)에서 비테는 50년 안에 러시아도 서유럽과 똑같이 은행가와 산업자본가들에게 지배될 것이라고 예측했다. 만약 귀족들이 살아남고자 한다면 지주 지위를 강화하는 데 관심을 기울이기보다 적절한 사업에 진출하는 데 눈을 돌려야 한다고 경고했다. 남부석탄철강생산자협회Association of Southern Coal and Steel Producers 부회장인 광산 기사 알렉산드르 페닌이 회고록에서 밝힌 바에 따르면, 사업에 눈을 돌릴 수도 있었을 '귀족 지주 계급'은 산업에 대한 편견이 심했다. 그는 러시아에서 "우리 '산업자본가들'이 적의"에 찬 시선을 받는다고 불만을 토로하면서 톨스토이의 부인 소피아 안드레예브나가 찾아온 일화를 들려준다. 페닌이 석탄 광산을 운영한다는 말을 듣자마자 소피아 안드레예브나는 "눈을 내리깔면서 마음속에서 곧바로 우러나는 말을 토해냈다. '탄광을 운영하신다고요! 하긴, 다들 먹고 살아야 하니까요.'"[53]

보기 드물게 솔직한 회고록에서 비테 백작은 훨씬 더 통렬하게 비난했다. 지주 귀족 가운데에도 '정말로 고귀하고 사심 없는 남녀가 많다'는 것은 인정하면서도 백작은 다음과 같이 단언했다.

> [귀족의 다수는] 타락한 인간 무리로서, 이기적인 이익과 욕망을 충족하는 것말고는 아무것도 알지 못하며, 납세자 일반, 즉 주로 농민을 희생시켜가면서 온갖 종류의 특권과 하사금을 챙긴다.[54]

비테는 전에 재무상으로 있으면서 철도 예산을 책임질 당시에 "최고위

귀족의 수많은 사람들"이 끊임없이 "내 응접실로 몰려들어" 철도 부설권
을 얻어내려 했다고 불만을 토로했다.

그 순간 나는 고리타분한 이름을 가진 이 사람들이 얼마나 조악한 재료로 만들
어져 있는지 깨달았다. 끝을 모르는 욕심이야말로 그들의 주된 특징인 것 같았
다. 궁정 의식에서 위풍당당하던 이 사람들이 금전적 이익을 조금이라도 얻을
수 있다면 내 집무실에 와서 네 발로 기기라도 할 듯 보였다. 여러 해 동안 이런
일부 악당과 위선자들이 궁정의 최고위직을 장악하고 있다. …[55]

철도 행정에서 수년간 일한 경험이 있는 기술관료인 비테(당시는 교통
상이었고, 재무상 시절에는 거대한 시베리아 횡단철도 부설을 주창했다)는 ―
리카도와 생시몽, 마르크스, 그리고 훗날 케인스가 그런 것처럼― 똑똑한
부르주아라면 상층계급의 약탈자들이 자본주의 발전을 가로막게 내버려
두어선 안 된다고 생각한 것 같다. 무엇보다도 국가를 활용할 필요가 있
었다. 비테는 다음과 같이 설명했다.

국민뿐만 아니라 국가를 위해서도 우리 산업을 발전시키는 것이 지상과제다.
현대의 정치체는 잘 발전된 민족 산업 없이는 위대해질 수 없다. 재무상 시절
나는 우리나라의 상업과 산업도 책임졌다. 그렇게 나는 우리의 산업을 세 배
증대시켰다. 이런 사실을 놓고 지금도 나를 비난하는 이들이 있다. 바보들! 내
가 인위적인 조치를 써서 우리 산업을 발전시켰다고들 말한다. 얼마나 어리석
은 말인가! 달리 어떻게 산업을 발전시킬 수 있는가?[56]

하지만 '어리석은 말'에는 고전적 자유주의의 핵심적 가정이 고스란히

드러나 있었다. 산업은 어떤 '인위적인' 정치적 간섭 없이 자생적으로 발전한다는 가정 말이다. 비테는 —몇몇 전임자들과 달리— 산업발전 정책을 수행하려면 국가기관을 개혁해야 한다는 사실을 깨달았다. 그는 전제정의 주된 원리가 개인의 창의적 기획을 발전시키는 것이어야 한다고 믿었다. 부자가 되는 것은 그 자체로 해방의 과정이었다.[57]

비테가 유별난 외톨이였던 것은 아니다. 서구에 대한 찬미와 러시아 국가에 대한 절망이 엘리트들 사이에서 고조되고 있었다. 도스토옙스키같이 분개한 슬라브주의자들의 개탄에서도 참된 '문명화', 즉 진정한 '유럽'에 대한 이런 갈망을 발견할 수 있었다. 러시아 군대가 투르크메니스탄 군대를 물리치고 민간인 수천 명을 학살한 중앙아시아의 게옥테페 포위전(1881)을 찬미하면서 도스토옙스키는 아시아에서 러시아가 해야 할 역할을 다음과 같이 설명했다.

어쩌면 아시아는 우리에게 유럽보다 더 커다란 희망을 보여주는 듯하다. 우리의 미래 운명에서 아마 아시아가 주요한 출구일 것이다! … 우리는 유럽이 우리를 아시아의 야만인들이라고 부를 것이라는 노예적 공포를 떨쳐버려야 한다. … 유럽에서 우리는 기생충이자 노예였던 반면 장래에는 아시아에 주인으로 갈 것이다. 유럽에서 우리는 아시아 놈들이었지만, 아시아에서는 우리 또한 유럽인이다.[58]

아시아에서 주인이 되는 것은 얼마간 위안이 됐겠지만 러시아가 느끼는 비애의 해법은 아니었다. 그렇다 하더라도 30여 년 전 캅카스의 러시아 총사령관인 G. V. 로젠 남작은 남캅카스 지방을 국내 산업을 위한 목화 원료의 공급원으로 삼고 그 지방 주민들을 "우리나라의 검둥이들"로 만들 수 있다고 생각했다.[59] 하지만 회원 전용 클럽에 들어갈 수 없으면 직접 클럽 설립을 시도할 수 있다. 철학자이자 박물학자(반反다윈적 성향)인 니콜라이 다닐렙스키 같은 슬라브주의자들은 이런 입장이었다. 1871년에 쓴 글에서 다닐렙스키는 러시아가 앓는 질병은 유럽인이 되려고 애쓰는 것이라고 말했다. 그 대신 해야 할 일은 폴란드인, 체코인, 슬로베니아인, 크로아티아인, 불가리아인 등과 힘께 대슬라브 민족을 중심으로 더 젊은 문명을 건설하는 것이었다.[60]

그러나 러시아가 직면한 문제의 해법은 모종의 범슬라브적 망상(폴란드 같은 슬라브 민족들은 러시아에 끈질기게 적대적이었다)이 아니라, 거의 누구나 알 듯이, 토지문제에 있었다. 후발 주자 러시아가 '서구'를 따라잡고자 한다면, 어떤 식으로든 농민문제를 해결해야 했다. 아버지보다도 지적 능력과 개혁 성향이 한참 떨어지는 차르 니콜라이 2세를 겁먹게 해서 1906년 표트르 스톨리핀을 수상으로 임명해 추가적인 토지개혁을 실행하게 만들려면 1905년 혁명이 필요했다. 하지만 1차대전 직전에 후진적인 러시아 농업이 여전히 국민소득의 50퍼센트를 차지했다.[61] 분명 어느 정도 과장이 있지만, 전문가들은 러시아의 농촌 경제가 '중세시대 방식'으로 경작되어 서구보다 500년 뒤처졌다고 지적했다.[62]

러시아 농촌 경제의 후진성은 산업화를 억제하는 역할을 했다. 1861년에서 1883년까지 산업생산고가 두 배 늘었지만 노동자 1인당 생산량은 설령 증가했다 할지라도 속도가 매우 느렸다. 그 후 1차대전에 이르는 시기 동안 생산고가 한층 빠르게 증가했다.[63] 전쟁 직전에 러시아는 산업국가 순위표에서 5위(미국, 독일, 영국, 프랑스에 이어)에 올랐다. 하지만 1인당 생산량 순위는 한참 아래였다.[64]

정부가 산업에 미치는 영향은 엄청났다. 국영기업, 국영철도, 대규모

정부 주문, 정부 신용, 관세, 산업 및 조세 정책 등 모든 것이 결합되어 산업자본주의를 장려했다. 소비에트 경제사학자인 표트르 랴슈첸코가 1939년에 말한 것처럼, 1890년대에 이르면 러시아 국민경제가 이미 자본주의 '세계체제'(랴슈첸코의 표현)로 편입되었고, "전자본주의적 러시아를 가장 확신하는 옹호자들조차 역사적인 온갖 긍정적·부정적인 요소들을 갖춘 자본주의에서 후퇴하는 것이 불가능하다는 사실을 분명히 깨닫게" 되었다.[65]

니콜라이 분게(1881~6년 재무상, 1887~95년 수상)도 이런 현실을 분명히 깨닫고 있었다. 생애 막바지에(그는 1895년에 사망했는데, 아마 1894년에 작성했을 것이다) 알렉산드르 3세에게 제출한 「차르 폐하께 아뢰는 비망록Memorandum to the Tsar」에서 그는 민족주의적 개혁 강령에 해당하는 내용의 개요를 제시했다. 다른 민족들의 후견에서 해방되기 위해 러시아는 민족적인 국가구조를 강화하고, 국가기구의 능률을 개선하며, 제국의 모든 지역으로 국가기관을 확대하고, 농민의 상태를 개선하며, 국가를 중앙집권화하고, 유대인 같은 소수민족을 통합해야 한다는 설명이었다. 분게는 지방정부 기관(젬스트보)의 활동을 확대할 것을 주장했다. 이 기관을 합리화하고, 책임성을 부여하며, '민주적'(물론 그는 이 단어를 사용하지 않았다)으로 바꿔야 했다.[66] 분게는 1881년에 알렉산드르 3세의 신정부에서 유일한 개혁주의 각료로 재무상에 임명되었다. 하지만 그는 많은 성취를 이룰 수 있었다. 여성과 아동의 노동시간 규제, 젬스트보와 공장 감찰관 강화, 1883년 농민토지은행Peasant Land Bank 설립 등이 대표적 성과였다. 농민토지은행 덕분에 일부 농민들은 자기 농장을 살 수 있었다. 분게는 대부분 민간 소유이고 비효율적인 철도체계를 철저하게 뜯어고쳤다. 국가가 일부 사기업을 사들이고 점점 늘어나는 철도망에 대한 통제를 확립한 결과였다. 또한 부당한 인두세(일명 '영혼세')만이 아니라 인기 없는 소금세까지 폐지해서 조세체계를 다소 공평하게 바꿨다(농촌 주민들에게서 세금 부담을 덜어준 것이다). 1880년대의 반동적 분위기에서는 결코 초라한 업적이 아니었다.[67] 일부 농민은 실제로 부자가 됐지만 산업화에 필요한 정도로 큰 부자가 되지는 못했다. 그리고 국가가 산업 발전 자금을 지원하기 위해 개입해야 할 필요가 분명했기 때문에 핵심적인 문제는 농민들에게 걸을 수 있는 세금의 규모였다. 결국 알렉산더 거셴크론 같은 경제사학자들이 지금까지 이야기한 것과 반대로, 농업에 부당한 과세가 이루어진 것은 아니었고, 적어도 도시 부문에 비해 세율이 낮은 편이었다. "도시-산업 부문은 전체 세금 영수증의 70퍼센트를 제공했다."[68] 노동자가 농민보다 산업화 비용을 더 많이 치렀지만, 물론 노동자들 가운데 다수는 얼마 전까지 가난한 농민이었다.

니콜라이 분게는 특히 노동 입법 때문에 반동주의자들의 분노에 맞닥뜨렸다. 미하일 카트코프는 『모스코브스키베도모스티』 사설에서 분게가 러시아의 현실을 무시하고 '서구를 추종하는' 죄를 저지르고 있다고 비난했다. 결국 분게는 재무상을 사임해야 했는데, '허울뿐인 요직인' 수상으로 임명되었다. 1887년에 후임으로 재무상에 임명된 이반 비슈네그라드스키는 반동주의자들이 내세운 후보였다.[69] 하지만 반동주의자들은 그에게 실망했다. 비슈네그라드스키는 가난한 사제 집안 출신으로 합자회사를 관리하면서 돈을 모았고, 맹렬한 친자본가였다. 하지만 그는 어느 누구의 앞잡이도 아니었고, 분게가 시작한 근대화 정책을 지속했으며, 심지어 노동자를 보호하고 아동노동을 줄이기 위해 공장·노동 입법을 발전시키려고 했다. 프리드리히 리스트의 '민족자본주의' 구상을 추종한 비슈네그라드스키는 러시아의 초기 단계 산업을 양성하기 위해 굉장히 높은 관세 장벽을 세웠다. 그렇지만 1891년 기근에 제대로 대처하지 못한 끝에 사임할 수밖에 없었다. 산적한 문제가 무척 많았다. 어쨌든 러시아 경제는 소농이 중심이 된 농업으로 생산성을 증대하기 위한 시장과 자본, 기술이 부족했고, 국가가 산업화에 투자할 수 있을 만큼 충분한 저축도 만들어내지 못했다.[70]

비슈네그라드스키의 후임자는 비테 백작인데, 분게 이후 러시아 산업화 과정의 가장 위대한 설계자였으며, 비슈네그라드스키와 마찬가지로, 프리드리히 리스트 찬미자로서 1889년에 리스트에 관한 팸플릿을 출간하기도 했다.[71] 핵심적인 문제는 여전히 농민문제였기 때문에 비테는 알렉산드르 리티흐(농업 담당 특별보좌관으로 나중에 토지개혁 실행 책임을 맡는다)에게 농민들의 상태를 조사할 것을 요청했다. 그 결과로『농민문제에 관한 비망록Memorandum on the Peasant Question』이 1903년에 비테의 이름으로 나왔다. 비망록의 결론은 오브시치나 때문에 농촌 프롤레타리아트의 형성이 가로막혔고, 이것은 인민주의자들이 생각하는 집단주의적 이상향이기는커녕 실제로는 소수 부유한 쿨라크(kulak. 부농)들의 손에 지배된다는 것이었다(1918년에 레닌이 '거머리'이자 '흡혈귀'인 쿨라크를 억압할 것을 요구하면서 "쿨라크들에 맞서 무자비한 전쟁을! 그들에게 죽음을!" 호소하기 한참 전에 이미 그들은 증오의 대상이었다).[72]

세르게이 비테 백작과 레닌 사이의 간극은 따라서 양쪽이 상상하는 것만큼 그렇게 크지 않았다. 어떻게 보면 볼셰비키는 슬라브주의자이자 서구화론자였다. 그들은 서구 자본주의의 단계를 건너뛴 채 공산주의로 가는 길에 오를 수 있다고 생각하는 한편, 오브시치나를 비롯한 옛 러시아 농촌의 잔재를 무자비하게 비난했기 때문이다.

러시아 제국의 각료인 비테는 오브시치나를 보존하기를 원하는 이들의 낭만주의를 경멸하는 태도에서 레닌만큼이나 가차없었다. 비테가 보기에 오브시치나는 단지 농노해방이 이루어진 방식 때문에 살아남은 원시적 과거의 유물이었다. 그리고 다양한 부류의 인민주의자들이 가난한 농민이 일종의 잠재적 공산주의자라고 선언한 한편, 한때 오브시치나를 긍정적으로 보는 슬라브주의자들과 같은 생각에 기울었던 비테는 분게의 설득 덕분에 다음과 같이 마음을 바꿨다고 말했다.

> 중세의 오브시치나는 이 나라의 경제발전을 가로막는 심각한 장애물이다. 농민 노동력의 생산성을 끌어올리기 위해서는 농민계급을 괴롭히는 법적 장애를 없애는 것 외에도 노동 생산물을 땀 흘려 일하는 생산자와 그 상속자들의 완전하면서도 확실한 소유물로 만들 필요가 있음을 깨달았다.[73]

다시 말해, 농촌의 소토지 소유를 바탕으로 한 발전이 성공으로 가는 길이었다. 이런 소유가 확립되면 (서구에서처럼) 체제에 감사하면서 체제의 보루가 되는 보수적인 소규모 지주계급이 생겨날 것이라고 여겨졌다. 1905년 혁명이 안정을 뒤흔드는 효과를 미친 뒤에는 이 계급이 더욱더 필요했다.

하지만 거의 모든 엘리트들이 원한 것은 근대적 산업사회였다. 자본주의적인 것이든, 사회주의적인 것이든, 또는 모종의 독특한 러시아적 산업사회든 상관없었다. 19세기 말 러시아에서 (그리고 20세기의 많은 시기 동안 제3세계에서) 마르크스주의가 성공을 거둔 이유 가운데 하나는 그것이 아무 부끄럼 없이 친산업 이데올로기로 간주되었다는 점이다. 다가오는 근대 산업사회는 역사의 철칙으로 여겨져서 어떤 반발도 해선 안 되거나 할 수 없었다. 마르크스주의는 다만 자본주의의 고통스러운 필연성이 없는 산업을 약속했다. 결국 러시아는 주로 국가가 외화를 이용해서, 또는 외국인들이 국가 돈을 가지고 산업화를 이루었다. 러시아가 필요로 하는 대규모 투자를 위해 외국 자본을 끌어들이는 것은 쉽지 않았다. 일부 기업가들은 정부를 탓했고, 다른 이들은 관료기구를 비난했다. 하지만 모두들 러시아의 후진성, 즉 대도시에도 포장도로와 하수도, 가로등이 없는 현실을 탓했다. 1909년 잡지 『산업과 무역Industry and Trade』이 단언한 것처럼, 이 모든 게 "자본에 대한 원시적인 반감이 만연한" 탓이었다.[74]

어떤 외국인도 러시아 국가의 확실한 보증이 없이는 투자를 하려고 하지 않기 때문에 국가는 기반시설을 건설하기 위해 돈을 빌렸다. 1880년부터 계속 국가는 철도에 투자하고, 민간 노선을 인수했으며, 장거리 상품 이동을 장려하기 위해 통일된 관세 정책을 부과했다.[75] 1903년에 이르면 러시아 철도의 규모는 프랑스와 독일의 철도망을 앞질렀다(물론 영토가 훨씬 넓었다).[76] 철도 발전은 1차대전 이전 러시아 경제에서 가장 중요한 구조적 변화를 이루었다.[77]

비테가 개시하고 1905년 혁명으로 고집센 차르조차 겁에 질려 행동에 나선 1906년 이후 스톨리핀이 발전시킨 농촌부문의 개혁은, 알렉산더 거셴크론이 말한 것처럼, 모두 '개별 농민과 마을 공동체를 연결하는 탯줄'을 자르는 것을 목표로 삼았다. 토지를 사적 소유로 전환하는 방식을 만들어냄으로써 가능한 일이었다. 비테는 계속해서 "러시아 산업화의 관점에서 보면 잠재적인 긍정적 효과는 부정할 수 없었다"고 말했다. 개혁을 통해 경제적으로 탄탄한 농민층이 생겨나고, 산업 자본재 수요가 높아졌으며, 토지로부터 이탈이 가속화되면서 산업 노동자가 늘어났기 때문이다.[78]

개혁은 오브시치나를 뒤흔들어 자본주의 농업으로의 이동을 가속화하는 것을 겨냥함으로써 전통에 묶인 농민층을 근대적 자영농으로 변모시켰다.[79] 농민들은 한동안 고생을 해야 했다. 당대의 경제학자 니콜라이 지베르는 '공장 보일러에 올려놓은 스튜 신세'라고 설명하면서 러시아가 자본주의 사회가 되려면 불가피한 일이라고 덧붙였다.[80] 말할 나위도 없겠지만, 농민들은 오브시치나의 폐지에 대해 그만큼 느긋하지 못했다.[81] 스톨리핀의 개혁은 농민들의 생각을 그다지 고려하지 않았다. 스톨리핀이 추구한 목표는 공유지를 없애는 것이었다. 1908년 법에 따라 이제 한 명만 고향을 떠난다는 이유로 요구해도 마을 공동체 성원들이 공유지를 재분할할 수 있었다. 튼튼하고 진취적인 농민은 자기 몫의 돈을 요구해서 도시로 떠나 노동자나 기업가(또는 술 취한 게으름뱅이)로 변신하고, 남은 이들은 착실한 자본주의적 자영농이 되는 게 기본 구상이었다.[82]

이 개혁 조치들은 정말로 산업화에 결정적인 역할을 했을까? 거의 확인하기 어려운 의문이다. 갑자기 1차대전이 이 과정에 끼어들었기 때문이다. 하지만 1906년에서 1915년 사이에 전체 가구의 5분의 1이 오브시치나를 떠남으로써 잉글랜드 크기의 영역이 소농의 보유지로 바뀔 수 있었다.[83] 1906년의 스톨리핀 개혁과 이 개혁 조치로 이루어진 국내 민간 수요의 증대 덕분에 전쟁 이전 시기에 매우 높은 성장률이 달성된 걸까? 알렉산더 거센크론이 주장한 고전적인 견해는 그렇다는 것이다.[84] 하지만 모두가 동의하는 것은 아니다. 피터 개트럴은 확고한 증거를 제시하면서 이렇게 주장한 바 있다. "거센크론의 견해와 정반대로 러시아 정부는 특히 1910~14년의 산업 활동에 계속해서 결정적인 영향력을 행사했다." 개트럴은 이 시기의 성장을 배후에서 이끈 주된 요인은 토지개혁이 아니라 국방 지출이라고 주장한다.[85] 1차대전으로 이어지는 시기에 농업이 고용 원천으로서나 국민소득 기여로 보나 여전히 러시아 경제에서 가장 중요한 부문이었음은 확실하다. 한편 1913년에도 산업은 전체 노동력의 5퍼센트 정도만을 고용했고, 1860년에서 1913년 사이에 러시아의 1인당 실질 소득 증가율은 유럽 평균(연간 1퍼센트)에 가깝고 미국, 독일, 일본보다 한참 아래였다. 따라서 이 시기에 러시아는 경제적으로 서구를 따라잡는 데 실패했다. 러시아는 여전히 저발전 국가였다.[86]

국가의 지휘는 러시아의 산업자본주의가 균형이 맞지 않게 된 이유였다. 대공장은 세계 다른 어느 나라보다도 러시아에서 더욱 뚜렷했다. 1895년에 노동자가 1000명 이상인 공장이 산업 고용의 31퍼센트를 차지했다(그에 비해 독일은 13퍼센트였다).[87] 1902년에는 훨씬 더 높았다. 노동자 1000명 이상을 고용한 공장이 전체 노동력의 38퍼센트를 차지했다.[88] 도시는 산업화에서 두드러진 역할을 하지 않았다.[89] 실제로 모스크바와 상트페테르부르크를 제외하면, 산업화는 주로 러시아 본토 바깥에서 이루어졌다. 산업화 중심지는 우크라이나 동부의 돈바스 지방이었고, 폴란드(바르샤바와 비아위스토크, 우치 인근), 벨라루스(민스크 근처), 라트비아(리가 근처), 아제르바이잔(바쿠) 등이 그 뒤를 이었다.[90]

산업화를 이룬 공로의 일부는 세르게이 비테 정부에게 돌아가야 하지만, 철도를 개발하고 화폐를 안정시킨 이전의 정책에도 공이 있었다. 그 덕분에 정부는 해외에서 돈을 빌릴 수 있었고, 다시 그 덕에 러시아는 전 지구적 경제에 편입되었다. 물론 농업 구조를 한층 더 급진적으로 개혁하고 전제정을 부양하기 위해 요구되는 조세 부담을 줄여야만 러시아의 산업 발전이 더욱 활발했을 것이다.[91] 세기말에 이르러 러시아는 세계 최대의 채무국이 됐지만, 또한 세계 5위의 산업 강국이기도 했다. 세계 생산고에서 차지하는 비중(1900년 8퍼센트)이 프랑스를 앞질렀다. 1885년에서 1914년 사이에 연간 산업생산 증가율은 평균 5.72퍼센트로 미국(5.26퍼센트), 독일(4.49퍼센트), 영국(2.11퍼센트)을 추월했다.[92] 높은 성장률은 생산성 증대에 바탕을 둔 게 아니라 대규모 산업 투자와 상당한 인구증가의 결과였다. 신뢰할 만한 통계자료가 부족한 가운데 이 정도가 확신할 만한 결론이다. 농업 생산성의 느린 성장 속도는 경제 전반의 생산성 증가율을 낮은 수준으로 유지한 주요 요인이었다.[93]

비테와 스톨리핀 둘 다 (프랑스나 미국처럼) 개인 소지주계급을 창조하려고 했다. 사업가 보수주의의 건전한 정신을 확립하고 농촌을 안정시키는 역할을 할 것으로 기대했기 때문이다. 번성하는 영농 공동체의 이점에 관한 비슷한 견해가 아일랜드처럼 러시아와 전혀 다른 나라들에서도 널리 퍼졌다. 아일랜드에서는 1881년(글래드스턴의 자유당이 도입)과 1885년(솔즈베리 경의 보수당이 도입)에 소작인이 지주에게서 농장을 매입할 수 있도록 하는 토지법이 고안되었다. 소농 지주 경제를 창조하기 위한 시도로, '사실상의 농업혁명'이었다.[94] 하지만 적어도 비테가 자기중심적인 회고록에서 평한 내용에 따르면, 스톨리핀은 농민들에게 완전한 정치적 권리를 부여하지 않은 채 오브시치나를 강제로 해산하는 식으로 소규모 자영농 집단을 만들려고 했다.[95]

바로 이것이 러시아 근대화론자들이 직면한 역설이었다. 개혁은 경제적인 것이든 정치적인 것이든 산업화를 위해 필요했다. 하지만 적어도 차르 정부 개혁가들의 마음속에서 산업화의 목적은 정치개혁을 최소화하는 가운데 전제정을 강화하는 것이었다. 어느 누구도 러시아의 발전이 '자생적으로' 이루어질 수 있다고 진지하게 생각하지 않았다. 발전과 저발전이 뒤섞인 러시아는 '산업 실험'을 끊임없이 다듬고 수정하는 거대한 실험실이 되었다. 20세기 내내 세계 각지에서 벌어진 수많은 논쟁의 원본이 거의 모두 나타났다. 국가는 얼마나 많이 필요한가? 개인의 기업가 정신은 얼마나? 민주주의가 있다면 얼마나 필요한가? 어떤 조건에서 하나가 다른 하나보다 우세한가? 국가의 역할은 무엇인가?

가장 원시적인 형태의 이 논쟁이 러시아에서 처음 벌어진 것은 전혀 놀랄 일이 아니다. 미국과 마찬가지로 러시아 역시 사실 하나의 대륙이었다. 이 나라에는 '서양'과 '동양'의 요소가 모두 있었다. 자기 나라의 결함과 가능성을 잘 아는, 고등교육을 받은 지식인 계급이 있었다. 표트르 대제 시절 이래 국가주의적이고 관료적인 지휘를 겪었다. 그리고 대단히 다양한 경제가 있었다. 1877년 토지조사에 따르면 농촌 토지의 24퍼센트가 개인 소유였고, 33.5퍼센트가 공동 소유, 42.5퍼센트가 국가·황실·성직자 소유였다.[96] 러시아는 거대한 야심을 품었지만, 운명이나 통치자, 국민, 외국인 등이 끊임없이 이 야심을 좌절시키는 듯 보였다.

그럼에도 불구하고, 1907년에 이르면 가축과 일부 농기계, 얼마간의 저축을 보유한 번영하는 자영농들이 늘어나면서 오브시치나의 미래 역할에 관한 논의는 점차 현실성을 잃고 러시아의 실제 발전과 무관하게 되었다.[97] 바야흐로 오브시치나는 단말마의 고통에 시달리고 있었다. 이 점에 관해서는 『우리의 차이Our Differences』(1885)를 쓴 게오르기 플레하노프나 『러시아의 자본주의 발전The Development of Capitalism in Russia』(1896~9)을 쓴 초기의 레닌 같은 마르크스주의자들이 옳았다. 좋든 싫든 간에 러시아는 자본주의로 가는 길에 올라 있었다. 확실히 공격적인 토박이 기업가 정신이 부족하고 해외투자에 지나치게 의존하는 허약한 자본주의였지만, 그래도 자본주의였다.

러시아 인텔리겐차는 서구의 일부 인텔리겐차와 마찬가지로 자본주의를 풀어놓기에 앞서 길들여야 한다고 믿었다. 러시아 정치 문화에는 통제되지 않는 사회진보에 대한 두려움이 깊이 박혀 있었다. 결국 인텔리겐차

는 자본주의의 불가피성을 받아들이는 한편 자본가들이 사회적 양심이 부족하다고 비판했다.[98]

민중은 그만큼 확신이 없었다. 물론 대다수는 빚이 없이 자기 땅을 갖기만 원하는 농민들이었다. 대다수 농민들처럼 민중은 국가를 혐오하는 것 이상으로 지주를 증오했다. 기독교 사상가 니콜라이 베르댜예프가 1935년(이때쯤이면 프랑스에서 망명 중으로 이제 더는 마르크스주의자가 아니었다)에 쓴 글에서 러시아 민중은 "국가 지향적이고, … 대제국을 세우기 위한 재료로 고분고분 몸을 맡기는 동시에 반란과 동란, 무정부 상태로 기우는 경향이 있다"고 말했을 때, 아마도 이런 역설이 그의 머릿속을 어지럽혔을 것이다.[99]

러시아 근대화론자들이 직면한 문제는 모든 나라의 근대화론자가 직면한 것과 똑같았다. 나로드니키 작가 바실리 보론초프가 『러시아 자본주의의 운명The Fate of Capitalism in Russia』(1882)에서 설명한 것처럼, 서구를 따라가려면 경제를 개방해야 했지만, 이 과정에서 효율성이 높은 서구가 러시아의 신생 자본주의를 질식시킬 위험이 있었다.[100] 농민 경제에 의존하는 것과 서구 모델을 수입하는 것 중에 어느 쪽이 더 나았을까? 그리고 농민 경제는 어떻게 발전해야 했을까? 이른바 '합법' 마르크스주의자(즉 저작을 공개적으로 출간할 수 있을 만큼 온건한 마르크스주의자)인 표트르 스트루베는 1894년에 쓴 글에서 오브시치나는 이제 소멸했고 자본주의가 불가피하다고 단언하고는 러시아 자본주의는 독일식 융커 대농장, 즉 자본주의적 농민으로 변신한 대지주의 토대 위에서 발전할 수 있을 뿐이라고 주장했다. 물론 이 과정은 가혹한 이행이 될 터였다. 왜냐하면 "자본주의는 … 우리가 추구하는 이상의 관점에서 보면 악"이기 때문이다.[101] 레닌 또한 1907년에 쓴 글에서 자본주의가 불가피한 동시에 바람직하며 실제로 이미 러시아 경제를 장악하고 있다고 생각했다. 레닌은 스트루베를 어느 정도 따르면서 대토지 보유에 바탕을 둔 이른바 독일 융커의 길과 자본주의적 농민에 근거한 미국 모델을 대조했다. 하지만 스트루베와 달리 그는 독일식 길을 폄하하면서 그 길을 따라가면 "농민들이 수십 년간 비참하기 짝이 없는 토지 박탈과 예속에 빠지는 동시에 소수 대농 Grossbauern이 생겨날" 것이라고 믿었다. 레닌이 훨씬 더 좋다고 여긴 미국식 길은 소농이 자본주의적 자영농으로 진화하는 경로였다.[102]

유럽의 다른 어느 나라나 미국의 어디에도 산업화로 가는 올바른 길이 무엇인지를 찾아내는 데 그렇게 집착하는 인텔리겐차는 없었다.

제9장

미국의 도전과 자본 사랑

19세기 대부분 동안 영국은 근대화의 이상이었지만 이런 위상은 점차 도전을 받았다. 미국과 프랑스는 자신들이 적어도 영국만큼 근대적이라고 생각했다. 영국은 어쨌든 군주제인 반면 진정한 근대국가는 공화국이어야 한다고 보았기 때문이다. 게다가 영국은 근대의 이미지를 기획하는 데 거의 도움이 되지 않았다. 오히려 영국은 의심의 여지가 없는 과학적·산업적 진보를 전통에 대한 끈질긴 존중과 결합하고자 했다. 놀라울 만큼 열정적으로 많은 전통을 고안해내기까지 했다. 하지만 20세기 초에 이르면, 영국이나 프랑스나 근대의 전형으로 여겨지지 않았다. 근대화의 횃불은 아메리카로 넘어갔고, 많은 유럽인들도 생활조건을 향상시키고 입신출세하기 위해 미국으로 건너갔다. 과거가 없는 나라인 미국이 이미 미래의 나라가 되어 있었다.

남북전쟁 이후 30여 년 동안 미국의 모습은 극적으로 바뀌었다. 미국은 세계 최고의 제조업 국가가 되어 영국을 추월했다. 대규모 이민 덕분에 인구도 거의 두 배로 늘어났다. 도시화가 진행되면서 주민 5만 명 이상인 도시가 50개 추가되었다. 철도 노선은 세 배 이상 늘었고, 밀 생산은 두 배 이상, 철강 생산은 1870년 7만 7000톤에서 1900년 1120만 톤으로 경이적으로 증가했다.[1] 하지만 미국 남부는 여전히 농업이 압도했다. 1880년에는 88퍼센트, 1920년에도 72퍼센트로, 그중에서도 목화가 남부 전체 생산의 절반 가까이를 차지했다.[2]

미국의 신화는 특히 러시아 같은 후발 국가들에서 강했다. 충분히 예상 가능한 것처럼, 개혁가들은 가장 미국 친화적이었다. 경제학자 이반 K. 오제로프는 1903년에 쓴 두 논문으로 큰 영향을 미쳤는데, 「왜 미국은 그렇게 빠르게 발전하는가?Why Does America Advance So Quickly?」, 「미국은 우리에게 무엇을 가르쳐주는가?What Does America Teach Us?」라는 예리한 제목이었다. 여기서 오제로프는 러시아의 나태함과 관료적 오만, 시민권과 법적 안정성의 부재, 위험을 회피하는 기업가들, 그리고 걸핏하면 술에 취하고 문맹인데다가 규율과 노동윤리가 없다고 비난받는 러시아 노동자들을 미국의 창의적 기획과 활력, 절제, 교육, 모든 개인에 대한 보호 등과 대조했다.

어떻게 하면 우리의 활력을 일깨우고, 우리의 잠자는 힘을 개발할 수 있을까? 어떤 마법의 주문을 외쳐야 우리 땅에 묻힌 부를 불러낼 것인가? 왜 우리는 광대한 영토를 가졌는데도 토지가 부족할까? 왜 우리는 인구밀도가 비교적 희박한데도 그렇게 많은 사람들이 노동력을 활용할 기회가 없을까?[3]

그리고 시인 알렉산드르 블로크는 「새로운 아메리카Novaia Amerika」라는 제목을 붙인 1913년의 시에서 대양 저편에 빛나는 새로운 위대한 모델의 이미지 속에서 러시아를 상상했다.

우뚝 솟은 공장의 검은 굴뚝들이 보이고

어디서나 공장의 사이렌 소리가 들려온다.

… 여러 층으로 된 공장들과

주변에 빽빽이 들어선 노동자 도시들이 보인다.

…

이제 석탄이 탁탁거리며 타고, 허옇게 소금이 내려앉는디.

멀리서 녹은 쇳물이 쉭쉭거리는 소리가 들린다.

이제 그대의 광활한 대초원 너머로 밝아오는

나의 아메리카여, 새롭게 떠오르는 나의 별이여![4]

이것이 어느 후발 주자가 생각하는 아메리카의 모습이었다. 미래의 동
의어인 아메리카는 탐험의 대상인 신비로운 대륙이라는 과거의 아메리
카, 그러니까 존 던이 자기 애인을 "오 나의 아메리카여! 새롭게 발견한
나의 대륙이여"라고 노래하던 때의 아메리카와는 전혀 달랐다.[5] 또한 존
로크가『통치론』에서 "이처럼 태초에 모든 세계는 아메리카와 같았다. 지
금의 아메리카보다 더욱더 아메리카적이었다. 어디서도 화폐 같은 것을
알지 못했기 때문이다"고 단언한 것처럼, 화폐의 존재, 더 나아가 진정한
노동의 존재를 무시하는 원시적 대륙과도 판이하게 달랐다.[6]

19세기 말에 이르러 아메리카는 실제로 미래가 되어 있었다. 통찰력
있는 W. T. 스테드(영국의 영향력 있는 탐사 언론인으로 타이타닉호에서 사
망했다)는『세계의 미국화, 또는 20세기의 추세The Americanization of the
World, or The Trend of the Twentieth Century』(1902)에서 미국은 이제 "힘
과 번영이 정점에 다다라서 영어권 나라들 사이에서 지도적 지위를 주장
할 권리를 누릴 정도가 되었다"면서 이제 미국에는 영 제국 전체보다 더

많은 '백인'이 존재한다고 덧붙였다. 책의 말미에 그는 아메리카의 정신 없이 분주한 근대에 관해 불안한 마음을 내비치면서 어쩌면 급속한 변화와 끝없는 노동에 대한 강박이 "쉽게 증폭되어 존재 자체가 가치를 잃게 될지 모른다"고 지적했다.[7]

나라마다 아메리카처럼 되는 나름의 길이 있었다. 즉 나름의 방식으로 선진국을 따라잡고 남들처럼 되면서도 차별성을 유지하는 한편, 세상에 똑같은 길은 없다는 것을 알았기 때문에 독특성을 내세우는 주장이 퍼져 나갔다. 프랑스의 예외l'exception française, 미국 예외주의, 이탈리아적 예외l'anomalia italiana, 독일의 '특수한 길Sonderweg', 그리고 1978년 덩샤오 핑이 '중국적 특색을 띤 사회주의'라는 이름으로 선언한 시장경제로 가는 독자적인 길 등이 그것이다.

대부분의 역사적 사례가 그렇듯이, 미국의 고유한 경로는 독특하고 그 대로 되풀이할 수 없는 것이었다. 미국의 길은 이례적인 운명을 지녔다 는 나름의 인식이 있었는데, 모든 나라가 그런 인식을 가질 수는 없다. 토크빌은 "아메리카인의 지위는 … 아주 예외적인 것이어서 다른 어떤 민 주국가의 국민도 같은 처지에 놓일 수 없음이 분명하다"고 언급했다.[8] 월 트 휘트먼은 이 점을 무척 확신했다. 1867년에 쓴 시「푸른 온타리오 호숫 가에 홀로 앉아As I Sat Alone by Blue Ontario's Shores」에서 휘트먼은 이렇 게 썼다.

어떤 시대든, 한 민족이 선두에 서야 한다,
한 나라가 약속의 땅이자 미래의 의지처가 되어야 한다.[9]

19세기와 20세기에 미국이 이룩한 놀라운 경제 성적은 다양한 요인들 덕분이었지만, 핵심적인 요인은 이용 가능한 '광활한' 땅과 영토였다. 이 땅은 유럽 농촌에서 우글거리는 '무리'들을 끌어들였고, 결국 미국의 인구는 엄청나게 늘었다. 이런 사정 때문에 생산자와 소비자의 수가 끊임없이 확대되는 한편 임금은 억제되었다. 독립선언 직후인 1790년, 주민 수는 400만이 채 되지 않았다. 1900년에 이르면 7600만 명이었다. 그리고 2017년 5월에는 3억 2500만 명이 넘었다.[10] 같은 시기에 영국 인구는 훨씬 느리게 증가했다. 1800년 1000만 명 이하에서 1900년 3800만 명, 2016년 6500만 명이었다. 프랑스의 인구증가는 훨씬 더 느렸다. 1801년 2900만 명, 1901년 4070만 명, 현재 6600만 명이다.

1861~65년의 미국 남북전쟁은 노예주와 노예 해방자들이 벌인 일대 격전이었다. 카를 마르크스는 남북전쟁을 '현대사 최초의 대전쟁'이라고 보았다.[11] 이 전쟁은 많은 이들에게 남부의 낡고 전통적인 사회와 북부의 새로운 자본주의 세계가 맞붙은 싸움으로 보였다. 노예주 남부의 정치경제와 자유노동에 기반한 북부의 정치경제가 충돌한 것이었다.[12] 남부 플랜테이션 농장 소유주들은 세계 자본주의에 연결돼 있으면서도 자본주의에 무관심하거나 적대적이었다. 수익 때문에 노예와 가난한 백인들(노예보다 우위에 있다는 사실에서 어느 정도 심리적 이득을 얻었다)을 희생시켜가면서 남부의 생활방식을 유지했다. 남부 사람들은 대부분 날조된 귀족적 특성, 즉 악착같이 돈만 챙기는 북부 사람들의 비정한 심성에 대항하는 남부 신사의 사명을 강조했다. 어떤 이들은 자본주의는 "야만적이고 부도덕하며 무책임한 임금 노예제로서, 자본의 주인들이 노동자에 대한 직접적 책임도 지지 않은 채 착취하고 가난에 빠뜨린다"고 비난했다.[13] 북부 사람들은 노예제의 참상과 플랜테이션 농장의 생활, 추잡한 노예 경매, 야만적인 노예 취급 등을 강조하는 식으로 반박했다.

산업화된 북부 입장에서 보면, 남부의 노예 경제는 (노예들이 임금을 벌지 못했던 탓에) 북부 생산물을 위한 대규모 소비자 시장을 제공할 수 없었으며, 따라서 노예제에 반대할 경제적 이유가 충분했다. 물론 북부 산업의 이해관계와 남부 농업의 이해관계 사이에 타협이 이루어질 수도 있었다. 남부에서는 노예제를 용인하고 북부에서는 경제성장을 하는 식으로. 북부는 영국과 마찬가지로 면직물을 제조하면서 남북전쟁 전에 이미 확립된 양상을 따를 수도 있었다. 전쟁이 순전히 경제적인 이유 때문에 벌어지는 일은 드물지만, 남북전쟁이 발발한 데에는 본질적인 경제적 이유가 있었다.[14]

게다가 노예를 소유하는 플랜테이션 농장은 때로 북부의 공장보다 더욱 과학적이고 현대적인 경영 방식을 취했다. 플랜테이션 농장은 "농업 실험을 위한 연구실이 되었고, 농장주와 농장 감독은 대단히 정밀하게 인적 자본을 측정하고 모니터했다".[15] 로버트 포겔과 스탠리 엥거먼은 고전적 저서 『십자가 위의 시간: 미국 흑인 노예제의 경제학Time on the Cross: The Economics of American Negro Slavery』(1974)에서 이미 노예제가 경제적으로 성공했을 수 있다(그리고 전에 생각했던 것만큼 노예들에게 해롭지 않다)는 점을 제기했다.[16] 노예제에 의해 가동되는 플랜테이션 농장 시스템은 "산업자본주의에 기생하는 시대착오적 이상 현상이 전혀 아니"었다.[17]

노예제는 수익성이 좋았지만, 노예소유주들은 노예제를 도덕적 근거에서 옹호할 수 있는 모종의 윤리적 원리를 원하면서 노예제가 임금노동보다 낫고 노예와 주인 모두에게 이득이 된다고 주장했다.[18] 경제적 합리성을 이데올로기와 전망과 신념으로 보강할 필요가 있었다. 하느님이 주인과 노예를 창조했다는 관념은 주인에게는 좋았지만, 미국혁명의 이데올로기적 토대 전체가 모든 인간은 평등하게 창조됐다는 것이었다.[19] 실제로 부르주아 자본주의 사회의 토대 전체가 세습 개념에 맞서 개별 인간이 기울이는 노력의 중요성을 어떤 식으로든 긍정할 필요가 있었다.

남부의 정치경제학자들은 자본주의가 '임금노예'를 대하는 것보다 노예제가 더 인간적이라면서 노예제를 옹호했으며, 노예제뿐만 아니라 자유방임 정책에도 열성적이었다.[20] 전쟁이 끝난 뒤에도 여러 성직자를 비롯한 많은 남부인들은 노예제가 자본주의의 약탈에 맞서 노동자를 보호해준다고 주장했다(러시아의 슬라브주의자들이 마을 공동체 오브시치나가 농노를 더 잘 보호해준다고 믿은 것과 똑같았다).[21] 하지만 승자는 북부였다. 그리고 북부가 승리한 것은 사악한 노예제에 맞서 정의의 편에 섰기 때문이 아니라(물론 노예제는 사악했다) 기술·재정·산업 차원에서 남부보다 우월하고, 인구가 더 많고, 교통이 더 좋았기 때문이다.[22] 북부의 승리는 18세기 말에 토머스 제퍼슨과 앤드루 잭슨의 반동적인 인민주의적 접근법에 맞서 알렉산더 해밀턴이 꿈꾼 미국의 미래의 승리처럼 보였다(당시에는 산업이라고 거론할 만한 것이 전혀 없었다). 해밀턴은 상업적 미국의 원대한 구상을 떠올린 반면 벤저민 프랭클린 같은 다른 이들은 회의적이었다.[23] 제퍼슨과 그의 추종자들은 유럽인들과 무엇보다도 영국이 제조업 강국인 반면 미국은 거대한 농산물 수출국이 되는 국제적 분업을 가정했다. 마이클 린드가 말한 것처럼, "미국은 사실상 세계 최대의 바나나공화국이 될 수도 있었다. 다만 바나나 대신 면화와 담배를 수출했을 것이다".[24]

도시화의 공포, 즉 도시가 많아지면서 개척 정신이 약해질 것이라는 공포가 그 후 다양한 측면에서 미국 보수주의에 만연했다. 하지만 이런 반도시 이데올로기는 근대성 숭배와 충돌한다. 근대는 그 자체로 너무도 두려운 것이다. 미국인들도 두렵기는 마찬가지다. 건국의 아버지들 가운데 다수는 대도시에 대해 뚜렷한 보수적 편견을 갖고 있었다. 어빙 크리스톨이 1970년에 말한 것처럼, "너무도 태연하게 속물적이고 모든 게 너무도 확실한" 소도시 중심의 미국이 오늘날까지도 아무도 흉내내지 못하는 방식으로 유지되고 있다는 편견이었다.[25]

원래 전쟁이 노예제를 서부 준주<ruby>準州<rt></rt></ruby>들로 확대하는 것을 막는다는 정도의 목표 아래 벌어졌지만, 남부를 상대로 북부가 거둔 승리는 노예제 폐지론의 승리였다. 또한 민주주의의 승리이기도 했다. 해방노예들이 백인과 똑같은 정치적 권리를 누렸기 때문이다. 하지만 그런 권리는 오래가지 않았다. 마지막으로, 소규모 자영농장이라는 이상의 승리이기도 했다. 미국의 1050만 노동자 가운데 620만 명이 농장에서 일하고 있었다.[26] 그리하여 정치인과 예술가, 작가들이 '검소한 마을'과 '정직한 노동'을 감상적으로 찬미했다. 이런 것이 당시의(그리고 어떤 이들에게는 지금도) 아메리칸 드림이었다.[27] 흔히 그렇듯이, 현실은 꿈을 산산이 깨뜨리지만, 그렇다고 해서 이전의 상태로 돌아가는 일은 드물다. 전쟁 직후 재건기의 정치적 갈등 속에서 인종 간 민주주의 비슷한 것이 등장하는 것처럼 보인 뒤, 해방 이후의 남부는 여전히 대부분 예전 주인들이 통제하는 것으로 드러났다. 그리고 노예제가 종식되고 오랜 뒤 예전 노예와 그 후손 300만 명은 여전히 차별과 참정권 박탈, 비참한 빈곤이라는 체계적 함정에서 헤어나오지 못했다.[28] 에릭 포너가 말한 것처럼, "수십 년에 걸친 플랜테이션 농장 지배가 남긴 유산"을 2년간의 급진적인 재건으로 지워버릴 수는 없었다. 농장주 계급은 "자기 계급의 붕괴를 관장할 생각이 전혀 없었기" 때문이다.[29]

한때 노예를 소유한 플랜테이션 농장주들이 미국 전체에서 가장 강력한 정치계급이었다. 남북전쟁이 끝난 뒤 그들은 남부에서만 군림할 수 있었다.[30] 그전까지 노예였던 흑인 남성은 이제 아무 권리가 없는 막노동자가 되었다. 연구자이자 범아프리카주의자, 시민권 운동가인 W. E. B. 두보이스가 개탄한 것처럼, 남북전쟁 이후 "노예들은 자유를 얻고 잠시나마 햇빛 아래 섰지만 이내 다시 노예제로 돌아갔다".[31]

스벤 베커트가 보여준 것처럼, 노예 플랜테이션 농장은 미국 남부와 서인도제도 둘 다에서 세계 자본주의 경제의 필수적인 일부였다(관세 등으로 보호를 받는 미국 북부보다 더). 하지만 그 자체로는 자본주의적 제도가 아니었고, 발전하는 미국 자본주의에 특별히 통합되지도 않았다.[32] 두 경제, 즉 남부의 탄탄한 플랜테이션 경제와 북부의 발전하는 산업 경제는 나란히 존재했다. 공존했을지도 모른다. 하지만 공존할 운명이 아니었다. 남북전쟁은 자본주의가 최초로 거둔 거대한 국제적 군사 승리임이 드러났다. 윌리엄 G. 로이가 말한 것처럼, 남북전쟁은 "우리가 아는 법인기업 구조corporate infrastructure의 창조를 재촉한 사건"이었다. 배링턴 무어는 이 전쟁을 '마지막 자본주의 혁명Last Capitalist Revolution'이라고 불렀다.[33] 남북전쟁은 대규모 산업 법인기업이 등장하고, 국가 통화와 전국적 은행체계가 창설되며, 월스트리트가 금융 중심지로 우뚝 서기 위한 길을 닦았다.[34] 유럽뿐만 아니라 남부 농촌(주로 예전 노예)에서도 이민자들이 밀려오면서 급격히 발전하는 북부에 값싼 노동력의 꾸준한 공급이 보장되었다. 유럽 이민자들은 거의 남부에 정착하지 않았다. 모두들 북부, 동부, 서부로 갔다. 철도가 부설되면서 석탄과 철강 부문에 호황이 이어졌고, 변경이 확장됨에 따라 농민들도 자본주의 팽창의 궤적 안으로 들어갔다.[35] 1850년 전에 아메리카에 정착한 이들은 영국과 북유럽(독일, 스웨덴, 네덜란드) 출신이었다. 그리고 1850년에서 1880년 사이에 해마다 유럽 정착민 30만 명 정도가 아메리카 해안에 도착했다. 1880년에서 1900년 사이에는 그 수가 연간 60만 명으로 치솟았고, 20세기 초에는 매년 100만 명이 아메리카에 도착했다. 주로 이탈리아, 폴란드를 비롯한 러시아 제국, 오스트리아-헝가리 제국의 여러 지역에서 왔다.[36]

아메리카가 세계 최고의 산업 강국으로 변신한 것이 '작은' 정부 덕분이라는, 즉 모든 사람의 개인적인 진취적 기획이 꽃피우고 번성하게 해준 때문이라는 사고는 사랑스럽고 순진한 신화다. 연방정부는 언제나 미국의 발전에서 가장 중요한 역할을 했다. 정부는 최대 규모의 지주였고 철도에 공격적으로 보조금을 지원했다.[37] 남북전쟁에서 1차대전까지 정부는 연방과 주 차원 모두에서 규제 권력을 확대했다. 남북전쟁을 계기로 정부 지출은 국민총생산의 2퍼센트에서 15퍼센트로 치솟았다(2015년에는 40퍼센트에 육박했다).[38] 전쟁은 또한 최초의 연방 소득세 창설로 이어졌다. 전쟁 초기에는 세율이 3퍼센트였는데, 전쟁이 끝날 때쯤이면 5퍼센트로 높아졌다(5000달러 이상의 소득에 대해서는 10퍼센트).[39]

남북전쟁이 끝난 뒤 미국 군대는 점차 '내부' 식민화를 위한 대대적인 종족청소(이 용어는 훨씬 나중에 만들어졌다)에 활용되었다. 인디언을 상대로 계속 전쟁이 벌어졌다. 그 가운데 하나인 1876년의 수족 대전쟁Great Sioux War은 오늘날 커스터 장군이 유명한 최후의 저항을 벌인 장소인 리틀빅혼 전투Battle of the Little Bighorn로 주로 기억된다. 미국은 가장 순수한 형태의 '벌거벗은' 자본주의 이데올로기의 본거지가 되었다. 남북전쟁에서 1차대전 사이에 미국의 산업화는 대다수 유럽 나라들보다 한층 더 잔인하게 진행되었다. 아마 변경 문화의 독특한 폭력적 성격과 유례없이 잔혹했던 내전, 노예제 때문일 것이다. 노사분쟁과 파업, 직장폐쇄가 숱하게 벌어졌고, 종종 무력으로 진압되었다.[40] 백인 노동자의 파업에 대해 군대의 충성을 보장할 수 없었기 때문에 이런 소요를 진압하는 일이 '민영화'되었다. 앨런 핑커턴이 1850년에 설립한 핑커턴전국탐정사무소

Pinkerton National Detective Agency는 사실상 자본이 노동에 맞서 배치하는 사설 군대 역할을 했다. 1880년대와 1890년대에 이르면 핑커턴사무소는 미군 병력보다 수가 많았다.[41] 2016년 5월에도 미국의 사설 보안경비원 수가 110만 명으로 65만 명인 경찰보다 많으며, 중국, 러시아, 인도, 영국에도 이런 불균형이 존재한다는 사실을 덧붙여야겠다(오늘날 영국은 경찰관보다 사설 보안경비원 수가 더 많은 유일한 서유럽 나라다).[42]

미국 사회의 경제적 조직은 소비자 사회가 등장하기 훨씬 전에도 세계의 부러움을 샀다. 미국의 시장은 유럽 어느 나라의 시장보다도 컸고, 생산성도 높았으며, 마케팅 기법도 필적할 나라가 없었다.[43] 19세기 말에 이르면 미국은 이미 최고의 자본주의 국가인 반면 영국은 여전히 자본주의를 경멸하는 척하는 귀족들로 가득 차 있었다. 미국 자본주의는 자기만의 독특한 경로를 걸어왔는데, 루이스 하츠(『미국의 자유주의 전통The Liberal Tradition in America』)나 리처드 호프스태터(『미국의 정치 전통The American Political Tradition』) 같은 역사학자들은 전자본주의적 과거가 부재한 탓으로 설명할 수 있다고 주장했다. 귀족이 존재하지 **않고** 과거의 부담으로부터 해방된 사실의 중요성은 괴테 같은 지식인 귀족들도 한참 전에 인식한 바 있었다. 19세기 초 계몽된 세계시민주의의 대표자인 괴테는 「미국에 전하는 말Den Vereinigten Staaten, 1827」에서 다음과 같이 말했다.

아메리카여, 당신들은 우리 구대륙 사람들보다
운이 좋다.
당신네 나라에는 썩어가는 성채가 없고
시커먼 현무암도 없다.

당신들은 쓸데없는 기억과

아무 소용없는 싸움에

시달리지 않는다.[44]

헤겔도 비슷한 글을 썼다. "미국으로 가는 이민자들은 한편에선 유럽 문화의 온갖 보물을 지니고 간다는 점에서 이점이 있고 … 유럽 국가들이 개인에게 강요하는 부담이 없고, 유럽에 남기고 온 곤경과 다시 마주칠 일이 없다."[45]

자본주의를 추구한다는 것은 부와 돈을 좇는다는 의미였다. 미국인들이 특히 돈을 사랑한다(마치 유럽인들이 돈을 경멸하기라도 하는 것처럼)는 생각은 이미 19세기 초에도 상투적인 관념이었다. 스탕달의 『파르마의 수도원La Chartreuse de Parme』(1839)에 등장하는 산세베리나 공작부인은 순진하기 짝이 없는 파브리스에게 미국의 자본주의적 민주주의가 독특한 점을 경고하면서 그에게 달러 신God Dollar 숭배와 거리의 장인에게 보여야 하는 존중에 관해 설명한다. 거리의 장인들은 모든 것을 투표로 결정하기 때문이다.[46] 그리고 토크빌은 후에 『미국의 민주주의』에서 이렇게 언급했다. "나는 돈에 대한 사랑이 사람들의 마음속에서 그렇게 큰 자리를 차지하는 다른 나라는 알지 못한다."[47] 유명한 격언이 된 '시간은 돈이라는 것을 기억하라'는 말은 벤저민 프랭클린이 「나이든 상인이 젊은 상인에게 건네는 조언Advice to a Young Tradesman, Written by an Old One」(1748) 서두에서 처음 만들어낸 문구다.[48] 한때 반교권주의자였지만 이미 보수적 가톨릭교도로 변신한 샤를 페기는 1차대전 직전에 쓴 글에서 신랄한 어조로 돈의 힘을 비난했다. "오늘날까지 돈이 그렇게 유일한 주인이자 신이었던 적은 없다. 오늘날까지 부자들이 빈자들에 맞서 그토록 보호를 받고 빈자들이 부자들에 대항해 그렇게 보호를 받지 못한 적은 없다."[49]

금융가들은 산업자본가보다도 더 경멸을 받았다. 제대로 된 사람들은 물건을 만들어서 돈을 벌었다. 반면 은행가들은 돈을 가지고 돈을 벌었다. 은행가들은 아무것도 기르지 않고, 만들지 않고, 팔지 않았다. 2007~8년의 전 지구적 침체 당시 은행가들이 주주들 돈으로 엄청난 보너스를 챙기면서 떠들썩한 추문을 일으키기 한참 전부터 은행가는 멸시의 대상이었다. 19세기와 그 이후의 유럽 문학은 금융에 종사하는 이들의 부정적 이미지로 넘쳐난다. 발자크의 『뉘생장 상점La Maison Nucingen』(1838)에 나오는 뉘생장 남작(로스차일드를 암시하는 게 분명하다)부터 디킨스의 『크리스마스 캐럴A Christmas Carol』(1843)에 나오는 에버니저 스크루지, 앤서니 트롤럽의 『오늘날 우리가 사는 방식The Way We Live Now』(1875)의 등장인물 오거스터스 멜못, 졸라의 『돈L'Argent』(1890)에 나오는 아리스티드 사카르, 입센의 희곡 『욘 가브리엘 보르크만John Gabriel Borkman』(1896)의 동명의 주인공에 이르기까지 숱하게 많다. 에즈라 파운드는 『칸토들Cantos』(칸토 45)에서 '고리대금업'에 반대하는 장황한 설명을 읊조린다. 그는 고리대금업은 공예나 예술에 아무런 공헌도 하지 않았다고 주장한다(두초, 보티첼리의 〈비방La Calunnia〉, 피에로 델라 프란체스카, 조반니 벨리니, 한스 멤링 등을 열거하면서 가령 몬테데이파스키디시에나Monte dei Paschi di Siena 은행이 예술을 지원한 공헌을 무시한다).

고리대금업은 가축전염병이다, 고리대금업은
하녀의 손에 쥐인 바늘을 무디게 만들고
방적공의 솜씨를 멈춰 세운다. 피에트로 롬바르도는

고리대금업 덕분에 나온 게 아니고

두초도 고리대금업이 배출하지 않았다.

피에로 델라 프란체스카, 조반니 벨리니도 고리대금업이 낳은 게 아니다.

'비방'도 고리대금업이 그린 작품이 아니다.

안젤리코도 고리대금업이 배출하지 않았다.

토머스 제퍼슨은 일찍이 1816년에 은행가들을 딱 잘라서 비난했다. "나는 금융기관이 상비군보다 우리의 자유에 더욱 위험하다고 믿는다."[50] 물론 제퍼슨도 잘 알았듯이, 은행이 없이는 자본주의가 존재하지 않는다. 일선의 '겸업'은행(영국의 경우처럼 투자 기능이 상업 기능과 분리되지 않는다)이 없었더라면, 독일과 스위스, 프랑스와 이탈리아는 산업화를 이루지 못했을 것이다.[51]

노엘 애넌이 언급한 것처럼, 많은 문필가들이 생각한 "한 가지 공통된 가정은 평생 돈벌이에만 종사하는 것은 … 정신이 멀쩡한 계몽된 사람이라면 절대 좋지 않을 야비한 삶이며 실제로 그런 사람들은 소설가의 관심 대상이 아니다"는 것이었다.[52] 존 메이너드 케인스는 「손자 세대의 경제적 가능성Economic Possibilities for our Grandchildren」(1930)에서 다음과 같이 말했다.

소유물로서의 돈에 대한 사랑은 ―향유와 삶의 현실의 수단으로서의 돈에 대한 사랑과 구별되는― 있는 그대로 인식될 것이다. 즉 다소 혐오스러운 병적 상태이자, 반쯤 범죄적이고 반쯤 병적인 성향이며 사람들이 진저리를 치며 정신병 전문가에게 떠넘기는 성향으로 인식될 것이다.[53]

앨버트 허시먼은 독창적인 저서 『정념과 이해관계: 자본주의가 승리하기 전의 정치적 옹호론The Passions and the Interests: Political Arguments for Capitalism before its Triumph』(1977)의 첫머리를 이런 질문(막스 베버에게 영감을 받은 질문)으로 연다. "상업과 금융, 기타 돈벌이 활동이 과거 여러 세기 동안 욕심이나 돈에 대한 사랑, 탐욕이라고 비난과 멸시를 받은 끝에 근대의 일정한 시점에서 어떻게 존경할 만한 일이 됐을까?"[54]

산업 또한 종종 멸시를 받았다. 스위스의 경제학자 장-샤를 드 시스몽디는 『정치경제학 연구Études sur l'économie politique』(1837)에서 이렇게 선언했다. "나는 언제까지고 인간의 삶을 낮게 평가하는 산업체제에 반대할 것이다."[55] 다른 나라들과 마찬가지로 미국에서도 근대 자본주의는 바람직한 목표이자 혐오의 대상이었다. 하지만 자본주의에 대한 반감은 신세계보다는 구세계에서 더 만연했다. 신세계에서는 오래된 반동주의자들만이 아니라 새로운 급진주의자들 사이에서도 자본주의의 근거지가 존재했다.

프레더릭 잭슨 터너는 프랑스의 자유주의적 사회과학자 에밀 부트미가 미국에 관해 이야기한 내용을 전적으로 동의하지 않은 채 인용했다.

미국 사회의 인상적이고 독특한 특징은 민주주의라기보다는 광대한 영토를 발견하고 개발해서 자본화하는 거대한 상업회사라는 점이다. 미국은 일차적으로 상업 사회이며 부차적으로만 하나의 나라다.[56]

그에 앞서 토크빌은 미국 사회에 대단히 특유한 소외와 파편화를 언급한 바 있다.

나는 모두 평등하고 똑같은 수많은 사람들이 사소하고 천박한 쾌락으로 영혼을 채우기 위해 몰두하는 모습을 본다. 그들 각자는 서로 떨어져 살기 때문에 다른 사람의 운명에 무관심하다. 그의 자녀와 그의 친구는 그에게 전체 인류에 해당한다. 그밖의 다른 동료 시민들의 경우에 가까이 살기는 하지만 보이지는 않는다. 접촉은 하지만 피부로 느끼지는 않는다. 그는 혼자 힘으로, 오로지 자기를 위해서만 존재하며, 그에게 가족이 있다 할지라도 나라가 있다고 말할 수는 없다.[57]

하지만 1831년부터 1833년까지 미국을 방문한 동안 토크빌이 또한 인상적으로 느낀 것은 미국인이 운영하는 기업의 규모가 작다는 점뿐만 아니라 미국인들이 근면하다는 점이었다. 흔히 그렇듯 이상에 찬 눈빛으로 그는 "미국에서 가장 인상적인 점은 몇몇 산업 기업이 이례적으로 크다는 게 아니라 소기업이 무수히 많다는 것이다".[58]

19세기 전반기에 미국은 아마 예전과 변함없이 독립 소생산자와 지주들의 나라에 가까웠을 것이다.[59] 임금노동자가 되려는 이들은 거의 없었고, 다들 '임금 노예'가 아니라 독립 수공업자, 장인, 소기업가가 되기를 바랐다.[60] 임금노동자가 된다는 것은 굴욕과 자율성의 결핍, 수모를 의미했다. 많은 미국인들은 소생산자 사회에서만 독립이 존재할 수 있다고 믿었다.[61] 하지만 남북전쟁 이후 대다수 미국인을 기다리는 운명은 산업 노예제였다. 급진 언론인이자 지주와 대기업 세력을 괴롭히는 비판자였던 헨리 조지는 이렇게 선언했다. "우리는 노예제를 폐지하지 않았습니다. 노예제의 한 야만적인 형태인 가산 노예제chattel slavery만을 폐지했을 뿐입니다. 우리 앞에는 더 깊이 잠복한 형태의 노예제, 아직 폐지하지 못한 더 지긋지긋한 형태의 노예제가 있습니다. 이 산업 노예제는 인간을 사실상의 노예로 만듭니다."[62] 그리고 유명한 소책자『진보와 빈곤Progress and Poverty』(1879)에서는 이렇게 말했다. "노동은 상품이 되고 노동자는 기계가 되었다. 주인과 노예가 없고 소유자와 피소유자도 없이 단지 구매자와 판매자가 있을 뿐이다. 시장의 흥정이 다른 모든 감정을 대체한다."[63]

남북전쟁은 양쪽 합쳐 62만 명이라는 막대한 인명 손실을 가져온 끔찍한 전쟁이긴 했지만 보상이 있었다. 남부의 경제는 황폐해졌지만 북부에서는 산업이 호황을 누리고, 주식시장이 번성하고, 투기업자들이 투기를 해서 부자가 됐으며, 농업이 번창했다.[64] 그리고 전쟁 중에 사실상 중단되었던 면화 생산이 빠르게 회복되어 1880년이 되면 미국은 1860년보다 더 많은 면화를 수출했다.[65]

일부 개혁가들은 남부도 북부를 따라 산업화의 도상에 오를 것으로 기대했지만, 이런 일은 일어나지 않았다. 적어도 당시에는 아니었다. 농장주사회가 산업사회로 변신하기란 대단히 어려웠다. 개혁가들은 무엇이 필요할지 제대로 전망하지 못한 반면, 농장주계급은 새로운 기술과 생산 방식을 기꺼이 받아들이려고 하면서도 자기들 땅이 흑인의 손에 넘어가는 것은 극구 반대했다. 급진 공화당원들은 가장 부유한 농장주들의 땅수백만 에이커를 몰수해서 해방노예에게 재분배하거나 팔 계획을 꾸몄지만, 토지개혁은 상상도 하기 어려운 일이었다.[66] 백인 개혁가들뿐만 아니라 많은 예전 노예들이 권력을 유지하거나 탈환하려는 낡은 농장주계급의 시도에 도전했던 재건기 정치적 소요의 일부는 이런 모습이었다. 하지만 개혁가들은 실패했다. 물론 상황이 바뀌었고, 그것도 상당히 변했다. 노예들이 해방되었고, 소작농이 되거나 북부로 이주했다. 예전 노예주들은 여전히 지방 권력을 유지했고, 전쟁 중에 농장주들에게서 몰수된 토지는 원래 소유주에게 반환됐지만, 이제 농장주들은 국가경제에서 덜 중요해졌다. 남북전쟁 이전에는 농장주들이 대단히 중요했다. 1850년까지 남부인들이 13년을 제외하고 전부 대통령을 잡았고, 상원 의석의 절반과 연방대법원의 절반 이상을 차지했다. 남부 농장주들은 미국의 귀족이나 다름없었다. 정치적 특혜와 정치적 자원에 대한 접근권을 놓고 북부 자본가들과 경쟁할 수 있는 엘리트 집단이었다. 그런데 남북전쟁이 끝난 뒤 남부의 권력이 대폭 줄어들었다. "새로운 민족국가를 지배하게 된 정치 세력 집단에 남부 지주 엘리트들은 거의 포함되지 않았다."[67] 그들은 여전히 부자였지만, 연방 차원에서는 무력했다.[68] 이때부터 '워싱턴'과 거대 정부Big Government에 대한 그들의 뿌리 깊은 증오가 생겨났다.

1840년 전에 미국 사회는 현저하게 전前산업적이었지만, 세기말에 이르면 성숙한 산업사회가 되었고, 1914년에는 세계의 거대 산업국으로 우뚝 섰다.[69] 미국 자본주의는 과거의 플랜테이션 농장처럼 규모가 점점 커졌다. 1870년 클리블랜드의 스탠더드오일Standard Oil은 2500명을 고용했고, 싱어(재봉틀)는 뉴욕에서 거의 비슷한 수를, 펜실베이니아주 피츠버그 인근의 캠브리아제철Cambria Iron Works은 6000명을 고용했다.[70] 철도 덕분에 점차 모든 게 연결되었다. 물론 변화는 고르게 이루어지지 않았다. 거의 모든 산업이 오하이오, 인디애나, 일리노이, 위스콘신, 미시건 등 동북부와 중동부 주에 집중되었다.[71]

이런 발전에 한껏 고무된 월트 휘트먼은 철도 덕분에 이룩된 서부 확장을 1869년 수에즈운하 개통과 연결했다.

나의 시대를 노래하고,

현대의 위대한 업적을 노래하며,

기술자들이 만든 튼튼하고 빛나는 건조물,

우리 현대의 기적들을 노래한다(고대의 육중한 세계 7대 불가사의를 능가하는).

동방의 구세계에는 수에즈운하가 있고,

신세계에는 거대한 철도가 관통하고,

바다에는 유창하고 상냥한 해저 전선이 아로새겨져 있다.

하지만 아 영혼이여, 우선 그대와 함께 외치나니

과거여! 과거여! 과거여!

…

나는 모든 장애물을 뛰어넘으며 태평양 철도가 우리 대륙을 내달리는 모습을 본다.

화물과 승객을 싣고 굽이치는 플랫강을 따라 달리는 기차의 끊임없는 행렬을 본다.

날카로운 기적 소리를 울리며 무섭게 돌진하는 기관차 소리를 듣는다.

세계에서 가장 장엄한 풍경 속에 울려퍼지는 기적의 메아리를 듣는다.[72]

하지만 휘트먼도 마음이 심란했다. 그는 1871년 미국이 남북전쟁 말미에 '유례없는 물질적 발전'을 이룬 것을 '자부심과 환희에 겨워' 찬양했다. 그렇지만 나중에는 동포들의 '마음속에 자리한 공허'를 개탄했다.

진정한 믿음은 우리를 저버린 듯하다. … 우리는 위선의 분위기에 빠져 산다. … 수많은 교회와 종파, 내가 아는 한 가장 음침한 환영이 종교의 이름을 찬탈한다. … 우리나라 사업가계급의 비행은 상상했던 수준에 못지않지만, 실제는 그보다 훨씬 더 많다. 사법부를 제외하고 국가, 주, 시 등 각급 단위의 모든 부처에서 근무하는 미국의 공무원 집단은 부패와 뇌물, 기만과 실정에 흠뻑 젖어 있다. … 사업에서 … 유일한 목표는 어떤 식으로든 금전적 이득을 얻는 것이

다. … 우리가 보여주는 가장 훌륭한 계급은 유행 따라 한껏 차려입은 투기꾼
과 속물 무리일 뿐이다.

휘트먼은 신세계 민주주의의 물질적 성취를 찬양하면서도 "기만적이
고 피상적인 대중의 지성 … 모든 곳에서 상점과 거리, 교회와 극장, 술집
과 공직 어디에나 만연한 경박함과 야비함"을 개탄했다.[73]

자본주의에 대한 미국의 불안감은 유럽 지식인들의 불안감을 고스란
히 반영했다. 문학평론가 샤를-오귀스탱 생트-뵈브는 1839년에 쓴 글에
서 '산업' 문화의 발전에 대해 불만을 토로했다. 작가들이 돈만 밝히고, 순
전히 상업적으로 생각하며, '저작권이라는 악령'에 압도당하는 문화였
다.[74] 1860년대에 이제는 프랑스와 서구에 환멸을 갖게 된 알렉산드르 게
르첸은 회고록에서 다음과 같이 썼다.

극장, 휴가, 여관, 책, 그림, 의복, 모든 게 질은 떨어지고 숫자는 무서울 정도로
늘어난다. 내가 이야기한 군중이 성공과 힘, 성장을 보여주는 가장 훌륭한 증
거다. 군중은 모든 둑을 터뜨리면서 사방에 흘러넘친다. 군중은 어떤 것에든
만족하지만 절대 충분히 가지지는 못한다.[75]

인류학자 샤를 르투르노(인류학회 사무총장)는 1897년에 쓴 글에서 제
조업과 상업의 필요성을 인정하면서도 상업은 전쟁의 주요한 원인이 될
수 있다고 지적했고, 상업이 전 세계에 침투하면 시를 위한 시간은 전혀
남지 않을 것이라고 유감스럽게 경고했다.[76] 시가 아니라 질서와 규율·정
밀성이 획일성·정확성과 나란히 돈이 지배하는 새로운 세계의 특징이었
다. 게오르크 지멜은 이렇게 말했다. "베를린의 모든 벽시계와 손목시계

가 갑자기 서로 다른 이유로 고장나면, 한 시간만 그렇게 돼도 도시의 모든 경제생활과 소통이 오랫동안 두절될 것이다."[77]

그에 앞서 베르너 쥼바르트는 생산은 원래 욕구를 충족시키고 행복을 가져다주기 위한 것인데, 새 세기의 여명이 밝으면서 이 모든 게 바뀌었다고 말했다. 외톨이 기업가는 집단적으로 운영되는 대기업에 길을 내주었고, 자본가들은 팽창 욕구의 노예가 되었다. "속도, 더 빠른 속도가 … 시대의 구호다. 우리 시대는 하나의 광적인 경주를 향해 돌진한다."[78] 좌파와 우파 양쪽의 지식인들은 이렇게 '대중'사회가 형성되면서 기준, 즉 그들 자신이 정의한 기준이 결국 붕괴한다고 불만을 토로했다.

민중의 좋지 못한 취향에 대한 인텔리겐차의 개탄은 오늘날까지 계속된다. 하지만 자본주의를 경멸의 시선으로 바라보는 비판론자들도 산업체제를 없애려는 생각은 없었다. 미국 국민 내부의 중요한 추세는 경제성장이 상당한 변화를 초래하는 상황을 앞에 두고 취약함과 불편함, 분노를 느꼈다.[79] 이런 정서는 이른바 '도금시대Gilded Age'에 흔했다. 마크 트웨인과 찰스 더들리 워너가 쓴 풍자소설(『도금시대: 오늘의 이야기The Gilded Age: A Tale of Today』, 1873)에서 유래한 이 명명은 진정한 황금시대와 대비되는 피상적인 '도금'으로 번쩍이는 시대를 의미했다. 부당하다고 보기 어려운 이런 부정적 이미지는 무엇보다도 당대의 일부 정치인들의 행태에 바탕을 둔 것이었다. 보통 냉소적이고 타락한 기회주의자들로 묘사되는 그런 정치인들은 부자가 되기 위해 공직을 추구했다. 물론 이런 시각은 오늘날에도 전혀 드물지 않으며 미국에만 국한되는 것도 아니다. 실제로 정치인들이 공공선을 열렬히 옹호하고 이기심을 부정한다는 이유로 대단히 존경하는 시각이 지배적인 나라는 찾기가 무척 어렵다. 도금시대는 정치인들의 지위나 자질의 면에서 다른 어떤 시대와도 별반 다르지 않을 것이다.

미국의 자본주의 발전은 부패와 나란히 이루어졌다. 특히 발전이 국가 및 철도 개발과 연결되었기 때문이다. 남북전쟁 이후의 남부는 북부만큼이나 부패했는데, 아마 경제를 재건해야 하고 정부 자금 없이는 재건이 불가능했기 때문에 더욱 부패했을 것이다. 하지만 부패와 뇌물 수수, 공공자금의 사적 유용은 모든 곳에서 만연했다.[80] 북부 전역의 주 의회는 철도와 광산, 제조업 기업에 특허장을 부여했다. 미국 자본가들은 원칙적으로는 국가 규제에 반대했지만, 철도의 국가 규제는 환영했다. 언제나 원칙보다 이기심이 앞섰기 때문에 이런 모순적인 모습은 꽤 흔했다. J. 피어폰트 모건을 비롯한 재벌들은 철도가 대단히 중요하기 때문에 "우리는 공공 간선철도 운영 시스템을 지지할 수 없다"고 설명했다. "이 시스템은 소수 개인들, 즉 제조업과 상업에 자의적으로 세금을 매기고, 생산자와 제조업자, 상인이 자기 노동의 대가를 얼마나 받아야 하는지를 사실상 지시하는 몇몇 개인들에 의해 절대적으로 운영되기 때문이다."[81] 1862년에서 1872년 사이에 연방정부는 철도회사들에 광대한 부지와 수백만 달러를 직접 보조금으로 제공했다.[82] 1896년에 이르면 철도망에 투입, 지출되는 돈의 액수가 국민총생산의 15퍼센트에 이르러 공공지출을 앞질렀다. 국가 전체 노동력의 3퍼센트에 해당하는 80만 명 정도가 철도부문에서 일했다.[83] 철도 재벌들이 그렇게 막강한 힘을 발휘한 것도, 많은 정치인들이 그들의 앞잡이 노릇을 한 것도 놀랄 일은 아니다. 탐욕이 만연할 때는 정직한 사람이 손해를 보게 마련이다. 1913년에 이르자 베르너 좀바르트 같은 관찰자들은 이렇게 말할 수 있었다. "자본주의 정신이 어떤 결과를 낳았든 간에 그 정신은 오늘날 미국에서 최고로 발전했다. 미국에서는 자본주의 정신의 힘이 아직 꺾이지 않았고, 여전히 거세게 소용돌이치고 있다."[84] 하지만 데이터를 보면, 1880년에서 1910년 사이에 미국의 중간계급이 점차 대기업을 못마땅해하는 견해를 갖게 되었음이 드러난다. 이런 반감은 1890년대에 정점에 달했다.[85] 농민들은 한층 더 기업에 반감을 품었고, 특히 철도를 증오했다. 무엇보다도 터무니없는 요금을 매겼기 때문이다.[86]

새로운 자본주의 정신을 떠받친 사상 가운데 하나는 사회다윈주의와 실증과학을 냉정하게 각색한 것이었다. 성공회 사제이자 예일대학 정치경제학 학과장으로 민주주의는 '우리 시대에 총애를 받는 미신'이라고 믿은 윌리엄 그레이엄 섬너는 경제학과 자연선택을 하나로 합친 허버트 스펜서의 추종자로 미국에서 가장 두드러졌다.[87] 1902년에 쓴 「부의 집중: 경제적 근거The Concentration of Wealth: Its Economic Justification」에서 섬너는 백만장자는 "자연선택의 결과물"이라고 설명했다.[88] 그는 또한 부의 집중을 정당화하는 근거를 제시한 최초의 인물로 손꼽혔다. "사회계급을 따라 아래쪽까지 쭉 100만 명이 소량의 자산이나마 늘릴 수 있게 도와주지 않고는 어느 누구도 100만 달러를 벌지 못한다. … 최고 부유층에만 너무 관심을 집중시키고 번영하는 대중을 간과하는 것은 잘못이다."[89] 최근에 '낙수효과 경제학trickle-down economics'이라는 기묘한 표현 아래 되살아난 경제학의 원조라 할 수 있다. 섬너는 정부가 '남성의 자산과 여성의 명예'만을 다뤄야 한다고 생각했다.[90] 으레 그러하듯, 지식인들은 —자본주의에 찬성하는 쪽이건 반대하는 쪽이건— 앞잡이 노릇을 하면서 실제 정치인들이 순수한 형태로 실행할 수 없는 '선진적' 사고를 시험했다. 미국에서 신자유주의 원리와 창조론—다윈의 진화론을 거부하고 성경의 설명을 믿는다—을 동시에 신봉하는 일종의 근본주의 기독교가 비교적 최근에 부상한 것을 감안하면, 미국의 많은 친자본주의 사상이 전통적으로 사회다원주의(즉 다윈이 아니라 허버트 스펜서의 다원주의)에 영향을 받은 반면, 포퓰리즘 지도자 윌리엄 제닝스 브라이언으로 대표되는 것 같은 세기말 미국 진보 사상의 일부 흐름이 진화론에 반대한 것은 아이러니하다.

미국은 자본주의를 발명하지는 않았지만 자본가를 발명했다. 유럽에 자본가가 없었던 것은 아니지만, 자본가들이 미화되는 경우는 거의 없었고 대개 귀족들 때문에 빛을 잃었다. 귀족들은 아무 노력 없이 타고나면서 부자였기 때문이다. 1870년 유럽에서 가장 부유한 이들은 로스차일드 은행 가문(유대계 독일 출신)과 한 세대 만에 부자가 된 철강 재벌 외젠 슈네데르(아버지 앙투안은 파산한 공증인이었다)였다.[91] 이 '신흥' 자본가들과 그들처럼 금융과 산업을 지배한 이들(경멸적으로 졸부nouveaux riches라고 불렸다)은 실제로 프랑스 사회의 위계질서를 크게 바꾸지는 못했다.[92] 단지 오랜 엘리트들의 세계에 비집고 들어갔을 뿐이다. 반면 미국의 새로운 엘리트들은 전혀 달랐다. 대기업가들의 면면을 보면 제이 굴드, 코넬리어스 밴더빌트, E. H. 해리먼(철도), 존 D. 록펠러(철도, 가스, 스탠더드오일, 내셔널시티은행National City Bank), J. P. 모건(퍼스트내셔널은행First National Bank, 체이스맨해튼은행, 유나이티드스틸United Steel, 제너럴일렉트릭), 제임스 뷰캐넌 듀크(아메리칸토바코American Tobbacco Company), 헨리 O. 해브마이어(설탕), 조지 이스트먼(이스트먼코닥 창립자), 앤드루 카네기(US스틸US Steel) 등이었다.[93] 이 사람들이 이름을 날리고 경멸을 받은 '날강도 귀족'들이었다. 19세기에 자본가들을 가리키기 위해 경멸적으로 사용된 이 용어는 1934년 매튜 조지프슨Matthew Josephson이 고전적인 저서 『날강도 귀족: 미국의 대자본가들, 1861~1901The Robber Barons: The Great American Capitalists, 1861-1901』에서 대중화한 뒤 할리우드 영화에서 무수

히 등장했다.[94]

'날강도 귀족들'은 남북전쟁 이후 독특한 반反대기업 포퓰리즘이 미국에 유행하면서 점차 욕을 먹었다. 포퓰리즘은 유럽이라면 사회주의가 차지했을 법한 공간을 메우기라도 할 듯한 기세였다. 다른 곳에서처럼 미국에서도 부자들을 증오하는 사회의 흐름이 있었다. 급진 주간지『네이션 The Nation』(1865)을 창간한 에드윈 L. 고드킨은 1866년에 미국이 "반짝이와 레이스와 주름장식 옷을 걸쳐 입은 야만인들의 번지르르한 물결"로 뒤덮였다면서 부유층은 문화와 상상력이 없다고 질책했다.[95] 1876년 급진 주간지인『내셔널레이버트리뷴National Labor Tribune』(피츠버그)은 이런 질문을 던졌다. "19세기에 부자 귀족들이 우리 목에 소유권의 쇠목줄을 채우게 내버려두어야 하는가? 14세기에 봉건 귀족들이 농노들에게 채운 것처럼?"[96] 정치적 스펙트럼의 반대편에 자리한 기독교 쪽에서는 오하이오주 콜럼버스의 제일회중교회First Congregational Church 목사이자 사회적 기독교의 거침없는 지도자인 워싱턴 글래든이 무한 경쟁은 기독교의 사랑과 정면으로 대립된다고 주장했다.[97]

남북전쟁이 끝나고 1890년대 중반까지 두 가지 농민 저항운동이 등장했다. 그레인저(Granger. 공제조합)운동은 일리노이, 위스콘신, 아이오와, 미네소타 같은 오랜 밀 재배 지역에서 특히 활발했고, 포퓰리즘운동은 다코타, 네브래스카, 캔자스 같은 새로운 밀 재배 지역에서 활발했다. 농민들의 증오는 은행가와 투기업자를 겨냥했다. "자본가는 아무런 부를 생산하지 않고 단지 육체노동에 종사하는 이들에게 불리하게 부를 조작할 뿐이라는 게 농민들의 주장이었다."[98]

한편 대기업들은 합병과 트러스트, 카르텔 등을 통해 경쟁을 제거하려고 했다.[99] 대기업들은 카르텔을 조직하고, 협약을 맺었으며, 경쟁하려고 노력하기는커녕 독점적 지위를 추구했다. 그들은 이것이 문명화의 진전의 일부라고 생각했다. 그리고 독점(특히 자신들의 독점)을 이루면 더 좋은 물건을 싼값에 공급하게 된다고 믿었다. 대기업들은 무한 경쟁을 악이자 '기만적 환상'(아메리칸토바코의 한 중역의 견해)으로 여겼으며, 유니언퍼시픽철도Union Pacific Railroad 회장 찰스 프랜시스 애덤스 2세는 합병의 원리는 '성장의 자연법칙'이라고 단언했다.[100]

노동자들 역시 조직화되었다. 1870년대와 1880년대에 전국 노동조합 조직이 두 개 등장했다. 전국노동조합National Labor Union과 노동기사단 Knights of Labor이 그것이다. 하지만 노동조합은 힘이 약했는데, 노동조합의 탄생 자체가 대규모 이민 물결과 동시에 이루어졌기 때문에 불가피한 일이었다. 우연히 겹친 것은 아니었다. 주된 정치적 싸움은 새로운 도시 대기업 엘리트의 대표자들(공화당)과 농업이 중심인 변경의 대표자들 (민주당)을 축으로 벌어졌다. 단명에 그친 인민당(포퓰리스트당)뿐만 아니라 민주당도 1880년대 농산물 가격 하락에 직격탄을 맞은 대평원 지대의 목화와 밀 농민들을 대변했다. 이 농민들은 대기업에 맞서 정부 지원을 원했고, 정부가 경쟁을 복원하기 위해 경제를 규제하기를 바랐다. 하지만 공화당에 패배를 당했다. 그러나 대규모 '법인'자본주의를 옹호하는 이들조차도 경쟁 시장과 가격 경쟁을 거부했다. 19세기 말 세계에서 가장 유력한 은행가였던 피어폰트 모건은 시장의 '파괴적' 힘(즉 자기 금융 제국을 파괴하는 힘)을 통제하기를 원했다.[101]

그에 앞서 석유왕 존 D. 록펠러는 소수의 거대 기업들(특히 자기 기업)이 지배하면서 '낭비적인' 경쟁을 피하기 위해 협력하는 경제를 예상했다.

미국인의 진보와 행복을 가로막는 가장 큰 장애물을 하나 꼽자면, 아마 너무도 많은 사람들이 새로운 분야를 개척하고 필요한 산업과 발전 부문에 돈을 투자하는 대신 경쟁적인 산업을 늘리는 데 시간과 돈을 투자하려 한다는 사실일 것이다.[102]

그리고 오늘날에는 상상하기 힘들 정도로 솔직하게 록펠러는 국가가 자기 기업인 스탠더드오일을 도와준다고 치켜세웠다. "우리의 가장 큰 조력자 가운데 하나는 워싱턴의 국무부다. 우리나라의 대사와 공사, 영사들은 세계 구석구석까지 새로운 시장으로 진출하는 일을 돕고 있다."[103]

'진짜' 자본가들은 종종 자유방임에 대해 모호한 태도를 보였다. 그들은 자유시장이 사회주의와 마찬가지로 이론상으로는 아주 훌륭하지만 실제로는 거의 작동하지 않는다고 생각했다. 그러면서 국가가 경쟁, 즉 시장 세력들로부터 자신들을 보호해주기를 원했다. 자본주의 기업들로 이루어진 현실 세계에서는 보호주의자들이 우세했다. 다만 격조 높은 관념의 영역에서는 진정한 자유주의자들이 지배했다. 자본가들은 자기들 위에 군림하면서 훈육하고 양육하며 소수를 죽여서 나머지를 구하는 국가를 필요로 했다. 만인에 대한 만인의 투쟁을 감독하는 진정으로 홉스적인 국가였다. 국가 없는 자본주의는 가망이 전혀 없었다.

미국 정신Americanism의 주요한 신화는 어린 고아가 시골에서 도시로 와서 힘들게 일하다가 놀라운 행운을 숱하게 만난 끝에 성공을 거둔다는, 마음이 따뜻해지는 이야기를 담은 허레이쇼 앨저의 대중적 '다임' 소설[dime novel. 10센트 동전 하나로 살 수 있는 싸구려 소설.-옮긴이]에 구현되었다. 이런 '거지에서 부자로 변신하는' 이야기가 대표적인 미국 이야기American Story가 되었다(거의 100편에 육박하는 소설이 대동소이한 내용이었다). 기계화 때문에 일자리를 잃은 스코틀랜드 방직공의 아들로 태어난 앤드루 카네기의 사례처럼 얼마 동안은 이런 이야기가 사실이기도 했다. 이런 자수성가의 가능성은 축복받은 소수에게 여전히 열려 있었지만, 거대한 부와 권력을 쌓는 좀더 흔한 경로는 대기업에 들어가서 꼭대기까지 올라가는 것이었다(가장 간단하면서도 힘이 덜 드는 경로는 물론 부모에게 재산을 물려받는 것이었다). 대기업의 사회적 무책임과 오만을 비난하면서 록펠러의 스탠더드오일이 미국 석유 생산의 80퍼센트를 차지한다는 이유로 기업을 해체할 것을 주장한 시어도어 루스벨트 같은 정치인들이 대기업의 권력을 억제하려고 거듭 시도를 했지만, 대기업은 계속해서 미국 사회를 지배했다.

19세기 내내 연방정부는 사업체, 특히 대기업을 돕는 사업에 종사했다. 너무 늦은 세기말에 이르러서야 1890년에 셔먼 독점금지법Sherman Antitrust Act이 통과되면서 규제의 효과가 나타나기 시작했다. 그러나 이법은 1898년에서 1902년 사이에 미국 제조업 생산 능력의 무려 절반 정도가 합병된 대합병 물결Great Merger Wave을 막는 데 거의 보탬이 되지못했다. 아마 주로 카르텔 형성과 가격 담합을 막는 셔먼법이 실제로는 합병을 부추겼기 때문일 것이다.[104]

반反경쟁 관행이 철도부문에서 시작된 것은 놀랄 일이 아니다. 초기 비용이 높은 철도는 극소수의 대기업이 같은 사업을 놓고 경쟁하는 부문이었기 때문이다. 일단 (철도망이 확립된 까닭에) 운행량이 감소하기 시작하자 철도회사들은 경쟁하지 않기로 합의를 이루고자 했다.[105] 명백한 이유때문에 개별 주가 여러 주를 가로질러 운영되는 철도를 규제하기란 거의 불가능했다.[106] 셔먼 독점금지법이 원래 방지하고자 한 연합이 이런 것이다. 이 법의 언어는 소생산자의 세계관을 반영했다. 자본주의에 반대하는 것이 아니라 대규모 자본주의에 반대하는 내용이었다. 자기 이름이 붙게 되는 법안을 제출한 상원의원 존 셔먼은 거대 기업의 영향력을 실감하고 있는 민중의 호소에 귀를 기울이지 않는다면 민중은 '사회주의자와 공산주의자, 허무주의자'를 따를 것이라고 선언했다.[107]

하지만 정치적 분위기가 바뀌자 셔먼법은 시어도어 루스벨트 대통령이 틀어쥔 주요한 무기가 되었다. 1904년 루스벨트는 US스틸에 이어 2위를 차지하는 거대 철도 복합기업인 노던시큐리티Northern Securities를 상대로 한 반독점 소송에서 승리했다.[108] 같은 해에 전체 투표의 56.4퍼센트를 획득하는 압승으로 4년 임기 대통령으로 당선된[그전에는 윌리엄 매킨리 대통령이 취임 6개월 만에 암살되어 부통령이던 루스벨트가 대통령을 승계했다.-옮긴이] 루스벨트는 의회에서 점차 반대가 커지는 가운데서도 석유, 육류, 담배 산업에서 35건이 넘는 반독점 소송을 제기하고 부유세 등의 진보적인 정책을 계속 추진했다.[109]

1909년 스탠더드오일이 해체되고 33개 자회사 전부 매각을 강요받았다. 1911년 대법원이 유효성을 확인한 평결의 결과였다. 스탠더드오일이 부당한 고통을 받은 것은 아니고, 어쨌든 회사는 그전부터 로열더치셸Royal Dutch Shell(1907년 합병으로 형성)과 영국-페르시아 석유회사 Anglo-Persian Oil Company(1954년에 브리티시석유[BP]로 바뀜)로부터 국제적 경쟁에 직면하고 있었다. 스탠더드오일의 압도적 최대 주주인 록펠러는 모든 신생 회사에서 주식을 양도받은 뒤에 부를 더욱 늘렸다. 기나긴 소송이 끝나자 주가가 계속 올라가서 1911년 이후 10년 만에 다섯 배가 되었다.[110]

1890년대에 반독점 운동가들의 주요 표적은 미국 자본주의의 중핵인 철도 산업이었다. 철도 소유주들은 경쟁을 억제하면 이 산업의 문제를 완화할 수 있다고 주장했다. 하지만 1887년 주간통상법Interstate Commerce

Act of 1887은 반독점 정서를 존중해서 특히 기업들이 경쟁 방지를 위해 담합하는 연합협정pooling을 금지했다. 1894년 철도대파업(열차 차량을 제작하는 기업의 이름을 딴 풀먼 파업)은 공식 노동조합인 미국노동총연맹 American Federation of Labor(AFL)의 반대 속에 이루어졌는데, 상당한 폭력사태와 노동조합 탄압을 낳았다. 병력이 투입되었고, 파업 노동자 34명이 살해당했다. 조지 풀먼은 완강히 버텼고 파업은 실패로 끝났다.[111] 그렇지만 노동자들에게 긍정적인 결과도 있었다. 그로버 클리블랜드 대통령(친기업적 민주당원)이 임명한 한 위원회가 타협안을 내놓은 것이다. 철도 재벌들의 반경쟁 요구를 충족시키면서도 철도가 모든 미국 시민에게 영향을 미친다는 사실을 지적함으로써 ─판사들이 사실상 모든 파업을 불법으로 간주하던 시대에─ 노동 분쟁에 강제 중재 원칙을 확립하는 내용이었다.[112]

이 시기는 "세계 어떤 산업국가에서도 유례를 찾기 힘든 가장 유혈적이고 폭력적인 노동의 역사"로 특징지어졌다.[113] 미국 노동자들이 행복하지 않다는 사실은 기록된 파업 건수뿐만 아니라 ─경제적으로 더욱 비용이 많이 드는─ 높은 이직률, 무단결근, 알코올 중독 등의 증거로도 가늠할 수 있다.[114] 1880년에서 1900년 사이에 미국의 11만 7000개 회사에서 거의 2만 3000건의 파업이 벌어졌다. 하지만 노동쟁의의 폭력성과 빈도는 대단히 경쟁적인 정당-정치 영역에 아무런 효과를 미치지 못했다. 정치인들은 노동자들에게 공감을 표하는 것말고 별다른 행동을 하지 않았다.[115]

1890년대에 공황이 일어나면서 불안감이 높아졌다. 일부 '진보주의자들' 또한 알코올 금지, 이민 제한, 일부 인종 배척 등을 요구했다. 하지만 이 개혁가들 대부분은 자본주의의 기본 전제를 받아들였고, 제안된 변화

들 중에는 중요한 이데올로기적 조정이 들어 있지 않았다.[116]

1896년 대통령 선거에서 민주당 후보로 나선 윌리엄 제닝스 브라이언은 한동안 미국 자본주의에 대한 정치적 반대를 대표하게 되었다. 그렇다 하더라도 신문 재벌(이자 오슨 웰스의 영화〈시민 케인Citizen Kane〉에 주요한 영감을 준) 윌리엄 랜돌프 허스트는 1900년에 브라이언을 지지했다.[117] 브라이언은 "조직화된 부자 세력의 잠식에 맞설" 필요가 있다고 이야기했고, 민주당 후보 지명 수락 연설에서 정부기관이 "너무도 자주 사적 이득의 목표에 악용되고 있다"고 선언했다.[118]

인민당의 지지를 받은 브라이언은 1896년 대통령 선거에서 과반수 획득에 근접했다(1900년에도). 하지만 그는 이례적인 반자본주의자이자 공공연한 대기업의 적이었다. 독실한 장로교인이자 주류 금지론자, 창조론자(1925년 유명한 스콥스 '원숭이' 재판에서, 테네시주의 학교에서 진화론을 가르치는 데 반대하면서 주요한 역할을 했다)이기도 했고, 또한 산업화를 철저하게 의심하고 사라져가는 농촌의 가치를 그리워했기 때문이다. 그는 땅에 여전히 붙어사는 사람들에게 덕이 있다고 믿었다. 브라이언은 평화주의자였지만, 우드로 윌슨 밑에서 무기력한 국무장관(1913~15)으로 일할 때 미국의 멕시코 군사개입을 승인했다. 멕시코 주재 영국 대사는 브라이언이 "흐물흐물한 감상주의의 역겨운 덩어리 같은데, 가끔 날카로운 부리가 튀어나와 덥석 물어댄다"고 보았다. 브라이언이 대사에게 좋은 인상을 주지 못한 게 분명하다.[119]

자본주의 규제를 위한 싸움에서 브라이언과 인민당원 추종자들은 점점 고조되는 추세를 지지하고 있었다. 미국의 혁신주의 시대Progressive Era(대략 1890~1920)에 시장 간섭은 연방 차원보다 주 차원에서 훨씬 대규모로 이루어졌고, 위스콘신이나 뉴욕 같은 산업화된 주들은 혁신적이었던 반면 앨라배마 같은 다른 주는 임금을 낮게 유지하기 위해 노동조합을 짓밟고 노동 보호 입법에 반대했다.[120] 앨라배마에는 산업이 많지 않았고 노동조합도 중요하지 않았다. 노동조합은 산업이 한결 발전한 곳에서 훨씬 더 중요했다. 계몽된 엘리트들은 이 점을 잘 알았다. 1904년 시어도어 루스벨트는 노동조합과의 화해의 언어를 구사했다.

> 나는 현대의 산업 상황에서 … 개별 임금노동자의 권리를 제대로 확보하기 위해 노동자 조직이 있어야 한다고 믿습니다. 이런 조직을 아낌없이 격려해야 합니다. … 임금노동자는 조직을 만들고, 온갖 평화롭고 정당한 수단으로 조직에 가입하도록 동료들을 설득할 온전한 권리가 있습니다. 노동자는 … 노동자 조직에 가입하기를 거부하는 이들과 함께 일하기를 거부할 법적 권리가 있습니다.[121]

대기업과 트러스트는 조지 건턴같이 몇몇 영향력 있는 옹호자들이 있긴 했지만 미국에서 여전히 인기가 없었다. 한때 시어도어 루스벨트와 가까웠던 건턴은 노동운동의 친구를 자임했지만 노동자들의 진짜 적은 소기업이라고 생각했다. 「트러스트의 경제적·사회적 측면The Economic and Social Aspect of Trusts」(1888)이라는 논문에서 건턴은 스탠더드오일처럼 누구나 혐오하는 대기업조차 우월한 효율성이 가격인하로 이어질 것이라는 이유에서 옹호하려고 했다.[122]

1890년 전에는 보기 드문 존재로 주로 철도와 연관되었던 제조업 대기업들이 1910년에 이르면 지배적인 기업 형태가 되어 전체 제조업 자본 가치의 절반 이상을 차지했다.[123] 이 기업들은 높은 임금을 지불할 수 있었기 때문에 최초의 대규모 대중 소비자 시장이 만들어졌다. 높은 임금을 지불한 것은 노동력 수요가 이민자 유입보다 빠른 속도로 증가했기 때문이다. 대규모 국내 시장과 끊임없는 혁신, 증대되는 생산성이 결합하자 누구도 대적할 수 없었다.

자본가 개인으로서는 노동자를 착취하고, 터무니없이 낮은 임금을 지불하며, 경기 순환이 조금이라도 변덕을 부리면 노동자를 해고하는 게 당연히 이익이 되겠지만, 집단적으로 보면 자본가들은 생산된 상품을 살 능력과 의지가 있는 번성하는 노동자를 필요로 한다. 얼굴이 웃음으로 가득하지 않더라도 생활 조건이 악화되지 않고 아마 좋아질 것이라고 어느 정도 전망하면서 적어도 다시 또 일을 할 능력과 의지를 품은 채 다음날 공장 문 앞에 나타날 의지와 능력이 있는 만족해하는 노동자들이 필요한 것이다.

헨리 포드는 이 점을 완벽하게 이해했다. 단순무식한 노동조합 비판자이자 반유대주의자, 아돌프 히틀러(1938년에 포드에게 훈장을 수여했다) 숭배자였지만, 포드는 반동주의자는 아니었다(북아메리카에는 진정한 반동주의자가 거의 없었다). 그는 20세기 자본주의의 진정한 선구자였다. 높은 임금은 노동자를 매수해서 전투성에서 멀어지게 만드는 방편이었다. 1914년 1월 포드는 노동자들에게 일당 5달러를 지불하겠다고 발표했다(비슷한 기업들이 지불하는 임금보다 훨씬 많았다). 인플레이션을 감안해서 조정하면 2010년에 일당 109.09달러에 해당하는 금액이었다. (2010년 현재 자동차 노동자는 시간당 28.57달러, 또는 하루 8시간 노동에 228.56달러를 벌었다. 1914년의 두 배가 약간 넘는 액수였다.)[124] 포드의 결단은 재계에 막대한 혼란을 야기하고 노동조합원들을 당혹스럽게 만들었지만, 근대가 산업 노동계급에게 이익을 줄 수 있고 줄 것임을 알리는 신호탄이었다. 하지만 하루 5달러에는 규율을 준수하고, 직무 성과가 좋으며, 유럽에서부터 가지고 온 낡은 '가치'를 포기하고 '미국 정신'으로 무장하는 노동자에게 지급되는 보너스(기본 일당의 절반)가 포함되어 있었다.[125] 근대성과 노동자에 대한 온정적 태도를 뒤섞은 헨리 포드는 "여러 나라에서 온 이 사람들에게 미국적 방식과 영어, 올바른 삶의 방식을 가르쳐야 한다"고 설명했다. 기혼 남성은 하숙을 해서는 안 된다. 노동자는 빈민가가 아니라 말끔하고 "관리가 잘된 집에서, 조명과 통풍이 잘되는 방"에서 살아야 한다. 포드자동차의 한 팸플릿은 낭랑하게 읊조렸다. "직원들은 가정에서 비누와 물을 충분히 사용해야 하고, 자녀를 자주 목욕시켜야 합니다. 청결만큼 바른 생활과 건강에 기여하는 것은 없습니다. 가장 발전한 나라의 국민들이 가장 깨끗하다는 사실을 유념합시다."[126] 독실한 신앙이 장려됐지만 이윤과 충돌할 때는 예외였다. 그리하여 900명 가까운 그리스와 러시아 노동자가 율리우스력에 따라 다른 기독교인들보다 13일 늦게 '그들의' 성탄절을 축하했다는 이유로 해고되었다(전체 노동력의 6퍼센트였다). 포드는 "이 사람들도 미국에서 살려면 미국 휴일을 준수해야 한다"고 선언했다(물론 그 자신도 예수가 미국인이 아니라는 데 동의했겠지만 말이다).[127] 다른 기업들에서 임금이 서서히 오르고 전시의 인플레이션이 타격을 가하자 임금 총액 대비 보너스 규모가 줄어들었고, 노동자들이 포드의 훈계를 따라야 할 동기가 줄어들었다.[128] 미국의 임금은 여전히 유럽보다 높았지만, 미국의 복지는 유럽의 선진국들에 비해 훨씬 낮은 수준이었다.

앞에서 언급한 것처럼, 미국 자본주의는 영국 자본주의와 마찬가지로(그리고 일본과 러시아 자본주의와 달리) 대규모가 아니라 소박하게 출발했다. 무수히 많은 소기업들이 인간 활동의 모든 부문을 지배했다.[129] 시장 세력이나 토박이 양키의 창의력이 낳은 결과라기보다는 국가가 토지에 정착하는 방식을 관리한 결과였다. 연방정부는 1862년 자영농지법

Homestead Act of 1862을 통해 소지주계급을 창출하는 데 결정적으로 기여했다. 당시 에이브러햄 링컨 행정부는 미개간지를 경작을 원하는 사람들에게 나눠주었다(남부 편에서 싸우지 않는다는 것을 조건으로). 1880년에서 1910년 사이에 농가 인구는 2200만에서 3200만 명으로 늘어났다.[130] 그와 동시에 도시에 사는 인구수도 늘어났다. 보통 도시화와 농촌 인구 감소가 모든 경제에서 나타나는 추세이지만, 미국은 농촌과 도시 양쪽 모두에 정착하는 이민자들을 끌어들였다. 이런 이민 유입이 상당한 산업 팽창의 토대가 되었다. 또한 미국 농민들은 이제 세계적인 경제 네트워크에 관여하고 있었다. 농민들은 사업가처럼 행동하는 법을 배우지 않으면 몰락할 수밖에 없었다. 미국 농민들(소농들 가운데 좀더 번창하는 일부 농민 포함)은 맥코믹McCormick의 수확기reaper나 개량수확기[harvester. 베어낸 곡물을 쉽게 묶을 수 있도록 개량한 수확기.-옮긴이], 증기 트랙터 같은 새로운 기계화 장비를 요구하고 열성적으로 도입했다.[131] 1883년 한 해에만 맥코믹은 4만 8000대의 기계를 판매했다.[132] 미국 농민들은 이런 산업 제품을 사용함으로써 생산성을 극적으로 증대시켜 1870년에서 1900년 사이에 밀 생산을 4배 늘리고, 수출 가격을 낮췄으며, 점차 경쟁력을 잃은 미국 농민들의 생계를 파괴했지만, 유럽, 특히 동유럽에서는 한층 더 극심한 파괴를 야기했다. 주된 수혜자는 물론 대규모 농장들이었다.

1893년 「미국사에서 변경의 중요성The Significance of the Frontier in American History」에 관한 유명한 강연을 한 프레더릭 잭슨 터너 같은 역사학자들이 찬미하고 무수히 쏟아져 나온 책과 영화에서 미화된 변경의 신화는 용감한 정착민들이 서부로 가서 갖은 역경(가뭄, 추위, 무법자, 인디언)을 딛고 새 예루살렘을 건설한다고 묘사했다. 현대 역사학자들은 자영농지법 수혜자들이 열악한 토지를 받은 반면 좋은 토지는 이미 투기업자들이 되팔이를 위해 입수하거나 새로운 농기구와 기계를 살 여력이 있는 부유한 농민들이 손에 넣었다고 지적하면서 이 신화를 반박한다. 1886년 의회의 한 위원회는 전부 외국인이 소유한 29개 회사가 2000만 에이커[약 8만 1000제곱킬로미터. 참고로 경기도 면적이 약 1만 제곱킬로미터다.-옮긴이]가 넘는 농지를 차지하고, 한 영국 회사가 텍사스에만 300만 에이커[약 1만 2000제곱킬로미터.-옮긴이]를 보유하고 있음을 발견했다.[133]

북아메리카 대부분의 농촌 지역과 달리, 캘리포니아는 소규모 농장이 아니라 플랜테이션 농장과 대토지로 이루어진 장소였다. 노동자들은 독립적인 소농이 아니라 착취받는 계약하인인 중국인과 멕시코 이민자였다.[134] 공업과 운송 및 광업에서도 비슷한 집중 과정이 진행 중이었다. 1918년에 이르면 미국에는 31만 8000개의 법인기업이 존재했다. 상위 5퍼센트 대기업이 전체 순수입의 80퍼센트 가까이를 벌어들였다.[135] 그리하여 대기업과 도시, 근대, 이민자, 그리고 무엇보다도 연방정부에 분노하는 미국적 형태의 우익 포퓰리즘이 (특히 불만에 가득 찬 소농 사이에서) 끈질긴 호소력을 갖게 되었다.

자본주의는 끊임없이 스스로 혁신할지 모르지만, 20세기 말에도 여전히 기업계의 풍경을 지배한 많은 회사들은 19세기에 설립된 것들이었다. 이스트먼코닥, 결국 유나이티드프루트United Fruit(치키타 바나나로 유명)로 변신한 보스턴푸드Boston Food, 존슨앤존슨(제약 및 유아용품), 코카콜라, 웨스팅하우스 일렉트릭Westinghouse Electric, 시어스로벅(백화점 체인), 에이본Avon(미용제품), 허시푸드(1900년 판매를 시작한 유명한 초콜릿바) 등등. 뒤이어 1차대전 이전 시기에 자동차 제조업체(포드자동차와 제너럴모터스)를 필두로 맥그로힐McGraw-Hill(출판), 질레트(1903년에 판매를 시작한 최초의 면도기), 블랙앤데커(1910. 1917년에 휴대용 드릴 발명), 슈퍼마켓 체인 세이프웨이Safeway(최초의 점포는 1915년 아이다호에서 창립) 등등이 등장했다. 20세기 말 미국 500대 기업 가운데 144개가 1880~1910년 시기에 창설되었다(1880년대 53개, 1890년대 39개, 1900년대 52개).[136]

미국 대기업들은 유럽에서 공포를 불러일으켰는데, 그럴 만도 했다. 이쨌든 미국의 농업이 기계화와 혁신, 효율 향상을 이룰수록 유럽 농업은 더욱 위험에 빠졌다(4장에서 헝가리와 루마니아를 다루면서 언급한 것처럼). 제조업 국가들 또한 미국인들을 두려워하기 시작했다. 미국은 끝을 모르는 가능성을 자랑으로 여겼다. 19세기 중반 이전에도 이미 미국 기업들은 국제무대에서 꾸준히 앞으로 나아갔다. 1836년 광저우에서 활동하는 55개 외국 기업 가운데 9개가 미국 회사였다. 1851년에 이르면 수정궁박람회[Crystal Palace World Fair. 1851년 런던 세계산업박람회의 대표적인 건축물이 철골과 유리 구조로 된 수정궁이었다.-옮긴이]에 참여한 미국 기업들은 화학제품, 수확기(맥코믹), 총기(새뮤얼콜트Samuel Colt), 녹말(콜게이트) 등을 전시했다. 미국 최초의 국제적 대기업은 싱어(재봉틀)였고, 스탠더드오일, 제너럴일렉트릭, 내셔널캐시레지스터National Cash Register, 인터내셔널하베스터International Harvester 등이 그 뒤를 이었다. 1867년 싱어는 운송비를 절감하기 위해 글래스고에 공장을 세웠는데, 1881년에는 그 수가 세 곳으로 늘었다.[137]

독일인들은 미국산 제품의 침공을 두려워했는데, 미국 자체가 관세 장벽 뒤에서 자국 제조업을 보호했기 때문에 더더욱 우려했다.[138] 프랑스인들 또한 겁에 질렸다. 1898년 자유주의 경제학자 폴 르루아-볼리외는 미국이 전 지구적 체제로 진입하면서 유럽 열강의 운신의 폭을 규정하는 정치적 틀이 돌이킬 수 없이 바뀌고 있다고 주장했다. 미국의 인구는 끝임없이 증가해서 1950년에 이르면 1억 2000~3000만 명에 달할 것이라는 게 그의 추산이었다. 실제로 1950년 미국 인구가 1억 5132만 5000명이 된 것을 보면 약간 과소평가한 정도였다. 르루아-볼리외가 계속 설명한 것처럼, 만약 영국과 그 식민지를 더하면 전 세계에 '앵글로색슨' 인구가 2억에서 2억 2000만 명이 될 터였다. 이런 위험에 직면한 유럽 대륙의 열강은 무기 경쟁을 끝내고 유럽 연방을 구성하는 방향으로 나가야 했다. 유럽 연방이 추구할 목표 가운데 하나는 유럽 열강만이 아프리카 식민화를 계속하도록 보장하는 것이며, 또 하나는 아시아와 태평양 지역에서 유럽 간 협력을 이루는 것이었다. 그리고 유럽경제공동체European Economic Community(EEC. 유럽연합의 전신)의 선구자처럼 보이는 시도 속에서 이 연방이 추구할 주된 목표는 미국과 영국을 배제하는 서유럽 관세동맹으로 나아가는 것이었다.[139] 통일된 유럽이라는 구상은 19세기 유럽 지식인들(주세페 마치니, 빅토르 위고, 율리우스 프뢰벨 등) 사이에서 보기 드문 게 아니었지만, 보통 평화 개념과 연결되었을 뿐, 대륙이 미국과 영국의 경제적 패권에 맞서 싸운다는 구상과 그렇게 분명하게 결합되지는 않았다.

미국인들 또한 불안했다. 과연 앞으로도 성장을 유지하면서 유럽의 경쟁을 물리칠 수 있을까? 자유무역의 거대한 보루인 영국을 비롯해서 서서히 보호주의로 나아가고 있는 유럽의 경쟁을? 어쨌든 유럽인, 특히 영국인들이 여전히 상당한 우위를 점하고 있음이 드러났다. 자신들이 직접 확립한 시장에서 무역과 관련된 국제적 경험이 더 많았고 국제 금융과 운송을 장악하고 있었기 때문이다.[140] 불안은 후발 주자와 선구자 모두를 압도한다.

제3부
대중 끌어들이기

제10장 민족 건설

제11장 민주주의를 향한 열망이
세계를 휩쓸다

제12장 '외부자' 배제하기

제13장 참정권

제14장 사적 풍요, 공적 복지

제15장 자본과 노동의 관리

제16장 신과 자본주의

제10장
민족 건설

18세기의 대혁명들인 프랑스혁명과 미국혁명, 영국 산업혁명은 선진국을 따라잡으려는 열망으로 추진된 게 아니었다. 프랑스와 미국, 영국은 **이미** 선진국이었다. 이 나라들은 자신이 세계의 중심이라고 생각했으며, 새로운 근대 정치를 고안하고 있었다. 그들은 배워야 할 교훈이 없고 가르칠 것은 많았다: 인간과 시민의 보편적 권리(프랑스), 멀리 떨어진 '모국'과 독립적으로 스스로 조직을 이루고 세금을 걷을 정착민의 권리(미국), 국가로부터 반자율적인 산업사회의 확립(영국).

그때나 지금이나 민주화와 자본주의 성장 사이에는 일종의 대칭관계가 있는 것처럼 보였다. 수많은 나라의 본보기였던 영국에서는 19세기 내내 시민권이 발달해서 점점 더 많은 (남성) 노동계급을 아우르게 되었고, 여성들도 전에는 누리지 못한 권리를 획득했다.

프랑스에서는 민주화 과정이 평탄하지 않았지만 영국보다 더 철저하게 진행되었다. 특히 1870년 이후 10년간 제3공화국이 창건되어 안정화됐으며 남성 보편 참정권이 도입되었다(독일에서도 통일 이후 남성 보편 참정권이 마련되었다). 미국에서는 일찍부터 전체 국민의 국가라는 개념이 미국 자체의 창건 원리였다. 다만 여성들이 투표에서 배제되고(거의 모든 다른 나라가 마찬가지였다), 노예와 남북전쟁 이후 예전 노예들도 배제되었기 때문에 이런 원리는 이론상으로만 존재했다.

　19세기에 다른 곳에서 잇따라 일어난 혁명들은 이 선구자들의 경험에 크게 의지했다. 라틴아메리카 정착민들은 북아메리카 정착민들의 발자국을 따라가면서 에스파냐나 포르투갈과 갈라섰다. 독일과 이탈리아의 민족주의자들은 새로운 국가를 건설하면서 프랑스와 영국을 똑같이 흉내내려고 했다. 일본의 개혁가들은 서구에 저항하기 위해 기존 국가를 개조했다.

　일정한 형태로 민중의 지지를 획득하고 대중을 설득해야 한다는 민주주의의 이념은 이런 발전과 결코 동떨어진 게 아니었다. 서구 자유주의의 호언장담(프랑스의 '자유·평등·우애', 미국의 '우리는 모든 인간은 평등하게 창조되었다는 것을 자명한 진실로 여긴다', 영국의 '법의 지배'와 '의회의 대표성')은 세계 나머지 나라들과 공명했다. 특히 이런 훌륭한 언어를 현실적·잠재적인 서구의 압제자들에게 그대로 돌려줄 수 있었기 때문이다. 그 후 20세기 내내 민주주의나 독재나 정치적으로 어떤 행동을 하든 간에 '인민의 이름으로' 이루어졌다. 첫 번째 포문을 연 것은 신생 국가 미국이었을 테지만—미국 헌법 전문前文은 '우리 인민We the People'이라는 자랑스러운 단어로 시작한다—, 해체를 코앞에 둔 오래된 나라에서도 이런 정서를 찾아볼 수 있다. 폴란드의 스타니스와프 포니아토프스키는 1791년 '하느님의 은총과 **민족의 의지**'로 국왕으로 선포되었다.[1] 그에 앞서 1789년 6월 제3신분(귀족과 성직자가 제1신분과 제2신분이다)의 대표자 미라보 백작은 (전해오는 이야기에 따르면) 루이 16세에게 의기양양한 언어로 경고했다. "우리는 인민의 의지에 따라 여기 섰으며 총검으로 위협해야만 우리를 몰아낼 것이다(Nous sommes ici par la volonté du peuple et nous n'en sortirons que par la force des baïonnettes)." 천문학자이자 나중에 파리 시장이 된 장-실뱅 바이도 "민족이 하나로 모이면 명령을 받지 않는다(la nation assemblée ne peut recevoir d'ordre)"고 자랑스럽게 선언하면서 합류했다.

역사와 언어와 종교 모두 민족을 건설하는 데 중요한 역할을 한다. 신생 민족들은 대개 오래된 민족 행세를 했다. 공유하는 과거의 기억을 갖고 있으면 민중이 더욱 굳게 뭉칠 수 있다고 여겨졌기 때문이다. 몇몇 사상가는 이 점을 완벽하게 이해했다. 에르네스트 르낭은 1882년의 유명한 소르본 강연(「민족이란 무엇인가?Qu'est-ce qu'une nation?」)에서 민족은 "과거에 치른 희생과 미래에 치러야 할 희생을 함께 이해하면서 이루어지는 거대한 유대"라고 설명했다. 하지만 그는 이런 과거는 대개 만들어진 것이라고 불길하게 덧붙였다. '망각'oubli'을 당연시하기 때문이다. "**역사적 오류**[강조는 지은이]는 민족의 창조에서 결정적인 요소다. 따라서 역사 연구가 진전하면 대개 민족에 위협이 된다."[2]

르낭은 "민족의 존재는 매일 치르는 국민투표와도 같다"고 덧붙였다. 민족의 일체성이 끊임없이 구성되고 재구성되어야 한다는 의미였다. 안-마리 티에스가 설명하는 것처럼, "진정한 민족의 탄생은 몇몇 개인이 민족이 존재한다고 선언하고 그것을 입증하기로 마음먹을 때 벌어진다."[3] 민족은 엘리트의 작품이다. 물론 민족주의자들은 민족을 민족에 머무르는 공동체로서 찬미하기만을 바란 게 아니라 민족을 주권국가로 바꾸기를 원했다. 인민을 구현하는 국가는 주권자인 국왕 속에 구현된 과거의 국가와는 무척 다른 것이었다. 1881년 프리드리히 니체가 『차라투스트라는 이렇게 말했다』에서 다음과 같이 목소리를 높였을 때 그는 이 점을 분명히 파악한 것이었다.

국가라고? 대체 국가란 무엇인가? 자! 내 말에 귀를 기울여보라! 이제 그대들에게 여러 민족의 죽음에 관해 말할 테니. 국가란 온갖 냉혹한 괴물 가운데 가장 냉혹한 것이다. 국가는 냉혹하게 거짓말을 하기도 한다. 이 괴물의 입에서는 "나, 즉 국가가 민족이다"라는 거짓말이 기어나온다.'

이탈리아의 민족주의적 공화주의 활동가이자 역사학자인 카를로 카타네오가 1840년대(이탈리아가 국가를 이루기 전)에 쓴 글에서 이탈리아인들에게 호소했을 때, 그가 실제로 염두에 둔 대상은 문화적 엘리트들이지 "서로 싸우는 여러 민족들로 나뉜 대중"이 아니었다. "생김새와 방언, 탐욕스럽고 피에 굶주린 당파들로 분할된 채 미신과 이기심, 무지 속에 무럭무럭 자라나는 대중"은 아니었다.[5]

피에몬테의 정치인으로 이탈리아 통일을 지지한 마시모 다첼리오는 민족 통일 직후에 유명한 격언을 만들어낸 주인공으로 여겨진다. '우리가 이탈리아를 만들었으니, 이제 이탈리아인을 만들어야 한다.' 어쨌든 민족이 정치에 의해 구성되는 것이지 그 반대는 아니라는 인식이었다. 하지만 다첼리오가 실제로 한 말은 약간 다르다. "이탈리아의 첫 번째 목표는 강하고 고귀한 성격을 타고난 이탈리아인을 형성하는 것이다. 하지만 유감스럽게도 우리는 매일같이 반대쪽 극단으로 움직인다. 유감스럽게도 우리는 이탈리아는 만들었지만 이탈리아인은 만들지 못했다."[6] 무엇이 잘못된 것이었을까? 다첼리오의 설명에 따르면, 이탈리아는 영토를 (재)획득하기는 했지만 진정한 민족 통일을 이루지는 못했다. "이탈리아의 가장 위험한 적은 독일인(즉 오스트리아인)이 아니라 이탈리아인이다." 새로운 이탈리아가 탄생했지만, 이탈리아인은 아직 진정한 이탈리아인, 또는 적어도 '제대로 된' 이탈리아인이 아니었다. 이탈리아인은 시민 의식을 익히는 법을 배워야 했다.[7]

1866년 역사학자이자 정치인인 파스콸레 빌라리는 「누구의 책임인가?Di chi è la colpa?」라는 제목의 글에서 비스마르크의 신생 독일이 이룬 놀라운 성과를 이탈리아의 저조한 성과와 대조했다.

[이탈리아의 진짜 적은] 어마어마한 무지와 문맹인 대중, 기계처럼 행동하는 관료, 무식한 교수, 유치한 정치인, 참을성 없는 외교관, 무능한 장성, 기술 없는 노동자, 가부장적 농민, 우리 뼈를 갉아먹는 겉멋 든 언어다.[8]

거의 10년이 지난 1875년에도 빌라리는 여전히 낭비와 부패를 개탄하면서 불만을 토로했다. "우리가 통일되고 자유로우며, 독립적이고 재정을 정비했다 할지라도, 여전히 우리는 세계 속에서 의미가 없는 민족이다. 우리에게 필요한 것은 새로운 정신을 익히고, 우리 앞에 스스로 모습을 드러내는 새로운 이상을 갖는 것이다."[9] 그리고 1894년 사회이론가 빌프레도 파레토도 이탈리아인과 그 지도자들에 대해 비슷하게 부정적인 견해를 되풀이했다(이런 견해는 지금도 똑같이 널리 퍼져 있다). 파레토는 국가가 협소한 이해관계의 하인 노릇을 한다고 비난했다. 지금까지 '최고의 인재들i migliori'이 자기 이익만 추구했기 때문이다. "정치인들의 빼먹는 자유를 제외하고는 모든 자유가 사라지고 있다. 대중의 양심 속에 존재하는 청렴과 정직의 감각을 파괴하기 위해 갖은 노력을 기울인다."[10]

오래된 나라인 중국에서도 '올바른' 사람들이 민족을 건설할 필요성이 대두되었다. '현대 중국의 아버지'이자 1911년 신해혁명의 지도자로 민족주의자뿐만 아니라 적수인 공산주의자의 존경도 받은 쑨원은 근대 산업국가는 민주주의뿐만 아니라 민족 통일과 민생까지 갖춰야 한다는 것을 잘 알았다. 민주(민권), 민족, 민생 세 가지 특징이 쑨원의 유명한 삼민주의를 이루었다. 그에 따르면, 중국의 문제점은 국민들이 민족의식을 상실한 채 흩어진 모래알 같다는 것이었다. '세계시민주의적'(즉 외래의) 이데올로기가 아니라 중국인들 자신의 과거의 오래된 도덕에 비탕을 두고 중국인을 재구성할 필요가 있었다(민국[공화국] 개념이 서양에서 온 게 아닌 것처럼 말이다).[11]

쑨원은 중국에는 개인의 자유보다 통일과 규율이 더 필요하다고 생각했다. 개인의 자유보다 민족해방이 우선 과제였기 때문이다.[12] 죽기 직전인 1924~5년에 '삼민주의'라는 이름으로 한 여러 강연에서 쑨원은 세상에는 세 부류의 사람들이 있다고 설명했다. 첫째, 혁신가와 발견자, 즉 '미리 알고 감지하는 이들'이 있고, 그다음에 선전가, 즉 '나중에 알고 지각하는 이들'이 있으며, 마지막으로 알지도 지각하지도 못하는 이들, 어떤 것도 보지 못하고 시키는 대로만 할 수 있는 사람들이 있다.[13] 계몽된 소수가 할 일은 이 대중을 민주주의로 인도하는 것이다. 그들의 임무는 능력이 모자라는 이들을 도와서 행복하게 만들어주는 것이다. 쑨원이 플라톤의『국가』에 나오는 동굴의 비유를 떠올리게 만드는 설명에서 덧붙인 것처럼, 현명한 이들은 백치의 '노예'가 되어야 한다는 말은 바로 이런 뜻이다. 그는 이것이 민주주의의 문제라고 생각했다. 그리고 이 문제는 서양이 해결하지 못했기 때문에 모방할 게 없고 중국은 자기만의 길을 찾아야 한다. "신해혁명 이후 나라 전체가 미쳐버려서 서양 사람들이 이야기하는 정치적 민주주의의 진짜 의미가 무엇인지 연구도 하지 않은 채 중국에 그것을 적용해야 한다고 주장했다."[14] 한때 쑨원은 중국의 후진성의 기원을 개혁되지 않고 개혁도 불가능한 황궁이 야기한 정체 탓으로 돌렸다. 하지만 1920년대에 이르러 진짜 적은 서양 제국주의라는 결론에 다다랐다. 그가 청조를 몰아내기 위해 이끈 민족주의 혁명은 서양에 도전하지 않고서는 앞으로 나아갈 수 없었다.[15]

휠씬 더 어려운 일은 공통의 언어와 공통의 영토, 공통의 문화가 전혀 존재하지 않는 가운데 민족을 건설하는 것이었다. 유대 민족주의가 직면한 딜레마가 바로 이런 것이었다. 시온주의 지도자 나훔 소콜로프는 1903년에 순진하게 말했다. "심지어 우리에게는 아직 민족도 없다."[16] 시온주의자들 앞에 놓인 과제는 박해 때문에 하나로 뭉쳤지만 공통의 이데올로기나 문화, 종교 관습이 전무한(전통 의례를 준수하는 유대인이 점점 줄어들었기 때문이다), 철저하게 분열돼 있는 공동체를 바탕으로 민족을 만들어내는 것이었다. 유대 민족을 창조하는 과정에서 시온주의자들은, 정확한 표현일지 모르겠지만, 반유대주의자들의 도움을 받았다. 유럽 자유주의의 운명을 비관적으로 본 탓에 유대 민족의 고향Jewish national home이 필요하다고 선언하게 된 테오도어 헤르츨은 이렇게 말했다. "반유대주의는 … 유대인에게 아무런 해가 되지 않을 것이다. 나는 반유대주의가 유대적 특징을 발전시키는 데 유용한 움직임이라고 본다."[17] 유명한 팸플릿 『유대 국가』에서 그는 유대인이 팔레스타인으로 이주하는 데 필수적인 추진력은 자발적으로 생겨나겠지만, 이 과정에서 반유대주의자들이 도와줄 것이라고 덧붙였다. "그들이 전에 하던 대로만 하면, 예전에 유대인들이 이주하려는 마음이 없던 곳에서는 그런 마음이 생길 테고, 전에 마음이 있던 곳에서는 그 마음이 더욱 강해질 것이다."[18]

흔히 그러하듯, 비단 민족주의자만 그런 것은 아니지만 민족주의자들은 자신들이 이끌고자 하는 사람들을 어느 정도 혐오하면서 인도를 받으려는 의지가 충분하지 않다고 비난한다. 시온주의자들은 다첼리오가 '이탈리아인을 만들고자' 한 것처럼 '유대인을 만들' 필요가 있었다. 시온주의자와 반유대주의자가 유사한 모습을 보인 것을 목도한 카를 쇼르스케는 헤르츨이 게오르크 쇠너러나 카를 뤼거 같은 빈의 지도적 반유대주의자들과 이데올로기적으로 친족관계라고 지적했다.[19] 당시에는 지적 엘리트들 사이에서도 반유대주의 담론이 무척 흔했다. 테오도어 헤르츨 자신도 1885년 어느 부유한 사업가의 베를린 자택에서 열린 우아한 야간 연회를 묘사하면서 "땅딸막하고 못생긴 유대인 남녀 3~40명 정도"가 참석했다고 개탄했다. "아무 위안이 되지 않는 광경이었다." 그리고 오스텐더에서 부모님에게 보낸 편지에서는 "여기에는 빈과 부다페스트에서 온 유대인이 많긴 하지만 휴가를 보내는 다른 사람들은 아주 호감이 간다"고 말했다.[20]

민족을 건설하는 일은 여전히 산업자본주의 사회의 발전을 위해 어려우면서도 필수적인 과제였다. 정체성(민족, 종교, 성별, 지역, 계급, 종족, 직업, 이데올로기, 스포츠, 연령 등등)의 분화는 최근에 나타난 현상이 아니지만, 과거에 비해 자본주의 사회의 역동성이 더욱 커지면서 악화된다. 상대적으로 새로운 현상인 민족 정체성은 언어나 종교 정체성 같은 오래된 정체성과 연결될 필요가 있었다.

언어는 민족 건설에서 복잡한 요인이 될 수 있다. 이탈리아 내부에는 커다란 문화적 차이와 엄청난 언어 다양성이 존재했다(평소에 이탈리아어로 말하는 사람은 소수였다). 1910년 오스트리아-헝가리 제국에는 다양한 슬라브인(세르비아인, 체코인, 슬로바키아인, 폴란드인, 슬로베니아인, 루테니아인/우크라이나인)이 인구의 절반 가까이(46퍼센트)를 차지한 반면 독일어 사용자는 겨우 23.9퍼센트, 그리고 헝가리인(마자르인) 20.2퍼센트, 루마니아인 6.4퍼센트, 이탈리아인 2퍼센트, 보스니아 무슬림 1.2퍼센트 등이었다.[21] 벨기에와 스위스는 예나 지금이나 언어적으로 분열돼 있다. 그리고 유럽 전역에는 지금도 민족국가 내에 소수언어가 많이 남아 있는데, 어떤 것은 '적절한' 언어로 간주되고 다른 것은 방언으로 여겨진다(이 둘을 구분하는 기준은 전혀 없다). 영국의 웨일스어, 이탈리아 사우스티롤(이탈리아인들이 부르는 명칭으로는 알토아디제) 지방의 독일어, 에스파냐의 카탈루냐어와 바스크어, 핀란드의 스웨덴어 등이 대표적 사례다.

독일에서는 1800년에 고지 독일어Hochdeutsch를 사용하는 사람이 전체 인구의 3분의 1에 불과했다. 그런데 1900년에 이르면 특히 시골에서는 방언이 여전히 우세하긴 했지만 사실상 모든 독일인이 고지 독일어를 알아들었다. 폴란드어는 독일에서 가장 중요한 소수언어로 340만 명이 사용했다.[22] 폴란드인들은 문화적 멸시와 편견의 뚜렷한 표적이었다. 개신교가 지배하는 지역(당시의 프로이센)에 사는 가톨릭교도였고, 대부분 농민이나 노동자였으며, 스스로 폴란드 사람이라고 생각했다.[23] 독일의 다른 소수언어는 별로 중요하지 않았지만, 그래도 소수민족이 전체 인구의 8퍼센트 가까이를 차지했다.[24] 다른 구분도 존재했다. 다른 독일 국가들은 대부분 제일 큰 국가인 프로이센을 불신했고, 계급적 적대도 고조됐으며, 도시와 농촌의 분열이 심했다.[25] 프랑스에서도 다른 대부분의 나라들처럼 많은 이들이 평상시에 민족 언어가 아니라 '원시적' 방언의 지위로 격하된 수많은 다른 언어(아무리 오래된 언어고, 프로방스어나 브르타뉴어처럼 프랑스어만큼이나 굳건하게 뿌리내린 언어라도 격하되었다)를 사용했다.

종교 또한 민족 건설 과제에 수많은 문제를 야기할 수 있었다. 1900년에 존재한 독립 국가들 가운데 엘리트와 인구의 압도적 다수가 같은 종교를 공유하는 나라는 비교적 드물었다. 일본, 스웨덴, 노르웨이, 덴마크, 그리스, 루마니아, 이탈리아, 에스파냐, 포르투갈 등이었다. 영국은 공식적으로 국교회 나라였지만 가톨릭교도(아일랜드인의 다수 포함)와 비국교도가 많았기 때문에 여기에 포함되지 않았다. 차르 제국에는 종교·종족적 소수자가 많았다. 오스트리아-헝가리 제국은 4분의 3이 가톨릭교도였지만 어떤 단일한 '민족'도 인구의 절대다수를 차지하지 못했다. 스위스는 언어와 종교 모두에서 나뉘었다.

독일에서 종교는 잠재적으로 안정을 해치는 요인이었다. 프로이센 개신교도의 관점에서 볼 때, 가장 중요한 잠재적 적대관계는 국민의 3분의 2인 개신교도와 가톨릭교도가 주축인 나머지 집단 사이에 있었다. 하지만 이런 분열은 결코 심각한 폭력적 충돌로 비화되지 않았다(아일랜드에서는 이따금 그런 사태가 벌어졌다). 가톨릭교도들이 이른바 '문화투쟁 Kulturkampf' 시기에 비스마르크의 박해를 받긴 했지만, 개신교도들은 가톨릭의 성지를 습격하지 않았다. 가톨릭교도들도 개신교회를 모독하지 않았다.[26] 가톨릭교도와 개신교 보수주의자들은 서로를 좋아하지 않았지만 자유주의자나 사회주의자와 서로 혐오한다는 점에서는 일치했다. 친자본주의적 반교권주의 자유주의자들과 마르크스주의 사회주의자들은 종교를 저지해야 한다는 것말고는 대부분의 문제에서 서로 반목했다. 사회주의적 기독교인이나 사회적 의식이 있는 기독교인은 사회복지에 관해 견해가 다르지 않았다. 민족 통일이 종교 통일과 완전한 통합을 의미하는 경우는 드물다.

인구의 대다수가 전통적 형태의 가톨릭을 신봉하는 프랑스에서는 세속적인 프랑스 민족을 창조함으로써 종교문제가 해결되었다. 이른바 세속주의laïcité는 비폭력 내전에 가까운 기나긴 논쟁 끝에 1905년에야 프랑스 법률에 명문화됐는데, 오늘날까지 프랑스에서 지속되는 민족적 서사의 일부가 되었다. 물론 세속주의는 끊임없이 재해석되며, 사람들마다 그 의미를 다르게 받아들인다. 세속주의를 검토하는 방법은 다른 나라들이 이상화된 프랑스의 모델에서 얼마나 가깝거나 먼지를 평가하는(다른 민족주의들에 흔한 예외주의 신화의 프랑스판) 게 아니라 다른 나라에서는 교회와 국가의 관계문제가 어떻게 해결됐는지와 비교하는 것이다.

프랑스가 세속주의를 신봉하기 한참 전에, 미국은 '아메리카 민족'을 어떤 특정한 종교와도 분리했으며, 분명한 이유 때문에 대다수 유럽 나라들과 달리 어떤 단일한 교회도 지배하지 못했다. 그리하여 국가가 종교문제에 개입하지 않는 상황은 수많은 기독교 교회와 교파(19세기 미국에서는 비기독교 종교들이 거의 중요하지 않았다)에게 이익이 되었다. 공식적으로는 하느님이 언급되지 않았다. 누군가 알렉산더 해밀턴에게 왜 헌법에 하느님이 언급되지 않는지 묻자 그는 '잊어버렸다'고 답했다고 한다. 해밀턴이 85개 글 중 51개를 쓴 『페더럴리스트 페이퍼Federalist Papers』에서 종교와 신이 한 번도 거론되지 않는 사실에 비춰볼 때, 헌법에서 빠진 것도 의도적인 결과일 가능성이 높다. 반면 그 전 세기에는 성경을 언급하지 않고는 어떤 정치적 주장도 펼 수 없었다.

처음 만들어진 성조기에 대한 충성 맹세(1892)는 "모두를 위한 자유와 정의가 있는, 결코 나뉠 수 없는 한 나라와 … 국기에 충성을 맹세합니다"라는 구절로, 1942년에 의회에서 공식 채택되어 모든 학교에서 낭송되었다. '한 나라' 뒤에 '하느님의 가호 아래'라는 문구가 추가된 것은 1954년에 이르러서의 일이다. 그리고 1956년에야 '우리는 하느님을 믿는다'라는 새로운 국가적 표어가 모든 달러 지폐에 삽입되어 하느님이 미국 자본주의를 축복한다는 느낌에 무게를 실어주었다. 대체로 이 신은 여전히 개신교의 하느님이었다. 19세기 말에 유럽 가톨릭 지역(아일랜드, 폴란드, 이탈리아)에서, 그리고 지난 50년 동안 라틴아메리카 가톨릭 지역에서 미국으로 향하는 이민자가 급격하게 늘면서 이 나라는 점점 개신교의 성격이 약해졌지만, 정치적 통제권은 여전히 개신교도들의 수중에 있었다. 1960년에야 비개신교도인 가톨릭 신자 존 F. 케네디가 대통령에 당선되었다. 종교는 여전히 대다수 미국인들에게 매우 중요하다. 갤럽 여론조사에 따르면, 종교가 자기 삶에 중요하다고 응답한 미국인의 비율은 1982년에서 2016년 사이에 58퍼센트에서 53퍼센트 사이를 오락가락했는데, 세속화 추세가 높아지는 가운데서도 2003년에 61퍼센트로 정점을 찍었다.[27] 다른 나라들은 일찍이 16세기에 교회를 '국유화'함으로써, 즉 교회를 국가 통제 아래 둠으로써 교회-국가 문제를 해결했다. 잉글랜드에서는 주권자인 국왕이 국교회 수장이 되었다. 스웨덴과 덴마크, 노르웨이, 아이슬란드, 핀란드가 그 뒤를 따라 국교회를 세웠다. 민족은 종교에 '대항해서'(프랑스의 사례) 또는 국교를 둠으로써 건설될 수 있었다. 멕시코와 터키는 프랑스의 세속주의와 비슷한 세속주의를 확립하면서 각각 1917년과 1924년에 법률로 세속주의를 강제했다.

프랑스의 민족 건설의 핵심 도구는 국가교육체계의 확립임이 드러났다. 국가교육체계는 공용어를 받아들이도록 강제하고 신화 속 인물인 골 Gaul까지 거슬러 올라가는 공통의 조상을 발명하는 식으로 프랑스인을 '만들어내고자' 했다. 입법자들과 프랑스 교육체계 설계자들은 독일과 독일인들에 대한 반감, 군주제 반대와 공화국 찬성, 가톨릭 반대와 세속주의 찬성 등을 중심으로 민족 정체성을 재구성했다. 그리하여 프랑스뿐만 아니라 다른 많은 나라에서도 19세기 내내 교육 지출이 꾸준히 증가했다. 그렇지만 물론 1900년에 초등학교 입학생 수는 상당한 차이가 있었다. 미국이 가장 수가 많았고(1000명당 939명), 프랑스(820명), 영국(720명), 일

본(507명), 이탈리아(362명), 러시아(149명) 순이었다.[28]

에르네스트 라비스가 쓴 『시초부터 혁명까지 프랑스의 역사Histoire de France depuis les origines jusqu'à la Révolution』(1901)는 프랑스 각급학교에서 필수 역사 교과서가 되어 여러 세대의 아이들에게 인생에서 커다란 의무는 1870년 스당에서 프로이센에 당한 패배를 복수하고 구체제로 돌아가려는 모든 세력에 맞서 프랑스혁명의 가치를 수호하는 것이라고 가르쳤다.[29] 어린 독자를 겨냥한 책들에서부터 혁명이 시작된 날로 새롭게 선포되어(다른 잠재적 경쟁자들이 있었다) 이후 굳어지게 된 7월 14일에 이르기까지 모국과 애국심, 프랑스의 명예 등이 어디서나 두드러졌다. 이와 대조적으로, 귀스타브 에르베가 사회주의자였을 때(나중에 무솔리니 지지자로 변신했다) 쓴 평화주의 교과서인 『성인을 위한 프랑스 역사Histoire de France pour les grands』(1910)는 공화국의 모든 학교에서 금서가 되었다.

이탈리아는 종교로 통일될 수 있었지만, 민족 통일은 교황의 의지를 거슬러 이루어졌다. 인구의 대다수는 여전히 교회에 충성했지만 세속적 민족주의가 정치적으로 지배했다. 프랑스의 경우처럼, 통일은 교육과 선전, 중앙집권화를 통해 고안되었다. 가톨릭이 압도적인 라틴아메리카의 많은 나라에서도 반교권주의가 민족 건설을 이끈 주요한 세력이었다. 멕시코, 아르헨티나, 브라질, 칠레 등이 특히 그런 경우였다.

영국에는 네 개의 '민족체'가 존재했지만, 19세기에는 아일랜드 한 민족만이 (영국이라는) 민족 가족에 포함되기를 거부했고, 아일랜드인들 스스로가 가톨릭과 개신교로 나뉘었다. 웨일스인과 스코틀랜드인은 종속적 지위에 만족하는 듯 보였다. 잉글랜드인들은 민족 건설의 신화와 베르킨게토릭스에 맞먹는 민족 영웅을 필요로 하지 않았지만, 19세기에 부디카(베르킨게토릭스나 아르미니우스처럼 로마에 대항하는 봉기를 이끌었다)를 빅토리아 여왕의 이상화된 조상으로 만들려는 시도가 있었다. 하지만 이 시도는 성공하지 못했다. 문제는 전통적인 '학교' 역사에서 설명하는 내용에 따르면, 앵글로색슨족이 노르만족에게 정복당했고, 그 결과 '잉글랜드인'은 정복자와 피정복자 모두의 후손이라는 것이었다. 모든 잉글랜드인이 단일 종족 집단의 후손이라는 주장은 프랑스의 여러 세대 아이들이 '우리 조상인 골족'이라는 설득력 없는 주장—이런 주장은 1875년에야 처음 등장했다—을 한목소리로 낭독한 것처럼 진지하게 유포되지 않았다.[30] 독일에서도 공통 조상이라는 관념이 소리를 높이지는 못했지만, 낭만주의적인 신화 창조를 통해 아르미니우스(독일어로는 헤르만)라는 민족 영웅이 만들어졌다. 아르미니우스는 '프랑스의' 베르킨게토릭스처럼 로마인들에 맞서 싸웠지만 토이토부르크 숲의 전투에서 그들을 물리쳤기 때문에 더 성공한 영웅이었다.

폴란드에서는 누가 폴란드인이고 폴란드의 경계선이 어디인지가 분명하지 않다는 사실 때문에 민족 건설이 이례적으로 복잡해졌다. 어디나 그렇겠지만, 정치활동가들은 크게 분열되었다. 사회주의자들은 민족문제는 한 민족의 노동자를 다른 민족에 속하는 노동자들과 대립시키며, 따라서 '그릇된' 사람들을 하나로 단합시키고 폴란드 노동자를 폴란드 귀족과 같은 진영에 넣기 때문에 분열을 야기한다고 생각했다. 한편 보수주의자들은 세 제국(러시아, 독일, 오스트리아-헝가리) 안에 특권계급(즉 자기 자신들)을 위한 공간을 확보한 뒤 추정상의 폴란드 영토를 차지하려고 했다. 하지만 가장 강한 정치 세력은 폴란드 민족민주당의 민족주의자들이었다. 민족민주당은 폴란드 의회를 지배했는데, 지도자 로만 드모프스키는 "우리는 공통의 집단의식, 공유된 민족정신을 지니기 때문에 한 민족, 즉 결코 나뉠 수 없는 통일된 민족"이라고 주장했다.[31] 대부분의 민족주의 이데올로기가 그렇듯이, 폴란드의 민족 건설에도 역사적 진실은 별로 중요하지 않았다. 하지만 드모프스키의 민족주의는 새로운 유형으로, 고대 폴란드 민족에 관한 낭만주의적 신화와 별로 관련이 없고, 오히려 '새로운 폴란드인'을 창조한다는 근대적 관념에 물들었다.[32] 모든 나라가 민족이 되기를 열망할 수 있는 것은 아니었다. 몇몇 민족은 '실재'했지만 다른 민족은 아니었다. 드모프스키가 보기에 우크라이나인, 벨라루스인, 리투아니아인은 국가를 만들 능력이 없기 때문에 폴란드의 지배를 받아야 한 반면, 폴란드의 동부 국경은 발트해와 흑해까지 확대되어야 했다.[33] 가톨릭 정체성을 중심으로 폴란드 민족주의를 건설해서 러시아정교회와 프로이센의 개신교에 대항할 수 있었다.

프랑스의 '해법'은 모든 정체성(종교, 지역, 언어)을 사적인 문제로 간주하는 것이었다. 어쨌든 가톨릭 군주제주의 '우파'와 공화주의 '좌파'가 오랫동안 싸운 끝에 이 해법을 달성할 수 있었다. 유대인 대위가 부당하게 반역죄로 기소된 1894년 드레퓌스 사건은 이 싸움이 벌어지는 전장이었다. 싸움은 결국 드레퓌스 진영의 승리로 끝났는데, 이 진영은 근대적 친자본주의자들과 다양한 부류의 사회주의자들이 불편하게 연합한 것이었다. 패자들은 군주제 가톨릭 나라로 시계를 거꾸로 돌린다는 오랜 꿈을 포기하고 새로운 우파 민족주의 세력으로 스스로를 재구성해야 했다. 의회(나라를 분열시키기 때문이다)와 유대인(완전한 프랑스인이 되지 않았다는 죄가 있다)을 멸시하고 독일을 열렬하게 비난하는 세력이었다. 초민족주의자인 모리스 바레스는 심지어 프랑스 노동자들에게 호소하기 위해 계급적 수사를 구사하기도 했다. 「자본가와 노동자의 투쟁La lutte entre capitalistes et travailleurs」(『르쿠리에드레스트(Le Courrier de l'Est. 동부통신)』, 1890년 9월 28일자) 같은 글에서 바레스는 노동자들에게 이렇게 말했다.

"여러분은 고립된 노동자입니다. … 다른 모든 노동자, 여러분 형제들과 손을 잡으십시오."[34] 드레퓌스 사건이 터졌을 때, 바레스와 그의 지지자들은 드레퓌스가 유대인이고 진짜 프랑스인이 아니라는 이유로 반역자로 낙인찍으면서 드레퓌스의 중요한 옹호자인 에밀 졸라도 완전한 프랑스인이 아니라고 지적했다. 아버지가 이탈리아인이었기 때문이다. 이런 새로운 근대의 전상은 종족과 시민권 문제로 정의되었다. '인종' 개념이 새로운 차원을 획득했다. 바레스가 펴내는 잡지 『락시옹프랑세즈(L'Action Française. 프랑스의 행동)』는 '프랑스인'을 개신교도와 유대인, 프리메이슨 회원을 배제하는 것으로 재정의했다.[35] 1908년에서 1914년 사이에 잡지에 게재된 기사의 3분의 2가 유대인을 공격했다.[36] 이 운동의 창시자 가운데 한 명인 앙리 보주아의 말을 빌자면, 유대인이 동화하려고 하는 것은 더욱 나쁜 짓이었다. "유대인이 정화되고 적응해서 문명화되면 훨씬 더 위험하기" 때문이다.[37] 인종을 기준으로 프랑스 민족을 재정의하는 이 과정 덕분에 공화국에 적대적인 이들이 군주제주의를 벗어던지고 (부르주아) 공화국의 애국적 지지자가 될 수 있었다.

한편 다민족 제국에서는 민족 건설이 명백히 어려운 과제였다. 투르크인이 오스만 제국을 지배하고 러시아가 차르 제국을 지배한 것처럼, 한 '민족'이 다른 민족들을 지배할 수 있었다. 합스부르크 제국에서는 의문의 여지가 없었던 오스트리아의 지배권이 1866년 독일에 패배하면서 끝을 맺었다. 오스트리아의 약점에 대한 '해법'은 이른바 1867년 대타협으로 오스트리아-헝가리 제국을 탄생시킨 것이었다. 이로써 헝가리는 오스트리아와 동등한 지위로 올라섰지만, 민족 건설 문제는 여전히 해결이 되지 않고 해결할 수도 없는 문제로 남았다.

차르 제국도 비슷한 문제들에 직면했다. 차르 치하에서 딱 한 번 치러진 인구조사에 따르면(엄밀하게 말해 자치 대공국이었던 핀란드는 제외되었다), 1897년 제국 안에서 146개 언어와 방언이 사용되고, 주민의 3분의 2가 '러시아인'이었다. '대'러시아인(5560만 명), '소'러시아인(우크라이나인, 2240만 명), '백'러시아인(벨라루스인, 580만 명)[근대 초까지 전러시아는 대러시아(지금의 러시아), 소러시아(우크라이나), 백러시아(벨라루스)로 구분되었다.-옮긴이]을 합한 숫자였다.[38] 러시아인은 다양한 슬라브어를 사용하고, 자신을 슬라브인이라고 생각했으며, 정교회 신자였다(당시 우크라이나 가톨릭교도들은 대부분 오스트리아-헝가리 제국에 있었다). 우크라이나에서 민족주의의 동요가 일었지만 대다수 나라의 경우처럼 인텔리겐차의 소수집단에 국한된 것이었다. 대단히 많은 지주가 폴란드계였고, 농민 가운데도 다수가 한때 폴란드 출신 소귀족이었다. 그들은 1830년 실패한 봉기 이후에 차르에 의해 특권을 박탈당했으며, 러시아에 동화되면서 우크라이나어와 러시아정교회를 받아들였다. 유대인은 우크라이나 인구의 10퍼센트 정도를 차지했다.[39]

우크라이나인과 벨라루스인, 러시아인을 전부 러시아인으로 계산하더라도 제국 인구의 3분의 1 가까이가 여전히 '러시아 민족' 바깥에 있었고 그들 대부분은 정교회 신자가 아니었다. 폴란드와 리투아니아는 가톨릭이고, 라트비아와 에스토니아(와 핀란드)는 개신교였으며, 캅카스와 중앙아시아에는 오스만 제국보다도 무슬림이 더 많았을 것이다. 무슬림조차 단일한 집단이 아니었다. 아제르바이잔인(주로 시아파), 그리고 볼가와 크림의 타타르인, 카자흐인, 우즈베크인, 키르기스인 등등이 있었다. 몽골에는 불교도가, 베사라비아(지금은 대부분 몰도바 지역)뿐만 아니라 캅카스에도 기독교도(조지아인, 오세티야인, 아르메니아인)가 있었다.[40]

한편 국제 사회주의운동은 민족이 아니라 계급에 바탕을 둔 정체성 개

넘을 만들어내느라 분주했다. 자본가와 노동자의 계급 적대가 민족 건설에 방해가 됐을까? 민족에 속한다고 추정된 시민들처럼 노동자들도 설득하고 격려하고 조직할 필요가 있었다. 어쨌든 어느 누구도, 진정한 프롤레타리아조차도 자생적인 사회주의자가 아니었다. 외젠 포티에가 1871년에 쓴 유명한 사회주의 찬가 「인터내셔널가Internationale」는 대지의 저주받은 사람들(damnés de la terre)에게 예속된 무리(foule esclave)의 운명을 받아들이기를 거부하고, 신도 황제도 따르지 말며(Ni Dieu, ni César), 일어나라 일어나라(debout, debout)고 촉구한다. 하지만 1914년에 이르면 민족 건설이 확고한 단계에 이르러서 이제 사회주의자들도 자신들에게 참정권과 (일정한) 정치권력, (일정한) 사회개혁을 준 부르주아 자본주의 민족국가에서 편안함을 느낄 정도였다. 그리하여 전쟁이 발발했을 때, 거의 모든 곳에서, 그리고 무엇보다도 독일과 프랑스같이 확고하게 세워진 민족국가에서 사회주의자들이 그토록 증오하는 자본가들의 조국patrie 편에 섰다.

민족 건설은 비교적 사소한 일련의 사건들에 의존하는 누적적 과정이다. 범민족적 기관의 창설, 중앙은행, 통일 도량형체계, 단일 화폐, 민족의 이야기와 신화에서 교육을 받은 새로운 세대 등이 필요하다. 1900년에는 프랑스인이라는 사실에 자랑스러워할 게 많았다. 오랜 역사, 프랑스혁명, 대중 동원, 대륙을 지배하는 것처럼 보이는 문화, 이 모든 것에 동반되는 우월감 등. 독일인이라는 사실에도 자랑스러워할 게 많았다. 유럽 대륙에서 가장 강한 나라, 세계 최고의 과학적 성취, 영국보다 많은 대학 등등. 그리하여 많은 이들이 어쨌든 바이에른인이나 프로이센인보다는 독일인이 더 낫다고 생각했다. 게다가 프로이센인과 아마 바이에른인을 예외로 치면, 독일의 다른 지방적 정체성(라인란트, 함부르크, 작센 출신)은 사실상 아무런 민족적 함의가 없었던 반면, 프로이센이 워낙 지배적이던 터라 프로이센인들은 잉글랜드인이 영국인이 된 것처럼 기꺼이 독일인으로 변신했다.

민족 건설에서는 부르주아와 귀족의 계급적 분열이 노동자와 자본가의 분열이나 종족 집단과 종교 사이의 분열보다 더 쉽게 연결되었다. 아노 메이어가 지적한 것처럼, 귀족은 부르주아지보다 더 응집력이 높고 자신만만했다. 부르주아지는 "낡은 지배계급의 사회, 문화, 이데올로기적 우위에 충분히 진지하게 도전할 만큼 단합하지 못했다."[41]

대다수 유럽 나라에서 농업 엘리트와 산업 엘리트 사이에 갈등이 존재했지만, 이런 엘리트들 자체가 결코 단일한 집단이 아니었다. 마치 참호전을 벌이듯이, 지주 블록이 산업 블록과 대결하지는 않았다. 게다가 19세기에는 돈과 권력이 있으면 사교 클럽에 가입하듯이 귀족에 합류할 수 있었다. 일단 부유하면 작위를 손에 넣을 수 있었기 때문에 '부르주아의' 19세기에 유럽 전역에서 귀족이 엄청나게 확대되었다. 그 선두에 선 것은 은행가들이었다. 여러 세기에 걸쳐 귀족은 이해관계가 다변화된 상태였다. 군대와 관료제, 교회, 의회에서 귀족이 수에 비해 어울리지 않게 많았다. 그러나 단일한 계급처럼 행동할 수는 없었다. 관료 집단에 속한 귀족은 종종 강한 국가에 찬성하는 편견을 갖고 있었다. 교회에 속한 이들은 성직자의 특권을 옹호했다. 군대에 있는 이들은 대개 산업 성장에 찬성했다. 그리고 물론 지주 귀족들은 비귀족 지주를 비롯한 지주의 이해를 지지했다. 이런 낡은 지주 귀족이 여전히 존재했으며, 아직 산업자본가와 은행가들에게 밀려나지 않은 이들은 19세기 유럽에서 최부유층에 속했다. 그들은 자본주의적 근대의 고조되는 물결에 불안을 느끼면서 자신이 역사의 그릇된 편에 선 것은 아닌지 의심했다. 하지만 부는 시간을 벌어주며, 그들의 지위가 벼락부자들에게 끊임없이 도전을 받기는 했어도 앞선 여러 세기에 쌓아놓은 권력의 지위는 한 세기 더 유리하게 작용했다.[42] 귀족 가운데 지적인 이들은 미래의 수위권首位權은 사회적 특권이 아니라 경제력에 존재할 것임을 깨달았다(밑에서 박박 기는 사람보다 꼭대기에 있는 사람이 미래를 식별하기가 더 쉬운 법이다).

프로이센에서는 산업화가 시작되기 한참 전인 18세기 후반기부터 근대적 기업가 정신과 투기심이 대지주들 사이에서 모습을 드러냈다. 서유럽의 도시 시장들은 곡물 수요를 늘렸고, 이런 수요가 물가와 토지가격 인상에 반영되었다. 빠르게 이익을 얻을 수 있었기 때문에 많은 귀족이 토지에 투기했다. 나폴레옹 전쟁 이후 농업 공황이 발생하면서 미래를 내다보는 일부 귀족들이 과학적 영농 기법을 채택하게 되었다. 1835년에 이르면 프로이센의 많은 지주들이 현대적 농업으로 전환했다. 얼마 지나지 않아 선진 배수 시스템이 개발되고, 기계가 도입됐으며, 1850년 이후에는 화학비료가 등장했다. 농업 생산에서 나타난 이런 변화들은 프로이센 귀족들에게 심대한 영향을 미쳤다. 이제 귀족들은 여전히 토지를 주로 귀족 신분의 근원으로 보는 이들과 보호해야 하는 투자로 보는 이들로 갈라졌다. 그리고 자본주의적 농업이 성장함에 따라 귀족을 중간계급과 가르는 간극도 좁아졌다.[43]

많은 토지를 소유한 이들은 여전히 부자였다.[44] 비록 현금은 적을지 몰라도(그들의 부는 토지에 묶여 있었다) 여전히 어느 정도 권력을 휘두르고 존경을 받았다. 하지만 그들 또한 발전하는 자본주의 세계에 적응해야 했다. 영국에서는 당시 유럽에서 가장 부유한 지주계급의 많은 성원들이 금융부문 덕분에 계속 번영을 누렸다.[45] 그리하여 시티오브런던은 언제나 두 세계에 다리를 걸쳤다. 전자본주의적 상업과 금융의 세계와 미래의 탈

산업적 세계 사이에. 시티오브런던은 부자가 되거나 계속 부를 유지하는 방편을 제공한 한편, 젠틀맨으로 남는 길도 제공했다. 탐욕스러운 상업의 세계와 더러운 제조업의 세계로부터 계속 거리를 둘 수 있었기 때문이다. 산업 자본과 '젠틀맨다운' 자본 사이에 심각한 갈등(즉 문화적 갈등과 반대되는 의미의 정치적 갈등)이 존재한 것은 아니다.[46] 다른 경우에 기성체제 내부의 정치적 문제는 도시의 이해관계와 지주의 이해관계를 화해시키려는 데 있었다. 확실한 귀족 집단이 존재하지 않거나(미국과 라틴아메리카의 경우), 공식적으로 귀족 집단이 파괴되거나(프랑스 공화국), ―오스트리아-헝가리와 루마니아의 일부 지역처럼― 상업 그리고/또는 전문직이 외국인과 '외래' 집단(유대인 등)의 수중에 있는 경우에도 그러했다.

귀족 집단이 점차 부르주아의 생활방식을 채택한 한편, 자본가들은 작위를 얻어 귀족이 되었다. 가난해진 귀족들은 부자와 결혼해서 부자가 되었다. 가령 벨기에에서는 귀족들이 여전히 정치적 영향력을 행사했지만 19세기 말에 이르면 사업가 엘리트들이 나라를 통치했다.[47] 과거 어느 때보다도 더 돈이 중요해졌고, 부르주아적 가치도 마찬가지로 중요해졌다. 당시에는 이 가치가 무엇인지 분명하지 않았다(지금도 분명하지 않다). 덕이 높은 (부르주아) 남자는 일을 하는 반면, 전통사회에서는 젠틀맨의 미덕이 일을 하지 않아도 된다는 데 있었다는 가정일까?[48] 흔히 말하는 것처럼, 검약과 분별이 부르주아의 미덕이었을까? 하지만 성공한 자본가들은 종종 과감하게 돈을 빌려 도박을 한 이들이었다. 일부 자본가들은 덕이 높고 박애와 윤리를 실천한 반면, 다른 이들은 권력에 굶주리고 욕심사납고 탐욕스러웠다. 일반적인 규칙 같은 건 없다.[49] 괴테의 결함 있는 주인공 파우스트가 스스로 평안을 얻는 것은 거대한 부를 쌓은 뒤가 아니라 마침내 경제적·인간적 진보라는 기획을 달성하는 게 얼마나 가능한지를 지각할 때다. 일부 자본가는 몇몇 노동자처럼 윤리적일지 모르지만, 하나의 체제로서 자본주의에는 필수적인 윤리가 없으며, (암세포처럼) 성장이라는 한 가지 목표만을 추구한다.

자본주의의 성장에 따라 나타난 거대한 물질적 불평등은 민족 건설에 방해가 됐을까? 부르주아 사회는 두 가지 모순적 측면을 의미했다. 우리는 모두 불평등할 가능성이 똑같다는 점에서 평등하며, 필연적 결론으로, 불평등은 '공정'하다는 것이다. 근대 부르주아 국가는 현실적인 물질적 불평등 문제를 제기하지 않은 채 모든 사람을 평등하게 대해야 했다. 사회가 행복하고 균일한 전체인 것처럼 '일반 이익'을 돌봐야 하고, 행복은 개인의 문제로 남겨두면서 정의를 베풀어야 했다. 우리는 모두 평등하고 모두 '함께하며', 모두 동일한 공화국commonwealth, 동일한 공동체, 동일한 사회, 동일한 민족의 일부였다. 부자나 빈자, 배운 자나 못 배운 자, 머리 좋은 자나 나쁜 자, 재능 있는 자나 무능한 자, 누추하게 자란 자나 부잣집에서 태어난 자나 모두 같았다. 모든 사람이 민족 관념을 중심으로 뭉칠 수 있었다.

자본주의의 발전을 에워싼 이데올로기는 '민주적'이었지만, 자본주의는 또한 소득 불평등을 증대했다. 1900~10년 시기에 프랑스와 영국이 더 자본주의적인 미국보다 (소득 면에서) 더욱 불평등하긴 했지만 말이다.[50] 불평등 때문에 민족 건설이 더 복잡해졌을까? 답하기 어려운 질문이다. 특히 민족 건설 자체가 모호한 개념이고 거의 측정하기 불가능하기 때문이다. 일찍이 1752년에 계몽주의의 가장 예리한 지성 중 한 명인 데이비드 흄은 불평등이 민족을 약화시킨다는 명제를 설득력 있게 표명한 바 있었다.

시민들 사이에 불균형이 지나치게 크면 어떤 국가든 약해진다. 가급적 모든 사람이 생활 필수품을 완전히 소유하고 생활 편의품을 많이 가진 채 자기 노동의 과실을 누려야 한다. 평등이 인간 본성에 가장 적합하며, 평등 때문에 빈자의 행복이 커지는 것보다 부자의 행복이 줄어드는 게 한결 적다는 점은 누구도 의심하지 못한다.[51]

벤저민 디즈레일리의 유명한 소설 『시빌, 또는 두 개의 나라Sybil, or The Two Nations』(1845)는 이 문제를 극적인(그리고 교훈적인) 형태로 부각시켰다. 젊은 귀족 찰스 에그리먼트는 노동계급의 상태를 조사하기 위해 변장을 한다. 공장체제를 직접 본 그는 당황한다. 어느 노동계급 급진주의자(사랑스러운 시빌의 아버지)와 만난 그는 잉글랜드가 두 민족으로 나뉘어 있다는 말을 듣는다.

두 민족 사이에는 교류나 공감이 전혀 없다. 마치 각자 다른 지구에 사는 거주자나 다른 행성에 사는 주민인 것처럼, 서로 상대방의 습관과 생각과 느낌을 알지 못한다. 각자 다른 양육을 받으며 자라고, 다른 음식을 먹으며, 다른 방식으로 지시를 받고, 동일한 법률로 다스려지지 않는다. … **부유한 자들과 가난한 자들이다.**[52]

이런 서술은 당대 사회소설들에 공통된 주제였다. 『시빌』이 나오고 60년 뒤인 1909년, 자유당 하원의원 찰스 마스터먼은 '공공의 빈궁'과 '사적인 허식'이 공존한다고 개탄했다. 존 케네스 갤브레이스가 『풍요한 사회The Affluent Society』(1958)에서 말한 '사적 풍요와 공적 비참'과 비슷한 성격 규정이었다. 마스터먼은 '다중', '대중', '군중', 인구의 '80퍼센트'는 엘리트('정복자')나 중간계급('교외 주민')과 완전히 분리된 채 살아간다고 언급했다.

> … 이 사람들은 … 자신의 불만을 결코 표현하지 않고, 명확히 말하는 경우도 드물다. 이 사람들은 전혀 주목받지 못하고 불평이나 항의도 하지 않은 채 천 년에 걸친 장기적 변화를 겪어왔다. 들판의 삶에서부터 도시의 삶에 이르기까지.[53]

디즈레일리와 그의 추종자들이 보기에 '한 민족'의 창조는 부자와 빈자 사이의 간극을 메우는 것을 의미하지 않았다. 그보다는 가난한 자들도 만족하고 자신들도 민족에 이해관계가 있다고 느끼게 만들어서 민족으로 통합하는 것을 의미했다. 1872년 6월 24일의 유명한 수정궁 연설에서 디즈레일리는 "토리당(보수당)은 민족적 당이 아니라면 아무 의미도 없다"고 설명했다. 토리당이 추구하는 목표는 나라의 제도(법질서, 종교, 군주제, 제국 등등)를 보전하는 것만이 아니라 "민중의 생활상태를 향상시키는 것"이었다. 디즈레일리는 보수당이 "나라의 부에 손상을 가하지 않은 채" 노동시간을 줄일 수 있었다는 사실을 자랑으로 여겼다. 자유당은 이런 개혁에 반대하면서 개혁을 강행하면 결국 실업과 빈곤으로 이어질 것이라고 주장했었다.[54] 당시에는 사회적이고 '동정적인' 보수주의가 강했고, 아마 이 때문에 노동계급 토리당원 현상이 나타났을 것이다. 일부 토리당원은 이 점을 충분히 이해했다. 디즈레일리 지지자 존 매너스 경은 공장법의 확대에 관해 그에게 보낸 편지(1866년 10월 24일자)에서 '노동계급'을 양성할 필요가 있다고 말했다.[55]

이런 ─오늘날 우리가 부르는 대로─ '동정적 보수주의'는 얼마나 효과가 있었을까? 노동계급의 불만을 이용해서 자유당을 공격하려는 바람 이상의 의미가 있었을까? 혁명에 대한 막연한 두려움 때문에 이런 보수주의가 바람을 탄 걸까?[56] 보수당의 이후 역사는 친자본주의적 정당으로 변신한 역사인데, 1860년대에도 의회 대표자들이 주로 농촌 유권자에 기반을 두었는데도 기본적인 경제 사상은 자유당과 마찬가지로 개인주의 원리를 바탕으로 하고 정부 개입에 반대하는 정통 정치경제학에 깊이 묻혀 있었다는 사실을 보면 쉽게 이해가 간다.[57]

'두 민족' 사이의 간극을 걱정한 것은 토리당만의 특징이 아니었다. 글래드스턴은 재무상 시절인 1863년 4월 16일 하원에서 행한 재무 보고에서 영국이 '거대한 부의 증가', 실로 **이례적이고 거의 도취하게 만드는 성장**을 겪고 있다고 말했다. 그가 추측한 원인은 기술 향상과 입법이었다. 하지만 그는 "이제까지 설명한 증대는 … 자산을 보유한 계급에 전적으로 국한된 증대"라고 불길한 말을 덧붙였다. 위안이라도 삼듯이 어쩌면 이런 증대가 "노동자에게 간접적으로 혜택"이 될지 모른다(훗날의 표현으로 하면 '낙수 효과')고 덧붙이면서도 그는 이런 현상을 탐탁찮게 여겼다. 하지만 그는 영국 노동자의 **평균적** 상태가 지난 20년간 눈에 띄게 향상되었다고 확신했다.[58] 카를 마르크스가 『자본』에서 글래드스턴을 '말만 번지르르한 이 장관'이라고 마뜩찮게 지칭하면서도 이 연설을 언급하지 않았을 리가 없다.[59]

영국에서 부와 빈곤이 계속해서 점점 더 나란히 존재하는 '기묘한 광경'을 언급한 이탈리아 학자 알레산드로 가렐리는 통일 이후 이탈리아에서도 불평등을 걱정하면서 부유층이 축적한 부 때문에 빈민들 사이에 끔찍한 빈곤이 새롭게 생겨나고 있다고 개탄했다.[60] 그는 '우리 노동자들'은 아직 선의로 가득 차 있고, 원하는 것이라곤 자신들의 생활상태를 향상시키는 것뿐이라고 경고했다. 임금을 폐지하는 게 아니라 인상하기를 바란다는 것이었다.[61] 다시 말해 이 노동자들은 사회주의자가 아니었다. 아직까지는.

J. A. 홉슨 같은 자유주의자들도 불평등에 불안을 느끼면서 노동계급의 대다수는 '버젓한 인간의 삶'을 영위할 만한 자원이 충분하지 않다고 지적했다. 그러면서 가정 소비를 자극한 결과로 평등이 확대되면 "우리 산업이 세계 여러 지역에서 새로운 시장을 찾을 필요성에서 벗어나 계산하기 어려운 위험을 수반하는 민족적 적대를 일으키지" 않아도 된다고 덧붙였다.[62]

그리고 1909년, 당시 자유당 정부의 정무장관이던 윈스턴 처칠은 데이비드 로이드 조지의 이른바 국민예산People's Budget을 지지하는 연설(1909년 9월 5일)에서 "부자와 빈자 사이의 자연에 어긋나는 간극이 영 제국이 직면한 가장 커다란 위험"이라고 주장했다.

[이런 위험은] 유럽 대륙의 거대한 함대와 군대에서는 찾아볼 수 없고, 인도 대륙의 심각한 문제에서도 발견되지 않습니다. 이 위험은 황인종의 위협Yellow peril이나 흑인의 위협이 아니며, 식민지와 대외문제의 광범위한 영역에 도사린 위험도 아닙니다. 바로 여기 우리 한가운데, 집 근처에 있는 위험입니다. … 바로 여기서, 부자와 빈자 사이의 자연에 어긋나는 간극에서 제국 파멸과 국가 쇠퇴의 씨앗이 발견될 것입니다. … 착실하고 근면한 많은 사람의 가슴을 무너뜨리는 생계수단과 고용의 끊임없는 불안정, 노동자들 사이에 최소한으로 정해진 생활수준과 편의수준의 부재와 반대쪽 극단에서 천박하고 기쁨 없는 사치의 빠른 증가, 바로 여기에 영국의 적이 있습니다. 적이 영국의 힘의 토대를 뒤흔들지 않도록 유념해야 합니다.[63]

이 경우에 요란한 언어 때문에 확고한 증거가 가려져서는 안 된다. 일찍이 찰스 부스나 시봄 라운트리 같은 사회개혁가들과 연구자들은 각각 런던(『런던 민중의 생활과 노동』[1889~91])과 요크(『빈곤: 도시 생활 연구 Poverty: A Study of Town Life』[1901])의 빈민들에 관한 자세한 조사를 바탕으로 사회문제와 빈곤에 대한 우려를 표명했다.

월리엄 부스(구세군 창립자로 찰스 부스와 아무 관계없음)는 『암흑의 잉글랜드와 탈출구』(1890)에서 유산계급에게 비스마르크의 사회개혁이 제시한 선례를 따라 영국의 빈민이 빈곤에서, '아프리카 같은 암흑'에서 빠져나오는 것을 도와달라고 호소하면서 "어깨나 으쓱하고 그냥 넘겨버리지 말고 … 이 불쌍한 대중을 그토록 오랫동안 내버려진 빈민가에 방치하지 말라"고 경고했다. "안 된다. 안 된다. 시간이 얼마 없다."[64]

특히 큰 영향을 미친 팸플릿 『버려진 런던의 절규 The Bitter Cry of Outcast London』(1883)에서 앤드루 먼스 목사는 "국가가 … 극빈층의 시민권과, 열병의 소굴보다 그나마 나은 곳에서 살 권리―들짐승의 더러운 굴보다 조금이나마 나은 곳에서 거주할 권리―를 보장해야 한다"고 주장했다.[65]

자본주의에 모종의 야만이 존재한다는 사고(암흑의 아프리카나 들짐승에 대한 비유가 자주 등장한 것은 그 때문이다)가 점점 흔해지고 있었다. 업턴 싱클레어가 시카고 정육 산업의 상태를 다룬 베스트셀러 소설의 제목을 『정글』(1906)로 붙인 것도 놀랄 일은 아니다. 많은 이들에게 충격을 준 것은 잉글랜드나 미국같이 세계에서 가장 부유한 나라에 빈곤이 그렇게 광범위하게 퍼질 수 있다는 사실이었다.

물론 이런 정서는 부의 불평등을 자연적 원인이나 오래된 원인 탓으로 돌릴 수 있는 가난한 나라보다는 번영하는 나라에서 더욱 쉽게 표출되었다. 노동자들의 상태는 루마니아같이 거의 산업화되지 않은 나라가 더 나빴다. 1914년 루마니아에서는 노동계급이 전체 인구의 10퍼센트에 불과했고, 노동조건이 지독했으며, 노동자들이 아무런 보호도 받지 못하고, 노동시간을 규제하는 법률도 전혀 없었다.[66]

개혁의 핵심적인 동기는 빈민과 불운한 이들을 '우리 한가운데에 있는 이방인'이 아니라 동료 시민으로 여기는 것이었다. 사회개혁과 민족 공동체의 창조는 나란히 진행되었다. 이런 사정은 유럽만이 아니라 멀리 떨어진 일본도 마찬가지여서 급진주의자와 사회 연구자들이 영국 사회개혁가들과 비슷한 정서를 표명했다. 빈민들이 존재한다는 사실의 발견 자체가 공적 개입을 필요로 했다. 고토쿠 슈스이幸德秋水 같은 사회주의자 지식인들은 '학자, 기업가, 장관, 경찰서장' 등에게 호소하면서 "우리 동료 국민들의 … 다수가 짐승이나 마찬가지로 극악한 삶을 살고 있다"고 지적했다.[67] 빅토르 위고를 읽으면서 사회 불평등에 대한 관심이 높아진 문학 평론가 다오카 레이운田岡嶺雲도 빈민을 국민으로 통합할 것을 촉구하면서 "이른바 19세기의 문명과 계몽은 부자들에게 많은 문명을 안겨준" 한편 부자와 빈자의 간극을 더욱 확대했다고 경고했다.[68]

불평등을 옹호하는 사람은 거의 없었지만, 그런 극소수 가운데서는 경제적 자유주의의 옹호자들이 노골적인 반동주의자보다 두드러졌다. 그리하여 1880년 폴 르루아-볼리외는 부의 과도한 집중은 얼마 되지 않은 과거의 일이라고 설명했다. 그러면서 자유시장이 불평등을 제거할 것이라고 자신만만하게 선언하고는 거의 진심이 담긴 농담조로 미래에 나타날 진짜 위험은 불평등이 충분하지 않고 모든 사람이 똑같아서 삶이 지루해지는 것이라고 덧붙였다.[69] 다른 많은 경우처럼 여기서도 르루아-볼리외는 제3공화국이 소소유자들의 평등한 공화국이라는 (널리 인정받는다고 여겨지는) 정치적 신화를 지지하는 오류를 범했다.[70] 사실 프랑스에서는 19세기 내내, 그리고 1차대전에 이르기까지 불평등이 증대했는데, 이와 같은 불평등 증대는 대부분 1860년에서 1913년에 이르는 시기에 일어났다. 대체로 대규모 산업 자산과 금융 자산이 증가한 덕분이었다.[71] 파리의 불평등은 1867년 이후 크게 증대했다. 1867년에 상위 1퍼센트가 전체 부의 52퍼센트를 소유했는데, 1913년에는 그 수치가 72퍼센트라는 경이적인 수준으로 높아졌다.[72] 제3공화국에는 평등이나 우애가 많지 않았고, 다만 부자가 될 자유만 많았다.

바로 이것이 세계의 많은 이들을 압도한 근대였다. 오랜 시간이 흐른 뒤 미국의 근대가 도시의 게토와 농촌의 빈곤에도 불구하고 그토록 많은 이들을 고무한 것도 마찬가지였다. 최근에 새로 이주한 미국인들은 앞서 정착한 이들과 마찬가지로 스스로 사장이 되기를 원했다. 에이브러햄 링컨은 위스콘신주 농민협회Wisconsin State Agricultural Society를 상대로 한 연설(1859년 9월 30일)에서 미국에 새로 온 이민자에게 임금노동은 스스로 사업주가 되기 위한 디딤돌에 불과하다고 생각했다. "돈이 없지만 신중한 세계의 초심자는 한동안 임금을 받는 노동을 하면서 얼마간의 땅을 살 돈을 저축해야 합니다."[73] 하지만 링컨의 바람에도 불구하고 대다수 이민자들은 계속 임금노동자로 일했고 실업자 바로 위의 밑바닥에서 머물렀다.

불평등은 미국 자본주의의 발전에서 변함없는 요소였다. 미국 철강 재벌이자 박애주의자인 앤드루 카네기는 "백만장자가 사는 궁전과 노동자가 사는 오두막의 대조"에 주목하면서도 이런 현상은 "문명이 낳은 소산"이며, "개탄할 게 아니라 대단히 유익한 것으로 환영해야 한다"고 위안하듯 말했다. "모두 다 비참한 것보다는 이렇게 불균형이 심한 게 훨씬 낫다.

부가 없으면 마에케나스[기원전 약 70~8년. 로마 제국 초기 아우구스투스 황제의 조언자 역할을 한 정치인이자 외교관. 시인 베르길리우스와 호라티우스를 전폭적으로 지원해서 '예술의 후원자'의 대명사가 되었다. 메세나의 어원이다.-옮긴이]도 있을 수 없다. … 예전 상태로 되돌아간다면 재앙이 벌어질 테고—특히 하인 쪽이 더욱 피해를 본다— 문명이 쓸려나갈 것이다."[74] 카네기는 이런 불평등은 '인시적 현상'이라고 부자 특유의 자신감으로 주장했다. 거대한 부는 주로 카네기가 실천하는 식의 개인적 선행을 통해 '서서히' 아래로 흘러내릴 것이다.[75] 그리고 마침내 나라 전체가 번영 속에 하나가 될 것이다.

제11장
민주주의를 향한 열망이 세계를 휩쓸다

중국(1911년 신해혁명), 터키(1908년 청년투르크당 혁명), 멕시코(1910년 포르피리오 디아스 독재에 대항한 혁명), 이란(1905~7년 입헌혁명), 1910년 10월 포르투갈 공화혁명, 세기 전환기에 쫄랄롱꼰 대왕이 노예제와 농노제 폐지를 이끈 태국(당시 명칭은 시암. 태국이라는 이름은 1939년에 채택되었다)의 근대화 등 '후발 주자' 나라들에서 개혁적 소요의 물결이 다양하게 일어났다. 러시아에서는 1905년 혁명이 실패한 뒤 일련의 개혁이 일어나 정당의 합법화, 지방정부의 대의기관 설치, 대규모 토지개혁 등으로 이어졌다. 이런 소요에서 중요한 요소는 유럽의 산업화와 그에 따른 원료와 식량 수요 폭발이었다. 특히 오스만 제국이 큰 영향을 받았다.[1]

국가 엘리트들은 근대화의 깃발 아래 정치·경제개혁을 밀어붙이려고 했다. 때로는 이런 개혁이 불평등 증대로 귀결되었다. 이런 전자본주의 사회들은 평등을 이상화한 적이 없었기 때문이다. 외세의 정복과 지배에 대한 두려움이 종종 개혁의 자극제가 되었다. 아시아에서 식민화되지 않은 몇 안 되는 나라 중 하나인 태국은 프랑스 제국주의를 두려워했다. 여전히 제국이기는 하나 무기력한 나라였던 포르투갈에서는 영국의 아프리카 식민지 소유권 주장이 계기가 되어 미적거리는 군주에 맞선 공화주의 쿠데타가 일어났다. 일본과 이란, 중국은 서양 제국주의 전반을 두려워했고, 라틴아메리카는 미국을 우려해서 흔히 포르피리오 디아스가 내뱉었다고 여겨지는 유명한 탄식이 퍼졌다. "가난한 멕시코! 하느님과는 너무 멀고 미국과는 너무 가깝구나!(¡Pobre México! ¡Tan lejos de Dios y tan cerca de los Estados Unidos!)" 러시아와 오스만 제국은 서유럽 열강을 두려워했다. 위에서부터 개혁운동이 일어난 배후의 주요한 구성요소 가운데 하나는 공포였다.

많은 경우에 변화의 과정은 군부에 의해 시작되었고, 군대가 종종 근대적 정당의 원형이 되었다. 중앙집권화되고 규율이 확실하고 다양한 사회 계급들 가운데 신병을 끌어모을 수 있었기 때문이다. 군부의 우월성은 서로 다르면서도 독특한 두 지역인 중동(이집트와 오스만 제국)과 라틴아메리카에서 특히 중요했다.

오스만 제국은 서서히 쇠퇴하고 있었다. 콘스탄티노플의 중앙 권력은 중국과 마찬가지로 끊임없이 개혁을 재촉받았지만 신속하게 움직일 수 없었다. 몇 가지 소심한 조치가 취해졌다. 크림 전쟁 중에 유럽 열강에게 빚을 진 사실을 깨달은 오스만인들은 1856년 오스만 개혁 칙령을 반포하면서 시민 평등의 원리를 받아들였다.[2] 그로부터 20년 뒤인 1876년, 이제 막 황위에 오른 술탄 압뒬하미드 2세는 입헌 개혁을 도입하겠다고 약속했지만, 벨기에 헌법(1831)을 바탕으로 초안이 작성된 헌법은 술탄의 권한에 아무런 제약을 두지 않음으로써 선출된 의회의 권한을 훼손했다. 새로운 것은 종교와 관계없이 모든 사람이 정말로 법 앞에 평등할 것이라는 선언이었다.[3]

외부의 위협은 개혁의 속도를 재촉하는 데 기여한 동시에 개혁을 방해하기도 했다. 1877~8년 러시아의 군사 개입은 오스만 제국의 입헌주의를 좌절시켰다.[4] 그리하여 헌법은 사실상 겨우 몇 년 동안만 지속되었다. 게다가 선거로 뽑힌 의회가 지나치게 독립적인 모습을 보인 탓에 개혁이 일단 시작되면 제국체제 전체의 붕괴로 이어질 것이라고 생각한 전통주의자들의 우려가 더욱 굳어졌다. 압뒬하미드가 값비싸고 복잡한 후원-피후원 체계를 발전시키는 가운데 반대 세력을 숙청, 추방하고 암살하면서 억압의 시대가 이어졌다.[5] 과거에 오스만 제국은 사실 일종의 경찰국가로 밀고자 망과 엄격한 검열뿐만 아니라 우편과 전신까지 활용해서 시민들의 활동과 일상생활을 감시했다. 미국이나 영국 같은 민주국가도 오늘날까지 비슷한 일을 계속한다.

오스만 정권이 저지른 실수는 민주개혁과 경제발전의 연결고리를 깨뜨리려고 한 것이다. 민주주의 없이 번영만 얻으려고 했지만 그 결과 아무것도 이루지 못했다. 제국 행정관들은 (중국의 관리들처럼) 자본주의적 관계가 침투하면 상인계급의 권력이 커지고 자신들의 권력이 줄어들 것을 우려하면서도 경제가 침체되면 자신들에게도 불리한 영향이 미칠 것임을 알았다. 오스만의 수공업은 1830년대 이래 유럽의 값싼 공장제 상품들이 대규모로 수입되면서 계속 불황에 시달렸다. 오스만 정권의 이런 오랜 실패에 1907년의 혹독한 겨울과 그로 인한 식료품 가격의 상승 같은 우연적인 요인들까지 겹쳤다. 이런 긴장은 결국 1908년 청년투르크당 혁명으로 이어졌다.[6]

청년투르크당이 1889년 파리에서 창설된 통일진보위원회Ittihad ve Terakki Cemiyeti라는 이름 아래 다양한 반정부 파벌을 단합하지 못했다면 혁명은 불가능했을 것이다. 그들이 추구하는 '근대'는 여성과 남성 **둘 다**에게 호소하면서 정부가 '정의와 평등, 자유 같은' 인권을 침해한다고 비난한 선언문의 첫 구절에서 예고되었다. 근대화운동이 등장할 때면 언제나 그렇듯이 여성의 상태가 전면에 대두되었고, 다양한 페미니즘 조직이 속속 생겨나면서 외국인 방문자들을 놀라게 만들었다.[7] 청년투르크당은 또한 '조국'이라는 우산 아래 다양한 소수 집단을 통합한다는, 언뜻 불가능해 보이는 과제를 시도했다. 1908년에 이르러 압뒬하미드 2세를 압박해서 일시 정지된 헌법을 회복시키고 선거를 치르게 만들면서 성공을 거두었다. 이것이 이른바 청년투르크당 혁명이다. 헌법이 개정(1909)되어 술탄의 특권이 상당히 줄어들었다.[8] 마침내 압뒬하미드가 폐위되고 오스만 제국은 뒤늦게 입헌군주제가 되었지만 남은 시간이 얼마 없었다. 오스만이라는 다민족 제국에서는 민족 건설이 불가능했다. 1차대전 이후에야 제국이 해체되면서 터키 민족이 생겨났다.

그들 스스로가 지적·정치적 엘리트였던 청년투르크당은 겉으로는 의회 정부와 1876년 헌법을 다시 세우기 위해 권력을 잡았지만, 얼마 지나지 않아 민주화가 중단되었다. 청년투르크당은 중국, 멕시코, 이집트 등지의 혁명 세력과 마찬가지로 대중을 불신하는 권위주의적인 근대화론자들이었다. 대다수 혁명가들이 민중에게 호소한다는 **관념**을 포기하지 않으면서도 대중을 불신한다. 청년투르크당은 세속주의 세력으로 1923년 케말주의 혁명의 원형을 보여주었다. 그들은 국가와 종교의 분리를 주창했으며 이슬람 교육을 근대화하기를 기대했다. 무스타파 케말, 즉 미래의 '터키의 아버지' 아타튀르크는 이런 기대를 유토피아적인 것으로 여기면서 종교 학교를 전부 폐쇄하는 쪽을 선호했다.[9]

1912~13년 발칸 전쟁에서 오스만 제국이 마케도니아와 테살로니키(아타튀르크의 고향)를 상실한 결과는 제국이 얼마나 불안정해졌는지를 여실히 보여주었다. 제국은 이미 한 세기 넘게 쇠퇴하고 있었다. 이미

1877년에 당시 영국의 인도 담당 장관 솔즈베리 경은 오스만 제국의 해체를 내다보면서 "다른 이들은 전부 터키 제국을 시체 취급하는데, 우리만 살아 있는 생명체로 대하고 존중한다면" 우스꽝스러운 일이라고 말했다.[10] 1차대전을 앞둔 시기에 유럽 열강은 마치 독수리처럼 오스만 제국의 사체를 뜯어먹었다. 오스트리아-헝가리는 보스니아와 헤르체고비나를 병합했고, 그리스는 크레타와 테살로니키를 획득했으며, 이탈리아는 리비아와 로도스섬을 포함한 도데카네스제도를 점령했다. 1913년 1월 23일 청년투르크당이 군사 쿠데타를 이끌고 나서야 제국에 마지막으로 남은 유럽 땅인 동트라키아가 불가리아에 넘어가는 걸 막을 수 있었다.[11] 군부는 20세기 대부분 동안 터키 정치를 계속 지배했고, 터키 민족을 건설하는 데 기여했다. 대부분의 민족국가는 전쟁이나 전쟁 위협의 결과로 건설되었다. 나폴레옹의 프랑스, 프랑스 제3공화국, 비스마르크의 독일, 소련, 중국, 남북전쟁 이후의 미국, 오스트리아, 이탈리아, 대다수 탈식민국가, 유고슬라비아, 이스라엘 등이 모두 그러했다.

하지만 이란(외국인들은 페르시아라는 이름을 더 많이 썼다)은 오스만인들보다 서구 열강의 지배를 훨씬 많이 받았다. 1907년 영러협상 아래 이란은 두 세력권으로 분할되었다. 테헤란을 포함한 북부는 러시아 세력권, 동남부는 영국 세력권(아프가니스탄과 발루치스탄을 '보호'하기 위해)이었다. 자신들만 세금을 납부해야 하는 상황에 당황한 상인 집단은 외국 수입품, 특히 직물에 대해 관세를 매기기를 원했다. 하지만 사치스러운 생활 때문에 나라가 큰 빚을 지는 데 일조한 샤(모자파르 앗딘 국왕)는 외국인들에게 빚이 있었고, 여러 명사나 지방 지도자들과 끊임없이 교섭을 해야만 통치할 수 있었다. 보호주의를 실행할 가능성이 전혀 없었다.[12]

이번에도 역시 이란의 변화에 대한 압박은 해외로부터 왔다. 1905년 일본이 러시아에 승리를 거두면서 입헌 개혁 국가의 힘이 입증된 반면, 이후 1905년에 러시아혁명이 실패로 돌아가면서 "가능성의 영역이 확대되어 … 이란에서 입헌혁명을 상상할 수 있게 되었다".[13] 1906년 여름 테헤란에서 성직자와 상인의 동맹이 이끄는 일련의 시위가 벌어지자 모자파르 앗딘은 결국 국민자문의회National Consultative Assembly를 소집했다.[14] 1906년 혁명은 이란에 중요한 유산을 남겼다. 재정, 사법, 공교육, 의회(마즐리스Majlis. '앉는 장소'라는 뜻의 아랍어) 선거, 정치 조직 발전 등에서 어느 정도 근대화가 이루어졌다. 일부 여성은 정치에 참여할 수 있었고 최초의 여성 신문을 창간했다.[15]

하지만 강력한 성직자 집단은 세속적 근대화 세력이 바라는 것과 전혀 다른 헌법을 원했다.[16] 그들은 —이탈리아, 오스트리아, 독일의 기독교 성직자들과 마찬가지로— 국가의 권한을 제한하기를 원한 반면, 세속화 세력은 이란의 후진성을 극복하고 산업사회로 나아가는 길을 이끌 힘이 있는 강한 국가를 만들기를 바랐다.[17] 이후 벌어진 소요 속에서 이란 헌법이 —터키처럼— 1831년 벨기에 헌법을 바탕으로 제정되었다.[18]

10장에서 살펴본 것처럼, 언어나 종교에서 어느 정도 통일성이 존재할 때 민족 건설이 더 쉽다. 이란은 오스만 제국에 비해 종족적 다양성이 한결 적은 반면, 이슬람은 그에 따라 더 강했기 때문에 외국의 지배에 맞서 싸우는 개혁가들에게 유용했다.[19]

1907년 아버지의 뒤를 이은 새로운 통치자 무함마드 알리 샤 카자르는 군주에 대한 충성을 호소하는 것으로는 새로운 입헌주의를 획득할 수 없고, 이슬람을 중심으로 대중의 지지를 되살리고 동원해야만 한다는 것을 분명히 깨달았다. 해외에서는 샤의 이미지가 형편없었다. W. 모건 슈스터의 말을 빌자면, 샤는 "여러 세대에 걸쳐 이란 왕좌에 수치를 안

긴 가장 변태적이고 비겁하며 비행에 빠진 괴물"이었다. 1909년 1월 발행된 『일러스트레이티드런던뉴스Illustrated London News』의 1면에는 샤가 공작 왕좌[Peacock Throne. 원래는 무굴 제국의 왕좌를 가리키는 표현이지만, 1739년 나디르 샤가 무굴 제국의 공작 왕좌를 전리품으로 챙겨온 뒤 이란 왕좌를 가리키기도 한다.-옮긴이]에 앉아 있는 그림과 함께 "'왕 중의 왕'은 자기 나라는 아직 헌법이나 국민의회를 만들기에는 시기상조라고 선언한 바 있다"는 설명이 실렸다.[20]

오데사로 망명길에 올라야 했던 무함마드 알리는 러시아의 도움을 받아 복귀했다.[21] 샤는 의회를 해산했지만, 의회 없이는 영국인과 러시아인들에게 진 빚을 상환하기 위해 세금을 인상할 수 없었기 때문에 수많은 지방에서 소요에 직면한 가운데서도 의회를 다시 소집해야 했다.[22] 무함마드 알리는 1909년 7월에 입헌주의 세력에 의해 다시 축출되었고, 그의 아들 아흐마드 샤가 열한 살의 나이로 왕위를 계승했다. 근대화론자들이 승리한 듯 보였지만 나라는 끊임없는 소요로 약해진 상태였다. 망명한 샤가 1910년에 최후의 복귀를 시도했지만 다시 실패했다. 한때 입헌주의·민족주의 세력의 지지자였던 영국인들은, 외무장관 에드워드 그레이 경(자유당 소속)이 말한 것처럼, "페르시아인들의 비위를 맞추기 위해 러시아와 계속 싸울" 만한 가치가 없다는 판단 아래 방침을 바꿨다. 영국은 이미 이 지역에서 각자의 세력권에 관해 러시아와 협약을 체결(1907)했기 때문이다.[23] 사실 영국은 이란에 대해 한 번도 정말로 그만큼 관심을 기울인 적이 없었다. 솔즈베리 경 본인이 20년 전에 이렇게 말한 바 있었다. "인도를 가지기 위한 게 아니라면 페르시아에 대해 골머리를 썩일 필요가 없다."[24] 영국 권력 기구에서 이란에 관한 주요한 '전문가'는 『페르시아와 페르시아문제Persia and the Persian Question』(1892)의 저자인 커즌 경이었는데, 그는 이란인들에 대해 깊은 편견을 갖고 있었다. 이란인들은 원래부터 한 입으로 두말하고 배반을 밥 먹듯 한다는 것이었다.[25] 이란 문화를 연구하는 영국의 대표적 전문가로 친이란적 저서인 『1905~09년 페르시아 혁명The Persian Revolution of 1905-09』(1910)에서 민족주의-입헌주의 세력은 "본질적으로 애국 정당이며 진보와 자유와 관용, 그리고 무엇보다도 민족 독립과 '페르시아인들을 위한 페르시아'를 상징한다"고 설명한 에드워드 G. 브라운의 말에 귀를 기울이는 이는 거의 없었다.[26]

앞서 의회는 부유한 고급 귀족에게 세금을 거둬서 국가 재정을 개혁하려고 했고, 샤가 러시아와 영국으로부터 돈을 빌리는 것을 중단시켰다. 그리고 미국인 재정 전문가 W. 모건 슈스터를 재무장관으로 영입했다(유럽인을 대단히 불신한 것과 달리 미국인들은 우호적으로 여겨졌다).[27] 1911년 12월 이란에 온 슈스터는 전에 사실상 미국의 식민지인 쿠바와 필리핀의 세관을 조직했는데, 잘못된 평가이긴 하나 이 때문에 이따금 미국의 끄나풀로 간주되었다. 슈스터는 자신이 맡은 직책을 진지하게 받아들여서 세금을 징수하고 부패를 뿌리뽑으려 했고, 이란이 진정한 독립국인 것처럼 행동했다. 그는 오로지 고용주인 의회에만 충성을 다하는 모습을 보였고, 러시아, 영국, 심지어 프랑스(프랑스의 우선과제는 독일에 대항하는 동맹을 발전시키는 것이었다)까지 적으로 만들었다.[28] 하지만 의회는 어떤 유럽 열강의 지지도 받지 못했다. 결국 러시아가 이란 의회에 슈스터를 해임하고 러시아와 영국에게 문의하지 않은 채 외국인을 고용하지 말라고 요청하는 최후통첩을 보냈다.[29] 처음에 의회는 거부했고 영국과 러시아 상품에 대한 대중적인 불매운동으로 지지를 받았다.[30] 그러나 제대로 된 군대가 없었던 이란은 저항할 수 없었고 결국 의회는 러시아의 최후통첩을 받아들일 수밖에 없었다. 슈스터는 씁쓸한 심정으로 1912년 1월 미국으로 돌아갔다. 임기는 고작 일곱 달 만에 끝이 났다. 그는 이 사태를 다룬 회고록 『페르시아 목 졸라 죽이기The Strangling of Persia』에서 이란은 "몇몇 유럽 열강이 수백 년 동안 갈고닦은 기술로 약소국을 농락하는 비참한 카드놀이에 낀 무기력한 희생자였다"고 술회했다.[31]

이집트에서도 민주주의가 꿈틀거리고 있었다. 엄밀히 따지면 오스만 제국의 일부였지만, 이 나라는 자치를 누렸다. 이집트는 일찍이 1848년에 세계 10대 면화 생산국 대열에 올라섰다. 프랑스와 영국이 주요 무역 파트너였는데, 위대한 이집트 헤디브(총독) 무함마드 알리가 추진한 국가 주도 개혁 덕분이었다('현대 이집트의 창시자'인 알리는 알바니아 태생 군인으로 터키어로 정부 업무를 수행했다). 면화에서 생겨난 부는 ―일본처럼― 국가 주도 산업화를 위한 발판으로 사용될 수 있었다.[32] 실제로 무함마드 알리는 지주들의 특권 가운데 일부를 무너뜨리고 경작권을 농민들fellahin에게 분배했다.[33] 얼마 지나지 않아 그는 이집트 농업의 지배자뿐만 아니라 주요한 산업자본가가 되어 자기 공장에 4만여 노동자를 고용했다.[34] 하지만 영국-오스만 조약은 이집트에 자유무역을 강요하면서 기계화 산업을 파괴했다(이집트가 더 강한 나라였다면 이 산업이 마땅히 보호받았을 것이다). 이집트의 면화 산업은 황폐화되었다. 이집트 국가는 국내에서는 강했지만 국제적으로는 약했고 "영국의 이익과 의도에 호적수가되지 못했다".[35] 한편 무함마드 알리의 손자인 이스마일 파샤('이스마일 대왕')는 나라를 근대화하는 과업을 계속하면서 점차 오스만 제국으로부터독립을 이루었다. 그는 1869년에 수에즈운하를 개통했으며, 근대적 남녀공학제도를 도입하면서 토박이 엘리트가 등장하고 유럽인들이 이집트의 경제·문화 생활에 관여하도록 장려했다.[36] 1860년대에 이르면, 타마둔(tamaddun, 문명)과 타카둠(taqaddum, 진보) 같은 표현이 이집트 지식인 사이에서 흔히 쓰이게 되었다. 특히 기독교 배경을 지닌 소수 집단에서 많이 쓰였다.[37] 하지만 영국과 프랑스에 막대한 부채를 지면서 이루어진 근대화는 너무 큰 장애물임이 드러났다.

영국 제국주의의 전성기인 1차대전 이전 시기에 영국 영사가 사실상 이집트의 통치자였다. 1887년부터 20년 동안 이집트 영사를 지낸 에벌린 베링(1892년에 크로머 경이 됨)에게는 두 가지 우선과제가 있었다. 첫째는 영국의 지배권을 주장하는 것이고, 둘째는 영국인(즉 자기 자신)이 이집트 인보다 이집트를 더 잘 통치한다고 런던의 정치인들을 설득하는 것이었다.[38] 1887년 그는 수상 솔즈베리 경에게 편지를 보내 의구심을 나타냈다.

토박이 이집트인들처럼 무지하고 무능한 집단에 반문명화된 국가의 권력이 갑작스럽게 이전될 [수 있습니다.] 이 사람들은 지난 수백 년 동안 종속된 민족 이었습니다. … 또한 현재로서는 그들 자신들의 이익으로 보나 문명 세계 일반 의 이익으로 보나 그들을 자율적인 통치자의 범주로 끌어올리는 게 바람직하 다고 볼 만한 어떤 자질도 갖추지 못하고 있는 것으로 보입니다.[39]

크로머는 이집트 '정부'의 모든 각료를 꼼꼼히 심사하기를 원했다. 당 시 수상이었던 글래드스턴 자신은 크로머의 오만한 모습에 깜짝 놀랐 다.[40] 헤디브는 조만간 영국의 요구에 저항할 수 있다는 모습을 전혀 보이 지 않았다. 기존의 이집트 보수파 정치인들은 이제 완전히 사기가 떨어졌 다.[41] 크로머는 이집트에서 중간계급이나 면화 산업이 발전하지 못하도 록 최선의 노력을 기울였다. "잉글랜드와 이 나라 사이에서 현재 진행되 는 엄청난 규모의 면화 교역에 … 심각한 영향"이 미칠 것을 우려했기 때 문이다.[42] 랭커셔 면화의 이해관계와 이집트 면화의 이해관계 사이에서 선택을 요구받으면, 크로머는 비록 이집트에서 30년을 살았다 할지라도 언제나 랭커셔를 선택할 것이었다. 하지만 충분히 강한 국가가 없는 이집트는 결코 중동의 일본이 될 수 없었다. 이집트가 19세기에 착수한 주요한 근대화 사업인 수에즈운하는 잉글랜드와 인도 사이의 거리를 절반으로 줄이는 대사업이었는데, 축복을 가장한 저주임이 드러났다. 운하가 완공되자 이집트는 영국과 영국이 소유한 제국에 결정적으로 중요한 땅이 되었기 때문이다.[43]

이와 같이 오스만 제국과 이란, 이집트의 입헌 통치와 민주개혁을 향한 열망은 역설적이게도 이른바 민주주의의 선구자들에 의해 종종 좌절되는 전 지구적 운동의 일부였다. 오늘날 우리는 이 세력을 '국제사회', 또는 서구라고 부른다.

이런 새로운 '민주주의' 시대의 중심적 측면은 '민중'에게 모종의 입에 발린 말을 해야 했다는 것이다. 난폭할 정도로 솔직한 권위주의의 담론조차 포퓰리즘과 민중의 언어를 빌렸다. 그리하여 라틴아메리카에서는 에스파냐와 단절한 과두지배체제, 대개 아르헨티나의 후안 마누엘 데 로사스나 멕시코의 안토니오 로페스 데 산타 안나 같은 독재자caudillo나 칠레의 디에고 포르탈레스 같은 권위주의 정치인, 그리고 후에는 멕시코의 포르피리오 디아스같이 '선거로 뽑힌' 독재자들이 이끈 과두지배체제가 민중의 이익을 가장 우선시한다고 주장했다. (이런 독재자들에 맞서 싸운 이들 또한 민주주의의 언어를 구사했다.) 독재자 자신들은 충성을 다하는 추종자 무리를 필요로 했다. 그들에게 국가 자원을 분배해주는 한편 무력으로 얻거나 상속받는 식으로 갖게 된 대토지라는 형태로 스스로 경제적 기반을 보유했다. 로사스 같은 라플라타강 지역 독재자가 대부분 그런 경제적 기반을 소유했다.[44]

1910년 멕시코혁명은 의심할 나위 없이 '근대적인' 목표를 추구했다. '대의민주주의', 국가에 대한 교회의 종속, 세속적 교육의 발전, 토지개혁, 고용 규제와 공공부문 확대, 특히 외국 기업의 수중으로 떨어질 수 있는 자원에 대한 통제 등이었다.[45] 멕시코혁명은 북아메리카혁명과 마찬가지로 신세계에서 일어난 혁명이었다. 이란의 입헌혁명이나 오스만 제국의 청년튀르크당, 중국의 1911년 신해혁명처럼 구체제를 뿌리뽑는 것을 목표로 삼지 않았다. 혁명이 겨눈 표적은 근대의 독재인 포르피리오 디아스 독재였는데, 이 체제는 민족 통일에 대한 강한 믿음, 세속주의, 공화주의, 개인주의 등 근대 자유주의의 특징을 죄다 갖고 있었다.[46] 일찍이 민주주의는 이와 같이 자유주의적인 멕시코 국가의 공식적인 요소였다. 디아스는 1876년에서 1910년 사이에 거의 빠짐없이 재선됐는데, 위협과 강압에서부터 뇌물과 적응적 흡수에 이르기까지 무수히 많은 방법을 동원했다. 멕시코 주재 미국 대사 헨리 레인 윌슨이 1914년에 쓴 것처럼, "디아스는 폭군이 아니라 인자한 전제 군주였다. 그는 멕시코 민중을 이해했으며 그들이 자치에 적합하지 않다는 것을 알았다".[47]

포르피리아토(Porfiriato. 포르피리오 디아스 집권기를 일컫는 표현) 전체 시기에 그대로 쓰인 1857년 멕시코 헌법은 원주민을 진정한 멕시코 시민으로 인정하지 않았고, 상당 부분 마을 사람들이 공동으로 보유하는 토지의 사적 소유를 옹호했으며, 뿌리 깊은 가톨릭 나라에서 반교권주의를 내세웠다.[48] 그렇지만 유럽의 어떤 민주주의자라도 인정했을 법한 종류의 헌법이기도 했다. 인권과 남성 참정권, 행정 권력과 사법 권력의 분리, 연방주의, 교회와 국가의 분리 등을 소중히 여겼기 때문이다. 물론 실제로는 거의 존중되지 않았다. 오스만 제국과 차르 제국에서는 개혁가들이 헌법을 요구한 반면, 1910년 멕시코의 혁명가들은 엘리트들이 서로 민중을

투쟁의 무기로 활용하면서 정치적 충돌을 벌일 때 기존 헌법을 실행할 것을 요구했다.[49]

하지만 민중이 부재했던 것은 아니다. 멕시코의 경험을 특징지은 거대한 토지개혁은 다른 어느 나라에서도 유례가 없는 민중의 관여를 목도했다. 가령 러시아에서는 농노해방이 기본적으로 위에서부터 이루어진 혁명이었다. 1910년 혁명 직전 멕시코에서는 마을 사람들이 당국에 토지를 달라는 청원을 하면서 합법적인 모든 수단을 (때로는 불법적인 수단까지도) 활용하고, 토지 명의를 샅샅이 뒤지고, 경계를 구분하고, 당국에 토지 소유권을 둘러싼 분쟁을 중재해 달라고 요청했다.[50]

포르피리오 디아스의 독재는 단순히 자의적인 1인 통치가 아니라 근대화를 추진하는 '자유주의적' 준독재에 가까웠다. (물론 대개 선거 부정이 있었지만 디아스는 진정한 지지를 받았다.) 포르피리오 정권의 자유주의자들은 경제발전과 성장을 장려하기 위해서만이 아니라 빈민을 보호할 수 있는 사회 정책을 떠받치기 위해서도 행정부를 강화했다. 가난한 인디오들의 황량한 생활상태를 개선하려는 시도 속에서 종종 토지 분배가 이루어졌다. 1910년에서 1913년까지 벌어진 소요—포르피리오 통치 시대의 종언, 혁명, 프란시스코 마데로 당선, 1913년 마데로 암살, 멕시코 주재 미국 대사 헨리 레인 윌슨과 공모했을 가능성이 있는 빅토리아노 우에르타의 군사쿠데타—는 제도혁명당Partido Revolucionario Institucional이라는 적절한 이름이 붙은 당의 장기 통치로 귀결되었다. 이후 제도혁명당은 71년간 중단 없이 지배했는데, 종종 엄청난 득표차로 재선에 성공했다.

1917년에 이르러 멕시코는 진보적인 유럽 국가들과 유사한 사회적·정치적 권리를 공포했다. 토지개혁, 남성 참정권, 일정한 형태의 복지, 노동조합을 결성하고 파업을 벌일 수 있는 노동자의 권리, 여성과 아동 보호,

하루 8시간 노동, 최저임금 등이었다. 많은 라틴아메리카 나라들이 이 본보기를 따랐다. 물론 이런 권리가 실제로 어느 정도나 실행됐는지는 여전히 논란거리다.

멕시코혁명은 20세기에 벌어진 다른 세속주의, 민족주의혁명의 선구자였다. 1979년 이란 호메이니혁명이 도래하기 전에 이런 민족혁명들은 압도적으로 세속적이고 대개 반종교적인 성격을 띠면서 1910년 메시코의 경우처럼 혁명으로 해방시킨다고 주장하는 '민중'을 끊임없이 거론하는 언어를 제시했다.[51] 물론 민중은 대개 여전히 만족하지 못했다. 혁명의 미사여구는 불가피하게 현실에서는 불가능한 메시아적 변화의 가능성을 찬양했다.

그토록 많은 라틴아메리카 나라들이 만성적인 불안정에 시달린 것은 대개 농촌의 보수적 엘리트들과 도시에 기반을 둔 자유주의 엘리트들이 크게 달랐기 때문이다. 양쪽은 때로 신사협정acuerdo entre caballeros을 맺고 권력을 독점했지만, 타협이 깨지면 불안정이 이어졌다.[52] 양쪽 모두에서 말로는 '민중'에 호소하면서도 복잡한 정치적 게임의 졸로 취급했다. 1907년 칠레에서는 군대가 이키케에서 무방비 상태의 파업 광부 1000여 명과 더불어 부인과 아이들까지 살해한 경우(산타마리아 학교 학살 사건)처럼, 민중을 가혹하게 탄압하는 일이 잦았다. 하지만 자유주의자나 보수주의자나 전투적 노동자들을 지나치게 우려한 것은 아니었다. 산업 프롤레타리아트나 사회주의는 라틴아메리카에서 중요한 세력이 아니었기 때문이다.[53]

민족 건설에 대한 대중적 합의는, 실제적인 것이든 가정된 것이든, 다른 나라에서도 호소력을 발휘했다. 독일이나 이탈리아같이 최근에 통일된 국가, 남북전쟁 이후의 미국처럼 최근에 통일성이 높아진 국가, 심지어 프랑스나 영국처럼 이미 탄탄하게 확립된 국가, 폴란드나 아일랜드처럼 다른 더 큰 국가의 일부이면서도 민족이 되기를 바란 '민족', 그리고 포르투갈과 에스파냐처럼 쇠퇴하는 오래된 나라들까지 모두 마찬가지였다. 솔즈베리 경은 일찍이 1898년 5월 4일 앵초단(Primrose League. '하느님과 여왕과 조국을 떠받치고 지지하는' 데 전념하는 보수당원 조직)을 상대로 한 유명한 연설에서 오래된 죽어가는 민족과 '진정으로' 살아 있는 민족의 이런 구분을 환기시킨 바 있었다. 연설에서 그는 세계의 민족들을 죽어가는 민족(에스파냐, 포르투갈, 중국, 터키)과 미국과 독일, 그리고 물론 영국(솔즈베리는 프랑스와 이탈리아에 관해서는 확신하지 못했다) 같은 살아 있는 민족으로 나누었다.[54]

실제로 에스파냐는 대다수 서유럽 나라들에 비해 경제적으로 뒤처지고, 정치적으로 불안정하며, 쿠데타와 역쿠데타에 시달리는 나라였다. 경제 상황은 비참했다. 수년간 사회적 갈등을 겪은 끝에 국가 재정이 엉망이 되었다.[55] 1873~4년 동안 잠시 공화정이 세워진 뒤 군부 주도로 이루어진 부르봉 왕정복고는 보수적인 '자유주의' 체제임이 드러났다. 보수주의자 안토니오 카노바스 델 카스티요(1874년부터 이탈리아 아나키스트에게 살해되는 1897년까지 여섯 차례 수상 역임)가 자유주의자 프락세데스 마테오 사가스타(1870년에서 1902년까지 여덟 차례 수상 역임)와 교대로 권력을 잡았다. 이른바 평화 교체기turno pacifico는 군부를 정치에서 배제하는 한편, 민주주의의 장식을 약간 걸친 대단히 부패한 체제의 전리품을 나눠먹기 위한 반공식적인 합의였다. 사회적 상태는 여전히 비참했다. 국민 대다수가 만성적인 영양부족 상태였고, 많은 이들이 콜레라와 독감 유행병에 시달렸다(1885~90). 폐결핵이 도심지의 주요한 사망 원인이었고, 국민의 71퍼센트가 문맹이었다.[56] 1898년 에스파냐는 남아 있던 식민지—

쿠바, 푸에르토리코, 필리핀—를 미국에 빼앗겼다. 프랑스의 지리학자 모리스 짐메르만 같은 몇몇 유럽인들은 미국이 새롭게 힘을 키우는 것을 우려하기 시작했다.[57]

'98년의 재난desastre del '98'(식민지 상실을 가리키는 표현)이 경제에 미친 여파는 비교적 사소했지만, 재난 이후 나라에 만연한 사기저하는 자기담구와 민족주의, 경제 보호주의의 시기에 길을 내주었다.[58] 식민지 상실에 대한 대중적 비탄은 거의 없었다. 인텔리겐차로서는 당혹스러운 현상이었는데, 특히 큰 외상을 입은 나머지 98세대generación del '98라는 이름까지 얻고 절망을 표출하기 위해 다미안 이세른의 『민족의 재난과 그 원인Del desastre nacional y sus causas』(1899)에서부터 리카르도 마시아스 피카베아의 『민족문제: 사실, 원인, 해법El problema nacional. Hechos, causas y remedios』(1899)에 이르기까지 홍수처럼 책을 쏟아낸 이들로서는 대중의 무관심을 이해할 수 없었다.[59]

에스파냐에서 가장 근대화된(문화적으로나 산업적으로나) 지역인 카탈루냐에서는 1898년의 재난이 카탈루냐가 아니라 에스파냐의 패배로 여겨졌다.[60] 에스파냐의 민족 건설이 어려웠던 것은 카탈루냐와 바스크 지방 등 산업이 탄탄한 지역에서 분리주의운동이 득세했기 때문이다. 당시 서유럽에서는 이례적인 일이었다. 이런 식의 분리주의는 가난한 지역이 자신들의 곤경을 부유한 지역 탓으로 돌리는 경향이 흔했기 때문이다. 게다가 이런 가난한 자의 분리주의조차 사소한 문제였다. 시칠리아에서는 크게 득세하지 않았고, 코르시카에서는 민족주의가 완전히 힘을 잃었으며, 스코틀랜드와 웨일스에서는 당시에 이미 괴짜들이나 관심을 갖는 문제였고, 바이에른은 적어도 1차대전이 끝날 때까지는 독일의 일부라는 사실에 만족한 듯 보였다. 아일랜드는 전혀 다른 문제였고, 실제로 아일랜드 민족주의는 1922년 남부 아일랜드에 아일랜드자유국[영국의 자치령. 1949년에 아일랜드공화국으로 독립.-옮긴이]이 수립된 뒤에도 영국 정치에서 계속 핵심적인 행위자로 남았다.

에스파냐가 민주주의에 반대하면서 내세운 논거(13장에서 살펴볼 것처럼, 다른 나라들도 마찬가지였다)는 전체 민중에게 참정권을 부여한다면 어리석은 짓이 되리라는 것이었다. 민중은 미성숙한 대중이며 교육을 받지 못하고 천박한 욕망에 사로잡혀 있기 때문에 민중 선동가들의 손쉬운 먹잇감이 된다는 게 이유였다. 민중은 교육을 받아야 하고, 그다음에 시간이 무르익으면 점진적으로만 대표자를 선출하도록 허용할 수 있었다. 민중은 자신들의 의무를 배우고, 책임 있게 행동해야 했다. 자신들에게 벌어진 일을 통치자 탓으로 돌리는 것을 그만두고, 평화적인 방식으로 경쟁하는 엘리트들 사이를 중재해야 했다. 그렇지만 1890년 새로 제정된 선거법은 소득에 관계없이 25세 이상의 모든 에스파냐 남성에게 참정권을 부여했다(1918년에야 남성 보편 참정권이 부여된 영국보다 한참 앞선 것이었다).

러시아에서도 민주주의의 기미가 확연하게 보였다. 1860년대에 이르면 러시아 보수주의자들도 일정한 정치적 개혁을 해야 한다는 사실을 인정했다. 일부는 크림 전쟁(1853~6)에서 무참히 패배한 원인을 징집 병사들(주로 농민이었다)의 애국심이 결여된 데서 찾으면서 이런 현상은 민중이 정치 생활에 관여하지 못한 때문이라고 생각했다. 열렬한 슬라브주의자인 유리 사마린은 이렇게 말했다. "우리는 유럽 열강의 친선 공동체에서 우리에게 어울리는 자리를 빈나 파리, 런던이 아니라 러시아 내부에서 되찾을 것이다." 그러려면 '정부가 민중으로부터 고립된 현실'을 끝장내야 한다.[61] 그의 설명에 따르면 러시아에는 ('당연한 이유로') 끔찍한 혁명을 두려워하며 사는 지주가 30만 명이 있고, 수많은 농민은 공동의 적

이 귀족이라는 믿음으로 똘똘 뭉쳐 있었다(다만 그들은 여전히 차르를 숭배했다).[62]

많은 보수주의자들이 지혜와 종교와 전통의 원천으로 여기는 '민중에 의지하고자' 한 것처럼, 사마린 같은 슬라브주의자들이 일찍이 농노제 폐지를 주창한 것도 자유주의에 헌신했기 때문이 아니라 전제정이 민중의 복종이라는 확고한 기반 위에 서도록 보장하기 위해서였다. 그래야만 혁명적 인민주의에 확실하게 맞설 수 있었기 때문이다. 다른 슬라브주의자들도 농노해방으로 농노와 주인 사이에 넘을 수 없어 보이는 장벽이 사라질 것이라는 이유로 해방을 환영했다.[63]

세기 전환기에 이르러 대다수 러시아 신문은 자유주의 성향이든 보수주의 성향이든 간에 평등한 권리 개념을 지지하고 귀족의 과도한 특권을 비판했다.[64] 1905년 『페테르부르크스카야가제타Peterburgskaia gazeta』 같은 유력 신문은 공장의 환경에 항의하는 노동자들과의 인터뷰를 싣고 급진개혁가들에게 동조하는 기사까지 게재했다.[65] 농민들(그들이 어떤 생각을 했는지는 추측만 할 수 있을 뿐이다)보다 훨씬 더 소외된 것은 젊은 급진적 인텔리겐차 성원들이었다. 독일어 'die Intelligentz'에서 빌려온 단어 'intelligentsia'는 이미 러시아에서 널리 통용되고 있었다.[66] 기존 질서에 대한 인텔리겐차의 거부는 유럽 다른 나라에서 유례가 없는 수준이었다. 이 젊은 지식인들의 다수는 '허무주의자'(투르게네프가 1862년에 쓴 유명한 소설 『아버지와 아들』로 대중화된 단어다)였다. 일부는 테러리스트가 되어 '인민의 의지파' 같은 단체를 결성했다. '인민의 의지파'는 수많은 암살 사건의 주역이다. 학생들을 무자비하게 탄압한 교육상 니콜라이 보골레포프(1901), 내무상 드미트리 시퍄긴(1902), 그리고 전투적 노동자들만이 아니라 소수민족—아르메니아인, 유대인, 핀란드인—까지 박해하고 일본에 맞선 전쟁(1904~5)을 열렬히 지지한 그의 후임자 뱌체슬라프 폰 플레베(1904), 모스크바 총독이자 차르 알렉산드르 3세의 동생으로 1891년 모스크바에서 유대인 2만 명을 추방한 억압적 강경론자 세르게이 알렉산드로비치 대공(1905), 그리고 마지막으로 1차 두마(의회)를 폐쇄하고 보수적 방향으로 선거 규칙을 수정하고, 계엄령으로 테러리스트를 처형하고, 기존 입법을 완전히 무시하면서 활동한 표트르 스톨리핀 수상(1911) 등 희생자의 다수는 분명한 증오의 표적이었다.

하지만 가장 유명한 희생자는 자유주의적이고 개혁적인 차르로 1881년에 살해당한 알렉산드르 2세였다. 26년이라는 긴 통치기 동안 알렉산드르는 농노를 해방시키고, 새로운 형법(프랑스 나폴레옹 법전을 각색)을 반포했으며, 사법부를 개편하고, 농촌에 자치 단위(젬스트보)를 세웠다. 물론 차르는 폴란드 민족주의를 억압했지만 나중에는 핀란드의 민족주의를 장려했다. 알렉산드르 2세가 암살되기 직전에 신임 내무상인 미하일 로리스-멜리코프 백작은 차르를 설득해서 더 많은 자유화를 추진하게 만들었다.

하지만 이미 때늦은 시도였다. '인민의 의지파'는 알렉산드르 2세를 암살함으로써 개혁 과정을 몇 년 뒤로 되돌렸지만, 당시에 그들이 추구한 목표는 혁명과 전제정의 종식이었지 개혁이 아니었다. 부지불식간에 그들과 같은 편이 된 이들 가운데 하나는 1880년부터 1905년까지 러시아정교회 신성종무원의 기세등등한 의장인 콘스탄틴 포베도노스체프였다. 포베도노스체프는 진정한 반동주의자이자 궁정의 숨은 실력자였다. 알렉산드르 3세가 황위에 올랐을 때, 그의 개인교사였던 포베도노스체프(나중에 최후의 차르인 니콜라이 2세의 개인교사도 맡았다)는 차르에게 편지를 보내 변화에 저항하고 '낡아빠진 유혹의 소리'에 귀를 기울이지 말라고 경고했다.

> 황제 폐하, 부디 믿지 마시고, 듣지 마십시오. 이 유혹의 소리는 파멸을, 러시아
> 뿐만 아니라 폐하 자신의 파멸까지 초래할 것입니다. … 폐하의 아버님을 파멸
> 시킨 미치광이 악당들은 어떤 양보를 해도 만족하지 않을 겁니다. … 악의 씨
> 앗을 뽑아버리려면 그들과 무력으로 사활을 건 싸움을 벌여야만 합니다.[67]

포베도노스체프에게 민주주의는 유혹이 아니었다. "민주주의에서 진정한 통치자는 솜씨 좋은 투표 조작자이며, 그 관리들은 민주 선거라는 무대 위의 꼭두각시 인형을 움직이는 숨겨진 스프링 장치를 능숙하게 조작하는 기계공이다. 이런 부류의 사람들은 언제나 선뜻 평등을 찬미하는 떠들썩한 연설을 하지만, 실제로는 여느 전제 군주나 군사독재자와 똑같이 민중을 통치한다."[68]

포베도노스체프는 독특한 방식으로 대단히 비관주의적인 허무주의자였다. 그는 인간은 어쩔 도리가 없이 악하다고 믿었다. 인간의 구원은 쇠몽둥이로 다스림으로써만 이루어질 수 있다.[69] 차르가 다스리는 것은 하느님의 명을 받았기 때문이다. 국왕의 신성한 권리는 정의상 어떤 대중적 정당성도 필요로 하지 않으며, 오직 하느님의 정당성만 있으면 된다. 의회, 자유주의, 민주주의, 교회와 국가의 분리, 사회 진보 등등은 모두 차르 제국의 돌이킬 수 없는 해체로 이어질 것이었다.

지적이고 교양이 풍부한 보수주의자인 포베도노스체프는 물론 도스토옙스키에게는 많은 존경을 받았지만 인텔리겐차에게는 경멸을 받았다. 그는 쉽게 잊히지도 않고 용서받지도 못했다. 그가 사망하고 3년 뒤인 1910년, 시인 알렉산드르 블로크는 정신적 증언이라 할 만한 장시長詩

「보복Vozmezdie」에 이 신성종무원장이 러시아 사회의 기운을 꺾은 영향을 개탄하는 통렬한 구절을 집어넣었다.

> 이 말없던 머나먼 시절에
> 무지근한 우울감이 모두의 가슴을 채웠으니.
> 포베도노스체프는 러시아 위로
> 올빼미 같은 날개를 펼쳤다.
> 낮도 없고 밤도 없이,
> 오직 거대한 날개의 그림자만 드리웠다.[70]

알렉산드르 3세는 포베도노스체프의 조언을 따랐다. 그의 치세(1881~94)에는 개혁이 거의 이루어지지 않았다. 그나마 이루어진 개혁 중 하나는 건강에 유해한 수많은 직종에서 아동과 여성의 노동을 규제한 1882년 칙령이었다(대체로 무시되었다).[71] 이 칙령은 1885년 오레호보-주예보의 모로조프Morozov 직물공장에서 벌어져 군대에 진압된 파업 이후 1886년에 확대되었다. 그 후 노동자들(대다수가 예전 농민)이 당하는 지독한 착취에 관한 설명이 법정에서 부각되면서 파업 노동자들에 대한 무죄 방면으로 이어졌다.[72]

이렇게 사법부가 독립성을 보인 것은 새로운 현상이 아니었다. 사법부 독립성을 보장한 많은 공로는 알렉산드르 2세에게 돌려야 한다. 그리하여 1878년 혁명가 베라 자술리치가 상트페테르부르크 지사이자 전 경찰청장인 표도르 트레포프 대령에게 총을 쏴 중상을 입혔을 때, 배심은 유죄가 아니라고 평결했다(부정할 수 없는 증거가 명백한데도). 유죄 판결을 받은 테러리스트라 할지라도 인기 있는 자유주의의 영웅이 될 수 있었다.

1906년 1월 16일, 당시 스물한 살에 불과한 사회혁명당원 마리아 스피리도노바는 농촌 소요를 잔인하게 탄압한 것으로 악명 높은 지방의원 가브릴 루제놉스키를 암살했다. 재판에서 스피리도노바는 루제놉스키의 경호원들에게 고문과 성적 학대를 받았다고 주장했다.[73] 자유주의 언론에서 '러시아 최고의 문화만이 배출할 수 있는 정신적 아름다움을 지닌 꽃'이라고 묘사된 그는 고작 11년의 시베리아 유배형을 선고받았다. 1917년에 석방된 그는 계속 혁명가로 활동했지만 1941년 스탈린의 지시에 따라 처형당했다.[74]

제정 러시아에서는 민중 숭배가 워낙 대단했던 까닭에 알렉산드르 3세의 후계자인 니콜라이 2세는 반체제를 조장하는 주역을 민중이 아니라 지식인으로 보고 비난했다. 비테 백작은 회고록에서 언젠가 누가 '인텔리겐차'를 언급하는 걸 듣자마자 차르가 큰 소리로 외쳤다고 회고한다. "내가 그 단어를 얼마나 혐오하는데! 학술원에 지시를 내려서 러시아어 사전에서 파냈으면 좋겠구먼."[75]

반동주의자들도 이상화된 형태의 민중을 숭배했다. 도스토옙스키는 알렉산드르 푸시킨 동상 제막식에서 한 유명한 연설에 대해 일기에 쓴 글(1880년 6월 8일자)에서 푸시킨 시의 위대함은 러시아 민중 속에서, 민중의 토착적narodnyi 정신 속에서 탄생했다는 사실에 있다고 선언했다.

이른바 '유럽의' 교육(지나가는 김에 말하자면 우리는 한 번도 그런 교육을 누린 적이 없다)에 있는 게 아니란 말이다. 푸시킨이 이 아름다움을 발견한 것은 외견상 받아들인 유럽적 관념과 형식의 기형적 모습이 아니라 오로지 민중의 정신 속에서였다. **오직 그 안에서만**.[76]

한편 민중, 즉 인텔리겐차가 상상하는 '민중'이 아니라 진짜 민중은 이제 더는 억누를 수 없었다. 독재적인 내무상 플레베가 1904년 7월 28일 폭탄 공격을 당해 산산조각이 났을 때, 보수주의자들 사이에서도 애도하는 분위기가 워낙 없어서 오스트리아-헝가리 대사는 마치 아무 일도 일어나지 않은 것 같다는 사실을 빈에 보고해야 한다고 느꼈다.[77] 비테 백작도 스톨리핀 수상이 암살됐을 때 별로 애도를 표하지 않았는데, 어쩌면 내심 기뻤을 것이다. "이 정치인은 정치적 부도덕의 상징이었고, 그의 내각에 속한 각료들도 그보다 한결 우월하지 않았다. 그는 모든 법률을 위반하면서 러시아를 통치했고, 권력을 유지하기 위해서라면 아무리 비난받을 만한 수단이라도 물불을 가리지 않았다."[78] 나중에는 이런 말도 했다. "다른 어떤 정치인도 그렇게 많은 남녀에게서 증오를 사지 못했다."[79]

심각한 걱정에 빠진 니콜라이 2세는 살해당한 플레베의 후임자로 스뱌토폴크-미르스키 공작을 내무상에 임명했다. 자유주의자로 정평이 난 미르스키는 마지못해 받아들이면서 차르가 결국 이성을 찾게 되기를 기대했다. 하지만 당황스럽게도 차르는 여전히 과거에 집착하려 하면서 이렇게 선언했다. "무슨 일이 있어도 대의적 정부 형태에 동의하지 않을 것이다. 대의 정부는 하느님께서 우리에게 주신 신뢰를 해친다고 생각하기 때문이다."[80] 이후 차르가 (당시 수상인 비테의 압력 아래) 서명한 칙령은 사법부에 더 많은 자율권을 주고, 종교적 소수자에게 관용을 베풀며, 귀족이 장악하고는 있지만 좋은 일을 하는 젬스트보의 권한을 확대할 것을 약속했다. 카데트(입헌민주당) 지도자 파벨 밀류코프가 말한 것처럼,

[젬스트보는] 학교를 설립하고, 병원을 세웠으며, 온갖 종류의 농업 개선으로 농민을 돕고, 국내 산업을 발전시켰다. … 젬스트보는 보건, 위생, 계몽의 메시

지를 가지고, 민간 경제를 위해 건전한 이유로 마을에 온 최초의 기관이었다. 러시아 마을에서 문화를 진작시킨 것은 무엇이든 젬스트보의 작품이었다. 그것도 중앙정부 쪽에서 세워진 … 갖가지 장애물을 뚫고 말이다.[81]

차르 니콜라이 2세는 별로 열정적이지 않았다. 밀류코프에 따르면, 10년 전쯤인 1895년 1월, 젬스트보 의원들을 상대로 한 연설에서 차르는 '강경하고 분명한 목소리로, 대단히 결연한 태도로' 선언했다.

최근에 몇몇 젬스트보 회의에서 정부 내부문제에 젬스트보 의원들이 참여하는 문제에 대해 황당한 환상에 넋이 나간 사람들이 목소리를 내고 있다는 걸 안다. 다들 명심할지어다. … 짐은 비록 돌아가셨으나 절대 잊지 못하는 아버님과 마찬가지로 전제정의 원칙을 확고하고 일관되게 지킬 생각이다.

자유주의자들은 경고의 목소리가 담긴 공개서한으로 답변했다.

황제 폐하의 연설은 모욕감과 우울감을 불러일으킵니다. 하지만 살아 있는 사회 세력들은 조만간 그런 감정에서 회복될 것입니다. … 폐하가 먼저 싸움을 시작하셨으니, 싸움이 벌어질 것입니다.[82]

러시아는 분주히 움직이고 있었다. 1904년 12월 무기와 선박을 만드는 상트페테르부르크 푸틸로프 공장에서 노동자들이 파업에 들어갔다. 얼마 전까지 농민이었던 이 노동자들은 여전히 차르를 존경하면서 러시아를 괴롭히는 여러 문제를 차르의 눈과 귀를 막고 있는 사악한 고문들 탓으로 돌렸다. 충성을 다하는 동시에 전복을 기도하는 흔한 방법이었다(하느님께서 영혼을 축복하사, 황제 폐하께서 우리의 가련한 상태를 아시기만 한다면…). 노동자들은 니콜라이 2세에게 '송구하오나 충성스러운 청원서'를 올려 "저희는 폐하의 관리들이 후원하고 지원하는 가운데 노예 신세"에 빠져 있다고 설명하면서 나라를 "굴욕적인 전쟁"에 빠뜨린 "공공자금 착복자들로 이루어진 관료 행정부"를 비난했다.[83]

하지만 노동자들이 내건 요구는 전혀 송구스러운 게 아니었다. 그들은 모든 공장에서 경영진과 함께 노동자들의 고충을 조사할 노동자 소비에트(평의회)를 선출하기를 원했다. 소비에트 권력의 출발점이었다. 이런 요구를 지지하기 위해 1905년 1월 22일(율리우스력으로는 1월 9일) 카리스마적 사제 게오르기 가폰이 주도하는 가운데 대규모 행진이 벌어졌다. 참가자가 5만 명이었는데, 10만 명이라는 말도 있었다. 많은 노동자가 폭력 사태를 일으킬 생각이 없다는 뜻으로 가족을 데리고 나왔다. 하지만 경찰이 시위대에 발포해서 최소한 100명이 사망했다. 피의 일요일Bloody Sunday 사건이다. 1930년에 마오쩌둥이 말하면서 유명해진 중국 속담을 빌자면, 작은 불씨가 온 들판을 태운다(星星之火 可以燎原). 이 불길은 이후 수십 년간 러시아를 집어삼키게 된다.

1905년 9월 일본에 군사적 패배를 당하면서 전제정은 개혁에 나설 수밖에 없었고(50년 전에 크림 전쟁에서도 똑같은 일이 벌어졌다), 결국 모든 게 바뀌었다. 후진적 아시아 국가라고 여긴(오판한) 나라에 패배한 것은 견딜 수 없는 일이었다. 국내에서 엄청난 반향이 일었다. 전함 '포툠킨 호'의 수병들이 오데사에서 반란을 일으켰다. 볼셰비키를 포함한 사회민주당은 그전까지 별 볼 일 없는 세력이었지만 이제 힘과 영향력이 커졌다. 핀란드와 폴란드, 발트 지역, 조지아, 우크라이나 등지에서 민족주의 정당이 출현하거나 힘을 키웠다(1905년에 이르러서야 러시아학술원은 우크라이나어가 러시아어의 일개 방언이 아니라 실제적인 언어라고 판정했다).[84] 시위와 대항시위, 무작위적인 유대인 박해가 급격히 늘어나면서 러시아는 혼돈의 도가니로 빠져들었다. 전제정은 겁에 질렸다. 당시 유럽 어느 나라에서도 일찍이 이런 사태는 없었다. 양보 조치가 잇따르면서 소요와 파업도 나란히 늘어났다.

파업과 소요 사태가 있긴 했지만, 1905년까지만 해도 이 나라에는 뚜렷한 노동계급운동이 전혀 없었다.[85] 아마 이처럼 명백하게 유순한 모습 때문에 개혁가들이 요구하는 종류의 노동 입법이 만들어지지 않았을 것이다. 노동자들이 불만을 표출하지 않는데 무슨 변화가 일어나겠는가? 시골에서는 농민들이, 도시에서는 노동자들rabochikh이 무관심한 가운데 급진 인텔리겐차의 설교는 마이동풍에 지나지 않았다. 한편 산업자본가들은 계속해서 자신들의 협소한 이익을 추구하면서 둔감하게도 사회적 전망이 전혀 없음을 고스란히 드러냈다. 그들은 노동계급의 상태를 개선하는 것은 비생산적이라고 믿었다. 얼마 전까지도 농민들이었기 때문에 미숙하고 무지하다는 게 이유였다. 노동계급이 더 교육을 받고 자본주의가 좀더 발전해야만 양보 조치가 이루어질 수 있다는 것이었다.[86] 산업자본가들이 늘어놓는 변명에 아무도 귀를 기울이지 않은 것도 놀랄 일은 아니다. 그들에게 딱 맞는 당인, 파벨 밀류코프가 이끄는 자유주의 인텔리겐차 정당 카데트(입헌민주당)는 러시아 지주들과 산업자본가들의 '협소한' 계급적 이해관계에 당황했다.[87]

러시아의 자유주의는 고질적으로 허약했다. 카데트, 진보블록 Progressists, 10월당Octobrists 등 세 경향으로 나뉘었는데, 모두 합친다 해도 대단한 세력이 아니었다. 세 경향의 차이는 크지 않고, 주로 주체의 문제, 다시 말해 누가 변화를 이끌 것인가의 문제에 있었다. 10월당원들은 계몽된 지주와 도시의 상층 중간계급이 지도적 역할을 할 것이라고 생각했다. 진보블록은 부르주아지와 귀족이 동맹을 맺을 가능성을 부정했다. 진보는 부르주아지를 통해서만 달성될 것이었기 때문이다. 카데트가 세 경향 가운데 가장 급진적이었는데, 민주적 체제를 원했다. 세 집단을 하나로 묶는 것은 자본주의가 러시아 발전의 불가피한 결과일 것이라는 사고였다(레닌과 플레하노프를 비롯한 마르크스주의자들도 여기에는 동의했다). 세 집단은 사회혁명 개념을 거부했지만, 카데트는 차르를 입헌 통치자로 변신시킬 정치혁명을 원했다(독일이나 영국의 경우처럼).[88]

얼마 지나지 않아 니콜라이 2세도 추가적인 양보 조치가 필요하다는 사실을 깨달았다. 이번에도 역시 비테 백작에게 재촉을 받은 차르는 '1905년 10월 17일 선언'이라고 알려지게 된 성명을 발표했다. 비테가 작성한 선언은 표현·언론·종교의 기본적 자유, 그리고 상당한 권한('국가 두마의 승인 없이는 어떤 법률도 효력을 발휘하지 못한다')이 있지만 참정권은 제한된 선출직 두마를 약속했다.[89] 후에 비테는 다음과 같이 말했다.

그 시절에는 보수주의자들도 헌법을 옹호했다. 사실 1905년 10월 17일 직전까지 러시아에는 보수주의자가 전혀 없었다. … 많은 이들은 또한 황제가 공포에 사로잡혀 헌법을 부여한 것이며, 황제의 입지가 좋아지기만 하면 곧바로 헌법을 조종해서 무효화하고 섬뜩한 웃음거리로 뒤바꿀 것이라고 의심했다. 그들의 이런 의심은 명백한 사실로 입증되었다.[90]

1905년 10월 중순부터 12월 초까지의 시기는 '자유의 날들'이라고 불리게 되었다. 하지만 정부가 누그러진 모습을 보이자 특히 주요 도시들에서 반대 세력의 위세가 높아졌다. 노동자 평의회(소비에트)가 속속 결성되었다. 상트페테르부르크에서 노동자들은 레온 트로츠키를 지도자 중 한 명으로 선출했다. 농촌에서는 사회혁명당('인민의 의지파'에서 생겨난 당이다)이 급속하게 발전하는 농민조합의 지원을 받는 대중 조직이 되었다. 젬스트보는 전국 의회 선거를 요구했다. 그리고 1905년 12월, 모스크바에서 특히 위협적인 봉기가 일어났는데, '반혁명을 자극하는 기폭제' 역할을 해서 진압되었다.[91] 행복한 시절은 이제 끝이었다. 정권은 전국 각지에서 탄압을 가했다. 남러시아에서는 농민들이, 러시아 도시들에서는 노동자들이, 폴란드에서는 민족주의자들이 탄압을 받았다.

세르게이 비테는 입헌 개혁을 가속화하도록 차르를 재촉했지만, 그의 영향력은 빠르게 줄어들고 있었다. 비테는 차르만큼이나 절실하게 전제정을 구하기를 바랐지만 개혁만이 나아갈 길이라고 생각한 반면, 차르는 조금만 변화를 허용해도 체제 자체가 무너질 것이라고 믿었다. 후에 비테는 니콜라이 2세에 관해 이렇게 말했다. "신뢰할 수 없는 통치자, 오늘 승인한 것을 내일 거부하는 통치자는 국가라는 배를 조종해서 잠잠한 항구로 들어갈 수 없다. 황제의 가장 두드러진 단점은 비참할 정도로 의지력이 부족하다는 것이다."[92] 비테는 러시아가 서구의 뒤를 따를 수 있다고 확신했지만 농민들이 자의적인 지방 권력에 속박되는 것을 막는 적절한 법적 구조가 있어야만 가능하다고 보았다.[93]

테러 행위가 고조됐지만, 언제나 그렇듯, 테러리스트들은 자기가 벌인 행동의 결과를 결코 통제하지 못했고 결과를 정리하지도 못했다. 마치 갑작스러운 홍수나 자연재해처럼, 정치적으로 기민한 다른 이들이 테러리스트들이 한 행동을 마음대로 활용했다. 그 결과 테러리스트들은 자신들이 '영향을 미쳤다'는 환상에 빠졌지만, 어떤 식으로 영향을 미칠 수 있었는지 결코 이해하지 못했다.

마침내 납세나 재산 자격만이 아니라 신분에 따라서도 참정권이 달라지는 가운데 (몇 달이 걸려) 새로운 두마가 선출되었다. 그 결과 유권자의 힘이 여전히 불평등하게 분배되었다. 노동자는 전체 유권자의 2.5퍼센트에 불과했고, 농민은 42퍼센트, 지주는 32퍼센트였다.[94]

카데트가 전체 의석의 3분의 1을 차지해 최대 정당이 된 한편, 노동당Trudoviks이 2위를 차지했다. 비테의 지지자들도 좋은 성과를 거두지 못했다. 극좌파, 즉 사회혁명당뿐만 아니라 훨씬 더 소수인 사회민주노동당(당시에는 멘셰비키와 볼셰비키가 함께했다)은 선거를 보이콧했다.

이 두마는 2개월 동안 지속되었다. 약속된 바와 달리, 차르가 개원 연설에서 모든 이들에게 상기시킨 것처럼 두마의 권한은 대체로 자문 역할에 그쳤다.[95] 1907년 2대 두마가 선출되었다. 이번에는 1대보다 대표성이 훨씬 높아졌고 사회혁명당이나 사회민주노동당도 보이콧하지 않았다.

이 두마 역시 권한이 매우 제한되었다. 두마가 하는 일은 모두 러시아 제국 국가자문회의State Council의 승인을 받아야 했는데, 이 기구의 성원 가운데 절반을 차르가 임명했다(그밖에도 차르에게는 거부권이 있었다).[96] 차르는 독일 대사에게 두마 의원들이 "경멸할 가치조차 없는 식으로 행동한다"고 말하면서 공공연하게 두마를 멸시했다. "그자들은 어떻게 하면 서로 욕하고 맞붙어 싸울지만 생각하지, 다른 생각은 일절 하지 않는다오."[97] 차르의 말이 전적으로 틀린 것은 아니었다. 의원들은 소란스럽고 무질서했다.[98] 두마가 권력을 주장하려 하자 차르 지지자들의 비중을 더 높이기 위해 다시 참정권이 변경되었다. 사실상의 '입헌' 쿠데타였다. 훨씬 더 적은 유권자에 의해 선출된 3대 두마는 임기를 모두 마쳤다(1907~12). 이제 지주들(3만 가구)이 의석의 40퍼센트를 차지했다.[99]

차르체제는 스스로 개혁하는 데 실패했다. 러시아는 어느 때보다도 더 극심한 소요에 빠졌다. 다양한 정치적 신조를 내세운 책자와 신문, 잡지의 발행이 엄청나게 증가했다. 새로운 시민 결사들이 등장했다. 자본주의, 그리고 그와 더불어 중간계급과 '부르주아' 사회가 성장하고 있었다.[100] 하지만 차르는 이 새로운 러시아를 전혀 알지 못했다. 정권의 협소한 합의 기반은 1917년 결정적인 몰락으로 이어지면서 유럽과 세계 역사의 경로를 바꿔었다. 문제는 반대파를 건설적 야당으로, 차르 제국의 민중을 하나의 민족으로 변신시킬 수 있는 정치적 장치가 전혀 없었다는 것이다. 민중에게 의견을 물을 수는 있어도 민중이 통치할 수는 없었다.

개혁은 달팽이처럼 느리게 진행되었다. 특히 농업 자본주의를 발전시키는 것을 목표로 한 농촌에서 속도가 더뎠다. 차르는 모든 러시아인의 차르이기는커녕(공식 호칭이 '모든 러시아의 황제이자 전제 군주'였다) 이제 지주들의 차르에 지나지 않았다.

체제가 진심으로 민중을 신뢰하는 쪽을 택했다 할지라도 이런 상황에서 민주주의를 건설하기는 어려웠을 것이다. 더군다나 19세기 말 '문명화된' 유럽의 다른 나라들에서도 이런 신뢰가 우세하지는 않았다. 민주주의를 건설한다고 해서 반드시 더욱 탄탄한 자본주의적 산업 성장이 이루어지지는 않았겠지만, 더욱 통일된 나라를 건설하는 데 민중을 끌어들이기는 했을 것이다. 하지만 민주주의가 도입되면 차르의 제위가 기우뚱거리던 시기에 러시아 사회를 깊이 가르는 분열이 드러났을 것이다. 수십 년 뒤 스탈린이 입증한 것처럼, 권위주의적 방식으로 산업사회를 건설하는 것은 가능하지만, 그러려면 차르가 다스리는 나라보다 훨씬 더 강한 국가가 필요했다.

제12장

'외부자' 배제하기

자본주의는 국가는 필요로 해도 민족은 필요로 하지 않는다. 자본주의는 자본과 노동자가 필요하며 둘 다 '민족적' 기원이 무엇인지는 개의치 않는다. 밀턴 프리드먼은 자유지상주의를 가장 두드러지게 내세운 순간으로 손꼽히는 1991년 리스턴 강좌에서 다음과 같이 선언했다.

> 자유시장체제의 커다란 미덕은 사람들의 피부색을 신경쓰지 않는다는 것입니다. 또한 사람들의 종교에도 관심이 없고, 오직 그들이 당신이 사고 싶은 물건을 만들어낼 수 있는지만 관심을 갖습니다. 자본주의는 서로 싫어하는 사람들이 거래를 하면서 서로 도울 수 있게 해주는, 지금까지 우리가 발견한 가장 효과적인 체제입니다.[1]

하지만 지금까지 살펴본 것처럼, 자본주의가 살아남으려면, 제대로 기능하는 정치체제, 즉 국가나 법률의 틀뿐만 아니라 사회적 응집력, 낙관주의, 상황이 나아질 것이라는 믿음, 국가에 대한 일정한 충성심, 국가의 보호를 받으리라는 기대감 같은 정치적·사회적 조건이 필요하다. 현실

세계―자본주의든 아니든 간에―에서 사람들은 서로에 대해, 각자의 정체성이나 희망, 혐오에 대해 무관심한 단순한 구매자와 판매자가 아니라 민족적 일체감을 필요로 한다.

민족 건설은 항상 그런 것은 아니지만 때로 배제를 요구한다. '누가 안에 있고 누가 밖에 있는지'를 묻기 때문이다. 동화가 언제나 선택 가능한 것은 아니다. 또한 선택 가능하다고 해도 언제나 실제로 효과가 있는 것은 아니다. 외부자들이 자신들의 문화와 전통, 종교를 수호하면서 근대에 저항할지 모른다. 이런 집단에 속하는 일부 사람들은 '자신들의' 문화에서 벗어나 다른 모든 사람과 같아질 때까지 참고 기다리지 못한다. 가령 유대인은 예나 지금이나 극심한 내부 분열을 겪는다. 과거에 유대인이 자신들만의 공동체와 게토에서 격리 또는 자가격리된 채 모여 살 수밖에 없었을 때는 자신들만의 종교, 따로 떨어져 살고 싶은 바람, 주변을 둘러싼 반유대주의 때문에 하나로 뭉쳤지만, '해방'되어 권리를 얻게 되자 문제가 한층 복잡해졌다. 어떤 이들은 절실하게 동화를 원했고, 다른 이들은 계속 따로 떨어져 살기를 바랐다. 대다수는 중간을 선택해서 '세속적 유대인'이 되었다.

유대인 같은 외부자들은 종종 다른 감춰진 민족주의들이 보기에 골칫거리로 여겨졌다. 그리하여 차르 제국에서는 전체 슬라브인(러시아인, 우크라이나인, 폴란드인, 불가리아인, 세르비아인 등)의 통일을 주창하는 이들이 있었다. 하지만 유대인은 어떻게 해야 할까? 그들도 러시아인이 될 수 있나? 미하일 카트코프(포베도노스체프의 선배) 같은 보수적 이데올로그도 유대인의 러시아화가 가능하다고 생각했다. 프랑스나 영국 같은 다른 나라를 보면, 유대인도 애국자가 될 수 있는 것 같았기 때문이다.[2] 수상 니콜라이 분게는 「차르 폐하께 아뢰는 비망록」(1894)에서 유대인이 통합되

지 않는다고 탓해봐야 소용없다고 언급했다. 워낙 차별을 받기 때문에 그럴 수밖에 없다는 것이었다.[5]

러시아 제국에서 유대인은 전통적으로 법률에 따라 유대인 거주 구역 Pale of Settlement에서만 살 수 있었다. 이 구역은 옛 폴란드-리투아니아 연합국의 경계와 거의 일치했다. 서부 러시아 일부 지역, 폴란드, 리투아니아, 벨라루스, 몰도바, 우크라이나 등이 여기에 해당했는데, 도시로는 오데사, 빌뉴스, 바르샤바, 전체 주민의 3분의 2가 유대인인 비아위스토크, 루블린(유대인이 절반), 우치(유대인이 3분의 1) 등이었다.[4] 황위를 계승한 직후인 1856년, 차르 알렉산드르 2세는 '이 사람들을 토착민과 융합한다는 전반적인 목표 아래' 유대인을 차별하는 모든 칙령을 검토하기로 결정했다.[5] 선별된 '유용한' 유대인은 모스크바나 상트페테르부르크 같은 도시에서 거주 구역 바깥에 거주하는 게 허용됐고, 유대인의 징병률이 더 높고 비유대인보다 어린 나이에 징집하는 차별적인 법규도 폐지되었다.[6] 1897년에 이르면 차르 제국에 유대인이 500만 명이 넘었다. 전체 인구의 4퍼센트에 육박하는 숫자로, 아마 전 세계 유대인의 절반이었을 것이다. 유럽 다른 나라를 보면, 오스트리아-헝가리 제국에 200만 명, 최근 획득한 알자스를 포함해서 독일에 50만여 명, 영국에 20만 명, 프랑스에 11만 5000명 등이었다.[7] 프랑스와 독일, 영국에서는 유대인이 비교적 동화되고 통합되었다. 오스트리아-헝가리 제국에서는 유대인이 제국의 지지자였는데, 오스트리아-헝가리를 구성하는 다른 어떤 민족에도 충성할 필요가 없었기 때문이다. 보헤미아나 몰다비아, 헝가리나 오스트리아 어디에도 충성하지 않았고, 스스로를 체코인이나 독일인이라고 생각하지도 않았다. 그리고 카를 쇼르스케가 설명한 것처럼, 유대인은 '다민족 국가의 초민족 집단'이었다.[8] 이런 자유주의적이고 세계시민적인 환경에 더

없이 들어맞는 이들이었다.

러시아에서는 상황이 훨씬 복잡했다. 유대인을 러시아 민족으로 징집하는 것은 거의 불가능한 일임이 입증되었다. 일부 인텔리겐차 성원들—자유주의자(시인 니콜라이 네크라소프 같은)와 반동주의자(도스토옙스키 같은) 모두—도 뚜렷한 반유대주의 정서를 드러내면서 유대인은 대부분 땀흘려 일하는 대중을 무자비하게 착취하는 인간이라고 생각했다. 도스토옙스키는 『작가의 일기Diary of a Writer』에서 자신은 '유대인 혐오자'가 아니라고 하면서도 페이지마다 유대인에 대한 경멸을 드러내면서 "**유대교와 유대 사상**이 전 세계를 장악하고 있다"고 불만을 토로했다.[9] 네크라소프는 1866년에 쓴 시 「발레Ballet」에서 '상업에 종사하는' 소수민족—물론 유대인이지만 독일인과 그리스인도 포함된다(그는 러시아 상인은 아예 없다고 개탄했다. '가혹한 추위에 질려 다 쫓겨났나?')—을 멸시하면서 돈만 밝히는 러시아 여자들도 경멸했다.

> [그 여자들이] 좇는 이상은 황금송아지.
> 흰머리 유대인들로 대표되는.
> 유대인의 더러운 손길에 여자들 가슴은
> 황금에 부들부들 떨린다.[10]

네크라소프는 아마 러시아에서 성공적으로 사업을 하고 있는 유대인 '자본가'들을 생각했을 것이다. 벨라루스 출신 사무엘 폴랴코프나 폴란드 출신 은행가 레오폴트 크로넨베르크, 우크라이나 베르디체프[지금의 우크라이나어 명칭은 베르디치우.-옮긴이] 출신의 에프뤼시Ephrussi 가문 성원들이 대표적인 사례다. 모두 러시아 철도를 부설한 도급업자였다.

1880년대 초에는 유대인 박해의 물결이 일었다. 러시아 제국에서 유대인을 겨냥한 대중적 폭력 사태가 처음으로 광범위하게 일어난 것이었다.[11] 러시아 당국이 반유대인 폭동을 고무하거나 조력하고 부추겼다는, 널리 퍼진 견해와 정반대로, 알렉산드르 3세의 정부는 사실 "유대인 박해를 포함한 모든 민중의 폭력을 두려워했다".[12] 으뜸가는 반동주의자인 콘스탄틴 포베도노스체프조차 유대인 거주 구역의 성직자들에게 회람장을 보내 주민들이 유대인을 공격하는 것을 저지하라고 촉구했다.[13] 1905년 루간스크(우크라이나. 지금의 명칭은 루한스크)에서 유대인 박해가 시작됐을 때, 붉은 깃발과 차르의 초상화를 나란히 든 시위대를 정부군이 막아세웠다.[14]

　오데사에서는 전에도 현지 그리스인 공동체를 시작으로 '유대인 박해'(1821, 1859, 1871)가 벌어졌지만,[15] 그밖에는 1881년(알렉산드르 2세가 암살된 해) 전에 러시아에서 유대인 박해가 거의 없었다.[16] 새롭게 벌어진 유대인 박해는 유대인이 종종 최대 규모 집단이었던 도심지에서 주로 벌어졌다. 키시네프(지금은 몰도바 땅으로 키시너우)에서는 1903년 유대인 47명이 살해되고, 주택이 불타고, 상점이 약탈을 당했다.[17] 박해를 자행한 이들 가운데 다수는 노동자, 특히 광부였다.[18] 키시네프에 이어 1905년과 1906년에 수많은 유대인 박해가 벌어졌다. 최악의 사건은 유대인이 인구의 3분의 1을 차지하는 오데사에서 벌어졌는데, 차르가 1905년 10월선언에서 유대인에게까지 기본권을 확대한다고 발표한 직후였다. 유대인 수백 명이 살해됐는데, 무려 800명 정도로 추산된다.[19]

　이러한 유대인 박해 사건은 유대인을 동화한다는 정부의 새로운 정책과 연결된 새로운 유형의 반유대주의를 의미했다.[20] 유대인 박해 때문에 나타난 한 가지 결과는 유대인의 대규모 국외 이주였다. 1881년에서

1914년 사이에 거의 200만 명의 유대인이 러시아를 떠났는데, 절대 다수가 미국으로 향하고 극소수는 팔레스타인으로 갔다. 시온주의는 압도적다수의 유대인에게는 사실상 아무런 호소력이 없었다. 시온주의자들이당시 팔레스타인 땅으로 유대인이 이주하는 것을 가리킨 표현인 2차 '알리야Aliyah'(1904~14. '알리야'는 '올라감', 즉 이스라엘로 올라감을 의미한다)는 숫자로 보면 사실성 형편없는 실패였다. 1차대전 직전 10년 동안 겨우3만 5000명의 유대인이 팔레스타인으로 갔다.[21] 대부분은 가급적 빠른 시일 안에 다시 팔레스타인을 떠났고 겨우 2500명만이 남기로 결정했다.[22]이 사람들이 후에 이스라엘이 되는 땅에서 시온주의운동의 중추를 형성했다. 그들은 히브리어를 구어로 되살렸고, 학교를 세우고, 1909년에 첫번째 키부츠를 설립했다.

유대인은 다른 박해받는 민족에 비해 특별한 이점을 누렸다. 1917년주요 열강인 영국이 유대인의 팔레스타인 정착을 호의적으로 보았다.1917년의 유명한 밸푸어 선언Balfour Declaration(공식 문서가 아니라 외상아서 밸푸어가 로스차일드 경을 통해 영국의 시온주의연맹Zionist Federation에보낸 서한에 담긴 한 문단이다)은 팔레스타인 현지 주민들의 바람이나 이해관계보다 유대인 이민자들에게 우선권을 주었다. 아서 쾨슬러의 말을 빌자면, "이 선언은 역사적으로 가장 믿기 힘든 정치 문서였다. 한 민족이 두번째 민족에게 세 번째 민족의 땅을 주겠다고 엄숙하게 약속하는 문서였으니 말이다".[23] 전쟁이 끝난 뒤 밸푸어선언이 영국 팔레스타인 위임통치령에 포함된 한편 영국은 비유대인 주민(즉 현지 주민의 90퍼센트)의 시민적·종교적 권리를 보장하겠다고 선언했지만, 그들의 정치적 권리나 그들을 대표할 어떤 조직도 언급하지 않았다.[24]

러시아에서 벌어진 유대인 박해 희생자의 숫자는 기껏해야 몇천 명 정도로 비교적 많지 않기 때문에 유대인 박해 자체가 200만 유대인의 국외 이주를 낳은 주요 원인은 아니었다. 물론 추가적인 동기가 되었던 것은 확실하지만 말이다. 유대인들이 러시아를 떠날 만한 다른 타당한 이유가 많았다. 차르의 징집, 기회의 부족, 그리고 무엇보다도 빈곤과 더 나은 미래의 전망 등등. 다른 유럽인 수백만 명이 삶에 대한 공포 때문이 아니라 더 나은 삶에 대한 기대 때문에 미국으로 이주한 것과 마찬가지다. 절대다수의 유대인에게 새로운 (미국의) 자본주의적 낙원이 성경과 시온주의 민간전승에 나오는 옛 아브라함의 땅보다 훨씬 더 매력적이었다.

러시아의 많은 유대인이 혁명운동에 뛰어들었는데, 일부는 반역적 인텔리겐차의 일원이었기 때문에, 일부는 프롤레타리아였기 때문에, 일부는 체제로부터 소외되었다고 느꼈기 때문이다.[25] 재무상을 지내고 후에 수상이 된 비테 백작(두 번째 부인이 유대인이었다)은 유대인이 급진화되는 것은 차별과 학대를 겪기 때문이라는 점을 전혀 의심하지 않았다. "30년 전만 해도 소심한 사람들이었던 유대인이 이제 완전히 변모해서 남녀 가릴 것 없이 폭탄을 던지고, 정치적 살인에 몰두하며, 혁명을 위해 초개같이 목숨을 던진다." 비테는 자신이 유대인 지도자들에게 체제에 충성을 보여야 하고, '혁명적 자유를 꿈꾸는 대신' 차별받지 않을 권리를 요구해야 한다고 경고한 사실을 상기했다.[26] 재무성은 유대인이 산업화에서 중요한 역할을 할 수 있다는 이유를 들며 반유대 정책에 반대했다. 이 점에서 유대인이 많으면 사회 소요가 생긴다고 본 내무성과 충돌했다. 러시아 당국은 폴란드와 우크라이나에 유대인 박해 때문에 공장 생산이 감소할 수 있다고 경고하는 회람장을 발송했다.[27]

러시아의 산업화는 제국의 서부 영토인 유대인 거주 구역에서 더 빠르게 진행되었기 때문에 유대인들은 적어도 고용의 측면에서 보면 산업화의 직접적 혜택을 입은 것 같다. 특히 우크라이나 동부의 돈바스 지방에서는 1890년대에 산업이 호황을 누리면서 수많은 유대인을 끌어들었다. 얼마 지나지 않아 유대인이 인구의 20~35퍼센트를 차지했다.[28] 이런 국내 이주는 (러시아 중부와 북부에 비해) 토박이 농민들이 상대적으로 번영을 누린 덕도 있었다. 농사짓기 좋은 땅이 있는데 무엇 때문에 탄광으로 들어가거나 공장에서 일을 하겠는가?[29]

돈바스는 노동계급의 전투성이 이례적으로 높은 지역이 되었다. 하지만 종족적으로 분열되어 있었던 까닭에(유대인과 러시아인, 우크라이나인 외에도 그리스인, 집시, 타타르인, 터키인, 폴란드인 등이 있었다) 계급적 연대가 매우 어려웠고, 대러시아와 우크라이나의 산업노동자들은 점차 유대인의 존재에 분노했다.[30] 민족 건설이 쉽지 않았다면, 계급의식 건설은 훨씬 더 미심쩍었다.

또다른 요인이 상황을 복잡하게 만들었다. 교육받은 유대인은 우크라이나화 같은 다른 민족 정체성보다 러시아화를 택했는데, 이 때문에 비러시아계 민족주의자들 사이에서 반유대주의가 고조되었다. 빌뉴스의 유대인 사회주의자들은 폴란드어보다 러시아어로 말하는 쪽을 택해서 폴란드 민족주의자들을 당황하게 만들었다.[31] 유대인이 동화를 한다고 해도 러시아와 폴란드, 리투아니아 가운데 어느 민족으로 동화해야 하는지는 분명하지 않았다.

1881년 8월 30일, 인민주의(나로드니키) 혁명 단체인 '인민의 의지파'는 게라심 그리고레비치 로마넨코가 집행위원회를 대표해 초안을 작성한 선언서 「우크라이나인들에게 고함To the Ukrainian People」에서 다음과 같이 엄숙하게 말했다.

우크라이나 사람들은 유대인들 때문에 최악의 고통을 받는다. 누가 당신들의 손아귀에서 땅과 삼림과 선술집을 앗아가는가? 바로 유대인이다. 농민들이 왕왕 눈물까지 흘려가면서 자기 들판, 자기가 농사짓는 땅뙈기까지 통행할 수 있게 허락해 달라고 애걸복걸해야 하는 이들은 누구인가? 바로 유대인이다. … 유대인은 당신들을 저주하고 속이며, 당신들의 피를 마신다. … 조만간 러시아 전역에서 반란이 일어나 차르와 지주pany와 유대인을 위협하리라.[32]

다른 지도적 나로드니키들은 유대인에 대한 대중적 적대감을 지배계급에 대한 혁명적 증오로 뒤바꿔야 한다고 생각하면서 이런 정서를 곧바로 비난했지만, 많은 나로드니키들이 반유대인 감정을 품고 있었음은 의심의 여지가 없다.[33] 좌파의 반유대주의는 러시아에만 독특한 게 아니었다. 가령 독일에서도 사회주의자들은 종종 유대인을 자본주의와 동일시했다.[34]

19세기 말 러시아에서 벌어진 유대인 박해는 제국이 여전히 중세시대에 머물러 있다는, 서유럽에 널리 퍼진 견해를 확인해주는 듯 보였지만, 실제로는 유럽 다른 나라들도 러시아의 양상을 따랐다. 반유대인 폭동이 벌어질 때면 그 시작은 민중인 반면, 유대인을 보호해준 주역은 중앙 당국이었다(그리하여 1941~5년 나치가 중앙의 지휘 아래 벌인 종족학살은 비단 그 규모에서만이 아니라 새로운 현상이었다). 1819년 뷔르츠부르크(바이에른)에서 벌어진 반유대인 폭동은 3일 동안 계속되면서 경찰과 군대의 개입에도 불구하고 많은 유대인이 도시에서 도망치게 만들었다. 뷔르츠부르크 사태는 프랑크푸르트나 함부르크 같은 독일의 다른 도시들만이 아니라 멀리 코펜하겐까지 확산된 더 많은 반유대인 폭동의 신호탄인 듯 보였다. 학생들이 외친 '헵! 헵! 유대놈들 죽어라!'(Hep! Hep! Jude verrecke!)'라는 구호 때문에 '헵헵' 폭동이라고 불렸다['헵헵'은 별 의미 없는 후렴구다.-옮긴이].[35] 조지 엘리엇은 1879년 생애 마지막으로 발표한 작품인 친유대주의 에세이에 「현대의 헵! 헵! 헵!The Modern Hep! Hep! Hep!」이라는 제목을 붙였다.[36]

1880년대 러시아에서 벌어진 사태와 똑같은 이런 폭동들은 중세의 오랜 적대관계가 남긴 유물이 아니었다. 근대에 깊숙이 박힌 반감이 급변하는 경제 상황 때문에 초래된 공포와 스트레스 때문에 불이 붙은 것이었다. 유대인의 법적 상태가 개선될 가능성만으로도 언론인과 교수들만이 아니라 사회 하층계급의 적대감을 자극하기에 충분했다.[37] 사회문제에 관심이 많은 기독교 경제학자인 아돌프 바그너(훨씬 유명한 작곡가 리하르트 바그너가 아니다)는 1884년에 불만을 토로했다. "새로운 경제 상황 덕분에 외래 민족이 우리의 경제적 관계를 이용해 먹을 수 있게 되었다. 이 민족이 신봉하는 좌우명인 '최대한 많이 벌어라'는 새로운 경제에 안성맞춤이다."[38]

폴란드에서는 민족주의 지도자 로만 드모프스키가 유대인 사업체를 보이콧할 것을 주장했다. 이 때문에 유대인 유권자들의 지지를 받지 못한 그는 1912년에 유대인 사회주의자에게 두마 의석을 내주었다.[39] 하지만 1914년에 이르러 드모프스키와 그의 당은 폴란드에서 주요한 정치 세력으로 올라섰다.[40] 그는 '우크라이나인과 리투아니아인, 유대인, 기타 등등'으로부터 폴란드인을 보호하기 위해 독일인에 맞서 러시아와 동맹을 맺자고 주장했다.[41] 하지만 유대인을 제거하거나 몰아내야 한다고 생각하지는 않았다. 『독일, 러시아, 그리고 폴란드 문제Niemcy, Rosya i kwestya polska』(1908)라는 저서에서 그는 유대인을 동기부여가 높고 지적이며, 교육 수준이 탁월하고 경제적 기업가 정신도 뛰어나며, 가장 혁명적인 축에 속한다고 설명했다.[42] 하지만 이런 자질에도 불구하고 유대인은 여전히 폴란드 민족을 파멸시키려는 음모를 꾸미지 않는 한에서만 용인할 수 있는 '외래 세력'이었다.[43] 1차대전 이후 드모프스키는 점차 반유대주의자로 변신해서 우드로 월슨과 데이비드 로이드 조지는 '유대인'의 꼭두각시로, 국제연맹League of Nations은 유대인의 음모로 간주했다.[44] 하지만 그는 여전히 중요한 인물로 남아서 2006년에 바르샤바 중심부에 거대한 동상이 세워질 정도였다. 폴란드 초민족주의의 상징과도 같은 인물이다.[45]

대중정치의 시대는 주로 도시에서 사회주의자들이 기대하고 보수주의자들이 두려워한 것처럼 계급정치를 낳았을 뿐만 아니라 정체성의 정치도 만들어냈다. 이제 더는 실패의 원인을 '운명'이나 '신'의 탓으로 돌릴 수 없게 된 역동적인 사회에서 희생양 찾기가 어느 때보다 더 격렬해졌고 파렴치한 정치인들의 조작에 쉽게 휘둘렸다. 이전 수백 년 동안은 종교적 소수 집단과 특히 유대인에 대한 박해가 종종 자연재해나 기근, 전염병과 연결되었다. 민주주의의 새로운 시대에는 자신의 지위에 대한 불안감이 비슷한 불만을 낳을 수 있었다. 폴란드에서는 자본주의가 야기한 사회-경제적 격변 때문에 생겨난 중간계급의 좌절이 세기말에 이르러 정치적 반유대주의와 뒤얽히게 되었다.[46] 주로 장인 제조업에 종사하는 도시의 하층 중간계급은 자본가들과의 경제적 투쟁에서 패배하고 있었는데, 그들 중 폴란드인은 거의 없었다. 산업은 외국인 소유로, 독일, 영국, 프랑스, 벨기에 자본이 폴란드의 산업화에서 점차 커다란 역할을 했다.[47] 폴란드에 유대인이 매우 많았다는 점을 감안하면(1904년에 바르샤바는 유대인 주민이 30만 명 이상으로 세계에서 가장 유대인이 많은 도시로 손꼽혔다), 특히 폴란드의 가장 산업화된 지역에서 반외국인 감정이 결국 공공연한 반유대

주의 표출로 이어진 것도 전혀 놀랍지 않다.[48]

유대인이 거의 없는 다른 유럽 지역들에서도 반유대주의가 분출했다. 1904년 아일랜드 서부에 있는 리머릭에는 유대인 가구가 35개에 불과해서 전체 인구에 비하면 보잘것없는 숫자였지만, 그렇다고 도시 사제가 설교에서 유대인이 성 스테파노와 성 야고보를 살해했으며(아마 사실일 텐데, 둘 다 유대인이고 서기 1세기에 예루살렘에서 죽었기 때문이다) 프랑스를 장악한 것처럼 아일랜드도 장악하려 한다고 비난하는 것을 막지는 못했다. 설교를 계기로 리머릭 거리 곳곳에서 유대인을 겨냥한 공격 행위가 벌어지고 유대인 업체에 대한 불매운동이 이어졌다.[49] 몇 년 뒤인 1911년에는 사우스웨일스의 트레데가에서 노동자 소요가 일어난 가운데 유대인 상점이 공격과 약탈을 당했다.[50]

런던 이스트엔드에는 1880년대에 유대인 4만 명이 옹기종기 모여 살았는데, 인종주의적 정서가 확산될 여지와 우려가 분명히 존재했다. 그리하여 타워햄리츠구 보수당 하원의원 존 콜럼은 하원 연설(1887년 3월 10일)에서 다른 어떤 위대한 나라도 "가난한 외국인의 이민을 제한 없이 허용하지 않는다"고 불만을 토로하면서 이민 유입을 중단하라고 호소하며 분위기를 조성했다. 『팔말가제트』(1886년 2월)는 "외국인인 유대인들이 가난한 토박이 이스트엔드 주민들에게 골칫거리이자 위협이 되고 있다"고 경고했다.[51] 1903년 노점상협회 전 의장은 유대인 이민자들이 일부 업종을 독점한다고 불만을 토로했다.[52] 포퓰리즘적 제국주의 정서가 강한 영국 언론인 아널드 화이트는 『현대의 유대인The Modern Jew』(Heinemann, 1899)에서 유대인 이민자들이 영국적 생활방식을 위협하고 있다고 언급했다. 독일계 유대인 자선가 모리스 폰 히르쉬의 대리인이었던 그는 또한 히르쉬가 아르헨티나에 유대인 식민지를 만들려 한 시도를 지지했다. 유대인들은 잉글랜드에서 멀기만 하면 자신들만의 영토를 가질 수 있었다. '자유주의적인' 영국에 반유대주의가 존재했음은 의심할 나위가 없지만, 영국은 또한 19세기에 유대인 태생의 수상을 선출한 유일한 나라였다. 오해의 여지가 없는 유대인 이름(디즈레일리['Disraeli'라는 성은 'Israel'과 어원이 같다.-옮긴이])과 유대인에 관한 고정관념에 딱 들어맞는 외모를 가진 사람이었다.

헝가리에서는 반유대주의의 뿌리가 한층 깊었다. 1848년 부다페스트가 '자유, 평등, 우애'를 외치며 들끓었을 때, 당시 헝가리의 일부로 여겨지던 포조니(독일어로는 프레스부르크. 현재 슬로바키아의 수도인 브라티슬라바)에서는 반유대인 폭동도 벌어졌다. 그해 3월에 유대인에게도 완전한 시민권을 부여하자 폭동이 일어난 것이다. 이 사태 때문에 '헝가리 민주주의의 아버지' 코슈트 러요시는 완전한 평등에 대한 요구를 뒤로 미룰 것을 요청했다. "[유대인들은] 조국과 민중의 자유를 위해 조금 더 인내심을 가져야 한다."[53] 유대인들은 이후 19년 동안 인내했고 마침내 1867년에 해방을 얻었지만, 헝가리 민족주의자들 덕분이 아니었다. 공공연한 반유대주의를 억누르고 부유한 유대인들에게 귀족 작위를 줌으로써 유대인의 지지를 얻으려 한 프란츠 요제프 황제 덕분이었다.[54] 하지만 1870년대와 1880년대에 간헐적으로 반유대인 사태가 벌어졌다. 유대인에게 토지를 매각한 소지주들의 분노가 일부 작용한 것이다.[55] 새롭게 귀족이 된 자본가들(세기말에 이르면 헝가리의 유대인 집안 346곳이 귀족 작위를 얻었다)의 경우에는 체제에 든든한 지지를 보탰다.[56] '자유주의자'와 친유대주의자는 헝가리의 일상 어법에서 거의 동의어가 되었다.[57]

헝가리인들이 불안감을 느낀 것은 당연했다. 1867년 오스트리아와 대타협을 이루면서 헝가리는 새로운 오스트리아-헝가리 제국 안에서 실질적인 권한을 갖게 됐지만, 자신들만의 의회를 거의 완벽하게 지배한 '진정한' 헝가리인은 헝가리 인구의 절반을 약간 넘을 뿐이었다. 1906년 독일인이 12.7퍼센트, 슬로바키아인이 11.4퍼센트였고, 나머지는 루마니아인, 우크라이나인(루테니아인), 유대인, 크로아티아인, 세르비아인 등이 차지했다.[58]

토착 기업가를 찾을 수 없으면 언제나 수입할 수 있기 때문에 러시아와 폴란드(대부분 몰다비아) 출신 유대인 이민자뿐만 아니라 그리스인도 물밀 듯이 들어왔다. 1856년 파리 조약 이후 1859년에 통합된 왈라키아와 몰다비아 일부 지역으로 이루어진 구왕국(루마니아, 일명 베키울레가트 Vechiul Regat)에서는 유대인이 도시의 주요한 존재이자 소규모 상업과 장인 경제부문의 중요한 일부였다.[59]

20세기 초에 이르면 유대인은 루마니아 전체 인구의 3.3퍼센트에 불과한데도 도시 인구의 19퍼센트를 차지했다. 몰다비아(왈라키아와 더불어 루마니아를 구성하는 주요 지역)에서는 인구의 32퍼센트이고 몰다비아 수도인 이아시의 절반이었다. 루마니아 언론은 이런 사실을 마치 진짜 침략이라도 되는 양 보도했다.[60] 보수주의자들은 유대인을 자본주의의 첩자이자 근대의 병폐를 퍼뜨리는 주역으로 간주하면서 분노했다.[61] 루마니아가 수립된 직후인 1867년, 자유주의자인 내무상 이온 브러티아누는 유대인 이민 유입에 대해 가혹한 조치를 취하면서 유대인은 농촌에 정착하거나 농촌의 부동산을 소유하거나 일부 직업에 종사할 수 없다고 결정했다. 외국인은 루마니아를 산업화로 가는 도상에 올려놓지는 못했을지 몰라도 확실히 상업을 지배하기는 했다. 기업가 정신을 정치에서 확실히 배제하기 위해 루마니아의 새 헌법(유럽에서 가장 자유주의적이라고 여겨지는 벨기에 헌법을 형식적으로 본보기 삼았다)은 외국인(기독교인은 제외)이 시민권을 획득할 권리를 박탈함으로써 사실상 유대인의 정치 참여를 금지했다. 이런 공공연한 차별 관행은 마침내 베를린 회의(와 특히 파리에 본부를 둔 세계유대인동맹Alliance Israélite Universelle의 진지한 압력을 받은 비스마르크)의 강요로 1879년에 폐지되었다. 그러나 실제로는 극소수의 유대인만이 루마니아 시민권을 획득하는 데 성공했거나 그런 기대를 품었다.[62] 일찍이 브러티아누는 유럽이 루마니아 상황을 제대로 알지 못하고, '유대인 문제'를 곧바로 해결하기는 불가능하며, 유대인이 루마니아인이 되는 것을 허용하면 루마니아 민족이 종언을 고할 것이라고 불만을 토로한 바 있었다.[63]

새로운 세금을 부과한 뒤인 1907년, 대규모 농민 반란이 일어났다. 적어도 반란이 왈라키아로 확산되기 전에 처음 시작된 몰다비아 북부에서는 차지농(arendaşi. 원래는 토지에 투자한 소경영자나 대부업자를 의미한다)의 상당 비율(40퍼센트)이 유대인이었기 때문에 처음에는 명확하게 반유대인 폭동의 형태를 띠었다. 보토샤니의 한 주민은 가장 큰 불만이 무엇인지 질문을 받자 땅이 없기 때문이라면서 외국인, 특히 유대인 탓이라고 대답했다. "그자들이 토지를 죄다 차지해서 농경지 땅값을 어마무시하게 올려놓고 있소이다."[64] 반란은 잔인하게 진압되었다. 농민 1만 1000명이 살해되었다.[65] 농민들은 어느 때보다도 더 자신들이 루마니아 민족에 속하지 않는다고 느꼈다. 그들이 원한 것은 민족이 아니라 땅이었다.

유럽에서 점차 득세하게 된 반유대주의는 닥치는 대로 근거를 끌어들이긴 했지만 예전의 기독교적 형태도 아니고 새롭게 등장한 유사과학적 변종도 아니었다. 반유대주의의 진정한 힘은 카를 쇼르스케가 '새로운 조성調性의 정치'라고 규정한, 초기 형태의 통속적 민족주의와의 연관성에 있었다.[66] 근대의 정치적 반유대주의는 이 새로운 정치의 특징 가운데 하나가 되었다. 일부 유대인은 시온주의적 분리주의로 돌아서는 식으로 대응했다.

이민자들은 종종 혐오를 받았고, 성공한 이민자는 훨씬 더 심한 혐오의 대상이었다. 유대인은 다른 '비민족적' 소수자들처럼 고생을 했다. 오스만 제국과 오스트리아-헝가리 제국, 차르 제국의 독일인, 그리스인, 아르메니아인, 그리고 나중에 동남아시아 많은 나라의 중국인, 동아프리카의 구자라트 인도인 등이 그런 경우였다.

학대는 사방에서 이루어졌다. 예수회에서 펴내는 위엄 있는 잡지 『가톨릭문명Civiltà cattolica』은 사실상 교황의 비공식 기관지였는데, 걸핏하면 유대인에 대해 비방을 늘어놓았다.

유대인은─언제까지고 거만한 어린놈들, 고집불통에 더러운 놈들, 도둑, 거짓말쟁이, 무지렁이, 해충, 도처에 널린 골칫거리인데─ … [자신들이 새롭게 발견한 자유를] 남용해서 남들의 자유에 훼방을 놓는다. 그들은 … 모든 공공의 부에 … 손을 대고 … 공직에 오르도록 허용된 나라들에서는 사실상 그들만 모든 돈을 좌우할 뿐만 아니라 … 법률 자체도 좌지우지한다.[67]

주요 지식인들도 비슷한 견해를 신봉했다. 반동주의 철학자 앙투안 블랑 드 생-보네는 『프랑스 왕정복고 시대Restauration française』(1851)에서 유대인이 상업을 창안했다고 비난했다.[68] 더 급진적이고 확실히 더 자유주의적인 베르너 좀바르트(나중에 나치즘에 대해 모호한 태도를 취한다)는 『유대인과 경제생활Die Juden und das Wirtschaftsleben』(1911)에서 유대인의 자금을 비난하면서 (막스 베버와 반대로) 유대교가 프로테스탄티즘보다 자본주의에 훨씬 더 적합하다고 주장했다.[69] 프랑스반유대주의연맹Anti-Semitic League of France(1889)의 창립자이자 베스트셀러 『유대인의 프랑스La France juive』(1886)의 저자인 에두아르 드뤼몽은 '본능적' 장사꾼인 유대인은 자기 동료의 뒤통수를 칠 기회를 놓치는 법이 없다고 설명했다. 계속되는 드뤼몽의 서술에 따르면, 다행히도 우리는 저 '유명한 콧대'와 툭 튀어나온 귀, 양쪽 길이가 다른 팔, 평발, "위선자와 배신자 특유의 촉촉하고 보드라운 손(la main moelleuse et fondante de l'hypocrite et du traitre)"으로 '유대인'을 식별할 수 있었다. 게다가 물론 유대인 특유의 냄새까지 났다.[70] 『유대인의 프랑스』는 상당한 성공을 거두었는데, 이 책에서 주창한 것과 같은 일반적인 반유대주의가 널리 받아들여졌기 때문이다. 사회주의자들도 이 책에 대해 당혹감을 드러내지 않았다. 1902년에 프랑스 사회당 지도자가 되는 장 조레스도 마찬가지였다.[71] 민족주의적 역사학자 하인리히 폰 트라이치케는 유대인에게 "우리 시대의 비열한 물질주의를 퍼뜨린 막중한 책임이 있다"고 단언했다.[72] 『상업에 종사하는 유대인들과 그들이 성공을 거둔 비결Die Juden im Handel und das Geheimnis ihres Erfolges』(1913)의 저자인 테오도어 프리치도 마찬가지로 경각심을 나타냈다.[73] 독일의 동양학자인 폴 드 라가르드는 거의 모든 사람—가톨릭교도, 자유주의자, 온건 개신교도, 비스마르크, 독일 제국—을 혐오했는데, 유대인에 대해서는 '독일의 심장부를 겨누는 거대한 음모'를 실행에 옮기는 첩자로 간주했다.[74] 일부 사회주의자들, 가령 피에르-조제프 프루동이나 샤를 푸리에 같은 이들도 반유대인 정서를 표명했다.[75] 위대한 사회개혁가인 시드니 웹과 비어트리스 웹 부부는 1897년에 쓴 글에서 임금소득자의 '인종'은 세 부류로 나눌 수 있다는 견해를 밝혔다(당시에는 지극히 평범하지만 지금 보면 다소 기묘한 견해다). "앵글로색슨의 숙련된 장인은 관습적인 최소한의 생활수준 이하로는 일"하려 하지 않고, 흑인은 낮은 임금을 받고도 일하지만 "일단 원시적인 욕구가 충족되기만 하면" 전혀 일을 하지 않으며, 마지막으로 유대인은 "실업자 신세를 면하기 위해서라면 아무리 나쁜 조건도 받아들이"지만 "세상에서 출세해서" 새로운 욕구가 생기면 "소득이 아무리 많아져도 지칠 줄 모르고 활동을 늦추지 않는다". 이런 이유 때문에 두 사람은 유대인 노동지는 '유럽 전체에서 가장 가난한' 반면 유대인 개개인은 '각자의 나라에서 가장 부유한 축'에 속한다고 설명했다.[76] 인종에 근거한 세계관이 굉장히 흔했다.

도처에서 온갖 정치적 성향의 반유대주의자가 똑같은 문구를 들이밀면서 은행가의 사악한 권력 배후에 유대인의 권력이 있다고 소리를 높였다. 그리하여 프루동주의자이자 반교권주의 사회주의자인 오귀스트 시라크는 1883년작 『공화국의 왕들Les rois de la république』에서 유대인에 대한 비방을 퍼뜨리면서 흔히 그러하듯 로스차일드를 겨냥했다. "그자, 그 일족은 오늘날 … 일반의 이익이 아니라 자신만의 배타적 이익을 위해 제왕 같은 권력을 … 휘두른다."[77] 자유주의적 반제국주의자 J. A. 홉슨도 소문으로 전해지는 로스차일드가의 권력에 깊은 인상을 받았다. 『제국주의Imperialism』(1902)에서 홉슨은 "여러 세기에 걸친 재정 경험을 배경으로 갖춘 단일하고 독특한 민족의 사람들"이 유럽의 재정을 거의 장악하고 있는데, 그들은 "여러 나라의 정책을 좌우할 수 있는 독특한 위치"에 있으며, "로스차일드가와 그 연고자들이 반대하면 어떤 유럽 국가도 전쟁을 벌일 수 없고 어떤 국가 공채도 모집할 수 없다"고 말했다.[78] 로스차일드의 불가사의한 권력에 대한 망상은 여느 망상이 그러하듯 현실과 상대적인 연관성만 있었다. 확실히 유대인이 프랑스 은행업에 이례적으로 많이 있었고, 유명한 대은행가들은 귀족 작위를 획득한 독일 태생의 유대인들이었다. 자크 드 라이나흐 남작, 데를랑제 남작, 막시밀리앙 쾨니히스바르터 남작, 카엥 당베르 백작, 자크 드 귄츠부르크(러시아 출신), 그리고 물론 로스차일드 등이 대표적인 인물이다.[79] 하지만 손꼽히는 규모의 은행들은 1863년 설립되어 1900년에 세계 최대의 은행이 된 크레디리요네 같은 진정으로 '오래된 프랑스' 은행이었다.[80] 로스차일드가(세기말로 향해 가면서 권세가 크게 줄어들었다) 외에도 다른 유력한 은행 가문들이 있었는데, 전부 유대계는 아니었다. 스코틀랜드인이 설립한 은행으로 암스테르담에 본사가 있던 호프&CoHope&Co, 영국-독일계인 베어링브라더스은행Baring Brothers Bank 등이 대표적인 사례. 역사적으로 보면, 유대인은 은행업의 창안과는 거의 관계가 없다. 세계에서 가장 오래된 은행임이 거의 확실한 몬테데이파스키디시에나(1472)의 창립자는 이탈리아인들이었고, 1590년에 함부르크에 베렌베르크은행Berenberg Bank을 설립한 것은 저지 국가들에서 박해를 피해 도망친 개신교인들이었다.

전반적으로 유대인은 이슬람 치하에서 가장 안전했다. 중세 이슬람에서는 기독교권과 달리 유대인에 대한 특별한 법률이 전혀 없었고, 이슬람 치하의 유대인은 중세 기독교권에 비해 경제적 위치가 더 나았다.[81] 19세기에 오스만 제국 치하에서 유대인들이 종교적 살인 의식을 행한다고 비난하면서 여러 차례 공격이 벌어졌지만, 이런 공격은 '거의 전부가 기독교 주민들 사이에 시작된 것'이었으며 유대인은 대개 당국의 보호를 받았다.[82]

오스만 제국이나 무굴 제국의 다른 비무슬림 신민들과 마찬가지로 유대인도 개종을 강요받는 일이 전혀 없었다. 하지만 기독교인, 조로아스터교인, 야지디교인[이라크 북부에 사는 쿠르드 계열 소수민족. 이슬람, 조로아스터교, 기독교가 복잡하게 섞인 민족종교인 야지디교를 믿는다.-옮긴이]을 비롯한 비무슬림은 오스만 제국 안에서 2등 신민의 지위를 갖고 있었다. 이른바 '딤미dhimmi'('보호받는'이라는 뜻의 단어다) 신분이었다. 비록 특별세가 부과되기는 했어도 실제로 재산과 계약문제에서 평등을 의미했다. 발칸 전쟁(1912~13) 중에 오스만 제국의 유대인 시민들은 여전히 오스만에 충성을 다했다. 발칸 동맹[1912년 제정 러시아의 주도로 불가리아, 세르비아, 그리스, 몬테네그로가 맺은 동맹으로 같은 해에 오스만 제국을 상대로 1차 발칸 전쟁을 일으켰다.-옮긴이] 국가들을 지배한, 기독교에 바탕을 둔 민족주의를 불신했기 때문인데, 이런 불신은 타당했던 것으로 보인다.[83]

터키 민족주의의 진짜 피해자는 유대인이 아니라 아르메니아인이었다. 1915년 100만이 넘는 아르메니아인을 희생시킨 대학살은 근대 최초의 종족학살 가운데 하나가 되었는데, 그전에도 술탄이 지시하거나 공모하는 가운데 아르메니아인을 겨냥한 폭력 행위가 숱하게 벌어졌다. 1894년과 1896년 사이에 아르메니아인 20만 명 정도가 학살을 당했다.[84] 전반적으로 보면, 오스만 제국의 아르메니아인들은 유대인과 마찬가지로 제국의 평범한 신민들보다 잘살았는데, 도시 거주 비율이 높고 상업과 수공업 활동 종사자가 많았다. 고조되는 터키 민족주의는 단일민족을 요구했다.[85] 이 민족주의를 연구한 역사학자 레몽 케보르키앙이 말한 것처럼, "아르메니아인 학살은 터키 민족의 건설과 밀접한 관련이 있었다".[86]

어떤 이들은 주민의 대다수가 이민자인 곳에서는 편견과 반이민 감정이 그만큼 두드러지지 않을 것이라고 생각했을지 모른다. 가령 남아메리카에서는 백인 정착민들이 압도적이고, 토착민들이 너무 취약하고 가난했던 탓에, 민족 건설은 여전히 백인들의 문제였다. 차별을 받는 이들은 토착민과 아시아계 이민자, 예전 노예였다(브라질에서는 노예제가 1888년에야 폐지됐는데, 그전에 2세기 동안 미국보다 많은 아프리카인을 들여왔다).

미국에서는 민족 건설이 엄청난 규모의 과업이었다. 가장 커다란 불꽃이 튄 것은 북부인과 남부인의 충돌이었다. 종족적 구분과는 아무 관계가 없고, 경제와 노예제의 윤리, 연방정부의 권한과 관계된 충돌이었다. 북부가 민족적 화해(더 나아가 민족 건설)를 이루기 위해 남부에 치른 대가는 특히 남부에서 흑인에 대한 차별이 계속되도록 용인한 것이었다. 종족 간 경쟁관계(아일랜드인, 이탈리아인, 폴란드인, 유대인 등등)가 계속해서 미국을 괴롭혔는데, 백인 앵글로색슨 개신교인White Anglo-Saxon Protestant(WASP) 엘리트 집단만 이득을 누렸다. 하지만 백인의 폭력을 정면으로 맞은 것은 흑인들이었다.

수백 가지 사례 중 하나만 살펴보자. 일자리를 둘러싸고 경제적·사회적 긴장이 고조된 가운데 1906년 9월 애틀랜타에서 흑인이 백인 여자를 강간했다는 소문이 기폭제가 되어 흑인을 겨냥한 폭동이 광범위하게 벌어졌다. 그전부터 지역 신문들은 흑인에 대한 폭력을 부추기는 캠페인을 열렬히 벌인 바 있었다. 『애틀랜타이브닝뉴스Atlanta Evening News』는 헤드라인에서 '국내외에서 뭐라고 비난하든 간에 영원히 우리의 남부 백인 여성을 확고히 지키겠다'고 선언했다.[87] 많은 북부 언론이 남부의 인종주의를 비난했다. 『워싱턴스타Washington Star』는 애틀랜타 폭동을 '미국의 오데사'라고 지칭했고, 『필라델피아프레스Philadelphia Press』는 이 폭동을 '인종적 만행과 야만이 표출된 개탄할 만한 사례'라고 비판했다.[88] 이 사건은 국제사회에도 보도됐는데, 발행 부수가 많은 프랑스 일간지 『르프티주르날Le Petit Journal』은 1906년 10월 7일자 1면에 화보와 함께 보도했다.[89]

인종적 편견과 인종주의의 언어는 수십 년간 계속되었다. 1948년에도 주권민주당States Rights Democratic Party 후보로 대통령 선거에 나선 스트

롬 서먼드는 다음과 같이 선언했다.

신사숙녀 여러분, 우리 군대에는 남부인들에게 인종차별을 중단하고 흑인이 우리 극장과 수영장, 우리 집과 교회에 들어가게 내버려두도록 강제할 만한 병력이 충분하지 않다는 말씀을 드리고 싶습니다.[90]

서먼드는 득표율이 3퍼센트가 되지 않았지만 1954년 사우스캐롤라이나주를 대표하는 연방 상원의원에 선출되었고, 48년 동안 계속 상원의원을 지냈다. 100살이 되어서도 여전히 상원의원이었는데, 그때쯤이면 인종차별 철폐와 흑인의 투표권을 받아들인 상태였다.

비백인 이민자들 또한 미국의 외국인 혐오의 충격을 실감했다. 유니언퍼시픽 철도는 와이오밍주 록스프링스의 석탄 광산에 중국인과 백인 이민자를 고용했다. 백인 광부들(당시 미국 제1의 노동조합인 노동기사단 Knights of Labor 조합원들)과 중국인 광부들 사이에 다툼이 벌어진 가운데 1885년 9월 2일, 일부 백인 광부들이 폭동을 일으켜 중국인 구역을 불태워 주민 28명을 살해했다. 이 사건을 계기로 로키산맥 전역에서 반중국인 폭동이 일어났다.[91] 이 사건 이전에도 반중국인 법률이 굉장히 많았다. 캘리포니아와 극서부 대부분 지역에서는 중국인을 겨냥한 특별세가 존재했고(세탁세도 있었다[세탁소를 운영하는 중국인 이민자가 많았기 때문이다.-옮긴이]), 중국인은 학교나 공공사업 프로그램에서 배제됐으며, 토지를 소유할 권리와 심지어 법정에서 백인에게 불리한 증언을 할 권리도 부정당했다.[92] 1862년 캘리포니아 주지사 릴런드 스탠퍼드는 주의회를 상대로 한 취임 연설에서 다음과 같이 선언했다.

우리 가운데 퇴행적이고 독특한 사람들의 존재가 우월한 인종에 유해한 영향을 미치고 어느 정도는 바람직한 이민을 가로막는다는 사실은 의심의 여지가 없습니다. 의회와 함께 아시아 인종의 이민 유입을 억제하는 것을 목표로 합헌적 활동을 할 수 있다면 더없이 기쁘겠습니다.[93]

이런 견해는 당시 매우 흔한 것이었다. 릴런드 스탠퍼드는 위선자이기도 했다. 그는 이민에 반대한다는 폭언을 하고서도 센트럴퍼시픽Central Pacific 같은 여러 철도회사의 회장(그는 고전적인 '날강도 귀족'이었다)으로서 중국인 노동자 수천 명을 버젓이 고용했다. 스탠퍼드대학은 그의 이름을 딴 것인데, 당연한 얘기지만, 그가 자금을 대서 설립했기 때문이다.

유럽 전역에서 오는 이민자를 환영하는 나라에서 중국인에 대한 차별은 1882년 중국인배제법Chinese Exclusion Act of 1882에 의해 이미 확립돼 있었다. 이 법은 1892년에 연장되고 1902년에 상설 입법이 되었다. 인종을 이유로 공공연한 차별을 하는 미국의 유일한 이민법이었다. 이 법은 1943년이 되어서야 폐지됐는데, 비백인이 백인과 결혼하는 것을 금지하는 캘리포니아 주법은 1948년 캘리포니아주 대법원의 위헌 판정을 받을 때까지 유지되었다. 미국 다른 곳에서는 1967년 미국 연방 대법원이 모든 인종 간 혼인 금지법이 위헌이라고 판정할 때까지 이런 법률이 살아남았다.

중국인배제법은 공식 노동운동 세력인 미국노동총연맹American Federation of Labor(AFL)의 지지를 받았다. 미국노동총연맹은 중국인과 '동양인'이 미국에 들어오지 못하게 막을 것을 요구했다. 그들은 '오물과 악덕과 질병만' 가져오기 때문이었다. 미국노동총연맹 위원장 새뮤얼 곰퍼스(유대인)는 1901년 조합원들에게 "쿨리[coolie. 중국인 노동자를 가리키는 경멸적 호칭.-옮긴이]가 한 명 한 명 들어올 때마다 … 우리 사회의 삶에 그만큼 더 많은 악덕과 부도덕이 주입된다"고 말했다.[94] 1905년 곰퍼스는 "우리 백인은 흑인과 중국인, 일본인 등 온갖 인종이 우리의 생활수준을 파괴하게 내버려두지 않을 것"이라고 단언했다.[95] 이런 노동조합 인종주의는 미국의 조직화된 노동자 세력이 발전하는 데 중요한 역할을 했다.[96] 하지만 1905년 결성된 급진 노동조합으로, 미국노동총연맹과 달리 주로 미숙련 이민 노동자를 조합원으로 모집한 세계산업노동자동맹Industrial Workers of the World(IWW)('워블리들[wobblies. "IWW"의 발음에서 변형된 단어로 당시에 세계산업노동자동맹 조합원을 가리키는 애칭처럼 많이 쓰였다.-옮긴이]')은 중국인배제법에 반대했다.

1902년 새뮤얼 곰퍼스와 허먼 거스타트는 『고기냐 쌀이냐. 아시아 쿨리 세력에 맞서는 미국 남자들. 누가 살아남을 것인가?Meat vs. Rice. American Manhood Against Asiatic Coolieism. Which Shall Survive?』(1908년 아시아인배척동맹Asiatic Exclusion League에서 재출간)라는 제목의 인종주의적 소책자를 발간하면서 1879년 제임스 G. 블레인(두 차례 국무장관 역임, 노예제 폐지론자, 대통령 후보, 하원의장)이 한 발언을 동조하면서 인용했다. "저는 이 나라에 중국인이 들어오는 걸 반대합니다. 저는 중국인을 시민으로 받아들이는 데 반대합니다. … 고기하고 빵을 먹어야 하는 사람과 쌀을 주식으로 하는 사람이 같이 일할 수는 없습니다."[97]

베스트셀러인 『진보와 빈곤: 산업 불황의 원인과 부의 증가와 나란히 빈곤이 증가하는 원인에 관한 탐구와 해법Progress and Poverty: An Inquiry into the Cause of Industrial Depressions and of Increase of Want with Increase of Wealth: The Remedy』(1879)의 저자인 급진개혁가 헨리 조지는 중국인에게 악담을 퍼부었다. "중국인의 도덕 기준은 편리함에 대한 기준만큼이나 저열하다.” 중국인은 “습관 자체가 더럽”고 “우리의 종교”나 “정치제도를 이해할 능력이 없다”.[98] 진보적 언론인 제이컵 리스는 유명한 사회 폭로물인 『세상의 절반은 어떻게 사는가』(1890)에서 뉴욕에 사는 중국인들은 “결코 바람직한 집단이 아니”며 “다른 곳에서는 어땠을지 몰라도 여기서는 전혀 유용한 일을 하지 않는다”고 말했다. 그래도 일단 여기에 살고 있으니 “그들을 최대한 활용하”고 가족을 데려올 수 있도록 해주어야 한다고도 했다.[99]

하버드대학 역사학 교수이자 유명한 잡지 『포린어페어스Foreign Affairs』의 편집인인 아치볼드 쿨리지는 큰 영향을 미친 문서이지만 술자리에서나 할 법한 인종에 관한 터무니없는 일반화로 가득한 『세계적 강대국 미국The United States as a World Power』(1908)에서, 아프리카 원주민은 야만인에 불과하고 중동과 인도 원주민은 그나마 낫지만, 생활상태가 개선될수록 조급한 성격이 심해지기 쉽다고 말했다.[100] 그는 또한 미국에서 인종이 뒤섞이는 것을 걱정했다.

> 예컨대 개는 이종교배를 해서 수익을 내기 쉽지만 … 서로 너무 이질적인 종자를 섞으면 아무 쓸모없는 잡종이 나온다. 인간의 경우에도 비슷한 원리가 적용되지 않을까?[101]

중국인에 대한 편견은 대부분 일본인에게도 확대되었다. 1901년 캘리포니아 주지사 헨리 게이지는 일본인 이민자가 중국인 이민자만큼이나 미국 노동자에게 위협이 된다고 경고했다. 백인 노동자들은 ‘미국 땅에서 백인종을 보전하기 위해’ 아시아인배척동맹을 결성했다.[102] 1888년 새로 결성된 전미경제학회American Economic Association는 ‘제한 없는 이민 유입이 미치는 유해한 영향The Evil Effects of Unrestricted Immigration'에 관한 최고의 에세이를 뽑아 상금 150달러를 지급한다고 약속했다.[103] 당선자는 시카고대학 교수 에드워드 웹스터 베미스였는데, 그는 여러 강연에서 범죄자와 정신병자 중에 유독 이민자 비율이 높다고 주장했다.[104]

유럽에서 유입된 여러 질병과 정착민이 휘두르는 폭력에 많은 수가 희생된 아메리카 인디언들을 '미국화'하기 위한 여러 시도가 이루어지는 가운데서도 그들은 여전히 지정 거주지에 갇혀 살았다. 인디언사무국 국장 토머스 제퍼슨 모건(1889~93년 재임)은 아메리카 원주민 자녀들에게 의무 교육을 강제하고 방학에는 백인 가정에 위탁해서 선량한 기독교인이자 미국인으로 변신시키는 식으로 한 민족one nation 정체성을 부여하는 것을 목표로 삼았다. 1900년에 이르면 아메리카 원주민 어린이의 10퍼센트가 특수학교에 배정됐는데, 이런 학교에서는 진보의 역사로 여겨지는 미국사가 후진적으로 여겨지는 아메리카 원주민의 전통에 도전했다.[105]

1880년대에 동유럽과 남유럽 출신 이민자가 급격하게 늘어남에 따라 탄탄히 자리잡은 미국 정착민들 사이에 반이민 감정도 고조되었다. 새로운 이민자들은 경제적 위협으로 여겨졌다. 이탈리아인과 유대인 두 집단이 유독 표적이 되었다. 이탈리아인은 순식간에 칼을 뽑는 피에 굶주린 범죄자로 간주되었다. 게다가 가톨릭교도였고, 가톨릭이 아니라면 위험한 아나키스트였다. 1891년 3월 14일 뉴올리언스에서 벌어진 이탈리아인 린치 사건은 미국 역사상 최대의 린치 사건으로, 한 무리의 자경단원들이 경찰서장 데이비드 헤네시 살인 혐의로 재판을 받던 이탈리아인 11명을 살해했다. 1891년 3월 15일자『뉴욕타임스』는 진심으로 찬성했다. '헤네시 서장의 원수를 갚다: 이탈리아인 암살자 11명, 폭도에게 린치 당해.'『워싱턴포스트』와『샌프란시스코크로니클』뿐만 아니라 런던의 『더타임스』도 찬성의 뜻을 표했다. 나중에 대배심은 린치 행위자들을 용서했고, 루이지애나 주지사도 너그럽게 봐주었다.[106]

유대인으로 말하자면, 그들은 돈을 하느님으로 섬기는 더러운 노점상들로, 토박이들의 사업을 호시탐탐 노린다고 여겨졌다.[107] 미국의 포퓰리스트들은 유대인과 돈의 권력을 너무도 쉽게 동일시했다.[108] 포퓰리스트들만이 아니었다. 미국 대통령을 지낸 할아버지(존 퀸시 애덤스)와 증조할아버지(존 애덤스)를 둔 저명한 역사학자 헨리 애덤스는 1895년에 "10년 안에 … 유대인이 이 나라의 재정과 정부를 완전히 장악할 것"이라고 말했다.[109] 이런 견해는 전문대학과 종합대학, 병원과 법률회사에서 유대인에 할당 정원이 부과되는 결과로 이어졌다. 저명한 유대인 변호사 루이스 브랜다이스가 대법관에 임명되자 격렬한 논쟁이 벌어졌다. 아이러니하게도 브랜다이스는 J. P. 모건을 비롯한 투자은행가를 비판하는 책인『은행가들은 남의 돈을 어떻게 쓰나Other People's Money and How the Bankers Use It』(1914)의 저자였다.

하지만 흑인과 동양인, 라틴계, 가톨릭교인, 유대인 등을 배제한 채 모종의 '앵글로색슨' 토박이주의를 바탕으로 미국 민족(국가)을 건설하려는 것은 결국 무익한 시도임이 드러났다. 서서히 그러나 꾸준히 인구 변화가 계속되자 '백인 앵글로색슨 개신교인(WASP)'이라는 문구가 자랑스러운 자기만족이 아니라 가벼운 욕설에 가깝게 되면서 이런 시도가 터무니없다는 사실이 부각되었다.

오스트레일리아에서도 백인 우월주의적 신념이 정치 엘리트들 사이에서 정상으로 간주되었다. 1901년, 초대 총리이자 보호주의당Protectionist Party의 지도자인 에드먼드 ('토비') 바턴은 다음과 같이 선언하면서 유럽 언어(일찍이 오스트레일리아 노동당은 아시아인과 아프리카인을 공공연하게 배제하기를 원했다) 받아쓰기 시험을 통해 백인 이민만을 받아들이는 백호 정책White Australia Policy을 도입했다.

> 저는 인간은 평등하다는 교의에 정말로 인종 평등까지 포함된다고 생각하지 않습니다. 이 인종들은 백인종과 비교해 … 불평등하고 열등합니다. 인간은 평등하다는 교의는 영국인과 중국인의 평등에 적용되기 위한 게 결코 아니었습니다.[110]

바턴의 '백인종' 개념에는 적어도 여성이 포함되었고, 1902년 그가 이끄는 정부는 나라 전역에 여성 참정권을 확대했다.

유럽 노동운동 또한 인종주의에서 자유롭지 않았다. 가령 1878년 프랑스 리옹에서 열린 노동자대회Congrés Ouvrier에서 한 대의원은 아랍인을 가리켜 "무지하고 광신적인 족속ce peuple ignorant et fanatique"이라고 지칭했고, 사회주의자이자 반교권주의인 하원의원 모리스 알라르는 사회주의 일간지 『뤼마니테L'Humanité』(1913년 8월 7일자)에서 "원시적이고 기괴한 흑인"들은 독일인보다도 자신과 공통점이 훨씬 적다고 주장했다.[111] 노동조합에 외국인 혐오가 만연했는데, 이런 현상은 많은 프랑스 노동자가 벨기에와 이탈리아 노동자가 유입되는 현상에 대해 느끼는 우려를 반영했다(1886년 당시 프랑스에 외국인 노동자가 100만 명이 넘었다).[112] 1881년에서 1893년 사이에 주로 프랑스 남부에서 잇따라 벌어진 이탈리아인 박해 사건으로 이탈리아인 30명 정도가 살해되었다. 1893년 마르세유(외국인 혐오의 본고장) 서북부에 있는 에그모르트에서 프랑스 노동자와 이탈리아 노동자가 충돌한 사건은 이탈리아인 10명의 사망으로 귀결

되었다.[113]

대단히 자유주의적인 경제학자 폴 르루아-볼리외는 프랑스에 거의 존재도 희박한 중국인에 대해서 우려했다(1911년 인구조사에 따르면, 4000만 명에 육박하는 전체 인구 가운데 겨우 283명이었다). 『부의 분배에 관한 시론Essai sur la répartition des richesses』[전체 제목은 『부의 분배와 생활상태의 불평등 축소 경향에 관한 시론Essai sur la répartition des richesses et sur la tendance à une moindre inégalité des conditions』.-옮긴이]에서 그는 일일 노동시간 단축에 반대하면서 "황인"은 "노동의 대가를 더 적게 받으면서 더 긴 시간을 일하려고 한다"고 말했다. 그러면서 경고를 잊지 않았다. "그득한 밥 한 그릇을 행복의 이상으로 여기는 동양인을 조심해야 한다."[114]

적어도 밥 한 그릇은 값싼 임금을 의미했다. 미국에서 노예제가 종언을 고하자 자유주의적 주간지 『이코노미스트』는 어떻게 하면 "피부색이 검은 인종들"이 "백인의 말을 고분고분 듣게 만들" 수 있을지 궁금해했다.[115] 물론 인종주의는 특히 이른바 문명화된 민족들 사이에서 오랫동안 인류역사의 일부분이었다. 헤겔 같은 훌륭한 지성도 '세계사의 철학'에 관한 강연에서 스스로도 깨닫지 못한 채 저급한 수준의 인종주의적 고정관념에 몰두했다. 헤겔은 아프리카에서는 "인간의 발전이 억제된다"고 설명했다. 아프리카인은 "감각적 향락, 노동을 참고 견디는 대단한 육체적 힘, 어린이같이 선한 본성뿐만 아니라 무분별하고 무자비한 잔인성"도 보여준다.[116] 설상가상으로, "흑인은 … 완전히 거칠고 길들여지지 않은 상태에서 자연적인 인간을 보여준다. … 이런 유형의 성격에서 인간성과 조화로운 것은 전혀 찾아볼 수 없다."[117]

이마누엘 칸트는 아메리카 인디언은 "고된 노동을 하기에는 너무 허약하고, 산업에 무관심하며, 어떤 문화도 만들어낼 수 없다"면서 "우리가 인종들의 격차라고 명명한 다른 모든 단계에서 최하위에 있는 흑인보다도 한참 뒤떨어진다"고 말했다.[118] 유명한 『관용론Treatise on Tolerance』(1763)의 저자 볼테르는 그보다 덜 유명하고 훨씬 긴 『민족들의 습속과 정신에 관한 시론Essai sur les moeurs et l'esprit des nations』(1756)에서 '흑인'에 관해 썼다. "흑인의 둥그런 눈과 납작한 코, 언제나 커다란 입술, 이상하게 생긴 귀, 양털 같은 머리, 심지어 지능 수치를 보아도 흑인은 다른 인간과 무척 다르다."[119]

한 세기 뒤에도 저명한 지식인들이 여전히 이런 고정관념을 만들어냈다. 에르네스트 르낭은 『셈족 언어들의 보편적 역사와 비교체계Histoire générale et systèmes comparés des langues sémitiques』(1855)의 1장에서 '셈족'을 '인도유럽족'보다 한참 아래에 두었다.[120] 위대한 자유주의자 존 스튜어트 밀은 『대의정부론Considerations on Representative Government』(1861)에서 논리나 증거를 제시할 생각도 거의 없이 "모든 인류 가운데 가장 시기심이 많은 것은 동양인"이라고 지적했다. "게으름과 마찬가지로 동양인 다음으로 시기심이 많은 것은 일부 남유럽인이다." 그러면서 '잉글랜드와 미국의 진취적이고 분발하는 성격'을 거론했다.[121] 젊은 마하트마 간디는 1896년 9월 26일 봄베이에서 남아프리카의 인도인 공동체에 대한 지지를 끌어모으려고 발언하면서 다음과 같이 선언했다. 당시 간디는 변호사로 일하던 남아프리카에서 인도인을 흑인(당시의 경멸적 표현으로 '깜둥이kaffir')과 별로 다를 게 없는 존재로 간주하는 법률에 맞서 인도인을 변호하고 있었다.

우리의 싸움은 유럽인들이 우리를 격하하려고 하는 시도에 맞서 지속적으로 벌이는 투쟁입니다. 유럽인들은 우리를 깜둥이, 즉 사냥을 직업으로 삼고, 야망이라고는 소를 몇 마리 모아서 부인을 돈 주고 산 뒤 벌거벗은 채 게으르게 여생을 보내는 것뿐인 깜둥이의 수준으로 격하하려고 합니다.[122]

'인종'뿐만 아니라 문명에까지 등급을 매기는 것은 당시에 흔한 일이었다. 그리하여 처칠은 "태곳적부터 이어진 인도와 중국의 문명과 아프리카 흑인을 갈라놓는 심연"에 관해 이야기했다. 정복은 '흑인'을 돕는 한 가지 방법이었다. 또다른 방법은 흑인을 '넓은 지정 거주지'에 몰아넣는 것이라고 처칠은 설명했다. "물이 많고 좋은 이 땅이라면 문명을 이룰 가능성이 전혀 없는 아프리카 원주민이 격리된 채 평안히 살 수 있다."[123]

반이민 정서는 잉글랜드처럼 상대적으로 이민자 수가 적은 나라에서도 나타났다. 마거릿 하크니스가 '존 로John Law'라는 가명으로 출판한 『실직Out of Work』(1888)은 목수인 조스 코니의 이야기를 들려주는데, 그는 1870년대와 1880년대의 불황기에 항만에서 일거리를 찾으려고 하지만 결국 모든 일자리가 '외구긴[외국인]'에게 돌아갈 것이라는 말을 듣는다. "그놈들이 왜 여기에 오는 거지? 이제 런던은 예전의 런던이 아니야. 외국 도시 같아. 음식도 영국 음식이 아니고, 말도 영어를 쓰지 않아. 도대체 왜 온갖 외국놈들이 여기까지 와서 우리 입에 들어가는 음식을 가로채고, 돼지도 먹이지 않는 음식물을 먹고 사는 거지?"[124]

이민 유입이 대규모로 이루어지지 않아도 어김없이 인종주의적 편견이 생겨났다. 자유당 하원의원이자 전국선원소방관노동조합National Sailors' and Firemen's Union(NSFU) 지도자 조지프 해블록 윌슨은 1908년에서 1911년 사이에 영국 해운업에서 중국인 노동자를 몰아내자는 캠페인을 벌이면서 이 문제를 백인과 황인의 보편적인 충돌로 규정했다.[125] 하지만 1911년 당시 중국인은 런던에 300명, 리버풀에 403명뿐이었고, 영국 선박에서 일하는 중국인(4595명)은 스칸디나비아인(5948명)보다 적었다.[126] 잉글랜드에 사는 중국인에 관한 이미지는 인종적 고정관념(부도덕하고 폭력적이며 백인과는 가치관이 전혀 다른 인간)에 물들었다.[127] M. P. 실이 쓴 베스트셀러 소설 『황색 위협The Yellow Danger』(1898)이 일정한 역할을 했고, 색스 로머가 대중 소설에서 창조한 천재 범죄자이자 아편 중독사인 푸 만주(傅滿洲)도 이런 분위기에 톡톡히 기여했다. 로머의 소설은 1912~13년에 처음 연재되었다.[128]

외부자들은 언제나 고통을 받아왔다. 하지만 산업화가 진행되면서 이주가 늘어났고, 따라서 외부자의 수도 증가했다. 이동성이 증대되고 교통이 좋아지며, 정착할 새로운 땅이 많아지고 개인적 야망이 실현되는 등 '진보' 때문에 불가피하게 생겨난 결과였다. 이제 사람이 자기가 태어난 곳에서 평생을 살 가능성은 점점 줄어들었다. 이런 새로운 근대의 징후는 이미 수십 년 전부터 감지되었다. 존 스튜어트 밀은 『정치경제학 원리』(1848)에서 다음과 같이 말했다.

인간을 자신과 다른 사람, 그리고 익숙한 것과 전혀 다른 사고방식 및 행동방식과 접촉하게 하는 것의 … 가치는 아무리 높이 평가해도 지나치지 않다. 이제 상업은 한때 전쟁이 그러했던 것처럼 이런 접촉의 주요한 원천이다.[129]

이런 사람들의 이동은 대부분 자발적인 게 아니었다. 이주자들은 자신이 처한 상황을 개선할 필요성에 떠밀렸기 때문이다. 어떤 경우에는 먹을 게 충분하지 않았기 때문에(하지만 이주자들은 대개 떠나지 않고 남은 사람들보다 형편이 좋았다. 여비를 마련할 여력이 있는 사람들이 이주를 했기 때문이다), 어떤 경우에는 박해와 전쟁 때문에 이주했다. 대부분의 경우에 국내에 있으면 계속 가난할 것 같고 해외로 가면 형편이 나아질 것이라는 기대감이 결합된 결과였다. 그리하여 가령 독일에서는 1880년대 초에 미국으로 이주한 17만 명 가운데 다수가 국내에서 느끼는 경제적 불만과 미국에 가면 땅을 얻을 수 있다는 가능성에 이끌렸다.[130]

이민 유입 통제는 근대의 발명품으로 근대 자본주의 역사의 일부다. 19세기 대부분 시기 동안 국외 이주(대부분 유럽에서 밖으로 나가는 것이었다)는 제한되지 않았다. 19세기 말에 이르면, 많은 나라에서 제한이 이루어졌다. 산업화된 민족국가들이 이민자에게 등록을 하고 일정한 기술을 갖추고 세금을 납부하도록 하는 입법을 통과시켰기 때문이다. 각국 정부는 사람들이 자국 국경을 통과하지 못하게 하거나 등록을 막을 수 있는 주권적 권리를 주장했다. 네덜란드는 1887년, 스웨덴은 1894년, 아르헨티나는 1902년, 칠레는 1918년, 프랑스는 1893년 이후, 미국은 1891년 이후 이런 권리를 주장했다.[131] 영국에서는 주로 차르 제국 출신 유대인을 겨냥한 1905년 외국인법Aliens Act of 1905에 따라 사상 처음으로 출입국 관리를 실시했다. 1905년 저명한 헌법학자 A. V. 다이시는 이 입법의 목적은 "영국 임금 소득자의 … 직접적 이해와 충돌할 수 있는 모든 형태의 경쟁을 억제하는 것"이라고 말했다.[132] 이와 같은 법률은 권력을 국가의 수중에 집중시켰다. 그전까지 적어도 영국에서는 이민 유입 통제가 지방 당국이나 자율심사 기관에서 결정하는 경우에 추방하는 형태를 띠었다. 그리하여 1881년에서 1906년 사이에 두 유대인 단체가 유대인 3만 1000명을 동유럽으로 송환했다.[133]

일부 종족 집단은 이민이 금지되거나 엄격한 제한을 받았다. 베네수엘라는 비유럽인의 이민을 금지했다. 미국은 동양인을 금지했고, 프로이센은 1885년에 폴란드 노동자 4만 명 정도를 추방했다.[134] 이런 금지 조치는 대개 노동조합의 지지를 받은 반면, 고용주들은 당연히 반대했다. 막스 베버는 동프로이센의 사탕무 재배지에서 독일인을 대체하고 있는 사람들은 독일인이 받아들이지 못하는 조건을 감수할 수 있다고 지적했다. 알선업체를 통해 채용되는 이 사람들은 "봄이면 수만 명이 국경을 건너왔다가 가을이면 다시 떠난다".[135] 언제나 자유주의자보다는 민족주의자에 가까웠던 베버는 동쪽 국경을 폐쇄하자고 주장했다. "민족의 관점에서 보면 독일인을 희생시켜야만 보전될 수 있는 대규모 기업은 파멸하는 게 마땅하다."[136]

이런 개탄은 모두 소용없었다. 1890년에서 1914년 사이에 200만여 명이 독일 제국의 서부 지방, 특히 라인란트로 이동했다.[137] 영국에서는 1846~50년 대기근 이후 급격히 늘어난 아일랜드인 이민자가 그 뒤로도 꾸준히 증가해서 1911년에 이르면 영국에 사는 아일랜드인이 55만 명이 넘었다.[138] 아일랜드인들은 질병의 근원지이자 납세자를 짓누르는 짐짝 취급을 받았다. "나라의 안녕을 위협하는 타락한 가난뱅이와 범죄자의 집합체"였다.[139]

1871년에서 1914년 사이에 총 3400만 명이 유럽을 떠나 남북아메리카로 향했는데, 그중 2500만 명은 영구 정착민이 되었다.[140] 남북아메리카로 간 이민자는 산업국과 농업국을 망라한 유럽 여러 지역 출신이었는데, 시기에 따라 출신 국가가 바뀌었다. 1870년대에 유럽의 최상위 노동력 수출국(인구 대비)은 영국, 노르웨이, 포르투갈이었다. 그런데 1913년에 이르면 최상위 노동력 수출국이 이탈리아, 포르투갈, 에스파냐(그리고 다시 영국)였다.[141] 사람들의 전반적인 이동은 기복이 있긴 해도 오늘날까지 계속 증가해왔다. 1990년에 이르면 국제 이주자가 1억 5400만 명을 기록했다. 유엔에 따르면, 2013년에는 이 수치가 2억 3200만 명에 도달했다.[142]

중동에서 잇따라 전쟁이 일어나면서 난민의 흐름이 한층 더 늘어났다.

신생 국가들이 등장하거나 세워지고, 오래된 국가들이 재정의되고 재구성됨에 따라 '인민demos' 자체가 끊임없이 바뀌면서 시민권(그리고 그와 동시에 투표권)을 비롯한 한층 더 많은 권리를 획득했다.

제13장

참정권

초기 자본주의가 직면한 불만은 여러 가지 형태를 띠었다. 우선 산업노동자들의 불만이 있었다. 임금이 너무 낮고, 노동조건은 지나치게 가혹했다. 산업노동자보다 대개 상황이 더 열악한 농촌노동자들의 불만이 있었다. 많은 농촌노동자가 국외로 이주했기 때문에 이 불만은 대부분 억압되거나 감춰졌다. 중간계급의 불만도 있었다. 중간계급은 만성적으로 불안정한 지위 때문에 항상 불안에 시달렸다. 하지만 이 가운데 어느 것도 1차대전으로 이어지는 수십 년 동안 선진자본주의 국가의 안정을 실제로 위협하지 않았다. 차르 제국같이 산업화가 미약한 나라들에서만 1905년처럼 혁명에 가까운 심각한 위협이 나타났다. 영국과 프랑스, 벨기에, 네덜란드, 일본, 독일에서는 실제로 충돌이 거의 없었다. 다만 흔히 그렇듯이, 언제나 자기 지위에 대한 현실적, 또는 상상적 도전을 두려워하는 기득권 계급 사이에 이례적인 히스테리가 팽배했다.

1887년 11월 13일, 런던 트라팔가 광장에서 실업과 영국의 아일랜드 탄압에 항의하는 대규모 시위가 벌어졌다. 사회민주연맹Social Democratic Federation과 아일랜드민족동맹Irish National League이 조직한 시위에는 조지 버나드 쇼, 페미니스트 애니 베전트, 아나키스트 샬럿 윌슨, 사회민주연맹의 윌리엄 모리스 등 저명한 인사들이 참여했다. 유럽과 북아메리카의 기나긴 피의 일요일의 역사(위키피디아 '피의 일요일' 항목을 보면 20개가 열거된다)에서 첫 번째 '피의 일요일'이었다. 다만 부상자가 거의 없고 사망자가 전무했다. 북아메리카에서는 당시에 가장 유명한 탄압 사례가 1886년 5월 4일에 벌어진 헤이마켓 '학살'Haymarket 'Massacre' 사건이었다. 일일 8시간 노동을 요구하는 시위 끝에 벌어진 사건이었다. 폭력이 걷잡을 수 없이 고조되지는 않았지만 11명이 사망했고, 그중 8명이 경찰관이었다.

벨기에는 반역의 기운이 더 높았고 사상자도 많았다. 1886년 3월 29일, 벨기에의 프랑스어권 소도시 루에서 폭동으로 비화한 광부 파업을 진압하기 위해 군대가 투입되어 많은 사망자가 발생했다.[1] 1891년 5월 1일, 프랑스 북부의 산업도시 푸르미에서 군대가 개입해서 8시간 노동을 요구하는 시위를 해산시키는 과정에서 열두 살짜리 어린이를 포함해 9명이 살해되고 30명이 부상당했다.[2] 공산주의와 사회주의, 아나키즘의 공포에 사로잡힌 지배 엘리트들은, 흔히 그렇듯이, 불안한 나머지 기꺼이 탄압에 의지했다. '유럽을 배회하는 유령'은 카를 마르크스와 프리드리히 엥겔스가 유명한 선언의 서두에서 공산주의를 묘사하기 위해 구사한 시적 이미지에 불과한 게 아니었다.

이탈리아에서는 사태가 더욱 심각했다. 1894년 당시 수상이자 내무상이던 프란체스코 크리스피는 이른바 시칠리아동맹Fasci siciliani을 겨냥해 시칠리아에 비상사태stato d'assedio를 선포했다. 훗날 등장하는 파시즘운동과 전혀 무관한, 농민이 주축인 운동이었다. 이 명칭은 연대를 통해 얻는 힘을 암시했다. 'fasci'는 묶음을 의미한다. 나뭇가지 하나는 쉽게 부러

지지만 여러 개를 묶으면 좀처럼 부러지지 않는다. 1891년에서 1893년 사이에 크게 성장한 시칠리아동맹은 농업노동자, 차지농, 소작농[차지농 tenant farmer은 일정한 임대료를 미리 정해서 토지를 빌려 농사를 짓는 반면, 소 작농sharecropper은 수확량의 일정 비율을 지주에게 소작료로 낸다. 대체로 차 지농이 소작농에 비해 형편이 좋은 편이고 지주와의 관계에서 상대적 자율성도 높다.-옮긴이] 등으로 이루어졌다. 다만 이탈리아 북부의 높은 산업생산 성 때문에 피해를 본 직물 산업을 비롯한 산업노동자도 일부 있었다. 모 두들 비참한 상황이었다. 가난한 어느 농업노동자는 언론인 아돌포 로시 에게 1년에 절반만 일을 구할 수 있다고 하소연했다. "그러니 나머지 시간 은 어떻게 할까요? 풀떼기나 뜯어다가 삶아서 소금도 없이 먹는 거지요."[3]

남부의 역사학자이자 정치인인 파스콸레 빌라리에 따르면, 그가 글을 쓸 시점인 1893년 11월에 이르러 이 운동은 성원이 30만이 넘었다.[4] 시칠 리아동맹은 공정한 소작료, 임금 인상, 지방세 인하를 원했다. 많은 시칠 리아 노동자와 농민이 이탈리아 통일 이후 더 나은 삶을 기대했지만, 이 런 기대는 이미 꺾인 상태였다. 물론 땅 없는 사람들은 땅을 원했다. 전 세 계 농민의 정서와 비슷한 시칠리아 지역 속담을 빌자면, '땅은 멋부린 망 토를 걸친 자의 것이 아니라 땀 흘려 일구는 자의 것이다'.[5]

프란체스코 크리스피의 전임자인 자유주의자 수상 조반니 졸리티가 기대한 것과 달리, 국가가 한쪽 편들기를 거부하는 식으로 토지문제, 그 리고 지주와 농업노동자 사이의 권력과 부의 막대한 불균형을 해결할 수 는 없었다. 국가는 중립을 지킴으로써 사실상 지주들의 권력을 전혀 건드 리지 않았다. 크리스피는 결국 개입했는데, 그 칼끝은 시칠리아동맹을 겨 누었다.

시칠리아운동은 대체로 비폭력적이었다(토지 점거, 시위 등등). 지도자

가운데 한 명인 로사리오 가리발디 보스코는 줄곧 반란을 계획한 적이 없다고 잡아뗐지만, 아마 때가 무르익지 않았다고 판단했기 때문이었을 것이다.[6] 이후 가혹한 탄압이 이어졌다. 1893년 12월(졸리티가 사임한 때)에서 1894년 1월 사이에 군대가 시위를 벌이는 활동가 92명을 살해했다. 군인 사망자는 한 명뿐이었다.[7] 비상사태가 시작되고 2주 만에(1894년 1월 1일) 활동가 1000여 명이 재판도 없이 남부 여러 섬에 있는 구치소로 보내졌다.[8] 그와 동시에 현지 시장들이 지명한 '전복 분자' 수천 명이 선거인 명부에서 삭제됨으로써 유권자가 약 25만 명에서 12만 5000명 이하로 줄어들었다.[9] 계급적 증오 선동이라는 새로운 범죄 분류가 도입되었다. 명백히 아나키스트와 사회주의자를 겨냥한 것이었다. 크리스피 수상(본인도 남부인이었다)은 하층계급la plebe이 '소유는 도둑질이다' 같은 명제를 문자 그대로 받아들일 때 계급적 증오가 위험 수위에 다다른다고 단언했다.[10] 한 검사는 아나키스트들이 '무지한 하층계급'에게 모든 법률과 권력, 결혼, 가족, 사적 소유, 국가, 모국을 거부하고 혁명과 방화, 살인, 강도, 학살에 나서라고 선동했다고 책임을 물었다.[11] 실제로 양보 조치를 했다면 시칠리아동맹을 진정시킬 수 있었다. 지방세가 인하된 곳에서는 시위도 줄어들었기 때문이다.[12]

소요사태는 이탈리아 남부 전역에서 계속되었다. 1901년부터 1903년까지 수상을 지낸 주세페 차나르델리는 1901년에 하원에서 파업 노동자들에게 나약하게 대응한다고 비난하는 의원들에게 답하면서 노사분쟁 때문에 사람이나 재산이 심각하게 위협받지 않으며 파업이 빈번하다고 탄압이 필요한 것은 아니라고 단언했다.[13] 하지만 포자현에서는 철도 노동자들이 벌인 파업이 1902년 9월 파업 노동자 8명의 죽음으로 이어졌고, 1904년 5월에는 3명, 1905년 3월에는 4명이 사망했다. 모두 정부군 손에 살해된 것이었다.

1898년에는 곡물 가격이 급격하게 인상되고 빵 값도 나란히 오르는 데 항의하는 소요도 벌어졌다(에스파냐-미국 전쟁 이후 국제 밀 가격이 인상된 원인도 있었다). 항의시위는 비교적 평화롭게 진행됐지만, 1898년 5월 나폴리에 이어 이탈리아 제2의 도시인 밀라노에서 바바 베카리스 장군이 이끄는 군대가 비무장 시위대에 총격을 가해 무려 100명의 사망자를 낳았다.[14] 필리포 투라티와 안나 쿨리쇼프를 비롯한 사회주의 지도자들이 투옥되었다. 바바 베카리스는 움베르토 1세 국왕으로부터 훈장을 받았다(국왕 역시 1900년에 아나키스트에게 살해되었다).

세기말에 사회적 소요를 둘러싼 불안이 널리 퍼졌는데, 어떤 사건이든 장기적 결과를 예측하기가 거의 불가능하기 때문에 불안해하는 것은 당연하다. 파업은 폭동으로 변질될 수 있고, 폭동은 혁명으로 비화할 수 있다. 또는 탄압으로 항의시위가 영원히 진정되고, 어떤 커다란 결과도 야기하지 않은 채 사태가 고요해질 수 있다. 사후의 지식이 있다면 현명하게 판단하는 게 쉽다. 하지만 당시에는 희망과 더불어 불안이 존재했다. 보편 참정권 주창자들은 만약 모든 사람이 투표를 할 수 있다면 민중의 불만이 줄어들 것이라고 주장했다. 벨기에 사회주의 지도자 세사르 드 패페는 보편 참정권에 관한 팸플릿에서 이렇게 선언했다. "만약 우리가 보편 참정권을 원한다면 그것은 혁명이 일어나는 것을 피하기 위함이다."[15]

물론 보수주의자들은 소요만이 아니라 보편 참정권에 대해서도 불안을 느꼈다. 대중이 표를 가지고 어떤 행동을 할지 아무도 알 수 없었기 때문이다. 참정권을 '버젓한 노동자'에게 확대하는 것에 대해서는 불안감을 덜 느꼈지만, '위험한 계급들'(즉 빈민)까지 확대하는 것에는 공포를 느꼈다. 하지만 1차대전에 이르면, 이른바 '문명 세계'에서는 **남성** 보편 참정권조차 규범이 되었다. 물론 수많은 예외가 있기는 했다. 일찍이 1647년 퍼트니 논쟁[Putney Debates. 영국 청교도혁명 당시 크롬웰이 조직한 신형군 New Model Army에서 영국의 새로운 헌법을 둘러싸고 벌어진 논쟁.–옮긴이]에서 수평파Levellers가 대다수 남성에게 참정권을 확대하기를 원했던 것처럼, 여러 세기 전에 방향이 이미 정해졌지만 아직 갈 길이 멀었다. 1752년 데이비드 흄은 비록 '장인과 상인', 즉 '중간 부류의 인간'이 주축이라 할지라도 모종의 인민 대표는 "자유의 가장 확고한 토대"로서 "평화와 번영에 기여한다"고 주장했다.[16]

1895년, 중국의 지도적 지식인인 옌푸(3장을 보라)는 서양의 우월성은 인민과 정부의 특별한 연결고리에 있으며, 이 대표자들은 "우월한 권력에 강제받지 않는다"고 말했다. "영국인이 영국에 관해 이야기하고 프랑스인이 프랑스에 관해 이야기할 때, … 그들은 마치 우리가 마음속 깊은 사랑에서 우러나는 진심어린 열의와 애착을 갖고 우리 부모님에 관해 이야기하는 것처럼 말을 한다."[17] 그러면서 한마디 덧붙였다. "우리가 서양인과 전쟁을 하게 되면, 그 사람들은 공적인 일, 공공선을 위해 싸우는 반면, 중국인은 노예처럼 주인을 위해 싸울 것이다."[18]

아마 옌푸는 미국의 포퓰리즘 정치인으로서 대기업의 골칫거리였던 윌리엄 제닝스 브라이언이 쓴 『중국인 관리에게 보내는 편지Letters to a Chinese Official』를 읽었을 것이다. 브라이언은 부가 미국 선거 결과에 영향을 미친다는 점을 인정하면서도 참정권을 통해 획득된 통일된 힘의 인식을 극찬했다. "인민이 자신의 대표를 선택하며, 마음에 드는 한 계속 공직에 두고 마음에 들지 않으면 물러나게 합니다."[19]

민족 건설과 시민 건설은 동일한 과정의 부분으로 여겨졌다. 그런데 참정권 확대와 산업화 수준 사이에는 직접적인 관계가 있을까? 근대 산업과 참정권을 연관지을 수 있지만, 분명하지는 않다. 공통된 평가는 참정권은 유럽의 발명품으로, 영국으로 대표되는 오래되고 안정된 나라에서 탄생했다는 것이다. 그런데 증거를 살펴보면 이런 가정은 부분적으로만 확인된다. 남성 보편 참정권을 향한 경주에서 선두에 선 주인공은 영국인이 아니라 벨기에, 스위스, 독일 같은 유럽 국가들이나 미국, 오스트레일리아, 뉴질랜드 같은 신생 국가의 정착민들이었다(다만 이 모두 사례에서 많은 이들이 인종을 근거로 배제되었다). 라틴아메리카에서는 거의 모든 나라가 1914년 이전에 남성 보편 참정권을 도입했다. 몇몇 나라는 19세기 중반에 도입했는데, 특히 콜롬비아와 페루 같은 나라는 나중에 다시 여러 제한을 가했다.[20] 우루과이, 브라질, 페루, 쿠바 같은 다른 나라들은 2차대전 이전에(따라서 이탈리아와 프랑스, 벨기에보다 앞서) 여성에게도 참정권을 확대했다. 아르헨티나, 칠레, 베네수엘라 같은 다른 나라들은 1945년 이후에, 멕시코는 1953년에, 파라과이는 1961년에야 여성에게도 참정권을 확대했다.[21]

　아래 〈표 11〉을 보면, 몇몇 선별한 나라의 1914년 이전 전국선거에서 참정권이 확산된 내용을 알 수 있다. 몇몇 나라에서는 전국선거에 앞서 지방선거에서 참정권이 확대되었다. 예를 들어, 영국에서는 1869년 지방참정권법Municipal Franchise Act 1869에 따라 지방세를 납부하는 미혼 여성은 지방선거에서 투표할 수 있었다. 미국에서도 1869년 와이오밍과 1870년 유타 같은 일부 준주(즉 정식 주로 승인되기 전)에서는 여성이 투표할 수 있었다. 캐나다 매니토바에서는 연방 참정권(1918)에 앞서 1916년에 여성이 투표권을 얻었다. 1959년 이후 스위스의 일부 주canton에서 여성이 투표할 수 있었지만, 연방선거에서 투표권을 얻은 것은 1971년의 일이다.

성별 이외에도 배제 조항이 많았다. 너무 어리거나, 시민이 아니거나, '그릇된' 인종이나 종교에 속하거나, 너무 가난하거나 충분히 재산이 없거나, 유죄 판결을 받은 범죄자거나, 문맹이거나 등등의 이유로 참정권이 부여되지 않았다. 연령에 따른 배제는 여전히 가장 분명하면서도 논란의 여지가 적은 것으로 남아 있다. 어쨌든 투표 최저연령을 설정해야 하기 때문이다. 우리가 검토하고 있는 시기에는 통상적인 '성년'이 21세나 그 이상이었다. 나중에 20세기가 어느 정도 지나서야 18세로 낮춰졌다. 고령자의 참정권을 박탈하는 안을 궁리한 이는 아무도 없었고, 인지 능력 부족(치매 등)이 참정권 박탈의 기준이 된 경우는 거의 없었다. 다만 영국에서는 법적으로 인정된 '정신병자'가 유죄 판결을 받은 범죄자 및 상원의원과 나란히 투표가 금지되었다.

문해력 시험은 종종 하층계급의 참정권을 박탈하는 방편이었다. 그리하여 브라질에서는 1881년 사라이바법Saraiva Law of 1881으로 흑인을 포함한 모든 남성이 문해력 시험을 통과해야 투표권이 부여되었다. 브라질인(특히 흑인)의 압도적 다수는 문맹이었기 때문에 사실상 참정권을 박탈당했다. 실제로 브라질은 선거를 치르면서도 민주주의가 없는 흥미로운 사례연구였다. 제국(1822~89)과 제1공화국(1889~1930), 그리고 이후의 독재 시기까지 선거가 정기적으로 치러졌지만, 부정선거가 횡행하고, 유권자들이 협박을 받고, 결과가 미리 정해지는 일이 다반사였기 때문이다. 다만 그래도 영국보다 참정권자 비율이 더 높았다.[22] 실제로 라틴아메리카의 선거는 "거의 전적으로 부정선거나 폭력으로 점철되었다". 그렇다고 해서 선거가 완전히 무용했던 것은 아니다. 선거를 한 취지가 경쟁하는 엘리트들 사이에서 잠정 협정을 도출하는 것이었기 때문이다.[23]

에콰도르는 1978년에야 문해력 시험을 폐지했다(1830년부터 17차례 헌법을 바꾼 뒤의 일이다). 하지만 일찍이 1861년에 에콰도르는 참정권의 재산 요건을 전부 폐지했다. 여성은 1929년에 참정권을 얻었다. 영국과 같은 해이고 프랑스보다 한참 앞선 것이었다.[24] 아르헨티나에서는 다른 나라와 마찬가지로 시민권자만 투표를 할 수 있었지만, 비시민 대 시민의 비율이 균형이 맞지 않았다. 주민의 대다수가 새로 도착한 이민자였기 때문이다. 투표 자격이 있는 사람(즉 시민권을 보유한 성인 남성)은 전체 인구의 20퍼센트에 불과했다.[25]

여성은 대개 '시민'이었지만 2등 시민이었다. 여성도 프랑스인, 영국인, 독일인, 이탈리아인 등등이라는 의미에서 민족국가의 일원이었지만, 투표를 할 수 없었고 다른 권리(재산을 소유할 권리 같은)도 박탈되었다. 영국에서는 1882년 기혼여성재산법Married Women's Property Act이 통과되고 나서야 여자도 결혼 이후에 개인적으로 재산을 소유할 수 있었다.

오늘날에는 세계 어느 나라에서도 남성에게만 참정권을 부여하는 사례가 없다. 선거가 치러지는 한 모든 사람이 투표를 할 수 있다. 심지어 지방선거에서만 투표할 수 있는 사우디아라비아에서도 (2015년 이후) 모든 사람이 투표를 한다. 하지만 1차대전 이전에 여성이 총선거에서 투표할 수 있었던 나라는 뉴질랜드, 오스트레일리아, 핀란드, 노르웨이뿐이었다. 존 스튜어트 밀 같은 몇몇 남성은 재산이나 재정상의 자격 조건을 폐지하지 않은 채 남성과 동등한 조건에서 여성 참정권을 주창했다(부인 해리엇 테일러와 함께 쓴『여성의 종속The Subjection of Women』[1869]). 반면 에멀린 팽크허스트는 재산 요건 폐지를 주장했다. 제2 인터내셔널의 창건 강령(1889)은 여성 보편 참정권을 지지했는데, 1907년 슈투트가르트에서 열린 7차 대회는 이 입장을 재확인했으며, 동시에 1차 사회주의자여성국제회의International Conference of Socialist Women가 열렸다.

여성 선거권을 위한 기나긴 투쟁에도 불구하고 여성 참정권은 정당 질서에 커다란 변화를 야기하지 않았다. 처음에는 여성들이 남성보다 보수적으로 투표하는 경향이 있었지만, 차이는 미미했다. 계급, 종교, 지역 등의 문제가 훨씬 더 중요했다. 오늘날에도 계급이나 종교, 종족이나 지역에 기반을 둔 당은 많아도 여성에 기반을 둔 유력한 당은 존재하지 않는다.

다음은 일부 나라에서 남성 보편 참정권과 보편 참정권의 확산을 표로 정리한 것이다.

〈표 11〉 1917년 이전 총선거 보편 참정권의 확산: 선별한 나라(알파벳 순)

나라	중앙/연방 의회 남성 보편 참정권	여성 참정권
오스트레일리아	1856년 사우스오스트레일리아(6개 식민지 가운데 '죄수 유배지'였던 적이 없는 유일한 식민지) (자치)식민지가 남성 보편 참정권 도입. 다른 식민지들도 뒤를 따름. 1902년 참정권법으로 연방선거에서 모든 남녀에게 참정권 확대. 원주민은 1962년에야 투표권 획득.	1902
오스트리아-헝가리	1907년 오스트리아-헝가리 제국의 오스트리아 지역에서 남성 보편 참정권. 헝가리에서는 여전히 참정권이 제한됨.	1918
벨기에	1893년 총파업 이후 남성 보편 참정권 도입(하지만 일부 사람들은 1표 이상 행사). 1899년 비례대표제 도입. 1919년 남성 보편 참정권 도입되고 전쟁 과부에 투표 허용.	1948
캐나다	중국인, 일본인, 기타 '아시아인', 원주민은 1차대전 이전 수십 년간 배제됨. 1960년에야 원주민 후손 전체에 투표권 부여. 일부 주는 1918년 이전에 여성 참정권 도입.	1918
덴마크	1849년 남성 보편 참정권(1834년 참정권이 남성 재산 보유자에게 국한됨).	1915
핀란드	1917년까지 핀란드는 러시아 제국 내의 자치 공국이었음. 1906년 보편 참정권 채택.	1906
프랑스	1792년 국민공회가 모든 남성에 의해 선출됨. 이후 1875년 제3공화국 헌법으로 남성 보편 참정권이 확립될 때까지 참정권이 제한됨. 1944년 보편 참정권 확립.	1944
독일	1871년 남성 보편 참정권.	1919

나라	중앙/연방 의회 남성 보편 참정권	여성 참정권
이란	1962년 사가 근대화 기획인 '백색혁명White Revolution'의 개혁 조치의 일환으로 여성 참정권 도입. 1979년 혁명(아야톨라 호메이니 주도)도 여성의 투표권 유지.	1963
이탈리아	1913년 남성 보편 참정권.	1946
일본	1925년 남성 보편 참정권.	1946
네덜란드	1917년 남성 보편 참정권.	1919
뉴질랜드	1867년 마오리족 남성이 의석 4개를 할당받고, 1948년에야 동등한 조건으로 투표권 확보함.	1893
노르웨이	1898년 남성 보편 참정권.	1913
포르투갈	1822년 헌법으로 문맹자를 제외하고 남성 보편 참정권 부여. 재정 관련 제한이 일부 있었음.	1931
에스파냐	1869년 남성 보편 참정권. 1878년에 폐지됐다가 1890년 복원.	1931
스웨덴	1909년 일부 제한 조항이 붙은 남성 보편 참정권. 1919년 모든 사람에게 확대됨.	1919
스위스	1848년 남성 보편 참정권. 여성은 1959년까지 선거권 없었음. 점차 여러 주에서 여성 참정권 허용. 1971년에야 보편 참정권 확립.	1971
영국	1918년 21세 이상 남성과 30세 이상 여성 보편 참정권. 1928년에 완전한 평등 실현.	1928
미국	1825년 3개 주를 제외한 모든 주가 남성 보편 참정권. 1856년 모든 주에서 재산 자격 요건 폐지. 대다수 주에서 백인 남성에게만 투표권 부여. 1917년 상하 양원에서 최초의 여성 의원(지넷 랭킨) 당선. 1920년 헌법 수정조항 제19조로 여성에 참정권 부여. 1965년 투표권법으로 선거에서 인종차별이 불법화됨.	1918

사실 참정권의 단순한 확대는 민주화를 가늠하는 적절한 지표가 아니며, 카를 마르크스가 회의적으로 말한 것처럼, 참정권 자체가 "얼간이 공화주의자들이 생각한 것처럼 기적의 마법 지팡이"였던 적은 없었다.[26]

다른 요인들도 작용한다.

1. 선출된 의회의 실질적 권력　선출된 의회가 권한이 거의 없다면 어떨까? 만약 행정부(정부와 국왕)가 의회를 무시한다면? 선출되지 않은 의회[상원을 가리킨다.-옮긴이]가 거부권을 갖는다면? 핀란드는 유럽 어느 나라보다도 먼저 보편 참정권이 있었지만(1906), 러시아 제국 내의 반자치 대공국이었다. 실질적 통치자는 차르(대공의 직함을 겸함)였는데, 차르는 유권자들의 뜻을 무시할 수 있었고 실제로 무시했다. 1906년 이후 시기에 의회에서 나온 법안을 대부분 거부한 것이다(빵집 노동시간 규제의 경우에는 보기 드문 예외였다).[27]

참정권의 면에서 보면, 모든 남성이 투표할 수 있었던 1871년의 독일이 1914년의 영국보다 더 민주적이었지만, 독일의 제국의회는 영국 하원보다 권한이 적었다. 독일이 연방 국가이기도 하고 카이저가 영국 왕보다 더 권한이 많았기 때문이다. 영국 하원은 세습 기관인 상원에 맞닥뜨렸는데, 1911년 의회법Parliamentary Act of 1911이 제정될 때까지 상원은 모든 입법을 거부할 수 있었다(그 후로 상원은 재정과 무관한 법안을 지연시킬 수 있을 뿐이다). 오늘날 상원은 거의 전적으로 세습과 무관하지만 여전히 유럽에서 유일하게 선출되지 않는 의원이다. 벨리즈, 레소토, 캐나다, 오만, 사우디아라비아 같은 나라의 상원과 더불어 세계에서 몇 안 되는 희귀한 사례다.

2. 선거 방식　의석을 할당하는 방식은 선거에서 누가 이기고 누가 지는지를 결정하는 주요한 요인이다. 완전 비례제는 19세기 스코틀랜드의 법학자 제임스 로리머가 만들어낸 비유를 빌자면 '국민의 거울'인 의회로 귀결되지만, 단일 과반수 정당이 탄생할 가능성이 낮아서 타협이 불가피해진다.[28] 예나 지금이나 종종 그런 것처럼 만약 농촌 지역이 과잉대표되면, 도시에 기반을 둔 정당(사회당 같은 정당)이 권력을 잡기 어려워진다. 예를 들어 1907년 독일에서 사회민주당(SPD)은 26석을 잃었지만 수십만 표를 얻었다. 당시 독일에서 보

수당 후보는 1만 8000표만으로도 당선이 가능했지만 사회민주당 후보는 7만 표가 필요했다.[29]

3. 정치적 자유 정치적 자유는 대단히 중요하다. 유권자가 정말로 독립적인 정당들을 놓고 자유롭게 선택할 수 있는가? 정당 결성을 막거나 어렵게 만드는 법률이 존재하는가? 자유로운 언론이 존재하는가? 모든 후보자가 언론과 신문, 발언할 수 있는 장소에 비슷하게 접근할 수 있는가? 비밀투표가 정말로 보장되는가? 몽테스키외 같은 '자유주의의 아버지'는 공개투표가 몽매한 하층민petit peuple에 대한 귀족의 지배를 유지하는 데 필수적이라고 생각했다.[30]

비밀투표는 1856년 오스트레일리아에 이어 1870년 뉴질랜드에서 도입되었다. 영국은 1872년에야 비밀투표를 도입했고, 벨기에는 1877년, 독일은 1903년, 프랑스는 1913년에 도입했다.[31] 독일 제국에서는 크루프 같은 대기업이 투표를 잘못했다고 노동자를 해고할 수 있었다. 1903년 비밀투표가 시작되자 크루프 노동자들은 마침내 사회민주당에 투표할 수 있었다. 그리고 4분의 1이 그 당에 표를 던졌다.[32] 후보자의 개인 지출 제한은 독일 제국에서 처음 도입됐는데, 사회민주당이나 가톨릭중도당Catholic Zentrum 같은 '대중'정당이 일찍부터 이 제도를 주창했다.[33]

선출된 대표자가 의석을 차지하는 것을 가로막는 사실상의 장애물이 있을 수도 있다. 예를 들어 1829년 로마가톨릭교도 해방령Roman Catholic Relief Act of 1829이 통과될 때까지 가톨릭교인은 하원의원이 될 수 없었다. 유대인은 좀 더 기다려야 했다. 1847년 하원의원으로 선출된 라이오넬 드 로스차일드는 하원에 참석할 수 없었다. '기독교인의 참된 신앙에 따라' 충성서약을 하는 것을 거부했기 때문이다. 이런 관행을 수정하려는 시도가 몇 차례 있었지만 모두 상원에 의해 거부되었다. 1858년이 되어서야 라이오넬 드 로스차일드(그사이에 몇 차례 더 당선되었다)는 의석에 앉을 수 있었다. 공화주의자로 당선된 사람들(가령 북아일랜드의 신페인당Sinn Fein 당원들)은 군주에 대한 충성맹세를 할 것을 요구받는데, 이제까지 충성맹세를 거부했기 때문에 의회 표결에 참여하지 못한다.

마지막으로 의원들에 대한 보수 지불문제도 있다. 19세기에는 의원이 급여나 비용을 전혀 받지 않는 게 통상적인 관행이었다. 그 결과 일하지 않고도 먹고살 만한 소득이 있는 사람들만 당선될 수 있었고, 또한 유지비만이 아니라 선거, 이동, 식사 대접, 연락 비용 등을 댈 수 있었다.

4. **정치권력** 몇몇 사람과 단체는 더 힘이 세고 돈이 많으며, 타인에게 영향을 미칠 수 있는 사람들에게 영향을 미치거나 언론에서 압도적인 비중을 갖거나 (출생이나 우연, 계획에 따라) 영향력이 큰 연줄에 속할 수 있다. 2015년 영국 정부는 같은 명문 사립학교(이튼) 출신 인사가 지나치게 많은 비중을 차지한다고 비판을 받게 되었다. 따라서 1880년대 중반 대대적인 선거법 개정이 이루어진 뒤에도 오스트리아-헝가리 제국 하원의 5퍼센트가 귀족의 수중에 들어간 것은 놀랄 일이 아니다. 이미 귀족들이 상원 전체를 장악하고 있었는데도 말이다.[34]

그리고 정치적 부패의 문제가 있다. 유권자가 매수되거나 위협을 받는가? 선거가 조작되는가? 정치적 부패는 얼마나 광범위한가? 19세기 말 1865년에서 1884년 사이에 영국인들이 자랑스럽게 이름붙인 이른바 '모든 의회의 어머니'에서도 적어도 64개 하원 선거구 선거에서 부패 사례가 있었다.[35]

그밖에도 다른 문제들이 있다. 유권자의 소수만이 투표에 참여하면 어떻게 되나? 투표소가 많지 않아서 투표하기가 어려우면? 오랜 시간 줄을

서야 하는 상황이라면? 유권자가 활용할 수 있는 정보의 수준이 제한된다면?

민주주의 지수를 정하는 데 따르는 난점은 현대의 시도에서 볼 때 분명하다. 이코노미스트 인텔리전스 유닛Economist Intelligence Unit에서 만든 2012년 민주주의 지수2012 Democracy Index는 25개국을 '완전한 민주주의' 국가로 꼽은 다음 '결함 있는 민주주의', '혼성체제', '권위주의체제' 등을 나열했다.[36] 프랑스는 포르투갈, 그리스, 이탈리아와 나란히 '결함 있는 민주주의'로 분류되었다. 주요 후보자들이 막대한 액수의 돈을 쓰는 미국('완전한 민주주의') 대통령 선거 투표율이 보통 60퍼센트 내외인 반면, 2012년과 2017년 프랑스 대통령 선거 투표율이 약 80퍼센트를 기록했는데도 결과는 달랐다.[37] 2014년에 이르러 이코노미스트 인텔리전스 유닛은 프랑스를 '완전한 민주주의' 하위권으로 순위를 올렸는데, 2년 만에 어떤 결함을 바로잡았는지 의문이 든다. 하지만 이런 조정은 큰 설득력이 없었던 게 분명하다. 2016년에 이르러 프랑스는 다시 벨기에, 일본과 나란히 카보베르데의 바로 아래 순위로 '결함 있는 민주주의' 국가가 된 한편, 미국도 '결함 있는 민주주의' 국가로 하락했기 때문이다. 영국은 세습 국가수반과 비선출직 상원이 존재함에도 불구하고 여전히 '완전한 민주주의' 국가다. 러시아는 선거와 (사방이 포위된) 야당, 적어도 몇몇 독립적 신문이 존재하기는 해도 본격적인 '권위주의체제'로 분류된다. 러시아를 완전한 민주주의 국가로 보는 사람은 아무도 없겠지만, 2012년 122위(요르단과 에티오피아 사이. 에티오피아에서는 집권당과 그 연합 세력이 2010년과 2015년 선거에서 의석 전체를 '획득했다'), 2014년 132위(벨라루스와 쿠바보다 한참 아래)라는 순위는 부당하게 가혹해 보인다. 러시아는 이와 같은 조사의 단순하고 소박한 방법론에 의문을 제기한다. 어쩌면 이런 조사들에 대해서도 지수를 매겨야 할 것이다. '매우 결함 있음' '심각한 결함 있음' 등등으로. 이런 문제를 보면 민주주의 비교 분석가가 직면하는 곤란이 여실히 드러난다. 민주주의야말로 현대에 가장 많이 활용되면서도 오용도 많은 개념 가운데 하나다. 아마 가장 중요하기 때문이리라. 무엇보다도 '유권자의 의지'가 존재한다는 통념 자체가 허구임이 분명하다. 선거에서 가장 중요한 것은 '국민'이란 나뉘어 있고, 단일한 의지를 표현하지도 않고, 할 수도 없다는 사실이기 때문이다. 선거는 '국민'이 차이와 구분을 드러내는 행위다. 결국 민주적 방식의 가치는 승리한 후보자에게 정당성을 부여한다는 것이다.

프랑스에서는 프랑스혁명부터 제3공화국의 최종적 수립에 이르는 시기에 정치체제에 상당한 변화가 있었던 까닭에 민주주의로 가는 길이 특히 복잡했다. 19세기 전반기에 프랑스를 비롯해 거의 모든 '민주주의' 국가를 지배한 규범은 소득과 자산에 근거한 제한된 참정권이었으며, 따라서 '그릇된' 방식으로 권력을 사용할지 모르는 광범위한 대중은 권력에 접근하지 못했다.

재산을 소유해야만 투표할 수 있는 자격이 생긴다는 관념에는 오랜 뚜렷한 계보가 있다. 18세기 법학자이자 진보적 토리당원인 윌리엄 블랙스톤은 커다란 영향을 미친 유명 저서 『영국법 주해Commentaries on the Laws of England』에서 가난한 사람은 재산을 보호하지 않을 것이기 때문에 투표에서 배제해야 한다고 말했다.[38] 이마누엘 칸트도 1793년에 오직 '시민'에게만 투표를 허용해야 한다고 생각했다. 시민이란 누구인가? 칸트는 설명하기를, 시민은 자기 자신의 주인인 사람이며, 재산이 없는 사람은 남을 위해 일해야 하므로 자기 자신의 주인이 될 수 없다.[39] 그는 비록 (원칙적으로는) 모든 개인이 동등한 권리를 갖는다고 생각했지만 실제로는 결과의 불평등을 옹호했다. "이와 같은 국가 안에서 개인의 완전한 평등은 … 재산의 양과 정도에서 최대한의 불평등과 완전히 양립 가능하다."[40] 계속해서 칸트는 이렇게 말했다. "이를 위해 필요한 자질은, **자연적인** 자질(어린이나 여자가 아니어야 한다) 이외에도, **자기 자신의 주인이어야 한다**(sui iuris)는 것, 따라서 자기를 부양하는 일정한 **재산**을 소유해야 한다는 것뿐이다."[41]

자유주의 사상가 뱅자맹 콩스탕은 『메르퀴르드프랑스Mercure de France』 1817년 1월 18일자에서 모든 사람에게 비효율적인 투표권을 주느니 참정권을 제한하는 게 더 낫다고 설명했다. 그래야 행정부에 대한 실질적인 견제가 된다는 것이었다.[42] 앞서 쓴 글(「정치의 원리Principes de politique」. 지금은 논집인 『정치 문서Écrits politiques』에 수록되어 있음)에서 노동계급을 칭찬하고("노동계급에게 해를 가할 생각은 없다[Je ne veux faire aucun tort à la classe laborieuse]") 그들 역시 다른 모든 사람들처럼 똑같은 국민의 일부라고 선언한 뒤, 콩스탕은 참정권을 제대로 행사하려면 지혜와 적절한 판단력을 획득할("l'acquisition des lumières, la rectitude du jugement") 시간을 갖는 게 필요하다고 설명했다. 따라서 사람(남자)은 재산을 소유해야만 자신의 정치적 권리를 행사할 수 있다("La propriété seule rend les hommes capables de l'exercice des droits politiques").[43] 그리고 만약 세습 군주를 두려면 선출된 의회(하원)와 나란히 세습 원리에 근거한 의회(상원)도 두어야 한다.[44] 당대의 거의 모든 프랑스 자유주의자들과 마찬가지로, 콩스탕 역시 최선의 본보기는 영국이라고 단언했다.[45]

군중, 즉 예측 불가능한 민중에 대한 두려움은 진보적 견해에서 흔히 나타났다. 그리하여 프랑스혁명의 주역 가운데 한 명인 아베 (에마뉘엘) 시에예스는 "군중은 귀족정에 속한다"고 단호하게 말했다. 민중은 귀족의 지배권 아래 들어갈 것이라는 의미였다.[46] 시에예스는 설명하기를, 만약 우리가 '새로운 민중un peuple neuf'을 다루는 것이라면, 주저 없이 권리의 평등을 주창할 테지만, 여러 세기 동안 억압을 견뎌온 민중을 다루는 것이기 때문에 자유의 적들을 한층 더 경계해야 한다.[47] 그러나 반대의 목소리도 만만치 않았다. 특히 장-폴 마라가 걱정했다. 마라는 자신이 펴내는 신문 『라미뒤퀘플(L'Ami du peuple. 민중의 벗)』(1790년 6월 30일자)에서 만약 참정권이 크게 제한되어 부자들만 시민이 된다면, 민중이 부자들에게 휘둘릴 것이라고 주장했다. "귀족들이 지배하는 정치를 무너뜨린 다음 그 대신 부자들의 귀족정을 세운다면 얻는 게 무엇인가? 우리가 이 새로운 졸부들에게 속박되어 고통을 받아야 한다면, 차라리 구질서의 특권을 유지하는 편이 나았을 것이다."[48]

혁명 이후 처음 치러진 선거는 재산 자격에 근거를 두었다. 적어도 1830년에 부르봉 왕조가 무너지고 오를레앙 왕조로 대체될 때까지 보편 참정권을 주장하는 대대적인 움직임은 전혀 없었고, 그 시점에도 보편 참정권을 주장하는 이들은 소수뿐이었다.[49] 그리고 위대한 자유주의자 알렉시 드 토크빌은 1848년 1월 29일 국민회의[Chamber of Deputies. 프랑스 부르봉 왕정복고, 7월 왕정, 제3공화국 시기 하원의 명칭.-옮긴이]에서 부정의 injustice 때문에 반란이 촉발될 것이라고 걱정했다.

> 노동계급 안에서 무슨 일이 벌어지고 있는지 보십시오. … 여러분은 한때 정치적이었던 노동자들의 정념이 사회적으로 바뀐 것을 눈치채지 못했습니까? … 그들 위에 있는 모든 사람들이 그들을 지배할 능력도 자격도 없다는 것을, 지금의 부의 분배가 정의롭지 못하다는 것을 깨닫지 못했습니까? … 그리고 이런 의견이 … 대중 깊숙이 침투하면, 저는 비록 언제, 어떻게일지는 알지 못해

도, 가공할 만한 혁명으로 이어지리라는 것을 여러분은 정녕 모르십니까?[50]

마침내 프랑스 왕정이 전복되자 제2공화국의 새로운 임시정부는 포고령(1848년 3월)으로 남성 보편 참정권을 확립했다. "공화국은 자신의 아들들 가운데 아무도 배제하지 않으며, 모든 이를 정치 생활로 초대한다. 여러분에게는 부활, 세례, 재생과 같은 일일 것이다."[51]

결국 보수주의자들의 두려움은 그릇된 것이었음이 드러났다. 투표용지는 온건파를 선출하고 1848년 7월의 급진적인 민중 반란을 물리치는 데 사용되었다. 그리고 그해 12월에 민중은 거의 75퍼센트의 득표율로 루이-나폴레옹 보나파르트를 프랑스 공화국 초대 대통령으로 선출했다. 이후 1851년 12월 2일에 그가 일으킨 쿠데타(카를 마르크스는 1852년 유명한 '속보성 책'인 『루이 나폴레옹의 브뤼메르 18일The Eighteenth Brumaire of Louis Napoleon』[나중에 출간된 영역본 제목인 『루이 보나파르트의 브뤼메르 18일』로 많이 알려져 있다.-옮긴이]에서 이 쿠데타를 분석했다)는 국민투표에서 믿기 힘든 92퍼센트의 지지로 승인을 받았다. 독재자조차 민주주의 이념에 경의를 표해야 한다는 또다른 신호였다. 1년 뒤 루이-나폴레옹은 '프랑스 황제, 나폴레옹-3세Napoléon Ⅲ, Empereur des Français'가 됐는데, 이번에도 역시 민중의 압도적인 지지를 받았다.

확실히 남성 보편 참정권에 대해서는 두려워할 게 거의 없었다. 민주주의자들은 원칙에 따라 참정권 확대를 지지했고, 보수주의자들은 이기심 때문에 지지했다. 사회주의자들은 그만큼 확신이 없었다. 일부는 낙관적이었다. 사회주의자 폴 라파르그(카를 마르크스의 사위)는 엥겔스에게 부추김을 받아 1892년 11월 14일 사회주의 지도자 쥘 게드에게 편지를 썼다. "보편 참정권은 가공할 무기가 될 겁니다. 이제 노동자들이 그 무기를 사용하는 법을 배우기 시작했으니까요."[52] 하지만 민중을 신뢰하지 않는 것은 귀족정만의 특권이 아니었다. 파리코뮌 지지자였던 외젠 세메리 같은 좌파 인사도 『공화국과 인민주권La Republique et le peuple souverain』 (1871)에서 한 표 한 표가 모두 똑같은 '인민주권이라는 황당한 이론'에 관해 썼다. 물론 진짜 범인은 반동의 요새인 농민들이었다. 그는 농민은 '시민적 삶la vie civique'의 의미를 거의 알지 못한다고 설명했다. "농민은 도시를 고무하고 교란하고 일깨우는 인간의 거대한 문제들을 전혀 이해하지 못한다."[53] 역사학자 이폴리트 텐은 『보편 참정권과 투표하는 법Du suffrage universel et de la manière de voter』(1872)에서 "농촌 주민들의 무지와 남을 쉽게 믿는 성격은 놀라울 정도다. … 농민은 하루 종일 들에서 일하는데, 농사일은 인간의 사고를 망쳐놓는다"고 말했다.[54]

귀족적인 정치관('가장 뛰어난 사람이 통치해야 한다')을 갖고 있던 귀스타브 플로베르는 유명한 소설가 조르주 상드에게 보낸 편지에서 아주 간단하게 "민주주의가 싫다(Je hais la démocratie)"고 단언하고는 몇 달 뒤 "천박한 노동자와 무능한 부르주아, 멍청한 농민과 혐오스러운 사제에 진력이 난다(je suis las de l'ignoble ouvrier, de l'inepte bourgeois, du stupide paysant et de l'odieux ecclésiastique)"고 덧붙였다.[55] 무상 의무 교육은 '바보imbéciles'의 숫자만 늘릴 뿐이라고 불만을 토로하면서[56] 보편 참정권은 "국왕의 신성한 권리보다 더 어리석은 개념이며 … 대중, 다수는 **언제나** 천치 같다"고 덧붙였다.[57] 물론 플로베르는 시류의 역행자contre-courant 를 자처했다. 정치적으로 그는 거의 중요한 인물이 아니었고 그 자신도 잘 알았다. 1887년에 이르면 프랑스 최후의 왕 루이 필리프 1세의 손자로 프랑스 왕위 계승자인 필리프 도를레앙조차 남성 보편 참정권을 공식적으로 수용했다. 다만 이제 그를 진지하게 여기는 이는 거의 없었다.

1890년대에 독일 역사학자 하인리히 폰 트라이치케 같은 반동적 민족주의자들이 노동계급만이 아니라 중간계급의 지배에 대해서도 경고한 것은 놀랍지 않다. 이제 중간계급이 "유럽의 미래를 결정할 것"인데, 그들은 "보통 사람에 대한 일정한 선호에서 자유롭지 못하기" 때문이다. 트라이치케는 "여론의 굴레가 … 다른 어느 곳보다도 근대의 가장 자유로운 위대한 국가, 즉 잉글랜드와 미국에서 더 극심한 압박을 가한다"고 비난했다. 해결책은 "우리 선조들을 정의롭게 보호한" 국가의 역할을 증대하는 것이었다.[58] 모든 사회는 자연스러운 귀족정이다. 그의 설명에 따르면, "논리적으로 볼 때, 수백만의 사람이 일하고 노동하고 근로에 힘써야 몇천 명이 학문과 예술과 시에 전념할 수 있다".[59]

적어도 프랑스는 1848년에도 남성 보편 참정권이 존재했으나 영국은 사정이 달랐다. 1832년 선거법이 개정되기 전에 세계에서 '가장 오래된 민주주의' 국가 영국은 대단히 비민주적이었다. 유권자는 소수였고 선거구는 규모가 불평등했다. 셰필드나 리즈, 맨체스터 같은 도시는 하원의원을 한 명도 선출하지 못한 반면 콘월의 소도시들은 두 명을 선출했다. 1831년 7월 5일 하원에서 의회 개혁 토론 중에 토머스 배빙턴 매콜리가 한 말은 유명하다. "누가 평이한 산술적 증명에 답할 수 있습니까? 현 제도 아래서 맨체스터는 주민이 20만 명인데도 의원이 한 명도 없습니다. 그런데 주민이 한 명도 없는 올드새럼은 의원이 두 명입니다."[60]

선거법 개정을 위한 투쟁은 평화롭게 진행되지만은 않았다. 1816년 이즐링턴구(런던)의 스파필드에서 대규모 집회가 벌어졌다. 집회는 금세 이른바 스파필드 폭동Spa Fields Riots으로 바뀌었다. 1819년 맨체스터 세인트피터스필드에서 모인 대규모 시위대(6만 명)는 기병대의 공격을 받아 10~15명이 사망하고 수백 명이 부상당했다(이 사건은 워털루의 영광스러운 승리에 노골적으로 빗댄 피털루 학살Peterloo Massacre이라는 이름으로 알려지게 되었다). 그전까지 아무 소동도 없이 평화롭게 진행된 시위에 감명받은 셸리는 유명한 시 『무질서의 가면The Mask of Anarchy』(1819)에서 다음과 같이 찬미했다.

잠에서 깬 사자처럼 일어서라
저들이 도저히 격파할 수 없을 만큼 많은 수를 모아!
잠든 사이 내려앉은 이슬방울을 털어내듯
너희 몸에 묶인 족쇄를 떨쳐내라
너희는 다수이고, 저들은 소수다!

피털루 학살로 이어진 것과 같은 요구가 항상 단순한 선거법 개정 요청이었던 것은 아니다. 특히 새롭게 형성된 산업 노동계급 사이에서는 대개 경제적 곤경이 두드러졌는데, 그들의 파업은 종종 폭동으로 번졌다.[61] 1830년대에 이르면, 더 많은 폭동이 이어지고 상원이 선거법 개정안을 계속 거부하면서 불꽃이 튀는 상황이 펼쳐졌다. 1831년 브리스틀에서는 폭동을 일으킨 자들이 주교 관저(역대 주교들은 오랫동안 어떤 개혁도 반대했다)와 세관을 비롯한 주요 건물을 파괴했다. 폭도 10여 명이 사망하고 수백 명이 부상을 입었다. "잉글랜드 역사상 최후의 거대한 도시 폭동이었다."[62] 마침내 휘그당의 얼 그레이(제2대 그레이 백작) 수상은 '선거법 대개정안Great Reform Act'을 상하 양원에서 가까스로 통과시켰다. 이 개정안에 따라 산업 지역에 사는 사람들의 대표성이 향상되고 소규모 유권자를 거느린 의석이 폐지되었다.

훨씬 더 중요한 또다른 진전은 1867년 2차 선거법 개정으로 이루어졌는데, 성인 남성의 30퍼센트, 다시 말해 모든 '세대주'로까지 참정권이 확대되어 '버젓한' 노동계급의 대다수가 선거권을 획득했다.

3차 선거법 개정(인민대표법Representation of the People Act, 1884)은 선거권을 더욱 확대했다. 그리하여 유권자가 260만 명에서 560만 명으로 늘어났다. 남성 인구의 60퍼센트에 달하는 수였다.[63]

남성 보편 참정권은 마침내 1918년에 이르러서야 영국에서 채택되었다. 30세 이상 여성에게도 선거권이 주어졌다. 선거에서 실질적인 양성 평등은 1928년에야 발효되었다. 1789년에 「인간과 시민의 권리 선언Declaration des droits de l'homme et du citoyen」을 공표한 프랑스는 1944년에야 실질적 보편 참정권(즉 여성과 남성 모두의 참정권)을 시행했다. 1776년 '우리는 모든 인간은 평등하게 창조되었다는 것을 자명한 진리로 믿는다'고 선언한 미국에서는 헌법 수정조항 제19조가 통과된 1920년에야 연방선거에서 여성에게 선거권을 부여했다(많은 주가 그전에 여성 참정권을 도입했다). 저명한 여성참정권 운동가 엘런 사전트의 남편인 상원의원 에런 사전트가 수정조항을 제안한 지 41년 뒤의 일이다. 모든 흑인이 실질적이고 유효한 선거권을 얻기까지는 1965년 투표권법 Voting Rights Act of 1965을 기다려야 했다.

대다수 동료들과 달리 여성에게 남성과 같은 조건으로 투표권을 부여하는 데 찬성한 존 스튜어트 밀은 고용주와 피고용인 사이에 모종의 불가피한 계급투쟁이 존재한다고 믿었던 것 같다. 『정치경제학 원리』(1848)에서 밀은 노동계급은 "좋은 임금을 받으면 좋은 노동을 제공하는 쪽을 선택하는 정의로운 자긍심"이 결여되어 있다고 말했다.[64] 그가 3판(1852) 서문에 쓴 것처럼, 사회주의는 현실적이지 않았다. 왜냐하면 "노동계급은 … 그들의 지적 능력이나 미덕에 대해 상당한 요구를 할 만한 체제에 대단히 부적합하기" 때문이다.

다른 '진보주의자들'도 하류층 사람들에 대해 비슷한 의구심을 품었다. 그리하여 노동계급 교육을 위해 만들어진 옥스퍼드의 칼리지에 이름을 새긴 존 러스킨은 1862년에 다음과 같이 말했다.

> [정부의 핵심적인 정책은] **소수든 다수든 간에 현명하고 인정 많은 이들이 분별없고 몰인정한 이들을 통치해야 한다**는 것이다. … 일전에 스위스 북부에서 딱정벌레들이 민주주의를 훌륭하게 보여주는 모습을 보았다. 5월의 어느 황혼 녘에 보편 참정권과 날개딱지 환호성elytric acclamation으로 민주주의를 실천하면서 추크 호수 너머로 날아가려고 했는데, 채 미치지 **못해서** 추크 호수를 아주 흉하게 만들었다. … 몇 평방리그[1리그는 약 3마일, 즉 약 4.8킬로미터.-옮긴이]를 뒤덮으면서 그해에 풍뎅이 민주주의는 끝이 났다.[65]

노동계급의 교육 부족에 대한 러스킨의 우려는 1867년 선거법 개정안을 둘러싼 토론 와중에 더욱 커져서 2월 17일에 그는 노동자들은 변화를 초래하기 위해서는 사상이 필요하다는 것을 깨달아야 한다고 말했다. "당신들이 발언을 할 만큼 사상을 갖추기 전까지 당신들의 목소리는 의회 안에서든 밖에서든 쥐가 찍찍거리는 소리만큼의 가치도 없다."[66] 매슈 아널드도 거의 똑같은 경각심을 갖고서 『교양과 무질서Culture and Anarchy』(1869)에서 노동계급(그는 민중Populace이라고 불렀다)을 질타했다.

> 미숙하고 절반만 성장한 채 가난과 불결의 한가운데에서 오랫동안 반쯤 숨어 지낸 노동계급이 … 이제 은신처에서 나오면서 자기 마음대로 행동할 수 있는 영국인의 천부의 특권을 주장한다. 그리고 자기 마음에 드는 곳에서 행진하고,

내키는 곳에서 회합하며, 마음 가는 대로 소리치고, 내키는 대로 깨부수면서 우리를 당혹스럽게 만들기 시작한다.[67]

진정한 교양 엘리트주의자였던 아널드는 귀족과 중간계급을 각각 '야만인'과 '속물'이라고 부르면서 훨씬 더 경멸했다.

그전에 가톨릭 저술가들과 잉글랜드에서는 고교회High Church 교인들이 민주주의에 반대하는 입장을 확고히 정립했다. 교황 무오류설의 반동적 지지자인 윌리엄 조지 워드는 민주주의자들('혁명가들'이라고 지칭했다)이 이중 잣대를 갖고 있다고 기민하게 비방했다. 워드는 1865년에 다음과 같이 말했다.

대중이 전반적으로 질서정연하고 경건할 때면 언제나 당신네 진정한 혁명가는 대중이 무지하고 미신에 사로잡히고 (만약 그렇다면) 성직자의 지배를 받는다고 멸시한다. … 이 혁명가에게 '민중'이란 천박한 대중 작가들, 중뿔나게 참견하는 사람들, 그 자신이 교육이라는 황당한 이름을 붙인 수박 겉핥기 지식을 받은 사람들의 총합을 의미한다.[68]

좀더 세속적인 보수주의적 입장은 비교적 단순했다. 사람들이 저마다 똑같지 않은데 왜 그들의 표가 똑같이 중요해야 하는가? 그리하여 1851년 미래의 보수당 수상 솔즈베리 경(당시 호칭은 세실 경)은 다음과 같이 선언했다.

공동체마다 타고난 지도자가 있어서 사람들이 평등을 추구하는 정신 나간 정념에 잘못 이끌리지만 않는다면, 본능적으로 그 지도자를 따르게 마련이다. 부는 기본이요, 어떤 나라에서는 출생이, 모든 나라에서는 지적 능력과 교양이 두드러지는 이 지도자가 … 통치를 맡아주기를 공동체는 기대한다.[69]

나중에 1859년에도 그는 여전히 "생활고로 분투하는 채소 장수 20명이, 말 한마디 한마디가 유럽 증권거래소의 법이 되는 거대한 자본가 10여 명"보다 (투표에서) 더 많은 비중을 차지한다는 것은 어불성설이라고 생각했다. "부자에게 마음대로 세금을 물릴 수 있는 권력을 빈민에게 준다면, 부자들은 금세 나라의 지출 전체를 부담하게 될 것이다."[70]

몇 년 뒤인 1864년은 2차 선거법 개정(그 자신의 당이 법률을 개정했다)이 이뤄지기 몇 년 전이었는데, 솔즈베리 경은 여전히 다른 많은 이들과 나란히 『쿼털리리뷰Quarterly Review』의 지면에서 민주주의에 대항해서 선전善戰을 펼치고 있었다. 물론 당시에 '민주주의'의 철저한 지지자는 거의 없었지만, 폴 스미스가 말한 것처럼, 솔즈베리는 "당내에서 가장 영리하고 악랄한 반민주주의자"였다.[71] 그는 또한 전혀 다른 맥락(동방문제 [Eastern Question. 오스만 제국이 쇠퇴하는 과정에서 그 지역의 여러 민족과 영토를 둘러싸고 강대국 사이에 전개된 복잡한 대립을 지칭하는 표현.-옮긴이])에서이긴 하지만 "정치에서 가장 흔히 나타나는 오류는 죽은 정책의 시체를 끌어안고 집착하는 것"이라고 말한 바 있는 실용주의자이기도 했다.[72] 놀랍지 않게도, 솔즈베리는 마침내 참정권에 대한 생각을 바꾸었고, 1884년에 상원에서 다음과 같이 발언하는 대담함을 보이기도 했다. 어떤 이는 후안무치라고 할 법한 발언이다. "[저는] 절대로 참정권 확대의 대상이 되는 사람들이 무능하거나 부적격하다는 이유로 참정권 확대에 반감을 갖고 있지 않습니다." 그는 심지어 마침내 여성에게도 참정권이 확대될 테고, 그러면 여성은 영국의 정치 생활에 안정과 도덕과 지혜를 가져

올 수 있다고 감회에 젖어 이야기했다.[73]

과거에 솔즈베리는 입법은 주로 재산과 관련되므로 가난한 남성에게 참정권을 부여하면 "필연적으로 그 계급에게 세금을 돈벌이의 도구로 활용하고, 지출과 입법을 이득의 원천으로 활용하는 권력을 그 정도로 주는 셈"이라고 생각했다.[74] 참정권 확대에 찬성하는 노동자 선동가들은 투표와 재산을 연결하는 같은 논리를 활용했다. 아일랜드 차티스트 지도자 제임스 브론테르 오브라이언은 이렇게 말했다. "악당들은 여러분은 재산이 없기 때문에 대표권이 없다고 말할 겁니다. 저는 반대로 말합니다. 여러분이 대표권이 없기 때문에 재산이 없는 겁니다."[75]

1832년 선거법 개정의 한계를 둘러싸고 실망감이 광범위하게 퍼지면서 일어난 차티스트운동 시기(1838~48)를 A. V. 다이시는 다음과 같이 묘사했다.

> 시간이 뒤죽박죽 어긋났다. 도시 장인과 마을 막노동자들의 비참함과 불만은 과거의 논쟁이었다. … 공장 생활과 관련된 끔찍한 상황은 명백했다. 임금소득자 전체가 불만이 팽배했다. … 도시에서는 노동조합원들이 폭력 행위를 벌였다. 인민헌장People's Charter에 대한 요구는 혁명을 예고하는 사회적 상황의 징조였다.[76]

그에 대한 대응은 한 무리의 점진적인 개혁이었는데, 공리주의적인 자유주의자들과 토리당의 인도주의자들 모두의 작품이었다. 일찍이 노동계급의 위협이 다른 나라들보다 훨씬 앞서서 나타난 것은, 영국이 산업화를 선도한 사실의 반영이었다. 1848년 대륙 곳곳에서 벌어진 혁명은 본질적으로 자유주의자와 민족주의자가 이끈 중간계급 혁명이었던 반면 영국의 차티스트들은 자유주의적 개혁(남성 보편 참정권, 비밀투표, 연례 선거 등등)을 요구하면서도 전국적인 노동계급운동이었다. 차티즘의 역사를 처음으로 서술한 이들 중 한 명인 로버트 개미지는 '대중'이 '선거권을 가진 계급들'의 풍요와 '자신들의 비참한 상황'을 대조하면서 "자신들이 정치권력에서 배제되는 것이야말로 우리 사회가 이상해진 원인"이라는 결론에 도달했다고 설명했다.[77]

1864년에 이르면 당시 재무상으로 한때는 참정권 확대에 미온적이던 글래드스턴 같은 자유주의자들도 이제 "전면적이고 과도한 수준은 아닐지라도 합리적이고 상당한 수준으로 선거권을 가진 노동계급의 비율—지금은 그 수가 미미하다—을 늘려야 한다"는 것을 인정했다.[78] 선거구 선거권자를 확대하자는 에드워드 베인스의 의원 발의 법안을 지지하면서 한 말이다. 이 법안은 272표 대 56표의 큰 차이로 부결되었지만, 글래드스턴의 연설은 전환점이 되었다. 어떤 이들은 추가적인 개혁은 필요 없다고 지적했다. 어쨌든 선거권 확대를 요구하는 노동계급의 선동은 잦아든 상태였다. 이때쯤이면 보편 참정권에 대한 차티스트들의 오랜 요구는 여하튼 조용해졌다. 하지만 나중에 1866년과 1867년에 하이드파크에서 강력한 시위를 이끄는 개혁동맹[Reform League. 1865년 남성 참정권과 비밀투표를 요구하기 위해 결성된 단체. 중간계급 중심의 온건한 개혁연합Reform Union과 협력하면서 1867년 선거법 개정에 대대적인 지지를 보냈다.-옮긴이]은 보편 참정권에 미치지 못하는 수준의 확대에 만족할 각오가 되어 있었다. 그러나 글래드스턴은 선견지명이 있었다.

하지만 그들이 선동할 때까지 기다리는 게 과연 바람직한 일일까요? 제가 보기에, 노동계급의 선동은 어떤 정치적 주제에 관한 것이든 간에 기다려야 할

성질의 것, 의회가 움직이기에 앞서 조건으로 삼아야 할 것이 아닙니다. 정반대로 그런 선동에 맞서 반대 의견을 제기하고, 가능하면 현명하고 선견지명이 있는 조치로 미리 예견해서 막아야 합니다.

걱정된 빅토리아 여왕은 파머스턴 경에게 이런 '경솔한 선언' 때문에 나라 안에서 선동이 일어닐까 두렵다고 편지를 보냈다.[79] 하지만 글래드스턴은 뒤돌아보지 않았다. 1866년 4월 27일 그는 노동자들을 "침략군으로 … 적군 무리로" 묘사하는 이들을 맹렬히 비난했다. "당신들이 헐뜯는 이 사람들은 … 당신들 자신의 살과 피요."[80] 영국 국민은 적어도 사고 속에서는 하나의 공동체가 되어가고 있었다. 급진 자유주의자 하원의원 존 브라이트는 1866년 글래스고 연설에서 남성 참정권을 요구하면서 다음과 같이 선언했다.

국민은 바뀔 겁니다. … 이제까지 이 나라를 통치한 계급은 비참하게 실패했습니다. 그들은 권력과 부를 흥청망청 즐기고 있는 반면, 그들이 무시해온 대중이 발밑에 깔린 채 그들의 미래를 크게 위협하고 있습니다. 한 계급이 실패했다면, 이제 국민을 시험해봅시다. … 제 눈에는 … 제가 그토록 사랑하는 민중과 나라가 맞이할 더 고귀하고 훌륭한 내일의 여명이 밝아오고 있습니다.[81]

빅토리아 여왕은 시대가 바뀌고 있음을 깨닫지 못했지만, 재치와 '이국적인' 매력 때문에 여왕이 글래드스턴보다 좋아하던 디즈레일리는 변화를 파악했다. 1867년 보수당(토리당)이 다시 집권했다. 수상은 더비 경이었지만 정부의 기둥은 이제 재무상인 디즈레일리였다. 1867년 선거법 개정안을 통과시킨 것이 바로 이 정부였고, 바로 이 법으로 유권자 수가 3배로 늘면서 영국의 정치가 바뀌었다.[82] 디즈레일리는 1867년 개혁으로 '민주주의'가 도입될 것이라고 생각하지 않았다. "우리는 … 민주주의 아래서 사는 게 아닙니다. 그리고 저는 이 나라의 운명이 결코 그렇게 되지 않으리라고 믿습니다."[83] 그리고 1867년에도 여전히 그는 자신만만하게 한 무리의 기업가들을 안심시켰다. "잉글랜드는 여러 계급으로 이루어진 나라이고, 바야흐로 이 나라에서 벌어지려고 하는 변화는 이 계급들을 더욱 하나로 뭉치고, 완벽하게 만들고, 화기애애하게 해줄 뿐입니다."[84] 대다수 보수당원 또한 안심시킬 필요가 있었다. 예외적인 인물들이 있기는 했다. 독불장군 보수당원 H. A. M. 버틀러-존스턴은 노동자에게 선거권을 부여하는 것이 나라를 단합하기 위해 필요한 조치라고 보았다. 하원에서 벌어진 개혁 논쟁에서 한 발언에서 그는 이렇게 단언했다. "만약 이 나라가 인도로 가는 육로를 지키기 위해 생사를 건 싸움을 벌이는데―이집트를 관통하는 경로를 유지해야 하는데― 나라 전체가 단합되지 않으면 어떻게 되겠습니까?" 또다른 보수당원 샌던 자작은 '거대한 계급'(노동계급)이 하원에서 견해를 밝힐 기회를 빼앗는 것보다 '더 위험한' 일은 없다고 단언했다.[85]

다른 면에서는 미지근했던 보수당이 선거법 개정을 지지한 것은 조만간 어쨌든 통과됐을 개혁을 선두에서 이끌어서 대중적 기반을 유지하거나 확대하려는 바람이 작용했기 때문이다. 단기적으로 보면 잘못된 셈법이었다. 보수당은 1868년 선거에서 패배했고 글래드스턴이 수상이 되었다. 하지만 디즈레일리는 글래드스턴과 마찬가지로 장기적인 미래를 주목했다. 다이시가 1898년에 말한 것처럼, "디즈레일리가 그의 당에 가르쳐준 교훈은 그가 오래전부터 지각한 가능성, 즉 토리당과 잉글랜드 임금 소득자들이 동맹을 이룰 수 있다는 가능성이었다. 이 동맹의 진정한 기반은 양쪽 다 개인주의적 자유주의에 찬성하지 않는다는 것이었다".[86] 보수당은 도시 중간계급을 양성하는 것말고 선택의 여지가 없었다. 다만 수십 년 동안 계속 압도적으로 영국 농촌의 당으로 남았다.[87] 결국 20세기를 거치면서 보수당은 자본주의의 정당이 되어 자유당을 밀어냈다.

자유주의 엘리트들은 결코 참정권 확대의 깃발 아래 뭉치지 않았다. 자유주의적 주간지 『이코노미스트』는 선거권 확대를 계속 의심스러운 눈길로 바라보았다. 민중의 대표자들이 민중의 견해를 받아들이고 '올바른' 입장(아마 『이코노미스트』의 입장)을 걷어차면 어떻게 될까?[88] 실제로 보수주의자의 공포와 급진주의자의 희망 둘 다 실현되지 않았다. 급진주의자들은 새롭게 선거권을 얻은 노동계급 유권자들이 혁명(또는 심지어 개혁)의 열정을 보이지 않는 데 당황했다. 엥겔스는 1867년 선거법 개정 이후 처음 치러진 선거에 관해 마르크스에게 쓴 편지에서 프롤레타리아 도시인 맨체스터와 샐퍼드에서 토리당이 돌아왔다면서 실망감을 나타냈다. "프롤레타리아트가 다시 한번 끔찍한 바보짓을 했구먼. … 모든 곳에서 프롤레타리아트는 공식 정당을 따라다니는 오합지졸인데, 이 새로운 유권자들 덕분에 힘을 얻는 당이 있다면 그건 바로 토리당이네."[89] 언제나 "근로계급을 본질적으로 이 나라에서 가장 보수적인 이익집단으로" 여긴다고 말한 적이 있는 디즈레일리는 거드름을 피울 이유가 충분했다.[90]

보수당은 1880년대에 계속해서 '사회주의의 위협'을 걱정했다(영국에는 사회주의자가 거의 없었는데도 말이다). 1886년에 이르러 공포가 끝난 듯 보였다. 사회주의자, 사회자유주의자, 그리고 당시 종종 사회주의자를 일컬은 표현인 '집산주의자' 등은 나라의 민주화를 확대하기 위해 계속 싸웠지만, 민주화는 하층계급의 경제적 상태의 지속적인 개선과 나란히 이루어져야 한다고 주장했다. 그리하여 시드니 웹은 1892년에 이렇게 말했다. "우리 시대의 문제는 공동체 전체를 위해 정치적 자유가 아니라 경제적 자유를 확보하는 것이다. 이제 우리의 과제는 대의제 자치에 천재적인 능력을 타고난 영국을 바탕으로 삼아 정치적 민주주의를 사회적 민주주의로 전환하는 것임을 솔직히 인정해야 한다."[91] 수상 로즈베리 경 같은 자유주의적 제국주의자들(과 반사회주의자들)은 의회에 노동계급의 대표자가 많지 않다는 사실을 개탄했다.[92] 하지만 그는 해결책을 제시하지는 않았다.

세계 다른 지역에서도 참정권을 둘러싼 쟁점이 바뀌고 있었다. 1880년대에 벨기에 정치는 농촌에 기반한 보수 정당 가톨릭당Confessional Catholic Party과 반교권주의 정당인 자유당 두 당이 지배했다. 양당 사이의 논쟁은 주로 세속적 교육문제를 중심으로 진행되어 '학교 전쟁la guerre scolaire'이라는 이름을 얻었다. 참정권은 아직 제한이 많았다. 사회주의 정당은 1885/6년에야 등장했는데, 극심한 겨울 한파 때문에 야기된 곤경과 실업 증가가 한 요인이었다.[93] 벨기에 사회당 창건자 중 한 명인 알프레드 드퓌소가 펴낸 「민중의 교리문답Le catéchisme du peuple」(1886)은 30만 부가 팔렸는데, 다음과 같은 (가톨릭 교리문답처럼) 질문과 답변의 형식이었다.

질문: 헌법 제25조는 다음과 같습니다: '모든 권력은 국민으로부터 나온다.' 이것이 사실일까요?

답변: 거짓입니다.

질문: 왜 그럴까요?

답변: 국민은 572만 807명의 주민으로 구성되기 때문입니다. 600만 명이라고 치면, 이 600만 명 가운데 11만 7000명만이 법률을 만드는 데 관여합니다.

질문: 어떻게 해서 600만 명이 11만 7000명의 통치를 받을까요?

답변: 투표를 하려면 42.32프랑을 세금으로 내야 하는데, 벨기에서는 11만 7000명의 시민만이 이 정도 세금을 내기 때문입니다.[94]

사회당은 남성 보편 참정권을 지지하는 시위(1886년 6월 13일)를 조직했다. 뒤이어 1893년에 총파업이 벌어졌다(유럽 최초의 총파업이었다).[95] 결과는 승리에 가까웠다. 모든 남성이 투표권을 얻었다. 다만 일부는 소득과 교육에 따라 1표 이상을 행사했다. 1906년에 이르면 유권자는 13만 6000명에서 85만 명으로 늘어났고, 사회당은 전체 투표의 4분의 1을 득표했다. 그렇지만 가톨릭당은 정부에 대한 장악력을 더욱 굳혔다.[96]

이탈리아에서도 매우 제한되던 참정권(성인 인구의 2.2퍼센트)이 1882년에 문맹이 아니**거나** 최소한의 세금을 납부한 모든 성인 남성에게 확대되었다. 그 결과 참정권이 전체 인구의 7퍼센트 가까이로 확대되었다. 하지만 '선진'국을 따라잡으려면 여전히 갈 길이 멀었다.[97] 이 법률의 설계자(이자 많은 사회적·시민적 개혁의 주창자이기도 했다. 1889년에는 사형제도를 폐지했다)인 주세페 차나르델리는 원칙적으로 일정한 '지적 교양cultura intellettuale'을 갖추기만 하면 모든 남성에게 투표권을 부여해야 한다고 생각했다. 그리하여 세금을 내지 않는 문맹자는 배제되었다.[98]

독일은 참정권 확대 면에서 보면 유럽에서 그리스, 프랑스와 더불어 가장 민주적인 나라였다. 선거가 자주 치러졌고(3년에 한 번) 사실상 모든 의석이 경쟁 대상이었다(반면 영국에서는 4분의 1이 비경쟁이었다).[99] 하지만 제국의회(연방의회)는 권한이 많지 않았다. 수상을 임명하거나 해임할 수 없었고, 그저 괴롭힐 수 있을 뿐이었다. 그리고 실제로 괴롭혔다. 중요한 입법은 비스마르크나 그의 정부의 바람과 달리 거의 모두 제국의회에 의해 수정되었다.[100] 대외 정책과 전반적인 과세는 여전히 행정부의 수중에 있었다. 하지만 선거는 독일 유권자들의 점증하는 '국민화'에 기여했다. 대중의 선거 참여가 늘어났기 때문이다. 남성 보편 참정권이 도입된 1871년, 52퍼센트만이 투표에 참여했다. 그런데 1912년에 이르면 85퍼센트가 참여했다. 그 수혜자는 주로 농촌에 기반을 둔 가톨릭중도당과 사회민주당이었다.[101]

　민주주의는 대단히 귀족적인 메이지시대 일본에서도 신중하게 발전하기 시작했다. 순전히 형식적인 차원에서 보면, 1868년 4월 6일 젊은 메이지 천황이 '5개조의 서약문五箇條の御誓文'을 받아들여 '고하를 막론하고 모든 계급'에게 대표성을 부여하면서 민주주의가 인정됐다.[102] 진지하게 받아들여졌으면 이로써 옛 도쿠가와체제의 신분제가 폐지됐을 것이다.[103] 하지만 참정권에 모든 남성이 포함됐어도 실제로는 재산 자격 같은 제한이 있어서 전체 인구의 1퍼센트(50만 명)만이 투표할 수 있었다.[104] 1889년에 새로 제정된 헌법은 일본의 초대 수상 이토 히로부미가 초안을 작성했는데, 궁극적으로 권력이 계속 태정관[太政官. 다이조칸. 일본 메이지 정부의 최고국가기관.-옮긴이]의 수중에 집중되도록 보장했다. 이토 히로부미의 설명에 따르면, 천황제를 지지할 필요가 있었다. 그렇지 않으면 "정치가 통제하기 힘든 대중의 수중에 들어가고, 정부가 무력해져서 나라가 몰락할 것"이었기 때문이다.[105] 헌법에는 '서양의' 문구가 담겨 있어서 정부는 '국회의 동의를 얻어' 통치한다고 선언했다. 어떤 이들은 이 표현이 너무 대담할 정도로 민주적이라고 생각했지만, 참정권이 크게 제한된 것을 감안하면 걱정할 게 거의 없었다.[106] 선거권을 부여받은 이들의 숫자는 해가 갈수록 서서히 늘어났지만, 1914년에도 유권자는 여전히 10퍼센트에 미치지 못했다.[107] 진정한 남성 보편 참정권은 1925년에야 이루어졌다.

서양인들이 '해가 뜨는 나라'라고 즐겨 부른(하지만 일본인들은 그렇게 부르지 않았다) 땅에 부르주아 정신이 몰려오기 시작하자 일본은 돌이킬 수 없이 바뀌고 있었다. 일본 인텔리겐차 성원들은 귀족적 가치에 의문을 던지기 시작했다. 정부는 선거권이 여전히 협소하기를 바란 반면, 야당은 확대하기를 원했다. 하지만 어느 쪽도 진정한 민주주의를 원하지는 않았다. 참정권 확대를 요구하는 이들은 점차 서양의 힘은 민주주의가 확대된 덕분이라는 주장을 빈번하게 구사했다.[108] 게이오대학과 영향력 있는 신문 『시사신보時事新報』의 창시자인 후쿠자와 유키치(3장을 보라)는 1872년의 유명한 글 「학문을 권장함」의 서두를 분명한 평등의 선언으로 열었다. "하늘은 사람 위에 사람을 만들지 않았고, 사람 아래 사람을 만들지도 않았다."[109]

미국에서는 누가 투표권을 갖는지의 문제가 특히 쟁점이 됐는데, 그리하여 선거의 중요성이 강조되었다. 독립 이후 처음 몇십 년 동안 선거 참여율은 특히 현대의 기준에서 보면 이례적으로 높았다. 1814년 뉴햄프셔주에서는 80퍼센트가 참여했고, 1819년 앨라배마주에서는 96퍼센트가 넘었다. 19세기 중엽에 이르면 미국과 캐나다는 세계에서 투표율이 가장 높았다.[110] 그 뒤 기복이 있긴 했지만 투표율이 떨어졌다. 남북전쟁 이후에는 패배한 남부에서 1872년 50퍼센트에서 1908년 30퍼센트로 급격히 떨어졌다.[111] 투표율은 그 후로 높아졌지만 서구의 기준에서 보면 여전히 낮았다. 2016년 대통령 선거에서는 투표율이 60퍼센트에 불과했다.

누가 참정권 확대를 결정할 수 있는지, 연방의회인지 개별 주인지 주체가 분명하지 않았다. 헌법 자체가 모호했기 때문에 누가 시민인지를 결정하는 것은 미국 의회의 몫이었지만 누가 투표할 수 있는지 결정할 권리는 각 주에게 주어졌다. 분명한 해법이라고 보기 어려웠다. 헌법이 채택(1787)된 뒤 수십 년 동안 일정한 재산을 가진 백인 남성(전체 인구의 5퍼센트)만이 선거권을 누렸다. 1856년 마침내 모든 백인 남성에 대한 재산 제한이 그때까지 남아 있던 주인 노스캐롤라이나를 끝으로 폐지되었다. 1857년 미국 대법원은 '드레드 스콧 대 샌드퍼드Dred Scott v. Sandford' 사건에서 흑인은 설령 자유인일지라도 미국 시민이 될 수 없다고 판결했다. 남북전쟁이 끝나고 노예제가 폐지(이른바 재건 수정헌법 조항[Reconstruction Amendments. 남북전쟁 이후, 전쟁 전 연방에서 탈퇴한 남부 주를 다시 연방으로 받아들이는 조건으로 통과된 헌법 수정조항 제13~15조를 가리킴.-옮긴이]의 첫 번째인 제13조에 명문화됨)된 뒤인 1866년, 연방의회는 시민권법을 통과시켜 시민권과 투표권을 흑인 남성에게 확대했다. 앤드루 존슨(링컨의 후임자) 대통령은 이 조치를 두 번이나 막으려고 했다. 그는 흑인은 '질서를 지키면서' 백인에 의해 문명화되어야 한다고 믿은 사람이었다.[112] 의회는 3분의 2의 다수로 대통령의 결정을 무효화했고, 마침내 또다른 재건 수정헌법 조항 제15조(1870)를 통해 흑인이 완전한 시민이 되어 투표를 할 수 있는 권리가 법에 명문화되었다. 한편 아메리카 원주민은 1924년 인디언시민권법Indian Citizenship Act이 통과될 때까지 기다린 뒤에야 투표권을 가진 완전한 시민이 되었다.

노예제 폐지를 이끈 세력인 공화당은 19세기 내내(그리고 20세기 대부분 시기에) 남부에서 소수 세력이었다. 다만 대통령 정치는 지배했다. 1861년에서 1933년 사이에 두 명(그로버 클리블랜드와 우드로 윌슨)을 제외한 모든 대통령이 공화당원이었다.[113] 남북전쟁 이후 몇십 년 동안 공화당은 권력을 활용해서 남부의 시민권을 장려하기보다는 북부의 사업적 이익을 증진했다. 남부에서는 지배적인 민주당이 참정권을 백인에게만 한정했다. 이를 위해 인두세, 유권자 등록, 교육 수준 등등 온갖 조치가 동원되었다. 이런 시도가 실패로 돌아갔을 때는 노골적인 폭력에 호소했다.[114] 문해력 시험은 1889년 이후 북부 주들에서도 도입되었다. 주로 이민자를 유권자 등록에서 배제하기 위해서였다. 1차대전 이후 시기에 여성과 아메리카 원주민을 비롯해 미국에서 태어난 사람 대다수가 투표권을 획득했다(1956년, 유타주가 마지막으로 아메리카 원주민에게 투표권을 부여했다).

하지만 흑인과 여성이 마침내 선거권을 얻었음에도 미국 정당체제에는 어떤 유의미한 변화도 나타나지 않았다. 19세기와 20세기 내내, 그리고 21세기까지도 선거는 오로지 공화당과 민주당만의 싸움이었다. 어떤 진지한 제3당도 양당 독점에 도전하지 못했다. 이처럼 꿈쩍도 하지 않는 독점체제를 낳은 배후의 요인은 정당 이데올로기의 불안정성이었다. 19세기에 민주당은 주권(각 주의 권리)을 지지한 반면 공화당은 미국식 정치 어법으로 '연방주의' 세력이었다. 20세기를 거치는 동안 양당의 위치가 서로 바뀌었다. 마찬가지로, 19세기에 산업 진보의 당이었던 공화당은 20세기 말에 이르면 전통적 가치의 수호자로 변신했다. 양당은 이데올로기와 비슷한 어떤 것에도 속박을 받지 않은 채 아무거나 마음대로 골라잡는 신념체계를 끌어안았고, 또한 20세기가 시작된 이래 좀처럼 60퍼센트를 넘기지 못하는, 점점 투표율이 감소하는 유권자들의 손에 선출되는 가운데 유럽에서 유례를 찾아보기 힘든 정도로 정치체제 전체를 분할했다.

미국에서는 계급이 중요한 역할을 하지 않았다. 유권자들은 지리적 위치, 종교, 종족, 금주법이나 일요일 휴업(그리고 최근에는 낙태, 총기 규제, 동성결혼) 같은 쟁점에 근거해서 표를 던졌다.[115] 유럽에서는 양상이 달랐다. 선거권 확대는 새로운 정당체제, 그리고 무엇보다도 만만찮은 두 세력의 부상을 초래했다. 사회민주당과 '사회'기독당이 그 주인공이다. 사회주의자들은 노동계급과 노동조합에 기반을 두면서도 두 집단을 훌쩍 뛰어넘어 영향력을 확대했다. 그들의 이데올로기는 다소 정신분열증적이었다. 한편으로 그들은 미래의 자본주의 이후 사회가 계급과 국가가 없는 사회로 이어질 것이라는 전망을 품었지만, 다른 한편으로는 기존 상태를 강화하고 자본주의를 개선하는 일련의 개혁(복지국가, 시민권, 시장 통제)을 공표했다. 한편으로 그들은 민족주의를 비난하고 '온 세계의 노동자들'에게 호소하면서도, 다른 한편으로는 일단 민족국가가 개혁 정책의 주요한 도구가 되자 비타협적인 민족국가 옹호자로 우뚝 섰다.

1차대전이 끝난 뒤에야 좌파 정당이 유럽 대다수 민주주의 국가에서 권력을 놓고 다투는 양대 세력으로 올라섰다. 1914년 이전에도 좌파 정당은 하찮은 세력은 아니었다. 사회당은 핀란드에서 47퍼센트, 스웨덴·노르웨이·벨기에·독일에서 30퍼센트 이상, 오스트리아와 덴마크에서 25퍼센트 이상, 프랑스에서 16퍼센트를 득표했다. 유럽에서 가장 산업화된 나라로 손꼽히는 영국에서는 노동조합과 노동자들이 여전히 최근 결성된 노동당보다 자유당을 선호했다. 1918년 이후에야 노동 세력은 입장을 선회했다.

선거권이 확대된 뒤 유럽에서 등장한 두 번째 세력은 사회기독당이다. 네덜란드의 반혁명당, 독일의 중도당, 스칸디나비아 나라들의 여러 농민 정당이 대표적인 사회기독당이다. 벨기에에서는 유력한 가톨릭당이 존재했는데, 이 당은 1차대전 이전 수십 년 동안 정치를 지배했다.

사회기독주의자들은 사회주의자들만큼이나 나름의 방식으로 입장이 모호했다. 한편으로 그들은 주요한 선거 기반인 농촌 세계의 가치 같은 전통적 가치의 수호에 전념했지만, 다른 한편으로 근대성과 자본주의, 소비주의 등과 씨름해야 했으며 이 과정에서 전통에 대한 헌신을 포기할 수밖에 없었다. 사회주의자들과 마찬가지로, 사회기독주의자들도 국가를 근대성과 개인주의를 찬양하는 외래 세력이라고 보고 경멸했지만, 국가 기구를 노골적으로 활용하면서 자신들을 지지하는 사회집단, 즉 소농과 장인을 두둔했다.

참정권은 산업화 덕분에 늘어난 번영과 나란히 이동했다. 이전에는 두표 세한이 계급과 재산, 소득—다시 말해 재산 없는 대중에 대한 두려움—에 근거를 둔 반면 20세기에 이르면 그런 제한이 존재한다고 해도 연령과 국적, 종족과 성별에 근거를 두는 경향이 있었다. 참정권은 근대 정치의 모순적 성격을 악화시켰다. 정당들은 각 개인이 한 표만을 갖지만 욕망과 정체성—계급, 지역, 종교, 연령, 편견 등등—은 각기 다른 가운데 파편화된 유권자들에게 호소해야 했다. 또한 자본주의가 다수에게 조금이나마 진보를 보장해주는 듯 보였기 때문에 자본주의를 지지해야 했지만, 어떤 종류의 자본주의가 유권자들의 열망을 충족시켜줄 것인지 결코 확신하지 못했다. 19세기에 탄생한 선거 정치의 세계는 이후 20세기 정치인들에게 끝없는 놀라움을 안겨주게 된다. 새로운 근대에서는 경제나 정치나 고요한 평온을 유지하지 못했다.

제14장
사적 풍요, 공적 복지

투표는 민족 건설에서 중요하지만 생활수준은 훨씬 더 중요하다. 배를 채우지 못하는 가운데 민족을 건설하기란 불가능하지는 않더라도 쉽지 않다. 그렇다 하더라도 1914년에 이르는 수십 년 내내 자본주의를 둘러싸고 발전하는 합의는 대체로 끊임없이 증대하는 번영의 토대 위에서 건설되었다. 물론 1950년대에 데이비드 리스먼, 네이선 글레이저, 루엘 데니(『고독한 군중: 미국인의 변화하는 성격에 관한 연구The Lonely Crowd: A Study of the Changing American Character』, 1950)와 존 케네스 갤브레이스(『풍요한 사회』, 1958) 같은 사회과학자들이 그토록 자주 찬양하고 때로는 비판한 소비자 사회가 도래하기까지는 아직 한참 멀었지만, 이 개념은 훨씬 일찍부터 감지되었다. 기독······이자 역사학자인 R. H. 토니는 『취득·····The Acquisitive Society』(1920)에서 자본주의가 너무도 많은 '낭비'를 야기하고, '아예 만들어지지 않았어야 할' 물건, '리전트가[1825년 런던 웨스트엔드에 조성된 고급 상점가.-옮긴이]의 상점 진열창을 가득 메운' 물건들을 지나치게 많이 생산한다는 이유로 비난했다.[1]

케인스는 1919년에 좀더 긍정적으로 말했다.

어쩌면 모든 사람에게 충분히 돌아갈 만큼 모든 게 풍부한 날이 올지 모른다. … 그날이 오면 과로와 과밀, 영양부족이 종언을 고하고, 육신의 안락과 생활 필수품이 보장된 가운데 사람들이 자기 재능을 더욱 고귀하게 활용할 수 있다.[2]

훨씬 전에도 또다른 경제학자 사이먼 패튼은 1905년 케네디 강연에서 노동자들의 상태와 소비기 뚜렷히게 개선된 사실에 주목하면서 몇십 년 안에 빈곤을 뿌리뽑을 수 있으리라고 가정했다.[3] 패튼은 "산업 중심지의 노동자들이 급여가 형편없고 고용이 불확실하며, 주거가 열악하고 질병이 빈발하며, 비정상적으로 짧은 노동 생활이 결국 노년의 빈곤과 공포로 끝난다"는 사실을 부정하지 않았지만, 번영이 증대한다는 증거는 아무도 부인하지 못한다고 주장했다.[4]

유럽에서는 풍요와 소비를 논하는 사람이 거의 없던 시기에 미국인들은 이미 그런 문제를 논하고 있었다. 앞에서 살펴본 것처럼(2장), 1900년 무렵 미국의 평균적 가정은 소득의 대부분을 식료품과 연료, 집세에 지출했다.[5] 하지만 이미 소비자 사회가 등장하는 것을 알리는 징후들이 존재했다. 주당 노동시간이 짧아지고, 백화점에 상품 진열이 등장했으며, 대중오락이 성장했다.[6] 당시에는 대부분의 거래 상품을 소비하는 주체가 사회 최상층이 압도적이었지만, 그래도 광고가 진정한 산업이 되기 시작했다.[7] 심지어 '윤리적' 소비도 첫걸음을 내딛었다. 1891년 창설된 전국소비자연맹National Consumers League이 아동노동과 열악한 노동환경에 반대하면서, 구매하는 상품 선별에 이런 기준을 반영해야 한다고 선언한 것이다. 프랑스에서도 산업주의에 적대적인 사회적 성향의 가톨릭교인 앙리에트 장 브륀이 사회적구매자연맹La ligue social d'acheteurs을 시작하면서 그 뒤를 따랐다.[8] 이 연맹은 직원들에게 장시간 노동이나 일요일 노동

을 강요하지 않는 상점과 공급업체 목록을 작성했다.[9]

미국인들은 노동자가 '생활 임금'을 벌어서 존엄을 확보하는 소비자 사회의 맹아적 요소들을 이미 감지할 수 있었다.[10] 보수주의자들은 이미 빈민의 방탕과 과소비를 훈계하고 있었던 반면, 소스타인 베블런 같은 사회이론가들은 유명한 저서 『유한계급론The Theory of the Leisure Class』(1899)에서 부유층의 소비 습관을 혹평했다. 베블런은 소비가 점차 진정한 욕구를 충족시키기보다 신분을 확고히 굳히는 데 치중되고 있다고 주장했다(물론 이미 귀족들은 여러 세기 동안 그렇게 해왔다). 상층계급의 소비는 그들의 지배를 강화해주었다. "진정한 의미의 사치품 소비는 소비자 자신의 안락을 위한 소비인 만큼 주인이라는 증표가 된다."[11]

데이비드 흄도 이 점을 알았지만, 베블런만큼 청교도적이지 않았던 그는 사치품 소비가 문명의 증표라고 생각했다.

생활의 장식과 즐거움에 이바지하는 모든 상품의 증가와 소비는 사회에 이익이 된다. … 이런 사치품에 대한 수요가 전혀 없는 나라에서는 사람들이 나태에 빠지고, 삶의 즐거움을 모두 잃어버리며, 공공에 쓸모가 없어진다.[12]

모두들 알겠지만, 소비에는 문화계급의 요소가 존재한다. 흔히 그렇듯이, 노동자가 부자가 되면 부유한 노동자처럼 살지 전문직 중간계급 사람처럼 살지 않는다.

미국인들은 더 많이, 더 좋게 생산하기만 한 게 아니다. 소비도 했다. 백화점은 유럽에서 발명됐지만, 미국인들은 갖가지 체인점과 대규모 소매업체를 창조했다. 이런 업체들은 규모를 활용해서 대량 구매를 하고, 때로는 우편 주문용 카탈로그—온라인 쇼핑의 선구자—를 활용해서 가게 주인들의 거센 저항을 불러일으켰다. 일부 가게 주인들은 공공장소에서 카탈로그를 불태우는 의식을 치르기도 했다.[13] 열쇠는 마케팅에 있었다. 리처드 시어스는 시카고에서 시어스로벅Sears, Roebuck & Co.을 창립하고, F. W. 울워스가 1879년에 문을 연 작은 가게는 세계 최대의 소매점이 되었으며, 1861년 필라델피아에서 처음 가게를 연 존 워너메이커는 가격표를 창안하고(신해서는 밀이다), 고객들에게 환불을 보장하고, 고객들이 물건을 살펴보면서 자유롭게 가게 안을 돌아다니게 했다. 1908년 헨리 포드는 포드 T모델을 도입하면서 이렇게 발표했다. "거대한 다수를 위한 자동차를 만들 겁니다. … 가격도 무척 싸서 어지간한 봉급을 받는 사람이라면 다들 소유할 수 있을 겁니다. 그리고 하느님이 주신 광활한 공간에서 가족과 함께 즐거운 시간을 보내겠지요."[14] 백화점 재벌이자 박애주의자인 에드워드 필린도 소비가 민주주의를 능가한다는 사실에 한 점의 의심이 없었다. 1932년 그는 이렇게 선언했다. "미국 대중은 헨리 포드를 선출했습니다. 대중은 제너럴모터스를 뽑았습니다. 제너럴일렉트릭과 울워스Woolworth's, 그리고 우리 시대의 다른 모든 산업과 기업의 위대한 지도자를 선출했습니다."[15]

1884년 오하이오주 데이턴에서 내셔널캐시레지스터National Cash Rgister Company가 창립되었다(금전등록기는 1879년에 발명되었다). 이 회사는 금세 1000명을 고용해서 연간 1만 5000대의 금전등록기를 생산했다.[16] 슈퍼마켓 쇼핑카트도 미국에서 발명되었다. 1936년 실번 N. 골드먼은 물건 구매를 가로막는 장애물이 항상 금전이나 취향의 제약이 아니라 그저 물리적 제약이라는 사실을 주목하고 1936년에 카트를 고안했다. 사람 한 명이 손으로 들 수 있는 짐의 양에 한계가 있었기 때문이다. 그가 내세운 광고 가운데 하나는 '성가신 바구니를 팔에 걸칠 필요 없이 널찍한

식료품 마켓을 활보할 수 있다'는 사실을 찬미했다.[17]

지금도 사람들의 아침식사와 저녁식사 위에 오르는 많은 음식이 1914년 이전 미국에서 그 기원을 두고 있다. 퀘이커오츠Quaker Oats, 캠벨 수프, 하인즈 베이크드빈, 리비Libby 가공햄 등등 무수히 많다.[18] 슈레디드휘트 아침식사용 시리얼은 이미 1902년에 선전했고, 휘트먼 초콜릿은 1902년, 리글리 스피아민트 껌은 1913년에 선전이 나왔다.[19] 1906년 배틀크리크 토스티드 콘플레이크가 창립되어(1922년에 켈로그로 이름을 바꾸었다) 아침식사용 식품 생산을 발전시켰는데, 이 식품은 미국에 이어 유럽에서도 일상적인 아침식사를 뒤바꿔놓았다.

일상생활의 모든 혁신이 미국에서 시작된 것은 아니다. 세계 최초의 백화점은 1838년 파리에서 창립되어 1852년에 완전히 개조된 르봉마르셰Le Bon Marché 백화점이고, 식품과 음료를 파는 최초의 자동판매기는 1895년 베를린에서 등장했다. 하지만 이와 같은 소비 조직화의 혁신이 전례 없는 수준으로 발전하고 확대된 곳은 바로 미국이었다.

미국 자본주의에 정당성을 부여한 거대한 합의의 진정한 토대는 시민이 소비자로 변신한 것이었다. 이런 변화는 남북전쟁 이후 수십 년 동안 전개되었다. 체제는 날강도 귀족과 더러운 부유층만을 위해서가 아니라 보통사람들을 위해서도 작동할 수 있었다. 당시 등장하고 있었던 것은 산업사회만이 아니라, 시장에서 차지하는 위치 때문에 똘똘 뭉치고 종교나 전통적 가치와 연결되지 않은 소비자들로 이루어진 세계였다.[20]

에드워드 벨러미가 1888년에 발표한 소설 『뒤돌아보며: 2000년에 1887년을Looking Backward: From 2000 to 1887』에서 상상한 젊은 미국인 줄리언 웨스트는 2000년에 깨어나 보스턴이 거대한 쇼핑센터가 되어버린 것을 발견한다. 모든 사람이 전화와 녹음된 음악이 재생되는 기계 같은 기기가 가득한 집에 산다.[21] 사람들은 신용카드도 갖고 있다. 신용카드가 실제로 등장한 것은 1920년대인데, 책에서는 신용카드라는 용어가 사용된다. 하지만 소설에서 신용카드는 사회주의 사회처럼 보이는 곳에서 사용되는 지불 수단이다. "매해 시작될 때 … 모든 시민에게 자기 몫의 연간 국민생산에 따라 신용이 부여되며, 발급받은 신용카드를 가지고 … 원힐 때마다 아무것이든 골라서 공공 상점에서 물건을 산다."[22] 기업들 사이의 경쟁은 오래전에 사실상 정부인 단일한 거대기업으로 대체되었다. 벨러미가 꿈꾼 공산주의적 자본주의 유토피아는 소비에 기반을 둔 사회로, 사람들이 끊임없이 쇼핑을 하고, 아무도 가난하지 않으며, 모두가 행복하다.

두 가지 대립되는 신화가 미국의 기적을 설명하고자 했다. 하나는 의기양양하고 낙관적이며 다른 하나는 암울하고 비극적이지만, 둘 다 일말의 진실이 담겨 있다. 첫 번째 서사는 본질적으로 자유주의적이다. 구세계의 온갖 편견에서 자유로운 채 시장에서 개인으로서 경쟁할 수 있는 보통사람들이 정부의 성장을 물리치고 번영을 구가해 사실상 세계에서 가장 번영하는 국민이 되면서도 자유를 누린다는 것이다. 1949년에 이르러 미국의 평균 소득은 1453달러였는데, 당시에 다른 어떤 나라도 900달러를 넘지 못했다. 미국의 뒤를 쫓는 나라들은 캐나다, 뉴질랜드, 스위스(800~900달러)였고, 스웨덴과 영국(700~800달러)이 그 뒤를 달렸다.[23]

역사학자 데이비드 M. 포터는 1954년에 쓴 글에서 미국 모델의 경이로운 모습을 열정적으로 묘사했다. "모든 사람이 우리가 다른 어떤 나라보다도 1인당 기준으로 자동차, 전화, 라디오, 진공청소기, 전구, 욕조, 슈퍼마켓, 영화관, 병원이 더 많다는 사실을 안다." 그러면서 풍요야말로 미국인의 삶의 두드러진 특징이라고 말했다. 미국은 인류 역사상 다른 어떤 사회보다도 사회적 평등과 이동성이 더 높았다. 사회적 장벽이 존재하지 않는 것처럼 사업이 이루어졌다. 하지만 시민은 "소비자, 특히 사고 싶은 충동이 들지 않는 상품을 사는 소비자로서의 역할을 다하기 위해 교육"을 받아야 했다. "새로운 욕구를 주입시키고, 사람들을 소비자로 훈련시키고, 인간의 가치를 바꾸고, 그리하여 잠재적 풍요에 맞게 적응하도록 재촉하기 위해" 우리가 가진 유일한 제도가 "광고다. 따라서 내 생각에는 광고를 풍요의 독특한 제도로 간주하는 게 타당해 보인다". 데이비드 포터의 다소 몽상적인 이야기 속에서는 광고의 위험이 낭비의 위험과 더불어 유일한 걱정거리였다.[24]

좌파와 포퓰리스트 역사학자들이 선호한 두 번째 서사는 미국을 자본가들이 장악한 나라로 묘사했다. 자본가들은 노골적인 무력과 뇌물로 발전하는 민주주의를 파괴하는 데 열중하고, 인간 정신을 짓밟았으며, 소수의 수중에 쌓이는 부의 축적과 탐욕에 근거한 체제를 강요했다.[25] 사람들은 필요하지도 않고 행복을 안겨주지도 않는 상품을 사기 위해 열심히 일해야 했다. 게다가 시기심에 사로잡힌 사람들은 남들이 자신이 갖지 못한 것을 가지면 불행하다. 소비는 승자 없는 경쟁 속에서 개인을 대립시킨다. 자본주의는 끊임없이 새로운 상품을 만들어내서 전에 갖고 있던 모든 것을 낡아빠진 물건으로 만들기 때문이다. 이런 '기쁨 없는 경제Joyless Economy'(경제학자 티보르 스키톱스키가 1976년에 출간한 책의 제목)의 유일한 수혜자는 대기업이다. 지구 차원에서 대대적으로 벌어지는 이 두 서사의 충돌이 지금도 대부분의 정치에 활기를 불어넣는다.

소비자 사회는 음식, 의복, 난방, 주거 같은 '기본' 생필품을 제공하는 데 필요한 것보다 더 높은 소득 수준을 필요로 했다. 다만 이런 기본 생필품도 문화적·경제적으로 결정된다(랍스터를 먹나 멀건 폴렌타 죽을 먹나, 아무거나 낡은 청바지를 입나 조르지오 아르마니를 입나, 펜트하우스에 사나 아니면 트레일러에 사나?) 다른 나라들도 마찬가지겠지만, 프랑스에서는 1880년대에 식료품 지출 비율이 감소하면서 제일 먼저 혜택을 본 품목이 의류였다.[26]

1880년대 미국에서는 인구조사에 기록된 1250만 가구 가운데 12퍼센트가 연소득이 1200달러 이상이었다(이 가운데 20만 가구는 5000달러를 넘었다). 따라서 비식료품 소비의 대부분이 상위 12퍼센트의 몫이었고, 대부분의 사치품 소비가 하위 50퍼센트보다 소득이 더 많은 1퍼센트의 최부유층에 흡수되었다고 추측할 수 있다.[27] 1910년 이후 미국은 부유해졌을 뿐만 아니라(유럽의 대다수 나라들도 마찬가지였다) 1940년까지 소득 면에서 점차 불평등해졌다. 소득 불평등은 그 후 급격하게 감소했다가 1980년대에야 다시 증대하기 시작했다.[28]

미국은 소비자 사회를 건설하는 과정에서 유럽 나라들을 훌쩍 앞서 나갔다. 더 부유한 유럽 나라들뿐만 아니라 캐나다, 뉴질랜드, 오스트레일리아도 2차대전 이후 수십 년 만에 일정한 거리를 두면서 미국을 따라잡았다(싱가포르, 홍콩, 카타르, 한국, 일본, 이스라엘같이 아시아 곳곳에 점점이 박혀서 번영을 구가한 다양한 나라들도 나란히 미국을 따라갔다). 사적 소비는 그 자체로 행복의 충분한 지표가 되지 못한다. 보통사람의 실질 수입은 세후 소득만이 아니라 현물이나 현금으로 받는 복리 후생으로도 구성되기 때문이다. 가령 1주일에 300달러를 집에 들고 가는 노동자는 200달러를 받는 노동자보다 '소득'이 더 많은 것처럼 보일지 모른다. 하지만 만약 후자가 선진 복지국가를 갖춘 나라의 시민이라면, 즉 모두 세금으로 충당하는 무상 의료, 무상 보육, 무상 교육, 퇴직 연금이 있는 나라의 시민이라면 이야기가 달라진다.

국가의 혜택이 전혀 없는 가운데 자신이 고용한 노동자들에게 너그러운 복지체제 아래서 사는 사람들보다 더 많은 임금을 지불해야 할지 모르는 고용주의 관점에서 볼 수도 있다. 다시 말해, 복지는 민간부문 임금에 대한 국가의 보조금으로 볼 수도 있다. 소비의 사다리에서 충분히 위로 올라서지 못한 이들을 위해 복지를 증진하는 것은 민주적·사회주의적 정당의 역할이 되었다.

베르너 좀바르트는 1906년에 발표한 고전적인 저서 『왜 미국에는 사회주의가 없는가?Why is there no Socialism in the United States?』에서 사회주의 정당이 발전하지 못한 원인으로 미국 노동자의 높은 생활수준과 안락한 환경을 꼽았다(나중에 살펴보겠지만, 미국에도 사회주의 정당이 있기는 했지만 좀바르트가 보기에 충분히 큰 규모가 아니었던 것 같다). "그 어떤 사회주의 유토피아도 로스트비프와 애플파이 앞에서는 수포로 돌아간다."[29] 좀바르트에 앞서 1891년 10월 24일 프리드리히 엥겔스는 프리드리히 조르게(독일에서 미국으로 이주한 사회주의 지도자)에게 보낸 편지에서 미국 노동자들에게서 분명히 드러나는 급진주의의 부재를 논하면서 (유럽 노동자에 비해) 노동자의 생활수준이 높기 때문이라고 추측했다.[30] 그리고 엥겔스보다 훨씬 앞서서 미국 언론인이자 『네이션』 창간인인 에드윈 L. 고드킨은 진짜 문제는 노동자의 태도에 있다고 지적했다. 자신과 대결하고 있는 자본가가 한때 노동자였음을 깨닫고 자신도 자본가가 될 수 있다는 희망을 품는다는 것이었다.[31]

미국 노동자들 사이에 급진주의가 부재한 이유에 대한 이런 설명은 유럽의 경직된 계급 위계와 대조적으로 미국인들은 사회적 이동성이 높다는 추정에 근거한 것이었다. 오직 미국에서만 동부 해안에 막 발을 디딘 가난뱅이가 백만장자가 되기를 열망할 수 있다는 생각이었다. 좀바르트의 추론은 빈곤이 사회주의 정당을 만들어내는 강력한 요인이라는 다소 단순한 통념에 근거한 것이었지만, 이런 인과관계를 뒷받침하는 증거는 거의 없다. (유럽의 사회주의 정당들은 극빈층이 아니라 급여가 높고, 조직화된 숙련 노동자의 지지에 의존하는 경향이 있었다.) 미국에 탄탄한 사회주의 정당이 부재한 이유에 대한 다른 그럴듯한 설명들(봉건제가 없음, 양당제, 상 내적 번영, 끊임없이 움직이는 변경, 대규모 이민 유입, 종족적 분열 등등)은 여 전히 만족스럽지 않다.[32] 미국과 몇 가지 비슷한 점(종족문제, 이민자 노동 계급, 봉건제의 부재, 유사한 선거제도, 평등주의의 이상)을 가진 오스트레일 리아는 미국의 길을 따르지 않았고 탄탄한 노동당을 발전시켰다. 뉴질랜 드도 마찬가지다.[33]

제2 인터내셔널의 형상을 본뜬 사회주의 정당들은 본질적으로 유럽 대 륙의 현상이었다. 라틴아메리카나 아프리카, 아시아에는 이런 정당이 거 의 존재하지 않았다. 전통적 사회주의 정당들과 비슷한 진보의 이념을 신 봉하는 정당들은 어디에나 존재했지만, 이 당들은 인간 진보를 촉진하는 핵심적 행위 주체를 노동계급으로 보지 않았고, 미래의 계급 없는 사회를 예견하지도 않았다. 영국은 다른 유럽 나라들보다 산업적으로 더 발전했 지만, 1918년까지도 탄탄한 사회주의 정당이 전혀 없었다. 따라서 적어 도 당시에는 미국이 탄탄한 사회주의 정당이 없다는 점에서 그렇게 '예외 적인' 나라가 아니었다. 어쨌든 미국 사회당Socialist Party of America(SPA) 은 1차대전 이전까지 보면, 같은 해(1901)에 창건된 영국 노동당보다 약 간 미약했을 뿐이다. 1912년에 이르러 12만 명 가까운 당원을 보유한 미 국 사회당은 지방정부 선출직 공무원 1200명을 거느렸다. 또한 세계 최 대 규모 양조장의 본거지인 밀워키(위스콘신주)나 1차대전 이전 뷰익과 제너럴모터스의 본거지인 플린트(미시건주) 같은 중요한 산업도시에서 시장을 배출했다.[34] 사회당은 323개의 신문과 정기간행물을 자랑했는데, 그중에는 외국어로 발간하는 일간지 8개도 있었다. 사회당 신문 『어필투 리즌(Appeal to Reason, 이성에 보내는 호소)』(1895년 창간)은 주간 발행부수가 40만 부에 육박했다.[35] 세계산업노동자동맹(IWW) 창립자 중 한 명인 유진 데브스는 1912년 대통령 선거에서 사회당 후보로 출마해서 90여만 표(전체 투표자의 6퍼센트)를 얻었다. 그가 내세운 요구는 매우 비타협적이었다.

> 우리는 자본주의와 임금 노예제를 폐지하고 자본가계급을 굴복시킬 것을 요구합니다. 우리는 여성에게 완전한 선거권을 부여하고, 인종·피부색·종교·민족에 관계없이 모든 사람에게 평등권을 보장할 것을 요구합니다. 우리는 아동 노동을 영원히 끝장내고, 세상에 태어난 모든 어린이가 성장하고, 교육받고, 건강한 신체와 훈련된 정신을 갖추고, 자기 안에 있는 최고의 능력을 발전시키고 자유롭게 표현해서 정신적·도덕적·신체적 성취를 이루게 할 것을 요구합니다.[36]

이민자가 끊임없이 유입되고 노동조합을 겨냥한 폭력이 횡행했음에도 당시 미국의 노동조합은 강력한 세력이었다. 미국 노동조합은 유럽의 동료들한테서 존경을 받았다. 그리하여 오늘날 유럽 전역과 세계 많은 지역에서 노동자들의 휴일로 굳어진 5월 1일은 8시간 노동을 지지하는 시카고 헤이마켓 광장Haymarket Square 시위(1886)를 기념하기 위해 선택된 것이다. 아이러니하게도 미국에서는 5월 1일이 아무 날도 아니다. 세계 여성의 날(현재 3월 8일)은 결국 미국 최대의 노동조합으로 올라서는 국제 여성복노동조합International Ladies' Garment Workers' Union이 1908년 벌인 파업에 연대하기 위해 미국 사회당이 처음 선포한 날이었다. 사회적 갈등이 격화되었다. 노동자는 노동조합을 조직하고, 농민은 협동조합을 설립했다. 1889년 말에 이르면, 도시와 농촌의 저항 집단들을 일종의 미국 포퓰리즘-사회주의 정당으로 통일하는 구상을 할 수도 있었다. 하지만 미국 노동조합들은 영국의 선례를 따라 노동당을 결성하는 선택을 하지 않았다.[37]

그 대신 이런 시도는 농민동맹Farmers' Alliances과 1891년 창당한 인민당(People's Party. 별칭은 '포퓰리스트당Populists'. 다만 창당대회는 오마하 강령 Omaha Platform이 채택된 1892년 7월 4일에 열렸다) 같은 조직으로 이어졌다. 인민당은 농산물의 자금 조달과 분배를 좌지우지하는 영리기업과 대기업의 경제·정치적 권력에 도전하는 것을 목표로 삼았다.[38] 1892년 대통령 선거에서 인민당은 8.5퍼센트를 득표했다. 1896년에는 민주당 대통령 후보 지명자 윌리엄 제닝스 브라이언을 지지했는데, 브라이언은 46.7퍼센트를 득표했지만 선거에서 패배했다(브라이언이 내건 주요 정강은 자유롭고 무제한적인 은화 주조 요구였는데, 농민들이 직면한 낮은 상품 가격 문제에 대해 인플레이션으로 대응하는 해법이었다). 공화당(윌리엄 매킨리)은 금본위제를 지지하는 한편 보호주의도 계속 요구했다. 브라이언은 동북부에 대해서 공공연하게 비판했고 비농촌 유권자들에게 호소하는 것을 꺼렸다. 이후 4년간 극심한 불황이 계속되면서 인민당은 급격하게 쇠퇴했다.

시어도어 루스벨트가 공화당 좌파를 기반으로 창당한 혁신당 Progressive Party은 1912년 대통령 선거에서 국민의료보험, 사회보장제, 하루 8시간 노동, 연방 소득세를 비롯한 정강을 내걸고 27.4퍼센트를 득표했다. 미국 대통령 선거 역사상 제3당이 획득한 최고 득표율이었다. 루스벨트가 벌인 선거운동은 부끄러움을 모를 정도로 급진적이었다.

지난 역사에는 정부 권력의 제한이 국민의 자유 증대를 의미하던 때가 있었습니다. 오늘날에는 정부 권력, 정부 활동의 제한이 거대 기업에 의한 국민의 노예화를 의미합니다. 이 거대 기업들은 정부 권력을 확대해야만 견제할 수 있습니다.[39]

물러나는 대통령 윌리엄 하워드 태프트(23퍼센트 득표) 또한 중도좌파 정책(반독점법, 법인소득세 도입)을 추진했었다. 실제로 4년 임기 동안 태프트는 루스벨트만큼이나 많은 반독점 소송을 제기했다.[40] 신임 대통령 우드로 윌슨은 첫 번째 임기(1913~17) 동안 프랭클린 루스벨트의 뉴딜 이전에 미국에서 가장 진보적인 입법을 도입했다. 1900년 윌슨은 반독점법 추진자trust buster들을 더이상 존재할 수 없는 세상으로 돌아가려고 하는 비현실적인 반동주의자라고 비난했었다. 하지만 1912년 대통령 선거운동 시기에 이르러 윌슨은 그들의 견해에 찬성하게 되었다.

삶이 무척 단순하던 옛날에 우리는 정부가 해야 하는 일이라곤 경찰관 제복을 입고 기업 활동에는 관여하지 않는 것뿐이라고 생각했습니다. 하지만 이제는 개인 사업가가 아니라 거대 기업들이 사업을 수행하기 때문에 기업 활동은 정부 규제가 필요한 공적 사안입니다.[41]

2012년과 달리, 1912년에 미국은 유럽 대부분 지역에서 만연한 것과 같은 개입주의적 자유주의에 동조하고 있었다. 여기 주요 후보자 네 명이 얻은 득표율이 있는데, 네 명 모두 오늘날의 기준으로 보면 우파나 보수주의자가 아니었다.

20세기 초 미국 혁신주의의 대부분은 단순한 포퓰리즘적 수사修辭로

후보자	정당	득표율(%)
우드로 윌슨	민주당	41.8
시어도어 루스벨트	혁신당	27.4
윌리엄 하워드 태프트	공화당	23.2
유진 데브스	사회당	5.9

볼 수도 있지만, 선거에서 이기려면 기업에 다소 적대적인 태도를 보여야 한다는 징후였다.

일관성이 언제나 지배했던 것은 아니다. 한 예로, 1912년에 대기업에 관해 우려한 바로 그 시어도어 루스벨트가 우드로 윌슨이 그랬던 것처럼, 1901년(윌리엄 매킨리가 아나키스트에게 암살당한 뒤 42세의 나이로 대통령이 됐을 때)에는 대기업을 칭송했다. 1901년 첫 번째로 의회에 보낸 교서에서 루스벨트는 다음과 같이 선언했다.

이 대륙을 가로질러 철도망을 깔고, 우리의 상업을 구축하고, 제조업을 발전시킨 산업의 수장들은 우리 국민에게 전반적으로 큰 기여를 했습니다. 그들이 없었더라면 우리가 그토록 자랑스러워하는 물질적 발전은 꿈도 꾸지 못했을 겁니다. … 현대 기업의 작동방식은 대단히 복잡하고 미묘하기 때문에 경솔하고 무지한 생각으로 기업에 간섭하는 일이 없도록 극도로 신중을 기해야 합니다. 엄밀히 말해 부정확하지만 대중적으로 '트러스트'라고 알려진 대규모 산업연합을 비난하는 것을 소임으로 삼는 이들은 대부분 특히 증오와 공포에 호소하고 있습니다.[42]

하지만 얼마 지나지 않아 루스벨트는 '트러스트'를 공격하면서 국가는 대기업을 통제할 의무가 있다고 선언했다. 이른바 혁신주의 시대의 시작이었다. 이 시대는 공정, 반독점 입법, 철도산업 규제, 저질 식품 금지 입법(1906년 순정식품의약품법), 석탄 광부와 탄광 소유주 중재, 국립공원 설립 등에 관한 약속으로 가득 찼다. 혁신주의는 대통령실에만 국한되지 않았다. 혁신주의 시대와 중서부 개혁주의의 두드러진 주창자 가운데 한 명은 로버트 M. 라 폴레트('싸움꾼 밥Fighting Bob['밥'은 '로버트'의 애칭.-옮긴이]')인데, 공화당(나중에는 혁신당) 정치인으로 하원의원(1885~91), 위스콘신 주지사(1901~6), 마지막으로 상원의원(1906~25)을 역임하고 1924년 혁신당 대통령 후보로 나서 17퍼센트를 득표했다. 1890년대 불황 이후 특히 시카고나 밀워키 같은 도시에서 부족한 공공서비스나 부당한 과세, 지방정부의 부패 등에 대한 항의가 많았다.[43] 미국에서 등장한 다양한 혁신적 정강에서 빠진 것은 국가복지 개념이었다. 이 점에서 미국은 당시나 지금이나 유럽 나라들에 한참 뒤처졌다.

빈민의 복지에 대한 관심 그 자체는 새로운 게 아니다. 고대 그리스와 로마에서 박애는 귀족의 의무로 여겨졌다. 가난한 사람에게 베푸는 것은 구약에서 장려되기는 하지만 십계명의 하나는 아니다. 이슬람은 다르다. 이슬람의 다섯 가지 기둥[신앙고백, 예배, 자선, 금식, 성지순례다.-옮긴이] 가운데 하나인 자선Zakat은 재산의 2.5퍼센트를 의무적·정기적으로 빈자에게 베푸는 것이다. 16세기 개신교와 가톨릭의 경쟁은 "아우크스부르크에서 취리히까지, 런던, 파리, 뉘른베르크, 이프레, 마드리드, 톨레도, 베네치아, 그밖에도 수많은 도시를 거쳐" 빈민 구제 계획이 확산되는 결과로 이어졌다.[44] 잉글랜드에서는 1601년 엘리자베스 1세 치하에서 도입(이전에도 일정한 빈민 구제가 존재했다)되어 교구에서 관리한 구빈법이 끊임없이 형태가 수정되면서 20세기 전반기까지 지속되었다. 19세기 초에는 인

구의 10퍼센트 가까이가 이런 빈민 구제의 대상이었다.[45]

빈민 구제는 언제나 논쟁의 대상이었다. 18세기 말과 19세기 초에 특히 영국의 인텔리겐차는 공적 자선에 대해 격렬하게 반대했다. 토머스 맬서스(경제학자와 인구학자일 뿐만 아니라 성직자이기도 했다)는 빈민에게 돈을 주면 결국 아이를 더 많이 낳아서 훨씬 더 가난하게 되는 결과를 초래할 것이라고 생각했다. 『인구론』(1798)에서 맬서스는 구빈법은 "개이이 겪는 불행의 강도를 조금 완화했을지는 몰라도 전반적인 해악을 훨씬 더 폭넓게 퍼뜨렸다"고 말했다.[46] 그의 설명에 따르면, 공공 세입을 활용해서 불운하거나 자격 없는 소수에게 혜택을 주는 것은 국가가 할 일이 아니었다.[47] 하지만 그로부터 2년 뒤 맬서스조차 어떤 상황(가령 기근)에서는 '구빈법체계'(여전히 '진심으로' 비난했지만)가 필요할 것이라고 선뜻 인정했다.[48] 최근의 연구는 적어도 흉년일 때, 그리고 확실히 16세기 중반부터 17세기 중반까지는 빈민 구제 덕분에 사망률이 낮게 유지되었음을 뒷받침한다.[49] 하지만 당시에는 맬서스 같은 음울한 비관주의자만이 아니라 제러미 벤담(『구빈법에 관한 고찰Observations on the Poor Bill』, 1797)에서부터 데이비드 리카도에 이르기까지 '계몽된' 자유주의 사상가들까지도 빈민 구제가 역효과를 낳는다는 데 뜻을 모았다. 리카도는 공공연하게 맬서스의 견해를 지지하면서 "구빈법은 입법부가 자애롭게 의도하는 것과 달리 … 빈민의 상태를 개선해주지 못하며 오히려 빈민과 부자 둘 다의 상태를 악화시킨다"고 말했다. "빈민을 부유하게 만드는 대신 부자를 가난하게 만들기 위해 의도된 것이다."[50] 오늘날까지도 열렬하게 이어지는, 빈민의 게으름을 질타하는 캠페인은 1834년의 대대적인 개정 구빈법으로 이어졌다. 아마 19세기 사회입법에서 가장 중요한 부분임이 분명한 개정 구빈법은 빅토리아시대 영국의 생활과 노동의 거의 모든 측면에 영

향을 미쳤다.[51]

지금과 마찬가지로 그때에도 입법자들이 주로 관심을 기울인 문제는 국가나 다른 주체의 어떤 형태의 자선이든 일자리를 찾으려는 의욕을 떨어뜨릴 수 있다는 것이었다. 이른바 '무능한' 빈민(즉 장애인이나 노인)에게 자선을 베풀어야 한다는 데 광범위한 합의가 이루어졌다. 부랑자는 일종의 교도소로 보내야 했다. 그런데 사지가 멀쩡한 빈민은 어떻게 해야 할까? 게으른 자들을 보호해서는 안 되었다. 해결책은 빈민 구제를 받는 것보다 일을 하는 게 더 상태가 좋도록 만드는 것이었다.[52]

19세기를 거치면서 빈민 구제는 유럽 전역에서 급격하게 감소했다.[53] 18세기 말 영국에서 가장 광범위한 구빈법이 존재한 반면, 사회가 불운한 처지의 시민들에게 일을 제공하거나 일을 할 수 없는 사람에게는 생계수단을 제공하는 식으로 일정한 형태의 생계를 보장해주어야 한다는 원칙을 처음 확립한 것은 혁명기 프랑스였다. 국민공회(즉 제헌의회)는 1793년에 사적 박애를 금지하려고 하기도 했다(1789년에 2만 7000개의 자선 기관이 있었는데, 1848년에 이르면 그 수가 1800개로 감소했다).[54] 그 이유로 든 것은 빈곤 구제는 사적 시민이 아니라 국가가 할 일이라는 판단이었다. 빈곤 상태에 빠진 시민이 다른 시민에게 자선을 받음으로써 한번 더 모욕을 받아서는 안 된다는 것이었다. 국민공회 의원인 피에르-로제 뒤코는 도움을 받는 것은 **권리**라고 설명했다.[55] 1793년 공표된(하지만 채택되지는 않았다) 「인간과 시민의 권리 선언」(더 중요하면서도 '자코뱅적' 성격이 덜한 1789년 8월의 같은 이름의 선언과 혼동하지 말 것) 21조는 '공적 구제는 신성한 의무'라고 언명한다. "사회는 불운한 처지의 시민들에게 일을 제공하거나 일을 할 수 없는 사람에게는 생계수단을 제공해야 한다."

1791년 톰 페인은 『인간의 권리』에서 14세 이하의 자녀가 있는 가구에 공적 지원금(20세기 이전에 세계 어디에서도 도입되지 않은 일종의 가족수당)을 할당하고 50세 이상 모든 시민에게 연금을 주는 구상을 전개한 바 있었다.[56] 2년 뒤 국민공회의 동료 의원 콩도르세 후작은 『인간 정신의 진보에 관한 역사적 개요』(저자 사후인 1795년에 출간)의 마지막 장章을 사회보장제도 비슷한 구상에 할애했다. 불평등과 불안정, 빈곤을 어떻게 줄일 수 있는지, 그리고 "사람들 각자의 저축과 다른 사람들의 저축을 합쳐서" 어떻게 재원을 마련할 수 있는지가 과제였다.[57]

이런 관심은 오래 지속되지 않았다. 이미 반동이 시작된 테르미도르(1794년 7~8월)에 또다른 국민공회 의원 장-바티스트-조제프 들르크루아는 공공자금이 충분하지 않다고 불만을 토로했다. "지금은 제헌의회 시절 지나치게 관대한 박애적 태도에 우리 스스로 몰두했던 타성에서 벗어나야 할 때다."[58] 당시에 자유주의자들이 복지에 대해 보인 태도는 지금이라면 우파 신보수주의자들과 연관될 법한 것이었다. 위대한 자유주의 경제학자 장-바티스트 세는 『실천정치경제학통론』(1829)에서 사회는 구성원 어느 누구에게도 어떤 도움이나 생존도 보장할 의무가 없다고 단언했다.[59] 알렉시 드 토크빌은 『빈곤에 관한 기억』(1835)에서 어떤 식으로든 빈민에 대한 정기적인 지원체계를 만들면 빈민의 수가 늘어나고 빈곤이 증가하며 상업과 산업이 악화될 것이라고 주장했다. 토크빌은 공적 자선에는 반대하고 사적 박애에는 찬성하면서 둘을 대조했다. "유럽에서 유일하게 대규모 공적 자선의 이론을 체계화하고 대대적으로 적용한 나라인" 잉글랜드의 구빈법을 검토한 뒤, 위대한 자유주의자는 공적 자선의 권리는 사적으로 받는 자선과 달리 수혜자를 모욕한다고 결론지었다.[60]

40년 동안 정치체제가 네 번 바뀐 뒤(오를레앙 왕정, 제2공화국, 제2제정, 제3공화국) 프랑스 자유주의자들은 여전히 공적 부조를 우려했다. 『프랑스의 경제학자.L'Économiste français』의 편집인인 폴 르루아-볼리외는 영국을 못마땅하게 보며 프랑스와 대비하면서 영국의 공적 자선은 (사적 자선과 달리) 인간의 존엄성을 떨어뜨리고, 비용이 많이 들면서도 역효과가 나오며, 영국의 모든 주요 경제학자가 ―그의 말로는― 자신과 같은 생각이라고 주장했다.[61] 그는 구빈원workhouse 체제가 매우 가혹하다는 점은 인정했다.[62] 공적 자선이 전혀 존재하지 않는 프랑스에서는 상황이 훨씬 좋았다. 빈민들은 (당연히) 스스로를 돌봐야 했고, 빈민들에게는 아무런 권리가 없기 때문에 지방 당국이 그들을 돕고자 하면 '사회적 부채'를 갚는 게 아니라 불쌍히 여기는 마음에서 도와야 했다.[63] 르루아-볼리외가 (경험적 증거도 거의 없이) 설명한 바에 따르면, 영국 노동자들은 나이가 들면 국가가 돌봐줄 것임을 알기 때문에 버는 족족 소비할 뿐이었다.[64] 영국의 복지 입법은 이미 지나친 수준이었다. 하루에 10시간만 일하고 일요일과 크리스마스 같은 휴일마다 꼬박꼬박 쉬는 것은 그렇게 나쁜 삶이 아니라는 게 그의 생각이었다. 노동자들에게는 풍부한 여가시간이 있었다. 그시간을 어떻게 쓸지만 알면 되었다.[65]

이런 자유주의적인 복지 반대 입장의 결과로, 프랑스는 비록 정치적으로는 잉글랜드나 독일보다 급진적이었지만 사회 정책의 측면에서는 뒤처졌다.[66] 1879년 공화주의자들이 공화국을 장악했을 때에도 빈민 구제를 늘리기 위한 과감한 조치는 전혀 없었다.[67] 1880년대 말이 되어서야 비로소 복지를 향한 소심한 조치가 몇 가지 이루어졌다.

제3공화국은 의지에서만, 또는 반교권주의에서만 '급진적'이었다. 마들렌 르베리우가 『급진 공화국?La République radicale?』에서 물음표를 붙여 이 공화국의 급진주의에 의문을 던진 데는 충분한 이유가 있었다.[68] 일찍이 급진주의자radical들은 빨간무radish라는 조롱을 받았다. "겉은 붉은색, 속은 흰색, 그리고 언제나 버터 접시 가까이에 있지(rouges à l'extérieur, blancs à l'intérieur, et toujours près de l'assiette au beurre).ﾞ[69] 하지만 급진주의자들은 다수를 차지한 적이 한 번도 없었고, 1차대전에 이르는 시기 동안 1901년 레옹 강베타 추종자들이 창건한 당인 민주공화동맹 Alliance républicaine démocratique(ARD)에 의지했다. 레옹 강베타 자신이 기업 세계에 연결된 사람이었다.[70] 하지만 민주공화동맹 역시 '급진적', '민주적' 세력을 자임했다.

제3공화국의 주요한 급진-공화주의 지도자인 쥘 페리와 레옹 강베타는 사회개혁에 별로 관심이 없었다. 강베타는 19세기의 전형적인 전통적 자유주의자로 이른바 사회문제란 존재하지 않는다고 믿었고 국가 개입을 경계했다. 경쟁이 모든 문제의 해법이었다. 급진주의자로서 강베타의 두드러진 특성은 반교권주의자라는 데 있었다.[71] 그는 훗날의 조르주 클레망소처럼 기성체제를 위협하는 '극'좌파에서 경력을 시작한 뒤, 흔히 그렇듯이 기회주의자로 간주되었다. 실제로 후에 중도 공화주의자들Républicaines modérés은 기회주의자로 불리게 된다. 제2제정 치하의 1868년에도 강베타는 '사회문제'의 해법은 자유주의적 자본주의에서만 찾을 수 있다고 확신했다. 루이-나폴레옹 제국의 문제는 충분히 친자본주의주의적이지 않다는 것이었다.[72] 1872년(제정은 1870년에 무너졌다), 르아브르나 루앙 같은 프랑스 서부 도시 몇 군데를 둘러볼 때 강베타는 다음과 같은 말로 '사회문제'가 존재할 수 있음을 암시했다. "사회적 해법이란 존재하지 않는다. 하나의 실질적인 사회문제란 없기 때문이다. 우리는 인내심을 갖고 한 번에 한 가지씩 문제를 풀어야 한다."[73] 그리고 정치에 진입하는 새로운 사회집단들을 검토할 때—그는 이 집단들을 새로운 사회 계층les nouvelles couches sociales이라고 지칭했다—, 그가 염두에 둔 것은 무엇보다도 상점주인, 장인, 피고용인, 교사, 의사 등 명사와 구별되는 집단이었다.[74] 강베타는 노동계급의 지지를 얻는 것보다는 농촌 세계의 지지를 잃지 않는 것에 훨씬 더 관심이 많았다.

프랑스 공화국의 또다른 위대한 주인공인 쥘 페리도 루이-나폴레옹이 아직 황좌에 있던 1860년대에 비슷한 견해를 갖고 있었다. 대중의 번영은 국가 개입이 아니라 자본주의에 달려 있다는 것이었다. 자유기업은 식료품 가격을 낮추고 임금을 높여줄 것이다. 빈곤의 근절은 국가가 할 일이 아니다. 국가는 의무 보험 같은 일에 신경쓰지 말고 저축을 장려해야 한다.[75]

1850년에 국민 연기금을 만들고 1868년에 상해보험 기금을 마련하면서 다른 나라보다 앞서 다소 소심하나마 걸음을 내딛은 프랑스가 복지 혜택과 특히 연금에서 다른 모든 비슷한 나라들에 추월당한 이유가 적어도 일부분은 이런 원인으로 설명이 된다.[76] 국가가 재원을 대는 빈민 구제에 대한 반대를 놓고 프랑스 가톨릭(즉 보수주의자)과 자유주의자가 하나로 뭉쳤다. 가톨릭은 국가 자선 때문에 교단의 자선이 훼손될 것이라는 이유에서 반대했고, 자유주의자는 개인주의가 훼손될 것이라는 이유에서 반대했다.[77] 피에르 발데크-루소 같은 상대적으로 개혁주의적인 총리도 연금은 노동자들의 결사에 맡겨야 한다고 생각했다. 노동자들이 힘을 모아서 노후 대비 기금을 모아야 한다는 것이었다.[78]

프랑스의 역설은 모든 사람, 또는 적어도 모든 사회주의자, 급진 사회주의자, 사회적 의식이 있는 가톨릭교인 등은 사회 정책을 지지한다고 주장하지만, 권력자들은 여전히 일반적인 자유주의 원리를 확고히 신봉했다는 것이다. 물론 몇몇 인상적인 예외가 있기는 했다. 포도나무에 필록세라(phylloxera. 포도나무 뿌리 진디)가 퍼지면 재배업자들이 공적 지원을 받았다.[79] 농촌의 표는 너무도 중요해서 자유주의 원리에 방해가 되어도 괜찮았다. 국회의원과 장관들은 특히 로비와 압력에 취약했다. 이탈리아처럼(영국과 달리) 탄탄한 정당체제가 없기 때문이기도 하고, 공화주의 다수파 성원들 사이에 두드러진 동질성이 있다고 하더라도 정부가 대단히 불안정하기 때문이기도 했다. 제3공화국은 70년(1870~1940) 동안 지속됐을지 몰라도 각각의 정부는 오래 지속되지 못했다. 정부가 120차례 세워졌는데, 최고 기록 보유자인 1899년 발데크-루소의 '공화국 수호 정부 gouvernement de défense Républicaine'도 고작 3년 동안 이어졌다.

프랑스의 많은 공화주의자들을 복지로 이동시킨 요인은 빈민의 곤경이라기보다는 만약 국가가 개입하지 않으면 '자선'을 로마 가톨릭 교회의 선행에 맡겨서 가톨릭의 위신을 높여주게 되리라는 깨달음이었다. 그리하여 사회문제는 반교권주의 투쟁의 일부가 되었고, 프랑스는 한층 결정적으로 공적 복지에 찬성하는 쪽으로 돌아섰다. 1893년 극빈층 의료보험이 법률로 확립되었다.[80] 1905년에는 교회와 국가를 분리하는 법률이 통과되면서 교권주의에 맞선 싸움이 승리를 거둠에 따라 70세 이상 노인과 장애인에 대한 공공부조가 도입되었다.[81]

공공부조에 대한 주요한 반대는 이제 다양한 색조의 가톨릭교인과 기묘한 초자유주의자에 국한되었다. 1903년 국민보험제도를 둘러싼 의회 논쟁 중에 지도적 군주제주의자인 폴-앙리 랑쥐네 백작은 정말로 자유로운 나라에서 국가는 법질서 유지와 국가방위에만 힘써야 한다고 선언했다. 공공복지와 관련된 모든 것은 사적 기획의 몫으로 두어야 하고, 실패할 경우에는 지방 당국의 몫이었다. 신생 정당인 대중자유행동당Action libérale populaire을 중심으로 모인 공화주의에 찬성하는 가톨릭교인들 역시 공공복지에 반대했다. 이 당의 국회의원 중 한 명인 피에르-마르크

아르날은 미끄러운 경사길 논증slippery slope arguments을 활용했다. 만약 '그들'에게 복지권을 주면, 그다음에 그들은 노동할 권리를 요구할 테고, 결국 미처 깨닫기도 전에 국가 예산이 이런 '모험적 사업'에 지출되어 사회주의자들만 희희낙락한다는 것이었다.[82] 실제로 노동권, 즉 노동할 권리droit au travail는 이미 제2공화국(1848)에서 수용되었고, 훗날 유엔 세계인권선언에 명시된 국제적인 권리가 되었다.

예상 가능한 것처럼, 사회주의자들은 모두 국가복지를 지지했다. 무소속 의원인 레옹 미르망은 복지가 국가 박애의 일부가 아니라 권리가 되기를 원했다.

새로운 세상이 펼쳐질 겁니다. 상상해보세요! 노인이 … 이제 더는 오늘날 공공부조를 받는 사람들처럼 모욕감과 수치심을 느끼는 게 아니라 고개를 빳빳이 들고 다닐 겁니다. 입으로 기도를 외는 대신 손에 법전을 쥘 겁니다. … 자신의 권리를 주장하게 될 겁니다. 성직자나 프리메이슨 기본 조직으로부터 연금을 받기 위해 어떤 권고나 보호, 후원도 필요로 하지 않을 겁니다.[83]

미르망 덕분에 법률 문서가 체계적으로 수정되었다. '극빈 상태 indigent' 같은 표현은 권리 보유ayant-droit로 바뀌었고, 부조 수혜recevoir l'assistance는 부조받을 권리droit à l'assistance로 바뀌었다.[84]

세기말에 이르러 레옹 부르주아가 이끄는 급진-공화주의 정부가 산업재해, 의료보험, 연금 비용을 대기 위해 누진소득세를 도입하려 했을 때, 많은 자유주의자들이 사유재산에 대한 정면공격이라면서 비난했다.[85] 부르주아는 자신의 제안이 사회주의의 위협을 완화하기 위한 시도라고 해명해야 했다. 현실적인 것이든 상상적인 것이든 간에 '빨갱이의 위협Red

Peril'은 흔히 개혁의 유용한 논거가 된다. 어쨌든 개혁의 요점은 혁명을 불가능하게 만드는 것이었다. 부르주아는 저서 『연대Solidarité』(1896)에서 '더 중요한 목표'—연대라는 목표—를 위해 경제적 자유주의와 사회주의 둘 다로부터 거리를 둘 필요가 있으며, 이를 위해서는 국가 개입이 필요하다고 설명했다. 그리하여 그는 독일, 이탈리아, 영국의 주류를 이루는 사유수의식 개입주의자들과 어깨를 나란히 했다.[86] 하지만 1912년에 이르러 프랑스에서 부조를 받는 개인이 평균적으로 수령하는 액수는 여전히 영국의 5분의 1 수준이었고, 프랑스의 주거 조건은 서유럽에서 최악에 속했다.[87]

여전히 부끄러움을 모르는 초자유주의자 르루아-볼리외는 훗날 영국과 미국에서 '유모 국가'라고 불리게 되지만 그의 말에 따르면 이미 '거대한 모성적 입법'으로 알려진 체제를 단호하게 비난했다.

서구 문명이 성장한 것은 개인의 활력과 진취성, 과감한 용기와 선견지명 덕분이다. … 이런 자질 때문에 유럽인과 미국인은 … 다른 인종과 구별된다. … 영국인들이 거대한 모성적 입법이라고 말하는 온정주의적 입법의 전체체제는 이런 자질을 억누르고 제거하는 경향이 있다. … 우리는 이것이 문명국가 구성원들을 줏대 없고 생기 없는 영원한 어린아이로 전락시키는 혐오스러운 체제라고 생각한다.[88]

르루아-볼리외 본인이라면 '거대한 모성적 입법great motherly legislation'이 아니라 그냥 '할머니 입법grandmotherly legislation'이라고 지칭했을 이 용어는 제번스 같은 자유주의자들이 최신 저작인 『노동과의 관계에서 본 국가The State in Relation to Labour』(1882)에서 사용한 바 있었지만, 르루아-볼리외가 이 용어를 조롱할 무렵이면 영국에서도 이제 더는 쓰이지 않았다.[89] 영국 자유주의자들은 이미 국가복지의 원리를 수호하는 쪽으로 결정적으로 나아간 상태였다. 그리하여 공리주의 철학자 헨리 시지윅은 1891년 제러미 벤담과 존 스튜어트 밀의 정신을 이어받은 글에서 '온정주의적paternal'이라는 용어를 사용해서 개인들이 국가의 도움을 받는 상황을 묘사했다. 그 자신도 이 용어가 '다소 풍자적으로 사용된다'는 것을 충분히 알고 있었다.[90]

프랑스인들은 비록 많은 복지문제에서 뒤처졌지만 어머니와 자녀를 지원하는 일에서는 다른 대부분의 나라를 앞질렀다. 프랑스는 대가족을 지원하고 어린이집 재원을 마련했다. 1904년에 이르면 조직화된 노동계급조차 비록 여전히 임금과 노동조건 개선을 우선시하면서도 사회위생연맹Alliance d'hygiène sociale(1904~11) 같은 협회를 만들어 노동자와 자녀들에게 체육활동을 장려하고, 학교에서 빈곤층 아이들에게 따뜻한 점심식사를 제공했다. 또한 노동계급 가정에 위생을 강화하려고 노력했으며, 여성들에게 모유 수유의 이점을 가르치고, 미혼모를 보살폈다. 그전까지 박애주의자와 자유주의 활동가, 지식인들의 주요 무대였던 영역에 노동운동이 진출한 보기 드문 사례 가운데 하나다.[91]

공적 부조는 중앙정부가 아니라 지방정부에서 제공되었고, 많은 부분이 병원으로 투입되어 유기 아동을 위해 쓰였다. 그 이면에는 반교권주의적 요소들이 있었다. 왜냐하면 지방 당국은 유기 아동이 본당에 구제되어 사제들의 이데올로기적 열정의 먹잇감이 되는 것을 우려했기 때문이다. 이런 출산장려 정책은 또한 주로 프랑스 출산율의 급격한 하락에 기인한 것임은 의문의 여지가 없다. 1800년, 프랑스는 러시아를 제외한 유럽에서 가장 인구가 조밀한 나라였다. 그런데 1850년에 이르러 독일

(즉 1870년에 통일 독일을 형성한 지역)에 따라잡혔다.[92] 주로 벨기에와 이탈리아, 그리고 동유럽으로부터 프랑스에 이민자가 들어왔지만 상황이 약간만 완화됐을 뿐이다.[93] 대가족 장려는 가톨릭뿐만 아니라 공화주의적 민족주의자들도 단합시킨 정책이었다. 프랑스가 1870년 프랑스-프로이센 전쟁에서 패배한 뒤, 인구 감소dénatalité에 대한 불안감이 커졌다. 그리하여 실치레를 넘어서 진정한 복지국가를 세워야 한다는 압력이 높아졌다. 프랑스가 추구하는 목표는 국가의 배려가 여성 자체가 아니라 어머니와 부인으로서의 여성으로 향하는 '가족 복지국가' 또는 '모성적' 복지국가가 되었다.[94] 저명한 사회이론가와 정치인들이 "미혼모의 부도덕을 질책하는 것을 그만두었다".[95]

1910년 무렵 북유럽의 몇몇 나라도 출산율 하락에 대한 우려에 시달린 나머지 모성 보호 개혁의 요구가 나타났다. 노르웨이에서는 페미니스트 카티 앙커 묄러가 유자녀 여성에게 국가 급여를 줄 것을 제안했다(묄러는 사생아의 권리와 낙태 비범죄화를 위한 캠페인을 이끈 지도자이기도 했다).[96] 1900년대 초에 스웨덴 사회민주주의자들도 비슷한 요구를 제기했다.[97] 점차 여성들이 공식 노동시장에 진입했다. 1891년에 이르면 경제활동 인구 가운데 여성이 차지하는 비율이 프랑스와 영국에서는 30퍼센트 정도였고, 독일에서는 그보다 약간 낮았다.[98] 이때가 아직까지 해결되지 않는 논쟁의 시작점이었다. 유자녀 여성에게 국가 급여를 지급하면 여성을 영원히 가사노동에 묶어두고 노동시장 진입을 억제하는 것일까? 유자녀 여성에 대한 지원이 없으면 아이를 낳는 것을 억제하는 셈인가?

일부 기독교 페미니스트들은 사적 자선을 옹호했다. 당대 에스파냐의 지도적 페미니스트이자 에스파냐에서 처음 대학을 다닌 여성이었던 콘셉티온 아레날은 부유층이 자선을 제공할 기독교적 의무를 받아들여서

'증오의 인터내셔널(Internacional del Odio. 즉 카를 마르크스의 제1 인터내셔 널)'에 맞서 '사랑의 인터내셔널Internacional del Amor'을 건설해야만 사회문제가 해결될 것이라고 생각한다고 1875년에 선언했다.[99]

1880년에서 1914년 사이에 적어도 유럽에서는 또는 오스트레일리아나 뉴질랜드같이 유럽인들이 정착한 나라들(미국은 제외)에서는 세계화, 산업화와 나란히 근대적 복지가 시작되었다. 앞에서 언급한 것처럼, 초기 단계에서는 이런 복지의 발전이 사회적 소요에 힘입은 바가 거의 없었다. 사회주의의 점증하는 힘이 복지 입법에서 중요한 역할을 했을지 몰라도 1909년 남성 보편 참정권이 확립된 이후에야 그런 역할을 했다.

국가는 민간보험제도가 가장 부재한 영역, 즉 재해, 질병, 노령, 실업 등의 영역에 개입하기 시작했다.[100] 불가리아 자유당은 1904년 강령에서 무상 의료보험, 지역사회 약국, 무상 교육 등을 요구했다.[101] 단순한 선전에 불과했을지 모르지만 유럽의 '주변부'에서조차 이런 조치들이 선거에서 인기가 있음을 보여주는 신호였다.

대다수 자본주의 국가들은 1차대전 이전에 산업재해에 대한 국가 차원의 보험을 마련했다. 반면 미국인과 캐나다인들은 1930년대까지 기다려야 했다.[102] 비록 허사로 돌아갔지만, 시어도어 루스벨트 대통령은 직원이 업무 중에 입은 상해 비용을 고용주가 지불하도록 강제하는 법을 요구하면서 의회에 보낸 교서(1908년 1월 31일)에서 의회가 이런 입법을 승인하기를 꺼리는 것은 미국에 대한 '도발'이자 '모욕'이라고 단언했다. "세계의 다른 어떤 두드러진 산업국가에서도 그런 극악한 불의가 일어날 수 없습니다. … 노동자가 임금을 받을 자격이 있는 것처럼, 일하는 자연스러운 과정에서 입은 상해에 대해 보상을 받을 자격도 있어야 합니다."[103]

1914년 이전에 보장 정도가 다양한 국민의료보험제도가 오스트리아,

이탈리아, 프랑스, 스웨덴, 벨기에, 스위스, 노르웨이, 영국 등의 유럽 나라에서 도입되었다. 1914년에서 1945년 사이에 오스트레일리아와 뉴질랜드, 에스파냐, 네덜란드에서, 그리고 한참 뒤에 핀란드, 캐나다, 포르투갈에서 비슷한 의료보험이 도입되었다. 미국은 지금도 전국민 의료보험이 존재하지 않는다.

이따금 밀해지는 것처럼, 공적 복지가 점증하는 사회적 소요에 대한 대응으로 도입되었는지는 의문스럽다. 앞선 시대에 노예제가 폐지된 것처럼, 공적 부조가 계몽된 개혁가들과 활동가들이 벌인 활동과 압력의 결과라고 볼 수도 있다. 당시에 조직화된 노동운동은 빈민 지원에 특별한 관심을 기울이지 않았다. 조합원들이 주로 일하는 남성이었기 때문이다. 노동조합은 제2 인터내셔널의 1889년 강령에 담긴 복지 요구보다는 임금 인상, 참정권, 8시간 노동 등을 위해 싸우는 쪽을 선호했다.

북유럽 나라들도 다른 나라들처럼 급진주의에 시달리지는 않았지만, 19세기 말에 이르면 20세기 스칸디나비아 복지국가의 실질적인 토대를 이미 확립했다.[104] 이런 초기의 복지 입법은 떠오르는 농촌 부르주아지와, 피터 볼드윈의 말을 빌자면, "견고하면서도 쇠퇴하는 관료·도시 엘리트들"이 정치적 갈등을 겪은 결과물이었다.[105] 다시 말해, 초기 복지 입법은 농촌 중간계급의 승리였다. 자기 지역 빈민들을 위해 돈을 내고 싶지 않았던 덴마크 농민들은 새로운 연금제도를 지지했다. 혜택 당사자가 부담하지 않는 방식의 이 제도는 사실상 노동자와 고용주 둘 다에게 국가가 지원해주는 것이었다.[106] 이런 이유 때문에 덴마크는 1891년에 국민 전체를 아우르고, 혜택 당사자가 부담하는 게 아니라 세금으로 재원을 마련하는 연금인 노령수당법Alderdomsunderstøttelsen을 마련했다. 60세 이상이고 도움을 필요로 하는 덴마크 시민 전체는 연금을 받을 자격을 얻었다.

다만 엄격한 조건이 덧붙여지기는 했다. 뉴질랜드는 1898년에 선례를 따랐고, 오스트레일리아는 1901년, 잉글랜드는 1908년에 그 뒤를 이었다. 재산, 기존 개인 분담금, 성별에 관계없이 67세 이상이나 장애 때문에 일을 할 수 없는 모든 사람에게 적용되는, 모든 시민을 아우르는 최초의 진정한 보편적 연금은 1913년 스웨덴에서 입법화되었다. 자유주의 정치인이자 신문 발행인인 아돌프 헤딘이 1884년에 시작한 기나긴 캠페인의 결과물이었다.[107]

1909년 스웨덴 정치에 일대변동이 일어났다. 앞선 스웨덴 선거에서 정치의 주요한 구분선은 보호주의자와 자유무역론자 사이에 그어졌다. 선거 투표율은 대개 매우 낮아서 40퍼센트 이하였다. 하지만 1909년에는 비록 진보적 자유주의자인 칼 스타프가 이끄는 자유당이 40퍼센트 득표로 승리하긴 했지만, 사회민주당이 28.5퍼센트를 얻었고 사상 처음으로 의회에 대표를 진출시켰다. 바야흐로 여론이 왼쪽으로 이동하고 있었고, 바로 이런 흐름이 1913년 법률로 이어졌다. 이 입법에 구현된 보편주의의 원리는 스칸디나비아 복지 모델의 주춧돌이 되었다.

하지만 대표적으로 기억되는 초창기 복지국가는 스웨덴이 아니라 독일인데, 아마 유럽 역사에서 독일 제국이 차지하는 중요성 때문일 것이다. 독일 복지국가는 사회개혁가들 사이에서 광범위한 경탄을 불러일으켰다. 1890년 잉글랜드에서 출간된 책인 윌리엄 하벗 도슨의 『비스마르크와 국가사회주의Bismarck and State Socialism』는 '사회문제'를 해결하기 위한 원대한 전략에 착수한 유럽 최초의 정치인으로 간주되는 비스마르크에 대한 찬양으로 가득 차 있다.[108] 도슨의 설명에 따르면, 비스마르크는 "국가가 경제와 아무 관련이 없다는 낡은 교의를 하늘 아래에서 사방으로 부는 바람처럼 흩어버렸다".[109] 비스마르크는 도슨이 주장하는 것처럼 사회개혁에 열정적이지 않았지만, 확실히 반대하지는 않았다.

비스마르크는 사회주의자를 때려잡는 몽둥이를 완전히 내려놓지 않은 채 당근을 흔들면서 특히 연금 영역에서 강력한 사회복지 정책을 공표했다. 제국의 관점에서 보면 이런 정책은 독일을 구성하는 여러 주들을 희생시키면서 중앙정부를 재정적·정치적으로 강화하는 이점이 있었다(복지 사금의 일부는 연방, 즉 제국 세금을 통해 조달되었기 때문이다).[110] 1883년 6월 자산 조사에 기반한 의료보험제도가 도입되었다. 의료비를 지불하고 질병 때문에 입은 소득 손실을 일부 대체해주는 내용이었다(보험비의 3분의 2는 노동자가 내고 3분의 1은 고용주가 냈다). 1884년 7월 산업재해에 관한 법률이 통과되어 고용주가 분담금을 전부 지불하도록 했다. 마침내 1889년 장애·노령보험법Invalidity and Old-Age Insurance Law이 제정되어 70세 이상 모든 국민에게 노인연금과 장애연금이 제공되었다. 당시에는 70세를 넘겨 사는 사람이 극소수였기 때문에 많은 비용이 들지 않았고 일부 노동자들은 은퇴하기 전에 해고되어 연금을 상실했다.[111]

이 세 가지 보험은 1911년 이른바 국민보험법National Insurance Code 으로 통합되었다. 역설적이지만, 비스마르크가 국내 정책에서 이룬 가장 중요한 업적으로 널리 간주되는 이 복지 입법은 그의 회고록에서 한마디도 언급되지 않는다.[112]

의무 보험 원리의 주요 주창자 가운데 한 명인 산업자본가 카를 페르디난트 슈툼은 자를란트의 광업과 제철·제강 산업에서 손꼽히는 고용주였다. 광업은 그전부터 국가 독점이었기 때문에 이미 장애인보험과 노령보험이 의무였다. 제국 의회의 보수적 의원인 슈툼은 이 원리를 전체 산업 노동자에게 확대해야 한다고 제안했다. 독일 복지체제를 건설한 진짜 주인공인 테오도어 로만 같은 다른 개혁가들은 고용주에게 재해 비용을 부담하도록 강제한다면 노동자의 안전을 보장하기 위해 더욱 노력을 기울일 것이라고 생각했다.[113] 로만은 노동자를 사회개혁을 통해 화해를 이루어야 하는 대상인 시민으로 여기는 자유주의자였던 반면, 보수주의자 비스마르크는 노동자를 기존 질서에 부속된 신민으로 보았다. 비스마르크는 결국 제국을 강화하는 방도임을 깨닫고 제국 차원의 보험제도에 타협했다.[114] 민족 건설은 비스마르크의 머릿속에서 결코 멀어진 적이 없다. 결국 가톨릭중도당이 비스마르크의 반가톨릭 입법에 대한 적대감을 무릅쓰고 지지한 덕분에 그의 제안이 승인되었다.[115]

독일의 복지 법률이 미친 한 가지 효과는 국외 이주 속도를 저하시킨 것이다. 독일인들은 1860년대까지만 해도 많은 수가 국외로 이주했지만, 1880년 이후에는 극소수만이 대양을 건넜다.[116] 1890년에 이르면 독일은 사회입법에서 영국을 앞질렀고 산업 경쟁에서도 이미 따라잡았다. 몇 가지 기준으로 보면, 독일은 (영국보다는 아닐지라도) 영국만큼 민주적이었다. 바야흐로 하나의 선순환―**자본주의** 더하기 **민주주의** 더하기 **복지**―이 새로운 근대국가를 위한 완벽한 처방전인 듯 보였다.

비스마르크는 혁명가가 되기를 강제받은 보수주의자였다. 원래 프로이센을 보전하려는 생각으로 출발했지만 결국 독일 통일의 설계자가 되었다. 또한 자기 계급, 즉 지주 귀족, 일명 융커의 권력을 지키기 위해 출발했으나 결국 독일 자본주의의 승리를 감독하게 되었다. 처음에는 대중 정당이 등장하는 것을 막으려고 했으나 결국 가톨릭중도당과 사회민주당이 부상하는 것을 목도했다. 자신의 정책이 의도하지 않은 결과를 낳는 것을 보고도 그는 놀라지 않았을 것이다. 마음속으로 그는 환영을 만들어내는 정치의 본성을 너무도 잘 알았다. 1859년에 그는 부인에게 쓴 편지에서 이렇게 말했다. "전부 시간문제일 뿐이지. 민족과 개인, 어리석음과 지혜, 전쟁과 평화, 모두 파도처럼 왔다가지만 바다는 여전히 그 대로니까."[117]

　비스마르크의 후임자인 레오 폰 카프리비(1890~94) 수상은 전임자의 사회 정책을 기반으로 삼으면서도, 혁신을 주장하는(실제로 혁신을 하지 않더라도) 정치인들이 흔히 그렇듯이, 새로운 경로Neuer Kurs를 주창했다. 카프리비는 13세 이하 아동 고용을 금지하고, 13~18세 노동자와 여성 노동자의 노동시간을 제한했으며, 최저임금과 노사분쟁 중재(노동조합 대표자 참여)를 확립했다. 하지만 사회민주당이나 가톨릭중도당 둘 다 그런 미지근한 개혁에 속아 넘어가지 않았다.[118] 그러나 보수주의자들이 보기에는 지나친 개혁이었다. 모든 이들이 불만을 품었는데, 특히 카이저인 빌헬름 2세가 불만이 대단했다. 카프리비는 수입 곡물에 매기는 관세를 인하함으로써 농업 세력을 한층 더 소외시켰다. 이 모든 상황, 특히 융커의 반감이 카프리비의 몰락에 기여했다. 그의 후계자들은 융커에 도전하는 것을 더욱 주저했다. 적어도 1930년대에 히틀러가 융커 집단을 결정적으로 짓밟을 때까지는.

　어느 나라에서나 개혁가들은 특히 주거문제를 우려했다. 암울한 주거 상황과 이 때문에 사회의 안정에 야기되는 위험은 19세기 대부분 시기 동안 유럽 많은 나라에서 논의되었다. 영국이나 독일같이 고도로 도시화·산업화된 나라들뿐만 아니라 아스투리아스 같은 에스파냐의 산업화된 지역에서도 논의가 많았다. 대개 노동자들에 대한 공포가 한 요인이었다. 가령 아스투리아스의 민속학자 아우렐리오 데 야노는 1906년에 출간한 팸플릿『가정과 조국: 노동자를 위한 가정 연구Hogar y Patria. Estudio de casas para obreros』에서 노동자들을 노동계급 지구에 고립시켜서는 안 된다고 생각했다. 문명화된 사람들 가까이에 있어야 지배계급을 상대로 부정한 행위를 저지를 가능성이 낮아진다는 이유에서였다.[119] 독일에서는 영국을 숭배하는 좌파 자유주의 경제학자인 루요 브렌타노(7장을 보라)가 급속한 도시화에 따른 노동자들의 비위생적 상태를 개선하기 위해 공공주택을 강력히 지지하면서 노동조합이 이런 문제를 다루는 것을 돕는 입법을 요구했다.[120] 프랑스에서는 1910년 정부 조사(『프랑스 일반 통계 Statistique générale de France』)에 따르면, 노동자들이 소득의 10분의 1에서 5분의 1을 간단한 위생시설도 없는 주거의 임대료로 지출했다.[121]

영국에서는 글래드스턴이 제정한 급진적 법률인 1881년 아일랜드토지법1881 Irish Land Acts에 따라 부당한 퇴거에 대해 차지인을 보호하고 토지에 대한 권리를 보장해주었다. 반대론자들은 이 법을 민중이 재산을 공격하는 첫 단계로 보았다. 이런 공격에는 조만간 '집산주의'니 '국가사회주의'니 하는 꼬리표가 붙었다.[122] 하지만 (아일랜드)토지매입법(1885) Purchase of Land (Ireland) Act을 제정해서 자기 땅을 사고 싶어하는 차지인들에게 돈을 빌려주는 기금을 만든 주인공은 다름아닌 보수당 정부(솔즈베리 경이 이끌었다)였다.[123]

솔즈베리 경은, 비록 진보적 보수주의자와는 거리가 멀었지만(앞서 우리는 그가 참정권 확대에 얼마나 반대하는지를 보았다), 주거문제 때문에 불안해했다. 1883년 2월 22일(야당 지도자일 때) 그는 빅토리아시대 영국 역사상 주거 개혁에 관한 가장 중요한 연설로 손꼽히는 연설을 했다.[124]

앤드루 먼스 목사의 팸플릿 『버려진 런던의 절규』가 출간된 직후인 같은 해 11월에 신생 보수주의 잡지인 『내셔널리뷰The National Review』에 발표한 장문의 자세한 논설에서 솔즈베리는 과밀한 노동계급 주거 때문에 "단칸방에서 한데 모여 먹고 자면서 아이도 낳고 결국 거기서 죽는" 수많은 가구의 "정신과 신체 모두에 심각한 손상"이 생긴다고 비난했다.[125]

그는 저렴한 정부 대출과 더불어 투기적 건축업자들에 대한 규제도 옹호했다.

> [그들이 파는 주택은] 쓰레기더미 위에 짓고, 배수 시설을 주요 하수도에 연결하지도 않는다. … 그 집들은 습기 때문에 유해하고, 벽돌 사이에 바르는 모르타르는 진흙이나 모래일 뿐이다. … 요컨대 이 집들은 날림 공사의 소산이며 극심한 경쟁의 대표적 사례이자 피조물이다.[126]

자유주의 성향의 『맨체스터가디언Manchester Guardian』[1959년 『가디언』으로 명칭 변경.-옮긴이]은 솔즈베리의 제안을 '국가사회주의 그 자체'라고 비난했다. 『맨체스터가디언』은 솔즈베리의 '사회주의'에 대항하기 위해 최근에 결성된 초자유주의 단체인 자유·재산방어동맹Liberty and Property Defence League과 손을 잡았다. 이 단체가 1884년 펴낸 팸플릿 『국가와 빈민가The State and the Slums』(에드워드 로버트슨이 씀)는 과밀 현상은 크게 과장된 것이며, 환기를 개선해도 노동자들에게 별반 차이가 없을 것이라고 단언했다. "노동자들의 불편을 약간 바꾸는 것에 불과하다. 노동자들은 더러운 공기와 역한 냄새에 익숙하기 때문이다."[127] 그러나 솔즈베리는 단념하지 않았다. 그러면서 위생 입법 그 자체로는 과밀문제가 해결되지 않는다고 단언했다. 더 많은 주택이 필요했다. 그런데 누가 지을 것인가? 자유재산방어동맹과 많은 자유주의자들은 주택은 시장에 맡겨야 한다고 생각했다. 솔즈베리는, 비록 '국가 간섭이라는 무모한 계획'에는 찬성하지 않았지만, 급진자유주의 정치인인 찰스 딜크 경이 주재하는 노동계급의 주거에 관한 왕립위원회Royal Commission on the Housing of the Working Classes를 구성할 것을 제안했다. 이 보고서에 담긴 정신은 다소 완화된 형태로 노동계급주거법Housing of the Working Classes Act(1885)으로 이어졌다. 솔즈베리가 수상이 되어 최초로 도입한 법률들 가운데 하나였다.

솔즈베리의 전기를 쓴 작가들은 1883년에서 1885년까지 그가 주거 개혁운동에서 결정적인 역할을 한 사실을 오랫동안 무시했다. 최근에야 앤드루 로버츠가 900쪽짜리 전기에서 세 쪽을 할애해서 이 점을 다뤘을 뿐이다.[128] 솔즈베리를 움직인 것은 대중에 대한 공포였을까, 아니면 난잡하게 생활하는 사람들을 보고 느낀 도덕적 분노나 기독교적 자선이었을까?[129] 아마 이 모든 요인, 특히 마지막 요인(그는 독실한 기독교인을 자처했다)이 작용했을 것이다. 1880년대에 그가 특히 사회적 소요를 우려한 것은 아니었기 때문이다.[130] 하지만 그는 여러 방면(당시에 결성된 페이비언협회, 토지국유화협회Land Nationalization Society, 잉글랜드토지반환동맹English Land Restoration League)으로부터 정부 개입을 확대하라는 압력을 받았다.

솔즈베리는 보수당이 이전에 제정한 주거법을 기반으로 삼았다. 디즈레일리가 제정한 기능공·노동자주거개선법Artisans' and Labourers' Dwellings Improvement Act(1875)은 지방 의회가 빈민가를 철거하고 재건축하도록 허용했다(하지만 강제하지는 않았다). 실제로 이 법률을 활용한 지방 당국은 거의 없었고, 대부분은 재정(과 세금)을 마련할 능력이나 의지가 없었다. 가장 유명한 예외는 당시 유명한 자유당원이던 조지프 체임벌린이 이끄는 버밍엄이었다.

이런 개혁은 영국 정부가 남아프리카에서 트란스발 병합에 저항하는 네덜란드 정착민들을 상대로 벌인 보어 전쟁(1899~1902)에서 난관에 봉착하면서 더욱 촉진되었다. 영국 군인들은 가난한 환경에서 자라난 까닭에 무능한 전사로 전락한 것처럼 느껴졌다. 러디어드 키플링은 「섬나라 사람들The Islanders」(『런던위클리타임스The London Weekly Times』1902년 1월 3일자에 처음 발표)이라는 유명한 시에서 크리켓을 즐기는 상층계급("플란넬 옷을 입은 채 위킷에 선 바보들")이 준비도 되지 않은 부적당한 지원병을 전쟁터에 보냈다고 비난했다. "걱정 없는 도시의 아들들이여—정돈되지 않고, 길들지 않고, 적당하지 않은—/당신들은 그들을 길거리에서 곧바로 뽑아서 전장에 밀어넣었다."

보어 전쟁과 그 결과에 자극받은 보수당은 국가 지출을 늘리고 노동조합에 대한 반감을 줄이는 쪽으로 움직였다. 그리하여 쟁의조정법 Conciliation Act(1896)이 통과되었다. 고용주와 노동조합에 노사관계를 조언하는 임의중재 기관의 초석이 된 법이다. 1895년에 압도적인 패배를 당한 뒤 10년간 권력에서 밀려났던 자유당은 복지와 노동조합 문제보다 자유무역을 주장하는 캠페인을 벌인 끝에 1906년에 다시 집권했다. 자유당은 양대 정당 가운데 하나라는 자신들의 입지를 위협하는 두 세력에 직면했다. 첫 번째는 노동당이 하원의원 29명을 당선시킨 것이었다. 두 번째이자 나라의 통일성에 대한 위협은 자치동맹Home Rule League의 후신인 민족주의 정당 아일랜드의회당Irish Parliamentary Party이 하원의원 82명을 당선시킨 것이었다. 때로는 위협이 통해서 자유당 신정부는 이 시기에 가장 개혁적인 영국 정부였음이 드러났다. 아마 1945~51년의 노동당 정부와 앞서거니 뒤서거니 하면서 20세기의 가장 개혁적인 정부 자리를 놓고 다툴 것이다. 자유당 정부는 독일 모델을 본보기로 삼으면서 고용주 부담 보편연금(1908)과 실업보험(1908~11), 공공 직업소개소, 일부 부문 노동자 전용 휴일, 광산 최저임금(1912) 등을 도입했다. 1909년에는 임금위원회법Trade Board Act이 통과되어 저임금이 집중된 여러 산업에 임금위원회Trade boards(1945년에 임금협의회

Wages Council로 변신)가 만들어졌다. 이 대부분은 부유층에 대한 세금을 늘리는 식으로 비용이 마련되었다.

빈곤을 어떻게 근절할지를 둘러싸고 논쟁이 벌어지면서 영국 전체가 어지러웠다. 불안감은 정치에서 결코 멀지 않았다. 1880년대(이 시기 자체가 이른바 1873~96년 '장기 불황'의 일부였다)의 경제문제는 조직된 노동계급이 아니라 '미조직' 노동계급, 즉 빈민, 룸펜프롤레타리아트, 버려진 자들, 하층계급, '잉여인간' 등의 위협을 증가시켰다. 그리고 어떤 식으로든 '위험한' 계급이 '버젓한' 노동계급과 연합하면 어떻게 될까?[131] 어쨌든 경제 위기 시기에는 많은 '버젓한' 노동자가 하층계급으로 밀려나지만, 전에 지녔던 조직과 저항 역량을 잃지는 않는다. 이런 불안감은 1886년 런던 각지에서 벌어진 '폭동'으로 더욱 고조되었다. 대륙에서 일어난 폭동처럼 대규모는 아니었을지 몰라도, 영국에서는 일찍이 1832년 이래 사유재산이 그렇게 위협받은 적이 없었다.[132] 폭동 사태에 놀란 『더타임스』(전혀 어려운 기업이 아니었다)는 런던의 '웨스트엔드가 두어 시간 동안 폭도의 수중에 들어갔다'는 사실에 경각심을 느꼈다. 빈민들은 단지 가난하기 때문이 아니라 '사회적 역병'을 야기하기 때문에 문제가 되었다. 가난 때문에 생겨나는 여러 질병은 국민을 약화시키고 국가안보를 위험에 빠뜨린다고 말이 많았다. 개혁가들은 심지어 기관지염을 결핵으로 재분류하는 식으로 결핵에 걸린 사람의 숫자를 과장하기도 했다.[133]

일부 개혁가들은 교육으로 빈곤을 줄일 수 있다고 주장했다. 일찍이 1870년대에 잉글랜드 빈민 교육은 국가의 직접적인 관심사가 되었고, 국가는 부모가 자녀에게 기초 지식을 제공하는 것을 의무화하려고 했다. 초등교육법Elementary Education Act(1880)에 따라 학교 입학이 의무가 되었다. 1891년에 이르면 초등교육 무상화가 이루어졌다.[134]

다른 해법들도 권유되었다. 일부 사회개혁가들은 문제의 소지가 있는 사람들을 식민지로 보내자고 제안했다. 런던 빈민을 사회적으로 조사한 찰스 부스는 이렇게 말했다. "부자들에게 극빈층은 감정적 관심사인 반면, 빈민에게 극빈층은 무겁기 짝이 없는 짐이다. 빈민의 가난은 주로 극빈층과 경쟁한 결과다." 해법은 극빈층을 노역 식민지로 보내 일정한 형태의 국가 노예제 아래 규율 있게 일하게 만드는 것이었다. 임금 대신 식량을 주자는 제안이었다.[135] 몇몇 초반동주의자의 상상의 소산이 아니라 사회개혁가들이 궁리한 이런 제안들은 그러나 거의 성과가 없었다.

새롭게 확대된 유권자들(13장을 보라)은 이제 정부 정책을 꼼꼼히 따져볼 수 있었다. 영국에서는 1906년 선거에 이르는 시기에 자유무역을 하면 노동계급의 생활수준이 향상될 것이라는 점을 근거로 자유무역 찬성론이 점차 모양을 굳혔다.[136]

1906~11년 자유당의 대규모 복지 입법은 보수당의 미지근한 반대에 부딪혔을 뿐이다. 1906년의 압도적 패배에 상처입은 보수당은 적어도 형식적으로는 여전히 자유통일당Liberal Unionist Party(아일랜드 자치 법안에 반대하면서도 사회개혁에는 찬성하는 자유당 탈당파가 창설)과 동맹을 이루고 있었다. 1907년에 자유당이 노령연금법Old Age Pensions Act을 도입하자 보수당은 환영했고, 1910년 선거에서 반대운동을 한 이는 거의 없었다.[137]

보수당은 자유당의 노동쟁의법Trade Disputes Act(파업으로 발생한 손해에 대해 노동조합에 소송을 걸 수 없도록 함으로써 보수당의 기존 입법을 뒤집었다)을 무력화하려고 시도조차 하지 않았다. 또한 학교급식과 학교보건 조치에도 강하게 반대하지 않았다.[138] 하지만 세금 인상으로 이 입법의 재정을 마련하는 문제에 대해서는 선을 그었다.

역사에 '국민예산'으로 기록된 자유당의 1909~10년 예산은 수상 데이비드 로이드 조지와 당시 자유당원이자 상무부 장관이던 윈스턴 처칠이 하원에서 통과시킨 것으로, 인정사정없는 재분배 예산이었다. 예산은 부자의 소득과 부자 소유 토지 둘 다에 세금을 부과했다. 1909년 4월 29일 로이드 조지는 하원에서 다음과 같이 선언했다.

이것은 전쟁 예산입니다. 빈곤과 불결에 맞서 무자비한 전쟁을 벌일 자금을 마련하기 위한 예산입니다. 저는 현 세대가 세상을 떠나기 전에 우리가 그런 좋은 시대, 즉 빈곤과 언제나 그것에 따르는 비참과 인간의 타락이 한때 숲속에 우글거리던 늑대처럼 이 나라 국민들로부터 멀어지는 시대를 향해 거대한 일보를 내딛을 것이라고 기대하고 믿을 수밖에 없습니다.[139]

보수당은 상원의 다수 지위를 활용해서 예산에 거부권을 행사했다. 새로운 선거가 소집되었다(1910년 1월). 그러나 자유당이 다시 승리한 뒤 아일랜드 민족주의자와 이제 막 생겨난 노동당의 도움을 받아 예산을 통과시켰다. 주요한 입법을 밀어붙이기 위해 두 번째 선거가 1910년 12월에 소집되었다. 상원의 권한을 대폭 축소하는 내용의 의회법Parliament Act(1911)이 그 결과물이었다. 자유당은 다시 승리했고, 이번에는 겁을 집어먹은 상원이 거부권을 행사하지 못했다. 이제 영국 복지국가 건설이 본격적으로 시작되었다. 예상 밖의 설계자는 한때 빅토리아시대 영국에서 주요한 친자본주의 세력이었던 자유당이었고, 아일랜드 민족주의가 손을 잡았다. 하지만 설령 그렇다 해도 영국의 복지주의welfarism를 '국가'의 요소로 축소해서는 안 된다. 등록·미등록 자선단체, 우애협회, 복지 혜택을 제공하는 노동조합, 기타 공제·자조 기관의 연간 수입과 지출이 1차

대전 직전까지도 중앙정부의 사회복지 지출을 크게 상회했다.[140]

이제 더는 사적 자선에만 의존할 수 없다는 사실이 드러났다. 이탈리아 같이 가난한 나라에서도 국가가 개입해야 했다. 한때 '혁명가' 가리발디의 강력한 지지자였던 프란체스코 크리스피는 수상(1887~91, 1893~6)에 오르자 국내에서는 권위주의자이고 국외에서는 식민주의자임이 드러났다. 지금도 종종 무솔리니의 선구자로 간주되는 이유가 여기에 있다. 그렇다 하더라도 크리스피는 더욱 '자유주의적인'(경제적 의미에서) 동료들과 달리 사회개혁의 필요성을 이해했다. 안토니오 그람시가 말한 것처럼, "그는 신흥 부르주아지의 진정한 대표자였다".[141] 아마 크리스피 자신이라면 동의하지 않았을 것이다. 1891년 8월 그는 시칠리아의 동료 정치인 주세페 타스카-란차에게 보낸 편지에서 '평민'(그는 'plebe'라는 단어를 썼는데, 지금보다는 경멸적인 함의가 적었다)에게 이탈리아를 통일하고, 외국인 점령자들을 몰아내고, 기본적 자유를 확립한 주역이 바로 부르주아지임을 상기시켜야 한다고 말했다. 그리고 시민들 사이에 아무런 차이가 없어야 한다는 것은 정치적 정언명령이지만, '평민'은 '삶의 연회'에서 한자리를 부여받은 것에 감사하고 만족해야 했다.[142]

과거에 크리스피는 남부의 외딴 선거구(바실리카타의 트리카리코)를 방문하면서 주민들의 가난한 현실, 민중과 국가기관 사이의 간극, 비참한 불결, 지방 공무원들의 오만 등을 절실히 깨달았다. 아니 적어도 깨달았다고 말했다. "국가라는 유기체가 부패했다. 이 신체를 치료해야 한다."[143] 수상이 되자 그는 지방에서 선출된 관리들을 무시하면서 정부가 임명한 지사에게 핵심적인 역할을 부여하는 대대적인 공중보건법Public Health Act(1888)을 추진했다. 이 법으로 신생 통일국가 이탈리아에서 사상 처음으로 '정부가 정신과 신체의 건강을 책임져야 한다'는 원리가 확립되었다. 크리스피가 하원에서 단언한 것처럼, "국가의 위대함은 ⋯ 여기에 달려 있다."[144] 2년 뒤 그는 기독교 자선단체(무려 1만 2000개였다!)를 겨냥하면서 이 단체들의 자금 대부분이 복지에 지출되지 않고 대다수 단체는 무책임하기 짝이 없다고 주장했다. 이제부터 복지는 세속의 일이 되었다.[145]

1차대전 이전 시기에 유럽 전역에서 복지 개혁주의—오늘날이라면 사적 자선의 '국가화'라고 부를 것이다—를 중심으로 자유당 정치인 대다수, 많은 보수당원, 로마 가톨릭 교회, 사회주의자 대다수가 똘똘 뭉쳤다. 일본이나 미국에 비해 한층 더 많은 개혁이 이루어졌다. 하지만 개혁주의는 대체로 빈민과 노인을 아우르는 복지에만 머무를 수 없었다. '사회문제'(당시에 노동문제를 가리키는 일반적 명칭이었다)가 훨씬 더 중요했다. 어쨌든 조직 노동자들이 복지 수요자보다 더욱 커다란 위협이었다. 여기서 다시 한번 국가가 사령탑 역할을 떠맡고 자본가와 노동자의 관계에 간섭해야 했다. 이제 이 문제로 관심을 돌려보자.

제15장
자본과 노동의 관리

"현대 국가의 행정부는 전체 부르주아지의 공동 사업을 관장하는 위원회에 지나지 않는다"고 마르크스와 엥겔스는 『공산당 선언』에서 단언했다. 훗날 성경의 선언처럼 진지하게 받아들여질 것임을 미처 알지 못한 채 한 말이었다. 일부 추종자들은 이 구절을 놓고 '부르주아' 국가는 언제나 자본가의 편을 들 것이며, 이 국가를 개혁할 수 없으니 결국 폐지해야만 할 것이라고 다소 조잡하게 해석했다. 하지만 마르크스와 엥겔스의 통명스러운 언명에는 일말의 진실이 담겨 있다. '전체 부르주아지의 공동 사업'이라는 표현은, 자본주의에 공동의 이해관계가 존재하지만 자본가들끼리 끊임없이 대결하게 만드는 치명적인 경쟁의 변덕에 그냥 내맡기지 않는 게 더 안전하다는 것을 인정하는 문구다. 경쟁의 정글을 규제하고, 계약 이행을 강제하고, 불만을 시정하고, 좀더 일반적으로 이런저런 개별 자본가만이 아니라 체제 자체의 존재 조건까지 보장해주는 리바이어던이 필요하다. 이따금 박애를 행하는 자본가에게 의존하는 것은 자본주의 전체의 장기적 전망에 너무도 위험하다.

보증인 노릇을 하면서 규칙을 정하는 '국가'가 반드시 자본가들 스스로가 거주하는 실제 영토의 국가일 필요는 없다. 외부의 상업적으로 강력한 국가가 규칙을 정할 수 있다. 17세기와 18세기에 네덜란드공화국이, 18세기와 19세기에 영국이, 20세기에 미국이 대개 비공식적으로 그런 경우였다. 또한 가장 강력한 패권 국가들이 지배하는 국제통화기금이나 세계은행 같은 국제기구일 수도 있다.

근대, '진보', 자본주의는 흥미진진한 가능성을 제공하기는 했지만 또한 불행과 고통의 전조를 보이면서 공포를 안기기도 했다. 이런 우려는 프랑스나 영국같이 완전히 발전한 자본주의 국가들만이 아니라 산업화로 나아가는 움직임이 진보의 불가피한 단계로 간주된 다른 나라들에서도 존재했다. 19세기 중국에서 자유주의자들은 자본주의가 사회악을 초래하는 듯한 모습을 보이자 당황했다.[1] 러시아에서는 산업화가 시작되기 전인 19세기 초에 반자본주의적 태도가 나타났다. 다른 나라에서 무슨 일이 벌어지는지 알았고 그 결과도 직접 보았기 때문이다. 실제로 문학비평가 비사리온 벨린스키 같은 많은 서구화론자들이 반자본주의적 사고를 견지했다. 인민주의 저술가 바실 베르비-플레롭스키는 『러시아 노동계급의 상태The Condition of the Working Class in Russia』(1869)에서 공장 노동자들의 상태가 농민보다도 열악하다고 단언했다.[2] 러시아의 인민주의자들은 시장은 지지하면서도 자본주의는 받아들이지 않았다. 미국의 포퓰리스트들은 더욱 그런 태도를 보였다. 그들은 소기업을 지지하고 대기업을 혐오했다. 그리고 자본주의가 소기업가, 소규모 자영농, 소지주, 소규모 상점주만을 만들어내기를 바랐다. 그들이 고대한 것은 대규모 복합기업이 아니라 평범한 보통사람들의 자본주의였다. 시시한 자본가, 상인, 지주 들은 국가가 자신들에게 간섭하면 국가를 혐오했지만, 대규모 제조업과 금융의 탐욕스러운 위협으로부터 국가가 자신들을 보호해주기를 원했다. 그들은 대자본가보다 금융(은행)을 훨씬 더 혐오했다. 은행을 필요로 하고, 은행에서 돈을 빌리고 이자를 붙여 갚아야 했기 때문이다.

전 지구적 이주는 자본주의의 재생산에 필수적인 조건을 재생산했다. 노동자를 토지―어떤 토지든― 에서 몰아내고 상품 시장을 끊임없이 확대한 것이다. 1880년에서 1910년까지의 시기에 농촌에서 도시로 향하는 거대한 이주와 농시에 노동시장의 규제가 증대된 것도 놀랄 인은 아니다. 노동자들 또한 ―점차 조직되면서― 일정한 형태의 자본주의 규제를 원했기 때문이다.

물론 자유주의 이론에서 보자면, 자본가와 노동자는 동등한 기반 위에서 노동시장에서 대면한다. 자본가는 주어진 가격과 일정한 조건으로 일거리를 제공한다. 노동자는 이를 받아들이거나 거부할 수 있다. 만약 모든 노동자가 일을 거부하면, 자본가는 제안을 수정하거나 자본가이기를 그만두어야 할 것이다. 마침내 거래가 체결된다. 임금이 합의되고, 노동시간도 정해진다. 양쪽은 언제든 그만둘 수 있다. 모든 사람이 자유롭다. 국가가 이 거래에 간섭하는 것은 부조리하며 기본적 자유에 대한 침해가 된다.

양 당사자가 동등하지 않다는 사실만 제외하면 말이다.

개별 노동자는 무력하다. 다른 노동자가 언제든 그의 자리를 차지해서 더 적은 돈을 받고 더 열심히 일할 수 있기 때문이다. 노동자들이 집단적으로 교섭을 하고 개인이 아니라 단합한 세력으로 자본가와 대면한다면 상황이 달라진다. 노동운동이 연대와 형제애의 언어를 선호하는 반면 친자본가 담론에서는 개인주의의 언어를 치켜세우는 많은 이유 가운데 하나다. 이것은 물론 과장이다. 자본가들도 사회주의자들처럼 조직과 협력을 필요로 했고, 기업 확장과 이윤 증대를 위해 기업 안에서 사람들이 함께 일할 것을 요구했다. 자본가들은 서로 경쟁했지만, 노동자들 또한 일자리와 임금을 놓고, 그리고 높은 임금을 유지하기 위해 고용을 제한하려고 서로 경쟁했다. 그리고 개별 자본가들은 언제나 노동자를 적게 고용하고, 기계를 도입해서 노동자를 줄이기 위해 노력했지만, 하나의 체제로서의 자본주의는 계속 확대되는 소비자 시장을 필요로 했다. 그러려면 사람들이 계속 일을 해서 돈을 벌고, 자본주의의 생산품에 돈을 써야 했다. 또한 전통적인 부르주아 가족에는 개인주의의 여지가 많지 않았다. 순응의 모델인 이 가족에서는 사장이 공장에서 요구하는 것과 똑같은 무조건적인 복종을 가부장이 요구했다.

카를 마르크스보다 한참 전에 애덤 스미스는 고용주와 노동조합 사이의 권력 격차, 그리고 노동자와 자본가 사이의 법적 불평등을 완벽하게 파악했다.

고용주들은 숫자가 적기 때문에 훨씬 더 쉽게 단결할 수 있으며, 또한 법률에 따라 고용주들의 단결은 인정되거나 적어도 금지되지 않지만, 노동자들의 단결은 금지된다. 노동 가격을 낮추기 위해 단결하는 것을 막는 의회 법률은 하나도 없지만, 노동 가격을 인상시키기 위해 단결하는 것을 막는 의회 법률은 많이 있다. 모든 쟁의에서 고용주들은 훨씬 오랫동안 견딜 수 있다. … 일자리가 없으면 1주일을 버티지 못하는 노동자가 많고, 한 달을 버틸 노동자는 거의 없으며, 1년을 버틸 노동자는 아무도 없다. 장기적으로 보면 고용주가 노동자에게 필요하듯이 노동자도 고용주에게 필요하겠지만, 그 필요성이 그렇게 직접적인 것은 아니다.[3]

A. V. 다이시도 같은 생각이었다. "개별 기능공이나 노동자는 공정한

조건으로 교섭하지 못한다. … 요컨대 노동의 판매는 상품의 판매와 다른 것처럼 느껴진다."[4] 다시 말해, 노동력은 단순한 상품이 아니다. 노동력은 재생산을 필요로 한다(노동자 자신과 미래의 노동력). 자본주의적 생산은 사회적 문제다.

19세기 후반기에 국가는 복지문제(앞장에서 살펴본 것처럼)만이 아니라 노사분쟁, 노동시간, 일힐 수 있는 자격 확정(아동, 여성), 판매되는 상품의 질, 노동자의 안전 등에도 개입했다. 생산과 상업에 대한 규제는 중세시대에도 존재했지만, 19세기에 이르러서야 노동시간이나 노동자 최저임금 확정 같은 문제가 주요한 정치적 문제가 되었다. 스위스의 일부 주에서는 일찍이 1848년에 남성의 공장노동을 주간에는 13시간, 야간에는 11시간으로 제한하는 법률이 도입되었다. 1877년에는 스위스 연방공장법 Eidgenössisches Fabrikgesetz에 따라 11시간 노동이 확립되고 야간노동이 금지됐으며, 일요일이 휴일로 지정되고, 14세 이하 아동의 공장노동이 금지되었다(들에서는 일할 수 있었다).[5]

프랑스에서는 루이 르네 비예르메(앞의 2장을 보라) 같은 사회조사자들이 『면, 모직, 실크 공장에 고용된 노동자들의 육체적·정신적 상태에 관한 표Tableau de l'état et moral des ouvriers employés dans les manufactures de coton, de laine et de soie』(1840) 같은 저술에서 아동노동의 상태를 비난했다. 이 저술은 1841년 법률에 결정적으로 기여해서 이법에 따라 20인 이상의 노동자를 고용한 공장은 아동노동이 제한되었다. 당시 전체 노동력의 12퍼센트인 아동 15만 명 정도가 프랑스 각지의 공장에서 일하고 있었다. 공장 감찰관이 전혀 없었기 때문에 이 법의 시행은 문제가 되었고, 법은 고용주뿐만 아니라 노동계급 가정의 반대에도 맞닥뜨렸다.[6] 마침내 1874년에 아동노동 규제가 모든 공장에 적용되고 급여를 받는 감찰관 제도가 마련되었다. 그렇지만 법의 시행은 여전히 어려웠다.[7] 1일 노동시간은 여전히 길어서 심신을 지치게 만들었다. 당대에 이루어진 한 조사(『프랑스 산업의 임금과 노동시간Salaire et durée du travail dans l'industrie française』)에 따르면, 파리 지역 노동자의 90퍼센트와 다른 지역 노동자의 60퍼센트가 하루에 9시간 30분~11시간을 일하고 있었다 (그리하여 1일 8시간 노동과 주당 40시간 노동을 위한 사회주의의 투쟁이 힘을 얻었다).[8] 프랑스 정치인들이 상대적으로 사회문제에 관심이 적었던 데에는 1871년 파리코뮌에 이어 끔찍한 탄압이 벌어진 뒤 노동자들이 조용했던 탓도 있었다.[9]

벨기에에서는 가톨릭당이 자유주의자들에게 압도적인 선거 승리를 거둔 직후인 1886년 레오폴드 2세 국왕이 의회 개회사에서 여성과 아동의 노동을 규제할 필요가 있다고 선언했다.[10] 1875년까지 19세기의 많은 시기 동안 이 나라의 평균 1일 노동시간은 12시간으로 서유럽에서 가장 긴 축에 속했다.[11] 1889년 새로운 법률이 제정되어 12세 이하 아동의 고용이 금지되고 21세 이하 여성과 16세 이하 소년의 주당 노동시간이 줄어들었다(72시간으로!).[12] 1896년에는 전체 노동력의 50퍼센트가 하루에 10시간 이상 일했고, 5분의 1이 11시간을 일했다.[13] 일찍이 1830년 이래 벨기에에서 노동조합이 합법화됐지만, 고용주들은 노동조합 조직자를 해고할 수 있었다. 1860년대에 이르러서야 노동조합들이 힘을 얻기 시작했고, 새로운 선거법(1894) 덕분에 더 많은 사회주의자들이 의회에 진출할 수 있었다. 그 결과 사회입법이 한층 발전한 한편, 가톨릭교인과 자유주의자 양자 모두의 완고한 자유주의가 좀더 개입주의적인 시각에 길을 내주기 시작했다.[14] 마르크스는 신랄하게 언급하면서 영국의 1일 노동시간 단축을 위한 투쟁을 치켜세웠다. "대륙적 자유주의의 낙원인 벨기에는 이 운동의 흔적도 없다. 이 나라에서는 탄광과 금속광산에서조차 연령과 성별에 관계없이 모든 노동자가 어느 시기에나 무지막지한 노동시간을 일하면서 완전히 '자유롭게' 소비되고 있다."[15]

마르크스의 말이 옳았다. 1일 노동시간 단축의 선구자는 빅토리아시대 영국이었다. 1819년 직물공장에서 일하는 아동은 하루에 12시간 넘게 일힐 수 없었다. 이 제한이 1833년에는 9시간으로 줄었고, 1847년에는 여성의 노동시간이 10시간으로 제한되었다. 프랑스는 뒤처졌다. 1900년에야 프랑스는 여성과 아동의 노동시간에 대한 영국의 법적 기준을 따라잡았다.[16]

세기말의 몇십 년에 이르러 러시아는 노동시장 규제를 위한 몇 가지 잠정적 조치를 취했다(8장을 보라). 1882년 재무상 니콜라이 분게는 아동의 야간노동을 제한하는 주요 법률을 처음으로 도입했다. 1897년에는 하루 최대 노동시간이 11시간 30분으로 정해졌다. 그전에는 1일 14시간 노동이 보통이고 18시간 노동도 드문 일이 아니었다. 노동자들은 일요일에도 끔찍한 상태에서 일했다. 노동개혁은 적어도 부분적으로는 1884~5년 노동자 소요에 대한 응답이었는데, 이 소요 자체가 공장주들이 경찰을 활용해서 탄압하고 지각 출근한 노동자에게 막대한 벌금을 물린 결과였다. 1903년, 일터에서 다친 노동자들이 보상을 받게 되었다. 재해보험을 향한 첫걸음이었다. 1912년에 마침내 재해·의료보험에 관한 전반적인 법률이 등장했다.[17] 하지만 많은 나라에서 노동시장을 규제하는 법률의 문제는 입법이 아니라 시행에 있었다. 러시아 국가는 권위주의 국가가 대개 그렇듯이 겉으로는 강해 보여도 허약했다.[18] 분게는 유명한 비망록(1894)에서 이렇게 말했다. "잉글랜드에서 표준이 된 것과 같은 공장 입법을 러시아에서 제정하는 건 바람직하기는 해도 불가능하다." 분게는 그 책임을 노동자에게 돌렸다. 끊임없이 유입되는 인구가 "러시아의 여러 오지에서 오는 온갖 어중이떠중이"로 이루어졌기 때문이었다.[19] 그의 설명에 따르면, 사회의 규율이 허약하고, 인류가 불운을 감수하기를 그만두고, 남이 가진 재산을 시샘하고, 사람들이 정의와 합법을 의심할 때 사회주의가 생겨난다. 사회주의에 맞서 싸우려면 만인을 위해 정의를 확립할 뿐만 아니라 모든 사람에게 재산과 자본을 획득할 기회를 제공하는 게 필요했다. 그리고 "사회문제와 그 해결 수단을 거의 이해하지 못하는" 공장주의 이해관계에 노동자의 이해관계를 연결해야 했다.[20] 산업자본가들은 분게가 내놓은 공장 법률을 자신들의 사적 문제에 부당하게 침해하는 것이라고 보았다. 그들은 자신이 거느리는 노동자들을 마음대로 다룰 수 있어야 한다고 생각했고, 분게를 '사회주의자'(이미 노동문제에 온건한 진보적 견해를 가진 사람을 뭉뚱그려 가리키는 일반적 용어였다) 취급하기까지 했다.[21]

분게의 후임자인 이반 비슈네그라드스키는 분게가 추진한 개혁을 대부분 완화했다. 그리고 공장주에게 피고용인의 사망이나 상해 책임을 부과하는 법안을 후임자인 비테 백작의 몫으로 남겼다. 이 문제가 제국의회에서 토론에 부쳐졌을 때, 콘스탄틴 포베도노스체프(8장을 보라)는 이 법을 '사회주의적'이라고 규정하면서 반론을 펼쳤다. 비테는 회고록에서 차르가 "대체로 … 공장감찰제도를 조직하려는 나의 노력을 지지하지 않았다"고 설명했다. "입법적 수단으로 러시아 공장 노동자의 운명을 개선하려는 모든 노력은 반동주의자들의 격렬한 반대에 부딪혔다."[22]

노동시간 단축은 당면한 이익에만 집착하는 자본가들만이 아니라 나소 W. 시니어 같은 영향력 있는 '고전파' 경제학자들의 반대에도 부딪혔다. 시니어는 기업가의 이윤 전체가 마지막 시간의 노동에서 얻어지는 것이므로 노동시간을 단축하면 이윤이 '소멸된다'고 주장했다(『공장법에 관한 서한Letters on the Factory Act』, 1837).[23] 일부 산업자본가들은 그렇게 퇴행적이지 않았다. 위대한 사회개혁가이자 '유토피아' 사회주의자인 로버트 오언이 대표적인 예인데, 그는 1817년에 유명한 구호를 만들어낸 바 있었다. '8시간 노동, 8시간 놀이, 8시간 휴식.' 몇몇 산업자본가는 노동시간 단축을 지지했다. 어떤 이는 박애적 이유에서, 어떤 이는 효율성이 높아서 경쟁에 유리하다는 계산에서 지지했다. 후자의 경우에 경쟁자들이 지친 노동자들의 생산에서 마지막 한 방울까지 뽑아내는 능력에 제한을 받으면 자신에게 유리했기 때문이다. 또 다른 이들은 새롭게 선거권을 얻은 유권자들의 힘을 두려워한 나머지 자기 노동자들을 달래려고 노동시간 단축을 지지했다.

그리하여 잉글랜드 자유당 하원의원이자 산업자본가인 윌리엄 매더는 1892년에 이렇게 말했다. "지난 의회에 참석해서 8시간 노동 법안을 지지하지 않은 우리 대다수는 오로지 그렇게 반대한 결과로 우리의 득표를 크게 줄였다."[24] 1년 뒤 매더는 샐퍼드의 자기 제철공장에서 8시간 노동을 도입했다. 그럼에도 불구하고 그는 1895년 총선에서 패배했다(하지만 1900년 2월에 복귀했다). 독일에서는 세기 전환기에 광학자이자 예나의 유명한 차이스공장 공동 소유주인 에른스트 아베가 자기 공장에 1일 8시간 노동뿐만 아니라 노동자의 생활을 개선하는 것을 목표로 한 여러 조치를 도입했다.

일부 자본가들이 국가 규제 확대를 지지한 데에는 경제적으로 합리적인 이유가 여럿 있었다. 강한 노동조합 때문에, 또는 다른 이유 때문에 고용주가 양보를 하거나 임금을 인상할 수밖에 없으면 산업의 모든 부문이 동일한 규제에 종속되는 게 매우 바람직할 수 있었다. 자기 기업이 경쟁자보다 더 효율적이라면 더더욱 그러했다. 어쨌든 1일 노동시간 단축은 예나 지금이나 자본주의체제의 전반적인 성장에 필수적이다. 소비를 향상시키기 때문이다.

국제 노동운동은 19세기에 만연했던 10~12시간보다 노동시간을 훨씬 단축하기를 원했다. 제1 인터내셔널은 일찍이 1866년에 8시간 노동을 요구한 바 있었다. 카를 마르크스는 『자본』에서 "'양도할 수 없는 인권'이라는 화려한 목록"을 비웃으면서 그 대신 "법적으로 제한된 1일 노동시간이라는 겸손한 대헌장"을 요구했다.[25] 1889년 파리 창건 대회에서 한자리에 모인 제2 인터내셔널은 1일 8시간 노동을 강령의 핵심 요소로 삼았다. 미국 노동조합들은 1870년대와 1880년대 내내 그런 요구를 내놓았다(연방 공무원의 경우에 일찍이 1868년에 1일 8시간 노동제가 도입되었다). 영국에서는 1890년과 1891년에 열린 노동조합회의Trade Union Congress(TUC)에서 1일 8시간 노동을 지지하는 결의안이 통과되었다. 1890년 런던 하이드파크에서는 대규모 시위대(주최 측은 참가자가 25만 명이라고 주장했다)가 8시간 노동을 지지하는 행진을 벌였다. 행진 조직자 중 한 명인 윌손은 전년도에 8시간 노동을 얻어낸 가스노동자일반노동자전국연합National Union of Gas Workers and General Labourers의 지도자였다. 온건 성향의 노동조합 활동가들도 기층 조합원들과 연결이 끊어질까 두려워 시위에 합류했다. 자유당 하원의원 조지 하월이 말한 것처럼, "사회주의자들과 새로운 노동조합 활동가들의 공세에 밀린 런던노동조합협의회London Trades Council는 어쩔 수 없이 … 8시간 노동을 비롯한 이상주의적 제안을 지지하는 노동절May Day 기념식에 참여했다."[26]

역사학자 게리 크로스는 1일 8시간 노동이 이전의 개혁가들이 내놓은 10시간 제한보다 훨씬 급진적인 조치라고 설명했다. 10시간이 표준인 것처럼 여겨진 반면, 8시간 운동은 더욱 '혁명적'인 것이었다. 생산성이나 연령, 상태와 관계없이 보편적 기준을 정하고자 했기 때문이다.[27] 시드니 웹은 페이비언협회에서 펴낸 한 팸플릿에서 노동자들이 점차 다음과 같은 사실을 깨닫고 있다고 선언했다.

> 오로지 1일 노동시간을 단축해야만 노동자들도 자신들이 땀 흘려 창조한 문명의 혜택을 공유할 수 있다. 노동자들은 교육을 받았으나 일하느라 책을 읽을 시간이 없다. 투표권을 부여받았으나 누구를 찍을지 생각해볼 시간이 없다.[28]

영국에서 보수당은 자유당과 똑같이(때로는 자유당보다도 더) 노동 착취 산업과 저임금, 긴 노동시간을 제한하는 입법에 찬성했고, 심지어 국가가 간섭해서 임금을 올리자고 제안하기도 했다.[29] 실제로 "1903년에서 1910년 사이에 보수당은 사회개혁에 관한 독자적인 정책을 개발한다는 생각을 점차 받아들이게 되었다".[30] 보수당은 고용을 크게 늘리는 것을 지지하고 관세개혁(즉 보호주의)을 추진했다. 관세를 개혁하면 고용이 늘어나고 일자리가 보호된다는 이유에서였다. '관세개혁은 만인을 위한 일자리를 의미한다'는 구호가 등장했다.[31]

'노동문제'가 점차 중심을 차지했다. 노동계급의 상태를 고발하는 소설들이 쏟아져 나왔다. 분명한 이유 때문에 영국 소설가들이 앞장을 섰다. 직물 산업의 상태를 다룬 찰스 킹즐리의 『앨턴 로크Alton Locke』(1850), 엘리자베스 개스켈의 『메리 바턴Mary Barton』(1848)과 『북과 남North and South』(1885), 샬럿 브론테의 『셜리Shirley』(1849), 찰스 디킨스의 『올리버 트위스트Oliver Twist』(1839)와 『어려운 시절Hard Times』(1854) 등이 나왔다. 프랑스에서는 급진 언론인이자 정치인으로 20년 동안 자유방임에 찬성하는 『경제학자저널Journal des économistes』의 편집인, 지독한 반사회주의자, 드레퓌스 지지자, 페미니스트, 반교권주의자였던 이브 기요가 1882년에 '사회적 지옥의 풍경들Scènes de l'enfer social'이라는 부제를 붙인 소설『피쇼 가족La famille Pichot』을 써서 광산업의 상태를 비난하고 충격적인 언어로 광산주들을 묘사했다(금테 외눈 안경을 쓰고, 시가를 피워대며 오로지 이윤만 걱정하고 탄갱에 갇힌 광부 150명의 목숨에는 아랑곳하지 않는다).[32] 전부 놀랍지 않은 내용이다. 에밀 졸라도『제르미날Germinal』(1885)에서 이데올로기는 대동소이하나 훨씬 뛰어난 재능과 재주로 똑같은 작업을 했다. 노동자들의 상태를 고발하는 논픽션 책들도 나왔다. 조르주 피코의『노동자의 상태를 개선하는 법Les Moyens d'améliorer la condition de l'ouvrier』(1891)과 쥘 위레의『유럽 사회문제에 관한 여론조사Enquête sur la question sociale en Europe』(1892~7, 앞의 2장을 보라) 등이 대표적인 저작이다. 미국에서는 이런 소설 장르의 가장 유명하고 영향력 있는 사례가 업턴 싱클레어의『정글』(1906)이었다. 이 소설은 처음에 사회주의 신문인『어필투리즌』에 연재되었다. 1907년, 잭 런던은 디스토피아 소설『강철 군화The Iron Heel』를 출간했다. 소설 속에서 미국은 과두집단('강철 군화')이 운영하는 대기업의 지배를 받는데, 이 집단은 모든 소기업을 파괴하고 노동자를 서로 대립시킨다. 업턴 싱클레어와 잭 런던보다 한참 앞서 헨리 조지의『진보와 빈곤』(1879)같이 산업화의 부정적 영향을 다룬 책과 팸플릿이 우후죽순처럼 나왔고, 부랑자(대개 위험한 낙오자로 간주되었다)를 다룬 소설도 쏟아져 나왔다. 허레이쇼 앨저의『부랑자 토니Tony the Tramp』(1876), 조지 M. 베이커의『진퇴양난A Tight Squeeze』(1879), 리 해리스의『부랑자The Man Who Tramps』(1878) 등이 대표적 작품이다.[33] 독일의 경우 빌헬름 라베는 생태적 반자본주의 소설『피스터의 방앗간: 여름방학 공책Pfisters Mühle: Ein Sommerferienheft』(1884)에서 공장이 새로 들어서면서 유쾌한 호감형인 피스터가 소유한 방앗간 옆의 개울이 오염되고, 동식물이 죽어나가고, 공기가 유해해지는 과정을 들려준다.[34]

대단히 긴 노동시간이 재해에서 중요한 요소였음을 보여주는 증거가 많다. 프랑스에서는 1909년에 2395명이 작업 중 사망하고 43만 4000명이 부상을 당했다.[35] 1872년 프랑스에서 어느 기관사의 졸음운전으로 일어난 열차 사고를 조사하는 과정에서 기관사가 38시간 연속으로 운전을 했다는 사실이 밝혀졌다.[36] 대중이 점차 경각심을 갖게 되었다. 원래 실직한 철도 노동자 본인이나 사망한 철도 노동자의 아내나 자녀를 돕기 위해 만들어진 공제조합들이 얼마 지나지 않아 압력집단으로 변신해서 철도원의 상태를 개선하기 위해 압력을 행사했다. 1883년에 설립된 한 공제조합은 빅토르 위고처럼 지명도가 높은 공적 지식인을 명예 회장으로 둘 정도였다.[37] 『자본』에서 카를 마르크스는 '처참하면서도 숙명적인 사고'나 '끔찍한 비극' 같은 헤드라인이 붙은 철도 사고에 관한 신문 보도가 빈번하다고 전했다. 1866년 2월 4일자 『레이놀즈신문Reynolds' Newspaper』은 '무척 빈번한 사례'라면서 월요일 아침 아주 이른 시간에 일을 시작하는 어느 기관사에 관해 보도했다. "이른바 하루의 일을 끝마칠 때쯤이면 그는 14시간 50분 동안 근무를 한 상태였다. 차 한잔 마실 틈도 없이 다시 작업에 불려 나왔다. … 이번에는 14시간 25분을 근무한 뒤에야 일과가 끝나서 중간 휴식도 없이 총 29시간 15분을 일했다."[38] 철도 노동자, 특히 영웅적 인물로 여겨지는(졸라의 『야수인간La bête humaine』[1890]에서는 그렇지 않지만) 기관사에 대한 동정 여론이 상당히 많았다. 당시 빈번하던 사고가 나면 맨 처음 죽는 기관사는—다른 노동자들과 달리— 훗날 항공기 조종사들처럼 고독한 인물에 일정한 아우라까지 풍겼기 때문이다.[39]

베를린에서는 사회문제에 관심이 많은 기독교인 학자 아돌프 바그너가 노동계급의 비참한 상태에 충격을 받아(그는 무엇보다도 유대인에게 그 책임을 돌렸다) 1871년 10월에 이렇게 선언했다. "노동을 상품으로, 임금을 노동의 가격으로 여기게 하는 자유경쟁체제는 비기독교적일 뿐만 아니라 최악의 의미에서 비인간적이기도 하다." 그러면서 경제부문의 인간적 문제와 국가 개입에서 윤리적 고려가 필요함을 역설했다.[40]

결국 유럽 전역에서 위기의 시기(1873~96)에 노동입법이 반포되었고, 그와 동시에 노동조합의 힘이 커지고 남성 노동자의 선거권이 확대되었다. 오스트레일리아와 뉴질랜드에서는 1일 8시간 노동이 이미 19세기 말에 도입됐지만 일부 직종에만 제한되었다. 오스트레일리아인들은 1920년대까지 기다려야 했고, 뉴질랜드는 전국 차원의 법률을 도입한 적이 없다.

대다수 나라에서, 그리고 어느 산업이든 간에 노동시간이 동일하지 않았다. 가령 이탈리아와 캐나다에서는 직물, 광업, 서비스 부문에서 노동시간이 길었다.[41] 나라들 사이에도 격차가 상당했다. 그리하여 1913년 미국, 이탈리아, 네덜란드 노동자는 다른 어떤 나라보다도 연간 더 많은 시간(2900시간 이상)을 일했다. 오스트레일리아 노동자는 가장 적은 시간(2214시간)을 일해서 프랑스보다도 훨씬 적었다.[42] 이런 불균등은 오늘날 '선진국'에서도 계속된다. 2000년, 미국인은 여전히 서구 세계 어느 나라 사람보다도 더 오래 일을 한 반면(1879시간), 1890년에 무척 열심히 일했던 네덜란드인은 이제 연간 '겨우' 1347시간만 일하면서 느긋하게 살 수 있다. 하지만 상당한 수렴 현상도 존재했다. 1870년에 영국인은 다른 유럽인보다 적게 일하고 벨기에인은 더 많이 일했지만, 1913년에 이르면 스칸디나비아인과 다른 서유럽 나라들이 따라잡았다.[43]

하루 8시간 노동은 20세기에 이룩한 성과다. 대부분의 경우에 1차대전 직후에 8시간 노동이 도입되었다. 러시아는 1917년 11월, 독일·폴란드·룩셈부르크·체코슬로바키아·오스트리아는 1918년, 덴마크·헝가리·에스파냐·프랑스·이탈리아·포르투갈·불가리아·스위스·스웨덴·네덜란드는 1919년이다. 전쟁 직후 시기에 노동자들이 소요를 일으키고 러시아에서 볼셰비키가 성공을 거둔 것이 오랜 투쟁 끝에 8시간 노동이 널리 도입되게 만든 결정적 요인이었다.

벨기에, 영국, 미국에서는 8시간 노동에 관한 국가 차원의 입법이 전혀 없었다. 이 나라들에서는 강력한 노동조합이 각 산업에서 8시간 노동을 이룩했지만 정부에 국가 차원의 입법을 압박하지는 않았다. 노동조합들은 사회문제에 국가가 개입하지 않는 것이 사람들로 하여금 노동조합에 가입해서 조직하게 만드는 추가적인 동기가 될 것이라고 생각했다. 영국에서도 이런 이유 때문에 8시간 노동이 의무사항이 되지 않았다.

섀프츠베리 경 같은 영국 보수당원들은 계급 화해를 근거로 들면서 노동개혁을 추진했다. 애슐리 경이라고 불리던 때 그는 1842년 광산법 Mines and Collieries Act of 1842을 도입해서 여성과 어린 아동의[19세기 초 영국 탄광의 채탄 기술은 원시적이기 짝이 없어서 덩치가 작은 여성과 어린 아동이 비좁은 구덩이에 기어 들어가 작업해야 했다. 1838년 사우스요크셔의 허스카 광산에서 폭우가 쏟아진 뒤 개울물이 갱도 환풍구로 역류해서 26명의 어린이가 사망했다. 8~16세 여자아이 11명과 9~12세 남자아이 15명이 사망한 뒤 조사위원회가 구성되어 만들어진 1842년 광산법에 따라 모든 여성과 10세 이하 남자아이의 지하 채탄 작업이 금지되었다.-옮긴이] 광산 고용을 금지했으며, 10시간법Ten Hours Act(1847년 공장법)을 제정해서 여성과 아동의 노동 시간을 제한했다. 카를 마르크스는 1864년 국제노동자협회(International

Workingmen's Association, 제1 인터내셔널) 개회사에서 이런 성취를 잉글랜드 노동계급이 '경탄할 만한 인내력'을 발휘한 덕분으로 돌렸지만, 새프츠베리를 언급하는 것은 잊었다.

1874년, 야당 생활 6년 끝에 벤저민 디즈레일리와 보수당은 새로운 공장법(1874)을 도입해서 최저 노동연령을 9세로 높이고 직물 산업에서 여성과 미성년자의 1일 노동시간을 10시간으로 제한했다. 또한 공모 및 재산보호법Conspiracy and Protection of Property Act(1875)을 제정해서 파업 보호행위picketing를 비범죄화했고(그 결과 1859년 노동자방해금지법 Molestation of Workmen Act을 강화했다), 고용주·노동자법Employers and Workmen Act(1875)으로 고용주가 법적 계약을 위반하는 경우에 노동자들이 고용주를 민사 고소할 수 있게 했다. 실제로 1874년에 선출된 보수당 정부는 3년 만에 주요 사회입법 11개를 통과시킬 수 있었다. 1906년 자유당 정부가 등장하기 전까지 어떤 정부보다도 앞선 것이었다.[44] 이런 입법은 노동조합들에게 그들이 원했지만 글래드스턴 내각은 거부했던 모든 것을 부여한 듯 보였다. 1875년 10월 노동조합회의(TUC)는 (토리당의) 내무상에게 감사를 표하자는 제안을 다수결로 통과시키기도 했다. 그리고 결국 보수당은 산업자본가들에게 사회 갈등의 주요한 원천을 처리했다고 말할 수 있었다. 1875년 6월 29일 디즈레일리는 브래드퍼드 부인에게 보낸 편지에서 이렇게 말했다. "오랫동안 자본과 노동 사이에 벌어진 곤란한 싸움을 이제 진정시켰습니다." 같은 날 체스터필드 부인(브래드퍼드 부인의 언니)에게는 이런 편지를 보냈다. "이로써 … 토리당은 노동계급에게서 지속적인 애정을 확보하고 누릴 겁니다."[45] (1873년부터 세상을 떠나는 1881년까지 디즈레일리는 두 자매에게 편지를 1600통 정도 보냈다.)

실제로 빅토리아시대 영국은, 역사에 무지한 현대의 신자유주의자들이 그토록 사랑하는 자유방임주의 영국이라는 고정관념과 정반대로, 세계에서 가장 개입주의적인 정부를 자랑했다. 노동관계를 개혁한 영국 의회법의 목록에는 다음과 같은 법들이 포함된다. 1842년과 1844년의 철도법Railway Act은 사고 조사체계를 마련하고 정부에 승객요금과 화물요금을 정할 권리를 부여했다. 1842년 광산법Mines Act of 1842은 지하 광산의 여성과 아동 고용을 제한했다. 1850년 탄광조사법Coal Mines Inspection Act of 1850은 상원의원이 다수인 탄광 소유주들의 반대를 무릅쓰고 광산의 보건안전을 확립했다. 그리고 수많은 공장법(1833, 1844, 1847, 1850, 1856, 1870, 1871)이 만들어져 여성과 아동의 노동시간을 규제했다. 이 법들은 A. V. 다이시가 '잉글랜드 사회주의의 가장 두드러진 업적'이라고 지칭한 공장작업장법Factory and Workshop Act(1878)으로 통합되었다.[46]

1876년 상선법1876 Merchant Shipping Act은 선박 소유주가 안전하지 못한 선박을 출항시키는 것을 금지했다. 1878년 공장작업장법은 50명 이상을 고용한 모든 작업장과 공장을 (예전처럼) 지방 당국이 아니라 정부 조사관이 정기적으로 조사해야 한다고 규정했다. 1897년 노동자보상법1897 Workmen's Compensation Act은 작업 중 상해를 입은 직원이나 사망한 경우에는 유가족에게 고용주가 보상을 하도록 강제했다.[47] 마지막으로, 고용주와 노동자의 관계에 대한 입법에서 전환점이 된 것은 노동조합을 합법화한 1871년 노동조합법Trade Union Act of 1871(당시 글래드스턴이 수상이었다)과 파업을 합법화한 1875년 노동조합법이다.

전체적으로 볼 때, 이 조치들은 1906년과 1910년 사이, 그리고 1945년 이후 복지국가의 확립과 발전만큼이나 중요한 입법혁명이었다. 존 몰리는 유명한 책『리처드 코브던의 생애Life of Richard Cobden』(1881)에서 앞서 수십 년간 이루어진 수많은 사회입법을 요약하면서 이렇게 말했다.

"우리는 유럽 어느 나라보다도 사람들이 사회주의를 입에 올리지 않은 나라에서 사회주의의 원리가 가장 광범위하게 적용되고 있다는 다소 놀라운 결과를 목도한다."[48] 다이시 같은 자유주의자들이 보기에 이런 개혁을 진전시킨 핵심적 요인은 지배계급과 노동조합 지도자들의 온건한 성향이었다. 그의 말을 빌면 이제 '개인주의의 전제 권력'의 시대가 종언을 고하고 영국은 점차 '사회주의 또는 집산주의'로 바뀌고 있었다.[49]

노동조합의 힘은 사회주의 정당의 힘과 직접적으로 관련되지 않았다. 영국의 경우처럼, 그리고 정도는 덜해도 미국의 경우처럼, 탄탄한 사회주의 정당이 전혀 없어도 노동조합이 강할 수 있었다. 하지만 노동조합 그 자체는 자본주의에 전혀 도전하지 않는다. 노동조합의 임무는 자본주의에서 나오는 이익의 분배를 수정하는 것이었다(지금도 그렇다). 노동조합이 조합원의 노동조건 개선과 임금 인상을 획득하는 데 성공하는 정도만큼 기업은 비용이 늘어났다. 하지만 비용 상승은 또한 비효율적인 기업을 솎아내는 길이다. 자본주의를 추동하는 '창조적 파괴'의 일환인 것이다. 임금 상승은 또한 시장의 규모를 확대하는 방편이기도 했다. 저임금노동자는 좋은 소비자가 될 수 없었다. 기업가의 관점에서 보면, 값싼 노동자를 가지고 생산해서 벌이가 좋은 노동자에게 판매하는 것이 이상적 상황이지만, 실제로 이런 상황을 계획할 수는 없다. 개인의 이익 추구가 자본주의의 전반적 안녕에 유리하게 작용한다는 견해는 광적이고 순진한 자유시장 지지자가 믿는 신념 그리고/또는 선전 행위다. 현행 임금보다 더 많은 임금을 노동자에게 주는 것은 다른 고용주로부터 노동자를 뺏어올 생각이라면 훌륭한 사업적 결정이다. 전망이 밝아보여서 노동자의 충성을 유지할 수 있기 때문이다(우연히도 축구선수나 은행가에게 아낌없이 거액을 주면서 내세우는 근거도 똑같다. 은행가보다는 축구선수에게 더 타당한 근거다).

단체교섭은 19세기 말 수십 년에 이르러서야 확립되었다. 전국 차원은 아직 아니고 지방 차원에서 이루어졌다. 영국과 스위스에서 단체교섭이 표준이 되었고, 독일·오스트리아-헝가리·덴마크에서는 이따금 활용됐으며, 네덜란드·카탈루냐·노르웨이에서도 빈도는 덜하지만 활용되었다. 그러나 다른 나라에서는 거의 존재하지 않았다. 가령 일본에서는 1895년 이전에 노동조합 자체가 거의 없었다. 유럽의 대다수 사회주의 정당보다 한참 뒤인 1906년에 사회주의 정당이 창건되었다. 이듬해에 당이 불법화되었다. 천황을 살해하려 한다는 비난을 받고 극심한 탄압을 겪은 끝의 일이었다.[50] 1926년이 되어서야 단체교섭이 받아들여졌다.[51] 1945년 이후 수십 년 동안에도 일본 노동조합은 서구에 비해 여전히 허약했다. 하지만 모든 곳에서 노동조합이 힘을 키웠다. 일찍이 1870년에 영국은 다른 어떤 나라보다도 (상대적으로) 더 많은 노동조합 조합원 수를 보유했다.[52]

경제 자유주의의 본거지인 프랑스에서는 보수적인 영국에 비해 개혁과 노동조합 인정이 미약했다. 다만 노동계급의 복지에 대한 관심은 점점 높아졌다. '온건' 공화주의의 깃발 아래 뭉친 지배적 정치 당파는 1884년 3월 21일의 발데크-루소 법을 통해 제한된 친노동입법을 개시했다(발데크-루소는 당시 내무장관이었다). 마침내 노동자들에게 노동조합에 가입할 권리를 부여한(파업권은 이미 1864년 나폴레옹 3세에 의해 확립되었다) 이 법은 발데크-루소가 통과시킬 수 있었던 유일하게 중요한 친노동 법률이었다.[53] 발데크-루소는 매우 온건한 개혁가였지만, 버젓한 자유주의 간행물들(『프랑스의 경제학자』, 『경제학자저널』, 『두 세계 평론』, 『토론저널Journal des débats』)은 그를 거의 사회주의자로 간주했다.[54] 사실 그는 사회적 가톨릭을 사회주의보다 더 두려워했고, 사회개혁을 위해 싸우면서도 개혁의 혜택을 입게 될 사람들에게 실질적인 공감을 전혀 느끼지 않았다.[55] 1883년에 이르러 특히 발데크-루소가 대다수 유력한 고용주 단체의 지지를 받는 가운데 부르주아 언론(『프랑스의 경제학자』 등)도 노동조합운동을 거의 체념하고 받아들였다.[56]

1890년대 동안 프랑스에서는 더욱더 왼쪽으로 쏠리는 현상이 나타났다. 1892년 지방선거에서 사회주의자들이 도시 네 곳에서 다수를 차지했는데, 그중에는 마르세유와 릴 같은 중요한 도시도 있었다.[57] 1893년 선거에서 프랑스노동자당Parti ouvrier français을 비롯한 사회주의자들(당시 프랑스 사회주의자들은 극심하게 분열돼 있었다)이 49석으로 힘을 키웠고, 일부 사회주의자의 지지를 받은, 발데크-루소가 이끄는 신생 급진 정부는 아동과 여성의 노동시간을 단축하고(하지만 이 조치가 제대로 시행되지는 않았다) 고용주에게 작업 중 노동자 사고에 대해 책임을 지웠다(1898).[58]

그렇다 하더라도, 1895년 창설된 주요한 노동조합 연합체인 노동총동맹Confédération générale du travail(CGT)은 1914년에 여전히 조합원 수가 70만 명에 불과해서 1888년 영국의 숫자보다 적었다.[59] 이 정도 수치도 17만 명이 파업에 참여한 첫 번째 대규모 노사분쟁(1893)의 성과인 측면이 있었다. 그에 비해 1871~92년 시기에는 연 평균 파업 참가자가 4만 7000명이었다.[60] 또다른 소요의 물결은 1905~6년에 일어나서 1차대전에 이르는 시기 동안 엄청나게 증가했는데, 그 가운데 절반 이상이 성공으로 평가될 수 있었다.[61] 당시 프랑스 소규모 공장 프롤레타리아트 가운데 노동조합에 가입한 비율은 10퍼센트에 불과한 반면, 영국에서는 그 비율이 26퍼센트, 독일은 압도적으로 높은 63퍼센트였다.[62]

그렇다 하더라도 소심한 사회입법이 계속 이어졌다. 1899~1902년 발데크-루소 정부에서 상무장관을 지낸 알렉상드르 밀랑에 대해 다른 사회주의자들은 기회주의자로 간주했다. '부르주아' 정부에 들어가는 데 동의했다는 이유에서였다.[63] 밀랑이 이룬 업적은 크지 않았다. 11시간 노동과 그에 뒤이은 10시간 노동, 여성과 아동의 노동시간에 관한 법률 집행, 노동자들과 협의하는 위원회 설립, 노령연금 제안 등은 모두 독일이나 영국에 비하면 보잘것없는 진전이었지만, 프랑스 사회 정책의 맥락에서 보면 사소한 게 아니었고, 고용주들은 경각심을 느꼈다.[64] 1897년, 사회적 기독교 보수주의 사상가 프레데리크 르 플레의 추종자인 에밀 세송은 사장(un patron) 노릇 하는 게 점점 수지가 맞지 않는 일이 된다고 개탄했다. 모든 진보가 가격을 압박하고 이윤을 낮추었기 때문이다. "의회는 언제나 노동자들 편이다. 제정되거나 제안된 모든 법률이 산업에 조사, 벌금, 투옥, 강제 세금의 부담을 더한다."[65]

박애적 온정주의는 노동계급의 전투성에 대한 하나의 고전적 대응이었다. 노동조합을 피하기 위해서라면 무엇이든 해야 했다. 부르고뉴의 크뢰조 철강공장 소유주로 공장 설립자 외젠의 아들인 앙리 슈네데르를 예로 들어보자. 1897년 유럽 사회문제에 관한 주요한 탐사보고서 중 하나의 저자로 보수 성향인 『르피가로』에 기고한 사회주의자인 쥘 위레(2장을 보라)가 앙리를 인터뷰했다. 위레의 설명에 따르면, 르크뢰조에서 노동자들은 슈네데르 집안으로부터 주택 건설을 위한 담보 대출을 (높은 금리로) 받을 수 있었다. 또한 노동자 자녀를 위한 학교가 있었고, 학교를 졸업하면 슈네데르의 직업학교에서 훈련을 받고 철강공장에서 일자리를 얻었다. 사고가 발생하면 무상 의료로 치료를 받았고, 부상을 당한 노동자는 급여의 3분의 1을 받으면서 고용이 유지됐으며, 사망하는 경우에는 부인이 연금을 받았다.[66]

일종의 기업 차원의 복지국가였다. 르크뢰조는 1만 6000명 정도의 노동자를 고용하는 완전한 기업도시였다. 앙리 슈네데르 자신이 12년 동안 르크뢰조 시장을 지내고 이후 10년 동안 지방 하원의원으로 일했다. 위레가 인터뷰한 어느 노동자는 슈네데르가 선출된 것은 노동자들이 다른 사람에게 표를 던지기 두려웠기 때문이라면서 사회주의 모임에 참석하는 노동자는 한 명씩 해고되었다고 말했다. 결국 드러난 것처럼, 슈네데르의 권위주의적 온정주의는 국가 간섭과 노동조합, 일체의 노동입법에 대한 그의 절대적인 혐오와 공존한 것이었다.[67] 하지만 그 어떤 힘으로도 1899~1900년에 잇따라 일어난 파업을 막지 못했다. 이 파업은 노동운동에 유리한 경제적 국면(철도 부품과 군사 재무장 수요가 증대했다) 덕분에 촉진되기도 했고 노동조합이 점차 힘을 키운 덕분이기도 했다.[68] 또한 이 파업은 임금 인상을 위한 파업이 아니라 노동조합 권리를 쟁취하고 슈네데르 가문의 지배권의 특징인 온정주의적 체제에 종지부를 찍기 위한 파업이었다.

온정주의적 자본주의는 미국에서 빠른 속도로 발전했다(이 과정에서 여러 문제에 맞닥뜨렸다). 기업들은 사내 복지로 노동자를 매수하기를 바라면서 유치원, 도서관, 영어 강좌, 사내 상점, 주거─많은 기업이 주거를 제공하지 못하면 노동자를 끌어들일 수 없었다─, 심지어 볼링장까지 제공했다.[69] 펠저 가문이 완전히 지배하는 사우스캐롤라이나의 작은 '모범' 면직공장 도시인 펠저에는 건설 노동자(세기 전환기 전까지는 거의 전부 백인이고 이민자가 없었다) 자녀를 위한 학교, 침례교인, 감리교인, 장로교인이 함께하는 교회, 펠저가 온정주의적 규칙(술주정 금지, 개 금지)을 집행하기 위해 고용한 시 보안관 등이 있었다. 근로 계약에 따라 12세 이하의 모든 아동은 학교에 다녀야 했고, 학업을 마치는 즉시 공장에 취직할 것으로 기대되었다. 한때 US스틸US Steel Corporation은 직원들이 거주하는 주택

2만 8000채를 소유했다.[70] 유명한 철도 차량을 제조하는 시카고 근처의 공장 도시(조지 풀먼이 창립) 풀먼에서는 노동자들에게 도서관과 극장, 교회를 제공했다. 공장주들이 지방 정치를 완전히 장악했다. 이런 온정주의적 정책은 1894년 파업이 벌어지고 이후 폭력적인 탄압이 일어난 뒤 서서히 자취를 감췄다.[71]

킹펜 지역 탄광 상속자로서 벨기에 최고의 부자인 라울 바로케는 박애주의자로 빈민에게 빵과 수프를 나눠주고, 브뤼셀자유대학, 광산학교 École des Mines, 고아원, 어린이집, 조산원 등을 지원했다. 그는 또한 지역 시장이자 의원, 프리메이슨 단원, 반교권주의자, 미술품 수집가였으며, 노동자에게 유리한 입법을 지지하면서도 파업권에는 반대한 자유주의자였다.

프랑스 최고의 부자라는 평판이 자자한 인물(은행가, 미술품 수집가, 철도·포도밭·경주마 소유주)이자, 1906년 유대인 백과사전Jewish Encyclopoaedia에 따르면, 노동계급의 상태를 개선하는 데 전념하는 여러 자선단체에 거액을 희사한 알퐁스 드 로트실드(영어식으로는 로스차일드) 남작은 노동조합이나 파업 노동자를 보호하는 어떤 조치에도 반대했다.[72] 쥘 위레에게 말한 바에 따르면, 만약 정부가 노동조합을 보호하고 파업권을 부여하기를 원한다면, "10년 안에 프랑스에 상업과 산업이 남아나질 않을 것"이었다. 만약 노동자들이 하루에 8시간만 일을 한다면, 나머지 시간에 술을 마시거나 카바레에 갈 터였다. 8시간 노동을 요구하는 노동자들은 게으르고 무능한 이들이었다.[73] 정작 자신이 소유한 재산 전부를 상속받은 남작은 사람마다 자기 노동과 에너지와 지능에 따라 어울리는 자본을 갖는다고 선언했다.

다른 나라들처럼 독일에서도 온정주의의 가장 중요한 사례는 석탄, 제철, 철강 산업에서 나타났다. 이 산업들이 생산 붕괴의 비용이 특히 높았기 때문이다. 자를란트에서는 의무보험 원리의 주창자인 카를 페르디난트 슈툼(14장을 보라)이 군사적 노선에 입각해서 철강공장과 광산을 운영하면서 노동자들이 결혼하기 전에 자신에게 허가를 받을 것을 요구했다. 또한 특정 신문을 읽거나 노동조합 또는 사회민주주의 정치에 관여하는 것을 금지했다. 말하자면 그 대가로 그는 더 높은 임금을 지불하고, 무이자 담보 대출을 제공했으며, 학교·어린이집·놀이터·도서관·스포츠클럽·바느질 수업 등도 제공했다. 금지된 활동에 관여하면 처벌이 기다리는 반면 시간을 엄수하고 회사에 충성을 다하면 보상이 주어졌다.[74]

'석탄과 철강의 왕'으로 불린 에밀 키르도르프는 1905년에 "우리 노동자들이 언제든 자리를 바꿀 수 있는 위치에 있는 것은 유감"이라고 생각했다. "나는 입법이 우리를 도와주기를 요구하지는 않지만, 우리는 이런 빈번한 고용 변화를 막기 위한 조치를 취할 권리를 계속 유지해야 한다."[75] 다시 말해, 노동자들은 농노처럼 자기 일터에 묶여 있어야 했지만, 적어도 농노는 회사 마음대로 여기저기 옮겨 다니는 철도 노동자와 달리 한곳에서 정착해 일했다.[76] 천수를 누린 키르도르프는 1920년대에 나치 지지자로 활동했고, 1937년 90번째 생일에 히틀러에게 훈장을 받았다.

1892년 펜실베이니아에 있는 홈스테드철강Homestead Steel공장에서 노동자들이 노동조합을 인정할 것을 요구하며 파업을 벌였을 때, 공장주인 위대한 박애주의자 앤드루 카네기는 노동조합 파괴자이자 예술 후원자인 동료 헨리 클레이 프릭과 나란히 사설 보안업체인 핑커턴의 도움을 받아 파업을 깨뜨렸다. 오늘날 카네기는 자신이 기부금으로 설립한 수천 곳의 공공 도서관뿐만 아니라 기부금을 낸 광범위한 교육기관들 때문에 더 유명하다. 헨리 클레이 프릭의 경우에 세계적으로 유명한 훌륭한 예술

수집품이 뉴욕 5번가의 예전 저택에 보관되어 있다.

온정주의적 자본주의는 거의 모든 곳에서 실패했다. 유일하게 가능한 예외가 있다면 일본인데, 20세기 처음 10년간 대기업은 충성스러운 직원에게 충성을 다해야 하고, 경기 후퇴기에도 해고하지 않고 종신고용을 보장해주어야 한다는 믿음이 있었다. 일본 고용주들의 온정주의에는 전통적인(봉건적인) 뿌리가 있었다. 고용주들의 신문인 『게이자이신문經濟新聞』1891년 8월 22일자는 다음과 같이 설명한다.

> 일본에서는 고용주와 피고용인의 관계가 시간을 준수하는 관습과 도덕 원리에 따라 규제된다. 마치 아버지와 아들, 영주와 가신, 스승과 제자의 관계와도 같다. 이 관계를 서양의 고용관계와 같은 시각에서 보아서는 안 된다.[77]

이 체제는 전간기와 2차대전 시기에도 살아남았다. 1945년 이후 수십년 동안은 상당히 발전했다. 전후戰後 일본의 장기 호황이 잦아듦에 따라 이른바 종신고용이 붕괴하기 시작했다. 지금 우리가 검토하는 시기에는 탄탄한 노동운동이 전무하고 일본 사회주의운동이 거의 존재하지 않았다. 산업 갈등은 제한적이었다. 그런데 메이지 정부 엘리트들이 현대 사회를 조직하는 법을 배우고자 유럽과 미국으로 사절단을 보냄에 따라 현대 노동운동을 세우고자 하는 이들도 외국으로 나갔다. 노동조합을 추진하기 위한 협회인 '노동기사단[職工義友会. 노동자의 의로운 벗들. 영문 명칭은 Knights of Labor]'은 미국에 대표단을 보냈다(1880년대 미국 최대의 노동조합 명칭이 노동기사단Knights of Labor이었다). 1896년 돌아오자마자 그들은 '노동자에게 보내는 호소문'을 발표했다. 일본의 낮은 임금에 이끌린 외국 자본가들이 노동자를 착취하러 올 터인데, "우리 노동자들이 이런 도전에 직면할 준비를 갖추지 못하면 유럽과 미국 노동자들과 똑같이 통탄할 운명에 빠지게 될 것"이라고 경고하는 내용이었다.[78] 같은 해에 정부는 노동계급의 상태를 조사하기 위한 위원단을 구성했다.[79] 일본 당국이 우려한 것은 과로하는 노동자가 군인이 되기에 적합하지 않아서 부국강병이라는 메이지 정부의 목표에 부합하지 않을지도 모른다는 사실이었다. 기업주들이 개입에 반대했지만 정부는 이례적으로 확고했다. 1911년 정부는 여성과 아동 보호를 위한 기준을 도입하고 공장 조사관 제도를 만들었다. 하지만 노동자 복지는 고용주의 재량에 맡겨두었다.[80]

이탈리아에서도 국가가 최소주의적인 야경국가(Nachtwächterstaat, 사회주의 지도자 페르디난트 라살이 1862년에 만들어낸 표현이다) 역할을 포기하고 자유주의적 개입주의를 채택했다.[81] 위대한 자유주의 지도자 조반니 졸리티는 이탈리아 경제 엘리트들을 20세기로 밀어넣으려는 시도로, 퇴임하는 정부가 노동자 결사체를 전부 위험 세력 취급한다고 비난했다. '문명국가'에서는 이런 결사체를 위험 세력으로 보지 않는다는 것이었다. 여기서 그가 말하는 문명국가는 자유주의 이탈리아의 주요한 본보기인 영국과 프랑스였다. 졸리티는 사회주의에 맞서 싸우는 최선의 방법은 빈곤 계층의 복지를 개선하고 소규모 사유재산을 장려하는 것이라고 믿었다.[82] 그는 노동계급도 일정한 지분을 갖는 자본주의 사회를 원했다. 졸리티는 노동조합과 그들의 가치, 정치적으로 대표성을 갖고 영향력을 행사할 그들의 권리를 받아들였다. 단 권력을 행사하지 않는 선에서. 그는 부르주아지가 영원히 지배하기를 바랐지만, '계몽된' 부르주아지가 되어야만 영구집권이 가능하다는 것을 알았다.[83] 국가는 자본과 노동의 갈등에서 불편부당한 위치를 지켜야 하고, 양쪽은 각자 대표자를 두고 법 앞에서 평등해야 한다. 노동조합은 이전의 정부들이 잇따라 적대감을 보였기 때문에 새 정부에도 적대적인 방식으로 대응했다. 하지만 졸리티는 계속해서 노동조합이야말로 노동계급의 정당한 대표자라고 주장했다. 정치 기관은 조직된 노동자가 아니라 미조직된 군중을 두려워해야 했다. 노동자들이 노동조합 덕분에 임금 인상을 획득할 수 있다면 국가가 반대할 이유가 전혀 없었다. 기업가계급을 수호하는 것은 국가가 할 일이 아니었다. 어쨌든 경제적으로 '공정한' 수준 이하로 급여를 내리누르는 것은 잘못된 일이었다. 노동자가 임금을 잘 받는 나라들이 경제 진보의 선봉에 서 있었기 때문이다.[84] 1901년 2월 4일에 한 유명한 연설에서 졸리티는 노동조합의 형성은 문명 진보의 일부라고 설명했다.[85] "오늘 이탈리아 왕국의 상원의원인 내가 직접 쟁기질을 해야 했소이다. 수백 년 동안 우리 가문에 충성을 다한 내 노동자들이 정부의 동의 아래 파업에 들어갔기 때문이오." 한 상원의원이 개탄하며 보낸 전보를 접한 졸리티는 곧바로 대꾸했다. "계속 그렇게 하시라고 격려하고 싶습니다. 쟁기질이 얼마나 힘든 일인지 깨닫고 당신 노동자들한테 임금을 올려주게 될 테니까요."[86]

부르주아지를 우려하게 할 만큼 강력한 노동자 소요의 물결이 새롭게 고조된 결과 졸리티의 정책이 한층 발전하게 되었다. 소요는 1899년 2월 파업과 언론의 자유를 제한하는 몇몇 법률이 공포되고 이후 헌법재판소Corte di Cassazione가 이 법률들이 위헌이라고 판정한 결과물이었다. 1900년 제노바에서 거대한 항만 파업이 벌어진 결과 정부가 몰락하고, 졸리티 같은 이탈리아 자유주의의 온건한 대표자들이 영향력과 권력을 얻는 새로운 단계가 시작되었다.[87] 이후 치러진 선거(1900년 6월)에서 사회당이 이전에 비해 10퍼센트 증가한 13퍼센트를 획득해서 힘을 얻었다. 한 달 뒤 국왕 움베르토 1세가 아나키스트에게 살해되었다. 주세페 차나르델리가 이끄는 새로운 개혁정부가 들어서고 졸리티가 내무상에 임명되었다. 결국 졸리티는 이탈리아 사회 정책의 실질적 설계자임이 드러났다.

졸리티는 피에몬테 선거구의 카랄리오 유권자들에게 다음과 같은 용어로 자신의 장기적 전망을 설명한 바 있었다: 국내에서 정치는 최대 다수 시민의 복지를 극대화하고, 공교육과 산업과 농업을 장려하고, 공공지출을 줄이고, '근로계급'을 돕고, 자유를 보장해야 한다. 해외에서는 평화 정책을 추구해야 한다. 이탈리아는 이런 '민주적' 경로를 따르면서 졸리티가 말하는 이른바 '제국적 경로'를 거부하는 수밖에 없었다.[88]

졸리티는 이탈리아의 수많은 전전 연립정부에서 다섯 차례 수상을 역임했다. 1892~3, 1903~5, 1906~9, 1911~14(남성 보편 참정권 도입), 그리고 마지막으로 전쟁 이후인 1920~21년까지. 하지만 그가 의회에서 한 연설 가운데 가장 중요한 것은 아마 1901년 2월 내무상에 취임하면서 한 연설일 것이다. 당시에 그는 다음과 같이 경고했다.

> 지금 우리는 새로운 역사적 시기가 시작되는 시점에 있습니다. 장님이 아니고서야 누구나 보이는 것입니다. 새로운 민중 계층이 우리의 정치 생활에 들어오고 있고, 매일같이 새로운 문제들이 생겨납니다. 새롭게 등장하는 세력들은 어떤 정부든 대처해야 합니다. 오늘날 의회 집단들이 겪는 혼란을 보면, 지금 우리를 갈라놓는 것은 이제 더이상 과거의 구분선이 아님을 알 수 있습니다.[89]

몇 달 뒤 졸리티는 빠르게 발전하는 노동운동은 사회입법의 도입을 요구한다고 설명했다. 그러면서 '부르주아지'가 노동계급의 상태를 개선해주는 한편 '자신들의 정치적 목적을 위해 노동계급을 활용하려는 이들'보다 기성 체제로부터 얻을 게 더 많다는 사실을 보여주지 못한다면 가장

'심각한 잘못을 저지르는 셈'이라고 동료 의원들에게 말했다.[90]

졸리티는 선견지명을 갖춘 계몽된 부르주아(이탈리아에서는 보기 드문 인물이었다)로서 국가와 리소르지멘토[Risorgimento. 19세기 말 이탈리아 국가 통일과 독립운동.-옮긴이]의 가치를 옹호하는 한편, 빈민들에게만 불리한 수많은 간접세(가령 빵과 소금에 매기는 세금)를 ―처음은 아니지만― 비난했다. 1차대전에 이르는 시기에 이탈리아는 다른 나라들에서 이미 자리를 잡은 사회입법을 발전시키기 시작했다. 일하는 여성과 아동을 보호하는 법률(1902), 노동자 상해 보상(1904), 공공의료 입법(1907), 모성 보호를 위한 출산보험 창설(1910), 노동입법 집행을 보장하기 위한 노동조사관Labour Inspectorate제도 창설(1912) 등이 그것이다.[91] 졸리티는 사회개혁이 자본주의와 완벽히 양립 가능하다고 기민하게 주장했다. 수십년 뒤 뜻밖의 인물이 졸리티를 긍정적으로 치켜세운 것도 이 때문이다. 이탈리아 공산당 지도자 팔미로 톨리아티는 1950년에 한 연설에서 졸리티가 당대 사람들 가운데 이탈리아 사회가 나아갈 방향을 제대로 파악한 인물이라고 말했다.[92]

노동계급의 상태를 개선하기 위한 싸움을 벌인 것은 졸리티 혼자만이 아니었다. 지도적 남부주의자(meridionalista. 남부문제를 탐구하는 남부 지식인들로 이루어진 느슨한 집단)인 프란체스코 사베리오 니티는 이미 이탈리아의 사회입법이 유럽에서 최악이라고 불만을 토로한 바 있었다. 과장이 없지 않았지만 당시 니티가 본보기로 삼은 것은 불가리아나 에스파냐가 아니라 영국과 프랑스, 독일이었다.[93] 그가 펴내는 잡지 『사회개혁La Riforma sociale』은 노동운동의 고조되는 목소리에 기꺼이 귀를 기울이는 자유주의 경제학자들의 요새가 되었다.[94] 교황 역시 1891년 회칙 「새 질서Rerum Novarum」를 통해 사회당과 경쟁하는 개혁주의 진영에 합류한 바 있었다. 비개입주의적 국가의 옹호자들은 점차 소수가 되었다. 자유주의 경제학자 루이지 에이나우디(1946년 국민투표에서 왕정에 찬성표를 던지고도 1948년 공화국 대통령이 되었다) 같은 사람들이 여기에 포함되었다. 에이나우디는 이전 시대의 진부한 문구를 교조적으로 되풀이하면서 국가 개입의 부패한 측면을 공격하고 기업가계급의 지배적 역할을 찬미했다.[95] 이탈리아의 주요 신문이자 사실상 부르주아지의 기관지였던 밀라노의 일간지 『코리에레델라세라(Corriere della Sera. 저녁통신)』도 졸리티에 반대했다. 『코리에레』는 노동운동을 적대시하는 강한 국가를 원했다. 산업 자본가들의 경우에 졸리티를 사회당에게 속아 넘어간 얼뜨기나 하인으로 치부했다.[96]

1900년부터 1902년까지 경제 상황에 뚜렷한 개선이 있었지만 그와 동시에 노동 분쟁도 늘어났다. 계급 갈등이 자본주의 근대화의 핵심적인 부분이라는 졸리티의 사고를 거의 입증하는 듯 보였다. 만약 결국 졸리티가 '이탈리아인을 만들어내는 데' 실패했다면, 그것은 이탈리아 국가가 지나치게 강했기 때문이 아니라 약했기 때문이다. 또한 지배 엘리트들 사이의 분열 때문이고, 군사비 지출을 줄이지 못했기 때문이며, 기업가들의 반계몽주의와 인텔리겐차의 편협성 때문이었다. 이런 요인과 다른 많은 요인들 때문에 졸리티의 개혁주의는 누군가 지나치게 가혹하게 평한 것처럼 '개혁 없는 개혁주의un riformismo senza riforme'로 전락했다.[97]

입법과 노동조합, 온정주의는 모두 자본주의의 '인정사정 봐주지 않는 경쟁'을 완화하기 위한 방편이었다. 보통 노동운동은 자본주의의 주요한 적으로 여겨졌다. 하지만 그것은 자본주의가 낳은 피조물이었다. 자본주의 없이는 노동자도 없다. 노동운동은 거의 언제나 긴 노동시간과 저임금 같은 자본주의의 가혹한 측면에 맞서는 개혁주의운동이었지만, 반드시 체제 자체에 반대하지는 않았다. 임금이 인상되고 상태가 개선됨에 따라 자본주의에 대한 증오가, 완전히 사라지지는 않더라도, 잦아들었다. 노동 조합원들은 혁명가의 베레모가 아니라 노동조합 모자를 쓰고서 기꺼이 자본주의적 관계를 받아들였고, 심지어 노동자가 '공정한 몫'을 받는 한 이윤 획득도 수용했다. 무엇이 '공정'한지는 교섭의 문제였고, 파업과 직 장폐쇄 같은 격렬한 분쟁이 벌어지기도 했지만, '공정한' 자본주의 같으 게 존재할 수 있다는 의미이기도 했다. 그냥 그런 자본주의를 만들기 위 해 싸워야 했다. 그리고 자본주의가 노동자를 필요로 한 한편 자본 **소유 자**는 불필요한 존재였다. 반박하기 힘든 사회주의자들의 주장이었다. 물 론 경영자는 필요했지만, 경영자는 언제든 찾을 수 있었고, 필요하면 넉 넉하게 보수를 쳐줄 수도 있었다.

결국 '자본가'는 단순히 자본 소유자가 됐지만, 19세기 말에 소유와 경 영의 분리는 아직 초기 단계였다. 다만 철도나 석유같이 막대한 액수의 자본을 필요로 하는 분야는 예외였는데, 한 개인이나 심지어 한 무리의 사람들조차도 많은 투자자의 도움을 받지 않고는 자본을 조달할 수 없었 기 때문이다. 하지만 루이스 브랜다이스가 1차대전 전에 지적한 것처럼, 소수의 사람들이 미국 대기업을 소유하지 않은 채 통제할 수 있었다.[98] 전 쟁 전 미국에서 최고의 부자였던 존 록펠러조차 스탠더드오일 주식의 극 히 일부만을 보유했다.[99] 21세기에 주주는, 광대한 지역에서 자기 주식을 깔고 앉은 전형적인 노부인이든 비인격적인 투자 펀드(연기금, 뮤추얼펀 드, 헤지펀드 등등)든 간에, 기업의 실제 운영에 대해 실질적인 통제권이 거 의 없으며, 그런 통제권을 가지려고도 하지 않는다. 주주가 원하는 것이 라곤 주식 가치가 제대로 평가되고 배당금을 받는 것뿐이다. 따라서 자본 의 실제 소유자는 사실 기업의 진정한 기생생물이다.[100] 주주들이 만족하는 한, 자본 소유자로부터 실제로 인계받은 경영자는 자신의 권력 지위를 활용해서 연봉과 보너스를 가장해서 막대한 액수를 챙길 수 있다. 오늘날 우리가 직면하는 상황이다. 19세기에는 저축자들이 인플레이션이 거의 존재하지 않는다는 것을 알고 침대 밑에 돈을 두거나 이자를 받기 위해 은행에 넣거나 부동산에 넣어두었다. 아마 '금리생활자'라고 불리면서 경멸을 받았을 것이다. 오늘날 자기 저축과 연금을 재무설계 상담사와 펀드 매니저에게 맡기는 것은 평범한 시민들이며, 과거의 금리생활자보다 아는 게 훨씬 적다.[101]

제16장

신과 자본주의

종교가 중요한 인간화 역할을 맡은 것은 자본주의가 점점 비인격화되고 있었기 때문이다. 독재적인 방식으로 행동할 수 있는 동시에 인간적으로 행동할 수도 있는(노예주도 일부는 '선량'하고 다른 일부는 '사악'했던 것처럼) 소유자-기업가라는 가시적 인물은 체제의 중심에서 점점 멀어졌다. 자본주의에서는 자본가와 노동자 모두 자신들이 만들어내지 않은 경제적 관계 앞에서 속수무책이었다. 이 경제적 관계는 비록 인간이 만든 것이긴 하나『황폐한 집Bleak House』의 등장인물 그리들리 씨가 분노에 차 외치는 장면을 통해 디킨스가 비난한 것처럼 영국 법원제도만큼이나 비인격적이었다. "그놈의 체제! 사방팔방에서 말하지요. 체제 때문이라고. 개개인을 바라봐서는 안 된답니다. 체제가 문제니까요."[1]

자본주의와 노동운동이 비교적 새로운 것이라면 종교적 믿음은 인류만큼이나 오래된 것이다. 하지만 종교는 대체로 사회의 경제적 조직에 관해 거의 말하지 않는다. 다만 몇 가지 경제 활동을 혐오하거나 금지한다. 가령 로마 가톨릭 교회는 (지나치게 높은 이자 때문에) 고리대금업을 금지한다. 단테는『신곡』에서 고리대금업자를 끝없이 타오르는 불길에 시달리는 지옥에 보낸 바 있었다. 하지만 근대 금융제도는 가톨릭 국가 이탈리아에서 베드로 성좌의 그림자 아래 탄생했다. 루터의 종교개혁은 상대적으로 편견이 덜했지만, 오늘날이라면 구원의 민영화라고 부를 법한 면벌부 판매에 반대했다. 면벌부를 사서 천국에 가는 것, 또는 마르틴 루터가 95개조 가운데 하나(27조)에서 말한 것처럼, "돈이 헌금함에 짤랑거리고 떨어지는 순간 영혼이 연옥에서 벗어나는" 것에 반대한 것이다.[2] 하지만 장 칼뱅은 고리대금업 금지를 폐기했으며, 자신이 선택한 도시인 제네바가 대규모 금융 중심지가 된 것을 보았다면 놀라지는 않더라도 기뻤을 것이다. 16세기 이래 제네바는 번성하는 상업의 중추가 되었다. 이슬람은 (유대교와 마찬가지로) 상업을 특별히 적대시하지 않았지만(예언자 무함마드 자신이 상인이었고 그의 부인 하디자도 마찬가지였다), 이자 받는 것을 금지했다(하지만 법적 속임수와 창의적인 회계를 통해 일부는 그런 금지를 피해 이자를 받았다). 토라는 유대인이 아닌 사람에게 대출해준 것이기만 하다면 고리대금업이 아무 문제가 없다고 보았다. "같은 동족에게 변리를 놓지 못한다"(신명기 23장 19~20절).

효를 으뜸 원리로 삼는 유교는 상업이 저속하고 천한 것이라고 생각하면서도 금지해야 한다고 말하지는 않았다. 공자는 이렇게 말했다. '군자는 덕행에 관심을 갖고 소인은 땅에 관심을 둔다(君子懷德, 小人懷土)'(『논어』 4편 11장). 주나라(기원전 1046~256) 후반에 공자의 제자들은 백성을 네 집단으로 나누었다. 맨 위에 (당연히) 선비가 있고, 그다음 농민, 기술자, 그리고 맨 아래에는 크고 작은 상인이 있었다(사농공상). 명나라(1368~1644)와 청나라(1644~1911) 시대에도 상업은 (빅토리아시대 일부 귀족 진영에서처럼) 천한 직업으로 여겨졌다. 하지만 그렇다고 해서 청나라가 상업 성장을 촉진하는 데 매우 적극적이지 않았다는 말은 아니다.[3]

힌두교에도 네 계급, 일명 바르나Varna가 있어서 맨 위에는 학자(브라만Brahmin)가 있고, 크샤트리아(Kshatriya. 군인)와 바이샤(Vaishya. 농민과 상인)에 이어 맨 아래에 하인(수드라Shudra)이 존재하는 한편, 오늘날 달리트Dalit라 불리는 불가촉민은 사회 바깥에 있었다. 불교는 상업에 관해 거의 말한 바가 없지만, 신도들에게 이기심과 소유욕을 몰아내라고 촉구했다. 유대교는 유대인과 돈에 관한 온갖 고정관념과는 달리 자본주의는 말할 것도 없고 상업에 관해서도 의미심장한 입장이 없다.

러시아정교회는, 리처드 파이프스의 말을 빌면, 표트르 대제 시대 이래 '국가의 하인'이었다. 차르가 고위 주교와 고위직 평신도를 모두 정교회 신성종무원에 임명해서 자신의 도구로 삼았기 때문이다.[4] 러시아정교회는 산업과 사회문제에 관해 독자적인 사고를 거의 만들어내지 않았다. 정교회는 인텔리겐차에게 소외되었고 대중적 기관이 아니었다. 농민들조차 사제를 존경하지 않았다.[5] 교회는 산업화로 야기되는 문제들을 전혀 다루지 않았다.[6] 1905년과 1906년의 자유화 입법으로 종교적 관용이 확립되어 다른 '종파'들—구교도[Old Believers. 1653년 러시아정교회 총주교 니콘이 교회 조직을 강화하기 위해 기도서를 개정하고 예배의식을 변경하자 이에 반대해 일어난 일련의 보수적 전통주의 종파를 가리킨다. 분리파Raskolniki라고도 한다.-옮긴이] 등—에게도 일정한 권리가 주어지자 성직자들은 점차 파편화되는 사회와 자신들의 관계를 재고할 수밖에 없었다.[7] 물론 1907년 기독교 사회주의자로 두마 의원에 선출된 세르게이 불가코프나 1903년 러시아노동자동맹Assembly of Russian Workers을 결성하고 1905년 피의 일요일 시위를 이끈 게오르기 가폰 신부같이 사회문제에 관심이 많은 사제들이 있었다. 하지만 러시아정교회는 전반적으로 자유화 경향을 억누르는 데 성공했다.[8]

가장 자본주의 친화적인 종교로 꼽을 만한 후보는 개신교, 특히 칼뱅주의다. 이 내용은 막스 베버가 1904~5년에 쓴 일련의 글을 엮은 유명한 저서 『프로테스탄트 윤리와 자본주의 정신』에서 이론화한 것이다(다음과 같이 숙고한 마르크스가 베버보다 다소 앞선 것이 사실이다. "개신교는 거의 모든 전통적인 휴일을 일하는 날로 만들어버림으로써 자본의 발생사에서 중요한 역할을 했다.").[9] 베버는 특히 칼뱅주의의 핵심 주장인 예정론에 관심이 많았다. 예정론에 따르면 선행이나 훌륭한 작업, 죄의 뉘우침을 통해 구원을 '돈 주고 사는' 게 불가능했기 때문이다. 베버의 설명에 따르면, 구원이 불확실한 상황에서 칼뱅교 신자는 자신이 선택받은 일원인 것처럼 행동해야 했다. "끊임없는 직업 노동이 자신이 선택받은 일원이라는 자기 확신에 도달하기 위한 가능한 최선의 수단으로 권고되었다."[10] 세속적인 성공은 장래에 구원받을 것임을 보여주는 징표로 간주될 수 있었다. 칼뱅주의는 빈민에게 돈을 주는 것(게으름을 부추긴다)에 반대하고 사치품에 돈을 쓰는 것(죄받을 일이다)에 눈살을 찌푸리기 때문에, 그리고 누구든지 열심히 일을 해야 하기 때문에 사람이 자기 돈을 가지고 할 수 있는 최선의 일은 더 많은 돈을 버는 것이었다고 베버는 주장한다. 베버의 설명에 따르면, 바로 이 점이 자본주의의 윤리적 토대였고, 그의 주장처럼 개신교 국가에서 자본주의가 탄생한 이유이기도 했다. 영국의 역사학자이자 기독교 사회주의자인 R. H. 토니도 『종교와 자본주의의 발흥Religion and the Rise of Capitalism』(1926)에서 베버의 발자국을 따라 자본주의의 진정한 창시자는 청교도라고 말한다. 청교도주의는 "명예혁명에서 최종적으로 승리를 거둔 상업 문명이 등장하는 길을 닦는 막강한 세력이 되었다."[11]

종교와 자본주의의 이런 연관성은 지나치게 단순화한 것 같다. 만약 상업과 산업이 칼뱅주의 나라들에서 발전하지 않았더라면, 곧바로 이런 실패를 칼뱅주의의 숙명론과 결정론적 세계관 탓으로 돌리는 설명이 나왔을 것이다. 몇몇 사람들이 인도에 기업가 정신이 부족하다고 추정적인 결론을 내리면서 힌두교와 업보, 신비주의 탓으로 돌리는 것처럼 말이다. 하지만 '그런 믿음을 고백하는' 힌두교도가 '숙명론자나 내세론자가 된 나머지 약속 시간을 지키지 않거나 직장에서 잦은 결근을 한다'는 것을 보여주는 경험적 증거는 전혀 없다.[12]

베버는 (일부 추종자들이 주장하는 것처럼) 자신의 논증이 자본주의의 발흥에 대한 완전한 설명이라고 주장한 적이 없지만, 어쨌든 그의 논증은 의심스러운 역사적 토대 위에 서 있다. 자본주의는, 상인 자본주의든, 금융 자본이나 제조업 자본이든, 14세기와 15세기 가톨릭 국가 이탈리아의 많은 지역, 특히 제노바, 베네치아, 피렌체에서 번성했다(서론을 보라). 14세기 피렌체에서 양모 길드 하나만 해도 수백 개 기업을 차지해서 노동자 1만 명을 고용했다. 피렌체 역사학자 존 너지미는 이렇게 말한다. "기업가와 노동자의 숫자로 측정할 때, 직물 제조와 판매가 피렌체에서 가장 규모가 큰 경제 활동 복합체를 이루었다."[13] 18세기 명나라에서는 강남(양쯔강 이남) 지역이 비단과 면화의 주요 생산자이자 수출자였다. 가톨릭 국가 벨기에는 유럽 대륙에서 최초의 산업국이었고, 면화공장으로 유명한 헨트는 '플랑드르의 맨체스터'로 이름을 날리게 되었다. 게다가 매우 긴 시기(1300~1900)에 걸쳐 개신교 도시·지역과 가톨릭 도시·지역을 신중하게 비교한 결과, 종교가 아무런 영향도 미치지 못했음이 드러났다.[14] (주요한 차이는 개신교 나라들의 인구가 가톨릭 나라들에 비해 문해율이 더 높았다는 것이다.)[15]

20세기 후반에 자본주의는 불교와 신도神道의 나라 일본에서 순조롭게 작동했고, 훨씬 최근에는 유교-공산주의 중국에서도 잘 작동했다. 예나 지금이나 세계 곳곳의 다양한 공동체가 프로테스탄티즘과 아무 관련 없이도 상업에서 탁월한 능력을 발휘했다. 라틴아메리카의 레바논인, 동남아시아의 중국인, 동아프리카의 구자라트인, 서아프리카의 하우사족 상인, 그리고 물론 알렉산드리아와 차르 제국의 그리스인, 오스만 제국의 아르메니아인, 유럽과 중동 대다수 지역의 유대인 등이 그 예다. 이런 상이한 집단들에 유일한 공통점이 있다면 대개 디아스포라diaspora 상태이고 수용국 인구 중에 소수라는 것이다.

분명 베버가 초점을 맞춘 것은 '근대 자본주의'이지 여러 세기 동안 존재했던 다양한 제조업, 상업 활동이 아니었다. 베버가 보기에 근대 자본주의는 비교적 자유로운 시장과 일정한 정도의 조직화를 수반했다. 실제로 조직화가 핵심적인 측면처럼 보인다. "개별 사업을 결산할 때 회사의 현금 잔고, 또는 '자본'이 전체 생산비의 산정 가치를 초과하는 방식으로 소득을 얻기 위해 기술이나 인적 역량을 체계적으로 활용"해야 한다.[16] '이윤을 극대화'해야 한다는 말을 에둘러서 하는 것이다.

종교는 돈의 추구 그 자체를 좋아하지 않았고, 특별히 반자본주의적이지는 않더라도, 자본주의가 드러나는 모습, 그리고 무엇보다도 자본주의적 근대성을 얼마간 적대적으로 보았다. 종교, 그리고 특히 기독교는 분명한 역사적 이유 때문에 불가피하게 농촌 생활과 연결되었다. 농촌은 대부분의 교회가 지어진 곳이자 신자들을 찾을 수 있는 곳이었고, 사제들이 거주하는 곳이자 날씨와 자연의 힘에 휘둘리는 곳이었으며, 예상치 못한 일에 직면하면 당연히 기도를 드려야 하는 곳이었다. 반면 자본주의는 도시와 계급투쟁, 개인 찬양, 민주주의, 세속적 가치, 죄스러운 오락과 연결되었다. 자본주의는 가정생활에 도움이 되지 않았다. 마을에서는 가족이 가까이 붙어서 일했다. 도시에서는 독실한 종교를 유지하기가 어려운 상황이 만들어졌고, 사람들이 너무도 쉽게 신앙을 잃었다. 1869년 독일의 농촌 교회들은 신자로 가득했다. 하지만 같은 해 베를린에서는 명목상 개신교도 노동자 가운데 1퍼센트만이 일요일마다 교회를 갔다. 라이프치히와 브레멘에서도 거의 마찬가지였다.[17]

19세기는 예나 지금이나 세속주의의 세기로 간주되지만, 세속적 발전에 대항해서 독실한 종교가 부흥하기도 했다. 베버 시절에 종교가 쇠퇴하는 것처럼 보였지만, 설령 쇠퇴한다 할지라도 엘리트 집단, 그리고 무엇보다도 교육 수준이 높은 엘리트들 사이에서만 쇠퇴했다. 19세기 말 미국은 세기 초보다 더욱 종교적인 나라였다. 1901년 아일랜드에서는 1800년에 비해 사제의 수가 두 배였다. 1908년 독일에서는 1866년보다 수녀의 수가 훨씬 많았다.[18] 1870년대 독일에서 출간된 책 8권 가운데 1권은 신학 서적이었다.[19]

민주주의가 확대됨에 따라 종교 역시 국가의 진화에 의해 요구되는 노선을 따라 스스로를 조직화해야 했다. 예전에는 교회가 절대적 통치자와 국왕, 제후, 황제 등을 상대해야 했다. 이제는 의회, 선거, 유권자, 압력단체 등을 대해야 했다. 몇몇 나라에서 종교는 자유주의자나 사회주의자, 보수주의자들과 똑같이 스스로 정당으로 조직하면서 표를 달라고 호소해야 했다. 보편적인 현상은 아니었다. 영국에서는, 비록 보수당이 '국교회 정당'으로 간주되고 잉글랜드 국교회가 '기도하는 토리당'으로 간주되긴 했지만, 종교 정당이 전혀 등장하지 않았다. 한편 이른바 비국교도 교회들(감리교, 장로교, 침례교, 퀘이커교 등등)과 자유당, 그리고 나중에 노동당 사이에는 밀접한 연관성이 있었다.

휴 프라이스 휴스의 『메소디스트타임스Methodist Times』와 회중교회주의자 윌리엄 로버트슨 니콜의 『브리티시위클리British Weekly』(둘 다

1885~6년에 창간)는 독자들에게 신앙의 사회적 함의를 생각해보도록 설득하려고 노력했다. 『메소디스트타임스』는 빈곤이 죄를 저지른 결과라는 사고를 거부했다. 1893년 회중교회연합Congregational Union의 한 집회에서는 "인간의 권리가 언제나 자산의 권리보다 우선시되어야 하"며 "자신과 가족을 부양하기에 부족한 임금을 받는 사람들의 노동을 통해" 탄광에서 이윤이 나오는 현실은 "분명히 정의와 형제애의 원리에 어긋난다"는 데 뜻이 모아졌다.[20] 저항도 상당했는데, 회중교회 성원들은 중간계급이 많아서 사회주의와 조금이라도 비슷한 것이면 무엇이든 반감을 품었기 때문이기도 하고, 엄격한 복음주의자들은 기독교인의 의무는 세계를 개혁하는 게 아니라 거부하는 것이라고 주장한 때문이기도 했다.[21] 종종 "정의롭지 못한 법률과 관습 때문에 생겨나는 불평등을 줄일" 기독교인의 의무뿐만 아니라 재산의 권리도 거듭 주장하는 식으로 타협이 이루어졌다.[22] 노동계급 사이에 사회주의의 위협이 나타난다는 우려는 항상 많았다.

퀘이커교 같은 이런 비국교도 교회들의 일부 성원들은 특히 사업에 적극적이어서 로이즈Lloyds 금융 그룹, 바클레이스 은행Barclays Bank, 성냥 제조 기업 브라이언트앤메이Bryant and May, 카펫에 이어 신발을 만든 클라크Clark, 캐드버리Cadbury나 론트리Rowntree 같은 제과업체를 비롯해서 많은 기업을 설립했다. 미국의 베슬리헴철강Bethlehem Steel과 물론 퀘이커오츠 또한 퀘이커교도가 설립한 것이다.

종교가 정치에 관여하는 양상은 나라마다 달랐다. 잉글랜드의 국교회와 아일랜드와 폴란드의 가톨릭과 달리, 일본에서는 메이지유신(1868)부터 1945년까지 공식 국가종교인 신도가 민족주의를 찬양하고 나라를 통일시키는 데 활용됐지만, 공식적인 신도 정당은 없었다. 실제로 일본

에는 어떤 식으로든 중앙정부의 권한에 필적하려고 하는 종교 세력이 전무했다.[23]

이탈리아에서는 교황 비오 9세가 자신의 바람을 거슬러 민족 통일이 이루어지자, 가톨릭교인들이 신생 국가의 정치에 참여하는 것을 금지했다. 교황은 「이롭지 않다Non expedit」(1874)라는 서한을 통해 가톨릭 정당 구성을 금시했다. 가톨릭 정당을 만들면 파문되어 지옥으로 떨어질 것이었다. 교회의 태도는 점차 누그러졌다. 비오 10세는 「확고한 목적Il Fermo Proposito」(1905)이라는 회칙에서 가톨릭교인들에게 투표를 장려했다(사회주의가 진전하는 것을 걱정했기 때문이다). 하지만 1919년이 되어서야 베네딕토 15세는 가톨릭 정당인 이탈리아인민당Partito Popolare Italiano의 결성을 허용했다.

라틴아메리카에서는 사회주의 대 자본주의나 자유주의가 아니라 세속적 자유주의 대 교회라는 구도로 커다란 분열이 나타났다. 중요한 가톨릭 정당은 전무했으나 그럼에도 분명히 가톨릭은 매우 강한 세력이었다(지금도 그렇다). 에콰도르에서는 가르시아 모레노 대통령(1861~5, 1869~75)이 자유주의에 결정적으로 반대하면서 기독교 국가를 세우려고 했다. 실제로 모레노의 권위주의적인 통치 아래 특히 교육과 도로 건설(필요한 경우에는 지주들의 토지를 수용했다)에서 주목할 만한 사회적 진보가 이루어졌다.[24] 브라질과 아르헨티나, 칠레, 그리고 무엇보다도 멕시코에서는 반교권적 세속주의가 정치적으로 승승장구하며 등장한 반면, 대중은 여전히 가톨릭에 심취했다.[25]

라틴아메리카에서는 가톨릭교인과 자유주의자 모두 공화국을 지지한 반면, 프랑스에서는 사정이 달랐다. 쥘 페리(1880년대에 교육장관과 총리를 지냈다)는 1872년에 보낸 편지에서 공화국의 적은 성직자 집단 하나뿐이라고 단언했다.[26] 레옹 강베타(역시 1880년대에 총리를 지냈다)도 여기에 동의하면서 1876년 5월에 애국적 가톨릭교인은 '희귀한 존재'라고 선언했다.[27] 당시 가톨릭교인들은 철두철미한 왕정주의자로서 제3공화국에 반대했기 때문에 강베타의 말에는 일리가 있었다. 교회 역시 똑같이 거슬리는 언어를 구사했다. 반교권주의 신문인『루아르와 오트루아르의 공화주의자Le Républicain de la Loire et de la Haute Loire』는 1876년 7월에 에스타당스(오트-가론)의 주임 신부가 설교단에서 다음과 같이 선언했다고 보도했다. "만약 공화국이 승리하면 교회가 파괴되고, 사제들이 교수형에 처해지고, 참혹한 내전이 발발할 것입니다."[28]

실제로 19세기 말 프랑스에서 우파가 되는 길은 세 가지가 있었다. 첫째는 진정한 반동주의자로서 1789년 이전의 군주정, 즉 농촌의 복종과 가족의 가치, 가톨릭으로 이루어진 구식 프랑스로 복귀하기를 열망하는 것이었다. 이 이데올로기(언제나 군주제와 연결된 것은 아니다)는 수십 년 뒤 샤를 모라스와 모리스 바레스 같은 작가들도 여전히 신봉했고, 비시 정부에서도 많은 지지자가 있었다. 무엇보다도 정부 지도자인 페탱 원수가 그 이데올로기를 신봉했다.[29] 우파가 되는 두 번째 길은 보나파르트주의자가 되는 것이었다. 찾을 수만 있다면 '독재자strong man'를 지지하는 것을 의미했다. 이런 사고는 지금까지도 남아 있다. 19세기 말 프랑스에서 우파가 되는 세 번째 길은 오를레앙 왕조, 즉 가톨릭 색조를 입힌 자유민주주의적 군주정의 지지자가 되는 것이었다. 결국 민주적이고 입헌적인 것이라 할지라도 군주정에 몰두하는 태도는 포기되었고, 현대적 형태의 보수주의는 드골 장군에게서 후대의 구체적 모습을 발견했다.

프랑스의 실제 자본가들은 이런 논쟁에 거의 관심이 없었다. 자신들이 어느 편에 서야 하는지 분명히 알지 못했기 때문이다. 습관적으로, 그리고 모든 사람, 특히 노동자가 본분을 지키게 하려는 바람에서 가톨릭을 선택했을 수도 있다. 하지만 공화국이 공고해짐에 따라 자본가들은 공화주의 쪽으로 돌아섰다. 공화주의가 승승장구하고 있었던 때문이기도 하고, 공화주의자들이 자본주의에 간섭하기보다는 사제 때리기에 더 관심이 많다는 게 만천하에 드러났기 때문이기도 하다. 공화주의 이데올로기가 존재하는 한 그것은 대체로 이성과 과학, 실증주의와 진보를 지지한다는 의미였고, 따라서 산업을 의미했다.[30] 일부 산업자본가들은 자신들의 수익 추구 활동이 역사의 편에 서 있다는 말을 듣고 의기양양해서 여기에 매력을 느꼈지만, 으뜸가는 철강 재벌인 슈네데르(15장을 보라) 같은 다른 이들은 프랑스의 주요한 가톨릭 정치인인 알베르 드 묑 같은 사상가가 주창하는 사회적 가톨릭주의의 교의에서 위안을 찾았다. 산업자본가들이 자기 회사에서 채택한 온정주의적 모델의 정당성을 확인해주었기 때문이다.

물론 가톨릭교인들은 획일적인 덩어리가 아니었다. 비타협적인 가톨릭교인들은 비오 9세가 양심의 자유 개념을 비난한 1864년 회칙 「얼마나 큰 관심으로Quanta Cura」에서 내린 명령을 따랐다. 회칙 부록인 「오류 목록Syllabus Errorum」은 자유주의와 현대 문명, 진보 등을 혹평하고 사회주의를 '역병' 취급했다.[31] 새로운 현상은 아니었다. 그레고리우스 16세 교황은 이미 1832년 회칙 「그대들을 놀라게 하는 것Mirari Vos」에서 자유주의만이 아니라 사회적 가톨릭의 초창기 주창자 중 한 명인 펠리시테 로베르 드 라므네 같은 프랑스 가톨릭 '자유주의자'들도 비난한 바 있었다.

비타협적인 성향의 신학자들과 가톨릭 지식인들(프랑스에서는 경멸적으로 산맥너머파Ultramontanisme라고 알려졌다[프랑스에서 볼 때 로마교황청은 알프스산맥 너머에 있다.-옮긴이])은 개인주의와 합리주의, 세속 국가를 거부하면서 교황권의 절대적 우위를 주장했다.『여기저기Ça et là』(1860)의 저자인 언론인 외젠 뵈이요 같은 이런 성향의 가톨릭 보급자들은 프랑스가 잉글랜드 같은 광물 자원이 없는 탓에 혐오스러운 산업이 발전하지 않았다고 기뻐했다. 잉글랜드는 "가톨릭으로 복귀할 때까지" 여전히 "남녀가 벌거벗은 채 층층이 쌓여서 일을 하는 타락한 나라"일 것이었다. "아이들은 하느님의 말씀을 들어본 적도 없이 깊숙한 동굴 속에서 자라면서 이따금 부모와 함께 술이나 마시려고 밖으로 나온다."[32] 당시에 반유대주의자(12장을 보라)이자 사상가로서 높이 평가받았지만 지금은 잊힌 인물인 앙투안 블랑 드 생-보네(1815~80)도 똑같은 반동주의자였다. 생-보네는 인간이 인간을 착취하는 것에 토대를 둔다고 자본주의를 비난했고, 자유주의와 프로테스탄티즘의 상속자라는 이유로 사회주의를 비난했으며, '민중과 인류 전체를 파멸시킬 것'이라는 이유로 공화주의를 비난했다. 그는 민주주의를 비난하면서 귀족의 통치를 옹호했다(그 자신은 귀족이 아니었다). 그리고 산업과 은행 때문에 파멸한 민중이 이제 더는 천국을 꿈꾸지 않고 그 대신 지상의 부를 추구한다고 불만을 토로했다. 민중은 서로를 사랑하는 대신 그저 소비하기 위해 더 많은 생산을 한다는 것이었다.[33]

비타협적 가톨릭은 '진보적' 짝인 사회적 가톨릭과 그렇게 동떨어진 게 아니었다. 둘 다 전통 예찬과 현재 거부, 농촌 세계에 대한 향수, 가족 옹호, 중앙집권 국가에 대한 혐오, 끊임없이 움직이는 사회에 대한 불만, 사회주의와 아나키즘을 비롯해 프랑스혁명 이후 나타난 온갖 '악폐'에 대한 염증을 공유했다. 보편 참정권에 반대하는 전통적 반동주의자이자 반드레퓌스파였던 알베르 드 묑은 분명 '사회문제', 즉 노동계급의 상태에 대한 문제에서는 '좌파'였다. 1885년 2월 자신이 상당한 영향력을 지닌 벨기에 루뱅가톨릭대학에서 한 연설에서 그는 추종자들에게 다음과 같이 촉구했다.

이제 노동자들에게 가서 그들을 이해하고 사랑합시다. 노동자들의 고통을 야기하는 게 무엇이며 그들이 원하는 게 무엇인지를 알아냅시다. … 고립된 처지의 노동자들은 자신들을 착취하는 게 아니라 도와줄 친구들을 간절히 찾고 있습니다.[34]

세계 각지의 주요 가톨릭 성직자들이 산업화 때문에 곤경이 생겨난다고 질책하면서 종종 착취당하는 노동자들과 손을 잡았다. 리옹 대주교 보날드 추기경, 사회주의 지도자 페르디난트 라살의 영향을 받은 게 분명한 『노동자 문제와 기독교Die Arbeiterfrage und das Christenthum』(1864)의 저자인 마인츠 주교 빌헬름 엠마누엘 폰 케텔러, 웨스트민스터 대주교 헨리 에드워드 매닝 추기경(1892년 치러진 그의 장례식에서는 노동조합 깃발이 뒤를 따랐다), 스위스 가톨릭보수당Parti Catholique-Conservateur(기독민주당의 전신)의 지도자이자 초창기인 1897년 취리히에서 열린 노동자 보호를 위한 국제대회(국제노동기구[ILO]의 선구자)의 조직자 가스파르 드퀴르탱, 그리고 '스스로를 보호하는 것은 근로계급의 권리'이며 그들이 '탐욕과 억압과 부패에 맞서 치유책'을 찾도록 도와주는 것은 모두의 의무라고 말한 볼티모어 대주교(1877~1921) 제임스 기번스 추기경 등이 대표적인 인물이다.[35]

1880년대 말에 이르러 프랑스의 사회적 가톨릭은 비타협주의자들에게서 분리해서 민주주의와 공화주의를 받아들이기 시작했다.[36] 교황 레오 13세가 이런 공화국과의 화해ralliement를 장려했다. 교황은 회칙「자유Libertas」(1888)를 발표해서 교회가 '개인과 공공의 자유의 적'이라고 말하는 것은 중상모략이라고 선언하는 것으로 신중하게 첫걸음을 내딛었다.[37] 교황권의 역사에서 가장 중요한 회칙으로 손꼽히는 「새 질서」(1891년 5월 15일)가 그 뒤를 이었다. 둔감한 전임 교황 비오 9세와 달리 레오 13세는 산업화와 그에 동반한 대규모 농촌 탈출이 역사적인 혁명임을 깨달았다. 지금까지 유순했던 농민과 농촌노동자들은 도시와 공장에서 이제 사제의 빈틈없는 눈길에서 벗어나 새로운 종류의 계급적 연대를 발견했으며, 아나키즘과 사회주의처럼 사후 세계가 아니라 지상의 천국을 약속하는, 경쟁적인 메시아 신조에 노출되었다. 교황 레오 13세는 변화를 끌어안았다. 2000년 동안 생존한 경험이 있는 가톨릭 교회가 마침내 근대를 받아들이고 있었다. 적은 바뀌지 않았다. 교황이 1878년 회칙 「사도좌에 관하여Quod apostolici muneris」에서 비난한 이들이 적이었다. "거의 야만적인 여러 이름 아래 사회주의자나 공산주의자, 또는 허무주의자라 불리며 세계 곳곳에 퍼져 사악한 연합을 이루면서 긴밀한 유대로 똘똘 뭉친 이들"이었다.[38] 바뀐 것은 전략이었다.

'노동자들의 상태에 관하여de conditione opificum'라는 의미심장한 부제가 붙은 「새 질서」에서 레오 13세는 "인간을 단순한 돈벌이 수단으로 삼는 탐욕스러운 사람들의 잔인한 착취의 손길에서 불운한 노동자"를 구해야 한다고 주장했다. 교회는 임금과 노동조건을 고용주의 선의에 맡기는 게 아니라 가능하면 국가가 중재하거나 개입해서 교섭해야 한다고 역설했다. 물론 그 목적은 "계급끼리는 자연스럽게 적대한다"는 "그릇된 통념"을 피하면서 사회 평화를 유지하는 것이었다. 무엇보다도 사회주의자들이 "부유층에 대한 빈민의 시기심"을 악용하지 못하게 해야 했다. 그리고 소수의 부자들이 "우글거리는 근로 빈민 대중에게 노예제나 다름없는 굴레를 씌울 수 있었기" 때문에 당국은 노동조건이 불공정하거나 '인간'으로서의 노동자의 존엄에 '거스를' 때면 언제나 개입해야 했다. 계속해서 교황은 "검소하고 행실 좋은 임금소득자가 먹고살 수" 있을 만큼 '임금'이 충분히 높아야 한다고 말했다. 그리고 만약 "고용주나 계약업자가 좋은 조건을 제공하지 못하는 탓에 노동자가 어쩔 수 없거나 상황이 나빠질까 두려운 나머지 더 고된 노동조건을 받아들인다면", 노동조합이 "절실하게 필요해진다"고 말했다.[39]

이 회칙은 그전부터 많은 가톨릭교인들이 바라던 신호였다. 이제 그들도 자유주의자나 사회주의자와 경쟁하면서 사회개혁을 지지하고, 사회주의의 영향 아래 있는 이들에게서 노동자를 떼어내기 위해 새로운 노동조합을 만들고, 도시문제를 다루는 단체와 시민 결사체를 결성할 수 있었다. 똑똑한 보수주의자들은 이런 움직임의 중요성을 대번에 깨달았다. 전 이탈리아 교육상 루지에로 봉기는 잡지 『누오바안톨로지아(Nuova Antologia. 신新선집)』에서 곧바로 「새 질서」를 환영하면서 이렇게 말했다. "노동계급 사이에서 무신론이 점점 더 영향을 미치고 있다. 농촌은 아니지만 도시의 보통사람들은 종교적이거나 영적인 일체의 권위를 전혀 따르려 하지 않는다." 그러면서 그들은 하느님이 자본과 부유층의 편이라고 보기 때문에 하느님을 없애기를 원한다고 덧붙였다.[40]

프랑스 주교들도 랑그르 주교 알퐁스 마르탱 라뤼가 말한 이른바 '산업생활의 새로운 상태'를 익히 알았기 때문에 이 회칙을 환영했다.[41] 마침내 그들은 또다른 주교인 바욘 주교가 회칙을 발표하는 교서[pastoral letter. 주교가 성직자와 신도들에게 보내는 편지.-옮긴이]에서 '근로 대중peuple ouvrier'과 교회 사이의 '오해malentendu'라고 기묘하게 지칭한 현상을 일소할 수 있었다.[42] 사회주의자들, 특히 노동운동가들이 가톨릭을 그다지 믿지 않던 프랑스의 사회주의자들은 회칙을 무시했다.[43] 레오 13세는 「새 질서」를 쓸 당시 주로 프랑스를 염두에 두었고, 그 후에는 프랑스어 제목까지 붙여가면서 특별히 프랑스인들에게 전한 또다른 회칙(「염려하는 가운데Au milieu des sollicitudes」[1892년 2월 20일])을 내놓았다. 여기서 교황은 자본주의의 무절제와 돈에 대한 사랑을 한층 더 혹독하게 비난했다.[44] 하지만 회칙 「염려하는 가운데」에는 또한 특별한 정치적 목적도 있었다. 교황은 프랑스에서 알베르 드 묑이 만들려고 하는 것과 같은 군주제주의적 가톨릭 정당, 즉 '예수 그리스도의 이름으로' 사회입법을 위해 싸우는 정당이 탄생하는 것을 막고자 했다.[45] 분명 영리한 사람이었던 교황은 이런 당을 만들면 반교권주의적 공화주의자들을 불필요하게 자극하는 셈이라고 생각했다. 일반적인 종교적 원리를 신봉하고 가톨릭교인들을 끌어들이며, 공화정과 화해하고 군주제 따위는 잊어버리는, 가톨릭을 공공연하게 표방하지 않는 정당을 만드는 게 더 나았다.

교황 지위의 이점은 선량한 가톨릭교인들이 전반적으로 교황에게 순종한다는 것인데, 알베르 드 묑도 고분고분 따랐다. 프랑스에 특별히 가톨릭을 내세우는 정당은 없을 것이었다. 레오 13세는 그와 타협했다. 드레퓌스 사건으로 위기가 야기되고 반교권주의의 물결이 일어 결국 1905년 프랑스에서 교회와 국가가 분리되는 가운데, 교황은 알베르 드 묑에게 친가톨릭 정당을 결성할 것을 장려했다. 모든 '정직한 사람들'에게 열려 있고, 공식적으로 가톨릭 정당을 표방하지 않으며, 친공화국 정당이어야 한다는 조건이 붙었다. 1901년 탄생한 대중자유행동당은 금세 주요 야당으로 성장했다. 1903년 드 묑은 추종자들에게 가톨릭 정당은 더 광범위한 정당의 '중핵noyau'일 뿐이라고 설명했다. 그 자체가 정당이 될 수 없고, 충분히 많은 유권자에게 호소하지 못하며, 따라서 가톨릭당을 결성하지 말

라고 한 교황의 지시가 무척 타당하다고 그는 덧붙였다.[46]

　드 묑 같은 프랑스의 사회적 기독교인들에게 중요한 영향을 미친 인물 가운데 한 명인 프레데리크 르 플레는 프랑스 권위주의의 우파 전통에 속하는 보수주의 사상가였다. 하지만 르 플레는 사회문제에 관해서는 개혁주의자였고, 심지어 (당시에 많은 보수주의자들이 그런 것처럼) 이윤과 소득을 위해 삼림을 파괴하는 것을 비난한 초기 생태주의자이기도 했다.[47] 그는 공학기사로 일하다가 사회학자로 변신했는데, 오귀스트 콩트의 실증주의를 찬미했다. 『프랑스의 사회개혁: 유럽 민족들의 비교 관찰에서 추론함La réforme sociale en France, déduite de l'observation comparée des peuples européens』(1864)에서 그는 노동계급의 비참한 상태와 부의 급속한 축적을 비난했다. 이런 상황 때문에 사람들이 게을러지고 욕망과 이기심의 노예가 된다고 생각했기 때문이다. 그는 종교와 재산과 가족 다음으로 인간을 도덕적 질서ordre moral로 가장 잘 고양시킬 수 있는 것이 노동이라는 견해를 갖고 있었다. 노동의 목적은 부가 아니라 미덕이었기 때문이다.[48] 기업가가 요구하는 미덕은 질서와 정의에 대한 사랑이었다.[49] 종교적 의미에서 아랫사람에게 갖는 배려야말로 진정으로 우월한 계급에게 독특한 미덕 가운데 하나였다. 다시 말해, 종종 구체제에 대한 향수에 젖어 있다고 규정된(그릇된 규정은 아니다) 르 플레 같은 사람들은 사실 새로운 종합을 이뤄내려고 애쓰고 있었다. 이제 옛 질서를 무비판적으로 찬미하는 대신 전통적인 종교의 가치를 신봉하는 이들이 하층계급의 이익을 가장 잘 보장해줄 것임을 직접 보여주려는 것이었다. 정치를 지배하는 공화주의 집단들이 신봉하는 자유주의 이데올로기가 하층계급의 복지에 놀라울 정도로 무관심한 상황에서 이런 태도는 더욱더 중요했다.

　사회문제에 관심이 많은 가톨릭교인들은 거의 모두가 자유주의를 경멸했다. 이탈리아에서도 가톨릭교인들은 프랑스의 양상을 따랐다. 전통주의자와 사회적 진보주의자 모두 새로운 산업사회에 대한 모호한 적대감으로 똘똘 뭉쳤다. 예수회 잡지 『가톨릭문명』의 창간자 가운데 한 명인 카를로 마리아 쿠르치는 사회주의에서 긍정적인 요소들을 발견하고는 단지 재화를 축적하는 것만으로는 행복을 찾을 수 없다고 선언했다.[50] 쿠르치는 아주 기민해서 교황이 이탈리아 중부를 통치하던 통일 이전의 시대로 돌아갈 수 없다는 것을 깨달았다. 그러면서 가톨릭교인들에게 이미 '세계를 집어삼킨' 민주주의와 민족주의 이념에 맞서 싸워봤자 아무 소용이 없다고 경고했다.[51] 하지만 정치에서 대단한 선견지명을 갖고 있다고 해서 언제나 유리한 것은 아니며, 쿠르치는 너무 이르게 지나친 좌파가 된 탓에 결국 예수회에서 쫓겨났다. 이탈리아 기독교민주주의의 선도자인 사제 로몰로 무리는 이탈리아에서 사회주의가 계속 성장하는 것을 막기 위해 자본주의에 반대하는 가톨릭 정당을 만들자고 교회 당국에 촉구했지만 성과를 거두지 못했다. 무리의 말을 들어보자. "산업 프롤레타리아트는 영혼을, 계급의식을 갖기를 원했다. 자신들이 겪은 비참과 손에 쥔 얼마 안 되는 임금을 기억했다." 프롤레타리아트는 이제 더는 무릎 꿇지 않으며 "무시무시하고 흉폭해terribile, feroce" 보인다. 무리는 당시 가톨릭 진영에서 유행한 성경의 문체로 계속 말을 이었다. "이 새로운 계급의식"은 비록 "야만적"이고 "잔인"하나 참된 기독교인들이 활용할 수 있다. 교회는 이미 너무 오래 기다리면서 프롤레타리아트의 머리와 가슴을 붙잡기 위한 싸움에서 사회주의자들이 먼저 첫발을 내딛게 만들었다.[52] 교회가 받아들이기에는 지나치게 급진적인 견해였다. 무리는 1907년 '성무(a divinis. 聖務)'를 일시 정지당했다. 그러나 고집을 꺾지 않은 그는 교황의 승인을 받지 않은 (가톨릭) 단체인 민족민주연맹Lega Democratica

Nazionale을 대표해 1909년 의회 선거에 나가 당선되었다. 그리고 곧바로 파문당했다.

이런 여정은 이례적인 게 아니었다. 폴란드에서도 이지도르 카예탄 비스워우크(1869~1937)는 애초부터 사회문제에 관심이 많은 가톨릭 지식인으로 출발했다. 그런데 점점 활동에 나서게 되면서 더욱 급진적으로 바뀌어 꼼짝도 하지 않는 교회를 공격하기 시작했고, 결국 파문당했다.[53]

경제적 자유주의에 대한 기독교의 적대감은 영국을 비롯한 비가톨릭 국가에서도 마찬가지로 강했다. 영국에서는 많은 독실한 사람들이 사회주의보다 이른바 맨체스터 학파의 자유주의에 대해 더욱 시끄럽게 반대했다(어쨌든 사회주의는 빅토리아시대 잉글랜드에서 하나의 세력이 아니었다). 여왕의 사제이자 유명한 소설가(『가자 서쪽으로Westward Ho!』[1855], 굴뚝 청소부 이야기 『물의 아이들The Water Babies』[1863])였던 찰스 킹즐리는 친구인 기독교사회주의자 토머스 휴스(『톰 브라운의 학창시절Tom Brown's School Days』[1857]이라는 유명한 책의 저자)에게 보낸 편지에서 일찍이 1852년에 노동조합을 인정할 것을 촉구한 바 있었다. 킹즐리는 휴스에게 다음과 같이 말했다.

이 시대의 진짜 싸움은 —만약 무정부 상태나 불신앙, 대중의 경쟁적인 노예화에서 기인하는 순전한 고갈에서 잉글랜드를 구해야 한다면— 급진주의자나 휘그당원이 필 지지파[1846년 필 경의 곡물세 폐지 법안에 찬성한 보수당원.-옮긴이]나 토리당원과 대결하는 게 아니라 … 교회와 젠틀맨과 노동자가 상점 주인과 맨체스터 학파를 상대로 벌이는 거요.

킹즐리는 '참된 보수주의'의 임무는 '노동자를 진정한 귀족 통치와 화

해시키는 것'이라고 생각했다.[54]

그는 유대인, 가톨릭교인, 아일랜드인, 흑인, 미국인 등에 편견을 품었지만, '맨체스터 자유주의자들'에 대해서 가장 가혹한 평결을 내렸다.

하느님께서 그들로부터 우리를 보호해주시지요. 세상의 온갖 편협하고 젠체하고 위선적이고 무정부적이고 무신론적인 구상 가운데 맨체스터 구상이 완전히 최악이에요. 그자들을 경멸하는 내 마음을 온전히 표현하기에는 언어가 모자라는군요. … 사실은 임금을 억제하고 이윤을 늘리는 것만 원하며, 그 과정에서 노동자와 다른 한편 잉글랜드 사회의 유서 깊고 세련되며 기사도적인 모든 사람 사이의 간극을 넓히고자 하면서 빵 가격을 억제하는 것으로 노동자의 친구 행세를 하는 것이 … 이를테면 맨체스터 학파의 게임이지요.[55]

당시에 이런 비난은 흔한 일이었지만 그렇다고 영국에서 종교에 기반한 반자본주의 정당이 생겨나지는 않았다. 보수당과 자유당 모두 19세기 대부분 동안 구속받지 않는 자본주의에 반대하는 이들에게 근거지를 제공했기 때문이다. 전前자본주의적 입장을 가진 이들은 보수당으로 향했고, 자본주의 개혁을 지지하는 이들은 자유당으로 갔다. 나중에 20세기에 보수당은 주요한 친자본주의 정당이 되고 자유당은 쪼그라든 한편, 노동당이 반자본주의 감정을 흡수하고 사실상 독점했다. 실제로 사회주의적 성향의 사상가들 가운데 상당수는 산업화 이전 시대에 대한 향수를 품은 사회적 기독교 정당에 속했을지라도 똑같이 편안함을 느꼈을 것이다. 존 러스킨(불안한 불가지론자), 영국 기독교사회주의와 노동자대학Working Men's College(1854)의 창시자 프레더릭 데니슨 모리스, 키어 하디(복음주의자, 노동당 창건자), 램지 맥도널드(스코틀랜드국교도, 1924년 노동당 최초의 총리), 조지 랜즈버리(독실한 국교도이자 노동당 지도자[1932~5]), 그리고 베스트셀러 저작『살기 좋은 잉글랜드Merrie England』(1893)에서 사회주의를 농촌 생활과 동일시한 로버트 블래치퍼드와, 프리드리히 엥겔스가 '감정적 사회주의자'라고 묘사한 인물이자 저작『유토피아 뉴스News from Nowhere』(1890)에서 산업이 전혀 없는 전원적인 농업사회주의 잉글랜드를 묘사한 윌리엄 모리스 등이 전부 그런 인물들이다.[56] 모리스가 정치에 관해 쓴 글은 대부분 기독교사회주의자, 아니 반산업적 기독교인이 썼다고 해도 무방하다.

> 나는 문명이 천박한 원인이 내가 생각한 것보다 더 깊은 곳에 있음을 깨달았고, 점차 이 모든 추악함이 우리 사회의 현재 상태 때문에 우리가 강요당하는 내적인 도덕적 비천함의 외적 표현에 불과하다는 결론에 다다랐다.[57]

산업에 대한 이런 모호한 태도는 북유럽에서도 나타났다. 특히 핀란드, 아이슬란드, 라트비아, 에스토니아, 스칸디나비아 국가 등 루터교회가 지배하는 곳이 두드러졌는데, 이 나라들에서는 사회문제에 특히 관심 있는 이들이 결국 반교권주의가 상당히 제한된 사회민주주의의 대열에 합류했다. 산업에 맞서서 농업적 관계를 수호하는 데 관심을 기울인 이들은 결국 농민 정당으로 향했다. 여기서 종교는 거의 부차적인 문제였다. 그리하여 1906년 핀란드에서 농민동맹Maalaisliitto을 창설한 산테리 알키오는 확고한 기독교인이면서도 기성 국교회의 반대자였다. 농민동맹은 신앙의 기반이 전혀 없었고 주요 이데올로기는 일종의 언어적 민족주의(스웨덴어와 러시아어 반대)와 자유주의의 색조를 띤 인민주의였다.

동유럽에서 등장한 몇몇 농민 정당도 공공연한 종교적 토대가 전혀 없었다. 불가리아에서는 1899년 첫 대회를 연 농민연합Agrarian Union이 처음에는 집권 자유당이 제안한 신규 토지세에 반대하는 캠페인을 벌였다. 1901년에 이르러 농민연합은 온전한 면모를 갖춘 정당인 불가리아농민민중연합당Bulgarian Agrarian Popular Union으로 변신했다. '민중'이라는 단어는 단순히 농민만이 아니라 전체 민중의 정당이 되겠다는 야심의 표시였다.[58] 1908년에 이르러 당은 전국에서 가장 큰 야당으로 우뚝 섰다. 득표율은 11퍼센트에 불과했지만 야당이 이례적으로 쪼개져 있었기 때문이다.[59] 전쟁이 끝난 뒤 총리가 되는 반군주제주의자인 당 지도자 알렉산다르 스탐볼리스키는 농민과 농업의 중요성에 관해 장황하게 글을 썼지만 기독교를 배경으로 유지했다. 그는 정당(그는 정당을 경멸했다)이 아니라 경제적 이해관계의 대표자들, 즉 같은 직종의 사람들로 이루어진 집단이 나라를 운영해야 한다고 생각했다는 의미에서 일종의 조합주의자 corporatist였다(기능공, 임금노동자, 상인, 기업가, 농민 등등. 이탈리아 파시스트들이 1930년대에 발전시키려 한 종류의 사회).[60]

1899년 창건한 체코농민당Czech Agrarian Party(1905년에 모라비아와 슐레지엔['슐레지엔'은 독일어 표기. 체코어로는 슬레스코, 폴란드어로는 실롱스크.-옮긴이]의 농민당과 통합했다)은 고조되는 사회주의에 맞서 농촌 주민 전체의 단합을 도모했다. 그리하여 당은 전형적인 농민의 요구(농민의 이해관계에 적합한 관세 정책, '불공정한' 토지세 폐지 등등)와 나란히 체코어와 독일어의 평등, 오스트리아-헝가리 제국 내에서 최대한의 자율권 보장 같은 전통적인 민족주의적 요구도 떠안았지만, 종교는 이데올로기 구성에서 전혀 공식적인 역할을 하지 않았다.[61] 농민당의 적은 체코민족당Národní strana, 일명 옛체코당Old Czech Party과 젊은체코당Young Czech Party이라고도 불리며 민족 전체를 대표한다고 주장한 민족자유당

Národní strana svobodomyslná 같은 '부르주아' 정당들이었다.[62] 사제 얀 슈라멕(훗날 2차대전 중에 체코 망명 정부의 총리가 된다)이 이끄는 체코가톨릭당Czech Catholic Party도 있었다. 이 당은 1890년대에 등장했는데 보헤미아보다 모라비아 지역에서 훨씬 강세를 보여 1911년 선거 당시 이 지역에서 36.6퍼센트를 득표했다. 「새 질서」에 고무된 당은 젊은체코당의 뚜렷한 반교권주의와 대립각을 세웠다.[63] 하지만 가톨릭당의 진정한 성장을 이룬 것은 체코슬로바키아가 1차대전 이후 독립국이 되면서부터였다.

동유럽에서 종교에 기반한 정당이 부상하는 과정은 1880년대에 농업 위기가 일어나면서 한층 두드러졌다. 소토지 농민과 농촌 기능공이 위기에 영향을 받았기 때문이다. 그리하여 종교에 기반한 몇몇 정당의 당원 수가 늘어났고, 헝가리 가톨릭인민당Catholic People's Party(1894년 창건)도 비슷한 성장세를 보였다. 가톨릭인민당은 도박과 다름없다고 헐뜯은 자본주의와 자유주의에 밀려난 '자연의 질서'를 복원하기를 바랐다는 의미에서 '반자본주의적'이었다. 하지만 이 당은 오스트리아의 자매당인 카를 뤼거가 이끄는 기독사회당Christlichsoziale Partei만큼 세력이 강하지 않았다. 기독사회당에 대해서는 아래에서 자세히 논의할 것이다.[64]

조직화된 정치적 기독교는 다른 어느 곳보다도 벨기에에서 강했고, 독일, 오스트리아, 스위스 같은 독일어권 지역이 그 뒤를 이었다. 스위스에서는 일찍이 1848년부터 가톨릭 농민 정당(개신교 도시 정당이 아니라)이 생겨났다. 이 당은 1894년 가톨릭인민당Katholische Volkspartei으로 이름을 바꾸고, 1912년에는 보수인민당Konservative Volkspartei, 그리고 다시 1957년 보수인민당에 이어 1970년에 스위스기독민주당Swiss Christian Democratic Party이 되어 최근까지도 주요 정당의 하나로 꼽혔다.

더욱 중요한 것은 비스마르크의 새로운 독일 제국에서 등장한 가톨릭 정당이었다. 이 독일은 대략 3분의 2가 개신교인이고 3분의 1이 가톨릭이었다. 오스트리아가 —많은 독일 민족주의자들이 기대한 것처럼— 대독일Größdeutschland의 일부가 되었더라면, 가톨릭교인과 개신교인이 어느 정도 동등한 비중을 차지했을 것이다. 하지만 결국 드러난 것처럼, '소'독일Kleindeutschland이 개신교인들에게 더 잘 맞았다. 분명한 종교적 차이는 제쳐두고라도 가톨릭교인들은 중산층Mittelschicht이라는 의미에서 개신교인에 비해 '부르주아적'이지 못했다. 한편 가톨릭 노동자들은 개신교 노동자보다 더 종교적이었고, 협회·자선단체·음악동호회·클럽 등의 만만찮은 네트워크를 중심으로 훨씬 잘 조직되어 있었다. 사회민주당도 이런 길을 걷게 된다. 따라서 비스마르크와 그의 주요한 정치적 동맹 세력인 민족자유당은 가톨릭을 새로운 제국의 권위와 안정을 해치는 잠재적 위협으로 간주했다. 가톨릭은 비스마르크의 주장이 옳다면 민족 정체성이 없었기 때문이다(어쨌든 개신교인들은 루터교였기 때문에 '더 독일적'이었다). 19세기 민족주의가 가장 뚜렷한 승리—독일 통일과 이탈리아 군대에 의한 신생 국가의 새로운 수도 로마 '해방'—를 기록하던 바로 그 순간에 가톨릭교인들은 로마로 눈길을 돌려 이미 교황은 오류가 없다는 새로운 교의—제1차 바티칸 공의회(1869~70)에서 선포—를 받아들였다.

점차 고조되는 개신교의 적대감에 직면한 독일 가톨릭은 소수자로서 자신들의 권리를 보호하기 위해 독자 정당인 중도당을 창건했다. 비스마르크는 이 모든 움직임을 '왕권과 사제 카스트' 사이의 오랜 권력 갈등의 연속으로 해석했다.[65] 그리하여 반가톨릭이 국가 정책이 되었다. 이 정책은 '문화투쟁'이라고 알려지게 되었다(문명을 위한 투쟁이라는 의미에서 문화를 위한 투쟁). 이 '투쟁'은 특히 프로이센에서 격렬했는데, 가톨릭의 다수가 폴란드인이었기 때문이다. '문화투쟁'은 결정적으로 반폴란드적

함의를 띠었다.[66] 예수회를 금지하는 법률이 제정되어 당국이 마음대로 예수회 교인을 추방할 수 있게 되었다. 국가의 임명을 받지 않은 사제들은 체포되었고, 가톨릭 학교는 정부의 엄격한 감독을 받아야 했으며, 일부 교회 자산은 몰수되었다. 결국 '문화투쟁'은 실패작임이 밝혀졌다. 이를 계기로 가톨릭교인들이 전에는 상상할 수 없었던 정도로 정치에 나섰기 때문이다.[67] 이제 중도당은 성직자와 주교들을 제치고 가톨릭교인들의 충성을 한 몸에 받는 구심점으로 부상했다.[68] 게다가 비스마르크의 국가는 반가톨릭 입법을 시행하기 위한 기관도 부족했다(그리고 발전시키는 데 실패했다). 독일의 판사들은 증거를 꼼꼼하게 따졌고, 이런 엄격한 접근 때문에 '문화투쟁'의 성공적인 실행이 가로막혔다. 어쨌든 '문화투쟁'은 대중의 상당한 반감에도 맞닥뜨렸다.[69] 1874년 제국의회 선거에서 중도당은 득표수를 두 배로 늘렸다. 비스마르크의 독일은 흔히 생각하는 것처럼 권위주의적이지 못했다.[70]

언제나 현실주의자였던 비스마르크는 그리하여 가톨릭 탄압을 중단했으며, 1878년 한때 그토록 욕하던 중도당의 지지를 받으면서 사회민주당의 사회주의자들에게 등을 돌렸다. 이른바 사회주의자탄압법Anti-Socialist Acts을 제정해서 사회민주당을 노골적으로 금지하지는 않았지만 갖가지 방식으로 괴롭혔다(신문, 파업, 집회 등을 금지했다). 한때 하위문화였던 중도당은 이제 제도권의 일부로 변신하고 있었다. 가톨릭의 종교적 이해를 수호한다는 뚜렷한 전반적인 목표를 추구하는 '정체성' 정당이었다. 하지만 민족주의 정당의 경우에 흔히 그렇듯이, 다른 면에서는 어떤 정치를 추구하는지 전혀 분명하지 않았다. 당의 계급적 기반은 복잡했다. 가톨릭 산업자본가는 거의 없었지만, 가톨릭 농민, 농촌 주민, 상점주인은 많았고 노동자도 일부 있었다(노동자를 놓고 사회민주당과 격렬한 경쟁을 했다). 가톨릭은 사회민주당과 마찬가지로 높은 세금과 군비 지출에 반대했으며 또한 하루 8시간 노동을 원했다. 가톨릭은 중앙집권적인 국가를 두려워했기 때문에 '반중앙집권주의자'였다. 실제로 모든 곳에서 가톨릭은 반국가주의 세력이었다. 모든 국가가 교육과 가족법(혼인, 이혼)을 잠식하고 있었고, 어쨌든 로마 가톨릭 교회는 초국가적인 조직이었기 때문이다. 하지만 중도당은 적들이 주장하는 것과 달리 로마의 앞잡이와는 거리가 멀었다. 1887년, 레오 13세는 비스마르크를 향한 화해의 몸짓으로 정부의 군사 예산을 지지하도록 중도당에 압력을 가했다. 중도당은 거부했다. 그러자 교황은 자신이 내린 지침을 유출해서 비스마르크가 중도당을 응징하게 했다.[71] 독일 고위 성직자의 대다수는 당 편을 들었다. 교황이 정치문제가 아니라 신학문제에서만 오류가 없다고 생각했기 때문이다.

가톨릭과 사회민주당이 결국 1890년 제국의회(연방의회) 선거에서 진정한 승자임이 드러났다. 사회민주당은 19.7퍼센트를 득표했지만 의석은 35석밖에 차지하지 못했다. 중도당은 18.6퍼센트를 득표했지만, 농촌지역에 유리한 의석 배정 덕분에 전체 397석 가운데 106석을 차지하여 제국의회에서 최대 정당에 올라섰다. 결국 친자본주의와 거리가 먼 정당들이 거의 40퍼센트를 득표한 셈이었다. 비스마르크가 사회민주당과 가톨릭을 겨냥해 벌이는 '전쟁'에서 가장 충실한 동맹자였던 민족자유당과 다양한 보수 정당들은 참패했다.[72] 비스마르크는 사회주의자탄압법을 갱신하려고 했지만, 많은 산업자본가를 비롯한 다수가 노동조합 및 사회민주당과 끝없이 대결하는 분위기에 불안감을 느꼈다. 사회주의자탄압법을 갱신하려는 법안은 보수당(더욱 강한 사회주의자탄압법을 원했다), 사회민주당, 가톨릭, 자유주의자로 이루어진, 공통점이 없고 현실성도 없어 보이는 연합에 의해 기각되었다.[73] 젊은 황제 빌헬름 2세조차 '사회문제'

에 대해 좀더 화해적인 접근법을 선호했다. 그것으로 위대한 수상의 시대는 막을 내렸다. 1890년 3월 빌헬름은 27년간 재임한 비스마르크를 해임했다.

사회민주당(과 중도당)은 승승장구했다. 당은 전쟁에 이르는 시기까지 모든 선거에서 최고의 득표를 얻었고, 1912년에는 사상 처음으로 중도당 득표 수보다 두 배 이상 얻어서 최대 의석(전체 397석 가운데 110석)을 차지하기도 했다. 이제 사회민주당은 어느 모로 보나 독일 최대의 정당이었다. 20세기를 거치면서 유럽 민주주의 지역 전체에서 이런 양상이 되풀이되게 된다. 순수하고 단순한 친자본주의는 결코 선거에서 승리를 보장하는 처방이 아니었다. 1등 정당이 되려면 기독민주당이나 사회민주당, 또는 드골주의 정당이나 보수당처럼 민족주의적인 '한 민족' 정당이어야 했다. 신자유주의가 지배 이데올로기가 된 1980년 이후에야 이따금 시장경제를 관리하는 '가장 뛰어난 정당'이라는 근거로 승리를 거둘 수 있었다.

가톨릭 국가 오스트리아에서는 기독사회당이 성공을 거두었지만, 이 당은 당시 오스트리아-헝가리 제국 가운데 오스트리아 지역에서만 세력이 강했다. 중도당과 달리 기독사회당은 도시 기반이 탄탄했다. 이 당의 탄생과 거의 동시에 세기말 오스트리아에서 다른 거대한 대중 정당인 사회민주노동자당Sozialdemokratische Arbeiterpartei도 탄생했다. 둘 다 빈을 중심으로 했는데, 사회기독교주의자(이자 지독한 반유대주의자)인 카를 뤼거가 1897년부터 세상을 떠나는 1910년까지 이 도시의 시장으로서 지방정치를 지배했다. 뤼거가 추구한 목표는 파편화된 부르주아지Bürgertum를 사회민주주의의 도전에 대처하는 효과적인 정당으로 통합하는 것이었다.[74] 1907년 남성 보편 참정권 덕분에 기독사회당이 오스트리아 하원에서 최대 집단이 되었다. 다만 이후 치러진 선거에서는 사회민주노동자당이 그 자리를 차지했다. 따라서 오스트리아와 독일 양국에서 공공연한 친자본주의 정당은 의회에서 다수를 차지하지 못했다.

황제 프란츠 요제프와 중앙정부는 뤼거의 극단적인 포퓰리즘과 반유대주의에 놀라 뤼거의 당선을 거부하는 식으로 그가 부상하는 것을 막으려고 했다.[75] 뤼거의 당은 어느 정도 세력을 갖춘 최초의 반유대주의 포퓰리즘 정당이었다. 물론 유럽에는 반유대주의자가 숱하게 많았지만, 실체적인 정당으로 조직된 사례는 전무했다(독일에서 아돌프 슈퇴커가 창설한 기독사회당은 대중적 추종자가 없었다). 뤼거는 정치적 목적을 위해 반유대주의를 활용했지만 당의 힘은 좀더 복잡한 토대에 의존했다. 기독사회당의 주요한 세력 기반은 이민자와 유대인에 적대적인 오스트리아의 가톨릭 기능공들이었다. 이민자와 유대인은 대체로 자유당 지지자 그리고/또는 경쟁하는 기능공이었기 때문이다. 기독사회당이 결성되기 전인 1880년대에 뤼거의 포퓰리즘은 대자본에 공공연하게 적대적이었고(원래 그는 자유주의 정당인 진보당Progressive Party의 좌파로 활동했다), 그는 민간기업 규제와 지역 산업을 지키는 보호주의, 보험과 신용 체계의 국유화, 거대 산업에 맞서 노동자를 보호하는 법률, 정치적 부패를 단속하는 법률 등을 요구했다.[76] 1887년에 이르면 그는 정치적 기독교를 신봉하고 있었다.[77]

1891년 새롭게 출범한 기독사회당은 빈 선거에서 몇 차례 주요한 승리를 거뒀고, 1897년에는 뤼거가 시장이 되었다. 취임사에서 뤼거는 빈에서 이루고자 하는 일종의 '지자체 사회주의'의 개요를 설명했다. 새로운 가스와 수도 시설을 비롯한 지자체 차원의 공익시설, 빈민 보호 개선, 도시의 세입 비중 확대 등이었다.[78] 뤼거가 사망하는 1910년에 이르면 도시 예산의 상당한 비중이 광대한 시영 공익시설과 서비스의 수익에 의존했다. 1913년에 이르러 빈은 세계에서 손꼽히는 공공교통 시스템을 갖게 되었다.[79] 뤼거는 좋은 자본주의와 나쁜 자본주의를 구별하는 반자본주의자였다. 당이 호소력을 발휘한 것은 기독교와 반유대주의, 그리고 사회민주당의 강령에서 빌려온 많은 요소를 포함한 경제 개입주의의 요소들이 결합된 결과였다.[80] 기독사회당은 후대의 파시즘 정당을 예고하는 형상이었다. 히틀러는 카를 뤼거에 대해 "나의 공정한 판단은 숨길 수 없는 존경으로 바뀌었다"고 말했다. "오늘날 어느 때보다도 더욱 나는 이 사람을 역사상 가장 위대한 독일 시장으로 평가한다."[81] 후대는 카를 뤼거에게 친절했다. 1926년 예전의 적수인 사회민주당의 카를 자이츠가 카를 뤼거 박사 광장Dr.-Karl-Lueger-Platz에 세워진 뤼거의 당당한 청동 조상의 덮개를 벗겼다.[82] 광장은 지금도 명칭이 그대로이고 동상도 여전히 서 있다.

기독사회당은 반자유주의 정당이었지만 사회민주당도 마찬가지였다. 두 당은 서로를 혐오했지만 둘 다 빈에서 세력이 강했고, 빈은 제국 관료제의 중심지였다.[83] 주요 금융 중심지는 부다페스트였는데, 한때 지방의 후미진 곳이던 이 도시는 1914년으로 이어지는 수십 년 동안 유럽에서 가장 활기차고 빠르게 성장하는 도시로 부상했다(대륙에서 여덟 번째로 큰 도시였다).[84] 주요 산업 중심지는 후에 체코슬로바키아, 오늘날의 체코공화국의 일부인 보헤미아와 모라비아-슐레지엔에 있었다. 1918년 제국이 해체된 뒤, 특히 2차대전 이후에 오스트리아가 한때 제국의 수도였던 도시를 중심으로 한 알프스 산맥의 작은 공화국으로 전락했을 때, 지배적인 두 당은 한 세기 가까이 여전히 기독사회당과 사회민주당이었다(당의 이름은 몇 차례 바뀌었다).

가톨릭 정당은 독일과 오스트리아에서 강했지만, 적어도 1차대전에 이르는 수십 년 동안은 결코 으뜸가는 당이 되지 못했다. 한 번도 정부를 구성하지 못했다. 다른 곳에서는 벨기에 한 나라를 제외하면 간신히 명맥을 이었다. 1830년 국가 창건 이래 지배한 자유당의 강한 반교권주의에 직면한 가톨릭은 다른 곳보다도 일찍부터 정치적 조직화를 시작했다. 다만 정식 가톨릭 정당이 등장하기까지는 오랜 시간이 걸렸다. 가톨릭이 반대한 것은 산업화와 자본주의의 부당성보다는 교육을 통제하는 강력한 세속 국가를 만들기로 한 자유당의 결정이었다. 1885~6년에 석탄 광부들이 이끈 대대적인 노동자 소요가 벌어지고 선거제도 개혁을 둘러싸고 헌정 위기(1891~5)가 발생했다.[85] 하지만 주요한 정치적 갈등은 교육을 둘러싸고, 그리고 교회와 국가 가운데 누가 학교를 통제할 것인지를 놓고 벌어졌다. 갈등이 워낙 극심했던 탓에 '1차 학교 전쟁La première guerre scolaire'(1879~84)이라는 이름까지 붙었다. 자유당 정부는 일찍이 1879년에 행정구역마다 최소한 세속 학교 한 곳을 두어야 한다는 내용의 법률을 통과시켰다. 그러자 주교들은 세속 학교에서 가르치는 교사와 이 학교에 자녀를 보내는 부모에게는 병자성사를 해주지 않겠다고 발표했다. 지옥에서 영원히 불태워지는 벌을 내린 셈이었다. 1884년 다시 권력을 잡은 가톨릭당은 자신들한테 유리하게 법률을 개정하면서도 비타협적인 가톨릭교인들이 기대한 것과 달리 세속 학교를 폐지하지는 않았다. 교육을 둘러싼 투쟁은 20세기 내내 계속되었다. 1950년대에 2차 '학교 전쟁'이 벌어졌다. 마침내 1958년에 타협이 이루어져 지금까지 유지되고 있다. 자본주의, 산업화, 경제, 노동시장 규제 등등은 이 기나긴 갈등에서 결코 핵심 쟁점이 아니었다.

19세기 말 몇십 년간 사회주의운동이 발전함에 따라 벨기에의 양당제(자유당 대 가톨릭당)는 세 당의 싸움이 되었다. 자유당과 사회당은 둘 다 가톨릭당('교황 패거리popish gangs')을 혐오했기 때문에 세속주의에 관해서는 협력했지만, 시장 규제를 놓고는 의견이 갈렸다. 자유당과 가톨릭당은 서로를 싫어했지만, 둘 다 사회당의 혁명적 호소를 두려워했다. 사회당과 가톨릭당은 자유당을 주적으로 여겼지만 그 이유는 크게 달랐다. 가톨릭당이 1884년 이후 계속 집권했기 때문에 자유당과 사회당은 결국 가톨릭의 교육 지배권을 끝장내기 위해 협력했으나 큰 성공은 거두지 못했다. 실상가성으로 지역 차원의 문제도 있었다. 가톨릭당은 플랑드르에서 더 세력이 강한 반면(산업도시 헨트는 예외였다), 자유당과 사회당은 프랑스어권인 왈롱에서 세가 강했다.

벨기에 가톨릭당은 자유당과 마찬가지로 노동자를 위해 한 일이 거의 없었다. 노동시간, 보건, 안전을 규정하고 작업장의 학대를 제한한 1889년의 아동·노동법Child and Labour Act은 몇십 년 전에 영국의 자유당과 보수당이 채택한 입법에 비하면 중요성이 떨어졌다. 1903년에는 그보다 중요한 산업재해보험법Workplace Accident and Insurance Act이 제정되었다. 그때까지 법원과 판사들이 노동자의 복지를 장려하는 데서 정치인보다 더 적극적으로 나섰다.[86] 1884년부터 1차대전까지 가톨릭이 이끈 역대 정부는 대체로 친자본주의 성향이었다. 1914년 이전에 가장 오래 재임한 수상(1896~1907)인 파울 드 스메 드 나에야르 백작은 자본주의에 반감을 가질 이유가 전혀 없었다. 그는 헨트에서 손꼽히는 면 제조업 가문 출신으로 정치에 입문하기 전에 벨기에 소시에테제네랄Société générale de Belgique의 총수였다. 철도와 석탄, 철강을 지배하고 벨기에 식민주의에서 적극적인 역할을 한 벨기에 최대 기업이었다.

참정권이 확대됨에 따라 사회당은 세기가 막을 내릴 무렵에야 벨기에에서 중요한 세력으로 등장했다. 남성 보편 참정권을 지지하며 사회당이 이끈 1893년 총파업(유럽 최초의 총파업) 때문에 가톨릭당과 자유당은 불가피한 변화에 굴복하면서 참정권을 양보할 수밖에 없었다(다만 돈이 더 많고/많거나 교육을 더 많이 받은 일부 사람들은 1표 이상을 행사했다). 역설적으로 이 때문에 가톨릭당은 권력을 더욱 공고화하는 한편 비가톨릭 표는 사회당과 자유당으로 거의 반반씩 갈라졌다.[87]

잇따른 가톨릭당 정부는 가톨릭 노동자들 사이에서 적지 않은 지지를 유지하기 위해 몇 가지 사회입법을 공포했다. 교황이 「새 질서」를 발표하기 한참 전에, 그러니까 면 방적공 노동조합이 결성된 1857년에 가톨릭당 스스로 노동조합을 조직한 바 있었다. 사회당이 점점 강해지자 노동조합 내의 가톨릭 분파가 분열되어 1886년에 반사회주의면직노동자연합 Antisocialistische Katoenbewerkersbond이라는 적절한 이름의 조직을 만들었다. 이와 같이 가톨릭 노동조합원들은 사회당에 떠밀려 정치로 들어섰다. 결국 1904년에 도미니크회 수사 페르 뤼탕의 정신에 따라 기독교노동조합총연맹Confédération des syndicats chrétiens이 창건되었다. 오늘날까지도 이 가톨릭 노동조합 총연맹은 사회당 조직보다 여전히 세력이 크다. '사회주의'라는 단어는 노동자들조차 겁을 집어먹게 만들었는데, 이 때문에 사회당은 자신을 노동당(프랑스어로는 Parti ouvrier, 플랑드르어로는 Belgische Werkliedenpartij)이라고 지칭했다.

베버에게는 미안한 말이지만, 가톨릭은 개신교만큼이나 자본주의 정신을 장려하는 데 훌륭함이 입증되었다. 가톨릭은 사회를 가족 개념을 본보기로 삼은 하나의 유기적 전체로 보는 합의적 견해를 발전시켰다. 이런 견해에서는 권력의 차이와 불평등이 공공의 이익을 위해 정당화되었다. 그리하여 가톨릭은 사회주의(인간의 형제애라는 최종 목표)와 자유주의(차이의 정당화)의 요소들을 일부 공유했다. 사실 기독교인들은 '영혼 없는' 대규모 자본주의와 신 없는 노동운동에 맞서 소규모 사유재산(즉 농민과 상점주인)을 옹호하는 전통적인 포퓰리즘의 견해에 가장 가까웠다.

미국의 포퓰리즘 또한 중앙정부에 맞서 지방정부를, '대'(기업, 노동조합 등등)에 맞서 '소'를 대변하는 목소리를 높였다. 하지만 유럽 나라들과 미국의 여러 차이점 가운데 하나는 미국 정치 담론에서 종교가 확고히 존재하긴 해도, 미국은 교회와 국가의 분리 교의(정교분리를 채택한 최초의 국가다)를 지키면서 줄곧 공공연한 종교 정당이 없었다는 것이다. 그러나 종교 자체는 유럽보다 미국에서 훨씬 더 중요했다. 그리고 지금도 중요하다. 미국 대통령은 취임사에서 걸핏하면 하느님을 거론한다. 존 F. 케네디(1961)는 인간의 권리는 "국가의 관대함이 아니라 하느님의 손에서" 나온다고 단언했고, 지미 카터(1977)는 자기 어머니가 준 성경과 "고대의 선지자 미가가 전한 영원한 훈계"를 언급했으며, 로널드 레이건(1981)은 이후의 대통령 취임일은 '기도의 날'로 선포해야 한다는 소망을 표현했고, 버락 오바마(2009)는 모든 사람이 평등하고 자유롭고 "완전한 행복을 추구할" 기회를 누릴 자격이 있다는 명제는 "하느님이 주신 약속"이라고 설명했다. 도널드 트럼프(2017)는 이렇게 선언했다. "성경은 우리에게 하느님의 백성들이 똘똘 뭉쳐 함께 사는 게 얼마나 좋고 행복한 일인지 말해줍니다."[88] 역대 미국 대통령 취임사 중에서 하느님이나 성경을 언급하지 않은 사례를 찾기는 쉽지 않다. 이와 대조적으로, 샤를 드골(열성 가톨릭교인)이나 훨씬 더 가톨릭 신앙이 깊은 콘라트 아데나워(독일 총리. 1949~63년 재임), 1945년부터 1991년까지 로마 가톨릭 교회의 확고부동한 지지를 받으면서 이탈리아 정치를 지배한 이탈리아 기독민주당 Democrazia Cristiana의 주요 지도자 가운데 어느 누구도 공식 연설에서 신을 언급한 적이 거의 없다.

미국 공화국은 순전히 세속적이었지만 결코 반교권주의적이지는 않았다. 종교는 소농민을 하나로 단합시키는 중요한 요소였지만 자율적인 정치 세력이었던 적은 없다. 교회와 국가의 분리는 성직자를 정치에서 배제하기 위해(유럽의 경우처럼) 고안된 게 아니라 경쟁하는 교회와 종교들 사이에서 한쪽 편을 들지 않기 위한 것이었다. 정말로 많은 교회와 종교가 있었다. 19세기 내내 여러 교회가 끊임없이 발전하고 증가한 사실을 유념하자. 모르몬교(1830), 제칠일안식일예수재림교회(1863), 여호와의 증인(1870년대), 크리스천사이언스(1875) 등등이 미국에서 생겨났을 뿐만 아니라 그전에 설립되거나 유럽(주로 잉글랜드)에서 유입된 교회와 교파도 많았다. 복음주의, 퀘이커교, 침례교, 플리머스형제교회(1820년대 더블린에서 유입), 성공회(잉글랜드 국교회의 미국식 변형), 그리고 물론 가톨릭 등이 있었다. 따라서 미국 역사의 지난 200여 년 내내, 특히 노예제 반대 투쟁과 시민권 투쟁에서 양대 정당 바깥의 정치 지도자들이 이례적으로 두드러진 종교적 면모를 보였다. 첫째, 1831년 노예 반란을 이끈 냇 터너는 처형되기 전에 자신이 그리스도의 멍에를 매고 있으며 "하느님의 손 안에서 위대한 목적을 위해 시련을 겪었다"고 설명했다.[89] 그 뒤를 이어 노예 출신으로 위대한 연설자이자 노예제 폐지론자, 감리교 아프리카성공회시온교회African Methodist Episcopal Zion Church(주류 감리교는 인종분리 방침이었다)의 설교자인 프레더릭 더글러스(1818~95), 노예제 폐지론자이자 적극적 여성 참정권 운동가, 역시 감리교 아프리카성공회시온교회의 독실한 교인이던 해리엇 터브먼(1822~1913), 확고하고 독실한 신자로 1859년 노예제에 맞선 무장투쟁을 촉발하려는 의도로 하퍼스페리 무기고를 습격한 사건으로 유명한 존 브라운(남북전쟁 시기의 유명한 진군가에 따르면 그의 육신은 "무덤 속에서 썩어 흙이 되지"만 "그의 영혼은 계속 진군하고 있다!")이 등장했고, 한 세기 뒤에 침례교 목사 마틴 루서 킹, 이슬람으로 개종한 맬컴 엑스까지 이어졌다. '반대편', 그러니까 노예제 편에는 지금은 거의 잊힌 한 무리의 목사와 사제들이 있다. 성경을 근거로 노예제를 정당화하면서도 잉글랜드 빈민의 상태를 보고는 소스라치게 놀란(잉글랜드에 방문한 적이 있다) 제임스 헨리 손웰(1812~62) 같은 인물이 대표적이다. 손웰은 유럽은 이미 전면적인 계급 전쟁과 혁명의 소요에 직면하고 있고 북아메리카도 조만간 직면하게 될 것이라고 결론지었다. 따라서 그는 노예제를 사회문제에 대한 기독교적 해법으로 간주했다. 그러면서 더없이 직설적인 언어로 자본주의 국가들은 남부 노예제와 너무도 흡사해서 구별하기 힘들 정도의 임금노동체제를 도입해야 할 것이라고 예측했다.[90]

남북전쟁은 좋은 의도, 아니 적어도 좋은 의도라는 가면으로 포장되었다. 양쪽 모두 도덕적으로 우위에 서려고 했고, 일단 우위를 차지하면 한쪽이 이길 때까지 서로를 죽였다. 전형적인 '열린 텍스트'인 성경은 어느쪽에서든 활용할 수 있었다. 에이브러햄 링컨이 너무 늦게 깨달았을 뿐이다. 두 번째 취임사(1865년 3월 4일)에서 링컨은 이제 막 미국 역사상 가장 유혈적인 전쟁을 끝낸 양쪽에 관해 말했다. "양쪽 다 같은 성경을 읽고 같은 하느님께 기도를 드리며, 서로에 맞서 하느님의 도움을 호소합니다. … 양쪽의 기도자들은 응답을 받을 수 없었습니다. … 전능하신 하느님께서는 자신만의 목적을 추구하시니까요." 계속해서 링컨은 숱하게 인용되는 화해의 말로 연설을 마무리했다. "누구에게도 악의를 품지 않고, 모두에게 자비를 베풀며, 하느님께서 깨우쳐주시는 대로 정의를 굳게 믿으면서 우리가 하고 있는 과업을 끝맺기 위해 분발합시다." 그로부터 5주 뒤 그는 암살당했다.[91]

유럽 역시 정치적 목적을 위해 종교를 활용하는 전통이 있었지만, 그

전통은 계몽주의 이전에 가장 강했다. 19세기에는 이런 활용이 어느 정도 제한되었다. 노예무역 폐지를 위한 캠페인을 이끈 복음주의 기독교인인 윌리엄 윌버포스나 에릭 홉스봄이 '원초적 반란자'의 하나로 꼽은 다비데 라차레티(1834~78)같이 지역 차원에서만 중요한 메시아적 설교자를 생각해볼 수 있다.[92] 이런 사례를 제외하면, 종교는 여전히 교회와 정당 같은 기관들의 수중에 있었다. 글래드스턴조차 하느님이 자유당원이라고 주장하지 않았다.

제4부
세계를 마주하다

제17장 유럽이 온 세상을
정복하다
제18장 식민지 대논쟁:
프랑스와 영국
제19장 첫 번째 전 지구적 위기
제20장 경제 보호하기

제17장
유럽이 온 세상을 정복하다

15년 이상 이어진 교전이 끝난 1847년, 프랑스의 알제리 점령에 맞선 저항군 지도자 에미르(대공) 압델 카데르는 마침내 패배해서 생포되었다. 프리드리히 엥겔스는 차티스트 신문 『노던스타The Northern Star』의 지면에서 이러한 식민화 과정의 이정표를 다음과 같이 찬양했다.

아랍 족장이 잡혔다니 … 천만다행이다. 베두인족의 투쟁은 가망 없는 싸움이었고, 뷔조 같은 잔인한 군인들이 전쟁을 수행한 방식은 비난해 마땅하지만, 알제리 정복은 문명의 진보를 위해 중요하면서도 다행스러운 사실이다. … 만약 우리가 사막에 사는 베두인족의 자유가 파괴된 것을 유감스럽게 여긴다면, 바로 이 베두인족이 도적들의 민족임을 잊어서는 안 된다. 그들의 주요한 생계 수단은 서로를, 또는 마을 정착민을 습격해서 닥치는 대로 물건을 빼앗고, 저항하는 사람은 모조리 도살하고, 나머지 포로를 노예로 팔아치우는 것이었다. 이 모든 자유로운 야만인 민족들은 멀찍이서 보면 매우 자랑스럽고 고귀하고 영광스러운 것 같지만, 가까이 다가가 보면 문명화된 민족뿐만 아니라 그들 역시 이득을 얻겠다는 열망의 지배를 받고, 더 야만적이고 잔인한 수단을 활용할 뿐임을 알 수 있다. 그리고 어쨌든 문명과 산업, 질서, 그리고 최소한 상대적 계몽을 갖춘 현대 부르주아가 야만적 상태의 사회에 속한 봉건 영주나 비적보다는 낫다.[1]

천만의 말씀. 압델 카데르는 '비적'이기는커녕 훌륭한 게릴라 전사였다. 어디에나 그를 찬미하고 따르는 이들이 있었다. 윌리엄 새커리는 카데르가 곤경에 처한 것을 보고 영감을 받아서 그를 기리는 발라드를 썼다(「새장에 갇힌 매The Caged Hawk」[1848]).

> 그를 패배시킨 것은 전투가 아니었다. 그는 결코 항복을 외치지 않았으니.
> 그는 결코 프랑기스탄[새커리가 프랑스를 낮춰 부르는 표현.-옮긴이]의 군주 앞에서 칼을 내려놓지 않았다.
> 하지만 사방에 반역자에게 둘러싸인 그의 별은 지고 있었으니,
> 그는 알라의 목소리를 들었고, 헛되이 애쓰지 않았다.[2]

1852년 마침내 프랑스의 손길에서 벗어나 다마스쿠스로 추방된 압델 카데르는 문학과 신학에 몰두했다. 1860년 그는 드루즈인의 학살에서 현지 기독교 공동체 성원들을 구했는데, 이 업적 때문에 교황과 나폴레옹 3세, 에이브러햄 링컨을 비롯해서 서구의 많은 이들에게 존경을 받았다. 『뉴욕타임스』는 "가장 비타협적인 무함마드의 독립 전사가 … 정치적으로 몰락한 시기에 기독교인의 생명과 명예를 지키는 용맹한 수호자가 된 것은 역사에 가볍게 기록될 일이 아니다."[3] 이런 업적 이전에도, 그가 생포되기 전인 1846년 아이오와주의 한 도시(엘캐더Elkader)를 창건한 이들이 그의 이름을 도시에 붙였다. 지금도 아이오와주에 있는 이 도시에는

주민 1273명이 살고 있다(2010년 인구조사).

엥겔스가 언급한, 압델 카데르를 쳐부순 토마 뷔조 원수는 오늘날 '초토화scorched earth' 방침이라고 알려진 작전의 선구자였다. 그는 알제리인들에게 당장 항복하지 않으면 무시무시한 일이 벌어질 것이라고 경고한 바 있었다.

당신네 산지에 진입해서 마을과 작물을 불태우고, 과일나무를 베어버릴 텐데, 당신들 스스로 초래한 일일 뿐이다. 하느님 앞에 맹세하건대, 그런 재앙이 벌어져도 절대 내 책임은 아니다. 당신들에게 자비를 베풀기 위해 많은 일을 했기 때문이다.[4]

위대한 자유주의 사상가 알렉시 드 토크빌도 열렬히 찬동했다.

프랑스에서 나는 내가 존경하면서도 생각은 다른 사람들이 우리가 수확물을 불태우고, 곡물 창고를 털고, 심지어 무장하지 않은 남녀와 아이들을 체포한다고 개탄하는 이야기를 종종 들었다. 내 생각을 밝히자면, 아랍인들을 상대로 전쟁을 벌이려고 한다면 이런 일을 유감스러우나 필수불가결한 것으로 받아들여야 한다.[5]

프랑스의 알제리 점령에 대한 토크빌의 방침은 '문명화 사명mission civilisatrice'(아직 이 용어가 만들어지기 전이긴 했다) 개념에 바탕을 둔 것이었지만, 또한 프랑스와 가까운 곳에 그가 찬탄의 뜻으로 '무슬림 크롬웰'이라고 지칭하는 사람이 이끄는 현대 아랍 국가가 형성되는 것을 막으려는 목적에도 근거한 것이었다.

만약 **낭만적 식민주의**romantic colonialism가 신봉하는 서사를, 커다란 위험을 무릅쓰고 비참한 야만인들에게 문명과 근대의 기쁨과 혜택을 가져다주는, 선견지명을 갖춘 계몽된 정착민들의 기획으로 정의할 수 있다면, **우울한 식민주의**melancholic colonialism는 더욱 책임성이 커진 것이다. 앞에서 엥겔스와 토크빌이 묘사한 것처럼, 우울한 식민주의는 정착민과 식민주의자들이 지행하는 잔인하고 야만적인 행위를 인정하면서도 결국 이 과정이 가능한 최상의 세계에서 가장 좋은 것이라면서 이를 승인한다.[6] 제국주의자들은 계몽주의가 종교의 대체물로 내세운 개념이자 그 이름으로 거의 모든 것을 정당화할 수 있는 문명에 거듭 호소했다(비단 제국주의자들만이 아니었다). 이런 감정은 여전히 만연해 있었다. 조지프 체임벌린은 "계란을 깨뜨리지 않고는 오믈렛을 만들 수 없다"고 설명해서 박수갈채를 받았고, 반세기 뒤인 1897년 왕립식민협회Royal Colonial Institute에서도 아직 진부하지 않은 상투적 표현을 들먹였다. "무력을 사용하지 않고는 여러 세기 동안 아프리카 내륙을 황폐하게 만든 야만적 관행과 노예제, 미신을 깨뜨릴 수 없습니다."[7] 1845년 미국 언론인 존 오설리번이 텍사스 병합을 정당화하려고 하면서 만들어낸 표현인 '명백한 운명manifest destiny'을 부여받은 한, 제국이 아니더라도 '문명화 사명'을 떠안을 수 있었다. 오설리번은 "텍사스는 이제 우리 땅"이라면서 다른 어떤 나라(잉글랜드와 프랑스를 암시하는 말이다)도 "우리를 겨냥해 적대적 간섭을 시도하면서 우리 정책"을 반대하거나 "우리의 힘"을 방해하거나 "우리의 위대함"을 제한하거나 "우리에게 주어진 명백한 운명의 실현"을 견제하지 못한다고 덧붙였다.[8]

서양에 의해 '문명화'되지 못했더라면, 알제리, 그리고 다른 이른바 제3세계가 어떤 미래를 맞이했을지를 놓고 지금까지도 논쟁이 벌어진다.

엥겔스와 토크빌, 그리고 그들을 추종한 마르크스주의자들과 자유주의자들은 근대화가 저발전에서 벗어나는 길이라고 생각했다. 양쪽 모두 인정하듯이 그 방법이 좀 잔인했을 수는 있지만, 궁극적인 결과는 혜택이 될 것이었다. 시간이 무르익으면 평등과 인권 같은 문명의 가장 지고한 결실을 포함해서 식민지 주민들에게 근대를 가져다줄 터였기 때문이다.

이런 견해에 대비되는 '종속이론가' 집단은 가난한 국가들이 일단 세계경제에 강제로 통합되면 부유한 국가들을 더욱 부유하게 만들면서 자신들은 가난에서 벗어나지 못한다고 주장한다.[9] '발전 단계' 이론의 낙관적 지지자들은 후발 주자들이 선구자를 모방해서 전통적인 후진적 구조를 극복해야 한다고 주장하는 반면, 종속학파의 비관주의자들은 진정한 갈등은 각국 내부가 아니라 핵심부(서구)와 주변부(제3세계) 사이에 있다고 역설한다. 후발 주자들은 종속의 고리를 깨뜨려야만 세계경제에 점진적으로 편입되는 과정을 통제하는 데 성공할 수 있다. 그렇지 않으면 자신들이 협상하거나 만들어내지 않은 상태 속에서 세계경제로 강제로 끌려들어갈 것이다. 어느 쪽 주장이든 뒷받침하는 풍부한 증거가 있기 때문에—그리고 양쪽 다 모종의 복잡한 역사실적 계산counter-factual calculations을 필요로 한다— 논쟁이 조만간 해결될 가능성은 없다. 게다가 세계를 선진 지역과 후진 지역으로 나누는 것은 너무 투박하다. 스웨덴의 기준에서 보면 브라질은 '저발전' 국가이지만, 브라질을 아이티와 하나로 묶는 것은 유용해 보이지 않는다.[10]

종속일까 아닐까? 한 가지는 확실하다. 19세기 서구의 산업화는 적어도 일부 '나머지' 세계의 탈산업화를 초래했다. 그 이유는 시장의 끊임없는 팽창을 요구하는 산업화 과정과 연결된다. 기술 향상에 따른 생산성 증대는 불가피하게 '선진국'의 결정적인 경쟁 우위를 초래한다. 1830~40년 시기에 잉글랜드의 임금이 인도에 비해 약간 더 높은 가운데 잉글랜드 방적기의 생산성이 인도 직물 기능공의 생산성보다 높았다는 것은 잉글랜드가 기계로 생산한 직물을 인도에 쏟아부어 현지 시장을 쓸어버릴 수 있었다는 뜻이다.[11] 1780년에서 1830년 사이에 영국에서 면직물 1마의 생산비가 83퍼센트 하락했다. 영국의 면 생산은 극단적으로 집중되었다. 1800년에서 1840년 사이에 랭키서 인구의 3분의 1이 면직 산업에서 일한 것으로 추정된다. 맨체스터, 올덤, 베리, 로치데일, 웰리(각각 면직공장이 100곳이 넘었다)의 생산자들이 영국 생산의 절반 이상을 차지했다. 이 작은 지역에서 생산된 직물이 세계 각지로 수출되었다.[12] 당시 세계화가 무엇이었는지를 극명하게 보여주는 광경이다. 몇몇 중심지에 생산이 집중되고 광범위한 주변부에서 소비가 이루어진 것이다. 그 결과로, 미국에서 남북전쟁(1861~5)이 일어나자 1863년 말에 이르러 랭커셔의 면 제조업에서 50만 명이 일자리를 잃은 것처럼, 세계의 한 지역에서 벌어진 사태가 다른 지역에서 막대한 곤경을 유발했다.[13]

영국 상품의 인도 유입은 인도의 심각한 탈산업화로 이어졌다. 19세기 전에 인도 직물은 인도 전체 수출의 60~70퍼센트를 차지했다. 동인도회사의 독점이 끝나자마자(1833) 잉글랜드 직물의 인도 유입이 크게 증가했고 인도는 영국의 중요한 시장이 되었다.[14] 1857년에 이르러, 영국인들이 인도 반란이나 인도 폭동으로 부르고 인도인들은 1차 독립전쟁이라고 부르는 사태가 벌어진 결과, 인도는 식민지가 되고 영국의 지배British Raj(힌두어로 '지배'라는 뜻)가 시작되었다. 1900년에 이르면 영국 면직의 78퍼센트가 수출됐는데, 그중 상당량이 여러 세기 동안 주요 면직 생산국이었던 인도로 수출되었다.[15] 영국의 면 제조업자들은 인도의 탈산업화를 찬미했다. 1860년 산업자본가이자 하원의원인 에드먼드 포터(베아트릭스 포터의 할아버지)는 맨체스터 상공회의소에서 연설하는 와중에 인도 방적공들이 일자리를 잃으면서 "우리가 바라는 대로 농사 직종으로 돌아가는 중"이라고 발언해서 우레와 같은 박수를 받았다.[16]

농촌의 경작자들은 아마 이제 자신들이 세계시장 앞에서 속수무책임을 깨달았을 것이다. 하지만 이 세계시장은 국가의 간섭이 전혀 없는 시장이라는 신자유주의의 환상이 아니었다. 각국, 특히 제국들은 끊임없이 간섭했다. 신자유주의자들이 그토록 오랫동안 주장한 것과 달리, 단순히 정부가 문제이고 시장이 해법인 것은 아니다.[17]

1853년 인도 베라르 지방(하이데라바드에 있는 주요 면화 생산지)을 차지한 뒤, 영국인들은 국내 산업(즉 맨체스터)의 요구를 충족시키기 위해 이 지역을 개발했다. 기술을 도입하고 베라르를 봄베이와 연결하는 철도를 부설한 것이다. 베라르의 자연 풍경은 "이른바 '황무지'를 목화 농장으로 변신시키려는" 영국의 거대한 시도로 거꾸로 뒤집혔다.[18] 영국의 경제적 이해가 워낙 지배적이어서 영국이 베라르 지방 면화 행정관으로 임명한 해리 리벳-카낙조차 맨체스터 상공회의소의 대리인일 정도였다.[19] 미국 남북전쟁 시기에 미국의 면화 생산이 급감함에 따라 인도 면화의 가치가 4배 이상 뛰었다.[20] 베라르의 흑토는 자연적으로 목화를 재배하기에 충분히 비옥했기 때문에 관개 비용이 저렴했다. 영국은 베라르의 방직공들이 아니라 목화에만 신경 썼다.[21] 인도 농민들은 이제 곡물이든 목화든 간에 끊임없는 가격 변동에 고스란히 노출되었다. 국제 곡물 가격이 오르면 인도 농민들은 생산물을 국내 시장에 판매하는 것보다 (중개업자를 통해) 수출하는 게 더 유리했다. 국제 면화 가격이 떨어지면 면 방직공들은 먹을거리, 특히 수출 가능한 식료품을 사지 못했다. 인도 밀 수출은 실제로 1876~7년 기근 동안 증가했다. 경제적으로 아주 합리적인 결과다. 굶어 죽어가는 사람이 아니라 살 돈이 있는 사람에게 물건을 파는 것이다. 실제로 서양 사람들은 인도산 식료품을 먹고 있었다.[22] 가뭄과 세계시장 의존이 결합된 결과 19세기 마지막 수십 년 동안 잇따라 기근이 발생해서 수백만 명이 사망했다. 1866년 오리사, 1869년 라지푸타나[인도 서북부 지방의 역사적 명칭. 지금은 대부분 라자스탄주에 해당.-옮긴이], 1873~4년 비하르, 1876~8년 남인도 등에서 기근이 발생했다.[23]

영국 지배하에서 인도인들을 위해 싸운 투사이자 인종 평등 주창자인 윌리엄 디그비는 1901년에 출간한 『'번영하는' 영국령 인도: 공식 기록에서 드러난 사실 'Prosperous' British India: A Revelation from Official Records』에서 공식 통계를 활용해서 영국의 지배 아래 인도인의 상황이 끊임없이 악화되었음을 입증했다. 영국 공식 문서에서 가져온 수치와 인용을 인상적으로 나열해서 제국의 지배를 끈질기고 지속적으로 비난하는 책에서 그는 지난 세기에 비해 직전 30년 동안 (영국의 지배 아래서) 기근이 4배 증가했으며, 1891~1900년 시기에 기근 때문에 인도에서 발생한 사망자가 1900만 명에 달한다고 추산했다.[24] 디그비는 자신들이 인도에서 계몽된 지배를 하고 있다는 영국의 망상과, 원래 "우리가 인도에 온 건 돈을 벌기 위함이고, 정직하게 돈을 번다는 겉치레의 그림자까지 전부 내동댕이쳤음"을 잊어버리려는 시도를 비난했다.[25] 최초의 아시아계 영국 하원의원(자유당으로 당선, 1892~5)이자 인도 국민회의 창건자인 다다바이 나오로지는 디그비의 조사 결과를 여럿 활용했다. 부유한 목화 상인인 나오로지는 영국인들이 "인도의 부를 고갈시키고, 인도인을 가난에 빠뜨렸으며, 잇따른 끔찍한 기근을 안겨주었다"고 주장했다.[26] 그러면서 영국 식민 관료들이 받는 높은 연봉, 인도뿐만 아니라 이웃 나라들에서도 영국의 지배를 유지하는 것을 임무로 삼는 군대의 막대한 비용, 직접적 대표의 혜택이 주어지지 않은 채 인도인들에게 가해지는 조세 부담 등을 비난했다.[27] 최악의 기근은 아직 벌어지지 않았다. 1943~4년의 벵골 기근은 인간이 초래한 재앙으로 대략 300만 명의 목숨을 앗아갔다.[28] 신임 총독 아치볼드 웨이벌은 영국 내각, 특히 처칠(1944년 10월 24일자 편지)에게 헛되이 간청했지만 별 성과를 얻지 못했다. 편지에는 영국 정부가 인도에 닥친 갖가지 문제를 "무시하고, 때로는 반감과 경멸의 태도로 다루고 있다"고 씌어 있었다.[29] 물론 처칠이 인도인을 인종주의적으로 경멸했음은 잘 알려졌지만, 그렇다고 해서 2차대전에서 영국의 구원자로 채색된 그의 이미지가 더럽혀진 것 같지는 않다.[30]

영국인들은 인도가 경제성장을 증대하는 데 기여할 것이라고 생각했기 때문에 19세기를 거치면서 점진적으로 인도를 집어삼킨 게 아니다. 영국이 인도를 차지한 것은 동인도회사가 이제 더는 인도를 통제할 수 없었기 때문이다. 영국은 인도 시장에 침투하기 위해 공식적 제국이 필요하지 않았다. 어쨌든 영국은 직접 행정적으로 통제할 필요 없이 세계 곳곳에서 순조롭게 교역을 하고 있었다.[31] 250년에 걸쳐 영국이 오랫동안 닥치는 대로 인도로 확장한 것이 단일한 원인이나 의지 때문에 촉발된 일이라고 진지하게 주장할 수는 없다.[32] 프랑스의 알제리, 인도차이나 정복에 관해서도 똑같이 말할 수 있다.

물론 인도가 강한 국가였다면 자국 경제를 보호할 수 있었을 것이다. 하지만 인도는 강한 국가가 아니었고 경제를 보호하지 못했다. 인도(와 다른 비슷한 식민지들)가 고통을 받은 것은 서구 제국들의 세계 바깥에 있었기 때문이 아니다. 그 세계의 일부였기 때문이다. 하지만 그렇다고 해서 후에 '제3세계'(이 용어는 1952년 프랑스 역사학자 알프레드 소비가 'Tiers Monde'라는 프랑스어로 처음 만들었다)라고 불리게 된 지역이 '제1세계'의 산업화로 인해 손상을 받았기 때문에 '제1세계'가 크게 이득을 누린 것은 아니다. 통계자료를 보면, 비서구 시장에 대한 접근성은 선진국 세계의 산업 성장에 추가적인 자극만을 제공했음이 드러난다.[33] 다른 한편, 식민주의가 전혀 없었더라면, '제3세계'의 일부 나라들은 더 이른 단계에 근대국가로 변신했을 것이다. 이집트와 모로코뿐만 아니라 멕시코와 콜롬비아도 더 빨리 근대국가가 됐을 것이다.

제국주의는 각 지역의 기업가 정신을 꺾어버렸다. 니제르 삼각주 동부(현재는 나이지리아에 속함)에 있는 오포보의 '왕' 자자는 부유한 팜유 거래업자가 되었다. 1880년대에 그는 팜유 가격을 자기들에게 유리하게 조절하는 영국 무역업자들의 카르텔을 피하기 위해 리버풀로 팜유를 직접 운송하려고 했다.[34] 당국은 교섭을 해보자고 그를 유인해서 체포하고는 내륙 무역을 방해한 혐의로 유죄를 선고했다. 당시 수상이었으나 프랑스에서 휴가 중이던 솔즈베리 경에 따르면, 납치에 해당하는 행위였다. 자자는 서인도제도의 세인트빈센트섬으로 추방되었다. 4년 뒤 본국에 돌아올 수 있는 허가를 받았지만 여행 도중에 세상을 떠났다.[35] 오포보의 자자는 서아프리카에 영국인들이 진출하는 것을 무역 기회가 열리는 계기라고 환영한 바 있었다. 그가 저지른 실수는 유럽인들과 동등한 입장에서 거래를 할 수 있다고 믿은 것이었다.[36] 식민주의는 일방통행로였던 것이다.

번성하는 국내 면직 산업을 세우려고 노력한 위대한 근대화의 헤디브(총독) 무함마드 알리의 손자인 이스마일 파샤가 통치하는 이집트도 상황이 별로 다르지 않았다.[37] 이 나라는 형식상 종주국인 오스만 제국에 막대한 빚을 지고 있는데다가 미국 남북전쟁이 끝난 이후 미국 경제가 회복한 뒤로 주요 수출품인 면화의 가격이 크게 떨어진 탓에 심각한 궁핍 상태였다. 1875년에 이르면, 이스마일 파샤의 재정은 영국과 프랑스의 선의에 의지하게 되었다. 이집트가 수에즈운하의 지분을 영국 정부에 매각한 뒤로는 영국이 이집트 국내문제에 한층 더 관여하게 되었다. 이집트 농민 fellahin의 채무 부담이 더욱 커지면서 이스마일 파샤가 그나마 누리던 인기도 시들해졌다. 채권자들을 안심시키기 위해 유럽인들을 정부 공직에 임명했다. 이스마일 파샤는 이런 강요를 받아들이면서도 유럽 열강에 맞서는 선동을 부추김으로써 군부가 이집트 정치에 한층 더 개입하게 만들었다. 설상가상으로 이슬람 개혁가들이 등장해서 이스마일의 통치를 둘러싼 탈안정화 세력에 힘을 보탰다.[38] 이제 절망적인 상황에 빠진 이스마일은 그전까지 분열되고 무능했던 의회와 운명을 같이하기로 결심했다. "정부 수반이자 이집트인의 한 사람으로서 나는 국민 여론에 따르는 게 의무라고 생각합니다."[39] 영국이나 프랑스(두 주요 채권국)나 이런 때늦은 민주주의의 발견에 별다른 인상을 받지 못했다. 양국은 훨씬 더 약한 오스만 제국에 압박을 가해 이스마일 파샤를 퇴임시키고 말 잘 듣는 아들 테우피크 파샤를 헤디브에 임명하게 만들었다.[40] 쫓겨난 이스마일은 여생을 망명지 나폴리에서 보냈다. 반영 감정은 1881년 민족주의 장교들이 주축이 된 반란으로 분출했다(지도자인 아마드 우라비 대령의 이름을 따서 우라비 반란이라고 불렸다). 그러나 반란은 영국인들 손에 신속하게 진압되었고 이집트는 사실상 영국 식민지가 되었다.[41]

이집트인들을 규합하기는 어려웠다. 전 헤디브와 연결된 오래된 비이집트계 엘리트(알바니아인, 오스만인 등등), 본국을 떠나온 유럽인, 시리아 기독교인, 하급 장교, 과도한 세금에 짓눌린 농민, 도시화된 지식인, 상인, 사무직원, 유대인 등등 온갖 다양한 집단이 자리를 차지하려고 다퉜기 때문이다. 이집트 민족주의는 근대적 현상이었다. 유럽인들이 가진 것, 그리고 유럽인들이 자랑하는 것, 즉 모종의 민주주의와 국민이 선출한 의회를 원했기 때문이다. 이집트에 생겨난 의회는 전통적인 보수적 대중 사이에서 거의 지지를 받지 못했다. 근대화 엘리트들은 흔히 그렇듯이 때로는 대중을 희생시키면서 그들을 무시할 수 있었지만, 영국을 무시하지는 못했다. 선거로 뽑힌 의원들은 오스만인과 영국인으로부터 몇몇 권한을 뺏어오기를 원했다. 국가 예산, 적어도 유럽인들에 진 빚을 상환하기 위해 저낭삼히지 않은 설반을 통제하는 진정한 의회가 되기를 바랐다.[42] 하지만 이런 바람은 영국과 프랑스가 견딜 수 있는 수준 이상이었다. 이집트가 채무 불이행을 선언하면 어떻게 됐을까? 1882년 7월 보샴 시모어 경이 지휘하는 영국 지중해함대가 수행한 알렉산드리아 포격 사건(앨시스터 경이 된 보답으로 한 행동이었다), 우라비 부대의 패배, 영국의 이집트 보호령 수립 등을 비롯한 이런 배경 속에서 영국이 이집트를 차지했다. 이집트 보호령은 공식적으로는 1922년까지 계속되었고, 비공식적으로는 무하마드 나기브와 가말 압델 나세르의 지휘 아래 한 무리의 군 장교들이 주도한 이른바 1952년 7월 23일 혁명까지 지속되었다.

　1882년 당시 수상으로 보샴 시모어에게 이집트에 '경고를 한 뒤 파괴하라'(사실상 알렉산드리아를 포격하라)고 지시한 글래드스턴은 모종의 박약한 윤리적 정당화에 호소하려 했다. 1882년 7월 14일 자유당 하원의원 존 브라이트에게 보낸 편지에서 글래드스턴은 수세적으로 말했다. "지금까지 나는 평화의 대의를 위해 일하는 일꾼이었어요." 하지만 존 브라이트도 알고 세상도 알 듯이, 영국의 수에즈운하 채권 보유자들의 이익을 보호하는 것이 목적임이 분명했다.[43] 글래드스턴은 주저하는 제국주의자였는데, 이런 주저하는 태도는 집권했을 때보다 야당일 때 더욱 두드러졌다. '평화당'의 사실상의 지도자였던 존 브라이트는 글래드스턴이 간절하게 부탁하는 것을 뿌리치고 내각에서 사임했다. "저는 우리 정책을 수호한다는 명분 아래 제시되는 그런 근거에서 이집트인 수천 명을 도살하는 데 반대합니다."[44]

이 순간이 이집트가 광범위한 서구 세계에 굴종하는 기나긴 시기의 서막이었다. 이 시기의 특징은 다음과 같다. 토착 엘리트(군부 포함)는 근대의 주요한 본보기를 유럽으로 삼았고, 농촌을 중심으로 전통적 사고를 고수한 국민들은 이 엘리트들과 불화했으며, 외국 열강에 굴종했다(1950년까지는 영국, 그다음에는 소련, 그리고 이어 미국에). 다른 여러 전 식민지에서도 비슷한 양상이 고스란히 되풀이된다.

튀니지(역시 명목상 오스만 제국의 일부였다)에서도 근대화 시도는 프랑스와 영국, 이탈리아에 대한 부채가 나선형으로 끝없이 늘어나는 결과로 이어졌다. 유럽 열강은 튀니지가 자신들에게 채무를 상환하는 것을 감독하기 위해 '국제' 위원단을 설립했다. 튀니지 국내에서 갈등이 벌어지자 프랑스 총리 쥘 페리는 군대를 보내 권력을 장악하는 구실로 삼았다. 의회에서도 만장일치에 가까운 압도적 다수가 총리를 지지했다. 튀니지에 발판을 확보하기를 기대했던 이탈리아로서는 당혹스럽게도, 프랑스는 1881년에 보호령을 수립했다. 처음에 튀니지는 공식 식민지가 아니었다. 아무 책임도 지지 않는 식민주의였다. 튀니지는 국기와 국가國歌를 계속 유지했고, 국민들도 국적을 유지했으며, 화폐 주조도 계속 재임한 베이(Bey. 술탄)의 이름으로 이루어졌다. 그렇지만 주권의 모든 실질적인 속성, 특히 대외관계는 프랑스의 수중에 있었다.[45] 실질적 통치자는 파리에서 임명한 프랑스 총독French Résident général이었다. 베이가 맡은 업무는 사실상 계약대로 채무를 상환하는 것이었다. 1881년 5월 프랑스와 체결한 바르도 조약Treaty of Bardo에서 간명하게 언급된 것처럼, 베이의 개혁은 프랑스의 승인을 받아야 하고 프랑스의 허가가 없이는 신규 차관을 계약할 수 없었다.[46] 실제로 이 조약은 튀니지의 항복 조건에 불과했고, 베이는 몇 시간의 말미만 주어진 채 조약을 수용해야 했다. 만약 거부했더라면 필시 포로로 잡혔을 것이다.[47] 2년 뒤인 1883년, 부족 소요가 일어나자 프랑스가 다시 한층 포악하게 개입할 수밖에 없었다. 엄밀하게 말하면 여전히 보호령(바르도 조약에서는 이 단어가 쓰이지 않았다)이었지만 이제 프랑스는 1956년까지 거의 식민지처럼 튀니지를 통치했다.

친식민주의자들은 식민주의가 일정한 이점을 안겨주며 비단 식민 강국만 이 이점을 누리는 게 아니라고 주장한다. 니얼 퍼거슨은 "영국의 지배가 확산되지 않았더라면" 자유주의적 자본주의와 의회민주주의가 세계 곳곳에서 그렇게 성공적으로 확립되지 못했을 것이라고 믿는다.[48] 어떤 이들은 의회민주주의가 세계 곳곳에서 과연 실제로 얼마나 확립됐는지, 또는 왜 영국에 특별한 공로를 돌려야 하는지 의아해할지 모른다. 의회민주주의 가운데 웨스트민스터 체계의 의원내각제를 그대로 본뜬 경우는 거의 없기 때문이다. 그렇다 하더라도 식민화되지 않는 것이 경제적·정치적 성공을 위한 처방은 아니었다는 것은 사실이다. 아프가니스탄이나 네팔, 에티오피아(불과 몇 년 동안만 식민지였다), 라이베리아같이 식민지를 경험한 적이 없는 나라들이라고 식민화된 이웃 나라들보다 큰 성공을 거둔 것은 아니다(어쩌면 상황이 더 나빴다). 하지만 2012년 유엔에서 '최빈국least developed countries'으로 꼽은 48개국은 거의 모두 식민지 경험을 했다. 아프리카 33개국, 아시아와 오세아니아 14개국, 카리브해 1개국(아이티)은 물론 식민주의 이전에도 번영을 구가하지는 못했지만 말이다.[49] 한 가지는 확실하다. 식민지 나라들이 식민화되지 않았더라면 무척 다른 형태와 역사를 지녔을 테고 아무도 그것이 어떤 형태와 역사였을지 확신할 수 없다는 것이다.

두 세계 사이의 간극은 순전히 부의 문제만이 아니었다. 이 간극은 국제적 분업이 반영되었다. 유럽과 북아메리카는 제조업 제품과 밀 같은 농산물을 수출하고 금융과 국제무역을 지배한 반면, '주변부'(즉 서구의 일부가 아닌) 나라들은 대체로 1차 생산물의 수출에 국한되었다. 중국은 비단과 차, 이집트와 인도는 목화, 브라질은 설탕, 아르헨티나는 양모와 쇠고기, 칠레는 질산염과 구리를 주로 수출했다. 핵심부 자체의 주변부 나라들(러시아나 에스파냐, 이탈리아, 루마니아, 또는 심지어 일본도) 가운데 어느 하나 자신들에게 실질적 선택지가 있다고 느끼지 못했다. 이 나라들은 선구자들을 따라야 했다. 어쩌면 나름의 방식이긴 했겠지만 그래도 따라야 했다. 당시 근대 산업자본주의는 서구의 것이었다. 라틴아메리카 나라들 가운데 가장 발전한 아르헨티나조차 19세기 말에 비교적 소규모의 제조업 부문을 보유했고, 이 부문을 구성하는 중소기업들은 전체 노동력의 20퍼센트 이하를 고용했다.[50] 게다가 1차 생산물을 수출하는 나라들은 수입국의 수요 변화 앞에서 속수무책이었다. 그리하여 일단 유럽(주로 독일과 프랑스)에서 사탕무가 대량으로 생산되자 사탕수수의 중요성이 감소해서 카리브해 지역의 사탕수수가 타격을 입고 농장주와 재배농도 타격을 받았다. 재배농 대부분은 과거에 아프리카에서 노예로 강제로 옮겨진 이들이었다. 사탕수수 생산으로 이 섬들의 많은 삼림이 다시 복원되지 못할 정도로 파괴되기 전의 일이었다.[51] 식민 지배를 당한 100여 개 나라 가운데 제대로 된 제조업부문을 발전시킨 나라는 거의 없다.[52]

카리브제도 같은 '진짜' 식민지와 미국이나 오스트레일리아, 뉴질랜드 같은 정착민 국가, 그리고 라틴아메리카의 원래 나라들 사이에는 중요한 차이가 있다. 정착민과 '모국'(에스파냐, 잉글랜드)의 관계는 정복당한 아프리카인이나 인디언과 유럽인 '정복자'의 관계와 전혀 달랐다. '정착민'

국가는 대개 식민화를 모면한 국가들, 즉 태국이나 1960년대에 서구를 따라잡은 일본 같은 나라들과 공통점이 더 많았다. 1945년 이후 등장한 아시아 '호랑이들'은 고전적인 식민지였던 적이 없다. 심지어 대만이나 한국(수십 년간 일본의 지배를 받았다)도 고전적 식민지는 아니었다. 비록 1910년 한국이 일본에 공식 병합됐을 때 거의 모두 최근에 이주한 일본인 정착민이 17만 명이있지만 밀이다. 1935년에 이르면 그 수가 거의 60만 명 이상에 이르러 알제리의 프랑스인 정착민 숫자에 맞먹었다.[53] 한국에 정착한 일본인의 4분의 1이 식민 행정기관에서 일했기 때문에 '진정한' 정착민은 아니었고, 다른 일본인들은 한국인 노동자를 고용하는 소지주가 되었다.[54] 해외로 나가기를 원하는 일본인 노동자들은 캘리포니아와 하와이로 갔다.[55] 문화적 동화는 거의 없었다. 도시국가인 싱가포르와 홍콩은 상업과 금융의 중개자였기 때문에 중국의 일부로 남거나 말레이시아의 일부였을 경우에 비해 중국이나 영국 왕실로부터 비교적 자율성을 누렸다. 1980년대 이래 산업화를 향한 경주에서 거대한 성공담을 쓰고 있는 중국은 온갖 곤란과 굴욕과 억압을 겪기는 했어도 식민지였던 적은 없다.

아프리카인들은 자신들'만의' 발전 모델을 따를 '자유'가 없었고, 자국 경제구조가 종속에 저항할 만큼 탄탄해질 때까지 세계경제에 통합되는 것을 미룰 수 있는 선택권도 없었다. 사하라사막 이남에서 (이웃 나라들에 비해) 제대로 된 기반시설과 국가기관, 교육체계, 금융 네트워크 등을 갖춘 유일한 나라는 남아프리카였다. 대륙의 다른 나라들에 비해 일찌감치 영 제국의 마수에서 해방됐지만, 20세기의 마지막 10년까지도 소수 백인 정착민들이 다수 흑인을 탄압한 나라였다.

하지만 식민화 자체가 선구자들이 나아갈 길이었을까? 식민주의는 영국 산업혁명의 탄생에서 주요한 역할을 하지는 못했으나 산업혁명의 발전에는 도움이 되었다. 영국은 남들보다 일찍 국제체제에 편입되었기 때문에 산업화에 성공한 것일까? 카를 마르크스는 이 문제에 관한 한 추호도 의심하지 않았다. 마르크스가 보기에, 초기 식민주의야말로 영국의 발전에서 핵심 변수였다.

아메리카에서 금은이 발견되고, 원주민이 섬멸과 노예화와 광산에서 생매장을 당하고, 동인도에서 정복과 약탈이 개시되고, 아프리카가 상업적 흑인 수렵장으로 전환되는 이 모든 일들이 자본주의적 생산의 시대를 알리는 장밋빛 여명의 신호탄이었다. 이러한 목가적인 과정들이 본원적 축적의 주요한 계기들이다. 그 뒤를 이어 일어난 것은 지구를 무대로 하는 유럽 나라들의 무역전쟁이다. 이 전쟁은 에스파냐에 대한 네덜란드의 반란으로 개시되었으며, 잉글랜드의 반자코뱅 전쟁에서 거대한 규모에 달했고, 지금도 중국을 상대로 한 아편전쟁 등으로 계속되고 있다.[56]

실제로 산업과 식민지 팽창이 어느 정도 연결되었다는 사고는 흔한 견해였고 분명 마르크스주의자들만 그렇게 생각한 게 아니다. 탈레랑이 회고록에서 말한 것처럼, "농업은 정복하지 않고 정착한다. 무역은 정복하며 팽창을 필요로 한다".[57] 막스 베버는 말년에 한 어느 강연에서 초기 식민화가 시장과 이윤을 확대해주었다는 데 동의했다. "유럽 각국의 식민지 획득은 유럽에서 모든 사람을 위한 거대한 부의 획득으로 이어졌다. … 예외 없이 모든 나라에서 이런 축적은 무력으로 확보되었다."[58] 국제 상업에 대한 계몽주의의 일반적인 견해는 너그러운 것이었다. 그래서 몽테스키외는 『법의 정신』에서 이렇게 말했다. "상업은 제아무리 파괴적인 편견조차도 누그러뜨리는 치료제다. 우리가 기분 좋은 예절을 발견할 때면 언제나 상업이 번성한다는 것은 거의 일반적인 규칙이기 때문이다. 그리고 상업이 존재하는 곳이면 어디에서나 점잖은 예절로 만난다는 것이다."[59]

　표면상 중국을 서구 무역에 개방하기 위해 벌어진 두 차례의 아편전쟁 (1839~42년과 1856~60년)은 점잖지 않았다. 그렇지만 아편이 영국령 인도의 주요한 수입원이었음은 의문의 여지가 없다. 이윤은 인도 정부를 유지하고 미국산 면화와 중국산 차와 비단을 사들이는 데 사용되었다. 이 모든 상황 때문에 중국은 19세기 중반 영국의 주요한 무역 상대국이 되었다.[60] 중국산 차에 매겨진 관세만으로도 영국 해군의 연간 지출을 충당하는 데 거의 충분했다.[61] 놀랍도록 수익성이 좋은 아편 거래는 "랭커셔 공장을 위해 미국산 면화를 구입하는 데서부터 인도에서 영국으로 보내는 송금에 이르기까지" 영국의 세계무역에서 핵심적인 역할을 했다.[62] 애로호 사건(2차 아편전쟁)이 발생할 무렵, 아편 소득은 영국령 인도 전체 세입의 22퍼센트 정도까지 늘어났다. 영국이 지배하기 전에 인도의 아편 재배는 무시할 만한 수준이었다.[63] 난징조약을 보면, 빅토리아시대 영국이 자국 아편무역업자들을 지키기 위해 기꺼이 전쟁을 벌이고 외국에 가혹한 징벌을 가할 수 있었음을 분명히 알 수 있다.[64]

　중국의 분노는 한 세대 전체의 지식인들에게 각인되었는데, 이 분노는 지금까지도 생생히 기억된다. 진보적 학자이자 언론인인 양계초는 의화단사건(1899~1901) 이후 서구가 가혹한 제재를 강요하는 모습을 보고 쓴 「나라를 무너뜨리는 새로운 방식(滅國新法論)」이라는 글에서 모든 것을 정복하는 서구가 중국에 강제할 수 있는 '방식'들을 신랄하게 나열했다. 나라를 빚더미에 빠뜨리고(이집트), 영토를 분할하고(폴란드), 분할통치하고(인도), 압도적 무력을 행사하는(필리핀과 트란스발) 식이다.[65] 말기의 청나라는 식민지가 아니었을지 모르지만 경제는 거의 완전히 외국인들의 지배를 받았다. 1865년 설립된 홍콩상하이은행Hong Kong Shanghai Banking Corporation(HSBC) 같은 외국 은행들이 금융부문을 독점하고 치외법권을 누렸다. 해상 운송 역시 외국인들이 지배했고(1907년에 84퍼센트), 가장 규모가 큰 기업들도 영국인 소유였다. 외국 소유의 주요 철도회사 네 곳이 전체 철도망의 41퍼센트를 차지했다. 외국 세력은 또한 광업과 체신도 지배했다. 외국의 지배는 1911년 민족주의 혁명(신해혁명) 이후에도 계속 증대되었다.[66] 한때 중국의 속국이었던 한국은 이제 일본의 식민지였다. 일본인들은 또한 대만을 정복하고 만주까지 세력권을 확대했다. 러시아는 동북부에 세력권을 갖고 있었고, 영국은 상하이, 난징, 양쯔강 유역 대부분뿐만 아니라 남부의 홍콩과 주룽, 티베트에도 세력권이 있었다. 포르투갈은 여전히 마카오를 지배했고, 쿤밍과 인도차이나(프랑스 식민지) 국경을 따라 프랑스의 세력권이 탄탄했다.

종속이론가들이 주장하는 것처럼, 식민주의는 초기 산업화를 배후에서 이끈 한 요인이었고 다른 나라들이 '선진국' 클럽에 합류하지 못하게 막았을지 모른다. 하지만 우리가 논의하는 이 시기에 해외 속령의 상당한 확장이 경제발전에 그렇게 중요했을까? '제국의 시대'에 식민지 획득은 정말로 산업화에 유리한 기능을 했을까? 새로운 속령에서 들어오는 수입이 컸을까, 아니면 지출이 과도했을까? 1880년 이후에 획득한 식민지는 과거 산업화 시대 이전의 식민지만큼 중요했을까? 그리고 이 식민지들은 민족 건설 프로그램의 일환으로 국내 사회의 질서와 평화를 창출하기 위해 획득된 것일까?

이런 후자의 설명은 특히 독일과 이탈리아의 식민지에 들어맞는다. 1882년, 독일식민협회Deutscher Kolonialverein 회장 호엔로에-랑엔부르크 대공은 식민지 획득은 사회민주주의에 맞선 싸움에 도움이 된다고 선언했다.[67] 그런 말을 할 법도 했다. 로비스트들은 아무 주장이나 끌어다 쓰기 때문이다. 비스마르크의 측근이던 로타르 부허는 진짜 '적'은 사회민주주의가 아니라 영국이며, 신생 독일 국가는 독일 산업에 이득이 되도록 영국과 경쟁해서 해외 경제 활동을 확대해야 한다고 주장했다. 얼마 지나지 않아 비스마르크는 이런 시도 때문에 국가 예산에 상당한 부담이 더해질 것임을 깨달았다. 수상은 계속 미적지근한 식민주의자로 남았다.[68]

특히 1880년 이후에는 산업자본주의와 식민지 획득 사이에 분명한 양상이나 연관관계가 없었다. 몇몇 나라들에는 무역과 해외투자가 대단히 중요했지만 반드시 식민지가 필요하지는 않았다. 어쨌든 라틴아메리카나 중국, 그리고 캐나다, 오스트레일리아, 뉴질랜드같이 아직 독립국은 아니지만 자치를 누리는 지역과 많은 교역이 이루어졌다. 식민화는 최종 단계에 다다르는 것처럼 보였다.

1880년에서 1차대전 사이에 유럽의 주요 식민지 획득 목록을 보면 아프리카가 후기 식민화의 초점이었음이 드러난다(〈표 13〉을 보라). 1879년 아프리카의 90퍼센트 정도를 아직 아프리카인들이 통치하고 있었다. 그런데 1912년에 이르면 아프리카인 스스로 통치하는 곳이 거의 없었다.[69] 『포트나이틀리리뷰』에 기고한 어느 익명의 필자는 1890년에 이렇게 주장할 수 있었다. "세계를 지배하는 민족들이 유럽, 아시아, 심지어 아메리카를 분할한 것은 여러 세기에 걸친 점진적 작업이었다. 심상치 않은 아프리카 쟁탈전은 불과 6년 전에 시작됐으며, 이제 거의 끝나가고 있다."[70] 아프리카를 제외하고 다른 어느 곳에서 1880년 이후에 식민지가 세워질 수 있었을까? 남은 땅이 많지 않았고, 아프리카 정복 비용은 비교적 저렴했기 때문이다. 조지프 체임벌린이 1893년에 젠체하며 단언한 것처럼, "세계 모든 나라 가운데 우리가 커다란 비용을 발생시키지 않고 이런 문명화 작업을 실행할 수 있었던 유일한 나라라는 점은 … 흥미로운 사실"
이다.[71]

식민화는 라틴아메리카에서 일어날 수 없었을 것이다. 그곳에서는 이미 백인 정착민들이 에스파냐와 포르투갈로부터 스스로 해방되었고, 유럽의 팽창주의는 먼로 독트린Monroe Doctrine을 따르는 미국의 반감에 직면해야 했을 것이기 때문이다. 미국은 먼로 독트린을 통해 만약 유럽이 남아메리카의 어느 일부라도 식민화하려고 시도하면 이를 침략 행위로 간주할 것이라고 선언했다(물론 유럽은 아마 침략을 강행할 수 없었겠지만). 어쨌든 유럽의 어떤 열강도 라틴아메리카의 어느 일부라도 식민화할 의도도 없고 힘도 없었다. 이미 그 지역 일부, 특히 아르헨티나에서 지배적인 지위를 차지하고 있던 영국은 훗날 '비공식 제국informal empire'이라 불리게 된 체제에 만족했다. 직접 통치보다 비용이 한결 적게 들었기 때문이다. 실제로 영국은 다른 유럽인들을 배척하기 위해 먼로 독트린을 부추긴 바 있다.[72]

인도 아대륙(오늘날의 인도, 파키스탄, 방글라데시, 스리랑카, 버마[미얀마])에서는 영국의 지배권이 확고했던 까닭에 새로운 식민지 팽창이 일어날 수 없었다. 중국은 비록 식민지는 아니었지만 서구의 무역에 문호를 개방했고, 유럽의 어떤 강대국도 중국의 거센 저항이나 다른 유럽 열강의 반대에 부딪히지 않고 이 나라를 독차지할 수 없었을 것이다. 중동은 대부분 오스만 제국의 일부였는데, 제국은 이미 19세기에 해체되기 시작한 상태였다. 아시아의 대부분은 1900년에 이르면 서구의 차지가 되었다. 1898년, 에스파냐가 필리핀을 미국에 2000만 달러에 양도했다. 인도네시아는 네덜란드 식민지, 인도차이나(오늘날의 베트남, 라오스, 캄보디아)는 프랑스 식민지였다. 태국은 프랑스와 영국을 경쟁하게 만드는 방식으로 독립을 유지했다. 따라서 1880년에 이르면 아프리카 바깥에 식민화할 땅이 많지 않았다.

러시아와 영국은 페르시아뿐만 아니라 아프가니스탄을 놓고도 싸움을 벌이고 있었는데(19세기 내내 지속된 저 유명한 '큰 판[Great Game. 그레이트 게임])', 영국이 깨달은 것처럼, 아프가니스탄은 시간이나 비용을 들인 만한 가치가 없었다. 러시아는 제국을 중앙아시아로 확대하고 있었고, 영국은 인도를 표적으로 삼았다. 주로 아프가니스탄에서 몇 차례 대리전이 벌어졌다. 러시아의 의도를 두려워한 영국은 인도 총독 커즌 경이 부추기는 가운데 1903년 티베트(엄밀하게 따지면 청 제국의 일부였다)를 침략했다. 커즌 경은 오래전부터 염려하던 것처럼 이제 달라이 라마가 러시아와 동맹을 맺으려고 한다고 확신했기 때문이다. 영국 정부 자체는 처음에 개입을 꺼렸지만, 커즌이 가짜 사건을 미끼로 삼아서 총리 아서 밸푸어와 인도 담당 장관, 영국 내각 전체를 움직였다. 영국 군대, 아니 정확히 말하면 프랜시스 영허즈번드 총사령관의 지휘 아래 영국 장교들이 이끄는 인도 시크교도 세포이 용병과 네팔 구르카 용병은 티베트인들의 거센 저항에 부딪혔다. 마침내 영국의 군사적 우위로 승리를 거둘 수 있었다. 화력과 병력에서 밀린 티베트군은 추믹셴코 온천에서 많은 사상자가 발생했다(500명 이상이 사망). 영국 쪽 사상자가 경미한 것(12명 사망)과 극명한 대조를 이루었다. 이 사건은 '추믹셴코 학살'이라고 알려지게 되었다.[73]

독일 세력이 부상하자 마침내 러시아와 영국은 차이를 덮어두고 티베트와 아프가니스탄에 관해서는 잊어버렸다. 1907년 영러협상에 따라 특히 이란, 아프가니스탄, 티베트에 대한 두 나라 각자의 영향권을 인정했다. 마침내 일시적이나마 '큰 판'은 끝이 났다. 외교적 무능, 그리고 커즌 경같이 제국을 통치한 많은 이들을 특징짓는 우둔한 심리구조가 낳은 기넘비적 사건이었다.

하지만 식민지 획득 경쟁에서 신참자가 등장했다. 일본이었다. 미국을 제외하고 유일한 비유럽 산업 강국인 일본은 대체로 군부가 주도한 산업화 과정 덕분에 서구의 탐욕스러운 손길에서 벗어날 수 있었다. 앞서 일본은 해외로 진출하는 일이 드물었다(1592년과 1598년[정유재란은 1597년에서 시작되어 1598년에 끝났다.-옮긴이] 도요토미 히데요시가 시도했다가 실패한 조선 침략과 17세기에 류큐제도[지금의 오키나와]를 비공식 병합한 것이 가장 중요하게 꼽는다). 하지만 메이지유신(1868) 이후 수십 년 동안 일본은 자신의 '자연스러운' 세력권으로 여기는 아시아에서 경쟁에 뛰어들었다. 1895년 청나라를 상대로 벌인 전쟁은 1000명이 넘는 민간인을 학살하면서 뤼순을 차지하고 한국을 사실상 병합(공식적 병합은 1910년)하는 결과로 이어졌다. 청일전쟁 이후 체결된 시모노세키 조약으로 중국은 막대한 타격을 입었다. 대만을 넘겨주고, 거액의 배상금을 물고, 일본의 무역에 국경을 개방해야 했다.[74] 10년 뒤인 1905년, 일본은 다시 전쟁을 벌였는데, 이번에는 러시아가 상대였다. 일본이 승리하자 세계가 깜짝 놀랐다. 비유럽인들이 유럽의 '거대한' 강국을 물리치는 광경에 익숙하지 않았기 때문이다. 일본이 자랑하는 작가 중 하나인 후쿠자와 유키치는 이 결과가 "단합된 정부와 국민의 승리"라고 선언했다. "기쁜 마음을 이루 표현할 말이 없다."[75]

1870년대에 미국에서는 중국인 노동자의 이민(결국 1882년 중국인배척법Chinese Exclusion Act of 1882 제정으로 이어졌다)으로 대표되는 '위협'을 가리키기 위해 '황화(Yellow Peril, 黃禍)라는 용어가 사용되었다. 이제 일본은 새롭게 확보한 군사력 덕분에 서구인들의 눈에 새로운 색조의 인종적 '위협'으로 비쳐졌다. 1904년 시인 모리 오가이森鴎外는 이에 대한 앙갚음으로 백화(白禍, 핫카)라는 용어를 만들어냈다.

　황화가 승리하고, 야만인이 패배하니
　백인종이 비판을 비웃는다.
　그런데 칭찬을 누리는 이 누구이고
　비방을 개탄하는 이 누구인가?[76]

　일본에서는 낙관주의가 널리 퍼졌다. 외교관이자 학자인 이나가키 만지로稻垣滿次郞는 1890년에 쓴 글에서 파나마운하가 개통된 뒤 세계가 일본을 "사실상 3대 시장—유럽, 아시아, 아메리카—의 중심부에 자리한다"고 여길 테고 "일본 상업의 번영이 보장될 것"이라고 내다보았다.[77] 그러면서 이런 말을 덧붙였다. "일본은 상업 대국이 될 빛나는 미래가 펼쳐져 있을 뿐만 아니라 제조업 국가들의 선두로 올라설 가능성도 충분하다."[78] 많은 일본인이 보기에, 제국의 지위를 획득하는 것이야말로 현대 세계에서 현대적 강대국으로 올라서는 것의 핵심이었다.[79] 하나의 민족국가로서 일본의 형성은 "국내 섬들만이 아니라 해외에서도 새로운 주변부를 창출하는 결과를 수반했다."[80] 일본 외무상 이노우에 가오루井上馨는 한 비망록(1887)에서 이렇게 말했다. "우리가 할 일은 우리 제국과 우리 국민을 변신시키고, 제국을 유럽 나라들처럼, 우리 국민을 유럽 국민들처럼 만드는 것이다. 다른 말로 하자면, 우리는 아시아의 가장자리에 새로운 유럽식 제국을 세워야 한다."[81] 한국 점령은 일본이 유럽의 '문명화 사명'을 일본식으로 다시 짜는 과정의 일환이었다.[82]
　일본 제국주의 역시 다른 제국주의들과 마찬가지로 한국에서 다른 열강을 배제하고 통상을 확보하려는 열망이 동기가 되었다. 이토 히로부미

(이토는 몇 차례의 일본 수상과 조선 통감을 지냈다)의 이야기 속에서 일본은 러시아나 중국이 한국을 정복하는 것을 막기 위해 한국을 점령했다. 일종의 인도주의적 개입이라는 서사였지만 대다수 한국인은 여기에 설득되지 않았고, 확실히 안중근은 설득되지 않았다. 가톨릭으로 개종한 민족주의자이자 오늘날 한국의 민족 영웅인 안중근은 1909년에 이토를 암살했다.[83] 일본이 한국을 집어삼키면서 내세운 정당화는 유럽인들의 경우와 비슷했다. 한국인은, 목만 내놓고 땅에 묻어서 벌레들한테 잡아먹히게 하는 비인간적인 방식으로 죄인을 다루는 야만인이라는 것이었다.[84] 마찬가지로, 1895년 중국이 일본에 강제로 양도한 대만의 주민들은 걸핏하면 사나운 야만인 취급을 받았다.[85] 일본은 대만을 식민화하기 위해 20년에 걸친 식민 전쟁을 치러야 했다. 이 과정에서 사망한 일본인(대만인 사망자는 말할 것도 없다)이 청일전쟁 사망자보다 많았고, 일본 국민생산의 7퍼센트가 소모되었다. 기나긴 전투와 순전한 폭력 행사 끝에 마침내 일본의 우월한 기술이 승리를 거두었다.[86] 일본은 모든 면에서 서구에 합류했다.

일본에도 반식민주의자들이 있었다. 사회주의자 고토쿠 슈스이는 『20세기의 괴물 제국주의』(1901)를 썼다. 하지만 이 책은 제국주의에 대한 경제적 분석(J. A. 홉슨의 『제국주의』[1902], 루돌프 힐퍼딩의 『금융자본Das Finanzkapital』[1910], 레닌의 『제국주의: 자본주의의 최고 단계Imperialism: The Highest Stage of Capitalism』[1916])과는 거리가 멀었고, 강한 반군국주의, 반민족주의의 메시지로 가득했다. 애국심 호소에 휘둘리는 민중은 편협하고 문명화될 자격이 없다는 것이었다. 교육, 경제, 정치를 애국의 제단에 희생시키는 이들은 반인도적 범죄자로 간주되어야 했다.[87] 고토쿠 슈스이는 제국주의는 경제 진보를 지체시키며, 일본은 제국주의를 포기하고 그 대신 무역을 확대하고 문명을 확장해야 한다고 주장했다.[88] 천황 암살 음모를 꾸몄다는, 조작이 거의 확실한 죄를 뒤집어쓴(일본식 표현으로는 '대역사건[大逆事件, 다이갸쿠지켄]') 고토쿠 슈스이는 1911년에 간노 스가코管野須賀子를 비롯한 다른 많은 이들과 나란히 처형당했다. 좌익 단체에 대한 탄압이 이어졌다. 일본에서 사회주의는 보잘것없는 영향력밖에 없었던 터라 나라의 안정에 별다른 위협이 되지 않았는데도 정부는 아랑곳하지 않았다. 가령 일본 내무성은 일본 내 사회주의자가 전부 합쳐 532명이라고 추산했다.[89]

일본 '제국'은 영국과 프랑스가 축적한 광대한 영토에 비하면 아주 작았다. 〈표 13〉에는 1880년에서 1914년 사이에 서구 나라들이 획득한 식민지의 방대한 목록이 담겨 있다.

유럽 제국주의는 소수 몇 나라의 사업이었는데, 이 가운데 제일 좋은 몫은 단연코 영국인들의 수중에 있었다. 크기(인구가 아니라)를 잣대로 제국을 비교해보면, 1913년에 이르러 유럽 제국들은 사실상 영국을 지배적 세력으로 한 영국과 프랑스의 공동 지배체제였음이 분명하다.[90]

식민주의는 몇 차례 저항에 부딪혔다. 18세기 말 인도 남부에서는 티푸 술탄이 저항했고, 1801~2년 아이티에서는 투생 르베르튀르가 프랑스혁명의 가치를 신봉하면서 프랑스인들에 맞서 싸우다가 나폴레옹에 패배를 당하고 프랑스로 압송됐으며, 지금의 가나에서는 1824년에서 1901년 사이에 아샨티 제국이 영국인들 및 그들의 아프리카 동맹자들과 잇따른 전쟁을 벌였고, 네덜란드 케이프식민지Dutch Cape Colony에서는 19세기 내내 호사족Xhosa이 아홉 차례 전쟁을 벌였다.[91] 1879년 남아프리카의 줄루족은 이산들와나 전투Battle of Isandlwana에서 영국인들과 싸워서 완전히 물리치려다가 결국 정복당했다. 1880년 7월 27일 마이완드 전투Battle of Maiwand에서 영국인들은 아유브 칸(오늘날 아프가니스탄의 민족 영웅)

<표 13> 서유럽 각국의 식민지 획득, 1880~1914*

영국이 획득한 식민지	
중동과 북아프리카	바레인, 쿠웨이트, 이집트
아시아	브루나이, 홍콩 신계新界 지역
사하라사막 이남 아프리카	보츠와나, 가나, 케냐, 레소토, 말라위, 우간다, 영국령 소말리아, 수단, 스와질란드, 잔지바르, 로디지아(지금의 잠비아와 짐바브웨)
오세아니아	파푸아뉴기니, 피지(1874), 뉴헤브리데스 제도(프랑스와 공동으로, 지금의 바누아투)
프랑스가 획득한 식민지	
중동과 북아프리카	튀니지, 모로코
아시아	인도차이나
사하라사막 이남 아프리카	모리타니, 말리, 코트디부아르, 니제르, 오트볼타(부르키나파소), 다호메이(베냉), 마다가스카르, 튀니지, 세네갈, 프랑스령 콩고(콩고-브라자빌), 지부티, 프랑스령 기니, 차드
오세아니아	뉴헤브리데스제도(영국과 공동으로, 지금의 바누아투), 독일령 뉴기니(1914년에 획득), 마셜제도
독일이 획득한 식민지(1차대전 이후 모두 상실)	
아프리카	카메룬, 토골란드(토고), 루안다-부룬디(지금의 르완다와 부룬디), 탕가니카(탄자니아), 독일령 서남아프리카(나미비아), 독일령 뉴기니(1914년에 상실)
다른 유럽 나라들이 획득한 식민지	
벨기에	콩고자유국(1908년 벨기에 식민지로 바뀌기 전까지 레오폴드 2세 국왕의 사유지)
이탈리아	에리트레아, 소말리아, 리비아

* 1차대전 이후 영 제국과 프랑스 제국은 패전한 열강(터키와 독일)이 그전까지 지배하던 이라크, 팔레스타인, 시리아, 레바논, 탄자니아, 카메룬 같은 영토를 획득하면서 더욱 확대되었다. 오스트레일리아는 독일령 뉴기니를 획득했다.

〈표 14〉 유럽 강대국들이 보유한 유럽 외부 영토(단위: 100만 제곱킬로미터)[참고로 한국 면적이 약 10만 제곱킬로미터, 이집트 면적이 약 100만 제곱킬로미터임.-옮긴이]

	1878년	1913년
영국	24.9	29.5
프랑스	4.9	11.5
포르투갈	2.2	2.2
네덜란드	2.1	2.1
에스파냐	1.0	0.8
독일	0.5	3.5
이탈리아	0.0	2.5

이 이끄는 아프가니스탄 군대에 패배했다. 1887년 이탈리아인들은 에티오피아인들에게 패배했고, 1896년에 다시 졌다(아래를 보라). 1906년 영국인들은 나탈의 식민지에서 과세에 저항하는 줄루족의 반란을 진압하는 과정에서 3000~4000명을 살해했다.[92]

1905년부터 1907년까지 독일령 동아프리카(탕가니카, 지금의 탄자니아)에서 마지마지[Maji Maji. '마지마지'는 예언자 킨지키틸레 응왈레가 몸에 뿌리면 독일인들의 총탄을 물리칠 수 있다고 주장한 '성수'의 이름이다.-옮긴이] 반란자들은 독일의 식민 지배와 현지 주민들에게 수출용 목화 재배를 강요하려는 시도에 맞서 싸웠다.[93] 1898년 에밀리오 아기날도는 필리핀 군대를 이끌고 에스파냐인들과 싸워 물리쳤다. 원래 아기날도는 미국의 지지를 받았지만 곧바로 미국에 맞서 싸워야 했다. '자유의 땅'이라고 여긴 미국으로부터 독립하기 위한 싸움은 수포로 돌아갔다.[94] 미군은 마을을 파괴하고 포로를 고문했으며, 필리핀인들을 포로수용소에 몰아넣었다.[95] 이러한 식민지 억압과 그에 맞선 저항은 미국이나 유럽의 역사 교과서에 거의 실리지 않았다. 많은 사실이 알려지고 반박의 여지가 없이 밝혀진 오늘날에도 사정은 마찬가지다.[96] 북반구와 남반구 모두에서 수많은 아메리카 원주민이 정복과 질병으로 절멸된 사태, 1828년부터 1832년까지 영국 식민주의자들이 자행한 태즈메이니아 원주민 학살(이른바 검은전쟁Black War), 벨기에 식민주의가 콩고에서 낳은 참사, 1897년 베냉에서 영국 토벌원정대가 수천 명을 살해하고 베냉시를 불사르고 저 유명한 베냉 청동상Benin bronzes(오늘날 다수가 영국박물관에 있다)을 훔친 일, 그리고 마지막으로 말하기는 하지만 마찬가지로 중요한 사건으로, 1907년 독일이 서남아프리카(지금의 나미비아)에서 헤레로족Herero을 절멸시킨 사건—근대 최초의 종족말살— 등에 대해서도 똑같이 말할 수 있다.[97] 헤레로족은 반유목인으로 백인 정착민들이 가축을 키우기 위해 공유지에 울타리를 치려 한 시도에 저항했다.[98] 그들은 워낙 훌륭한 전사들이었던 터라 1904년에 앞서 중국 의화단사건을 진압한 베테랑이자 특히 단호한 군사령관인 로타르 폰 트로타가 민간 당국의 반대를 무릅쓰고 발탁되었다. 폰 트로타는 헤레로족 전체를 몰살시키기로 결심했다. 어느 언론인에게 "인간이 아닌 존재Unmenschen를 상대로 인도적으로 전쟁을 벌일 수는 없는 법이지"라고 말했듯이 말이다.[99] 몇 달 뒤에 그는 헤레로족은 영국 영토로 도망치든 살해당하든 간에 어쨌든 독일 식민지에서 사라져야 한다고 선언했다. 이제 종족학살이 공식 목표가 되었고(아직 그 용어가 만들어지지는 않았다), 그야말로 종족학살이 벌어졌다. 6만~8만에 달하는 헤레로족의 약 66~75퍼센트가 살해되었다.[100] 독일 정부는 사건이 벌어지고 100년 뒤인 2004년에 사죄했다.[101]

독일의 식민화보다 한층 더 소름끼친 것은 벨기에의 콩고 식민화였다. 레오폴드 2세 국왕은 콩고를 정복하고 콩고자유국(État Indépendant du Congo. 벨기에 식민지가 아니라 왕의 사유재산)을 창건한 것이 이 지역을 지배한 무슬림 노예무역업자들의 통치 아래 벌어진 일보다 개선된 결과라고 주장한 바 있었다. 그러나 사실 국왕이 관장한 체제는 근대 식민화에서 가장 극악무도한 사례이자 노예무역보다도 '더욱 무시무시한' 지배였다.[102] 레오폴드가 '약탈 경제'의 본보기를 시행한 결과,

들판은 농사도 짓지 않고 버려졌다. 농업이 감소했다. … 토착 상업은 중단돼 버렸다. 금속세공이나 목공예같이 여러 세기에 걸쳐 세련되게 발전한 수공업은 사라졌다. 원주민은 게으르고 허약해지고 영양실조에 빠졌다. … 레오폴드의 고무재배 정책이 직간접적으로 낳은 결과로 얼마나 많은 사람이 사망했는지는 가늠하기가 불가능하다.[103]

많은 이들이 사망하고 살해되고, 강간과 고문을 당했다. 마을은 불살라지고, 더 많은 고무를 생산하도록 원주민을 몰아세우기 위해 살인부대가 파견되었다. 어느 스웨덴인 선교사는 "오른팔이 잘린 시체들이 호수에 둥둥 떠 있는 광경"을 보았다고 전했다. "장교는 … 고무 때문에 … 사람들을 죽였다고 내게 말했다."[104] 수천 명이 레오폴드가 보낸 군인들이 두려워서 마을에서 도망쳤다. 작물이 불살라지고, 가축이 몰살되고, 기아가 잇따랐다.[105] 건강 상태가 악화된 주민들은 이제 천연두나 수면병[체체파리를 매개로 전염되는 열대 풍토병.-옮긴이] 같은 질병에 한층 더 취약했다. 남자들이 고무를 찾기 위해 장기간에 걸쳐 숲으로 보내진 동안 부인과 아이들은 반쯤 굶주린 채 인질로 잡혀 있었다. 항의의 목소리가 높아지자 결국 1908년 벨기에 의회는 레오폴드 2세의 '문명화 사명'을 끝내기로 결정했다. 23년에 걸친 극악한 통치 동안 국왕은 고무 추출과 상아 밀렵 덕분에 부를 쌓았지만, 콩고는 주민의 절반을 잃어 1000만 명이 사망했다.[106]

반식민주의자들은 식민주의자들과 공통점이 있었다. 양쪽 다 같은 문

화, 종종 같은 언어(알제리와 베트남에서는 프랑스어, 인도에서는 영어), 근대를 향한 동일한 열망, 동일한 계급적 소속감을 받아들였다. 벨기에 사회주의 지도자 에밀 반데르벨데는 벨기에의 콩고 식민화가 야기한 참사에 관해 장황하게 글을 썼지만, 토착민들은 자기 토지를 소유하고 유럽인들은 그들과 교역을 하게 하는 '합리적인' 식민화체계를 옹호했다.[107] 콩고개혁협회Congo Reform Association(1904)를 설립하면서 벨기에인들이 콩고에서 저지른 극악한 행위를 가차 없이 비난한 프랑스계 영국 언론인 에드먼드 D. 모렐도 식민화 자체가 아니라 과도한 착취에 반대한 것이었다.[108] 벨기에 사회당(POB)이 전반적으로 무관심한 가운데서도 식민주의에 반대하는 목소리를 높인 주역인 당 기관지 『민중Le Peuple』 편집장 루이 드 브루케르는 1907년 탄탄한 실용주의 아래 분노를 감췄다. "철도와 도로, 우편체계, 요새와 대포, 한마디로 말해서 한 나라를 정복 상태로 유지하는 데 필요한 각종 도구를 건설해야 한다. 하지만 이 모든 것에는 얼마나 비용이 들까? 콩고는 우리한테 이득이 되지 않을 것이다. 부르주아지한테는 이득이 될지 몰라도 우리한테는 아니다."[109]

대부분의 평범한 '토착민'들에 관한 한, 식민주의는 종종 한 지배계급이 다른 지배계급으로 바뀌는 것에 지나지 않았다. 그들은 언제나 지배받았기 때문에 옛 지배자에게 했던 그대로 계속 새로운 지배자에게 지배를 받고 복종했다. 반란이나 음모나 책략을 꾀할 이유가 전혀 없었다. 민족의식이 없었기 때문에 민족적 자긍심이 상처입지도 않았다. 새로운 지배자가 확립된 규범과 기존 전통, 현지 종교를 간섭하거나 생활상태를 악화하지 않는 한 반대할 이유가 없었다. 문제는 밑바닥이 아니라 상층부 토착민들이었다. 그들은 끊임없이 딜레마에 직면했다. 식민지배자들에게 협력하면서 종속적인 방식으로나마 권력을 공유하는 데 동의해야 할까,

아니면 나중에 권력을 획득하기 위해 저항해야 할까?

존 갤러거와 로널드 로빈슨이 지금은 유명해진 글에서 설명한 것처럼, 현지 사회가 협조·협력하거나 도구 역할을 하지 않았더라면, 식민 제국이 실제로 그런 식으로 팽창할 수 없었을 것이다.[110] 유럽인들은 분할통치 게임을 벌였겠지만, 토착 세력 또한 식민지 확보 경쟁을 활용해서 내부 경쟁자들을 상대로 묵은 원한을 갚으려고 했다. 특히 영국인들은 저항을 어지럽히고 순응을 확보하기 위해 현지의 분열에 맞춰 제국의 개입을 조정했다.[111] 인도에서도 1857년[세포이 항쟁이 일어난 것이 1857년이고 그 다음해인 1858년에 영국이 인도를 완전히 직접 통치하는 체제로 바뀌었다.-옮긴이]에 병합하기 전에 영국의 지배는 직접 통치하는 방식과 종속적인 현지 동맹 세력과 의존 세력을 두고 인도 각국 사이를 중재하는 방식이 나란히 존재했다. 어떻게 보면 영국인들은 전임자인 무굴 지배자들의 지배체제를 물려받은 것이었다.[112]

1차대전 직전인 1913년, 영 제국은 4억 4000만 명의 인구를 아울러서 중국과 맞먹는 수준이었다. 3억 명이 약간 넘는 인도 덕분에 크게 늘어난 수치였다.[113] 전체 인류의 4분의 1에 해당하는 인구 덕분에 아마 영국은 역사상 최대의 제국이었을 것이다. 하지만 영국은 꽤 오랫동안 이 제국을 유지했고, 영국 경제는 주요 산업국 가운데 세계화 수준이 가장 높았다. 그런데 분명한 가치도 확신할 수 없는 식민지를 왜 더 많이 차지하려고 했을까? 가장 전통적인 한 가지 대답은 식민지를 차지하는 비용이 크게 들지 않고 이 과정에서 다른 나라들을 배제한다는 것이었다. 영국인들은 세 가지 방식으로 지배했다. 첫째, 다른 어느 나라보다도 더 많은 식민지를 보유하는 것, 둘째, 다른 어느 나라보다도 더 많이 식민지와 무역을 하는 것, 그리고 마지막으로, 공식 제국 말고도 비공식 제국을 보유하는 것이었다. 세계를 영국 상품에 활짝 열어두는 것이 영국 제국주의의 핵심이었다. 조지프 체임벌린은 버밍엄 상공회의소 연설(1896)에서 이렇게 말했다. "우리의 상업 경쟁국들이 아프리카의 더 많은 지역을 차지했다면, 아마 첫 번째 정책 행동으로 이 거대한 상업 시장을 영 제국에 개방하지 않았을 것이다."[114]

이 제국의 범위는 굉장히 넓었다. 현재 존재하는 200여 개 나라 가운데 63개국이 한때 영국의 지배를 받았고, 20여 개국이 짧은 시기 동안 점령당했으며, 추가로 7개국(아르헨티나와 칠레 같은)이 비공식 제국의 일부였다고 볼 수 있다.[115] 하지만 이 '제국'은 일관성도 없고 통일성도 없었다. 캐나다는 인도와 같은 방식으로 지배되지 않았고, 인도는 이집트와 같은 방식으로 지배되지 않았다. 이집트는 진정한 식민지도 아니었다.[116]

영국이 식민지배에서 패권을 차지한 것은 잠재적 경쟁자들이 열악한 상황에 빠진 탓도 있었다. 한때 대제국을 거느렸던 포르투갈과 에스파냐는 너무 가난해서 팽창하지 못했다. 에스파냐는 심지어 기존에 보유한 식민지를 지키는 데도 성공하지 못해서 쿠바와 푸에르토리코, 괌과 필리핀을 미국에 빼앗겼다. 독일과 이탈리아는 너무 늦게 진출해서 식민지 쟁탈전에서 큰손이 되지 못했다. 두 나라의 주요 정치인인 독일의 비스마르크와 이탈리아의 졸리티는 식민지 경쟁에 뛰어드는 것을 주저했다.

러시아는 동쪽으로 팽창할 수 있어서 아시아 영토를 병합했지만 공식 식민지로 바꾸지는 않았다. 러시아는 남캅카스(영어로는 트랜스코카시아)를 공식 지배함으로써 광대한 유라시아평원에 대한 지배를 완성하고 극동 지방으로 옮겨갔다.[117] 미국의 경우에는 서부로 팽창하면서 인디언 및 멕시코인과 싸웠다. 러시아와 미국은 '고전적' 제국이 아니었지만, '내부' 식민주의 또는 '인접contiguous' 식민주의의 사례에 해당한다고 말할 수 있다.

　스위스나 스웨덴 같은 다른 나라들은 굳이 제국이 필요 없이 열렬히 산업화를 진행하고 있었다. 제국이라고 불린 두 나라, 즉 오스만 제국과 오스트리아-헝가리 제국 둘 다 19세기 동안 영역을 조금도 팽창하지 않았다. 두 나라는 정착민을 배출하지 않았다. 터키인 가운데 오스만 제국의 유럽이나 아랍 쪽에 정착한 이는 거의 없었다. 오스트리아인 역시 갈리치아나 헝가리에 거의 정착하지 않았다. 1차대전에 이르는 시기 동안 오스만 제국은 영토를 잃으면서 해체일로를 걸었고, 오스트리아-헝가리 제국은 다루기 힘든 민족들을 제국 경계 안에 묶어두려고 필사적으로 애썼다. 빈이나 콘스탄티노플 어느 쪽에서든 어느 누구도 해외의 멀리 떨어진 지역에 정착지를 만들자고 진지하게 주창하지 않았다.

　따라서 영국의 유일한 잠재적 경쟁자는 프랑스였다. 하지만 영국이 19세기 내내 대단히 안정을 유지한 반면, 프랑스는 1789년 이래 놀라울 만치 불안정했고, 심지어 1870년에 프로이센과의 대규모 전쟁에서 패배하기도 했다.[118] 이 모든 상황이 영국이 제국의 도박에서 성공을 거두는 데 기여했다. 하지만 이런 행운에도 불구하고 19세기 말을 향해 가면서 다른 나라들이 따라잡는 가운데 영국의 무역 우위는 끊임없이 줄어들었다.

　이런 식민지들 가운데 어느 하나라도 과연 자본주의 발전에 크게 중요했을까? 식민지를 옹호하는 이들은 그 중요성을 확신한 것 같다. 프랑스 총리 쥘 페리가 1885년에 솔직하게 한 말은 널리 인용된다. "식민 정책은 산업 정책의 딸이다(La politique coloniale est la fille de la politique industrielle)."[119] 많은 이들이 동의하지 않을지 몰라도 프랑스의 경우에 이 말은 사실이지만, 독일의 경우에는 분명 사실이 아니다. 독일의 산업적 성공은 1884년 이전에 식민지가 전혀 없이 이루어졌고, 그 후에도 식민지가 조금도 중요하지 않았기 때문이다. 식민지에 찬성한 독일인들은 독일의 산업 발전을 위해서는 통일 독일만이 아니라 거대한 제국도 필요하다고 주장했다. 비스마르크의 후임 수상인 레오 폰 카프리비는 상업과 산업은 정치·문화적으로 대단히 중요하다고 강조하는 식으로 해상 강국이 되고 해군을 건설하려는 열망을 정당화했다.[120]

민족주의 역사학자 하인리히 폰 트라이치케만이 아니라 다른 많은 이들도 표명해 인기를 끈 주장은 독일은 민족 정체성을 재구성하느라 수십 년을 '허비했기' 때문에 이제 다른 나라들, 무엇보다도 그토록 혐오하는 '오만한' 잉글랜드가 오래전에 시작한 식민지 경쟁에 뛰어들어야 한다는 것이었다.[121] 식민지를 확보하면 독일 정착민들에게 일자리와 땅이 생길 것이라는 기대도 있었다.[122] 독일의 위대한 영광을 위해 독일 제국을 바랐던 트라이치케는 또한 현실적인 주장을 폈다. "지속적인 과잉 생산에 시달리고 20만 명에 가까운 아이들을 해외로 보내는 나라에게 식민화 문제는 절대적으로 중요하다."[123] 가장 목소리를 높인 식민주의자들로는 독일 해군 재무장의 설계자인 알프레트 폰 티르피츠와 동아프리카 담당 고등판무관(Reichskommissar. 1891)으로 잔학행위에 책임이 있는 카를 페테르스 등이 있다(사후에 히틀러에 의해 복원되었고, 나치 시기에 영화와 책자를 통해 치켜세워졌다).[124] 비스마르크 이후 이 시기에 독일 대외 정책의 핵심 개념은 '세계 정책Weltpolitik'이었지만, 실상을 보면 해군이 많지 않은 독일은 기껏해야 '유럽 정책Europapolitik'을 꿈꿀 수 있었을 뿐이고 제대로된 '양지 바른 자리[Platz an der Sonne. '세계 정책'의 기원이 된 1897년 독일 제국의회 토론에서 외무상 베른하르트 폰 뷜로프가 한 말에서 유래한 표현이다. "한마디로 말해서, 우리는 누구든지 그늘 속으로 내동댕이치고 싶지는 않지만, 우리 자신도 양지 바른 자리를 차지하고 싶단 말입니다."-옮긴이]'도 언감생심

이었다.[125]

산업화 이전으로 돌아가 땅을—이번에는 외국 땅을— 일구고 영혼을 찾는다는 독일인들의 낭만적 관념은 19세기에도 터무니없는 것이었으나 되살릴 수 없을 만큼 터무니없지는 않아서 히틀러의 제3제국에서 한층 더 파국적으로 되살아났다. 하지만 동유럽에 대한 나치의 '기아 계획[Hungerplan. 2차대전 중에 소련과 동유럽에서 식량을 빼앗아서 독일 군인과 민간인을 먹여 살리려 한 계획.-옮긴이]'은 유럽 외부를 겨냥한 게 아니었다. 이 계획은 소련과 폴란드를 굶주리게 만들어 죽지 않으면 항복하도록 하고, 그 결과로 동방종합계획Generalplan Ost, 즉 이렇게 해방된 동방 영토에 순수 혈통의 독일 농민들을 정착시키는 계획을 실행하려는 구상이었다.

하지만 이런 원대한 구상과 이데올로기적 정당화는 제쳐두고라도 1880년대에 독일의 식민지 획득을 부추긴 가장 직접적인 자극은 이른바 1870년대의 장기 불황이었다. 이 위기는 대체로 과잉생산 위기로 간주되었고, 이를 극복하기 위해서 대대적인 수출 촉진이 제안되었다. 영국은 해외 시장에서 상당한 우위를 누렸기 때문에 식민지 획득으로 바람직한 출구를 확보할 것으로 여겨졌지만, 독일이 카메룬, 토골란드, 루안다-부룬디, 탕가니카같이 무역 가치가 거의 없는 지역을 정복한 것은 이런 식민주의 옹호론으로 정당화되기 어려웠다.

정치인들은 또한 식민지가 있으면 국가가 경제 정책의 운전석을 확실하게 지킬 수 있다고 주장했다. 식민지 덕분에 농업과 산업의 이해관계가 통일되고, 많은 이들이 국가 조달을 통해 돈을 벌 수 있으며, 사회주의를 억제하고, 언론과 제국의회와 관료기구를 중심으로 광범위한 이데올로기적 합의를 장려할 수 있었기 때문이다.[126] 여론은 언론에 의해 부추겨지기 전까지는 식민지에 별 관심이 없었지만, 열광적 식민주의자들과 산업계, 특히 조선업계는 독일식민연맹(Deutscher Kolonialverein. 1882)과 이후의 독일식민협회(Deutche Kolonialgesellschaft. 1887), 해군연맹(Deutscher Flottenverein. 1898. 회원수 33만 명), 그리고 초민족주의적인 반폴란드 단체로 막스 베버도 회원이었던 범독일동맹(Alldeutscher Verband. 1891) 등의 압력단체로 집결했다. 이런 압력단체가 추구한 목적 가운데는 노동자를 애국자로 변신시키는 것, 즉 어느 지지자의 말을 빌리자면, 대대적인 조선 계획으로 일자리와 더불어 애국적 자긍심을 제공해서 '대중을 되찾는 것'도 있었다.[127] 프리드리히 엥겔스도 비록 정치적 입장은 전혀 다르지만 경제력과 프롤레타리아트의 열정 사이에 연관관계가 있다고 생각했다. 독일 사회주의 지도자 아우구스트 베벨에게 보낸 편지(1883년 8월 30일)에서 엥겔스는 잉글랜드 노동계급이 사회주의가 결여된 채 "'대자유당Great Liberal Party'의 부속품" 노릇에 만족하는 것을 개탄하면서 "세계시장에 참여하는 것이 예나 지금이나 잉글랜드 노동자들의 정치적 존재감이 전무한 경제적 이유"라고 단언했다.[128]

이 모든 것으로 독일이 식민지 팽창을 추구한 이유가 설명되겠지만, 그렇다고 해서 이런 팽창이 수익성이 좋았다는 결론이 나오는 것은 아니다. 실제로 열정은 금세 차갑게 식었다. 새로 획득한 영토 때문에 오히려 정부 재정이 고갈되고, 산업이 이득을 보지 못했으며, 어떤 독일인도 정착민이 되려고 하지 않았기 때문이다.[129] 독일에서 조직적인 식민운동의 사회적 구성은 대체로 의사와 변호사, 약사 같은 중간계급 전문직으로 이루어졌다. 민족주의에 흠뻑 빠진 이 사람들은 자기가 정착민이 될 생각은 전혀 없었고 대신 위험한 프롤레타리아와 땅을 잃은 농민들이 식민지로 가야 한다고 생각했다.[130] 당시는 대규모 이주의 시대였지만, 프롤레타리아와 농민 가운데 기꺼이 자기 집을 떠나서 사하라사막 이남 아프리카의 열기와 벌레, 질병을 견디려는 이는 많지 않았다. 그들은 미국과 라틴아메리카, 오스트레일리아와 뉴질랜드, 남아프리카(좋은 땅과 다이아몬드가 있고, 모기는 적었다)로 가는 쪽을 선호했다. 일부 식민지는 나폴레옹 3세도 안 것처럼, 죄인들을 보내는 데 유용했다. 1854년 나폴레옹 3세는 값비싼 프랑스 감옥을 폐쇄하고 죄수들은 누벨칼레도니와 프랑스령 기아나로 보냈다. 결국 죄수들의 수명은 단축되고 공공 재정은 아낄 수 있었다. 차르는 죄수들을 시베리아로 보냈고, 영국은 오스트레일리아로 보냈다(오스트레일리아로 간 사람들은 부자가 됐다). 하지만 비록 식민주의가 상층계급과 중간계급으로부터 일부 실업자를 흡수해서 '탐탁지 않은 자들'을 배출하는 출구를 제공하기는 했지만, 단지 감옥문제를 해결하기 위해 광대한 제국을 정복하는 나라는 없다.

제국은 네덜란드에도 이익이 되지 않았다. 이 나라는 인도네시아의 일부인 수마트라를 정복하기 위해 아체 술탄국을 상대로 오랫동안 격렬하고 인기 없는, 그리고 전혀 쓸모없는 전쟁(1873~1903)을 벌였다. 네덜란드 쪽에서는 군인 3만 7000명(대부분 인도네시아에서 모집한 병력)이 사망하고 원주민은 6만여 명이 사망했다.[131] 위신과 자부심, 그리고 만약 자신들이 철수하면 미국이나 영국, 독일이나 일본이 개입할 것이라는 두려움말고는 막대한 재정을 들여가며 이 30년 전쟁을 할 이유가 전혀 없었다.[132] 인도네시아 전체를 장악해도 네덜란드 경제에는 전혀 도움이 되지 않았다. 네덜란드 경제는 18세기 영광의 시기를 결코 되찾지 못했고, 제국 규모가 훨씬 작고 콩고를 획득하기 전에 산업화를 이룬 벨기에보다도 뒤처졌다. 네덜란드는 19세기 내내 상업적 팽창을 이뤘지만 그 성공은 식민지보다는 유럽 내부 무역이 발전한 덕분이었다.[133]

이탈리아는 독일과 마찬가지로 제국이 없었고, 영국과 프랑스가 남겨둔 찌꺼기를 챙기는 것만 기대할 수 있었다. 경제적으로 전혀 중요하지 않은 지역이었다. 이탈리아인들은 심지어 에티오피아를 정복하는 데도 실패했다. 처음에는 1887년 도갈리 전투에서 현지 군대에, 그다음에는 1896년 아두와에서 메넬리크 2세가 이끄는 군대에 패배했다. '원주민'들에게 패배한 것은 근대 유럽 식민주의 역사에서 보기 드문 사건이었다. (앞서 살펴본 것처럼 영국도 패배한 적이 있지만, 결국 아프가니스탄 전쟁에서 승리했다.) 이탈리아는 에티오피아인들을 고질적으로 얕잡아보면서 '원시' 왕국이 현대 유럽 국가의 상대가 될 리 없다고 생각했다.[134] 메넬리크는 서구에서 유명인사가 되어 그의 밀랍 조각상이 파리의 그레뱅 박물관에 세워지고, 잡지『배너티페어Vanity Fair』에는 채색 석판화가 실렸다.[135]

이탈리아는 식민지를 획득하려는 동기가 워낙 약해서 이 나라의 제도권 대부분은 식민지 획득에 반대하면서 자국의 식민주의를 '거지들의 식민주의un colonialismo da straccioni'라고 비하했다. 어쨌든 이탈리아는 식민지 없이도 산업 발전에서 에스파냐와 거의 맞먹는 상태였다. 1886년 11월, 아직 국가 정치를 책임지는 자리에 오르지 않은 조반니 졸리티는 유권자들에게 제국 정책은 비용이 많이 든다고 찬찬히 현명하게 설명했다. 제국을 세우려면 육군과 해군이 필요하고, 제국이 만들어지면 귀족에게 더 많은 특권이 부여되는데, 이런 제국을 권하고 싶지 않다는 것이었다.[136] 다른 계몽된 보수주의자들도 이탈리아의 제국 건설 시도를 혹평했다.『농업과 농민계급의 상태에 관한 조사』의 저자로 유명한 스테파노 야치니 백작은『이탈리아 정치에 관한 사유Pensieri sulla politica italiana』(1889)에서 정부가 '과대망상증megalomania'—이 용어를 근대적으로 사용한 최초의 사례다—에 사로잡혀 있다고 비난했다. 그는 이

병을 "우리 남부식 상상력의 흥분하기 쉬운 속성(eccitabilità della nostra immaginazione meridionale)" 탓으로 돌렸다.[137]

이탈리아는 에리트레아(1882), 소말리아(1889), 리비아(1911~12)를 획득하는 데 성공했다. 하지만 이 식민지들은 상업의 우위나 가치 있는 1차 생산물을 제공해주지 못했다(리비아에서 석유가 발견된 것은 1950년대의 일이다). 일부 정치인들, 특히 프란체스코 크리스피(1887~91, 1893~6년 수상 재임) 같은 남부인들은 식민지 팽창의 열렬한 지지자였다.[138] 이미 식민지 정착으로 이탈리아의 과잉 인구를 해소할 수 있다는 관념은 제국 획득을 뒷받침하는 두드러진 근거가 되었다. 이탈리아인들은 미국에서 '빈민가에 한데 뒤엉켜 사는 대중'이나 '비참한 인간 말종' 대접을 받느니 에리트레아나 소말리아에서 정복자로 정착하는 쪽을 선호할 것이라는 잘못된 믿음이 있었다.

증대하는 이탈리아 산업이 자국 노동자를 흡수하는 능력 문제를 해결하는 수단으로 식민지를 정복한다는 크리스피의 꿈은 터무니없는 망상임이 밝혀졌다. 안토니오 그람시는 혹평을 가했다. 『옥중수고Prison Notebooks』에서 그람시는 이탈리아 남부 농민들은 땅을 원하는데, 크리스피는 땅을 줄 수 없기 때문에 식민지 땅을 주려고 한다고 썼다. 그러면서 크리스피의 제국주의는 현실에 아무런 경제적 토대가 없다고 설명했다. 이탈리아는 선진국처럼 수출할 자본이 전혀 없기 때문에 크리스피는 노동력을 수출해서 남부 농민들의 토지에 대한 갈망을 진정시키려고 했다.[139]

다른 많은 문제들과 마찬가지로, 젊은 이탈리아 국가는 자신이 정한 과업을 이루기에는 매우 미숙한 것으로 드러났다. 식민화에 투입된 (그나마 많지 않은) 예산은 대부분 군대에 배당되었고, 사기업과 민간 인력을 끌어들일 수 있는 필수 기반시설에 투입될 예산은 거의 남지 않았다. 첫 번째 '시범' 정착민들은 필요한 기술이 없었고, 기후가 이탈리아 남부와 무척 달랐다.[140] 이탈리아인들은 계속 훨씬 더 많은 수가 미국과 캐나다, 다른 유럽 나라, 그리고 무엇보다도 아르헨티나로 이주했다(1차대전 직전 몇 년 간 연평균 67만 9000명이 이주했다).[141] 아프리카로는 거의 가지 않았다. 통일 이후 처음 수십 년간 이탈리아의 주요 수출품은 프랑스와 독일로 향했고, 수입품은 주로 오스트리아와 프랑스, 영국에서 왔다. 1913년에 이르면, 유럽 이외의 무역이 상당히 증가했는데, 아직 산업화 경쟁의 선두에 서지 않고 제국도 보유하지 않은 나라들조차 상업이 세계화되었음을 보여주는 또다른 신호였다.[142] 이탈리아의 아프리카 진출에 대한 반대는 일찍이 1888년부터 분명히 나타났다. 사회당이 아직 만들어지기 전에 최초의 사회주의자 의원이었던 안드레아 코스타는 당시 아프리카 정복에 투입되는 막대한 액수를 이탈리아 습지 배수에 써서 '우리 가난한 농민들'이 해외로 이주하는 게 아니라 국내에서 일자리를 찾게 만드는 게 더 낫다고 단언했다. 마침내 1892년에 사회주의 정당이 등장했을 때, 이런 반식민주의는 몇 차례 내부의 반대에 부딪혔다. 1911년 레오니다 비솔라티와 이바노에 보노미 같은 지도적 사회주의자들은 리비아가 이탈리아 농민들에게 땅을 줄 것이라는 근거를 대며 이탈리아의 리비아 정복을 지지했다.[143] 두 사람은 1912년에 당에서 축출되었다.

이탈리아는 이미 산업화를 시작한 나라였지만, 포르투갈은 시작하는 데도 실패했다. 포르투갈은 19세기 한참 전에 획득한 오랜 제국을 보유하고 있었지만, 서유럽에서 가장 가난한 나라였다. 이 나라는 코르크나 포트와인 같은 1차 생산물을 수출했다. 콕번Cockburn, 오스본Osborne, 샌드맨Sandeman, 테일러Taylor같이 지금도 남아 있는 이름에서 알 수 있듯이,

포트와인 무역은 영국인들이 지배했다. 포르투갈 인구는 매우 적었다. 1890년 500만 명으로 런던 인구와 같았다. 포르투갈의 부르주아지는 제조업보다는 상업에 종사했다. 아프리카 보유지는 나라 경제와 별로 관계가 없었다.[144]

포르투갈의 아프리카 제국은 서류상으로는 커 보였지만, 19세기 중반에 해안 지역을 점령하고 내륙을 명목상으로만 장악한 데 그쳤다. 이 나라 통치자들은 제국을 근대적 방식으로 활용하는 것을 꿈꾸었다. 플랜테이션 농장과 광산을 개발하고, 브라질부터 아프리카까지 포르투갈 이민자를 보낼 생각이었다. 그러면 식민지가 재정적 부담이 아니라 도움이 될 터였다. 그러나 이런 원대한 계획, 즉 광대한 중앙아프리카 제국을 창설하려는 시도는 거의 곧바로 틀어졌다.[145] 1886년, 포르투갈은 모잠비크와 앙골라 사이의 영토에 대한 소유권을 주장하고자 했다. 대양에서 대양까지 아프리카 영토를 보유해서 분홍색 지도Mapa cor-de-rosa로 칠하려는 생각이었다. 그러나 이 계획은 카이로에서 케이프타운까지 끊김 없이 뻗은 장밋빛(역시 영국 보유지를 가리키는 색이었다) 지도를 만들려는 영국의 계획과 충돌했다. 1890년 1월, 당시 수상이던 솔즈베리 경은 리스본에 최후통첩을 보내 포르투갈이 지금의 짐바브웨와 말라위에 해당하는 영역에서 무조건 철수할 것을 요구했다. 오랫동안 포르투갈 영토로 여겨지던 영역이었다. 군사적으로나 외교적으로나 영국에 맞설 수 없었던 리스본 당국은 굴복할 수밖에 없었다.[146] 막대한 재앙이었다. 가장 오래되고 유일한 동맹국인 영국에게 모욕을 당한 포르투갈은 국가적 비난의 시기로 접어들었다. 영국은 '배신을 일삼는 앨비언Albion[잉글랜드의 옛 이름.-옮긴이]'이라고 묘사됐는데, 부당한 비난이 아니었다. 포르투갈 왕가는 겁쟁이에 썩어빠졌다는 평판이 자자하면서 대중에게 환멸의 대상으로 전락했다.[147] 화폐 가치가 떨어지고 몇몇 은행이 파산했으며, 공공 부채가 증가하고 투자가 감소했다.[148] 1908년, 국왕 카를루스 1세와 그의 아들이자 상속자인 루이스 필리프가 회원 수가 4만 명이라고 주장하는 비밀 공화주의 조직인 카르보나리아Carbonária에 의해 암살당했다.[149] 1910년에 포르투갈은 공화국이 되었다.

포르투갈의 남은 식민지—기니(지금의 기니비사우), 모잠비크, 앙골라—의 많은 땅에는 포르투갈인이 정착하지 않았다. 포르투갈인 가운데 식민지 정착민이 되어 기후와 곤충에 더 잘 적응한 아프리카인들과 싸우려는 이들은 거의 없었다.[150] 아프리카 식민지에 정착한 소수의 포르투갈인들—앙골라에 1만 3000명, 모잠비크에 1만 1000명(1914)—은 리스본에 압력을 가해 양보와 보조금을 받아냈다.[151] 이 사람들은 모든 곳에서, 특히 상투메프린시페 같은 지역의 플랜테이션 농장에서 혐오의 대상이었다. 노예화된 노동력(공식 노예제는 1876년에 폐지되었다)을 소름끼치는 상태에서 착취했기 때문이다.

에스파냐는 포르투갈보다 상황이 더욱 나빠서 1898년에 제국의 대부분을 미국에 '빼앗겼다'. 실제로 이 식민지들이 대단히 중요한 것은 아니었지만 식민지 상실은 성장에 타격이 되었다. 이런 상실은 경제보다는 정치와 문화에 더 주요한 영향을 미쳤다. 에스파냐인들은 장대한 제국을 활용해서 민족 정체성을 재건할 수 없었다. 그 대신 이 나라는 다양한 조류의 권위주의체제 아래 오랜 기간 독재를 겪었고, 이따금 잠시 민주주의 시기가 있었다.[152]

'98년의 재난' 이후 생겨나 훗날 '98세대'라고 불리게 된 집단에서 가장 영향력 있는 성원으로 손꼽힌 라미로 데 마에스투는 "우리가 식민지 시장을 상실하면서 우리의 경제발전이 얼마나 피상적이고 주변적인지가 분명히 드러났기” 때문에 에스파냐 제조업, 가령 직물업이 번성할 수 있는 유일한 길은 국내 시장을 발전시키는 것이라고 단언했다.[153] 하지만 에스파냐가 제국을 유지하거나 심지어 확대할 수 있었을지라도 어쨌든 동일한 보호주의적 결론을 채택할 수밖에 없었을 것이다. 최초의 거대한 근대적 세계화 시대는 이런 보호주의적 정서에 지배되었다. 과거에 위대했던 나라들로서는 세계를 마주하는 것이 끔찍한 전망일 수 있었다.

하지만 미국인들에게 미래는 빛나기만 할 뿐이었다. 어떻게 보면 낙관주의야말로 미국의 진정한 이데올로기였다. 말로는 반식민주의를 들먹이긴 했지만, 미국 역시 쿠바와 필리핀에 보호령을 세우려는 유혹을 이기지 못했고, 두 나라는 사실상의 식민지가 되었다. 프랑스의 어느 평론가가 1902년에 지적한 것처럼, 미국인들 또한 제국주의자로 변신하고 있었다.[154] 미국은 이미 1875년에 하와이 왕국과 조약을 체결해서 사실상의 식민지로 만들었고, 결국 1898년에 공식적으로 병합했다. 하와이는 1959년에야 주로 승격되었다(버락 오바마가 태어나기 겨우 2년 전의 일이다). 1899년 미국은 독일과 협정을 맺어 사모아제도를 분할했다. 1900년에는 영국, 프랑스, 일본, 러시아, 독일, 이탈리아, 오스트리아-헝가리 등과 나란히 중국 의화단사건 진압에 참여했다.

미국은 유럽 식민 국가들이 ‘문명화 사명’을 떠안은 것과 마찬가지로 필리핀이나 하와이 같은 장소에서 자신에게 주어진 ‘의무’가 있다고 느꼈다. 1899년 에밀리오 아기날도의 필리핀 해방군을 물리치자마자 매킨리 대통령은 이렇게 선언했다. “필리핀을 우리가 소유한 것은 착취하기 위해서가 아니라 문명화하고, 개발하고, 교육시키고, 자치 기술을 훈련시키기 위해서입니다.”[155] 1901년, 아직 프린스턴 교수였던 우드로 윌슨은 미국이 필리핀을 ‘거의 우연한 기회에’ 획득했기 때문에 필리핀의 미래에서 일익을 담당하는 것이 '우리의 의무'라고 선언하면서 매킨리의 선례를 따랐다.

우리가 나서든 않든 간에 동양은 개방되고 변화되어야 하며, 서양의 기준을 부과해야 하기 때문에 … 자유를 위해 이 과정을 조절하고, 지금까지 변화의 도상에서 밀려난 민족들에게 우리 자신의 자조 원리를 전해주고, 질서와 자제를 가르치고, 우리가 영국 역사의 격렬한 과정에서 오래전에 끄집어낸 법과 복종의 훈련과 습관을 심어주는 것이 우리에게 주어진 특별한 의무다.[156]

매킨리의 후임 대통령 시어도어 루스벨트는 1904년 12월 6일 연방교서에서 필리핀 사람들은 현재 "독립국으로 존재하거나 자기들 스스로 문명을 건설할 능력이 전혀 없다"고 언급했다. 결국 그들은 미국의 도움을 받아 "문명의 계단을 점점 더 높이 올라가서" 스스로 통치할 수 있을 것이었다. 루스벨트는 계속해서 솔직하게 한마디 덧붙였다.

현재 영국인들이 인도와 이집트에서, 프랑스인들이 알제리에서, 네덜란드인들이 자바섬에서, 러시아인들이 투르키스탄에서, 일본인들이 대만에서 하는 일과 우리가 하는 일은 비슷한 점이 있습니다.[157]

1898년에 미국이 필리핀을 차지한 것을 보고 영감을 받은 키플링은 1899년 "백인의 짐을 떠안아라―/그대들이 길러낸 최고의 인재를 보내라"는 말로 시작하는 유명한 시 「백인의 짐The White Man's Burden」(부제는 '미국과 필리핀제도The United States and the Philippine Islands')을 썼다. '역대 백악관 주인 가운데 가장 충동적이고, 강박적이고, 극적이고, 제멋대로인 성격'의 소유자라는 평을 받은 시어도어 루스벨트는 당시 (유럽의) 많은 정치인처럼 국내에서는 사회개혁가이고 해외에서는 제국주의자였다. (그는 또한 러일전쟁을 종식시키려는 노력을 중재했다는, 별로 중요하지 않은 공로를 이유로 받을 자격이 없는 노벨 평화상을 수상했다.)[158] 네 권짜리 저서 『서부의 획득The Winning of the West』(1889~96)에서 그는 미국이 인디언과 싸운 역사로부터 최후까지 인종 전쟁을 벌이는 게 불가피했다는 결론을 끌어냈다.[159] 앵글로색슨 인종의 승리(당시에 흔히 쓰이던 표현)는 불가피한 게 아니었다. 1899년에 한 유명한 강연(「불굴의 삶The Strenuous Life」)에서 그는 사람은 위대함을 위해 싸워야지 나쁜 선례를 따라서는 안 된다고 단언했다.

> 소심한 인간, 게으른 인간, 자기 나라를 불신하는 인간, 위대한 싸움과 주인의 미덕을 잃어버린 채 지나치게 문명화된 인간, 무지한 인간, 스릴 넘치는 장대한 고양감을 느끼지 못할 정도로 두뇌가 무딘 인간은 … 나라가 새로운 임무를 수행하는 모습을 보는 것을 꺼리고, 우리가 우리의 필요에 걸맞은 해군과 육군을 건설하는 일에 몸을 사리며, 혼돈에서 질서를 창조하는 식으로 세계에서 우리 몫의 할 일을 하는 모습을 보는 것을 피합니다. … 우리는 우리 국경 안에서 바글바글 모여 앉아 있을 수는 없습니다.[160]

미국의 새로운 제국주의에 반대하는 국내의 반응은 약했고, 주로 평상시 추구하던 자유지상주의와 반국가주의적 태도에 걸맞게 해외 원정 사업을 미국이 '상징하는 이념'에 대한 배신으로 간주하는 이들에 국한되었다. 그리하여 미국이 쿠바와 필리핀을 놓고 에스파냐와 전쟁을 벌였을 때(1898), 원형적 자유주의자 윌리엄 그레이엄 섬너는 미국이 에스파냐를 비롯한 유럽 열강의 선례를 따라 제국으로 향하는 도상에 올랐고 결국 제국의 파멸로 치닫는 위험을 무릅쓴다고 경고했다. 미국인들은 허영심과 자만으로 우쭐해질 터였다. 그리하여 다른 식민주의자들과 똑같이 필리핀과 쿠바의 정복된 주민들이 미국의 지배를 기쁘게 받아들이리라고 생각할 것이었다. "이런 생각은 철저히, 그리고 분명히 맞지 않다. 그들은 우리의 방식을 싫어한다. 그들은 우리의 이념에 반대한다. 우리의 종교, 우리의 언어와 제도와 방식은 그들을 불쾌하게 만든다." 그러면서 섬너는 이렇게 덧붙였다. "우리가 에스파냐인들로부터 물려받아야 하는 가장 중요한 유산은 반란을 진압하는 임무가 될 것이다."[161] 철학자 윌리엄 제임스도 같은 생각이었다. 1899년 동생인 소설가 헨리 제임스에게 미국의 필리핀 획득에 관해 쓴 편지에서 그는 "우리가 도저히 부정할 수 없는 국가적 오명을 뒤집어쓸까 두렵다"고 단언했다.[162] 제임스 형제와 섬너는 쿠바와 필리핀, 푸에르토리코 점령에 반대하는 반제국주의동맹Anti-Imperialism League에 합류한 상태였다. 재무장관과 상원의원, 매사추세츠 주지사를 지낸 조지 S. 부트웰이 창설한 동맹의 지지자 가운데는 풍자작가 앰브로즈 비어스, 철강 재벌 앤드루 카네기, 새뮤얼 클레멘스(마크 트웨인), 전 대통령 그로버 클리블랜드, 철학자 존 듀이, 노동조합 지도자 새뮤얼 곰퍼스 등이 있었다.

유럽의 많은 제국은 사기업과 국가의 협력관계에서 생겨났다. 동인도회사는 1600년 여왕 엘리자베스 1세가 런던 도심의 한 무리의 상인들에게 인도 및 아시아 다른 지역과의 무역 독점권을 주는 특허장을 수여하면서 생겨났다. 1602년 네덜란드 의회가 네덜란드 동인도회사Vereenigde Oost Indische에 인도네시아와의 무역 독점권을 부여했다. 1664년에는 재무상이자 루이 14세의 중앙집권 국가의 설계자인 장-바티스트 콜베르가 프랑스 동인도회사(Compagnie française des Indes orientales, 국가기업이지만 사적 기반이 있었다)를 설립했다. 이 회사들은 순수한 상업 회사가 아니었다. 각자의 영토에서 군대를 모집하고, 행정부를 설립하고, 치안권을 행사하고, 세금을 징수할 수 있었기 때문에 정치기관의 기능도 했다.

17세기 내내 다른 유럽 국가들도 동인도제도를 비롯한 여러 곳에서 사기업에 무역 독점권을 부여했다. 덴마크는 1616년, 포르투갈은 1628년, 스웨덴은 1731년에 독점권을 주었다. 19세기 말에 이르면 이런 사기업의 대부분이 사업을 정리하고 국가가 직접 식민지를 책임지게 되었다. 하지만 영국은 사기업 모델이 적합하다고 판단될 때면 계속 이 모델을 활용했다. 1889년 세실 로즈가 지휘해서 설립된 영국 남아프리카회사British South Africa Company는 자체 군대를 보유하고 현지 왕국들과 전쟁을 벌였으며, 오늘날의 짐바브웨와 잠비아에 해당하는 영토를 점령했다. 『맨체스터가디언』은 1902년 부고 기사에서 로즈가 파렴치한 사업에 끊임없이 연루되면서 '남아프리카 발전의 건설자는커녕 난파선 약탈자'가 되었다고 설명했다.[163] 로즈의 동상은 지금도 옥스퍼드 오리엘칼리지에 남아 있다. 그의 유언으로 막대한 액수를 받은 곳이다.

이런 제국의 사기업 가운데 가장 유명한 동인도회사에 대한 역사적 평결은 부정적일 수밖에 없다. 동인도회사가 독재적이고 부패했다는, 애덤 스미스, 에드먼드 버크, 제러미 벤담 같은 당대 사람들의 평가는 사실로 입증되었다.[164] 1789년 벤담은 동인도회사가 워런 헤이스팅스의 동상을 세우는 게 어떻겠느냐고 장난스럽게 제안하기도 했다. 1772년부터 1785년까지 사실상의 인도 총독을 지낸 헤이스팅스는 부패 혐의로 고발당했다가 결국 무죄 방면된 인물이었다.

동인도회사 이사들과 소유자들이 이 총독을 기리는 동상을 세우는 것이다. 동상에는 이런 문구를 새겨야 한다. **다만 우리 주머니에 돈을 넣어주고, 너무 극악무도해서 차마 우리가 숭배할 수 없는 폭정은 하지 않기를.** 이 대장 악당의 동상 옆에 친구 삼아 법복 차림의 공범도 하나 세워주자. 다른 사람의 손에 뇌물을 찔러주는 자로. 약탈과 억압에 시달리는 힌두교도와 무슬림 수억 명이 동상 하나 값을 내고, 웨스트민스터홀 기부금으로 나머지 하나 값을 내면 된다.[165]

1783년 버크는 '영국인들'이 인도인의 안녕에는 전혀 관심이 없는 "억압적이고 불법적이며, 변덕스럽고 불안정하며, 탐욕스럽고 횡령을 일삼는 전제정"을 세워놓았다고 목소리를 높였다.[166] 애덤 스미스는 『국부론』에서 동인도회사가 "인도에서 가장 부유하고 비옥한 지방"에 "영토를 늘리거나 약탈을 강화"해서 "모든 것을 … 낭비하고 탕진했다"고 비난했다. 그 결과로 현재(1784) 회사는 "어느 때보다도 더욱 곤경에 빠져 있고, 곧바로 파산하는 것을 막기 위해 다시 한번 정부의 지원을 탄원하게 되었"으며, 이제 모든 이들이 "항상 너무도 분명했던 사실", 즉 동인도회사는 "영토를 소유하고 통치하기에 전혀 적절하지 않다"는 사실에 동의하고 있다.[167] 회사는 19세기까지 살아남았는데, 점점 재정문제에 직면했다. 1813년에 이르러 이제 반감을 갖게 된 영국 정부는 회사가 가진 무역 및 독점의 특권을 거의 전부 박탈하면서 인도에서 일하는 정부 대리인 인력을 제공하는 별 매력 없는 기능만을 남겨두었다.[168] 1833년 특허장법 Charter Act(공식 명칭은 1833년 인도정부법Government of India Act, 1833)에 따라 동인도회사는 중국 독점권을 비롯해 남아 있던 모든 특권을 박탈당했다.[169] 동인도회사가 무역을 이끌던 시대는 끝났다. 『캘커타저널Calcutta Journal』의 전 편집인으로 동인도회사의 독점을 끝장내기 위한 캠페인을 이끈 제임스 실크 버킹엄은 그해에 상업적인 기업에 "수억 명의 인구를 지닌 제국의 정치 행정"을 맡긴다는 생각은 "너무도 터무니없는" 것이라 누가 그런 제안을 한다면 황당무계하다는 평을 받을 것이라고 단언했다.[170] 하지만 회사는 상업권을 상실한 뒤에도 계속해서 남아시아 많은 지역에서 영국의 지배를 실행했다. 영국 정부를 대신해서 활동하는 일종의 민산화된 군대였다. 1857년 인도 반란은 동인도회사의 서투른 활동 탓으로 돌리는 이들이 많았다. 1858년 인도정부법에 따라 회사는 해산되었고 인도 행정은 사실상으로만이 아니라 법률적으로도 영국 국가의 업무가 되었다. 다시 말해 식민지가 되었다.[171]

1860년 이후 영국이 거느린 제국에 대한 수출이 세계 나머지 지역과의 무역보다 훨씬 빠르게 증가해서 1870년대와 1880년대 장기 불황 및 유럽 대륙과 미국의 경쟁 고조에 따른 부정적 효과가 상쇄되었다.[172] 하지만 일찍이 1870년대에 영국의 대유럽, 대미 수출의 전체 가치가 크게 감소하기 시작했다. 영국 자본의 82퍼센트가 투자된 비유럽 10개 나라에서 1870년부터 1913년까지 수출이 50퍼센트 가까이 감소했다.[173] 영국으로서는 다행히도 수출품을 헐값에 떠안길 수 있는 제국이 존재했다. 다만 물론 이제국으로 향하는 수출품 가운데 영국의 비중은 1860년대와 1913년 사이에 서서히 줄어들었다.[174] 영국 최고의 고객(1인당으로 따졌을 때)은 오스트레일리아와 뉴질랜드, 캐나다에 정착민으로 이식된 영국인들 자신이었다. 미국인들(한참 산업화로 가는 도상에 있었다)과 달리, 이 '영국인' 정착민들은 영국 제조업과 경쟁하는 게 아니라 영국의 공산품을 받는 대가로 모국에 광산물과 농산물을 공급했다.

얼마 지나지 않아 불리게 된 이름대로 하면 이런 '백인' 자치령 Dominion과 영국의 친밀성을 과소평가해서는 안 된다. 미국인들은 정말로 스스로 별도의 나라라고 생각했고, 다른 유럽 나라들에서 이민자가 들어와서 인구 균형이 바뀜에 따라 더더욱 그렇게 생각했다. 하지만 오스트레일리아인, 캐나다인, 뉴질랜드인은 스스로를 계속 영국인이라고 생각했고, 1914~18년과 1939~45년의 세계대전에 영국을 위해 싸우도록 장병들을 보내는 데 주저함이 없었다. 그리고 21세기에 접어들어서도 영국 군주를 자신들의 국가수반으로 유지했다. 1970년대에 이르러서야 많은 오스트레일리아인들은 이제 더는 자신이 '기본적으로 영국인'이라고 생각하지 않았다.[175] 물론 그때쯤이면 대다수 오스트레일리아인에게는 비영국인 조상이 있었다.

영국과 프랑스가 제국을 상실한 1945년 이후 30년 동안 경제성장이 가속화되자 제국주의에 찬성하는 경제적 주장이 설득력을 잃었다. 프랑스 경제 일간지 『레제코Les Échos』 1956년 3월 12일자는 '알제리 없는 프랑스?La France sans l'Algérie?'라는 제목이 붙은, 불안감을 조성하는 기사에서 알제리를 상실하면 엄청난 수준의 실업이 발생해서 '프랑스의 정치적 균형이 삽시간에 허물어질 것'이라고 단언했다.[176] 틀린 말이었다. 1960년 10월, 한 무리의 보수적 지식인들은 전쟁에 반대하는 다른 지식인들을 비난하는 성명서를 내고 알제리에서 싸우는 프랑스 군대는 오래전부터 사회적이고 인도적인 문명화 사명une mission civilisatrice sociale et humaine을 수행하고 있다고 선언했다.[177] 그러나 6개월 뒤인 1961년 4월 11일, 알제리 전쟁 7년째에 샤를 드골 대통령은 탈식민화가 국익에 부합한다는 것을 깨달았다. "오늘날의 세계에서 … 프랑스는 이미 다른 운명을 선택한 알제리를 우리의 법률과 통치 아래 계속 둘 생각이 없습니다."[178]

마찬가지로, 네덜란드에서도 인도네시아를 잃으면 재앙이 닥칠 것이라는 공포가 있었다. 하지만 1949년에 인도네시아를 '상실'한 뒤 네덜란드 경제는 두드러지게 팽창했고, 만약 네덜란드가 자국보다 면적 70배 인구 7배인 식민지를 계속 붙잡아두려고 했더라면, 아마 이만큼 대대적인 팽창을 이루지 못했을 것이라고 판단할 수 있다.[179]

1967년에서 1984년 사이에 영국은 제국의 나머지 지역을 스스로 포기하거나 포기힐 수밖에 없었다. 그 목록은 짧지 않다(〈표 15〉를 보라).

이 목록은 인상적으로 보이지만, 영국 지배의 종말에 큰 관심을 기울인 영국인은 거의 없었다. 아니 이곳들이 어디에 있는지 아는 사람도 극히 적었다. 이 나라들의 독립은 별다른 투쟁 없이 이루어졌다. 인도, 케냐, 말레이시아, 그밖에 많은 나라들과는 다른 과정이었다. 대다수 영국인들에게 제국이 종언을 고한 것은 1947년 인도를 '상실'했을 때였다. 다른 이들은 영국 지배의 종언에 따르는 대가를 국내에 있는 사람들만큼 쉽게 무시할 수 없었다. 가령 케냐 키쿠유Kikuyu족(마우마우Mau Mau는 영국인들이

〈표 15〉 영국 식민지와 보호령의 독립

1967	아덴
1968	모리셔스, 스와질란드, 나우루
1970	통가, 피지
1971	바레인, 카타르, 아랍에미리트연합
1973	바하마
1974	그레나다
1976	세이셸, 길버트엘리스제도(1976년 키리바시와 투발루로 분리)
1978	도미니카, 솔로몬제도
1979	세인트빈센트그레나딘, 세인트루시아
1980	뉴헤브리데스제도(지금의 바누아투)
1981	앤티가바부다, 벨리즈
1983	세인트키츠네비스
1984	브루나이

사용한 용어다)의 봉기로 시작된 마우마우 반란(1952~60)은 잔인한 폭력으로 진압되었다.[180] 수천 명이 가혹한 강제수용소에 갇혀서 고문을 당하고 비참한 생활을 했다.[181] 마침내 1961년에 케냐는 독립을 '부여받았다'. 충분히 '문명화'됐는지를 알아보기 위한 평가 같은 것은 없었다. 이제 식민지는 그냥 너무 많은 비용이 들었다. 영국 (보수당) 정부가 '케냐인들이 식민지 행정부의 수중에서 고문을 비롯한 부당한 대우를 받았다'는 사실을 인정하고 보상금을 지불하는 데 동의한 것은 2013년에야 이루어진 일이다.[182]

식민지들을 전부 하나로 뭉뚱그릴 수는 없다. 어떤 식민지는 확실히 수익성이 좋았다. 영국인들에게는 인도가, 프랑스인들에게는 마그레브 지역(이집트 서쪽의 북아프리카)이 돈벌이가 쏠쏠했다. 1914년 마그레브 지역은 프랑스의 제국 내 투자 가운데 61.7퍼센트를 차지했다. 알제리 한 나라만 41.5퍼센트였다.[183] 인도, 알제리, 인도차이나는 경제적 옹호론을 펼수 있는 근거가 되는 식민지였다. 이를테면 마다가스카르나 우간다와는 달랐다. 하지만 제국 건설은 어쨌든 본국 경제와 연결되어야 한다고 말하는 것도 마찬가지로 타당하다.[184] 식민지를 획득하고 개발하는 것은 분명 하나의 사업이다. 그런데 누가 이익을 챙길까? 식민지 개발은 국방비 지출과 마찬가지로 종종 공공 재정에서 개인의 돈주머니로 자원을 이전하는 방식으로 진행된다.

이따금 제국 덕분에 나라들이 경제적 쇠퇴의 충격을 완화하고 투자자들에게 수익을 전해주었다는 주장이 제기되지만, 일부 경제부문을 인위적으로 생존시킨다고 해서 반드시 전체 경제에 이익이 되는 것은 아니다. 실제로 벌어진 제국의 종언은 비관론자들이 두려워한 것만큼 '모국'에 경제적 재앙을 안겨주지 않았다. 탈식민화 시기 내내, 즉 1950년대와

1960년대 내내 식민지와 관련된 주된 비용은 식민지 수호 비용이었다. 정착민들을 식민지에 자리잡게 만드는 동시에 탈식민화에 저항하는 문제에 직면해야 하는 경우에 군사적·재정적 비용이 훨씬 커졌다. 알제리에서 프랑스가, 로디지아와 어느 정도는 케냐에서 영국이 이런 상황에 맞닥뜨렸다. 물론 예외도 있었다. 프랑스는 인도차이나 전체에 정착민이 비교적 적었고(1913년 2만 3700명, 1940년 3만 4000명) 본국 프랑스에서 온 정착민은 훨씬 더 적었지만, 1946년부터 1954년 디엔비엔푸에서 참패할 때까지 베트남을 계속 보유하기 위해 싸웠다.[185]

제국을 옹호하는 현실적인 주요한 논거는 제국 내에서 무역을 할 수 있다는 것이다. 이 논거는 수입 식량과 원료에 대한 의존이 특히 두드러진 영국 같은 나라들에서 어느 정도 힘이 있었다.[186] 하지만 무역 양상은 나라마다 크게 달랐기 때문에 일반화하는 것은 아무 쓸모가 없을 것이다. 서유럽 많은 나라의 경제성장은 영국의 경우처럼 '주변부'와의 무역에 의존하지 않았다.[187] 하지만 그것은 영국 경제성장의 상당 부분이 면직 제조에 의존했기 때문이다. 면직을 제조하려면 인도(식민지), 이집트(반식민지), 미국(전 식민지)으로부터 원면을 수입해야 했다. 2차대전 이전에 오늘날 우리가 '제3세계'라고 부르는 지역은 세계무역에서 차지하는 비중이 제한됐지만(전체 수출품의 17퍼센트만을 흡수했다), 영국에는 훨씬 더 중요했다. 영국의 대주변부 수출은 전체 무역의 40퍼센트를 차지했다. 다만 전체 생산에서는 4~6퍼센트를 차지했을 뿐이다(그래도 다른 나라들에 비하면 훨씬 높은 수준이었다).[188] 그리고 물론 만약 제국을 보유하고 있으면 없을 때에 비해 제국과 무역을 할 가능성이 더 높기 때문에 주변부가 더욱 중요했다. 세상 일이 대개 그렇듯이, 제국은 일부에게는 이익이 되었고, 다른 이들은 실제로 이득을 본다고 생각했으며, 또 다른 이들은 자기가 무엇을 얻을 게 있는지 계산할 수 없었기 때문에 여전히 무관심했다. 하지만 제국은 수십 년 동안 내내 자본주의의 운명을 규정했다. 제국을 보유한 나라들의 운명, 식민지가 전혀 없는 나라들의 운명, 그리고 물론 식민화된 나라들의 운명도 좌우했다.

제18장

식민지 대논쟁: 프랑스와 영국

식민지가 자본주의의 기능에 도움이 됐는지 여부는 특히 당시의 두 주요 식민주의 국가인 영국과 프랑스에서 오랫동안 논쟁이 되었다. 식민지는 산업과 상업, 금융에 유용했을까? 모국에서 공무원과 이주민을 배출하는 유용한 통로였을까? 식민지는 자긍심과 애국심을 부추겨서 민족 공동체의 형성에 기여하고, 따라서 자본주의 때문에 야기된 불안감을 누그러뜨렸을까? 영국과 프랑스에서 식민지 대논쟁이 벌어지는 가운데 애국적, 인종적, 인도적 주장이 경제적 주장과 나란히 끊임없이 전개되었다. 인간 생명, 군사 지출, 보조금 등의 비용을 ─1차 생산물 획득, 자국 시장 보호, 고용, 국제적 위신 등의─ 이익과 균형 맞추는 것은 간단한 일이 아니었다.[1] 자기가 부자가 될 것이라고 생각한 사람들 가운데 일부는 식민지 때문에 오히려 가난해졌다. 해외에 투자하는 것은 모험적인 사업이었기 때문이다. 1900년에서 1905년 사이에 수단에서 광산 채굴권을 확보한 15개 기업 가운데 14개가 파산했다.[2] 채굴과 시굴[광산을 개발할 때 광물의 유무와 매장량, 품질 등을 조사해서 가치를 판단하는 일.─옮긴이]은 정보가 부족하고, 낙관에 취하고, 파렴치한 사람들을 끌어모았다.

언제든 식민지에 물품을 팔 수 있었지만, 가장 부유한 식민지는 대개 백인 식민자들이 정착한 곳이었다. F. 스콧 피츠제럴드(『부잣집 아이The Rich Boy』, 1926)가 말한 것처럼, 부자가 돈이 더 많기 때문에 가난한 사람보다는 부자에게 물건을 팔아야 돈을 벌 수 있다는 건 자명한 이치다. 다만 소득이 낮은 집단에 저질 물건을 판매하는 시장도 넓게 존재한다. 하지만 이런 시장은 20세기의 업적이 될 터였다. 1차대전에 이르는 수십 년 동안 번영을 구가한 이들은 주로 유럽과 북아메리카에 있었기 때문에 1차대전 직전에 세계 산업 열강이 여전히 서로에게 최고의 고객이었던 것도 놀랄 일은 아니다.[3]

유럽의 독립 국가이면서도 경제의 상당 부분이 외국인들 손에 장악되는 경우가 있었다. 19세기가 막을 내릴 무렵, 루마니아에서는 외국 자본이 가스와 전력 생산, 야금제품, 화학제품, 임산물 등을 완전히 지배했다. 영국-네덜란드, 프랑스-벨기에 자본이 이 나라에 투자된 자본의 57퍼센트 정도를 함께 보유했다.[4] 하지만 1913년에 이르면 루마니아는 세계 4위(러시아, 캐나다, 미국에 이어)의 밀 수출국이었고, 유럽 2위의 석유 생산국이었다.[5]

모든 사람이 이득을 보거나 모든 사람이 손해를 보는 상황은 역사에서 찾아보기 어렵다. 식민주의라고 다를 것은 없다. 식민지 방어와 관련된 군사 지출은 모든 납세자에게 부담이었지만, 비용은 공적으로 지출되고 수익은 대체로 개인이 챙겼다. 1880년대에 이르러 빅토리아조 영국의 통치자들은 '재무성 심사'를 고안해서 어느 영토가 차지할 만한 가치가 있는지 결정했다. 식민지는 통치에 드는 비용을 지불하기에 충분한 수입을 창출해야 했다.[6] 항상 이 심사 결과에 따른 것은 아니었지만, 그 논리는 자명하다. 교수형을 당하는 사람에게 밧줄 값을 내라는 것과 비슷하다. 빅토리아시대 영국인들은 싼 값에 제국을 얻기를 원했다.

식민지에 투자하는 것은 납세자에게 비용이 들었겠지만 현지에 진출한 기업에는 이익이 됐을 테고, 따라서 식민주의는 또한 민간부문에 대규모 공공 보조금을 주는 것이라고 볼 수도 있었다. 제2제정 당시 프랑스 국가는 알제리를 개발하기 위해 민간자본과 함께 일련의 공공사업 프로그램에 착수했다. 등대, 도로, 댐 등을 건설해서 민간의 이윤 창출에 기여했다.[7] 누가 이득을 얻었는지는 계산할 수 있지만, 누가 손해를 봤는지를 산출하기는 대단히 어려울 것이다. 사실과 반대되는 가정을 해서 까다로운 계산(가령 다른 방식으로 공공지출을 했을 때 나타났을 결과)을 해봐야 하기 때문이다.[8]

프랑스 제국이 팽창하는 내내 영국은 계속 프랑스의 주요한 상업 파트너였다. 1906년 프랑스 제국은 프랑스(본국) 수출품의 11퍼센트만을 흡수했다. 제국이 필수적이라고 볼 만큼 충분한 것은 아니었지만 그렇다고 제국이 무의미하다고 볼 만큼 적은 것도 아니었다. 물론 누구의 입장에서 보는지에 따라 달라졌다. 맥주 생산자라면 제국은 결정적으로 중요했다. 프랑스 맥주의 75퍼센트가 식민지에 수출됐기 때문이다(영국, 벨기에, 독일은 확실히 프랑스 맥주를 수입할 이유가 없었다).[9] 하지만 사하라사막 이남의 프랑스 식민지들은 노력과 비용을 들일 만한 가치가 전혀 없었다. 1930년에도 이 식민지들은 프랑스가 수입하는 커피의 5퍼센트 이상을 공급할 수 없었다. 프랑스인들은 원주민들이 천성적으로 게으른 탓으로 돌렸다. 사실 프랑스의 많은 식민지는 정치적인 이유에서 확보한 것이었다. 경제적 문제는 일종의 부가물이었다.[10]

제국 건설이 최고조에 달했을 때에도, 심지어 영국에서도 언제나 식민주의에 대해 일정한 반대, 특히 자본주의에 찬성하는 이들의 반대가 있었다는 사실 또한 잊어서는 안 된다. 이런 반대 가운데 일부는 18세기에 데이비드 흄(『정치 평론집Political Discourses』), 애덤 스미스(『국부론』, 전체의 3분의 1이 제국에 관한 내용이다), 애덤 퍼거슨(『문명사회의 역사Essay on the History of Civil Society』) 같은 정치사상가들에게서 생겨난 오래된 자유주의 이념에 고무된 것이었다.[11] 새뮤얼 존슨 같은 헌신적인 토리당원조차 1744년에 시인 리처드 새비지를 치켜세웠다.

> 그는 대부분 새로운 지역을 발견한 사람들이 저지른 범죄를 비난하고, 야만적 민족들이 저항하지 못한다는 이유로 전쟁을 벌이고 비옥하다는 이유로 나라를 침략하는 저 극악무도함을 폭로했다. 또한 오직 악덕을 전파하기 위해 항해를 확대하고 오로지 초토화하기 위해 머나먼 땅을 방문하는 사악함을 까발렸다. 그는 인류가 평등하게 태어났다고 주장해왔다.[12]

처음으로 영국을 '상인들의 나라'라고 지칭한 애덤 스미스는 다음과 같이 썼다.

> 고객이 되어줄 사람들을 육성한다는 단 하나의 목적을 위해 거대한 제국을 건설하는 것은 언뜻 보기에 상인들의 나라에만 어울리는 계획 같다. 하지만 그것은 상인들의 나라에 전혀 어울리지 않는 계획인 반면, 정부가 상인들의 영향력에 휘둘리는 나라에는 지극히 적절한 계획이다.[13]

영 제국이 확대됨에 따라 자유주의적 반대론도 고조되었다. 자유무역의 주창자인 리처드 코브던과 존 브라이트, 글래드스턴, J. A. 홉슨(자유주의적 반제국주의 경제학자로 1902년 저서 『제국주의』로 레닌에게 영향을 미쳤

다) 등은 제국을 보유해도 나라 전체에 물질적 보상이 전혀 없다고 주장했다. 그들이 보기에, 사실 제국은 나라의 미래 성장에 해가 되었다. 홉슨은 1890년대의 제국 확보는 무역을 거의 또는 전혀 증대시키지 못했고, 무역은 대부분 유럽 나라들 및 미국과 이루어지며, '국기 가는 곳에 무역도 따라간다[trade follows the flag. 식민지 팽창과 무역 확대가 긴밀히 연결된다는 뜻으로 영 제국 전성기에 널리 쓰인 표어.-옮긴이]'는 격언 역시 전혀 근거가 없는 말이라고 생각했다.[14] 또한 보호주의 주창자들과 호전적인 제국주의자들 모두 자유무역을 위협하고 있다고 생각했다.[15] 그는 **자유무역**(홉슨 본인이 대문자로 강조)이 "군국주의가 산업주의로 대체"되고 "민족주의가 상업적 이해의 정체성에 바탕을 둔 사실상의 국제주의에 자리를 내주는" 사회 진화의 한 단계라고 간주했다.[16] 홉슨의 정치학에는 고결한 목적이 있었다. 리처드 코브던의 말에 동의한 홉슨은 이를 인용하면서 자신이 자유무역을 옹호하는 것은 단지 번영을 창출하기 때문이 아니라 "인류를 평화의 결속으로 단합시키기" 때문이라고 설명했다.[17] 마침내 제국주의에 대한 홉슨의 반대는 누그러졌고, 1차대전 직전 그는 후진 지역에 침투하는 것이 모국과 식민지 양쪽 모두에 이익이 될 수 있다고 인정했다.[18]

하지만 자유주의자들도 식민화된 사람들이 자유주의를 받아들일 준비가 되지 않았다는 것은 조금도 의심하지 않았다. 홉슨처럼 영국이 식민지로부터 얻는 게 별로 없다고 생각한 존 스튜어트 밀은 『대의정부론』(1861)에서 다음과 같이 말했다.

제대로 발전하지 못한 지역의 주민들은 … 지배적인 나라나 그런 목적으로 위임된 사람의 통치를 받아야 한다. … 이미 살펴본 것처럼, 어떤 사회 상태에서는 더 높은 문명을 누리기를 특별히 바라는 사람들을 훈련시키기에 강력한 전제정이 그 자체로 최선의 통치 방식이 된다. … 바로 이것이 자유로운 민족이 야만적이거나 반야만적인 민족을 지배하는 이상적인 형태다.[19]

약간 앞서 1859년 12월에는 『프레이저매거진Fraser's Magazine』에서 다음과 같이 썼다.

문명화된 민족들 사이에 가능한 것처럼, 문명화된 민족과 야만족 사이에도 동일한 국제적 관습과 국제적 도덕 규칙을 만들 수 있다고 가정하는 것은 심각한 오류다. … 야만족에게 어떤 행동을 하든 간에 그것을 만민법 위반으로 규정한다면, 그것은 그런 말을 하는 사람이 이 주제를 전혀 생각해본 적이 없음을 보여줄 뿐이다. 야만족은 한 **민족**으로서 전혀 권리를 갖지 못한다.[20]

그보다 몇 년 전에 밀은 제아무리 힘이 세고 용감해도 미개인은 미개인이며, "이따금 지능이 없지는 않지만" 미개인은 협동할 수 없고 그냥 자기밖에 모른다고 설명한 바 있었다.[21]

자기 민족이나 인종이 우월하다는 이런 확신은 당시에 무척 흔했고(지금도 여전하다), 문명화된 정도에 따라, 즉 서구식 문명 개념에 얼마나 가까운지에 따라 각국을 분류할 수 있다는 사고도 흔했다(오늘날 우리는 '국제사회', 즉 서구가 신봉하는 서구의 가치를 이야기한다). 그리하여 에든버러 대학의 흠정강좌 법학교수 제임스 로리머는 1880년대에 쓴 글에서 인류를 문명, 야만, 미개의 세 '동심원 지대'로 나누었다.[22] 첫 번째는 명백하게 유럽, 그리고 '북남아메리카같이 유럽계' 사람들이 살고 있는 지역으로 이루어졌다. 이 지대는 '무제한적인 정치적 인정'을 누릴 수 있었다. 다시 말해, 국제정치에서 자격을 제대로 갖춘 참여자가 될 수 있었다. 두 번째 지대(일본, 중국, 페르시아, 터키 등등)는 기껏해야 '부분적인 정치적 인정'을 누리는 한편, 불운한 나머지 지대는 '자연적이거나 단순히 인간적인 인정'만을 받을 수 있었다. 로리머는 상향 이동(이런 표현을 쓰지는 않았다)의 가능성을 받아들였다. 일본인들이 "앞으로 20년 동안 지금과 같은 진보의 속도"를 지속한다면, 무제한적인 정치적 인정을 받을 수 있다고 그는 설명했다. 하지만 터키인들은 아마 미개인의 지위로 하향될 것이었다.

유명한 시인들도 이런 견해를 갖고 있었다. 콜리지는 '식탁에서 잡담을 나누던' 중에 흐뭇하게 말했다. "식민화는 명백한 편의일 뿐만 아니라 영국에 절대적으로 주어진 임무예요. 하느님께서 손가락을 뻗어서 우리를 바다 너머로 인도하시는 것 같습니다."[23]

19세기 말에 원주민은 열등하다는 관념에 의견 일치가 이루어졌다. 아프리카는 '검은 대륙'에 불과하다는 관념은 헤겔이 『역사철학』(1820년대)에서 기묘한 주장을 한 이래 거의 바뀌지 않았다.

> 아프리카는 **세계**에서 맡은 역사적 역할이 전혀 없다. 아프리카는 보여줄 만한 운동이나 발전이 전무하다. … 우리가 아프리카를 가지고 제대로 이해하는 것은 **역사가 없고 발전이 없는 정신**인데, 여전히 단순한 자연 상태에 묶여 있는 이 정신은 **세계사**의 문지방에 겨우 올라선 수준에 불과하다.[24]

나폴레옹 3세의 전제정에 비타협적으로 반대한 빅토르 위고도 아프리카에 대해서는 이렇게 암울한 견해를 나타냈다. 20년 가까이 자진해서 일종의 망명 생활을 한 끝에 복귀한 위고는 제3공화국의 '문명화 사명'을 환영했다. 1879년 5월 18일 노예제 폐지를 기념하는 연회에서 연설을 하던 중에 그는 100년 뒤에는 상상조차 하기 힘든 어조로 다음과 같이 선언했다.

이 야생의 아프리카에는 두 가지 얼굴밖에 없습니다. 사람이 살면 야만의 땅이고 버려지면 미개한 땅이지요. ⋯ 이 땅을 차지하세요. 빼앗자고요. 누구한테서요? 아무한테서도 아니지요. 하느님한테서 받으세요. ⋯ 하느님께서 아프리카를 유럽에 주십니다. ⋯ 왕들이 전쟁을 일으키는 곳에 화합을 가져다주세요. 총이 아니라 쟁기를 위해, 칼이 아니라 상업을 위해, 정복이 아니라 형제애를 위해 이 땅을 받으세요. [기나긴 박수갈채] 남아도는 노동자들을 아프리카로 보내면, 대번에 사회문제가 해결되고, 당신네 프롤레타리아들이 자산소유자로 변신할 겁니다. 가서 건설하십시오! 도로와 도시를 짓고, 사제와 제후들이 별로 없는 땅에서 농사를 짓고 자녀를 낳읍시다. 그러면 평화를 통해 성령이 모습을 드러내고 자유를 통해 인간 정신이 나타날 겁니다.[25]

콩고연합(Union Congolaise. 프랑스령 콩고에 진출한 기업들의 협회) 사무총장 르나르 대령이 1901년 보고서 『프랑스령 콩고의 식민화La colonisation au Congo Français』에서 밝힌 견해, 즉 아프리카인들은 열등하며 유럽인이 '큰형' 노릇을 해야 한다는 견해에 이의를 제기하는 사람은 거의 없었다.[26] 대령은 자신이 명백한 사실을 이야기한다고 생각했다. 무력으로, '손에 총을 들고(le fusil en main)' 원주민들에게 문명을 강제해야 한다는 것이었다. 원주민들은 지능이 낮고 천성적으로 게으른 탓에 노동을 강제하고 노예처럼 다뤄야 했기 때문이다.

프랑스령 콩고에서 원주민들에게 일상적으로 가해진 폭력에 주목하는 사람은 거의 없었다(벨기에령 콩고처럼 소름끼치는 수준까지는 아니었기 때문이다). 하지만 결국 떠들썩한 사건이 몇 차례 일어나자 모국에서 도덕적 분노가 촉발되었다. 토케-고드 사건이 이런 경우로, 파리에서 추문이 크게 일었다. 1903년 7월 14일, 조르주 토케와 페르낭 고드라는 식민지 행정관 두 명이 프랑스혁명과 인간과 시민의 권리 선언을 기념하는 일환으로 반항하는 원주민 한 명의 목에 다이너마이트를 묶어 터뜨리기로 결정했던 것으로 보인다. 재판이 진행됐는데, 두 살인자는 고작 5년 징역형을 빚었다. 현지 백인들이 순교자로 여긴 두 사람은 겨우 2년 만에 석방되었다.[27] 조르주 토케는 결국 1차대전 중에 독일인들과 공모한 죄로 1920년 뱅센에서 군부대에 처형당했다.

프랑스 본토에서는 가벼운 형량을 둘러싸고 비난이 일었다. 원주민 인권의 맹렬한 수호자인 탐험가 피에르 사보르냥 드 브라자를 수장으로 하는 조사위원회가 꾸려졌다. 브라자는 보고서를 작성했지만 콩고에서 돌아오는 길에 사망했다. 개인적으로 안도하는 사람들도 있었지만, 프랑스에서는 국장國葬으로 그를 대접했다. 프랑스 식민주의가 낳은 참사에 관한 그의 보고서는 일반에 공개되지 않았다.[28]

브라자는 평범한 행정관이 전혀 아니었다. 로마 인근 카스텔간돌포에서 (피에트로 디 브라차라는 이름으로) 태어난 그는 프랑스 국적을 취득하고 프랑스 정부를 대신해 콩고강과 오고우에강을 탐험하면서 다양한 정착지를 세웠다. 그런 정착지 중 하나가 브라자빌이 되었다. 1885년 11월 그는 프랑스령 콩고의 총독(commissaire général)으로 임명되었다. 그는 민간기업의 과도한 착취로부터 원주민을 보호하고 프랑스 국가를 위해 일하는 사람들에게 번듯한 노동조건을 제공했다. 콩고강 건너편(벨기에령 콩고)의 참혹한 상태와 정반대되는 통치를 편 인도적 식민주의자였다.

영국의 식민지 사회에서 모국의 이익을 우선시하는 대신 현지인들 편을 드는 식민지 행정관들을 가리키는 의미로 널리 쓰이는 표현을 빌리자면, 브라자는 분명히 '토착민화'된 인물이었다. 또한 어느 플랜테이션 농장주의 말을 빌리자면, '식민화가 아니라 박애'를 실천한다고 비난받는 점잖은 식민주의자였다. 그의 몰락은 불가피한 일이었다. 1897년 그는 해임되었다.[29] 그의 후임자인 에밀 장티는 그만큼 박애심이 없어서 '통상적인' 식민지 억압과 착취를 허용했다. 결국 1903년 토케-고드 사건이 일어나 브라자가 1905년에 마지막 임무를 맡게 되었다.

당연한 얘기지만, 세실 로즈 같은 원형적 제국주의자들은 '문명인들'의 위계 안에서 영국인에게 특별한 역할이 있다고 생각했다. 다이아몬드 무역 덕분에 엄청난 부자가 되기 한참 전에, 케이프식민지Cape Colony의 총리가 되기도 전에 스물다섯의 나이로 쓴 일종의 유언장인 『신앙고백Confession of Faith』(1877)에서 로즈는 진지한 어조로 다음과 같이 말했다.

만약 우리가 아메리카를 계속 잡고 있었더라면 이 순간 수백만이 넘는 영국인이 거기에 살고 있을 것이다. 나는 우리가 세계에서 가장 훌륭한 민족이며, 우리가 세계의 더 많은 곳에 산다면 세계가 인류에게 더 좋은 곳이 된다고 주장한다. 현재 가장 야비한 인간 종족이 살고 있는 지역들이 만약 앵글로색슨의 세력 아래로 들어온다면 어떤 변화가 생길지를 생각해보라. 우리의 지배권에 새로운 나라가 추가되면서 생겨날 일자리를 다시 살펴보라.[30]

분명히 친식민주의 진영에 속하는 이들 가운데는 자본주의를 무정부적이고 예측 불가능한 체제로 여긴 탓에 자유시장을 거의 믿지 않은 보수주의자들도 있었다. 디즈레일리는 물론이고, '급진적 제국주의자Radical Imperialists'로 변신한 찰스 딜크 경(한때 공화주의자로 여성참정권과 노동조합을 지지했다)과 조지프 체임벌린 같은 자유주의자도 있었다.[31] 그들은 영국 해군이 보호하는 제국은 다른 나라들이 식민지를 획득해서 영국의 무역에 손실을 가하는 사태를 막는 긍정적인 요인이 될 것이라고 생각했다.[32] 1888년, 아일랜드 자치 법안을 둘러싸고 글래드스턴과 결별한 조지프 체임벌린은 다음과 같이 선언했다.

> 우리가 … 우리의 무역 상대로 타고난 시장인 … 거대한 속령들과 단절하고도 이 섬나라를 빽빽하게 채운 인구가 하루라도 존재할 수 있다고 믿는 제정신인 사람이 있을까요? … 몇몇 사람들이 분명히 바라는 것처럼, 만약 내일 펜을 한 번 휘갈겨서 영 제국을 영국 수준으로 축소할 수 있다면, 적어도 우리 인구의 절반이 굶어죽을 것입니다.[33]

이 '새로운 제국주의자들'이 겨냥한 표적은 늙어가는 글래드스턴과 자유무역을 옹호하는 맨체스터 자유주의자들의 오그라드는 무리였다. 로즈베리 경이 자유당 수상 자격으로 셰필드에서 한 연설(1894년 10월 25일)에서 "소잉글랜드, 쪼그라든 잉글랜드, 타락한 잉글랜드, 중립을 지키는 잉글랜드, 굴종적인 잉글랜드"의 당을 비난했을 때, 이 사람들을 염두에 둔 것이었다.[34] 그를 따르는 자유주의적 제국주의자들이 전쟁으로 이어지는 시기에 집권하게 된다. H. H. 애스퀴스(1908~16년 총리), 에드워드 그레이 경(1905~16년 외무장관), R. B. 홀데인(1905~12년 육군장관) 등이 그들이다.

영국에서, 그리고 어쩌면 영국에서만, 식민주의와 자유무역이 손을 잡았다. 영국은 제국을 공고히 하고, 새로운 식민지를 획득했으며, **그리고** 산업화된 세계를 휩쓰는 보호주의의 물결을 받아들이지 않았다. 영국에서 자유무역은 정말로 대중적인 운동이었고, 산업자본가와 노동자가 다 같이 지지하는 '국민적 이데올로기'였다.[35] 노동조합은 자유무역이 저렴한 식료품을 보장해준다고 보았고, 중간계급은 낮은 세금과 경제성장의 토대라고 생각했다.[36] 프랭크 트렌트먼이 말한 것처럼, "주머니가 심장에서 멀리 떨어졌던 적은 한 번도 없다".[37]

제국과 자유무역을 둘러싸고 새롭게 만들어진 영국의 거대한 합의는 귀족과 금융을 연결시켰다(어떤 이유에서인지 귀족들은 금융이 제조업보다 더 고상하고 품위 있다고 생각했고, 시티오브런던이 셰필드나 맨체스터보다 더 좋은 곳이라고 여겼다. 17세기 말까지 거슬러 올라가는 전통적 견해였다). 이런 합의 덕분에 보수당은 1885년부터 1905년까지 거의 아무런 방해도 받지 않고 통치하면서 1차대전까지 노동계급 정당이 부상하는 것을 막을 수 있었다. 특히 1880년대에 제조업이 비틀거리기 시작하면서 정부가 해외 사업을 위해 국내 산업을 무시한다는 불만이 제기되기도 했지만, 어떤 정부라도 영국의 해외투자의 막대한 흐름을 무시하지 않았을 것이다.[38] 1850년대 중반 해외 순자산 비축량이 영국인들이 소유한 전체 부의 8퍼센트였는데, 1870년에는 17퍼센트에 도달했고, 1913년에 이르면 33퍼센트라는 압도적인 수치를 기록했다. "그 전이나 후에나 어떤 나라도 국민소득과 저축 가운데 그렇게 많은 비중을 해외 자본 형성에 투입한 사례가 없다."[39]

제국이 영국 투자자들에게 매력적이었던 이유 가운데 하나는 영국 납세자들이 낸 돈으로 크게 지원을 받았다는 점이다. 특히 제국 방위비의 경우가 그러했다.[40] 가령 보어 전쟁의 비용 부담은 전적으로 영국 납세자들이 떠안았다. 그리하여 일정한 혼란이 생겨났다. 가넷 울슬리 경(남아프리카 나탈 총독)은 1878년에 영국이 조만간 트란스발 전체를 차지하는 문제를 논하면서 보어인들의 저항에 직면하여 이렇게 넓은 영토를 통치하려면 "여기에 영국 군대의 대규모 주둔지"가 필요할 텐데 "그 비용을 제국

의 국고로 상환해야 한다"고 경고했다.[41]

1901년 9월, 솔즈베리 수상은 인도 총독 커즌 경에게 보낸 편지에서 한 때는 영국이 마음 내키는 대로 할 수 있었는데, 지금은 제국을 관리하는 게 '돈 문제'가 돼버렸다고 개탄했다. 몇 달 전인 1901년 4월 인도 담당 장관 해밀턴 경 역시 커즌에게 보낸 편지에서 오늘날의 표현으로 하자면 '제국의 과잉 확장' 문제에 대한 우려를 표명했다.

> 우리의 세력이 워낙 넓게 뻗어 있는 까닭에 어떤 특정한 지역에서 외국이 우리의 세력권을 잠식하지 못하게 막기 위해 어느 한 방향으로 제국의 압력과 힘을 충분히 집중하기가 거의 불가능합니다.[42]

전체 세금 가운데 분명히 제국 방위비용으로 들어간 비율이 어느 정도인지 산정하기란 쉽지 않다.[43] 영국은 프랑스와 독일보다 국방비 지출이 많았다. 다만 인도는 자체 행정비용뿐만 아니라 '방위'비용까지 전부 떠맡았다. 하지만 캐나다, 오스트레일리아, 뉴질랜드 같은 백인 자치령은 사정이 달랐다.[44] 인도가 스스로 비용을 댔다 할지라도, 제국이 없었더라면 영국 납세자는 세금을 훨씬 더 적게 냈을 게 거의 확실하다.[45]

1914년 영국 해외투자의 가치는 여전히 프랑스보다 2배 많고, 독일보다 3배 많았다. 제조업에 투자한 것은 거의 없었다(제조업은 국내 생산과 경쟁할 게 뻔했기 때문이다). 오직 12퍼센트만이 플랜테이션 농장과 광업에서 이루어졌다. 가장 큰 비중은 철도, 항만, 전차 선로, 전신전화, 가스, 전력 같은 기반시설이 차지했다.[46] 이런 기반시설 사업은 대개 정부의 후원이나 보증을 받았다.

영국의 해외투자가 과도하다는 주장은 시티오브런던(금융계)이 자신들의 이익을 위해 국가의 이익을 등한시한다고 ―오늘날과 마찬가지로― 비난하는 이들에게서 나온 것이었다(수백 년 동안 쌓인 증거와 정반대로, 은행가들이 이기심 없는 애국자처럼 행동해야 한다고 가정하는 기묘한 비난이다. 은행 강도들이 정직하지 않다고 비난하는 셈이다). 최후까지 현실주의자였던 카를 마르크스는 『자본』 3권에서 유창하게 지적했다. "자본을 해외로 보낸다면, 이것은 … 외국에서 자본을 활용해 더 높은 이윤율을 얻을 수 있기 때문이다."[47] 하지만 균형이 맞지 않은 것은 영국이 영 제국에 한 투자가 아니라 1차대전 이전 미국에 이루어진 투자였다. 물론 미국은 세계에서 가장 빠르게 성장하는 경제였기 때문에 의외의 결과가 아니었다. 영국 해외투자의 절반이 서반구, 즉 캐나다, 미국, 라틴아메리카로 갔다. 12분의 1만이 유럽 대륙으로 갔다. 인구가 600만에 불과한 오스트레일리아와 뉴질랜드는 8퍼센트를 받아서 유럽 전체와 거의 맞먹는 규모였다. 영국이 볼 때, 캐나다와 아르헨티나가 아프리카 전체보다 더 소중했다.[48] 대아시아 투자는 대부분 인도로 향했다. 아프리카는 상대적으로 거의 받지 못했다.[49] 영국의 관점에서 볼 때, 이른바 '검은 대륙', 특히 열대 아프리카는 경제적으로 거의 가치가 없었다. J. A. 홉슨이 옳았다. 국기 가는 곳에 무역이 따라가는 일은 없었다.

제국, 아니 적어도 영국식 제국을 긍정적으로 평가하는 역사학자 니얼 퍼거슨은 1914년 이전에, "모든 것을 감안할 때, 대다수 사람들이 보기에 제국이 주는 이득이 비용을 능가한 것 같았다"고 생각한다.[50] 퍼거슨이 말하는 '대다수 사람들'이란 '대다수 영국인'이라고 봐야 한다. 그리고 '것 같았다'라는 표현은 실제로 이득이 비용을 능가했는지, 또는 측정하기가 거의 불가능한 인상일 뿐인지 의문을 남긴다. 1914년 이후 시대에 관한 한, 퍼거슨은 상대적으로 거의 의심하지 않았다. 비용이 **실제로** 이득을 능가한다는 것이다. 하지만 제국은 수십 년 동안 지속되었고—인도 아대륙에서는 1947년까지, 아프리카 대부분 지역에서는 1960년대까지—, 모종의 투쟁이 벌어진 뒤에야 물러났다. 따라서 제국주의에 대한 대중적 지지가 높아진 것은, 제국에서 나오는 이득이 (설령 존재하더라도) 빠른 속도로 줄어들고 있었다 할지라도, 제국이 확고하게 굳어지는 과정에서 강력한 신진기구에 의지할 수 있었기 때문이다. 경제학이 모든 것을 지배하는 것은 아님을 보여주는 또다른 증거다.

제국에 대한 반대는 1차대전에 이르는 시기에 줄어들었다. 아프리카 대륙은 비교적 평화롭게 분할되었다. 유럽 국가들 사이에 전쟁이 벌어지지도 않았고(소규모 충돌이 있기는 했지만), 뚜렷한 이득과 입증할 수 없는 손해를 가져다주었다. 식민지 정복이 장기간의 격렬한 전쟁을 수반했더라면 필시 여론이 크게 움직였을 것이다. 1896년 아두와에서 에티오피아에 당한 패배조차 이탈리아로서는 비록 오랫동안 사무치는 굴욕이긴 했어도 그래봤자 몇천 명의 군대가 관련된 일이었을 뿐이다. 여론에 충격을 줄 만큼 심각했던, 영국의 유일한 식민 전쟁은 '원주민'을 정복하기 위한 게 아니라 네덜란드 정착민의 후손인 보어인들을 상대로 벌인 것이었다. 30만 명이 참여한(그중 2만 명이 사망했다) 이 전쟁은 3년 동안 이어진 끝에 영국이 보어인들의 저항을 압도했다. 러디어드 키플링의 유명한 구절처럼, 전쟁은 영국인들에게 '끝없는 교훈no end of a lesson'을 주었다.

사업가가 하는 것처럼, 정정당당하게 인정하자.
우리는 끝없는 교훈을 배웠다. 이 전쟁은 우리에게 끝없는 도움이 될 터인즉.
…
전쟁은 우리의 잘못, 크나큰 잘못이었다. 그리고 이제 그 교훈을 활용해야 한다.

우리가 실패한 이유는 4000만 가지이지만, 변명거리는 하나도 없다.

그러니 더욱 열심히 일하고 말을 줄일수록 더 좋은 결과를 얻으리니.

우리는 제국의 교훈을 배웠고, 그 덕분에 우리는 아직 제국일 수 있으니![51]

'소수'에 불과한 네덜란드 정착민을 진압하는 데 그토록 오랜 시간과 많은 비용이 소요된 것을 보고 상당한 동요가 있었다. H. G. 웰스의 『아이작 하몬 경의 부인The Wife of Sir Isaac Harmon』(1914)의 등장인물인 브룸리 씨가 씁쓸하게 되새기는 것처럼, "전 세계가 야유하며 깔보는 가운데 한 줌의 농민들에게 우리 제국이 거의 질 뻔했다".[52] 가닛 경(이제는 귀족인 로드) 울슬리(앞을 보라)는 이렇게 단언했다. "만약 이 전쟁이 벌어지면, 우리 군대의 규모와 잉글랜드와 전장의 거리를 고려할 때, 잉글랜드 사상 가장 심각한 전쟁이 될 것이다."[53]

하지만 보어 전쟁과 에티오피아에서 이탈리아가 당한 패배는 예외적인 사건이었다. 전체적으로 볼 때, 제국의 전쟁은 비용이 많이 들지 않았고, 대체로 승리했으며, 전사자는 대개 직업군인이나 용병, 외국인이었다. 프랑스의 장군이 징집된 프랑스 군대를 상대로 연설을 하면서 오스카르 드 네그리에 장군이 1883년 인도차이나 북부 정복을 마무리하기 위해 출정하기에 앞서 외인부대Foreign Legion(외국인 병사를 선발했다)를 앞에 두고 했던 말을 그대로 하는 것은 상상도 할 수 없었을 것이다. "너희 부대원들은 죽음의 운명을 앞둔 병사들이니, 너희를 사지로 보내노라!(Vous, légionnaires, vous êtes soldats pour mourir, et je vous envoie où l'on meurt!)" 역사학자 존 로버트 실리는 1883년 케임브리지 강연에서 이렇게 지적했다. "잉글랜드 민족이 인도 민족들을 정복했다고 이야기한다면 여전히 전적으로 틀린 말입니다. 인도 민족들은 평균 5분의 1 정도만 잉글랜드인인 군대에 정복되었으니까 말입니다."[54]

식민 전쟁이 심각한 인명 손실과 돈을 필요로 했다면, 식민화에 대한 지지는 감소했을 것이다. 제국은 학교 교과서나 열병식, 휘날리는 국기에서 드러나는 것만큼 인기가 있지 않았다. 영국만이 아니라 프랑스에서도 많은 이들이 식민지가 너무 비용이 많이 든다고 생각했다.[55] 대다수 사람들은 그저 관심이 없었다. 1891년 니아살랜드(지금의 말라위) 초대 판무관이 된 해리 존스턴(원형적 제국주의자 세실 로즈가 임명했다)은 영국이 전 세계, 또는 세계 대부분을 지배하던 시기인 1890년『포트나이틀리리뷰』에 쓴 글에서 다음과 같이 개탄했다.

1년에 몇천 번씩 영국령 베추아날랜드(지금의 보츠와나)를 위해 표결을 한다고 해마다 푸념을 하는 영국 의회가 … 영국령 동아프리카나 니제르 보호령, 니아살랜드의 행정에 추가로 소요되는 몇십만 파운드를 찾아낼 가능성은 거의 없다. 이렇게 된 데는 당신들, 즉 국내에 틀어박혀 살면서 선거 때마다 표를 주는 영국 대중에게 직접적인 책임이 있다. … 지난 반세기 동안 집권한 모든 정부와 더불어 당신들이 뽑은 대표자들은 예나 지금이나 영 제국의 확대와 유지를 방해하고 훼방놓기 위해 전력을 다하고 있다.[56]

영국 식민성도 해외 투자자들을 보호하기 위해 돈을 지출하는 데 특별히 열성을 다하지 않았다. 해협식민지(Straits Settlement. 싱가포르와 연안의 몇몇 고립지대) 총독 해리 오드 경은 현지 사업가들에게 이렇게 설명했다. "만약 사람들이 어떤 위험을 무릅쓰는지 알면서도 … 큰 이윤을 얻기 위해 자기 목숨과 재산을 위험에 빠뜨리는 쪽을 선택한다면, … 그런 투기가 성공을 거두지 못했을 때 영국 정부가 책임을 지기를 기대해서는 안

됩니다."[57]

영국의 제국 기획, 즉 제국을 획득한다는 결정은 존재한 적이 없고, 원래의 출발점 같은 것도 없었다. 존 로버트 실리가 성찰한 유명한 말처럼,

우리 민족을 퍼뜨리고 우리 국가를 팽창시킨 이런 강력한 현상에 대해 우리가 보이는 무관심에는 아주 독특한 점이 있다. 말하자면, 우리는 아무 생각 없이 세계의 절반을 정복하고 사람들을 이주시켰다.[58]

진짜 영향을 미치려면 보어 전쟁이 필요했다.[59] 1880년대까지 오직 귀족과 자포자기 상태에서 무모한 모험에 나서는 사람들만이 제국 건설에 진지하게 관여했다. 중간계급의 대다수는 관심이 없었고, 노동계급은 열정을 보이지 않았으며, 제국이 영국 문화에 미친 영향은 미미했다.[60] 20세기가 시작될 때까지, 아니 분명 훨씬 나중까지도 대다수 사람들은 여전히 제국에 대해 무지했다. 제국의 역사는 대학에서도 가르치지 않았다.[61]

학교 교지에서는 제국이 넌지시 언급되었고, 대중적인 '식민지' 문학 장르가 존재했다. 주인공인 서양인이 종종 '고결한 야만인noble savage'의 도움을 받으면서 역경과 고결하지 않은 야만인들에 맞서 싸우는 장르였다. 하지만 이런 작품은 이탈리아처럼 실질적인 제국을 전혀 보유하지 않은 나라들을 포함해서 서양 세계 어디서나 인기가 있었다. 세기 전환기 이탈리아에서는 에밀리오 살가리가 쓴 모험소설이 불티나게 팔렸는데, 20세기까지도 계속 팔렸다. 1880년 이후에야 영국 역사와 지리 서적은 제국친화적 성격을 띠게 됐지만, 이런 책들에서도 제국은 튜더 왕가나 1688년 명예혁명과 달리 중심적인 주제였던 적이 없다. 1911년에 이르러서야 진정으로 친제국적인 교과서가 등장했다. C. R. L. 플레처와 러디어

드 키플링이 쓴 『잉글랜드의 역사A History of England』는 산업혁명을 두 차례만 언급하면서 그 때문에 잉글랜드 농촌 인구가 감소했다고 비난했다.[62] 오늘날의 독자라면 이 책의 젠체하는 어조에 절로 웃음이 나올 법하다. "다른 나라들은 … 우리를 부러워했고, 종속 민족을 잘 통치하는" 법 같은 다양한 분야에서 "우리를 모방하려고 애쓰고 있다".[63]

프랑스에서는 '브로솔레트 교과서manuel Brossolette'(1907) 같은 역사 교과서들이 프랑스의 튀니지 정복을 다음과 같이 다뤘다. "1881년 쥘 페리는 끊임없이 알제리로 넘어오는 난폭한 종족인 후미르족Khoumirs[베르베르의 한 부족]을 응징하기로 결정했다. 후미르족을 추적하는 와중에 우리 병사들이 우연히 튀니지를 점령했다."[64] 또다른 교과서는 콩고와 수단의 점령으로 노예무역 같은 잔혹 행위가 끝이 났다고 말한다.[65]

식민지로 간 중간계급 성원들은 특히 성취감을 느꼈다. 식민지는 귀족적 생활방식을 누리고, 자기 '출신'에 자부심을 느끼며, '좋은 일을 할' 수 있는 가능성을 열어주었다. 물론 국내에서는 자랑스러워할 게 별로 없었다. 중간계급 사람들은 '모국'에서는 꿈도 꾸지 못할 일을 할 수 있었다. 사냥과 사격을 하기에 충분한 준비를 갖춘 대토지를 소유하고, 과시적인 소비에 탐닉하며, 하인을 거느리고, '교양 있는' 가부장적 행동방식을 실천할 수 있었다.[66] 식민지가 중간계급에게는 행정관과 장교로, 실업자에게는 군인으로 일자리를 제공하고, 식민지에 근거를 둔 기업에게는 보조금을, 수출업자에게는 시장을 제공하며, 우월감이라는 기분 좋은 감정을 제공하는데 왜 식민지에 반대하겠는가? 버나드 포터에 따르면, 진정한 제국주의자는 사회의 주변부로 밀려난 비교적 소수의 부적응자 집단이었다. 아일랜드 귀족, 사회적 허세로 무장한 중간계급 남성, 성적으로 욕구불만인 남녀, 불한당, 폭력배, 스코틀랜드인 등이 그들이다.[67] 몰락한 귀족이 상당히 많았던 까닭에 존 브라이트(반제국주의 성향의 자유당 하원의원)는 제국이 "영국 귀족들이 원외에서 위안을 찾는 거대한 체제"였다고 볼 정도였다.[68]

홉슨은 1902년에 쓴 글에서 식민주의자들을 거세게 비난했다.

우리 제국의 전제적 부분이 면적을 넓힘에 따라, 독재의 기질과 기법을 훈련받고 … 평범한 유럽 사회의 온갖 건전한 제약에서 해방되어 우월한 카스트의 인공적인 삶을 살아온 … 점점 더 많은 남자들이 이 나라로 돌아오면서 이런 외국의 환경에서 강요받은 성격과 감정과 관념을 들여오고 있다. … 그들은 어디서나 강제와 개혁에 대한 저항을 상징한다.[69]

프랑스에서도 사정이 크게 다르지 않았다. 마다가스카르의 프랑스 식민 행정관인 위베르 쥘 데샹은 1931년에 이렇게 말했다. "우리는 왕이 되려고 [프랑스를] 떠난다. … 그리고 아무 일도 하지 않는 왕이 아니라 직업적 예술가처럼 충분히 숙고한 계획에 따라 우리 왕국을 조직하는 계몽된 전제군주가 되고자 한다."[70] 프랑스에서는 다른 면에서도 적어도 1914년 전에는 대중이 대체로 제국에 대해 무관심했다. 노동자들은 식민지 획득과 자신들의 이익이 연결되는 것처럼 보이지 않았다. 전쟁 전 20년 동안 여러 차례 열린 노동조합 대회에서 식민지 문제는 거의 언급조차 되지 않았다.[71] 프랑스의 친식민주의 지리학자 모리스 짐메르만은 자국민들이 식민지에 정착하려 하지 않는다고 개탄했다.[72]

두 주요 제국주의 열강에서 공히 이런 혼재된 감정('문명화 사명'이 무관심과 공존했다)이 나타난 것은 어느 정도 '식민지 기획'이 결여된 결과인 것 같다. 제국을 건설하기 위한, 의식적이고 널리 받아들여진 지배층의 전략이 전혀 없었다. '아무 생각 없이'라는 존 로버트 실리의 유명한 언급은 프랑스에도 충분히 적용될 수 있었다.

하지만 일단 제국이 건설되자 제국의 종식을 요구하려면 용기가 필요했다. 식민지가 크게 인기가 없었을지는 몰라도 그렇다고 크게 인기가 없는 것도 아니었고, 따라서 철두철미한 반제국주의자들조차 식민지 가운데 일부라도 포기하자는 캠페인을 벌이지 않았다. 반식민주의는 언제나 뒷북 행동이었다. 제국 확대에 반대하는 요구였지 제국을 축소하라는 요구가 아니었다. 민족주의가 민족국가가 생겨난 **뒤에** 대중 사이에서 구성되는 것처럼, 제국주의자도 제국 건설이 낳은 결과물이지 제국 건설자가 아니다.

제국은 궁극적인 지위의 상징이었다. 즉 제국이란 자기 나라가 열강의 일원임을 의미했다. 지위의 상징은 수명이 길어서 유통기한이 지난 뒤에도 한참 연장된다. 오늘날 핵무기가 어떤 역할을 하는지 생각해보라. 공산주의가 붕괴한 뒤 영국은 상상 가능한 핵무기 적수가 전혀 없었다. 하지만 오랫동안 어느 집권당도 경제적 고려와 상관없이 핵무기에 돈을 허비하는 것을 멈추는 게 좋은 생각일 수 있다는 언급조차 하려 하지 않았다. 영국 입장에서 제국은 확실히 핵무기보다 훨씬 좋은 투자였다. 자긍심과 위신을 제공할 뿐만 아니라 최소한 '영국의 부에 도움이 되는 부속물'이었기 때문이다.[73]

제국에서 떨어지는 결실이 특히 20세기에 점차 평균적인 영국 가구를 에워쌌다. 영국인들은 제국에 크게 관심이 없었을지 몰라도 "제국 노릇을 한다는 생각을 편안하게 받아들였다".[74] 1913년에 이르면 영국인이 소비하는 고기와 유제품의 45퍼센트가 식민지를 포함한 외국에서 들어왔다. 영국인들은 아삼과 실론의 차, 케냐산 커피를 마시고—모두 서인도제도의 설탕을 넣었다─, 뉴질랜드산 버터를 먹고, '엠파이어' 타자기로 글을 쓰고, 로디지아산 담배를 피우고, 오스트레일리아산 양모나 이집트산 면직으로 만든 옷을 입었다.[75] 물론 다른 유럽인들도 똑같이 소비생활을 했지만, 그것은 '그들의' 차나 '그들의' 커피, '그들의' 양모나 '그들의' 담배가 아니었다. 사실 아마 심리적인 면말고는 거의 차이가 없었다. 커피는 아프리카만이 아니라 브라질에서도 들어왔고, 담배는 버지니아나 켄터키에서도 왔으며, 초콜릿은 남북아메리카에서 왔고, 면화는 미국에서, 차는 중국에서 왔을 수도 있다. 중요한 것은 이 모든 게 바다를 건너와야 했다는 점이다.[76] 그리고 영국은 여전히 '바다를 지배했다'.

프랑스와 영국에서 대중적인 제국 의식은 1920년대와 1930년대에서야 생겨났다. 두 제국이 이제 막 소멸을 향한 점진적인 쇠퇴를 시작한 시점이었다. 당시에도 애국적 역사의 중심 주제는 제국보다는 자유였다(영국은 세계에서 가장 자유로운 나라다, 라는 식이다). "제국주의가 아니라 자유가 영국사의 핵심에 있었다."[77] 외국인들이 종종 영국에 대해 가진 이미지는 강력하고 오만한 제국('배신을 일삼는 앨비언[영국]' 등등)이라는 것이었지만, 영국인들 스스로는 자신들이 "자유롭고 온건하며 평화로운 민족"이라고 생각했다.[78] 영국인들의 생각은 모든 곳에서 군림하면서도 다소 절제된 자세를 지킨다는 것이었다. 빅토리아 여왕이 (인도 총독으로 임명하는 자리에서) 커즌 경의 인도에 대한 태도를 요약하면서 말한 것처럼, 인도인들에게 "우리가 지배자라는 **느낌**"을 주면서도 "친절하면서 무례하지 않게 해야 하는데, 유감스럽게도 많은 경우 그렇게 하지 못"했다.[79] 20세기 말 해외에서 미국에 대해 갖는 이미지(무자비하고 무지한 제국주의자들)와 미국인들 스스로가 생각하는 이미지(선의를 품고 있고, 정직하며, 세계를 어리석은 행동에서 구하는 데 열중하는 나라)가 정반대인 것과 다르지 않다.

더할 나위 없는 제국의 신임장을 가진 솔즈베리 경(영국의 아프리카 제국 대부분이 그가 수상으로 재임할 때 획득한 땅이었다)조차 제국주의의 맹목적 애국주의에 매혹된 것과는 거리가 멀었다. 일찍이 1859년에 솔즈베리 경은 대외 정책에 대한 침착한 견해를 고수하면서 이렇게 선언했다. "잉글랜드가 추구할 만한 유일하게 안전하고 존엄한 대외 정책은 자국의 이익을 세심하게 살피면서 … 부당한 대접을 받으면 불만을 표시하고, 불만이 무시당하면 싸우되, 다른 일에는 일절 관심을 갖지 않는 것이다."[80] 그로부터 40년 뒤에도 그는 제국주의자라기보다는 실용적인 상인에 어울리는 언어를 구사했다. 제국은 영국에는 좋지만, 이익과 손해를 잊지 말아야 한다는 것이었다. "우리 제국이 확대될수록 우리의 제국적 정신이 성장하며, 우리는 판단해야 하는 위치에 있는 모든 사람에게 이 일들은 사업의 문제이며 사업의 원리에 따라 바라보도록 더욱더 촉구해야 한다."[81]

1890년 독일과 체결한 협정을 옹호하면서 솔즈베리는 누구든 "케이프타운에서 나일강 수원지에 이르기까지 내내 확대되는" 영토를 통제할 수 있기를 바란다면, "아주 흥미로운 생각"이라고 평가했다. "탕가니카호수 북쪽에 뻗은 이 영토"는 영국에 아무런 이득이 되지 않는 "아주 협소한 땅"이고 독일인들의 반감을 살 게 확실한 땅이었기 때문이다.[82] 하지만 그를 비방하는 사람들은 이 땅을 훌륭한 성과로 보았을 것이다. 아프리카 지도에서 알렉산드리아부터 케이프타운까지 끊기는 부분 없이 기분 좋게 장미색으로 연결됐기 때문이다(당시 지도 제작자들은 영국이 소유한 땅을 장미색으로 칠했다). 1차대전 이후 영국이 독일로부터 탕가니카를 획득했을 때 지도가 바로 이런 모습을 하고 있었다. 여러 세대의 학생들은 마음속에 자부심을 안고 장미색 땅을 바라보도록 배웠다.

디즈레일리는 제국의 이데올로기적 가치를 완벽하게 이해한 인물인

데, 1872년 6월 24일 수정궁에서 「보수주의의 원리와 자유주의의 원리 Conservative and Liberal Principles」라는 제목으로 한 유명한 연설에서 '잉글랜드 제국'을 지탱하는 것이 보수주의자들의 중심 목표 가운데 하나라고 설명했다. "잉글랜드 사람들, 특히 잉글랜드 노동계급은 큰 나라의 일원이라는 데 자부심을 느끼며, 위대한 나라를 지키기를 바라기" 때문이었다. 그러면서 덧붙이기를, 비록 일부 영국 노동자들 사이에서 전복적 요소들이 잠복해 있을지 몰라도

> 잉글랜드 노동계급의 거대한 집단은 그런 정서를 철저히 거부합니다. 그들은 그런 정서에 전혀 공감하지 않습니다. 뼛속까지 잉글랜드인이기 때문입니다. 그들은 세계시민주의 원리를 거부합니다. 그리고 민족의 원칙을 고수합니다. 그들은 왕국과 제국의 위대함을 지키는 데 찬성하며, 우리 국왕의 신민이자 그런 제국의 성원임을 자랑스럽게 여깁니다.[83]

디즈레일리는 비용문제는 호기롭게 무시했다.[84] 그는 열대 아프리카에서 최근에 획득한 식민지들이 경제적 중요성은 크지 않다는 것을 알았다.[85] 가령 영국의 탐험가 대니얼 랭킨은 잠베지강 유역과 니아살랜드에 관해 쓴 책에서 어느 순간에는 "최근 문명 세계에 개방된 거대한 지역의 상업적·금융적 전망"을 평가하다가 또 다른 때는 "[우리 대표자들이] … 대표성을 위임받은 박애 및 문명화 정책을 수행하는 데 어느 정도나 성공하고 있는지"를 평가한다.[86]

자유주의 좌파, 보수 우파, 고결한 척하는 위선자, 냉소주의자 등 모든 이들이 자기가 우월하다고 뽐냈다. 자신이 우월한 문화를 갖고 있다고 확신하는 이들은 종종 그 문화를 남들에게 강요했다(가능하면 평화롭게, 필요

하면 강제로). 중세시대의(그리고 지금의) 기독교도와 무슬림은 자신들의 대의가 고귀하다고 확신했다. 1833년, 휘그당파 역사학자로 아직은 유명세를 떨치지 못하지만 이미 하원의원이었던(당시 서른세 살에 불과했다) 토머스 배빙턴 매콜리는 하원에서 낭랑한 어조로 인도 앞에 놓인 운명을 논했다.

저는 우리가 혼란을 발견한 곳에서 질서를 세우고 있는 모습을 봅니다. … 해마다 허리케인처럼 파괴적인 속도로 인도의 수확기를 휩쓸고 지나가며 약탈을 일삼던 부족들이 더 용맹하고 준엄한 민족의 용기 앞에서 기가 죽고, 패배해서 뿔뿔이 흩어지고, 자신들의 요새까지 추적을 당하는 모습을, 영국의 칼날에 뿌리째 뽑히거나 어쩔 수 없이 약탈을 포기하고 산업에 종사하는 모습을 봅니다.

그리고는 오늘날이라면 견딜 수 없이 독선적으로 들리는 말로 결론을 지었다(그렇지만 이런 정서는 현대의 자유주의적 개입주의자의 정서와 동떨어진 게 아니다).

악덕과 무지와 비참 위에 세워진다면 권력이 무슨 가치가 있겠습니까? 우리가 통치자로서 피치자들에게 지고 있는 … 3000년 동안 전제정과 사제의 영향력에 휘둘려 타락한 민족에게 우리가 지고 있는 가장 신성한 의무를 위반해야만 권력을 지탱할 수 있다면, 그 권력이 무슨 의미가 있겠습니까? 만약 우리가 인류의 어느 일부에게라도 똑같은 정도의 자유와 문명을 주기를 꺼린다면, 우리가 누리는 자유와 문명도 다 헛것입니다.[87]

몇십 년 뒤인 1865년, 악명 높은 에어 사건이 일어나 식민자와 피식민자의 적절한 관계를 둘러싸고 식자층의 여론이 한층 더 나뉘었다. 자메이카 총독 에드워드 에어가 폭동을 진압하는 과정에서 흑인 439명을 잔인하게 살해하고 이후 600명을 채찍질한 혐의로 고발된 것이다.[88]

존 스튜어트 밀이 앞장서고 존 브라이트, 찰스 다윈, 허버트 스펜서 등이 지지하는 '자메이카위원회Jamaica Committee'라는 이름의 캠페인이 벌어져서 에어를 기소할 것을 요구했다. 백인이 우월하다고 철두철미하게 믿은 (그리고 남북전쟁에서 남부를 지지한) 찰스 디킨스는 이 운동이 "흑인—또는 원주민, 또는 악마—에 동조하는 것"이라고 비난하면서 "호텐토트족Hottentots이 마치 캠버웰에 사는 깔끔한 셔츠 차림의 남자들과 똑같은 것처럼 그들을" 대해서는 안 된다고 주장했다.[89] 그는 경쟁 단체인 에어변호·지원기금Eyre Defence and Aid Fund에 합세했다. 토머스 칼라일(『흑인문제에 관한 특별한 논의Occasional Discourse on the Negro Question』, 1849의 저자)과 존 러스킨이 이끌고 시인 앨프리드 테니슨, 성공회 사제이자 대학교수, 『물의 아이들』의 저자인 찰스 킹즐리를 비롯한 많은 이들이 지지하는 단체였다.

1880년대, 그리고 나란히 진행된 '식민지 쟁탈전'은 훗날 '신제국주의'라고 알려지게 된 현상의 정점이었다. 진보적 자유주의자로 버밍엄 시장을 지냈던 조지프 체임벌린은 하원에서 "아프리카 문명화 작업에서 한 몫을 하는 것은 우리의 임무"라고 선언했다.[90] 보수당이 이끄는 연립정부의 식민지 장관을 맡은 체임벌린은 1895년 11월 11일 제국협회Imperial Institute에서 한 연설에서 이렇게 선언했다. "저는 영 제국을 믿으며, 두 번째로 영국 민족을 믿습니다. 저는 영국 민족이 세계 역사상 가장 위대한 지배 민족이라고 믿습니다."[91] 2년 뒤, 버밍엄 상공회의소에서 한 연설에서는 이런 말을 덧붙였다. "이런 문명화 작업을 실행하는 과정에서 우리는 제가 우리의 민족적 임무라고 믿는 바를 수행하고 있습니다." 그러면서 이렇게 결론지었다. "과업이 거대하고, 책임도 크지만, 명예 역시 큽니다."[92]

거의 30년 동안(하지만 이 세월 동안 아랍어는 하나도 배우지 **못했다**) 이집트에서 영국 왕실의 대표자로 전권을 휘두른 크로머 경은 1908년에 이렇게 있다. "니는 동상에서 너무 오래 살았기 때문에 유럽인이 동양의 수많과 열망과 의견을 제대로 평가하기가 어렵다는 것을 알지 못한다."[93] 하지만 그는 영국인들이 이집트의 '합법적 통치자들'만이 아니라 이집트 사람들에게도 환영받았다는 것을 조금도 의심하지 않았다. 어쨌든 영국인들은 '사회의 구세주'로 온 것이었다.[94] 이집트인들은 스스로를 구제할 수 없었기 때문에 영국인이 구원해주어야 했다.[95] 그가 쓴 『현대 이집트 Modern Egypt』를 보면, 한 장章 전체가 '전형적인' 이집트인을 깔보는 말들로 가득 차 있다. 사사건건 '전형적인' 영국인과 비교하면서 깎아내리는 것이다. 이집트인들은 논리적 사고가 결여되어 있어서 점성술사나 마술가의 속임수에 쉽사리 속아 넘어간다. 또한 황당하기 짝이 없는 소문을 진실로 받아들인다. 하지만 일단 어떻게 해야 하는지 말해주면 신속하게 받아들인다. 이집트인은 비록 정신은 '무기력'해도 '흉내는 잘 내기' 때문이다.[96] 이런 견해들은 당시에 결코 보기 드문 게 아니었다. 다만 이집트에서 30년 동안 산 뒤에도 이런 견해를 유지한 것은 놀라운 일이다.

지배적인 가부장제 형태에 맞서 싸우는 여성들도 유럽의 가부장적인 오만한 겸손을 받아들였다. 그리하여 빅토리아시대의 지도적인 페미니스트인 밀리센트 포셋은 여성에게 참정권을 부여하면 인도에 '불을 지를' 것이라는 비난에 맞서 변론을 펴면서 『더타임스』(1889년 1월 4일자)에 인도에 있는 영국 여자들이 훌륭한 활동을 하고 있다고 썼다. 이런 활동 덕분에 "인도 여성들이 영국 여성에게 감동적인 애정과 존경"을 보내고 있으며, "우리 인도 제국에 동요의 시대가 닥치면" 이 여성들의 활동이 얼마나 소중한 역할을 할지 알아야 한다는 것이었다.[97] 1901년 창설된 여성들의 제국 선전 협회인 빅토리아동맹Victoria League은 전쟁 자선 활동을 조직하고, 노동계급을 위한 '제국 교육'을 제공했으며, '제국 인종'을 확실히 보전하기 위해 백인 자치령(즉 캐나다, 오스트레일리아, 뉴질랜드)과의 유대를 강화하려고 노력했다.[98]

저항을 하지 않는 원주민들은 더 크고 문명화된 권력에 복종하고 싶다는 열망을 확인시켜주었다. 반면 저항하는 원주민들은 그저 자신들이 얼마나 야만적인지를 보여주었을 뿐이다. 그리하여 인도의 '반란'이 속도가 붙는 가운데『더타임스』(1857년 8월 31일자)는 호되게 비난했다.

우리가 격분할 때, 참을 수 없고 표현할 수 없는 장면을 접할 때, 인간 본성이 언제나 그런 것처럼, 인도 폭도들의 야만성이 너무도 충격적이고 잔혹해서 … 흠칫 놀라게 된다. 어쩌면 종교가 이런 대접과 관련이 있을지 모른다. 우리는 인도에서 이교도이기 때문에 인간의 범위 밖에 있다. 종교는 브라만의 자부심이며, 그의 핏속으로 들어간다. 마호메트교도[Mahomedan. 무슬림을 비하하는 표현.-옮긴이]는 지독한 짐승이며 신앙 때문에 그렇게 되었다. … 이 병사들은 자기들이 루비콘강을 건넜음을, 이제 결코 우리와 친구가 될 수 없음을, … 우리와 그들이 생사를 건 싸움을 벌이고 있음을 안다.

『더타임스』인도 통신원인 아일랜드의 유명한 언론인 윌리엄 하워드 러셀은 영국인들이 자행하는 고문과 즉결심판, 무차별적 처형을 과감하게 비난한 반면, 『펀치Punch』(1857년 8월 22일자)에 실린 한 만평은 '벵골 호랑이'(즉 반란자들)가 백인 여자의 몸을 뜯어먹는 것을 보고 영국 사자가 개입해서 구하는 장면을 묘사했다. 역시『펀치』(1857년 9월 12일자)에 실린 또다른 만평은 복수심에 불타는 브리타니아[Britannia. 영국 또는 영제국을 상징하는 여신.-옮긴이]가 반란을 일으킨 세포이들에 맞서 난폭하면서도 '정당한' 보복을 가하는 모습을 보여주었다. 브리타니아는 영국 여자들만이 아니라 인도 여자와 아이들도 보호하는 모습으로, 영국의 '문명화 사명'을 정당화했다.[99] 1857년 인도에서 벌어진 '반란'은 인도가 결국 식민지로 전락하고 1876년에 빅토리아 여왕이 '인도 여제'에 즉위하는 계기가 되었다. 하지만 제국적 정신구조는 한참 전부터 존재했다.

흔히 진보적 작가로 여겨지는(실제로 그랬지만, 해외가 아닌 국내에서만 진보적이었다) 찰스 디킨스는 여기서 다시 한번 역사의 잘못된 편에 섰다. 박애주의자 여남작으로 잉글랜드에서 가장 부유한 여성으로 손꼽혔던 앤젤라 버뎃-카우츠에게 보낸 편지에서 디킨스는 만약 자신이 '인도 최고 사령관'이라면 인도 민족을 절멸하기 위해, 즉 "그들을 인류에서 지워버리고 지표면에서 삭제해버리기 위해 전력을 기울이겠다"고 단언했다.[100]

* * *

1885년에 이르러 식민지 팽창이 한창 진행 중인 가운데 프랑스는 여전히 이데올로기적으로 분열된 상태였다. 좌파와 우파, 자유주의자와 보수주의자가 갈라졌을 뿐만 아니라 어떤 종류의 입헌체제, 즉 자유주의적 공화국과 보수주의적 군주국 가운데 무엇을 세워야 하는지를 놓고도 분열되었다. 1870년 제3공화국이 수립된 뒤 수십 년 동안 식민화를 둘러싸고 프랑스에서 벌어진 논쟁이 특히 흥미로운 것은 이런 이유 때문이다.

나폴레옹 3세가 프로이센에 패배하면서 탄생한 제3공화국은 지지층이 제한적이었다. 가톨릭, 왕당파, 농촌의 프랑스는 여전히 공화국에 적대적이었다. 프랑스 식민 제국이 확대된 것은 대다수 공화주의자들과 (일부) 군주제주의자들이 결집하는 계기가 될 수 있었다. 처음에는 친식민주의자들이 논쟁에서 승리하는 듯 보였지만, 1885년 2월 프랑스가 북베트남 랑선 전투Battle of Lang Son에서 패배했다. 이 패배는 일시적인 장애물에 불과한 것으로 밝혀졌지만, 군사적 굴욕만큼 개입주의의 열정을 누그러뜨리는 것은 없다. 의회는 쥘 페리 총리에게 인도차이나 전쟁을 위해 추가 예산을 지급하는 것을 거부했다. 페리는 사임해야 했다. 그의 반대편에는 조르주 클레망소가 이끄는 반식민주의 공화주의자들과, 제3공화국을 진심으로 경멸하기 때문에 정부를 도울 의지가 없었던 가톨릭-군주제주의자 의원 집단의 동맹이 있었다. 경제계도 분열되었다. 크레디리요네 설립자(1863)인 앙리 제르맹 같은 은행가들은 식민지에 강경하게 반대했다.[101] 하지만 식민지는 프랑스 정치에서 중심적인 문제가 아니었고, 식민지 정책은 결코 일관되거나 통일성이 있지 않았다.[102] 제2제정 시기에는 사실상 모든 공화주의자가 나폴레옹 3세의 식민 정책에 반대했었다. 하지만 제3공화국이 세워지고 공화주의자들이 집권하자 많은 이들이 생각을 바꿨다. 쥘 페리(1880~81년과 1883~5년 총리 재임), 한때 급진주의자였던 레옹 강베타(1881~2년 총리 재임), 강베타의 추종자인 샤를 드 프레이시네(네 차례 총리 역임)는 거듭난 식민주의자가 되었다. 식민 정책은 아직 너무도 불확실한 운명을 앞에 둔 젊은 공화국을 강화하고 단합하기 위한 훌륭한 토대를 제공하는 것 같았다. 가톨릭교인들도 분주히 움직였다. 그 가운데 똑똑한 사람들은 교황 레오 13세의 자극을 받아 공화국에 대한 비타협적 반대는 아무 성과도 거두지 못하며, 온건 공화주의자들과 일정하게 공통의 지반을 찾는 게 자신들에게 이익임을 깨달았다. 온건 공화주의자들 역시 사회주의자들의 고조되는 힘을 상쇄하기 위해 새로운 친구를 만들고 싶어했다. 프랑스 가톨릭 교회의 사실상의 대변인인 피에르 드 라부아송 수도원장은 "프랑스의 거대한 식민지를 통해 프랑스의 위대함(la grandeur de la France par la grandeur e ses colonies)"을 보증할 필요기 있다고 선언했다.[103]

자유주의 경제학자들 사이에서도 일정한 움직임이 있었다. 클레망 쥐글라르(최초의 경기순환 이론가 가운데 하나다)와 자유주의 성향의 『경제학자저널』 편집인 조제프 가르니에는 처음에 반대하던 어조를 누그러뜨렸다. 쥘 페리에게 영감을 준 『현대 민족들 사이의 식민화에 관하여 De la colonisation chez les peuples modernes』(1874)의 저자 폴 르루아-볼리외는 훨씬 더 거리낌이 없었다.[104] 영국 식민주의를 찬미하는 자유주의자(그는 영국인들을 '식민지 건설에 탁월한 민족le peuple colonisateur par excellence'이라고 불렀다)였던 그는 프랑스가 남북아메리카에 예전에 보유했던 땅을 유지하지 못한 것은 정착민이 너무 적었기 때문이라고 주장했다.[105] 정착민은 원래 나라와의 연결고리가 끊어질 때에도 모국의 관습과 문화, 더 나아가 무역관계를 오랫동안 유지할 터였다.[106]

실제로 프랑스 식민지들에는 정착민이 거의 없었다. 알제리는 예외였는데, 1848년 헌법에서 프랑스 영토의 핵심적인 일부로 간주되었기 때문이다. 하지만 알제리에도 '진정한' 프랑스 정착민은 거의 없었다. 1866년, 알제리에 진출한 21만 8000명에 육박하는 정착민 가운데 절반만이 이전에 프랑스에 살던 사람이었다. 나머지는 알제리에 정착한 비무슬림이었다.[107] 1870년에 이르면, 프랑스 유대인 공동체의 지도자인 아돌프 크레미외가 시작한 기획 덕분에 알제리의 유대인들이 프랑스 국적을 받아서(이른바 크레미외 법령Crémieux Decree) 무슬림 주민들이 크게 놀랐다. 알제리 인구의 대다수는 프랑스 시민의 권리를 누리지 못했다. 1846년에 제안된 법률은 문화적인 이유 때문에 무슬림을 프랑스 시민으로 받아들이는 것은 불가능하다고 선언하기까지 했다.[108] 1889년, 이탈리아인, 에스파냐인, 몰타인 같은 외국인 정착민을 포함해서 알제리에서 태어난 모든 사람에게 프랑스 시민권이 주어졌지만, 무슬림은 여전히 원주민indigène 신분으로 분류되어 배제되었다.[109] 1920년대에 이르면 알제리에 거주하는 '유럽인'이 85만 명으로 전체 인구의 14퍼센트를 차지했다.[110]

1885년 식민주의를 둘러싸고 의회에서 논쟁이 벌어지는 동안 쥘 페리는 7월 28일에 식민화가 중요한 것은 독일이 보호주의를 채택한 탓에 프랑스가 어느 때보다도 더욱 수출품의 판로를 필요로 하기 때문이라고 설명했다.[111] 그리고 무엇보다도 가장 먹음직스러운 시장은 아편전쟁 덕분에 개방된 중국 시장이었다. 페리는 원시적인 생활을 영위하는 '가난한 흑인들'이 아니라 '세계에서 가장 부유하고 발전한 민족으로 손꼽히는' 4억 명의 소비자로 이루어진 이 시장에 진출하게 되어 기뻤다.[112] 그러자 반식민주의적 보수주의자 쥘 들라포스가 이의를 제기했다. 그는 상업적 판로가 그렇게 중요하다면 프랑스는 왜 모두에게 열린 시장인 중국에서 영국이나 독일, 미국에 그토록 한참 뒤처지고 있는지 의아해했다.[113] 식민주의에 찬성하는 외무장관 샤를 드 프레이시네는 마다가스카르 정복에 관한 '진정한 쟁점'은 비용이 아니라 반야만적인à moitié barbare 정부의 위협을 받는 '위험에 빠진 우리 시민들'(즉 프랑스 정착민들)을 방어하는 것이라고 단언했다. 이것은 명예와 국가적 자긍심의 문제였기 때문에 비용을 놓고 옥신각신하는 것은 적절한 행동이 아니었다.[114] 그는 분명 실제로 비용이 매우 많이 들고, 소득은 거의 전무하며, 어쨌든 마다가스카르에 정착한 프랑스인이 극소수에 불과함을 알고 있었다.

반식민주의자들은 제국이 비용이 너무 많이 든다고 주장했다. 당시 원칙적으로 식민지에 반대한 조르주 클레망소(총리를 향해 정계의 사다리를 차근차근 올라감에 따라 생각을 바꿨다)는 1885년 7월 30일에 의회에 관여하면서 프랑스 식민 정책에 일관성이 부족한 것을 의문시했다. 왜 어떤 영토는 차지하고 다른 영토는 방치하느냐, 왜 프랑스가 훨씬 커다란 제국을 보유한 영국만큼 식민 정책에 많은 돈을 쓰느냐는 것이었다.[115]

르네 라볼레는 1877년 3월 자유주의 성향의 『경제학자저널』에 쓴 글에서 이렇게 경고했다. "프랑스에서는 어떤 정권도 식민지에서 그렇게 적은 수익을 얻기 위해 그렇게 많은 돈을 쓰지 않았다. … 이제 이런 어리석은 정책에 반기를 들 때가 되었다."[116] 자유주의적 개혁가로 결국 1901년 첫 번째 노벨 평화상 수상자가 되는(적십자 창립자인 앙리 뒤낭과 공동 수상) 프레데리크 파시는 윤리적 주장으로는 회개하지 않은 이들을 회개시킬 수 없음을 충분히 알았기 때문에 의회 논쟁에서 멀리 떨어진 나라들에 원정을 가는 데 2억 프랑을 쓰는 것은 지나친 낭비라고 선언했다.[117] 샤를 지드는 『지리학평론Revue de géographie』(1885년 10월 15일자)에 쓴 「무엇을 위한 식민지인가À quoi servent les colonies」에서 식민지는 아무 쓸모가 없고 국외 이주는 타당한 이유가 아니라고 고찰했다. 프랑스는 노동력을 수입해야 하고, 프랑스의 생산물은 고품질 사치품이 많아서 식민지에서 시장을 찾지 못할 것이었기 때문이다. 게다가 프랑스 자본가들은 영국인들처럼 대담하지 않아서 모험을 회피한다고 그는 덧붙였다.[118]

우파의 몇몇 사람들도 마찬가지로 식민지 획득의 열망을 경멸했다. 불랑제 장군(1889년 1월 인기가 떨어지기 전까지 독재자가 될 만한 인물이었다)을 지지하는 우파 인사들, 지독한 반유대주의 책자로 베스트셀러가 된 『유대인의 프랑스La France juive』의 저자 에두아르 드뤼몽과 알베르 드 브로이 공작 같은 군주제주의자와 반유대주의자, 페리의 식민지 정책을 호되게 비판하는 한편 1870년 프로이센에게 패배하고 알자스와 로렌을 빼앗긴 과거에 대한 보상을 신랄한 어조로 꼬집은("누이 둘을 잃었는데 하인 스무 명을 주겠다니[J'ai perdu deux soeurs et vous m'offrez vingt domestiques]") 폴 데룰레드 같은 영토 회복주의자 등이 그런 이들이었다.[119]

사회주의자들은 종종 식민주의 자체보다는 그것 때문에 생겨나는 유쾌하지 않은 결과(식민주의에 따른 비용 등)에 반대했다. 사회주의자이자 후에 공산주의자가 된 폴 루이는 식민주의는 돈 낭비이고 대자본에만 도움이 되며 흑인에게 부당한 것이라고 선언했다.[120] 또 한 명의 노벨 평화상(1909) 수상자인 폴 앙리 데스투르넬은 프랑스 여론이 점차 식민지 획득을 뒷받침할 만한 빈틈없는 경제적 이유를 요구하고 있다고 지적했다. "프랑스는 아무 이득도 없이 관대하게 베풀기만 하는 일에 진력이 난 것처럼 보인다. 우리 젊은 작가들은 이제 더는 산도밍고[지금의 도미니카공화국.-옮긴이]의 흑인들이나 중국 아이들의 운명에 대해 걱정하지 않는다. … 그들은 이제 명예를 가져다주는 식민지에 만족하지 못하고 우리를 부자로 만들어주는 식민지를 요구한다."[121]

미래의 사회당 지도자 장 조레스는 '인도주의적인' 식민주의자였다. 친식민주의 성향의 『프티트레퓌블리크La Petite République』(1896년 5월 17일자)에 쓴 칼럼에서 그는 식민주의는 자원 낭비라고 비난하는 한편 그래도 식민지 획득은 불가피하다고 받아들였다.[122] 그는 프랑스의 '고결한 보호' 아래 아랍 민족을 '재건refaire'할 필요가 있다고 생각했다.[123] 그리고 어쨌든 만약 알제리에 문제가 있다면, 그것은 제일 좋은 일자리를 독차지하고 있는 현지 유대인들의 잘못이라고 지적했다. 계속해서 그는 프랑스에서 유대인의 권력은 돈, 그리고 언론과 금융 부문에서 그들이 행사하는 영향력에 바탕을 둔 것이지만, 알제리에서는 유대인이 숫자에서도 우세하다고 설명했다.[124] (하지만 몇 년 뒤 드레퓌스 사건이 터졌을 때, 조레스는 소설가 에밀 졸라와 나란히 부당하게 고발당한 드레퓌스 대위를 비방하는 사람들에게 단호하게 맞섰다.)

조레스는 의회 연설(1903)에서 프랑스가 모로코에 남아 있을 완전한 권리가 있다고 설명했다. "프랑스로 대표되는 문명은 모로코 현 정권의 문명보다 확실히 우월하기 때문"이었다.[125] 조레스는 프랑스 시장이 확대되면 프랑스 프롤레타리아트가 임금을 더 많이 받을 수 있으리라고 주장했다. 사회주의자들이 할 일은 식민주의 자체에 반대하는 게 아니라 원주민들을 인도적으로 대우하고 식민주의가 식민 열강 사이의 전쟁으로 이어지지 않도록 하는 것이었다. 조레스는 유럽 바깥의 '문제들'을 해결하기 위한 국제적(즉 서구의) 협정을 지지했다. 그는 식민지인들이 이 문제에서 발언권을 가져야 한다고 생각하지 않았다. 따라서 1907년 8월 슈투트가르트에서 열린 제2 인터내셔널 7차 대회에서 그가 식민주의 반대 제안에 반대표를 던진 것도 놀라운 일은 아니다.[126] 반대표를 던진 게 조레스만도 아니었다. 레닌이 분노하면서 보고한 것처럼, 식민주의 나라에서 온 사회주의자 대표단은 '문명화된 식민주의', 또는 '사회주의 정권하에서 문명화 효과를 발휘할 수 있는' 식민 정책에 찬성표를 던졌다. 식민주의 반대 제안은 가까스로 통과되었다(127표 대 108표).[127]

좌파에서 인권을 바탕으로 식민주의 반대 주장을 편 이는 거의 없었다. 가장 선호된 주장은 식민주의는 돈 낭비라거나, 정부와 특별한 기업계 사이에 불건전한 관계를 조성한다거나, 식민 정책 지지자들은 독일에 빼앗긴 알자스와 로렌 지방을 되찾는 것이 프랑스의 신성한 의무임을 망각했다는 것이었다.[128] 그리하여 이제 완연한 보수주의자로 변모한 시인 샤를 페기는 1913년에 비록 자신은 세계 곳곳에서 억압받는 여러 민족을 지지한 것을 후회하지는 않는다면서도 이렇게 말했다. "왜 세계 전역의 억압받는 민족의 곤경에 마음이 움직여야 한다고 촉구하면서도 프랑스 사람들이 겪는 곤경에는 신경쓰지 않는가?"[129] 물론 많은 이들이 보기에 바로 이 곤경이 식민지를 거느려야 하는 이유였다. 프랑스-프로이센 전쟁에서 당한 패배를 앙갚음해야 했던 것이다.[130]

하지만 식민주의 진영parti colonial은 계속 힘을 키웠다. 1892년 의회에는 떠들썩하게 식민주의에 찬성하는 '식민주의 그룹Groupe Colonial' 소속 의원이 91명이었다. 그로부터 10년 뒤에는 200명에 육박했다. 그리하여 1912년 프랑스가 아프리카에서 마지막으로 남은 독립국 가운데 하나인 모로코에 보호령을 수립했을 때, 사실상 아무도 반대하지 않았다. 박애주의적 인도주의, 사명과 운명에 대한 인식, 독일이 모로코를 차지하는 (그리하여 알제리와 튀니지를 위협하는) 것을 막아야 한다는 요구 등 똑같이 고결한 동기가 제시되었다. 프랑스의 대모로코 무역은 보잘것없는 수준이었지만 이 나라를 증강하는 데 필요한 투자를 하려면 열의 있는 은행들로부터 대출을 받아야 했다. 주요한 수혜자인 파리네덜란드은행Banque de Paris et des Pays-Bas(파리바은행Paribas)은 주로 식민주의와 연관된 정부 채권 발행을 통해 성장했다.[131]

식민지들이 실제로 프랑스에 전반적으로 이익이 됐는지는 의문스럽다. 1873년에서 1913년 사이에 프랑스 무역의 절반이 훌쩍 넘는 비율이 영국, 독일, 벨기에, 스위스, 이탈리아, 에스파냐, 러시아, 발칸반도, 라틴아메리카 등에서 오고갔다.[132] 프랑스와 식민지들 사이의 무역은 전체의 12~14퍼센트로 작은 규모였다. 프랑스의 해외투자는 대부분 중유럽과 동유럽, 중동, 특히 러시아로 향했는데, 1914년에 이르면 프랑스 전체 투자의 25퍼센트가 러시아로 향한 반면 제국으로는 9퍼센트만 갔다.[133] 식민지에 대한 자본 수출이 증가하기는 했지만, 남북아메리카로 가는 자본 수출은 한층 더 증가했다. 1882년 5퍼센트에서 1913년 26.3퍼센트로 늘어난 것이다.[134] 다시 말해, 프랑스의 공식적인 식민 제국은 이 나라의 무역과 해외투자에서 작은 역할을 했을 뿐이다.[135]

1880년대에는 프랑스가 충분히 발전한 식민 강국이 되어야 한다는 사실이 아직 당연하게 받아들여지지 않았다. 1885년 프랑스 의회에서 벌어진 논쟁은 마다가스카르와 통킹(북베트남)을 획득하는 문제에 집중됐지만, 실제로는 프랑스가 영국의 선례를 따라야 하는지 여부를 둘러싼 것이었다. 강력한 경제적 이익집단(아편무역업자, 인도차이나은행Banque d'Indochine, 통킹광산협회Société des mines du Tonkin)이 지지하는 프랑스아프리카위원회Comité de l'Afrique Française 같은 경제 압력 단체들은 식민지를 원했다. 하지만 과연 1880년대에 인도차이나를 획득하게 만든 초기의 추동력이 경제적 이익집단의 압력이었는지는 의심스럽다.[136] 정치인들 사이에서는 식민지를 획득하려는 의지가 존재했고, 그들은 경제적 이유를 여러 논거 중의 하나로 활용했다. 하지만 1885년이 되면 이미 아편무역은 제쳐두고라도 노골적인 경제적 이익을 인도차이나를 획득하는 타당한 이유로 들이대는 것은 거북한 상황이었다.[137] 인도주의적 언어로 적당히 치장한 프랑스의 '문명화 사명'에 호소하는 게 차라리 더 낫다는 게 중론이었다. 군주제주의자이자 완고한 가톨릭으로 원래 인도차이나 전쟁에 반대표를 던지면서 반식민주의자들 편에 섰던 야당 지도자 알베르 드 묑은 마다가스카르에 관해 논쟁이 벌어진 1884년 3월에 식민주의의 목적이 돈벌이가 아니라 문명화라면 바람직할 수도 있다고 말했다.

"정복을 하는 근거로 이보다 더 고결하고 훌륭한 것은 없을 것입니다."[138] 그는 프랑스가 이 섬에 개입해야 하는 이유를 생각나는 대로 전부 나열했다.[139] 첫째, '문명화 사명'은 프랑스의 책임이다. 책임 없이는 의무와 권리가 있을 수 없기 때문이다. 이 일은 단순히 돈의 문제가 아니라 양심의 문제였다. 우리에게는 이 야만인들을 문명화할 의무가 있고, 우리가 우월한 인종이기 때문에 그들을 동등한 인간으로 대우해서는 안 된다. 그리고 인도주의적인 시각도 있었다. 드 묑에 따르면, 30년 전에 자기 백성들을 고문하고 20만 명 정도를 죽인 장본인인 저 끔찍한 라나발로나 여왕의 과업을 이어받고 있는 마다가스카르의 불성실한 압제자들에게서 현지 주민들을 구해야 했다. 사실 라나발로나 여왕(1788~1861)은 훌륭한 근대화 군주로 기독교를 도입하는 데 반대한 잘못, 아니 업적이 있었다.[140] 알베르 드 묑 같은 선량한 가톨릭교인이 보기에 결정적인 논거는, 마다가스카르든 인도차이나든 간에 식민화가 가톨릭 선교를 추가로 확대할 수 있는 커다란 기회를 제공한다는 것이었다.

다음으로 전략적인 요인도 언급되었다. 영국이 마다가스카르를 차지하는 것을 막는 일은 절대적인 과제였다. 드 묑은 영국이 이미 지브롤터와 몰타, 키프로스의 주인이며, 나일강 양안에 자리를 잡고 있다고 경고했다. 프랑스는 해양국가였지만, 해양국가는 필연적으로 식민 강국이 되어야 했다. 드 묑에 반대하는 공화주의자들도 아주 비슷한 주장을 내놓았다. 프랑수아 드 마비(훗날인 1887~8년 식민지 장관)는 마다가스카르가 방어하기 쉽고, 면적이 넓고, 좋은 항구가 여럿 있고, 어장이 좋고, 석탄·철·목재 등이 풍부하다는 이유를 들면서 이 섬을 점령하는 것을 지지했다. 그가 너그럽게 청중을 안심시킨 설명에 따르면, '몇 안 되는 섬 주민'(실제로는 300만 명이었다)은 부족 간 경쟁 때문에 심각하게 분열되어 있어서 절멸시킬 필요가 없고, 폭정과 미신에서 해방시켜서 억지로라도 '문명의 대열'에 합류시키기만 하면 되었다. 게다가, 항상 결정적인 논거로 등장하는 말처럼, 프랑스가 마다가스카르를 차지하지 않으면 '다른 나라들'이 차지할 게 분명했다. 사방에서 사람들이 고개를 끄덕였다. '다른 나라들'이란 영국을 의미했다.[141] 복잡한 전략적 계산을 할 필요가 없는 논거였다. 식민지 획득이 필요하지 않을 **수도 있지만** 다른 누군가가 차지할 **수 있기** 때문에 중요할 **수 있었다.**

1년 뒤(1885년 7월 28일), 이제 총리에서 물러났지만 그래도 여전히 유력 인사인 쥘 페리는 더욱 확고한 언어로 사이비 인도주의적 주제를 받아들였다. "신사 여러분, … 우리는 우월한 인종이 열등한 인종과 관련된 권리를 가진다고 공공연하게 말해야 합니다. … 열등한 인종을 문명화할 의무가 있기 때문입니다."[142] 40년 뒤인 1925년, 사회주의 지도자 레옹 블룸도 거의 똑같은 단어를 구사했다. '우월한 인종'에게는 아직 문화와 문명에서 뒤처져 있는 이들을 인도해야 할 의무가 있다는 말도 했다. 군주제주의자 드 묑과 똑같은 말이었다.[143] 물론 우리는 교통 개선, 도로 개량, 기반시설 개선, 공공의료 등 식민화가 가져다준 온갖 '혜택'을 열거할 수 있다. 폴 두메르가 1897년에서 1902년 사이에 프랑스령 베트남의 총독이 됐을 때(그는 결국 1931년 프랑스 공화국 대통령이 되었으나 1932년에 러시아인 망명자에게 암살당했다), 그는 옛 제국의 수도인 하노이에 '옛날의 영광'을 돌려주면서 다시 프랑스령 베트남의 수도로 삼았다(1802년 응우옌 왕조의 가륭제嘉隆帝가 중부의 후에로 수도를 옮긴 바 있었다). 실제로 두메르는 식민주의자들 사이에 널리 퍼진 이데올로기에 따라 하노이를 재건했다. 하노이는, 원주민들은 하인으로나 어울리는 열등한 존재로 체계적으로 간주되어 식민지 도시 발전의 유익한 측면에서 배제된다는 의미에서 '프랑스의' 도시가 되었다. '백인'이자 '서양인'이라는 사실이 프랑스인이라는 것보다 더 중요했다. 러시아인, 이탈리아인, 독일인, 영국인들이 프랑스인과 똑같은 특권을 누렸기 때문이다. 하노이 역사학자의 말을 빌리자면, "프랑스 제국은 붉은 강(쏭강[紅江])에 하얀 도시를 창조했다".[144]

1906년에 이르면 '문명화 사명'은 식민주의가 가장 흔하게 내세우는 변명으로 굳어진 상태였다. 허버트 스펜서의 '통속적' 진화론에 영감을 받아 아르튀르 지로가 1895년 출간한 『식민화와 식민지 입법의 원리 Principes de colonisation et de législation coloniale』는 한 세대의 공무원들을 훈련시키는 데 도움이 되었다.[145] 이 책을 지배하는 사고는 앞서 엥겔스와 토크빌이 표현한 것과 비슷했다. 식민화가 원주민에게 해가 될 수도 있지만, 그것은 일시적 현상이고 장기적으로 보면 원주민이 잘살게 된다는 것이었다. 백인종은 엄격하면서도 상냥한 부모와 같은 존재였다. 식민지 장관 조르주 레이그는 식민대회(Colonial Congress, 1906)에서 피식민자들의 존엄과 도덕, 복지를 고양시키려 하지 않는 식민화는 "위대한 민족이 되지 못한 천박하고 야만적인 시도(une oeuvre grossière et brutale, indigne d'une grande nation)"일 것이라고 선언했다.[146]

인종주의적 역사관을 가지면서도 식민주의에 반대할 수 있었다. 군중심리학 이론가 귀스타브 르 봉(두개골이 클수록 지능이 높다고 믿기도 했다)은 타자에게 인권 같은 서양의 관습과 관념을 강제하려는 것은 어리석은 일이라고 생각했다. 그는 1880년대에 자유주의적 식민주의자 폴 르루아-볼리외를 공공연하게 비판하면서 쓴 글에서, 프랑스가 알제리의 600만 무슬림을 통제하려면 6만 명의 군대를 동원해야 한다고 말했다. 영국이 인도 전체를 통치하는 데 필요한 숫자와 맞먹었다. 르 봉은 이런 지배는 값비싸고 유치하고 쓸모가 없다고 비난하면서 무슬림을 프랑스인으로 뒤바꾸려고 하지 말고 이슬람을 존중하고 물라[mullah. 이슬람 율법학자.-옮긴이]의 권위를 강화하라고 프랑스인들에게 촉구했다.[147] 다시 말해 프랑스인들은 영국인들처럼 행동하면서 오늘날의 표현으로 하면 문화제국주의라고 부를 법한 활동을 삼가야 했다.

엘리트 진영에서는 르 봉의 생각이 지배적인 견해가 아니었다. 급진당 정치인이자 인도차이나 총독(1912~14년과 1917~19년), 1920년대 초반 식민지 장관, 1930년대에 잠시 총리를 지내고 나중에 독일 점령기(1940~44)에 페탱 원수 지지자였던 알베르 사로는 프랑스 식민주의를 고찰하면서 원주민에 대한 프랑스의 태도가 '앵글로색슨'의 태도에 비하면 훨씬 평등하다고 생각하며 흡족해했다.[148] 당시에 흔했던 이런 신화 만들기에도 불구하고 그는 원주민을 "게으르고 무기력하고 앞날을 생각하지 않는다"고 묘사했다. "원주민은 바니안나무나 바오바브나무 아래 둘러앉아 잡담을 즐기며 노래하고 춤추고, 담배 피고 잠자기를 좋아한다."[149] 다만 그는 열등한 인종도 적절하게 애정을 주면서 가르치면 영원히 열등하지는 않을 것이라고 너그럽게 덧붙였다.[150]

프랑스에서는 '자국의' 식민주의는 인도적인 반면 영국의 식민주의는 자원을 약탈하는 데 치중한다는 대중적인 믿음이 있었다.[151] 영국인들도 비슷한 견해를 갖고 있었다. 자신들의 식민주의가 다른 어떤 나라의 식민주의보다 낫다고 믿은 것이다. 영국의 언론인이자 여행가인 허버트 비비언은 1898년에 글을 쓰면서 프랑스인들이 튀니지에서 한 행동에 충격을 받았다.

튀니지 곳곳을 여행하면 할수록 프랑스인들의 존재가 점점 더 참기 어려워졌다. 영국이 점령했다면 아주 다른 모습이었을 거라고 말하는 것은 단지 애국

심 때문이 아니다. … 우리는 적어도 그 대신에 매우 세련된 문명을 세웠을 것이다.[152]

동아프리카에서 6년을 보냈다고 주장하는 영국의 어느 탐험가도 포르투갈인들 때문에 깜짝 놀랐다.

이 해안선에 진출한 포르투갈인들은 성적 부도덕의 극단에, 사실상 극악한 성범죄에 다다랐다. 인류가 타락할 수 있는 한계선까지 도달한 것이다. … 이 암흑의 지역에서 포르투갈인들이 보이는 도덕성은 분명 잔인한 짐승만도 못하다.[153]

제국주의자들은 프랑스인이든 영국인이든 간에 결코 근대화를 추진하는 세력이 아니었다. 대개 제국주의자들은 현지의 추장, 군주, 권력자 들과 손을 잡았다. 그리고 너무 많은 문제를 발생시키지 않고 통치하기 위해 그들의 전통적 권력을 더욱더 지켜주려고 했다. 알제리에서 프랑스인들은 현지의 샤리아(sharia. 이슬람법) 법정을 활용해서 질서를 유지했다. 인도네시아에서 네덜란드 당국은 이슬람 법원과 학교를 활용해서 식민지를 통치했다.[154] 나이지리아에서 총독 프레더릭 루가드는 '간접 통치' 개념을 개발했는데, 이는 전통적 통치를 혼란에 빠뜨리는 철저한 개혁을 피하면서 현지 무슬림 토후emir들과 타협하는 것이었다. 루가드의 설명에 따르면, 원주민을 직접 독재적으로 통치하는 것보다는 '그들 자신의 추장과 관습을 통해' 통치하는 게 더 나았다.[155]

'인도주의적'인 주장과 경제적 주장 모두 곳곳에서 맹위를 떨쳤다. 영국에서와 마찬가지로 프랑스에서도 경제적 이해관계는 지나치게 부각되지 않았다. 마치 탐욕과 이득은 정치에서 내세울 만한 동기가 아닌 것 같았다. 원내 '식민주의 그룹'의 지도자인 외젠 에티엔은 제국이 경제에 유익하다는 것을 추호도 의심하지 않았지만, 이 문제를 강조하는 게 필수적이거나 유리하다고 느끼지 않았다. 훨씬 더 강력한 주장은 다른 열강들에 뒤처져서는 안 된다는 것이었다. 1897년에 출간한 어느 글에서 에티엔은 '영국과 독일, 이탈리아의 경쟁자들'이 남아 있는 '지구상의 처녀지'(비백인들이 끼어 하는 땅을 가리킨 표현)를 전부 누리고 있으며, 따라서 프랑스도 식민지에 대한 야심을 조금도 제한해서는 안 된다고 경고했다.[156]

친식민주의 담론은 애국심과 인도주의, 경제적 고려 등을 끊임없이 들먹였다. 정치에서는 국민을 결집시킬 수 있는 정책을 정당화하기 위해서라면 가능한 어떤 논거든 나열하는 것이 극히 정상이라 할 수 있다. 일부 사람들은 설득하지 못해도 다른 이들은 설득할 수 있다는 것을 알기 때문에 이것저것 다 건드려보는 것이다. 들이대는 논거들이 아주 타당하지 않고, 때로는 모순될 수도 있지만, 결국 정치, 특히 의회 정치에서 중요한 것은 지금 벌어지는 전투에서 승리하는 것이다. 멀리 떨어진 땅에 개입하는 것을 정당화하기 위해 거론되는 논거들은 익숙하다. 서양의 정치인들은 자국 시민들의 기억력이 좋지 않다고 확신하면서 몇 년마다 논거를 슬쩍 바꿔서 활용한다. 그러면 모든 사람이 무관심해지고 고분고분 따르기 때문이다. 경제를 위해 좋은 것이다, 다른 열강들도 다들 그렇게 한다, 도덕적 의무다, 우리한테 좋은 일이다, 그들한테 좋은 일이다, 등등 갖가지 논거가 되풀이된다.

제19장

첫 번째 전 지구적 위기

1880년대에 시작된 식민지 쟁탈전은 자본주의의 첫 번째 국제적 위기라고 부를 수 있는, 이른바 1873~96년의 장기 불황(또는 대불황)과 동시에 진행되었다. '이른바'라는 말을 붙이는 것은 과연 그것이 불황이었는지(성장이 계속되었기 때문에 불황이 아니었다), 크거나 장기적인 현상이었는지, 심지어 과연 위기였는지를 둘러싸고 상당한 논쟁이 있기 때문이다. S. B. 솔은 『대불황의 신화, 1873~1896The Myth of the Great Depression, 1873-1896』(1969)이라는 적절한 제목이 붙은 책에서 그 시기에 어떤 단일한 양상도 존재하지 않았다고 지적하면서 "'대불황'이라는 표현이 하루라도 빨리 문헌에서 사라질수록 더 좋다"고 선언하는 것으로 결론을 마무리했다.[1]

장기 불황은 모순을 보여준다. 생산이 증가했는데도 당대 사람들은 자신들이 오랫동안 지속될 매우 심각한 위기의 한가운데에 있다고 생각했다. 정말로 그랬다. 경제적 소요는 실제로 20년 넘게 지속되었다. 가격의 하락은 투자를 위협했고, 금리가 떨어졌으며, 이윤이 줄어들었다.[2]

대폭적인 물가 하락은 과잉 생산에 따른 결과였다. 상품이 넘쳐나는데 구매자는 너무 적었다. 데이비드 랜즈는 "인류가 기억하는 한 가장 급격한 디플레이션"[3]이 일어났다고 말하면서 다만 디플레이션(물가 하락)이 시작된 것은 1873년이 아니라 나폴레옹 전쟁 이후이며, 1850년대의 신용 호황 때문에 잠깐 하락세가 멈췄다고 덧붙였다. 다시 말해, 19세기 내내 디플레이션이 정상 상태였던 것은 아니다.[4]

디플레이션은 모든 사람에게 각기 다르게 영향을 미쳤다. 임금소득자는 두 번 이득을 보면서 혜택을 누렸다. 첫째 물가가 하락했기 때문에, 그리고 임금이 올라갔기 때문이다(낮은 실업률과 강한 노동조합이 일정한 역할을 했다). 특히 영국에서는 1880~1911년에 평균 소득이 40퍼센트 이상 증가해서 생활수준이 두드러지게 향상되었다. 미국이나 오스트레일리아보다는 낮았지만 유럽 대륙 평균보다는 높았다.[5]

장기 불황은 '불황', 즉 생산의 침체가 아니었다. 유럽 모든 나라가 생산이 증가했다(⟨표 16⟩을 보라).

하지만 많은 기업가들은 그 시기의 비관주의를 예리하게 감지했다. 임

⟨표 16⟩ 유럽의 1인당 국민총생산, 1870~1910(1970년 미국 달러 기준)

	1870	1910
영국	904	1302
벨기에	738	1110
덴마크	563	1050
독일	579	958
프랑스	567	883
스웨덴	351	763
노르웨이	441	706
이탈리아	467	548

출처: N. F. R. Crafts, 'Gross National Product in Europe 1870-1910: Some New Estimates', *Explorations in Economic History*, vol. 20, no. 4, October 1983, p. 389.

금 인상과 물가 하락이 **평균** 이윤의 저하로 귀결되었기 때문에 놀랄 일은 아니다. 하지만 이런 현상이 획일적으로 일어난 것은 아니다. 현명하거나 운이 좋은 산업자본가들은 신기술을 활용해서 비용을 낮추면서 이윤을 늘렸다. 따라서 더 유명한 1929년의 대폭락Great Crash 및 이어진 1930년 대의 대공황Great Depression과 달리, '장기 불황Long Depression' 시기에 는 경제가 성장하고 소비가 증가했다. 1860년에서 1913년 사이에 제조 업 생산량은 꾸준히 증가했고, 세계화와 자본주의도 계속 증대되었다. 1873~96년의 비관주의에 이어, 비록 일부만의 현상이긴 했지만, '좋은 시절Belle Époque'의 흥겨운 낙관주의가 나타났다. 이후 1차대전 시기에 는 흥겨움이 사라졌다.

바뀐 것은 산업국가들의 성적표였다. 영국이 다른 나라들에 판매할 수 있는 제품(철도, 열차, 철강, 방직기, 면제품과 비단 제품 등등)은 이제 독일, 미 국, 이탈리아, 오스트리아, 러시아, 오스트레일리아, 일본, 인도에서도 생 산되었다. 기술 향상이 전 세계적으로 이루어졌기 때문에 선도 국가(영 국)와 나머지 나라들 가운데 상위권 사이의 격차가 줄어들고 결국 사라졌 다.[6] 1860년에 영국은 모든 나라를 훌쩍 앞섰지만, 1913년에 이르면 미국 의 뒤를 쫓았고, 1인당 기준으로 보면, 벨기에, 스위스, 그리고 더욱 중요 하게 독일과의 격차가 줄어들고 있었다(〈표 17〉을 보라). 영국 노동자들과 다른 나라 노동자들의 임금 격차도 줄어들었다(〈표 18〉을 보라).

1인당 기준으로 볼 때, 벨기에는 1913년에 이르러 세계 1위의 수출국 이 되었고, 스위스가 2위, 영국이 3위였다(〈표 19〉를 보라).

영국인들 스스로 자국의 경제적 운명이 참고할 만한 역사적 선례가 없 고 위험으로 가득 차 보이는 '당혹스러운 징후'를 받아들이려고 오랫동안 애쓰고 있었다.[7] 이 나라는 과거에 산업화를 이루면서 농업을 희생시켰

〈표 17〉 1인당 산업화 수준, 1860~1913(1인당 산업생산량) (1900년 영국=100)

	1860	1913
오스트리아-헝가리	11	32
벨기에	28	88
프랑스	20	59
독일	15	85
이탈리아	10	26
러시아	8	20
스웨덴	15	67
스위스	26	87
영국	64	115
미국	21	126
일본	7	20

출처: Paul Bairoch, 'International Industrialization Levels from 1750 to 1980', *Journal of European Economic History*, vol. 11, no. 2, Fall 1982, p. 281.

〈표 18〉 공학기술 부문 상대 임금, 1850~1905

	1850	1896	1905
영국	100	100	100
프랑스	42	61	78
벨기에	36	52	64
독일	28	59	89

출처: Vera Zamagni, 'An International Comparison of Real Industrial Wages, 1890-1913: Methodological Issues and Results,' in Peter Scholliers(eds), *Real Wages in 19th and 20th Century Europe: Historical and Comparative Perspectives*, Berg, Oxford 1989, p. 117.

다. 그 결과로 값싼 식료품을 수입하고, 해군을 유지하고, 국제무역을 추구해야 했다. 영국 해군은 제국 건설의 필수적인 일부였다. 해군은 17세기와 18세기에 네덜란드와 에스파냐를 물리쳤고, 나폴레옹 전쟁에서 성공적으로 빠져나왔다. 그 결과 영국 기업들은 세계무역과 해상운송, 상업 서비스에서 압도적인 비중을 차지했다.[8] 그리하여 영국 해군은 인기를 누

<표 19> 주민당 수출액, 1840~1910(1990년 달러 기준)

	1840	1880	1910
벨기에	7	43	85
스위스	18	50	60
영국	10	30	48
덴마크	6	20	45
캐나다	10	16	34
프랑스	4	15	29
스웨덴	4	13	28
독일	4	16	27
미국	7	16	19
러시아	1	3	7
포르투갈	4	5	6
일본	자료 없음	1	6

출처: Paul Bairoch, 'La Suisse dans le contexte international aux Ⅹ Ⅸe et Ⅹ Ⅹe siècles,' in Paul Bairoch and Martin Körner(eds), *La Suisse dans l'économie mondiale*, Droz, Geneva 1990, pp. 103-6.

렸고, 스코틀랜드 시인 제임스 톰슨이 1740년에 쓴 유명한 구절인 "지배하라 브리타니아! 대양을 지배하라!"도 끊임없이 사람들 입에 오르내렸다(7장을 보라).

영국으로서는 세계무역의 확대가 필요 불가결한 것이었다. 영국의 근대 제국은 자본주의의 국제화와 연결되었다.[9] 하지만 산업화가 진행 중인 다른 국가들에도 무역은 필요 불가결했다. 영국이 시장과 원료, 농산물의 경쟁자였기 때문이다. 이 모든 문제가 1873~96년의 '장기 불황'으로 악화되었다.[10] 이것은 그 시기의 여러 역설적인 현상 가운데 하나였다. 영국은 대규모 수출국이기 때문에 세계화된 세계를 필요로 했지만, 또한 세계의 세계화는 경쟁의 증대, 그리고 그에 수반되는 영국의 쇠퇴를 의미했다.

당시는 미국의 거대한 산업 발전기였다. 1914년에 이르러 미국은 세계 산업생산량의 3분의 1을 생산하고 있었다.[11] 하지만 지금과 마찬가지로 세계 최대의 채무국이기도 했다. 1914년 당시 71억 달러의 부채가 있었다. 러시아(38억 달러), 캐나다(37억 달러), 아르헨티나(30억 달러) 등 다른 나라들이 그 뒤를 이었다. 2014년에도 미국은 1인당 기준으로 볼 때 주요 채무국이었다(일본과 아일랜드에 이어 3위).[12] 1912년 한 투자은행가는 미국투자은행가협회Investment Banker's Association of America 1차 연례총회에서 이렇게 선언했다. "우리는 현 상황을 직면하는 게 좋습니다. 지금 우리는 미국에서 필요한 자본을 전부 공급할 수 없습니다. 유럽 나라들에 지원을 요청해야 하고, 이런 자본 수요가 지속되는 동안 그 자본이 우리나라에서 겁을 먹고 빠져나가는 일이 없도록 세심한 주의를 기울여야 합니다."[13] 1913년, 주요 대부자는 영국(180억 달러)이었고, 프랑스가 절반의 액수로 그 뒤를 이었다.[14] 이런 대출 가운데 많은 부분은 미국 철도 자금으로 들어갔다. 1907년 『뉴욕이브닝메일New York Evening Mail』의 경제면 편집자는 다음과 같이 선언했다.

쌓아놓고 쓰지 않는 영국의 파운드스털링, 프랑스와 벨기에와 스위스의 프랑, 네덜란드의 길더, 독일의 마르크가 없으면, 남북전쟁 종전 이래 미국의 운명과도 같았던 물질적 진보가 지속될 수 없을 것이다.[15]

외국인들이 미국의 자산, 특히 토지를 소유하게 될 전망에 대해 일정한 포퓰리즘적 반응이 일어났다. 1885년 1월 24일 『뉴욕타임스』는 '엄청난 규모의 악폐'에 반대하는 목소리를 높였다. '영국 귀족들이 미국 영토의 광대한 땅을 획득하고 있다'는 것이었다. 하지만 아무 일도 없었다. 각 주의 입법부는 외국인의 토지 소유를 금지하는 조치를 시행했지만 쉽게 우회할 수 있었다. 그리고 어쨌든 포퓰리스트들은 크게 잘못 생각하고 있었다. 미국 경제는 이런 투자 유입을 통해 상당한 이득을 끌어내고 있었기 때문이다. 외국 자본과 외국 기업(그리고 물론 외국인 노동자)은 미국을 19세기 말 세계에서 가장 거대한 산업국가로 만드는 데 상당한 역할을 했다.

유럽에서는 '좌파'가 자본 유출을 비난했다. 독일에서는 사회주의자들이 자본 유출이 취약한 인종에게 억압, 즉 제국주의와 식민주의를 안겨준다는 이유로 비난했다.[16] 사회민주당의 지도적 이론가이자 고전적 저작 『금융자본론』(1910)의 저자인 루돌프 힐퍼딩에 따르면, 자본 유출은 제국주의 정책을 부추기는 것이었다. 해외에 이해관계가 있는 모든 자본가는 지구상에서 가장 외딴 지역에서도 강한 국가가 자신들의 투자를 보호해주기를 원할 것이었기 때문이다.[17] 프랑스의 다양한 사회주의자들은 자국 은행가들이 국내에 투자하는 대신 해외에 자금을 보내면서 미래의 경쟁자들을 길러내고 있다고 개탄했다.[18]

해외로부터 차입하는 것이 언제나 산업화의 필수조건이었던 것은 아니다. 일본은 19세기에 자체 자본을 거의 전부 조성했다. '거의'라고 한정한 것은 영국의 차관을 활용해서 도쿄와 요코하마를 잇는 18마일[약 29킬로미터.-옮긴이]의 철도를 최초로 부설했기 때문이다. 하지만 이후 일본은 1895년 청일전쟁 승리로 중국에서 받은 배상금, 일종의 전리품을 자본으로 활용했다.[19] 나중에야 서양 자본이 일본으로 쏟아져 들어오기 시작했다.

장기 불황으로 도산한 은행은 무수히 많았다. 미국의 제이쿡앤컴퍼니 Jay Cooke and Company(1873), 프랑스의 위니옹제네랄레드프랑스Union Générale de France(1882), 베어링브라더스은행(1890. 아르헨티나의 밀 흉작과 그에 따른 채무불이행, 그 결과로 미국에서 벌어진 '1893년 공황Panic of

1893' 때문이다) 등이 대표적인 예다. 1873년 5월 9일 빈증권거래소의 주가가 폭락했다. 1880년대에는 프랑스, 영국, 미국의 여러 공식 출간물에서 걸핏하면 '불황depression'이라는 단어가 등장했다.[20] 1880년, 『이코노미스트』는 "훗날 1873년 9월부터 1879년 9월까지 6년이 불황기로 간주될 가능성이 농후하"고 그중에서도 1879년은 "금세기에 햇볕 하나 없는 가장 칙칙한 헤"로 손꼽힐 것이라고 썼다.[21]

경제학자들은 이미 훗날 우리에게 익숙해질 언어를 구사하기 시작했다. 세계화(이 단어는 아직 쓰이지 않았지만)의 언어가 그것이다. 앞서 나타난 위기들은 그렇게 '전 지구적인' 것이 아니었다. 찰스 킨들버거는 1825년 이전 나타난 다양한 '공황panic'(당시 단기적 경제 폭락을 지칭한 단어)을 나열한다. 잉글랜드에서 다섯 차례, 독일·프랑스·네덜란드에서 각각 한 차례 일어났다.[22] '1825년 공황'은 영국에서 라틴아메리카의 투기성 투자가 악화한 탓에 증권시장이 폭락하면서 일어났다(라틴아메리카의 신생국들은 막대한 채무를 안고 있었다). 하지만 이 위기는 주로 잉글랜드의 은행 시스템에 악영향을 미치면서 많은 도산을 유발했다. 스코틀랜드와 아일랜드의 은행들은 거의 영향을 받지 않았다.[23] 공황은 해외에서 거의 나타나지 않았다. 사실 잉글랜드은행이 붕괴하는 것을 막아준 것은 보유한 금을 풀어서 개입한 프랑스은행이었다. 또다른 주요 위기인 미국의 '1837년 공황'은 미국 바깥에서는 큰 영향이 없었다. 다만 펜실베이니아 같은 일부 주가 채무불이행을 선언하자 영국의 채권 보유자들은 당황했다.

1870년대에 이르면 이미 상황이 크게 바뀌었다. 대규모 위기가 발생하면 한 나라 안에서 끝날 가능성이 없었다. 거대한 이주의 물결, 직접 투자의 현저한 확대, 수출의 대규모 증가 등은 전 지구적 자본주의 발전의 새로운 시대를 특징지었다. 다만 전 지구적 관점에서 보면, 세계 생산자들의 대다수가 여전히 상대적으로 국지적인 시장에서 물건을 팔고 있었다는 점에서 생산, 저축, 소비의 대부분은 아직 이런 전 지구적 시장 바깥에 있었다.

벨기에의 경제학자 엑토르 드니는 마침내 경제가 개선되는 중인 1895년에 쓴 글에서 앞선 몇 년간의 위기에서 두드러진 특징은 그것이 문명화된civilisées 나라 전체가 연루된 세계적 위기였다는 사실이라고 지적했다.[24] 그는 이런 특징은 상호의존성이 높아진 탓이라고 핵심을 파악하면서 그 원인을 교통수단의 혁명révolution dans les moyens de transport, 즉 철도, 해군, 우편, 전신에서 이루어진 혁명에서 찾았다. 하지만 그는 무역을 점차 자유화해야 하며, 보호주의 조치를 부과하려는 시도는 오래 지속되지 못할 것이라고 생각했다. 앞으로 살펴보겠지만, 보호주의에 관한 그의 판단은 잘못된 것이었다. 불황이 낳은 한 가지 결과는 국내 경제를 보호하기 위한 관세 요구가 고조된 것이었다. 하지만 교통에 관해서는 그의 판단이 옳았다. 교통혁명이 낳은 한 가지 결과는 생산, 특히 농산물 생산에서 경쟁이 고조되었다는 것이다. 이제 옥수수와 밀, 특히 미국산 밀을 수입하기가 쉬워졌다. 미국의 농업 생산성(트랙터, 수확기, 비료)이 한층 높아짐에 따라 점점 가격이 떨어졌기 때문이다. 그 결과로 국제 밀 가격이 하락하자 유럽의 농업이 타격을 입었다. 결국 1850년대와 1860년대에 자유무역을 유지하던 스웨덴은 보호를 도입할 수밖에 없었다. 또한 영국 농업의 쇠퇴가 가속화되고, 이탈리아에서는 국외 이주가 더욱 탄력을 받았으며, 덴마크는 곡물 수출국에서 유제품과 베이컨, 계란 수출국으로 변신하고, 미국의 값싼 곡물과 경쟁할 수 없는 루마니아 농민들은 몰락하고, 농산물 수출에 근거한 포르투갈의 성장은 타격을 받았다.[25] 결국 보호주의가 서서히 사라지는 일은 없었다. 각국 정부가 경제적 변화에 대응해야 하는 민주주의 확대의 시대에 정치인들이 국제 시장이 자국의 이해관계와 국민을 유린하게 내버려둘 것이라고 기대하는 것은 비현실적인 일이었다.

일찍이 1881년에 『이코노미스트』는 저렴한 미국산 밀의 등장은 일회성 사건이 아니라 국제경제의 풍경에서 항구적인 요인이며, 이제부터는 미국의 밀 생산에 따라 '밀 교역의 전반적인 상황과 영국·프랑스의 토지 가격이 완전히 뒤바뀔' 것이라고 경고했다.[26] 주요한 결과 가운데 하나는 가격의 균등화였다. 1870년에 리버풀의 밀 가격은 시카고에 비해 57.6퍼센트 비쌌지만, 1895년에 이르면 그 차이가 17.8퍼센트로 줄어들었다.[27] 가격이 떨어진 것은 더 적은 인력으로 더 많이 생산하는 한편 세계 거의 모든 곳에 막대한 양을 수송할 수 있었기 때문이다.

교통혁명은 선박이 더 빠른 속도로 운항하고 더 자주 대양을 가로지를 수 있음을 의미했다. 해류에 관한 지식이 향상되었고, 전신으로 정보가 제공된 덕분에 선박 소유주들이 필요한 재고품을 더 잘 파악할 수 있고 항구에서 하염없이 기다릴 필요가 없었다. 19세기 중반에 정기선은 유럽까지 21일이 걸렸고, 가장 빠른 쾌속 범선은 14일, 증기선은 10일 걸렸다. 1880년대에 이르면 대서양을 횡단하는 데 1주일이 걸리지 않았다.[28] 마찬가지로, 철도도 화물 운송 요금을 낮추는 데 기여했다. 시카고에서 뉴욕까지 밀을 운송하는 비용은 1868년에서 1880년 사이에 35퍼센트 감소했다.[29] 어디서나 대규모 철도 부설 사업이 진행되었다. 1846년에 파리에서 마르세유까지 가는 시간이 대서양 횡단보다 더 걸렸기 때문에 철도 확장이 더욱더 필요했다.[30]

자본주의 최초의 전 지구적 위기가 국제경제의 거대한 재조정을 시사하고, 특히 '전 세계적 시장'에 연루된 무역 대국들에게 영향을 미치는 초국가적 특징을 띤다는 사실은 많은 사람들에게 이해되었다. 카를 마르크스가 『공산당 선언』에서 한 예측("생산품의 판로를 끊임없이 확장하려는 욕구가 부르주아지를 전 세계로 내몬다")은 사실임이 입증되었다. 자본주의의 운명은 이런 식이었다. '자본주의'는 성장에서 위기로, 위기에서 성장으로 오가며 대개 더 강한 모습으로 등장했지만, 길가에는 일부 희생자들, 즉 빈민이 남았으며 불운하거나 무능한 자본가도 희생양이 되었다. 아무도 알지 못하는 것은 다음번 위기가 언제 도래하느냐는 것이었다. 위기는 계절처럼 정기적으로 순환하며 발생하는가, 아니면 완전히 예측 불가능한가? 자본주의의 특징 가운데 하나인 계몽주의 이후의 낙관주의는 예측 불가능한 것을 예측하려는 시도를 필요로 했다. 실패를 거듭할수록 더 용한 수정 구슬을 찾으려는 노력에 속도가 붙을 뿐이었다.

무작위적인 사건은 정의상 예측할 수 없기 때문에 이론가들은 일정한 패턴이 존재한다고 가정했다. 경기순환 개념은 보통 스위스의 경제학자 장-샤를 드 시스몽디가 『정치경제학의 새로운 원리Nouveaux principes d'économie politique』(1819)에서 제시한 것으로 여겨진다. 초기 경기순환 이론가 중 한 명인 프랑스의 통계학자 클레망 쥐글라르는 1862년에 이런 순환을 분석하는 것은 쉽지 않다고 경고했다. "결정적 원인들을 분리해내려고 할 때마다 한 무리의 우연적인 원인들이 우리를 에워싸고 지각을 교란시키면서 우연적인 현상을 문제의 본질 자체로 간주하는 오류로 이끌기" 때문이었다.[31] 실제로 재능 있는 경제학자들이 상당한 노력을 기울였는데도 불구하고 다음번 '공황'을 예측하는 것은 어렵고, 거의 불가능하다는 것이 입증되었다. 지금도 사정은 마찬가지다.

분명 위기가 심화되려면 국가들 사이에 상호연결이 존재할 필요가 있다. 만약 모든 국가가 완전히 자급자족하면서 서로 완벽히 고립된다면—
수출, 수입, 이주가 전혀 없다면—, 그래도 물론 위기가 발생하겠지만 한
나라에 국한될 것이다. 전 지구적 위기를 가능케 만드는 것은 세계시장
이다. 그리고 세계에 한 국가만 존재하고 단일 시장과 사람과 자본의 완
전히 자유로운 이동이 보장되며, 관세나 세금의 차이 같은 게 없고, 거리
나 날씨, 국지적 상태 등의 비정치적이거나 관습적인 요인만이 비용에 반
영된다고 하더라도 위기는 일어날 것이다. 왜냐하면 이 가상의 세계 상태
에서도 여전히 지역 간에 부와 건강, 생활상태 등에서 불균형과 불평등이
존재할 것이기 때문이다(어쨌든 현대 국가들 내에는 이런 차이가 존재한다).
그리고 지역들 사이에 효과적인 정치적 통치체계를 강제할 수 없다면 이
런 불균형이 정치적 불안정으로 이어질 것이다.

　물론 정치적 차원의 간섭이 상대적으로 거의 없이 자본주의가 스스로
조정할 수 있으며, 지역적·계급적 불평등은 저절로 정리된다(국가의 한 부
분에서 임금이 낮으면 그 지역으로 투자가 몰리고 그리고/또는 이주자들이 임금
이 높은 지역으로 이동한다)고 믿는 사람들이 있다. 시장의 순조로운 작동
을 신봉하는 사람들이 보기에는, 볼테르가 『캉디드Candide』에서 조롱한
팡글로스 박사의 라이프니츠적 주문(呪文. '모든 것이 최상의 세계에서 최고
로 좋다')이 자명한 진실이다.

　그런데 자본주의 자체가 항구적·만성적으로 불안정하다면 어떻게 될
까? 자본주의가 조화롭게 발전하지 않는다면? 만약 패자들이 승자가 되
지 못한다면? 모든 게 운의 문제일 뿐이라면 어떻게 될까? 어쨌든 여러
세기 동안 날씨(전혀 통제할 수 없는 힘이다)에 전적으로 의존하는 농민들
은 이런 상황을 견뎌야 했다. 농민들은 신에게 기도를 드리면서 최선의
결과를 기대했다. 때로는 운이 좋아서 번성했고, 또 때로는 그만큼 운이

좋지 못해서 굶주렸다. 무역업자들 또한 물건을 싣고 바다를 건널 때 운이 좋아야 했다. 안전하게 도착해서 좋은 값에 물건을 팔 수 있으면 부자가 되었다. 큰 폭풍을 만나면 물에 빠져 죽었다. 운이 나쁜 탓이었다. 그리고 과거에 그런 것처럼, 사회적 이동성이 제한될수록 운이 더욱더 중요한 요인으로 작용한다. 어떤 이들은 부유한 귀족으로 태어나서 한껏 게으름을 피우며 아무것도 하지 않아도 된다. 다른 이들은 그냥 가난하게 태어나서 아무리 열심히 일해도 가난에서 벗어나지 못한다.

현실 세계에서 벌어지는 일을 보면, 각국은 '자국' 경제와 일부 시민, 또는 적어도 '중요한' 시민, 즉 선거나 경제에서 중요하고 힘이 있는 이들을 보호하려고 노력한다. 또한 각국은 '자국의' 기업들이 국제적 사업을 수행할 수 있도록 하기 위해 국제적인 규칙에 합의해야 한다. 오늘날 존재하는 국제적·지역적 협정들은 원칙적으로 모든 회원국, 불평등한 힘을 지닌 모든 주권국가가 만족할 만한 것이다. 따라서 각국은 이 협정들이 자국에 유리하다(또는 협정이 없으면 크게 불리할 것이다)고 확신해야 하며, 그렇지 않으면 협박이나 구워삶기, 매수를 통해 따르게 만들어야 한다. 대체로 경제적 이득은 계산하기가 매우 어렵고 균등하게 분배될 가능성이 낮기 때문에 내적 토론과 갈등이 거의 필연적으로 벌어진다. 각국은 외부효과externalities의 부정적 영향을 최소화하고 자국의 영향력은 극대화하려고 한다. 보호관세는 이런 목적을 달성하는 한 가지 방법이다. 또 다른 방법은 자국 통화를 통제해서 국가가 수출/수입 가격을 인위적으로 조절할 수 있게 하는 것이다. 하지만 이런 식으로 주권을 행사하면 분명한 문제들이 생겨난다. 통화 가치를 절하하거나 보호관세를 부과하면, 다른 나라들도 그렇게 할 수 있으며 결국 모든 나라가 출발점으로 돌아가게 된다.

똑똑한 정치인들은 세계가 점차 상호의존하게 되고 주권이 상대적인 개념이라는 사실을 분명히 깨달았다. 그리하여 이탈리아가 통일 이래 최악의 위기에서 빠져나오던 1896년, 다섯 차례 수상을 지낸 조반니 졸리티는 유권자들에게 국가주권의 의미에 관해 강연했다.[32] 그는 해외에 채권을 팔아서 차입을 한 나라(이탈리아의 경우)는 채권 보유자 본인들만이 아니라 그들이 거주하는 여러 나라의 경제적 영향력에도 종속된다고 설명했다. 이 나라들에서 벌어지는 위기와 정치적 사건이, 채무국의 책임 여부와 상관없이, 반향을 미치게 된다. 다시 말해, 채무국은 "정치적 독립에 필수적인 보완물인 경제적 독립을 누리지 못한다".[33]

반자본주의 세력과 노동운동은 장기 불황에서 이득을 얻었을까? 너무도 많은 요인이 작용했기 때문에 단정적으로 말하기는 어렵다. 유럽과 미국에서는 장기 불황이 끝나고 1차대전이 일어날 때까지 파업이 빈번하게 일어났다(종종 성공을 거두었다). 유럽의 노동조합들은 1890년 200만 명 이상에서 1913년 1530만 명으로 조합원 수가 크게 늘었다. 1919년에 이르면 조합원 수가 다시 세 배 증가했다. 전쟁 전 노동조합의 성장은 분명한 몇몇 이유 때문에 주요 산업국들에서 더욱 두드러졌다. 독일에서는 1890년 26만 9000명에서 1913년 거의 400만 명으로 늘어났고, 영국에서는 1890년 150만 명에서 1913년 410만 명으로, 미국에서는 1890년 불과 5만 명에서 1913년 900만 명으로 증가했다.[34]

사실상 유럽의 주요 사회주의 정당 전부가 19세기 사사분기에 창설되었고(영국 노동당은 두드러진 예외다), 사실상 이 모든 당이 1차대전에 이르는 시기 동안 득표수 증가를 목도했다. 하지만 당시는 또한 노동력과 도시화가 끊임없이 증대하는 시기이기도 했기 때문에 불황의 효과 탓으로 돌릴 수 있는 부분은 어느 정도이고, 자본주의 발전 탓으로 돌릴 수 있는 부분은 어느 정도인지 정확히 알기란 쉽지 않다. 게다가 앞서 살펴본 것처럼, 임금이 인상되고 물가가 떨어져서 많은 노동자에게 이익이 되었다.

1929년 대공황과 2008년 침체와 같은 잇따른 위기는 반자본주의를 위한 이상적 시나리오를 펼쳐주기는커녕 오히려 노동계급의 전투성이 감소하는 시기로 이어졌다. 하지만 1880년대 이후 수십 년간은 사정이 달라서 노동조합과 사회주의 정당이 한층 더 강력해졌다. 다만 영국에서는 1840년대의 거대한 차티스트운동 같은 것이 전혀 현실화되지 않았다. 실제로 영국은 사회주의 정치의 면에서 보면 여전히 상당히 뒤처졌는데, 아마 노동당의 창설을 늦춘 '계몽된' 자유당의 본고장이었기 때문일 것이다. 게다가 영국은 1896년 이후 경제 회복의 수혜자였다. "영국 산업의 우위가 약해지는 가운데 영국의 금융이 승승장구했"으며, 운송, 무역, 보험 중개 등의 서비스업도 성공을 거두었다. 모두 점점 더 전 지구적 경제에서 중심을 차지하는 부문이었다.[35]

이런 상황은 통치계급, 특히 자유당에게 심각한 정치적 문제로 이어졌다. 통치계급이 추구하는 목표는 도시계급(노동자와 자본가)을 하나로 묶는 한편 노동자들이 모종의 사회주의를 받아들이는 사태를 막는 것이었다. 보수당의 경우에 토지계급(지주만이 아니라 웨일스와 스코틀랜드의 농민과 소작인까지 포함)의 이해를 보호하는 한편 점증하는 도시계급과 더 가까워지는 것을 주요한 문제로 삼았다. 보수당은 보호주의가 산업에 종사하는 많은 이들만이 아니라 토지 이해집단에게도 호소할 수 있기 때문에 해법이 될 수 있다고 믿었다.[36]

프랑스에서는 1882년까지 '장기 불황'이 전면적으로 모습을 드러내지 않았다. 실제로 모습을 드러냈을 때, 모든 공식 보고서는 그 심각성을 강조했다. 불랑제 장군이 이끄는 우익 쿠데타가 일어날 것이라는 공포가 존재했다(하지만 장군은 1889년 선거에서 대패했다). 아나키즘이 부활했다.[37] 농업 위기가 일어났는데, 필록세라 진드기로 포도밭이 계속 황폐화되면서 위기가 더욱 악화되었다(필록세라 진드기는 1860년에 처음 발생해서 1880년에 번성하는 부르고뉴에까지 퍼졌다). 포도를 재배하는 전체 지역이 3분의 1로 줄어들었고, 많은 소규모 포도 재배농이 사라졌다. (이 문제는 결국 긴깃물에 내성이 있는 미국 포두를 수입하면서 해결되었다.)[38] 상업이 타격을 받고 소규모 공장이 문을 닫았다. 특히 장기 공황이 막바지로 치달으면서 사회적 소요가 일어나고 파업이 빈발했다. 1893년에 파업(주로 직물과 건설 부문)이 634건 벌어졌는데, 앞선 20년 동안 연평균 157건 발생한 것과 비교하면 높은 수치였다.[39] 1899년 피에르 발데크-루소의 진보적 정부가 수립된 것과 동시에 다시 파업이 증가한 것은 놀랄 일이 아니었다. '우호적인' 정부들은 대개 노동계급의 활동에 용기를 주었기 때문이다.[40]

이 위기에서는 승자와 패자가 있었다. 낮은 금리는 저축자들에게 불리하게 작용했고, 사회적 기독교 작가 에밀 셰송은 1897년에 이제 금리생활자 자본주의의 시대는 끝났다고 행복한 선언을 했다.[41] 하지만 아직은 때이른 선언이었다. 이미 앞선 세대에 의해 창출된 이윤이 금리생활자 계급의 발전을 떠받쳐주었기 때문에 '선진국' 잉글랜드에서도 이 계급은 자본 투자에서 나오는 이자로 먹고살았다.[42] 그리고 토마 피케티가 보여주는 것처럼, 비록 우리가 검토하는 시기에 상속 소득이 줄어들긴 했지만, 1945년 이후 대대적으로 되살아났다.[43] 게다가 잉글랜드에는 또다른 부류의 금리생활자 계급이 있었다. 자유주의 진영의 대표적 식민주의 비판자인 J. A. 홉슨이 비난한 이 계급은 주로 남부와 '홈' 카운티[런던을 에워싼 카운티들을 가리키는 표현.-옮긴이], 해안도시에 주소를 두고서 해외투자로

먹고살았다.[44]

　대체로 산업자본가들은 스스로를 장기 불황의 패배자라고 여겼다. 특히 독일에서는 비관주의가 팽배했다. 하지만 1873년의 가격 하락은 규모가 크긴 했어도 오래가지 않았다. 미국에서 철도 부설이 재개되자 독일의 철, 철강, 석탄 수출이 활기를 찾으면서 1879~80년 겨울에 경제가 회복되었다. 하지만 이런 경기 회복 역시 단명했다. 독일 생산자들은 가격을 한층 더 낮춘 제품을 팔 새로운 시장을 찾아야 했기 때문에 이윤이 더욱 줄어들었다. 장기 불황은 식민주의에 찬성하는 정서, 합병과 수직적 카르텔의 형성, 정부가 이윤 감소를 보상하라는 산업자본가들의 압력, 그리고 궁극적으로 보호주의에 힘을 실어주었다.[45] 국제 밀 가격이 하락했기 때문에 지주들은 산업자본가보다 훨씬 더 경각심을 느꼈다. 독일은 러시아와 미국에서 저렴한 밀을 수입했다. 독일 지주들은 힘이 약해졌다.[46] 자본주의의 위기는 자본가보다 귀족층에 훨씬 더 심각한 타격을 입혔다.

　상대적으로 세계경제에 통합된 수준이 낮은 나라들(러시아 등)은 그만큼 심각한 위기를 겪지 않았다. 다른 나라들에 비해 수출이 결정적으로 중요하지 않기 때문이다. 일부 작은 나라들은 비록 전 지구적 경제에 깊숙이 통합되긴 했어도 위기를 잘 헤쳐나갔고, 보호주의를 필요로 하지 않았다. 가령 벨기에는 석탄과 제조업 제품을 수출하고 식량을 수입했다. 정부는 농촌의 강력한 이익집단에 직면할 필요가 없었다. 부르주아지가 완전히 장악하고 있었다.[47] 노동계급은 상대적으로 번영을 누렸다. 세계 시장에 진입한 결과로 영국의 경우처럼 외국의 수요에 휘둘릴 수밖에 없었지만, 식량 수출에 의존하는 탓에 기술 발전을 이루지 못하는 다른 나라들만큼 휘둘리지는 않았다. 라틴아메리카 나라들이나 아주 다른 사례로는 루마니아 같은 나라들과는 달랐다. 이 나라들에서는 부르주아지가 사치품(비단, 고급 직물, 의복, 마차, 유리 제품)을 수입하고 1차 생산물을 수출했으며, 국내 시장이 협소했다. 이 나라들은 세계시장에 휘둘렸고, 재정 기반이 협소했으며, 항상 세금을 인상해서 국내 자본주의를 발전시키는 데 어려움을 겪었다.

모든 이들이 새로운 현상에 직면했다. 세계경제는 세계 가격의 지배를 빋았고, 영국은 비록 유럽의 주요한 경쟁자인 독일과 프랑스보다 무역 규모가 여전히 월등하기는 해도 이제 더는 세계 최고의 지위를 지키지 못했으며, 국가의 경제 관여는 끊임없이 증대했고, 세계 곳곳의 산업자본가들은 정부에 의지하면서 도와달라고 애걸하고, 보호를 요청하고, 보조금을 요구하고, 다른 나라들은 자국 경제를 보호한다고 하소연했다. 산업자본가들은 애국심과 민족주의, 사회주의의 유령, 그밖에 갖가지 논거를 들이대면서 더 많은 '국가'를 손에 넣으려 했다. 몇몇 자유주의 지식인들은 여전히 국가가 거드름을 피운다고 불만을 토로했지만, 대다수 자본가들은 더 많은 국가를 원했다.

제20장
경제 보호하기

1873~96년의 장기 불황은 상당한 초국가적 영향을 미쳤다. 놀랄 일도 아닌 것이, 세계가 점차 세계화되었기 때문이다. 이 가운데 가장 중요한 영향은 보호주의로 전환하는 추세가 나타났다는 것이다. 19세기가 전적으로 자유무역에 전념한 것은 아니었다. 세기 초반에는 무역 정책을 '몇 개의 자유무역 섬들을 보호주의라는 대양이 에워싸고 있다'고 묘사할 수 있었다.[1] 하지만 1860년대를 시작으로 점차 무역 장벽이 낮아지던 추세는 다시 역전되었다. 관세의 물결이 선진국 세계 전역을 휩쓸었다.

1878년 이탈리아·에스파냐·오스트리아–헝가리·루마니아에서 보호 관세가 인상되거나 신설되었고, 뒤이어 1879년에는 그리스·스위스·독일(그리고 다시 1890년과 1902년 독일)에서, 1881·1892·1902년에는 프랑스에서, 1882·1891년에는 러시아에서 같은 조치가 이루어졌다. 일본에서는 보호주의가 국가를 위한 대규모 군수 생산의 형태를 띠었다.[2] 1차대전 이전에 벌어진 무기 경쟁은 국내 제조업 기업들에게 특히 선박 건조를 중심으로 군수 계약을 제공하는 식으로 일종의 보조금 보따리를 안겨주는 커다란 기회였다. 아직 정책을 결정할 수 있을 만큼 강력한 군산

복합체는 등장하지 않았지만, 군수 기업들은 더 넓은 전 지구적 시장을 겨냥하는 한편 자국 정부의 지원을 받았다.[3] 이미 높은 수준의 보호주의를 시행하던 미국에서는 1883년에 새로운 관세가 정해지고, 1890년에는 매킨리관세법McKinley Tariff Act으로 다시 관세가 조정되었다. 1897년에 이르면 딩글리관세법Dingley Tariff Act으로 관세가 미국 역사상 최고 수준(52퍼센트)에 도달했다가 1차대전을 앞둔 시기에 다시 낮아졌다. 그렇다해도 미국의 관세는 여전히 선진국 세계에서 가장 높았다. 미국에서는 보호주의가 워낙 굳건하게 자리잡았기 때문에 자유무역주의자들도 모든 무역 장벽이 철폐되리라고 전혀 기대하지 않았다.[4] 1890년과 1892년 선거에서 보호주의가 인기가 없음이 드러났을 때에도 의회는 높은 관세 장벽을 유지하는 데 열심인 재계의 기득권에 과감하게 맞서지 못했다.[5] 한 가지 결과로, 1850년에 전체 수출품의 20퍼센트를 미국으로 보냈던 영국은 1900년에 이르러 그 비중이 6퍼센트로 줄어들었다.[6] 하지만 영국은 거의 혼자서('거의'라고 말하는 것은 네덜란드 역시 아주 낮은 관세를 유지했기 때문이다) 보호주의로 나아가는 추세에 저항을 계속했다.

〈표 20〉을 보면, 장기 불황의 시작점인 1875년의 보호관세와 1차대전 직전인 1913년의 보호관세를 비교할 수 있다.

벨기에나 스위스같이 수출이 많은 나라들은 언제나 이탈리아, 에스파냐, 러시아보다 보호주의적 성격이 덜했다. 독일에서는 비스마르크가 자유주의적 동맹자들을 저버리고 이른바 '문화투쟁' 시기에 박해한(16장을 보라) 가톨릭교인들과 화해했으며, 열렬하게 지지한 적이 한 번도 없는 '자유시장'에 등을 돌렸다. 앞서 대부분의 관세를 폐지한 비스마르크는 1879년에 광범위한 농산물과 공산물을 보호하기 위해 다시 관세를 도입했다. '철과 호밀의 결혼'이라고 알려지게 된 이 정책은 대규모 산업자본

	1875년 무렵	1913
오스트리아-헝가리	15~20	18
벨기에	9~10	9
덴마크	15~20	14
프랑스	12~15	20
독일	4~6	13
이탈리아	8~10	18
일본	5	30
네덜란드	3~5	4
러시아	15~20	84
에스파냐	15~20	41
스웨덴	3~5	20
스위스	4~6	9
영국	0	0
미국	40~50	44

출처: Paul Bairoch, *Victoires et déboires*, vol. Ⅱ: *Histoire économique et sociale du mon-du du XVIe siècle a nos jours*, Folio Gallimard, Paris 1997, p. 294.

가들과 지주 귀족(융커)의 비공식적인 동맹이었다. 이런 전환이 이루어진 것은 주로 1878년 선거에서 친자유무역 양대 정당인 민족자유당과 독일 진보당이 붕괴하고 보호주의 정당들이 승리한 결과였다.[7] 비스마르크는 자유주의적인 상업 부르주아지를 저버리고 보호주의로 무장한 중공업과 동맹을 맺으면서 추세를 따랐다.[8]

1890년 레오 폰 카프리비가 비스마르크를 이어 수상에 올라서 중공업 우선 정책을 지속했을 때, 그는 농산물에 대한 관세를 인하하는 제안을 내놓으면서 한 걸음 더 나아갔다. '호밀'을 팽개쳐버린 것이다. 1891년 카프리비가 설명한 것처럼, 다른 데서 더 싼 식량을 찾을 수 있으면 그것을 수입해야지, 단지 독일 농민을 계속 만족시키기 위해 독일 노동자들에게 값비싼 국산 식량을 사도록 강제할 수는 없었다. 그는 독일은 공산품을 수출해야 한다고 덧붙였다. "우리는 상품을 수출하거나 사람을 수출합니다. 인구가 늘어나는 상황에서 동시에 산업도 비슷하게 증대되지 않으면 나라가 계속 존재할 수 없을 겁니다."[9] 그는 덧붙이기를, 정부는 인구의 과반수가 1년 소득이 900마르크가 되지 않아서 값싼 식료품을 필요로 한다는 사실을 생각해야 했다.[10] 그는 사회주의자들이 1890년 선거에서 전체 투표의 20퍼센트 가까이를 얻어서 최대 정당이 되었고, 사회민주당은 노동조합과 나란히 식량 가격인하를 가져올 그러한 무역 자유화에 찬성한다(자유무역을 시행하는 영국보다 독일의 빵 값이 더 비쌌다)는 말을 덧붙일 수도 있었다.

국내 농업으로는 나라의 곡물 수요를 완전히 충족시킬 수 없었기 때문에 독일은 호밀과 밀에 붙는 관세를 인하하는 식으로 곡물 수출국과 좋은 관계를 맺어야 했다. 그러면 다른 나라들(오스트리아-헝가리, 이탈리아, 스위스, 벨기에, 세르비아, 루마니아)도 독일 공산품에 대한 관세를 인하하는 것으로 보답할 텐데, 독일 산업자본가와 노동자에게는 큰 기쁨이 될 것이요, 지주들로서는 당혹스러울 것이었다.

지주들은 반격에 나섰다. 농민동맹Bund der Landwirte 같은 압력집단과 로비단체를 창설했다. 농민동맹의 20만 회원 대부분은 대지주가 아니라 소농이었다.[11] 카프리비는 또한 분노한 비스마르크와, 그가 가톨릭교인들에 대해 지나치게 유화적이라고 여긴 자유주의자들, 반대로 충분히 우호적이지 않다고 생각한 가톨릭교인들로부터 끊임없는 공격에 직면해야 했다. 1894년 카프리비는 사임할 수밖에 없었다. 아동 고용과 노동조합 권리에 관한 계몽된 사회 정책과 누진세 정책을 폈지만 정치 생명을 연장하는 데는 충분하지 못했다. 카프리비가 물러나긴 했어도 농업계의 이해관계는 어쨌든 운이 다했다.[12] 융커의 경제적 힘은 독일 경제에서 농업이 차지하는 비중과 나란히 쇠퇴했다.[13]

다른 곳에서 보호주의의 물결이 이는 것에 아랑곳하지 않고 영국은 여전히 자유무역에 전념했다. 프랭크 트렌트먼은 장기 불황으로 보호주의 정책에 대한 요구가 높아졌는데도 영국 대다수의 여론은 여전히 자유무역을 민주주의와 평화, 번영, 그리고 무엇보다도 값싼 식료품의 핵심으로 보았다고 설명한 바 있다.[14] 1905년 자유당(이 당은 이듬해에 다시 집권했다)이 내세운 선거 포스터는 자본가와 귀족의 캐리커처를 배경으로 놓고 근심 가득한 가난한 여자를 묘사하면서 다음과 같은 문구를 붙였다. **"과거로 돌아가시렵니까? 기억합시다!!! '굶주림의 40년대'를. 관세 '개혁'은 부자에게는 트러스트를, 빈자에게는 크러스트(빵 껍질)를 의미합니다."** 자유당의 선거 홍보 카드는 영국 숙련 노동자의 평균 임금이 독일의 두 배에 육박하고 빵 값은 더 싼 반면, 독일은 노동시간이 더 길다고 지적했다.[15] 하지만 많은 보수당원은 자신들이 제안한 보호주의 조치를 빈자를 돕기 위한 시도로 내세우려고 했다. 사회개혁가이자 보수당 지지자인 찰스 부스는 1904년 1월『내셔널리뷰』에 쓴 글에서 자유무역은 세계 시민주의와 자유방임의 개인주의 원리를 바탕으로 삼는다고 말했다. 또한 5퍼센트 관세를 옹호하면서 이 관세는 사실 식료품에 매기는 세금에 해당하지 않는다고 주장했다(영국 농업이 국민총생산에서 차지하는 비중은 1860년 20퍼센트에서 1914년 7퍼센트로 감소했다).[16] 조지프 체임벌린은 자유무역을 시행하는 자유당을 반노동계급 정당으로 묘사하면서 1903년 10월 이렇게 선언했다. "다른 나라에서 노동 착취로 만든 상품이 들어오게 허용한다면, … 이 나라에서 [노동 착취를] 금지한다고 해서 무슨 소용이 있겠습니까?"[17]

자유무역과 보호주의의 논쟁은 오늘날 벌어지는 토론과 달리 식료품 가격을 중심으로 진행되었다. 상대적으로 소비재가 거의 없었기 때문이다. 식료품 가격인하 정책은 농민을 제외한 거의 모든 계급을 단결시켰지만, 그 무렵이면 잉글랜드에 농민이 많이 남아 있지 않았다. 영국에서, 그리고 아마 영국에서만, 자유무역은 커다란 희생을 수반하지 않은 국가 정책이었다. 러시아는 사정이 달랐다. 재무상 이반 비슈네그라드스키는 1891년 이래 유럽에서 유례를 찾아보기 힘든 강력한 보호주의체제를 도입하면서 유명한 말을 남겼다. 러시아가 공산품 수입 대금을 치르기 위해 곡물을 대량으로 수출하는 가운데 기근이 임박했다는 경고를 받자 한 말이다. "우리가 배를 곯는 한이 있더라도 수출은 할 겁니다."[18] 비슈네그라드스키 본인은 계속 평상시처럼 먹었다고 생각하는 게 타당하다(그는 러시아에서 자수성가형 인물로 가장 부유한 축에 속했다).[19] 1891년 기근으로 40만 명 정도가 사망했는데, 주로 흉작이 극심하고 정부가 적절하게 지원하지 않은 탓이었다.[20] 크림 전쟁에서 1차대전 사이 시기에 러시아에서 벌어진 가장 재앙적인 사태였다. 당국―특히 비슈네그라드스키―이 곧바로 곡물 수출을 금지하지 않았기 때문에 비난을 받았다. 국가 산업 성장에 결정적으로 필요한 외환 획득이 우선과제였고, 비슈네그라드스키는 최대한 금지 조치를 미루려고 했던 것 같다. 다만 어떤 이들은 그가 상황을 타개하기 위해 최대한의 노력을 기울였다고 주장한다.[21] 결국 이미 근대국가처럼 행동하던 정부는 책임감을 느끼고 대대적인 구호 프로그램을 시행해서 1300만 농민(전체 인구의 10퍼센트)을 도왔다.[22] 기근을 악화시킨 수출우선 정책은 1932~33년 러시아-우크라이나의 기근 사태에 대해 스탈린이 지시한 대응과 비슷했다.[23]

날씨와 비슈네그라드스키만이 범인이었던 것은 아니다. 러시아의 농업은 후진적이어서 생산성이 낮았으며, 철도체계(식량 유통에 필수적이다)도 충분하지 않았다. 기근은 비록 엄청난 규모이긴 했지만 수출 무역에는 상대적으로 거의 영향을 미치지 않았다. 그 이유는 1880년대에 러시아 경제가 주로 시장 관계 바깥에 존재했기 때문이다. 다시 말해 충분히 자본주의적이지 않았다.[24] 아마르티아 센이 『빈곤과 기근Poverty and Famine』(1981)에서 편 유명한 주장처럼, 그리하여 종종 한 지역에서는 기근이 벌어지는데 다른 지역에서는 풍작이 나타나는 일이 가능했다.[25] 러시아에서 벌어진 사태는 이러했다. 곡물 가격이 급등함에 따라 가난한 사람들이 곡식을 살 수 없어서 굶주린 반면 농민들은 곡물을 외국인에게 파는 쪽을 선호했다. 하지만 자유주의자 파벨 밀류코프가 1903년에 한 강연에서 설명한 것처럼, 러시아는 수출을 통해 성장을 기대할 수 없었다. 국내 시장을 확대해야 했다.[26] 이를 위해서는 해외에서 돈을 빌려야 했다. 이런 정책의 설계자는 비테 백작이었다. 그가 보기에 보호주의는 국내 산업이 발전해서 러시아가 마침내 서구를 따라잡으면 폐지해야 하는 일시적인 조치였다. 그의 설명에 따르면, 모든 나라는 연속적인 발전 단계를 통과하는데, 그중에 최고 단계는 상업적 산업 단계이며, 보호주의 정책은 이를 달성하기 위한 수단일 뿐이었다(일찍이 프리드리히 리스트가 1841년 『정치경제학의 민족적 체계』에서 내놓은 견해다. 이 책 5장을 보라).[27]

비테는 특유의 겸손한 어조로 "내가 이룩한 가장 유명한 업적은 독일과 통상 조약을 체결"해서 일부 독일산 제품의 수입을 제한한 것(1894)이라고 말했다. "유럽의 모든 나라가 이 성과에 놀랐다." 계속해서 비테는 국내 산업을 발전시키기 위해 외국 은행들로부터 막대한 액수를 빌렸는데, 이는 민족주의적인 이유로 외국 자본 유입에 반대한 황제 니콜라이 2세를 대노하게 만들었다.[28] 해외 자본 차입은 이미 시작됐지만, 산업에서 외국 자본이 차지하는 비중은 1881년 16퍼센트에서 1900년 42퍼센트로 꾸준히 늘었다.[29] 전제정의 하수인 노릇을 한 비테는 실제로 지주들을 쓸모없는 존재로 여기며 마음속 깊이 혐오한 보호주의적 자유주의자였다. 그는 러시아 자본주의를 발전시키기를 원했고, 그러기 위해서는 관세를 부과해야 했다. 외국 자본을 수출로 획득할 수 없으면 빌리기라도 해야 한다는 게 그의 지론이었다.

러시아를 비롯한 나라들에서 보호주의는 '좌파'와 '우파', '진보'와 '반동'을 가르는 이데올로기적 특징이 아니었고, 심지어 항상 산업자본가와 지주를 구분하는 입장도 아니었다(이런 점에서 영국과 달랐다). 가령 에스파냐에서는 산업자본가와 지주가 세력을 합쳐서 외국의 경쟁에 맞서는 국가의 보호를 요구했다.[30] 그리고 라틴아메리카와 미국에서도 루마니아처럼 보수주의자가 아니라 자유주의자들이 보호주의자였다.[31]

루마니아에서 경제발전의 가능한 경로를 놓고 토론이 이루어진 1866년과 1867년의 의회 논쟁에서 야당인 자유당 지도자로 훗날 수상(1876~88)이 되는 이온 브러티아누는 관세 인하에 반대하는 입장을 취한 반면, 보수당 수상 니콜라에 골레스쿠는 영국 자유무역에 찬성했다. 영국의 원형적 보수주의를 거꾸로 뒤집은 역할을 하면서 고전적인 맨체스터 자유주의자처럼 행세한 것이다.[32] 1886년에 더욱 전면적인 관세가 도입되어 외국인(즉 그리스인, 유대인, 아르메니아인)을 희생시키면서 루마니아 기업가들에게 특권을 부여했다. 앞서 20년 동안 외국 제품이 유입됐는데, 처음에는 주로 사치품(비단, 고급 직물, 의류, 유리제품)이, 나중에는 대중 소비용 염가 제품이 들어왔다.[33] 하지만 루마니아에는 기업가가 너무 적었다. 토착 중간계급은 공무원과 변호사, 교사, 교수, 그밖에 비생산적인 집단에 치중돼 있었다.[34] 자유주의자들은 외국 자본의 자유로운 유입도 민족주권을 위협한다고 보면서 반대했기 때문에 산업 성장을 가로막는 또다른 장벽을 세웠다.

루마니아에서 보호주의를 옹호한 이들 가운데는 디오니시에 포프 마르치안이나 알렉산드루 디미트리에 크세노폴 같은 지식인이 있었다. 영향력 있는 민족주의적 자유주의 역사학자 크세노폴은 민간기업이 나라를 산업화하는 데 충분한 자원을 끌어모을 수 없다고 생각했다.[35] 크세노폴과 마르치안을 비롯한 민족주의적 자유주의자들은 작은 국가를 선호하기는 커녕 '후발' 국가인 루마니아로서는 국가가 국내 산업을 보호하면서 위에서부터 산업화를 하는 것말고 다른 대안은 없다고 믿었다.[36] 1904년 자유당은 추가적인 보호주의 조치를 도입해서 보수당에게 큰 걱정거리를 안겨주었다. 농장 기반 산업을 충분히 보호하지 않았기 때문이다.[37] 1차대전 직전, 보수당은 보호주의가 나라를 산업화하는 데 실패했고 소비자에게 피해를 주었다고 상당한 근거를 들이대며 지적했다.[38] 루마니아 경제는 여전히 농업에 지배되었다.

어떤 면에서 루마니아 자유당은 덫에 걸려 있었다. 그들은 '우리 스스로prin noi înşine'라는 자랑스러운 구호를 내세우는 민족주의자였다.[39] 하지만 '보호받는 산업화sheltered industrialization'라는 보호주의 원리는 민족 건설, 외국인 혐오, 애국, 세계시민주의 반대, 반유대주의 등과 나란히 광범위한 민족주의 정책의 일부였다. '자유주의적' 민족주의자 크세노폴 자신이 1930년대에 파시스트 단체인 철위단 지도자 알렉산드루 쿠자의 절친한 협력자가 된다.[40] 보수당이라고 특별히 반유대주의적이지 않았고, 자유당보다 더 심하지 않았다. 그리고 모두들 가톨릭 교회에 맞서서 정교회를 지지했다. 그리하여 루마니아 자유당은 서구의 자유당들과 달리 대단히 세속적이지도 않았다.

만약 어떤 사람이 외국과의 경쟁에 시달리는 산업에서 일을 한다면, 보호주의에 찬성하는 게 합리적이다. 반면 수입 제품을 싸게 소비한다면 자유무역이 타당한 것이 된다. 그리고 무역 조건이 바뀌면 사람들의 견해도 달라진다. 케인스는 "사태가 바뀌면 나도 마음을 바꾼다"고 말했다고 한다(실제로 그런 말을 했다는 증거는 없다). 프랑스의 와인 재배농을 예로 들어보자. 1870년대까지 그는 자유무역주의자였지만, 1880년대에 경쟁이 심해짐에 따라 보호주의자가 되었다.[41] 처음에 조직화가 잘된 와인 재배농들, 즉 부르고뉴 재배농들은 국가가 귀찮게 구는 것을 싫어했다. 그런데 이탈리아, 에스파냐, 알제리의(뿐만 아니라 랑그도크-루시용까지) 값싼 와인과 경쟁이 심해지자 깜짝 놀란 재배농들은 국가가 개입해서 와인의 품질을 규제해 달라고 요청했다. 그 결과로 그리프법(Loi Griffe, 1889년 8월 14일. 그리프는 상원의원의 이름이다)이 제정되어 포도만 발효시켜 만든 것이 아닌 제품을 와인이라는 이름으로 판매하는 것이 금지되었다.[42] 이 법은 자본가들이 자신들의 이해관계를 활동 근거지인 민족국가의 이해관계로 규정하는 자본의 '민족화nationalization' 과정의 일부였다.

정치인들도 자신들이 할 일business 가운데 하나가 기업business을 돕는 것임을 너무도 잘 알았기 때문에 그 뒤를 따랐다. 특히 프랑스가 이런 경우였는데, 제3공화국 아래서 주요 정당인 급진당은 뚜렷하게 친기업 성향을 띤 반면 상대편인 군주제주의 우파에게는 경제 강령이 없었다.[43] 제3공화국이 출범하던 시점에 공화주의자들은 소수였다(국민공회에서는 군주제주의자가 다수였다). 그로부터 30년 뒤인 1902년에 이르면 공공연한 군주제주의자는 사실상 사라지고 없었다. 그 무렵이면 급진당의 공화주의자들이 다수를 확고히 틀어쥐었는데, 당시 급진당은 본질적으로 다양한 경향의 중도주의자들이 모인 가운데 어수선하고 불안정하며 심각하게 분열된 연합체였다. 하지만 그들은 프랑스의 운명과 프랑스 기업들—대기업과 중소기업 모두—의 운명이 영원히 일치한다는 믿음으로 뭉쳐 있었다. 이런 사실은 오랫동안 급진당 내에서 가장 급진적인 이들도 분명히 알고 있었다. 레옹 강베타 같은 정치인들은 제3공화국이 탄생하기 전부터 "오늘날 정치와 기업을 하나로 묶어주며 앞으로도 계속 우리 공동의 구원을 위해 우리를 긴밀하게 뭉치게 해주어야 하는 유대"에 호소한 바 있었다.[44]

기업과 정치의 공생은 국가 개입주의의 강력한 전통이 존재하던 프랑스에서 탄탄하게 확립되었다(루이 14세와 그의 위대한 계획경제론자dirigiste인 재무상 장-바티스트 콜베르가 흔히 거론된다). 이 전통 덕분에 정치인들은 기업의 이해관계에 대해 거리낌없이 호소할 수 있었다. 제3공화국의 주요 정치인 가운데 한 명(이자 1880년대의 총리)인 쥘 페리의 경력은 기회주의적 현실주의의 상징과도 같았다(공화주의 그룹 내에서 그의 당파가 '기회주의자들les opportunistes'이라고 불린 데는 충분한 이유가 있었다). 나폴레옹 3세 시절에 젊은 야당 정치인이던 페리는 잉글랜드 자유주의의 찬미자로서 국가의 그림자 아래서는 '산업 정신'이 번성할 수 없다고 믿었다(제2제정 아래서는 국가와 기업이 무척 가까웠다).[45] 그 후 나폴레옹 3세가 실각하고(1871) 페리는 보주 도 출신 국회의원으로 의회에 진출했다. 그는 의원으로 선출되자마자 외국의 경쟁으로부터 국내 직물업계를 보호해줄 것으로 기대를 받았다(어쨌든 직물업계는 선거운동에 자금을 제공했었다). 그리고 실제로 국내 산업을 보호하면서 열렬한 보호무역주의자가 되었다.[46]

정치가 윤리적 언어를 과시하는 것을 즐기던 빅토리아시대 잉글랜드에서는 보호주의가 정치적으로 유행한 적이 없다. 적어도 1850년대 이후로는 유행하지 않았다. 자유무역이 자연스러운 방식이자 올바른 방식, 영국인들의 표현대로 하자면 **영국적** 방식처럼 보인 반면, 이 나라는 적어도 19세기 전반기까지는 중상주의 국가였으며, 애덤 스미스나 데이비드 리카도 같은 경제적 자유주의의 아버지들은 나라의 상태에 개탄을 금치 않았다. 영국의 산업화 시기에 확립된 상당한 규제와 보호주의적 조치는 폐지됐지만, 영국의 우위가 확고해진 뒤에야 가능한 일이었다. 이런 조치들 가운데 가장 중요한 것은 17세기와 18세기에 제정된 항해조례Navigation Acts로, 잉글랜드(또는 1707년 이후 영국)와 식민지 사이에 이루어지는 무역은 모두 잉글랜드/영국 선원들이 운행하는 잉글랜드/영국 선박을 이용해서 잉글랜드/영국 항구 사이를 오가야 한다는 내용이었다. 다시 말해, 정부의 대대적인 자금 지원을 받는 영국 해운이 사실상 무역을 독점하면서 주요한 경쟁자들, 즉 처음에는 네덜란드, 나중에는 프랑스를 몰아냈다. 18세기에 영국이 해적을 진압하는 데 성공함으로써 해상 운송 비용이 한층 줄어들었다. 보험료가 인하되고 중무장한 선박을 운항할 필요가 없어졌기 때문이다.[47] 식민 지배를 비롯한 전면적 패권이 확립된 것은 나폴레옹 전쟁이 끝나면서 영국이 인도 외에도 서인도제도의 핵심 식민지들을 장악한 결과였다.[48] 그 후 모든 상황이 안정된 1849년에 항해조례가 폐지됨으로써 영국의 상업 해운을 입법으로 보호하는 2세기에 걸친 시기가 막을 내렸다.[49] 최초의 산업국가인 영국은 이제 더는 산업을 보호할 필요가 없었고, 오히려 다른 나라들이 자국 산업을 보호하는 것을 막아야 했다. 다른 나라들은 영국을 따라잡기 위해 자신들만의 경로를 밟으면서 독자적인 법규를 발전시킬 필요가 있었다. 그리하여 나라마다 필요할 때에는 보호주의를 채택했다.

프랑스에서 보호주의자들은 자신들의 경제적 주장을 민족주의적 언어로 치장했다. 그들의 주장에 따르면, 외국 생산물의 침략에 맞서 단합하는 소생산자들의 나라를 지킬 필요가 있었다. 프랑스의 보호주의자들은 영국의 경우와 달리 보수주의자가 아니라 자유주의자였다.[50] 하지만 무역 수치를 비교해보면, (일반적인 가정과 정반대로) 1840~60년 시기에도 프랑스의 무역이 영국보다 보호주의적 성격이 덜했음이 드러난다.[51] 프랑스가 보호주의로 나아가는 유럽의 전반적인 추세를 따른 것은 1873~96년의 '장기 불황'과 밀을 비롯한 미국산 농산물 수입 급증이 낳은 결과일 뿐이다.

1892년, 1883~85년 농업장관이자 1896~98년 총리인 쥘 멜린의 영향 아래 프랑스 정부는 국내 생산물을 보호하기 위해 농산물에 관세(이른바 '멜린 관세Méline tariffs')를 부과함으로써 1860년의 프랑스-영국 무역협정(코브던-슈발리에 협정Cobden-Chevalier agreement)에 종지부를 찍었다. 19세기의 대부분 동안 관세가 존재했는데도 이 조치는 보호주의로 향하는 '중대한' 전환으로 여겨졌다.[52] 프랑스는 1860년 이전 시기의 높은 관세로 복귀하지 않았다.[53] 멜린의 주요한 관심사는 계속되는 불황에 놀란 산업자본가와 지주 양쪽 모두를 달래는 것이었지만, 그가 정말로 원한 것은 프랑스가 계속 소농과 장인의 나라로 남는 것이었다. 1905년 출간된 책에서 그는 더 나아가 일단 노동자와 자본가들이 도시 생활이 얼마나 건강에 좋지 않은지, 그리고 산업 발전을 크게 증대한 것이 얼마나 심각한 역사적인 과오인지를 깨닫기만 하면, 땅으로 돌아갈 것이라고 기대했다.[54] 다소 유토피아적인 그의 견해는 여전히 농업 진영에만 국한되었다. 프랑스 중도파의 절대 다수는 노동계급을 해치면서 정치·경제 엘리트의 권력을 강조하는 '경제 정책politique d'affaire'을 절대적으로 신봉했다.[55]

프랑스가 직면한 문제는, 유력하고 성공적인 은행들은 해외에 대대적으로 투자를 하는데, 수출은 많지 않다는 것이었다. 정부 관계자들은 종종 프랑스 기업가들이 워낙 시야가 편협하고 옹졸하고 자기만족적이라 외국 사람들도 언제나 프랑스 취향(샴페인, 코냑, 향수, 보석)의 우월함을 인정한다고 믿는 탓에 좀처럼 외국인의 취향에 맞춰주는 법이 없다고 개탄했다. 하지만 현대적 산업국가가 이런 특수한 사치품들에 근거해서 수출을 추진할 수는 없는 노릇이었다.[56] 1880년에서 1914년 사이에 프랑스의 해외투자가 4배 증가했다. 이런 움직임을 옹호하는 이들은 프랑스에서는 투자의 기회가 충분하지 않다고 주장했지만, 비판론자들은 자본 수출 때문에 프랑스가 자본 부족에 시달린다고 말했다.[57] 하지만 예상치 못한 인물로부터 세계를 상호연결된 전체로 엮을 수 있는 은행들의 능력에 대한 찬사가 나왔다. 사회당 지도자 장 조레스가 그 주인공이었다. 국민의회에서 한 유명한 연설(1911년 12월 20일. 이 책 7장을 보라)에서 그는 자본이 "거대한 철새 떼같이 … 민족의 경계와 관습의 장벽을 넘어" 자유롭게 이동하면서 복잡하게 뒤얽힌 이해관계의 네트워크가 생겨난다고 설명했다. 파리에서 고리 하나가 끊어지면 함부르크와 뉴욕이 영향을 받는 네트워크였다. 좌파 의석에서 찬동하는 목소리가 떠들썩한 가운데 조레스는 이것이 "자본주의적 연대의 시작un commencement de solidarité capitaliste"이라고 말했다. 그러면서 이 연대가 비천한 이해관계의 수중에 장악되면 우려해야 하지만, 대중의 의지가 뒷받침되면 평화를 보장할 수 있다고 덧붙였다.[58]

보호주의는 또한 미국의 성장하는 자본주의 경제도 지배했다. 오늘날에는 자유무역의 주창자로 널리 간주되는 바로 그 미국이다. 노예노동으로 수확한 면화를 수출하는 까닭에 전통적으로 자유무역을 선호한 미국 남부 주들은 산업화 도상에서 보호주의를 추구하는 북부 주들에 남북전쟁에서 패배한 바 있었다. 유진 제노비스는 다소 유감스러운 어조로 노예제가 종식되면서 "부르주아의 지배권에 지속적으로 대항할 수 있는 사회적 토대가 사라졌다"고 설명했다.[59] 북부가 승리한 결과 이례적으로 높은 관세 장벽(러시아를 제외하면 유럽 어느 나라보다도 훨씬 높은 장벽)이 세워졌고, 미국 산업은 이 장벽 뒤에서 전 지구적인 승리를 향한 기나긴 여정을 계속 이어나갔다. 미국이 경제적 보호주의에 전념한 것은 미국 자본주의를 아무 제약 없이 활개를 치는, 벌거벗은 모습으로 보는 대중적 이미지와 충돌한다. 실제로 그렇게 대담무쌍한 정글 자본주의가 마음껏 질주할 수 있었던 것은 오로지 국가가 완충과 보호를 제공해주었기 때문이다. 정글 자본주의가 국제 경쟁을 물리치지 못한다면 국가가 나서서 경쟁에 직면할 필요가 없게끔 보장해준 것이다. 프리드리히 리스트가 『정치경제학의 민족적 체계』(1841)에서 후발 주자의 산업화는 보호관세에 의해서 보장받을 수 있을 뿐이라고 설명했을 때, 그는 독일 민족주의의 목소리를 대변한 것이며, 또한 미국 건국의 아버지 중 한 명이자 『페더럴리스트 페이퍼Federalist Papers』(미국 헌법 해석의 주요한 출처)의 절반 이상을 쓴 알렉산더 해밀턴과 정서가 일치했다. 리스트가 보호주의적 견해를 세련되게 다듬은 곳은 독일이 아니라 미국이었다(1825~32년에 미국에서 망명자 생활을 했다).[60] 미국 초대 재무장관인 해밀턴은 영국의 경제 정책이 미국에 단순히 1차 생산물 수출국이자 공산품 수입국(라틴아메리카의 경우처럼)으로 남도록 강제할 것임을 깨달았다. 오직 산업화만이 번영을 안겨줄 수 있음을 확신한 해밀턴은 의회 제출용으로 쓴 『제조업에 관한 보고서 Report on Manufactures』(1791)에서 미국을 주요한 농업 강국**이자** 산업 강국으로 만들어줄 수단으로 보호주의를 주창했다.[61] 그리고 결국 밝혀진 것처럼, 그의 주장이 옳았다. 미국의 면 제조업은 적절하게 보호하지 않으면 영국의 경쟁에 제대로 버틸 수 없었다. "관세를 철폐하면 미국의 면

직물 생산업자 거의 전부가 … 심각한 압박을 받았을 것이다. 자유무역이 도입되면 살아남을 기업이 거의 없었을 것이다."[62]

미국의 관세는 19세기 내내, 그리고 그 후에도 높은 수준이었다. 1870년대와 1880년대 동안 산업자본가들은 한층 더 보호주의에 열의를 갖게 되었다. 유럽의 경쟁자들을 저지할 수 있었기 때문이다. 높은 관세는 소기업이 아니라, '수직적 통합을 이루면서 소규모 시장에 제한된 유럽의 경쟁자들에 비해 장기적 우위를 확보하고 있던 미국의 거대 법인기업들'에 혜택을 주었다.[63] 보호관세는 당시 지배적인 공화당의 경제 강령에서 본질적인 요소였다. 공화당은 산업에서 독립을 이루고 자립적으로 번영하는 나라를 상징했다.[64] 보호주의가 실제로 미국 남부 주들의 산업화를 얼마나 장려했는지는 확실치 않으나 분명 북부에는 혜택을 주었다.[65]

미국에서 관세는 또한 남북전쟁 이전에 연방정부의 세입을 늘리는 유일한 방편이었다. 그 후 관세는 북부연방 재향군인들의 연금을 뒷받침하는 수단으로 간주되어 북부에서 공화당의 지배를 한층 더 강화해주었다.[66] 다른 이유가 아니라 결국 인하될 관세를 메우기 위해 1894년(국세법 Revenue Act)에야 도입된 평화 시기 최초의 연방 소득세는 매우 낮은 수준이었다(2퍼센트). 1897년 3월 4일 취임사에서 윌리엄 매킨리 대통령은 직접세는 전시를 제외하고는 항상 피해야 한다고 분명하게 선언했다. 그가 말한 이른바 '수입 관세tariff taxation'가 훨씬 선호되어야 했다. 수입 관세는 "우리나라의 산업과 발전을 충분히 보호하고 장려할 것"이었기 때문이다.[67]

1차대전 이전 수십 년간 프랑스나 러시아, 독일이나 이탈리아 등 유럽 전역에서 각국 정부는 자국 산업(특히 철강)을 장려하고 공공사업 프로그램에서 국내 기업가들에게 우선권을 주는 각종 조치를 시행했다. 때는 바야흐로 '보호받는 시장'의 시대였다. 관세 장벽으로 외국의 경쟁에서 시장을 안전하게 보호하거나 정치·경제적 조치를 뒤섞어서 자국 시장에 대한 접근을 어렵게 만드는 식이었다. 영국은 관세가 거의 없었지만, 영 제국은 공식적으로나 비공식적으로나 사실상 보호받는 시장이었다. 다른한편 에스파냐는 라틴아메리카 시장을 대부분 영국에 빼앗긴 탓에 성장이 느려져서 고통을 받았다.[68]

영국에서는 보수주의자들이 다시 한번 보호주의를 끌어안았다. 보호주의는 오랜 기간 패권을 누린 끝에 나라가 직면한 여러 난관, 무엇보다도 독일과 미국을 비롯한 열강으로부터 직면하는 도전에서 빠져나가는 출구를 제공하는 듯 보였다. 영국의 농업이 국내총생산에서 차지하는 비중은 19세기 내내 감소해서 1860년 20퍼센트에서 1914년 7퍼센트가 되었다.[69] 바야흐로 영국 소비자들이 자국에서 생산되는 제품 대신 덴마크산 베이컨, 네덜란드산 계란, 뉴질랜드산 버터를 소비하기 시작하던 때였다.[70] 1870년, 영국이 세계 제조업 생산에서 차지하는 비중은 31.8퍼센트였고, 미국이 23.3퍼센트로 2위, 제조업 강국 3위인 독일은 다소 처진 13.2퍼센트였다. 1881년에 이르면 미국이 28.6퍼센트로 1위인 반면 독일은 여전히 영국보다 한참 뒤처져 있었다. 하지만 1차대전 직전에 미국은 세계 제조업의 35.8퍼센트를 차지해서 1870년의 영국보다 훌쩍 높은 비중이었다. 독일은 15.7퍼센트였고 영국은 이제 14퍼센트로 3위였다.[71] 영국인들이 경각심을 가진 것도 놀랄 일은 아니다.

후발 국가들도 걱정이 깊었다. 선도 국가 따라잡기는 한층 더 어려워진 상태였다. 1861년 통일 이후 이탈리아는 비교적 낮은 관세 장벽을 유지했지만, 1878년에 아고스티노 데프레티스가 이끄는 이탈리아 정부는 미국산 밀을 저지하기 위해 밀에 매기는 관세를 크게 인상했으며, 더 나아가 철강 보조금을 도입하는 한편 이탈리아 공급업체들에는 공공사업 계약 수주에서 우선권을 주었다.[72] 1887년 7월 데프레티스가 사망한 뒤 후임 수상이 된 프란체스코 크리스피는 같은 해에 추가 관세를 도입했다. 그 결과로 이탈리아의 주요한 경제 파트너(1886년에 이탈리아 수출의 44퍼센트가 프랑스로 갔다)인 프랑스와 관계가 악화되면서 험악한 관계의 시기가 자리를 잡았다. 이 무역전쟁에서 이탈리아는 완전히 패자가 되었다. 이탈리아산 프랑스 수출품, 특히 남부에서 나는 농산물(와인, 올리브오일, 감귤류)이 1887년 직후 몇 년 간 3분의 2가 감소했기 때문이다.[73] 하지만 일부 이탈리아 산업자본가들은 상당한 성공을 거둔 것 같다. 일단 관세가 부과되자 이탈리아는 특히 수출이 증가한 직물부문에서 상당한 성장을 경험했다. 다만 이 가운데 얼마만큼이 관세 덕분이고 얼마만큼이 임금 하락 덕분인지를 가려내기란 쉽지 않다.[74]

유럽 바깥의 다른 후발 주자들도 지위가 높아졌다. 멕시코는 1884년부터 1900년까지 외국인 투자가 물밀 듯이 밀려든 덕분에 급속한 경제성장을 경험했다. 광산물(구리, 아연, 납, 은) 수출 증가가 밑바탕이 되었다. 제조업 수출품은 주로 직물이었다. 보호주의는 거의 없고 특히 유럽에 비하면 확실히 적었으며, 산업 보조금도 전혀 없었다. 하지만 이런 이득 가운데 경제 근대화에 투입된 것은 거의 없었다. 이 경우에 주범은 외국의 제국주의자들이 아니라 국내 엘리트들이었다. 라틴아메리카의 엘리트들이 대개 그렇듯이, 그들은 제조업을 발전시키기보다는 "파리의 오트쿠튀르 패션쇼를 기웃거리고, 크슈타트 온천을 찾아다니고, 몬테카를로에서 도박을 즐기는 데 몰두했다."[75] 게다가 멕시코의 노동력은 저렴했기 때문에 혁신의 동기가 별로 없었다. 국내 엘리트들 이외에 수혜자는 유럽과 미국의 투자자들이었다.

보호주의는 또한 세계경제의 끊임없는 성장에 방해가 되지 않았다. 국민생산에서 차지하는 비중으로 볼 때, 수출은 전례 없는 수준에 도달했다. 1913년에 14퍼센트였다.[76] 1830년, 유럽의 수출은 전체 생산의 2퍼센트에 불과했는데, 1860년에 9퍼센트로 증가했다. 성장이 무역을 촉진한 것이지 그 반대는 아니었다.[77]

세계화도 증대했다. 1880년대까지 산업국가들에서 이뤄지는 무역의 80퍼센트가 그들 내부에서 벌어졌다. 1880년에서 1913년 사이에 훗날 우리가 '제3세계'라고 부르게 되는 지역으로 향하는 수출이 늘어났지만 무역의 전반적인 성장에 비하면 미미한 수준이었다.[78] 하지만 마지막으로 남은 자유무역 국가인 영국은 더욱 세계화되어 1913년에 이르면 영국 수출품의 3분의 2가 유럽 바깥으로 향해서 21퍼센트는 남북아메리카로, 43퍼센트는 아시아와 아프리카, 오세아니아로 갔다.[79]

1차대전이 발발할 무렵이면 보호주의는 명을 다했고, 국제무역 체계는 다극화되고 경쟁이 극심해졌다. 자본주의는 세계화된 상태였다. 영국은 여전히 부유하고 강력했다. 뒤를 이은 에드워드 시대와 같은 시기 대륙의 '좋은 시절'은 적어도 서구 세계의 산업계급들에게는 전례 없는 번영의 시대였다. 하지만 이 번영은 경쟁적 민족주의에 의해 손상되었다. 후발 주자들과 그다지 뒤지지 않은 나라들, 과거와 현재의 패권국가들 모두 빈번한 분쟁으로 비화하는 불안에 시달렸다. 유럽 나라들은 유용한 식민지만이 아니라 쓸모없는 식민지를 놓고도 다퉜고, 무장을 둘러싸고, 누가 누구를 위협하는지를 놓고 다퉜으며, 관세를 놓고 싸우고, 서로에 맞서 동맹을 맺었다. 프랑스와 이탈리아는 튀니지를 놓고 충돌했고(1881), 프랑스와 영국과 독일은 1905년과 1911년에 모로코를 놓고 맞붙었다. 독일, 오스트리아-헝가리, 이탈리아는 이른바 삼국동맹(Triple Alliance,

1881)을 결성했다. 그러자 러시아, 프랑스, 영국은 이른바 삼국협상(Triple Entente. 1907)을 만들어 대응했다. 결국 파머스턴이 1848년에 말한 유명한 경구('우리에게는 영원한 동맹자도, 영구적인 적도 없다')를 입증이라도 하듯, 1873년에 오스트리아-헝가리와 독일의 동맹자(이른바 삼제동맹 League of the Three Emperors)였던 러시아는 이제 두 나라에 등을 돌려 프랑스, 영국과 손을 맞잡았다. 오스트리아의 동맹국 중 하나인 이탈리아는 오스트리아를 혐오했고(이탈리아는 여전히 '자국의' 트렌티노 지방을 오스트리아인들이 아직도 점령하고 있다고 주장했다), 실제로 이탈리아가 1차대전이 발발하고 1년 뒤인 1915년 전쟁에 가담했을 때 총부리를 겨눈 나라는 같은 삼국동맹의 일원인 오스트리아였다. 독일은 프랑스의 영토 회복 야망을 두려워했고, 영국은 독일 해군의 재무장을 우려했다.

1912년 10월 1차 발칸 전쟁이 발발했다. 발칸의 네 나라(불가리아, 세르비아, 그리스, 몬테네그로)가 오스만 제국에 맞서 싸운 결과, 제국의 유럽 영토 대부분을 빼앗았다. 2차 발칸 전쟁(1913)은 1차 전쟁의 승자들 사이에 벌어진 충돌이었다. 자기 몫의 전리품에 불만을 품은 불가리아가 세르비아와 그리스를 공격했다. 루마니아가 개입했고, 오스만 제국도 개입해서 잃어버린 영토의 일부를 되찾았다. 불가리아는 손해를 보았다. 이른바 열강은 어디에 우선순위를 둘지 결정하지 못한 채 혼란에 빠졌다. 영국은 정말로 스스로 주장하는 것처럼 오스만 제국이 영토를 보전하기를 원했을까? 러시아는 오스트리아-헝가리를 약화하고자 했을까? 프랑스는 독일과 대결할 준비가 되어 있지 않았을까? 오스트리아-헝가리는 발칸 반도로 어느 정도나 더 팽창하려고 했을까? 슬라브 민족주의는 다민족 국가인 오스트리아-헝가리 제국의 안정을 위협했을까? 세르비아는 어느 정도나 러시아의 정책을 따랐을까? 독일은 전쟁이 벌어지는 경우에 오스트리아를 지지했을까? 발칸 전쟁이 1차대전의 최종 예행연습으로 여겨졌던 것도 놀랄 일은 아니다.

마침내 '세계'대전이 시작됐는데, 그 시작점은 발칸 반도였다. 직접적인 원인은 놀랍도록 근대적인 것이었다. '희생과 죽음과 복수를 숭배하는' 한 무리의 자살 폭탄 공격자들이 행동을 벌인 것이다.[80] 전투는 전 세계로 퍼져나가지 않았을지 몰라도 그 반향은 퍼져나갔다. 전쟁은 대부분 유럽에서 벌어졌고, 중동에서도 일부가 벌어졌다. 막바지로 치달을 무렵 일본이 독일의 몇몇 식민지를 노리고 전쟁에 가담했고, 시암(태국)도 내부의 민족주의적 이유 때문에 전쟁에 뛰어들었다. 1917년 러시아가 혁명으로 폭발했고 얼마 지나지 않아 전쟁에서 떨어져나갔다. 미국은 1917년에 전쟁에 합세했다. 그전까지 대외문제에 거의 관심을 보이지 않았던 우드로 윌슨이 아마 전쟁 때문에 각기 다른 유럽 출신의 종족 집단들 사이에서 미국인들이 분열될까 우려해서 1914년 8월 "사람들의 영혼을 시험하려고 하는 오늘날, 미국은 명목상으로만이 아니라 실질적으로도 중립을 지켜야 한다"고 선언했지만, 결국 전쟁에 휘말릴 수밖에 없었다.[81] 주로 유럽 차원에서 벌어진 1차대전은 유럽 패권의 종말을 상징적으로 나타냈고, 이후 70년간 자본주의에 대한 유일하게 유의미한 도전이 된 소비에트 공산주의의 부상을 알리는 신호탄이었으며, 세계화의 첫 번째 물결의 종말을 알리고 미국의 패권을 확인해주었다.

보호주의, 그리고 그 시기와 정도의 문제는 끝없는 논쟁의 대상이었다. 온갖 주장이 나왔는데, 나라의 규모와 산업 구조, 다양한 엘리트들, 특히 산업계급과 금융계급의 상대적 힘에 따라 현실성이 더 많거나 적었다. 하지만 적어도 유럽에서 기성 정치권은 여전히 지주와 귀족의 이해관계가 지배했다. 다만 그때쯤이면 그들도 산업화가 바람직하다는 사실을 받아들이게 되었다. 자본주의가 승승장구한 것은 자본가들이 강력하거나 더 나은 로비스트들이거나 그들의 말과 논리가 더 명확하거나 다수 여론의 지지를 받았기 때문이 아니라 이미 산업의 힘이 국가의 힘을 이루는 필수불가결한 중추가 되었기 때문이다. 1차대전 이전 수십 년 동안 자본주의가 거둔 승리는 성향을 막론하고 어느 정부도 산업화를 무시할 수 없음을 의미했다.

애덤 스미스가 보았다면 화들짝 놀랐을 법한 중상주의로 복귀하는 것이나 다름없었던 보호주의는 국가와 경제의 관계, 그리고 국가들 사이의 관계를 근본적으로 바꿔놓았다. 자유무역 아래서 국가는 경제 영역 '외부에' 존재하는 듯이 행세할 수 있었다. 산업자본가들이 세계 각지에서 더 큰 시장을 차지하기 위해 경쟁하는 가운데 국가는 인자하게 지켜볼 수 있었다. 무역은 사적인 문제처럼 보였다. 정치인들은 '자국의' 산업자본가들이 성과를 거두면 그들의 성공을 자랑으로 여겼다. 그러면서 마치 작가나 과학자의 성공을 자랑거리로 삼을 때처럼, 그 원인을 민족이나 종족의 우월성 탓으로 돌렸다. 보호주의는 달랐다. 보호주의는 '자국의' 산업자본가들에게 유리하게 게임 규칙을 바꾸는 것을 목표로 삼는 민족국가의 정책이었다. 국가가 다른 나라의 산업자본가들에 맞서 '자국의' 산업자본가들을 보호하는 것을 임무로 삼는다는 아주 명백한 신호였다. 민족주의는 기업들 사이의 경쟁을 민족들 사이의 경쟁으로 바꿔놓았다. 세계화된 자본주의의 시대에 보호주의는 한 나라의 자본주의의 운명을 그 나라 정부의 운명에 확고하게 연결시켰다. 하지만 그와 동시에 많은 자본가들은 또한 세계화 전략을 선택한다는 의미에서 '국제주의자들'이었다. 자유무역이냐 보호주의냐를 놓고 벌어진 논쟁은 결코 해결될 수 없다. 경제적 현실이 다양하고 변화무쌍하기 때문이다. 어느 시기에 유리한 것이 다른 시기에는 불리할 수 있다. 무역은 한 나라에서 자본주의 발전을 촉진하는 한편 다른 나라의 발전을 어렵게 만들 수 있다. 정치는 경제학이 한사코 경고하는 정책을 요구할 수 있다. 비효율적인 부문을 보호하는 것은 경제 적으로는 바람직하지 못해도 정치적으로는 바람직할 수 있다.

에필로그
여전히 승승장구하나? 여전히 불안한가?

산업국가들에게 1차대전 이전의 수십 년은 진보와 낙관의 시대였다. 그 시절을 돌아보고 전쟁 초기를 생각해보면, 우리는 낙관에 불안이 섞여 있었고, 심지어 불길한 예감도 있었다고 짐작할 수 있다. 하지만 유럽 사람들이나 지도자들 모두 거대한 재앙이 바로 코앞에 기다리고 있음을 인식하지 못했다. 물론 불안감이 존재했지만, 그런 불안은 자본주의체제와 그 동학, 자본주의가 진행되는 속도, 자본주의가 만들어내는 새로운 현상, 그리고 오래된 습관들이 무너지는 속도에 내재되어 있었다. 자본주의는 어떤 목적이나 계획이 없이 계속 움직였다. 자본주의의 적수인 사회주의/공산주의는 예나 지금이나 자본주의 같은 하나의 체제가 아니었다. 사회주의/공산주의는 공동으로 소유하는 경제, 또는 좀더 온건한 사회민주주의적 형태에서는 사회적 의식으로 무장하고, 윤리적·동정적이며, 많은 규제를 받는 자본주의를 세우는 것을 목표로 삼아 의식적인 정치적 행위자들이 고안한 하나의 정치적 기획이었다. 자본주의보다 앞선 봉건주의는 그 핵심에 변화가 존재하지 않았다(그렇지만 지속적으로 변화했다). 봉건제에서는 사물이 똑같은 모습을 유지하면서 낮이 가고 밤이 오고, 겨울이 끝나면 봄이 오고, 농노들은 지주에게 세금을 내는 한편 하느님을 두려워하며 살았다.

자본주의는 다르다. 자본주의 역시 생각이 없고 정치와 통일성도 전혀 없지만, 변화는 자본주의 고유의 동학, 고유의 역사의 일부다. 변화는 자본주의 자체 안에서부터 나온다. 자본주의의 유일한 성공 기준은 체제의 생존이며, 이 생존은 다시 끊임없는 변화에 의존한다. 조앤 로빈슨은 "현대 자본주의는 존재를 계속 이어나가는 것말고는 … 다른 목적이 없다"고 말했다.[1] 로빈슨은 케인스주의 '좌파'였다. 하지만 신자유주의 '우파'에서도 프리드리히 하이에크가 ―사회주의에 대한 최후의 반론인―『치명적 자만The Fatal Conceit』(1988)에서 이렇게 말했다. "인간 협력의 확대된 제도, 다소 잘못된 이름인 자본주의로 흔히 불리는 제도는 … 인간의 설계나 의도에서 나온 게 아니라 자생적으로 생겨난 것이다."[2] 아마 뜻하지 않았겠지만 하이에크는 마르크스의 말을 그대로 되풀이한 것이었다. 마르크스가 보기에 자본의 "유일한 목적은 자기 확대"였다.[3] "축적하라, 축적하라! 이것이 모세의 말이며, 예언자들의 말이다." 계속해서 마르크스는 다음과 같이 덧붙였다.

축적을 위한 축적, 생산을 위한 생산. 이 공식으로 고전파 경제학은 부르주아지의 역사적 사명을 표현했다. 고전파 경제학은 부의 출산의 진통이 무엇인가에 대해 한순간도 잘못 생각하지 않았다.[4]

그리고 케인스가 1933년에 말한 것처럼, 세계대전 이후에 등장한 "개인주의적 자본주의는 … 성공작이 아니다. 이 자본주의는 똑똑하거나 아름답지 않고, 정의롭거나 고결하지 않다. 또한 제 할 일을 하지도 않는다". 케인스는 이런 말도 덧붙였다. "하지만 자본주의를 무엇으로 대신해야 할지를 생각할 때면 극도로 당황하게 된다."[5] 자본주의 자체는 현재 무슨 일이 벌어지는지 '이해'하지 못한다.

불안감은 새로운 현상이 아니다. 미래는 수수께끼이기 때문이다. 여러 세기 동안 불안해할 만한 일이 많았다. 날씨, 페스트, 자연재해, 전쟁, 모든 것이 신의 행위 같았다. 우리는 이런 일들이 불가피하다는 것을 알았으며, 다만 우리한테 닥치지 않기를, 또는 지금은 아니기를 바랐을 뿐이다. 우리는 기도를 하고, 질병을 막으려고 애를 쓰고, 자위수단을 준비하고, 언젠가는 일어날 흉년에 대비해 곡식을 쌓아놓았다. 자본주의와 근대가 도래하면서 이 모든 게 바뀌었다. 위험은 신들로부터(또는 신들로부터만) 오는 게 아니라 인간의 상호작용에서 생겨난다.

살아 있는 사람들이 기억하는 한 유럽 땅에서 대규모 전쟁이 벌어진 적이 없었기 때문에(1870~71년 프랑스-프로이센 전쟁을 제외하면) 1차대전은 위험에 대한 인식을 고조시켰다. T. S. 엘리엇은 『황무지The Waste Land』에서 "내 생각에 지금 우리는 죽은 사람들이 뼈를 잃은/쥐들이 우글거리는 골목에 있다"고 말했고, 주세페 웅가레티는 짧은 시(「군인Soldati」, 1918)에서 그 전쟁에서 군인으로 복무하는 게 어떤 느낌이었는지를 회고한다.

우리는 마치	Si sta come
가을날	d'autunno
이파리처럼	sugli alberi
나무에 매달려 있었다	le foglie

경종을 울리는 문학이 등장했다. 모든 게 운이 다했고, 야만인들이 문 앞에 와 있었다. W. B. 예이츠는 1919년에 전쟁과 러시아혁명, 아일랜드

부활절 봉기Easter Rising를 염두에 두고 지은 위대한 시 「재림The Second Coming」에서 다음과 같이 경고했다.

모든 것은 산산이 부서지고, 중심은 힘을 잃어
그저 무질서만이 세상에 풀려난다.
핏빛 얼룩진 조수가 풀려나고, 도처에서
순결한 의식이 익사한다.
선한 이들은 신념을 모조리 잃고
악한 이들은 열정에 가득차서 날뛰니.
…
다시 어둠이 내린다. 하지만 이제 나는 안다.
돌같이 잠든 2000년이
흔들리는 요람 속에서 악몽에 시달린 것을,
그런데 어느 사나운 짐승이, 마침내 그 시간이 되어,
태어나기 위해 베들레헴을 향해 걸음을 떼는가.

이 시는 영어권 문화에서 끊임없이 울려퍼지고 있다. 파멸의 운명이라는 주제는 흥미진진하다. 이 시의 구절들은 전통적 삶의 종말이나 쇠퇴를 묘사하는 소설(치누아 아체베의 『모든 것이 산산이 부서지다Things Fall Apart』, 1958)과 현대의 반문화를 비판하는 에세이(존 디디온의 「베들레헴을 향해 걸음을 떼며Slouthing towards Bethlehem」, 1967)에서 활용되었다.[6] 디디온의 에세이는 다음과 같이 시작한다.

중심은 힘을 잃었다. 여기저기 붙은 파산 공고와 … 우발적인 살인, 방치된 아동, 버려진 가정의 나라였다. … 걸핏하면 일가족이 부도 수표와 압류 딱지를 남기고 사라지고 … 아이들은 교육을 받지 못해 이전까지 사회를 하나로 묶어준 게임의 규칙을 배우지 못하는 나라였다. … 공공연한 혁명의 나라가 아니었다. 적에게 포위된 나라도 아니었다. 그 나라는 1967년 쌀쌀한 늦봄의 아메리카합중국이었고, 시장은 안정되고 국민총생산은 떨어질 줄 몰랐다.[7]

세계에서 가장 부유한 나라의 가장 부유한 도시로 손꼽히는 샌프란시스코의 1960년대 풍경이었다.

물론 파멸의 운명을 퍼뜨리는 이들은 언제나 존재했다. 1차대전 이후 '쇠퇴와 몰락'의 언어가 유행하는 장르가 되고, 방대한 분량의 『역사의 연구A Study of History』(1934~61)를 쓴 아널드 토인비 같은 저자들이 이런 장르를 한층 대중화했을 뿐이다. 가장 유명한 사례는 1918년 출간된(실제로 쓴 것은 전쟁 전이다) 오스발트 슈펭글러의 베스트셀러 『서구의 몰락Der Untergang des Abendlandes』이었다. 하지만 슈펭글러 전에도 1904년에 콘스탄티노스 카바피가 「야만인을 기다리며Waiting for the Barbarians」라는 시를 발표했다(시를 지은 것도 약간 앞선다). 시에서 카바피는 국민과 지배자들이 약간의 걱정과 두려움만이 아니라 아무 생각도 포부도 없는 삶에서 해방된다는 느낌까지 품은 채 '야만인'이 오기를 기다리는 한 도시를 상상한다. 야만인들은 오지 않고 시민들은 묻는다. "야만인들이 없으면 우리는 어떻게 되지? 그 야만인들이 일종의 해결책인데."

카바피보다 앞서 1892~3년에 외과의사이자 초기 시온주의자인 막스 노르다우(출생시 이름은 시몬 쥐트펠트)는 베를린에서 『타락Entartung』을 출간했는데, 금세 이탈리아어(1893), 프랑스어(1894), 영어(1895) 번역본이 나왔다. 노르다우는 『타락』을 이탈리아의 유명한 범죄학자 체사레 롬

브로소(범죄자의 특성이 유전된다고 믿는 인물이었다)에게 헌정했다. 『타락』은 흔히 예상할 수 있는 것처럼 문명의 종말에 관한 장송곡이었다. 「민족들의 황혼The Dusk of the Nations」이라는 제목이 붙은 첫 장은 세기말의 일화들을 전해준다. 어느 망명한 왕은 돈이 떨어지자 돈을 받는 대가로 일체의 소유권과 자격을 포기한다. 정치인을 모욕한 혐의로 기소된 한 주교는 변론 사본을 팔아서 내야 하는 벌금보다 많은 돈을 손에 넣는다. 비밀경찰 수반은 사형당한 범죄자의 피부를 벗겨내 담배상자를 만들어서 친구들에게 판다. 이런 사례를 숱하게 나열한 뒤 노르다우는 이렇게 덧붙인다. "이 모든 세기말의 사례들은 … 공통된 특징이 있다. 더 정확히 말하면 관습과 도덕을 대하는 전통적인 견해에 대한 경멸이다."[8] 그리고 이 사례들은 하나같이 모든 것을 시장에서 판매하는 상품으로 뒤바꾸는 일과 관련된다.

에세이와 책에서 '데카당스decadence'라는 단어 사용이 급격하게 늘어나 1차대전 이전 10년 동안 정점에 달했다. 이것을 보면 확실히 지식인들이 어느 정도 경각심을 느끼기는 했다. 다만 어떻게 보면 경각심은 지식인들의 기본적인 입장이다. 1차대전 이후 비관주의가 고조된 것은 이해할 만한 일이지만, 그에 앞서 그토록 많은 이들이 낙담에 빠질 이유는 상대적으로 거의 없었다. 1873~96년의 장기 불황에도 불구하고 산업화된 세계는 성장을 계속하면서 세계 나머지 지역 대부분을 정복했다. 1871~1914년의 시기에 서구에서는 대규모 전쟁이나 혁명, 체제 변동regime change이 전혀 없었다. (유럽에서 벌어진 유일하게 중요한 충돌로는 1912~13년 발칸 전쟁이 있었으나 대륙의 나머지 지역은 평정을 잃지 않았다). 그리고 유례없이 많은 사람들이 남북아메리카를 향해 국제적 이주를 했지만, 유럽(대다수 이주자들이 출발한 곳)에서나 남북아메리카(대다수 이주자들이 향한 곳)에서나 주요한 정치적 변화가 야기되지는 않았다. 1880년대에 미국으로 들어온 이민자들의 물결이 인구 대비 비율로 따질 때 1990년대보다 3배 많았다는 사실을 생각하면, 한층 더 인상적인 현상이다.[9]

다른 곳에서는 20세기 초 몇 년간 의미심장한 정치적 소요가 일어나고 심지어 혁명까지 벌어졌다(이 책 11장을 보라). 페르시아(1906), 터키(1908), 멕시코(1910), 포르투갈(1910), 중국(1911), 러시아(1905)와 알바니아(1910. 오스만의 지배에 저항)의 실패한 혁명, 파라과이의 '자유주의' 혁명(1904) 등이 대표적인 예다. 이런 소요와 그것이 불러일으킨 희망은 근대와 민주주의와 입헌 통치를 가져오고 —이전의 상태로 돌아가는 게 아니라— 자본주의적 단계로 '나아가'도록 예정돼 있었다.

식민주의로 노예 신세가 된 이들은 큰 고통을 겪었지만 대개 그전에도 고통스러운 삶을 살았다. 현지의 지배자들과 그 부하들은 백인 주인들의 오만에 굴욕을 당하긴 했어도 여전히 유력자 행세를 했다. 식민 지배에 맞선 반란이 곳곳에서 일어났지만(17장에서 살펴본 것처럼), 1896년 에티오피아가 이탈리아의 점령 시도에 맞서 일으킨 저항만이 성공을 거두었다.

공포와 당혹감, 불안감이 널리 퍼져서 때로는 쉽게 두려움에 사로잡히는 '선진'국의 엘리트들을 압도하는 듯 보이기도 했지만, 1914년 이전에 반체제·반자본주의 세력이 실질적인 위협이 되지는 않았다. 아나키스트, 민족주의자, 음모자, 그밖에 제정신이 아닌 다양한 개인들이 1880년에서 1914년 사이 수십 년 동안 여러 국가 지도자를 살해했다. 차르 한 명(알렉산드르 2세, 1881)과 미국 대통령 두 명(1881년 제임스 가필드, 1901년 윌리엄 매킨리)이 살해되었다. 그전에 에이브러햄 링컨은 1865년에 암살당했고,

프랑스, 멕시코, 에콰도르 대통령도 목숨을 잃었다. 러시아, 불가리아, 일본, 페르시아의 수상들, 오스트리아 황후(시시)와 그리스, 이탈리아, 세르비아(왕비 포함), 포르투갈의 국왕도 살해당했다. 하지만 몇몇 사례에서 이후 일어난 탄압을 정당화한 것말고는 중요한 성과가 거의 없었다. 그리고 1914년 6월 28일 사라예보에서 오스트리아의 대공 부부가 보스니아계 세르비아인에게 암살당했다.

아나키즘운동은 유토피아적 목표를 향해 조금도 진전을 이루지 못했고 제한된 성공조차 거두지 못했다. 엥겔스는 1895년 마르크스의 『프랑스의 계급투쟁 1848~1850The Class Struggles in France, 1848-1850』(1850)에 서론을 썼을 때 이 사실을 제대로 이해했다. "기습 공격의 시대, 의식화된 소수가 의식이 없는 대중의 선두에 서서 이끄는 혁명의 시대는 이제 과거가 되었다." 자본주의의 주요한 측면 가운데 하나는 중심이 없기 때문에 중심을 파괴하거나 장악하는 식으로 전복할 수 없다는 것이다. 이런 권력 구조를 해체하려면 반쯤 제정신이 아닌 몇몇 테러리스트와 순진한 반란자들 이상의 존재가 필요하다. 테러리스트들은 자신들이 벌인 행동의 결과를 결코 통제하지 못한다. 그들은 처음에 돌멩이를 던질 수는 있지만 어떤 파문이 일어날지 예측하는 데는 무능하기 짝이 없다. 이미 권력에 있는 사람들, 테러리스트들이 행동으로 겨냥하는 사람들은 언제, 어떻게 대응할지를 결정하며, 따라서 테러리즘의 무능력을 더욱더 분명하게 드러낸다.

파업이나 폭동 같은 다른 형태의 저항은 음모와 반란보다 훨씬 더 중요했지만, 기껏해야 엘리트들이 머리가 좋았으면 진즉에 시행했을 개혁을 획득하는 데 성공했을 뿐이다. 앞서 살펴본 것처럼, 사회주의 정당들은 1880년에서 1914년 사이에 몇몇 나라(독일과 오스트리아 등)에서만 힘이 셌고, 비록 정부를 구성하지는 못했으나 개혁의 속도에 일정한 영향을 미쳤다(영국 노동조합들도 영향을 미쳤다). 1차대전 이전에 사회주의 정당이 다수 정부를 구성할 수 있었던 나라는 오스트레일리아뿐이었다. 양차대전 사이에 사회주의 정당들은 점점 정치적으로 중요해졌고 이따금 권력을 잡았다(스웨덴, 덴마크, 영국, 독일, 프랑스, 에스파냐, 뉴질랜드에서처럼 대개 연립정부를 통해서). 1945년 이후에야 사회주의 정당들이 거의 모든 서유럽 나라에서 주요한 집권당 후보가 되었다.

문해력과 교육의 향상으로 인텔리겐차 성원으로 분류될 수 있는 집단이 확대됐지만, 이 사람들은 선조들에 비해 반역적이지 않았고, 종종 아무 해가 되지 않는 반부르주아적 태도로 부르주아지를 즐겁게 해주었다. 예술적 성향의 사람들, 화가와 조각가들은 르네상스 거장의 작품을 살 여력이 없는 졸부들에게 자기 작품을 팔았다. 의식의 흐름 기법 소설(로렌스 스턴의 『트리스트럼 섄디Tristram Shandy』[1757]에서 전조가 보였다)이나 12음 음악, 추상미술 등에서 구현된 모더니즘은 부르주아지에게 전혀 위협이 되지 않았고, 스스로 위협이 된다고 주장하는 경우도 거의 없었다. 다만 모더니즘을 '부르주아 세계관을 해체하기 위한 매개체'로 간주한 대니얼 벨같이 몇몇 순진한 이들이 그런 주장을 펴기는 했다.[10]

1차대전 이전에 자본주의는 의심의 여지 없이 성공을 거두긴 했어도 여전히 문화(엘리트 문화든 비엘리트 문화든)에서는 인기가 없었다. 오늘날도 사정은 마찬가지다. 많은 이들이 순전한 부의 축적이 삶의 목적이라고 공언하긴 했어도 소설과 시에서 그런 삶을 찬미하는 일은 거의 없었다. 19세기와 20세기에 돈에 관한 글을 써서 존경받은 작가들의 대다수(오노레 드 발자크, 찰스 디킨스, 조반니 베르가, 빌헬름 라베, 헨리크 입센, 앤서니 트롤럽, 에밀 졸라, 업턴 싱클레어, 잭 런던, 헨리 제임스, F. 스콧 피츠제럴드,

존 스타인벡 등등)는 자본가와 금융가에 대한 경멸을 간신히 감출 수 있었다(9장과 15장을 보라). 이 작가들은 대체로 전혀 사회주의자가 아니었지만, 경쟁적 자본주의를 비합리적이거나 비인간적인, 또는 천박하거나 자원 낭비이며, 또는 후진적이고 과거에 속하는 것이라고 보았다. 사회주의자들이 계획경제에 관해 사고하지 않던 시대에(계획경제는 러시아혁명과 1929년 위기 이후에 등장한다) 많은 작가와 사상가들이 기술관료가 지배하는 계획되고 합리적인 사회를 만들기 위한 구상을 발전시켰다. 이 오래된 꿈은 플라톤의 『국가』(여기서는 통치자가 철학자여야 한다)에 그 기원이 있으며, 앙리 드 생시몽(은행가와 기업가들이 사회 운영을 맡아야 한다고 생각했다)을 비롯한 이들의 저술에서 19세기의 선례들을 찾아볼 수 있다. 이런 '테크노크라시technocracy' 반자본주의의 많은 내용이 에드워드 벨러미의 『뒤돌아보며』(1888, 14장과 15장을 보라)나 H. G. 웰스의 『현대의 유토피아A Modern Utopia』(1905) 및 『기계와 과학의 진보가 인간의 삶과 사고에 미치는 반응에 관한 예측Anticipations of the Reaction of Mechanical and Scientific Progress upon Human Life and Thought』(1901), 그리고 소스타인 베블런의 『기술자와 가격체계The Engineers and the Price System』(원래 1919년 잡지 『다이얼The Dial』에 발표한 에세이 모음집) 같은 소설에서 표현되었다.[11]

냉전 시기뿐만 아니라 그 뒤를 이은 공산주의 이후 시대에도 반자본주의가 친자본주의보다 대중문화에서 한층 두드러졌다. 아나코-자유지상주의자를 자처하는 친자본주의 경제학자 머리 로스바드는 다소 유감스러운 어조로 "그렇다. 탐욕은 언제나 언론에서 혹평을 받았다"면서 올바른 생각을 지닌 사람들에게 충격을 주려는 듯 희희낙락하며 말을 덧붙였다. "솔직히 나는 탐욕이 뭐가 잘못된 것인지 도무지 모르겠다."[12] 1998년 영국 노동당의 지도자인 피터 만델슨이 캘리포니아 컴퓨터 회사 중역들에게 "누구든 세금을 내기만 하면 큰 부자가 되어도 아무 문제가 없다"고 단언했을 때, 그는 이런 기지 넘치는 표현을 부활시킨 셈이었다.

사람들은 돈을 버는 이들을 부러워하고 분개한다. 한편 부자들은 그저 어깨를 으쓱하고는 계속 돈을 셀 수 있다. 대체로 볼 때, 부자라고 시샘을 사는 게 가난하고 동정을 받는 것보다 낫기 때문이다. 서구에서는 많은 이들이 시티오브런던이나 뉴욕 월스트리트에서 거액의 보너스를 벌어들이는 증권 트레이더를 경멸하는 한편, 공산주의 이후의 러시아에서는 평범한 노동자나 노년층 사이에서 이른바 '새로운 러시아인들'에 관해 좋은 소리를 하는 것을 거의 들을 수 없다.[13] 어떤 이들은 그 원인을 소비에트의 선전이 아직까지도 효력을 발휘하는 탓으로 돌리거나 1960년대 소비에트의 검소한 스타일에 대한 향수를 비난할지 모른다. 하지만 가장 간단한 설명은 부자들을 우러러보면서도 격렬하게 혐오한다는 것, 그리고 부유한 자본가는 과거의 귀족보다 더 혐오를 받는다는 것이다. 부자로 태어나는 것처럼 귀족으로 태어나는 것은 복권에 당첨되는 경우처럼 운의 문제인 반면, 자수성가한 자본가는 성공하지 못한 이들은 무능하거나 게으르다는 암시를 던지기 때문이다.

픽션에서 대중적인 반자본주의에 예외가 되는 작품들도 있다. 아인 랜드의 『아틀라스Atlas Shrugged』(1957)와 1943년에 베스트셀러가 된 전작으로 개인주의자 건축가를 찬미하는 『파운틴헤드The Fountainhead』가 대표적인 예다. 『아틀라스』에서 '좋은 편'은 재벌과 산업의 수장들이며, '나쁜 편'은 다양한 부류의 '집산주의자'와 관료들이다. 아인 랜드(1905년 상트페테르부르크에서 알리사 로젠바움라는 이름으로 태어남)가 이 소설을 쓴 것은 산업자본가들에 대해 긍정적인 태도를 보이는 소설이 너무 적은 것을 보고 실망했기 때문이다. 대부분의 소설이 이타주의와 자기희생(신념이나 조국, 친구, 가족, 사랑하는 사람을 위한)을 찬미하는 반면, 아인 랜드는 항상 성공하지는 못했어도 이기심을 찬미했다.

　반자본주의 장르는 특히 자본주의의 중심부인 미국과 영국에서 만들어진 대중용 과학소설과 스파이 영화에서 두드러졌다. 반자본주의라는 주제는 흔히 냉전 영화로 간주되는 제임스 본드 영화에서 끝없이 되풀이된다. 세 번째 제임스 본드 영화인 〈007 골드핑거Goldfinger〉(1964)에서 영화 제목에 이름이 오른 악당은 흔한 소련 간첩이 아니라 비뚤어진 금 거래업자로, 포트녹스Fort Knox에 보관된 금을 오염시켜서 자신이 보유한 금의 가치를 높이려고 한다. 〈007 네버 다이Tomorrow Never Dies〉(1997)에서 본드는 신문 판매에 도움이 된다는 이유로 제3차 세계대전을 일으키려고 하는 언론 재벌(일종의 루퍼트 머독)의 가공할 음모를 좌절시키기 위해 중화인민공화국 공산당에 소속되어 일하는 (아리따운) 간첩과 믿기 힘든 협력관계를 맺는다. 영화 〈슈퍼맨Superman〉(1978)에서 최고의 범죄자 렉스 루터(진 해크먼)는 캘리포니아 해안선을 핵무기로 공격하려고 한다. 해안선에 붙은 사막 땅을 샀는데, 이 땅을 개발해서 큰돈을 벌고자 하기 때문이다. 〈슈퍼맨 3〉(1983)에서 비열한 자본가 로스 웹스터는 세계 커피 경작을 독점하려는 속셈으로 콜롬비아 커피 경작지를 전부 망치려고 한다. 〈토탈 리콜Total Recall〉(1990, 아널드 슈워제네거 주연)에서는 악독한 자본가들이 화성에서 '돌연변이'들을 착취한다. 제임스 캐머런의 〈아바타Avatar〉(2009)에서는 지구 자원이 고갈되자 한 자본주의 기업이 다른 행성의 자원을 착취하면서 원주민과 그들의 조화로운 생활방식을 위험에 빠뜨린다. 〈에이리언 3Alien Ⅲ〉(1992)에서는 윤리적 가치를 일절 외면한 채 무정하게 이윤만 추구하는 대기업 웨일랜드-유타니가 태양계밖에서 인간 식민지를 운영한다.

이런 사례는 숱하게 많다. 부의 축적은 그 자체로 비난받는다. 자본주의의 '사회적' 요체는 소비다. 마르크스가 『자본』의 첫 구절에서 자본주의 사회의 부는 '상품의 방대한 축적'으로 나타난다고 선언했을 때 그는이 사실을 잘 알고 있었다.[14] 우리는 보통 직업상 부를 축적하는 과정이 특별히 즐겁고 흥미롭지 않은 천 시 과정보다 상품을 훨씬 더 즐긴다. 그리고 축적 과정을 밀어붙이는 것은 상품에 대한 수요다. 이 과정이 자본주의 이데올로그들이 주장하는 것처럼 (대체로) 사적 소유체제를 필요로 하는지, 아니면 사회주의자들이 강조하는 것처럼 모종의 공동 소유나 국가소유 아래서도 똑같이 제대로(또는 더욱 순조롭게) 이 과정이 작동할 수 있는지 여부가 20세기에 벌어진 주요한 논쟁 가운데 하나였다.

오늘날 공산주의를 옹호하는 이들은 거의 없지만, 실제로 자본주의를좋아하는 사람들도 그리 많지 않다. 베를린 장벽이 무너진 지 20년 뒤인2009년에 BBC 월드서비스World Service에서 의뢰한 한 여론조사에 따르면, 조사 대상 27개국에서 자유시장 자본주의에 대한 불만이 광범위하게나타났다. 인터뷰 대상자의 11퍼센트만이 자본주의가 순조롭게 작동한다고 생각하고, 규제 확대는 좋은 생각이 아니라고 느꼈다. 두 나라에서만 자본주의가 제대로 작동한다고 느끼는 응답자가 5명 중 1명 이상이다.미국(25퍼센트)과 다소 의외로 파키스탄(21퍼센트) 두 나라. 세계 전체적으로 보면, 조사 대상의 23퍼센트가 자본주의에 치명적인 결함이 있으며, 새로운 경제체제가 필요하다고 생각했다. **평균적인** 수치였다. 프랑스에서는 반자본주의자가 43퍼센트라는 놀라운 비율이었고, 멕시코에서는 38퍼센트, 브라질에서는 35퍼센트, 우크라이나에서는 31퍼센트였다.27개국 가운데 15개국에서 과반수가 정부가 나라의 주요 산업을 소유하거나 통제해야 한다고 생각했다. 러시아(77퍼센트)나 우크라이나(75퍼센트) 같은 구소련 국가들에서 이런 견해가 강하게 나타났다. 구공산주의 나라들 가운데 러시아인(61퍼센트)과 우크라이나인(54퍼센트)의 과반수가 소련의 붕괴가 '나쁜 일'이라고 생각했다. 폴란드인의 80퍼센트와 체코인의 3분의 2 가까이가 생각하는 것과는 정반대였다.[15]

그렇다 하더라도 대중적인 반자본주의는 결코 자본주의의 작동에 심각한 영향을 미치지 못했다. 선진 자본주의 국가에서는 반자본주의 무장혁명이 한 번도 일어나지 않았다. 이데올로기적으로 말하자면, 자본주의는 아마 지금 부유하지 않고 앞으로도 절대 부자가 되지 못할 다수를 안심시키기 위해 부자가 된 사람들에 대한 일정한 반감을 필요로 할 것이다. '돈이 아무리 많아도 행복이 보장되지는 않는다', '돈을 사랑하는 것이 모든 악의 뿌리'다(디모테오에게 보낸 첫째 편지 6장 10절에서 특히 '종[slave, servant]'에게 들려주는 말이다), '하느님과 재물을 함께 섬길 수는 없다'(루가의 복음서 16장 13절), 2015년 프란치스코 교황이 4세기 교부인 카이사레아의 바실리우스의 말을 인용하며 단언한 것처럼, 돈은 '악마가 싼 똥이다' 같은 말들은 모두 이런 맥락에서 나온 것이다.[16] 마거릿 대처조차 스코틀랜드 국교회 총회General Assembly of the Church of Scotland를 대상으로 이렇게 말했다. "잘못된 것은 부의 창출이 아니라 돈 자체에 대한 사랑입니다."[17]

친자본주의 이데올로기를 받아들이기를 꺼리는 경향은 1차대전(경제가 전시체제 위에 세워졌다) 중에 고조되었고 전간기에 훨씬 더 확대되었다. 1917년 러시아혁명, 1920년대 초의 고삐 풀린 인플레이션(독일, 오스트리아, 헝가리), 1929년 월스트리트 붕괴, 이후 1930년대에 일어난 대공황을 거치면서 자본주의는 어느 때보다도 더 인기를 잃었다. 1860년에서 1914년 사이에 발전한 세계화된 경제는 이 시기에 축소되었다. 미국의 뉴딜, 소련의 계획경제, 이탈리아 파시즘의 금융체계 장악, 일본과 나치 독일의 대규모 재무장 계획 등 대다수 나라들이 보호주의와 국가의 경제 개입에 의존했기 때문이다. 2차대전 이후, 새롭게 등장한 공산주의 세계와 직접 경쟁하게 된 자본주의 경제는 서유럽에서는 훗날 '케인스주의' 복지국가라고 알려지게 되는 정책의 다양한 변종을 따랐고, 반면 미국에서는 고임금 경제가 자본주의에 가장 압도적인 합의의 기반을 제공했다. 대중 소비가 그것이었다.

1860년에서 1914년 사이에는 이 가운데 거의 어떤 것도 지각되지 않았다. 역사학자들은 이미 일어난 일들 속에서 미래에 일어날 일의 맹아를 발견하고 결과에 비추어 과거를 서술하는 경향이 있다. 쉽지는 않지만 이런 유혹에 맞서려고 노력이라도 해야 한다. 1910년에는 어느 누구도 1차대전과 러시아혁명을 진지하게 예견하지 못했다(소수의 사람들이 어림짐작을 하기는 했다). 전쟁 직후에도 파시즘과 나치즘의 부상, 1929년의 주식시장 붕괴, 1931년 일본의 중국 침략, 2차대전을 예견한 사람은 많지 않았다. 1940년에는 몇몇 사람들만이 냉전이 어떻게 세계를 규정할 것인지, 또는 식민 제국들이 종언을 고할 것인지 감지했다. 1970년대와 1980년대에 공산주의가 몰락하고, 중국이 주요 경제 강국으로 부상하고, 1979년 이란혁명 이후 이슬람 근본주의가 등장할 것을 예측한 이는 거의 없었다. 우리는 토크빌의 경고를 마음속 깊이 새겨야 한다. "프랑스혁명의 역사만큼 철학자와 정치인들에게 겸손의 필요성을 상기시키는 것은 없다. 이 사태만큼 거대하게 오랫동안 진행된 일이 없을 뿐더러 충분히 준비되었으면서도 거의 예견되지 못한 일도 없기 때문이다."[18]

1차대전 이전 수십 년간 완벽하게 예측 가능했고 실제로 널리 예견된 것은 자본주의가 승리하는 미래였다. 심지어(또는 특히) 자본주의의 주요 적수인 사회주의자들도 자본주의 발전이 세계사에서 '자연스럽고' 불가 피한 단계라고 생각했기 때문이다. 하지만 노골적인 친자본주의는 결코 선거에서 승자가 되지 못했다. 1880년에서 1980년 사이 100년간 대중 정 당의 이데올로기적 토대를 검토해보면, 오늘날 우리가 신자유주의적 입 장이라고 부를 만한 이념에 대한 상당한 대중적 지지를 찾기가 쉽지 않 다. 유럽 대부분 나라와 뉴질랜드, 오스트레일리아에는 사회민주주의, 사 회주의, 공산주의 정당이 있었다. 사회적 기독교 정당도 다양하게 존재했 다. 이탈리아의 인민당과 1943년에 탄생한 계승자인 기독민주당, 독일의 중도당과 1945년 이후에는 기독민주연합Christlich Demokratische Union 과 바이에른의 자매 정당인 기독사회연합Christlich-Soziale Union, 오스 트리아의 기독사회당과 그 계승자인 오스트리아인민당Österreichische Volkspartei 등이다. 스칸디나비아 국가들에는 다양한 농민당이 있었고, 그리스와 라틴아메리카 몇몇 나라에는 인물에 기반한 정당들이 있었으 며, 미국과 아르헨티나, 페루에는 포퓰리즘 정당이 있었다. 프랑스에는 드골당 같은 '민족' 또는 '한민족' 정당, 미국에는 공화당과 민주당('주의 권리'냐 '큰 정부'냐 같은 정책에 따라 나뉘었다), 영국에는 보수당, 그리고 다 른 나라들에는 다양한 부류의 파시즘 정당이 있었다.

자본주의가 유일한 사회 이념이기는 했지만, 유권자들은 자유시장에 대한 분명하고 직접적인 호소에 호의를 보이지 않았고, 자유시장 자유주 의자들은 유럽 민주주의권 전역에서 소수였다. 시장경제에 대한 더욱 긍 정적인 견해는 1945년 이후 수십 년간 등장했고, 제2의 거대한 세계화가 진행된 1980년대 이후에야 한층 더 뚜렷해졌다. 그때쯤이면 정치가 상당 히 바뀐 상태였다. 이른바 '반동주의자'라는 이들은 사실상 사라졌다(서론을 보라). 거의 모든 번영하는 나라에서는 극소수의 밉지 않은 기인과 몇몇 형편 좋은 '히피'들만이 자본주의 이전 시대의 소박한 삶(삶의 기회가 지금보다 훨씬 적었던 시절)으로 돌아간다는 꿈을 실제로 품고 있다.

사회적 기독교 세력도 거의 사라졌다. 독일, 이탈리아, 오스트리아의 여러 변종을 통해 무제한적인 개인주의와 무분별한 집단주의 둘 다에 맞서는 장벽을 자서했던 기독민주주의는 결국 동정적 보수주의에 다름 아닌 이념이 되었다. 유럽 바깥에서 정치적 기독교의 주요한 본거지는 미국 근본주의 교회들의 고조되는 세력에 있다. 근본주의 기독교에서 예수는 자유시장 세력의 수상쩍은 지지자로 개조된다. 19세기 복음주의자들은 알코올 중독이나 노예제, 빈곤 같은 사회악에 관심을 기울인 반면, 현대의 후예들은 자본주의와 사랑에 빠져 있다. 성전 뜰에서 '사고파는 사람들[상인들]을 다 내쫓'고(네 복음서 모두에서 등장하는 일화다), 오늘날이라면 은행가들을 똑같이 내쫓겠다고 위협할 게 분명한 예수는 일부 현대 근본주의자들에게 공산주의자로 낙인찍혀 몰매를 맞을 것이다.

사회민주주의자들은 사라지지 않았지만 옛날 사회민주주의자들의 그림자에 불과하다. 그들은 자본주의의 혜택을 더욱 널리, 좀더 공평하게 확대하는 것 이외에는 미래에 대한 아무런 전망이 없이 과거의 성과(복지국가 등)를 지키는 데만 급급하다. 신중한 보수주의적 관점이 그들의 가장 분명한 특성이 되었다.

노동조합은 어느 때보다도 더 허약하다. 노동조합의 힘을 측정하는 일반적인 기준은 전체 노동력 가운데 노동조합원이 차지하는 비율(노동조합 조직률)인데, 이 지표는 신중하게 다뤄야 한다. 프랑스(2014년 현재 고작 7.7퍼센트)같이 비교적 조직률이 낮은 일부 나라가 단체교섭 역량이 탄탄하고, 체코 같은 몇몇 구공산주의 나라들은 (역사적인 이유 때문에) 조직률이 높아도 노동조합의 힘은 약하기 때문이다.[19] 이런 단서를 염두에 두면, 노동조합 조직률이 OECD 국가 전체에서 꾸준히 감소하고 있음은 의미심장하다. 1999년에는 평균 21퍼센트였는데, 2014년에 이르면 17퍼센트 이하로 감소했다. 신자유주의의 물결이 이제 막 기세를 높이려던 1980년, 독일의 노동조합 조직률은 34.8퍼센트였는데, 1999년에는 25.3퍼센트로 감소했고, 2011년에는 18.4퍼센트로 떨어졌다. 이탈리아에서는 조직률이 1980년 49.5퍼센트에서 2011년 35퍼센트로 감소했다. 노동조합연맹(히스타드루트Histadrut)이 특히 탄탄한 이스라엘에서는 노동조합 조직률이 1999년에서 2011년 사이에 절반으로 떨어졌다. 지금도 세계에서 가장 탄탄한 노동조합운동의 본거지인 스웨덴에서는 노동조합 조직률이 1995년 86퍼센트로 정점에 도달한 뒤 2014년에 67.7퍼센트로 떨어졌다(OECD 데이터. 하지만 이 수치에는 은퇴한 노동조합원들이 포함된다).

영국에서는 1980년 49.7퍼센트에서 2011년 25.8퍼센트로 감소했다. 마거릿 대처와 후임 총리 존 메이저가 반포한 입법으로 노동조합이 더욱 약화되고 고용 보호도 축소되었다.[20] 이후 노동당 정부가 잇따라 집권하면서도 이 반노동조합 입법은 대부분 철회되지 않았고, 다만 노동당이 별열의 없이 시행한 유럽연합 지침에 따라 다소 완화되었다.[21] 2001년 콜린 크라우치가 쓴 글에서 '잠정적으로' 언급한 것처럼, 노사관계 분야에서 "신노동당은 보수당 정부가 주창한 신자유주의의 연장선을 나타낸다".[22]

그렇다 하더라도 무제한적인 자본주의의 이념은 영국에서 여전히 인기가 없었다. 워낙 인기가 없어서 주요한 옹호자인 보수당조차 이런 이념에 당혹감을 느끼고 2017년 선거 매니페스토에서 다음과 같이 선언했다.

보수주의는 예나 지금이나 캐리커처 작가들이 묘사하는 철학과는 거리가 멀다. 우리는 무제한적인 자유시장을 신봉하지 않는다. 우리는 이기적 개인주의 숭배를 거부한다. 우리는 사회적 분열, 불의, 불공정, 불평등을 혐오한다.[23]

이런 전반적 쇠퇴는 대부분 서구의 전통적 산업국가들에서 제조업 이탈의 대대적인 변화가 일어나고, 공공부문 고용이 감소하고, 파트타임과 임시직 노동과 자영업이 확산된 탓이었다. 대체로 노동조합 조합원 수는 민간부문보다 국가부문에서 더 견고했다. 한 예로 스웨덴에서는 노동조합 조직률이 국가부문에서는 83퍼센트, 민간부문에서는 65퍼센트다.[24]

자유시장 이데올로기는 원래 그 이데올로기에 단련돼 있는 것처럼 보였던 나라들에도 침투했다. 이스라엘은 건국의 아버지들이 종족을 기반으로 구상한 시온주의적 사회주의(물론 이것은 원래부터 유용한 신화 이상이 아니었다)를 버리고 역시 종족을 기반으로 한 제한 없는 자본주의를 추구하고 있다. 다만 요르단강 서안 정착민들과 이민자들(유대인이어야 한다)에게 대규모 보조금을 주는 식으로 완화된 자본주의라는 점이 독특하다.[25] 인도에서는 네루와 간디의 국민회의당이 원래 품었던 사회주의적 영감이 힌두 민족주의 정당인 인도인민당Bharatiya Janata Party(BJP)이 주도하는 시장 지향적 인도로 변모하고 있다. 간디주의는 진리satya, 모두를 위한 진보sarvodaya, 소박한 삶, 민족의 경제적 자립swadeshi 등 추구한 목표 가운데 거의 아무것도 달성하지 못했다. 오늘날 인도는 간디의 가르침을 받아본 적이 없는 다른 많은 사회들과 똑같이 부패하고 폭력적이다. 2016년 현재 인도 최대의 정당인 인도인민당은 '되살아나는 인도 resurgent India'라는 깃발 아래 노골적인 신자유주의를 추구하느라 개인주의를 거부하고 '통합적 인도주의integral humanism'를 실현한다는 약속을 포기한 지 오래다. 터키에서는 무스타파 케말 아타튀르크가 유럽에서 수입한 세속적 권위주의 모델이 레제프 타이이프 에르도안이 발전시킨 이슬람 원리에 몰두하는 대중적 권위주의에 길을 내주었다. 에르도안은 인도인민당 지도자 나렌드라 모디와 마찬가지로 신자유주의를 종교적 가치와 연결시키고 있다.

미국에서는 빌 클린턴 대통령이 1996년 연방교서 연설에서 "큰 정부의 시대는 끝났다"고 선언하는 한편, "이제 우리 시민들에게 혼자 힘으로 꾸려나가게 맡기던 시대로 돌아갈 수 없다"고 인정했다.[26] 그리고 영국 노동당 정부의 재무장관으로 일하던 때로 전 지구적 경기침체가 시작되기 전해인 2006년, 고든 브라운은 시티오브런던이 이룬 업적에 대해, 그리고 "영국이 개방된 전 지구적 경제와 진보적인 세계화, 세계화를 위해 만들어진 영국과 영국을 위해 만들어진 세계화에서 성공할 수 있음"을 보여준 데 대해 찬양했다.[27]

일본에서는 대기업들이 충실한 직원들에게 '종신고용'을 보장하는 온정주의 노선을 따르고 있는데, 기업들 스스로 연공과 회사에 대한 충성도에 따라 보상을 주는 임금체계('연공서열')를 끊임없이 공격하는 중이다. 1910년 이래 일정한 형태로 이어진 오래된 체계는 일본의 '경제 기적'을 안겨준 것으로 여겨졌다. 이제 기적은 끝났고 일본 경제는 침체 상태이기 때문에 신자유주의적 신념과 조화를 이루는 새로운 패러다임이 등장하는 중이다. 몇십 년 전만 해도 성공의 비결로 찬미되던 '종신고용'은 이제 경제 침체의 원인으로 지목되고 있다.

탈식민화 시기에 인기를 끈 다양한 '사회주의' 조류('아프리카 사회주의', '아랍 사회주의' 등등)는 오래전에 종적을 감췄고, 대체로 친시장적이고 독재적인 도둑정치kleptocracy로 타락했다(시리아, 튀니지, 이집트, 알제리, 짐바브웨 등이 대표적이다). 2011년 아랍의 봄은 대부분의 나라에서 유혈사태로 끝이 났고, 시리아의 경우에는 주요한 역사적 선례인 '민중의 봄Printemps des Peuples'(1848년 혁명)보다 한층 소름끼치는 사태로 이어졌다. 남아공이 1991년에서 1994년 사이에 아파르트헤이트 체제의 마수에서 해방되고, 다수를 차지하는 흑인이 참정권을 부여받고, 아프리카민족회의African National Congress(ANC)가 남아공공산당(SACP)과 손을 잡고 선거에서 잇따라 승리했지만, 그 결과는 견정적으로 친기업적인 정부의 등장이었다. 그리하여 2013년, 32만 명이 훌쩍 넘는 조합원을 자랑하는 남아공 최대의 노동조합인 남아공금속노동조합National Union of Metalworkers of South Africa(NUMSA)은 아프리카민족회의에 대한 지지를 철회했다.

쿠바(공산주의)와 칠레(사회민주주의)에서 실망을 겪은 끝에 라틴아메리카 좌파의 희망이 되살아났다. 베네수엘라의 우고 차베스(1999~2013), 브라질의 루이스 이나시우 룰라 다 시우바(룰라. 2003~11), 아르헨티나의 네스토르와 크리스티나 키르치네르 부부가 일으킨 페론주의의 두 번째 물결(2003~15), 볼리비아의 에보 모랄레스(2006~), 에콰도르의 라파엘 코레아(2007~17) 등이 그 주역이다. 그들이 진전을 거둔 것은 적어도 어느 정도는 1980년부터 2000년까지 시기에 이루어진 신자유주의적 자유시장의 확대가 널리 비난받은 '수입대체' 시대(1960~80)에 견줄 만한 경제성장을 낳지 못했다는 사실 때문이다. 다만 칠레의 경우는 예외다.[28]

하지만 점차, 그리고 다양한 형태로 라틴아메리카의 새로운 반자본주의의 희망이 좌절되고 있다. 차베스의 후계자인 니콜라스 마두로는 경제가 파탄난 나라를 다스리는 중이다. 니카라과에서는 한때 이른바 산디니스타 혁명Sandinista Revolution(1979~90)을 이끈 공로로 좌파의 총아였던 다니엘 오르테가가 이끄는 대단히 억압적인 정권이 엄청난 탄압을 자행한 것으로 드러났다.[29] 브라질에서는 룰라가 금융 스캔들에 휘말렸고, 그의 후임자인 지우마 호세프는 브라질 예산법을 위반한 혐의로 탄핵되어 미셰우 테메르에게 자리를 내주어야 했다. 테메르 역시 부패한 정치인이라는 평가가 자자하다. 그의 후임자인 자이르 보우소나루는 독재 시절을 좋았던 옛날이라고 그리워하는데, 동성애혐오자, 여성혐오자, 고문 옹호자, 인종주의자를 자처하는 인물이다. 아르헨티나에서는 크리스티나 키르치네르의 후임자로 보수주의자 마우리시오 마크리가 대통령에 올랐다. 볼리비아에서는 에보 모랄레스가 2014년 세 번째로 다시 당선되면서 좌파의 상황이 나아졌다. 하지만 에콰도르에서는 한때 라파엘 코레아의 충실한 추종자였던 레닌 모레노가 2017년 대통령 선거에서 승리한 뒤 우파로 돌아섰다. 멕시코에서는 23만 명(2011년 한 해만 1만 3000명)의 목숨을 앗아간 오랜 마약 전쟁 끝에 반부패를 내세운 후보 안드레스 마누엘 로페스 오브라도르가 2018년 대통령에 당선되었다. 그의 앞에는 힘겨운 과제가 놓여 있다.[30]

물론 삶에서나 정치에서나 어느 것 하나 순조롭게 진행되는 일은 없는 법이다. 신자유주의, 특히 국제무역에서 신자유주의에 맞서는 저항이 존재한다. 자유무역은 역사적으로 좌파에서 우파에 이르기까지 광범위한 정치 세력이 부여잡은 복잡한 문제이기 때문에 국제통화기금과 세계무역기구가 공표하고, 나프타, 환태평양경제동반자협정Trans-Pacific Partnership Agreement(TPP), 현재 논의 중인 범대서양무역투자동반자협정Transatlantic Trade and Investment Partnership(TTIP) 등의 자유무역 조약에 구현된 것과 같은 무역 자유화는 우파와 좌파 모두의 포퓰리즘운동의 적대감과 맞닥뜨린다. '반세계화' 활동가들(그들 자신이 세계화되어 있다. 전 세계적 차원에서 활동하고 국제 통신체계의 모든 설비를 활용해서 소통하려 하기 때문이다)의 적대감은 전혀 부당하지 않다. 조지프 스티글리츠가 설명한 것처럼, 1980년대(대처와 레이건이 통치하던 때)에 국제통화기금과 세계은행은 자유시장 이데올로기의 '새로운 선교 기관'이 되어 '대개 그들의 대출과 지원금을 절실하게 필요로 하면서도 자유시장 이데올로기는 꺼리는 가난한 나라들에게' 이런 사고를 강요했다.[31] 하지만 문제가 그렇게 간단하지는 않다. 조지프 스티글리츠 본인이 지적하는 것처럼, "1992년 자메이카 우유 시장을 미국에 개방한 결과 현지 낙농업자들에게 피해가 가긴 했어도 가난한 아이들이 더 싼값에 우유를 먹을 수 있었다".[32]

자본주의는 빅토리아 왕조의 영국에서부터 프랑스와 스위스의 공화국, 파시즘과 나치즘에서부터 전후戰後 유럽의 민주주의, 메이지유신 이후의 일본에서부터 동남아시아의 독재와 중국의 공산주의에 이르기까지 다양한 체제와 공존해왔다. 장래에 자본주의가 지구 전체 차원에서 외국인혐오자와 좌파, 포퓰리스트, 온갖 부류의 반세계화론자를 흡수하고/하거나 포섭하지 못할 것이라고 생각하기는 어렵다. 어쨌든 살아남기 위해서는 물건을 만들어서 어딘가에 있는 누군가에게 팔아야 한다. 2015년 반反긴축 공약을 내걸고 당선된 시리자(Syriza. 그리스 급진좌파연합)에게 유럽연합이 조건을 부과하면서 받아들이도록 쉽게 강요한 것은 선거로 뽑히는 모든 정부가 직면하는 심각한 외부적 제약의 증거다. 어느 누구도 영원히 야당에 머무르고 싶지는 않지만, 종종 야당이 집권당보다 더 쉽다.

2010년 이후 시기에 표면화된 에스파냐의 '분노한 사람들Indignados'이나 그리스의 '분노한 시민들의 운동Kínima Aganaktisménon-Politón' 같은 긴축 반대운동뿐만 아니라 '반세계화' 좌파도 정말로 자본주의에 대한 대안을 제시하지는 않는다. 단지 더 정의로운 자본주의를 요구할 뿐이다. 과거의 사회주의운동과 달리, 이 운동은 '노동계급'과 거의 연관이 없다. 반세계화, 긴축 반대운동은 최상위 1퍼센트에 맞서 99퍼센트 편에 선다고 주장하지만, 빈민과 주변인, 전 지구적 자본주의의 희생자의 옹호자다. 하지만 이 운동은 99퍼센트의 대다수를 결집시키는 데 실패했다. 제3세계의 빈민들은 서구 기업 밑에서 일하기를 원한다. 그런 일자리를 구하지 못하면 더 가난해질 뿐이기 때문이다. 노벨상 수상자 폴 크루그먼이 제시하는 것처럼, 이런 기업들에 대한 현대의 옹호론은 제3세계 착취형 공장에서 '착취' 임금을 받는 어린이들이 땅뙈기에서 농사를 짓거나 쓰레기장에서 재활용품을 줍는 경우에 더 열악한 상태에서 더 열심히 일하면서도 돈을 더 적게 번다고 지적한다.[33]

불평등의 증대와 나란히 진행된 21세기 긴축 정책의 물결은 중도좌파와 중도우파 정당의 교대 집권이라고 부를 법한 정치 '일반의' 위기를 낳고 있다. 서구 정치체제에 확고하게 뿌리내린 것처럼 보였던 정당들이 순식간에 사라지거나 급변하고 있다. 이탈리아에서는 1990년까지 국가 정치를 지배한 사실상 모든 정당(기독민주당, 공산당, 사회당 등)이 방송 재벌이 이끄는 당(실비오 베를루스코니의 전진이탈리아Forza Italia), 전 공산주의자들과 가톨릭교인들로 구성된 중도좌파 정당(민주당Partito democratico), 외국인혐오 정당(북부동맹Lega Nord. 지금은 간단히 레가Lega라고 불린다), 코미디언이 창당한 정당(베페 그릴로의 오성운동Movimento Cinque Setlle) 등에 자리를 내주었다. 오스트리아에서는 2016년 대통령 선거 결선투표에 오른 두 후보가 전쟁 이래 거의 중단 없이 나라를 지배한 양대 정당(사회당과 사회기독당) 어느 쪽 소속도 아니었다. 한 명은 녹색당, 다른 한 명은 우파 포퓰리스트였다(녹색당 후보가 간신히 이겼다). 프랑스에서는 선출직 당선 경험이 전혀 없는 에마뉘엘 마크롱이 2017년 선거에서 극우파 후보 마린 르펜을 물리치고 대통령이 된 반면, 제5공화국의 전통적 정당인 사회당과 드골당(대중운동연합의 후신인 공화당)은 사실상 완패했다. 미국에서는 대다수 엘리트들이 '괴상하다'고 간주하는 정책을 들고 나온 도널드 트럼프가 힐러리 클린턴이라는 지배층 인물에게 승리를 거뒀다(총 득표수는 더 적었다). 영국에서는 유럽연합 회원국 지위에 관한 국민투표에서 탈퇴를 원하는 세력이 승리했다. 주요 정당이 모두 잔류를 원하고, 시티오브런던, 노동조합, 산업자본가 집단, 문화와 지성계 엘리트들도 잔류를 바란 것과는 정반대 결과였다. 노동당은 베테랑 좌파(제러미 코빈)를 (두 차례) 대표로 뽑았다. 당 지배층이 대체로 의문시하는 인물이었지만 2017년 선거에서 주목할 만한 지지를 받을 수 있었다. 그리스와 에스파냐에서는 좌파의 전통적 정당(그리스의 전그리스사회주의운동[PASOK]과 에스파냐의 사회노동당[PSOE])이 더 왼쪽에 있는 정당들에게 선거에서 굴욕을 당했다. 그리스에서는 시리자(2015년 선거에서 주요 세력으로 부상한 급진좌파연합)가 부상했고, 에스파냐에서는 포데모스(Podemos[우리는 할 수 있다]. 2014년 창설)가 2015년 선거에서 독재가 종식된 이래 지배한 양당제를 무너뜨렸다. 사례를 계속 들 수도 있지만, 수십 년 동안 서구를 지배해온 정치적 합의는 이제 심각하게 도전받고 있는 듯 보인다.

　어떤 이들은 이런 뚜렷한 변화의 원인을 인기 없는 긴축 정책과 대규모 이민 유입만이 아니라 선진 자본주의 세계 전역에서 지속된 임금 정체에서도 찾고 있다. 소비가 계속 증가할 것이라는 전망이 사라진 가운데, 많은 유권자들이 정치인과 이민자, 부자들만이 아니라 이제 자본주의의 현 단계를 지칭하는 일반적 명칭이 된 '세계화'에 대해서도 분노하고 비난하는 것은 놀랄 일이 아니다.

서구 자본주의의 오래된 성채들은 새롭게 부상하는 도전자들에게 포위된 것처럼 느낀다. 세계 주변부(또는 일부에서 부르는 것처럼 '나머지 지역')가 '서구'에 도전할 것이라는 사고는 1960년대 마오주의와 관련된 오래된 '제3세계주의'와 일정한 연관성이 있다. 린뱌오(林彪. 당시 마오의 2인자)는 1965년에 쓴 『인민전쟁 승리 만세!』라는 팸플릿에서 농촌 곳곳에 박혀 있는 혁명의 '붉은 기지'들이 도시를 에워싸서 손에 넣은 중국혁명과, 전 세계 농촌('아시아와 아프리카, 라틴아메리카의 피억압 민족과 인민')이 '제국주의와 그 하수인들'을 물리칠 미래의 세계혁명을 비교했다. 린뱌오는 1971년 몽골로 향하던 비행기가 추락하면서 의문의 죽음을 맞았다. 마오쩌둥을 겨냥한 쿠데타를 시도한 뒤의 일이었다. 아니, 중국 당국의 발표에 의하면 그런 시도를 했다고 한다. 피억압 민중은 봉기하지 않았고, 중국은 세계, 즉 서구의 도시들에 합류해서 장악하기 위해 최선의 노력을 기울이는 중이다.

오늘날 자본주의는 매번 모습을 달리하는 위기에서 위기를 오가고 있다. 위기는 자본주의가 영속적으로 재생하는 데 필수적이다. 2007~8년의 전 지구적 경기 침체는 자본주의의 힘을 보여주는 지표다. 사회체제가 정말로 승승장구한다고 말할 수 있는 것은 순조롭게 작동할 때가 아니라 제대로 기능하지 않으면 **모든 사람이** 그 체제를 구하려고 달려들 때다. 오늘날 자본주의의 성공을 눈앞에 두고서도 반자본주의적 견해를 품고 있는 이들은 자본주의의 실패에 초점을 맞추지만, 그런 많은 실패는 자본주의의 혜택을 모든 사람에게 확대하지 않는 데 있다. 그리고 장기적으로 혜택이 폭넓게 분배될 것인지는 알 도리가 없다. 낙관주의자들은 결국 모든 게 잘될 것이라고 말한다. 정반대로, 비관주의자들은 자본주의는 해결하는 것보다 더 많은 문제를 야기한다고 말한다. 곤란한 사실은 모름지기 역사란 의도하지 않은 결과들의 역사라는 것이다. '나쁜' 일이라고 해도, 충분히 오래 기다릴 수 있다면, 긍정적인 결과로 바뀔지 모른다. 가령 영국에서 공유지 울타리치기(enclosure. 영국이 산업화하기 위한 선결 조건 가운데 하나) 때문에 땅에서 쫓겨난 사람들의 생활상태가 악화되었다는 데에는 의문의 여지가 없다. 하지만 산업화가 이루어지지 않았을 경우에 비해 오늘날 그 후손들이 훨씬 더 잘살고 있는 것도 사실이다. 물론 그렇다고 해서 어떤 것도 정당화되는 것은 아니다. 남북아메리카로 강제로 이송된 노예의 후손들 가운데 일부가 과거에 서아프리카에 남았던 조상의 후예들보다 더 잘살 수도 있다. 그렇다고 이런 사실이 신뢰할 만한 노예제 옹호론의 근거가 되기는 어렵다.

소비자 자본주의가 거침없는 행진을 시작하기에 앞서 다양한 경향의 이데올로기가 갈팡질팡하며 등장했다. 소비자 자본주의가 미국, 서유럽, 오스트레일리아, 뉴질랜드를 넘어서 일본, 그리고 결국 아시아와 라틴아메리카의 지역들까지 확산됨에 따라, 자본주의의 견고함은 상당한 물질적 토대를 획득하고 있다. 인류 역사상 처음으로 소속 구성원으로서 생활하고 노동하는 다수에게 높은 수준의 소비를 제공할 수 있는 사회체제가 존재하게 되었다. 유일한 경쟁자였던 공산주의는 다른 무엇보다도, 심지어 기본적인 시민의 자유보다도 훨씬 더 중요한 시험, 즉 소비의 민주화라는 시험에서 비참하게 탈락했다. 공산주의가 이렇게 실패하지 않았더라면 신자유주의가 제아무리 도전을 받고 불공평하다 해도 승리를 거두는 일은 없었을 것이다. 사람들은 점차 소비자로 변모하고 있으며, 상품에 대한 수요를 통해 자신의 욕망과 선호를 나타낼 수 있다. 사람들은 선거에서 표를 던지지만, 무엇보다도 달러와 파운드와 유로를 가지고 매일같이 투표를 하면서 이런저런 제품을 '뽑음'으로써 소비자 사회의 시민권을 정치체의 시민권보다 더욱 소중한 것으로 만든다.

1940년대 말, 냉전이 급속하게 발전하는 가운데 사회학자 데이비드 리스먼은「나일론 전쟁The Nylon War」이라고 (때로는 자조적으로) 불리는 풍자 글을 썼다. 그는 소련 사람들이 미국 자본주의의 경이로움을 맛볼 수만 있다면 강철과 철 생산에 관한 통계에 만족하는 것을 더는 견디지 못할 것이라는 가정 아래, 미국이 소련에 핵폭탄이 아니라 소비재를 떨어뜨리는 것을 상상했다. 소련인들도 미용실과 진공청소기를 훨씬 더 좋아할 게 분명했다.

> 600기가 넘는 C-54기가 로스토프 상공을 줄지어 날고, 블라디보스토크 상공에서도 200기가 비행하면서 화물을 투하했다. … 오늘날의 기준으로 보면 이런 초기의 진출은 소규모였다. 나일론 스타킹 20만 켤레, 담배 400만 갑, … 요요 2만 개, 손목시계 1만 개 등이었다. … 하지만 주민들이 자기 몫을 챙기려고 몰려들자 이 정도만으로도 격렬한 폭동을 일으키기에 충분했다.[34]

소비는 서구에서 벌이는 냉전 선전에서 주요한 요소였다. 1959년 여름 모스크바에서 열린 미국무역박람회American National Exhibition에서 많은 이들이 여전히 1957년 세계 최초의 위성을 쏘아올린 소련의 성공에 깊은 인상을 받은 한편, 미국 박람회는 '화장품, 의류, 텔레비전, 주방, 청량음료, 우편주문 상품목록, 유리섬유 카누와 요트, 자동차, 조립식 교외주택을 전시하는 거대한 소비재 구경거리 쇼'였다.[35] 전시된 '미국의 부엌 모델'은 당시 미국 부통령 리처드 닉슨과 소련 지도자 니키타 흐루쇼프가 벌인 유명한 '부엌 논쟁Kitchen Debate'의 중심 소재였다. 두 지도자는 다소 유치하게 평범한 가정에 공산주의와 자본주의가 어떤 혜택을 주는

지를 놓고 설전을 벌였는데, 흐루쇼프는 소련의 차기 7개년 계획으로 미국의 소비재를 따라잡을 것이라고 호언장담했다. 이 과정에서 그는 소련의 저발전과 '따라잡기 이데올로기'로 전락한 공산주의의 실상을 공공연히 인정했다. 소비자 자본주의가 이미 공산주의의 진보를 가늠하는 기준으로 인정되었음을 보여주는 확실한 신호였다. 소련은 우주 경쟁의 초기 단게에서는 승리했지만, 훨씬 더 중요한 소비자 경쟁에서는 패배했다. 이 경쟁의 명백한 승자는 미국이었다.

물론 대중의 소비가 자본주의에 승리를 안겨준 전부는 아니다. 서론에서 우리는 19세기가 막바지로 치달으면서 자본주의에 관한 불안을 억누르기 위해 다양한 전략이 구사되었음을 지적했다. 민주주의, 복지, 민족주의, 종교의 공고화, 국가 개입 등이 그것이다. 이 전략들은 체제를 안정시키는 데 도움이 되었다. 하지만 대가도 치러야 했다. 복지는 비민간부문을 확대하고 높은 세금을 요구했다. 공공부문의 확대는 인기가 있지만, 세금 인상은 인기가 없다. 경제적 민족주의(보호주의)는 보호받는 이들에게는 좋지만, 값싼 제품을 바라는 이들에게는 좋지 않으며, 모든 곳의 모든 사람과 거래를 하려는 자본가들의 바람에 방해가 된다. 민주주의는 평등의 요소들을 도입했지만, 체제 전체는 대단히 불평등했다. 또한 기대를 만들어내면서 정치인들을 제약했다. 누가 통치하든 간에 힘있는 사람들만 기쁘게 하는 게 아니라—적어도 항상 그럴 수는 없다— 민중의 기분도 맞춰주어야 한다.

게다가 국제적 자본주의의 기반인 미국의 힘이 기우는 것도 당연하다. 미국 경제와 금융의 힘이 쇠퇴하고 있음을 시사하는 문헌이 대규모로 나오고 있다.[36] 미국의 제조업은 몇 년간 쇠퇴일로를 걷고 있다. 2000년 이후 제조업 고용의 급격한 감소는 중국산 수입품과의 경쟁과 직접 관련된다.[37] 미국이 의문의 여지 없이 진정한 '패권'을 누려온 분야는 국제경제에 대한 지배와 관련된다. 달러는 여전히 뚜렷한 경쟁자가 없는 주요한 국제 통화로서 미국이 세계 최대의 대외 부채를 관리할 수 있는 것도 이 때문이다. 미국의 외채는 2위의 채무국(영국)보다 2배에 육박한다.[38] 오늘날 미국은 또한 주요한 국제경제기구들 안에서도 상당한 힘을 행사한다. 세계은행과 국제통화기금에서 미국의 의결권은 미국 바로 다음의 3개국(일본, 중국, 독일)을 합한 것과 같거나 더 크다.

미국이 이룩한 혁신은 지난 40년에 걸친 닷컴 혁명이나 적어도 그런 혁신의 상업화를 이끌었다. 대중문화 분야에서 미국은 여전히 19세기와는 비교할 수 없을 정도로 다른 나라들을 앞서고 있다. 미국 대학들은 세계 최고로 여겨지며, 2016년 상하이대학순위[Shanghai Ranking System. 정식 명칭은 세계대학학술순위Academic Ranking of World Universities(ARWU)로 중국의 상하이 자오퉁대학에서 매년 출판하는 발행물의 이름이다.—옮긴이]에 따르면 상위 10개 대학 중 8개 대학을 차지했고(나머지 두 곳은 영국의 옥스퍼드와 케임브리지다), 상위 100개 대학 중 절반을 차지했다.[39]

미국은 여전히 단연코 세계 최고의 군사 대국이다. 미국의 군사력은 예나 지금이나 전례가 없다. 2015년 현재 미국 해군은 2위부터 11위까지 전부 합한 것보다도 우월하며, 미국의 군사비 역시 2위부터 10개국을 합친 것보다 많다.[40] 그러나 이런 군사적 우위가 군사적 성과로 전환된 경우는 찾아보기 어렵다. 미국은 3만 5000명의 인명 손실을 내고도 한반도의 남북 분단 상황을 바꾸는 데 무기력했고, 베트남에서 굴욕을 당했으며, 아프가니스탄에서 탈레반을 물리치지 못했고, 평화롭고 민주적인 이라크(2003년 '인도주의적' 개입을 하며 내세운 목표)를 확고히 세우지 못했으며, 이스라엘-팔레스타인 분쟁을 해결할 수 없었다(또는 해결할 의지가 없었다). 냉전에서 미국이 거둔 성공(공산주의의 붕괴, 공산주의 중국의 시장경제로의 변신)은 군사력에 힘입은 바가 거의 없다.

미국이 계속 패권적 지위를 유지할 수 있을지, 유지한다면 얼마나 오래 버틸지는 아직 답을 알지 못하는 문제다. 이후에 동양으로, 그리고 무엇보다도 중국으로 계속 패권이 이동하면 정치적·군사적으로 어떤 반향이 생길지, 또는 심지어 이런 이동이 어떤 모습으로 진행될지 누구도 예상할 수 없다. 자본주의 국가들 사이에 심각한 경쟁이 벌어질지, 벌어진다면 어느 정도일지, 또는 심지어 전쟁이 벌어질지 누구도 예측할 수 없다(1945년 이후에 선진 자본주의 국가들 사이에 전쟁이 벌어진 적은 없다). 무슨 일이 벌어지든 간에, 전 지구적 자본주의는 지난 10년 동안 그랬던 것처럼, 그런 변화에 맞게 조정하고 새로운 지정학적 환경에 적응할 가능성이 높다. 늘 그렇듯이, 누군가는 고통을 받고 누군가는 이득을 얻으리라. 미국은 선두에 선 자본주의 국가이자 세계 자본주의의 수호자를 자임하겠지만, 100년 전에 그랬던 것처럼 자본주의가 미국의 패권 없이도 살아남을 수 있다는 데는 의문의 여지가 없다.

19세기 말의 수십 년 이래 많은 것이 바뀌었다. 오늘날 자본주의는 이 책에서 묘사한, 승승장구하는 '서구' 자본주의와는 다소 다르다. 가장 놀라운 변화는 제조업의 동쪽으로의 이동, 초국적 기업의 규모와 범위, 금융서비스의 거대한 팽창, 국가의 경제적 역할 증대, 국제 자본주의의 주요한 수호자로서 미국의 중심적 역할, 공산주의—역사적으로 자본주의에 전 세계적으로 도전한 유일한 사례—의 붕괴, 중국의 주요 경제 강대국으로의 변신 등과 관련이 있다.

오늘날 중국은 세계 2위의 산업국가로서 미국을 따라잡는 중이다. 국가의 개입주의 정책과 국영기업의 압도적 역할 때문에 거대한 국내 시장이 창출되고 있다. 인구 규모로 볼 때 놀랄 일이 아니지만, 조만간 중국은 세계 최대의 시장이 될 뿐만 아니라 최대의 사치품 시장도 될 것이다. 조르지오 아르마니나 루이 비통, 카르티에 같은 유럽 브랜드들로서는 반가운 일이다.[41] 중국이 높은 수준의 경제 성과로 전진(또는 복귀)하기에 앞서 동양의 다른 업적들이 있었다. 첫 주자가 일본이었고, 뒤이어 이른바 아시아의 호랑이들(한국, 대만, 싱가포르, 홍콩)이 위업을 이루었다. 국민총생산 대비 제조업 생산 비율은 한때 세계에서 가장 산업화된 곳이었던 나라들에서 뚜렷하게 감소하고 있다.[42] 노동력에서 산업노동자가 차지하는 비중이 감소한다는 의미에서 탈산업화는 종종 신자유주의자들이 의도적으로 택한 정책의 결과로 여겨지지만, 실제로는 1970년대 서구에서 시작되었다. 마거릿 대처와 로널드 레이건이 등장하기 전이고, 중국이 유력한 경제로 부상하기 전의 일이다. 미국은 1965년(린든 B. 존슨 대통령 시기)에 제조업 고용 비중이 28퍼센트로 정점에 달한 뒤 계속 감소했다.[43] 찰스 파인스타인은 심지어 탈산업화가 1950년대 말 영국과 벨기에에서 시작됐다고 주장한다. 두 나라는 초기 산업화를 선두에서 이끈 바 있다.[44] 탈산업화는 1980년 이후 시기에 자본주의 황금기(1945~75)보다 더 높은 실업률과 불평등 증대, 상대적인 임금 정체 등으로 이어졌다.[45] 불평등 증대는 OECD 나라들에서 불평등이 감소한 이전의 추세와 어긋난다.[46]

하지만 20세기 전체를 보면, 상위 자본주의 국가들에서 고용과 관련해서 가장 중요한 변화는 농업에서 서비스업으로 대규모로 이동한 것이다.[47] 이런 변화가 야기한 가장 명백한 결과는 1990년에는 전형적인 노동자가 농업이나 공업에 고용된 미숙련 남성이었다면, 지금은 새로운 산업과 서비스에서 더 높은 비율의 숙련 전문직과 사무직 노동자를 필요로 하고 여성의 비율도 점점 증가한다는 것이다.[48]

산업생산에서 서비스로 나아가는 이동은 놀라운 통계로 증명된다. 2009년 출범한 인터넷 '택시' 서비스인 우버Uber는 2015년에 이르러 포드자동차보다 가치가 높아졌다.[49] 2017년에 페이스북, 아마존, 넷플릭스, 구글은 월스트리트에서 15조 달러 이상으로 평가받았다. 러시아 경제와 맞먹는 수준이다.[50] 그리고 미국 석탄산업보다 네일숍(6만 8000명)에 고용된 인력이 더 많다.[51] 1896년 다우존스가 첫발을 내딛었을 때, 상장된 기업은 12곳에 불과했다. 이 가운데 지금도 상장된 회사는 하나도 없다. 베르너 좀바르트가 처음 구상하고 뒤에 조지프 슘페터가 이어받은, 자본주의 시장경제의 끊임없는 '창조적 파괴'를 보여주는 또다른 사례다. 1896년 이래 마지막까지 살아남은 제너럴일렉트릭은 2018년 6월에 퇴출되었다. 그때쯤이면 다우존스에 상장된 30개 주식의 대다수가 소매업(월마트)이나 소프트웨어(애플과 마이크로소프트), 금융(골드만삭스와 JP모건) 부문이었다. 아마존과 구글은 다우존스에 포함되지 않는다. 두 기업은 덩치가 워낙 커서 이 둘을 포함시키면 지수 그래프가 다른 28개 기업에서 너무 먼 쪽으로 휘어지기 때문이다.[52]

오늘날의 자본주의는 제조업보다는 금융과 더 관련이 있으며, 지금으로서는 여전히 서구가 금융을 지배한다(다만 최대 규모의 은행은 중국 은행들이며, 세계 최대의 은행은 국가 소유인 중국공상은행[中国工商银行, Industrial and Commercial Bank of China]이다). 근대 산업자본주의 한참 전에 설립된 은행들은 19세기에 여전히 사업가에게 돈을 빌려주어 사업을 할 수 있게 해주는 기관이었다. 과거의 위대한 경제학자들(애덤 스미스, 데이비드 리카도, 카를 마르크스)은 은행을 깊이 있게 분석하지 않았다. 은행업에 관한 애덤 스미스의 논의는 『국부론』 2편 2장의 몇 페이지에 국한된다. 데이비드 리카도는 『정치경제학과 과세의 원리The Principles of Political Economy and Taxation』의 한 장(1821년판의 27장)만을 할애해서 예금자들이 동시에 돈을 인출해서 공황이 야기될 가능성을 검토한다. 『자본』 1권(마르크스가 완성한 것은 1권뿐이다)에서 은행은 거의 언급되지 않으며, 3권에서는 이렇게 서술되어 있다. "신용 체계를 철저하게 분석하는 것은 … 우리의 계획 속에 있지 않다."[53]

은행은 저당과 대출을 통해 화폐를 창출함으로써 가계 부채를 끊임없이 늘리며, 더 나아가 소비를 증가시킬 수 있다. 1990년대에 이르면 이런 증가가 기록적인 수준에 도달해서, 로버트 브레너가 2008년 경기 침체 전에 경고한 것처럼, 역사적으로 폭발적인 소비 증대를 '가능케 했다'.[54] 미국에서는 채무를 기반으로 한 소비의 증대가 소득 감소에 대한 보상임이 드러났다. 임금이 이전과 같은 속도로 오르지 않으면, 소비를 지탱하기 위해 돈을 빌리는 게 당연하다. 특히 가구의 가장 중요한 자산인 주택을 구매하려면 돈을 빌려야 한다. 서구, 그리고 특히 미국의 불평등 증대는 미국 인구의 하위 95퍼센트의 부채가 증가하는 데 기여했다. 이 사람들은 소비를 줄이기보다는 돈을 빌리는 쪽을 선호했기 때문이다.[55]

수전 스트레인지가 몇십 년 전에 간파한 것처럼, 서구의 금융 시스템은 지난 50년에 걸쳐 일종의 카지노 비슷하게 발전했다. "카지노에서 그러하듯, 오늘날 고도 금융의 세계는 참가자들에게 게임 선택권을 제공한다." 룰렛이나 블랙잭 대신에 우리는 "미리 거래를 하거나 옵션을 비롯한 온갖 종류의 복잡한 신규 금융 상품을 사고파는 식으로 미래에 돈을 걸 수 있다."[56] 도박의 요소는 언제나 산업자본주의의 한 부분이었다. 내 연기관이 정말로 대세가 될까? 그렇다. 사람들이 정말 텔레비전을 사는 데 돈을 쏠까? 그렇다. 폴라로이드 사진의 성공은 얼마나 오래 지속될까? 폴라로이드는 1948년에 처음 나왔고, 1978년에 이르면 회사 직원이 2만

1000명이었으며, 2001년에 이르면 디지털카메라 때문에 파산했다. 들로리언DeLorean 자동차를 살 사람이 있을까? 전혀. 이 차량은 1981년에 생산이 시작되어 1982년에 중단되었다.

2007년 경기 침체가 도래하기 몇십 년 전에 저명한 경제학자 하이면 민스키는 금융화를 폰지 사기(Ponzi scheme. 보스턴의 사기꾼이 벌인 다단계 판매에서 유래한 닝칭)에 비유했다. 채무 상환을 연장해주면서 그 규모를 늘리는 한편, 실제 채무 상환이 끊임없이 미뤄지기 때문이다. 그 결과, 본질적으로 불안정한 금융 시스템에서 금융 위기를 촉발할 수 있는 것은 완전히 외부에서 생겨난 어떤 요인이 아니라 정상적인 사건들이다. 위기는 '정상적'이다. "경제가 자본주의적인 한 금융은 불안정하다"면서 민스키는 한마디 덧붙인다. "모든 자본주의가 불안정하지만 일부 자본주의는 다른 것보다 더 불안정하다."[57] 차이를 만들어낼 수 있는 것은 규제 당국의 개입이다. 클린턴 행정부가 1933년 글래스-스티걸법Glass-Steagall Act of 1933을 폐지하고 여러 부류의 신자유주의자들이 금융 시스템의 규제를 완화하지 않았더라면, 총 부채의 증가가 일어나지 않거나 그와 같은 규모로 증가하지 않았을 것이다.

민스키의 금융 불안정 가설은 금융 시스템이 안정되어 보일수록 더욱 불안정하다고 말한다. 모든 게 순조롭게 작동하면 거래자들이 위험을 무릅쓸 가능성이 높아진다. 계속 순조롭게 움직일 것이라고 가정하기 때문이다(도박꾼이 계속 돈을 따면 베팅 액수를 늘리고 싶은 마음이 드는 것과 같은 이치다).

물론 금융 도박은 새로운 현상이 아니다. 17세기 초 네덜란드에서 유명한 '튤립 파동Tulip mania'이 일어나 튤립 구근의 가격이 천정부지로 치솟았다가 결국 폭락했다. 18세기 초 잉글랜드에서는 국가 부채 비용을 줄이기 위해 국가 지원을 받아 설립된 민간기업인 남해회사South Sea Company 주식이 급등했다가 몇 년 뒤에 폭락해서 많은 이들이 파산했다. 스코틀랜드의 언론인 찰스 맥케이는 일찍이 1841년에 『터무니없는 대중의 미망과 군중의 광기Extraordinary Popular Delusions and the Madness of Crowds』에서 이런 공황, 거품, 대폭락 등등의 사태를 설명하면서 중세 십자군, 마녀사냥, 연금술 등과 나란히 투기를 논했다. 하지만 그 시절, 그리고 심지어 19세기에도 금융 시스템은 지금처럼 국제경제에서 본질적인 위치를 차지하지 않았다.

실체를 갖춘 내부의 적이 부재하고 여러 나라에서 잇따라 반자본주의 혁명이 일어날 가능성이 희박한 가운데 자본주의의 지배가 난공불락처럼 보인다. 하지만 언제나 그렇듯 불안의 여지가 존재한다. 오늘날 자본주의의 지속적인 확장을 가로막는 주된 장애물은 계급투쟁이나 '대지의 저주받은 사람들'의 혁명적 열망, 이슬람 근본주의자들이 아니다. 주요한 장애물은 전 지구적 차원에서 서구식 소비자 사회가 발전하는 것을 가로막는 생태적 한계다.

서구가 직면한 문제는 '나머지 지역'도 서구처럼 되고 싶어한다는 것이다. 자동차를 몰고, 에너지를 사용하고, 고기를 먹고, 해외여행을 즐기고, 저렴한 의류와 음악, 음식뿐만 아니라 각종 가전제품과 컴퓨터 등등을 끝없이 공급받기를 원한다. 다시 말해 무제한적인 소비의 기쁨과 쾌락을 한껏 누리기를 바란다. 무제한적인 성장을 가로막는 실질적 장애물인 생태 문제를 해결할 수 있는 기술적 방법을 찾을 수 있다면, 지금 우리가 하는 자본주의는 제2의 생명을 얻을 것이다.

정치적인 방법이 있을 수 있다. 다양한 형태의 독재와 권위주의는 절대다수가 소비의 쾌락을 누리지 못하는 시대로 시계를 되돌릴 수 있다. 하지만 이런 방식은 커다란 정당성 문제를 야기할 게 뻔하다. 총과 감옥, 고문으로만 통치할 수는 없는 법. 사람들에게 더 나은 미래에 대한 희망을 주어야 한다.

민주주의의 조건 아래서 생태문제에 대한 해법을 찾기는 훨씬 더 어렵다. 정시인과 세계 지도자들이 표를 얻기를 기대하면서 유권자들에게 현실적 해법을 설명하는 시나리오를 상상하기가 쉽지 않기 때문이다. 그 누가 다수의 소비를 엄격하게 제한하는 한편 소수에게는 번성하고 향유하게 허용할 수 있겠는가? 이렇게 하면 대부분 최근에야 확보한 체제의 정당성 자체가 허물어질 것이다. 이제 막 '서구'의 생활방식을 눈에 익힌, 중국과 인도 아대륙에 사는 30억 명이 과거의 검소한 소비로 침착하고 평화롭게 돌아가기를 기대하는 것도 비현실적이기는 마찬가지다. 서구인들은 계속해서 자본주의적 소비의 즐거움을 한껏 누리고 있는데 말이다. 불길한 징후들만 가득하다. 중국은 이미 세계 최대의 자동차 시장이자 최대의 인터넷 시장, 세계 2위의 석유 소비국이자 최대의 에너지 소비국, 세계 최대의 탄소 배출국으로서 미국을 앞지르고 있다. 중국은 세계 석탄 소비량의 절반을 불태운다. 고기 소비도 증가하는 중이다. 2015년 1억 2000만 명의 중국인이 레저와 사업차 해외로 나갔다(프랑스와 영국 인구를 합한 규모다). 중국의 급속한 산업화와 도시화는 농지 규모가 크게 줄어든다는 것을 의미한다(서구에서 이미 벌어진 것처럼). 그 결과, 중국은 자국 시민을 먹여살릴 충분한 식량을 생산하지 못해 세계시장에서 사들여야 할 것인데, 세계 식량 가격이 어떻게 될지는 불을 보듯 뻔하다.[58]

이 가운데 어느 것도 놀랍지 않다. 중국 인구가 워낙 거대하기 때문이다.

인도가 중국과 맞먹는 발전을 한다면, 생태문제는 한층 더 악화되리라.

아이러니한 것은 자본주의의 승리 자체가 오늘날 그 미래를 위협하며, 끝없는 불안을 불러일으킨다는 사실이다. 셰익스피어가 (다른 맥락에서) 말한 것처럼, "한때 불타오르게 만든 장작이 다 소진되어" 소비의 승리가 소비의 창조자를 무너뜨릴지 모른다.

옮기고 나서

지은이 도널드 서순이 방대한 서론에서 설명하는 것처럼, 자본주의적 기업은 수천 년 전부터 존재했지만, 자본주의가 하나의 체제로서 사회 전체를 지배하고 세계화를 이룬 것은 이 책에서 다루는 19세기 말에서 1차대전에 이르는 시기의 일이다. 여기서 지은이는 자신의 지도교수였던 에릭 홉스봄의 『제국의 시대』와 거의 같은 시기를 다룬다. 거장인 스승의 저작에 도전장을 내밀려면 뭔가 믿는 구석이 있을 텐데, 적어도 중국과 일본 같은 동아시아까지 최신 연구 성과를 충실하게 반영해서 서술하는 등 당대 자본주의 세계 전체의 풍경을 한층 더 총체적으로 조망한다는 점에서는 독보적인 책을 내놓았다.

『불안한 승리』는 서론에서부터 에필로그에 이르기까지 압도적인 정보량으로 독자의 두뇌 용량을 실험하는 듯하다. 페이지마다 빼곡하게 당대 사회를 압축해서 보여주는 다양한 역사적 사실이 숱하게 등장한다. 산업혁명을 먼저 이룩하고 1860년대부터 전면적인 자본주의체제가 등장한 서유럽만이 아니라 유럽 모든 지역, 남북아메리카와 오스트레일리아, 중국, 일본 등의 동아시아까지 아우르면서 그야말로 종횡무진하는 서술은 게다가 자본주의의 역사만을 다루지도 않는다.

이 책에서 설명되는 자본주의는 근대적 과학기술의 발전에 편승한 몇몇 기업가들이 산업혁명을 이루고 대공장을 만들어 대량생산을 한 뒤 거대한 소비시장과 교역망을 구축하는 과정보다 훨씬 넓은 의미로 정의된다. 이런 대공장의 생산과 교역에는 철도와 증기선을 비롯한 교통망, 전신과 우편 같은 통신망 등 거대한 규모의 기반시설이 필요했고, 도시로 몰려든 농민들을 착실한 노동자로 변모시키는 한편 과밀한 도시와 열악한 광산과 공장 때문에 벌어지는 각종 사회문제를 해결해야 했다. 그러기 위해서는 국가가 나서지 않으면 안 되었다. 정부는 자본가들의 무정부적 경쟁을 조정하기 위해 산업 정책을 마련하고 조세를 통해 기반시설을 마련했으며, 치안과 행정 등을 확립했다. 그리고 자본가든 노동자든 이제 완전히 개인이 된 사람들을 하나의 국민으로 묶어내기 위해 민족 공동체를 건설해야 했다. 특히 후발 주자들이 선도 국가를 따라잡으려면 국민 전체가 일사불란하게 움직여야 했기 때문이다. 그리하여 서유럽을 시작으로 많은 나라에서 속속 참정권이 확대되고 대의 정부가 세워졌다. 그리고 대량 생산을 위한 원료 확보와 판로 개척을 위해 앞다퉈 국경을 넘어 식민지 개척에 나섰다. 지은이는 이 모든 과정이 하나로 모아져서 자본주의체제가 세워졌다고 본다. 그런 까닭에 이 책에서 그려지는 자본주의의 역사는 동시에 민주주의, 제국주의, 민족주의의 역사이며 근대 자체의 역사이기도 하다. 그리고 자본주의의 첫 번째 세계화가 이루어진 이 시기 이후 양차대전을 거치면서 잠시 세계화의 흐름이 주춤했다가 20세기 후반에 두 번째 세계화와 더불어 현대 자본주의가 등장했다고 본다. 자본주의의 긴 역사 가운데서도 오늘날의 세계와 판박이인 19세기 말에 주목하는 것은 이 때문이다.

그리하여 지은이는 자본주의 경제만이 아니라 정치와 사회, 여러 제도와 일상생활까지 샅샅이 훑어나간다. 게다가 산업혁명의 중심지인 서유럽만이 아니라 세계화의 흐름을 따라 동유럽과 아프리카 식민지, 남북아메리카와 동아시아까지 시야를 넓혀 나간다. 이 과정에서 온갖 질문이 등장하고 흥미로운 사실들이 드러난다. 제국주의(식민주의)가 과연 수지가 맞는 장사였는지 프랑스와 영국의 의회에서 벌어진 식민지 대논쟁을 통해 그 답을 찾는다. 그리고 제국주의와 마주친 나라들이 어떻게 다른 길을 걸었는지도 밝혀진다. 중국과 콩고는 식민주의와 처음 대면하는 순간부터 살벌한 폭력에 노출되고 나락으로 빠져들었다. 영국은 이편무역으로 엄청난 수익을 거둬들인 반면, 유럽 전반의 식민주의, 특히 아프리카 식민지는 본국의 생산성 증대나 자본주의 발전에 크게 도움이 되지 않았다. 후발 주자들은 똑같이 선도 국가를 따라잡는 것을 목표로 삼고 내달렸지만, 결과는 서로 달랐다. 여러 요인이 작용했겠지만, 러시아와 중국은 패자로 전락했고, 독일과 일본은 따라잡는 데 성공했다.

독자의 혼을 빼놓기로 작정을 한 것인지, 이 책은 이처럼 광범위한 시공간을 가로지르는 방대한 정보량만이 아니라 서술 방식에서도 독보적이다. 가령 초기 자본주의 세계에서 자본주의의 확산과 더불어 전염병이 퍼져 나가며 각국 사회에서 어떤 반향을 일으켰는지를 보라. 1855년 중국 윈난성에서 처음 발생한 선페스트는 주석과 아편무역로를 따라 베트남 통킹만에 다다랐고, 뱃길을 따라 광저우와 홍콩에도 퍼졌다. 불과 몇 년 뒤에 인도에서 다시 발발해서 여러 항구도시를 강타하고, 3년 뒤에는 이집트 알렉산드리아에 상륙, 이듬해인 1900년에는 부에노스아이레스를 비롯한 라틴아메리카 도시를 휩쓸었다. 남아프리카와 오스트레일리아도 전염병을 피하지 못했고, 샌프란시스코에도 상륙했다. 코로나19 시대를 살고 있는 우리로서는 19세기 말 전염병의 세계화가 펼쳐 보이는 풍경에 간담이 서늘해지면서도 무차별적으로 확산되는 전염병의 행로를 그대로 추적하는 책의 서술에 넋이 나간다.

게다가 이 책의 서술은 여러 차원에서 진행된다. 지은이 자신이 여러 역사적 사실을 재구성해서 서술의 기본 축을 세우지만, 그 뼈대에 갖가지 살을 붙이기 때문이다. 때로는 당대에 정치인들과 경제학자들이 벌인 논쟁이 전면에 대두되고, 때로는 소설과 시를 비롯한 당대의 문학 작품들을 통해 당시 사람들이 피부로 느낀 변화를 포착한다. 지은이를 비롯한 현대 역사가들의 평가도 끼어든다. 덕분에 독자는 당시에 벌어진 여러 사건과 이를 둘러싸고 벌어진 논쟁을 다면적인 시각에서 관전하는 호강을 누리지만, 흥미진진한 이야기를 정신없이 읽다보면 어느새 무대가 바뀌고 다른 주인공들이 등장해서 당혹감을 느낀다.

속도감 있는 문체와 간결하고 평이한 서술 덕분에 책장은 술술 넘어가지만, 지은이는 좀처럼 분명한 결론이나 명쾌한 교훈을 제시하지 않는다. 기대수명과 평균 소득을 한껏 드높인 자본주의의 눈부신 성공과 화려한 도시의 쾌락적 소비에 푹 빠진 대중의 모습과 나란히 광산과 공장에서 하루에 16시간을 일하다 과로사하는 노동자들과, 식민주의의 잔혹한 폭력에 속절없이 쓰러져간 서아프리카와 인도의 노예와 농장 노동자들이 등장한다. 자본주의의 다층적 면모를 적나라하게 보여주는 역사적 사실만을 여러 각도에서 조명할 뿐이다. 어떤 이념을 잣대로 평가하고 판단하려고 하지 않는다. 지은이가 바라보는 자본주의는 목적인目的因이 없이 지금도 진행되는 과정이다. 그리고 자본주의의 역사는 우리가 생각하는 것보다 훨씬 복잡하기 때문에 단순하게 서술하는 것이 불가능하다고 생각하는 듯하다. 다만 몇 가지 확실한 평가를 내놓기는 한다.

무엇보다 이 방대한 역사를 통해 지은이는 구속받지 않는 시장과 최소 국가라는 신자유주의의 문제 설정이 순전히 허구임을 드러내고자 한다. "자본가들은 자본주의를 통제하지 않는다. 자본가들 자신이 한 무리의 사회·경제 관계의 포로"이기 때문에 자본주의는 언제나 국가 개입과 정부 지원에 힘입어 발전했고, 자유방임은 현실이라기보다는 이데올로기에 가까웠다. 19세기 말 잠깐 동안의 영국과 프랑스를 제외하면, 자유방임이 국가 정책이 된 사례는 전무하다.

좀바르트와 슘페터가 말한 이른바 '창조적 파괴'야말로 자본주의의 본질이며 "끊임없는 혁신에 따라 승자와 패자가 생겨난다. 이런 만성적 불안정은 체제의 결함이나 우연한 부산물이 아니라 자본주의 발전의 토대다". 그리고 불안정은 불안을 낳는다. 19세기 말의 역동적인 자본주의는 농업에 바탕을 둔 전통 사회와 달리 모든 사람에게 전례 없는 불안감을 안겨주었다. 무자비한 경쟁은 자본가의 정신을 잠식하고 가혹한 노동과 실업의 불안은 노동자의 심신을 좀먹는다. 자본주의는 결국 승리를 거뒀지만 밑바탕에 자욱하게 깔린 불안을 떨쳐내지는 못했다.

그렇다면 오늘날의 상황은 어떨까? "실체를 갖춘 내부의 적이 부재하고 여러 나라에서 잇따라 반자본주의 혁명이 일어날 가능성이 희박한 가운데 자본주의의 지배가 난공불락처럼 보인다. 하지만 언제나 그렇듯 불안의 여지가 존재한다." 공산주의가 몰락하고 사회민주주의 역시 이제 더는 자본주의에 족쇄를 채우지 못하는 가운데 승승장구하는 듯 보이지만, 기후변화라는 생태적 한계가 자본주의 앞을 가로막는다. 오늘날 세계 인류는 코로나19라는 미증유의 전염병으로 하루하루를 불안에 시달리고 있지 않은가? 인구 대국인 중국, 더 나아가 인도의 자본주의 발전은 생태적 한계를 더욱 앞당기면서 지속 가능한 환경과 식량 안보 자체를 위협한다.

『불안한 승리』에서 지은이가 공감의 눈길을 보내는 쪽은 승리보다는 불안에 가깝다. 20세에 과로로 생을 마감한 숙녀용 모자 제조공 메리 앤

워클리와 1년에 겨우 두 번 고기 맛을 본 벨기에의 직물 노동자, 19세기 말 세계 자본주의를 떠받친 아메리카 플랜테이션 농장에서 땀흘려 일한 노동자들이다. 에필로그에서 지은이는 자본주의의 미래에 몇 가지 단서를 달아 어렴풋한 예상만을 내놓는다. 자본주의를 더 정의롭고 평등하게 바꾸려면 누가 어떻게 나서야 하는지에 관한 명쾌한 해답을 바라는 독자라면 실망할지도 모르겠다. 19세기 말에 사회주의 정당과 노동조합, 그리고 사회와 체제의 안녕을 고심하면서 기꺼이 개혁에 나선 자유당과 계몽된 보수주의자들이 그 역할을 했다면, 21세기 초에는 누구에게 희망을 걸어야 할까?

상투적인 비유지만, 경제사와 정치사, 지성사와 사회사를 넘나드는 총체사를 서술한 도널드 서순 덕분에 우리는 거인의 어깨 위에 올라앉아 19세기 후반 세계를 한 눈에 조망할 수 있는 기회를 얻었다. 그리고 21세기인 오늘날의 자본주의 풍경의 원형이 만들어진 이 시기를 거울로 삼아 현재를 성찰하는 것은 우리의 몫이다.

2020년 11월
유강은

참고문헌

Abu-'Uksa, Wael, *Freedom in the Arab World: Concepts and Ideologies in Arabic Thought in the Nineteenth Century*, Cambridge University Press 2016.

Ackroyd, Peter, *Dickens*, Vintage, London 1999.

Adanir, Fikret, 'Turkey's Entry into the Concert of Europe', *European Review*, vol. 13, no. 3, 2005.

Adas, Michael, *Machines as Measures of Men: Science, Technology and Ideologies of Western Dominance*, Cornell University Press 1989.

Aerts, Erik, Claude Beaud, and Jean Stengers(eds), *Liberalism and Paternalism in the 19th Century*(Tenth International Economic History Congress, Leuven, August 1990), Leuven University Press 1990.

Ageron, Charles-Robert, *L'anticolonialisme en France de 1871 à 1914*, Presses Universitaires de France, Paris 1973.

Aglietta, Michel and Yves Landry, *La Chine vers la superpuissance*, Economica, Paris 2007.

Agnew, Hugh, *The Czechs and the Lands of the Bohemian Crown*, Hoover Press, Stanford, CA 2013.

Agulhon, Maurice, *La République 1880-1932*, vol. I, Hachette, Paris 1990.

Ahmad, Aijaz, *Lineages of the Present: Ideology and Politics in Contemporary South Asia*, Verso, London 2000.

Akarlı, Engin Deniz, 'The Tangled Ends of an Empire: Ottoman Encounters with the West and Problems of Westernization—an Overview', *Comparative Studies of South Asia, Africa and the Middle East*, vol. 26, no. 3, 2006.

Alberti, Manfredi, *Senza lavoro. La disoccupazione in Italia dall'Unità a oggi*, Laterza, Rome-Bari 2016.

Albrecht, Catherine, 'Rural Banks and Czech Nationalism in Bohemia, 1848-1914', *Agricultural History*, vol. 78, no. 3, Summer 2004, pp. 317–45.

Allain, J.-C., 'L'expansion française au Maroc de 1902 à 1912', in Jean Bouvier and René Girault(eds), *L'imperialisme français d'avant 1914*, Mouton, Paris 1976.

Allais, Maurice, *La crise mondiale d'aujourd'hui*, Clement Juglar, Paris 1999.

Allen, Charles, *Duel in the Snows: The True Story of the Younghusband Mission to Lhasa*, John Murray, London 2004.

Allen, Robert C., *The British Industrial Revolution in Global Perspective*, Cambridge University Press 2009.

Amsden, Alice H., 'The State and Taiwan's Economic Development', in Peter B. Evans, Dietrich Rueschemeyer, and Theda Skocpol(eds), *Bringing the State Back In*, Cambridge University Press 1985.

Amsden, Alice H., *Escape from Empire: The Developing World's Journey through Heaven and Hell*, The MIT Press, Cambridge, MA 2007([국역] 엘리스 암스덴 지음, 김종돈 옮김, 『어둠 속의 코끼리, 팍스 아메리카나』, 모티브북, 2008).

Anderson, Charles, *Politics and Economic Change in Latin America*, D. Van Nostrand Co., Princeton, NJ 1967.

Anderson, Margaret Lavinia, 'The Limits of Secularization: On the Problem of the Catholic Revival in Nineteenth-Century Germany', *Historical Journal*, vol. 38, no. 3, September 1995.

Anderson, Margaret Lavinia, *Practicing Democracy: Elections and Political Culture in Imperial Germany*, Princeton University Press 2000.

Andersson, Lars-Fredrik and Liselotte Eriksson, 'The Compulsory Public Pension and the Demand for Life Insurance: The Case of Sweden, 1884-1914', *Economic History Review*, vol. 68, no. 1, February 2015.

Anon., 'England's Outlook in East Africa', *Fortnightly Review*, no. 281, May 1890.

Antonmattei, Pierre, *Léon Gambetta, héraut de la République*, Éditions Michalon, Paris 1999.

Appleby, Joyce, *The Relentless Revolution: A History of Capitalism*, W. W. Norton & Co., New York 2011([국역] 조이스 애플비 지음, 주경철·안민석 공옮김, 『가차없는 자본주의』, 까치, 2012).

Archer, Robin, *Why Is There No Labor Party in the United States*, Princeton University Press 2007.

Ardant, Gabriel, *Histoire de l'impôt*, vol. 2: *Du XVIIIe au XXIe siècle*, Fayard, Paris 1972.

Ardant, Gabriel, *Histoire financière. De l'antiquité à nos jours*, Gallimard, Paris 1976.

Arion, Charles C., *La situation économique et sociale du paysan en Roumanie*, V. Giard & E. Brière, Paris 1895: https://archive.org/stream/lasituationcono00ario-goog#page/n13/mode/2up.

Arjomand, Said Amir, *The Turban for the Crown: The Islamic Revolution in Iran*, Oxford University Press 1988.

Armengaud, André, 'Population in Europe, 1700-1914', in Carlo M. Cipolla(ed.), *The Fontana Economic History of Europe*, vol. 3: *The Industrial Revolution*, Collins, Glasgow 1980.

Arnold, Matthew, *Culture and Anarchy and Other Writings*, ed. Stefan Collini, Cambridge University Press 1993([국역] 매슈 아널드 지음, 윤지관 옮김, 『교양과 무질서』, 한길사, 2016).

Aron, Jean-Paul, *Le mangeur du XIXe siècle*, Payort, Paris 1989.

Aron, Raymond, *Dix-huit leçons sur la société industrielle*, Gallimard, Paris 1962([국역] 레이몽 아롱 지음, 정기수 옮김, 『산업사회의 미래』, 을유문화사, 1981).

Aronson, I. Michael, 'The Anti-Jewish Pogroms in Russia in 1881', in Klier and Lambroza(eds), *Pogroms: Anti-Jewish Violence in Modern Russian History*.

Arrighi, Giovanni, *Adam Smith in Beijing: Lineages of the Twenty-First Century*, Verso, London 2007([국역] 조반니 아리기 지음, 강진아 옮김, 『베이징의 애덤 스미스』, 길, 2009).

Ascher, Abraham, *The Revolution of 1905: Authority Restored*, Stanford University Press 1992.

Ascher, Abraham, *The Revolution of 1905: Russia in Disarray*, Stanford University Press 1988.

Ashley, Susan A., *Making Liberalism Work: The Italian Experience 1860-1914*, Praeger, Westport, CT 2003.

Asiwaju, A. I., *Partitioned Africans: Ethnic Relations across Africa's International Boundaries, 1884-1984*, C. Hurst & Co., London 1985.

Asselain, Jean-Charles, 'La stagnation économique', in Lévy-Leboyer and Casanova(eds), *Entre l'état et le marché*.

Asselain, Jean-Charles, 'L'expérience chinoise en perspective historique. Un regard occidental', *Revue d'études comparatives Est-Ouest*, vol. 30, nos 2-3, 1999, pp. 325-72.

Asselain, Jean-Charles, 'Les résurgences du protectionnisme français', *Le débat*, no. 76, September-October 1993, pp. 148-66.

Aston, T. H. and C. H. E. Philpin(eds), *The Brenner Debate: Agrarian Class Structure and Economic Development in Pre-Industrial Europe*, Cambridge University Press 1985([국역] R. 브레너 외 지음, T. H. 아스톤·C. H. E. 필핀 엮음, 이연규 옮김, 『농업계급구조와 경제발전』, 집문당, 1991).

Atkin, Nicholas, *Pétain*, Longman, London 1998.

Atkinson, A. B., 'The Distribution of Income in the UK and OECD Countries in the Twentieth Century', *Oxford Review of Economic Policy*, vol. 15, no. 4, 1999.

Atkinson, A. B., *Incomes and the Welfare State: Essays on Britain and Europe*, Cambridge University Press 1995.

Auerbach, Sascha, *Race, Law and 'The Chinese Puzzle' in Imperial Britain*, Macmillan, London 2009.

Badie, Bertrand, *L'état importé. Essai sur l'occidentalisation de l'ordre politique*, Fayard, Paris 1992.

Baglioni, Guido, *L'ideologia della borghesia industriale nell'Italia liberale*, Einaudi, Turin 1974.

Bairoch, Paul, 'Europe's Gross National Product: 1800-1975', *Journal of European Economic History*, vol. 5, no. 2, 1976, pp. 273-40.

Bairoch, Paul, 'International Industrialization Levels from 1750 to 1980', *Journal of European Economic History*, vol. 11, no. 2, Fall 1982.

Bairoch, Paul, 'La Suisse dans le contexte international aux XIXe et XXe siecles', in Paul Bairoch and Martin Körner(eds), *La Suisse dans l'économie mondiale*, Droz, Geneva 1990.

Bairoch, Paul, 'Le mythe de la croissance économique rapide au XIXe siècle', *Revue de l'institut de sociologie*, no. 2, 1962, pp. 307-31.

Bairoch, Paul, 'Niveaux de développement économique de 1810 à 1910', *Annales*, vol. 20, no. 6, November-December 1965, pp. 1091-1117.

Bairoch, Paul, 'Une nouvelle distribution des populations: villes et campagne', in Bardet and Dupâquier(eds), *Histoire des populations de l'Europe*, vol. 2.

Bairoch, Paul, 'Urbanization and the Economy in Preindustrial Societies: The Findings of Two Decades of Research', *Journal of European Economic History*, vol. 18, no. 2, Fall 1989.

Bairoch, Paul, *Economics and World History: Myths and Paradoxes*, Harvester, New York and London 1993.

Bairoch, Paul, *Victoires et déboires*, vol. II: *Histoire économique et sociale du monde du XVIe siècle à nos jours*, Folio Gallimard, Paris 1997.

Bairoch, Paul and Gary Goertz, 'Factors of Urbanisation in the Nineteenth-Century Developed Countries: A Descriptive and Econometric Analysis', *Urban Studies*, vol. 23, 1986, pp. 285-305.

Baitenmann, Helga, 'Popular Participation in State Formation: Land Reform in Revolutionary Mexico', *Journal of Latin American Studies*, vol. 43, no. 1, February 2011.

Balabkins, Nicholas W., *Not by Theory Alone ...: The Economics of Gustav von Schmoller and its Legacy to America*, Duncker & Humblot, Berlin 1988.

Baldwin, Peter, *Contagion and the State in Europe, 1830-1930*, Cambridge University Press 2005.

Baldwin, Peter, *The Politics of Social Solidarity: Class Bases of the European Welfare State 1875-1975*, Cambridge University Press 1990.

Baquiast, Paul, *La troisième République 1870-1940*, L'Harmattan, Paris 2002.

Barbagallo, Francesco, *Napoli, Belle Époque*, Laterza, Rome-Bari 2015.

Bardet, Jean-Pierre, 'La France en déclin', in Bardet and Dupâquier(eds), *Histoire des populations de l'Europe*, vol. 2.

Bardet, Jean-Pierre and Jacques Dupâquier(eds), *Histoire des populations de l'Europe*, vol. 2, Fayard, Paris 1998.

Barghoorn, Frederick Charles, 'The Russian Radicals of the 1860s and the Problem of the Industrial Proletariat', *Slavonic and East European Review*, vol. 2, no. 1, March 1943.

Baring, Evelyn(Lord Cromer), *Modern Egypt*, vols 1 and 2, Routledge, London and New York 2000.

Barkin, Kenneth, 'Adolf Wagner and German Industrial Development', *Journal of Modern History*, vol. 41, no. 2, June 1969, pp. 144-59.

Barkin, Kenneth, *The Controversy over German Industrialization, 1890-1902*, University of Chicago Press 1970.

Barzaghi, Ilaria, *Milano 1881: tanto lusso e tanta folla*, Silvana, Milan 2009.

Bass, Jack and Marilyn W. Thompson, *Strom: The Complicated Personal and Political Life of Strom Thurmond*, PublicAffairs, New York 2005.

Bastiat, Frédéric, *Harmonies économiques, in Oeuvres Complètes*, vol. VI, Guillaumin, Paris 1870(6th ed.).

Batou, Jean, 'L'Égypte de Muhammad-'Ali: pouvoir politique et développement économique', *Annales*, vol. 46, no. 2, 1991.

Bauerlein, Mark, *Negrophobia: A Race Riot in Atlanta, 1906*, Encounter Books, San Francisco, CA 2001.

Baumol, William J., Robert E. Litan, and Carl J. Schramm, *Good Capitalism, Bad Capitalism, and the Economics of Growth and Prosperity*, Yale University Press 2007([국역] 윌리엄 J. 보몰·로버트 E. 라이턴·칼 J. 쉬램 지음, 이규억 옮김, 『좋은 자본주의 나쁜 자본주의』, 시그마프레스, 2008).

Bayly, C. A., *Indian Society and the Making of the British Empire*, Cambridge University Press 1988.

Bayly, C. A., *The Birth of the Modern World, 1780-1914*, Blackwell, Oxford 2004.

Beasley, W. G., *Japanese Imperialism, 1894-1945*, Clarendon Press, Oxford 1987([국역]

W. G. 비즐리 지음, 정영진 옮김, 『일본제국주의 1894-1945』, 한국외국어대학교출판부 지식출판원, 2013).

Beasley, W. G., *The Meiji Restoration*, Stanford University Press 1972.

Beaucarnot, Jean-Louis, *Les Schneider. Une dynastie*, Hachette, Paris 1986.

Beauclerk, William N., *Rural Italy: An Account of the Present Agricultural Conditions of the Kingdom*, Richard Bentley & Son, London 1888.

Beauvois, Daniel, *The Noble, the Serf and the Revizor: The Polish Nobility between Tsarist Imperialism and the Ukrainian Masses(1831-1863)*, Harwood, London 1991.

Beck, Naomi, 'The Diffusion of Spencerism and its Political Interpretations in France and Italy', in Jones and Peel(eds), *Herbert Spencer: The Intellectual Legacy*.

Becker, Sascha O. and Ludger Woessmann, 'Was Weber Wrong? A Human Capital Theory of Protestant Economic History', *Quarterly Journal of Economics*, vol. 124, no. 2, May 2009, pp. 531-96.

Beckert, Sven, 'Emancipation and Empire: Reconstructing the Worldwide Web of Cotton Production in the Age of the American Civil War', *American Historical Review*, vol. 109, no. 5, December 2004.

Beckert, Sven, *Empire of Cotton: A Global History*, Knopf, New York 2014([국역] 스벤 베커트 지음, 김지혜 옮김, 『면화의 제국』, 휴머니스트, 2018).

Beckert, Sven, *The Monied Metropolis: New York City and the Consolidation of the American Bourgeoisie, 1850-1896*, Cambridge University Press 2001.

Becqué, Émile, *L'internationalisation des capitaux. Étude économique, financière et politique*, Imprimerie générale du Midi, Montpellier 1912.

Bédarida, François, 'Perspectives sur le mouvement ouvrier et l'impérialisme en France au temps de la conquête coloniale', *Le Mouvement Social*, no. 86, January-March 1974.

Beetham, David, *Max Weber and the Theory of Modern Politics*, Polity Press, Cambridge 1995.

Bell, Daniel, *The Cultural Contradictions of Capitalism*, Basic Books, New York 1976([국역] 다니엘 벨 지음, 김진욱 옮김, 『자본주의의 문화적 모순』, 문학세계사, 1990).

Bell, Duncan, 'John Stuart Mill on Colonies', *Political Theory*, vol. 38, no. 1, 2010.

Bell, John D., *Peasants in Power: Alexander Stamboliski and the Bulgarian Agrarian National Union, 1899-1923*, Princeton University Press 1977.

Bellamy, Edward, *Looking Backward: From 2000 to 1887*: http://www.gutenberg.org/files/624/624-h/624-h.htm([국역] 에드워드 벨러미 지음, 김혜진 옮김, 『뒤돌아보며』,

아고라, 2014; 에드워드 벨러미 지음, 손세호 옮김, 『뒤를 돌아보면서』, 지만지, 2011).

Bender, Thomas, *A Nation among Nations*, Hill and Wang, New York 2006.

Benjamin, Walter, *On the Concept of History*, Gesammelten Schriften I:2 Suhrkamp Verlag, Frankfurt am Main 1974, Thesis 9, 1940: http://members.efn.org/~dredmond/ThesesonHistory.html([국역] 발터 벤야민 지음, 최성만 옮김, 『역사의 개념에 대하여/폭력비판을 위하여/초현실주의 외』(발터 벤야민 선집 5), 길, 2008).

Bensel, Richard F., *The Political Economy of American Industrialization, 1877-1900*, Cambridge University Press 2000.

Bentham, Jeremy, *An Introduction to the Principles of Morals and Legislation*, vol. 2, Pickering, London 1823([국역] 제러미 벤담 지음, 강준호 옮김, 『도덕과 입법의 원칙에 대한 서론』, 아카넷, 2013).

Bentley, Michael, "'Boundaries' in Theoretical Language about the British State', in Simon J. D. Green and Richard C. Whiting(eds), *The Boundaries of the State in Modern Britain*, Cambridge University Press 1996.

Bentley, Michael, *Lord Salisbury's World: Conservative Environments in Late-Victorian Britain*, Cambridge University Press 2001.

Bercken, Wil van den, *Holy Russia and Christian Europe*, SCM Press, London 1999.

Berdahl, Daphne, 'The Spirit of Capitalism and the Boundaries of Citizenship in Post-Wall Germany', *Comparative Studies in Society and History*, vol. 47, no. 2, April 2005, pp. 235-51.

Berdahl, Robert M., 'Conservative Politics and Aristocratic Landholders in Bismarckian Germany', *Journal of Modern History*, vol. 44, no. 1, March 1972, pp. 1-20.

Berdyaev, Nicolas, *The Origin of Russian Communism*, Geoffrey Bles, London 1955.

Berdyaev, Nikolai, *The Russian Idea*, Macmillan, New York 1946.

Berend, Ivan T., *An Economic History of Twentieth-Century Europe*, Cambridge University Press 2006([국역] 이반 버렌드 지음, 이헌대·김흥종 옮김, 『20세기 유럽경제사』, 대외경제정책연구원, 2008).

Berend, Iván T. and György Ránki, 'Underdevelopment in Europe in the Context of East-West Relations in the 19th Century', *Études historiques hongroises*, ed. Dezső, Nemes, Akadémiai Kiadó, Budapest 1980.

Berend, Iván T. and György Ránki, *The European Periphery and Industrialization, 1780-1914*, Cambridge University Press 1982.

Berg, Gerald M., 'Writing Ideology: Ranavalona, the Ancestral Bureaucrat', *History in Africa*, vol. 22, 1995.

Berg, Maxine, 'Britain's Asian Century: Porcelain and Global History in the Long Eighteenth Century', in *The Birth of Modern Europe: Culture and Economy,*

1400-1800. Essays in Honor of Jan de Vries, ed. Laura Cruz and Joel Mokyr, Brill, Leiden 2010.

Bergère, Marie-Claire, *Sun Yat-sen*, Fayard, Paris 1994.

Bergeron, Louis(ed.), *Les capitalistes en France(1780-1914)*, Gallimard, Paris 1978.

Berindei, Dan, 'The Nineteenth Century', in Dinu C. Giurescu and Stephen Fischer-Galați(eds), *Romania: A Historic Perspective*, East European Monographs, Boulder, CO, distributed by Columbia University Press 1998.

Berkowitz, Michael, *Zionist Culture and West European Jewry before the First World War*, Cambridge University Press 1993.

Berlanstein, Lenard R., *The Working People of Paris, 1871-1914*, Johns Hopkins University Press 1984.

Berman, Sheri E., 'Modernization in Historical Perspective: The Case of Imperial Germany', *World Politics*, vol. 53, no. 3, April 2001, pp. 431-62.

Berthe, Augustin, *Garcia Moreno, président de l'Équateur, vengeur et martyr du droit Chrétien(1821-1875)*, Retaux-Bray, Paris 1887.

Bertolissi, Sergio, *Un paese sull'orlo delle riforme. La Russia zarista dal 1861 al 1904*, Franco Angeli, Milan 1998.

Bethell, Leslie, 'Politics in Brazil: From Elections without Democracy to Democracy without Citizenship', *Daedalus*, vol. 129, no. 2, Spring 2000.

Bethell, Leslie(ed.), *The Cambridge History of Latin America*, vol. III: *From Independence to c. 1870*, Cambridge University Press 1985.

Bethell, Leslie(ed.), *The Cambridge History of Latin America*, vols IV and V: *c. 1870 to 1930*, Cambridge University Press 1986.

Bew, Paul, *Ireland: The Politics of Enmity, 1789-2006*, Oxford University Press 2007.

Bew, Paul, *Land and the National Question in Ireland, 1858-82*, Gill and Macmillan, Dublin 1978.

Biagini, Eugenio F., *Liberty, Retrenchment and Reform: Popular Liberalism in the Age of Gladstone, 1860-1880*, Cambridge University Press 1992.

Bickers, Robert, *The Scramble for China: Foreign Devils in the Qing Empire 1832-1914*, Allen Lane, London 2011.

Biraben, Jean-Noël, 'Essai sur l'évolution du nombre des hommes', *Population*, vol. 34, no. 1, January-February 1979.

Birch, Alan, *The Economic History of the British Iron and Steel Industry, 1784-1879*, Routledge, London 2005(first published in 1967).

Birnbaum, Pierre, 'Le rôle limité des Juifs dans l'industrialisation de la société française', in *Les Juifs et l'économique, miroirs et mirages*, ed. Chantal Benayoun, Alain

Médam, and Pierre-Jacques Rojtman, PUM, Toulouse 1992.

Biskupski, M. B. B., *Independence Day: Myth, Symbol, and the Creation of Modern Poland*, Oxford University Press 2012.

Bittlingmayer, George, 'Did Antitrust Policy Cause the Great Merger Wave?', *Journal of Law and Economics*, vol. 28, no. 1, April 1985, pp. 77-118.

Black, Cyril E. et al., *The Modernization of Japan and Russia: A Comparative Study*, Free Press, New York and London 1975.

Blackbourn, David, 'The Discreet Charm of the Bourgeoisie: Reappraising German History in the Nineteenth Century', in David Blackbourn and Geoff Eley, *The Peculiarities of German History: Bourgeois Society and Politics in Nineteenth-Century Germany*, Oxford University Press 1984([국역] 데이비드 블랙번·제프 일리 지음, 최용찬·정용숙 옮김, 『독일 역사학의 신화 깨뜨리기』, 푸른역사, 2007).

Blackbourn, David, *The Fontana History of Germany, 1780-1918*, Fontana Press, London 1997.

Blackburn, Robin, 'State of the Union: Marx and America's Unfinished Revolution', *New Left Review*, no. 61, January-February 2010.

Blackburn, Robin, 'The Subprime Crisis', *New Left Review*, no. 50, March-April 2008.

Blackstone, William, *Commentaries on the Laws of England*, vol. 1, New York 1827(1st edition, 1765-9).

Blanqui, Jérôme-Adolphe, *Histoire de l'économie politique en Europe depuis les anciens jusqu'à nos jours*, vol. 2, Guillaumin et Cie, Paris 1860.

Blewett, Neal, 'The Franchise in the United Kingdom 1885-1918', *Past & Present*, no. 32, December 1965.

Blobaum, Robert, 'The Politics of Antisemitism in Fin-de-Siècle Warsaw', *Journal of Modern History*, vol. 73, no. 2, June 2001.

Bloy, Marjie, 'Victorian Legislation: A Timeline': http://www.victorianweb.org/history/legist1.html.

Blum, Jerome, 'The Condition of the European Peasantry on the Eve of Emancipation', *Journal of Modern History*, vol. 46, no. 3, September 1974.

Blum, Jerome, *The End of the Old Order in Rural Europe*, Princeton University Press 1978.

Blum, Léon, 'Débat sur le budget des Colonies à la Chambre des députés, 9 juillet 1925', *Débats parlementaires, Assemblée, Session Ordinaire(30 juin-12 juillet 1925)*.

Bock, Gisela and Pat Thane(eds), *Maternity and Gender Policies: Women and the*

Rise of the European Welfare States, 1880s-1950s, Routledge, London and New York 1991.

Boldetti, Ambra, 'La repressione in Italia. Il caso del 1894', *Rivista di Storia Contemporanea*, vol. 6, no. 4, 1977.

Bolivar, Simón, *El Libertador: Writings of Simón Bolívar*, Oxford University Press 2003.

Boltanski, Luc and Ève Chiapello, *Le nouvel esprit du capitalisme*, Gallimard, Paris 1999.

Bolton, J. L. and F. G. Bruscoli, 'When did Antwerp Replace Bruges as the Commercial and Financial Centre of North-Western Europe? The Evidence of the Borromei Ledger for 1438', *The Economic History Review*, vol. 61, 2008, pp. 360-79.

Bonakdarian, Mansour, *Britain and the Iranian Constitutional Revolution of 1906-1911: Foreign Policy, Imperialism, and Dissent*, Syracuse University Press 2006.

Bonghi, Ruggiero, 'Leone XIII e il socialismo', *Nuova Antologia*, 1 June 1891: http://www.sintesidialettica.it/leggi_articolo.php?AUTH=207&ID=427&STYLE1=1.

Boniece, Sally A. 'The Spiridonova Case, 1906: Terror, Myth, and Martyrdom', in Anthony Anemone(ed.), *Just Assassins: The Culture of Terrorism in Russia*, Northwestern University Press 2010.

Bonjour, E., H. S. Offler, and G. R. Potter, *A Short History of Switzerland*, Clarendon Press, Oxford 1952.

Bonneff, Léon and Maurice, *La vie tragique des travailleurs*, EDI, Paris 1984, first published 1908.

Bonney, Richard, 'France, 1494-1815', in Richard Bonney(ed.), *The Rise of the Fiscal State in Europe, c.1200-1815*, Oxford University Press 1999.

Booth, Charles, 'Enumeration and Classification of Paupers, and State Pensions for the Aged', *Journal of the Royal Statistical Society*, vol. 54, no. 4, 1891, pp. 600-643.

Booth, Charles, *Life and Labour of the People in London*, First Series: *Poverty*, vol. 1, Macmillan, London 1902-4.

Booth, William, *In Darkest England and the Way Out*, Charles Knight & Co., London 1970, first published 1890([국역] 윌리엄 부스 지음, 구세군 문학부 옮김, 『최암흑의 영국과 그 출로』, 구세군출판부, 2009).

Borman, Tracy, *Thomas Cromwell: The Untold Story of Henry VIII's Most Faithful Servant*, Hodder & Stoughton, London 2014.

Bortolotti, Bernardo and Valentina Milella, 'Privatization in Western Europe: Stylized

Facts, Outcomes, and Open Issues', in Roland(ed.), *Privatization: Successes and Failures*.

Bouillé, Michel, 'Les congrès d'hygiène des travailleurs au début du siècle 1904-1911, *Le Mouvement Social*, no. 161, October-December 1992, pp. 43-65.

Bourdieu, Jérôme and Bénédicte Reynaud, 'Factory Discipline and Externalities in the Reduction of Working Time in the 19th Century in France', in CNRS-CEPRE-MAP, Working Paper no. 2002-08, June 2002: http://www.cepremap.cnrs.fr/couv_orange/co0208.pdf.

Bourgeois, Léon, *Solidarité*, Armand Colin, Paris 1896.

Bourguignon, François and Christian Morrisson, 'Inequality among World Citizens: 1820-1992', *American Economic Review*, vol. 92, no. 4, September 2002, pp. 727-44.

Bourke, Richard, *Empire & Revolution: The Political Life of Edmund Burke*, Princeton University Press 2015.

Boutmy, Émile, *Éléments d'une psychologie politique du peuple américain*, A. Colin, Paris 1902.

Bouvier, Jean, 'Les traits majeurs de l'impérialisme français avant 1914', *Le Mouvement Social*, no. 86, January-March 1974.

Bouvier, Jean, 'Libres propos autour d'une demarche révisionniste', in Patrick Fridenson and André Straus(eds), *Le capitalisme français 19e-20e siècle. Blocages et dynamismes d'une croissance*, Fayard, Paris 1987.

Bouvier, Jean and René Girault(eds), *L'impérialisme français d'avant 1914*, Mouton, Paris 1976.

Bowen, H. V., *The Business of Empire: The East India Company and Imperial Britain, 1756-1833*, Cambridge University Press 2006.

Boyer, John W., 'The End of an Old Regime: Visions of Political Reform in Late Imperial Austria', *Journal of Modern History*, vol. 58, no. 1, March 1986, pp. 159-93.

Boyer, John W., *Political Radicalism in Late Imperial Vienna: Origins of the Christian Social Movement, 1848-1897*, University of Chicago Press 1981.

Bramall, Chris and Peter Nolan, 'Introduction', in Xu Dixin and Wu Chengming(eds), *Chinese Capitalism, 1522-1840*.

Brandeis, Louis D., *Other People's Money and How the Bankers Use It*, Frederick A. Stokes Co., New York 1914: https://archive.org/stream/otherpeoplesmone-00bran/otherpeoplesmone00bran_djvu.txt.

Brandes, Stuart D., *American Welfare Capitalism, 1880-1940*, University of Chicago Press 1976.

Braudel, Fernand, *Civilisation matérielle, économie et capitalisme, XVe-XVIIIe siècle*, vol. 1: *Les structures du quotidien*; vol. 2: *Les jeux de l'échange*, Armand Colin, Paris 1979([국역] 페르낭 브로델 지음, 주경철 옮김, 『물질문명과 자본주의』, 1-1/1-2, 2-1/2-2, 까치, 1995-1996).

Bray, Francesca, *Technology and Gender: Fabrics of Power in Late Imperial China*, University of California Press 1997.

Brenner, Robert, 'Agrarian Class Structure and Economic Development in Pre-Industrial Europe', *Past & Present*, no. 70, February 1976.

Brenner, Robert, 'Economic Backwardness in Eastern Europe in Light of Developments in the West', in Chirot(ed.), *The Origins of Backwardness in Eastern Europe*.

Brenner, Robert, 'The Boom and the Bubble', *New Left Review*, no. 6, November-December 2000.

Brenner, Robert P., 'The Low Countries in the Transition to Capitalism', *Journal of Agrarian Change*, vol. 1, no. 2, April 2001, pp. 169-238.

Breton, Yves, 'La perception de la "grande dépression" de la fin du XIXe siècle(1873-1896) par les économistes français. Analyses et perspectives', *Économies et sociétés*, no. 8, 1993.

Brewer, John, *The Sinews of Power: War, Money and the English State, 1688-1783*, Routledge, London 1994.

Bright, John, *Speeches on Parliamentary Reform, & c. (delivered during the autumn of 1866)*, John Heywood, Manchester 1866.

Broadberry, Stephen and Alexander Klein, 'Aggregate and Per Capita GDP in Europe, 1870-2000: Continental, Regional and National Data with Changing Boundaries', *Scandinavian Economic History Review*, vol. 60, no. 1, 2012, pp. 79-107.

Broadberry, Stephen and Bishnupriya Gupta, 'The Early Modern Great Divergence: Wages, Prices and Economic Development in Europe and Asia, 1500-1800', *Economic History Review*, vol. 59, no. 1, 2006, pp. 2-31.

Brocheux, Pierre and Daniel Hémery, *Indochine: la colonisation ambiguë, 1858-1954*, La Decouverte, Paris 1995.

Broder, Albert, Gérard Chastagnaret, and Émile Temime, 'Capital et croissance dans l'Espagne du XIXème siècle', in Jean-Pierre Amalric et al., *Aux origines du retard économique de l'Espagne, XVIe-XIXe siècles*, CNRS, Paris 1983.

Brook, Timothy, *The Confusions of Pleasure: Commerce and Culture in Ming China*, University of California Press 1999([국역] 티모시 브룩 지음, 강인황·이정 옮김, 『쾌락의 혼돈』, 이산, 2005).

Brown, Gordon, Mansion House Speech, 22 June 2006: https://www.theguardian.com/

business/2006/jun/22/politics.economicpolicy.

Browne, Edward G., *The Persian Revolution of 1905-1909*, Cambridge University Press 1910.

Brownlee, W. Elliot, *Federal Taxation in America: A Short History*, Cambridge University Press 1996.

Brunschwig, Henri, *Mythes et réalités de l'impérialisme colonial français, 1871-1914*, Colin, Paris 1960.

Bryan, William Jennings, *Letters to a Chinese Official*, McClure, Phillips and Co., New York 1906.

Bryan, William Jennings, *The First Battle: A Story of the Campaign of 1896*, 2 vols, Kennikat Press, New York 1971(originally published 1896).

Bryant, Joseph M., 'The West and the Rest Revisited: Debating Capitalist Origins, European Colonialism, and the Advent of Modernity', *Canadian Journal of Sociology*, vol. 31, no. 4, Autumn 2006, pp. 403-44.

Bull, Malcolm, 'The Decline of Decadence', *New Left Review*, no. 94, July-August 2015.

Bulmer-Thomas, Victor, *The Economic History of Latin America since Independence*, Cambridge University Press 2003.

Bunge, Nicholas Khristianovich, *The Years 1881-1894 in Russia: A Memorandum Found in the Papers of N. Kh. Bunge. A Translation and Commentary*, ed. George E. Snow, in *Transactions of the American Philosophical Society*, vol. 71, part 6, Philadelphia, PA 1981.

Burawoy, Michael, 'Karl Marx and the Satanic Mills: Factory Politics under Early Capitalism in England, the United States, and Russia', *American Journal of Sociology*, vol. 90, no. 2, September 1984, pp. 247-82.

Buret, Eugène, *De la misère des classes laborieuses en Angleterre et en France*, 2 vols, Paulin, Paris 1840.

Burke, Edmund, *Reflections on the Revolution in France*, Apollo Press, London 1814: http://books.google.co.uk/books?id=Y1wIAAAAQAAJ&printsec=frontcover&d-q=burke+reflections+on+the+revolution+in+france&hl=en&sa=X&ei=LB3nUPy-bAYa-0QXPwYGQAg&ved=0CDwQ6AEwAQ#v=onepage&q=improvement%20 of%20nations%20&f=false([국역] 에드먼드 버크 지음, 이태숙 옮김, 『프랑스혁명에 관한 성찰』, 한길사, 2017).

Burke, Edmund, T*houghts and Details on Scarcity, originally presented to the Right Hon. William Pitt, in the month of November 1795*, F. and C. Rivington, London 1800: https://archive.org/stream/thoughtsanddeta00pittgoog#page/n5/ mode/2up.

Buruma, Ian and Avishai Margalit, *Occidentalism: A Short History of Anti-Westernism*, Atlantic Books, London 2004([국역] 이안 부루마·아비샤이 마갈릿 지음, 송충기 옮김, 『옥시덴탈리즘』, 민음사, 2007).

Bury, J. P. T., *Gambetta's Final Years: 'The Era of Difficulties', 1877-1882*, Longman, London 1982.

Busino, Giovanni, 'Vilfredo Pareto sociologo della borghesia e dello sviluppo capitalistico?', *Rivista Storica Italiana*, vol. 83, no. 2, June 1971.

Cafagna, Luciano and Nicola Crepax(eds), *Atti di intelligenza e sviluppo economico. Saggi per il bicentenario della nascita di Carlo Cattaneo*, Il Mulino, Bologna 2001.

Cain, Peter, 'J. A. Hobson, Financial Capitalism and Imperialism in Late Victorian and Edwardian England', *Journal of Imperial and Commonwealth History*, vol. 13, no. 3, May 1985.

Cain, Peter, 'Political Economy in Edwardian England: The Tariff-Reform Controversy', in Alan O'Day(ed.), *The Edwardian Age: Conflict and Stability, 1900-1914*, Macmillan, London 1979.

Cain, Peter J., 'Variations on a Famous Theme: Hobson, International Trade and Imperialism, 1902-1938', in Michael Freeden(ed.), *Reappraising J. A. Hobson*, Unwin Hyman, London 1990.

Cain, Peter J., 'Was it Worth Having? The British Empire, 1850-1950', *Revista de Historia Económica*, vol. 16, no. 1, Winter 1998.

Cain, Peter J. and A. G. Hopkins, *British Imperialism: Innovation and Expansion, 1688-1914*, Longman, London 1993.

Calder, Loren David, *The Political Thought of Yu. F. Samarin, 1840-1864*, Garland, New York 1987.

Calhoun, Charles W.(ed.), *The Gilded Age*, Rowman & Littlefield, Lanham, MD 2007.

Cameron, Rondo, with Olga Crisp et al., *Banking in the Early Stages of Industrialization*, Oxford University Press 1967.

Candeloro, Giorgio, *Il movimento cattolico in Italia*, Riuniti, Rome 1982.

Candeloro, Giorgio, *Storia dell'Italia moderna, vol. 6: Lo sviluppo del capitalismo e del movimento operaio 1871-1896*, Feltrinelli, Milan 1978.

Cannadine, David, *Ornamentalism: How the British Saw their Empire*, Penguin, London 2002.

Cantoni, Davide, 'The Economic Effects of the Protestant Reformation: Testing the Weber Hypothesis in the German Lands', *Journal of the European Economic Association*, vol. 13, no. 4, August 2015.

Carlson, W. Bernard, 'Technology and America as a Consumer Society, 1870-1900', in Calhoun(ed.), *The Gilded Age*.

Carlton, David L., *Mill and Town in South Carolina 1880-1920*, Louisiana State University Press 1982.

Carlyle, Thomas, 'Signs of the Times', in *The Collected Works*, vol. III, Chapman and Hall, London 1858.

Carnegie, Andrew, 'Wealth', *North American Review*, no. 148, June 1889.

Carney, Judith A., *Black Rice: The African Origins of Rice Cultivation in the Americas*, Harvard University Press 2001.

Caron, François, 'Dynamismes et freinages de la croissance industrielle', in Fernand Braudel and Ernest Labrousse(eds), *Histoire économique et sociale de la France*, Tome IV: *L'ère industrielle et la société d'aujord'hui(siecle 1880-1980)*, vol. 1, Presses Universitaires de France, Paris 1979.

Caron, François, 'Essai d'analyse historique d'une psychologie du travail. Les mécaniciens et chauffeurs de locomotives du réseau du Nord de 1850 à 1910', *Le Mouvement Social*, no. 50, January-March 1965.

Carozzi, Carlo, 'Le abitazioni nei capoluoghi di provincia italiani intorno al 1880: alla ricerca di alcune differenze tra Nord e Sud', in Andreina De Clementi(ed.), *La società inafferrabile*, Edizioni Lavoro, Rome 1986.

Carreras, Albert, 'What Can We Learn from Long-Term Spanish Economic Performance?', in Pablo Martín-Aceña and James Simpson(eds), *The Economic Development of Spain since 1870*, Elgar, Aldershot 1995.

Carter, Jimmy, Inaugural Address, 20 January 1977: http://www.presidency.ucsb.edu/ws/?pid=6575.

Castel, Robert, *Les métamorphoses de la question sociale. Une cronique du salariat*, Fayard, Paris 1995.

Castells, Manuel, *The Rise of the Network Society*, vol. 1 of *The Information Age*, Blackwell, Oxford 1996([국역] 마누엘 카스텔 지음, 김묵한·박행웅·오은주 옮김, 『네트워크 사회의 도래』, 한울, 2014).

Castillo, Greg, 'Domesticating the Cold War: Household Consumption as Propaganda in Marshall Plan Germany', *Journal of Contemporary History*, vol. 40, no. 2, 2005, pp. 261-88.

Castles, Stephen and Mark J. Miller, *The Age of Migration: International Population Movements in the Modern World*, Palgrave, Basingstoke 2003([국역] 스티븐 카슬·마크 J. 밀러 지음, 한국이민학회 옮김, 『이주의 시대』, 일조각, 2013).

Cattaneo, Carlo, *Scritti filosofici*, vol. 1, ed. Norberto Bobbio, Felice Le Monnier, Florence 1960.

Cépède, Frédéric, 'Les socialistes français et l'encyclique *Rerum Novarum*', in *Rerum Novarum. Écriture, contenu et réception d'une encyclique*, École Française de Rome, 1997.

Challemel-Lacour, Paul, 'Hommes d'état en Angleterre: William Ewart Gladstone', *Revue des deux mondes*, 1 July 1870.

Chamberlain, Joseph, *Foreign and Colonial Speeches*, Routledge and Sons, Manchester and London 1897.

Chamberlain, Joseph, *Mr. Chamberlain's Speeches*, vol. 1, ed. Charles W. Boyd, Constable, London 1914.

Chan, Jenny, Ngai Pun, and Mark Selden, 'Labour Protests and Trade Union Reforms in China', in Jan Drahokoupil, Rutvica Andrijasevic, and Devi Sacchetto(eds), *Flexible Workforces and Low Profit Margins: Electronics Assembly between Europe and China*, ETUI(Europe Trade Union Institute), Brussels 2016.

Chan, Kenneth S. and Jean-Pierre Laffargue, 'Foreign Threats, Technological Progress and the Rise and Decline of Imperial China', *Pacific Economic Review*, vol. 17, no. 2, 2012, pp. 280-303.

Chan, Wellington K. K., 'Government, Merchants and Industry to 1911', in Fairbank and Liu(eds), *The Cambridge History of China*, vol. 11: *Late Ch'ing, 1800-1911*, part 2([국역] 존 킹 페어뱅크·류광징 엮음, 김한식·김종건 옮김, 『케임브리지 중국사』 11(하), 새물결, 2007).

Chandler, Alfred D., Jr., *The Visible Hand: The Managerial Revolution in American Business*, Harvard University Press 1977([국역] 알프레드 챈들러 지음, 신해경·김두얼·임효정 옮김, 『보이는 손』 1·2, 지만지, 2014).

Chandler, Tertius, *Four Thousand Years of Urban Growth*, St David's University Press 1987.

Chang, Hao, 'Intellectual Change and the Reform Movement, 1890-8', in Fairbank and Liu(eds), *The Cambridge History of China*, vol. 11: *Late Ch'ing, 1800-1911*, part 2.

Chary, Frederick B., 'Agrarians, Radicals, Socialists, and the Bulgarian Peasantry: 1899-1905', in Volgyes(ed.), *The Peasantry of Eastern Europe*, vol. 1.

Chastenet, Jacques, *Histoire de la Troisième République. L'enfance de la troisième, 1870-1879*, Hachette, Paris 1952.

Chaumel, Guy, *Histoire des cheminots et de leurs syndicats*, Rivière, Paris 1948.

Chaunu, Pierre, *Histoire, science sociale. La durée, l'espace et l'homme à l'époque moderne*, SEDES, Paris 1974.

Chen, Liyan, 'How Uber Surpasses Ford and GM in Valuation in 5 Years', *Forbes Magazine*, December 2015: http://www.forbes.com/sites/liyanchen/2015/12/04/at-68-billion-valuation-uber-will-be-bigger-than-gm-ford-andhonda/#3fff593c5858.

Chernow, Ron, *Titan: The Life of John D. Rockefeller, Sr.*, Little, Brown and Co., New York 1998([국역] 론 처노 지음, 안진환·박아람 옮김,『부의 제국, 록펠러』1·2, 21세기 북스, 2010).

Chernyshevski, Nikolai(Nikolaï G. Tchernuishevsky), *A Vital Question; or, What Is To Be Done?*, trans. N. Haskell Dole and S. S. Skidelsky, Crowell, New York 1886([국역] 니꼴라이 체르니셰프스키 지음, 서정록 옮김,『무엇을 할 것인가』상·하, 열 린책들, 2009).

Chernyshevski, Nikolai, *Critique of Philosophical Prejudices against Communal Ownership*(1859), in Teodor Shanin(ed.), *Late Marx and the Russian Road: Marx and 'the peripheries of capitalism'*, Monthly Review Press, New York 1983.

Chesnais, Jean-Claude, *La transition démographique. Trente ans de bouleversements(1965-1995)*, Les dossiers du CEPED, no. 34, October 1995.

Chevalier, Louis, *Classes laborieuses et classes dangereuses à Paris pendant la première moitié du XIXe siècle*, Perrin, Paris 2002, first published 1958.

Cheysson, Émile, *La crise du revenue et la loi du travail*, Comité de défense et de progrès social, Paris 1898.

Chiarini, Roberto, 'Ambizioni e difficoltà di un progetto riformatore', in Roberto Chiarini(ed.), *Alle origini dell'età giolittiana*, Marsilio, Venice 2003.

Chicherin, Boris, *Liberty, Equality, and the Market: Essays by B. N. Chicherin*, ed. and trans. G. M. Hamburg, Yale University Press 1998.

Chirac, Auguste, *Les rois de la république. Histoire de Juiveries*, Dentu, Paris 1888.

Chirot, Daniel, *Social Change in a Peripheral Society: The Creation of a Balkan Colony*, Academic Press, New York 1976.

Chirot, Daniel(ed.), *The Origins of Backwardness in Eastern Europe: Economics and Politics from the Middle Ages until the Early Twentieth Century*, University of California Press 1989.

Chirot, Daniel and Charles Ragin, 'The Market, Tradition and Peasant Rebellion: The Case of Romania in 1907', *American Sociological Review*, vol. 40, no. 4, August 1975.

Chiswick, Barry R. and Timothy J. Hatton, 'International Migration and the Integration of Labor Markets', in Michael D. Bordo, Alan M. Taylor, and Jeffrey G. Williamson(eds), *Globalization in Historical Perspective*, University of Chicago Press

2003.

Chlepner, B. S., *Cent ans d'histoire sociale en Belgique*, ULB, Brussels 1958.

Chombart de Lauwe, Paul-Henry, *La vie quotidienne des familles ouvrières*, CNRS, Paris 1977(first published 1956).

Chun, Lin, The *Transformation of Chinese Socialism*, Duke University Press 2006.

Chung, Sue Fawn, 'The Much Maligned Empress Dowager: A Revisionist Study of the Empress Dowager Tz'u-hsi(1835-1908)', *Modern Asian Studies*, vol. 13, no. 2, 1979.

Churchill, Ward, *A Little Matter of Genocide: Holocaust and Denial in the Americas 1492 to the Present*, City Lights Books, San Francisco, CA 1997.

Churchill, Winston, *Liberalism and the Social Problem*, Hodder and Stoughton, London 1909: http://www.gutenberg.org/files/18419/18419-h/18419-h.htm.

CIA, *World Factbook*, https://www.cia.gov/library/publications/the-world-factbook.

Citron, Suzanne, *Le mythe national: l'histoire de France revisitée*, Éditions de l'Atelier, Ivry-sur-Seine 2008.

Clarence-Smith, Gervase, *The Third Portuguese Empire, 1825-1975: A Study in Economic Imperialism*, Manchester University Press 1985.

Clark, Christopher, *The Sleepwalkers: How Europe Went to War in 1914*, Allen Lane, London 2012([국역] 크리스토퍼 클라크 지음, 이재만 옮김, 『몽유병자들』, 책과함께, 2019).

Clark, Gregory and Robert C. Feenstra, 'Technology in the Great Divergence', in Michael D. Bordo, Alan M. Taylor, and Jeffrey G. Williamson(eds), *Globalization in Historical Perspective*, University of Chicago Press 2003.

Clark, Samuel, 'Nobility, Bourgeoisie and the Industrial Revolution in Belgium', *Past and Present*, no. 105, November 1984, pp. 140-75.

Clay, Karen and Werner Troesken, 'Did Frederick Brodie Discover the World's First Environmental Kuznets Curve? Coal Smoke and the Rise and Fall of the London Fog', in *The Economics of Climate Change: Adaptations Past and Present*, ed. Gary D. Libecap and Richard H. Steckel, University of Chicago Press 2011.

Clayton, Paul and Judith Rowbotham, 'How the Mid-Victorians Worked, Ate and Died', *International Journal of Environmental Research and Public Health*, vol. 6, no. 3, 2009, pp. 1,235-53.

Clegg, H. A., Alan Fox and A. F. Thompson, *A History of British Trade Unions since 1889*, vol. 1: *1889-1910*, Clarendon Press, Oxford 1964.

Clendenning, P. H., 'The Economic Awakening of Russia in the Eighteenth Century', *Journal of European Economic History*, vol. 14, no. 3, Winter 1985.

Clinton, William J., Address Before a Joint Session of the Congress on the State of the Union, 23 January 1996: http://www.presidency.ucsb.edu/ws/?pid=53091.

Cobbett, William, *Manchester Lectures*, 1832: http://books.google.com/books?id=HLouAAAAMAAJ&pg=PR3&source=gbs_selected_pages&cad=3#v=onepage&q&f=false.

Cobden, Richard, *Speeches on Questions of Public Policy*: http://www.econlib.org/library/YPDBooks/Cobden/cbdSPP.html.

Cohen, Mark R., 'Medieval Jewry in the World of Islam', in *The Oxford Handbook of Jewish Studies*, ed. Martin Goodman, Jeremy Cohen, and David Jan Sorkin, Oxford University Press 2002.

Cohen, Nancy, *The Reconstruction of American Liberalism, 1865-1914*, University of North Carolina Press 2002.

Cohen, William B., 'The Lure of Empire: Why Frenchmen Entered the Colonial Service', *Journal of Contemporary History*, vol. 4, no. 1, 1969.

Cohn, Samuel Kline, Jr., *The Laboring Classes in Renaissance Florence*, Academic Press, New York 1980.

Cole, Juan R. I., *Colonialism and Revolution in the Middle East: Social and Cultural Origins of the 'Urabi Movement*, American University in Cairo Press, Cairo 1999.

Coleridge, Samuel Taylor, *Specimens of the Table Talk of the Late Samuel Taylor Coleridge*, vol. 2, John Murray, London 1835: http://archive.org/stream/specimensoftable02cole#page/n5/mode/2up.

Colgrove, James, 'The McKeown Thesis: A Historical Controversy and its Enduring Influence', *American Journal of Public Health*, vol. 92, no. 5, May 2002, pp. 725-9: http://www.ncbi.nlm.nih.gov/pmc/articles/PMC1447153/.

Collier, Paul and Anke Hoeffler, 'Greed and Grievance in Civil War', *Oxford Economic Papers*, no. 56, 2004.

Collini, Stefan, 'The Idea of "Character" in Victorian Political Thought', *Transactions of the Royal Historical Society*, vol. 35, 1985.

Collini, Stefan, *Liberalism and Sociology: L. T. Hobhouse and Political Argument in England, 1880-1914*, Cambridge University Press 1979.

Collins, E. J. T., 'Why Wheat? Choice of Food Grains in Europe in the Nineteenth and Twentieth Centuries', *Journal of European Economic History*, vol. 22, no. 1, 1993.

Conde, Roberto Cortes, 'The Growth of the Argentine economy c. 1870-1914', in Bethell(ed.), *The Cambridge History of Latin America*, vol. V.

Condorcet, Marquis de, *Esquisse d'un tableau historique des progrès de l'esprit humain*, ed. Oliver H. Prior, Vrin, Paris 1970.

Connor, Tim and Kelly Dent, *Offside! Labour Rights and Sportswear Production in Asia*, Oxfam 2006.

Conservative and Unionist Party, *Manifesto 2017, Forward Together: Our Plan for a Stronger Britain and a Prosperous Future*.

Constant, Benjamin, 'Principes de politique', in *Écrits politiques*, Gallimard, Paris 1997.

Conte, Giampaolo and Gaetano Sabatini, 'The Ottoman External Debt and its Features under European Financial Control(1881-1914)', *Journal of European Economic History*, vol. 43, no. 3, 2014.

Cook, Chris, *The Routledge Companion to Britain in the Nineteenth Century*, Routledge, London 2005.

Cookey, Sylvanus, *King Jaja of the Niger Delta: His Life and Times, 1821-1891*, NOK publishers, New York 1974.

Coolidge, Archibald Cary, *The United States as a World Power*, Macmillan, New York 1908.

Cooper, John Milton, Jr., *Pivotal Decades: The United States, 1900-1920*, Norton, New York 1990.

Copeland, Dale C., *Economic Interdependence and War*, Princeton University Press 2015.

Coppa, Frank J., 'Economic and Ethical Liberalism in Conflict: The Extraordinary Liberalism of Giovanni Giolitti', *Journal of Modern History*, vol. 42, no. 2, June 1970.

Cornet, Christine, *État et entreprises en Chine XIXe-XXe siècles. Le chantier naval de Jiangnan, 1865-1937*, Éditions Arguments, Paris 1997.

Cortés, Juan Donoso, *Essay on Catholicism, Liberalism, and Socialism Considered in their Fundamental Principles*, J. B. Lippincott & Co., Philadelphia, PA 1862.

Costantini, Dino, *Una malattia europea. Il 'nuovo discorso coloniale' francese e i suoi critici*, Pisa University Press 2006.

Costantini, Massimo, *L'albero della libertà economica. Il processo di scioglimento delle corporazioni veneziane*, Arsenale, Venice 1987.

Coyle, Diane, *GDP: A Brief but Affectionate History*, Princeton University Press 2014.

Crafts, N. F. R., 'Gross National Product in Europe 1870-1910: Some New Estimates', *Explorations in Economic History*, vol. 20, no. 4, October 1983.

Craig, F. W. S., *British Electoral Facts: 1832-1987*, Parliamentary Research Services, Darmouth 1989.

Craig, Gordon A., *Germany 1866-1945*, Oxford University Press 1981.

Crainz, Guido, *Padania. Il mondo dei braccianti dall'Ottocento alla fuga dalle campagne*, Donzelli, Rome 1994.

Crawcour, E. Sidney, 'The Tokugawa Heritage', in Lockwood(ed.), *The State and Economic Enterprise in Japan.*

Creel, H. G., 'The Beginnings of Bureaucracy in China: The Origin of the Hsien', *Journal of Asian Studies*, vol. 23, no. 2, February 1964.

Crepax, Nicola, 'Tradizione Lombarda, industria tessile e sviluppo economico', in Cafagna and Crepax(eds), *Atti di intelligenza e sviluppo economico.*

Crisp, Olga, *Studies in the Russian Economy before 1914*, Macmillan, London 1976.

Crispi, Francesco, *Carteggi politici inediti di Francesco Crispi(1860-1900)*, ed. Tommaso Palamenghi-Crispi, L'Universelle imprimerie polyglotte, Rome 1912: https://archive.org/stream/carteggipolitici00cris/carteggipolitici00cris_djvu.txt.

Crook, J. Mordaunt, *The Rise of the Nouveaux Riches*, John Murray, London 1999.

Crook, Malcolm and Tom Crook, 'L'isoloir universel? La globalisation du scrutin secret au XIXe siècle', *Revue d'histoire du XIXe siècle*, no. 43, 2011.

Crosby, Alfred W., Jr., *The Columbian Exchange: Biological and Cultural Consequences of 1492*, Praeger, Westport, CT 2003(first published 1972)([국역] 앨프리드 W. 크로스비 지음, 김기윤 옮김, 『콜럼버스가 바꾼 세계』, 지식의숲, 2006).

Cross, Gary, *A Quest for Time: The Reduction of Work in Britain and France, 1840-1940*, University of California Press 1989.

Crossley, Pamela Kyle, *Orphan Warriors: Three Manchu Generations and the End of the Qing World*, Princeton University Press 1990.

Crossley, Pamela Kyle, *The Wobbling Pivot: China since 1800*, Wiley-Blackwell, Oxford 2010.

Crouch, Colin, 'A Third Way in Industrial Relations?', in Stuart White(ed.), *New Labour: The Progressive Future?* Palgrave Macmillan, London 2001.

Crouch, Colin, *Industrial Relations and European State Traditions*, Clarendon Press, Oxford 1993.

Crouch, Colin, *The Strange Non-Death of Neoliberalism*, Polity, Cambridge 2011([국역] 콜린 크라우치 지음, 유강은 옮김, 『왜 신자유주의는 죽지 않는가』, 책읽는수요일, 2012).

Cunningham, William, 'Nationalism and Cosmopolitanism in Economics', *Journal of the Royal Statistical Society*, vol. 54, no. 4, December 1891, pp. 644-62.

Curti, Merle and Kendall Birr, 'The Immigrant and the American Image in Europe, 1860-1914', *Mississippi Valley Historical Review*, vol. 37, no. 2, September 1950, pp. 203-30.

Cynamon, Barry Z. and Steven M. Fazzari, 'Inequality, the Great Recession and Slow Recovery', *Cambridge Journal of Economics*, vol. 40, no. 2, March 2016.

D'Azeglio, Massimo, *I miei ricordi*, G. Barbèra, Florence 1891(first published 1867).

d'Estournelles de Constant, Paul, *La conquête de la Tunisie*, Sfar, Paris 2002.

D'Ideville, (Comte) Henri, *Le maréchal Bugeaud, d'après sa correspondance intime, et des documents inédits, 1784-1849*, vol. 2, Firmin-Didot, Paris 1881.

Da Costa, Emilia Viotti, 'Brazil: The Age of Reform, 1870-1889', in Bethell(ed.), *The Cambridge History of Latin America*, vol. V.

Dahrendorf, Ralf, *Society and Democracy in Germany*, Weidenfeld and Nicolson, London 1967([국역] 랄프 다렌도르프 지음, 이종수 옮김, 『분단독일의 정치사회학』, 한길사, 1986).

Dalla Vecchia, Giovanni, 'The Revolt in Italy', *Contemporary Review*, vol. 74, July 1898.

Dallenne, Pierre, Alain Nonjon, and Cedric Tellenne(eds), *De l'internationalisation à la globalisation*, Ellipses, Paris 2007.

Daniel, Jean-Marc, *Histoire vivante de la pensée économique: Des crises et des hommes*, Pearson, Paris 2010.

Danilevskij, Nikolaj, *La doctrine panslaviste d'après N. J. Danilewsky*(including *La Russie et l'Europe*, based on the 4th edition, St Petersburg, 1889), ed. J. J. Skupiewski, Bureaux de la Liberté Roumaine, Bucharest, 1890(an abridged version of the original).

Dardot, Pierre and Christian Laval, *La nouvelle raison du monde. Essai sur la société néolibérale*, La Découverte, Paris 2009.

Darwin, John, *The Empire Project: The Rise and Fall of the British World System, 1830-1970*, Cambridge University Press 2009.

Daumard, Adeline, 'Puissance et inquiétudes de la société bourgeoise', in Fernand Braudel and Ernest Labrousse(eds), *Histoire économique et sociale de la France*, Tome IV: *L'ère industrielle et la société d'aujourd'hui(siècle 1880-1980)*, vol. 1, Presses Universitaire de France, Paris 1979.

Daunton, Martin, 'Creating Consent: Taxation, War, and Good Government in Britain, 1688-1914', in Sven H. Steinmo(ed.), *The Leap of Faith: The Fiscal Foundations of Successful Government in Europe and America*, Oxford University Press 2018.

Daunton, Martin J., '"Gentlemanly Capitalism" and British Industry 1820-1914', *Past & Present*, no. 122, February 1989.

Daunton, Martin J., 'Trusting Leviathan: The Politics of Taxation, 1815-1914', in Winch and O'Brien(eds), *The Political Economy of British Historical Experience*,

1688-1914.

Daunton, Martin J., *Royal Mail: The Post Office since 1840*, Bloomsbury, London 2015.

Daunton, Martin J.(ed.), *Housing the Workers, 1850-1914: A Comparative Perspective*, Leicester University Press 1990.

Davidoff, Leonore, 'Mastered for Life: Servant and Wife in Victorian and Edwardian England', *Journal of Social History*, vol. 7, no. 4, Summer 1974.

Davies, Norman, *God's Playground: A History of Poland*, vol. 1: *The Origins to 1795*, and vol. 2: *1795 to the Present*, Clarendon Press, Oxford 1981.

Davis, Jennifer, 'From "Rookeries" to "Communities": Race, Poverty and Policing in London, 1850-1985', *History Workshop Journal*, vol. 27, no. 1, 1989.

Davis, Lance E. and Robert A. Huttenback, *Mammon and the Pursuit of Empire: The Economics of British Imperialism*, Cambridge University Press 1988.

Davis, Mike, *Late Victorian Holocausts: El Niño Famines and the Making of the Third World*, Verso Books, London 2001([국역] 마이크 데이비스 지음, 정병선 옮김, 『엘니뇨와 제국주의로 본 빈곤의 역사』, 이후, 2008).

Dawson, William Harbutt, *Bismarck and State Socialism: An Exposition of the Social and Economic Legislation of Germany since 1870*, Swan Sonnenschein & Co., London 1890.

de Groot, Joanna, 'Metropolitan Desires and Colonial Connections: Reflections on Consumption and Empire', in Hall and Rose(eds), *At Home with the Empire*.

de Molinari, Gustave, 'De la production de la sécurité', *Journal des économistes*, 15 February 1849: http://www.panarchy.org/molinari/securite.html.

de Mun, Albert, *Discours*, Tome 3, Poussielgue, Paris 1888-95.

de Staël, Germaine, *Considérations sur les principaux événements de la Révolution française, depuis son origine jusques et compris le 8 juillet 1815*, vol. 3, J.-A. Latour, Liège 1818.

de Vries, Jan and Ad van der Woude, *The First Modern Economy: Success, Failure, and Perseverance of the Dutch Economy, 1500-1815*, Cambridge University Press 1997.

Deane, Phyllis and W. A. Cole, *British Economic Growth, 1688-1959: Trends and Structure*, Cambridge University Press 1967.

Deaton, Angus, *The Great Escape: Health, Wealth, and the Origins of Inequality*, Princeton University Press 2013([국역] 앵거스 디턴 지음, 최윤희·이현정 옮김, 『위대한 탈출』, 한국경제신문, 2015).

Debaenst, Bruno, 'Belgian Social Law and its Journals: A Reflected History', in *C@hiers du CRHIDI*, vol. 37, 2015: http://popups.ulg.ac.be/1370-2262/index.

php?id=183.

Debs, Eugene V., Campaign Speech, Lyceum Theatre, Fergus Falls, Minnesota, 27 August 1912: https://www.marxists.org/archive/debs/works/1912/1912-capsoc. htm.

Debuisson, Marc, 'The Decline of Infant Mortality in the Belgian Districts at the Turn of the 20th Century', *Journal of Belgian History*, vol. 31, nos 3-4, 2001.

Defoe, Daniel, *A Tour Thro' the Whole Island of Great Britain: Divided into Circuits or Journeys*, S. Birt, T. Osborne et al., London 1748(first published 1724).

Defuisseaux, Alfred, 'Le catéchisme du peuple', 1886: http://users.skynet.be/roger.romain/Defuisseaux.html.

Del Bo, Dino(ed.), *I cattolici italiani di fronte al socialismo*, edizioni Cinque Lune, Rome 1956.

Del Panta, Lorenzo, 'Mortalité infantile et post-infantile en Italie du XVIIIe au XXe siècle: tendances à long terme et différences régionales', *Annales de démographie historique*, 1994.

Delaet, Jean-Louis, 'Les émeutes de mars 1886 au Pays de Charleroi', in *Fourmies et les premier mai*, ed. Madeleine Reberioux, Editions Ouvrieres, Paris 1994.

Delalande, Nicolas, 'Le consentement à l'impôt en France: les contribuables, l'administration et le problème de la confiance. Une étude de cas en Seine-et-Oise (années 1860-années 1930)', *Revue d'histoire moderne et contemporaine*, vol. 56, no. 2, April-June 2009, pp. 135-63.

Delalande, Nicolas, *Les batailles de l'impôt: Consentement et résistance de 1789 a nos jours*, Seuil, Paris 2011.

Dell, Fabien, 'Top Incomes in Germany Throughout the Twentieth Century: 1891-1998', in A. B. Atkinson and Thomas Piketty(eds), *Top Incomes over the Twentieth Century: A Contrast Between European and English-Speaking Countries*, Oxford University Press 2007.

Demo, Edoardo, 'Le manifatture tra medioevo ed età moderna', in *L'industria vicentina dal medioevo a oggi*, ed. Giovanni Luigi Fontana, CLEUP, Padua 2004.

Denis, Hector, *La dépression économique et sociale et l'histoire des prix*, Huysmans, Brussels 1895.

Département des études, de la prospective et des statistiques(French Government), *Cultures croisées. Références interculturelles des Allemands, des Italiens et des Français*, November 2008: http://www.culture.gouv.fr/depsculteuturdees.

Derfler, Leslie, *Alexandre Millerand: The Socialist Years*, Mouton, The Hague 1977.

Deringil, Selim, *The Well-Protected Domains: Ideology and the Legitimation of Power in the Ottoman Empire, 1876-1909*, I. B. Tauris, London and New York 1998.

Dertilis, Georges B., 'Réseaux de crédit et stratégies du capital', in Georges B. Dertilis(ed.), *Banquiers, usuriers et paysans. Réseaux de crédit et stratégies du capital en Grèce(1780-1930)*, La Découverte, Paris 1988.

Descours-Gatin, Chantal, *Quand l'opium finançait la colonisation en Indochine*, L'Harmattan, Paris 1992.

Desolre, Guy, 'Un siècle de premiers mai et de réduction du temps de travail', in Van der Vorst(ed.), *Cent ans de droit social belge*.

Deutsch, Karl W., *Nationalism and Social Communication*, MIT and Wiley, New York 1953.

Dewerpe, Alain, *Le monde du travail en France, 1800-1950*, Armand Colin, Paris 1998.

Dicey, A. V., *Introduction to the Study of the Law of the Constitution*, Macmillan, London 1889.

Dicey, A .V., *Lectures on the Relation between Law and Public Opinion in England during the Nineteenth Century*, Macmillan, London 1962(based on his 1898 lectures at the Harvard Law School, elaborated and published in 1905).

Dickens, Charles, *The Letters of Charles Dickens*, vol. 8, Clarendon Press, Oxford 2006.

Didion, Joan, *Slouching towards Bethlehem*, Burning Man Books, Seattle 2009.

Digby, William, *'Prosperous' British India: A Revelation from Official Records*, T. Fisher Unwin, London 1901.

Diner, Hasia R., *Hungering for America: Italian, Irish, and Jewish Foodways in the Age of Migration*, Harvard University Press 2002.

Diner, Steven J., *A Very Different Age: Americans of the Progressive Era*, Hill and Wang, New York 1998.

Ding, X. L., *The Decline of Communism in China: Legitimacy Crisis 1977-1989*, Cambridge University Press 1994.

Diogenes Laertius, *Lives of Eminent Philosophers*, trans. R. D. Hicks, vol. 2, Heinemann, London and New York 1925([국역] 디오게네스 라에르티오스 지음, 전양범 옮김, 『그리스철학자열전』, 동서문화사, 2008).

Disraeli, Benjamin(Lord Beaconsfield), *Selected Speeches*, ed. T. E. Kebbel, 2 vols, Longmans, Green and Co., London 1882.

Disraeli, Benjamin, *Sybil, or The Two Nations*, Penguin, London 1980.

Disraeli, Benjamin, *The Letters of Disraeli to Lady Chesterfield and Lady Bradford*, vol. 1, Appleton and Co., New York 1929: https://ia800302.us.archive.org/14/items/lettersofdisrael009336mbp/lettersofdisrael009336mbp.pdf.

Dmowski, Roman, *La question polonaise*, Armand Colin, Paris 1909.

Dore, R. P., 'Talent and the Social Order in Tokugawa Japan', *Past & Present*, no. 21, April 1962.

Doriot, Jacques, *Les colonies et le communisme*, Éditions Montaigne, Paris 1929.

Dostoyevsky, Fyodor, *The Devils*, trans. Michael R. Katz, Oxford University Press 2008([국역] 표도르 도스토예프스키 지음, 김연경 옮김,『악령』상·중·하, 열린책들, 2009).

Dostoyevsky, Fyodor, *The Diary of a Writer*, Ianmead, Haslemere 1984([국역] 표도르 도스토예프스키 지음, 이길주 옮김,『작가의 일기』, 지만지, 2012).

Dowler, Wayne, *Russia in 1913*, Northern Illinois University Press 2010.

Doyle, Peter, '"Nothing New and Nothing True": Some Socialist Reactions to *Rerum Novarum*', in *Rerum Novarum. Écriture, contenu et réception d'une encyclique*, École Française de Rome, 1997.

Drake, Paul W., *Between Tyranny and Anarchy: A History of Democracy in Latin America, 1800-2006*, Stanford University Press 2009.

Drapac, Vesna, 'Christians and Conservatives in Twentieth-Century France', *Historical Journal*, vol. 39, no. 3, 1996.

Drumont, Édouard, *La France juive*, vol. 1, Éditions du Trident, La Librairie Française, Paris 1986.

Du Bois, W. E. B., *Black Reconstruction in America*, Albert Saifer, Philadelphia, PA 1935.

Du Camp, Maxime, *Expédition des Deux-Siciles*, Calmann Lévy, Paris 1881(first published 1861).

Duara, Prasenjit, *Culture, Power, and the State: Rural North China, 1900-1942*, Stanford University Press 1988.

Duclert, Vincent, *Jaurès 1859-1914. La politique et la légende*, Éditions Autrement, Paris 2013.

Dudden, Alexis, *Japan's Colonization of Korea: Discourse and Power*, University of Hawai'i Press 2005([국역] Alexis Dudden 지음, 홍지수 옮김,『일본의 한국식민지화』, 늘품, 2013).

Duggan, Christopher, *Francesco Crispi, 1818-1901: From Nation to Nationalism*, Oxford University Press 2002.

Duménil, Gérard and Dominique Lévy, *La grande bifurcation. En finir avec le néolibéralisme*, La Découverte, Paris 2014([국역] 제라르 뒤메닐·도미니크 레비 지음, 김덕민·김성환 옮김,『거대한 분기』, 나름북스, 2016).

Durand, Jean-Dominique, 'La réception de *Rerum Novarum* par les évêques français',

in *Rerum Novarum. Écriture, contenu et réception d'une encyclique*, École
Française de Rome, 1997.

Durandin, Catherine, *Histoire des Roumains*, Fayard, Paris 1995.

Dustūr. Aperçu sur les constitutions des états arabes et islamiques, Brill, Leiden 1966 -
reprint of the entry *Dustūr*(constitution) in the *Encyclopédie de l'Islam*.

Dutton, David, *One of Us? A Century of Australian Citizenship*, University of New
South Wales Press 2002.

Duval, Romain, 'Le rôle de l'idéologie et des croyances dans l'économie politique', *Re-
vue d'économie politique*, vol. 117, no. 4, July-August 2007.

Dwyer-Lindgren L., A. Bertozzi-Villa, R. W. Stubbs, C. Morozoff, J. P. Mackenbach, F. J.
van Lenthe, A. H. Mokdad, and C. J. L. Murray, 'Inequalities in Life Expectan-
cy among US Counties, 1980 to 2014', *JAMA Internal Medicine*, 8 May 2017:
http://jamanetwork.com/journals/jamainternalmedicine/fullarticle/2626194.

Echenberg, Myron, *Africa in the Time of Cholera: A History of Pandemics from 1817
to the Present*, Cambridge University Press 2011.

Echenberg, Myron, *Plague Ports: The Global Urban Impact of Bubonic Plague, 1894-
1901*, New York University Press 2007.

Economist Intelligence Unit, *Democracy Index 2012*: http://pages.eiu.com/rs/eiu2/im-
ages/Democracy-Index-2012.pdf, and Economist Intelligence Unit, *Democracy
Index 2014*: http://www.eiu.com/Handlers/WhitepaperHandler.ashx?fi=De-
mocracy-index-2014.pdf&mode=wp&campaignid=Democracy0115.

Edelstein, Michael, 'Foreign Investment and Empire, 1860-1914', in Roderick Floud and
Donald McCloskey(eds), *The Economic History of Britain since 1700*, vol. 2:
1860 to the 1970s, Cambridge University Press 1981.

Edelstein, Michael, *Overseas Investment in the Age of High Imperialism: The United
Kingdom, 1850-1914*, Columbia University Press 1982.

Edgerton, David, *The Rise and Fall of the British Nation*, Allen Lane, London 2018.

Edvinsson, Sören and Hans Nilsson, 'Swedish Towns during Industrialization', *Annales
de démographie historique*, 1999.

Eichengreen, Barry, *The European Economy since 1945*, Princeton University Press
2007.

Eidelberg, Philip Gabriel, *The Great Rumanian Peasant Revolt of 1907: Origins of a
Modern Jacquerie*, E. J. Brill, Leiden 1974.

Einaudi, Luigi, 'La politica economica delle classi operaie italiane nel momento pre-
sente', in Luigi Einaudi, *Cronache economiche e politiche di un trentennio*,
vol. 1: *1893-1902*, Einaudi, Turin 1959, originally in *Critica sociale*, 1 July

1899.

Eldridge, C. C.(ed.), *British Imperialism in the Nineteenth Century*, Macmillan, London 1984.

Eley, Geoff, *Reshaping the German Right: Radical Nationalism and Political Change after Bismarck*, Yale University Press 1980.

Eliot, George, *Impressions of Theophrastus Such*, William Blackwood and Sons, Edinburgh and London 1879.

Elkins, Caroline, *Imperial Reckoning: The Untold Story of Britain's Gulag in Kenya*, Holt and Co., New York 2005.

Elon, Amos, *Herzl*, Weidenfeld and Nicolson, London 1975.

Elshakry, Marwa, *Reading Darwin in Arabic, 1860-1950*, University of Chicago Press 2014.

Elwitt, Sanford, *The Third Republic Defended: Bourgeois Reform in France, 1880-1914*, Louisiana State University Press 1986.

Eng, Robert Y., 'Luddism and Labor Protest among Silk Artisans and Workers in Jiangnan and Guangdong, 1860-1930', *Late Imperial China*, vol. 11, no. 2, December 1990.

Engels, Friedrich, 'Extraordinary Revelations.—Abd-el-Kader.—Guizot's Foreign Policy', *The Northern Star*, 22 January 1848, in Marx and Engels, *Collected Works*, vol. 6.

Engels, Friedrich, 'Letter to Friedrich Sorge', 29 April 1886: https://www.marxists.org/archive/marx/works/1886/letters/86_04_29.htm.

Engels, Friedrich, *Anti-Dühring*, Progress Publishers, Moscow 1969([국역] 프리드리히 엥겔스 지음, 김민석 옮김, 『반듀링론』, 새길아카데미, 2012).

Engels, Friedrich, *The Condition of the Working Class in England*, Oxford University Press 1993([국역] 프리드리히 엥겔스 지음, 이재만 옮김, 『영국 노동계급의 상황』, 라티오, 2014).

Engerman, Stanley L. and Kenneth L. Sokoloff, 'Technology and Industrialization, 1790-1914', in Engerman and Gallman(eds), *Cambridge Economic History of the United States*, vol. 2.

Engerman, Stanley L. and Kenneth L. Sokoloff, 'The Evolution of Suffrage Institutions in the New World', *Journal of Economic History*, vol. 65, no. 4, December 2005.

Engerman, Stanley L. and Robert E. Gallman(eds), *The Cambridge Economic History of the United States*, vol. 2: *The Long Nineteenth Century*, Cambridge University Press 2000.

Englander, David, *Poverty and Poor Law Reform in Nineteenth-Century Britain, 1834-1914: From Chadwick to Booth*, Routledge, London 2013.

Etemad, Bouda, 'Grandeur et vicissitudes du débat colonial. Tendances récentes de l'histoire de la colonisation', *Tiers-Monde*, vol. 28, no. 112, 1987.

Etemad, Bouda, *De l'utilité des empires. Colonisation et prospérité de l'Europe*, Armand Colin, Paris 2005.

Étienne, Eugène, *Les compagnies de colonisation*, Augustin Challamel, Paris 1897.

Eurostat Statistics, https://ec.europa.eu/eurostat/data/database.

Evans, Peter B., Dietrich Rueschemeyer, and Theda Skocpol(eds), *Bringing the State Back In*, Cambridge University Press 1985.

Evans, Robert, Jr., 'Evolution of the Japanese System of Employer-Employee Relations, 1868-1945', *Business History Review*, vol. 44, no. 1, 1970.

Ewen, Elizabeth, *Immigrant Women in the Land of Dollars: Life and Culture on the Lower East Side, 1890-1925*, Monthly Review Press, New York 1985.

Fairbank, John K. and Kwang-Ching Liu(eds), *The Cambridge History of China*, vol . 11: *Late Ch'ing, 1800-1911*, part 2, Cambridge University Press 1980([국역] 존 킹 페어뱅크·류광징 엮음, 김한식·김종건 옮김, 『캠브리지 중국사 11』 상·하, 새물결, 2007).

Fang Xing, 'The Retarded Development of Capitalism', in Xu and Wu(eds), *Chinese Capitalism, 1522-1840*.

Farmer, Paul, *Infections and Inequalities: The Modern Plagues*, University of California Press 1999([국역] 폴 파머 지음, 정연호·김수진 옮김, 『감염과 불평등』, 신아출판사, 2010).

Farrar, Marjorie Milbank, *Principled Pragmatist: The Political Career of Alexandre Millerand*, Berg, New York and Oxford 1991.

Faujas-Saint-Fond, Barthelemy, *Voyage en Angleterre, en Écosse et aux Îles Hébrides*, 2 vols, H. J. Jansen, Paris 1797.

Fawn, Rick and Jiří Hochman, *Historical Dictionary of the Czech State*, Scarecrow Press, Lanham, MD 2010.

Federico, Giovanni, 'Italy's Late and Unprofitable Forays into Empire', *Revista de Historia Económica*, vol. 16, no. 1, Winter 1998.

Fedor, Thomas Stanley, *Patterns of Urban Growth in the Russian Empire during the Nineteenth Century*, University of Chicago, Department of Geography, Research Paper no. 163, 1975.

Feinstein, Charles, 'New Estimates of Average Earnings in the United Kingdom, 1880-1913', *Economic History Review*, vol. 43, no. 4, November 1990.

Feinstein, Charles, 'Structural Change in the Developed Countries during the Twentieth Century', *Oxford Review of Economic Policy*, vol. 15, no. 4, 1999.

Feldman, David, 'Was the Nineteenth Century a Golden Age for Immigrants?', in Andreas Fahrmeir, Olivier Faron, and Patrick Weil(eds), *Migration Control in the North Atlantic World: The Evolution of State Practices in Europe and the United States from the French Revolution to the Inter-War Period*, Berghahn Books, Oxford and New York 2005.

Felice, Costantino, *Il disagio di vivere. Il cibo, la casa, le malattie in Abruzzo e Molise dall'Unità al secondo dopoguerra*, Franco Angeli, Milan 1990.

Fenin, Aleksandr I., *Coal and Politics in Late Imperial Russia: Memoirs of a Russian Mining Engineer*, ed. Susan McCaffray, Northern Illinois University Press 1990.

Fenoaltea, Stefano, 'Manchester, Manchesteriano ... *Dekwakoncoz?*', in Cafagna and Crepax(eds), *Atti di intelligenza e sviluppo economico*.

Fenwick, Carolyn C.(ed.), *The Poll Taxes of 1377, 1379, and 1381, Part 1: Bedfordshire-Leicestershire*, Oxford University Press for the British Academy, London 1998.

Ferguson, Niall, 'Political Risk and the International Bond Market between the 1848 Revolution and the Outbreak of the First World War', *Economic History Review*, vol. 59, no. 1, 2006.

Ferguson, Niall, *Empire: How Britain Made the Modern World*, Penguin, London 2004([국역] 니얼 퍼거슨 지음, 김종원 옮김, 『제국』, 민음사, 2006).

Ferreira Duarte, João, 'The Politics of Non-Translation: A Case Study in Anglo-Portuguese Relations', *TTR: traduction, terminologie, rédaction*, vol. 13, no. 1, 2000: http://www.erudit.org/revue/TTR/2000/v13/n1/037395ar.pdf.

Ferrier, R. W., *The History of the British Petroleum Company*, vol. 1: *The Developing Years 1901-1932*, Cambridge University Press 1982.

Ferro, Marc, 'Introduction', in *Le livre noir du colonialisme*, ed. Marc Ferro, Robert Laffont, Paris 2003([국역] 마르크 페로 책임편집, 고선일 옮김, 『식민주의 흑서. 상권』, 소나무, 2008).

Ferro, Marc, *Pétain*, Fayard, Paris 1987.

Ferry, Jules, speech of 28 July 1885, in *1885: le tournant colonial de la République. Jules Ferry contre Georges Clemenceau*, introduction by Gilles Manceron, La Découverte/Poche, Paris 2007.

Ferry, Jules, *Discours et opinions*, vol. V, ed. Paul Robiquet, Armand Colin, Paris 1898.

Feuerwerker, Albert, 'Economic Trends in the Late Ch'ing Empire, 1870-1911', in Fairbank and Liu(eds), *The Cambridge History of China*, vol. 11: *Late Ch'ing, 1800-1911*, part 2.

Fieldhouse, D. K., *The Theory of Capitalist Imperialism*, Longmans, London 1967.

Figes, Orlando, *A People's Tragedy: The Russian Revolution 1891-1924*, Pimlico, London 1997.

Figes, Orlando, *Crimea: The Last Crusade*, Allen Lane, London 2010.

Figes, Orlando, *The Whisperers: Private Life in Stalin's Russia*, Allen Lane, London 2007([국역] 올랜도 파이지스 지음, 김남섭 옮김, 『속삭이는 사회』 1·2, 교양인, 2013).

Finkel, Caroline, *Osman's Dream: The Story of the Ottoman Empire 1300-1923*, John Murray, London 2005.

Finlayson, Geoffrey, *Citizen, State and Social Welfare in Britain, 1830-1990*, Clarendon Press, Oxford 1994.

Finzi, Roberto, *Anti-Semitism: From its European Roots to the Holocaust*, Interlink Books, Northampton, MA 1999.

Fischer, Lars, *The Socialist Response to Anti-Semitism in Imperial Germany*, Cambridge University Press 2007.

Fishman, William J., 'The Condition of East End Jewry in 1888', West Central Lecture 1986, delivered at University College London, 24 June 1986.

Flaubert, Gustave, *Correspondance*, vol. IV, Gallimard, Paris 1998.

Fletcher, C. R. L. and Rudyard Kipling, *A History of England*, Doubleday, Page and Co., New York 1911.

Fligstein, Neil, *Markets, Politics, and Globalization*, Acta Universitatis Upsaliensis: Studia Oeconomiae Negotiorum 42, Uppsala University 1997.

Flint, John, *Cecil Rhodes*, Hutchinson, London 1976.

Flora, Peter and Arnold J. Heidenheimer(eds), *The Development of Welfare States in Europe and America*, Transaction Books, Piscataway, NJ 1981.

Flornoy, Eugène, *La lutte par l'association. L'action libérale populaire*, J. Gabalda et Cie, Paris 1907.

Floud, Roderick and Donald McCloskey(eds), *The Economic History of Britain since 1700*, vol. 2: *1860-1939*, 2nd ed., Cambridge University Press 1994.

Fogel, Robert W., *The Escape from Hunger and Premature Death, 1700-2100: Europe, America, and the Third World*, Cambridge University Press 2004.

Fohlin, Caroline, 'Universal Banking in Pre-World War I Germany: Model or Myth?', *Explorations in Economic History*, vol. 36, no.4, 1999.

Foner, Eric, 'Why is there no Socialism in the United States?', *History Workshop Journal*, no. 17, 1984.

Foner, Eric, *Nothing but Freedom: Emancipation and its Legacy*, Louisiana State University Press 1983.

Foner, Eric, *Reconstruction: America's Unfinished Revolution, 1863-1877*, Harper and Row, New York 1988.

Fontana, Biancamaria, *Germaine de Staël: A Political Portrait*, Princeton University Press 2016.

Fontana, Giovanni Luigi, 'Imprenditori, imprese e territorio dalla prima alla seconda rivoluzione industriale', in *L'industria vicentina dal medioevo a oggi*, ed. Giovanni Luigi Fontana, Centro Studi sull'impresa, Vicenza 2004.

Ford, Henry, *My Life and Work*, Heinemann, London 1922([국역] 헨리 포드 지음, 이주명 옮김, 『나의 삶과 일』, 필맥, 2019).

Fouskas, Vassilis K. and Constantine Dimoulas, *Greece, Financialization and the European Union*, Palgrave Macmillan, London 2013.

Fox, Daniel M., *The Discovery of Abundance: Simon N. Patten and the Transformation of Social Theory*, Cornell University Press 1967.

Fraile, Pedro and Alvaro Escribano, 'The Spanish 1898 Disaster: The Drift towards National-Protectionism', *Revista de Historia Económica*, vol. 16, no. 1, Winter 1998.

Franceschi, Franco and Ilaria Taddei, *Le città italiane nel Medioevo, XII-XIV secolo*, Il Mulino, Bologna 2012.

Francis I, (Pope), 'Address of His Holiness Pope Francis to Representatives of the Confederation of Italian Cooperatives', 28 February 2015: https://w2.vatican. va/content/francesco/en/speeches/2015/february/documents/papa-francesco_20150228_confcooperative.html.

Frankel, Jonathan, *Prophecy and Politics: Socialism, Nationalism, and the Russian Jews, 1862-1917*, Cambridge University Press 1981.

Franklin, Benjamin, 'Advice to a Young Tradesman, Written by an Old One', 1748: http://franklinpapers.org/franklin//framedvolumes.jsp;jsessionid=608ADED3C-D5C773C127B274349F89A31([국역]) 벤저민 프랭클린 지음, 이종인 옮김, 『젊은 상인에게 보내는 편지』, 두리미디어, 2008년].

Freeden, Michael, *The New Liberalism: An Ideology of Social Reform*, Clarendon Press, Oxford 1978.

Freeze, Gregory L., 'Church and Politics in Late Imperial Russia: Crisis and Radicalization of the Clergy', in Anna Geifman(ed.), *Russia under the Last Tsar: Opposition and Subversion, 1894-1917*, Blackwell, Oxford 1999.

Freeze, Gregory L., 'Reform and Counter Reform 1855-1890', in Gregory L. Freeze(ed.), *Russia: A History*, Oxford University Press 2009.

Fremigacci, Jean, 'L'état colonial français, du discours mythique aux réalités(1880-1940)', *Matériaux pour l'histoire de notre temps*, nos 32-3, 1993.

Fridlizius, Gunnar, 'Sweden's Exports, 1850-1960: A Study in Perspective', *Economy and History*, vol. 6, 1963.

Friedman, Max Paul, 'Beyond "Voting with their Feet": Toward a Conceptual History of "America" in European Migrant Sending Communities, 1860s to 1914', *Journal of Social History*, vol. 40, no. 3, Spring 2007.

Friedman, Milton, *Why Government Is the Problem*, Hoover Press, Stanford, CA 2013; originally the Wriston Lecture presented in New York City, 19 November 1991.

Fuchs, Rachel G., 'Morality and Poverty: Public Welfare for Mothers in Paris, 1870-1900', *French History*, vol. 2, no. 3, 1988.

Fukuzawa, Yukichi, *The Autobiography of Yukichi Fukuzawa*, trans. Eiichi Kiyooka, Columbia University Press 2007([국역] 후쿠자와 유키치 지음, 허호 옮김, 『후쿠자와 유키치 자서전』, 이산, 2006).

Fumey, Gilles and Olivier Etcheverria, *Atlas mondial des cuisines et gastronomies*, Éditions Autrement, Paris 2004.

Fumian, Carlo, 'Per una storia della tecnocrazia. Utopie meccaniche e ingegneria sociale tra Otto e Novecento', *Rivista storica italiana*, vol. 124, no. 3, December 2012, pp. 908-59.

Fung, Edmund S. K., 'State Building, Capitalist Development, and Social Justice: Social Democracy in China's Modern Transformation, 1921-1949', *Modern China*, vol. 31, no. 3, July 2005.

Furlani, Silvio, 'Le riforme elettorali del 1882', in *Il parlamento italiano 1861-1988*, vol. V: *1877-1887*, Nuova CEI, Milan 1989.

Gaillard, Jean-Michel, *Jules Ferry*, Fayard, Paris 1989.

Gaillard, Jean-Michel and André Lespagnol, *Les mutations économiques et sociales au XIXe siècle(1780-1880)*, Nathan, Paris 1984.

Gaillard, Jeanne, 'Les associations de production et la pensée politique en France(1852-1870)', *Le Mouvement Social*, no. 52, July-September 1966.

Galambos, Louis, 'State-Owned Enterprises in a Hostile Environment: The US Experience', in *The Rise and Fall of State-Owned Enterprises in the Western World*, ed. Pier Angelo Toninelli, Cambridge University Press 2000.

Galambos, Louis, *The Public Image of Big Business in America, 1880-1940*, Johns Hopkins University Press 1975.

Galbraith, John Kenneth, *The Affluent Society*, Houghton Mifflin Harcourt, Boston 1998([국역] 존 케네스 갤브레이스 지음, 노택선 옮김, 『풍요한 사회』, 한국경제신문, 2006).

Gall, Lothar, *Bismarck: The White Revolutionary*, 2 vols: *1815-1871* and *1871-1898*,

Unwin Hyman, London 1990.

Gallagher, J. and R. Robinson, 'The Imperialism of Free Trade', *Economic History Review*, 1953.

Gallo, Ezequiel, 'Argentina: Society and Politics, 1880-1916', in Bethell(ed.), *The Cambridge History of Latin America*, vol. V.

Galton, Francis, Letters to *The Times*, 26 December 1857 and 5 June 1873: http://galton.org/letters/africa-for-chinese/AfricaForTheChinese.htm.

Gambino, Richard, *Vendetta: The True Story of the Largest Lynching in U.S. History*, Guernica Editions, Toronto 1998.

Gandhi, Mahatma, *The Collected Works of Mahatma Gandhi*(electronic book), vol. 1: *1884-30 November 1896*, Publications Division Government of India, New Delhi 1999, p. 410: https://www.gandhiashramsevagram.org/gandhi-literature/mahatma-gandhi-collected-works-volume-1.pdf.

Ganiage, Jean, 'North Africa', in *The Cambridge History of Africa*, vol. 6, Cambridge University Press 1985.

Garelli, Alessandro, *I Salarj e la classe operaja in Italia*, Libreria Angelo Penato, Turin 1874.

Garrigues, Jean, 'Un autre modèle pour la République: l'influence des Britanniques sur les libéraux français(1870-1880)', in Sylvie Aprile and Fabrice Bensimon(eds), *La France et l'Angleterre au XIXe siècle: échanges, représentations, comparaisons*, Creaphis éditions, Paris 2006.

Gash, Norman, *Pillars of Government and Other Essays on State and Society, c. 1770-1880*, Edward Arnold, London 1986.

Gasparri, Stefano and Cristina La Rocca, *Tempi barbarici. L'Europa occidentale tra antichità e medioevo(300-900)*, Carocci, Rome 2013.

Gatrell, Peter, 'Industrial Expansion in Tsarist Russia, 1908-14', *Economic History Review*, vol. 35, no. 1, February 1982, pp. 99-110.

Gatrell, Peter, 'The Russian Fiscal State, 1600-1914', in Bartolome Yun-Casalilla and Patrick K. O'Brien(eds), *The Rise of Fiscal States: A Global History 1500-1914*, Cambridge University Press 2012.

Gautier, Théophile, 'Eugène Plon. Thorvaldsen, sa vie et son oeuvre', *Le Moniteur Universel*, 8 July 1867.

Gazeley, Ian and Andrew Newell, 'Urban Working-Class Food Consumption and Nutrition in Britain in 1904', *Economic History Review*, vol. 68, no. 1, February 2015.

GB Historical GIS/University of Portsmouth, Population Statistics Total Population,

A Vision of Britain through Time: http://www.visionofbritain.org.uk/unit/10076924/cube/TOT_POP.

Geehr, Richard, *Karl Lueger: Mayor of Fin de Siècle Vienna*, Wayne State University Press 1990.

Geifman, Anna(ed.), *Russia under the Last Tsar: Opposition and Subversion, 1894-1917*, Blackwell, Oxford 1999.

Gélinas, Jacques B., *Dictionaire critique de la globalization. Les mots du pouvoir, le pouvoir des mots*, Ecosociété, Montreal 2008.

Genovese, Eugene D., *The Southern Front*, University of Missouri Press 1995.

Genovese, Eugene D., *The Southern Tradition: The Achievement and Limitations of an American Conservatism*, Harvard University Press 1994.

Genovese, Eugene D. and Elizabeth Fox Genovese, *Slavery in White and Black: Class and Race in the Southern Slaveholders' New World Order*, Cambridge University Press 2008.

Gentile, Emilio, *L'Italia giolittiana*, Il Mulino, Bologna 1990.

George, Henry, Speech of 1 April 1885: http://www.historyisaweapon.com/defcon1/georgecripov.html([국역] 헨리 조지 지음, 김윤상 옮김, 『헨리 조지에게 듣는다』 1-5, 경북대학교출판부, 2014).

George, Henry, 'The Chinese in California', *New York Daily Tribune*, 1 May 1869.

George, Henry, *Progress and Poverty*, J. M. Dent and Sons, London, 발행연도 불명([국역] 헨리 죠지 지음, 김윤상 옮김, 『진보와 빈곤』, 비봉출판사, 2016).

Germain, André, *La bourgeoisie qui brûle. Propos d'un témoin, 1890-1914*, Sun, Paris 1951.

Gernet, Jacques, *Le monde chinois*, 2 vols, Armand Colin, Paris 1972 and 2006.

Gerő, András, *Modern Hungarian Society in the Making: The Unfinished Experience*, Central European University Press 1995.

Gerschenkron, Alexander, 'Russia: Agrarian Policies and Industrialization, 1861-1917', in Alexander Gerschenkron, *Continuity in History and Other Essays*, Belknap Press, Cambridge, MA 1968.

Gerschenkron, Alexander, 'The Rate of Industrial Growth in Russia since 1885', *Journal of Economic History*, vol. 7, *Supplement: Economic Growth: A Symposium* (1947), pp. 144-74.

Gerschenkron, Alexander, *Economic Backwardness in Historical Perspective*, Belknap Press, Cambridge, MA 1962.

Gibbons, (Cardinal) James, *A Retrospect of Fifty Years*, 1916: http://www.forgottenbooks.com/readbook/A_Retrospect_of_Fifty_Years_v1_1000611995#229.

Giffin, Frederick C., 'The "First Russian Labor Code": The Law of June 3, 1886', *Russian History/Histoire Russe*, vol. 2, no. 2, 1975.

Giffin, Frederick C., 'The Formative Years of the Russian Factory Inspectorate, 1882-1885', *Slavic Review*, vol. 25, no. 4, December 1966.

Gildea, Robert, *Children of the Revolution: The French, 1799-1914*, Allen Lane, London 2008.

Gilman, Marie-Hélène, 'L'empire colonial et la longue stagnation', in Yves Breton, Albert Broder, and Michel Lutfalla(eds), *La longue stagnation en France. L'autre dépression, 1873-1907*, Economica, Paris 1997.

Gilmour, David, *Curzon: Imperial Statesman, 1859-1925*, John Murray, London 2004.

Ginio, Eyal, *'El dovér el mas sànto*: The Mobilization of the Ottoman Jewish Population during the Balkan Wars(1912-13)', in Hannes Grandits, Nathalie Clayer, and Robert Pichler(eds), *Conflicting Loyalties in the Balkans: The Great Powers, the Ottoman Empire and Nation-Building*, I. B. Tauris, London 2011.

Giolitti, Giovanni, *Discorsi extraparlamentari*, Einaudi, Turin 1952.

Giolitti, Giovanni, *Discorsi parlamentari*, vol. 2, Camera dei Deputati, Rome 1953.

Girardet, Raoul, *L'idée coloniale en France de 1871 à 1962*, Pluriel, Paris 1972.

Girault, René, 'Place et rôle des échanges extérieurs', in Fernand Braudel and Ernest Labrousse(eds), *Histoire économique et sociale de la France*, Tome IV: *L'ère industrielle et la société d'aujourd'hui(siècle 1880-1980)*, vol. 1, Presses Universitaires de France, Paris 1979.

Glade, William, 'Latin America and the International Economy, 1870-1914', in Bethell(ed.), *The Cambridge History of Latin America*, vol. IV.

Gladstone, William, Speech in the House of Commons, 27 April 1866: http://hansard.millbanksystems.com/commons/1866/apr/27/adjourned-debate-eighth-night.

Gladstone, William, Speech in the House of Commons, 11 May 1864: http://hansard.millbanksystems.com/commons/1864/may/11/second-reading.

Gladstone, William, 'The Budget—Financial Statement' *The Times*, report of 17 April 1863. Also in Hansard: The Budget—Financial Statement, Ways and Means, *HC Deb*, 16 April 1863, pp. 244-5: http://hansard.millbanksystems.com/commons/1863/apr/16/the-budget-financial-statement-ways-and#S3V0170P0_18630416_HOC_22.

Gladstone, William, *Gladstone Diaries*, vol. X: *January 1881-June 1883*, ed. H. C. G. Matthew, Clarendon Press, Oxford 1990.

Glickman, Lawrence B., *A Living Wage: American Workers and the Making of Consumer Society*, Cornell University Press 1997.

Goethe, J. W. von, *Werke*, vol. 1, Christian Wegner Verlag, Hamburg 1952.

Goldin, Claudia D. and Frank D. Lewis, 'The Economic Cost of the American Civil War: Estimates and Implications', *Journal of Economic History*, vol. 35, no. 2, June 1975.

Goldsmith, Raymond W., 'The Economic Growth of Tsarist Russia 1860-1913', *Economic Development and Cultural Change*, vol. 9, no. 3, *Essays in the Quantitative Study of Economic Growth*, April 1961.

Goldstein, Melvyn C., 'Serfdom and Mobility: An Examination of the Institution of "Human Lease" in Traditional Tibetan Society', *Journal of Asian Studies*, vol. 30, no. 3, May 1971.

Goldthwaite, Richard A. 'The Economy of Renaissance Italy: The Preconditions for Luxury Consumption', in *I Tatti Studies: Essays in the Renaissance*, vol. 2, Villa I Tatti and Harvard University Center, Florence 1987.

Gómez-Galvarriato, Aurora and Jeffrey G. Williamson, 'Was it Prices, Productivity or Policy? Latin American Industrialisation after 1870', *Journal of Latin American Studies*, vol. 41, no. 4, November 2009.

Gompers, Samuel and Herman Gutstadt, *Meat vs. Rice: American Manhood Against Asiatic Coolieism: Which Shall Survive?*(reprinted in 1908 by the Asiatic Exclusion League).

Gonjo, Yasuo, 'Le "plan Freycinet", 1878-1882: un aspect de la "grande dépression" économique en France', *Revue historique*, no. 503, July-September 1972.

Gordadzé, Thorniké, 'La reforme du passé: l'effort historiographique de construction de la nation géorgienne', *Revue d'études comparatives Est-Ouest*, vol. 30, no. 1, March 1999.

Gordon, Robert J., 'Does the "New Economy" Measure up to the Great Inventions of the Past?', *Journal of Economic Perspectives*, vol. 14, no. 4, Autumn 2000.

Gordon, Robert J., *The Rise and Fall of American Growth: The U.S. Standard of Living since the Civil War*, Princeton University Press 2016([국역] 로버트 J. 고든 지음, 이경남 옮김, 『미국의 성장은 끝났는가』, 생각의힘, 2017).

Gorlin, Robert H., 'Problems of Tax Reform in Imperial Russia', *Journal of Modern History*, vol. 49, no. 2(June 1977), pp. 246-65.

Gorshkov, Boris B., *Russia's Factory Children: State, Society and the Law, 1800-1917*, University of Pittsburgh Press 2009.

Gott, Richard, *Britain's Empire: Resistance, Repression and Revolt*, Verso, London 2012.

Gougeon, Jacques-Pierre, 'Les élites dirigeantes dans l'Allemagne des années 1890', in

Les limites de siècles. Champs de forces conservatrices et régressives depuis les temps modernes, ed. Marita Gilli, vol. 1, Presses Universitaires Franc-Comtoises 2001.

Gould, Lewis L., *Reform and Regulation: American Politics, 1900-1916*, John Wiley and Sons, New York, NY 1978.

Gourevitch, Peter, *Politics in Hard Times: Comparative Responses to International Economic Crises*, Cornell University Press 1986.

Gourou, Pierre, *Les Paysans du delta tonkinois*(Thèse de doctorat), Les Éditions d'art et d'histoire, Paris 1936.

Graham, David, 'Developing into a Thing of the Past', *Toronto Star*, 3 April 2008: https://www.thestar.com/life/2008/04/03/developing_into_a_thing_of_the_past.html.

Gramsci, Antonio, *Il Risorgimento*, Editori Riuniti, Rome 1971.

Gramsci, Antonio, *Selections from Prison Notebooks*, ed. and trans. Quintin Hoare and Geoffrey Nowell Smith, Lawrence and Wishart, London 1971([국역] 안토니오 그람시 지음, 이상훈 옮김, 『그람시의 옥중수고』 1·2, 거름, 1999).

Granozzi, Luciano, *Alla ricerca dei 'veri' capitalisti*, CUECM, Catania 2002.

Grataloup, Christian, *Géohistoire de la mondialisation*, Armand Colin, Paris 2007.

Gray, Peter, 'The Peculiarities of Irish Land Tenure, 1800-1914: From Agent of Impoverishment to Agent of Pacification', in Winch and O'Brien(eds), *The Political Economy of British Historical Experience, 1688-1914*.

Green, E. H. H., *The Crisis of Conservatism: The Politics, Economics and Ideology of the British Conservative Party, 1880-1914*, Routledge, London 1995.

Green, Simon J. D. and Richard C. Whiting(eds), *The Boundaries of the State in Modern Britain*, Cambridge University Press 1996.

Gregory, Paul, 'Economic Growth and Structural Change in Tsarist Russia: A Case of Modern Economic Growth?', *Soviet Studies*, vol. 23, no. 3, January 1972, pp. 418-34.

Griffin, Emma, *Liberty's Dawn: A People's History of the Industrial Revolution*, Yale University Press 2013.

Grigg, David, 'The Nutritional Transition in Western Europe', *Journal of Historical Geography*, vol. 21, no. 3, 1995.

Gubin, Eliane, 'Libéralisme économique et paternalisme en Belgique au XIXe siècle', in Aerts, Beaud, and Stengers(eds), *Liberalism and Paternalism in the 19th Century*.

Guerra, François-Xavier, *Le Mexique. De l'Ancien Régime à la Révolution*, vol. 2,

L'Harmattan, Paris 1985.

Guerrazzi, Amedeo Osti, *Grande industria e legislazione sociale in età giolittiana*, Paravia, Turin 2000.

Guerrero, Andrés, 'Naissance des bourgeoisies latino-américaines au XXe siècle: le cas de l'Équateur', *Annales*, vol. 35, no. 6, November-December 1980, pp. 1171-93.

Gueslin, André, *Gens pauvres, pauvres gens dans la France du XIXe siècle*, Aubier, Paris 1998.

Gunton, George, 'The Economic and Social Aspect of Trusts', *Political Science Quarterly*, vol. 3, no. 3, September 1888.

Guthrie, Doug, *China and Globalization: The Social, Economic and Political Transformation of Chinese Society*, Routledge, London 2012.

Gutman, Herbert G., *Slavery and the Numbers Game: A Critique of 'Time on the Cross'*, University of Illinois Press 1975.

Gutman, Herbert G., *Work, Culture, and Society in Industrializing America: Essays in American Working-Class and Social History*, Knopf, New York 1976.

Guyot, Yves, *La famille Pichot. Scènes de l'enfer social*, Jules Rouff, Paris 1882.

Gyáni, Gábor, 'Budapest', in Daunton(ed.), *Housing the Workers*.

Ha-Joon Chang, *Kicking Away the Ladder: Development Strategy in Historical Perspective*, Anthem Press, London 2003([국역] 장하준 지음, 형성백 옮김, 『사다리 걷어차기』, 부키, 2004).

Habakkuk, H. J., *American and British Technology in the Nineteenth Century: The Search for Labour-Saving Inventions*, Cambridge University Press 1962.

Habibi, Mariam, *L'interface France-Iran 1907-1938. Une diplomatie voilée*, L'Harmattan, Paris 2004.

Hague, William, Statement of the Secretary of State for Foreign and Commonwealth Affairs, House of Commons, 6 June 2013, Mau Mau Claims(Settlement): http://www.publications.parliament.uk/pa/cm201314/cmhansrd/cm130606/debtext/130606-0002.htm#13060646000005.

Hahamovitch, Cindy, 'Creating Perfect Immigrants: Guestworkers of the World in Historical Perspective', *Labor History*, vol. 44, no. 1, February 2003, pp. 69-94.

Hahn, Steven, 'Class and State in Postemancipation Societies: Southern Planters in Comparative Perspective', *American Historical Review*, vol. 95, no. 1, February 1990.

Halbwachs, Maurice, *La classe ouvrière et les niveaux de vie*, Gordon and Breach, Paris, London, and New York 1970(reprint of 1st edition, 1912, published by Félix Alcan).

Hale, Charles A., 'Political and Social Ideas in Latin America, 1870-1930', in Bethell(ed.), *The Cambridge History of Latin America*, vol. IV.

Hale, Charles A., *The Transformation of Liberalism in Late Nineteenth-Century Mexico*, Princeton University Press 1989.

Hall, Catherine and Sonya Rose(eds), *At Home with the Empire: Metropolitan Culture and the Imperial World*, Cambridge University Press 2006.

Hall, Michael M. and Hobart A. Spalding Jr., 'The Urban Working Class and Early Latin American Labour Movements, 1880-1930', in Bethell(ed.), *The Cambridge History of Latin America*, vol. IV.

Hamerow, Theodore S., *The Birth of a New Europe*, University of North Carolina Press 1983.

Hammurabi, *The Code of Hammurabi*, trans. L. W. King, 1915: http://www.sacred-texts.com/ane/ham/index.htm.

Handcock, W. D.(ed.), *English Historical Documents*, vol. 10: *1874-1914*, Routledge, London 1996.

Handford, Peter, 'Edward John Eyre and the Conflict of Laws', *Melbourne Law Review*, vol. 32, no. 3, 2008: http://www.austlii.edu.au/au/journals/MelbULawRw/2008/26.html.

Hanham, H. J., *Elections and Party Management: Politics in the Time of Disraeli and Gladstone*, Harvester Press, Hassocks, Sussex 1978.

Hanioğlu, M. Şükrü, *Preparation for a Revolution: The Young Turks, 1902-1908*, Oxford University Press 2001.

Hannah, Leslie, 'Logistics, Market Size, and Giant Plants in the Early Twentieth Century: A Global View', *Journal of Economic History*, vol. 68, no. 1, March 2008, pp. 46-79.

Hanousek, Jan, Evžen Kočenda, and Jan Svejnar, 'Privatization in Central and Eastern Europe and the Commonwealth of Independent States', in Roland(ed.), *Privatization: Successes and Failures*.

Hao, Yen-P'ing, 'Cheng Kuan-ying: The Comprador as Reformer', *Journal of Asian Studies*, vol. 29, no. 1, November 1969.

Hao, Yen-P'ing and Erh-min Wang, 'Changing Chinese Views of Western Relations, 1840-95', in Fairbank and Liu(eds), *The Cambridge History of China*, vol. 11: *Late Ch'ing, 1800-1911*, part 2.

Harcave, Sidney, *Count Sergei Witte and the Twilight of Imperial Russia*, M. E. Sharpe, New York, NY 2004([국역] 시드니 하케이브 지음, 석화정 옮김, 『위떼와 제정 러시아』 1·2, 한국학술정보, 2010).

Hardy, Anne, *The Epidemic Streets: Infectious Disease and the Rise of Preventive Medicine, 1856-1900*, Clarendon Press, Oxford 1993.

Harkness, Margaret (under the pseudonym of John Law), *Out of Work*, Swan Sonnenstein & Co., London 1888.

Harley, C. Knick, 'International Competitiveness of the Antebellum American Cotton Textile Industry', *Journal of Economic History*, vol. 52, no. 3, September 1992.

Harris, Jose, 'Political Thought and the Welfare State 1870-1940: An Intellectual Framework for British Social Policy', *Past & Present*, no. 135, May 1992.

Harris, Jose, 'The Transition to High Politics in English Social Policy, 1880-1914', in Michael Bentley and John Stevenson(eds), *High and Low Politics in Modern Britain*, Clarendon Press, Oxford 1983.

Harrison, Austin, *England & Germany: Republished from 'The Observer'*, Macmillan, London 1907: http://archive.org/stream/englandandgerman00harruoft#page/n5/mode/2up.

Harrison, Henrietta, 'Chinese and British Gift Giving in the Macartney Embassy of 1793', lecture at the School of Advanced Study, University of London, 6 February 2014, 팟캐스트로 볼 수 있음: https://www.youtube.com/watch?v=P-DzHrQi8oTQ.

Harrison, Henrietta, *China: Inventing the Nation*, Bloomsbury, London 2001.

Harrison, Mark, *Disease and the Modern World*, Polity, Cambridge 2004.

Hart, Robert, *'These from the Land of Sinim': Essays on the Chinese Question*, Chapman & Hall, London 1901.

Harvey, Charles and Peter Taylor, 'Mineral Wealth and Economic Development: Foreign Direct Investment in Spain, 1851-1913', *Economic History Review*, vol. 40, no. 2, 1987.

Hatzfeld, Henri, *Du paupérisme à la sécurité sociale(1850-1940)*, Presses Universitaires de Nancy 2004(first published 1971).

Hau, Michel, 'Industrialization and Culture: The Case of Alsace', *Journal of European Economic History*, vol. 29, nos 2-3, Autumn-Winter 2000.

Haxthausen, August von, *The Russian Empire, its People, Institutions, and Resources*, Chapman and Hall, London 1856, vol. 2: http://books.google.co.uk/books?id=-1fAuAAAAYAAJ&printsec=frontcover&source=gbs_ge_summary_r&cad=0#v=onepage&q&f=false.

Hayek, Friedrich, *The Fatal Conceit: The Errors of Socialism*, University of Chicago Press 2011([국역] 프리드리히 A. 하이에크 지음, 신중섭 옮김, 『치명적 자만』, 자유기업원, 2014).

Hays, Samuel P., *The Response to Industrialism, 1885-1914*, University of Chicago Press 1995(first ed. 1957).

Hayter, Susan and Valentina Stoevska, 'Social Dialogue Indicators: International Statistical Inquiry 2008-09. Technical Brief', ILO November 2011: http://laborsta.ilo.org/applv8/data/TUM/TUD%20and%20CBC%20Technical%20Brief.pdf.

Hayward, Jack, *Fragmented France: Two Centuries of Disputed Identity*, Oxford University Press 2007.

Hegel, G. W. F., *The Philosophy of History*, trans. J. Sibree, P. F. Collier and Son, New York 1901: http://babel.hathitrust.org/cgi/pt?id=coo1.ark:/13960/t5j96qh5b ;view=1up ;seq=5([국역] G. W. F. 헤겔 지음, 권기철 옮김, 『역사철학강의』, 동서문화사, 2016).

Hegel, G. W. F., *Lectures on the Philosophy of World History*, vol. 1: *Manuscripts of the Introduction and the Lectures of 1822-23*, ed. and trans. Robert F. Brown and Peter C. Hodgson, Clarendon Press, Oxford 2011([국역] 게오르크 헤겔 지음, 서정혁 옮김, 『세계사의 철학』, 지만지, 2012).

Heikkinen, Sakari and Riitta Hjerppe, 'The Growth of Finnish Industry in 1860-1913: Causes and Linkages', *Journal of European Economic History*, vol. 16, no. 2, 1987.

Helvetius, Claude-Adrien, 'Memoir on the Present State of the Government of the United Provinces', in *The Low Countries in Early Modern Times: A Documentary History*, ed. Herbert T. Rowen, Macmillan, London 1972.

Hennock, E. P., 'Social Policy in the Bismarck Era: A Progress Report', *German History*, vol. 21, no. 2, 2003.

Hennock, E. P., *The Origin of the Welfare State in England and Germany, 1850-1914: Social Policies Compared*, Cambridge University Press 2007.

Herman, Arthur, *Gandhi and Churchill*, Random House, London 2010.

Hermet, Guy, *Les populismes dans le monde. Une histoire sociologique(XIXe-XXe siècle)*, Fayard, Paris 2001.

Hern, Alex and Nick Fletcher, 'Fangs: The Lighting Rise of Facebook, Amazon, Netflix and Google', *The Guardian*, 29 April 2017.

Hervé, Gustave, *L'internationalisme*, Giard & Brière, Paris 1910.

Herzen, Alexander, *My Past and Thoughts: The Memoirs of Alexander Herzen*, Chatto and Windus, London 1974.

Herzl, Theodor, *The Diaries of Theodor Herzl*, Gollancz, London 1958.

Herzl, Theodor, *The Jewish State*, Penguin, London 2010([국역] 테오도르 헤르츨 지음, 이신철 옮김, 『유대국가』, 도서출판b, 2012).

Hewitson, Mark, 'German Public Opinion and the Question of Industrial Modernity: Wilhelmine Depictions of the French Economy', *European Review of History*, vol. 7, no. 1, Spring 2000.

Higgs, Edward, 'Domestic Servants and Households in Victorian England', *Social History*, vol. 8, no. 2, May 1983.

Higgs, Edward, 'Women, Occupations and Work in the Nineteenth Century Censuses', *History Workshop Journal*, vol. 23, no. 1, 1987.

Higham, John, *Strangers in the Land: Patterns of American Nativism, 1860-1925*, Atheneum, New York 1973, first published 1955.

Hilferding, Rudolf, *Finance Capital: A Study of the Latest Phase of Capitalist Development*, Routledge and Kegan Paul, London 1910([국역] 루돌프 힐퍼딩 지음, 김수행·김진엽 옮김, 『금융자본론』, 비르투, 2011).

Hill, Christopher, *Reformation to Industrial Revolution: The Making of Modern English Society, 1530-1780*, Penguin, London 1969.

Hilton, Rodney H., 'Introduction', in T. H. Aston and C. H. E. Philpin(eds), *The Brenner Debate: Agrarian Class Structure and Economic Development in Pre-Industrial Europe*, Cambridge University Press 1985([국역] R. 브레너 외 지음, T. H. 아스톤·C. H. E. 필핀 엮음, 이연규 옮김, 『농업계급구조와 경제발전』, 집문당, 1991).

Hilton, Tim, *John Ruskin*, vol. 2: *The Later Years*, Yale University Press 2000.

Hinde, Wendy, *Richard Cobden: A Victorian Outsider*, Yale University Press 1987.

Hirata, Helena and Kurumi Sugita, 'Politique paternaliste et division sexuelle du travail: le cas de l'industrie japonaise', *Le Mouvement Social*, no. 144, July-September 1988.

Hirschman, Albert O., *The Passions and the Interests: Political Arguments for Capitalism before its Triumph*, Princeton University Press 1977([국역] 앨버트 O. 허쉬먼 지음, 노정태 옮김, 『열정과 이해관계』, 후마니타스, 2020).

Hirschmeier, Johannes and Tsunehiko Yui, *The Development of Japanese Business, 1600-1973*, Harvard University Press 1975.

Hirshman, Charles, Samuel Preston, and Vu Manh Loi, 'Vietnamese Casualties during the American War: A New Estimate', *Population and Development Review*, vol. 21, no. 4, December 1995.

Hitchins, Keith, *Rumania, 1866-1947*, Oxford University Press 1994.

Hitler, Adolf, *Mein Kampf*, Hutchinson, London 1969([국역] 아돌프 히틀러 지음, 서석연 옮김, 『나의 투쟁』, 범우사, 1996).

Hjerppe, Riitta, *The Finnish Economy, 1860-1985: Growth and Structural Change*, Bank of Finland, Helsinki 1989.

Hobsbawm, Eric, *Industry and Empire*, Penguin, London 1968([국역] 에릭 홉스봄 지음, 전철환·장수한 옮김, 『산업과 제국』, 한벗, 1984).

Hobsbawm, Eric, *Nations and Nationalism since 1780*, Cambridge University Press 1993([국역] E. J. 홉스봄 지음, 강명세 옮김, 『1780년 이후의 민족과 민족주의』, 창비, 1998).

Hobsbawm, Eric, *Primitive Rebels: Studies in Archaic Forms of Social Movements in the 19th and 20th Centuries*, Norton, New York 1959([국역] 에릭 홉스봄 지음, 진철승 옮김, 『반란의 원초적 형태』, 온누리, 2011).

Hobsbawm, Eric, *The Age of Empire 1875-1914*, Weidenfeld and Nicolson, London 1987([국역] 에릭 홉스봄 지음, 김동택 옮김, 『제국의 시대』, 한길사, 1998).

Hobson, J. A., 'Free Trade and Foreign Policy', *Contemporary Review*, vol. 74, August 1898.

Hobson, J. A., *Imperialism: A Study*, James Pott and Co., New York 1902([국역] J.A. 홉슨 지음, 신홍범·김종철 옮김, 『제국주의론』, 창작과비평사, 1993).

Hochschild, Adam, *King Leopold's Ghost: A Story of Greed, Terror, and Heroism in Colonial Africa*, Macmillan, London 2000([국역] 아담 호크쉴드 지음, 이종인 옮김, 『레오폴드왕의 유령』, 무우수, 2003).

Hoffmann, Christhard, 'Political Culture and Violence against Minorities: The Antisemitic Riots in Pomerania and West Prussia', in Hoffmann, Bergmann, and Smith(eds), *Exclusionary Violence: Antisemitic Riots in Modern German History*.

Hoffmann, Christhard, Werner Bergmann, and Helmut Walser Smith(eds), *Exclusionary Violence: Antisemitic Riots in Modern German History*, University of Michigan Press 2002.

Hoffmann, Stanley, *Essais sur la France. Déclin ou renouveau?*, Seuil, Paris 1974.

Hofstadter, Richard, 'The Folklore of Populism', in *Antisemitism in the United States*, ed. Leonard Dinnerstein, Holt, Rinehart, and Winston, New York 1971.

Hofstadter, Richard, *Social Darwinism in American Thought*, Beacon Press, Boston, MA 1992(first published in 1944).

Holmes, Colin, 'The Tredegar Riots of 1911: Anti-Jewish Disturbances in South Wales', *Welsh History Review*, vol. 11, no. 2, December 1982.

Holmes, Colin, *Anti-Semitism in British Society, 1876-1939*, Edward Arnold, London 1979.

Holmes, Colin J., 'Laissez-Faire in Theory and Practice: Britain 1800-1875', *Journal of European Economic History*, vol. 5, no. 3, Winter 1976, pp. 671-88.

Hopkins, A. G., 'Informal Empire in Argentina: An Alternative View', *Journal of Latin American Studies*, vol. 26, no. 2, May 1994, pp. 469-84.

Hopkins, A. G., 'The Victorians and Africa: A Reconsideration of the Occupation of Egypt, 1882', *Journal of African History*, vol. 27, no. 2, 1986.

Hoppen, K. Theodore, *Elections, Politics and Society in Ireland, 1832-1885*, Oxford University Press 1984.

Horie, Yasuzō, 'Modern Entrepreneurship in Meiji Japan', in Lockwood(ed.), *The State and Economic Enterprise in Japan*.

Horowitz, Daniel, *The Morality of Spending: Attitudes toward the Consumer Society in America, 1875-1940*, Johns Hopkins University Press 1985.

Horowitz, Richard S., 'Breaking the Bonds of Precedent. The 1905-6 Government Reform Commission and the Remaking of the Qing Central State', *Modern Asian Studies*, vol. 37, no. 4, 2003, pp. 775-97.

Hosking, Geoffrey, *Russia and the Russians: A History*, Harvard University Press 2001.

Houang, François, introduction to Yan Fu(Yen Fou), *Les manifestes de Yen Fou*, Fayard, Paris 1977.

Howland, Douglas, 'Society Reified: Herbert Spencer and Political Theory in Early Meiji Japan', *Comparative Studies in Society and History*, vol. 42, no. 1, January 2000.

Howland, Douglas, *Borders of Chinese Civilization: Geography and History at Empire's End*, Duke University Press 1996.

Hroch, Miroslav, *Social Preconditions of National Revival in Europe: A Comparative Analysis of the Social Composition of Patriotic Groups among the Smaller European Nations*, Cambridge University Press 1985.

Hsü, Immanuel C. Y., 'Late Ch'ing Foreign Relations, 1866-1905', in Fairbank and Kwang-Ching Liu(eds), *The Cambridge History of China*, vol. 11: *Late Ch'ing, 1800-1911*, part 2.

Hsü, Immanuel C. Y., *The Rise of Modern China*, Oxford University Press 1990([국역] 이매뉴얼 C. Y. 쉬 지음, 조윤수·서정희 옮김, 『근현대 중국사』 상·하, 까치, 2013).

Huang, Philip C. C., 'The Paradigmatic Crisis in Chinese Studies: Paradoxes in Social and Economic History', *Modern China*, vol. 17, no. 3, July 1991, pp. 299-341.

Huberman, Michael, 'Working Hours of the World Unite? New International Evidence of Worktime, 1870-1913', *Journal of Economic History*, vol. 64, no. 4, December 2004, pp. 964-1,001.

Hughes, Robert, *The Culture of Complaint: The Fraying of America*, Oxford University Press 1993.

Hugo, Victor, 'Discours sur l'Afrique', 18 May 1879, in *Actes et Paroles IV*, in *Politique*, Robert Laffont, Paris 1985.

Hull, Isabel V., *Absolute Destruction: Military Culture and the Practices of War in Imperial Germany*, Cornell University Press 2004.

Hume, David, *Selected Essays*, Oxford University Press 2008.

Humphrey, Caroline, 'Creating a Culture of Disillusionment: Consumption in Moscow, a Chronicle of Changing Times', in Daniel Miller(ed.), *Worlds Apart: Modernity through the Prism of the Local*, Routledge, New York and London 1995.

Humphrey, Caroline, 'Odessa: Pogroms in a Cosmopolitan City', in Caroline Humphrey and Vera Skvirskaja(eds), *Post-Cosmopolitan Cities: Explorations of Urban Coexistence*, Berghahn Books, New York and Oxford 2012.

Hung, Ho-fung, *Protest with Chinese Characteristics*, Columbia University Press 2011.

Huret, Jules, *Enquête sur la question sociale en Europe*, Perrin, Paris 1897: ftp://ftp.bnf.fr/002/N0024317_PDF_1_-1DM.pdf

Hutton, Patrick H., 'Popular Boulangism and the Advent of Mass Politics in France, 1886-90', *Journal of Contemporary History*, vol. 11, no. 1, 1976, pp. 85-106.

Hutton, Will, *The Writing on the Wall: China and the West in the 21st Century*, Little, Brown, London 2007.

Hyden-Hanscho, Veronika, 'Invisible Globalization: French Hats in Habsburg Vienna, 1650-1750', *Journal of European Economic History*, vol. 45, no. 3, 2016, pp. 11-54.

Ichiko, Chuzo, 'Political and Institutional Reform, 1901-11', in Fairbank and Liu(eds), *The Cambridge History of China*, vol. 11: *Late Ch'ing, 1800-1911*, part 2.

Iliffe, John, 'The Organization of the Maji Maji Rebellion', *Journal of African History*, vol. 8, no. 3, November 1967, pp. 495-512.

Iliffe, John, *The Emergence of African Capitalism*, Macmillan, London 1983.

Imai, Yoshio, 'N. G. Chernyshevskii: Pioneer of the Russian Cooperative Movement', in Don Karl Rowney(ed.), *Imperial Power and Development: Papers on Pre-Revolutionary Russian History*, Slavica Publishers, Columbus, OH 1990.

Inagaki, Manjirō, *Japan and the Pacific, and a Japanese View of the Eastern Question*, T. Fisher Unwin, London 1890.

Inglis, K. S., 'English Nonconformity and Social Reform, 1880-1900', *Past & Present*, no. 13, April 1958.

Ingraham, Christopher, '15 Baltimore Neighborhoods Have Lower Life Expectancies than North Korea', *Washington Post*, 30 April 2015: http://www.washingtonpost.com/blogs/wonkblog/wp/2015/04/30/baltimores-poorestresidents-die-20-years-earlier-than-its-richest.

Ingraham, Christopher, 'The Entire Coal Industry Employs Fewer People than Arby's',

Washington Post, 31 March 2017: https://www.washingtonpost.com/news/wonk/wp/2017/03/31/8-surprisingly-small-industries-that-employmore-people-than-coal/?utm_term=.38c8e500b1f3.

Inkster, Ian, 'Technological and Industrial Change: A Comparative Essay', in *The Cambridge History of Science*, vol. 4, ed. Roy Porter, Cambridge University Press 2003.

International Institute of Strategic Studies, *The Military Balance 2015*: https://www.iiss.org//media//images/publications/the%20military%20balance/milbal2016/mb%202016%20top%2015%20defence%20budgets%202015.jpg?la=en.

International Monetary Fund(IMF), *World Economic Outlook Database*, April 2014: http://www.imf.org/external/pubs/ft/weo/2014/01/weodata/index.aspx.

Iordachi, Constantin, 'The Unyielding Boundaries of Citizenship: The Emancipation of "Non-Citizens" in Romania, 1866-1918', *European Review of History*, vol. 8, no. 2, 2001.

Iriye, Akira, 'Japan's Drive to Great-Power Status', in *The Cambridge History of Japan*, vol. 5: *The Nineteenth Century*, ed. Marius B. Jansen, Cambridge University Press 1989.

Iriye, Akira, 'The Internationalization of History', *American Historical Review*, vol. 94, no. 1, February 1989.

Iriye, Akira, *Pacific Estrangement: Japanese and American Expansion, 1897-1911*, Harvard University Press 1972.

Israel, Jonathan I., *Dutch Primacy in World Trade, 1585-1740*, Clarendon Press, Oxford 1989.

Israel, Jonathan I., *Radical Enlightenment: Philosophy and the Making of Modernity 1650-1750*, Oxford University Press 2001.

Israel Ministry of Immigrant Absorption, http://www.moia.gov.il/English/FeelingIsrael/AboutIsrael/Pages/aliya2.aspx.

Jacini, Stefano, *Pensieri sulla politica italiana*, G. Civelli, Florence 1889.

Jacini, Stefano(ed.), *Atti della Giunta per la inchiesta agraria e sulle condizioni della classe agricola*, vol. XI, Tomo 1, *Province di Roma e Grosseto*, Forzani, Rome 1884. 야치니 보고서의 이 절을 쓴 필자는 상원의원인 프란체스코 노빌리–비텔레스키다: https://play.google.com/books/reader?id=Oi0oAAAAYAAJ&printsec=-frontcover&output=reader&authuser=0&hl=en&pg=GBS.PA793.

Jackson, Ashley, *The British Empire: A Very Short Introduction*, Oxford University Press 2013.

Jacobs, Meg, 'The Politics of Plenty in the Twentieth-Century United States', in Martin

Daunton and Matthew Hilton(eds), *The Politics of Consumption: Material Culture and Citizenship in Europe and America*, Berg, Oxford 2001.

Jacobson, Lisa, *Raising Consumers: Children and the American Mass Market in the Early Twentieth Century*, Columbia University Press 2004.

Jacquet, Olivier and Gilles Laferté, 'Le contrôle républicain du marché. Vignerons et négociants sous la Troisième République', *Annales*, no. 5, September-October 2006, pp. 1147-70.

James, Lawrence, *Churchill and Empire*, Weidenfeld and Nicolson, London 2013.

Janos, Andrew C., 'Modernization and Decay in Historical Perspective: The Case of Romania', in Kenneth Jowitt(ed.), *Social Change in Romania, 1860-1940: A Debate on Development in a European Nation*, University of California Press 1978, pp. 72-116.

Janos, Andrew C., *East Central Europe in the Modern World: The Politics of the Borderlands from Pre- to Postcommunism*, Stanford University Press 2000.

Janos, Andrew C., *The Politics of Backwardness in Hungary, 1825-1945*, Princeton University Press 1982.

Jansen, Marius B., 'Japan and the Chinese Revolution of 1911', in Fairbank and Liu(eds), *The Cambridge History of China*, vol. 11: *Late Ch'ing, 1800-1911*, part 2.

Jansen, Marius B., 'Japanese Imperialism: Late Meiji Perspectives', in *The Japanese Colonial Empire, 1895-1945*, ed. Ramon Hawley Myers and Mark R. Peattie, Princeton University Press 1984.

Jansen, Marius B., *China in the Tokugawa World*, Harvard University Press 1992.

Jansen, Marius B., *The Making of Modern Japan*, Belknap Press, Cambridge, MA 2000([국역] 마리우스 B. 잰슨 지음, 김우영·강인황·이정·허형주 옮김, 『현대 일본을 찾아서』 1·2, 이산, 2006).

Janzé, Charles-Alfred de, *Les serfs de la voie ferrée. La vérité et les compagnies*, Tolmer, Paris 1881.

Jaurès, Jean, 'En Algérie', in *Oeuvres de Jean Jaurès*, vol. 6, Fayard, Paris 2001, originally in *La Petite République*, 29 January 1898.

Jaurès, Jean, 'Les compétitions coloniales', *La Petite République*, 17 May 1896: http://www.histoire.presse.fr/actualite/infos/jean-jaures-competitions-coloniales-in-petite-republique-du-17-mai-1896-22-11-2010-16782.

Jaurès, Jean, *Les plus beaux discours*, Librio, Paris 2014.

Jedlicki, Jerzy, *A Suburb of Europe: Nineteenth-Century Polish Approaches to Western Civilization*, Central European University Press 1999.

Jefferson, Thomas, *Writings, Memorial Edition*, vol. 15: http://etext.virginia.edu/jefferson/quotations/jeff1325.htm.

Jelavich, Charles and Barbara, *The Establishment of the Balkan National States 1804-1920*, University of Washington Press 1977.

Jenco, Leigh, *Changing Referents: Learning Across Space and Time in China and the West*, Oxford University Press 2015.

Jevons, William Stanley, *The Coal Question: An Inquiry Concerning the Progress of the Nation, and the Probable Exhaustion of our Coal-Mines*, Macmillan, London 1866(first ed. 1865).

Jevons, William Stanley, *The State in Relation to Labour*, Macmillan, London 1882.

Jewish Encyclopedia 1906: http://www.jewishencyclopedia.com/articles/12909-rothschild#anchor9, 'Alphonse de Rothschild' 항목.

Johnson, Paul, *Making the Market: Victorian Origins of Corporate Capitalism*, Cambridge University Press 2010.

Johnson, Samuel, *The Life of Savage*: http://andromeda.rutgers.edu/~jlynch/Texts/savage.html.

Johnston, H. H. (Sir 'Harry'), 'The Development of Tropical Africa under British Auspices', *Fortnightly Review*, no. 86, October 1890.

Joly, Bertrand, 'Le parti royaliste et l'affaire Dreyfus(1898-1900)', *Revue historique*, no. 546, April-June 1983, pp. 311-64.

Joly, Laurent, 'Les débuts de l'action française(1899-1914) ou l'élaboration d'un nationalisme antisémite', *Revue historique*, no. 639, July 2006.

Jonas, Raymond, *The Battle of Adwa: African Victory in the Age of Empire*, Harvard University Press 2011.

Jones, Colin, 'Perspectives on Poor Relief, *Health Care and the Counter-Reformation in France*', in *Health Care and Poor Relief in Counter-Reformation Europe*, ed. Ole Peter Grell and Andrew Cunningham, with Jon Arrizabalaga, Routledge, London 1999.

Jones, Greta, 'Spencer and his Circle', in Jones and Peel(eds), *Herbert Spencer: The Intellectual Legacy*.

Jones, Greta and Robert A. Peel(eds), *Herbert Spencer: The Intellectual Legacy*, The Galton Institute, London 2004.

Jones, Stephen F., 'Russian Imperial Administration and the Georgian Nobility: The Georgian Conspiracy of 1832', *The Slavonic and East European Review*, vol. 65, no. 1, January 1987.

Jouanique, Pierre, 'Three Medieval Merchants: Francesco di Marco Datini, Jacques Coeur and Benedetto Cotrugli', *Accounting, Business & Financial History*, vol. 6, no. 3, 1996, pp. 261-75.

Juglar, Clément, *Des crises commerciales et de leur retour périodique en France, en Angleterre et aux États-Unis*, Guillaumin et Cie, Paris 1862.

Jussila, Osmo, Seppo Hentilä, and Jukka Nevakivi, *From Grand Duchy to a Modern State: A Political History of Finland since 1809*, Hurst and Co., London 1999.

Kahan, Arcadius, 'Government Policies and the Industrialization of Russia', *Journal of Economic History*, vol. 27, no. 4, December 1967.

Kahan, Arcadius, *Russian Economic History: The Nineteenth Century*, Chicago University Press 1989.

Kandiyoti, Deniz, 'End of Empire: Islam, Nationalism and Women in Turkey', in Deniz Kandiyoti(ed.), *Women, Islam and the State*, Temple University Press 1991.

Kann, Robert A., *A History of the Habsburg Empire 1526-1918*, University of California Press 1974.

Kant, Immanuel, 'On the Common Saying: That may be correct in theory, but it is of no use in practice', in Immanuel Kant, *Practical Philosophy*, ed. Mary Gregor, Cambridge University Press 1996.

Kant, Immanuel, 'On the Use of Teleological Principles in Philosophy', in *Anthropology, History, and Education*, ed. Günter Zöller and Robert B. Louden, Cambridge University Press 2007.

Kant, Immanuel, 'Perpetual Peace: A Philosophical Sketch', in *Political Writings*, ed. Hans Reiss, Cambridge University Press 1991([국역] 임마누엘 칸트 지음, 이한구 옮김, 『영구 평화론』, 서광사, 2008).

Kappeler, Andreas, *The Russian Empire: A Multi-Ethnic History*, Longman, Harlow 2001.

Karabel, Jerome, 'The Reasons Why', *The New York Times*, 8 February 1979.

Karl, Rebecca E., 'Creating Asia: China in the World at the Beginning of the Twentieth Century', *American Historical Review*, vol. 103, no. 4, October 1998.

Kassab, Ahmed, *Histoire de la Tunisie. L'époque contemporaine*, Société tunisienne de diffusion, Tunis 1976.

Katus, László, 'Economic Growth in Hungary during the Age of Dualism', *Social Economic Researches on the History of East-Central Europe, Studia Historica* 62, Budapest 1970.

Katz, Friedrich, 'Mexico: Restored Republic and Porfiriato, 1867-1910', in Bethell(ed.), *The Cambridge History of Latin America*, vol. V.

Kaufman, Burton I., 'The Organizational Dimension of United States Economic Foreign Policy, 1900-1920', *Business History Review*, vol. 46, no. 1, Spring 1972.

Kaul, Chandrika, "'You cannot govern by force alone'": W. H. Russell, *The Times* and the Great Rebellion', in Marina Carter and Crispin Bates(eds), *Mutiny at the Margins*, vol. 3, Sage, London 2013.

Kay, James Phillips, *The Moral and Physical Condition of the Working Classes Employed in the Cotton Manufacture in Manchester*, Ridgway, London 1832: https://archive.org/stream/moralphysicalcon00kaysuoft#page/n3/mode/2up.

Keddie, Nikki R., *Roots of Revolution: An Interpretive History of Modern Iran*, Yale University Press 1981.

Kelly, Marjorie, 'The Incredibly Unproductive Shareholder', *Harvard Business Review*, vol. 80, no. 1, January 2002, pp. 18-19.

Kelly, Morgan and Cormac Ó Gráda, 'Living Standards and Mortality since the Middle Ages', *Economic History Review*, vol. 67, no. 2, 2014.

Kennedy, John F., Inaugural Address, 20 January 1961: http://www.jfklibrary.org/Research/Research-Aids/Ready-Reference/JFK-Quotations/Inaugural-Address.aspx.

Kennedy, Paul, 'Continuity and Discontinuity in British Imperialism, 1815-1914', in Eldridge(ed.), *British Imperialism in the Nineteenth Century*.

Kertzer, David, *The Popes against the Jews: The Vatican's Role in the Rise of Modern Anti-Semitism*, Knopf, New York 2001.

Kévorkian, Raymond, *The Armenian Genocide: A Complete History*, I. B. Tauris, London 2011.

Keynes, John Maynard, 'National Self-Sufficiency', originally in the *New Statesman*(8 July 1933), now in *Activities 1931-1939*, vol. XXI of *The Collected Writings of John Maynard Keynes*, Macmillan, London, and Cambridge University Press 1982.

Keynes, John Maynard, 'The End of Laissez-Faire', 'Economic Possibilities for Our Grandchildren', in *Essays in Persuasion* in *The Collected Writings of John Maynard Keynes*, vol. IX, Macmillan, London 1972.

Keynes, John Maynard, *The Economic Consequences of the Peace*, Harcourt, Brace, and Howe, New York 1920([국역] 존 메이너드 케인스 지음, 정명진 옮김, 『평화의 경제적 결과』, 부글북스, 2016).

Keynes, John Maynard, *The General Theory of Employment, Interest, and Money*, Macmillan, London 1967([국역] 존 메이너드 케인스 지음, 조순 옮김, 『고용, 이자 및 화폐의 일반이론』, 비봉출판사, 2007).

Khoudour-Casteras, David, 'Welfare State and Labor Mobility: The Impact of Bismarck's Social Legislation on German Emigration before World War I', *Journal of Eco-*

nomic History, vol. 68, no. 1, March 2008, pp. 211-43.

Kiesewetter, Hubert, 'Competition for Wealth and Power: The Growing Rivalry between Industrial Britain and Industrial Germany 1815-1914', *Journal of European Economic History*, vol. 20, no. 2, Fall 1991.

Kindleberger, Charles P., 'Review of *The Economy of Turkey; The Economic Development of Guatemala; Report on Cuba'*, *Review of Economics and Statistics*, vol. 34, no. 4, November 1952.

Kindleberger, Charles P., *Manias, Panics and Crashes: A History of Financial Crises*, 4th edition, Palgrave, London 2000([국역] 찰스 P. 킨들버거·로버트 Z. 알리버 지음, 김홍식 옮김, 『광기, 패닉, 붕괴』, 굿모닝북스, 2006).

Kindleberger, C. P., 'The Rise of Free Trade in Western Europe, 1820-1875', *Journal of Economic History*, vol. 35, no. 1, March 1975.

King, Desmond, *The Liberty of Strangers: Making the American Nation*, Oxford University Press 2005.

Kingsley, Charles, *His Letters and Memories of his Life*, ed. his wife, vol. 1, Henry S. King & Co., London 1877.

Kipnis, Ira, *The American Socialist Movement, 1897-1912*, Haymarket Books, Chicago, IL 2005, first published 1952.

Kirzner, Israel M., 'Menger, Classical Liberalism, and the Austrian School of Economics', in *Carl Menger and his Legacy in Economics*, ed. Bruce J. Caldwell, Duke University Press 1990.

Klein, Herbert S., *A Population History of the United States*, Cambridge University Press 2004.

Klein, Maury, *The Genesis of Industrial America, 1870-1920*, Cambridge University Press 2007.

Klessmann, Christoph, 'Long-Distance Migration, Integration and Segregation of an Ethnic Minority in Industrial Germany: The Case of the "Ruhr Poles"', in Klaus Bade(ed.), *Population, Labour and Migration in 19th- and 20th-Century Germany*, Berg, Leamington Spa 1987.

Klier, John Doyle, *Russians, Jews and the Pogroms of 1881-1882*, Cambridge University Press 2011.

Klier, John D. and Shlomo Lambroza(eds), *Pogroms: Anti-Jewish Violence in Modern Russian History*, Cambridge University Press 1992.

Knight, Alan, *The Mexican Revolution*, vol. 2: *Counter-Revolution and Reconstruction*, Cambridge University Press 1986.

Knight, Nathaniel, 'Was the Intelligentsia Part of the Nation? Visions of Society in

Post-Emancipation Russia', in *Kritika: Explorations in Russian and Eurasian History*, vol. 7, no. 4, Fall 2006, pp. 733-58.

Kochanski, Halik, 'Wolseley and the South African War', in John Gooch(ed.), *The Boer War: Direction, Experience and Image*, Frank Cass, London 2000.

Koenig, Louis W., *Bryan: A Political Biography of William Jennings Bryan*, Putnam's Sons, New York 1971.

Koestler, Arthur, *Promise and Fulfilment: Palestine 1917-1949*, Macmillan, New York 1949.

Kolko, Gabriel, *The Triumph of Conservatism: A Reinterpretation of American History, 1900-1916*, Free Press of Glencoe, New York 1963.

Körner, Martin, 'Expenditure', in Richard Bonney(ed.), *Economic Systems and State Finance*, Clarendon Press, Oxford 1995.

Kossert, Andreas, 'Founding Father of Modern Poland and Nationalist Antisemite: Roman Dmowski', in Rebecca Haynes and Martyn Rady(eds), *In the Shadow of Hitler*, I. B. Tauris, London 2011.

Kōtoku, Shūsui, *L'impérialisme, le spectre du XXe siècle*, translated into French by Christine Lévy, CNRS editions, Paris 2008([국역] 「20세기의 괴물 제국주의」, 임경화 엮음, 『나는 사회주의자다: 동아시아 사회주의의 기원, 고토쿠 슈스이 선집』, 교양인, 2011에 수록).

Kousser, J. Morgan, *The Shaping of Southern Politics: Suffrage Restriction and the Establishment of the One-Party South, 1880-1910*, Yale University Press 1974.

Kristol, Irving, 'Urban Civilization and its Discontents', *Commentary*, July 1970.

Krugman, Paul, 'In Praise of Cheap Labor', *Slate Magazine*, 21 March 1997.

Krugman, Paul, 'Safer Sweatshops', *The New York Times*, 8 July 2013.

Kubricht, A. Paul, 'The National-Economic Implications of the Formation of the Czech Agrarian Party(1899)', in Volgyes(ed.), *The Peasantry of Eastern Europe*, vol. 1.

Kume Kunitake, *Japan Rising: The Iwakura Embassy to the USA and Europe*, ed. Chushichi Tsuzuki and R. Jules Young, Cambridge University Press 2009([국역] 구메 구니타케 지음, 정애영·방광석·박삼헌·서민교·정선태 옮김, 『특명전권대사 미구회람실기』 1-5, 소명출판, 2011).

Kurlander, Eric, 'The Rise of Volkisch-Nationalism and the Decline of German Liberalism: A Comparison of Liberal Political Cultures in Schleswig-Holstein and Silesia 1912-1924', *European Review of History*, vol. 9, no. 1, 2002.

Kusmer, Kenneth L., *Down and Out, on the Road: The Homeless in American History*, Oxford University Press 2003.

Kuznets, Simon, *Six Lectures on Economic Growth*, Free Press of Glencoe, IL, 1959.

Lai, Cheng-chung, 'Adam Smith and Yen Fu: Western Economics in Chinese Perspective', *Journal of European Economic History*, vol. 18, no. 2, Fall 1989.

Lains, Pedro, *L'économie portugaise au XIXe siècle. Croissance économique et commerce extérieur, 1851-1913*, L'Harmattan, Paris 1999.

Lambroza, Shlomo, 'The Pogroms of 1903-1906', in Klier and Lambroza(eds), *Pogroms: Anti-Jewish Violence in Modern Russian History*.

Lampe, John R., 'Imperial Borderlands or Capitalist Periphery? Redefining Balkan Backwardness, 1520-1914', in Chirot(ed.), *The Origins of Backwardness in Eastern Europe*.

Lampe, John R., 'Varieties of Unsuccessful Industrialization: The Balkan States before 1914', *Journal of Economic History*, vol. 35, no. 1, March 1975, pp. 56-85.

Lampedusa, Giuseppe Tomasi di, *Il gattopardo*, Feltrinelli, Milan 2002([국역] 주세페 토마시 디 람페두사 지음, 최명희 옮김, 『표범』, 동안, 2015).

Landes, David S., 'Japan and Europe: Contrasts in Industrialization', in Lockwood(ed.), *The State and Economic Enterprise in Japan*.

Landes, David S., 'The Fable of the Dead Horse; or, The Industrial Revolution Revisited', in Mokyr(ed.), *The British Industrial Revolution*.

Landes, David S., *The Unbound Prometheus: Technological Change and Industrial Development in Western Europe from 1750 to the Present*, Cambridge University Press 2003.

Landes, David S., *The Wealth and Poverty of Nations*, Little, Brown and Co., London 1998([국역] 데이비드 S. 랜즈 지음, 안진환·최소영 옮김, 『국가의 부와 빈곤』, 한국경제신문, 2009).

Langer, William L., *The Diplomacy of Imperialism, 1890-1902*, vol. 1, Knopf, New York 1935.

Lansang, Jose A., 'The Philippine-American Experiment: A Filipino View', *Pacific Affairs*, vol. 25, no. 3, September 1952.

Lanzaro, Jorge, 'La gauche en Uruguay: Le chemin vers le gouvernement', *Problèmes d'Amérique latine*, no. 55, Winter 2004-5

Larson, John, 'The Market Revolution', in Lacy K. Ford, *A Companion to the Civil War and Reconstruction*, Blackwell, Oxford 2005.

Lawson, Philip, *The East India Company: A History*, Longman, London 1993.

Layard, George Somes, *Mrs. Lynn Linton: Her Life, Letters, and Opinions*, Methuen, London 1901.

Le Bon, Gustave, *La psychologie politique et la défense sociale*, Flammarion, Paris 1910.

Le Play, Frédéric, *La réforme sociale en France déduite de l'observation comparée des peuples européens*, Mame, Tours 1874(5th ed., revised), vol. 2(first published 1864).

Leach, William R., *Land of Desire: Merchants, Power, and the Rise of a New American Culture*, Knopf Doubleday, New York 2011([국역] 윌리엄 리치 지음, 이은 경·임옥희 옮김, 『욕망의 땅』, 동문선, 2006).

Lebovics, Herman, *The Alliance of Iron and Wheat in the Third French Republic 1860-1914: Origins of the New Conservatism*, Louisiana State University Press 1988.

Leduc, Jean, *Histoire de la France: l'enracinement de la République, 1879-1918*, Hachette, Paris 1991.

Lees, Andrew, 'Critics of Urban Society in Germany, 1854-1914', *Journal of the History of Ideas*, vol. 40, no. 1, January-March 1979.

Lehmann, Jean-Pierre, *The Roots of Modern Japan*, Macmillan, London 1982.

Lehmann, Sibylle H., 'The German Elections in the 1870s: Why Germany Turned from Liberalism to Protectionism', *Journal of Economic History*, vol. 70, no. 1, March 2010.

Leibniz, Gottfried, Preface to *Novissima Sinica*: http://www.zftrans.com/bbs/read.php?tid=15696([국역] 「『최신 중국 소식』의 서문」, 고트프리트 빌헬름 라이프니츠 지음, 이동희 옮김, 『라이프니츠가 만난 중국』, 이학사, 2003에 수록).

Lenin, V. I., 'The Agrarian Programme of Social-Democracy in the First Russian Revolution, 1905-1907'; 'The International Socialist Congress in Stuttgart', in *Collected Works*, vol. 13, Progress Publishers, Moscow 1972.

Leo XIII, *Libertas*(1888): http://w2.vatican.va/content/leo-xiii/en/encyclicals/documents/hf_l-xiii_enc_20061888_libertas.html.

Leo XIII, *Quod apostolici muneris*(1878): http://www.vatican.va/holy_father/leo_xiii/encyclicals/documents/hf_l-xiii_enc_28121878_quod-apostolicimuneris_en.html.

Leo XIII, *Rerum Novarum*(1891): http://www.vatican.va/holy_father/leo_xiii/encyclicals/documents/hf_l-xiii_enc_15051891_rerum-novarum_en.html([국역] Catholic Church 지음, 한국 천주교 정의 평화위원회 교육분과 옮김, 『노동헌장』, 성바오로출판사, 1991).

Leonard, Carol S., *Agrarian Reform in Russia: The Road from Serfdom*, Cambridge University Press 2011.

Lermontov, Mikhail, *Major Poetical Works*, ed. and trans. Anatoly Liberman, Croom Helm, London 1983.

Leroy-Beaulieu, Anatole, *L'empire des Tsars et les Russes*, Laffont, Paris 1990(reprint of the 4th edition, 1897-8).

Leroy-Beaulieu, Paul, 'De la nécessité de préparer une fédération européenne', *L'Économiste français*, 3 September 1898.

Leroy-Beaulieu, Paul, 'Le prochain gouffre: le projet de loi sur les retraites', *L'Économiste français*, 11 May 1901.

Leroy-Beaulieu, Paul, *De la colonisation chez les peuples modernes*, Guillaumin, Paris 1882(2nd edition).

Leroy-Beaulieu, Paul, *Essai sur la répartition des richesses et sur la tendance à une moindre inégalité des conditions*, Guillaumin, Paris 1897(4th edition, first published 1880).

Leroy-Beaulieu, Paul, *L'administration locale en France et en Angleterre*, Guillaumin, Paris 1872.

Leroy-Beaulieu, Paul, *Le développement du socialisme d'état et le rachat des chemins de fer*, Debons, Paris 1880.

Leroy-Beaulieu, Pierre, 'La Chine et les puissances', *L'Économiste français*, 10 September 1898.

Leroy-Beaulieu, Pierre, 'Les États-Unis, puissance coloniale', *Revue des deux mondes*, January 1902, pp. 77-102.

Letourneau, Charles, *L'évolution du commerce dans les diverses races humaines*, Vigot Frères, Paris 1897.

Leuchtenburg, William E., *The American President: From Teddy Roosevelt to Bill Clinton*, Oxford University Press 2015.

Leupp, Gary P., *Servants, Shophands, and Laborers in the Cities of Tokugawa Japan*, Princeton University Press 1992.

Lévêque, Pierre, *Histoire des forces politiques en France, 1880-1940*, vol. 2, Armand Colin, Paris 1994.

Levi, Carlo, *Cristo si è fermato a Eboli*, Einaudi, Turin 1946([국역] 카를로 레비 지음, 박희원 옮김, 『그리스도는 에볼리에 머물렀다』, 북인더갭, 2019).

Levi, Margaret, *Of Rule and Revenue*, University of California Press 1988.

Levitt, Theodore, 'The Globalization of Markets', *Harvard Business Review*, vol. 61, no. 3, May-June 1983, pp. 92-102.

Lévy, Christine, 'La naissance du mouvement ouvrier moderne au Japon', in Claude Hamon(ed.), *Entreprise et société dans le Japon d'avant-guerre*, Philippe Picquier, Arles 2011.

Lévy-Leboyer, Maurice, 'La croissance économique en France au XIXe siècle', *Annales*, vol. 23, no. 4, July-August 1968.

Lévy-Leboyer, Maurice and François Bourguignon, *L'economie française au XIXe siè-cle*, Economica, Paris 1985.

Lévy-Leboyer, Maurice and Jean-Claude Casanova(eds), *Entre l'etat et le marché. L'économie française des années 1880 à nos jours*, Gallimard, Paris 1991.

Lewis, Bernard, *The Jews of Islam*, Princeton University Press 2016.

Lewis, Colin M., 'Industry in Latin America before 1930', in Bethell(ed.), *The Cambridge History of Latin America*, vol. IV.

Lewis, Paul H., *Authoritarian Regimes in Latin America: Dictators, Despots, and Ty-rants*, Rowman & Littlefield, Lanham, MD 2006.

Lewycka, Marina, *Various Pets Alive and Dead*, Penguin/Fig Tree, London 2012.

Leymonerie, Claire, 'Le Salon des arts ménagers dans les années 1950', *Vingtième siè-cle*, no. 91, July-September 2006, pp. 43-56.

Leys, Colin, *The Rise and Fall of Development Theory*, James Currey, London 1996.

Li, Bozhong, *Agricultural Development in Jiangnan, 1620-1850*, Macmillan, Bas-ingstoke 1998.

Li, Lillian M., *Fighting Famine in North China*, Stanford University Press 2007.

Liebman, Marcel, *Les socialistes belges, 1885-1914. La révolte et l'organisation*, Vie Ouvrière, Brussels 1979.

Light, Alison, *Mrs Woolf and the Servants*, Penguin/Fig Tree, London 2007.

Lincoln, Abraham, 'Second Inaugural Address', 4 March 1865: http://avalon.law.yale. edu/19th_century/lincoln2.asp, other speeches: http://www.abrahamlincolnon-line.org/lincoln/speeches/fair.htm.

Lind, Michael, *The Next American Nation: The New Nationalism and the Fourth American Revolution*, The Free Press, London 1995.

Lindert, Peter H., *Growing Public: Social Spending and Economic Growth since the Eighteenth Century*, 2 vols, Cambridge University Press 2004.

Linton, Eliza Lynn(E.L.L.), 'On the Side of the Maids', *Cornhill Magazine*, vol. 29, 1874: http://www.victorianweb.org/history/work/maids1.html.

Linton, Eliza Lynn(E.L.L.), 'The Wild Women. 1. As Politicians', *Nineteenth Century*, vol. 30, no. 173, July 1891.

Lipset, Seymour Martin and Gary Marks, *It Didn't Happen Here: Why Socialism Failed in the United States*, Norton and Co., New York 2000.

Lis, Catharina and Hugo Soly, *Poverty and Capitalism in Pre-Industrial Europe*, Har-vester Press, Hassocks, Sussex 1979.

Lis, Catharina and Hugo Soly, *Worthy Efforts: Attitudes to Work and Workers in*

Pre-Industrial Europe, Brill, Leiden and Boston, MA 2012.

List, Frederick(Friedrich), *National System of Political Economy*, trans. G. A. Matile, J. B. Lippincott & Co., Philadelphia, PA 1856([국역] 프리드리히 리스트 지음, 이승무 옮김, 『정치경제학의 민족적 체계』, 지만지, 2016).

Liu, William Guanglin, 'The Making of a Fiscal State in Song China, 960-1279', *Economic History Review*, vol. 68, no. 1, 2015, pp. 48-78.

Livezeanu, Irina, *Cultural Politics in Greater Romania*, Cornell University Press 1995.

Livi-Bacci, Massimo, *A Concise History of World Population*, Blackwell, Oxford 1997([국역] Massimo Livi-Bacci 지음, 송병건 옮김, 『세계인구의 역사』, 해남, 2009).

Livi-Bacci, Massimo, *L'immigrazione e l'assimilazione degli italiani negli Stati Uniti*, Giuffrè, Milan 1961.

Livi-Bacci, Massimo, *The Population of Europe: A History*, Blackwell, Oxford 2000.

Livingston, Alexander, *Damn Great Empires! William James and the Politics of Pragmatism*, Oxford University Press 2016.

Livy(Titus Livius), *Ab urbe condita*([국역] 티투스 리비우스 지음, 이종인 옮김, 『리비우스 로마사』 1·2, 현대지성, 2018-2019).

Locke, John, *Second Treatise on Government*: http://www.gutenberg.org/files/7370/7370-h/7370-h.htm([국역] 존 로크 지음, 강정인·문지영 옮김, 『통치론』, 까치, 1996).

Lockwood, William W.(ed.), *The State and Economic Enterprise in Japan: Essays in the Political Economy of Growth*, Princeton University Press 1965.

Loginov, V. T., 'Stolypin as Reformer', *Russian Studies in History*, vol. 42, no. 4, Spring 2004.

London, Jack, *The People of the Abyss*, Grosset & Dunlap, New York 1903([국역] 잭 런던 지음, 정주연 옮김, 『밑바닥 사람들』, 궁리, 2011).

López-Campillo, Evelyne, *La crise de 1898*, Éditions Messene, Paris 1999.

Lorenzo, David J., *Conceptions of Chinese Democracy*, Johns Hopkins University Press 2013.

Lorimer, James, *Constitutionalism of the Future: or, Parliament the Mirror of the Nation*, Adam and Charles Black, Edinburgh 1865.

Lorimer, James, *The Institutes of the Law of Nations: A Treatise of the Jural Relations of Separate Political Communities*, vol. 1, Blackwood, Edinburgh, 1883.

Luckin, W., 'The Final Catastrophe—Cholera in London, 1866', *Medical History*, vol. 21, no. 1, 1977, pp. 32-42.

Luo Guanzhong, *Three Kingdoms: A Historical Novel*, trans. Moss Roberts, University of California Press 1991([국역] 나관중 지음, 황석영 옮김, 『삼국지』, 창비, 2003).

Luther, Martin, 'Ninety-Five Theses': http://www.luther.de/en/95thesen.html.

Lyashchenko, Peter I., *History of the National Economy of Russia to the 1917 Revolution*, Macmillan, New York, NY 1949.

Lynch, John, 'The Origins of Spanish American Independence', in Bethell(ed.), *The Cambridge History of Latin America*, vol. III.

Lynn, Martin, 'British Policy, Trade, and Informal Empire in the Mid-Nineteenth Century', in *The Oxford History of the British Empire*, vol. 3: *The Nineteenth Century*, ed. Andrew Porter, Oxford University Press 1999.

Lyons, F. S. L., *Internationalism in Europe, 1815-1914*, A. W. Sythoff, Leiden 1963.

Macaulay, Thomas Babington, Speeches(5 July 1831; 10 July 1833), in *Miscellaneous Writings and Speeches*, vol. 4: http://www.gutenberg.org/files/2170/2170-h/2170-h.htm.

Macey, David A. J., *Government and Peasant in Russia, 1861-1906: The Prehistory of the Stolypin Reforms*, Northern Illinois University Press 1987.

Macfarlane, Alan, *The Savage Wars of Peace: England, Japan and the Malthusian Trap*, Palgrave, Basingstoke 2003.

Macintyre, Stuart, *The Oxford History of Australia*, vol. 4: *1901-1942: The Succeeding Age*, Oxford University Press 1986.

Mackerras, Colin, *Western Images of China*, Oxford University Press 1989.

Mackinnon, Mary, 'Living Standards, 1870-1914', in Floud and McCloskey(eds), *The Economic History of Britain since 1700*, vol. 2.

Macpherson, W. J., *The Economic Development of Japan c. 1868-1941*, Macmillan, London 1987.

Maddison, Angus, 'Statistics on World Population, GDP and Per Capita GDP, 1-2008 AD': http://www.ggdc.net/maddison/oriindex.htm.

Maddison, Angus, *Contours of the World Economy, 1-2030 AD: Essays in Macro-Economic History*, Oxford University Press 2007.

Maddison, Angus, *Dynamic Forces in Capitalist Development: A Long-Run Comparative View*, Oxford University Press 1991.

Madley, Benjamin, 'Reexamining the American Genocide Debate: Meaning, Historiography, and New Methods', *American Historical Review*, vol. 120, no. 1, February 2015.

Madrick, Jeff, *The Case for Big Government*, Princeton University Press 2009.

Maggi, Ruben Schindler, 'Indigenous Health in Brazil', *Revista Brasileira de Saúde Materno Infantil*, vol. 14, no. 1, January/March 2014: http://www.scielo.br/pdf/rbsmi/v14n1/en_1519-3829-rbsmi-14-01-0013.pdf.

Maiguashca, Juan, 'The Electoral Reforms of 1861 in Ecuador and the Rise of a New Political Order', in Eduardo Posada-Carbó(ed.), *Elections before Democracy: The History of Elections in Europe and Latin America*, Macmillan, London 1996.

Maliks, Reidar, Kant's *Politics in Context*, Oxford University Press 2014.

Malthus, Thomas, *An Essay on the Principle of Population*(1798): http://www.gutenberg.org/files/4239/4239-h/4239-h.htm([국역] Thomas Robert Malthus 지음, 이극찬 옮김, 『인구론』, 을유문화사, 1988).

Manoukian, Agopik, 'La famiglia dei contadini', in Piero Melograni(ed.), *La famiglia italiana dall'ottocento a oggi*, Laterza, Rome-Bari 1988.

Mao Zedong, 'On the People's Democratic Dictatorship: In Commemoration of the Twenty-Eighth Anniversary of the Communist Party of China, June 30, 1949': https://www.marxists.org/reference/archive/mao/selected-works/volume-4/mswv4_65.htm.

Marat, Jean-Paul, article in *L'Ami du peuple*, Wednesday, 30 June 1790: http://gallica.bnf.fr/ark:/12148/bpt6k1046480j.

Marin, Séverine Antigone, '"L'américanisation du monde"? Étude des peurs allemandes face au "danger américain"(1897-1907)', in Dominique Barjot, Isabelle Lescent-Giles, and Marc de Ferrière Le Vayer(eds), *L'américanisation en Europe au XXe siècle: économie, culture, politique*, vol. 1, Centre de Recherche sur l'Histoire de l'Europe du Nord-Ouest, Université Charles-de-Gaulle, Lille 3, 2002.

Maris, Bernard, *Des économistes au-dessus de tout soupçon ou la grande mascarade des prédictions*, Albin Michel, Paris 1990.

Markoff, John, 'Where and When Was Democracy Invented?', *Comparative Studies in Society and History*, vol. 41, no. 4, October 1999.

Marks, Shula, *Reluctant Rebellion: The 1906-8 Disturbances in Natal*, Clarendon Press, Oxford 1970.

Marques-Pereira, Bérengère, 'Le Chili: les femmes et la gauche. Une relation amicale?', *Revue internationale de politique comparée*, vol. 12, no. 3, 2005.

Marseille, Jacques, *Empire colonial et capitalisme français. Histoire d'un divorce*, Albin Michel, Paris 1984.

Martin, Jean-François, *Histoire de la Tunisie contemporaine. De Ferry à Bourguiba, 1881-1956*, L'Harmattan, Paris 2003.

Martin, R. Montgomery, *Opium in China, extracted from China; Political, Commercial, and Social*, James Madden, London, 발행연도 불명(1847).

Martines, Lauro, *Furies: War in Europe 1450-1700*, Bloomsbury, London 2013.

Marton, Silvia, *La construction politique de la nation. La nation dans les débats du Parlement de la Roumanie(1866-1871)*, Institutul European, Bucharest 2009.

Maruyama, Masao, *Studies in the Intellectual History of Tokugawa Japan*, Princeton University Press 1974.

Maruyama, Masao, *Thought and Behaviour in Modern Japanese Politics*, Oxford University Press 1969([국역] 마루야마 마사오 지음, 김석근 옮김, 『현대 정치의 사상과 행동』, 한길사, 1997).

Marx, Karl, *A Contribution to the Critique of Political Economy*, Progress Publishers, Moscow 1970(국역본 다수).

Marx, Karl, *Capital*, vol. 1, Progress Publishers, Moscow 1965(국역본 다수).

Marx, Karl, *Capital*, vol. 3, Progress Publishers, Moscow 1971(국역본 다수).

Marx, Karl, *Class Struggles in France, 1848-1850*, International Publishers, New York 1964(국역본 다수).

Marx, Karl, *Grundrisse: Foundations of the Critique of Political Economy(Rough Draft)*, Penguin, London 1973([국역] 카를 마르크스 지음, 김호균 옮김, 『정치경제학 비판 요강』 1-3, 그린비, 2007).

Marx, Karl and Frederick Engels, *Collected Works*, vols 43 and 47, Lawrence and Wishart, London 2010, electronic edition.

Marx, Karl and Friedrich Engels, *Correspondence 1846-1895: A Selection with Commentary and Notes*, Martin Lawrence, London 1934.

Marx, Karl and Friedrich Engels, *Marx and Engels Correspondence*: https://www.marxists.org/archive/marx/works/1891/letters/91_10_24a.htm.

Marx, Karl and Friedrich Engels, *The Communist Manifesto*, Penguin, London 2002(국역본 다수).

Masterman, Charles, *The Condition of England*, Methuen, London 1912, first published 1909.

Mather, William, 'Labour and the Hours of Labour', *Contemporary Review*, vol. 62, November 1892.

Mathias, Peter, 'La révolution industrielle en Angleterre: un cas unique?', *Annales*, vol. 27, no. 1, January-February 1972, pp. 33-45.

Matthew, H. C. G., 'Introduction', in *The Gladstone Diaries*, vol. X: *January 1881-June 1883*, ed. H. C. G. Matthew, Clarendon Press, Oxford 1990.

Mayer, Arno, *The Persistence of the Old Regime*, Croom Helm, London 1981.

Mayer, Arno J., 'The Lower Middle Class as Historical Problem', *Journal of Modern History*, vol. 47, no. 3, September 1975.

Mayeur, Jean-Marie, 'Catholicisme intransigeant, catholicisme social, démocratie chrétienne', *Annales*, vol. 27, no. 2, March/April 1972.

Maynes, Charles William, 'Squandering Triumph: The West Botched the Post-Cold War World', *Foreign Affairs*, vol. 78, no. 1, January-February 1999.

Mayo, Louise A., *The Ambivalent Image: Nineteenth-Century America's Perception of the Jew*, Associated University Presses 1988.

McCagg, William O., Jr., 'Hungary's "Feudalized" Bourgeoisic', *Journal of Modern History*, vol. 44, no. 1, March 1972.

McClelland, Keith and Sonya Rose, 'Citizenship and Empire, 1867-1928', in Hall and Rose(eds), *At Home with the Empire*.

McCloskey, Deirdre N., *The Bourgeois Virtues: Ethics for an Age of Commerce*, University of Chicago Press 2006.

McCormack, Noah, 'Civilising the Urban Other: Poverty as a National Problem', *Ritsumeikan Annual Review of International Studies*, vol. 6, 2007, pp. 21-43: http://www.ritsumei.ac.jp/acd/cg/ir/college/bulletin/e-vol.6/02Noah%20McCormack.pdf.

McCormick, Richard L., 'The Discovery that Business Corrupts Politics: A Reappraisal of the Origins of Progressivism', *American Historical Review*, vol. 86, no. 2, April 1981.

McCraw, Thomas K., 'American Capitalism', in Thomas K. McCraw(ed.), *Creating Modern Capitalism: How Entrepreneurs, Companies, and Countries Triumphed in Three Industrial Revolutions*, Harvard University Press 1997.

McDaniel, Robert A., *The Shuster Mission and the Persian Constitutional Revolution*, Bibliotheca Islamica, Minneapolis, MN 1974.

McDaniel, Tim, *Autocracy, Capitalism, and Revolution in Russia*, University of California Press 1988.

McGovern, Charles, 'Consumption and Citizenship in the United States, 1900-1940', in *Getting and Spending*, ed. Susan Strasser, Charles McGovern, and Matthias Judt, Cambridge University Press 1998.

McIvor, A. J., 'Employers, the Government, and Industrial Fatigue in Britain, 1890-1918', *Journal of Industrial Medicine*, vol. 44, no. 11, November 1987.

McKeown, Thomas, *The Modern Rise of Population*, Edward Arnold, London 1976.

McKinley, William, First Inaugural Address, 4 March 1897: http://avalon.law.yale.edu/19th_century/mckin1.asp.

McMath, Robert C., Jr., *American Populism: A Social History, 1877-1898*, Hill and Wang, New York 1993.

McNeill, J. R. and William H. McNeill, *The Human Web*, W. W. Norton, London

2003([국역] 윌리엄 맥닐·존 맥닐 지음, 유정희·김우영 옮김,『휴먼 웹』, 이산, 2007).

McReynolds, Louise, *The News under Russia's Old Regime*, Princeton University Press 1991.

Mearns, Andrew, *The Bitter Cry of Outcast London: An Inquiry into the Condition of the Abject Poor*, James Clarke and Co., London 1883.

Medeiros, Marcelo de A., 'La gouvernance de gauche face aux processus de mondialisation: le cas du Brésil', *Revue internationale de politique comparée*, vol. 12, no. 3, 2005.

Meiksins Wood, Ellen, *Empire of Capital*, Verso, London 2003.

Meldini, Piero, 'A tavola e in cucina', in Piero Melograni(ed.), *La famiglia italiana dall'ottocento a oggi*, Laterza, Rome-Bari 1988.

Méline, Jules, *Le Retour à la terre et la surproduction industrielle*, Hachette, Paris 1905.

Mension-Rigau, Eric, *Aristocrates et grands bourgeois*, Plon, Paris 1994.

Merger, Michèle, *Un siècle d'histoire industrielle en Italie, 1880-1998*, SEDES, Paris 1998.

Merrill, Michael, 'Putting "Capitalism" in its Place: A Review of Recent Literature', *The William and Mary Quarterly*, vol. 52, no. 2, April 1995.

Meslé, France and Jacques Vallin, 'Reconstitution de tables annuelles de mortalité pour la France au XIXe siècle', *Population*, vol. 44, no. 6, November-December 1989.

Meyer, Stephen, III, *The Five-Dollar Day: Labor Management and Social Control in the Ford Motor Company, 1908-1921*, State University of New York Press 1981.

Michalet, Charles-Albert, *Mondialisation, la grande rupture*, La Découverte, Paris 2007.

Middleton, Roger, *Government versus the Market*, Edward Elgar, Cheltenham 1996.

Mill, John Stuart, 'Miss Martineau's Summary of Political Economy', *Monthly Repository*, vol. VIII, May 1834, pp. 318-22, now in *The Collected Works of John Stuart Mill*, vol. IV.

Mill, John Stuart, *Considerations on Representative Government*, Parker, Son, and Bourn, London 1861([국역] 존 스튜어트 밀 지음, 서병훈 옮김,『대의정부론』, 아카넷, 2012).

Mill, John Stuart, *Dissertations and Discussions: Political, Philosophical, and Historical*, vols 1-3, Longmans, Green, Reader, and Dyer, London 1867-75.

Mill, John Stuart, *Principles of Political Economy*, Longmans, Green and Co., London

1904([국역] 존 스튜어트 밀 지음, 박동천 옮김, 『정치경제학 원리』 1-4, 나남출판, 2010).

Miller, Alexei, *The Romanov Empire and Nationalism: Essays in the Methodology of Historical Research*, Central European University Press 2008.

Millerand, Alexandre, *Le socialisme réformiste français*, Société nouvelle de librairie et d'édition, Paris 1903: http://ia600304.us.archive.org/9/items/lesocialismeref-00millgoog/lesocialismeref00millgoog.pdf.

Milyukov, Pavel(Paul Milyoukov), *Russia and its Crisis*, University of Chicago Press 1905: http://archive.org/stream/russiaitscrisis00miliuoft#page/n3/mode/2up.

Minsky, Hyman, *Can 'It' Happen Again? Essays on Instability and Finance*, Routledge, London 2016.

Minsky, Hyman P., 'The Financial-Instability Hypothesis: Capitalist Processes and the Behavior of the Economy', in *Financial Crises: Theory, History, and Policy*, ed. Charles P. Kindleberger and Jean-Pierre Laffargue, Cambridge University Press and Éditions de la Maison des Sciences de l'Homme, Cambridge and Paris 1982.

Misra, Amalendu, *Afghanistan: The Labyrinth of Violence*, Polity, Cambridge 2004.

Missaggia, Maria Giovanna, *Stefano Jacini e la classe politica liberale*, Leo S. Olschki, Florence 2003.

Mitchell, Brian R., *International Historical Statistics: Europe 1750-2005*, Palgrave Macmillan, New York 2007.

Mitchell, Brian R., *International Historical Statistics: The Americas 1750-2005*, Palgrave Macmillan, New York 2007.

Moch, Leslie Page, *Moving Europeans: Migration in Western Europe since 1650*, Indiana University Press 2003.

Mokyr, Joel, *The Enlightened Economy: An Economic History of Britain, 1700-1850*, Yale University Press 2009.

Mokyr, Joel, *The Lever of Riches: Technological Creativity and Economic Progress*, Oxford University Press 1990.

Mokyr, Joel(ed.), *The British Industrial Revolution: An Economic Perspective*, Westview Press, Boulder, CO 1993.

Mollan, S. M., 'Business Failure, Capital Investment and Information: Mining Companies in the Anglo-Egyptian Sudan, 1900-1913', *Journal of Imperial and Commonwealth History*, vol. 37, no. 2, June 2009, pp. 229-48.

Möller, Jens, 'Towards Agrarian Capitalism: The Case of Southern Sweden during the 19th Century', *Geografiska Annaler: Series B, Human Geography*, vol. 72, no.

2/3, 1990.

Mollier, Jean-Yves and Jocelyne George, *La plus longue des républiques, 1870-1940*, Fayard, Paris 1994.

Montesquieu, Charles de Secondat, *De l'esprit des lois*, Gallimard, Paris 1995(국역본 다수).

Montias, John Michael, 'Notes on the Romanian Debate on Sheltered Industrialization: 1860-1906', in Kenneth Jowitt(ed.), *Social Change in Romania, 1860-1940: A Debate on Development in a European Nation*, University of California Press 1978, pp. 53-71.

Montroni, Giovanni, 'La famiglia borghese', in Piero Melograni(ed.), *La famiglia italiana dall'ottocento a oggi*, Laterza, Rome-Bari 1988.

Montroni, Giovanni, *La società italiana dall'unificazione alla Grande Guerra*, Laterza, Rome-Bari 2002.

Moon, David, 'Peasant Migration and the Settlement of Russia's Frontiers, 1550-1897', *Historical Journal*, vol. 40, no. 4, December 1997, pp. 859-93.

Moore, Barrington, Jr., *Injustice: The Social Bases of Obedience and Revolt*, Macmillan, London and Basingstoke 1978.

Moore, Barrington, Jr., *Social Origins of Dictatorship and Democracy: Lord and Peasant in the Making of the Modern World*, Beacon Press, Boston, MA 1966([국역] 배링턴 무어 지음, 진덕규 옮김, 『독재와 민주주의의 사회적 기원』, 까치, 1985).

Moore, R. J., 'India and the British Empire', in Eldridge(ed.), *British Imperialism in the Nineteenth Century*.

Morel, Jean-Paul, 'L'artigiano', in *L'uomo romano*, ed. Andrea Giardina, Laterza, Rome-Bari 1989.

Morgan, Kenneth, 'Mercantilism and the British Empire 1688-1815', in Winch and O'Brien(eds), *The Political Economy of British Historical Experience, 1688-1914*.

Mori, Giorgio, 'Blocco di potere e lotta politica in Italia', in *Storia della società italiana*, vol. 14: *Il blocco di potere nell'Italia unita*, Teti editore, Milan 1980.

Mori, Giorgio, 'The Genesis of Italian Industrialization', *Journal of European Economic History*, vol. 4, no. 1, Spring 1975, pp. 79-94.

Morishima, Michio, *Why Has Japan 'Succeeded'? Western Technology and the Japanese Ethos*, Cambridge University Press 1982([국역] 모리시마 미치오 지음, 이기준 옮김, 『왜 일본은 성공하였는가?』, 일조각, 2000).

Morris, Edmund, *Theodore Rex*, Random House, New York 2001.

Morris, William, Preface to *Signs of Change*, in *The Collected Works of William Morris*, vol. 23, Cambridge University Press 2012.

Morris-Suzuki, Tessa, *Re-Inventing Japan: Time Space Nation*, M. E. Sharpe, Armonk, NY 1998.

Morris-Suzuki, Tessa, *The Technological Transformation of Japan: From the Seventeenth to the Twenty-First Century*, Cambridge University Press 1994([국역] 테사 모리스 스즈키 지음, 박영무 옮김, 『일본 기술의 변천』, 한승, 1998).

Motadel, David, 'Islam and the European Empires', *Historical Journal*, vol. 55, no. 3, September 2012.

Mote, F. W., *Imperial China, 900-1800*, Harvard University Press 1999.

Moulder, Frances V., *Japan, China, and the Modern World Economy: Toward a Reinterpretation of East Asian Development ca. 1600 to ca. 1918*, Cambridge University Press 1977.

Mouret, Arlette, 'La légende des 150,000 décès tuberculeux par an', *Annales de démographie historique*, 1996.

Mouzelis, Nicos P., *Modern Greece: Facets of Underdevelopment*, Macmillan, London 1978.

Mukerjee, Madhusree, *Churchill's Secret War: The British Empire and the Ravaging of India during World War II*, Basic Books, New York 2010.

Mukherjee, Janam, *Hungry Bengal: War, Famine and the End of Empire*, Hurst & Co., London 2015.

Mulhall, Michael G., *The Progress of the World in Arts, Agriculture, Commerce, Manufactures, Instruction, Railways, and Public Wealth since the Beginning of the Nineteenth Century*, Edward Stanford, London 1880.

Muller, Jerry Z., *The Mind and the Market: Capitalism in Modern European Thought*, Knopf, New York 2002(제리 멀러 지음, 서찬주·김청환 옮김, 『자본주의의 매혹』, 휴먼앤북스, 2015).

Müller, Wolfgang, 'Foxconn Economics: How Much Room for Better Pay and Working Conditions?', in Jan Drahokoupil, Rutvica Andrijasevic, and Devi Sacchetto(eds), *Flexible Workforces and Low Profit Margins: Electronics Assembly between Europe and China*, ETUI(Europe Trade Union Institute), Brussels 2016.

Mungello, David E., *The Great Encounter of China and the West, 1500-1800*, Rowman & Littlefield, Lanham, MD 2009.

Munthe, Axel, *Letters from a Mourning City*, John Murray, London 1899.

Murri, Romolo, *Battaglie d'oggi*, vol. 4, Società I. C. di Cultura, Rome 1904.

Musgrave, Richard A., 'Reconsidering the Fiscal Role of Government', *American Economic Review*, vol. 87, no. 2, May 1997.

Musil, Robert, *The Man Without Qualities*, Vintage Books, New York 1996(국역본 다수).

Musso, Stefano, 'La famiglia operaia', in Piero Melograni(ed.), *La famiglia italiana dall'ottocento a oggi*, Laterza, Rome-Bari 1988.

Mussorgsky, Modest, *Boris Godunov*, text in CD Sony Classical Berliner Philharmoniker directed by Claudio Abbado, trans. Pamela Davidson.

Nadal, Jordi, 'Un siglo de industrialización en España, 1833-1930', in Nicolás Sánchez-Albornoz(ed.), *La modernización económica de España 1830-1930*, Alianza Editorial, Madrid 1985.

Nahavandi, Firouzeh(ed.), *Globalisation et néolibéralisme dans le tiers-monde*, L'Harmattan, Paris 2000.

Najemy, John M., *A History of Florence, 1200-1575*, Blackwell, Oxford 2006.

Nathans, Benjamin, *Beyond the Pale: The Jewish Encounter with Late Imperial Russia*, University of California Press 2004.

Neal, Larry, 'How It All Began: The Monetary and Financial Architecture of Europe during the First Global Capital Markets, 1648-1815', *Financial History Review*, vol. 7, no. 2, 2000, pp. 117-40.

Neal, Larry, 'The Financial Crisis of 1825 and the Restructuring of the British Financial System', Prepared for the 22nd Annual Economic Policy Conference at the Federal Reserve Bank of St Louis, 16.17 October 1997: https://www.researchgate.net/profile/Larry_Neal/publication/5047144_The_financial_crisis_of_1825_and_the_restructuring_of_the_British_financial_system/links/5457bb330cf-26d5090ab5057.pdf.

Neary, Ian, *The State and Politics in Japan*, Polity, Cambridge 2002.

Nekrasov, Nikolay A., *Who Can Be Happy and Free in Russia?*: http://www.gutenberg.org/cache/epub/9619/pg9619.html.

Neukomm, Edmond, *Voyage au pays du déficit(la Nouvelle Italie)*, Ernest Kolb, Paris 1890.

Nietzsche, Friedrich, *Thus Spoke Zarathustra*, trans. R. J. Hollingdale, Penguin, London 2003(국역본 다수).

Noiriel, Gérard, *Les ouvriers dans la société française, XIXe-XXe siècle*, Éditions du Seuil, Paris 1986.

Nolan, Peter, *China and the Global Business Revolution*, Palgrave, Basingstoke 2001.

Nolan, Peter, *China at the Crossroads*, John Wiley, London 2013.

Nonnis, David, 'Le attività artigianali', in Arnaldo Marcone(ed.), *L'età romana. Liberi, semiliberi, e schiavi in una società premoderna*, Castelvecchi, Rome 2016.

Nord, Philip, 'The Welfare State in France, 1870-1914', *French Historical Studies*, vol.

18, no. 3, Spring 1994.

Nordau, Max, *Degeneration*, University of Nebraska Press 1968.

Norman, E. Herbert, *Japan's Emergence as a Modern State: Political and Economic Problems of the Meiji Period*, UBC Press, Vancouver and Toronto 2000(1st edition 1940).

Normand, Charles, *La bourgeoisie française au XVIIe siècle*, Alcan, Paris 1908: http://ia700306.us.archive.org/BookReader/BookReaderImages.php?zip=/29/items/labourgeoisiefra00normuoft/labourgeoisiefra00normuoft_jp2.zip&file=labourgeoisiefra00normuoft_jp2/labourgeoisiefra00normuoft_0023.jp2&scale=6&rotate=0.

North, Douglass C., *Institutions, Institutional Change and Economic Performance*, Cambridge University Press 1990([국역] 더글러스 C. 노스 지음, 이병기 옮김, 『제도, 제도변화, 경제적 성과』, 자유기업센터, 1997).

Nunes, Ana Bela, Eugénia Mata, and Nuno Valério, 'Portuguese Economic Growth 1833-1985', *Journal of European Economic History*, vol. 18, no. 2, Fall 1989.

Nurdin, Jean, *Le rêve européen des penseurs allemands, 1700-1950*, Presses Universitaires du Septentrion, Paris 2003.

Nye, John V. C., *War, Wine, and Taxes: The Political Economy of Anglo-French Trade, 1689-1900*, Princeton University Press 2007.

Ó Gráda, Cormac, 'British Agriculture, 1860-1914', in Floud and McCloskey(eds), *The Economic History of Britain since 1700*, vol. 2.

Ó Gráda, Cormac, 'Great Leap into Famine: A Review Essay', *Population and Development Review*, vol. 37, no. 1, March 2011.

Ó Gráda, Cormac, *Famine: A Short History*, Princeton University Press 2009.

O'Brien, Patrick, 'Do We Have a Typology for the Study of European Industrialization in the XIXth Century?', *Journal of European Economic History*, vol. 15, no. 2, Fall 1986.

O'Brien, Patrick, 'European Economic Development: The Contribution of the Periphery', *Economic History Review*, vol. 35, no. 1, February 1982, pp. 1-18.

O'Brien, Patrick, 'Fiscal Exceptionalism: Great Britain and its European Rivals from Civil War to Triumph at Trafalgar and Waterloo', in Winch and O'Brien(eds), *The Political Economy of British Historical Experience, 1688-1914*.

O'Brien, Patrick, 'The Costs and Benefits of British Imperialism, 1846-1914', *Past & Present*, no. 120, August 1988.

O'Brien, Patrick and Caglar Keyder, 'Les voies de passage vers la société industrielle en Grande-Bretagne et en France(1780-1914)', *Annales*, vol. 34, no. 6, November-December 1979.

O'Brien, Patrick and Leandro Prados de la Escosura, 'The Costs and Benefits for Europeans from their Empires Overseas', *Revista de Historia Económica*, vol. 16, no. 1, Winter 1998.

O'Rourke, Kevin and Jeffrey G. Williamson, 'Late Nineteenth-Century Anglo-American Factor-Price Convergence: Were Heckscher and Ohlin Right?', *Journal of Economic History*, vol. 54, no. 4, December 1994.

O'Rourke, Kevin and Jeffrey G. Williamson, *Globalisation and History: The Evolution of a Nineteenth-Century Atlantic Economy*, MIT Press, Cambridge, MA 1999([국역] Kevin H O'Rourke·Jeffrey G Williamson 지음, 홍하정 옮김, 『세계화의 역사』, 한국문화사, 2004).

O'Sullivan, John, 'Annexation', *United States Magazine and Democratic Review*, vol. 17, no. 1, July-August 1845.

Obama, Barack, Inaugural Address 2009: https://obamawhitehouse.archives.gov/blog/2009/01/21/president-barack-obamas-inaugural-address.

Observatory of Economic Complexity: http://atlas.media.mit.edu/en/visualize/tree_map/hs92/export/show/all/8471/2012.

Obstfeld, Maurice and Alan M. Taylor, 'Globalization and Capital Markets', in Michael D. Bordo, Alan M. Taylor, and Jeffrey G. Williamson(eds), *Globalization in Historical Perspective*, University of Chicago Press 2003.

Ochs, Michael, 'Tsarist Officialdom and Anti-Jewish Pogroms in Poland', in Klier and Lambroza(eds), *Pogroms: Anti-Jewish Violence in Modern Russian History.*

OECD, *Economic Outlook*, no. 97, June 2015.

OECD report: http://www.keepeek.com/Digital-Asset-Management/oecd/governance/government-at-a-glance-2015/general-government-debt-per-capita-2009-2013-and-2014_gov_glance-2015-graph21-en#page1.

Offer, Avner, 'The British Empire, 1870-1914: A Waste of Money?', *Economic History Review*, vol. 46, no. 2, 1993.

Office of National Statistics, *200 years of the Census in ... YORKSHIRE*: https://www.ons.gov.uk/census/2001censusandearlier.

Office of National Statistics, *Population Estimates for UK, England and Wales, Scotland and Northern Ireland, Mid-2015*, 23 June 2016.

Ōgai, Mori, 'Yellow Peril', in Richard John Bowring, *Mori Ōgai and the Modernization of Japanese Culture*, Cambridge University Press 1979.

Ohmae, Kenichi, *Beyond National Borders: Reflections on Japan and the World*, Dow Jones-Irwin, Homewood, IL 1987.

Ohmae, Kenichi, *The End of the Nation State: The Rise of Regional Economies*, The Free Press, New York 1995([국역] 오마에 겐이치 지음, 박길부 옮김, 『국가의 종말』, 한언출판사, 1999).

Ojeda Mata, Maite, 'Assimilation et différence. Les Juifs et l'état-nation hongrois, 1895-1914', in *Les limites de siècles. Champs de forces conservatrices et régressives depuis les temps modernes*, ed. Marita Gilli, Presses Universitaires Franc-Comtoises 2001.

Okyar, Osman, 'A New Look at the Problem of Economic Growth in the Ottoman Empire(1800-1914)', *Journal of European Economic History*, vol. 16, no. 1, Spring 1987.

Oliveira Marques, A. H. de, *Histoire du Portugal et de son empire colonial*, Karthala, Paris 1998.

Olusoga, David and Casper W. Erichsen, *The Kaiser's Holocaust: Germany's Forgotten Genocide and the Colonial Roots of Nazism*, Faber and Faber, London 2010.

Osterhammel, Jürgen, *The Transformation of the World: A Global History of the Nineteenth Century*, Princeton University Press 2014.

Ostiguy, Pierre, 'Gauches péroniste et non péroniste dans le système de partis argentin', *Revue internationale de politique comparée*, vol. 12, no. 3, 2005.

Owen, Roger, *Lord Cromer: Victorian Imperialist, Edwardian Proconsul*, Oxford University Press 2004.

Owen, Thomas C., *Dilemmas of Russian Capitalism: Fedor Chizhov and Corporate Enterprise in the Railroad Age*, Harvard University Press 2005.

Oyangen, Knut, 'The Gastrodynamics of Displacement: Place-Making and Gustatory Identity in the Immigrants' Midwest', *Journal of Interdisciplinary History*, vol. 39, no. 3, Winter 2009, pp. 323-48.

Ozouf, Jacques and Mona, 'Le thème du patriotisme dans les manuels primaires', *Le Mouvement Social*, no. 49, October.December 1964.

Paine, S. C. M., *Imperial Rivals: China, Russia, and their Disputed Frontier*, M. E. Sharpe, Armonk, NY 1996.

Paine, Thomas, *Common Sense*, 1776: http://www.gutenberg.org/files/147/147-h/147-h. htm(국역본 다수).

Palat, Madhavan K., 'Casting Workers as an Estate in Late Imperial Russia', *Kritika: Explorations in Russian and Eurasian History*, vol. 8, no. 2, Spring 2007.

Palmer, Sarah, *Politics, Shipping and the Repeal of the Navigation Laws*, Manchester University Press 1990.

Pamuk, Şevket, 'The Evolution of Fiscal Institutions in the Ottoman Empire, 1500-1914', in Bartolomé Yun-Casalilla and Patrick K. O'Brien(eds), *The Rise of Fiscal States: A Global History, 1500-1914*, Cambridge University Press 2012.

Pamuk, Şevket, *The Ottoman Empire and European Capitalism, 1820-1913: Trade, Investment and Production*, Cambridge University Press 1987.

Paparazzo, Amelia, *I subalterni calabresi tra rimpianto e trasgressione. La Calabria dal brigantaggio post-unitario all'età giolittiana*, Franco Angeli, Milan 1984.

Parize, René, 'Les militants ouvriers au Creusot pendant les grèves de 1899-1900', *Le Mouvement Social*, no. 99, April-June 1977.

Parthasarathi, Prasannan, Review article: 'The Great Divergence', *Past & Present*, no. 176, 2002, pp. 275-93.

Patten, Simon N., *The New Basis of Civilization*, Macmillan, London 1907(Kennedy Lectures 1905).

Payne, Stanley G., *A History of Spain and Portugal*, vol. 2: *Eighteenth Century to Franco*, University of Wisconsin Press 1973.

Pecchio, Giuseppe, *Osservazioni semi-serie di un esule sull'Inghilterra*, G. Ruggia & Co., Lugano 1831.

Péguy, Charles, *L'Argent(suite)*, in Charles Péguy, *Oeuvres en prose, 1909-1914*, Bibliothèque de la Pléiade Gallimard, Paris 1961.

Pei, Minxin, *China's Trapped Transition: The Limits of Developmental Autocracy*, Harvard University Press 2006([국역] 민신 페이 지음, 황성돈 옮김, 『불확실한 중국의 미래』, 책미래, 2011).

Pennock, Caroline Dodds, 'Mass Murder or Religious Homicide? Rethinking Human Sacrifice and Interpersonal Violence in Aztec Society', *Historical Social Research/Historische Sozialforschung*, vol. 37, no. 3, 2012.

Perdue, Peter C., *Exhausting the Earth: State and Peasant in Hunan, 1500-1850*, Harvard University Press 1987.

Perham, Margery, *Lugard: The Years of Adventure, 1858-1898*, Collins, London 1956.

Perkin, Harold, *The Rise of Professional Society: England since 1880*, Routledge, London 2002.

Perkins, Franklin, 'The Theoretical Basis of Comparative Philosophy in Leibniz' Writings on China', in Wenchao Li and Hans Poser(eds), *Das neueste über China. G. W. Leibnizens Novissima Sinica von 1697*, Fran Steiner Verlag, Stuttgart 2000.

Perras, Arne, *Carl Peters and German Imperialism, 1856-1918*, Oxford University Press 2004.

Perrenoud, Alfred and Patrice Bourdelais, 'Le recul de la mortalité', in Bardet and Dupâquier(eds), *Histoire des populations de l'Europe*.

Perrot, Michelle, *Les ouvriers en grève*, vol. 1, Mouton & Co., Paris 1974.

Pezeu-Massabuau, Jacques, 'La notion d'emprise sur le milieu géographique: l'exemple japonais', *Annales*, vol. 27, no. 1, January-February 1972, pp. 97-121.

Pezeu-Massabuau, Jacques, 'Le Japon à l'ère mégalopolitaine: éclatement de l'espace traditionnel et insularité culturelle', *Annales*, vol. 36, no. 5, September-October 1981, pp. 815-40.

Pflanze, Otto, *Bismarck and the Development of Germany*, vol. Ⅲ: *The Period of For-tification, 1880-1898*, Princeton University Press 1990.

Phillips, William H., 'The Economic Performance of Late Victorian Britain: Traditional Historians and Growth', *Journal of European Economic History*, vol. 18, no. 2, Fall 1989.

Photinos, Christine, 'The Tramp in American Literature, 1873-1939': http://ejournals. library.vanderbilt.edu/index.php/ameriquests/article/viewFile/62/60.

Piel, Jean, 'The Place of the Peasantry in the National Life of Peru in the Nineteenth Century', *Past & Present*, no. 46, February 1970.

Pierce, Justin R. and Peter K. Schott, 'The Surprisingly Swift Decline of US Manufactur-ing Employment', *American Economic Review*, vol. 106, no. 7, July 2016.

Pierrard, André and Jean-Louis Chappat, *La fusillade de Fourmies*, Miroirs, Nord/Pas-de-Calais 1991.

Piketty, Thomas, *Capital in the Twenty-First Century*, Belknap Press, Harvard Univer-sity Press 2014([국역] 토마 피케티 지음, 장경덕 옮김, 『21세기 자본』, 글항아리, 2014).

Piketty, Thomas, Gilles Postel-Vinay, and Jean-Laurent Rosenthal, 'Wealth Concentration in a Developing Economy: Paris and France, 1807-1994', *American Economic Review*, vol. 96, no. 1, March 2006.

Pinchemel, Philippe, *Structures sociales et dépopulation rurale dans les campagnes picardes de 1836 à 1936*, Armand Colin, Paris 1957.

Pinol, Jean-Luc, *Le monde des villes au XIXe siècle*, Hachette, Paris 1991.

Pipes, Richard, '"Intelligentsia" from the German "Intelligenz"? A Note', *Slavic Review*, vol. 30, no. 3, September 1971.

Pipes, Richard, *Russia under the Old Regime*, Penguin, London 1984.

Pipes, Richard, *Russian Conservatism and its Critics: A Study in Political Culture*, Yale University Press 2005.

Pirenne, Henri, *Histoire de Belgique. Des origines à nos jours*, vol. 5, La Renaissance du Livre, Brussels 1975, original edition in seven volumes, 1900-1932.

Pius Ⅸ's *Quanta Cura* and *The Syllabus of Errors*: https://archive.org/stream/Quanta-CuraTheSyllabusOfErrors_247/pius_ix_pope_quanta_cura_and_the_syllabus_ of_errors_djvu.txt.

Plaggenborg, Stefan, 'Tax Policy and the Question of Peasant Poverty in Tsarist Russia 1881-1905', *Cahiers du Monde russe*, vol. 36, nos 1-2, January-June 1995, pp. 53-69.

Plaggenborg, Stefan, 'Who Paid for the Industrialisation of Tsarist Russia?', *Revolutionary Russia*, vol. 3, no. 2, December 1990.

Platt, D. C. M., 'Canada and Argentina: The First Preference of the British Investor, 1904-14', *Journal of Imperial and Commonwealth History*, vol. 13, no. 3, May 1985.

Platt, D. C. M., 'Economic Factors in British Policy during the "New Imperialism"', *Past and Present*, no. 39, April 1968.

Platt, D. C. M., *Finance, Trade, and Politics in British Foreign Policy, 1815-1914*, Clarendon Press, Oxford 1968.

Plessis, Alain, 'Le "retard français": la faute à la banque? Banques locales, succursales de la Banque de France et financement de l'économie sous le Second Empire', in Patrick Fridenson and André Straus(eds), *Le capitalisme français 19e-20e siècle. Blocages et dynamismes d'une croissance*, Fayard, Paris 1987, pp. 199-210.

Pobedonostsev, Konstantin P., *Reflections of a Russian Statesman*, trans. Robert Crozier Long, Grant Richards, London 1898.

Podestà, Gian Luca, 'L'émigration italienne en Afrique orientale', *Annales de démographie historique*, no. 113, 1, 2007.

Polanyi, Karl, The *Great Transformation: The Political and Economic Origins of Our Time*, Beacon Press, Boston, MA 2002([국역] 칼 폴라니 지음, 홍기빈 옮김, 『거대한 전환』, 길, 2009).

Pollard, Sidney, 'Factory Discipline in the Industrial Revolution', *Economic History Review*, vol. 16, no. 2, 1963.

Pomeranz, Kenneth, *The Great Divergence: China, Europe, and the Making of the Modern World Economy*, Princeton University Press 2000([국역] 케네스 포메란츠 지음, 김규태·이남희·심은경 옮김, 『대분기』, 에코리브르, 2016).

Pomeranz, Kenneth and Steven Topik, *The World that Trade Created: Society, Culture, and the World Economy, 1400 to the Present*, M. E. Sharpe, Armonk, NY 2006([국역] 케네스 포메란츠·스티븐 토픽 지음, 박광식 옮김, 『설탕, 커피, 그리고 폭력』, 심산, 2003).

Porter, Bernard, *The Absent-Minded Imperialists: Empire, Society, and Culture in Britain*, Oxford University Press 2004.

Porter, Bernard, *The Lion's Share: A Short History of British Imperialism, 1850-1970*, Longman, London and New York, 1975.

Porter, Glenn, 'Industrialization and the Rise of Big Business', in Calhoun(ed.), *The Gilded Age*.

Posada-Carbó, Eduardo, 'Electoral Juggling: A Comparative History of the Corruption of Suffrage in Latin America, 1830-1930', *Journal of Latin American Studies*, vol. 32, no. 3, October 2000.

Postan, M. M., 'L'expérience de l'industrialisation européenne et les problèmes actuels des pays sous-développés', in *L'industrialisation en Europe eu XIXe siècle*, Colloque international du CNRS, Lyon 1970, Éditions du CNRS, Paris 1972.

Postel-Vinay, Gilles, 'L'agriculture dans l'économie française. Crises et réinsertion', in Lévy-Leboyer and Casanova(eds), *Entre l'état et le marché*.

Potter, David M., *People of Plenty: Economic Abundance and the American Character*, University of Chicago Press 1973, first published 1954([국역] 데이비드 M 포터 지음, 오갑환 옮김, 『국민성과 경제발전』, 시사영어사, 1969).

Poullet, Prosper, *Les institutions françaises de 1795 à 1814. Essai sur les origines des institutions belges contemporaines*, Plon, Paris 1907.

Powers, John, *History as Propaganda: Tibetan Exiles versus the People's Republic of China*, Oxford University Press 2004.

Prazmowska, Anita, *Ignacy Paderewski*, Haus Publishing, London 2009.

Prevenier, Walter, 'Conscience et perception de la condition sociale chez les gens du commun dans les anciens Pays-Bas des XIIIe et XIVe siècles', in *Le petit peuple dans l'Occident médiéval: Terminologies, perceptions, réalités*, ed. Pierre Boglioni, Robert Delort, and Claude Gauvard, Publications de la Sorbonne, Paris 2002.

Prewitt, Kenneth, *What Is Your Race?: The Census and Our Flawed Efforts to Classify Americans*, Princeton University Press 2013.

Prior, Christopher, *Edwardian England and the Idea of Racial Decline: An Empire's Future*, Palgrave, Basingstoke 2013.

Procacci, Giuliano, *La lotta di classe in Italia agli inizi del secolo XX*, Riuniti, Rome 1978.

Provost, Claire, 'The Industry of Inequality: Why the World is Obsessed with Private Security', *The Guardian*, 12 May 2017.

Przeworski, Adam, 'The Last Instance: Are Institutions the Primary Cause of Economic Development?', *Archives européennes de sociologie*, vol. xlv, no. 2, 2004.

Puissant, Jean, '1886, la contre-réforme sociale?', in Van der Vorst(ed.), *Cent ans de droit social belge.*

Purcell, Victor, *The Boxer Uprising: A Background Study*, Cambridge University Press 1963.

Pushkin, Alexander, 'To Chaadaev', trans. A. N. Matyatina: http://zhurnal.lib.ru/m/matja-tina_a_n/tochaadaevaspushkin.shtml.

Pushkin, Alexander, *Yevgeny Onegin*, trans. Anthony Briggs, Pushkin Press, London 2016(국역본 다수).

Qi Lin, 'The Poisoned Palace—Mystery of Last Emperor's Death', *China Daily*, 21 November 2008: http://www.chinadaily.com.cn/china/2008-11/21/content_7226663.htm.

Qian Long: Letter to George III, 1793, from the Qianlong Emperor: https://legacy.fordham.edu/halsall/mod/1793qianlong.asp.

Qian, Wen-yuan, *The Great Inertia: Scientific Stagnation in Traditional China*, Croom Helm, London 1985.

Quataert, Donald, 'The Economic Climate of the "Young Turk Revolution" in 1908', *Journal of Modern History*, vol. 51, no. 3, September 1979.

Quataert, Donald, 'The Age of Reforms, 1812-1914', in Halil İnalcık(ed.), *An Economic and Social History of the Ottoman Empire, 1300-1914*, Cambridge University Press 1994.

Quilici, Nello, *Origine, sviluppo e insufficienza della borghesia italiana*, ISPI, Milan 1942.

Rachman, Gideon, *Easternisation: War and Peace in the Asian Century*, Bodley Head, London 2016.

Radtke, Kurt W., 'Ishibashi Tanzan: A Liberal Nationalist', *Japan Forum*, vol. 1, no. 1, April 1989.

Ragionieri, Ernesto, *Storia d'Italia*, vol. 4: *Dall'Unità a oggi*, Einaudi, Turin 1976.

Ralle, Michel, 'L'état de la Restauration et l'anti-étatisme ouvrier', *Le Mouvement Social*, no. 128, July-September 1984.

Rankin, Daniel J., 'The Portuguese in East Africa', *Fortnightly Review*, no. 278, February 1890.

Rankin, Daniel J., *The Zambesi Basin and Nyassaland*, Blackwood, London 1893.

Rawski, Evelyn Sakakida, *Education and Popular Literacy in Ch'ing China*, University of Michigan Press 1979.

Reagan, Ronald, First Inaugural Address, 20 January 1981: http://www.presidency.ucsb.edu/ws/?pid=43130.

Rebérioux, Madeleine, *La République radicale? 1898-1914*, Éditions du Seuil, Paris

1975.

Reeves, Maud Pember, *Round About a Pound a Week*, G. Bell and Sons, London 1913.

Reid, J. H. Stewart, *The Origins of the British Labour Party*, University of Minnesota Press 1955.

Reinert, Hugo and Erik S. Reinert, 'Creative Destruction in Economics: Nietzsche, Sombart, Schumpeter', in *Friedrich Nietzsche(1844.1900): Economy and Society*, ed. Jürgen Georg Backhaus and Wolfgang Drechsler, Springer, New York 2006.

Reis, Jaime, 'How Poor was the European Periphery before 1850? The Mediterranean vs Scandinavia', in Şevket Pamuk and Jeffrey G. Williamson(eds), *The Mediterranean Response to Globalization before 1950*, Routledge, London and New York 2000.

Renan, Ernest, 'Qu'est-ce qu'une nation?', lecture held at the Sorbonne on 11 March 1882: http://www.rutebeuf.com/textes/renan01.html([국역] 에르네스트 르낭 지음, 신행선 옮김, 『민족이란 무엇인가?』, 책세상, 2002).

Renan, Ernest, *Histoire générale et système comparé des langues sémitiques*, première partie, Imprimerie Impériale, Paris 1855: http://gallica.bnf.fr/ark:/12148/bpt-6k6488950v.

Renard, (Capitaine), *La colonisation au Congo français. Étude sur les concessions accordées au Congo en vertu du décret du 28 mars 1899*, Kugelmann, Paris 1901.

Renard, Didier, 'Assistance publique et bienfaisance privée, 1885-1914', *Politiques et management public*, vol. 5, no. 2, 1987, pp. 107-28.

Répaci, Antonino, *La marcia su Roma*, Rizzoli, Milan 1972.

Rey-Goldzeiguer, Annie, *Le royaume arabe. La politique algérienne de Napoléon Ⅲ, 1861-1870*, SNED, Algiers 1977.

Reynolds, Lloyd G., 'The Spread of Economic Growth to the Third World: 1850-1980', *Journal of Economic Literature*, vol. XXI, September 1983, pp. 941-80.

Rhodes, Chris, 'Manufacturing: International Comparisons', House of Commons Briefing Paper no. 05809, 5 January 2018.

Ricardo, David, *On the Principles of Political Economy and Taxation*, John Murray, London 1821([국역] 데이비드 리카도 지음, 정윤형 옮김, 『정치경제학 및 과세의 원리』, 비봉, 1991).

Richardson, Bonham C., *The Caribbean in the Wider World, 1492-1992: A Regional Geography*, Cambridge University Press 1992.

Rieber, Alfred J., *Merchants and Entrepreneurs in Imperial Russia*, University of North Carolina Press 1982.

Riedi, Eliza, 'Women, Gender, and the Promotion of Empire: The Victoria League, 1901-1914', *Historical Journal*, vol. 45, no. 3, September 2002, pp. 569-99.

Riello, Giorgio, *Cotton: The Fabric that Made the Modern World*, Cambridge University Press 2013.

Riesman, David, 'The Nylon War', in David Ricsman, *Abundance for What? And Other Essays*, Chatto and Windus, London 1964.

Riesman, David, *Abundance for What? And Other Essays*, Chatto and Windus, London 1964.

Riis, Jacob, *How the Other Half Lives*, W. W. Norton, New York 2010([국역] 제이컵 A. 리스 지음, 정탄 옮김, 『세상의 절반은 어떻게 사는가?』, 교유서가, 2017).

Riley, James C., *Rising Life Expectancy: A Global History*, Cambridge University Press 2001.

Rioux, Jean-Pierre, *La France coloniale sans fard ni déni*, André Versaille, Brussels 2011.

Robbins, Keith, *John Bright*, Routledge and Kegan Paul, London 1979.

Robbins, Richard G., *Famine in Russia 1891-1892*, Columbia University Press 1975.

Roberts, Andrew, *Salisbury: Victorian Titan*, Weidenfeld and Nicolson, London 1999.

Roberts, Spencer E., *Essays in Russian Literature: The Conservative View: Leontiev, Rozanov, Shestov*, Ohio University Press 1968.

Robins, Nick, *The Corporation that Changed the World: How the East India Company Shaped the Modern Multinational*, Pluto Press, London 2012.

Robinson, Joan, *Economic Heresies: Some Old-Fashioned Questions in Economic Theory*, Macmillan, London and Basingstoke 1972.

Robinson, Ronald, 'European Imperialism and Indigenous Reactions in British West Africa, 1880-1914', in H. L. Wesseling(ed.), *Expansion and Reaction*, Leiden University Press 1978.

Robinson, Ronald and John Gallagher, *Africa and the Victorians: The Official Mind of Imperialism*, Macmillan, London 1965.

Robles-Ortiz, Claudio, 'Agrarian Capitalism and Rural Labour: The Hacienda System in Central Chile, 1870-1920', *Journal of Latin American Studies*, vol. 41, no. 3, August 2009.

Robson, Martin, *A History of the Royal Navy: The Seven Years War*, I. B. Tauris, London 2015.

Rockefeller, John D., *Random Reminiscences of Men and Events*, Doubleday, Page & Company, New York 1909.

Rodó, José Enrique, *Ariel*, ed. Belén Castro, Cátedra, Madrid 2000.

Roe, Mark J., *Strong Managers, Weak Owners: The Political Roots of American Corporate Finance*, Princeton University Press 1994.

Rogers, Donald W., *Making Capitalism Safe: Work Safety and Health Regulation in America, 1880-1940*, University of Illinois Press 2009.

Rogger, Hans, 'America in the Russian Mind—or Russian Discoveries of America', *Pacific Historical Review*, vol. 47, no. 1, February 1978, pp. 27-51.

Rogger, Hans, 'Amerikanizm and the Economic Development of Russia', *Comparative Studies in Society and History*, vol. 23, no. 3, July 1981.

Rogger, Hans, 'Conclusion and Overview', in Klier and Lambroza(eds), *Pogroms: Anti-Jewish Violence in Modern Russian History*.

Rogger, Hans, *Russia in the Age of Modernisation and Revolution, 1881-1917*, Longman, London and New York 1983.

Rohrbacher, Stefan, 'The "Hep Hep" Riots of 1819: Anti-Jewish Ideology, Agitation, and Violence', in Hoffmann, Bergmann, and Smith(eds), *Exclusionary Violence*.

Rojas, Eduardo, 'Le socialisme au pouvoir au Chili: de la révolution sociale à la gouvernabilité du système', *Problèmes d'Amérique latine*, no. 55, Winter 2004-5, pp. 115-39.

Roland, Gerard(ed.), *Privatization: Successes and Failures*, Columbia University Press 2008.

Romano, Salvatore Francesco, *Storia dei Fasci siciliani*, Laterza, Rome-Bari 1959.

Roosa, Ruth A., *Russian Industrialists in an Era of Revolution*, M. E. Sharpe, Armonk, NY 1997.

Roosevelt, Theodore, 'Address at the Coliseum', 14 September 1912, San Francisco, California, in David M. Kennedy and Thomas A. Bailey(eds), *The American Spirit: United States History as Seen by Contemporaries*, Cengage Learning, Boston, MA 2009, vol. 2.

Roosevelt, Theodore, 'First Annual Message' to Congress, 3 December 1901: http://www.presidency.ucsb.edu/ws/?pid=29542.

Roosevelt, Theodore, 'Fourth Annual Message' to Congress, 6 December 1904: http://www.presidency.ucsb.edu/ws/?pid=29545.

Roosevelt, Theodore, 'State of the Union Address', 6 December 1904: http://www.infoplease.com/t/hist/state-of-the-union/116.html.

Roosevelt, Theodore, 'The Monroe Doctrine', *The Bachelor of Arts*, March 1896, in *American Ideals and Other Essays, Social and Political*, Putnam, New York 1897.

Roosevelt, Theodore, 'The Strenuous Life' speech, the Hamilton Club, Chicago, IL, 10

April 1899: https://en.wikisource.org/wiki/The_Strenuous_Life.

Rosanvallon, Pierre, *Le sacre du citoyen. Histoire du suffrage universel en France*, Gallimard, Paris 1992.

Rosdolsky, Roman, 'The Distribution of the Agrarian Product in Feudalism', *Journal of Economic History*, vol. 11, no. 3, Summer 1951, pp. 247-65.

Rosebery (Lord), Leader's Speech at the National Liberal Federation conference held at Cardiff on 18 January 1895: http://www.britishpoliticalspeech.org/speech-archive.htm?speech=5.

Rosenthal, Caitlin C., 'From Memory to Mastery: Accounting for Control in America, 1750-1880', *Enterprise & Society*, vol. 14, no. 4, December 2013.

Ross, Christopher N. B., 'Lord Curzon and E. G. Browne Confront the "Persian Question"', *Historical Journal*, vol. 52, no. 2, 2009, pp. 385-411.

Ross, Ronald J., 'Enforcing the Kulturkampf in the Bismarckian State and the Limits of Coercion in Imperial Germany', *Journal of Modern History*, vol. 56, no. 3, September 1984.

Rothbard, Murray N., 'A Future of Peace and Capitalism', in James H. Weaver(ed.), *Modern Political Economy: Radical and Orthodox Views on Crucial Issues*, Allyn and Bacon, Boston, MA 1973.

Rothschild, Emma, *Economic Sentiments: Adam Smith, Condorcet and the Enlightenment*, Harvard University Press 2001.

Rothschild, Emma, *The Inner Life of Empires: An Eighteenth-Century History*, Princeton University Press 2011.

Rousseau, Jean-Jacques, *Discours sur l'économie politique*: http://classiques.uqac.ca/classiques/Rousseau_jj/discours_economie_politique/discours_eco_pol.html([국역] 장 자크 루소 지음, 박호성 옮김, 『사회계약론 외』, 책세상, 2015).

Rousseau, Jean-Jacques, *Du contrat social ou Principes du droit politique*, in *Oeuvres*, vol. 5, Werdet et Lequin fils, Paris 1826(국역본 다수).

Rowntree, B. Seebohm, *Poverty: A Study of Town Life*, Macmillan, London 1901.

Rowthorn, Robert and Ramana Ramaswamy, 'Deindustrialization—Its Causes and Implications', Economic Issues no. 10, IMF, Washington, DC 1997.

Rowthorn, Robert and Ramana Ramaswamy, 'Growth, Trade, and Deindustrialization', *IMF Staff Papers*, vol. 46, no. 1, March 1999.

Roy, Tirthankar, *The East India Company: The World's Most Powerful Corporation*, Allen Lane, Penguin Books India, New Delhi 2012.

Roy, William G., *Socializing Capital: The Rise of the Large Industrial Corporation in America*, Princeton University Press 1997.

Rozman, Gilbert, 'Social Change', in Marius B. Jansen(ed.), *The Cambridge History of Japan*, vol. 5: *The Nineteenth Century*, Cambridge University Press 1989.

Rubinstein, W. D., 'Education and the Social Origins of British Elites, 1880-1970', *Past & Present*, no. 112, August 1986.

Rudé, George, 'English Rural and Urban Disturbances on the Eve of the First Reform Bill, 1830-1831', *Past & Present*, no. 37, 1967.

Rudé, George, *The Crowd in the French Revolution*, Oxford University Press 1959.

Ruskin, John, *The Crown of Wild Olive. Munera Pulveris. Pre-Raphaelitism. Aratra Pentelici, etc.*, Dana Estes & Co., Boston, MA 1900.

Russell, William Howard, *My Diary in India, in the Year 1858-9*, Routledge, Warne, and Routledge, London 1860.

Sabato, Hilda, 'Citizenship, Political Participation and the Formation of the Public Sphere in Buenos Aires 1850s-1880s', *Past & Present*, no. 136, August 1992.

Sachs, Jeffrey D. and Andrew Warner, *Economic Reform and the Process of Global Integration*, Brookings Papers on Economic Activity 1995.

Saint-Bonnet, Antoine Blanc de, *La Restauration française*, Casterman, Paris 1872(first published 1851 by Hervé).

Sainte-Beuve, Charles-Augustin, 'De la littérature industrielle', *Revue des deux mondes*, September 1839: http://fr.wikisource.org/wiki/La_Litt%C3%A9rature_industrielle.

Salia, Kalistrat, *Histoire de la nation géorgienne*, Nino Salia, Paris 1980.

Salisbury, Robert Cecil(Lord Salisbury), 'English Politics and Parties', *Bentley's Quarterly Review*, vol. 1, March 1859.

Salisbury, Robert Cecil(Lord Salisbury), 'Labourers' and Artisans' Dwellings', *National Review*, no. 9, November 1883.

Salisbury, Robert Cecil(Lord Salisbury), Speech to the House of Lords on the Second Reading of the Anglo-German Agreement Bill on 10 July 1890: http://hansard.millbanksystems.com/lords/1890/jul/10/second-reading-2.

Salisbury, Robert Cecil(Lord Salisbury), *Lord Salisbury on Politics: A Selection from his Articles in the Quarterly Review, 1860-83*, ed. Paul Smith, Cambridge University Press 1972.

Salzmann, Ariel, 'Citizens in Search of a State: The Limits of Political Participation in the Late Ottoman Empire', in Michael Hanagan and Charles Tilly(eds), *Extending Citizenship, Reconfiguring States*, Rowman & Littlefield, Lanham, MD 1999.

Sammons, Jeffrey L., *Wilhelm Raabe: The Fiction of the Alternative Community*, Princeton University Press 1987.

Sánchez-Albornoz, Nicolás, 'The Population of Latin America, 1850-1930', in Bethell(ed.), *The Cambridge History of Latin America*, vol. IV.

Sand, Jordan, 'Subaltern Imperialists: The New Historiography of the Japanese Empire', *Past & Present*, no. 225, November 2014.

Sandberg, Lars G., 'The Case of the Impoverished Sophisticate: Human Capital and Swedish Economic Growth before World War I', *Journal of Economic History*, vol. 39, no. 1, March 1979.

Sarraut, Albert, *Grandeur et servitude coloniales*, L'Harmattan, Paris 2012, introduction by Nicola Cooper, originally published 1931.

Sassen, Saskia(ed.), *Deciphering the Global: Its Scales, Spaces and Subjects*, Routledge, London 2007.

Satya, Laxman D., *Cotton and Famine in Berar, 1850-1900*, Manohar, New Delhi 1997.

Saul, S. B., 'The Export Economy 1870-1914', *Bulletin of Economic Research*, vol. 17, no. 1, May 1965.

Saul, S. B., *The Myth of the Great Depression, 1873-1896*, Macmillan, London 1969.

Saxton, Alexander, *The Indispensable Enemy: Labor and the Anti-Chinese Movement in California*, University of California Press 1971.

Say, Jean-Baptiste, *Cours complet d'économie politique pratique*, vol. 5, Rapilly, Paris 1829.

Say, Jean-Baptiste, *Traité d'économie politique ou simple exposition de la manière dont se forment, se distribuent et se consomment les richesses*, O. Zeller, 1841(6th edition): http://fr.wikisource.org/wiki/Trait%C3%A9_d%E2%80%99%C3%A9conomie_politique/1841/

Sayre, Robert and Michael Löwy, 'Figures du romantisme anti-capitaliste: une tentative de typologie', *L'homme et la société*, nos 73-4, 1984: http://www.persee.fr/web/revues/home/prescript/article/homso_0018.4306_1984_num_73_1_2169.

Schorske, Carl E., *Fin-de-Siècle Vienna: Politics and Culture*, Cambridge University Press 1981([국역] 칼 쇼르스케 지음, 김병화 옮김, 『세기말 빈』, 글항아리, 2014).

Schulz, Günther, 'Industrial Patriarchalism in Germany', in Aerts, Beaud, and Stengers(eds), *Liberalism and Paternalism in the 19th Century*.

Schumacher, Aloys, 'L'Allemagne à la fin du XIXe siècle, l'illusion de la "Weltpolitik" et l'interrogation sur les limites de siècles', in *Les limites de siècles. Lieux de ruptures novatrices depuis les temps modernes*, ed. Marita Gilli, Presses Universitaires Franc-Comtoises 1998.

Schumpeter, Joseph A., 'The Crisis of the Tax State' (1918), in Joseph A. Schumpeter,

The Economics and Sociology of Capitalism, ed. Richard Swedberg, Princeton University Press 1991.

Schumpeter, Joseph A., *Capitalism, Socialism and Democracy*, Unwin, London 1965(국역본 다수).

Schumpeter, Joseph A., *The Theory of Economic Development*, Transaction Publishers, New Brunswick 2011([국역] 조지프 슘페터 지음, 박영호 옮김, 『경제발전의 이론』, 지만지, 2012).

Schwartz, Benjamin I., *In Search of Wealth and Power: Yen Fu and the West*, Harper, New York 1964([국역] 벤자민 슈위츠 지음, 최효선 옮김, 『부와 권력을 찾아서』, 한길사, 2006).

Schwartz, Michael, *Radical Protest and Social Structure: The Southern Farmers' Alliance and Cotton Tenancy, 1880-1890*, University of Chicago Press 1976.

Schwartz, Pedro, *The New Political Economy of J. S. Mill*, Weidenfeld and Nicolson, London 1972.

Secor, Philip, *Presidential Profiles: From George Washington to G. W. Bush*, iUniverse, Bloomington, IN 2008.

Seeley, John R., *The Expansion of England: Two Courses of Lectures*, Macmillan, London 1914([국역] 존 로버트 실리 지음, 이영석 옮김, 『잉글랜드의 확장』, 나남출판, 2020).

Selim, Monique, 'Notes from Tashkent', *New Left Review*, no. 55, January-February 2009.

Sen, Amartya, *Poverty and Famines: An Essay on Entitlement and Deprivation*, Oxford University Press 1981.

Senior, Nassau W., *Letters on the Factory Act*, B. Fellowes, London 1837.

Sennett, Richard, *Families against the City: Middle-Class Homes of Industrial Chicago, 1872-1890,* Harvard University Press 1970.

Serrano, Carlos, 'Patriotismes, questions coloniales et mouvements ouvriers en Espagne à la fin du XIXe siècle', *Le Mouvement Social*, no. 128, July-September 1984.

Seton-Watson, Hugh, *The Russian Empire, 1801-1917*, Clarendon Press, Oxford 1967.

Shadwell, Arthur, *Industrial Efficiency: A Comparative Study of Industrial Life in England, Germany and America*, vol. 2, Longmans, Green, and Co., London 1906.

Shah, Nayan, *Contagious Divides: Epidemics and Race in San Francisco's Chinatown*, University of California Press 2001.

Shanghai Ranking Consultancy: http://www.shanghairanking.com/ARWU2016.html.

Shanin, Teodor(ed.), *Late Marx and the Russian Road: Marx and 'the peripheries of capitalism'*, Monthly Review Press, New York 1983.

Shanley, Mary Lyndon, *Feminism, Marriage, and the Law in Victorian England, 1850-1895*, I. B. Tauris, London 1989.

Shapiro, Ann-Louise, 'Paris', in Daunton(ed.), *Housing the Workers*.

Shaw, Flora, 'Nigeria', *The Times*, 8 January 1897, p. 6(unsigned).

Shelokhaev, V. V., 'The Liberal Reform Model in Early Twentieth-Century Russia', *Russian Studies in History*, vol. 42, no. 4, Spring 2004.

Shevzov, Vera, *Russian Orthodoxy on the Eve of Revolution*, Oxford University Press 2004.

Short, John Phillip, *Magic Lantern Empire: Colonialism and Society in Germany*, Cornell University Press 2012.

Shorter, Edward and Charles Tilly, *Strikes in France, 1830-1968*, Cambridge University Press 1974.

Shpotov, Boris M., 'Russia and the Americanization Process (1900-1930s)', in Dominique Barjot, Isabelle Lescent-Giles, and Marc de Ferrière Le Vayer(eds), *L'américanisation en Europe au XXe siècle: economie, culture, politique*, vol. 1, Centre de Recherche sur l'Histoire de l'Europe du Nord-Ouest, Université Charles-de-Gaulle, Lille 3, 2002.

Shubert, Adrian, *A Social History of Modern Spain*, Unwin Hyman, London 1990.

Shuster, W. Morgan, *The Strangling of Persia: A Record of European Diplomacy and Oriental Intrigue*, T. Fisher Unwin, London 1912.

Sidgwick, Henry, *The Elements of Politics*, Macmillan, London 1897, first published 1891.

Sieyès, Abbé (Emmanuel), *Préliminaire de la Constitution françoise. Reconnaissance et exposition raisonnée des droits de l'homme et du citoyen*, Baudouin, Paris 1789: http://gallica.bnf.fr/ark:/12148/bpt6k41690g.

Simmel, Georg, 'The Metropolis and Mental Life'(1903), in *Simmel on Culture*, ed. David Frisby and Mike Featherstone, Sage, London 1997.

Simms, J. Y., 'The Economic Impact of the Russian Famine of 1891-92', *Slavonic and East European Review*, vol. 60, no. 1, January 1982.

Singer, Milton, 'Religion and Social Change in India: The Max Weber Thesis, Phase Three', *Economic Development and Cultural Change*, vol. 14, no. 4, July 1966.

Sirinelli, Jean-François, 'Guerre d'Algérie, guerre des pétitions?', in Jean-Pierre Rioux and Jean-François Sirinelli(eds), *La guerre d'Algérie et les intellectuels français*, Éditions Complexe, Brussels 1991.

Skidelsky, Robert, 'Thinking about the State and the Economy', in Simon J. D. Green and Richard C. Whiting(eds), *The Boundaries of the State in Modern Britain*, Cambridge University Press 1996.

Sklar, Martin J., *The Corporate Reconstruction of American Capitalism, 1890-1916: The Market, the Law, and Politics*, Cambridge University Press 1988.

Skocpol, Theda, *Boomerang: Clinton's Health Security Effort and the Turn against Government in US Politics*, Norton, New York 1996.

Sluga, Glenda, 'Narrating Difference and Defining the Nation in Late Nineteenth and Early Twentieth Century "Western" Europe', *European Review of History*, vol. 9, no. 2, 2002.

Smith, Adam, *An Inquiry into the Nature and Causes of the Wealth of Nations*, Penn State Electronic Classics 2005: http://www2.hn.psu.edu/faculty/jmanis/adam-smith/Wealth-Nations.pdf(국역본 다수).

Smith, Adam, *Lectures on Jurisprudence*, ed. R. L. Meek, D. D. Raphael, and P. G. Stein, Clarendon Press, Oxford 1978([국역] R. L. Meek 지음, 서진수 옮김, 『애덤 스미스의 법학강의』 상·하, 자유기업센터[CFE], 2002).

Smith, Helmut Walser, *German Nationalism and Religious Conflict: Culture, Ideology, Politics, 1870-1914*, Princeton University Press 1995.

Smith, Michael S., *Tariff Reform in France, 1860-1900*, Cornell University Press 1980.

Smith, Paul, 'Labour under the Law', *Industrial Relations Journal*, vol. 46, nos 5-6, November 2015.

Smith, Paul, 'New Labour and the Commonsense of Neoliberalism: Trade Unionism, Collective Bargaining, and Workers' Rights', *Industrial Relations Journal*, vol. 40, no. 4, 2009.

Smith, Paul, *Disraelian Conservatism and Social Reform*, Routledge and Kegan Paul, London 1967.

Smith, S. A., *Russia in Revolution: An Empire in Crisis, 1890 to 1928*, Oxford University Press 2017.

Smith, Timothy B., 'The Ideology of Charity, the Image of the English Poor Law, and Debates over the Right to Assistance in France, 1830-1905', *Historical Journal*, vol. 40, no. 4, December 1997, pp. 997-1032.

Smith, Timothy B., *Creating the Welfare State in France, 1880-1940*, McGill-Queen's University Press 2003.

Smith, Tony, *The Pattern of Imperialism: The United States, Great Britain, and the Late-Industrializing World since 1815*, Cambridge University Press 1981.

Smith, Woodruff D., 'The Ideology of German Colonialism, 1840-1906', *Journal of Modern History*, vol. 46, no. 4, December 1974.

Snow, George E., 'Introduction', in *The Years 1881-1894 in Russia: A Memorandum Found in the Papers of N. Kh. Bunge. A Translation and Commentary*, ed. George E. Snow, in *Transactions of the American Philosophical Society*, vol. 71, part 6, Philadelphia, PA 1981.

Snyder, Timothy, *The Reconstruction of Nations: Poland, Ukraine, Lithuania, Belarus, 1569-1999*, Yale University Press 2003.

So, Alvin Y. and Stephen W. K. Chiu, *East Asia and the World Economy*, Sage, London 1995.

Sohrabi, Nader, *Revolution and Constitutionalism in the Ottoman Empire and Iran*, Cambridge University Press 2011.

Sombart, Werner, *Krieg und Kapitalismus*, Duncker & Humblot, Munich and Leipzig 1913([국역] 베르너 좀바르트 지음, 이상률 옮김, 『전쟁과 자본주의』, 문예출판사, 2019).

Sombart, Werner, *The Quintessence of Capitalism: A Study of the History and Psychology of the Modern Business Man*, Fisher Unwin, London 1915. Translation of his 1913 *Der Bourgeois*.

Sombart, Werner, *Why is there no Socialism in the United States?*, Macmillan, New York and London 1976.

Sorlin, Pierre, *Waldeck-Rousseau*, Armand Colin, Paris 1966.

Sowerwine, Charles, *France since 1870: Culture, Society and the Making of the Republic*, Palgrave, Basingstoke 2009.

Spahr, Charles B., *An Essay on the Present Distribution of Wealth in the United States*, Thomas Y. Crowell and Co., 2nd ed., Boston, MA 1896: http://archive.org/details/anessayonpresen01spahgoog.

Spence, Jonathan, 'Opium Smoking in Ch'ing China', in Frederic Wakeman, Jr. and Carolyn Grant(eds), *Conflict and Control in Late Imperial China*, University of California Press 1975.

Spence, Jonathan, *The Chan's Great Continent: China in Western Minds*, Penguin, London 2000([국역] 조너선 스펜스 지음, 김석희 옮김, 『칸의 제국』, 이산, 2000).

Spence, Jonathan, *The China Helpers: Western Advisers in China, 1620-1960*, Bodley Head, London 1969([국역] 조너선 스펜스 지음, 김우영 옮김, 『근대중국의 서양인 고문들』, 이산, 2009).

Spence, Jonathan, *The Gate of Heavenly Peace: The Chinese and their Revolution, 1895-1980*, Faber and Faber, London and Boston, MA 1982([국역] 조너선 스펜스 지음, 정영무 옮김, 『천안문』, 이산, 1999).

Spence, Jonathan, *The Search for Modern China*, Norton, New York 2013([국역] 조너선 스펜스 지음, 김희교 옮김, 『현대 중국을 찾아서』 1-2, 이산, 1998).

Sperber, Jonathan, *The Kaiser's Voters: Electors and Elections in Imperial Germany*, Cambridge University Press 1997.

Spulber, Nicolas, *Russia's Economic Transitions: From Late Tsarism to the New Millennium*, Cambridge University Press 2003.

Stanford, Leland, Inaugural Gubernatorial Address, 10 January 1862: http://governors. library.ca.gov/addresses/08-Stanford.html.

Stannard, David E., *American Holocaust: Columbus and the Conquest of the New World*, Oxford University Press 1992.

Starr, S. Frederick, 'August von Haxthausen and Russia', *Slavonic and East European Review*, vol. 46, no. 107, July 1968.

Stead, W. T., *The Americanization of the World, or The Trend of the Twentieth Century*, Horace Markley, New York 1902.

Stedman Jones, Gareth, 'Rethinking Chartism', in Gareth Stedman Jones, *Languages of Class: Studies in English Working Class History, 1832-1982*, Cambridge University Press 1983.

Stedman Jones, Gareth, *Outcast London: A Study in the Relationship between Classes in Victorian Society*, Clarendon Press, Oxford 1971.

Steele, E. David, *Lord Salisbury*, Routledge, London 2002.

Stella, Alessandro, *La révolte des Ciompi. Les hommes, les lieux, le travail*, Éditions de l'École des Hautes Études en Sciences Sociales, Paris 1993.

Stendhal, *La Chartreuse de Parme*, Nelson, Paris 1839([국역] 스탕달 지음, 원윤수·임미경 옮김, 『파르마의 수도원』 1-2, 민음사, 2001).

Stepanov, V. L., 'Finance Ministry Policy in the 1880s and the Unrealized Potential for Economic Modernization in Russia', *Russian Studies in History*, vol. 42, no. 4, Spring 2004, pp. 14-21.

Stepanov, V. L., 'Ivan Alekseevich Vyshnegradskii', *Russian Studies in History*, vol. 35, no. 2, Fall 1996.

Stepanov, V. L., 'Nikolai Khristianovich Bunge', *Russian Studies in History*, vol. 35, no. 2, Fall 1996.

Stephanson, Anders, *Manifest Destiny: American Expansionism and the Empire of Right*, Hill and Wang, New York 1995.

Stern, Fritz, *The Politics of Cultural Despair: A Study in the Rise of the Germanic Ideology*, University of California Press 1974.

Sternhell, Zeev, *Aux origines d'Israël. Entre nationalisme et socialisme*, Gallimard, Paris 2004.

Sternhell, Zeev, *Maurice Barrès et le nationalisme français*, Éditions Complexe, Brussels 1985(first published 1972).

Sternhell, Zeev, *The Founding Myths of Israel: Nationalism, Socialism, and the Making of the Jewish State*, Princeton University Press 1997.

Stevenson, David, *Armaments and the Coming of War: Europe, 1904-1914*, Clarendon Press, Oxford 1996.

Stiglitz, Joseph E., 'Foreword', in Roland(ed.), *Privatization: Successes and Failures*.

Stiglitz, Joseph E., 'Is there a Post-Washington Consensus Consensus?', in *The Washington Consensus Reconsidered: Towards a New Global Governance*, ed. Narcís Serra and Joseph E. Stiglitz, Oxford University Press 2008.

Stiglitz, Joseph E., *Globalization and its Discontents*, Norton, New York 2002([국역] 조지프 스티글리츠 지음, 송철복 옮김, 『세계화와 그 불만』, 세종연구원, 2002).

Stora, Benjamin, *Les trois exils. Juifs d'Algérie*, Stock, Paris 2006.

Storti, Craig, *Incident at Bitter Creek: The Story of the Rock Springs Chinese Massacre*, Iowa State University Press 1991.

Strange, Susan, *Casino Capitalism*, Blackwell, Oxford 1986.

Strange, Susan, *The Retreat of the State: The Diffusion of Power in the World Economy*, Cambridge University Press 1996([국역] 수잔 스트레인지 지음, 양오석 옮김, 『국가의 퇴각』, 푸른길, 2001).

Strasser, Susan, *Never Done: A History of American Housework*, Pantheon Books, New York 1982.

Strasser, Susan, *Satisfaction Guaranteed: The Making of the American Mass Market*, Pantheon Books, New York 1989.

Strauss, Julia C., 'Creating "Virtuous and Talented" Officials for the Twentieth Century: Discourse and Practice in *Xinzheng* China', *Modern Asian Studies*, vol. 37, no. 4, October 2003, pp. 831-50.

Strikwerda, Carl, *A House Divided: Catholics, Socialists, and Flemish Nationalists in Nineteenth-Century Belgium*, Rowman & Littlefield, Lanham, MD, and Oxford 1997.

Strinati, Valerio, 'Origini e istituzione della cassa di maternità(1875-1910)', *Studi Storici*, vol. 45, no. 2, April-June 2004.

Suetonius(Gaius Suetonius Tranquillus), *On Grammarians(De Illustribus grammaticis)*: http://penelope.uchicago.edu/Thayer/E/Roman/Texts/Suetonius/de_Grammaticis*.html([국역] 수에토니우스 지음, 안재원 옮김, 『로마의 문법학자들』, 한길사, 2013).

Sumner, William Graham, *The Challenge of Facts and Other Essays*, Yale University Press 1914.

Sumner, William Graham, *War and Other Essays*, Yale University Press 1911.

Sun Yat-sen, *The Three Principles of the People*, China Cultural Service, Taiwan 1981(국 역본 다수).

Supple, Barry, 'The State and the Industrial Revolution, 1700-1914', in T*he Fontana Economic History of Europe*, ed. Carlo M. Cipolla, vol. 3: *The Industrial Revolution*, Collins, Glasgow 1980.

Szreter, Simon, *Health and Wealth: Studies in History and Policy*, University of Rochester Press 2005.

Tabor, Nick, 'No Slouch', *The Paris Review*, 7 April 2015.

Taft, Philip and Philip Ross, 'American Labor Violence: Its Causes, Character, and Outcome', in Hugh Davis Graham and Ted Robert Gurr(eds), *The History of Violence in America*, Praeger, New York 1969.

Taine, Hippolyte, *Notes sur l'Angleterre*, 11th ed., Hachette, Paris 1899.

Taira, Koji, 'Factory Legislation and Management Modernization during Japan's Industrialization, 1886-1916', *Business History Review*, vol. 44, no. 1, 1970, pp. 84-109.

Takaki, Ronald, *Strangers from a Different Shore: A History of Asian Americans*, Little, Brown and Co., Boston, MA 1989.

Talleyrand, Charles-Maurice de, *Mémoires du prince de Talleyrand*, vol. 1, Calmann Lévy, Paris 1891.

Tamaki, Norio, *Yukichi Fukuzawa, 1835-1901: The Spirit of Enterprise in Modern Japan*, Palgrave Macmillan, London 2001.

Tames, Richard, *Economy and Society in Nineteenth Century Britain*, Routledge, London 2013.

Tapinos, Georges, 'Une seconde transition démographique? La population et l'emploi', in Lévy-Leboyer and Casanova(eds), *Entre l'état et le marché*.

Taussig, F. W., *The Tariff History of the United States: A Series of Essays*, Putnam and Sons, New York and London 1892.

Tawney, R. H., *Religion and the Rise of Capitalism*, Transaction Publishers, London 1998([국역] R. H. 토니 지음, 고세훈 옮김, 『기독교와 자본주의의 발흥』, 한길사, 2015).

Tawney, R. H., *The Acquisitive Society*, 1920: http://www.gutenberg.org/files/33741/33741-h/33741-h.htm.

Temin, Peter, 'Globalization', *Oxford Review of Economic Policy*, vol. 15, no. 4, 1999.

Teng, Ssu-yü and John K. Fairbank(eds), *China's Response to the West: A Documentary Survey, 1839-1923*, Harvard University Press 1961.

Teschke, Benno, *The Myth of 1648: Class, Geopolitics and the Making of Modern International Relations*, Verso, London 2003.

Tesnière, Lucien, 'Statistique des langues de l'Europe', in Antoine Meillet, *Les langues dans l'Europe nouvelle*, Payot, Paris 1928.

Thackeray, David, 'Rethinking the Edwardian Crisis of Conservatism', *Historical Journal*, vol. 54, no. 1, 2011, pp. 191-213.

Thackeray, William Makepeace, *The Complete Poems of W. M. Thackeray*, White, Stokes, and Allen, New York 1883.

Thatcher, Margaret, 'Speech to General Assembly of the Church of Scotland', 21 May 1988: http://www.margaretthatcher.org/document/107246.

Theis, Laurent, *Guizot. La traversée d'un siècle*, CNRS Editions, Paris 2014.

Thibaudet, Albert, *Les idées politiques de la France*, Librairie Stock, Paris 1932.

Thiesse, Anne-Marie, *La création des identités nationales. Europe XVIIIe-XXe siècle*, Seuil, Paris 1999.

Thompson, Alastair, *Left Liberals, the State, and Popular Politics in Wilhelmine Germany*, Oxford University Press 2000.

Thompson, Andrew, 'Informal Empire? An Exploration in the History of Anglo-Argentine Relations, 1810-1914', *Journal of Latin American Studies*, vol. 24, no. 2, 1992, pp. 419-36.

Thompson, F. M. L., 'Changing Perceptions of Land Tenures in Britain, 1750-1914', in Winch and O'Brien(eds), *The Political Economy of British Historical Experience, 1688-1914*.

Thompson, F. M. L., *The Rise of Respectable Society: A Social History of Victorian Britain, 1830-1900*, Harvard University Press 1988.

Thompson, James, '"A Nearly Related People": German Views of the British Labour Market, 1870-1900', in Winch and O'Brien(eds), *The Political Economy of British Historical Experience, 1688-1914*.

Thompson, Roger R., *China's Local Councils in the Age of Constitutional Reform, 1898-1911*, Harvard University Press 1995.

Tierney, Robert Thomas, *Tropics of Savagery: The Culture of the Japanese Empire in Comparative Frame*, University of California Press 2010.

Tilly, Charles, 'War Making and State Making as Organized Crime', in *Bringing the State Back In*, ed. Peter B. Evans, Dietrich Rueschemeyer, and Theda Skocpol, Cambridge University Press 1985.

Tocqueville, Alexis de, *De la démocratie en Amérique*, Pagnerre, Paris 1848(국역본 다수).

Tocqueville, Alexis de, *Mémoire sur le paupérisme*, Ministère de l'instruction publique et des beaux-arts, Imprimerie nationale, Paris 1835([국역] 알렉시 드 토크빌 지음,

김영란·김정겸 옮김, 『토크빌의 빈곤에 대하여』, 에코리브르, 2014).

Tocqueville, Alexis de, *Souvenirs*, Calmann Lévy, Paris 1893.

Tocqueville, Alexis de, *The Ancien Régime and the French Revolution*, trans. Arthur Goldhammer, Cambridge University Press 2011([국역] 알렉시스 드 토크빌 지음, 이용재 옮김, 『앙시앵 레짐과 프랑스혁명』, 지만지, 2013).

Tocqueville, Alexis de, *Travail sur l'Algérie, in Oeuvres complètes*, Gallimard, Bibliothèque de la Pléiade, Paris, 1991.

Todd, David, *L'identité économique de la France: Libre-échange et protectionnisme 1814-1851*, Grasset, Paris 2008.

Todorova, Maria, *Imagining the Balkans*, Oxford University Press 1997.

Togliatti, Palmiro, 'Discorso su Giolitti', in Palmiro Togliatti, *Momenti della storia d'Italia*, Riuniti, Rome 1974.

Tombs, Robert, 'How Bloody was *La Semaine Sanglante* of 1871? A Revision', *Historical Journal*, vol. 55, no. 3, 2012.

Toniolo, Gianni, *Storia economica dell'Italia liberale, 1850-1918*, Il Mullino, Bologna 1988.

Tooze, Adam, *The Deluge: The Great War and the Remaking of the Global Order, 1916-1931*, Allen Lane, London 2014([국역] 애덤 투즈 지음, 조행복 옮김, 『대격변』, 아카넷, 2020).

Torp, Cornelius, 'The "Coalition of Rye and Iron" under the Pressure of Globalization: A Reinterpretation of Germany's Political Economy before 1914', *Central European History*, vol. 43, no. 3, 2010.

Tortella, Gabriel, 'Patterns of Economic Retardation and Recovery in South-Western Europe in the Nineteenth and Twentieth Centuries', *Economic History Review*, vol. 47, no. 1, 1994.

Tortella, Gabriel, *The Development of Modern Spain: An Economic History of the Nineteenth and Twentieth Centuries*, Harvard University Press 2000.

Toutain, Jean-Claude, *La population de la France de 1700 à 1959*, in *Cahiers de L'Institut de Science Économique Appliquée*, supplementary no. 133, January 1963.

Treitschke, Heinrich von and Adolf Hausrath, *Treitschke: His Life and Works*, Jarrold & Sons/Allen & Unwin, London 1914: https://archive.org/stream/treitschkehislif-00treiuoft#page/n11/mode/2up.

Trencsényi, Balázs, Maciej Janowski, Mónika Baár, Maria Falina, and Michal Kopeček, *A History of Modern Political Thought in East Central Europe*, vol. 1: *Negotiating Modernity in the 'Long Nineteenth Century'*, Oxford University Press

2016.

Trentmann, Frank, 'National Identity and Consumer Politics: Free Trade and Tariff Reform', in Winch and O'Brien(eds), *The Political Economy of British Historical Experience, 1688-1914.*

Trentmann, Frank, *Free Trade Nation*, Oxford University Press 2008.

Tribe, Keith, *Strategies of Economic Order: German Economic Discourse, 1750-1950*, Cambridge University Press 1995.

Tristan, Flora, *Le tour de France. État actuel de la classe ouvrière sous l'aspect moral-intellectuel-materiel. Journal inédit 1843-1844*, Éditions Tête de feuilles, Paris 1973: http://gallica.bnf.fr/ark:/12148/bpt6k82507w.

Troesken, Werner, 'Typhoid Rates and the Public Acquisition of Private Waterworks, 1880-1920', *Journal of Economic History*, vol. 59, no. 4, December 1999.

Trump, Donald, Inaugural Address 2017: https://www.whitehouse.gov/inauguraladdress.

Tsuzuki, Chushichi, *The Pursuit of Power in Modern Japan, 1825-1995*, Oxford University Press 2000.

Turner, Frederick Jackson, *The Frontier in American History*, Henry Holt and Co., New York 1921([국역] 프레더릭 잭슨 터너 지음, 김태형 옮김, 『프런티어 미국 서부의 신화』, 신아사, 2018).

Turner, Nat, *The Confessions of Nat Turner...As fully and voluntarily made to Thomas R. Gray...*: http://docsouth.unc.edu/neh/turner/turner.html.

Uchida, Jun, *Brokers of Empire: Japanese Settler Colonialism in Korea, 1876-1945*, Harvard University Press 2011([국역] 우치다 준 지음, 한승동 옮김, 『제국의 브로커들』, 길, 2020).

Umemori, Naoyuki, 'The Historical Contexts of the High Treason Incident', in Masako Gavin and Ben Middleton(eds), *Japan and the High Treason Incident*, Routledge, London and New York 2013.

UNICEF: https://www.unicef.org/gambia/Progress_on_drinking_water_and_sanitation_2014_update.pdf.

United Nations, Department of Economic and Social Affairs, Population Division, *World Population Prospects: The 2015 Revision*, POP/DB/WPP/Rev.2015/POP/F01-1.

USA Bureau of Labor Statistics: https://www.bls.gov/oes/current/oes339032.htm; https://www.bls.gov/oes/current/oes333051.htm; http://data.bls.gov/cgibin/cpicalc.pl; http://www.bls.gov/iag/tgs/iagauto.htm#iag31cesnsahourlyearnings.f.P.

US Census Bureau: https://www.census.gov/population/censusdata/table-16.pdf.

US Census Bureau Population Clock: https://www.census.gov/popclock/?intc-mp=home_pop.

US Census Office. *Report on Transportation Business in the United States at the Eleventh Census: 1890*.

Van De Mieroop, Marc, 'Production and Commerce in the Old Babylonian Period', *Rivista di storia economica*, vol. 31, no. 1, April 2015, pp. 79-96.

Van den Eeckhout, Patricia, 'Brussels', in Daunton(ed.), *Housing the Workers*.

van der Eng, Pierre, 'Exploring Exploitation: The Netherlands and Colonial Indonesia 1870-1940', *Revista de Historia Económica*, vol. 16, no. 1, Winter 1998.

Van der Vorst, Pierre(ed.), *Cent ans de droit social belge*, Bruylant, Brussels 1988.

Van Reybrouck, David, *Congo: The Epic History of a People*, Fourth Estate, London 2014.

Vandervelde, Émile, *Les crimes de la colonisation capitaliste. Interpellation de Vandervelde au Gouvernement*, Volksdrukkerij, Gand 1906.

Vandervelde, Émile, *Les derniers jours de l'État du Congo. Journal de voyage(juillet-octobre 1908)*, Édition de la Société Nouvelle, Mons 1909.

Vann, Michael G., 'Building Colonial Whiteness on the Red River: Race, Power, and Urbanism in Paul Doumer's Hanoi, 1897-1902', *Historical Reflections/Réflexions historiques*, vol. 33, no. 2, Summer 2007.

Varouxakis, Georgios, *Mill on Nationality*, Routledge, London 2013.

Vatikiotis, P. J., *The Modern History of Egypt*, Weidenfeld and Nicolson, London 1969.

Veblen, Thorstein, *The Theory of the Leisure Class*, Random House, New York 2001(국역본 다수).

Velychenko, Stephen, 'Empire Loyalism and Minority Nationalism in Great Britain and Imperial Russia, 1707 to 1914: Institutions, Law, and Nationality in Scotland and Ukraine', *Comparative Studies in Society and History*, vol. 39, no. 3, July 1997.

Verdès-Leroux, Jeannine, *Scandale financier et antisémitisme catholique. Le krach de l'Union générale*, Le Centurion, Paris 1969.

Verley, Patrick, *Nouvelle histoire économique de la France contemporaine*, vol. 2: *L'industrialisation 1830-1914*, La Découverte, Paris 2002.

Vernon, James, *Hunger: A Modern History*, Belknap Press of Harvard University Press 2007.

Veuillot, Eugène, *Ça et là*, vol. 2, Gaume frères et J. Duprey, Paris 1860.

Vichnevski, Anatoli, *La faucille et le rouble. La modernisation conservatrice en URSS*, Gallimard, Paris 2000.

Vickers, Adrian, *A History of Modern Indonesia*, Cambridge University Press 2005.

Victoria(Queen), *The Letters of Queen Victoria*, vol. 4, ed. George E. Buckle, Cambridge University Press 2014.

Vidal, Jean-Francois, *Dépression et retour à la prospérité. Les économies européennes à la fin du XIXe siècle*, L'Harmattan, Paris 2000.

Villari, Pasquale, 'Di chi è la colpa? O sia la pace o la guerra', in *Saggi di storia, di critica e di politica*, Tipografia Cavour, Florence 1868.

Villari, Pasquale, *Le lettere meridionali ed altri scritti sulla questione sociale in Italia*, Le Monnier, Florence 1878.

Villermé, Louis René, *Tableau de l'état physique et moral des ouvriers employés dans les manufactures de coton, de laine et de soie*, ed. Yves Tyl, UGE, Collection 10/18, Paris 1971: http://classiques.uqac.ca/classiques/villerme_louis_rene/tableau_etat_physique_moral/villerme_tableau_ouvriers.pdf.

Vivian, Herbert, 'The French in Tunisia', *Contemporary Review*, vol. 74, October 1898.

Voas, David and Mark Chaves, 'Is the United States a Counterexample to the Secularization Thesis?', *American Journal of Sociology*, vol. 121, no. 5, March 2016.

Vögele, Jörg P., 'Différences entre ville et campagne et évolution de la mortalité en Allemagne pendant l'industrialisation', *Annales de démographie historique*, 1996.

Vögele, Jörg P., *Urban Mortality Change in England and Germany, 1870-1913*, Liverpool University Press 1998.

Volgyes, Ivan(ed.), *The Peasantry of Eastern Europe*, vol. 1: *Roots of Rural Transformation*, Pergamon Press, New York 1979.

Voltaire, *Essai sur les moeurs et l'esprit des nations*, Tome 1 in *Oeuvres complètes*, vol. 15, Dupont, Paris 1823-7.

Voltaire, *Histoire de Charles X II*, in *Oeuvres complètes*, vol. 22, Dupont, Paris 1823-7.

Voltaire, *Histoire de l'Empire de Russie sous Pierre le Grand*, in *Oeuvres complètes*, vol. 23, Dupont, Paris 1823-7.

Von Laue, Theodore H., 'A Secret Memorandum of Sergei Witte on the Industrialization of Imperial Russia', *Journal of Modern History*, vol. 26, no. 1, March 1954, pp. 60-74.

Von Laue, Theodore H., 'Legal Marxism and the "Fate of Capitalism in Russia"', *Review of Politics*, vol. 18, no. 1, January 1956.

Vries, P. H. H., 'Are Coal and Colonies Really Crucial? Kenneth Pomeranz and the Great Divergence', *Journal of World History*, vol. 12, no. 2, Fall 2001.

Waddell, D. A. G., 'International Politics and Latin American Independence', in Bethell(ed.), *The Cambridge History of Latin America*, vol. III.

Wade, Robert, 'Financial Regime Change?', *New Left Review*, no. 53, September/October 2008.

Waines, David, 'The Failure of the Nationalist Resistance', in *The Transformation of Palestine: Essays on the Origin and Development of the Arab-Israeli Conflict*, ed. Ibrahim Abu-Lughod, Northwestern University Press 1987.

Wakeman, Frederic, Jr., *The Fall of Imperial China*, The Free Press, New York and London 1975([국역] F. 웨이크만 지음, 김의경 옮김, 『중국제국의 몰락』, 예전사, 1992).

Walicki, Andrzej, 'The Troubling Legacy of Roman Dmowski', *East European Politics and Societies*, vol. 14, no. 1, Winter 2000.

Walicki, Andrzej, *The Controversy over Capitalism: Studies in the Social Philosophy of the Russian Populists*, University of Notre Dame Press 1989.

Walicki, Andrzej, *The Slavophile Controversy: History of a Conservative Utopia in Nineteenth-Century Russian Thought*, Clarendon Press, Oxford 1975.

Walker, Richard and Daniel Buck, 'The Chinese Road: Cities in the Transition to Capitalism', *New Left Review*, no. 46, July-August 2007.

Wang, Haidong et al., 'Age-Specific and Sex-Specific Mortality in 187 Countries, 1970-2010: A Systematic Analysis for the Global Burden of Disease Study 2010', *Lancet*, vol. 380, no. 9859, 15 December 2012.

Ward, William George, 'The Encyclical and Syllabus', *Dublin Review*, vol. 56, January-April 1865.

Washbrook, David, 'South Asia, the World System, and World Capitalism', *Journal of Asian Studies*, vol. 49, no. 3, August 1990.

Water Aid: http://www.wateraid.org/where-we-work/page/india.

Webb, Sidney, 'A Plea for an Eight Hours Bill', Fabian Tract no. 16, 1890.

Webb, Sidney, 'The Moral of the Elections', *Contemporary Review*, vol. 62, August 1892.

Webb, Sidney and Beatrice, *Industrial Democracy*, Longmans, Green & Co., London 1902(first published 1897)([국역] 비어트리스 웹·시드니 웹 지음, 박홍규 옮김, 『산업민주주의』 1-3, 아카넷, 2018).

Weber, Max, 'Politics as a Vocation', in Max Weber, *The Vocation Lectures*, ed. David Owen and Tracy B. Strong, Hackett Publishing, Indianapolis, IN 2004(국역본 다수).

Weber, Max, 'The Nation State and Economic Policy', in Peter Lassman and Ronald Speirs(eds), *Weber: Political Writings*, Cambridge University Press 1994.

Weber, Max, *General Economic History*(1927), The Free Press, Glencoe, IL, 1950.

Weber, Max, *The Protestant Ethic and the Spirit of Capitalism*, ed. and trans. Stephen Kalberg, Blackwell, Oxford 2002(국역본 다수).

Weber, Max, *The Religion of China: Confucianism and Taoism*, Macmillan, New York 1951([국역] 막스 베버 지음, 이상률 옮김, 『유교와 도교』, 문예출판사, 1990).

Webster, Richard A., *Industrial Imperialism in Italy, 1908-1915*, University of California Press 1975.

Weeks, Theodore R., 'National Minorities in the Russian Empire, 1897-1917', in Anna Geifman(ed.), *Russia under the Last Tsar: Opposition and Subversion, 1894-1917*, Blackwell, Oxford 1999.

Wehler, Hans-Ulrich, *The German Empire, 1871-1918*, Berg, Leamington Spa 1985([국역] 한스 울리히벨러 지음, 이대헌 옮김, 『독일 제2제국』, 신서원, 1996).

Weil, François, 'Les paternalismes aux États-Unis(1800-1930)', in Aerts, Beaud, and Stengers(eds), *Liberalism and Paternalism in the 19th Century.*

Weil, Patrick, *Qu'est-ce qu'un Français?*, Grasset, Paris 2002.

Weinberg, Robert, 'The Pogrom of 1905 in Odessa: A Case Study', in Klier and Lambroza(eds), *Pogroms: Anti-Jewish Violence in Modern Russian History.*

Weiss, John H., 'Origins of the French Welfare State: Poor Relief in the Third Republic, 1871-1914', *French Historical Studies*, vol. 13, no. 1, Spring 1983.

Weissbach, Lee Shai, 'Child Labor Legislation in Nineteenth-Century France', *Journal of Economic History*, vol. 37, no. 1, March 1977.

Weissbach, Lee Shai, *Child Labor Reform in Nineteenth-Century France: Assuring the Future Harvest*, Louisiana State University Press 1989.

Welch, William M., Jr., *No Country for a Gentleman: British Rule in Egypt, 1883-1907*, Greenwood Press, Westport, CT 1988.

Werner, Karl Ferdinand, *Histoire de la France*, vol. 1: *Les Origines*, Fayard, Paris 1984.

Wesseling, H. L., *Imperialism and Colonialism: Essays on the History of European Expansion*, Greenwood Press, Westport, CT 1997.

West, Richard, *Brazza of the Congo: European Exploration and Exploitation in French Equatorial Africa*, Jonathan Cape, London 1972.

Westad, Odd Arne, *Restless Empire: China and the World since 1750*, Bodley Head, London 2012([국역] 오드 아르네 베스타 지음, 문명기 옮김, 『잠 못 이루는 제국』, 까치, 2014).

Weston, Timothy B., 'The Founding of the Imperial University and the Emergence of Chinese Modernity', in Rebecca E. Karl and Peter Zarrow(eds), *Rethinking the 1898 Reform Period: Political and Cultural Change in Late Qing China*, Harvard University Asia Center 2002.

Whisenhunt, Donald W.(ed.), *Reading the Twentieth Century: Documents in American History*, Rowman & Littlefield, Lanham, MD 2009.

Whitman, Walt, 'As I Sat Alone by Blue Ontario's Shores' and 'A Passage to India' (1870) from *Leaves of Grass*(국역본 다수).

Whitman, Walt, *Democratic Vistas*(1871): http://xroads.virginia.edu/~hyper/whitman/vistas/vistas.html.

Wiener, Jonathan M., 'Review of Reviews: *Social Origins of Dictatorship and Democracy*', *History and Theory*, vol. 15, no. 2, May 1976.

Wiener, Martin J., *English Culture and the Decline of the Industrial Spirit, 1850-1980*, Cambridge University Press 1981.

Wileman, Donald G., 'Not the Radical Republic: Liberal Ideology and Central Blandishment in France, 1901-1914', *Historical Journal*, vol. 37, no. 3, September 1994, pp. 593-614.

Wilkins, Mira, *The Emergence of Multinational Enterprise: American Business Abroad from the Colonial Era to 1914*, Harvard University Press 1970.

Wilkins, Mira, *The History of Foreign Investment in the United States to 1914*, Harvard University Press 1989.

Wilkinson, Richard and Kate Pickett, *The Spirit Level: Why More Equal Societies Almost Always Do Better*, Allen Lane, London 2009([국역] 리처드 윌킨슨·케이트 피킷 지음, 전재웅 옮김, 『평등이 답이다』, 이후, 2012).

Willard, Claude, *Le mouvement socialiste en France(1893-1905)*, Les Guesdistes, Éditions sociales, Paris 1965.

Williams, Ernest Edwin, *'Made in Germany'*, Heinemann, London 1896.

Williams, Rosalind H., *Dream Worlds: Mass Consumption in Late Nineteenth-Century France*, University of California Press 1982.

Williamson, Jeffrey G., *Globalization and the Poor Periphery before 1950*, MIT Press, Cambridge, MA 2006.

Williamson, John, 'What Washington Means by Policy Reform', in *Latin American Adjustment: How Much Has Happened?*, ed. John Williamson, Institute for International Economics, Washington, DC 1989.

Wilson, Andrew, *The Ukrainians: Unexpected Nation*, Yale University Press 2015.

Wilson, Henry Lane, 'Errors with Reference to Mexico and Events that have Occurred There', *Annals of the American Academy of Political and Social Science*, vol. 54, July 1914.

Wilson, Keith M., *The International Impact of the Boer War*, Routledge, London 2014 (revised ed.).

Wilson, Terry P., *The Cart that Changed the World: The Career of Sylvan N. Goldman*, University of Oklahoma Press 1978.

Wilson, Woodrow, 'Democracy and Efficiency', *Atlantic Monthly*, vol. 87, no. 521, March 1901.

Winch, Donald, 'Adam Smith's "enduring particular result": A Political and Cosmopolitan Perspective', in Istvan Hont and Michael Ignatieff(eds), *Wealth and Virtue: The Shaping of Political Economy in the Scottish Enlightenment*, Cambridge University Press 1983.

Winch, Donald, *Riches and Poverty: An Intellectual History of Political Economy in Britain, 1750-1834*, Cambridge University Press 1996.

Winch, Donald and Patrick O'Brien(eds), *The Political Economy of British Historical Experience, 1688-1914*, Oxford University Press 2002.

Winkler, Heinrich August, *Germany: The Long Road West, 1789-1933*, Oxford University Press 2006.

Winock, Michel, *La France et les Juifs*, Seuil, Paris 2004.

Winter, James, *London's Teeming Streets, 1830-1914*, Routledge, London 1993.

Witte, Sergei, *The Memoirs of Count Witte*, Heinemann, London 1921.

Wohl, Anthony S., *The Eternal Slum: Housing and Social Policy in Victorian London*, Edward Arnold, London 1977.

Wolf, Martin, 'How the Beijing Elite Sees the World', *The Financial Times*, 2 May 2018.

Wolfe, Patrick, *Traces of History: Elementary Structures of Race*, Verso, London 2016.

Wolff, Larry, 'Voltaire's Public and the Idea of Eastern Europe', *Slavic Review*, vol. 54, no. 4, 1995.

Womack, John, Jr., 'The Mexican Revolution, 1910-1920', in Bethell(ed.), *The Cambridge History of Latin America*, vol. V.

Wong, J. Y., *Deadly Dreams: Opium, Imperialism, and the Arrow War(1856-60) in China*, Cambridge University Press 1998.

Wong, Roy Bin, *China Transformed: Historical Change and the Limits of European Experience*, Cornell University Press 1997.

Woods, R. I., P. A. Watterson, and J. H. Woodward, 'The Causes of Rapid Infant Mortality Decline in England and Wales, 1861-1921, Part I', *Population Studies*, vol. 42, no. 3, November 1988, pp. 343-66.

Woods, Robert, 'The Effects of Population Redistribution on the Level of Mortality in Nineteenth-Century England and Wales', *Journal of Economic History*, vol. 45, no. 3, September 1985.

Woolf, Stuart, *The Poor in Western Europe in the Eighteenth and Nineteenth Centuries*, Methuen, London 1986.

World Bank: http://data.worldbank.org/indicator/SP.URB.TOTL.IN.ZS?page=3.

Wright, Mary Clabaugh, *The Last Stand of Chinese Conservatism: The T'ung-Chih Restoration 1862-1874*, Stanford University Press 1957.

Wrigley, Chris, 'May Days and After', *History Today*, vol. 40, no. 6, June 1990: http://www.historytoday.com/chris-wrigley/may-days-and-after#sthash.qwns4XkK.dpuf.

Wrigley, Chris(ed.), *British Trade Unions, 1945-1995*, Manchester University Press 1997.

Wrigley, E. A., 'Brake or Accelerator? Urban Growth and Population Growth before the Industrial Revolution', in *Urbanization in History: A Process of Dynamic Interactions*, ed. Ad van der Woude, Akira Hayami, and Jan De Vries, Clarendon Press, Oxford 1995.

Wrigley, E. A. and R. S. Schofield, *The Population History of England, 1541-1871*, Cambridge University Press 1989.

Wu Chengming, 'A Brief Account of the Development of Capitalism in China', in Tim Wright(ed.), *The Chinese Economy in the Early Twentieth Century: Recent Chinese Studies*, St Martin's Press, New York 1992.

Wu Chengming, 'On Embryonic Capitalism in China', in Xu Dixin and Wu Chengming(eds), *Chinese Capitalism, 1522-1840*.

Wynn, Charters, *Workers, Strikes, and Pogroms: The Donbass-Dnepr Bend in Late Imperial Russia, 1870-1905*, Princeton University Press 1992.

Xu Dixin and Wu Chengming(eds), *Chinese Capitalism, 1522-1840*, Macmillan, Basingstoke 2000.

Yan Fu(Yen Fou), *Les manifestes de Yen Fou*, ed. François Houang, Fayard, Paris 1977.

Yapp, Malcolm, 'Europe in the Turkish Mirror', *Past & Present*, no. 137, 1992.

Zamagni, Vera, 'An International Comparison of Real Industrial Wages, 1890-1913: Methodological Issues and Results', in Peter Scholliers(ed.), *Real Wages in 19th and 20th Century Europe: Historical and Comparative Perspectives*, Berg, Oxford 1989.

Zamagni, Vera, *Dalla periferia al centro. La seconda rinascita economica dell'Italia 1861-1981*, Il Mulino, Bologna 1990.

Zamagni, Vera, *The Economic History of Italy, 1860-1990*, Clarendon Press, Oxford 1993.

Zanichelli, Domenico, *Studi politici e storici*, Zanichelli, Bologna 1893.

Zaridze, David et al., 'Alcohol and Mortality in Russia: Prospective Observational Study of 151,000 adults', *Lancet*, vol. 383, no. 9927, pp. 1465-73.

Zelnik, Reginald E., *Labor and Society in Tsarist Russia: The Factory Workers of St.*

Petersburg, 1855-1870, Stanford University Press 1971.

Zhang Zhidong(Chang Chih-tung), *China's Only Hope: An Appeal*, trans. Samuel I. Woodbridge, Fleming H. Revell Co., New York 1900([국역] 장지동 지음, 송인재 옮김, 『권학편』, 산지니, 2017).

Zimmerman, Joshua D., *Poles, Jews, and the Politics of Nationality*, University of Wisconsin Press 2004.

Zimmermann, Maurice, 'La ruine de l'empire colonial espagnol. Ses conséquences', *Annales de Géographie*, vol. 8, no. 37, 1899.

Zimmermann, Maurice, 'Leçon d'ouverture du cours d'histoire et de géographie coloniales', *Annales de Géographie*, vol. 9, no. 43, 1900.

Zolberg, Aristide R., 'Global Movements, Global Walls: Responses to Migration, 1885-1925', in Wang Gungwu(ed.), *Global History and Migrations*, Westview Press, Boulder CO, 1997.

Zoppi, Sergio, *Dalla Rerum Novarum alla democrazia cristiana di Murri*, Il Mulino, Bologna 1991.

Zürcher, Erik-Jan, 'Ottoman Sources of Kemalist Thought', in Elisabeth Ozdalga(ed.), *Late Ottoman Society: The Intellectual Legacy*, Routledge, New York 2005.

미주

서론

1. Marc Van De Mieroop, 'Production and Commerce in the Old Babylonian Period', in *Rivista di storia economica*, vol. 31, no. 1, April 2015, p. 86.   **2.** Gaius Suetonius Tranquillus, *On Grammarians*: http://penelope.uchicago.edu/Thayer/E/Roman/Texts/Suetonius/de_Grammaticis*.html의 23절을 보라.   **3.** David Nonnis, 'Le attività artigianali', in Arnaldo Marcone(ed.), *L'età romana. Liberi, semiliberi, e schiavi in una società premoderna*, Castelvecchi, Rome 2016, p. 276.   **4.** Catharina Lis and Hugo Soly, *Worthy Efforts: Attitudes to Work and Workers in Pre-Industrial Europe*, Brill, Leiden and Boston, MA 2012, p. 59.   **5.** Jean-Paul Morel, 'L'artigiano', in *L'uomo romano*, ed. Andrea Giardina, Laterza, Rome-Bari 1989, pp. 235, 243, 252, 266.   **6.** Stefano Gasparri and Cristina La Rocca, *Tempi barbarici. L'Europa occidentale tra antichità e medioevo(300-900)*, Carocci, Rome 2013, pp. 294-6.   **7.** Franco Franceschi and Ilaria Taddei, *Le città italiane nel Medioevo. XII-XIV secolo*, Il Mulino, Bologna 2012, pp. 73-7.   **8.** Samuel Kline Cohn, Jr., *The Laboring Classes in Renaissance Florence*, Academic Press, New York 1980, pp. 9-11, 69.   **9.** Alessandro Stella, *La révolte des ciompi. Les hommes, les lieux, le travail*, Éditions de l'École des Hautes Études en Sciences Sociales, Paris 1993에서 철저한 분석을 볼 수 있다. 스텔라는 또한 이 반란을 프롤레타리아트와 부르주아지 사이에 벌어진 계급투쟁의 사례로 규정할 수 있는지에 관한 역사 서술을 논한다. pp. 21-9. Walter Prevenier, 'Conscience et perception de la condition sociale chez les gens du commun dans les anciens Pays-Bas des XIIIe et XIVe siècles', in *Le petit peuple dans l'Occident médiéval: Terminologies, perceptions, réalités*, ed. Pierre Boglioni, Robert Delort, and Claude Gauvard, Publications de la Sorbonne, Paris 2002, pp. 177-8도 보라.   **10.** Massimo Costantini, *L'albero della libertà economica. Il processo di scioglimento delle corporazioni veneziane*, Arsenale, Venice, 1987, pp. 22-3.   **11.** 앞의 책, pp. 34-8.   **12.** Catharina Lis and Hugo Soly, *Poverty and Capitalism in Pre-Industrial Europe*, Harvester Press, Hassocks, Sussex 1979, p. 64.   **13.** Pierre Jouanique, 'Three Medieval Merchants: Francesco di Marco Datini, Jacques Coeur and Benedetto Cotrugli', *Accounting, Business & Financial History*, vol. 6, no. 3, 1996, pp. 261-75를 보라.   **14.** Hammurabi, *The Code of Ham-*

murabi, trans. L. W. King, 1915: http://www.sacred-texts.com/ane/ham/index.htm. Van De Mieroop, 'Production and Commerce in the Old Babylonian Period', p. 88도 보라. **15.** Lis and Soly, *Worthy Efforts*, pp. 442-4. **16.** 브뤼헤와 안트베르펜에 관해서는 J. L. Bolton and F. G. Bruscoli, 'When Did Antwerp Replace Bruges as the Commercial and Financial Centre of North-Western Europe? The Evidence of the Borromei Ledger for 1438', *The Economic History Review*, vol. 61, 2008, pp. 360-79를 보라. **17.** Richard A. Goldthwaite, 'The Economy of Renaissance Italy: The Preconditions for Luxury Consumption', in *I Tatti Studies: Essays in the Renaissance*, vol. 2: Villa I Tatti and Harvard University Center, Florence 1987, p. 19. **18.** 앞의 글, p. 31. **19.** Jan de Vries and Ad van der Woude, *The First Modern Economy: Success, Failure, and Perseverance of the Dutch Economy, 1500-1815*, Cambridge University Press 1997, pp. 334-6과 129. **20.** 앞의 책, p. 270. **21.** 앞의 책, p. 174. **22.** Robert P. Brenner, 'The Low Countries in the Transition to Capitalism', *Journal of Agrarian Change*, vol. 1, no. 2, April 2001, pp. 215-18, 224. **23.** Jonathan I. Israel, *Dutch Primacy in World Trade, 1585-1740*, Clarendon Press, Oxford 1989, p. 361에 있는 분석을 보라. **24.** Daniel Defoe, *A Tour Thro' the Whole Island of Great Britain: Divided into Circuits or Journeys*, S. Birt, T. Osborne, et al., London 1748, p. 101(초판 1724). **25.** E. A. Wrigley, 'Brake or Accelerator? Urban Growth and Population Growth before the Industrial Revolution', in *Urbanization in History: A Process of Dynamic Interactions*, ed. Ad van der Woude, Akira Hayami, and Jan De Vries, Clarendon Press, Oxford, 1995, p. 107. **26.** Eric Hobsbawm ,*The Age of Empire 1875-1914*, Weidenfeld and Nicolson, London 1987, p. 343. **27.** Kenneth Pomeranz, *The Great Divergence: China, Europe, and the Making of the Modern World Economy*, Princeton University Press 2000, p. 206을 보라. 이 중요한 책이 출간되면서 대규모 논쟁이 촉발됐다. 스티븐 브로드베리와 비슈누프리아 굽타는 인도와 중국의 발전한 지역은 유럽의 저발전 지역과 비슷했다고 주장한다. Stephen Broadberry and Bishnupriya Gupta, 'The Early Modern Great Divergence: Wages, Prices and Economic Development in Europe and Asia, 1500-1800', *Economic History Review*, vol. 59, no. 1, 2006, pp. 2-31을 보라. Prasannan Parthasarathi, 'Review Article: The Great Divergence', *Past & Present*, no. 176, 2002, pp. 275-93도 보라. '서구와 그밖의 지역' 또는 '유럽중심주의자' 대 '동양 전문가'를 둘러싸고 폭넓게 벌어진 논쟁을 요령 있게(그러면서도 공정하지 못하게) 탐구한 글로는 Joseph M. Bryant, 'The West and the Rest Revisited: Debating Capitalist Origins, European Colonialism, and the Advent of Modernity', *Canadian Journal of Sociolog*, vol. 31, no. 4, Autumn 2006, pp. 403-44를 보라. 좀더 우호적인 서평은 P. H. H. Vries, 'Are Coal and Colonies Really Crucial? Kenneth Pomeranz and the Great Divergence', *Journal of World History*, vol. 12, no. 2, Fall 2001이다. Fernand Braudel, *Civilisation matérielle, économie et capitalisme, XVe-XVIIIe siècle*, vol. 2: *Les jeux de l'échange*, Armand Colin,

Paris 1979, 특히 pp. 495-534; Joel Mokyr, *The Enlightened Economy: An Economic History of Britain, 1700-1850*, Yale University Press 2009, p. 100 등도 보라. **28.** Robert C. Allen, *The British Industrial Revolution in Global Perspective*, Cambridge University Press 2009, p. 81. **29.** 앞의 책, p. 82. **30.** 앞의 책, 특히 6장. 영국 발명가들의 아마추어적 성격에 관해서는 Joel Mokyr, *The Lever of Riches: Technological Creativity and Economic Progress*, Oxford University Press 1990, p. 244를 보라. **31.** Allen, *The British Industrial Revolution in Global Perspective*, 4장, 특히 pp. 25-28ff. **32.** Karl Marx, *Capital*, vol. 1, Progress Publishers, Moscow 1965, p. 759. **33.** Sven Beckert, *Empire of Cotton: A Global History*, Knopf, New York 2014, p. 244를 보라. **34.** Joel Mokyr, *The Enlightened Economy*, 특히 pp. 95, 106-23ff에서 모키어가 설명하는 내용의 요지가 바로 이런 것이다. 로버트 앨런은 상당한 증거를 들이대면서 발명가들과 계몽주의의 밀접한 연관성을 반박했다. Robert Allen, *The British Industrial Revolution in Global Perspective*, 10장을 보라. **35.** Paul Bairoch, 'Le mythe de la croissance économique rapide au XIXe siècle', *Revue de l'Institut de Sociologie*, no. 2, 1962, pp. 312-17. **36.** H. J. Habakkuk, *American and British Technology in the 19th Century: The Search for Labour-Saving Inventions*, Cambridge University Press 1962, pp. 4-5. **37.** Firouzeh Nahavandi, 'Développement et globalization', in Firouzeh Nahavandi(ed.), *Globalisation et néolibéralisme dans le tiers-monde*, L'Harmattan, Paris 2000, p. 20. **38.** Adam Przeworski, 'The Last Instance: Are Institutions the Primary Cause of Economic Development?', *Archives Européennes de sociologie*, vol. 45, no. 2, 2004, pp. 165-67과 Douglass C. North, *Institutions, Institutional Change and Economic Performance*, Cambridge University Press 1990, p. 110을 보라. **39.** Barry Supple, 'The State and the Industrial Revolution 1700-1914', in *The Fontana Economic History of Europe*, ed. Carlo M. Cipolla, vol. 3: *The Industrial Revolution*, Collins, Glasgow 1980, pp. 326-30. **40.** Paul Johnson, *Making the Market: Victorian Origins of Corporate Capitalism*, Cambridge University Press 2010, p. 11. **41.** Martin J. Daunton, *Royal Mail: The Post Office since 1840*, Bloomsbury, London 2015, pp. 19, 36. **42.** Colin J. Holmes, 'Laissez-Faire in Theory and Practice: Britain 1800-1875', *Journal of European Economic History*, vol. 5, no. 3, Winter 1976, pp. 684-5. **43.** R. W. Ferrier, *The History of the British Petroleum Company*, vol. 1: *The Developing Years 1901-1932*, Cambridge University Press 1982, pp. 190-201. **44.** Brian R. Mitchell, *International Historical Statistics: Europe 1750-2005*와 *International Historical Statistics: The Americas 1750-2005*, Palgrave Macmillan, New York 2007에 실린 데이터를 보라. **45.** Lloyd G. Reynolds, 'The Spread of Economic Growth to the Third World: 1850-1980', *Journal of Economic Literature*, vol. XXI, September 1983, p. 959. **46.** *Eurostat*: http://epp.eurostat.ec.europa.eu/statistics_explained/index.php?title=File:Shares_in_the_world_market_for_exports,_2010_%28%25_

share_of_world_exports%29.png&filetimestamp=20121008124241; http://epp.eurostat.
ec.europa.eu/statistics_explained/index.php?title=File:Shares_in_the_world_market_for_
imports,_2010_%28%25_share_of_world_imports%29.png&filetimes-
tamp=20121008124249. **47.** Leslie Hannah, 'Logistics, Market Size, and Giant Plants in
the Early Twentieth Century: A Global View', *Journal of Economic History*, vol. 68, no. 1,
March 2008, p. 61. **48.** Bernard Michel, 'La révolution industrielle dans les pays
tchèques au ⅩⅨe siècle', *Annales*, vol. 20, no. 5, September–October 1965, pp. 984–1,
105. **49.** Michel Hau, 'Industrialization and Culture: The Case of Alsace', *Journal of
European Economic History*, vol. 29, nos 2–3, Autumn–Winter 2000, pp. 295–9. **50.**
수치는 모두 Paul Bairoch, *Victoires et déboires*, vol. Ⅱ: *Histoire économique et sociale du
monde du ⅩⅥe siècle à nos jours*, Folio Gallimard, Paris 1997, p. 16에서 가져온 것이
다. **51.** Mitchell, *European Historical Statistics 1750-2005*와 *International Historical
Statistics: The Americas 1750-2005*에 실린 데이터를 보라. **52.** Sven Beckert, 'Emanci-
pation and Empire: Reconstructing the Worldwide Web of Cotton Production in the Age
of the American Civil War', *American Historical Review*, vol. 109, no. 5, December 2004,
p. 1437. **53.** World Bank(ILO의 수치에 근거함): http://data.worldbank.org/indicator/
SL.IND.EMPL.ZS?end=2010&start=2006&view=map. **54.** 유엔: https://unstats.un.org/
unsd/cr/registry/regcs.asp?Cl=17&Lg=1&Co=D. **55.** Hannah, 'Logistics, Market Size,
and Giant Plants in the Early Twentieth Century', p. 53. **56.** Patrick Verley, *La première
révolution industrielle*, Armand Colin, Paris 2006, pp. 79-80, 106-7. **57.** Théophile
Gautier, 'Eugène Plon. Thorvaldsen, sa vie et son oeuvre', *Le Moniteur Universel*, 8 July
1867. 'D'un côté, la modernité la plus extrême; de l'autre, l'amour austère de l'an-
tique.' **58.** John Stuart Mill, *Principles of Political Economy*, Longmans, Green and
Co., London 1904, p. 351. **59.** Joyce Appleby, *The Relentless Revolution: A History of
Capitalism*, W. W. Norton & Co., New York 2011, p. 12. **60.** Adam Tooze, *The Deluge:
The Great War and the Remaking of the Global Order, 1916-1931*, Allen Lane, London
2014, p. 463. **61.** Jenny Chan, Ngai Pun, and Mark Selden, 'Labour Protests and Trade
Union Reforms in China', in Jan Drahokoupil, Rutvica Andrijasevic, and Devi Sacchet-
to(eds), *Flexible Workforces and Low Profit Margins: Electronics Assembly between Eu-
rope and China*, ETUI(Europe Trade Union Institute), Brussels 2016, p. 207과 Wolfgang
Muller, 'Foxconn Economics: How Much Room for Better Pay and Conditions?', 같은 책,
p. 166. **62.** Marx, *Capital*, vol. 1, pp. 254-5. **63.** Jean-Charles Asselain, 'L'expérience
chinoise en perspective historique. Un regard occidental', *Revue d'études comparatives
Est-Ouest*, vol. 30, nos 2-3, 1999, p. 348. **64.** E. A. Wrigley and R. S. Schofield, *The Popu-
lation History of England, 1541-1871*, Cambridge University Press 1989, p. 210. **65.**
Thomas Carlyle, 'Signs of the Times', *The Collected Works*, vol. Ⅲ, Chapman and Hall,

London 1858, p. 100(published in the *Edinburgh Review*). **66.** 앞의 책, vol. Ⅲ, p. 111. **67.** Juan Donoso Cortés, *Essay on Catholicism, Liberalism, and Socialism Considered in their Fundamental Principles*, J. B. Lippincott & Co., Philadelphia, PA 1862, pp. 257, 175-6. **68.** Jack Hayward, *Fragmented France: Two Centuries of Disputed Identity*, Oxford University Press 2007, p. 192. **69.** Gabriel Ardant, *Histoire financière. De l'antiquité à nos jours*, Gallimard, Paris 1976, p. 329. **70.** Alexis de Tocqueville, *The Ancien Régime and the French Revolution*, trans. Arthur Goldhammer, Cambridge University Press 2011, p. 157. **71.** Giuseppe Tomasi di Lampedusa, *Il gattopardo*, Feltrinelli, Milan 2002, p. 41. **72.** Michael Bentley, *Lord Salisbury's World: Conservative Environments in Late-Victorian Britain*, Cambridge University Press 2001, pp. 252-3. **73.** Lord Salisbury, *Quarterly Review*, vol. 117, no. 233, 1865, p. 550. *Lord Salisbury on Politics: A Selection from his Articles in the Quarterly Review, 1860-83*, ed. Paul Smith, Cambridge University Press 1972, p. 24에서 재인용. **74.** Werner Sombart, *Krieg und Kapitalismus*, Duncker & Humblot, Munich and Leipzig 1913, p. 207; Joseph A. Schumpeter, *Capitalism, Socialism and Democracy*, Unwin, London 1965, p. 83. 후고 레이네르트와 에리크 S. 레이네르트는 이 개념의 근원을 니체, 그리고 더 나아가 그에게 깊은 영감을 준 힌두교로까지 추적한다. Hugo Reinert and Erik S. Reinert, 'Creative Destruction in Economics: Nietzsche, Sombart, Schumpeter', in *Friedrich Nietzsche(1844-1900): Economy and Society*, ed. Jurgen Georg Backhaus and Wolfgang Drechsler, Springer, New York 2006을 보라. **75.** Jerry Z. Muller, *The Mind and the Market: Capitalism in Modern European Thought*, Knopf, New York 2002, p. 295. **76.** Richard Hofstadter, *Social Darwinism in American Thought*, Beacon Press, Boston, MA 1992, p. 8. 1944년에 처음 출간된 이 책은 이 주제를 다룬 고전이다. **77.** Kevin H. O'Rourke and Jeffrey G. Williamson, *Globalisation and History: The Evolution of a Nineteenth-Century Atlantic Economy*, MIT Press, Cambridge, MA 1999, p. 14와 특히 2장. **78.** Eric J. Hobsbawm, *Nations and Nationalism since 1780*, Cambridge University Press 1993, p. 132. **79.** Jeffrey D. Sachs and Andrew Warner, *Economic Reform and the Process of Global Integration*, Brookings Papers on Economic Activity, 1995, p. 5. **80.** Maurice Obstfeld and Alan M. Taylor, 'Globalization and Capital Markets', in Michael D. Bordo, Alan M. Taylor, and Jeffrey G. Williamson(eds), *Globalization in Historical Perspective*, University of Chicago Press 2003, p. 127. **81.** Joseph A. Schumpeter, *The Theory of Economic Development*, Transaction Publishers, New Brunswick 2011, p. 156.

제1장 신생 국가, 오래된 국가

1. J. R. McNeill and William H. McNeill, *The Human Web*, W. W. Norton, London 2003, pp. 11-13. **2.** Kenneth Pomeranz and Steven Topik, *The World That Trade Created: Society, Culture and the World Economy, 1400 to the Present*, M. E. Sharpe, Armonk, New York 2006, p. 47을 보라. Geoff Wade, 'The Zheng He Voyages: A Reassessment', Asia Research Institute, National University of Singapore: http://www.hsse.nie.edu.sg/hum2008/conference%20paper/pdf/Wade%20zhenghe%20humanitiesconf.pdf도 보라. Christian Grataloup, *Géohistoire de la mondialisation*, Armand Colin, Paris 2007, pp. 107-9도 보라. **3.** Pomeranz and Topik, *The World That Trade Created*, p. 21. **4.** Pierre Chaunu, *Histoire, science sociale. La durée, l'espace et l'homme à l'époque moderne*, SEDES, Paris 1974, pp. 188-91. **5.** Saskia Sassen(ed.), *Deciphering the Global: Its Scales, Spaces and Subjects*, Routledge, London 2007, p. 5. **6.** Manuel Castells, *The Rise of the Network Society*, vol. 1: *The Information Age*, Blackwell, Oxford 1996, pp. 32-4를 보라. **7.** Theodore Levitt, 'The Globalization of Markets', *Harvard Business Review*, vol. 61, no. 3, May-June 1983, pp. 92-102. **8.** GEMDEV(Groupement Économie Mondiale, Tiers-Monde, Développement), *Mondialisation. Les mots et les choses*, Khartala, Paris 1999, p. 7을 보라. **9.** Susan Strange, *The Retreat of the State: The Diffusion of Power in the World Economy*, Cambridge University Press 1996, p. xiii. **10.** Judith A. Carney, *Black Rice: The African Origins of Rice Cultivation in the Americas*, Harvard University Press 2001. **11.** Pomeranz and Topik, *The World That Trade Created*, p. xi. **12.** Tracy Borman, *Thomas Cromwell: The Untold Story of Henry VIII's Most Faithful Servant*, Hodder & Stoughton, London 2014, 9장. **13.** Christian Boudan, *Géopolitique du goût. La guerre culinaire*, Presses Universitaires de France, Paris 2004, pp. 287-8. **14.** Jean-Paul Aron, *Le mangeur du XIXe siècle*, Payot, Paris 1989, p. 109. **15.** Ardant, *Histoire financière*, p. 333. **16.** Veronika Hyden-Hanscho, 'Invisible Globalization: French Hats in Habsburg Vienna, 1650-1750', *Journal of European Economic History*, vol. 45, no. 3, 2016, pp. 11-54. **17.** Jeffrey G. Williamson, *Globalization and the Poor Periphery before 1950*, MIT Press, Cambridge, MA 2006, pp. 12-15, 28. **18.** Gregory Clark and Robert C. Feenstra, 'Technology in the Great Divergence', in Bordo, Taylor, and Williamson(eds), *Globalization in Historical Perspective*, p. 295. **19.** Jeremy Bentham, *An Introduction to the Principles of Morals and Legislation*(originally printed 1780, first published 1789), vol. 2, Pickering, London 1823, p. 261; the Marquis de Condorcet, *Esquisse d'un tableau historique des progrès de l'esprit humain*, ed. Oliver H. Prior, Vrin, Paris 1970, p. 211. **20.** CIA, World *Factbook*: https://www.cia.gov/library/publications/the-world-factbook/appendix/appendixg.html을 보

라. **21.** F. S. L. Lyons, *Internationalism in Europe, 1815-1914*, A. W. Sythoff, Leiden 1963, p. 14. **22.** Observatory of Economic Complexity, 2012 figures: http://atlas.media. mit.edu/en/visualize/tree_map/hs92/export/show/all/8471/2012. **23.** Orlando Figes, *The Whisperers: Private Life in Stalin's Russia*, Allen Lane, London 2007, p. 494. **24.** Diogenes Laertius, *Lives of Eminent Philosophers*, trans. R. D. Hicks, vol. 2, Heinemann, London and New York 1925, p. 65. **25.** 프랑스 정부가 장려한 연구를 보라: Département des études, de la prospective et des statistiques, *Cultures croisées. Références inter-culturelles des Allemands, des Italiens et des Français*, November 2008: http://www. culture.gouv.fr/depsculteuturdees. **26.** Kenichi Ohmae, *The End of the Nation State: The Rise of Regional Economies*, The Free Press, New York 1995, pp. 5, 80. **27.** Kenichi Ohmae, *Beyond National Borders: Reflections on Japan and the World*, Dow Jones-Ir-win, Homewood, IL 1987, p. 3. **28.** Gustave Hervé, *L'internationalisme*, Giard & Brière, Paris 1910, pp. 5, 172: '*Les grandes patries modernes sont à peine nées, et voici que déjà elles sont minées par l'internationalisme.*' **29.** Fernand Braudel, *L'identité de la France. Espace et histoire*, Arthaud-Flammarion, Paris 1986, pp. 288-90. **30.** Anne-Marie Thiesse, *La création des identités nationales. Europe XVIIIe-XXe siècle*, Seuil, Paris 1999, pp. 50-51. **31.** Karl Ferdinand Werner, *Histoire de la France*, vol. 1: *Les Origines*, Fayard, Paris 1984, p. 20. **32.** Norman Davies, *God's Playground: A History of Poland*, vol. 1: *The Origins to 1795*, Clarendon Press, Oxford 1981, pp. 21ff. **33.** 앞의 책, p. 24. **34.** Tessa Morris-Suzuki, *Re-Inventing Japan: Time, Space, Nation*, M. E. Sharpe, Armonk, NY 1998, pp. 5-9. **35.** Kalistrat Salia, *Histoire de la nation géorgienne*, Nino Salia, Paris 1980, p. 11. 이 책에 대한 토르니케 고르다제의 신랄한 비평도 보라. Thorniké Gordadzé, 'La réforme du passé: l'effort historiographique de construction de la nation géorgienne', *Revue d'études comparatives Est-Ouest*, vol. 30, no. 1, March 1999, pp. 53-80, 특히 pp. 58, 63. **36.** Andrew Wilson, *The Ukrainians: Unexpected Nation*, Yale University Press 2015, pp. 21-2. **37.** Livy, *Ab urbe condita*, 1권, 2장: '*sub eodem iure solum sed etiam nomine omnes essent*'. **38.** S. C. M. Paine, *Imperial Rivals: China, Russia, and their Disputed Frontier*, M. E. Sharpe, Armonk, NY 1996, p. 90. **39.** Amalendu Misra, *Afghanistan: The Labyrinth of Violence*, Polity, Cambridge 2004, pp. 5ff. **40.** A. I. Asiwaju, *Partitioned Africans: Ethnic Relations across Africa's International Boundaries, 1884-1984*, C. Hurst & Co., London 1985, pp. 2ff. **41.** Flora Shaw, 'Nigeria', *The Times*, 8 January 1897, p. 6 (unsigned). **42.** Paul Collier and Anke Hoeffler, 'Greed and Grievance in Civil War', *Oxford Economic Papers*, no. 56, 2004, p. 563. **43.** Charles and Barbara Jelavich, *The Establishment of the Balkan National States 1804-1920*, University of Washington Press 1977, p. 66. **44.** Keith Hitchins, *Rumania, 1866-1947*, Oxford University Press 1994, pp. 12-14. **45.** Georges B. Dertilis,

'Introduction', in Georges B. Dertilis(ed.), *Banquiers, usuriers et paysans. Réseaux de crédit et stratégies du capital en Grèce(1780-1930)*, La Découverte, Paris 1988, p. 25; Catherine Durandin, *Histoire des Roumains*, Fayard, Paris 1995, p. 149. **46.** Durandin, *Histoire des Roumains*, p. 148. **47.** Caroline Finkel, *Osman's Dream: The Story of the Ottoman Empire 1300-1923*, John Murray, London 2005, p. 471. **48.** 앞의 책, p. 486. **49.** Stephen F. Jones, 'Russian Imperial Administration and the Georgian Nobility: The Georgian Conspiracy of 1832', *The Slavonic and East European Review*, vol. 65, no. 1, January 1987, pp. 54-5. 칼리스트라트 살리아의 민족주의적 서술에서는 러시아의 조지아 병합을 차르가 일방적으로 수도한 것으로 묘사한다. Kalistrat Salia, *Histoire de la nation géorgienne*, pp. 380-81을 보라. **50.** Glenda Sluga, 'Narrating Difference and Defining the Nation in Late Nineteenth- and Early Twentieth Century "Western" Europe', *European Review of History*, vol. 9, no. 2, 2002, pp. 188-9. **51.** 출처: US Census Bureau, Internet release date: 13 September 2002. **52.** http://www.census.gov/population/www/documentation/twps0029/twps0029.html. **53.** Frederick Jackson Turner, 'The Significance of the Frontier in American History', in *The Frontier in American History*, Holt, Rinehart and Winston, New York 1962, p. 4. **54.** John Lynch, 'The Origins of Spanish American Independence', in Bethell(ed.), *Cambridge History of Latin America*, vol. Ⅲ, p. 11. **55.** Paul H. Lewis, *Authoritarian Regimes in Latin America: Dictators, Despots, and Tyrants*, Rowman & Littlefield, Lanham, MD 2005, p. 17 and p. 30n. **56.** Nicolás Sánchez-Albornoz, 'The Population of Latin America, 1850-1930', in Bethell(ed.), *The Cambridge History of Latin America*, vol. Ⅳ, p. 122; Massimo Livi Bacci, *The Population of Europe: A History*, Blackwell, Oxford 2000, p. 8. **57.** Simón Bolívar, *El Libertador: Writings of Simón Bolívar*, Oxford University Press 2003, p. 101. **58.** Lewis, *Authoritarian Regimes in Latin America*, p. 17. **59.** Emília Viotti Da Costa, 'Brazil: The Age of Reform, 1870-1889', in Bethell(ed.), *The Cambridge History of Latin America*, vol. V, p. 777. **60.** Jean Piel, 'The Place of the Peasantry in the National Life of Peru in the Nineteenth Century', *Past & Present*, no. 46, February 1970, p. 120. **61.** Benedict Anderson, *Imagined Communities*, Verso, London 2006, 2nd ed., pp. 50, 53ff. **62.** Henrietta Harrison, *China: Inventing the Nation*, Bloomsbury, London 2001. **63.** Rana Mitter, *A Bitter Revolution: China's Struggle with the Modern World*, Oxford University Press 2005, p. 30. **64.** Amos Elon, *Herzl*, Weidenfeld and Nicolson, London 1975, p. 23. **65.** Theodor Herzl, *The Jewish State*, Penguin, London 2010, pp. 29-30. **66.** 앞의 책, pp. 38, 57. **67.** 앞의 책, p. 96. **68.** Sven Rubenson, 'Ethiopia and the Horn', in *The Cambridge History of Africa*, vol. 5, *From c. 1790 to 1870*, ed. John E. Flint, Cambridge University Press 1976, pp. 57-8. **69.** Christopher Fyfe, 'Freed Slave Colonies in West Africa', 앞의 책, p. 192.

제2장 사람들의 삶

1. aolo Sorcinelli, 'L'alimentation et la santé', in *Histoire de l'alimentation*, ed. Jean-Louis Flandrin and Massimo Montanari, Fayard, Paris 1996, pp. 810-11. **2.** Jean Leduc, *Histoire de la France: l'enracinement de la République, 1879-1918*, Hachette, Paris 1991, pp. 6-8. **3.** Pierre Gourou, *Les Paysans du delta tonkinois*(Thèse doctorat), Les Éditions d'Art et d'Histoire, Paris 1936, pp. 306-9 and 568-9. **4.** Robert J. Gordon, 'Does the "New Economy" Measure up to the Great Inventions of the Past?', *Journal of Economic Perspectives*, vol. 14, no. 4, Autumn 2000, pp. 49-74, 특히 pp. 59-60. 같은 저자의 *The Rise and Fall of American Growth: The U.S. Standard of Living since the Civil War*, Princeton University Press 2016, pp. 3-7도 보라. **5.** Jean-Noël Biraben, 'Essai sur l'évolution du nombre des hommes', *Population*, vol. 34, no. 1, January-February 1979, p. 15(1950년 이전의 데이터). 1950, 1987, 2015년의 데이터는 United Nations, Department of Economic and Social Affairs, Population Division, *World Population Prospects: The 2015 Revision*, POP/DB/WPP/Rev.2015/POP/F01-1을 보라. 2018년에 관해서는 UN의 자료를 보라. 다음 웹사이트에서 출생과 사망 현황을 실시간으로 볼 수 있다: http://www.worldometers.info/world-population. **6.** Jacques Chastenet, *Histoire de la Troisième République. L'enfance de la troisième, 1870-1879*, Hachette, Paris 1952, pp. 260-62. **7.** 유엔 데이터를 전하는 세계은행 데이터: http://data.worldbank.org/indicator/SP.URB.TOTL.IN.ZS?page=3. **8.** Ian Gazeley and Sara Horrell, 'Nutrition in the English Agricultural Labourer's Household over the Course of the Long Nineteenth Century', *Economic History Review*, vol. 66, no. 3, August 2013, pp. 757-84. **9.** Jerome Blum, 'The Condition of the European Peasantry on the Eve of Emancipation', *Journal of Modern History*, vol. 46, no. 3, September 1974, pp. 410-12. **10.** Paul Bairoch, 'La Suisse dans le contexte international aux XIXe et XXe siècles', in Paul Bairoch and Martin Körner(eds), *La Suisse dans l'économie mondiale*, Droz, Geneva 1990, p. 104. **11.** Piero Meldini, 'A tavola e in cucina', in Piero Melograni(ed.), *La famiglia italiana dall'ottocento a oggi*, Laterza, Rome-Bari 1988, p. 435. **12.** William N. Beauclerk, *Rural Italy: An Account of the Present Agricultural Conditions of the Kingdom*, Richard Bentley & Son, London 1888, pp. 175, 107. **13.** Stefano Jacini(ed.), *Atti della Giunta per la inchiesta agraria e sulle condizioni della classe agricola*, vol. XI, Tomo 1, *Province di Roma e Grosseto*, Forzani, Rome 1884, pp. 787-8, p. 793: https://play.google.com/books/reader?id=Oi0oAAAAYAAJ&printsec=frontcover&output=reader&authuser=0&hl=en&pg=GBS.PA793.\ **14.** E. J. T. Collins, 'Why Wheat? Choice of Food Grains in Europe in the Nineteenth and Twentieth Centuries', *Journal of European Economic History*, vol. 22, no. 1, 1993, p. 9. **15.** Giovanni Montroni, *La società italiana dall'uni-*

ficazione alla Grande Guerra, Laterza, Rome-Bari 2002, p. 167.   **16.**   Costantino Fe-lice, *Il disagio di vivere. Il cibo, la casa, le malattie in Abruzzo e Molise dall'Unità al secondo dopoguerra*, Franco Angeli, Milan 1990, p. 49.   **17.**   Agopik Manoukian, 'La famiglia dei contadini', in Piero Melograni(ed.), *La famiglia italiana dall'ottocento a oggi*, Laterza, Rome-Bari, 1988, p. 17.   **18.**   Carlo Levi, *Cristo si è fermato a Eboli*, Einau-di, Turin 1946, p. 129.   **19.**   Vera Zamagni, *Dalla periferia al centro. La seconda rinas-cita economica dell'Italia 1861-1981*, Il Mulino, Bologna 1990, p. 249.   **20.**   Amelia Pa-parazzo, *I subalterni calabresi tra rimpianto e trasgressione. La Calabria dal brigantaggio post-unitario all'età giolittiana*, Franco Angeli, Milan 1984, pp. 79ff.   **21.**   앞의 책, p. 80.   **22.**   Martine Segalen, 'Material Conditions of Family Life', in David Kertz-er and Marzio Barbagli(eds), *Family Life in the Long Nineteenth Century, 1789-1914*, Yale University Press 2002, pp. 20-22.   **23.**   Collins, 'Why Wheat?', p. 14.   **24.**   Roberto Finzi, *'Sazia assai ma dà poco fiato'. Il mais nell'economia e nella vita rurale italiane. Secoli XVI-XX*, CLUEB, Bologna 2009, pp. 62, 95.   **25.**   Arlette Mouret, 'La légende des 150,000 décès tuberculeux par an', *Annales de démographie historique*, 1996, p. 63.   **26.**   Patrice Bourdelais, 'Épidémies et population: bilan et perspectives de re-cherches', 앞의 책, 1997, p. 17.   **27.**   Georg Simmel, 'The Metropolis and Mental Life' (originally 'Die Grossstädte und das Geistesleben', in *Jahrbuch der Gehestiftung*, IX, Dresden 1903), in *Simmel on Culture*, ed. David Frisby and Mike Featherstone, Sage, London 1997, pp. 184-5.   **28.**   Jean-Jacques Rousseau, *Émile ou de l'éducation*, vol. 2, Werdet et Lequien fils, Paris 1826, p. 267.   **29.**   Andrew Lees, 'Critics of Urban Society in Germany, 1854-1914', *Journal of the History of Ideas*, vol. 40, no. 1, January-March 1979, pp. 62-3.   **30.**   앞의 글, pp. 70, 73.   **31.**   Eugene Weber, *Peasants into French-men: The Modernization of Rural France, 1870-1914*, Stanford University Press 1976, p. 286.   **32.**   Robert Musil, *The Man Without Qualities*, vol. 1(76장), Vintage Books, New York 1996, p. 349.   **33.**   Fernand Braudel, *Civilisation matérielle, économie et capitalisme, XVe-XVIIIe siècle*, vol. 1: *Les structures du quotidien*, p. 431.   **34.**   Paul Bairoch, *Economics and World History: Myths and Paradoxes*, Harvester, New York and London 1993, pp. 102-8.   **35.**   Thomas Stanley Fedor, *Patterns of Urban Growth in the Russian Empire during the Nineteenth Century*, University of Chicago, Department of Geography, Research Paper no. 163, 1975, p. 24.   **36.**   앞의 책, p. 29.   **37.**   Stephen Velychenko, 'Empire Loyalism and Minority Nationalism in Great Britain and Imperial Russia, 1707 to 1914: Institutions, Law, and Nationality in Scotland and Ukraine', *Compar-ative Studies in Society and History*, vol. 39, no. 3, July 1997, p. 415.   **38.**   Hippolyte De-sprez, 'La Moldo-Valachie et le mouvement roumain', *Revue des deux mondes*, vol. 21, 1848, pp. 109-10.   **39.**   Andrew C. Janos, 'Modernization and Decay in Historical Perspective: The Case of Romania', in Kenneth Jowitt(ed.), *Social Change in Romania, 1860-1940: A Debate on Development in a European Nation*, University of California Press 1978, p. 76. **40.** Charles C. Arion, *La situation économique et sociale du paysan en Roumanie*, V. Giard & E. Brière, Paris 1895, p. 36(의료 데이터), pp. 84-5: https://archive.org/stream/lasituationcono00ariogoog#page/n13/mode/2up. **41.** Tertius Chandler, *Four Thousand Years of Urban Growth*, St David's University Press 1987, pp. 460-63; Lis and Soly, *Worthy Efforts*, p. 56. **42.** Paul Bairoch, 'Urbanization and the Economy in Preindustrial Societies: The Findings of Two Decades of Research', *Journal of European Economic History*, vol. 18, no. 2, Fall 1989, p. 260. **43.** Caroline Dodds Pennock, 'Mass Murder or Religious Homicide? Rethinking Human Sacrifice and Interpersonal Violence in Aztec Society', *Historical Social Research/Historische Sozialforschung*, vol. 37, no. 3, 2012, p. 282. **44.** Jürgen Osterhammel, *The Transformation of the World: A Global History of the Nineteenth Century*, Princeton University Press 2014, p. 251. 이런 식의 통계는 모두 신중하게 받아들여야 한다. 포메란츠와 토픽은 *The World that Trade Created*, p. 82에서 에도(도쿄)가 '아마' 18세기에 가장 큰 도시였을 것이라고 말한다. **45.** Bairoch, 'Urbanization and the Economy in Preindustrial Societies', p. 244. **46.** Leslie Page Moch, *Moving Europeans: Migration in Western Europe since 1650*, Indiana University Press 2003, p. 115. **47.** Philippe Pinchemel, *Structures sociales et dépopulation rurale dans les campagnes picardes de 1836 à 1936*, Armand Colin, Paris 1957, p. 208. Moch, *Moving Europeans*, p. 128도 보라. **48.** Herbert S. Klein, *A Population History of the United States*, Cambridge University Press 2004, pp. 119, 127. **49.** Paul Bairoch, 'Niveaux de développements économique de 1810 à 1910', *Annales*, vol. 20, no. 6, November-December 1965, p. 1109. **50.** Robert A. Margo, 'The Labor Force in Nineteenth Century', in Stanley L. Engerman and Robert E. Gallman(eds), *The Cambridge Economic History of the United States*, vol. 2: *The Long Nineteenth Century*, Cambridge University Press 2000, pp. 215-16과 Klein, *A Population History of the United States*, p. 123. **51.** Klein, *A Population History of the United States*, p. 129와 Michael R. Haines, 'The Population of the United States, 1790-1920', in Engerman and Gallman(eds), *The Cambridge Economic History of the United States*, vol. 2, p. 199. **52.** Massimo Livi-Bacci, *L'immigrazione e l'assimilazione degli italiani negli Stati Uniti*, Giuffrè, Milan 1961, pp. 34-5. **53.** Merle Curti and Kendall Birr, 'The Immigrant and the American Image in Europe, 1860-1914', *Mississippi Valley Historical Review*, vol. 37, no. 2, September 1950, p. 214. **54.** Max Paul Friedman, 'Beyond "Voting with their Feet": Toward a Conceptual History of "America" in European Migrant Sending Communities, 1860s to 1914', *Journal of Social History*, vol. 40, no. 3, Spring 2007, pp. 558-9. **55.** Léon and Maurice Bonneff, *La vie tragique des travailleurs*, EDI, Paris 1984, first published 1908, p. 16. **56.** 앞의 책, p. 21. **57.** 앞의 책, p. 31. **58.** Jennifer Davis, 'From "Rookeries" to "Communities": Race, Poverty and Policing in London, 1850-1985', *History Workshop Journal*, vol. 27, no. 1, 1989, pp. 68-9. **59.** Maud Pember Reeves, *Round About a Pound a Week*, G. Bell and Sons, London 1913, p. 145. **60.** 앞의 책, pp. 113-31. **61.** Maurice Lévy-Leboyer and François Bourguignon, *L'économie française au XIXe siècle*, Economica, Paris 1985, pp. 24-5. **62.** Claire Leymonerie, 'Le Salon des arts ménagers dans les années 1950', *Vingtième siècle*, no. 91, July-September 2006, p. 45; Paul-Henry Chombart de Lauwe, *La vie quotidienne des familles ouvrières*, CNRS, Paris 1977(first published 1956), p. 75. **63.** Allen, *The British Industrial Revolution in Global Perspective*, p. 33. **64.** Friedrich Engels, *The Condition of the Working Class in England*, Oxford University Press 1993, p. 84. **65.** Louis René Villermé, *Tableau de l'état physique et moral des ouvriers employés dans les manufactures de coton, de laine et de soie*, ed. Yves Tyl, UGE, Collection 10/18, Paris 1971, p. 314: http://classiques. uqac.ca/classiques/villerme_louis_rene/tableau_etat_physique_moral/villerme_tableau_ ouvriers.pdf. **66.** Engels, *The Condition of the Working Class*, pp. 107-8. **67.** Eugène Buret, *De la misère des classes laborieuses en Angleterre et en France*, vol. 1, Paulin, Paris 1840, p. 135. **68.** 앞의 책, pp. 317-18. **69.** 앞의 책, pp. 326, 340. **70.** 앞의 책, p. 82. Karl Marx, *Economic and Philosophic Manuscripts of 1844*, Progress Publishers, Moscow 1967, p. 48의 언급을 보라. **71.** Buret, *De la misère des classes laborieuses*, vol. 2, p. 27. **72.** J. Mordaunt Crook, *The Rise of the Nouveaux Riches*, John Murray, London 1999, p. 62. **73.** William J. Fishman, 'The Condition of East End Jewry in 1888', West Central Lecture 1986, delivered at University College London, 24 June 1986, p. 6. **74.** Hippolyte Taine, *Notes sur l'Angleterre*, 11th ed., Hachette, Paris 1899, p. 9. **75.** 앞의 책, p. 39. **76.** Édouard Ducpétiaux, *De la condition des ouvriers mineurs dans la Grande-Bretagne et en Belgique*, Vandooren frères, Brussels 1843, p. 54. **77.** Villermé, *Tableau de l'état physique et moral des ouvriers*, p. 176. **78.** Jérôme Bourdieu and Bénédicte Reynaud, 'Factory Discipline and Externalities in the Reduction of Working Time in the 19th Century in France', CNRS-CEPREMAP, Working Paper no. 2002-08, June 2002, p. 15: http://www.cepremap.cnrs.fr/couv_orange/co0208. pdf. **79.** James Phillips Kay, *The Moral and Physical Condition of the Working Classes Employed in the Cotton Manufacture in Manchester*, Ridgway, London 1832, p. 9: https://archive.org/stream/moralphysicalcon00kaysuoft#page/n3/mode/2up. **80.** 앞의 책, pp. 10, 49, 71, 47, 39, 6-7, 12. **81.** Sidney Pollard, 'Factory Discipline in the Industrial Revolution', *The Economic History Review*, vol. 16, no. 2, 1963, p. 260. **82.** Marx, *Capital*, vol. 1, p. 670. *The Times*, 5 April 1867, p. 10('The Distress in Poplar')에서는 고작 4000~5000명의 시위대를 언급할 뿐이다. **83.** William Gladstone, Speech to the House of Commons, 13 February 1843: http://hansard.millbanksystems.com/commons/1843/feb/13/distress-of-the-country, p. 4801.　**84.** Pasquale Villari, *Le lettere meridionali ed altri scritti sulla questione sociale in Italia*, Le Monnier, Florence 1878, p. 83.　**85.** William Booth, *In Darkest England and the Way Out* (1890), Charles Knight & Co, London 1970, pp. 11-12.　**86.** 원래 *Captain Lobe: A Story of the Salvation Army*로 출간되었는데, 존 로John Law라는 가명을 썼다.　**87.** Charles Booth, *Life and Labour of the People in London*, First Series: *Poverty*, vol. 1, Macmillan, London 1902-4, p. 33.　**88.** 앞의 책, p. 38.　**89.** 앞의 책, p. 36.　**90.** Anthony S. Wohl, *The Eternal Slum: Housing and Social Policy in Victorian London*, Edward Arnold, London 1977, p. 312.　**91.** Mokyr, *The Enlightened Economy*, p. 482.　**92.** Jack London, *The People of the Abyss*, Grosset & Dunlap, New York 1903, p. 168.　**93.** Guido Crainz, *Padania. Il mondo dei braccianti dall'Ottocento alla fuga dalle campagne*, Donzelli, Rome 1994, pp. 4-5.　**94.** Christopher Prior, *Edwardian England and the Idea of Racial Decline: An Empire's Future*, Palgrave, Basingstoke 2013, p. 41에서 인용.　**95.** Ian Gazeley and Andrew Newell, 'Urban Working-Class Food Consumption and Nutrition in Britain in 1904', *Economic History Review*, vol. 68, no. 1, February 2015, p. 121.　**96.** Reginald E. Zelnik, *Labor and Society in Tsarist Russia: The Factory Workers of St. Petersburg, 1855-1870*, Stanford University Press 1971, pp. 269-71.　**97.** 앞의 책, pp. 241-8.　**98.** Hasia R. Diner, *Hungering for America: Italian, Irish, and Jewish Foodways in the Age of Migration*, Harvard University Press 2002, p. 13.　**99.** Knut Oyangen, 'The Gastrodynamics of Displacement: Place-Making and Gustatory Identity in the Immigrants' Midwest', *Journal of Interdisciplinary History*, vol. 39, no.3, Winter 2009, pp. 332-3.　**100.** Daniel Horowitz, *The Morality of Spending: Attitudes toward the Consumer Society in America, 1875-1940*, Johns Hopkins University Press 1985, p. 15(매사추세츠주 노동통계국의 자료 활용).　**101.** Jacob A. Riis, *How the Other Half Lives*, W. W. Norton, New York 2010, p. 65.　**102.** Elizabeth Ewen, *Immigrant Women in the Land of Dollars: Life and Culture on the Lower East Side, 1890-1925*, Monthly Review Press, New York 1985, p. 167.　**103.** Lévy-Leboyer and Bourguignon, *L'économie française au XIXe siècle*, p. 25.　**104.** George Rudé, *The Crowd in the French Revolution*, Oxford University Press 1959, p. 21.　**105.** Maurice Halbwachs, *La classe ouvrière et les niveaux de vie*, Gordon and Breach, Paris, London, and New York 1970(reprint of 1st edition, 1912, published by Félix Alcan), p. 147.　**106.** US Department of Labor Statistics, Office of Publication and Special Studies: http://www.bls.gov/opub/uscs/1901.pdf와 http://www.bls.gov/opub/uscs/2002-03.pdf.　**107.** Simon N. Patten, *The New Basis of Civilization*, Macmillan, London 1907, p. 18.　**108.** 앞의 책, pp. 19-20.　**109.** Osterhammel, *The Transformation of the World*, p. 233.　**110.** Susan Strasser, *Satisfaction Guaranteed: The Making* *of the American Mass Market*, Pantheon Books, New York 1989, p. 3. **111.** Segalen, 'Material Conditions of Family Life', p. 21. **112.** Stuart Woolf, *The Poor in Western Europe in the Eighteenth and Nineteenth Centuries*, Methuen, London 1986, p. 69. **113.** Segalen, 'Material Conditions of Family Life', p. 27. **114.** Robert Castel, *Les métamorphoses de la question sociale. Une cronique du salariat*, Fayard, Paris 1995, p. 11. **115.** Charters Wynn, *Workers, Strikes, and Pogroms: The Donbass-Dnepr Bend in Late Imperial Russia, 1870-1905*, Princeton University Press 1992, p. 69. **116.** Paparazzo, *I subalterni calabresi tra rimpianto e trasgressione*, pp. 66-7. **117.** Jules Huret, *Enquête sur la question sociale en Europe*, Perrin, Paris 1897, p. 39: ftp://ftp.bnf. fr/002/N0024317_PDF_1_-1DM.pdf. **118.** Lenard R. Berlanstein, *The Working People of Paris, 1871-1914*, Johns Hopkins University Press 1984, p. 125. **119.** Matsubara Iwagoro, *In Darkest Tokyo: Sketches of Humble Life in the Capital of Japan*, 'Eastern World' Newspaper Publishing and Printing Office, Yokohama 1897, p. 21. **120.** 앞의 책, p. 13. **121.** Noah McCormack, 'Civilising the Urban Other: Poverty as a National Problem', *Ritsumeikan Annual Review of International Studies*, vol. 6, 2007, pp. 34, 39: http://www.ritsumei.ac.jp/acd/cg/ir/college/bulletin/e-vol.6/02Noah%20McCormack. pdf. Chushichi Tsuzuki, *The Pursuit of Power in Modern Japan, 1825-1995*, Oxford University Press 2000, p. 149도 보라. **122.** Louis Chevalier, *Classes laborieuses et classes dangereuses à Paris pendant la première moitié du XIXe siècle*, Perrin, Paris 2002, first published 1958, pp. 180-81. **123.** Flora Tristan, *Le tour de France. État actuel de la classe ouvrière sous l'aspect moral-intellectuel-matériel. Journal inédit 1843-1844*, Éditions Tête de feuilles, Paris 1973, entry for 15 March 1843, p. 17: http://gallica.bnf.fr/ ark:/12148/bpt6k82507w. **124.** 앞의 책, 16 April 1843, p. 28. **125.** Chevalier, *Classes laborieuses et classes dangereuses*, p. 318. **126.** GB Historical GIS/University of Portsmouth, Population Statistics Total Population, *A Vision of Britain through Time*: http:// www.visionofbritain.org.uk/unit/10076924/cube/TOT_POP(2017년 5월 3일 접속). **127.** Office of National Statistics, *Population Estimates for UK, England and Wales, Scotland and Northern Ireland, Mid-2015*, 23 June 2016.(2017년 2월 9일 검색). **128.** GB Historical GIS: http://www.visionofbritain.org.uk/unit/10097836/cube/ TOT_POP. **129.** Greater London Authority: https://www.london.gov.uk/media/mayor-press-releases/2015/02/london-population-confirmed-at-record-high. **130.** Emma Griffin, *Liberty's Dawn: A People's History of the Industrial Revolution*, Yale University Press 2013, p. 52. **131.** William Cobbett, *Rural Rides*, T. Nelson and Sons, London 1830, pp. 496-7: http://www.gutenberg.org/files/34238/34238-h/34238-h. htm. **132.** A. J. McIvor, 'Employers, the Government, and Industrial Fatigue in Britain, 1890-1918', *Journal of Industrial Medicine*, vol. 44, no. 11, November 1987, p.

725. **133.** Axel Munthe, *Letters from a Mourning City*, John Murray, London 1899, pp. 31, 142-4. **134.** Carlo Carozzi, 'Le abitazioni nei capoluoghi di provincia italiani intorno al 1880: alla ricerca di alcune differenze tra Nord e Sud', in Andreina De Clementi(ed.), *La società inafferrabile*, Edizioni Lavoro, Rome 1986, p. 137. 시카고와 뉴욕에 관해서는 Gordon, *The Rise and Fall of American Growth*, p. 51을 보라. **135.** Maxime Du Camp, *Expédition des Deux-Siciles*, Calmann Lévy, Paris 1881, pp. 126, 163. **136.** André Gueslin, *Gens pauvres, pauvres gens dans la France du XIXe siècle*, Aubier, Paris 1998, pp. 84-5. **137.** Alexis de Tocqueville, *Mémoire sur le paupérisme*, Ministère de l'instruction publique et des beaux-arts, Imprimerie nationale, Paris 1835, pp. 3-4. **138.** Kume Kunitake, *Japan Rising: The Iwakura Embassy to the USA and Europe*, ed. Chushichi Tsuzuki and R. Jules Young, Cambridge University Press 2009, pp. 110-11. **139.** Ellen Meiksins Wood, *Empire of Capital*, Verso, London 2003, pp. 16, 18-19. **140.** Buret, *De la misère des classes laborieuses*, vol. 2, p. 295. **141.** B. Seebohm Rowntree, *Poverty: A Study of Town Life*, Macmillan, London 1901, p. 112. **142.** 앞의 책, p. 118. **143.** 앞의 책, pp. 119-21, 142. **144.** Charles Booth, 'Enumeration and Classification of Paupers, and State Pensions for the Aged', *Journal of the Royal Statistical Society*, vol. 54, no. 4, 1891, pp. 600-643, 618. **145.** Booth, *Life and Labour of the People in London*, p. 33. **146.** Barthélemy Faujas-Saint-Fond, *Voyage en Angleterre, en Écosse et aux Îles Hébrides*, vol. 2, H. J. Jansen, Paris 1797, pp. 80-87. **147.** 앞의 책, pp. 88-9, 매클레인 양에 관한 언급은 pp. 22, 76, 430. **148.** Crook, *The Rise of the Nouveaux Riches*, pp. 47-8에서 인용. **149.** Berlanstein, *The Working People of Paris, 1871-1914*, p. 46. **150.** Ardant, *Histoire financière*, p. 340. **151.** Harold Perkin, *The Rise of Professional Society: England since 1880*, Routledge, London 2002, p. 29. **152.** W. D. Rubinstein, 'Education and the Social Origins of British Élites, 1880-1970', *Past & Present*, no. 112, August 1986, p. 170. **153.** Richard Sennett, *Families against the City: Middle-Class Homes of Industrial Chicago, 1872-1890*, Harvard University Press 1970, p. 86. **154.** Pomeranz, *The Great Divergence*, p. 117. **155.** 앞의 책, p. 118. **156.** Roberto A. Ferdman, Washington Post, 5 February 2015: https://www.washingtonpost.com/news/wonk/wp/2015/02/05/wherepeople-around-the-world-eat-the-most-sugar-and-fat/?utm_term=.708179dadd94(2017년 5월 3일 접속)에서 보도한 Euromonitor International의 데이터. **157.** Adeline Daumard, 'Puissance et inquiétudes de la société bourgeoise', in Fernand Braudel and Ernest Labrousse(eds), *Histoire économique et sociale de la France*, Tome Ⅳ: *L'ère industrielle et la société d'aujourd'hui(siècle 1880-1980)*, vol. 1, Presses Universitaires de France, Paris 1979, p. 441. **158.** Eliza Lynn Linton(E.L.L.), 'The Wild Women. 1. As Politicians', *Nineteenth Century*, vol. 30, no. 173, July 1891, pp. 79-80. **159.** George Somes Layard, *Mrs. Lynn Linton: Her Life, Let-*

ters, and Opinions, Methuen, London 1901, p. 349.   **160.** Eliza Lynn Linton(E.L.L.), 'On the Side of the Maids', *Cornbill Magazine*, vol. 29, 1874, pp. 299-300, 301-2, 305-6: http://www.victorianweb.org/history/work/maids1.html.   **161.** Eric Mension-Rigau, *Aristocrates et grands bourgeois*, Plon, Paris 1994, pp. 390-91.   **162.** Daumard, 'Puissance et inquiétudes de la société bourgeoise', pp. 442, 460.   **163.** Alison Light, *Mrs Woolf and the Servants*, Penguin/Fig Tree, London 2007, p. xv.   **164.** 1891년을 정점으로 보는 글은 Leonore Davidoff, 'Mastered for Life: Servant and Wife in Victorian and Edwardian England', *Journal of Social History*, vol. 7, no. 4, Summer 1974, p. 410을; 1871년을 정점으로 보는 글은 Edward Higgs, 'Domestic Servants and Households in Victorian England', *Social History*, vol. 8, no. 2, May 1983, p. 202를 보라.   **165.** Giovanni Montroni, 'La famiglia borghese', in Piero Melograni(ed.), *La famiglia italiana dall'ottocento a oggi*, Laterza, Rome-Bari 1988, p. 127.   **166.** Edward Higgs, 'Women, Occupations and Work in the Nineteenth Century Censuses', *History Workshop Journal*, vol. 23, no. 1, 1987, pp. 68-9.   **167.** Higgs, 'Domestic Servants and Households in Victorian England', p. 202.   **168.** Davidoff, 'Mastered for Life', p. 412.   **169.** Daumard, 'Puissance et inquiétudes de la société bourgeoise', p. 448.   **170.** Susan Strasser, *Never Done: A History of American Housework*, Pantheon Books, New York 1982, p. 105.   **171.** 앞의 책, p. 86.   **172.** Jean-Luc Pinol, *Le monde des villes au XIXe siècle*, Hachette, Paris 1991, pp. 147-8.   **173.** Bairoch, 'Urbanization and the Economy in Pre-Industrial Societies', p. 261.   **174.** Sören Edvinsson and Hans Nilsson, 'Swedish Towns during Industrialization', *Annales de démographie historique*, 1999, p. 63.   **175.** Stefano Musso, 'La famiglia operaia', in Melograni(ed.), *La famiglia italiana dall'ottocento a oggi*, p. 67; *Histoire de la population française*, vol. 3: *De 1789 à 1914*, ed. Jacques Dupâquier, Presses Universitaires de France, Paris 1988, p. 294.   **176.** Robert Woods, 'The Effects of Population Redistribution on the Level of Mortality in Nineteenth-Century England and Wales', *Journal of Economic History*, vol. 45, no. 3, September 1985, p. 650.   **177.** Theodore Roosevelt, 'State of the Union Address', 6 December 1904: http://www.infoplease.com/t/hist/state-of-the-union/116.html.   **178.** Jörg Vögele, *Urban Mortality Change in England and Germany, 1870-1913*, Liverpool University Press 1998, p. 35.   **179.** 앞의 책, p. 147.   **180.** 앞의 책, p. 35.   **181.** Jörg P. Vögele, 'Différences entre ville et campagne et évolution de la mortalité en Allemagne pendant l'industrialisation', *Annales de démographie historique*, 1996, p. 256.   **182.** Vögele, 'Différences entre ville et campagne', p. 253.   **183.** Gordon, *The Rise and Fall of American Growth*, pp. 51-2.   **184.** Alan Macfarlane, *The Savage Wars of Peace: England, Japan and the Malthusian Trap*, Palgrave, Basingstoke 2003, p. 126.   **185.** 앞의 책, p. 139.   **186.** Gordon, 'Does the "New Economy" Measure up to the Great Inventions of the Past?', p. 58. 프랑스에 관해서는 Leymonerie, 'Le Salon des arts ménagers dans les années 1950', p. 45를 보라.   **187.** John Burnett, *Plenty and Want: A Social History of Food in England from 1815 to the Present Day*, Routledge, London 2013, p. 100.   **188.** Werner Troesken, *Water, Race, and Disease*, MIT Press 2004, p. 23.   **189.** John Milton Cooper, Jr., *Pivotal Decades: The United States, 1900-1920*, Norton, New York 1990, p. 99.   **190.** Louis Galambos, 'State-Owned Enterprises in a Hostile Environment: The US Experience', in *The Rise and Fall of State-Owned Enterprises in the Western World*, ed. Pier Angelo Toninelli, Cambridge University Press 2000, p. 282.   **191.** 워터에이드와 유니세프의 수치. Water Aid: http://www.wateraid.org/where-we-work/page/india, UNICEF: https://www.unicef.org/gambia/Progress_on_drinking_water_and_sanitation_2014_update.pdf.   **192.** Pinol, *Le monde des villes au XIXe siècle*, p. 147.   **193.** Thomas Bethan, Danny Dorling, and George Davey Smith, 'Inequalities in Premature Mortality in Britain: Observational Study from 1921 to 2007', *British Medical Journal*, 22 July 2010: http://dx.doi.org/10.1136/bmj.c3639; Richard Wilkinson and Kate Pickett, *The Spirit Level: Why More Equal Societies Almost Always Do Better*, Allen Lane, London 2009, 특히 pp. 15-26.   **194.** Alain Faure, 'Paris, "gouffre de l'espèce humaine"?', *French Historical Studies*, vol. 27, no. 1, Winter 2004, pp. 49-86.   **195.** James C. Riley, *Rising Life Expectancy: A Global History*, Cambridge University Press 2001, p. 2.   **196.** Adolf Hausrath, 'The Life of Treitschke', in Heinrich von Treitschke and Adolf Hausrath, *Treitschke: His Life and Works*, Jarrold & Sons/Allen & Unwin, London 1914, p. 9: https://archive.org/stream/treitschkehislif00treiuoft#page/n15/mode/2up/search/colonisation.   **197.** Marc Debuisson, 'The Decline of Infant Mortality in the Belgian Districts at the Turn of the 20th Century', *Journal of Belgian History*, vol. 31, nos 3-4, 2001, pp. 497-527.   **198.** Paul Clayton and Judith Rowbotham, 'How the Mid-Victorians Worked, Ate and Died', *International Journal of Environmental Research and Public Health*, vol. 6, no. 3, 2009, pp. 1238-9.   **199.** Lorenzo Del Panta, 'Mortalité infantile et post-infantile en Italie du XVIIIe au XXe siècle: tendances à long terme et differences régionales', *Annales de démographie historique*, 1994, p. 47.   **200.** 더 긴 목록을 제시하는 Riley, *Rising Life Expectancy*, p. xi과 pp. 1-31. Thomas McKeown, *The Modern Rise of Population*, Edward Arnold, London 1976을 보라. Robert W. Fogel, *The Escape from Hunger and Premature Death, 1700-2100: Europe, America, and the Third World*, Cambridge University Press 2004, p. 5도 보라.   **201.** Simon Szreter, *Health and Wealth: Studies in History and Policy*, 특히 'The Importance of Social Intervention in Britain's Mortality Decline c.1850-1914: A Reinterpretation of the Role of Public Health', University of Rochester Press 2005, pp. 98-145.   **202.** Werner Troesken, 'Typhoid Rates and the Public Acquisition of Private Waterworks, 1880-1920', *Journal of Economic History*, vol. 59, no. 4, December

1999, pp. 927, 931. **203.** Haines, 'The Population of the United States, 1790-1920', p. 176. **204.** United Nations, *Human Development Report*, 2006: http://hdr.undp.org/en/reports/global/hdr2006, p. 299; Riley, *Rising Life Expectancy*, p. 135. **205.** Hai-dong Wang et al., 'Age-Specific and Sex-Specific Mortality in 187 Countries, 1970-2010: A Systematic Analysis for the Global Burden of Disease Study 2010', *Lancet*, vol. 380, no. 9859, 15 December 2012, pp. 2075-84. **206.** Riley, *Rising Life Expectancy*, p. 35. 일본과 이집트에 관해서는 Jean-Claude Chesnais, *La transition démographique. Trente ans de bouleversements(1965-1995)*, Les dossiers du CEPED, no. 34, October 1995, p. 13을 보라. **207.** Christopher Ingraham, '15 Baltimore Neighborhoods Have Lower Life Expectancies than North Korea', *Washington Post*, 30 April 2015: http://www.washington-post.com/blogs/wonkblog/wp/2015/04/30/baltimores-poorest-residents-die-20-years-earlier-than-its-richest. **208.** 워싱턴대학에서 나온 이 연구를 보라: L. Dwyer-Lindgren, A. Bertozzi-Villa, R. W. Stubbs, C. Morozoff, J. P. Mackenbach, F. J. van Lenthe, A. H. Mokdad, and C. J. L. Murray, 'Inequalities in Life Expectancy among US Counties, 1980 to 2014', *JAMA Internal Medicine*, 8 May 2017: http://jamanetwork.com/journals/jamainternalmedicine/fullarticle/2626194(2017년 5월 10일 접속). Wilkinson and Pickett, *The Spirit Level*도 보라. **209.** Peter Nolan and John Sender, 'Death Rates, Life Expectancy and Economic Reforms', in Peter Nolan and Qimiao Fan(eds), *China's Economic Reforms: The Costs and Benefits of Incrementalism*, St. Martin's Press, New York 1994, p. 335. **210.** 세계보건기구 데이터: http://www.who.int/gho/publications/world_health_statistics/2016/EN_WHS2016_AnnexB.pdf?ua=1(2017년 5월 10일 접속). **211.** Anne Hardy, *The Epidemic Streets: Infectious Disease and the Rise of Preventive Medicine, 1856-1900*, Clarendon Press, Oxford 1993, pp. 3ff. **212.** Edmund A. Parkes, *Public Health*, J. & A. Churchill, London 1876, p. 17(파크스가 사망한 해에 출간). **213.** United Nations, *Human Development Report*, 2006에 수록된 아프리카 관련 수치. 일본과 유럽에 관해서는 Massimo Livi-Bacci, *A Concise History of World Population*, Blackwell, Oxford 1997, p. 121을 보라. **214.** Nicolás Sánchez-Albornoz, 'The Population of Latin America, 1850-1930', in Bethell(ed.), *The Cambridge History of Latin America*, vol. IV, pp. 141-2. **215.** Fogel, *The Escape from Hunger and Premature Death, 1700-2100*, p. 8. **216.** David Grigg, 'The Nutritional Transition in Western Europe', *Journal of Historical Geography*, vol. 21, no. 3, 1995, p. 248. **217.** Peter Baldwin, *Contagion and the State in Europe, 1830-1930*, Cambridge University Press 2005, p. 37. **218.** Myron Echenberg, *Africa in the Time of Cholera: A History of Pandemics from 1817 to the Present*, Cambridge University Press 2011, p. 21. **219.** 앞의 책, p. 75. **220.** Geoffrey Hosking, *Russia and the Russians: A History*, Harvard University Press 2001, p. 9. **221.** Montroni, *La società italiana dall'unificazione alla Grande*

Guerra, p. 163.　**222.**　Frank Snowden, *Naples in the Time of Cholera, 1884-1911*, Cambridge University Press 1995, p. 16.　**223.**　László Katus, 'Economic Growth in Hungary during the Age of Dualism', *Social Economic Researches on the History of East-Central Europe, Studia Historica* 62, Budapest 1970, p. 41.　**224.**　W. Luckin, 'The Final Catastrophe—Cholera in London, 1866', *Medical History*, vol. 21, no. 1, 1977, p. 32.　**225.**　Livi-Bacci, *The Population of Europe: A History*; Snowden, *Naples in the Time of Cholera*, pp. 144-5; Richard Evans, *Death in Hamburg: Society and Politics in the Cholera Years, 1830-1910*, Penguin, London 1990.　**226.**　Evans, *Death in Hamburg*, p. 313.　**227.**　Dhiman Barua and William B. Greenough Ⅲ(eds), *Cholera*, Plenum Medical Book Company, New York 1991, p. 20.　**228.**　Myron Echenberg, *Plague Ports: The Global Urban Impact of Bubonic Plague, 1894-1901*, New York University Press 2007, pp. 16-17, 304, 사망자 통계는 p. 314.　**229.**　Nayan Shah, *Contagious Divides: Epidemics and Race in San Francisco's Chinatown*, California University Press 2001, p. 2.　**230.**　Echenberg, *Plague Ports*, p. 262.　**231.**　Mark Harrison, *Disease and the Modern World*, Polity, Cambridge 2004, pp. 120-23.　**232.**　Alfred W. Crosby, *America's Forgotten Pandemic: The Influenza of 1918*, Cambridge University Press 1989, p. 319.　**233.**　John Womack, Jr., 'The Mexican Revolution, 1910-1920', in Bethell(ed.), *The Cambridge History of Latin America*, vol. Ⅴ, p. 138.　**234.**　France Meslé and Jacques Vallin, 'Reconstitution de tables annuelles de mortalité pour la France au ⅩⅨe siècle', *Population*, vol. 44, no. 6, November-December 1989, p. 1136.　**235.**　Klein, *A Population History of the United States*, p. 107.　**236.**　앞의 책, p. 109.　**237.**　앞의 책, p. 110.　**238.**　잉글랜드의 인구 통계에 관해서는 National Statistics, *Focus on People and Migration*, Palgrave Macmillan, London 2005, pp. 2-4: http://www.statistics.gov.uk/downloads/theme_compendia/fom2005/01_FOPM_Population.pdf를 보라.　**239.**　Alfred W. Crosby, Jr., *The Columbian Exchange: Biological and Cultural Consequences of 1492*, Praeger, Westport, CT 2003(first published 1972), p. 37.　**240.**　앞의 책, p. 39.　**241.**　David E. Stannard, *American Holocaust: Columbus and the Conquest of the New World*, Oxford University Press 1992, pp. 33, 267. Ward Churchill, *A Little Matter of Genocide: Holocaust and Denial in the Americas 1492 to the Present*, City Lights Books, San Francisco, CA 1997, pp. 134-6도 보라. 접촉 이전 아메리카 원주민 인구 추정치는 무척 다양하다: Benjamin Madley, 'Reexamining the American Genocide Debate: Meaning, Historiography, and New Methods', *American Historical Review*, vol. 120, no. 1, February 2015, 특히 p. 98, 각주 1을 보라.　**242.**　Stannard, *American Holocaust*, p. 145.　**243.**　IBGE(브라질지리통계연구소Instituto Brasileiro de Geografia e Estatística)의 데이터. Ruben Schindler Maggi, 'Indigenous Health in Brazil', *Revista Brasileira de Saúde Materno Infantil*, vol. 14, no. 1, January/March 2014: http://www.scielo.br/pdf/

rbsmi/v14n1/en_1519-3829-rbsmi-14-01-0013.pdf에서 인용. **244.** Carlo Cipolla, *Before the Industrial Revolution*, Cambridge University Press 1976, p. 75. **245.** Alain Dewerpe, *Le monde du travail en France, 1800-1950*, Armand Colin, Paris 1989, p. 99. **246.** Jean-Pierre Bardet, 'La France en déclin', in Jean-Pierre Bardet and Jacques Dupâquier(eds), *Histoire des populations de l'Europe*, vol. 2, Fayard, Paris 1998, pp. 287-325. **247.** *Histoire de la population française*, vol. 3, ed. Dupâquier(eds), p. 354. **248.** John C. Hunter, 'The Problem of the French Birth Rate on the Eve of World War Ⅰ', *French Historical Studies*, vol. 2, no. 4, Autumn 1962, p. 494. **249.** Leduc, *Histoire de la France*, p. 101. **250.** Dewerpe, *Le monde du travail en France*, p. 100. **251.** Daumard, 'Puissance et inquiétudes de la société bourgeoise', pp. 458-9. **252.** 앞의 책, pp. 446-7. **253.** 앞의 책, 1906년 수치는 p. 457. **254.** François Caron, 'Dynamismes et freinages de la croissance industrielle', in Braudel and Labrousse(eds), *Histoire économique et sociale de la France*, Tome IV, vol. 1, p. 263. **255.** Janos, 'Modernization and Decay in Historical Perspective', p. 75. **256.** 앞의 글. **257.** Stephen Broadberry and Alexander Klein, 'Aggregate and Per Capita GDP in Europe, 1870-2000: Continental, Regional and National Data with Changing Boundaries', University of Warwick, 8 February 2008: http://www.cepr.org/meets/wkcn/1/1699/papers/Broadberry_Klein.pdf, p. 20. **258.** Jaime Reis, 'How Poor was the European Periphery before 1850? The Mediterranean vs Scandinavia', in Şevket Pamuk and Jeffrey G. Williamson(eds), *The Mediterranean Response to Globalization before 1950*, Routledge, London and New York 2000, pp. 20-21. **259.** Angus Maddison, *Dynamic Forces in Capitalist Development: A Long-Run Comparative View*, Oxford University Press 1991, p. 50. **260.** Paul Bairoch, 'Europe's Gross National Product: 1800-1975', *Journal of European Economic History*, vol. 5, no. 2, 1976, pp. 276-7. **261.** 앞의 글, p. 278. **262.** 앞의 글, p. 282. **263.** 앞의 글, p. 286. **264.** Ritta Hjerppe, *The Finnish Economy, 1860-1985: Growth and Structural Change*, Bank of Finland, Helsinki 1989, p. 51. **265.** Bairoch, 'Europe's Gross National Product: 1800-1975', p. 281. **266.** 앞의 글, p. 287. **267.** John Maynard Keynes, *The General Theory of Employment, Interest, and Money*, Macmillan, London 1967, p. 96. **268.** 지니계수 데이터는 모두 CIA *World Factbook*: https://www.cia.gov/library/publications/the-world-factbook/fields/2172.html에서 가져온 것이다. **269.** Angus Deaton, *The Great Escape: Health, Wealth, and the Origins of Inequality*, Princeton University Press 2013, p. 1. **270.** François Bourguignon and Christian Morrisson, 'Inequality among World Citizens 1820-1992', *American Economic Review*, vol. 92, no. 4, September 2002, p. 731. **271.** Thomas Piketty, *Capital in the Twenty-First Century*, Belknap Press, Harvard University Press 2014, 특히 9장. **272.** Bourguignon and Morrisson, 'Inequality among World Citizens 1820-1992', p. 728.   **273.** 앞의 글.   **274.** 앞의 글, p. 733.   **275.** Paul Leroy-Beaulieu, *Essai sur la répartition des richesses et sur la tendance à une moindre inégalité des conditions*, 4th ed., Guillaumin, Paris 1897, p. iii.   **276.** Bourguignon and Morrisson, 'Inequality among World Citizens 1820-1992', p. 733.   **277.** 앞의 글, p. 734; Macfarlane, *The Savage Wars of Peace*, p. xix; Jacques Gernet, *Le monde chinois*, vol. 2: *L'époque moderne*, Armand Colin, Paris 2006, p. 238. 케네스 포메란츠가 『대분기』에서 한 논의와 P. H. H. Vries, 'Are Coal and Colonies Really Crucial? Kenneth Pomeranz and the Great Divergence', *Journal of World History*, vol. 12, no 2, Fall 2001, p. 411에 나오는 문헌 개관을 보라.   **278.** Roy Bin Wong, *China Transformed: Historical Change and the Limits of European Experience*, Cornell University Press 1997, p. 29.   **279.** E. N. Anderson, *The Food of China*, Yale University Press 1988, p. 96에서 인용.   **280.** Adam Smith, *An Inquiry into the Nature and Causes of the Wealth of Nations*, Penn State Electronic Classics 2005, pp. 64, 161, 202: http://www2.hn.psu.edu/faculty/jmanis/adam-smith/Wealth-Nations.pdf.   **281.** Bourguignon and Morrisson, 'Inequality among World Citizens 1820-1992', p. 737.   **282.** 다음 글에서 구매력 평가 지수에 바탕을 둔 계산을 보라. Vera Zamagni, 'An International Comparison of Real Industrial Wages, 1890-1913: Methodological Issues and Results', in Peter Scholliers(ed.), *Real Wages in 19th and 20th Century Europe: Historical and Comparative Perspectives*, Berg, Oxford 1989, p. 119.   **283.** Bairoch, 'Wages as an Indicator of Gross National Product', p. 58.

제3장 동양의 서구화

1. Maria Todorova, *Imagining the Balkans*, Oxford University Press 1997, p. 11.   **2.** Larry Wolff, 'Voltaire's Public and the Idea of Eastern Europe', *Slavic Review*, vol. 54, no. 4, 1995, pp. 932-42; Jonathan I. Israel, *Radical Enlightenment: Philosophy and the Making of Modernity, 1650-1750*, Oxford University Press 2001, p. 702.   **3.** Wolff, 'Voltaire's Public and the Idea of Eastern Europe', p. 936.   **4.** Voltaire, *Histoire de Charles XII*, in *Oeuvres complètes*, vol. 22, Dupont, Paris 1823-7, pp. 43-5.   **5.** Voltaire, *Histoire de l'Empire de Russie sous Pierre le Grand*, in *Oeuvres complètes*, vol. 23, Dupont, Paris 1823-7, p. 122.   **6.** Charles de Secondat Montesquieu, *De l'esprit des lois*, vol. I, Gallimard, Paris 1995, p. 180.   **7.** Yan Fu(Yen Fou), *Les manifestes de Yen Fou*, ed. François Houang, Fayard, Paris 1977, pp. 86-8.   **8.** Karl Marx and Friedrich Engels, *Correspondence 1846-1895: A Selection with Commentary and Notes*, Martin Lawrence, London 1934, p. 255.   **9.** Evelyn Baring(Lord Cromer), *Modern Egypt*, vol. 2, Routledge,

London and New York 2000, pp. 539, 134, first published 1908. **10.** Mary Lyndon Shanley, *Feminism, Marriage, and the Law in Victorian England, 1850-1895*, I. B. Tauris, London 1989, pp. 103-30, 131-55. **11.** Jonathan D. Spence, *The Gate of Heavenly Peace: The Chinese and their Revolution, 1895-1980*, Faber and Faber, London and Boston, MA 1982, p. 52에서 인용. **12.** Peter Zarrow, 'He Zhen and Anarcho-Feminism in China', *Journal of Asian Studies*, vol. 47, no. 4, November 1988, p. 799. Catherine Gipoulon, 'L'"intellectuel" au féminin: féminisme et révolution en Chine au début du XXe siècle', *Extrême-Orient, Extrême-Occident*, no. 4, 1984, pp. 159-73도 보라. **13.** W. Morgan Shuster, *The Strangling of Persia: A Record of European Diplomacy and Oriental Intrigue*, T. Fisher Unwin, London 1912, pp. 187-8. **14.** 앞의 책, p. 184. **15.** Pomeranz, *The Great Divergence*, p. 9. **16.** 앞의 책, pp. 43-4. **17.** Mokyr, *The Lever of Riches*, pp. 210, 217; Donald B. Wagner, *Iron and Steel in Ancient China*, Brill, Leiden, New York and Cologne 1993, pp. 335-6. **18.** 마지막 부분에 관해서는 William Guanglin Liu, 'The Making of a Fiscal State in Song China, 960-1279', *Economic History Review*, vol. 68, no. 1, 2015, pp. 48-78을 보라. **19.** Kenneth S. Chan and Jean-Pierre Laffargue, 'Foreign Threats, Technological Progress and the Rise and Decline of Imperial China', *Pacific Economic Review*, vol. 17, no. 2, 2012, pp. 280-303의 핵심 주장이 바로 이런 것이다. **20.** Timothy Brook, *The Confusions of Pleasure: Commerce and Culture in Ming China*, University of California Press 1999, p. 201; Francesca Bray, *Technology and Gender: Fabrics of Power in Late Imperial China*, University of California Press 1997, p. 225. **21.** F. W. Mote, *Imperial China, 900-1800*, Harvard University Press 1999, p. 947. **22.** Bozhong Li, *Agricultural Development in Jiangnan, 1620-1850*, Macmillan, Basingstoke 1998, pp. 115, 159; Chris Bramall and Peter Nolan, 'Introduction', in Xu Dixin and Wu Chengming(eds), *Chinese Capitalism, 1522-1840*, Macmillan, Basingstoke 2000, pp. xxvi-xxvii. **23.** Li, *Agricultural Development in Jiangnan*, p. 21. **24.** Paul Bairoch and Gary Goertz, 'Factors of Urbanisation in the Nineteenth-Century Developed Countries: A Descriptive and Econometric Analysis', *Urban Studies*, 1986, vol. 23, p. 288에 실린 유럽의 데이터를 보라. 물론 도시 지역의 정확한 정의에 따라 많은 것이 달라진다. **25.** Robert Y. Eng, 'Luddism and Labor Protest among Silk Artisans and Workers in Jiangnan and Guangdong, 1860-1930', *Late Imperial China*, vol. 11, no. 2, December 1990, p. 65. **26.** Christine Cornet, *État et entreprises en Chine XIXe-XXe siècles. Le chantier naval de Jiangnan, 1865-1937*, Éditions Arguments, Paris 1997. **27.** Jacques Gernet, *Le monde chinois*, vol. 2: *L'époque moderne*, Armand Colin, Paris 2006, p. 238. **28.** Evelyn Sakakida Rawski, *Education and Popular Literacy in Ch'ing China*, University of Michigan Press 1979, p. 140. **29.** Ernest Renan, *Essais de morale et de critique*, Michel Lévy frères, Paris 1859, pp. 361-2. **30.** G. W. F. Hegel, *The Philosophy* *of History*, trans. J. Sibree, P. F. Collier and Son, New York 1901, p. 163: http://babel.hathitrust.org/cgi/pt?id=coo1.ark:/13960/t5j96qh5b;view=1up;seq=5.   **31.** Wen-yuan Qian, *The Great Inertia: Scientific Stagnation in Traditional China*, Croom Helm, London 1985, p. 103.   **32.** 특히 Pamela Kyle Crossley, *Orphan Warriors: Three Manchu Generations and the End of the Qing World*, Princeton University Press 1990, pp. 8-10ff를 보라.   **33.** Pomeranz and Topik, *The World that Trade Created*, p. 12.   **34.** Qian Long, Letter to George Ⅲ, 1793, from the Qianlong Emperor: https://legacy.fordham.edu/halsall/mod/1793qianlong.asp.   **35.** 2014년 2월 6일 런던대학교 대학원에서 헨리에터 헤리슨이 한 강연을 보라. 다음 주소에서 팟캐스트로 볼 수 있다: 'Chinese and British Gift Giving in the Macartney Embassy of 1793': https://www.youtube.com/watch?v=PDzHrQi-8oTQ.   **36.** Robert Bickers, *The Scramble for China: Foreign Devils in the Qing Empire, 1832-19144*, Allen Lane, London 2011, p. 82.   **37.** Robert Hart, *'These from the Land of Sinim': Essays on the Chinese Question*, Chapman & Hall, London 1901, p. 61.   **38.** Jonathan Spence, 'Opium Smoking in Ch'ing China', in Frederic Wakeman, Jr. and Carolyn Grant(eds), *Conflict and Control in Late Imperial China*, University of California Press 1975, pp. 150-53.   **39.** Chang Chih-tung(Zhang Zhidong), *China's Only Hope: An Appeal*, Fleming H. Revell Co., New York 1900, pp. 72-3('Chang Chih-tung'은 'Zhang Zhidong'의 웨이드-자일스식 로마자 표기다).   **40.** Ssu-yü Teng and John K. Fairbank(eds), *China's Response to the West: A Documentary Survey, 1839-1923*, Harvard University Press 1961, pp. 25-6.   **41.** William Gladstone, Speech to the House of Commons, 8 April 1840, Hansard vol. 53, cc 749-837: http://hansard.millbanksystems.com/commons/1840/apr/08/war-with-china-adjourned-debate#S3V0053P0_18400408_HOC_6; 또한 Julia Lovell, *The Opium Wars: Drugs, Dreams and the Making of China*, Picador, London 2011, p. 107도 보라.   **42.** R. Montgomery Martin, *Opium in China, extracted from China; Political, Commercial, and Social*, James Madden, London, 발행연도 불명(1847), p. 89.   **43.** Karl Marx, 'Trade or Opium?', *New York Daily Tribune*, 20 September 1858: http://www.marxists.org/archive/marx/works/1858/09/20.htm.   **44.** Frances V. Moulder, *Japan, China, and the Modern World Economy: Towards a Reinterpretation of East Asian Development ca. 1600 to ca. 1918*, Cambridge University Press 1977, p. 108.   **45.** 앞의 책, p. 115.   **46.** Odd Arne Westad, *Restless Empire: China and the World since 1750*, Bodley Head, London 2012, p. 60.   **47.** Crossley, *Orphan Warriors*, p. 125.   **48.** Gernet, *Le monde chinois*, p. 316.   **49.** Wong, *China Transformed*, pp. 155-6.   **50.** Pamela Kyle Crossley, *The Wobbling Pivot: China since 1800*, Wiley-Blackwell, Oxford 2010, p. 109.   **51.** Peter C. Perdue, *Exhausting the Earth: State and Peasant in Hunan, 1500-1850*, Harvard University Press 1987, pp. 237-9.   **52.** Lillian M. Lil, *Fighting Famine in North China*, Stanford University Press 2007, pp. 268-77.   **53.** 앞의 책, pp. 308-9와 469n.   **54.** Mary Clabaugh Wright, *The Last Stand of Chinese Conservatism: The T'ung-Chih Restoration, 1862-1874*, Stanford University Press 1957, p. 7.   **55.** 앞의 책, pp. 196ff. 지은이는 유교와 근대국가가 실질적으로 양립 불가능하다고 믿는다.   **56.** 앞의 책, pp. 148-9.   **57.** 앞의 책, p. 154에서 인용.   **58.** Yen-P'ing Hao and Erh-min Wang, 'Changing Chinese Views of Western Relations, 1840-95', in *The Cambridge History of China*, ed. John K. Fairbank and Kwang-ching Liu, vol. 11: *Late Ch'ing, 1800-1911*, part 2, Cambridge University Press 1980, pp. 169-71.   **59.** Kenneth Pomeranz, *The Making of a Hinterland: State, Society, and Economy in Inland North China, 1853-1937*, University of California Press 1993, p. 274.   **60.** Wong, *China Transformed*, p. 155.   **61.** Jonathan Spence, *The China Helpers: Western Advisers in China, 1620-1960*, Bodley Head, London 1969, p. 93.   **62.** Immanuel C. Y. Hsü, 'Late Ch'ing Foreign Relations, 1866-1905', in *The Cambridge History of China*, ed. Fairbank and Liu, vol. 11, pp. 70-72.   **63.** Spence, *The China Helpers*, p. 113.   **64.** Wu Chengming, 'A Brief Account of the Development of Capitalism in China', in Tim Wright(ed.), *The Chinese Economy in the Early Twentieth Century: Recent Chinese Studies*, St Martin's Press, New York 1992, p. 32.   **65.** Wright, *The Last Stand of Chinese Conservatism*, p. 177.   **66.** Max Weber, *The Religion of China: Confucianism and Taoism*, Macmillan, New York 1951, pp. 248, 227.   **67.** Teng and Fairbank, *China's Response to the West*, pp. 52-3에 수록된 글.   **68.** Jonathan D. Spence, *The Search for Modern China*, Norton, New York 2013, p. 187.   **69.** Crossley, *The Wobbling Pivot*, p. 119.   **70.** Douglas Howland, *Borders of Chinese Civilization: Geography and History at Empire's End*, Duke University Press 1996, p. 2. pp. 198ff도 보라.   **71.** Marius B. Jansen, *The Making of Modern Japan*, Belknap Press, Cambridge 2000, p. 433.   **72.** Chang Chih-tung(Zhang Zhidong), *China's Only Hope*, pp. 84-5.   **73.** Marius Jansen, 'Japan and the Chinese Revolution of 1911', in Fairbank and Liu(eds), *The Cambridge History of China*, vol. 11, pp. 345-6.   **74.** Hao Chang, 'Intellectual Change and the Reform Movement, 1890-8', in Fairbank and Liu(eds), *The Cambridge History of China*, vol. 11, pp. 285-91.   **75.** 앞의 글, pp. 323-7.   **76.** Spence, *The Search for Modern China*, p. 221.   **77.** Immanuel C. Y. Hsü, *The Rise of Modern China*, Oxford University Press 1990, p. 377.   **78.** Victor Purcell, *The Boxer Uprising: A Background Study*, Cambridge University Press 1963, p. 224.   **79.** Colin Mackerras, *Western Images of China*, Oxford University Press 1989, p. 68.   **80.** Crossley, *The Wobbling Pivot*, p. 139.   **81.** Chuzo Ichiko, 'Political and Institutional Reform, 1901-11', in Fairbank and Liu(eds), *The Cambridge History of China*, vol. 11, p. 375.   **82.** Crossley, *The Wobbling Pivot*, p. 118.   **83.** Text in Teng and Fairbank(eds), *China's Response to the West*, p. 199.   **84.** Ichiko, 'Political and Institutional Reform,

1901-11', pp. 376, 283. **85.** 앞의 글, pp. 388-9. **86.** Hsü, *The Rise of Modern China*, pp. 412-13. **87.** Timothy B. Weston, 'The Founding of the Imperial University and the Emergence of Chinese Modernity', in Rebecca E. Karl and Peter Zarrow(eds), *Rethinking the 1898 Reform Period: Political and Cultural Change in Late Qing China*, Harvard University Asia Center, 2002, pp. 102-3. **88.** Crossley, *The Wobbling Pivot*, p. 140. **89.** Text in Teng and Fairbank(eds), *China's Response to the West*, p. 167. **90.** Wellington K. K. Chan, 'Government, Merchants and Industry to 1911', in Fairbank and Liu(eds), *The Cambridge History of China*, vol. 11, pp. 419-20. **91.** Yen-P'ing Hao, 'Cheng Kuan-ying: The Comprador as Reformer', *Journal of Asian Studies*, vol. 29, no. 1, November 1969, pp. 15-22. **92.** 앞의 글, p. 20. **93.** Hao and Wang, 'Changing Chinese Views of Western Relations, 1840-95', pp. 191-3. **94.** Cheng-chung Lai, 'Adam Smith and Yen Fu: Western Economics in Chinese Perspective', *Journal of European Economic History*, vol. 18, no. 2, Fall 1989, pp. 373-5. **95.** Frederic Wakeman, Jr., *The Fall of Imperial China*, The Free Press, New York and London 1975, p. 39. **96.** Benjamin I. Schwartz, *In Search of Wealth and Power: Yen Fu and the West*, Harper, New York 1964, p. 114. **97.** Yan Fu(Yen Fou), *Les manifestes de Yen Fou*, p. 126. Hsü, *The Rise of Modern China*, pp. 422-3도 보라. **98.** Leigh Jenco, *Changing Referents: Learning across Space and Time in China and the West*, Oxford University Press 2015, p. 28. **99.** 프랑수아 황이 쓴 서문에서 인용. Yan Fu(Yen Fou), *Les manifestes de Yen Fou*, p. 27. **100.** Mao Zedong, 'On the People's Democratic Dictatorship: In Commemoration of the Twenty-Eighth Anniversary of the Communist Party of China', 30 June 1949: https://www.marxists.org/reference/archive/mao/selected-works/volume-4/mswv4_65.htm(2017년 5월 6일 접속). **101.** 'Richard S. Horowitz, 'Breaking the Bonds of Precedent: The 1905-6 Government Reform Commission and the Remaking of the Qing Central State', *Modern Asian Studies*, vol. 37, no. 4, p. 775. 중국의 본보기로 일본을 활용한 것에 관해서는 Roger R. Thompson, *China's Local Councils in the Age of Constitutional Reform, 1898-1911*, Harvard University Press 1995, pp. 39-52를 보라. **102.** Roger R. Thomson, 'The Lessons of Defeat: Transforming the Qing State after the Boxer War', *Modern Asian Studies*, vol. 37, no. 4, 2003, pp. 769-73, 특히 청 왕조가 개혁을 통해 20세기에 걸맞은 국가로 변신하는 데 실패했음을 암시하는 p. 770을 보라. **103.** Wong, *China Transformed*, p. 133. **104.** Albert Feuerwerker, 'Economic Trends in the Late Ch'ing Empire, 1870-1911', in Fairbank and Liu(eds), *The Cambridge History of China*, vol. 11, p. 68. **105.** 특히 Thompson, *China's Local Councils*, pp. 7-20을 보라. **106.** Spence, *The Search for Modern China*, p. 235. **107.** 비교적 최근에 이루어진 조사는 이런 주장을 입증하는 것으로 보인다. Lin Qi, 'The Poisoned Palace—Mystery of Last Emperor's Death', *China Daily*, 21 November 2008: http://www.chinadaily.com.cn/china/2008-11/21/content_7226663.htm(2017년 5월 6일 접속)을 보라. **108.** Ichiko, 'Political and Institutional Reform, 1901-11', p. 397. **109.** Julia C. Strauss, 'Creating "Virtuous and Talented" Officials for the Twentieth Century: Discourse and Practice in *Xinzheng* China', *Modern Asian Studies*, vol. 37, no. 4, October 2003, p. 833. **110.** 'Resolution on Certain Questions in the History of Our Party Since the Founding of the People's Republic of China adopted by the Sixth Plenary Session of the Eleventh Central Committee of the Communist Party of China on June 27, 1981': http://english.cpc.people.com.cn/66095/4471924.html. **111.** Castells, *The Rise of the Network Society*, vol. 1 of *The Information Age*, p. 9를 보라. 이 내용은 Mokyr, *The Lever of Riches*, pp. 209-38에 근거한다. **112.** John S. Gregory, *The West and China since 1500*, Palgrave, Basingstoke 2003, p. 116. Mackerras, *Western Images of China*, p. 44도 보라. **113.** Hsü, *The Rise of Modern China*, p. 449. **114.** Martin Lynn, 'British Policy, Trade, and Informal Empire in the Mid-Nineteenth Century', in Andrew Porter(ed.), *The Oxford History of the British Empire*, vol. 3: *The Nineteenth Century*, Oxford University Press 1999, p. 108. **115.** Michael Adas, *Machines as Measures of Men: Science, Technology and Ideologies of Western Dominance*, Cornell University Press 1989, pp. 79-81. Jonathan Spence, *The Chan's Great Continent: China in Western Minds*, Penguin, London 2000, pp. 81-100도 보라. **116.** Voltaire, *Essai sur les moeurs et l'esprit des nations*, Tome 1 in *Oeuvres complètes*, vol. 15, Dupont, Paris 1823-7, pp. 269-86. **117.** G. W. F. Hegel, *Lectures on the Philosophy of World History*, vol. 1: *Manuscripts of the Introduction and the Lectures of 1822-23*, ed. and trans. Robert F. Brown and Peter C. Hodgson, Clarendon Press, Oxford 2011, p. 212. **118.** Gottfried Leibniz, Preface to *Novissima Sinica*: http://www.zftrans.com/bbs/read.php?tid=15696. Franklin Perkins, 'The Theoretical Basis of Comparative Philosophy in Leibniz' Writings on China', in Wenchao Li and Hans Poser(eds), *Das neueste über China. G. W. Leibnizens Novissima Sinica von 1697*, Fran Steiner Verlag, Stuttgart 2000, p. 275도 보라. **119.** David E. Mungello, *The Great Encounter of China and the West, 1500-1800*, Rowman & Littlefield, Lanham, MD 2009, pp. 19, 31, 100. **120.** David Hume, 'Of Commerce', in David Hume, *Selected Essays*, Oxford University Press 2008, p. 164. **121.** Pomeranz, *The Making of a Hinterland*, pp. 19-22. **122.** Wu Chengming, 'On Embryonic Capitalism in China', in Xu Dixin and Wu Chengming(eds), *Chinese Capitalism, 1522-1840*, Macmillan, Basingstoke 2000, p. 19. **123.** Fang Xing, 'The Retarded Development of Capitalism', 앞의 책, p. 395. **124.** Hao and Wang, 'Changing Chinese Views of Western Relations, 1840-95', p. 175. **125.** Li, *Agricultural Development in Jiangnan*, 'Conclusion'과 Philip C. C. Huang, 'The Paradigmatic Crisis in Chinese Studies: Paradoxes in Social and Economic History', *Modern China*, vol. 17, no. 3, July 1991, pp. 299-341을 보라. **126.** Michel Aglietta and Yves Landry, *La Chine vers* *la superpuissance*, Economica, Paris 2007, p. 1; World Bank data, *World Development Indicators*(2014년 7월 1일 검색). **127.** Moulder, *Japan, China, and the Modern World Economy*, p. 151. **128.** Masao Maruyama, *Studies in the Intellectual History of Tokugawa Japan*, Princeton University Press 1974, pp. 327-30. **129.** 앞의 책, p. 340. **130.** Michio Morishima, *Why Has Japan 'Succeeded'? Western Technology and the Japanese Ethos*, Cambridge University Press 1982, pp. 73, 75, 85. **131.** W. G. Beasley, *The Meiji Restoration*, Stanford University Press 1972, pp. 266-7에서 인용. **132.** Cyril E. Black et al., *The Modernization of Japan and Russia: A Comparative Study*, Free Press, New York and London 1975, p. 42; Jean-Pierre Lehmann, *The Roots of Modern Japan*, Macmillan, London 1982, p. 142; E. Sidney Crawcour, 'The Tokugawa Heritage', in William W. Lockwood(ed.), *The State and Economic Enterprise in Japan: Essays in the Political Economy of Growth*, Princeton University Press 1965, p. 18. **133.** W. J. Macpherson, *The Economic Development of Japan c. 1868-1941*, Macmillan, London 1987 pp. 24-31. **134.** Tessa Morris-Suzuki, *The Technological Transformation of Japan: From the Seventeenth to the Twenty-First Century*, Cambridge University Press 1994, pp. 73-4. **135.** Beasley, *The Meiji Restoration*, p. 74. **136.** Lehmann, *The Roots of Modern Japan c. 1868-1941*, pp. 242-3. **137.** Masao Maruyama, *Thought and Behaviour in Modern Japanese Politics*, Oxford University Press 1969, pp. 4-5. **138.** Tsuzuki, *The Pursuit of Power in Modern Japan*, p. 151; Osterhammel, *The Transformation of the World*, p. 237. **139.** Ian Neary, *The State and Politics in Japan*, Polity, Cambridge 2002, pp. 13-14; Morishima, *Why Has Japan 'Succeeded'?*, p. 88; Lehmann, *The Roots of Modern Japan*, p. 186; Macpherson, *The Economic Development of Japan*, p. 36 등도 보라. 부아소나드에 관해서는 Alexis Dudden, *Japan's Colonization of Korea: Discourse and Power*, University of Hawai'i Press 2005, pp. 106-7을 보라. **140.** Johannes Hirschmeier and Tsunehiko Yui, *The Development of Japanese Business 1600-1973*, Harvard University Press 1975, pp. 75-6. **141.** Neary, *The State and Politics in Japan*, pp. 15-16. **142.** 이 점에 관해서는 광범위한 합의가 존재한다. 대표적인 예로 Hirschmeier and Yui, *The Development of Japanese Business, 1600-1973*, p. 70을 보라. **143.** E. Herbert Norman, *Japan's Emergence as a Modern State: Political and Economic Problems of the Meiji Period*, UBC Press, Vancouver and Toronto 2000(1st edition 1940), p. 46. **144.** 앞의 책, p. 32. **145.** Lehmann, *The Roots of Modern Japan*, pp. 267-8. **146.** Jacques Pezeu-Massabuau, 'Le Japon à l'ère mégalopolitaine: éclatement de l'espace traditionnel et insularité culturelle', *Annales*, vol. 36, no. 5, September-October 1981, p. 831; Morishima, *Why Has Japan 'Succeeded'?*, p. 20; Jacques Pezeu-Massabuau, 'La notion d'emprise sur le milieu géographique: l'exemple japonais', *Annales*, vol. 27, no. 1, January-February 1972; Morris-Suzuki, *The Technological*

Transformation of Japan, p. 17. **147.** Manjirō Inagaki, *Japan and the Pacific, and a Japanese View of the Eastern Question*, T. Fisher Unwin, London 1890, p. 43. 이나가키는 존 로버트 실리에게 이 책을 헌정했다. **148.** Robert Thomas Tierney, *Tropics of Savagery: The Culture of the Japanese Empire in Comparative Frame*, University of California Press 2010, p. 16. **149.** Morris-Suzuki, *Re-Inventing Japan*, p. 24. **150.** Yukichi Fukuzawa, *The Autobiography of Yukichi Fukuzawa*, trans. Eiichi Kiyooka, Columbia University Press 2007, p. 135. **151.** Norio Tamaki, *Yukichi Fukuzawa, 1835-1901: The Spirit of Enterprise in Modern Japan*, Palgrave, Basingstoke 2001, pp. 90-91을 보라. Akira Iriye, 'The Internationalization of History', *American Historical Review*, vol. 94, no. 1, February 1989 p. 7; Fukuzawa, *The Autobiography of Yukichi Fukuzawa*, pp. 373-9 등도 보라. **152.** Tierney, *Tropics of Savagery*, pp. 27-8. **153.** Fukuzawa, *The Autobiography of Yukichi Fukuzawa*, pp. 104, 116-17. **154.** Norman, *Japan's Emergence as a Modern State*, pp. 176-7n. 155. Marius B. Jansen, *China in the Tokugawa World*, Harvard University Press 1992, p. 101. **156.** Jansen, 'Japan and the Chinese Revolution of 1911', p. 342. **157.** David S. Landes, 'Japan and Europe: Contrasts in Industrialization', in Lockwood(ed.), *The State and Economic Enterprise in Japan*, pp. 93-7. **158.** Jansen, *The Making of Modern Japan*, p. 373. **159.** Alvin Y. So and Stephen W. K. Chiu, *East Asia and the World Economy*, Sage, London 1995, pp. 74-5. **160.** Lehmann, *The Roots of Modern Japan*, pp. 173-7. **161.** Landes, 'Japan and Europe: Contrasts in Industrialization', pp. 101, 106-7, 115. **162.** Norman, *Japan's Emergence as a Modern State*, p. 111. **163.** Moulder, *Japan, China, and the Modern World Economy*, p. 179. **164.** Lehmann, *The Roots of Modern Japan*, p. 209. **165.** Macpherson, *The Economic Development of Japan*, p. 35. **166.** Tsuzuki, *The Pursuit of Power in Modern Japan*, p. 141과 Macpherson, *The Economic Development of Japan*, p. 34. **167.** Tsuzuki, *The Pursuit of Power in Modern Japan*, p. 143. **168.** Fukuzawa, *The Autobiography of Yukichi Fukuzawa*, p. 190. **169.** Lehmann, *The Roots of Modern Japan*, p. 180. **170.** Tsuzuki, *The Pursuit of Power in Modern Japan*, p. 138. **171.** Macpherson, *The Economic Development of Japan*, p. 24. **172.** Moulder, *Japan, China, and the Modern World Economy*, p. 179. **173.** Morishima, *Why Has Japan 'Succeeded'?*, p. 60. **174.** E. Sidney Crawcour, 'The Tokugawa Heritage', in Lockwood(ed.), *The State and Economic Enterprise in Japan*, pp. 42-3. **175.** Kenneth B. Pyle, 'The Future of Japanese Nationality: An Essay in Contemporary History', *Journal of Japanese Studies*, vol. 8, no. 2, Summer 1982, pp. 238-9. **176.** Yasuzō Horie, 'Modern Entrepreneurship in Meiji Japan', in Lockwood(ed.), *The State and Economic Enterprise in Japan*, p. 198. **177.** Norman, *Japan's Emergence as a Modern State*, p. 71. **178.** 앞의 책, pp. 7-8, 30. Hirschmeier and Yui, *The Development of Japanese Business, 1600-1973*, p. 1도

보라. **179.** Hirschmeier and Yui, *The Development of Japanese Business, 1600-1973*, pp. 82-6. **180.** 앞의 책, pp. 95-6. **181.** 앞의 책, pp. 88-91. **182.** Gary P. Leupp, *Servants, Shophands, and Laborers in the Cities of Tokugawa Japan*, Princeton University Press 1992, p. 176. **183.** R. P. Dore, 'Talent and the Social Order in Tokugawa Japan', *Past & Present*, no. 21, April 1962, pp. 60-68. **184.** E. Sidney Crawcour, 'The Tokugawa Heritage', in Lockwood(ed.), *The State and Economic Enterprise in Japan*, p. 34. 이런 주장은 일찍이 T. C. Smith, *Agrarian Origins of Modern Japan*(1959), 특히 pp. 71-2, 123에서 제기되었다. 하지만 반박도 있다. Bramall and Nolan, 'Introduction' to *Chinese Capitalism, 1522-1840*, pp. xxxiv - xxxv 를 보라. **185.** Akira Iriye, *Pacific Estrangement: Japanese and American Expansion, 1897-1911*, Harvard University Press 1972, p. 9에서 인용. **186.** Helena Hirata and Kurumi Sugita, 'Politique paternaliste et division sexuelle du travail: le cas de l'industrie japonaise', *Le Mouvement Social*, no. 144, July-September 1988, p. 75. **187.** Christine Lévy, 'La naissance du mouvement ouvrier moderne au Japon', in Claude Hamon(ed.), *Entreprise et société dans le Japon d'avant-guerre*, Philippe Piquier, Arles 2011, p. 104; Hirschmeier and Yui, *The Development of Japanese Business, 1600-1973*, p. 110; Lehmann, *The Roots of Modern Japan*, p. 206. **188.** Lehmann, *The Roots of Modern Japan*, p. 206; Tsuzuki, *The Pursuit of Power in Modern Japan*, p. 142. **189.** Macpherson, *The Economic Development of Japan*, p. 18, Lehmann, *The Roots of Modern Japan*, p. 192는 수치가 약간 다르다. Moulder, *Japan, China, and the Modern World Economy*, pp. 183-8. **190.** So and Chiu, *East Asia and the World Economy*, p. 53. Giovanni Arrighi, *Adam Smith in Beijing: Lineages of the Twenty-First Century*, Verso, London 2007, p. 342에서도 인용. **191.** Wu Chengming, 'A Brief Account of the Development of Capitalism in China', in Tim Wright(ed.), *The Chinese Economy in the Early Twentieth Century: Recent Chinese Studies*, St Martin's Press, New York, 1992, p. 30.

제4장 산업의 매력

1. Osman Okyar, 'A New Look at the Problem of Economic Growth in the Ottoman Empire(1800-1914)', *Journal of European Economic History*, vol. 16, no. 1, Spring 1987, pp. 13-14. **2.** Finkel, *Osman's Dream*, pp. 442-3. **3.** Catherine Durandin, *Histoire des Roumains*, Fayard, Paris 1995, p. 101. **4.** Selim Deringil, *The Well-Protected Domains: Ideology and the Legitimation of Power in the Ottoman Empire, 1876-1909*, I. B. Tauris, London and New York 1998, p. 135. **5.** Finkel, *Osman's Dream*, p. 499. **6.** Ariel Salzmann, 'Citizens in Search of a State: The Limits of Political Participation in the

Late Ottoman Empire', in Michael Hanagan and Charles Tilly(eds), *Extending Citizenship, Reconfiguring States*, Rowman & Littlefield, Lanham, MD 1999, pp. 45-6. **7.** Engin Deniz Akarli, 'The Tangled Ends of an Empire: Ottoman Encounters with the West and Problems of Westernization—an Overview', *Comparative Studies of South Asia, Africa and the Middle East*, vol. 26, no. 3, 2006, p. 357. **8.** Şevket Pamuk, *The Ottoman Empire and European Capitalism, 1820-1913: Trade, Investment and Production*, Cambridge University Press 1987, pp. 13-14, 82ff. **9.** Giampaolo Conte and Gaetano Sabatini, 'The Ottoman External Debt and its Features Under European Financial Control(1881-1914)', *Journal of European Economic History*, vol. 43, no. 3, 2014, pp. 69-96. **10.** Pamuk, *The Ottoman Empire and European Capitalism, 1820-1913*, p. 61. **11.** M. Şükrü Hanioğlu, *Preparation for a Revolution: The Young Turks, 1902-1908*, Oxford University Press 2001, 특히 pp. 302-6. **12.** Pamuk, *The Ottoman Empire and European Capitalism 1820-1913*, p. 83. **13.** Finkel, *Osman's Dream*, pp. 504-9. **14.** Bertrand Badie, *L'état importé. Essai sur l'occidentalisation de l'ordre politique*, Fayard, Paris 1992, pp. 128, 168, 178ff. **15.** Pavel Milyukov(Paul Milyoukov), *Russia and its Crisis*, University of Chicago Press 1905, p. 51: http://archive.org/stream/russiaitscrisis00miliuoft#page/n3/mode/2up. **16.** Hitchins, *Rumania*, pp. 292-4. **17.** Durandin, *Histoire des Roumains*, p. 192. **18.** John Michael Montias, 'Notes on the Romanian Debate on Sheltered Industrialization: 1860-1906', in Kenneth Jowitt(ed.), *Social Change in Romania, 1860-1940: A Debate on Development in a European Nation*, University of California Press 1978, p. 60. **19.** Iván T. Berend and György Ránki, *The European Periphery and Industrialization, 1780-1914*, Cambridge University Press 1982, p. 42. **20.** Andrew C. Janos, 'Modernization and Decay in Historical Perspective: The Case of Romania', in Kenneth Jowitt(ed.), *Social Change in Romania, 1860-1940*, p. 84. **21.** 앞의 글, p. 89. **22.** Daniel Chirot, *Social Change in a Peripheral Society: The Creation of a Balkan Colony*, Academic Press, New York 1976, p. 144. **23.** Dan Berindei, 'The Nineteenth Century', in Dinu C. Giurescu and Stephen Fischer-Galaţi(eds), *Romania: A Historic Perspective*, East European Monographs, Boulder, CO, distributed by Columbia University Press 1998, p. 225. **24.** Janos, 'Modernization and Decay in Historical Perspective', p. 98. **25.** Iordachi, 'The Unyielding Boundaries of Citizenship', pp. 162-3. **26.** Janos, 'Modernization and Decay in Historical Perspective', p. 93. **27.** 앞의 글, pp. 100, 85. **28.** Hitchins, *Rumania*, pp. 23-7. **29.** Hippolyte Desprez, 'La Moldo-Valachie et le mouvement roumain', *Revue des deux mondes*, vol. 21, 1848, p. 112. **30.** Hitchins, *Rumania*, p. 138. **31.** Chirot, *Social Change in a Peripheral Society*, pp. 123, 130, 133. 1864년 토지개혁에 관해서는 Durandin, *Histoire des Roumains*, pp. 164-6을 보라. **32.** Daniel Chirot and Charles

Ragin, 'The Market, Tradition and Peasant Rebellion: The Case of Romania in 1907', *American Sociological Review*, vol. 40, no. 4, August 1975, pp. 430-31. **33.** Jeremy Attack, Fred Bateman, and William N. Parker, 'The Farm, the Farmer, and the Market', in Stanley L. Engerman and Robert E. Gallman(eds), *The Cambridge Economic History of the United States*, vol. 2: *The Long Nineteenth Century*, Cambridge University Press 2000, p. 257. **34.** Simmel, 'The Metropolis and Mental Life', in *Simmel on Culture*, ed. Frisby and Featherstone, p. 176. **35.** Iván T. Berend and György Ránki, 'Underdevelopment in Europe in the Context of East-West Relations in the Nineteenth Century', in *Études historiques hongroises*, ed. Dezső Nemes, Akadémiai Kiadó, Budapest 1980, p. 703. **36.** Hitchins, *Rumania*, pp. 112-13; Durandin, *Histoire des Roumains*, pp. 183-7. **37.** Durandin, *Histoire des Roumains*, p. 188. **38.** Hitchins, *Rumania*, pp. 155-7. **39.** Chirot, *Social Change in a Peripheral Society*, pp. 145, 148. **40.** Walter Benjamin, *On the Concept of History*, Gesammelten Schriften I:2, Suhrkamp Verlag, Frankfurt am Main 1974, Thesis 9, 1940: http://members.efn.org/~dredmond/ThesesonHistory.html. **41.** Durandin, *Histoire des Roumains*, pp. 205-6. **42.** 스피루 하레트에 관해서는 Irina Livezeanu, *Cultural Politics in Greater Romania*, Cornell University Press 1995, pp. 31-3을 보라. **43.** Andrew C. Janos, *East Central Europe in the Modern World: The Politics of the Borderlands from Pre- to Postcommunism*, Stanford University Press 2000, pp. 77-8, 83-5. **44.** 앞의 책, p. 91. **45.** Victor Bulmer-Thomas, *The Economic History of Latin America since Independence*, Cambridge University Press 2003, pp. 53, 58, 72, 74. **46.** 앞의 책, p. 142. **47.** William Glade, 'Latin America and the International Economy, 1870-1914', in Bethell(ed.), *The Cambridge History of Latin America*, vol. IV, p. 12. **48.** Angus Maddison, *Historical Statistics of the World Economy: 1-2008 AD. Essays in Macro-Economic History*, Oxford University Press 2007. **49.** Lehmann, *The Roots of Modern Japan*, pp. 192-4. **50.** Bulmer-Thomas, *The Economic History of Latin America since Independence*, p. 128. **51.** Colin M. Lewis, 'Industry in Latin America before 1930', in Bethell(ed.), *The Cambridge History of Latin America*, vol. IV, pp. 277-8을 보라. **52.** Claudio Robles-Ortiz, 'Agrarian Capitalism and Rural Labour: The Hacienda System in Central Chile, 1870-1920', *Journal of Latin American Studies*, vol. 41, no. 3, August 2009, pp. 493-526. **53.** Aurora Gómez-Galvarriato and Jeffrey G. Williamson, 'Was it Prices, Productivity or Policy? Latin American Industrialisation after 1870', *Journal of Latin American Studies*, vol. 41, no. 4, November 2009, pp. 668-9. **54.** Bulmer-Thomas, *The Economic History of Latin America since Independence*, p. 59; Glade, 'Latin America and the International Economy', pp. 16-17. **55.** Andrés Guerrero, 'Naissance des bourgeoisies latino-américaines au XXe siècle: le cas de l'Équateur', *Annales*, vol. 35, no. 6, November-December 1980, p. 1172. **56.** José Luis

González, *Nuestra crisis y el Fondo Monetario Internacional*, p. 122. Charles Anderson, *Politics and Economic Change in Latin America*, D. Van Nostrand Co., Princeton, NJ 1967, p. 28에서 인용. **57.** Glade, 'Latin America and the International Economy', pp. 7, 19, 48. Lewis, 'Industry in Latin America before 1930', pp. 268-70도 보라. **58.** Charles A. Hale, 'Political and Social Ideas in Latin America, 1870-1930', in Bethell(ed.), *The Cambridge History of Latin America*, vol. IV, p. 414. **59.** José Enrique Rodó, *Ariel*, ed. Belén Castro, Cátedra, Madrid 2000, pp. 180, 207, 215. **60.** Bulmer-Thomas, *The Economic History of Latin America since Independence*, pp. 14-17. 1980년대 이후 다시 수출 주도형 성장으로 돌아갔다. Duncan Green, *Silent Revolution: The Rise and Crisis of Market Economics in Latin America*, Monthly Review Press, New York 2003, p. 11도 보라. **61.** Joel Stillerman and Peter Winn, 'Introduction: Globalization and the Latin American Workplace', *International Labor and Working-Class History*, vol. 70, Fall 2006, p. 1. **62.** Bulmer-Thomas, *The Economic History of Latin America since Independence*, p. 49. **63.** Glade, 'Latin America and the International Economy', pp. 2-3. **64.** Nicola Crepax, 'Tradizione Lombarda, industria tessile e sviluppo economico', in Luciano Cafagna and Nicola Crepax(eds), *Atti di intelligenza e sviluppo economico. Saggi per il bicentenario della nascita di Carlo Cattaneo*, Il Mulino, Bologna 2001, p. 244. **65.** Giuliano Procacci, *La lotta di classe in Italia agli inizi del secolo XX*, Riuniti, Rome 1978, p. 8. **66.** Stefano Musso, 'La famiglia operaia', in Piero Melograni(ed.), *La famiglia italiana dall'ottocento a oggi*, Laterza, Rome-Bari 1988, pp. 61-3. **67.** Vera Zamagni, *The Economic History of Italy, 1860-1990*, Clarendon Press, Oxford 1993, pp. 81-2. **68.** Francesco Barbagallo, *Napoli, Belle Époque*, Laterza, Rome-Bari 2015, p. 41. **69.** 티베트에 농노제 형태가 존재했는지 여부는 논쟁의 대상이다. '구석구석 스며든 농노제'라는 용어를 사용하는 Melvyn C. Goldstein, 'Serfdom and Mobility: An Examination of the Institution of "Human Lease" in Traditional Tibetan Society', *Journal of Asian Studies*, vol. 30, no. 3, May 1971, p. 521을 보라. **70.** Jerome Blum, *The End of the Old Order in Rural Europe*, Princeton University Press 1978, pp. 377-86; Nicolas Spulber, *Russia's Economic Transitions: From Late Tsarism to the New Millennium*, Cambridge University Press 2003, p. 53. **71.** Nicos P. Mouzelis, *Modern Greece: Facets of Underdevelopment*, Macmillan, London 1978, p. 15. **72.** 앞의 책, p. 21. **73.** Vassilis K. Fouskas and Constantine Dimoulas, *Greece, Financialization and the European Union*, Palgrave Macmillan, London 2013, p. 65. **74.** *The Economist*, 17 October 2015: http://www.economist.com/news/economic-and-financial-indicators/21674507-merchant-fleets. **75.** Dertilis, 'Introduction', in Dertilis(ed.), *Banquiers, usuriers et paysans*, pp. 18, 28. **76.** Albert Broder, Gérard Chastagnaret, and Émile Temime, 'Capital et croissance dans l'Espagne du XIXème siècle', in Jean-Pierre Amalric et al., *Aux origi-*

nes du retard économique de l'Espagne, XVIe-XIXe siècles, CNRS, Paris 1983, p. 64. **77.** 앞의 글, pp. 64-73. **78.** Charles Harvey and Peter Taylor, 'Mineral Wealth and Economic Development: Foreign Direct Investment in Spain, 1851-1913', *Economic History Review*, vol. 40, no. 2, 1987, pp. 186-7. **79.** Gabriel Tortella, *The Development of Modern Spain: An Economic History of the Nineteenth and Twentieth Centuries*, Harvard University Press 2000, pp. 75ff. **80.** Harvey and Taylor, 'Mineral Wealth and Economic Development', p. 187. **81.** Tortella Casares, *The Development of Modern Spain*, pp. 74, 89, 114. **82.** Gabriel Tortella, 'Patterns of Economic Retardation and Recovery in South-Western Europe in the Nineteenth and Twentieth Centuries', *Economic History Review*, vol. 47, 1994, p. 5. **83.** Bairoch, 'Niveaux de développement économique de 1810 à 1910', *Annales*, pp. 1110, 1092. 여기에는 11개국의 데이터만 나오지만 다른 나라가 상위 11위에 올랐을 가능성은 거의 없다. 지은이는 또한 입수 가능한 통계 가운데 일부, 특히 일본의 낮은 순위에 조심스럽게 의문을 던진다. **84.** Bairoch, 'La Suisse dans le contexte international aux XIXe et XXe siècles', in Bairoch and Körner(eds), *La Suisse dans l'économie mondiale*, p. 106. **85.** Lars G. Sandberg, 'The Case of the Impoverished Sophisticate: Human Capital and Swedish Economic Growth before World War Ⅰ', *Journal of Economic History*, vol. 39, no. 1, March 1979, p. 225. **86.** Paul Bairoch, 'International Industrialization Levels from 1750 to 1980', *Journal of European Economic History*, vol. 11, no. 2, Fall 1982, p. 293.

제5장 국가

1. P. H. Clendenning, 'The Economic Awakening of Russia in the 18th Century', *Journal of European Economic History*, vol. 14, no. 3, Winter 1985, p. 470에서 인용. **2.** Ian Inkster, 'Technological and Industrial Change: A Comparative Essay', in *The Cambridge History of Science*, vol. 4, ed. Roy Porter, Cambridge University Press 2003, p. 862. **3.** Malcolm Yapp, 'Europe in the Turkish mirror', *Past & Present*, no. 137, 1992, p. 154. **4.** Yen-P'ing Hao and Erh-min Wang, 'Changing Chinese Views of Western Relations, 1840-95', in Fairbank and Liu(eds), *The Cambridge History of China*, vol. 11, p. 193. **5.** Moulder, *Japan, China, and the Modern World Economy*, pp. 189-90. **6.** 이 구절은 찰스 틸리의 글에서 가져온 것이다. Charles Tilly, 'War Making and State Making as Organized Crime', in *Bringing the State Back In*, ed. Peter B. Evans, Dietrich Rueschemeyer, and Theda Skocpol, Cambridge University Press 1985. **7.** John Williamson, 'What Washington Means by Policy Reform', in *Latin American Adjustment: How Much Has Happened?*, ed. John Williamson, Institute for International Economics, Washington, DC

1989. **8.** Adam Przeworski, 'The Last Instance: Are Institutions the Primary Cause of Economic Development?', *Archives européennes de sociologie*, vol. xlv, no. 2, 2004, p. 166. **9.** Robert Wade, 'Financial Regime Change?', *New Left Review*, no. 53, September/October 2008, p.19; Arrighi, *Adam Smith in Beijing*, pp. 354-5. **10.** Martin Wolf, 'How the Beijing Elite Sees the World', *Financial Times*, 2 May 2018. **11.** Jean-Charles Asselain, 'L'expérience chinoise en perspective historique. Un regard occidental', *Revue d'études comparative Est-Ouest*, vol. 30, nos 2-3, 1999, pp. 328, 353-4. **12.** Chenggang Xu and Juzhong Zhuang, 'Why China Grew: The Role of Decentralization', in Peter Boone, Stanislaw Gomulka, and Richard Layard(eds), *Emerging from Communism: Lessons from Russia, China and Eastern Europe*, MIT 1998, pp. 183-7. **13.** Ha-Joon Chang, *Kicking Away the Ladder: Development Strategy in Historical Perspective*, Anthem Press, London 2003, pp. 120-21; Joseph E. Stiglitz, 'Is there a Post-Washington Consensus Consensus?', in *The Washington Consensus Reconsidered: Towards a New Global Governance*, ed. Narcís Serra and Joseph E. Stiglitz, Oxford University Press 2008, p. 43. **14.** Stiglitz, 'Is there a Post-Washington Consensus Consensus?', p. 44. **15.** William J. Baumol, Robert E. Litan, and Carl J. Schramm, *Good Capitalism, Bad Capitalism and the Economics of Growth and Prosperity*, Yale University Press 2007, pp. 7-8. **16.** Romain Duval, 'Le rôle de l'idéologie et des croyances dans l'économie politique', *Revue d'économie politique*, vol. 117, no. 4, July-August 2007, p. 594. **17.** Frederick(Friedrich) List, *National System of Political Economy*(1841), trans. G. A. Matile, J. B. Lippincott & Co., Philadelphia, PA 1856, p. 267. **18.** 앞의 책, p. 109. **19.** 앞의 책, p. 262. **20.** 앞의 책, p. 200. **21.** Emma Rothschild, *Economic Sentiments: Adam Smith, Condorcet and the Enlightenment*, Harvard University Press 2001, p. 116. **22.** Adam Smith, *An Inquiry into the Nature and Causes of the Wealth of Nations*, Penn State Electronic Classics 2005, pp. 363-4: http://www2.hn.psu.edu/faculty/jmanis/adam-smith/Wealth-Nations.pdf. **23.** Donald Winch, 'Adam Smith's "enduring particular result": A Political and Cosmopolitan Perspective', in Istvan Hont and Michael Ignatieff(eds), *Wealth and Virtue: The Shaping of Political Economy in the Scottish Enlightenment*, Cambridge University Press 1983, pp. 264-5. **24.** Smith, *An Inquiry into the Nature and Causes of the Wealth of Nations*, p. 111. **25.** 앞의 책, p. 83. **26.** Angus Maddison, *Contours of the World Economy, 1-2030 AD: Essays in Macro-Economic History*, Oxford University Press 2007, p. 381. **27.** Smith, *An Inquiry into the Nature and Causes of the Wealth of Nations*, p. 697. **28.** Marina Lewycka, *Various Pets Alive and Dead*, Penguin/Fig Tree, London 2012, p. 61. **29.** 장-바티스트 세의 『실천정치경제학통론Cours complet d'économie politique pratique』(1829)의 전체 부제는 '정치인, 지주와 자본가, 과학자, 농민, 제조업자, 도매상인, 그밖에 사회 경제의 시민 일반에게 보여주기 위해 쓴

저작ouvrage destiné à mettre sous les yeux des hommes d'État, des propriétaires fonciers et des capitalistes, des savans, des agriculteurs, des manufacturiers, des négocians, et en général de tous les citoyens l'économie des sociétés'(vol. 5)이다. **30.** Rothschild, *Economic Sentiments*, pp. 127-8에서 인용. 스미스의 인용으로는 Smith, *An Inquiry into the Nature and Causes of the Wealth of Nations*, p. 213을 보라. **31.** Smith, *An Inquiry into the Nature and Causes of the Wealth of Nations*, p. 602. **32.** 앞의 책, pp. 537-8. **33.** Keynes, *The General Theory of Employment, Interest, and Money*, pp. 46, 104. **34.** Alexander Pushkin, *Yevgeny Onegin*, trans. Anthony Briggs, Pushkin Press, London 2016, p 56. **35.** Rothschild, *Economic Sentiments*, p. 81. **36.** Colin J. Homes, 'Laissez-Faire in Theory and Practice: Britain 1800-1875', *Journal of European Economic History*, vol. 5, no. 3, Winter 1976, p. 674. **37.** Smith, *An Inquiry into the Nature and Causes of the Wealth of Nations*, p. 337. **38.** David Hume, 'Of the Balance of Trade', in David Hume, *Selected Essays*, Oxford University Press 2008, p. 201. **39.** John Stuart Mill, *Principles of Political Economy*(1848), Longmans, Green and Co., London 1904, p. 480. Pedro Schwartz, *The New Political Economy of J. S. Mill*, Weidenfeld and Nicolson, London 1972, p. 116과 전반적인 논의로는 6장 전체도 보라. **40.** Eugenio F. Biagini, *Liberty, Retrenchment and Reform: Popular Liberalism in the Age of Gladstone, 1860-1880*, Cambridge University Press 1992, pp. 166-7. **41.** Edmund Burke, *Thoughts and Details on Scarcity, originally presented to the Right Hon. William Pitt, in the month of November 1795*, F. and C. Rivington, London 1800, pp. 45-6: https://archive.org/stream/thoughtsanddeta00pittgoog#page/n5/mode/2up. **42.** John Maynard Keynes, 'The End of Laissez-Faire'(1926), in *Essays in Persuasion*, Macmillan 1972, p. 288. 케인스는 매컬러John Ramsay McCulloch의 『정치경제학 원리Principles of Political Economy』의 후기 판본에서 인용하면서 버크가 쓴 원문과 달리 'discretion'을 'exertion'으로 잘못 인용한 매컬러의 오류를 되풀이한다. **43.** Burke, *Thoughts and Details on Scarcity*, p. 46. **44.** Thomas Paine, *Common Sense*, 1776: http://www.gutenberg.org/files/147/147-h/147-h.htm. **45.** Friedrich Engels, *Anti-Dühring*, Progress Publishers, Moscow 1969, p. 333(3부, 2장). **46.** Keynes, 'The End of Laissez-Faire', p. 291. **47.** Herbert Spencer, *The Principles of Biology*, vol. 1, Williams and Norgate, Edinburgh 1864, pp. 444-5. **48.** Herbert Spencer, *Social Statics, together with The Man versus the State*, D. Appleton and Co., New York 1897, p. 314. **49.** David G. Ritchie, *The Principles of State Interference: Four Essays on the Political Philosophy of Mr. Herbert Spencer, J. S. Mill, and T. H. Green*, Swan Sonnenschein, London 1902(1891), p. 3. **50.** 앞의 책, p. 4. **51.** Hofstadter, *Social Darwinism in American Thought*, pp. 31, 33. **52.** Naomi Beck, 'The Diffusion of Spencerism and its Political Interpretations in France and Italy', in Greta Jones and Robert A. Peel(eds), *Herbert Spencer: The Intellectual Legacy*,

The Galton Institute, London 2004, p. 42. **53.** 앞의 글, pp. 51-2. **54.** Schwartz, *In Search of Wealth and Power*, pp. 47-77. **55.** Jansen, *The Making of Modern Japan*, p. 388. **56.** Douglas Howland, 'Society Reified: Herbert Spencer and Political Theory in Early Meiji Japan', *Comparative Studies in Society and History*, vol. 42, no. 1, January 2000, p. 70. **57.** Marwa Elshakry, *Reading Darwin in Arabic, 1860-1950*, University of Chicago Press 2014, pp. 82-3. **58.** Charles A. Hale, *The Transformation of Liberalism in Late Nineteenth-Century Mexico*, Princeton University Press 1989, pp. 237, 251. **59.** Greta Jones, 'Spencer and his Circle', in Jones and Peel(eds), *Herbert Spencer: The Intellectual Legacy*, p. 10. **60.** Stefan Collini, *Liberalism and Sociology: L. T. Hobhouse and Political Argument in England, 1880-1914*, Cambridge University Press 1979, pp. 17-20. **61.** Michael Freeden, *The New Liberalism: An Ideology of Social Reform*, Clarendon Press, Oxford 1978, pp. 35-6. **62.** Collini, *Liberalism and Sociology*, pp. 20-21. **63.** 'A Word for Laissez-Faire', *Pall Mall Gazette*, 14 October 1883. Wohl, *The Eternal Slum*, pp. 223-4에서 인용. **64.** Sidney Webb, 'The Moral of the Elections', *Contemporary Review*, vol. 62, August 1892, p. 273. **65.** 앞의 글, p. 275. **66.** 앞의 글, pp. 280-81. **67.** Joseph Chamberlain, *Mr. Chamberlain's Speeches*, vol. 1, ed. Charles W. Boyd, Constable, London 1914, pp. 163-4. **68.** Nicholas W. Balabkins, *Not by Theory Alone: The Economics of Gustav von Schmoller and its Legacy to America*, Duncker & Humblot, Berlin 1988, p. 47. Kenneth Barkin, 'Adolf Wagner and German Industrial Development', *Journal of Modern History*, vol. 41, no. 2, June 1969, pp. 144-59도 보라. **69.** Gary Cross, *A Quest for Time: The Reduction of Work in Britain and France, 1840-1940*, University of California Press 1989, p. 126. **70.** David Blackbourn, 'The Discreet Charm of the Bourgeoisie: Reappraising German History in the Nineteenth Century', in David Blackbourn and Geoff Eley, *The Peculiarities of German History: Bourgeois Society and Politics in Nineteenth-Century Germany*, Oxford University Press 1984, pp. 178-81. **71.** 마사리크와 도브로제아누-게레아, 『20세기』에 관해서는 Balázs Trencsényi, Maciej Janowski, Móniká Baar, Maria Falina, and Michal Kopeček, *A History of Modern Political Thought in East Central Europe*, vol. 1: *Negotiating Modernity in the 'Long Nineteenth Century'*, Oxford University Press 2016, pp. 332, 432, 465, 437-8, 468-9을 보라. **72.** Michèle Merger, *Un siècle d'histoire industrielle en Italie, 1880-1998*, SEDES, Paris 1998, p. 21. **73.** Guido Baglioni, *L'ideologia della borghesia industriale nell'Italia liberale*, Einaudi, Turin 1974, p. 129. **74.** Antonio Gramsci, *Il Risorgimento*, Editori Riuniti, Rome 1971, p. 102. **75.** Baglioni, *L'ideologia della borghesia industriale*, pp. 150-52. **76.** Edmond Neukomm, *Voyage au pays du déficit(la Nouvelle Italie)*, Ernest Kolb, Paris 1890, p. 145. **77.** Giorgio Mori, 'Blocco di potere e lotta politica in Italia', in *Storia della società italiana*, vol. 14: *Il blocco di potere nell'Italia* *unita*, Teti editore, Milan 1980, pp. 251, 264.   **78.** Nello Quilici, *Origine sviluppo e insufficienza della borghesia italiana*, ISPI, Milan 1942, p. 359.   **79.** Richard A. Webster, *Industrial Imperialism in Italy, 1908-1915*, University of California Press 1975, pp. 6-8, 12-15, 24-5, 41, 53.   **80.** Harrison, *Disease and the Modern World*, p. 115.   **81.** Paul Leroy-Beaulieu, *La question de la population*, F. Alcan, Paris 1913, p. 470.   **82.** Marx, *Capital*, vol. 1, pp. 16, 61, 81.   **83.** Keynes, 'The End of Laissez-Faire', p. 281.   **84.** Frédéric Bastiat, *Harmonies économiques, in Oeuvres Complètes*, vol. Ⅵ, Guillaumin, Paris 1870(6th ed.), p. 557.   **85.** 앞의 책, pp. 553-5.   **86.** 앞의 책, pp. 541, 543-5.   **87.** 앞의 책, p. 566.   **88.** Eliane Gubin, 'Liberalisme économique et paternalisme en Belgique au ⅩⅨe siècle', in Erik Aerts, Claude Beaud, and Jean Stengers(eds), *Liberalism and Paternalism in the 19th Century*(Tenth International Economic History Congress, Leuven, August 1990), Leuven University Press 1990, pp. 83-5.   **89.** Gustave de Molinari, 'De la production de la sécurité', *Journal des économistes*, 15 February 1849: http://www.panarchy.org/molinari/securite.html.   **90.** Jean Puissant, '1886, la contre-réforme sociale?', in Pierre Van der Vorst(ed.), *Cent ans de droit social belge*, Bruylant, Brussels 1988, p. 70.   **91.** Henri Pirenne, *Histoire de Belgique. Des origines à nos jours*, vol. 5, La Renaissance du Livre, Brussels 1975, p. 155(초판은 1900~1932년에 총 7권으로 발행).   **92.** Holmes, 'Laissez-Faire in Theory and Practice', p. 681.   **93.** John Stuart Mill, 'Miss Martineau's Summary of Political Economy', *Monthly Repository*, vol. Ⅷ, May 1834, pp. 318-22(a review of *The Moral of Many Fables* by Harriet Martineau). *The Collected Works of John Stuart Mill*, vol. Ⅳ에 수록.   **94.** Keynes, 'The End of Laissez-Faire', p. 282.   **95.** Daumard, 'Puissance et inquiétudes de la société bourgeoise', p. 402.   **96.** William G. Roy, *Socializing Capital: The Rise of the Large Industrial Corporation in America*, Princeton University Press 1997, p. 83.   **97.** Olga Crisp, *Studies in the Russian Economy before 1914*, Macmillan, London 1976, pp. 153-4.   **98.** V. L. Stepanov, 'Nikolai Khristianovich Bunge', *Russian Studies in History*, vol. 35, no. 2, Fall 1996, p. 53.   **99.** François Caron, 'Dynamismes et freinages de la croissance industrielle', in Fernand Braudel and Ernest Labrousse(eds), *Histoire économique et sociale de la France*, Tome Ⅳ: *L'ère industrielle et la société d'aujourd'hui(siècle 1880-1980)*, vol. 1, Presses Universitaires de France, Paris 1979, p. 244.   **100.** 앞의 글, p. 252.   **101.** H. G. Creel, 'The Beginnings of Bureaucracy in China: The Origin of the *Hsien*', *Journal of Asian Studies*, vol. 23, no. 2, February 1964, p. 156.   **102.** Andrew C. Janos, *The Politics of Backwardness in Hungary, 1825-1945*, Princeton University Press 1982, pp. 90, 93-4.   **103.** OECD 수치(ILO의 수치를 바탕으로 함): http://www.oecd-ilibrary.org/sites/gov_glance-2011-en/05/01/gv-21-01.html?itemId=/content/chapter/gov_glance-2011-27-en&_csp_=6514ff186e872f0ad7b772c5f31fbf2f.   **104.** Muller, *The Mind and* *the Market*, p. 234.　**105.** Mark Hewitson, 'German Public Opinion and the Question of Industrial Modernity: Wilhelmine Depictions of the French Economy', *European Review of History*, vol. 7, no. 1, Spring 2000, p. 59.　**106.** Max Weber, 'The Nation State and Economic Policy', in Peter Lassman and Ronald Speirs(eds), *Weber: Political Writings*, Cambridge University Press 1994, pp. 13, 15.　**107.** Wolfgang J. Mommsen, *Max Weber et la politique allemande, 1890-1920*, Presses Universitaires de France, Paris 1985, p. 63을 보라.　**108.** David Beetham, *Max Weber and the Theory of Modern Politics*, Polity Press, Cambridge 1995, p. 38.　**109.** 앞의 책, pp. 56, 222-3.　**110.** Eric Hobsbawm, *Industry and Empire*, Penguin, London 1968, p. 135.　**111.** Martin Robson, *A History of the Royal Navy: The Seven Years War*, I. B. Tauris, London 2015, p. 52에서 인용.　**112.** D. C. M. Platt, *Finance, Trade, and Politics in British Foreign Policy, 1815-1914*, Clarendon Press, Oxford 1968, pp. xiii-xiv.　**113.** David Edgerton, *The Rise and Fall of the British Nation*, Allen Lane, London 2018, pp. 113-19.　**114.** Christopher Hill, *Reformation to Industrial Revolution: The Making of Modern English Society, 1530-1780*, Penguin, London 1969, p. 226.

제6장 조세

1. Edmund Burke, *Reflections on the Revolution in France*, Apollo Press, London 1814, p. 226.　**2.** Robert Brenner, 'Economic Backwardness in Eastern Europe in Light of Developments in the West', in Chirot(ed.), *The Origins of Backwardness in Eastern Europe*, p. 23.　**3.** Blum, 'The Condition of the European Peasantry on the Eve of Emancipation', pp. 398, 402.　**4.** Roman Rosdolsky, 'The Distribution of the Agrarian Product in Feudalism', *Journal of Economic History*, vol. 11, no. 3, Summer 1951, pp. 263.　**5.** 앞의 글, p. 264에서 인용.　**6.** Carolyn C. Fenwick,(ed.) *The Poll Taxes of 1377, 1379, and 1381, Part 1: Bedfordshire Leicestershire*, Oxford University Press for the British Academy, London 1998, pp. xxiii-xxvi.　**7.** Ardant, *Histoire financière*, p. 196.　**8.** John Locke, *Second Treatise on Government*, XI장, 142절: http://www.gutenberg.org/files/7370/7370-h/7370-h.htm.　**9.** Jean-Jacques Rousseau, *Discours sur l'économie politique*: http://classiques.uqac.ca/classiques/Rousseau_jj/discours_economie_politique/discours_eco_pol.html, p. 28.　**10.** Richard Bonney, 'France, 1494-1815', in Richard Bonney(ed.), *The Rise of the Fiscal State in Europe, c.1200-1815*, Oxford University Press 1999, p. 164.　**11.** Max Weber, 'Politics as a Vocation', in Max Weber, *The Vocation Lectures*, ed. David Owen and Tracy B. Strong, Hackett Publishing, Indianapolis, IN 2004,

p. 33. **12.** Jean-Baptiste Say, *Traité d'économie politique ou simple exposition de la manière dont se forment, se distribuent et se consomment les richesses*, O. Zeller, 1841(6th ed.), 3권, 9장, pp. 507-8: http://fr.wikisource.org/wiki/Trait%C3%A9_d%E2%80%99%C3%A9conomie_politique/Livre_3/Chapitre_9. **13.** 센에우아즈주에 국한된 장기 연구를 보라: Nicolas Delalande, 'Le consentement à l'impôt en France: les contribuables, l'administration et le problème de la confiance. Une étude de cas en Seine-et-Oise(années 1860-années 1930)', *Revue d'histoire moderne et contemporaine*, vol. 56, no. 2, April-June 2009, pp. 135-63. **14.** 현재의 파탄국가 성적표는 세금 징수를 핵심 변수로 고려하지도 않는다. 미국에 본부를 둔 평화기금Fund for Peace에서 매년 펴내는 보고서를 보라: http://www.fundforpeace.org/web/index.php?option=com_content&task=view&id=452&Itemid=900. 2010년 상위 10대 파탄국가는 소말리아, 차드, 수단, 짐바브웨, 콩고, 아프가니스탄, 이라크, 중앙아프리카공화국, 기니, 파키스탄이다. **15.** Joseph A. Schumpeter, 'The Crisis of the Tax State'(1918), in Joseph A. Schumpeter, *The Economics and Sociology of Capitalism*, ed. Richard Swedberg, Princeton University Press 1991, p. 100. **16.** Jean-Marc Daniel, *Histoire vivante de la pensée économique: Des crises et des hommes*, Pearson, Paris 2010, p. 35. **17.** John Brewer, *The Sinews of Power: War, Money and the English State, 1688-1783*, Routledge, London 1994, p. 22. Martin Daunton, 'Trusting Leviathan: The Politics of Taxation, 1815-1914', in Donald Winch and Patrick O'Brien(eds), *The Political Economy of British Historical Experience, 1688-1914*, Oxford University Press 2002, pp. 319-20도 보라. **18.** Brewer, *The Sinews of Power*, p. 91. **19.** Patrick O'Brien, 'Fiscal Exceptionalism: Great Britain and its European Rivals from Civil War to Triumph at Trafalgar and Waterloo', in Winch and O'Brien(eds), *The Political Economy of British Historical Experience, 1688-1914*, p. 262와 Martin Daunton, 'Creating Consent: Taxation, War, and Good Government in Britain, 1688-1914', in Sven H. Steinmo(ed.), *The Leap of Faith: The Fiscal Foundations of Successful Government in Europe and America*, Oxford University Press 2018, p. 131. **20.** Margaret Levi, *Of Rule and Revenue*, University of California Press 1988, p. 97. **21.** Thomas Mortimer, *The Elements of Commerce*, Politics and Finances, London 1772, pp. 321, 440. **22.** Immanuel Kant, 'Perpetual Peace: A Philosophical Sketch', in *Political Writings*, ed. Hans Reiss, Cambridge University Press 1991, p. 95, 강조는 지은이. **23.** Peter Nolan, *China at the Crossroads*, John Wiley, London 2013, p. 142. **24.** Levi, *Of Rule and Revenue*, pp. 123-4. **25.** Daunton, 'Trusting Leviathan', pp. 323, 334. **26.** Harriet Martineau, *A History of England: The Thirty Years' Peace*, Charles Knight, London 1849-50, vol. 2, p. 538. Wendy Hinde, *Richard Cobden: A Victorian Outsider*, Yale University Press 1987, p. 106에서 인용. **27.** Norman Gash, *Pillars of Government and Other Essays on State and Society, c. 1770-1880*, Edward Arnold, London

1986, p. 53.　**28.**　Gabriel Ardant, *Histoire de l'impôt*, vol. 2: *Du XVIIIe au XXIe siècle*, Fayard, Paris 1972, p. 343.　**29.**　Daunton, 'Trusting Leviathan', pp. 335-40.　**30.**　Roger Middleton, *Government versus the Market*, Edward Elgar, Cheltenham 1996, p. 86.　**31.** Smith, *An Inquiry into the Nature and Causes of the Wealth of Nations*, p. 691. p. 676도 보라.　**32.**　Mill, *Principles of Political Economy*, 1904, p. 486.　**33.**　Rothschild, *Economic Sentiments*, p. 29에서 인용.　**34.**　Burke, *Reflections on the Revolution in France*, pp. 286-7.　**35.**　Montesquieu, *De l'esprit des lois*, vol. 1, p. 416(XⅢ권, 1 장).　**36.**　David J. A. Macey, *Government and Peasant in Russia, 1861-1906: The Prehistory of the Stolypin Reforms*, Northern Illinois University Press 1987, p. 36.　**37.** Pierre Antonmattei, *Léon Gambetta, héraut de la République*, Éditions Michalon, Paris 1999, p. 164.　**38.**　Hewitson, 'German Public Opinion and the Question of Industrial Modernity', p. 54.　**39.**　Middleton, *Government versus the Market*, p. 94.　**40.**　Nicolas Delalande, *Les batailles de l'impôt: Consentement et résistance de 1789 à nos jours*, Seuil, Paris 2011, p. 215.　**41.**　Caron, 'Dynamismes et freinages de la croissance industrielle', in Braudel and Labrousse(eds), *Histoire économique et sociale de la France*, vol. 1, book Ⅳ, p. 256.　**42.**　Jean-Denis Bredin, *Joseph Caillaux*, Hachette, Paris 1980, pp. 95-6.　**43.**　Delalande, *Les batailles de l'impôt*, p. 7.　**44.**　OECD 데이터베이스에서 가져온 과세 통계: www.oecd.org/ctp/taxdatabase.　**45.**　Stephen Vlastos, 'Opposition Movements in Early Meiji, 1868-1885', in Marius B. Jansen(ed.), *Cambridge History of Japan*, vol. 5: *The Nineteenth Century*, Cambridge University Press 1989, pp. 368-9.　**46.** Hirschmeier and Yui, *The Development of Japanese Business 1600-1973*, pp. 83-4; 1885~9년의 농지세 수입 수치는 Norman, *Japan's Emergence as a Modern State*, p. 77.　**47.**　Berend and Ránki, *The European Periphery and Industrialization, 1780-1914*, p. 71.　**48.**　Janos, *East Central Europe in the Modern World*, p. 92.　**49.**　Janos, 'Modernization and Decay in Historical Perspective', p. 96.　**50.**　Zamagni, *Dalla periferia al centro*, p. 219.　**51.**　Şevket Pamuk, 'The Evolution of Fiscal Institutions in the Ottoman Empire, 1500-1914', in Bartolomé Yun-Casalilla and Patrick O'Brien(eds), *The Rise of Fiscal States: A Global History, 1500-1914*, Cambridge University Press 2012, pp. 329-30.　**52.**　Robert H. Gorlin, 'Problems of Tax Reform in Imperial Russia', *Journal of Modern History*, vol. 49, no. 2, June 1977, p. 249와 Peter Gatrell, 'The Russian Fiscal State, 1600-1914', in Yun-Casalilla and O'Brien(eds), *The Rise of Fiscal States*, p. 203. 두 저자 는 아주 다른 수치를 제시하면서도 실질적인 현황에 관해서는 동의한다.　**53.**　Sergei Witte, *The Memoirs of Count Witte*, Heinemann, London 1921, p. 55. Peter I. Lyashchenko, *History of the National Economy of Russia to the 1917 Revolution*, Macmillan, New York, NY 1949, p. 556도 보라.　**54.**　Witte, *Memoirs*, p. 55.　**55.**　Paul Gregory, 'Economic Growth and Structural Change in Tsarist Russia: A Case of Modern Economic

Growth?', *Soviet Studies*, vol. 23, no. 3, January 1972, p. 421. **56.** 2005년에 러시아 남성의 37퍼센트가 55세 이전에 사망한 반면, 영국의 경우에는 그 비율이 7퍼센트에 불과했다. David Zaridze et al., 'Alcohol and Mortality in Russia: Prospective Observational Study of 151,000 Adults', *Lancet*, vol. 383, no. 9927, 26 April 2014, pp. 1465-73을 보라. **57.** Gorlin, 'Problems of Tax Reform in Imperial Russia', pp. 251, 261. **58.** Wong, *China Transformed*, pp. 238-44ff. **59.** Albert Feuerwerker, 'Economic Trends in the Late Ch'ing Empire, 1870-1911', in Fairbank and Liu(eds), *The Cambridge History of China*, vol. 11, p. 63. **60.** Pomeranz, *The Making of a Hinterland*, p. 271. **61.** Crossley, *The Wobbling Pivot*, p. 117. **62.** Spence, *The Search for Modern China*, p. 231. **63.** Richard A. Musgrave, 'Reconsidering the Fiscal Role of Government', *American Economic Review*, vol. 87, no. 2, May 1997, p. 156. **64.** OECD 데이터베이스를 보라: https://stats. oecd.org/Index.aspx?DataSetCode=REV.

제7장 후발 주자와 선구자

1. Hobsbawm, *Industry and Empire*, p. 13. **2.** Maddison, *Dynamic Forces in Capitalist Development*, pp. 30-40. **3.** Peter Mathias, 'La révolution industrielle en Angleterre: un cas unique?', *Annales*, vol. 27, no. 1, January-February 1972, pp. 37-8. **4.** David S. Landes, *The Unbound Prometheus: Technological Change and Industrial Development in Western Europe from 1750 to the Present*, Cambridge University Press 2003, p. 219. **5.** Charles Masterman, *The Condition of England*, Methuen, London 1912(1st ed. 1909), p. 56. **6.** Osterhammel, *The Transformation of the World*, p. 212. **7.** Mokyr, *The Enlightened Economy*, pp. 99, 106-7. **8.** F. M. L. Thompson, *The Rise of Respectable Society: A Social History of Victorian Britain, 1830-1900*, Harvard University Press 1988, p. 29. **9.** Phyllis Deane and W. A. Cole, *British Economic Growth, 1688-1959: Trends and Structure*, Cambridge University Press 1967, p. 143에 실린 수치를 보라. **10.** Thompson, *The Rise of Respectable Society*, p. 43. **11.** Supple, 'The State and the Industrial Revolution, 1700-1914', p. 302. **12.** Jean-Michel Gaillard and André Lespagnol, *Les mutations économiques et sociales au XIXe siècle(1780-1880)*, Nathan, Paris 1984, p. 77. **13.** Alan Birch, *The Economic History of the British Iron and Steel Industry, 1784-1879*, Routledge, London 2005(first published 1967), p. 313. **14.** Richard Tames, *Economy and Society in Nineteenth Century Britain*, Routledge, London 2013, p. 53. 현재 철강을 생산하는 나라들의 목록으로는 http://www.worldsteel.org를 보라. **15.** William H. Phillips, 'The Economic Performance of

Late Victorian Britain: Traditional Historians and Growth', *Journal of European Economic History*, vol. 18, no. 2, Fall 1989, p. 393. 이 글은 D. N. McCloskey, *Economic Maturity and Entrepreneurial Decline: British Iron and Steel, 1870-1913*, Harvard University Press 1973, 5장을 인용한다. **16.** Bairoch, 'International Industrialization Levels from 1750 to 1980', pp. 330-31. **17.** Patrick O'Brien and Caglar Keyder, 'Les voies de passage vers la société industrielle en Grande-Bretagne et en France(1780-1914)', *Annales*, vol. 34, no. 6, November-December 1979, pp. 1287-8. **18.** Gilles Postel-Vinay, 'L'agriculture dans l'économie française. Crises et réinsertion', in Maurice Lévy-Leboyer and Jean-Claude Casanova(eds), *Entre l'état et le marché. L'économie française des années 1880 à nos jours*, Gallimard, Paris 1991, p. 73. **19.** Lévy-Leboyer and Bourguignon, *L'économie française au XIXe siècle*, pp. 268-9. **20.** Leduc, *Histoire de la France*, p. 15. **21.** Jean-Charles Asselain, 'La stagnation économique', in Lévy-Leboyer and Casanova(eds), *Entre l'état et le marché*, p. 220. **22.** World Bank International Comparison Programme: http://web.worldbank.org/external/default/main?pagePK=60002244&theSitePK=270065&contentMDK=23562337&noSURL=Y&piPK=62002388. **23.** World Bank International Comparison Programme: http://web.worldbank.org/external/default/main?pagePK=60002244&theSitePK=270065&contentMDK=23562337&noSURL=Y&piPK=62002388. **24.** International Monetary Fund, World Economic Outlook Database, April 2014: http://www.imf.org/external/pubs/ft/weo/2014/01/weodata/index.aspx; World Bank: 'GDP per capita, PPP(current international $)', World Development Indicators database(2014년 7월 1일 업데이트). **25.** Berend and Ránki, *The European Periphery and Industrialization, 1780-1914*, pp. 31-3. **26.** Gunnar Fridlizius, 'Sweden's Exports, 1850-1960: A Study in Perspective', *Economy and History*, vol. 6, 1963, p. 3. **27.** 앞의 글, pp. 12, 21. **28.** Ivan T. Berend, *An Economic History of Twentieth-Century Europe*, Cambridge University Press 2006, pp. 28-30. **29.** Berend and Ránki, *The European Periphery and Industrialization, 1780-1914*, p. 64. **30.** Sandberg, 'The Case of the Impoverished Sophisticate: Human Capital and Swedish Economic Growth before World War Ⅰ', pp. 227, 230, 232. **31.** Jens Möller, 'Towards Agrarian Capitalism: The Case of Southern Sweden during the 19th Century', *Geografiska Annaler: Series B, Human Geography*, vol. 72, no. 2/3, 1990, pp. 60ff. **32.** Werner Sombart, *The Quintessence of Capitalism: A Study of the History and Psychology of the Modern Business Man*, Fisher Unwin, London 1915, pp. 141, 143. 이 책은 1913년에 출간된 *Der Bourgeois*의 번역본이다. **33.** Sombart, *The Quintessence of Capitalism*, pp. 150-51. **34.** Donald Winch, *Riches and Poverty: An Intellectual History of Political Economy in Britain, 1750-1834*, Cambridge University Press 1996, p. 165. **35.** Austin Harrison, *England & Germany: Republished from 'The*

Observer', Macmillan, London 1907, p. 91: http://archive.org/stream/englandandgerman00harruoft#page/n5/mode/2up. **36.** 앞의 책, pp. 80-81. **37.** 앞의 책, p. 93. **38.** Ernest Edwin Williams, *'Made in Germany'*, Heinemann, London 1896, pp. 162-3. **39.** Arthur Shadwell, *Industrial Efficiency: A Comparative Study of Industrial Life in England, Germany and America*, vol. 2, Longmans, Green, and Co., London 1906, pp. 453-4. **40.** 앞의 책, pp. 45-56. **41.** 앞의 책, p. 456. **42.** 앞의 책, p. 457. **43.** Hubert Kiesewetter, 'Competition for Wealth and Power: The Growing Rivalry between Industrial Britain and Industrial Germany 1815-1914', *Journal of European Economic History*, vol. 20, no. 2, Fall 1991, p. 292. **44.** Malcolm Bull, 'The Decline of Decadence', *New Left Review*, July-August 2015, no. 94, pp. 83-6에 실린 'decadence' 관련 데이터; 구글북스 엔그램뷰어에서 검색한 'decline' 데이터. **45.** Baglioni, *L'ideologia della borghesia industriale*, p. 135. **46.** Giovanni Luigi Fontana, 'Imprenditori, imprese e territorio dalla prima alla seconda rivoluzione industriale' in *L'industria vicentina dal medioevo a oggi*, ed. Giovanni Luigi Fontana, Centro Studi sull'impresa, Vicenza 2004, pp. 365-7. **47.** 에이나우디 본인이 인정하는 것처럼 이런 사실을 깨닫지 못한 탓에 그의 명제는 무효가 된다. Luigi Einaudi, 'La politica economica delle classi operaie italiane nel momento presente', in Luigi Einaudi, *Cronache economiche e politiche di un trentennio*, vol. 1: *1893-1902*, Einaudi, Turin 1959, p. 164를 보라. 1899년 7월 1일자 *Critica sociale*에 처음 수록됨. **48.** 앞의 글, pp. 165-9. **49.** Zamagni, *Dalla periferia al centro*, pp. 207-9, p. 207의 표를 보라. **50.** 앞의 책, p. 216. **51.** Ilaria Barzaghi, *Milano 1881: tanto lusso e tanta folla*, Silvana, Milan 2009, pp. 185-6. **52.** Ana Bela Nunes, Eugénia Mata, and Nuno Valério, 'Portuguese Economic Growth, 1833-1985', *Journal of European Economic History*, vol. 18, no. 2, Fall 1989, p. 301. **53.** Pedro Lains, *L'économie portugaise au XIXe siècle. Croissance économique et commerce extérieur, 1851-1913*, L'Harmattan, Paris 1999, p. 48. **54.** Stanley G. Payne, *A History of Spain and Portugal*, vol. 2: *Eighteenth Century to Franco*, University of Wisconsin Press 1973, p. 557. **55.** Sakari Heikkinen and Riitta Hjerppe, 'The Growth of Finnish Industry in 1860-1913: Causes and Linkages', *Journal of European Economic History*, vol. 16, no. 2, 1987, pp. 227-9. **56.** Hjerppe, *The Finnish Economy, 1860-1985*, pp. 51, 62-3. **57.** David Moon, 'Peasant Migration and the Settlement of Russia's Frontiers, 1550-1897', *Historical Journal*, vol. 40, no. 4, December 1997, p. 893. **58.** Berend and Ránki, *The European Periphery and Industrialization, 1780-1914*, p. 29. **59.** Karl Marx, Preface to the first German edition, *Capital*, vol. 1, Progress Publishers, Moscow 1965, p. 9. **60.** Adam Smith, *Lectures on Jurisprudence*, ed. R. L. Meek, D. D. Raphael, and P. G. Stein, Clarendon Press, Oxford 1978, p. 14. **61.** Smith, *An Inquiry into the Nature and Causes of the Wealth of Nations*, pp. 310-11. **62.** 20세기에 나온 다음의 고전적인 저작

을 보라: Karl Polanyi, *The Great Transformation: The Political and Economic Origins of Our Time*(1944), Beacon Press, Boston, MA 2002; Alexander Gerschenkron, *Economic Backwardness in Historical Perspective*, Belknap Press, Cambridge, MA 1962; Barrington Moore, Jr., *Social Origins of Dictatorship and Democracy: Lord and Peasant in the Making of the Modern World*, Beacon Press, Boston, MA 1966. **63.** Jonathan M. Wiener, 'Review of Reviews: *Social Origins of Dictatorship and Democracy*', in *History and Theory*, vol. 15, no. 2, May 1976, pp. 146-75에 명료하게 요약돼 있다. **64.** Patrick O'Brien, 'Do We Have a Typology for the Study of European Industrialization in the XIX th Century?', *Journal of European Economic History*, vol. 15, no. 2, Fall 1986, p. 323. **65.** Colin Leys, *The Rise and Fall of Development Theory*, James Currey, London 1996, p. 49. **66.** Luo Guanzhong, *Three Kingdoms: A Historical Novel*, trans. Moss Roberts, University of California Press 1991, p. 5. **67.** Charles Kindleberger, 'Review of *The Economy of Turkey; The Economic Development of Guatemala; Report on Cuba*', *Review of Economics and Statistics*, vol. 34, no. 4, November 1952, p. 391. Arrighi, *Smith in Beijing*, pp. 42-3에서 인용. **68.** M. M. Postan, 'L'expérience de l'industrialisation européenne et les problèmes actuels des pays sous-développés', in *L'industrialisation en Europe au XIXe siècle*, Colloque international du CNRS, Lyon 1970, Éditions du CNRS, Paris 1972, p. 48. **69.** O'Brien and Keyder, 'Les voies de passage vers la société industrielle en Grande-Bretagne et en France(1780-1914)', p. 1285. **70.** Louis Bergeron(ed.), *Les capitalistes en France(1780-1914)*, Gallimard, Paris 1978, p. 125. **71.** Rondo Cameron, 'France, 1800-1870', in Rondo Cameron, with Olga Crisp et al., *Banking in the Early Stages of Industrialization*, Oxford University Press 1967, pp. 100-128. 하지만 알랭 플레시는 이런 평가에 열렬하게 반박한다. Alain Plessis, 'Le "retard français": la faute à la banque? Banques locales, succursales de la Banque de France et financement de l'économie sous le Second Empire', in Patrick Fridenson and André Straus(eds), *Le capitalisme français 19e-20e siècle. Blocages et dynamismes d'une croissance*, Paris, Fayard 1987, pp. 199-210. **72.** Lévy-Leboyer and Bourguignon, *L'économie française au XIXe siècle*, p. 8. **73.** Jean Bouvier, 'Libres propos autour d'une démarche révisionniste', in Fridenson and Straus, *Le capitalisme français 19e-20e siècle*, pp. 13-15. **74.** Maurice Lévy-Leboyer, 'La croissance économique en France au XIXe siècle', *Annales*, vol. 23, no. 4, July-August 1968, p. 801. **75.** Maurice Lévy-Leboyer, 'La décélération de l'économie française dans la seconde moitié du XIXe siècle', *Revue d'histoire économique et sociale*, vol. 49, no. 4, 1971, p. 486. **76.** Patrick Verley, *Nouvelle histoire économique de la France contemporaine*, vol. 2: *L'industrialisation 1830-1914*, La Découverte, Paris 2002, p. 7. **77.** Hewitson, 'German Public Opinion and the Question of Industrial Modernity', p. 48. **78.** 앞의 글, pp. 49-52. **79.** Leslie Hannah, 'Logistics, Market Size, and

Giant Plants in the Early Twentieth Century': A Global View', *Journal of Economic History*, vol. 68, no. 1, March 2008, pp. 60-62.   **80.** Jean Garrigues, 'Un autre modèle pour la République: l'influence des Britanniques sur les libéraux français(1870-1880)', in Sylvie Aprile and Fabrice Bensimon(eds), *La France et l'Angleterre au XIXe siècle: échanges, représentations, comparaisons*, Creaphis éditions, Paris 2006, p. 182. Paul Challemel-Lacour, 'Hommes d'état en Angleterre: William Ewart Gladstone', *Revue des deux mondes*, 1 July 1870, pp. 44-92도 보라. 인용문은 p. 50.   **81.** Garrigues, 'Un autre modèle pour la République', pp. 182-7.   **82.** Bertrand Joly, 'Le parti royaliste et l'affaire Dreyfus(1898-1900)', *Revue historique*, no. 546, April-June 1983, pp. 311-64.   **83.** Michael G. Mulhall, *The Progress of the World in Arts, Agriculture, Commerce, Manufactures, Instruction, Railways, and Public Wealth since the Beginning of the Nineteenth Century*, Edward Stanford, London 1880, pp. 140-42.   **84.** Michael G. Mulhall, *Industries and Wealth of Nations*, Longmans, Green, and Co., London 1896, 무역 수치에 관해서는 p. 391 의 〈표 XIX〉, 소득 수치에 관해서는 p. 391.   **85.** Germaine de Staël, *Considérations sur les principaux événements de la Révolution française, depuis son origine jusques et compris le 8 juillet 1815* vol. 3, J.-A. Latour, Liège 1818, pp. 185, 230-2. Biancamaria Fontana, *Germaine de Staël: A Political Portrait*, Princeton University Press 2016, p. 229도 보라.   **86.** Laurent Theis, *Guizot. La traversée d'un siècle*, CNRS Éditions, Paris 2014, p. 178에서 인용. 기조의 영국 숭배에 관해서는 IX장 전체를 보라: http://www.guizot.com/wp-content/uploads/Les-Guizot-et-l-Angleterre.pdf.   **87.** James Thompson, '"A Nearly Related People": German Views of the British Labour Market, 1870-1900', in Winch and O'Brien(eds), *The Political Economy of British Historical Experience*, pp. 95-8.   **88.** List, *National System of Political Economy*, pp. 437-8.   **89.** Barthélemy Faujas-Saint-Fond, *Voyage en Angleterre, en Écosse et aux Îles Hébrides*, H. J. Jansen, Paris 1797, vol. 1, pp. 113-14.   **90.** 앞의 책, pp. 58, 67-8, 44, 56.   **91.** Giorgio Mori, 'The Genesis of Italian Industrialization', *Journal of European Economic History*, vol. 4, no. 1, Spring 1975, pp. 91-2.   **92.** Giuseppe Pecchio, *Osservazioni semi-serie di un esule sull'Inghilterra*, G. Ruggia & Co., Lugano 1831, pp. 103, 124, 223.   **93.** Domenico Zanichelli, *Studi politici e storici*, Zanichelli, Bologna 1893, p. 15.   **94.** 앞의 책, p. 121.   **95.** Berend and Ránki, *The European Periphery and Industrialization, 1780-1914*, p. 21.   **96.** 앞의 책, p. 25.   **97.** Janos, *East Central Europe in the Modern World*, pp. 346-8, 353.   **98.** Katus, 'Economic Growth in Hungary during the Age of Dualism', pp. 55-6.   **99.** 앞의 글, pp. 57-8.   **100.** William O. McCagg Jr., 'Hungary's "Feudalized" Bourgeoisie', *Journal of Modern History*, vol. 44, no. 1, March 1972, p. 71.   **101.** Janos, *The Politics of Backwardness in Hungary*, pp. 120-21.   **102.** 앞의 책, pp. 128-9에서 인용.   **103.** Katus, 'Economic Growth in Hungary during the Age of

Dualism', pp. 69-72.   **104.** 앞의 글, pp. 78-80.   **105.** Marx, *Capital*, vol. 1, p. 760.   **106.** Anatole Leroy-Beaulieu, *L'empire des Tsars et les Russes*, Laffont, Paris 1990, p. 279(초판은 1881; 여기서 내가 사용하는 판본은 1897~8년의 4판이다).   **107.** Karl Marx and Friedrich Engels, *The Communist Manifesto*, Penguin, London 2002, pp. 223-4.   **108.** F. M. L. Thomson, 'Changing Perceptions of Land Tenures in Britain, 1750-1914', in Winch and O'Brien(eds), *The Political Economy of British Historical Experience, 1688-1914*, pp. 133-4.   **109.** Bairoch, 'Niveaux de développement économique de 1810 à 1910', p. 1096.   **110.** Karl Marx and Frederick Engels, *The German Ideology*, International Publishers, New York 1968, p. 38.   **111.** Kant 'Perpetual Peace', pp. 106-7.   **112.** Franz Xaver von Neumann-Spallart, *Uebersichten der Weltwirtschaft: Jahrgang 1883-84*, Stuttgart 1887, p. 83. Theodore S. Hamerow, *The Birth of a New Europe*, University of North Carolina Press 1983, p. 19에서 인용.   **113.** William Cunningham, 'Nationalism and Cosmopolitanism in Economics', *Journal of the Royal Statistical Society*, vol. 54, no. 4, December 1891, pp. 649-50. Frank Trentmann, 'National Identity and Consumer Politics: Free Trade and Tariff Reform', in Donald Winch and Patrick O'Brien(eds), *The Political Economy of British Historical Experience, 1688-1914*, Oxford University Press 2002, p. 215에서 언급됨.   **114.** Cunningham, 'Nationalism and Cosmopolitanism in Economics', p. 651.   **115.** Hervé, *L'internationalisme*, pp. 63-4.   **116.** René Girault, 'Place et rôle des échanges extérieurs', in Braudel and Labrousse(eds), *Histoire économique et sociale de la France*, Tome IV, vol. 1, p. 223에서 인용.   **117.** Giovanni Dalla Vecchia, 'The Revolt in Italy', *Contemporary Review*, vol. 74, July 1898, p. 113.   **118.** Booth, *Life and Labour of the People in London*, p. 191.   **119.** C. A. Bayly, *The Birth of the Modern World, 1780-1914*, Blackwell, Oxford 2004, p. 172.   **120.** Arno J. Mayer, 'The Lower Middle Class as Historical Problem', *Journal of Modern History*, vol. 47, no. 3, September 1975, p. 419.   **121.** François Crouzet, *L'économie de la Grande-Bretagne Victorienne*, Société d'édition d'enseignement supérieur, Paris 1978, pp. 332-5.   **122.** 국제 기어리-카미스Geary-Khamis 달러(구매력 평가 지수)로 조정된 앵거스 매디슨의 수치. www.ggdc.net/maddison/Historical.../horizontal-file_02-2010.xls(The Groningen Growth and Development Centre)를 보라.   **123.** Robert Brenner, 'Agrarian Class Structure and Economic Development in Pre-Industrial Europe', *Past & Present*, no. 70, February 1976, pp. 30-75를 보라. T. H. Aston and C. H. E. Philpin(eds), *The Brenner Debate: Agrarian Class Structure and Economic Development in Pre-Industrial Europe*, Cambridge University Press 1985에 실린 브레너의 최초의 논문으로 촉발된 논쟁에 뛰어든 다른 이들의 기고문도 보라.   **124.** William Stanley Jevons, *The Coal Question: An Inquiry Concerning the Progress of the Nation, and the Probable Exhaustion of our Coal-Mines*, Macmillan, London 1866(초판은

1865), p. 371.　**125.** William Gladstone, 'Financial Statement', 3 May 1866, House of Commons: http://hansard.millbanksystems.com/commons/1866/may/03/the-financial-statement, pp. 399-400.　**126.** Stefan Collini, 'The Idea of "Character" in Victorian Political Thought', *Transactions of the Royal Historical Society*, vol. 35, 1985, p. 46.　**127.** Brenner, 'Economic Backwardness in Eastern Europe in Light of Developments in the West', pp. 15-52. Robert Brenner, 'The Agrarian Roots of European Capitalism', in *The Brenner Debate*, ed. Aston and Philpin; Robert Brenner, 'The Origins of Capitalism: A Critique of Neo-Smithian Marxism', *New Left Review*, no. 104, July-August 1977 등도 보라.　**128.** Rodney H. Hilton, 'Introduction', in Aston and Philpin(eds), *The Brenner Debate*, p. 5.　**129.** Samuel Clark, 'Nobility, Bourgeoisie and the Industrial Revolution in Belgium', *Past & Present*, no. 105, November 1984, p. 167.

제8장 러시아: 낙후를 원치 않는 후발 주자

1. Alexander Pushkin, 'To Chaadaev', trans. A. N. Matyatina: http://zhurnal.lib.ru/m/matjatina_a_n/tochaadaevaspushkin.shtml.　**2.** Mikhail Lermontov, *Major Poetical Works*, ed. and trans. Anatoly Liberman, Croom Helm, London 1983, p. 47.　**3.** Hans Rogger, *Russia in the Age of Modernisation and Revolution, 1881-1917*, Longman, London and New York 1983, p. 100.　**4.** Orlando Figes, *Crimea: The Last Crusade*, Allen Lane, London 2010, pp. 484-8.　**5.** Gerschenkron, *Economic Backwardness in Historical Perspective*, p. 17.　**6.** Boris Chicherin, *Liberty, Equality, and the Market: Essays by B. N. Chicherin*, ed. and trans. G. M. Hamburg, Yale University Press 1998, p. 133.　**7.** Milyoukov, *Russia and its Crisis*, p. 225.　**8.** 앞의 책, p. 226.　**9.** Alexander Herzen, *Selected Philosophical Works*, Foreign Languages Publishing House, Moscow 1956, p. 35('Dilettantism in Science', 1843).　**10.** S. V. Tiutiukin, 'Where Were the Socialists Leading Russia in the Early Twentieth Century?', *Russian Studies in History*, vol. 42, no. 4, Spring 2004, pp. 38-45.　**11.** Andrzej Walicki, *The Slavophile Controversy: History of a Conservative Utopia in Nineteenth-Century Russian Thought*, Clarendon Press, Oxford 1975, pp. 588-90.　**12.** Alexander Herzen, *My Past and Thoughts: The Memoirs of Alexander Herzen*, Chatto and Windus, London 1974, pp. 302-3.　**13.** Andrzej Walicki, *A History of Russian Thought: From the Enlightenment to Marxism*, Stanford University Press 1979, pp. 95-8.　**14.** Nikolai Berdyaev, *The Russian Idea*, Macmillan, New York 1946, p. 101.　**15.** Walicki, *A History of Russian Thought*, p. 92.　**16.** S. Frederick Starr, 'August von Haxthausen and Russia', *Slavonic and East European Review*, vol. 46, no. 107, July 1968, p. 462.　**17.** August von Haxthausen, *The Russian Empire, its People, In-*

stitutions, and Resources, Chapman and Hall, London 1856, vol. 2, pp. 229-31. 원서를 축약, 번역한 책임. **18.** Karl Marx, *Grundrisse: Foundations of the Critique of Political Economy(Rough Draft)*, Penguin, London 1973, p. 750. **19.** Berdyaev, *The Russian Idea*, p. 104. **20.** Ivan Turgenev, *Smoke*: http://ebooks.adelaide.edu.au/t/turgenev/ivan/smoke/chapter05.html. **21.** Fyodor Dostoyevsky, *The Devils*, trans. Michael R. Katz, Oxford University Press 2008, p. 35. **22.** Yoshio Imai, 'N. G. Chernyshevskii: Pioneer of the Russian Cooperative Movement', in Don Karl Rowney(ed.), *Imperial Power and Development: Papers on Pre-Revolutionary Russian History*, Slavica Publishers, Columbus, OH 1990, pp. 136, 144. Nikolai Chernyshevski, *Critique of Philosophical Prejudices against Communal Ownership*(1859), extract in Teodor Shanin(ed.), *Late Marx and the Russian Road: Marx and 'the peripheries of capitalism'*, Monthly Review Press, New York 1983, p. 182. **23.** Shanin(ed.), *Late Marx and the Russian Road*, p. 187. **24.** Nikolai Chernyshevski(Nikolaï G. Tchernuishevsky), *A Vital Question; or, What Is To Be Done?*, trans. N. Haskell Dole and S. S. Skidelsky, Crowell, New York 1886, p. 185. **25.** Walicki, *The Slavophile Controversy*, p. 403. **26.** Shanin(ed.), *Late Marx and the Russian Road*, p. 98에 실린 편지를 보라. 자술리치와 마르크스가 교환한 서신 전체는 pp. 97-126에 실려 있다. **27.** Marx and Engels, *Correspondence 1846-1895*, p. 354. **28.** Shanin(ed.), *Late Marx and the Russian Road*, p. 124. **29.** 앞의 책, p. 131. **30.** Milyoukov, *Russia and its Crisis*, p. 343. **31.** Walicki, *The Slavophile Controversy*, p. 460. **32.** Anatoli Vichnevski, *La faucille et le rouble. La modernisation conservatrice en URSS*, Gallimard, Paris 2000, p. 153. **33.** Gerschenkron, *Economic Backwardness in Historical Perspective*, p. 17. **34.** Rogger, *Russia in the Age of Modernisation and Revolution*, p. 76. **35.** Arcadius Kahan, *Russian Economic History: The Nineteenth Century*, Chicago University Press 1989, p. 13; Rogger, *Russia in the Age of Modernisation and Revolution*, p. 3. **36.** Spencer E. Roberts, *Essays in Russian Literature: The Conservative View: Leontiev, Rozanov, Shestov*, Ohio University Press 1968, p. vii. **37.** V. L. Stepanov, 'Finance Ministry Policy in the 1880s and the Unrealized Potential for Economic Modernization in Russia', *Russian Studies in History*, vol. 42, no. 4, Spring 2004, p. 16. **38.** Gorlin, 'Problems of Tax Reform in Imperial Russia', p. 246. **39.** Alexander Gerschenkron, 'Russia: Agrarian Policies and Industrialization, 1861-1917', in Alexander Gerschenkron, *Continuity in History and Other Essays*, Belknap Press, Cambridge, MA 1968, p. 145. **40.** 제이컵 W. 킵은 다음 글에서 로이테른을 망각에서 끌어내는 데 성공한다. Jacob W. Kipp, 'M. Kh. Reutern on the Russian State and Economy: A Liberal Bureaucrat during the Crimean Era, 1854-60', *Journal of Modern History*, vol. 47, no. 3, September 1975, 특히 pp. 438-9. **41.** Alfred J. Rieber, *Merchants and Entrepreneurs in Imperial Russia*, University of North Carolina Press 1982,

p. 73. **42.** 앞의 책, pp. 52-73. **43.** Wynn, *Workers, Strikes, and Pogroms*, p. 21. **44.** Modest Mussorgsky, *Boris Godunov*, text in CD Sony Classical Berliner Philharmoniker directed by Claudio Abbado, p. 232, trans. Pamela Davidson. **45.** Nicolas Berdyaev, *The Origin of Russian Communism*, Geoffrey Bles, London 1955, p. 7. **46.** Gerschenkron, 'Russia: Agrarian Policies and Industrialization, 1861-1917', p. 189. **47.** Orlando Figes, *A People's Tragedy: The Russian Revolution 1891-1924*, Pimlico, London 1996, p. 106. **48.** Nikolay A. Nekrasov, *Who Can Be Free and Happy in Russia?*: http://www.gutenberg.org/cache/epub/9619/pg9619.html. **49.** Leroy-Beaulieu, *L'empire des Tsars et les Russes*, pp. 427-8. **50.** Figes, *A People's Tragedy*, pp. 107-8. **51.** Charles Normand, *La bourgeoisie française au XVIIe siècle*, Alcan, Paris 1908, p. 9: http://ia700306.us.archive.org/BookReader/BookReaderImages.php?zip=/29/items/labourgeoisiefra00normuoft/labourgeoisiefra00normuoft_jp2.zip&file=labourgeoisiefra00normuoft_jp2/labourgeoisiefra00normuoft_0023.jp2&scale=6&rotate=0. **52.** Rogger, *Russia in the Age of Modernisation and Revolution*, p. 93. **53.** Aleksandr I. Fenin, *Coal and Politics in Late Imperial Russia: Memoirs of a Russian Mining Engineer*, ed. Susan McCaffray, Northern Illinois University Press 1990, p. 114. **54.** Witte, *The Memoirs of Count Witte*, pp. 209-10. Sidney Harcave, *Count Sergei Witte and the Twilight of Imperial Russia*, M. E. Sharpe, New York, NY 2004, p. 89도 보라. **55.** Witte, *The Memoirs of Count Witte*, p. 52. **56.** 앞의 책, p. 76. **57.** Theodore H. Von Laue, 'A Secret Memorandum of Sergei Witte on the Industrialization of Imperial Russia', *Journal of Modern History*, vol. 26, no. 1, March 1954, pp. 101, 116-17. **58.** Fyodor Dostoyevsky, 'Geók Tepé: What is Asia to Us', Fyodor Dostoyevsky, in *The Diary of a Writer*, Ianmead, Haslemere 1984, p. 1044. **59.** Beckert, 'Emancipation and Empire', p. 1430. **60.** Nikolaj Danilevskij, *La doctrine Panslaviste d'après N. J. Danilewsky*(including *La Russie et l'Europe*, based on the 4th edition, St Petersburg, 1889), ed. J. J. Skupiewski, Bureaux de la Liberté Roumaine, Bucharest 1890, pp. 46-7, 63, 71-2(원서의 축약본). **61.** Stefan Plaggenborg, 'Who Paid for the Industrialisation of Tsarist Russia?', *Revolutionary Russia*, vol. 3, no. 2, December 1990, p. 183. 같은 저자의 'Tax Policy and the Question of Peasant Poverty in Tsarist Russia 1881-1905', *Cahiers du Monde russe*, vol. 36, nos 1-2, January-June 1995, pp. 53-69도 보라. **62.** Macey, *Government and Peasant in Russia, 1861-1906*, p. 43. **63.** Gregory, 'Economic Growth and Structural Change in Tsarist Russia'; Alexander Gerschenkron, 'The Rate of Industrial Growth in Russia since 1885', *Journal of Economic History*, vol. 7, *Supplement: Economic Growth: A Symposium*(1947), p. 145. **64.** S. A. Smith, *Russia in Revolution: An Empire in Crisis, 1890 to 1928*, Oxford University Press 2017, p. 35. **65.** Lyashchenko, *History of the National Economy of Russia to the 1917 Revolution*, p. 564. 이 텍스트는 워낙 중요한 글로 간주되

어 미국학회협의회American Council of Learned Societies가 영어 번역을 후원할 정도였다. **66.** Nicholas Khristianovich Bunge, *The Years 1881-1894 in Russia: A Memorandum Found in the Papers of N. Kh. Bunge. A Translation and Commentary*, ed. George E. Snow, in *Transactions of the American Philosophical Society*, vol. 71, part 6, Philadelphia, PA 1981, pp. 21, 51ff, 61-2. **67.** George E. Snow, 'Introduction', 앞의 책, pp. 8-9; Plaggenborg, 'Who Paid for the Industrialisation of Tsarist Russia?', pp. 187-90. **68.** Plaggenborg, 'Who Paid for the Industrialisation of Tsarist Russia?', p. 203에 있는 데이터를 보라. 거셴크론의 입장에 관해서는 'Russia: Agrarian Policies and Industrialization, 1861-1917', pp. 140-254를 보라. **69.** Stepanov, 'Nikolai Khristianovich Bunge', p. 61. **70.** Rogger, *Russia in the Age of Modernisation and Revolution*, p. 79. **71.** Harcave, *Count Sergei Witte and the Twilight of Imperial Russia*, p. 49. **72.** Macey, *Government and Peasant in Russia, 1861-1906*, p. 63을 보라. 레닌이 퍼부은 악담은 *Comrade Workers, Forward to the Last, Decisive Fight!*(1918) in *Collected Works*, Progress Publishers, Moscow, vol. 28, 1965, pp. 53-7을 보라. **73.** Witte, *The Memoirs of Count Witte*, pp. 386-7. **74.** Ruth A. Roosa, *Russian Industrialists in an Era of Revolution*, M. E. Sharpe, Armonk, NY 1997, p. 90. **75.** Crisp, *Studies in the Russian Economy before 1914*, p. 23. **76.** Spulber, *Russia's Economic Transitions*, p. 57. **77.** Raymond W. Goldsmith, 'The Economic Growth of Tsarist Russia 1860-1913', *Economic Development and Cultural Change*, vol. 9, no. 3, *Essays in the Quantitative Study of Economic Growth*, April 1961, p. 441. **78.** Gerschenkron, 'The Rate of Industrial Growth in Russia since 1885', p. 152. **79.** Macey, *Government and Peasant in Russia, 1861-1906*, pp. 238, 121, 214. **80.** Lyashchenko, *History of the National Economy of Russia to the 1917 Revolution*, p. 431에서 인용. **81.** Crisp, *Studies in the Russian Economy before 1914*, p. 21. **82.** V. T. Loginov, 'Stolypin as Reformer', *Russian Studies in History*, vol. 42, no. 4, Spring 2004, pp. 22-4. **83.** Carol S. Leonard, *Agrarian Reform in Russia: The Road from Serfdom*, Cambridge University Press 2011, p. 56. **84.** Alexander Gerschenkron, 'The Rate of Industrial Growth in Russia since 1885'를 보라. **85.** Peter Gatrell, 'Industrial Expansion in Tsarist Russia, 1908-14', *Economic History Review*, vol. 35, no. 1, February 1982, pp. 100, 104-5. **86.** Goldsmith, 'The Economic Growth of Tsarist Russia, 1860-1913', pp. 442-3. **87.** Rogger, *Russia in the Age of Modernisation and Revolution*, pp. 102-3, 106-7, 113. **88.** Fedor, *Patterns of Urban Growth in the Russian Empire during the Nineteenth Century*, p. 95. **89.** 앞의 책, p. 175. **90.** 앞의 책, p. 152. **91.** Arcadius Kahan, 'Government Policies and the Industrialization of Russia', *Journal of Economic History*, vol. 27, no. 4, December 1967, pp. 461, 477. **92.** Gerschenkron, 'The Rate of Industrial Growth in Russia since 1885', p. 156. **93.** Gregory, 'Economic Growth and Structural Change in Tsarist Russia', pp. 420, 424. **94.** Paul

Bew, *Land and the National Question in Ireland, 1858-82*, Gill and Macmillan, Dublin 1978, p. 5. **95.** Witte, *The Memoirs of Count Witte*, p. 388. **96.** Sergio Bertolissi, *Un paese sull'orlo delle riforme. La Russia zarista dal 1861 al 1904*, Franco Angeli, Milan 1998, p. 37. **97.** Rogger, *Russia in the Age of Modernisation and Revolution*, p. 81. **98.** Rieber, *Merchants and Entrepreneurs in Imperial Russia*, pp. 137, 417. **99.** Berdyaev, *The Origin of Russian Communism*, p. 65. **100.** Spulber, *Russia's Economic Transitions*, p. 42. **101.** Theodore H. Von Laue, 'Legal Marxism and the "Fate of Capitalism in Russia"', *Review of Politics*, vol. 18, no. 1, January 1956, pp. 28-9. **102.** V. I. Lenin, 'The Agrarian Programme of Social-Democracy in the First Russian Revolution, 1905-1907', in *Collected Works*, vol. 13, Progress Publishers, Moscow 1972, p. 239.

제9장 미국의 도전과 자본 사랑

1. Charles W. Calhoun(ed.), *The Gilded Age*, Rowman & Littlefield, Lanham, MD 2007, pp. 2, 12; 철도 통계는 US Census Office, *Report on Transportation Business in the United States at the Eleventh Census: 1890*, pp. 3-6: http://www2.census.gov/prod2/decennial/documents/1890a_v14p1-01.pdf. **2.** Michael Schwartz, *Radical Protest and Social Structure: The Southern Farmers' Alliance and Cotton Tenancy, 1880-1890*, University of Chicago Press 1976, p. 5. **3.** Hans Rogger, 'Amerikanizm and the Economic Development of Russia', *Comparative Studies in Society and History*, vol. 23, no. 3, July 1981, p. 410에서 인용. **4.** Aleksandr Blok, 'Novaia Amerika', in *Sochineniia v dvukh tomakh*(Moscow 1955), vol. 1. Rogger, 'Amerikanizm and the Economic Development of Russia', p. 411에서 인용; 번역은 V. de S. Pinto가 한 것으로 원 출처는 *A Second Book of Russian Verse*, ed. C. M. Bowra(Macmillan, London 1948). **5.** John Donne, 'To His Mistress Going to Bed', Elegy XX. **6.** John Locke, *Second Treatise of Government*, 5장, 49절: http://www.gutenberg.org/files/7370/7370-h/7370-h.htm. **7.** W. T. Stead, *The Americanization of the World, or The Trend of the Twentieth Century*, Horace Markley, New York 1902, pp. 4, 442. **8.** Alexis de Tocqueville, *De la démocratie en Amérique*, vol. 3, Pagnerre, Paris 1848, p. 70. **9.** Walt Whitman, 'As I Sat Alone by Blue Ontario's Shores'(1867), from *Leaves of Grass*. **10.** US Census Bureau, https://www.census.gov/population/census-data/table-16.pdf; Census Bureau Population Clock: https://www.census.gov/popclock/?intcmp=home_pop(2017년 5월 10일 접속). **11.** Karl Marx, 7 November 1861, *New-York Daily Tribune*: https://www.marxists.org/archive/marx/works/1861/11/07a.htm. **12.** Beckert, 'Emancipation and Empire', p. 1409. **13.** Eugene Genovese, *The Southern Tradition: The Achievement and Limita-*

tions of an American Conservatism, Harvard University Press 1994, p. 31.   **14.** Moore, *Social Origins of Dictatorship and Democracy*, p. 114.   **15.** Caitlin C. Rosenthal, 'From Memory to Mastery: Accounting for Control in America, 1750-1880', *Enterprise & Society*, vol. 14, no. 4, December 2013, p. 735.   **16.** 이 책에 대한 허버트 거트먼의 비판은 노예 플랜테이션 농장이 북부 농장보다 더 효율적이었다는 포겔과 엥거먼의 주장이 아니라 노예들의 믿음과 행동에 대한 추정에 집중된다. Herbert G. Gutman, *Slavery and the Numbers Game: A Critique of 'Time on the Cross'*, University of Illinois Press 1975를 보라.**17.** Moore, *Social Origins of Dictatorship and Democracy*, p. 116.   **18.** 앞의 책, p. 118.   **19.** 앞의 책, p. 121.   **20.** Elizabeth Fox Genovese and Eugene D. Genovese, *Slavery in White and Black: Class and Race in the Southern Slaveholders' New World Order*, Cambridge University Press 2008, p. 31.   **21.** 앞의 책, p. 47.   **22.** Glenn Porter, 'Industrialization and the Rise of Big Business', in Calhoun(ed.), *The Gilded Age*, p. 13.   **23.** Gutman, *Work, Culture, and Society in Industrializing America*, p. 5.   **24.** Michael Lind, *The Next American Nation: The New Nationalism and the Fourth American Revolution*, The Free Press, London 1995, p. 41.   **25.** Irving Kristol, 'Urban Civilization and its Discontents', Commentary, July 1970을 보라. 이 글은 1969년 크리스톨이 뉴욕 대학 도시가치 전문 교수professorship of Urban Values를 맡으면서 한 취임 연설을 바탕으로 한 것이다.   **26.** Maury Klein, *The Genesis of Industrial America, 1870-1920*, Cambridge University Press 2007, p. 12.   **27.** Eric Foner, *Nothing but Freedom: Emancipation and its Legacy*, Louisiana State University Press 1983, p. 40.   **28.** 앞의 책, pp. 46, 72.   **29.** Eric Foner, *Reconstruction: America's Unfinished Revolution, 1863-1877*, Harper and Row, New York 1988, pp. 213-14.   **30.** Foner, 'Why is there no Socialism in the United States?', *History Workshop Journal*, no. 17, 1984, p. 62.   **31.** W. E. B. Du Bois, *Black Reconstruction in America*, Albert Saifer, Philadelphia, PA 1935, p. 30.   **32.** Beckert, 'Emancipation and Empire', p. 1409. Beckert, *Empire of Cotton*도 보라.   **33.** Moore, *Social Origins of Dictatorship and Democracy*, 3장, pp. 111-55를 보라.   **34.** Roy, *Socializing Capital*, p. 129. 어떤 이들은 남북전쟁 때문에 산업화 경로가 급격하게 바뀐 것은 아니라고 주장한다는 사실을 유념하라: Claudia D. Goldin and Frank D. Lewis, 'The Economic Cost of the American Civil War: Estimates and Implications', *Journal of Economic History*, vol. 35, no. 2, June 1975, p. 321.   **35.** Foner, *Reconstruction*, pp. 461-3.   **36.** Barry R. Chiswick and Timothy J. Hatton, 'International Migration and the Integration of Labor Markets', in Bordo, Taylor and Williamson(eds), *Globalization in Historical Perspective*, pp. 67-70.   **37.** Jeff Madrick, *The Case for Big Government*, Princeton University Press 2009, p. 43.   **38.** W. Elliot Brownlee, *Federal Taxation in America: A Short History*, Cambridge University Press 1996, p. 23; 2015년에 관해서는 OECD 데이터를 보라.   **39.** Brownlee, *Federal Taxation in America*, pp. 26-7.   **40.**

Richard F. Bensel, *The Political Economy of American Industrialization, 1877-1900*, Cambridge University Press 2000, p. 13. **41.** Robin Blackburn, 'State of the Union: Marx and America's Unfinished Revolution', *New Left Review*, no. 61, January–February 2010, p. 166; Anders Stephanson, *Manifest Destiny: American Expansionism and the Empire of Right*, Hill and Wang, New York 1995, p. 69. **42.** Bureau of Labour Statistics: https://www.bls.gov/oes/current/oes339032.htm과 https://www.bls.gov/oes/current/oes333051.htm. Claire Provost, 'The Industry of Inequality: Why the World is Obsessed with Private Security', *The Guardian*, 12 May 2017: https://www.theguardian.com/inequality/2017/may/12/industry-of-inequality-why-world-is-obsessed-with-private-security도 보라. **43.** Glenn Porter, 'Industrialization and the Rise of Big Business', p. 15. **44.** J. W. von Goethe, *Werke*, vol. 1, Christian Wegner Verlag, Hamburg 1952, p. 333. **45.** Hegel, *Lectures on the Philosophy of World History*, vol. 1, p. 193. **46.** Stendhal, *La Chartreuse de Parme*, Nelson, Paris 1839, p. 141. **47.** Alexis de Tocqueville, *De la démocratie en Amérique*, vol. 1, Pagnerre, Paris 1848, p. 80. **48.** Benjamin Franklin, 'Advice to a Young Tradesman, Written by an Old One', 1748: http://franklinpapers.org/franklin//framedvolumes.jsp;jsessionid=608ADED3CD5C-773C127B274349F89A31. **49.** Charles Péguy, *L'Argent(suite)*, in Charles Péguy, *Oeuvres en prose 1909-1914*, Bibliothèque de la Pléiade Gallimard, Paris 1961, p. 1267. **50.** Thomas Jefferson, *Writings*, Memorial Edition, vol. 15, p. 23: http://etext.virginia.edu/jefferson/quotations/jeff1325.htm. **51.** 이것은 정통적인 입장이다. 여기에 반대하는 소수의 견해로는 Caroline Fohlin, 'Universal Banking in Pre–World War Ⅰ Germany: Model or Myth?', *Explorations in Economic History*, vol. 36, no. 4, 1999, pp. 305-43을 보라. **52.** Noel Annan, 'The Possessed', *New York Review of Books*, 5 February 1976. Martin J. Wiener, *English Culture and the Decline of the Industrial Spirit, 1850-1980*, Cambridge University Press 1981, p. 131에서 인용. **53.** John Maynard Keynes, 'Economic Possibilities for Our Grandchildren', in *Essays in Persuasion in The Collected Writings of John Maynard Keynes*, vol. Ⅸ, Macmillan, London 1972, p. 329. **54.** Albert O. Hirschman, *The Passions and the Interests: Political Arguments for Capitalism before its Triumph*, Princeton University Press 1977, p. 9. **55.** Robert Sayre and Michael Löwy, 'Figures du romantisme anti-capitaliste: une tentative de typologie', *L'homme et la société*, nos 73-4, 1984, p. 165: http://www.persee.fr/web/revues/home/prescript/article/homso_0018-4306_1984_num_73_1_2169에서 인용. **56.** Turner, *The Frontier in American History*, p. 211에서 재인용. 인용문에서 드러나는 정서는 확실히 에밀 부트미의 것이지만 인용문 자체는 이 주제를 다루는 부트미의 주요 저작에서 찾을 수 없다.: *Éléments d'une psychologie politique du peuple américain*, A. Colin, Paris 1902, 특히 pp. 48, 100, 137을 보라. **57.** Alexis de Tocqueville, *De la démocratie en Amérique*, vol. 4,

Pagnerre, Paris 1848, p. 313. **58.** 앞의 책, vol. 3, pp. 318-19(이 판본의 오류 때문에 318 쪽이 아니라 218쪽으로 되어 있다). **59.** Mayer, 'The Lower Middle Class as Historical Problem', p. 422. **60.** Lawrence B. Glickman, *A Living Wage: American Workers and the Making of Consumer Society*, Cornell University Press 1997, p. 1. **61.** 앞의 책, pp. 11, 18. **62.** Henry George, public lecture, 1 April 1885: http://www.historyisaweapon. com/defcon1/georgecripov.html. **63.** Henry George, *Progress and Poverty*, J. M. Dent and Sons, London 1879, p. 251. **64.** Foner, *Reconstruction*, pp. 18-19. **65.** Beckert, 'Emancipation and Empire', p. 1427. **66.** Foner, *Reconstruction*, p. 235. **67.** Steven Hahn, 'Class and State in Postemancipation Societies: Southern Planters in Comparative Perspective', *American Historical Review*, vol. 95, no. 1, February 1990, pp. 82, 92. **68.** Sven Beckert, *The Monied Metropolis: New York City and the Consolidation of the American Bourgeoisie, 1850-1896*, Cambridge University Press 2001, pp. 299-300. **69.** Gutman, *Work, Culture, and Society in Industrializing America*, p. 13. **70.** 앞의 책, p. 323. **71.** Bensel, *The Political Economy of American Industrialization*, p. 19. **72.** Walt Whitman, 'A Passage to India' (1870), from *Leaves of Grass*. **73.** Walt Whitman, *Democratic Vistas* (1871): http://xroads.virginia.edu/~hyper/whitman/vistas/ vistas.html. **74.** Charles-Augustin Sainte-Beuve, 'De la littérature industrielle', *Revue des deux mondes*, September 1839: http://fr.wikisource.org/wiki/La_Litt%C3%A9rature_ industrielle. **75.** Herzen, *My Past and Thoughts*, p. 661. **76.** Charles Letourneau, *L'évolution du commerce dans les diverses races humaines*, Vigot Frères, Paris 1897, pp. 541, 547, 550. **77.** Simmel, 'The Metropolis and Mental Life', p. 177. **78.** Sombart, *The Quintessence of Capitalism*, pp. 167, 171, 173-4, 181. **79.** Richard L. McCormick, 'The Discovery that Business Corrupts Politics: A Reappraisal of the Origins of Progressivism', *American Historical Review*, vol. 86, no. 2, April 1981, p. 256. **80.** Foner, *Reconstruction*, pp. 385-7. **81.** Beckert, *The Monied Metropolis*, p. 308에서 인용. **82.** Foner, *Reconstruction*, pp. 465-7. **83.** Bensel, *The Political Economy of American Industrialization*, p. 295. **84.** Sombart, *The Quintessence of Capitalism*, p. 152. **85.** Louis Galambos, *The Public Image of Big Business in America, 1880-1940*, Johns Hopkins University Press 1975, p. 120. **86.** 앞의 책, p. 126. **87.** Hofstadter, *Social Darwinism in American Thought*, pp. 50, 60. **88.** William Graham Sumner, *The Challenge of Facts and Other Essays*, ed. Albert Galloway Keller, Yale University Press 1914, p. 90. **89.** 앞의 책, p. 89. **90.** Nancy Cohen, *The Reconstruction of American Liberalism, 1865-1914*, University of North Carolina Press 2002, pp. 149-50. **91.** Jean-Louis Beaucarnot, *Les Schneider. Une dynastie*, Hachette, Paris 1986, pp. 32-5. **92.** Bergeron(ed.), *Les capitalistes en France*, pp. 9-11. **93.** Porter, 'Industrialization and the Rise of Big Business', pp. 18-19. **94.** 앞의 글, p. 25. **95.** Samuel P. Hays, *The Re-*

sponse to Industrialism, 1885-1914, University of Chicago Press 1995(초판은 1957년), p. 94. **96.** Gutman, *Work, Culture, and Society in Industrializing America*, p. 52에서 인용. **97.** Hays, *The Response to Industrialism*, p. 102. **98.** 앞의 책, p. 79. **99.** 앞의 책, pp. 72-3. **100.** Gabriel Kolko, *The Triumph of Conservatism: A Reinterpretation of American History, 1900-1916*, Free Press of Glenco, New York 1963, pp. 12-14. **101.** Jean Strouse, *Morgan: American Financier*, Random House, New York 2000, pp. xiii, 409; Steven J. Diner, *A Very Different Age: Americans of the Progressive Era*, Hill and Wang, New York 1998, p. 30. **102.** John D. Rockefeller, *Random Reminiscences of Men and Events*, Doubleday, Page & Company, New York 1909: http://www.gutenberg.org/files/17090/17090-h/17090-h.htm, p. 144. **103.** 앞의 책, p. 64. **104.** George Bittlingmayer, 'Did Antitrust Policy Cause the Great Merger Wave?', *Journal of Law and Economics*, vol. 28, no. 1, April 1985, pp. 77-118. **105.** Alfred D. Chandler, Jr., *The Visible Hand: The Managerial Revolution in American Business*, Harvard University Press 1977, pp. 134-7. **106.** Bensel, *The Political Economy of American Industrialization*, p. 312. **107.** Martin J. Sklar, *The Corporate Reconstruction of American Capitalism, 1890-1916: The Market, the Law, and Politics*, Cambridge University Press 1988, pp. 109-10. **108.** William E. Leuchtenburg, *The American President: From Teddy Roosevelt to Bill Clinton*, Oxford University Press 2015, p. 32. **109.** Lewis L. Gould, *Reform and Regulation: American Politics, 1900-1916*, John Wiley and Sons, New York 1978, pp. 31-2, 65-9. **110.** Ron Chernow, *Titan: The Life of John D. Rockefeller, Sr.*, Little, Brown and Co., New York 1998, pp. 553-7. **111.** Philip Taft and Philip Ross, 'American Labor Violence: Its Causes, Character, and Outcome', in Hugh Davis Graham and Ted Roberts Gurr(eds), *The History of Violence in America*, Praeger, New York 1969, p. 299. **112.** Cohen, *The Reconstruction of American Liberalism*, pp. 198-200. **113.** Taft and Ross, 'American Labor Violence', p. 281. **114.** Stuart Brandes, *American Welfare Capitalism, 1880-1940*, University of Chicago Press 1976, pp. 1-3. **115.** Bensel, *The Political Economy of American Industrialization*, p. 143. **116.** Gould, *Reform and Regulation*, pp. 20-21. **117.** Louis W. Koenig, *Bryan: A Political Biography of William Jennings Bryan*, Putnam's Sons, New York 1971, p. 335. **118.** William Jennings Bryan, *The First Battle: A Story of the Campaign of 1896*, Kennikat Press, New York 1971, vol. 1, p. 203과 같은 책, vol. 2, p. 319. **119.** *The Times*, 10 March 1914에 보도된 내용을 Gould, *Reform and Regulation*, p. 10에서 인용. **120.** Donald W. Rogers, *Making Capitalism Safe: Work Safety and Health Regulation in America, 1880-1940*, University of Illinois Press 2009, p. 172. **121.** Theodore Roosevelt, 'Fourth Annual Message' to Congress, 6 December 1904: http://www.presidency.ucsb.edu/ws/?pid=29545. **122.** George Gunton, 'The Economic and Social Aspect of

Trusts', *Political Science Quarterly*, vol. 3, no. 3, September 1888, 특히 pp. 392-6. **123.** Roy, *Socializing Capital*, pp. 4-5. **124.** US Bureau of Labor Statistics를 보라; 인플레이션 계산에 관해서는: http://data.bls.gov/cgi-bin/cpicalc.pl; 시간당 평균 소득에 관해서는: http://www.bls.gov/iag/tgs/iagauto.htm#iag31cesnsahourlyearnings.f.P. **125.** Stephen Meyer Ⅲ, *The Five Dollar Day: Labor Management and Social Control in the Ford Motor Company, 1908-1921*, State University of New York Press 1981, pp. 1, 6. **126.** 앞의 책, pp. 149-52. **127.** 앞의 책, p. 156. **128.** 앞의 책, pp. 167-8. **129.** Klein, *The Genesis of Industrial America*, pp. 105, 116-22. **130.** W. Bernard Carlson, 'Technology and America as a Consumer Society, 1870-1900', in Charles W. Calhoun(ed.), *The Gilded Age: Perspectives on the Origins of Modern America*, Rowan & Littlefield, Lanham, MD 2007, p. 31. **131.** Carlson, 'Technology and America as a Consumer Society, 1870-1900', pp.31-2. **132.** Klein, *The Genesis of Industrial America*, p. 48. **133.** 앞의 책, pp. 41, 53. **134.** Foner, *Reconstruction*, p. 463. **135.** Klein, *The Genesis of Industrial America*, p. 134. **136.** Thomas K. McCraw, 'American Capitalism', in Thomas K. McCraw(ed.), *American Capitalism: How Entrepreneurs, Companies, and Countries Triumphed in Three Industrial Revolutions*, Harvard University Press 1997, pp. 320-21. **137.** Mira Wilkins, *The Emergence of Multinational Enterprise: American Business Abroad from the Colonial Era to 1914*, Harvard University Press 1970, pp. 9, 29, 37-44. **138.** Séverine Antigone Marin, '"L'américanisation du monde"? Étude des peurs allemandes face au "danger américain"(1897-1907)', in Dominique Barjot, Isabelle Lescent-Giles, and Marc de Ferrière Le Vayer(eds), *L'américanisation en Europe au XXe siècle*, pp. 71-2. **139.** Paul Leroy-Beaulieu, 'De la nécessité de préparer une fédération Européenne', *L'Économiste français*, 3 September 1898. **140.** Burton I. Kaufman, 'The Organizational Dimension of United States Economic Foreign Policy, 1900-1920', *Business History Review*, vol. 46, no. 1, Spring 1972, p. 19. 코프먼은 이 글에서 1902년 미국 하원에서 임명한 산업위원회Industrial Commission 보고서를 인용한다.

제10장 민족 건설

1. 강조는 지은이. John Markoff, 'Where and When Was Democracy Invented?', *Comparative Studies in Society and History*, vol. 41, no 4, October 1999, p. 666. **2.** Ernest Renan, 'Qu'est-ce qu'une nation?' 다음 주소에서 프랑스어 텍스트를 볼 수 있다: http://www.rutebeuf.com/textes/renan01.html. 영어 텍스트: http://ig.cs.tu-berlin.de/oldstatic/

w2001/eu1/dokumente/Basistexte/Renan1882ENNation.pdf. **3.** Thiesse, *La création des identités nationales*, p. 11. **4.** Friedrich Nietzsche, *Thus Spoke Zarathustra*, trans. R. J. Hollingdale, Penguin, London 2003, p. 75. **5.** Carlo Cattaneo, *Scritti filosofici*, ed. Norberto Bobbio, Felice Le Monnier, Florence 1960, vol. 1, pp. 233-4. **6.** Massimo D'Azeglio, *I miei ricordi*, G. Barbèra, Florence 1891(초판은 1867), p. 4. **7.** 앞의 책, pp. 4-5. **8.** Pasquale Villari, 'Di chi è la colpa? O sia la pace o la guerra', *Il Politecnico*, September 1866, in *Saggi di storia, di critica e di politica*, Tipografia Cavour, Florence 1868, p. 421. **9.** Villari, *Le Lettere meridionali ed altro scritti sulla questione sociale in Italia*, p. 73. **10.** Giovanni Busino, 'Vilfredo Pareto sociologo della borghesia e dello sviluppo capitalistico?', *Rivista Storica Italiana*, vol. 83, no. 2, June 1971, pp. 398-400. **11.** Marie-Claire Bergère, *Sun Yat-sen*, Fayard, Paris 1994, p. 408. **12.** David J. Lorenzo, *Conceptions of Chinese Democracy*, Johns Hopkins University Press 2013, p. 45. **13.** Sun Yat-sen, *The Three Principles of the People*, China Cultural Service, Taiwan 1981, p. 61. **14.** 앞의 책, p. 76. **15.** Bergère, *Sun Yat-sen*, pp. 409-10. **16.** Michael Berkowitz, *Zionist Culture and West European Jewry before the First World War*, Cambridge University Press 1993, p. 6에서 인용. **17.** Theodor Herzl, *The Diaries of Theodor Herzl*, Gollancz, London 1958, p. 10. **18.** Herzl, *The Jewish State*, p. 68. **19.** Carl E. Schorske, *Fin-de-Siècle Vienna: Politics and Culture*, Cambridge University Press 1981, p. 160. **20.** Elon, *Herzl*, p. 69에서 인용. **21.** Robert A. Kann, *A History of the Habsburg Empire 1526-1918*, University of California Press 1974, pp. 606-8에 실린 통계 부록을 보라. **22.** Lucien Tesnière, 'Statistique des langues de l'Europe', in Antoine Meillet, *Les langues dans l'Europe nouvelle*, Payot, Paris 1928, p. 307. **23.** Helmut Walser Smith, *German Nationalism and Religious Conflict: Culture, Ideology, Politics, 1870-1914*, Princeton University Press 1995, pp. 174-5, 169. **24.** 앞의 책, p. 169. **25.** 앞의 책, p. 239. **26.** 앞의 책, p. 235. **27.** 갤럽 여론조사: 종교: http://www.gallup.com/poll/1690/religion.aspx. 데이비드 보아스와 마크 체이브스는 세속화로 나아가는 추세가 존재한다고 주장한다. David Voas and Mark Chaves, 'Is the United States a Counterexample to the Secularization Thesis?', *American Journal of Sociology*, vol. 121, no. 5, March 2016. **28.** Peter H. Lindert, *Growing Public: Social Spending and Economic Growth since the Eighteenth Century*, vol. 1, Cambridge University Press 2004, pp. 90-92, 95. 사교육을 받은 아이들은 여기에 포함되지 않기 때문에 영국의 수치가 낮다. **29.** Jacques and Mona Ozouf, 'Le thème du patriotisme dans les manuels primaires', *Le Mouvement Social*, no. 49, October-December 1964, pp. 12-13. **30.** Suzanne Citron, *Le mythe national: l'histoire de France revisitée*, Éditions de l'Atelier, Ivry-sur-Seine 2008, p. 161. **31.** Anita Prazmowska, *Ignacy Paderewski*, Haus Publishing, London 2009, p. 25. **32.** 드모프스키에 관한 비낭만주의적 견해로는 Andrzej Walicki, 'The Troubling

Legacy of Roman Dmowski', *East European Politics and Societies*, vol. 14, no. 1, Winter 2000, 특히 pp. 14-21을 보라.   **33.** Prazmowska, *Ignacy Paderewski*, p. 29.   **34.** Zeev Sternhell, *Maurice Barrès et le nationalisme français*, Éditions Complexe, Brussels 1985(초판은 1972), pp. 154-5, 173.   **35.** Laurent Joly, 'Les débuts de l'action française (1899-1914) ou l'élaboration d'un nationalisme antisémite', *Revue historique*, no. 639, July 2006, p. 697.   **36.** 앞의 글, p. 714.   **37.** 앞의 글, p. 698.   **38.** Anatoli Vichnevski, *La faucille et le rouble. La modernisation conservatrice en URSS*, Gallimard, Paris 2000, p. 322; Theodore R. Weeks, 'National Minorities in the Russian Empire, 1897-1917', in Anna Geifman(ed.), *Russia under the Last Tsar: Opposition and Subversion, 1894 1917*, Blackwell, Oxford 1999, p. 118.   **39.** Timothy Snyder, *The Reconstruction of Nations: Poland, Ukraine, Lithuania, Belarus, 1569-1999*, Yale University Press 2003, pp. 119-20; Daniel Beauvois, *The Noble, the Serf and the Revizor: The Polish Nobility between Tsarist Imperialism and the Ukrainian Masses(1831-1863)*, Harwood, London 1991, p. 87.   **40.** Spulber, *Russia's Economic Transitions*, pp. 8-9.   **41.** Arno Mayer, *The Persistence of the Old Regime*, Croom Helm, London 1981, pp. 79-80, 84.   **42.** 앞의 책, 특히 2장.   **43.** Robert M. Berdahl, 'Conservative Politics and Aristocratic Landholders in Bismarckian Germany', *Journal of Modern History*, vol. 44, no. 1, March 1972, pp. 14-16.   **44.** Crook, *The Rise of the Nouveaux Riches*, pp. 37ff.   **45.** M. J. Daunton, '"Gentlemanly" Capitalism and British Industry 1820-1914', *Past & Present*, no. 122, February 1989, pp. 121-3.   **46.** 앞의 글, pp. 122, 125.   **47.** Samuel Clark, 'Nobility, Bourgeoisie and the Industrial Revolution in Belgium' in *Past & Present*, no. 105, November 1984, p. 105.   **48.** Deirdre N. McCloskey, *The Bourgeois Virtues: Ethics for an Age of Commerce*, University of Chicago Press 2006, pp. 470-71.   **49.** 이것이 내가 맥클로스키에게 동의하는 지점이다. McCloskey, 앞의 책, 특히 38장을 보라.   **50.** Piketty, *Capital in the Twenty-First Century*, p. 292. 피케티는 19세기를 거의 다루지 않는다. 데이터를 신뢰하기 어렵기 때문이다.   **51.** David Hume, 'Of Commerce' (1752), in David Hume, *Selected Essays*, Oxford University Press 2008, p. 164.   **52.** Benjamin Disraeli, *Sybil, or The Two Nations*, Penguin, London 1980, p. 96, 강조는 원문.   **53.** Masterman, *The Condition of England*, p. 85; 공공의 빈궁/사적인 허식은 30쪽에서 볼 수 있다. 케네스 갤브레이스의 성격 규정은 *The Affluent Society*, Houghton Mifflin Harcourt, Boston 1998, p. 191에 있다.   **54.** Benjamin Disraeli(Lord Beaconsfield), *Selected Speeches*, ed. T. E. Kebbel, Longmans, Green and Co., London 1882, vol. 2, pp. 524-5, 531-2.   **55.** Paul Smith, *Disraelian Conservatism and Social Reform*, Routledge and Kegan Paul, London 1967, p. 44.   **56.** 앞의 책, p. 7.   **57.** 앞의 책, pp. 33-4.   **58.** William Gladstone, 'The Budget—Financial Statement', *The Times*, report of 17 April 1863. 다소 누그러진 어조의 다음 글도 보라. Hansard: The Budget—Financial Statement, Ways and Means, *HC Deb*,

16 April 1863, pp. 244-5: http://hansard.millbanksystems.com/commons/1863/apr/16/the-budget-financial-statement-ways-and#S3V0170P0_18630416_HOC_22. **59.** Marx, *Capital*, vol. 1, p. 651. **60.** Alessandro Garelli, *I Salarj e la classe operaja in Italia*, Libreria Angelo Penato, Turin 1874, pp. 178과 1. **61.** 앞의 책, p. 13. **62.** J. A. Hobson, 'Free Trade and Foreign Policy', *Contemporary Review*, vol. 74, August 1898, pp. 177-8. **63.** Winston Churchill, *Liberalism and the Social Problem*, Hodder and Stoughton, London 1909, pp. 363-4: http://www.gutenberg.org/files/18419/18419-h/18419-h.htm에 재수록된 연설. Geoffrey Finlayson, *Citizen, State and Social Welfare in Britain, 1830-1990*, Clarendon Press, Oxford 1994에도 인용. **64.** Booth, *In Darkest England*: http://www.jesus.org.uk/vault/library/booth_darkest_england.pdf. **65.** Andrew Mearns, *The Bitter Cry of Outcast London: An Inquiry into the Condition of the Abject Poor*, James Clarke and Co., London 1883, pp. 18-19. **66.** Hitchins, *Rumania*, p. 163. **67.** McCormack, 'Civilising the Urban Other', p. 30. Tsuzuki, *The Pursuit of Power in Modern Japan, 1825-1995*, p. 149도 보라. **68.** McCormack, 'Civilising the Urban Other', pp. 30-31. **69.** Leroy-Beaulieu, *Essai sur la répartition des richesses et sur la tendance à une moindre inégalité des conditions*, p. iii. **70.** Delalande, *Les batailles de l'impôt*, pp. 229-30의 논의를 보라. **71.** Thomas Piketty, Gilles Postel-Vinay, and Jean-Laurent Rosenthal, 'Wealth Concentration in a Developing Economy: Paris and France, 1807-1994', *American Economic Review*, vol. 96, no. 1, March 2006, p. 239. **72.** 앞의 글, p. 243. **73.** 링컨의 연설은 다음 인터넷 주소에서 볼 수 있다: http://www.abrahamlincolnonline.org/lincoln/speeches/fair.htm. **74.** Andrew Carnegie, 'Wealth', *North American Review*, no. 148, June 1889, p. 654. **75.** 앞의 글, p. 660.

제11장 민주주의를 향한 열망이 세계를 휩쓸다

1. Donald Quataert, 'The Economic Climate of the "Young Turk Revolution" in 1908', *Journal of Modern History*, vol. 51, no. 3, p. 1147. **2.** Fikret Adanir, 'Turkey's Entry into the Concert of Europe', *European Review*, vol. 13, no. 3, 2005, p. 407. **3.** *Dustūr. Aperçu sur les constitutions des états arabes et islamiques*, Brill, Leiden 1966, p. 12. 이 책은 *Encyclopédie de l'Islam*의 'Dustūr' 항목을 재출간한 것이다. **4.** Nader Sohrabi, *Revolution and Constitutionalism in the Ottoman Empire and Iran*, Cambridge University Press 2011, pp. 41-2. **5.** Salzmann, 'Citizens in Search of a State', p. 51; Sohrabi, *Revolution and Constitutionalism in the Ottoman Empire and Iran*, pp. 49-50. **6.** Quataert, 'The Economic Climate of the "Young Turk Revolution"', pp. 1148-9. **7.** Deniz Kandiyoti, 'End of Empire: Islam, Nationalism and Women in Turkey', in Deniz Kandiyoti(ed.),

Women, Islam and the State, Temple University Press 1991, p. 29.   **8.** *Dustūr*, p. 15.   **9.** Erik-Jan Zürcher, 'Ottoman Sources of Kemalist Thought', in Elisabeth Özdalga(ed.), *Late Ottoman Society: The Intellectual Legacy*, Routledge, New York 2005, p. 18.   **10.** Andrew Roberts, *Salisbury: Victorian Titan*, Weidenfeld and Nicolson, London 1999, p. 691.   **11.** Salzmann, 'Citizens in Search of a State', p. 55.   **12.** Sohrabi, *Revolution and Constitutionalism in the Ottoman Empire and Iran*, p. 319.   **13.** 앞의 책, p. 334. Nikki R. Keddie, *Roots of Revolution: An Interpretive History of Modern Iran*, Yale University Press 1981, p. 72도 보라.   **14.** Said Amir Arjomand, *The Turban for the Crown: The Islamic Revolution in Iran*, Oxford University Press 1988, pp. 37-8.   **15.** Keddie, *Roots of Revolution*, p. 77.   **16.** Sohrabi, *Revolution and Constitutionalism in the Ottoman Empire and Iran*, p. 336.   **17.** Arjomand, *The Turban for the Crown*, pp. 34-6.   **18.** Keddie, *Roots of Revolution*, p. 73.   **19.** 앞의 책, p. 64.   **20.** Mansour Bonakdarian, *Britain and the Iranian Constitutional Revolution of 1906-1911: Foreign Policy, Imperialism, and Dissent*, Syracuse University Press 2006, p. 167.   **21.** W. 모건 슈스터가 내린 판단이다. Shuster, *The Strangling of Persia*, p. 21을 보라.   **22.** Robert A. McDaniel, *The Shuster Mission and the Persian Constitutional Revolution*, Bibliotheca Islamica, Minneapolis 1974, pp. 75-88.   **23.** Platt, *Finance, Trade, and Politics in British Foreign Policy, 1815-1914*, pp. 234-5.   **24.** Christopher N. B. Ross, 'Lord Curzon and E. G. Browne Confront the "Persian Question"', *Historical Journal*, vol. 52, no. 2, 2009, p. 390.   **25.** 앞의 글, p. 399.   **26.** Edward G. Browne, *The Persian Revolution of 1905-1909*, Cambridge University Press 1910, p. xx.   **27.** McDaniel, *The Shuster Mission*, p. 114.   **28.** 앞의 책, p. 125; Mariam Habibi, *L'interface France-Iran 1907-1938. Une diplomatie voilée*, L'Harmattan, Paris 2004, p. 55.   **29.** Shuster, *The Strangling of Persia*, p. 166.   **30.** 앞의 책, pp. 175-6.   **31.** 앞의 책, p. 192.   **32.** 이것이 장 바투가 발전시킨 명제다. Jean Batou, 'L'Égypte de Muhammad-'Ali: pouvoir politique et développement économique', *Annales*, vol. 46, no. 2, 1991, pp. 401-28. 다른 견해로는 Beckert, *Empire of Cotton*, p. 166도 보라.   **33.** P. J. Vatikiotis, *The Modern History of Egypt*, Weidenfeld and Nicolson, London 1969, pp. 58-60.   **34.** 앞의 책, pp. 62-5.   **35.** Beckert, *Empire of Cotton*, p. 169.   **36.** Vatikiotis, *The Modern History of Egypt*, pp. 87, 75.   **37.** Wael Abu-'Uksa, *Freedom in the Arab World: Concepts and Ideologies in Arabic Thought in the Nineteenth Century*, Cambridge University Press 2016, pp. 50-54.   **38.** Roger Owen, *Lord Cromer: Victorian Imperialist, Edwardian Proconsul*, Oxford University Press 2004, p. 236.   **39.** Letter of 14 December 1887, 앞의 책, p. 246에서 인용.   **40.** 앞의 책, pp. 265-7.   **41.** 앞의 책, p. 273.   **42.** 앞의 책, p. 311.   **43.** William M. Welch, Jr., *No Country for a Gentleman: British Rule in Egypt, 1883-1907*, Greenwood Press, Westport, CT 1988, p. 8.   **44.** Lewis, *Authoritarian Regimes in Latin*

America, pp. 17-18. **45.** Alan Knight, *The Mexican Revolution*, vol. 2: *Counter-Revolution and Reconstruction*, Cambridge University Press 1986, p. 494. **46.** Hale, *The Transformation of Liberalism in Late Nineteenth-Century Mexico*, p. 4. **47.** Henry Lane Wilson, 'Errors with Reference to Mexico and Events that have Occurred There', *Annals of the American Academy of Political and Social Science*, vol. 54, July 1914, p. 148. **48.** François-Xavier Guerra, *Le Mexique. De l'Ancien Régime à la Révolution*, vol. 2, L'Harmattan, Paris 1985, p. 305. **49.** 앞의 책, p. 310. **50.** Helga Baitenmann, 'Popular Participation in State Formation: Land Reform in Revolutionary Mexico', *Journal of Latin American Studies*, vol. 43, no. 1, February 2011, pp. 4, 11. **51.** Knight, *The Mexican Revolution*, p. 496. **52.** Guy Hermet, *Les populismes dans le monde. Une histoire sociologique(XIXe-XXe siècle)*, Fayard, Paris 2001, pp. 209-10. **53.** Michael M. Hall and Hobart A. Spalding, Jr., 'The Urban Working Class and Early Latin American Labour Movements, 1880-1930', in Bethell(ed.), *The Cambridge History of Latin America*, vol. IV, pp. 326-7. **54.** Roberts, *Salisbury*, p. 692. **55.** Evelyne López-Campillo, *La crise de 1898*, Éditions Messene, Paris 1999, p. 17. **56.** 앞의 책, p. 50. **57.** Maurice Zimmermann, 'La ruine de l'empire colonial espagnol. Ses conséquences', *Annales de Géographie*, vol. 8, no. 37, 1899, pp. 93-4. **58.** Pedro Fraile and Álvaro Escribano, 'The Spanish 1898 Disaster: The Drift towards National-Protectionism', October 1997: http:// e-archivo.uc3m.es/bitstream/10016/4126/1/wh980301.pdf를 보라. **59.** López-Campillo, *La crise de 1898*, pp. 56, 60을 보라. **60.** 앞의 책, p. 41. **61.** Richard Pipes, *Russian Conservatism and its Critics: A Study in Political Culture*, Yale University Press 2005, p. 116에서 인용. **62.** Loren David Calder, *The Political Thought of Yu. F. Samarin, 1840-1864*, Garland, New York 1987, p. 242. **63.** Nathaniel Knight, 'Was the Intelligentsia Part of the Nation? Visions of Society in Post-Emancipation Russia', *Kritika: Explorations in Russian and Eurasian History*, vol. 7, no. 4, Fall 2006, p. 735. **64.** Louise McReynolds, *The News under Russia's Old Regime*, Princeton University Press 1991, p. 5. **65.** 앞의 책, p. 204. **66.** 이 단어의 독일어 어원에 관해서는 Richard Pipes, '"Intelligentsia" from the German "Intelligenz"? A Note', *Slavic Review*, vol. 30, no. 3, September 1971, pp. 615-18을 보라. **67.** Pipes, *Russian Conservatism and its Critics*, p. 140에서 인용. **68.** Konstantin P. Pobedonostsev, *Reflections of a Russian Statesman*, trans. Robert Crozier Long, Grant Richards, London 1898, p. 27. **69.** Berdyaev, *The Origin of Russian Communism*, p. 156. **70.** Walicki, *A History of Russian Thought*, p. 297에서 인용. **71.** Lyashchenko, *History of the National Economy of Russia to the 1917 Revolution*, p. 548. **72.** 앞의 책, p. 549. **73.** Sally A. Boniece, 'The Spiridonova Case, 1906: Terror, Myth, and Martyrdom', in Anthony Anemone(ed.), *Just Assassins: The Culture of Terrorism in Russia*, Northwestern University Press 2010, p. 128. **74.** 앞의 글, p.

151. **75.** Witte, *Memoirs*, p. 190. **76.** Fyodor Dostoyevsky, *The Diary of a Writer*, p. 960, 강조는 원문. Knight, 'Was the Intelligentsia Part of the Nation?', p. 734도 보라. **77.** Abraham Ascher, *The Revolution of 1905: Russia in Disarray*, Stanford University Press 1988, p. 54. **78.** Witte, *Memoirs*, p. 367. **79.** 앞의 책, pp. 389-90. **80.** Ascher, *The Revolution of 1905*, pp. 71-2. **81.** Milyukov, *Russia and its Crisis*, p. 296. **82.** 앞의 책, pp. 327-8. **83.** Ascher, *The Revolution of 1905*, pp. 87-9. **84.** Hugh Seton-Watson, *The Russian Empire, 1801-1917*, Clarendon Press, Oxford 1967, p. 608. **85.** Tim McDaniel, *Autocracy, Capitalism, and Revolution in Russia*, University of California Press 1988, pp. 58-9. **86.** Rieber, *Merchants and Entrepreneurs in Imperial Russia*, pp. 346-7. **87.** 앞의 책, p. 278. **88.** V. V. Shelokhaev, 'The Liberal Reform Model in Early Twentieth-Century Russia', *Russian Studies in History*, vol. 42, no. 4, Spring 2004, pp. 29-33. **89.** Ascher, *The Revolution of 1905*, p. 229에 실린 원문을 보라. **90.** Witte, *Memoirs*, p. 312. **91.** Figes, *A People's Tragedy*, p. 201. **92.** Witte, *Memoirs*, p. 181. **93.** David J. A. Macey, *Government and Peasant in Russia, 1861-1906: The Prehistory of the Stolypin Reforms*, Northern Illinois University Press 1987, p. 37. **94.** Ascher, *The Revolution of 1905*, p. 43. **95.** 앞의 책, p. 93. **96.** Figes, *A People's Tragedy*, p. 216. **97.** Ascher, *The Revolution of 1905*, p. 301. **98.** 앞의 책, p. 318. **99.** 앞의 책, p. 366. **100.** Wayne Dowler, *Russia in 1913*, Northern Illinois University Press 2010, pp. 140, 188, 그밖에 여러 쪽.

제12장 '외부자' 배제하기

1. Milton Friedman, *Why Government Is the Problem*, Hoover Press, Stanford, CA 2013, p. 17. 원래 맨해튼연구소Manhattan Institute의 후원 아래 1991년 11월 19일 뉴욕시에서 한 리스턴 강좌임. **2.** Alexei Miller, *The Romanov Empire and Nationalism: Essays in the Methodology of Historical Research*, Central European University Press, Budapest and New York 2008, p. 115. **3.** Nicholas Khristianovich Bunge, *The Years 1881-1894 in Russia: A Memorandum Found in the Papers of N. Kh. Bunge. A Translation and Commentary*, ed. George E. Snow, in *Transactions of the American Philosophical Society*, vol. 71, part 6, Philadelphia, PA 1981, pp. 26-33. **4.** Joshua D. Zimmerman, *Poles, Jews, and the Politics of Nationality*, University of Wisconsin Press 2004, p. 16. 수치는 제정 러시아에서 유일하게 시행된 1897년 인구조사를 바탕으로 한 것이다. **5.** Gregory L. Freeze, 'Reform and Counter Reform 1855-1890', in Gregory L. Freeze(ed.), *Russia: A History*, Oxford University Press 2009, p. 223. **6.** 앞의 글, p. 222. Miller, *The Romanov Empire and Nationalism*, p. 116도 보라. **7.** Benjamin Nathans, *Beyond the Pale: The*

Jewish Encounter with Late Imperial Russia, University of California Press 2004, p. 4. **8.** Schorske, *Fin-de-Siècle Vienna*, p. 129. **9.** Dostoyevsky, *The Diary of a Writer*, p. 651, 강조는 원문. 유대인 문제에 관해 비난하는 pp. 637-59도 보라. **10.** Nathans, *Beyond the Pale*, p. 129에서 인용. **11.** Miller, *The Romanov Empire and Nationalism*, p. 118. **12.** Michael Aronson, 'The Anti-Jewish Pogroms in Russia in 1881', in John D. Klier and Shlomo Lambroza (eds), *Pogroms: Anti-Jewish Violence in Modern Russian History*, Cambridge University Press 1992, p. 51. **13.** Aronson, 'The Anti-Jewish Pogroms in Russia in 1881', p. 55. **14.** Wynn, *Workers, Strikes, and Pogroms*, pp. 218-19. **15.** Caroline Humphrey, 'Odessa: Pogroms in a Cosmopolitan City', in Caroline Humphrey and Vera Skvirskaja (eds), *Post-Cosmopolitan Cities: Explorations of Urban Coexistence*, Berghahn Books, New York and Oxford 2012, pp. 36-41. **16.** Aronson, 'The Anti-Jewish Pogroms in Russia in 1881', pp. 44-5. **17.** Shlomo Lambroza, 'The Pogroms of 1903-1906', in Klier and Lambroza (eds), *Pogroms*, p. 200. **18.** Wynn, *Workers, Strikes, and Pogroms*, p. 200. **19.** Robert Weinberg, 'The Pogrom of 1905 in Odessa: A Case Study', in Klier and Lambroza (eds), *Pogroms*, p. 248. **20.** Miller, *The Romanov Empire and Nationalism*, pp. 122-3. **21.** 이스라엘 이민동화부 웹사이트를 보라: http://www.moia.gov.il/English/FeelingIsrael/AboutIsrael/Pages/aliya2.aspx. **22.** Zeev Sternhell, *The Founding Myths of Israel: Nationalism, Socialism, and the Making of the Jewish State*, Princeton University Press 1997, p. 79. **23.** Arthur Koestler, *Promise and Fulfilment: Palestine 1917-1949*, Macmillan, New York 1949, p. 3. **24.** Patrick Wolfe, *Traces of History: Elementary Structures of Race*, Verso, London 2016, p. 216; David Waines, 'The Failure of the Nationalist Resistance', in *The Transformation of Palestine: Essays on the Origin and Development of the Arab-Israeli Conflict*, ed. Ibrahim Abu-Lughod, Northwestern University Press 1987, pp. 216-17도 보라. **25.** Andreas Kappeler, *The Russian Empire: A Multi-Ethnic History*, Longman, Harlow 2001, pp. 270-71, 307. **26.** Witte, *Memoirs*, pp. 378-9. **27.** Michael Ochs, 'Tsarist Officialdom and Anti-Jewish Pogroms in Poland', in Klier and Lambroza (eds), *Pogroms*, p. 170. **28.** Wynn, *Workers, Strikes, and Pogroms*, p. 36. **29.** 앞의 책, p. 44. **30.** 앞의 책, p. 63. **31.** Snyder, *The Reconstruction of Nations*, p. 57. **32.** Jonathan Frankel, *Prophecy and Politics: Socialism, Nationalism, and the Russian Jews, 1862-1917*, Cambridge University Press 1981, pp. 98-9에서 인용. **33.** John Doyle Klier, *Russians, Jews and the Pogroms of 1881-1882*, Cambridge University Press 2011, pp. 166-9. **34.** Lars Fischer, *The Socialist Response to Anti-Semitism in Imperial Germany*, Cambridge University Press 2007, 특히 pp. 41ff. **35.** Stefan Rohrbacher, 'The "Hep Hep" Riots of 1819: Anti-Jewish Ideology, Agitation, and Violence', in Christhard Hoffmann, Werner Bergmann, and Helmut Walser Smith (eds), *Exclusionary Violence: Antisemitic Riots in Modern German History*, University of Michigan Press 2002, pp. 23-4.　**36.** George Eliot, *Impressions of Theophras-tus Such*, William Blackwood and Sons, Edinburgh and London 1879를 보라. 이 에세이는 조지 엘리엇이 창조한 가상의 학자인 테오프라스투스가 마지막으로 남긴 글이다.　**37.** Hans Rogger, 'Conclusion and Overview', in Klier and Lambroza(eds), *Pogroms*, p. 319.　**38.** Kenneth D. Barkin, *The Controversy over German Industrialization, 1890-1902*, University of Chicago Press 1970, p. 159.　**39.** Davies, *God's Playground: A His-tory of Poland*, vol. 2: *1795 to the Present*, p. 52. Walicki, 'The Troubling Legacy of Ro-man Dmowski', pp. 14, 28도 보라.　**40.** Snyder, *The Reconstruction of Nations*, p. 59.　**41.** Davies, *God's Playground*, vol. 2, p. 75.　**42.** Roman Dmowski, *La question polonaise*, Armand Colin, Paris 1909, pp. 180-81.　**43.** 앞의 책, p. 291.　**44.** Andreas Kossert, 'Founding Father of Modern Poland and Nationalist Antisemite: Roman Dmowski', in Rebecca Haynes and Martyn Rady(eds), *In the Shadow of Hitler*, I. B. Tau-ris, London 2011, p. 98.　**45.** M. B. B. Biskupski, *Independence Day: Myth, Symbol, and the Creation of Modern Poland*, Oxford University Press 2012, p. 174.　**46.** Robert Blobaum, 'The Politics of Antisemitism in Fin-de-Siècle Warsaw', *Journal of Modern History*, vol. 73, no. 2, June 2001, p. 275.　**47.** 앞의 글, p. 287.　**48.** 앞의 글, pp. 275-80.　**49.** Colin Holmes, *Anti-Semitism in British Society, 1876-1939*, Edward Arnold, London 1979, pp. 97-100.　**50.** Colin Holmes, 'The Tredegar Riots of 1911: Anti-Jewish Disturbances in South Wales', *Welsh History Review*, vol. 11, no. 2, December 1982, pp. 214-25.　**51.** Fishman, 'The Condition of East End Jewry in 1888', p. 16.　**52.** James Winter, *London's Teeming Streets, 1830-1914*, Routledge, London 1993, p. 107.　**53.** András Gerő, *Modern Hungarian Society in the Making: The Unfinished Experience*, Central European University Press, Budapest 1995, pp. 182-3.　**54.** Maite Ojeda Mata, 'Assimilation et différence. Les Juifs et l'état-nation hongrois, 1895-1914', in *Les limites de siècles. Champs de forces conservatrices et régressives depuis les temps modernes*, ed. Marita Gilli, Presses Universitaires Franc-Comtoises 2001, p. 341.　**55.** Janos, *The Politics of Backwardness in Hungary, 1825-1945*, p. 141.　**56.** McCagg, 'Hungary's "Feudalized" Bourgeoisie', pp. 67-9.　**57.** Janos, *The Politics of Backwardness in Hun-gary, 1825-1945*, p. 116.　**58.** Gerő, *Modern Hungarian Society in the Making*, p. 174.　**59.** Irina Livezeanu, *Cultural Politics in Greater Romania*, Cornell University Press 1995, p. 193.　**60.** Constantin Iordachi, 'The Unyielding Boundaries of Citizen-ship: The Emancipation of "Non-Citizens" in Romania, 1866-1918', *European Review of History*, vol. 8, no. 2, 2001, pp. 167-8.　**61.** Hitchins, *Rumania*, p. 164.　**62.** 앞의 책, pp. 16, 165-6. Janos, 'Modernization and Decay in Historical Perspective', p. 91도 보라. 하나의 본보기로서 벨기에 헌법에 관해서는 Berindei, 'The Nineteenth Century', p. 223; 유대인에 관해서는 Durandin, *Histoire des Roumains*, pp. 176-82를 보라.　**63.** Durandin,

Histoire des Roumains, pp. 180-81.　**64.** Philip Gabriel Eidelberg, *The Great Rumanian Peasant Revolt of 1907: Origins of a Modern Jacquerie*, E. J. Brill, Leiden 1974, p. 204 에서 인용.　**65.** Chirot, *Social Change in a Peripheral Society*, p. 150; Hitchins, *Rumania*, p. 178; Chirot and Ragin, 'The Market, Tradition and Peasant Rebellion', pp. 434-5; Durandin, *Histoire des Roumains*, p. 192.　**66.** Schorske, *Fin-de-Siècle Vienna*, p. 116 과 3장 전체.　**67.** David Kertzer, *The Popes against the Jews: The Vatican's Role in the Rise of Modern Anti-Semitism*, Knopf, New York 2001, pp. 136-7.　**68.** Antoine Blanc de Saint-Bonnet, *De la Restauration française. Mémoire présenté au clergé et à l'aristocratie*, Hervé, Paris 1851, pp. 45-7, 234.　**69.** Werner Sombart, *The Jews and Modern Capitalism*, Transaction Books, New Brunswick and London 1997, pp. 188, 248.　**70.** Édouard Drumont, *La France juive*, vol. 1, Éditions du Trident, La Librairie Française, Paris 1986, pp. 19, 34.　**71.** Michel Winock, *La France et les Juifs*, Seuil, Paris 2004, p. 91.　**72.** David Blackbourn, *The Fontana History of Germany, 1780-1918*, Fontana Press, London 1997, p. 308.　**73.** Muller, *The Mind and the Market*, p. 255.　**74.** Fritz Stern, *The Politics of Cultural Despair: A Study in the Rise of the Germanic Ideology*, University of California Press 1974, p. 61.　**75.** Roberto Finzi, *Anti-Semitism: From its European Roots to the Holocaust*, Interlink Books, Northampton, MA 1999, p. 20.　**76.** Sidney and Beatrice Webb, *Industrial Democracy*, Longmans, Green & Co., London 1902(초판은 1897), pp. 697-8.　**77.** Auguste Chirac, *Les rois de la république. Histoire de Juiveries*, Dentu, Paris 1888, p. 135(신판).　**78.** J. A. Hobson, *Imperialism: A Study*, James Pott and Co., New York 1902, p. 64.　**79.** Jean-Yves Mollier and Jocelyne George, *La plus longue des républiques, 1870-1940*, Fayard, Paris 1994, pp. 129-30, 154.　**80.** Pierre Birnbaum, 'Le rôle limité des juifs dans l'industrialisation de la société française', in *Les Juifs et l'économique, miroirs et mirages*, ed. Chantal Benayoun, Alain Médam, and Pierre-Jacques Rojtman, PUM, Toulouse 1992, pp. 174-5.　**81.** Mark R. Cohen, 'Medieval Jewry in the World of Islam', in *The Oxford Handbook of Jewish Studies*, ed. Martin Goodman, Jeremy Cohen and David Jan Sorkin, Oxford University Press 2002, pp. 198-200.　**82.** Bernard Lewis, *The Jews of Islam*, Princeton University Press 2016, p. 158.　**83.** Eyal Ginio, '*El dovér el mas sànto*: The Mobilization of the Ottoman Jewish Population during the Balkan Wars(1912-13)', in Hannes Grandits, Nathalie Clayer and Robert Pichler(eds), *Conflicting Loyalties in the Balkans: The Great Powers, the Ottoman Empire and Nation-Building*, I. B. Tauris, London 2011, pp. 169-71ff.　**84.** Raymond Kévorkian, *The Armenian Genocide: A Complete History*, I. B. Tauris, London 2011, pp. 11, 14.　**85.** 앞의 책, p. 808.　**86.** 앞의 책, p. 810.　**87.** Mark Bauerlein, *Negrophobia: A Race Riot in Atlanta, 1906*, Encounter Books, San Francisco, CA 2001, p. 225.　**88.** 앞의 책, p. 230.　**89.** NPR(옛 이름은 National Public Radio)의 보도를 보라:

http://www.npr.org/templates/story/story.php?storyId=6106285. **90.** Jack Bass and Marilyn W. Thompson, *Strom: The Complicated Personal and Political Life of Strom Thurmond*, PublicAffairs, New York 2005, p. 117에서 인용. **91.** Craig Storti, *Incident at Bitter Creek: The Story of the Rock Springs Chinese Massacre*, Iowa State University Press 1991, 특히 pp. 99-121. **92.** 앞의 책, pp. 23-4. **93.** Leland Stanford, 8th Governor, California, Inaugural Address, 10 January 1862: http://governors.library.ca.gov/addresses/08-Stanford.html. **94.** Alexander Saxton, *The Indispensable Enemy: Labor and the Anti-Chinese Movement in California*, University of California Press 1971, p. 271. **95.** 앞의 책, p. 273. **96.** Foner, 'Why is there no Socialism in the United States?', p. 66. **97.** Samuel Gompers and Herman Gutstadt, *Meat vs. Rice: American Manhood Against Asiatic Coolieism. Which Shall Survive?*(reprinted in 1908 by the Asiatic Exclusion League), p. 22. **98.** Henry George, 'The Chinese in California', *New York Daily Tribune*, 1 May 1869. **99.** Riis, *How the Other Half Lives*, pp. 62-3. **100.** Archibald Cary Coolidge, *The United States as a World Power*, Macmillan, New York 1908, p. 62. **101.** 앞의 책, p. 66. **102.** Ronald Takaki, *Strangers from a Different Shore: A History of Asian Americans*, Little, Brown and Co., Boston, MA 1989, p. 201. **103.** John Higham, *Strangers in the Land: Patterns of American Nativism, 1860-1925*, Atheneum, New York 1973, p. 41. **104.** Kenneth Prewitt, *What Is Your Race?: The Census and Our Flawed Efforts to Classify Americans*, Princeton University Press 2013, p. 67. **105.** Desmond King, *The Liberty of Strangers: Making the American Nation*, Oxford University Press 2005, pp. 26-7. **106.** 이 이야기는 리처드 감비노의 책에 잘 나와 있다. Richard Gambino, *Vendetta: The True Story of the Largest Lynching in U.S. History*, Guernica Editions, Toronto 1998, 특히 pp. 96, 107-8을 보라. **107.** Higham, *Strangers in the Land*, pp. 66-7, 92. **108.** Richard Hofstadter, 'The Folklore of Populism', in *Antisemitism in the United States*, ed. Leonard Dinnerstein, Holt, Rinehart and Winston, New York 1971. Louise A. Mayo, *The Ambivalent Image: Nineteenth-Century America's Perception of the Jew*, Associated University Presses, London 1988도 보라. **109.** Higham, *Strangers in the Land*, p. 93. **110.** Edmund Barton, Australia's first Prime Minister, to the House of Representatives, discussing the 'Immigration Restriction Bill', House of Representatives, Debates, 12 September 1901, p. 48. David Dutton, *One of Us? A Century of Australian Citizenship*, University of New South Wales Press 2002, p. 28에서 인용. 더욱 인종주의적인 노동당의 노선에 관해서는 Stuart Macintyre, *The Oxford History of Australia*, vol. 4: *1901-1942: The Succeeding Age*, Oxford University Press 1986, p. 89를 보라. **111.** François Bédarida, 'Perspectives sur le mouvement ouvrier et l'impérialisme en France au temps de la conquête coloniale', *Le Mouvement Social*, no. 86, January-March 1974, p. 38. **112.** Dewerpe, *Le monde du travail en*

France, 1800-1950, p. 100. **113.** Michelle Perrot, *Les ouvriers en grève*, Mouton & Co, Paris 1974, vol. 1, pp. 171-5. **114.** Leroy-Beaulieu, *Essai sur la répartition des richesses*, pp. 473-4. **115.** Beckert, *Empire of Cotton*, p. 271. **116.** Hegel, *Lectures on the Philosophy of World History*, vol. 1, pp. 196-7. **117.** Hegel, *The Philosophy of History*, p. 150. **118.** Immanuel Kant, 'On the Use of Teleological Principles in Philosophy', in *Anthropology, History, and Education*, ed. Günter Zöller and Robert B. Louden, Cambridge University Press 2007, p. 211. **119.** Voltaire, *Essai sur les moeurs et l'esprit des nations*, p. 9. **120.** Ernest Renan, *Histoire générale et système comparé des langue sémitiques*, première partie, Imprimerie Impériale, Paris 1855, p. 4. **121.** John Stuart Mill, *Considerations on Representative Government*, Parker, Son, and Bourn, London 1861, pp. 61-2, 64. 이 주제에 관한 밀의 견해를 역사화하려는 명료한 시도에 관해서는 Georgios Varouxakis, *Mill on Nationality*, Routledge, London 2013, pp. 38-52, 특히 p. 50 을 보라. **122.** Mahatma Gandhi, *The Collected Works of Mahatma Gandhi*(electronic book), vol. 1: *1884-30 November 1896*, Publications Division Government of India, New Delhi 1999, p. 410: https://www.gandhiashramsevagram.org/gandhi-literature/mahatma-gandhi-collected-works-volume-1.pdf. **123.** Lawrence James, *Churchill and Empire*, Weidenfeld and Nicolson, London 2013, p. 48. **124.** John Law(Margaret Harkness), *Out of Work*, Swan Sonnenstein & Co., London 1888, pp. 63-4. **125.** Sascha Auerbach, *Race, Law and 'The Chinese Puzzle' in Imperial Britain*, Macmillan, London 2009, p. 39. **126.** 앞의 책, p. 52. **127.** 앞의 책, p. 50. **128.** 앞의 책, pp. 74-5. **129.** Mill, *Principles of Political Economy*, pp. 351-2. **130.** Barkin, *The Controversy over German Industrialization, 1890-1902*, pp. 28-9. **131.** Cindy Hahamovitch, 'Creating Perfect Immigrants: Guestworkers of the World in Historical Perspective', *Labor History*, vol. 44, no. 1, February 2003, pp. 73-4. **132.** A. V. Dicey, *Lectures on the Relation between Law and Public Opinion in England during the Nineteenth Century*, Macmillan, London 1962(원래 1898년 하버드 로스쿨에서 한 강연으로 수정, 보완해서 1905년에 출간), p. 298. **133.** David Feldman, 'Was the Nineteenth Century a Golden Age for Immigrants?', in Andreas Fahrmeir, Olivier Faron and Patrick Weil(eds), *Migration Control in the North Atlantic World: The Evolution of State Practices in Europe and the United States from the French Revolution to the Inter-War Period*, Berghahn Books, New York 2005, pp. 170, 175. **134.** Hahamovitch, 'Creating Perfect Immigrants', pp. 74-5. **135.** Weber, 'The Nation State and Economic Policy', p. 9. **136.** 앞의 글, p. 12. **137.** Christoph Klessmann, 'Long-Distance Migration, Integration and Segregation of an Ethnic Minority in Industrial Germany: The Case of the "Ruhr Poles"', in Klaus Bade(ed.), *Population, Labour and Migration in 19th- and 20th-Century Germany*, Berg, Leamington Spa 1987, p. 102. **138.** André Armengaud, 'Population in Europe, 1700-1914', in Carlo

M. Cipolla(ed.), *The Fontana Economic History of Europe*, vol. 3: *The Industrial Revolution*, Collins, London 1980, p. 63.   **139.** Davis, 'From "Rookeries" to "Communities"', p. 69.   **140.** Armengaud, 'Population in Europe, 1700-1914', p. 67.   **141.** Aristide R. Zolberg, 'Global Movements, Global Walls: Responses to Migration 1885-1925', in Wang Gungwu(ed.), *Global History and Migrations*, Westview Press, Boulder, CO 1997, p. 288.   **142.** 다음 인터넷 주소에 실린 수치를 보라: http://esa.un.org/unmigration/documents/The_number_of_international_migrants.pdf.

제13장 참정권

1. Marcel Liebman, *Les socialistes belges, 1885-1914. La révolte et l'organisation*, Vie Ouvrière, Brussels 1979, p. 58에서는 24명이 살해되었다고 주장한다. 한편 장-루이 들라에는 14명이 죽었다고 언급한다(나중에 사망한 사람들 포함) Jean-Louis Delaet, 'Les émeutes de mars 1886 au Pays de Charleroi', in *Fourmies et les premier mai*, ed. Madeleine Rebérioux, Éditions Ouvrières, Paris 1994, p. 225를 보라.   **2.** André Pierrard and Jean-Louis Chappat, *La fusillade de Fourmies*, Miroirs, Nord/ Pas-de-Calais 1991, pp. 127-8.   **3.** Manfredi Alberti, *Senza lavoro La disoccupazione in Italia dall'Unità a oggi*, Laterza, Rome-Bari 2016, pp. 3-4.   **4.** Salvatore Francesco Romano, *Storia dei Fasci siciliani*, Laterza, Rome-Bari 1959, p. 1.   **5.** 앞의 책, p. 106.   **6.** 앞의 책, pp. 384-95.   **7.** 앞의 책, pp. 428-9.   **8.** 앞의 책, p. 471.   **9.** Ambra Boldetti, 'La repressione in Italia. Il caso del 1894', *Rivista di Storia Contemporanea*, vol. 6, no. 4, 1977, p. 491.   **10.** 앞의 글, p. 499.   **11.** 앞의 글, p. 503.   **12.** Romano, *Storia dei Fasci siciliani*, pp. 461-3.   **13.** Susan A. Ashley, *Making Liberalism Work: The Italian Experience, 1860-1914*, Praeger, Westport, CT 2003, p. 152.   **14.** 공식적으로는 군인 1명을 포함해서 83명이 사망했다. 'La cessazione dello stato d'assedio', *Corriere della Sera*, 6-7 September 1898, p. 3을 보라. 목격자인 언론인 에우제니오 토렐리 비올리에르는 사망자가 더 많았다고 생각한다. Lucio Villari, 'I fatti di Milano del 1898. La testimonianza di Eugenio Torelli Viollier', *Studi Storici*, vol. 8, no. 3, July-September 1967, pp. 534-49를 보라.   **15.** César de Paepe, *Le suffrage universel et la capacité politique de la classe ouvrière*, Gand 1890, p. 10. Liebman, *Les socialistes belges(1885-1914)*, p. 84에서 인용.   **16.** David Hume, 'Of Refinement in the Arts'(1752), David Hume, *Selected Essays*, Oxford University Press 2008, pp. 174-5.   **17.** Yan Fu(Yen Fou), *Les manifestes de Yen Fou*, ed. François Houang, Fayard, Paris 1977, p. 96.   **18.** 앞의 책, p. 151.   **19.** William Jennings Bryan, *Letters to a Chinese Official*, McClure, Phillips and Co, New York 1906, pp. 54-5.   **20.** Eduardo Posada-Carbó, 'Electoral Juggling: A Comparative History of the Corruption of Suffrage in Latin

America, 1830-1930', *Journal of Latin American Studies*, vol. 32, no. 3, October 2000, p. 623.   **21.** Paul W. Drake, *Between Tyranny and Anarchy: A History of Democracy in Latin America, 1800-2006*, Stanford University Press 2009, p. 112.   **22.** Leslie Bethell, 'Politics in Brazil: From Elections without Democracy to Democracy without Citizenship', *Daedalus*, vol. 129, no. 2, Spring 2000, pp. 3-6.   **23.** Posada-Carbó, 'Electoral Juggling', p. 612.   **24.** Juan Maiguashca, 'The Electoral Reforms of 1861 in Ecuador and the Rise of a New Political Order', in Eduardo Posada-Carbó(ed.), *Elections before Democracy: The History of Elections in Europe and Latin America*, Macmillan, London 1996, pp. 87-9.   **25.** Hilda Sabato, 'Citizenship, Political Participation and the Formation of the Public Sphere in Buenos Aires, 1850s-1880s', *Past & Present*, no. 136, August 1992, pp. 141-3.   **26.** Karl Marx, *Class Struggles in France, 1848-1850*, International Publishers, New York 1964, p. 54.   **27.** Osmo Jussila, Seppo Hentilä, and Jukka Nevakivi, *From Grand Duchy to a Modern State: A Political History of Finland since 1809*, Hurst and Co., London 1999, pp. 88-9.   **28.** James Lorimer, *Constitutionalism of the Future: or, Parliament the Mirror of the Nation*, Adam and Charles Black, Edinburgh 1865.   **29.** Barkin, *The Controversy over German Industrialization, 1890-1902*, p. 20.   **30.** Montesquieu, *De l'ésprit des lois*, vol. I, livre 2, chapitre 2, p. 103.   **31.** Malcolm Crook and Tom Crook, 'L'isoloir universel? La globalisation du scrutin secret au XIXe siècle', *Revue d'histoire du XIXe siècle*, no. 43, 2011, pp. 41-55.   **32.** Margaret Lavinia Anderson, *Practicing Democracy: Elections and Political Culture in Imperial Germany*, Princeton University Press 2000, pp. 213-16, 242, 273.   **33.** Sheri E. Berman, 'Modernization in Historical Perspective: The Case of Imperial Germany', *World Politics*, vol. 53, no. 3, April 2001, p. 449.   **34.** Gerő, *Modern Hungarian Society in the Making*, p. 145.   **35.** H. J. Hanham, *Elections and Party Management: Politics in the Time of Disraeli and Gladstone*, Harvester Press, Hassocks, Sussex 1978, p. 263.   **36.** Economist Intelligence Unit, *Democracy Index 2012*: http://pages.eiu.com/rs/eiu2/images/Democracy-Index-2012.pdf; *Democracy Index 2014*: http://www.eiu.com/Handlers/Whitepaper-Handler.ashx?fi=Democracy-index-2014.pdf&mode=wp&campaignid=Democracy0115; http://www.economist.com/blogs/graphicdetail/2017/01/daily-chart-20.   **37.** 2017년 프랑스 총선에서는 투표율이 50퍼센트 이하로 떨어졌다.   **38.** William Blackstone, *Commentaries on the Laws of England*, vol. 1, New York 1827, p. 127(초판은 1765-9).   **39.** Reidar Maliks, *Kant's Politics in Context*, Oxford University Press 2014, p. 95.   **40.** Immanuel Kant, 'On the Common Saying: That may be correct in theory, but it is of no use in practice', in Immanuel Kant, *Practical Philosophy*, ed. Mary Gregor, Cambridge University Press 1996, p. 292.   **41.** 앞의 글, p. 295.   **42.** Pierre Rosanvallon, *Le sacre du citoyen. Histoire du suffrage universel en France*, Gallimard, Paris 2001, p.

277.   **43.** Benjamin Constant, 'Principes de politique', in *Écrits politiques*, Gallimard, Paris 1997, pp. 367-8.   **44.** 앞의 글, pp. 344-6.   **45.** 앞의 글, pp. 347, 351, 그밖에 여러 쪽.   **46.** Speech to the Assemblé nationale, 27 August 1789. Maliks, *Kant's Politics in Context*, pp. 83-4에서 인용.   **47.** Abbé (Emmanuel) Sieyès, *Préliminaire de la Constitution françoise. Reconnaissance et exposition raisonnée des droits de l'homme et du citoyen*, Baudouin, Paris 1789, p. 16: http://gallica.bnf.fr/ark:/12148/bpt6k41690g/f18. item.   **48.** Jean-Paul Marat, *L'Ami du peuple*, Wednesday, 30 June 1790, p. 6: http://gallica.bnf.fr/ark:/12148/bpt6k1046480j/f6.item.   **49.** Rosanvallon, *Le sacre du citoyen*, pp. 267-8.   **50.** Alexis de Tocqueville, *Souvenirs*, Calmann Lévy, Paris 1893, pp. 15-16.   **51.** Rosanvallon, *Le sacre du citoyen*, pp. 286-7에서 인용.   **52.** Claude Willard, *Le mouvement socialiste en France(1893-1905) Les Guesdistes*, Éditions sociales, Paris 1965, p. 71.   **53.** Ronsavallon, *Le sacre du citoyen*, p. 353에서 인용.   **54.** 앞의 책.   **55.** Letters of 30 April 1871 and 6 September 1871 in Gustave Flaubert, *Correspondance*, vol. IV, Gallimard, Paris 1998, pp. 314, 372.   **56.** 앞의 책, 7 October 1871, p. 384.   **57.** letter of 7 October 1871, in Flaubert, *Correspondance*, vol. IV, p. 384(강조는 원문).   **58.** Hausrath, 'The Life of Treitschke', pp. 308-9, 311에서 인용.   **59.** Jacques-Pierre Gougeon, 'Les élites dirigeantes dans l'Allemagne des années 1890', in *Les limites de siècles. Champs de forces conservatrices et régressives depuis les temps modernes*, ed. Marita Gilli, vol. 1, Presses Universitaires Franc-Comtoises 2001, p. 235.   **60.** *The Miscellaneous Writings and Speeches of Lord Macaulay*, vol. 4: http://www.gutenberg.org/files/2170/2170-h/2170-h.htm을 보라.   **61.** George Rudé, 'English Rural and Urban Disturbances on the Eve of the First Reform Bill, 1830-1831', *Past & Present*, no. 37, 1967, pp. 87ff.   **62.** 앞의 글, p. 98.   **63.** Chris Cook, *The Routledge Companion to Britain in the Nineteenth Century*, Routledge, London 2005, p. 68: Neal Blewett, 'The Franchise in the United Kingdom, 1885-1918', *Past & Present*, no. 32, December 1965, p. 31.   **64.** Mill, *Principles of Political Economy*, p. 460.   **65.** John Ruskin, *The Crown of Wild Olive. Munera Pulveris. Pre-Raphaelitism. Aratra Pentelici, etc.*, Dana Estes & Co., Boston, MA 1900, p. 195(강조는 원문).   **66.** John Ruskin, *Time and Tide by Weare and Tyne: Twenty-Five Letters to a Working Man of Sunderland on the Laws of Work*, letter III, p. 9: http://www.gutenberg.org/files/31196/31196-h/31196-h.htm.   **67.** Matthew Arnold, *Culture and Anarchy and Other Writings*, ed. Stefan Collini, Cambridge University Press 1993, p. 107.   **68.** William George Ward, 'The Encyclical and Syllabus', *Dublin Review*, vol. 56, January-April 1865, p. 473.   **69.** Bentley, *Lord Salisbury's World*, p. 73.   **70.** Lord Salisbury(signed Lord Robert Cecil), 'English Politics and Parties', *Bentley's Quarterly Review*, vol. 1, March 1859, pp. 28-9.   **71.** Smith, *Disraelian Conservatism and Social Reform*, p. 39.   **72.** E. David Steele, *Lord Salisbury*, Routledge, London

2002, p. 121.　**73.**　Bentley, *Lord Salisbury's World*, pp. 150, 152.　**74.**　원래 *Quarterly Review*, vol. 116, 1864, p. 269에 수록됨. Smith(ed.), *Lord Salisbury on Politics*, p. 45에서 인용.　**75.**　Gareth Stedman Jones, 'Rethinking Chartism', in Gareth Stedman Jones, *Languages of Class: Studies in English Working Class History, 1832-1982*, Cambridge University Press 1983, p. 109에서 인용.　**76.**　Dicey, *Lectures on the Relation between Law and Public Opinion in England*, pp. 211-12.　**77.**　Robert G. Gammage, *History of the Chartist Movement, 1837-1854*(초판은 1854). Stedman Jones, 'Rethinking Chartism', p. 100에서 인용.　**78.**　William Gladstone, House of Commons, 11 May 1864: http://hansard.millbanksystems.com/commons/1864/may/11/second-reading, cols 313-27.　**79.** Letter to Palmerston, 15 May 1864, *The Letters of Queen Victoria*, vol. 4, ed. George E. Buckle, Cambridge University Press, 2014, pp. 189-90.　**80.**　William Gladstone, Speech in the House of Commons, 27 April 1866: http://hansard.millbanksystems.com/commons/1866/apr/27/adjourned-debate-eighthnight, col. 121.　**81.**　John Bright, *Speeches on Parliamentary Reform, & c.(delivered during the autumn of 1866)*, John Heywood, Manchester 1866, p. 35.　**82.**　F. W. S. Craig, *British Electoral Facts: 1832-1987*, Parliamentary Research Services, Darmouth 1989, pp. 9-10.　**83.**　Smith, *Disraelian Conservatism and Social Reform*, p. 90.　**84.**　앞의 책, p. 102.　**85.**　앞의 책, pp. 96-7.　**86.**　Dicey, *Lectures on the Relation between Law and Public Opinion in England*, p. 252.　**87.**　Smith, *Disraelian Conservatism and Social Reform*, pp. 22-5.　**88.**　Niall Ferguson, 'Political Risk and the International Bond Market between the 1848 Revolution and the Outbreak of the First World War', *Economic History Review*, vol. 59, no. 1, 2006, p. 94n.　**89.**　Letter of 18 November 1868, in Karl Marx and Friedrich Engels, *Correspondence 1846-1895: A Selection with Commentary and Notes*, Martin Lawrence, London 1934, pp. 253-4.　**90.**　Smith, *Disraelian Conservatism and Social Reform*, p. 103에서 인용.　**91.**　Webb, 'The Moral of the Elections', p. 287.　**92.**　Lord Rosebery, Leader's Speech at the National Liberal Federation conference held at Cardiff on 18 January 1895: http://www.britishpoliticalspeech.org/speech-archive.htm?speech=5.　**93.** Carl Strikwerda, *A House Divided: Catholics, Socialists, and Flemish Nationalists in Nineteenth-Century Belgium*, Rowman & Littlefield, Lanham, MD, and Oxford 1997, pp. 95-6.　**94.**　Alfred Defuisseaux, 'Le catéchisme du peuple', 1886: http://users.skynet.be/roger.romain/Defuisseaux.html. 팸플릿의 판매에 관해서는 Liebman, *Les socialistes belges, 1885-1914*, p. 68을 보라.　**95.**　Strikwerda, *A House Divided*, p. 109.　**96.**　Liebman, *Les socialistes belges, 1885-1914*, pp. 100-108.　**97.**　Giorgio Candeloro, *Storia dell'Italia moderna*, vol. 6: *Lo sviluppo del capitalismo e del movimento operaio 1871-1896*, Feltrinelli, Milan 1978, pp. 154-5.　**98.**　Silvio Furlani, 'Le riforme elettorali del 1882', in *Il parlamento italiano 1861-1988*, vol. V: *1877-1887*, Nuova CEI, Milan 1989, pp. 85-

6. **99.** Anderson, *Practicing Democracy*, p. 8. **100.** Berman, 'Modernization in Historical Perspective', pp. 437-40. **101.** 앞의 글, pp. 443-5. **102.** Gilbert Rozman, 'Social Change', in Marius B. Jansen(ed.), *The Cambridge History of Japan*, vol. 5: *The Nineteenth Century*, Cambridge University Press 1989, p. 525. **103.** Johannes Hirschmeier and Tsunehiko Yui, *The Development of Japanese Business, 1600-1973*, Harvard University Press 1975, pp. 73-4. **104.** Neary, *The State and Politics in Japan*, p. 17. **105.** Jansen, *The Making of Modern Japan*, p. 394. **106.** 앞의 책, p. 415. **107.** Norman, *Japan's Emergence as a Modern State*, p. 189. **108.** Lehmann, *The Roots of Modern Japan*, pp. 247, 249, 267. **109.** Yukichi Fukuzawa, *The Autobiography of Yukichi Fukuzawa*, trans. Eiichi Kiyooka, Columbia University Press 2007, p. 449(부록). **110.** Stanley L. Engerman and Kenneth L. Sokoloff, 'The Evolution of Suffrage Institutions in the New World', *Journal of Economic History*, vol. 65, no. 4, December 2005, pp. 906-9. **111.** J. Morgan Kousser, *The Shaping of Southern Politics: Suffrage Restriction and the Establishment of the One-Party South, 1880-1910*, Yale University Press 1974, p. 12. **112.** Foner, *Reconstruction*, pp. 235, 191. **113.** Gould, *Reform and Regulation*, p. 7. **114.** Kousser, *The Shaping of Southern Politics*, p. 39. **115.** Gould, *Reform and Regulation*, p. 4.

제14장 사적 풍요, 공적 복지

1. R. H. Tawney, *The Acquisitive Society*, 1920: http://www.gutenberg.org/files/33741/33741-h/33741-h.htm, p. 38. **2.** John Maynard Keynes, *The Economic Consequences of the Peace*, 1920: http://www.gutenberg.org/files/15776/15776-h/15776-h.htm, 2장. **3.** Patten, *The New Basis of Civilization*, pp. 19-20. **4.** 앞의 책, p. 6. Daniel M. Fox, *The Discovery of Abundance: Simon N. Patten and the Transformation of Social Theory*, Cornell University Press 1967, p. 11도 보라. **5.** US Dept. of Labor Statistics, Office of Publication and Special Studies: http://www.bls.gov/opub/uscs/1901.pdf. **6.** Horowitz, *The Morality of Spending*, p. 30. **7.** Charles McGovern, 'Consumption and Citizenship in the United States, 1900-1940', in *Getting and Spending*, ed. Susan Strasser, Charles McGovern, and Matthias Judt, Cambridge University Press 1998, p. 47. **8.** Rosalind H. Williams, *Dream Worlds: Mass Consumption in Late Nineteenth-Century France*, University of California Press 1982, 특히 pp. 303-10. **9.** Bonneff, *La vie tragique des travailleurs*, p. 233. **10.** Glickman, *A Living Wage*, pp. 5, 26-7. **11.** Thorstein Veblen, *The Theory of the Leisure Class*, Random House, New York 2001, p. 55. **12.** Hume, 'Of Refinement in the Arts', p. 170. **13.** Diner, *Hungering for*

America, p. 45.　**14.**　Henry Ford, *My Life and Work*, Heinemann, London 1922, p. 73.　**15.**　McGovern, 'Consumption and Citizenship in the United States, 1900-1940', pp. 44-5.　**16.**　Brian Greenberg and Linda S. Watts, *Social History of the United States*, ABC-CLIO, Santa Barbara, CA 2009, p. 30.　**17.**　Terry P. Wilson, *The Cart that Changed the World: The Career of Sylvan N. Goldman*, University of Oklahoma Press 1978, p. 85.　**18.**　Klein, *The Genesis of Industrial America, 1870-1920*, p. 30.　**19.**　Lisa Jacobson, *Raising Consumers: Children and the American Mass Market in the Early Twentieth Century*, Columbia University Press 2004, pp. 23-6.　**20.**　William R. Leach, *Land of Desire: Merchants, Power, and the Rise of a New American Culture*, Knopf Doubleday, New York 2011, p. 4.　**21.**　Carlson, 'Technology and America as a Consumer Society, 1870-1900', pp. 29-30.　**22.**　Edward Bellamy, *Looking Backward: From 2000 to 1887*: http://www.gutenberg.org/files/624/624-h/624-h.htm. '신용카드'라는 용어는 9장에 등장한다.　**23.**　David M. Potter, *People of Plenty: Economic Abundance and the American Character*, University of Chicago Press 1973(초판은 1954), p. 83. 포터는 Karl W. Deutsch, *Nationalism and Social Communication*, MIT and Wiley, New York 1953, p. 40에 실린 유엔 통계를 인용한다.　**24.**　앞의 책, pp. 84, 90, 95, 101, 175, 177, 195ff.　**25.**　John Larson, 'The Market Revolution', in Lacy K. Ford, *A Companion to the Civil War and Reconstruction*, Blackwell, Oxford 2005, p. 41.　**26.**　Lévy-Leboyer and Bourguignon, *L'économie française au XIXe siècle*, p. 38.　**27.**　Charles B. Spahr, *An Essay on the Present Distribution of Wealth in the United States*, Thomas Y. Crowell and Co., 2nd ed., Boston, MA 1896, pp. 128-9: http://archive.org/details/anessayonpresen01spahgoog.　**28.**　Piketty, *Capital in the Twenty-First Century*, pp. 22-4, figure Ⅰ.1.　**29.**　Werner Sombart, *Why is there no Socialism in the United States?*, Macmillan, New York and London 1976, p. 106.　**30.**　Friedrich Engels, 'Letter to Friedrich Sorge', 24 October 1891, in Marx and Engels *Correspondence*: https://www.marxists.org/archive/marx/works/1891/letters/91_10_24a.htm.　**31.**　Foner, 'Why is there no Socialism in the United States?', p. 58에서 인용.　**32.**　이 주장들의 강점에 관한 전반적인 평가로는 Seymour Martin Lipset and Gary Marks, *It Didn't Happen Here: Why Socialism Failed in the United States*, Norton and Co., New York 2000을 보라.　**33.**　Robin Archer, *Why Is There No Labor Party in the United States*, Princeton University Press 2007, pp. 234-6.　**34.**　Jerome Karabel, 'The Reasons Why', *The New York Times*, 8 February 1979. Foner, 'Why is there no Socialism in the United States?' pp. 60, 71도 보라.　**35.**　Ira Kipnis, *The American Socialist Movement, 1897-1912*, Haymarket Books, Chicago, IL 2005(초판은 1952), pp. 247-8.　**36.**　Eugene V. Debs, Campaign Speech, Lyceum Theatre, Fergus Falls, Minnesota, 27 August 1912: https://www.marxists.org/archive/debs/works/1912/1912-capsoc.htm.　**37.**　Robert C. McMath, Jr, *American Populism: A Social History, 1877-1898*,

Hill and Wang, New York 1993, p. 83. **38.** Cohen, *The Reconstruction of American Liberalism, 1865-1914*, p. 177. **39.** Theodore Roosevelt, 'Address at the Coliseum', 14 September 1912, San Francisco, California, in David M. Kennedy and Thomas A. Bailey(eds), *The American Spirit: United States History as Seen by Contemporaries*, Cengage Learning, Boston, MA 2009, vol. 2, p. 225. **40.** Leuchtenburg, *The American President*, p. 61. **41.** Sklar, *The Corporate Reconstruction of American Capitalism, 1890-1916*, pp. 401-4. **42.** Theodore Roosevelt, 'First Annual Message' to Congress, 3 December 1901: http://www.presidency.ucsb.edu/ws/?pid=29542. Kolko, *The Triumph of Conservatism*, p. 66; Leuchtenburg, *The American President*, p. 30 등도 보라. **43.** Gould, *Reform and Regulation*, p. 20. **44.** Colin Jones, 'Perspectives on Poor Relief, Health Care and the Counter-Reformation in France', in *Health Care and Poor Relief in Counter-Reformation Europe*, ed. Ole Peter Grell and Andrew Cunningham, with Jon Arrizabalaga, Routledge, London 1999, p. 216. **45.** Mokyr, *The Enlightened Economy*, p. 440. **46.** Thomas Malthus, *An Essay on the Principle of Population*(1798), 5장, 3절: http://www.gutenberg.org/files/4239/4239-h/4239-h.htm. **47.** Henri Hatzfeld, *Du paupérisme à la sécurité sociale(1850-1940)*, Presses Universitaires de Nancy 2004, pp. 34, 67-9. **48.** Thomas Malthus, 'An Investigation of the Cause of the Present High Price of Provisions'(1800). Morgan Kelly and Cormac O'Gráda, 'Living Standards and Mortality since the Middle Ages', *Economic History Review*, vol. 67, no. 2, 2014, p. 361에서 인용, 논의됨. **49.** 앞의 글, pp. 358-81. **50.** David Ricardo, *On the Principles of Political Economy and Taxation*, John Murray, London 1821, p. 102(5장: 'On Wages'). **51.** David Englander, *Poverty and Poor Law Reform in Nineteenth-Century Britain, 1834-1914: From Chadwick to Booth*, Routledge, London 2013, p. 1. **52.** Mokyr, *The Enlightened Economy*, p. 441. **53.** Lindert, *Growing Public*, p. 8. **54.** Castel, *Les métamorphoses de la question sociale*, p. 232. **55.** Prosper Poullet, *Les institutions françaises de 1795 à 1814. Essai sur les origines des institutions belges contemporaines*, Plon, Paris 1907, p. 446. **56.** Gareth Stedman Jones, *An End to Poverty? A Historical Debate*, Profile Books, London 2004, pp. 24-5. **57.** 앞의 책, p. 20. **58.** Poullet, *Les institutions françaises de 1795 à 1814*, p. 447; Lis and Soly, *Poverty and Capitalism in Pre-Industrial Europe*, pp. 209-10도 보라. **59.** Jean-Baptiste Say, *Cours complet d'économie politique pratique*, vol. 5, Rapilly, Paris 1829, p. 347(XXXⅡ, 'Des sécours publics'). **60.** Alexis de Tocqueville, *Mémoire sur le paupérisme*, Ministère de l'instruction publique et des beaux-arts, Imprimerie nationale, Paris 1835, pp. 12, 16. **61.** Paul Leroy-Beaulieu, *L'administration locale en France et en Angleterre*, Guillaumin, Paris 1872, p. 237. **62.** 앞의 책, p. 234. **63.** 앞의 책, p. 251. **64.** Leroy-Beaulieu, *Essai sur la répartition des richesses*, p. 437. **65.** 앞의 책, p. 409. **66.**

Hatzfeld, *Du paupérisme à la sécurité sociale*, p. 34. **67.** John H. Weiss, 'Origins of the French Welfare State: Poor Relief in the Third Republic, 1871-1914', *French Historical Studies*, vol. 13, no. 1, Spring 1983, p. 55. **68.** Madeleine Rebérioux, *La République radicale? 1898-1914*, Éditions du Seuil, Paris 1975. **69.** Albert Thibaudet, *Les idées politiques de la France*, Librairie Stock, Paris 1932, p. 184. 문학비평가 티보데는 이 기지 넘치는 발언의 출처를 '어느 사회주의자'로 추정했다. **70.** Donald G. Wileman, 'Not the Radical Republic: Liberal Ideology and Central Blandishment in France, 1901-1914', *Historical Journal*, vol. 37, no. 3, September 1994, pp. 593-614. **71.** J. P. T. Bury, *Gambetta's Final Years: 'The Era of Difficulties', 1877-1882*, Longman, London 1982, pp. 355-6; Pierre Sorlin, *Waldeck-Rousseau*, Armand Colin, Paris 1966, p. 243. **72.** Léon Gambetta, 'La politique et les affaires', *Revue politique*, 6 June 1868. Jeanne Gaillard, 'Les associations de production et la pensée politique en France (1852-1870)', *Le Mouvement Social*, no. 52, July-September 1966, p. 77에서 인용. **73.** Antonmattei, *Léon Gambetta*, p. 168. **74.** 앞의 책, pp. 175-6. **75.** Jean-Michel Gaillard, *Jules Ferry*, Fayard, Paris 1989, pp. 160, 407-9. **76.** Peter Baldwin, *The Politics of Social Solidarity: Class Bases of the European Welfare State, 1875-1975*, Cambridge University Press 1990, p. 102. **77.** Timothy B. Smith, 'The Ideology of Charity, the Image of the English Poor Law, and Debates over the Right to Assistance in France, 1830-1905', *Historical Journal*, vol. 40, no. 4, December 1997, p. 999. **78.** Sorlin, *Waldeck-Rousseau*, p. 270. **79.** Leduc, *Histoire de la France*, p. 59. **80.** Hatzfeld, *Du paupérisme à la sécurité sociale*, p. 34. **81.** Didier Renard, 'Assistance publique et bienfaisance privée, 1885-1914', *Politiques et management public*, vol. 5, no. 2, 1987, p. 113. **82.** Hatzfeld, *Du paupérisme à la sécurité sociale*, p. 72. **83.** 앞의 책, p. 75. **84.** 앞의 책, p. 74. **85.** Robert Gildea, *Children of the Revolution: The French, 1799-1914*, Allen Lane, London 2008, p. 270. **86.** Léon Bourgeois, *Solidarité*, Armand Colin, Paris 1896, pp. 12, 22. **87.** Timothy B. Smith, *Creatig the Welfare State in France, 1880-1940*, McGill-Queen's University Press 2003, pp. 13-14. **88.** Paul Leroy-Beaulieu, 'Le prochain gouffre: le projet de loi sur les retraites,' *L'Économiste français*, 11 May 1901. **89.** William Stanley Jevons, *The State in Relation to Labour*, Macmillan, London 1882, p. 66; J. H. Stewart Reid, *The Origins of the British Labour Party*, University of Minnesota Press 1955, p. 14. **90.** Henry Sidgwick, *The Elements of Politics*, Macmillan, London 1897(초판은 1891), p. 40. **91.** Sanford Elwitt, *The Third Republic Defended: Bourgeois Reforms in France, 1880-1914*, Louisiana State University Press 1986, p. 145; Michel Bouillé, 'Les congrès d'hygiène des travailleurs au début du siècle 1904-1911', *Le Mouvement Social*, no. 161, October-December 1992, pp. 43-65. **92.** Georges Tapinos, 'Une seconde transition démographique? La population et l'emploi', in Maurice Lévy-Leboyer and Jean-Claude

Casanova(eds), *Entre l'état et le marché. L'économie française des années 1880 à nos jours*, Gallimard, Paris 1991, p. 96. **93.** Perrot, *Les ouvriers en grève*, p. 166. **94.** Philip Nord, 'The Welfare State in France, 1870-1914', *French Historical Studies*, vol. 18, no. 3, Spring 1994, pp. 827-8. **95.** Rachel G. Fuchs, 'Morality and Poverty: Public Welfare for Mothers in Paris, 1870-1900', *French History*, vol. 2, no. 3, 1988, p. 289. **96.** Ida Bloom, 'Voluntary Motherhood 1900-1930: Theories and Politics of a Norwegian Feminist in an International Perspective'; Anne-Lise Seip and Hilde Ibsen, 'Family Welfare, which Policy? Norway's Road to Child Allowances', both in Gisela Bock and Pat Thane(eds), *Maternity and Gender Policies: Women and the Rise of the European Welfare States, 1880s-1950s*, Routledge, London and New York 1991, pp. 21-39, 40-59를 보라. **97.** Ann-Sofie Ohlander, 'The Invisible Child? The Struggle for a Social Democratic Family Policy in Sweden, 1900-1960s', in Bock and Thane(eds), *Maternity and Gender Policies*, pp. 60-72. **98.** Bock and Thane(eds), 'Introduction' to *Maternity and Gender Policies*, p. 16. **99.** Adrian Shubert, *A Social History of Modern Spain*, Unwin Hyman, London 1990, p. 50. **100.** Peter Flora and Arnold J. Heidenheimer(eds), *The Development of Welfare States in Europe and America*, Transaction Books, Piscataway, NJ 1981, pp. 48-50. **101.** Trencsényi et al., *A History of Modern Political Thought in East Central Europe*, p. 401. **102.** Ha-Joon Chang, *Kicking Away the Ladder*, p. 104. **103.** Edmund Morris, *Theodore Rex*, Random House, New York 2001, p. 507. **104.** Baldwin, *The Politics of Social Solidarity*, pp. 5-8. **105.** 앞의 책, pp. 62-3. **106.** 앞의 책, p. 66. **107.** Lars-Fredrik Andersson and Liselotte Eriksson, 'The Compulsory Public Pension and the Demand for Life Insurance: The Case of Sweden, 1884-1914', *Economic History Review*, vol. 68, no. 1, February 2015, pp. 245-8. **108.** William Harbutt Dawson, *Bismarck and State Socialism: An Exposition of the Social and Economic Legislation of Germany since 1870*, Swan Sonnenschein & Co., London 1890, pp. ix, 3-5. **109.** 앞의 책, p. 28. **110.** E. P. Hennock, *The Origin of the Welfare State in England and Germany, 1850-1914: Social Policies Compared*, Cambridge University Press 2007, p. 90. **111.** E. P. Hennock, 'Social Policy in the Bismarck Era: A Progress Report', *German History*, vol. 21, no. 2, 2003, p. 234. 연금 수령 연령 이전에 노동자를 해고한 것에 관해서는 Barrington Moore, Jr., *Injustice: The Social Bases of Obedience and Revolt*, Macmillan, London and Basingstoke 1978, p. 268을 보라. **112.** Lothar Gall, *Bismarck: The White Revolutionary, vol. 2: 1871-1898*, Unwin Hyman, London 1990, pp. 165-6. **113.** Hennock, *The Origin of the Welfare State in England and Germany*, pp. 87, 99. **114.** 앞의 책, p. 89. **115.** 앞의 책, p. 93. **116.** David Khoudour-Castéras, 'Welfare State and Labor Mobility: The Impact of Bismarck's Social Legislation on German Emigration before World War I', *Journal of Economic History*, vol.

68, no. 1, March 2008, pp. 211-43. **117.** Gall, *Bismarck: The White Revolutionary*, vol. 1: *1815-1871*, p. 29. **118.** Gordon A. Craig, *Germany 1866-1945*, Oxford University Press 1981, p. 253. **119.** Shubert, *A Social History of Modern Spain*, p. 50. **120.** Barkin, *The Controversy over German Industrialization, 1890-1902*, p. 190. **121.** Daumard, 'Puissance et inquiétudes de la société bourgeoise', p. 500. **122.** Collini, *Liberalism and Sociology*, p. 33. **123.** Peter Gray, 'The Peculiarities of Irish Land Tenure, 1800-1914: From Agent of Impoverishment to Agent of Pacification', in Donald Winch and Patrick O'Brien(eds), *The Political Economy of British Historical Experience, 1688-1914*, Oxford University Press 2002, p. 159. **124.** Wohl, *The Eternal Slum*, p. 237. **125.** Lord Salisbury, 'Labourers' and Artisans' Dwellings', *National Review*, no. 9, November 1883, pp. 301, 304. **126.** 앞의 글, p. 310. **127.** Wohl, *The Eternal Slum*, p. 232. **128.** Roberts, *Salisbury*, pp. 284-6. **129.** Gareth Stedman Jones, *Outcast London: A Study in the Relationship between Classes in Victorian Society*, Clarendon Press, Oxford 1971, p. 224. **130.** Michael Bentley, '"Boundaries" in Theoretical Language about the British State', in Simon J. D. Green and Richard C. Whiting(eds), *The Boundaries of the State in Modern Britain*, Cambridge University Press 1996, p. 46. **131.** Stedman Jones, *Outcast London*, p. 287. **132.** 앞의 책, p. 292. **133.** Mouret, 'La légende des 150,000 décés tuberculeux par an', pp. 64-9. **134.** Dicey, *Lectures on the Relation between Law and Public Opinion in England*, p. 277. **135.** Stedman Jones, *Outcast London*, p. 307. **136.** José Harris, 'The Transition to High Politics in English Social Policy, 1880-1914', in Michael Bentley and John Stevenson(eds), *High and Low Politics in Modern Britain*, Clarendon Press, Oxford 1983. **137.** E. H. H. Green, *The Crisis of Conservatism: The Politics, Economics and Ideology of the British Conservative Party, 1880-1914*, Routledge, London 1995, p. 254. **138.** 앞의 책, pp. 4-6, 11. **139.** A. B. Atkinson, *Incomes and the Welfare State: Essays on Britain and Europe*, Cambridge University Press 1995, p. 134. **140.** Harris, 'Political Thought and the Welfare State 1870-1940', p. 116. **141.** Gramsci, *Il Risorgimento*, p. 102. **142.** Francesco Crispi, Letter no. 427, 1891, in *Carteggi politici inediti di Francesco Crispi(1860-1900)*, ed. Tommaso Palamenghi-Crispi, L'Universelle imprimerie polyglotte, Rome 1912: https://archive.org/stream/carteggipolitici00cris/carteggipolitici00cris_djvu.txt. **143.** Christopher Duggan, *Francesco Crispi, 1818-1901: From Nation to Nationalism*, Oxford University Press 2002, p. 345. **144.** 앞의 책, p. 576. **145.** 앞의 책, p. 585.

제15장 자본과 노동의 관리

1. Edmund S. K. Fung, 'State Building, Capitalist Development, and Social Justice: Social Democracy in China's Modern Transformation, 1921-1949', *Modern China*, vol. 31, no. 3, July 2005, p. 320.　**2.** Frederick Charles Barghoorn, 'The Russian Radicals of the 1860's and the Problem of the Industrial Proletariat', *Slavonic and East European Review*, vol. 2, no. 1, March 1943, pp. 57-60.　**3.** Smith, *An Inquiry into the Nature and Causes of the Wealth of Nations*, p. 60.　**4.** Dicey, *Lectures on the Relation between Law and Public Opinion in England*, p. 266　**5.** E. Bonjour, H. S. Offler, and G. R. Potter, *A Short History of Switzerland*, Clarendon Press, Oxford 1952, p. 307.　**6.** Lee Shai Weissbach, 'Child Labor Legislation in Nineteenth-Century France', *Journal of Economic History*, vol. 37, no. 1, March 1977, p. 269.　**7.** 앞의 글, p. 270. 법 시행의 미비에 관해서는 Lee Shai Weissbach, *Child Labor Reform in Nineteenth-Century France: Assuring the Future Harvest*, Louisiana State University Press, 1989, pp. 213ff도 보라.　**8.** Daumard, 'Puissance et inquiétudes de la société bourgeoise', p. 471.　**9.** 사망자가 2만~3만 명이라는 전통적인 추정치는 과장된 것으로 보인다. 아마 정확한 추정치는 5700~7400명에 가까울 것이다. Robert Tombs, 'How Bloody was *La Semaine Sanglante* of 1871? A Revision', *Historical Journal*, vol. 55, no. 3, 2012, pp. 679-97, 특히 693-5의 수치를 보라.　**10.** B. S. Chlepner, *Cent ans d'histoire sociale en Belgique*, Université Libre de Bruxelles 1958, p. 212. Puissant, '1886, la contre-réforme sociale?' p. 69도 보라.　**11.** Guy Desolre, 'Un siècle de premiers mai et de réduction du temps de travail', in Van der Vorst(ed.), *Cent ans de droit social belge*, p. 109.　**12.** 앞의 글, p. 111.　**13.** Chlepner, *Cent ans d'histoire sociale en Belgique*, p. 111에 실린 인구조사 수치.　**14.** 앞의 책, pp. 114, 119, 125, 154, 213.　**15.** Marx, *Capital*, vol. 1, pp. 203, 299n, 460-62.　**16.** Cross, *A Quest for Time*, pp. 56, 25.　**17.** Madhavan K. Palat, 'Casting Workers as an Estate in Late Imperial Russia', *Kritika: Explorations in Russian and Eurasian History*, vol. 8, no. 2, Spring 2007, p. 317.　**18.** Boris B. Gorshkov, *Russia's Factory Children: State, Society and the Law, 1800-1917*, University of Pittsburgh Press 2009, pp. 128-9.　**19.** Bunge, 'The Years 1881-1894 in Russia', p. 61.　**20.** 앞의 글, pp. 61-71.　**21.** Frederick C. Giffin, 'The "First Russian Labor Code": The Law of June 3, 1886', *Russian History/Histoire Russe*, vol. 2, no. 2, 1975, pp. 97-8.　**22.** Witte, *Memoirs*, pp. 57-8.　**23.** Nassau W. Senior, *Letters on the Factory Act*, B. Fellowes, London 1837, p. 5. A. J. McIvor, 'Employers, the Government, and Industrial Fatigue in Britain, 1890-1918', *Journal of Industrial Medicine*, vol. 44, no. 11, November 1987, p. 725도 보라.　**24.** William Mather, 'Labour and the Hours of Labour', *Contemporary Review*, vol. 62, November 1892, p. 609. 노동조합을 긍정적으로 보는 견해에 관해서는 pp. 616, 619를 보라.　**25.** Marx, *Capital*, vol. 1, p. 303.　**26.**

Chris Wrigley, 'May Days and After', *History Today*, vol. 40, no. 6, June 1990: http://www. historytoday.com/chris-wrigley/may-days-and-after#sthash.qwns4XkK.dpuf에서 인용. **27.** Cross, *A Quest for Time*, p. 52. **28.** Sidney Webb, 'A Plea for an Eight Hours Bill', *Fabian Tract*, no. 16, 1890, p. 1. **29.** Green, *The Crisis of Conservatism*, p. 257. **30.** 앞의 책, p. 260. **31.** 앞의 책, p. 243. **32.** Yves Guyot, *La famille Pichot. Scènes de l'enfer social*, Jules Rouff, Paris 1882. 경영자 M. 드 토르냑에 관한 설명은 p. 16. **33.** 부랑자를 다룬 소설 작품에 관해서는 Christine Photinos, 'The Tramp in American Literature, 1873-1939': http://ejournals.library.vanderbilt.edu/index.php/ameriquests/article/viewFile/62/60(2017년 5월 16일 접속)을 보라. Kenneth L. Kusmer, *Down and Out, on the Road: The Homeless in American History*, Oxford University Press 2003, p. 44도 보라. **34.** Jeffrey L. Sammons, *Wilhelm Raabe: The Fiction of the Alternative Community*, Princeton University Press 1987, pp. 270-71. **35.** Daumard, 'Puissance et inquiétudes de la société bourgeoise', p. 501. **36.** Guy Chaumel, *Histoire des cheminots et de leurs syndicats*, Rivière, Paris 1948, pp. 20-21. **37.** 앞의 책, pp. 38-9. **38.** Marx, *Capital*, vol. 1, pp. 253-4n. **39.** François Caron, 'Essai d'analyse historique d'une psychologie du travail. Les mécaniciens et chauffeurs de locomotives du réseau du Nord de 1850 à 1910', *Le Mouvement Social*, no. 50, January-March 1965, pp. 10-11. **40.** Barkin, *The Controversy over German Industrialization, 1890-1902*, pp. 140-41. **41.** Michael Huberman, 'Working Hours of the World Unite? New International Evidence of Worktime, 1870-1913', *Journal of Economic History*, vol. 64, no. 4, December 2004, p. 976의 표를 보라. **42.** 앞의 글, pp. 982, 977. **43.** 앞의 글, p. 966. **44.** Smith, *Disraelian Conservatism and Social Reform*, p. 202. **45.** 앞의 책, p. 217. *The Letters of Disraeli to Lady Chesterfield and Lady Bradford*, vol. 1, Appleton and Co., New York 1929, pp. 337-8: https://ia800302.us.archive.org/14/items/lettersofdisrael009336mbp/lettersofdisrael009336mbp.pdf를 보라. **46.** Dicey, *Lectures on the Relation between Law and Public Opinion in England*, p. 238. Hennock, *The Origin of the Welfare State in England and Germany*, pp. 70ff도 보라. **47.** 더 자세한 빅토리아 시대 입법 목록은 Marjie Bloy, 'Victorian Legislation: A Timeline': http://www.victorianweb.org/history/legistl.html에서 볼 수 있다. **48.** Dicey, *Lectures on the Relation between Law and Public Opinion in England*, p. 290에서 인용. **49.** 앞의 책, pp. 242, 249. **50.** Hirata and Sugita, 'Politique paternaliste et division sexuelle du travail', p. 76. **51.** Robert Evans, Jr., 'Evolution of the Japanese System of Employer-Employee Relations, 1868-1945', *Business History Review*, vol. 44, no. 1, 1970, p. 119; Neary, *The State and Politics in Japan*, p. 22. **52.** Colin Crouch, *Industrial Relations and European State Traditions*, Clarendon Press, Oxford 1993, pp. 68-9, 96-7. **53.** Sorlin, *Waldeck-Rousseau*, p. 236. **54.** 앞의 책, pp. 275-7. **55.** 앞의 책, pp. 241, 125. **56.** 앞의

책, pp. 295-6. **57.** 앞의 책, p. 357. **58.** Pierre Lévêque, *Histoire des forces politiques en France, 1880-1940*, vol. 2, Armand Colin, Paris 1994, p. 24. **59.** Dewerpe, *Le monde du travail en France 1800-1950*, pp. 123, 129. 영국의 수치는 H. A. Clegg, Alan Fox, and A. F. Thompson, *A History of British Trade Unions since 1889*, vol. 1: *1889-1910*, Clarendon Press, Oxford 1964, p. 1. 노동조합 조합원 수가 3배 증가한 것에 관해서는 Sorlin, *Waldeck-Rousseau*, p. 356을 보라. **60.** Edward Shorter and Charles Tilly, *Strikes in France, 1830-1968*, Cambridge University Press 1974, p. 112. **61.** Perrot, *Les ouvriers en grève*, p. 51; Shorter and Tilly, *Strikes in France, 1830-1968*, p. 69. **62.** Daumard, 'Puissance et inquiétudes de la société bourgeoise', p. 523. **63.** Marjorie Milbank Farrar, *Principled Pragmatist: The Political Career of Alexandre Millerand*, Berg, New York and Oxford 1991, p. 45. **64.** 앞의 책, pp. 61-73. **65.** Émile Cheysson, *La crise du revenu et la loi du travail*, Comité de défense et de progrès social, Paris 1898, pp.17-18. **66.** Huret, *Enquête sur la question sociale en Europe*, pp. 39ff. **67.** 앞의 책, p. 54. 철강공장에 고용된 인원수에 관해서는 René Parize, 'Les militants ouvriers au Creusot pendant les grèves de 1899-1900', *Le Mouvement Social*, no. 99, April-June 1977, p. 97을 보라. **68.** 앞의 글, pp. 97-8; Claude Beaud, 'Les Schneider au Creusot: un modèle paternaliste en réponse aux impératifs du libéralisme et à la montée du mouvement socialiste', in Aerts, Beaud, and Stengers(eds), *Liberalism and Paternalism in the 19th Century*, p. 15. **69.** Brandes, *American Welfare Capitalism, 1880-1940*, pp. 4-5. **70.** 앞의 책, p. 4. **71.** François Weil, 'Les paternalismes aux États-Unis(1800-1930)', in Aerts, Beaud, and Stengers(eds), *Liberalism and Paternalism in the 19th Century*, p. 131. **72.** *Jewish Encyclopedia*(1906)에서 'Alphonse de Rothschild' 항목을 보라: http://www.jewishencyclopedia.com/articles/12909-rothschild#anchor9. **73.** Huret, *Enquête sur la question sociale en Europe*, pp. 64-9. **74.** Günther Schulz, 'Industrial Patriarchalism in Germany', in Aerts, Beaud, and Stengers(eds), *Liberalism and Paternalism in the 19th Century*, pp. 62-6. **75.** Ralf Dahrendorf, *Society and Democracy in Germany*, Weidenfeld and Nicolson, London 1967, pp. 49-50. **76.** Charles-Alfred de Janzé, *Les serfs de la voie ferrée. La vérité et les compagnies*, Tolmer, Paris 1881, p. 15. **77.** Koji Taira, 'Factory Legislation and Management Modernization during Japan's Industrialization, 1886-1916', *Business History Review*, vol. 44, no. 1, 1970, p. 89. **78.** Lévy, 'La naissance du mouvement ouvrier moderne au Japon', pp. 122-3; Tsuzuki, *The Pursuit of Power in Modern Japan, 1825-1995*, p. 153도 보라. **79.** Lehmann, *The Roots of Modern Japan*, p. 212. **80.** Taira, 'Factory Legislation and Management Modernization during Japan's Industrialization, 1886-1916', pp. 87, 95, 109. **81.** Alberti, *Senza lavoro*, p. 45; 노동자 출산보험Cassa di maternità에 관해서는 Valerio Strinati, 'Origini e istituzione della Cassa di maternità(1875-1910)', *Studi Storici*, vol. 45, no. 2, April-

June 2004, pp. 509-53을 보라. **82.** Giovanni Giolitti, *Discorsi extraparlamentari*, Einaudi, Turin 1952, p. 173. **83.** Webster, *Industrial Imperialism in Italy 1908-1915*, p. 344n. **84.** Giovanni Giolitti, Speech to the Chamber of Deputies, 4 February 1901, in Giovanni Giolitti, *Discorsi parlamentari*, vol. 2, Camera dei Deputati, Rome 1953, pp. 626-9. **85.** 앞의 책, pp. 626ff. **86.** Antonino Répaci, *La marcia su Roma*, Rizzoli, Milan 1972, p. 104에서 인용. **87.** Procacci, *La lotta di classe in Italia agli inizi del secolo XX*, pp. 83-5. **88.** Giolitti, *Discorsi extraparlamentari*, pp. 105-6. **89.** Giovanni Giolitti, Speech to the Camera dei Deputati, 4 February 1901, in Giolitti, *Discorsi parlamentari*, pp. 630, 633; Giolitti, speech of 29 October 1899, p. 1186도 보라. **90.** Giovanni Giolitti, Speech to the Camera dei Deputati, 21 June 1901, in *Atti parlamentari*, XX legislatura, p. 5504. **91.** 졸리티가 이룬 업적에 관한 개관으로는 Frank J. Coppa, 'Economic and Ethical Liberalism in Conflict: The Extraordinary Liberalism of Giovanni Giolitti', *Journal of Modern History*, vol. 42, no. 2, June 1970, pp. 191-215를 보라. **92.** Palmiro Togliatti, 'Discorso su Giolitti', in Palmiro Togliatti, *Momenti della storia d'Italia*, Riuniti, Rome 1974, p. 94. **93.** Ernesto Ragionieri, *Storia d'Italia*, vol. 4: *Dall'Unità a oggi*, Einaudi, Turin 1976, p. 1870. **94.** Alberti, *Senza lavoro*, p. 33. **95.** Baglioni, *L'ideologia della borghesia industriale*, p. 163. **96.** 앞의 책, p. 168; Amedeo Osti Guerrazzi, *Grande industria e legislazione sociale in età giolittiana*, Paravia, Turin 2000, p. 10. **97.** Ragionieri, *Storia d'Italia*, vol. 4: *Dall'Unità a oggi*, pp. 1866-97; Emilio Gentile, *L'Italia giolittiana*, Il Mulino, Bologna 1990, pp. 229-36; Amedeo Osti Guerrazzi, *Grande industria e legislazione sociale in età giolittiana*, Paravia, Turin 2000, p. 9. **98.** Louis D. Brandeis, *Other People's Money and How the Bankers Use It*, Frederick A. Stokes Co., New York 1914: https://archive.org/stream/otherpeoplesmone00bran/otherpeoplesmone00bran_djvu.txt를 보라. **99.** Mark J. Roe, *Strong Managers, Weak Owners: The Political Roots of American Corporate Finance*, Princeton University Press, 1994, p. 3. 소유자와 경영자의 분리는 아돌프 벌리와 가디너 민스가 유명한 저서 『현대 법인기업과 사적 소유The Modern Corporation and Private Property』(1932)에서 확인한 것으로 널리 알려져 있다. **100.** Marjorie Kelly, 'The Incredibly Unproductive Shareholder', *Harvard Business Review*, vol. 80, no. 1, January 2002, pp. 18-19. **101.** Gérard Duménil and Dominique Lévy, *La grande bifurcation. En finir avec le néolibéralisme*, La Découverte, Paris 2014, p. 29.

제16장 신과 자본주의

1. Charles Dickens, *Bleak House*, 15장. **2.** Martin Luther, 'Ninety-Five Theses', thesis no. 27: http://www.luther.de/en/95thesen.html. **3.** Brook, *The Confusions of Pleasure*, pp. 72-3; Ho-fung Hung, *Protest with Chinese Characteristics*, Columbia University Press 2011, p. 24. **4.** Figes, *A People's Tragedy*, p. 63. **5.** Richard Pipes, *Russia under the Old Regime*, Penguin, London 1984, p. 243과 9장 전체. **6.** Figes, *A People's Tragedy*, pp. 67, 65. **7.** Vera Shevzov, *Russian Orthodoxy on the Eve of Revolution*, Oxford University Press 2004, p. 12. **8.** Figes, *A People's Tragedy*, p. 69. **9.** Marx, *Capital*, vol. 1, fn 92, 10장, 'The Working Day', p. 206. **10.** Max Weber, *The Protestant Ethic and the Spirit of Capitalism*, ed. and trans. Stephen Kalberg, Blackwell, Oxford 2002, p. 66. **11.** R. H. Tawney, *Religion and the Rise of Capitalism*, Transaction Publishers, London 1998, pp. 231-2. **12.** Milton Singer, 'Religion and Social Change in India: The Max Weber Thesis, Phase Three', *Economic Development and Cultural Change*, vol. 14, no. 4, July 1966, p. 499. **13.** John M. Najemy, *A History of Florence, 1200-1575*, Blackwell, Oxford 2006, p. 100. **14.** Davide Cantoni, 'The Economic Effects of the Protestant Reformation: Testing the Weber Hypothesis in the German Lands', *Journal of the European Economic Association*, vol. 13, no. 4, August 2015, pp. 561-98. **15.** Sascha O. Becker and Ludger Woessmann, 'Was Weber Wrong? A Human Capital Theory of Protestant Economic History', *Quarterly Journal of Economics*, vol. 124, no. 2, May 2009, pp. 531-96. **16.** Max Weber, 'Prefatory Remarks' to *Collected Essays in the Sociology of Religion* (1920), in Weber, *The Protestant Ethic and the Spirit of Capitalism*, p. 153. **17.** Blackbourn, *The Fontana History of Germany, 1780-1918*, p. 294. **18.** Margaret Lavinia Anderson, 'The Limits of Secularization: On the Problem of the Catholic Revival in Nineteenth-Century Germany', *Historical Journal*, vol. 38, no. 3, September 1995, pp. 648, 652, 653. 마거릿 라비니아 앤더슨은 이 글에서 Richard J. Jensen, *The Winning of the Midwest: Social and Political Conflict, 1888-96*, Theodore K. Hoppen, *Elections, Politics and Society in Ireland, 1832-1885*, Oxford University Press 1984, p. 171, Smith, *German Nationalism and Religious Conflict*, p. 94 등을 인용한다. **19.** Blackbourn, *The Fontana History of Germany, 1780-1918*, p. 285. **20.** K. S. Inglis, 'English Nonconformity and Social Reform, 1880-1900', *Past & Present*, no. 13, April 1958, pp. 74, 79. **21.** 앞의 글, p. 83. **22.** 앞의 글, p. 78. **23.** Maruyama, *Thought and Behaviour in Modern Japanese Politics*, p. 4. **24.** Augustin Berthe, *Garcia Moreno, président de l'Équateur, vengeur et martyr du driot Chrétien (1821-1875)*, Retaux-Bray, Paris 1887, pp. 620-21. 이 책은 모레노의 업적을 찬양하는 가톨릭 성향이 강한 서적이다. **25.** Charles A. Hale, 'Political and Social Ideas in Latin America, 1870-1930', in Bethell (ed.), *The Cambridge History of Latin America*, vol. IV, pp. 369, 377. **26.** Gaillard, *Jules Ferry*, p. 182. **27.** Chastenet, *Histoire de la Troisième République*, p. 223. **28.** *Le Républicain de la Loire et de la Haute Loire* of 24 July 1876: http://www.memoireetactualite.

org/presse/42LEREPUBLIC/PDF/1876/42LEREPUBLIC-18760724-P-0001.pdf. **29.** Marc Ferro, *Pétain*, Fayard, Paris 1987, pp. 255-6. **30.** Maurice Agulhon, *La République 1880-1932*, vol. I, Hachette, Paris 1990, p. 25. **31.** 비오 9세의 회칙과 부록을 보라: https://archive.org/stream/QuantaCuraTheSyllabusOfErrors_247/pius_ix_pope_quanta_cura_and_the_syllabus_of_errors_djvu.txt. **32.** Eugène Veuillot, *Çà et là*, vol. 2, Gaume frères et J. Duprey, Paris 1860, pp. 279, 296. Jean-Marie Mayeur, 'Catholicisme intransigeant, catholicisme social, démocratie chrétienne', *Annales*, vol. 27, no. 2, March-April 1972, p. 486도 보라. **33.** Saint-Bonnet, *La Restauration française*, pp. 6, 203, 265; pp. vi, 13, 15(초판은 1851, Hervé Éditeur). **34.** Puissant, '1886, la contre-réforme sociale?', p. 93. **35.** (Cardinal) James Gibbons, *A Retrospect of Fifty Years*, 1916: http://www.forgottenbooks.com/readbook/A_Retrospect_of_Fifty_Years_v1_1000611995#229, p. 195. **36.** Mayeur, 'Catholicisme intransigeant, catholicisme social, démocratie chrétienne', pp. 490-92. **37.** Leo XIII, Libertas(paragraphs 10 and 14) in: http://w2.vatican.va/content/leo-xiii/en/encyclicals/documents/hf_l-xiii_enc_20061888_libertas.html. **38.** Leo XIII, *Quod apostolici muneris*(1878): http://wwwvatican.va/holy_father/leo_xiii/encyclicals/documents/hf_l-xiii_enc_28121878_quod-apostolici-muneris_en.html. **39.** 인용문은 모두 바티칸에서 라틴어 원문을 영어로 번역한 것이다: Leo XIII, *Rerum Novarum*, 15 May 1891: http://www.vatican.va/holy_father/leo_xiii/encyclicals/documents/hf_l-xiii_enc_15051891_rerum-novarum_en.html. **40.** Ruggiero Bonghi, 'Leone XIII e il socialismo', *Nuova Antologia*, 1 June 1891: http://www.sintesidialettica.it/leggi_articolo.php?AUTH=207&ID=427&STYLE1=1. **41.** Jean-Dominique Durand, 'La réception de Rerum Novarum par les évêques français', in *Rerum Novarum. Écriture, contenu et réception d'une encyclique*, École Française de Rome, 1997, p. 295. **42.** 앞의 글, p. 296. **43.** 사회주의자들의 반응에 관해서는 Peter Doyle, '"Nothing New and Nothing True": Some Socialist Reactions to *Rerum Novarum*'과 Frédéric Cépède, 'Les socialistes français et l'encyclique *Rerum Novarum*', in *Rerum Novarum. Écriture, contenu et réception d'une encyclique*, École Française de Rome, 1997 등을 보라. **44.** Lévêque, *Histoire des forces politiques en France*, p. 20. **45.** 앞의 책, pp. 31-3. **46.** Eugène Flornoy, *La lutte par l'association. L'action libérale populaire*, J. Gabalda et Cie, Paris 1907, p. 8. **47.** Frédéric Le Play, *La réforme sociale en France. déduite de l'observation comparée des peuples européens*, Mame, Tours 1874(5th edition, revised), vol. 2(초판은 1864), pp. 107-13, 특히 p. 110. **48.** Le Play, *La réforme sociale en France*, pp. 7, 12-13. **49.** 앞의 책, p. 36. **50.** Dino Del Bo(ed.), *I cattolici italiani di fronte al socialismo*, Edizioni Cinque Lune, Rome 1956, pp. 64-5. **51.** Giorgio Candeloro, *Il movimento cattolico in Italia*, Riuniti, Rome 1982, pp. 169-72. **52.** Romolo Murri, *Battaglie d'oggi*, vol. 4, Società I.C. di Cultura, Rome 1904, p. 99. **53.** Trencsényi et al., *A History of Modern Political Thought in East Central Europe*, p. 415. **54.** Charles Kingsley, *His Letters and Memories of his Life*, ed. his wife, vol. 1, Henry S. King & Co., London 1877, p. 313. **55.** 앞의 책, p. 314. **56.** 윌리엄 모리스에 대한 엥겔스의 규정에 관해서는 Friedrich Engels, 'Letter to Friedrich Sorge', 29 April 1886: https://www.marxists.org/archive/marx/works/1886/letters/86_04_29.htm를 보라. **57.** William Morris, Preface to *Signs of Change*(written March 1888), in *The Collected Works of William Morris*, vol. 23, Cambridge University Press 2012, p. 1. **58.** Frederick B. Chary, 'Agrarians, Radicals, Socialists, and the Bulgarian Peasantry: 1899-1905', in Ivan Volgyes(ed.), *The Peasantry of Eastern Europe*, vol. 1: *Roots of Rural Transformation*, Pergamon Press, New York 1979, pp. 37-8, 44. **59.** John D. Bell, *Peasants in Power: Alexander Stamboliski and the Bulgarian Agrarian National Union, 1899-1923*, Princeton University Press 1977, pp. 81-2. **60.** 앞의 책, pp. 64-6. **61.** Hugh Agnew, *The Czechs and the Lands of the Bohemian Crown*, Hoover Press, Stanford, CA 2013, p. 151; A. Paul Kubricht, 'The National-Economic Implications of the Formation of the Czech Agrarian Party(1899)', in Volgyes(ed.), *The Peasantry of Eastern Europe*, vol. 1, pp. 19-25. **62.** Catherine Albrecht, 'Rural Banks and Czech Nationalism in Bohemia, 1848-1914', *Agricultural History*, vol. 78, no. 3, Summer, 2004, p. 319. **63.** Agnew, *The Czechs and the Lands of the Bohemian Crown*, p. 151; Rick Fawn and Jiří Hochman, *Historical Dictionary of the Czech State*, Scarecrow Press, Lanham, MD 2010, p. 37. **64.** Janos, *The Politics of Backwardness in Hungary*, pp. 146-7. **65.** Craig, *Germany 1866-1945*, pp. 72-4. **66.** Heinrich August Winkler, *Germany: The Long Road West, 1789-1933*, Oxford University Press 2006, p. 201. **67.** Blackbourn, 'The Discreet Charm of the Bourgeoisie', p. 262. **68.** Anderson, 'The Limits of Secularization', pp. 647, 667, 669. **69.** Ronald J. Ross, 'Enforcing the Kulturkampf in the Bismarckian State and the Limits of Coercion in Imperial Germany', *Journal of Modern History*, vol. 56, no. 3, September 1984, pp. 437ff, 468, 472. **70.** 앞의 글, p. 480. **71.** Anderson, *Practicing Democracy*, p. 118. **72.** Jonathan Sperber, *The Kaiser's Voters: Electors and Elections in Imperial Germany*, Cambridge University Press 1997, p. 208. **73.** Gall, *Bismarck*, p. 207. **74.** John W. Boyer, *Political Radicalism in Late Imperial Vienna: Origins of the Christian Social Movement, 1848-1897*, University of Chicago Press, p. 410. **75.** Richard Geehr, *Karl Lueger: Mayor of Fin de Siècle Vienna*, Wayne State University Press 1990, pp. 91-9. **76.** Boyer, *Political Radicalism in Late Imperial Vienna*, pp. 185, 212. **77.** 앞의 책, pp. 216-19. **78.** 앞의 책, p. 409. **79.** Geehr, *Karl Lueger*, p. 152. **80.** Boyer, *Political Radicalism in Late Imperial Vienna*, pp. 419-20. **81.** Adolf Hitler, *Mein Kampf*, Hutchinson, London 1969, p. 51. **82.** Geehr, *Karl Lueger*, p. 144. **83.** John W. Boyer, 'The End of an Old Regime: Visions of Political Reform in Late Imperial Austria', *Journal of Modern History*, vol. 58, no. 1, March 1986, pp. 165-9.   **84.** Boyer, *Political Radicalism in Late Imperial Vienna*, pp. 216-19; Boyer, 'The End of an Old Regime', p. 165.   **85.** Puissant, ''1886, la contre-réforme sociale?', p. 73.   **86.** Bruno Debaenst, 'Belgian Social Law and its Journals: A Reflected History', in *C@hiers du CRHIDI*, vol. 37, 2015: http://popups.ulg.ac.be/1370-2262/index.php?id=183.   **87.** Strikwerda, *A House Divided*, p. 241.   **88.** 다음 웹사이트에서 원문을 볼 수 있다: John F. Kennedy, http://www.jfklibrary.org/Research/Research-Aids/Ready-Reference/JFK-Quotations/Inaugural-Address.aspx; Jimmy Carter, http://www.presidency.ucsb.edu/ws/?pid=6575; Ronald Reagan, http://www.presidency.ucsb.edu/ws/?pid=43130; Barack Obama, https://obamawhitehouse.archives.gov/blog/2009/01/21/president-barack-obamas-inaugural-address; Donald Trump, https://www.whitehouse.gov/inaugural-address.   **89.** Nat Turner, *The Confessions of Nat Turner ... As fully and voluntarily made to Thomas R. Gray*: http://docsouth.unc.edu/neh/turner/turner.html.   **90.** Eugene D. Genovese, 'James Henley Thornwell', in Eugen D. Genovese, *The Southern Front*, University of Missouri Press 1995, pp. 38-9. 이 글은 과감하게 손웰을 옹호하는 내용이다.   **91.** Abraham Lincoln, 'Second Inaugural Address', 4 March 1865: http://avalon.law.yale.edu/19th_century/lincoln2.asp.   **92.** Eric Hobsbawm, *Primitive Rebels: Studies in Archaic Forms of Social Movements in the 19th and 20th Centuries*, Norton, New York 1959, 4장.

제17장 유럽이 온 세상을 정복하다

1. Friedrich Engels, 'Extraordinary Revelations.—Abd-el-Kader.—Guizot's Foreign Policy', *The Northern Star*, 22 January 1848, in Marx and Engels, *Collected Works*, vol. 6, p. 469.   **2.** William Thackeray, 'Abd-el-Kader at Toulon or, the Caged Hawk', in *The Complete Poems of William Makepeace Thackeray*, White, Stokes, and Allen, New York 1883, p. 25.   **3.** 'Abd-El-Kader and the United States', *The New York Times*, 20 October 1860: http://www.nytimes.com/1860/10/20/news/abd-el-kader-and-the-united-states.html.   **4.** Henry D'Ideville, *Le maréchal Bugeaud, d'après sa correspondance intime, et des documents inédits, 1784-1849*, vol. 2, Firmin-Didot, Paris 1881, p. 486.   **5.** Alexis de Tocqueville, *Travail sur l'Algérie*, in *Oeuvres complètes*, Gallimard, Bibliothèque de la Pléiade, Paris 1991, pp. 704-5.   **6.** '우울한 식민주의'라는 용어에 관해서는 Duncan Bell, 'John Stuart Mill on Colonies', *Political Theory*, vol. 38, no. 1, 2010, p. 37을 보라.   **7.** Joseph Chamberlain, *Foreign and Colonial Speeches*, Routledge and Sons, Manchester and London 1897, pp. 245, 242.   **8.** John O'Sullivan, 'Annexation',

United States Magazine and Democratic Review, vol. 17, no. 1, July-August 1845. **9.** 저명한 종속이론가로는 유엔 무역개발회의(UNCTAD)를 설립한 사무총장인 아르헨티나의 라울 프레비시, 사미르 아민(*L'impérialisme et le développement inégal*[1976]), A. G. 프랑크(*Capitalism and Underdevelopment in Latin America*[1967]), 이매뉴얼 월러스틴(*The Modern World-System*) 등이 있다. **10.** Leys, *The Rise and Fall of Development Theory*, p. 49. **11.** Paul Bairoch, 'International Industrialization Levels from 1750 to 1980', *Journal of European Economic History*, vol. 11, no. 2, Fall 1982, p. 277. **12.** Giorgio Riello, *Cotton: The Fabric that Made the Modern World*, Cambridge University Press 2013, pp. 214, 228. **13.** Beckert, *Empire of Cotton*, p. 247. **14.** Bairoch, *Economics and World History*, pp. 88-9. **15.** Beckert, *Empire of Cotton*, pp. 324-5. **16.** 앞의 책, pp. 329-30. **17.** Stiglitz, 'Is there a Post-Washington Consensus Consensus?', p. 50. **18.** Beckert, *Empire of Cotton*, p. 299. **19.** Laxman D. Satya, *Cotton and Famine in Berar, 1850-1900*, Manohar, New Delhi 1997, p. 141. **20.** Beckert, *Empire of Cotton*, p. 255. **21.** Satya, *Cotton and Famine in Berar, 1850-1900*, pp. 279-81. **22.** Mike Davis, *Late Victorian Holocausts: El Niño Famines and the Making of the Third World*, Verso Books, London 2001, pp. 26-7. **23.** 앞의 책, p. 7; Beckert, *Empire of Cotton*, p. 337. **24.** William Digby, *'Prosperous' British India: A Revelation from Official Records*, T. Fisher Unwin, London 1901, pp. 118, 126-7: https://archive.org/details/ProsperousBritishIndiaARevelationWilliamDigby. **25.** 앞의 책, p. 24. **26.** James Vernon, *Hunger: A Modern History*, Belknap Press of Harvard University Press 2007, p. 51. **27.** 앞의 책, pp. 52-3. **28.** Janam Mukherjee, *Hungry Bengal: War, Famine and the End of Empire*, Hurst & Co, London 2015, pp. 83, 251; Amartya Sen, *Poverty and Famines: An Essay on Entitlement and Deprivation*, Oxford University Press 1981, p. 52. **29.** Mukherjee, *Hungry Bengal*, pp. 185-6; Sen, *Poverty and Famines*, p. 79에서 인용한 웨이벌의 말. **30.** 마틴 길버트가 쓴 묵직한 처칠 전기에는 뱅골 기근 당시 처칠의 책임이 언급되어 있지 않다. 전반적인 설명으로는 Madhusree Mukerjee, *Churchill's Secret War: The British Empire and the Ravaging of India during World War Ⅱ*, Basic Books, New York 2010을 보라. Arthur Herman, *Gandhi and Churchill*, Random House, London 2010, p. 513도 보라. **31.** C. A. Bayly, *Indian Society and the Making of the British Empire*, Cambridge University Press 1988, p. 201. **32.** Paul Kennedy, 'Continuity and Discontinuity in British Imperialism, 1815-1914', in C. C. Eldridge(ed.), *British Imperialism in the Nineteenth Century*, Macmillan, London 1984, p. 26. **33.** Bairoch, 'International Industrialization Levels from 1750 to 1980', p. 279. **34.** Sylvanus Cookey, *King Jaja of the Niger Delta: His Life and Times, 1821-1891*, NOK publishers, New York 1974, pp. 101-3. **35.** 앞의 책, pp. 119, 127. **36.** 앞의 책, p. 167. **37.** Beckert, *Empire of Cotton*, p. 131. **38.** P. J. Vatikiotis, *The Modern History of Egypt*, Weidenfeld and Nicolson, London 1969, pp. 131, 137. **39.** 앞의 책, p. 141에서 인용. **40.** 앞의 책, pp. 141-4. **41.** William L. Langer, *The Diplomacy of Imperialism, 1890-1902*, vol. 1, Knopf, New York 1935, p. 103. **42.** Juan R. I. Cole, *Colonialism and Revolution in the Middle East: Social and Cultural Origins of the 'Urabi Movement*, American University in Cairo Press 1999, pp. 235-7. **43.** 1882년 7월 3일 글래드스턴이 내각에 전달한 메모(*Gladstone Diaries*, vol. X, p. 291)와 브라이트에게 보낸 편지(p. 298)를 보라. A. G. Hopkins, 'The Victorians and Africa: A Reconsideration of the Occupation of Egypt, 1882', *Journal of African History*, vol. 27, no. 2, 1986, 특히 pp. 380-85에 있는 논의를 보라. **44.** Keith Robbins, *John Bright*, Routledge and Kegan Paul, London 1979, p. 246. 재고해보라는 글래드스턴의 권고에 관해서는 존 브라이트에게 전한 메모(*Gladstone Diaries*, vol. X, p. 295)를 보라. **45.** Ahmed Kassab, *Histoire de la Tunisie. L'époque contemporaine*, Société tunisienne de diffusion, Tunis 1976, p. 8; Jean Ganiage, 'North Africa', in *The Cambridge History of Africa*, vol. 6, Cambridge University Press 1985, p. 184. **46.** Kassab, *Histoire de la Tunisie*, p. 13. **47.** Jean-François Martin, *Histoire de la Tunisie contemporaine. De Ferry à Bourguiba, 1881-1956*, L'Harmattan, Paris 2003, p. 52. **48.** Niall Ferguson, *Empire: How Britain Made the Modern World*, Penguin, London 2004, pp. 365-6. **49.** http://www.unohrlls.org/UserFiles/File/UN_LDC_Factsheet_053112.pdf. **50.** Sabato, 'Citizenship, Political Participation and the Formation of the Public Sphere in Buenos Aires 1850s-1880s', pp. 140-41. **51.** Bonham C. Richardson, *The Caribbean in the Wider World, 1492-1992: A Regional Geography*, Cambridge University Press 1992, pp. 60-62, 33. **52.** Alice H. Amsden, *Escape from Empire: The Developing World's Journey through Heaven and Hell*, The MIT Press, Cambridge, MA 2007, p. 11. **53.** Jun Uchida, *Brokers of Empire: Japanese Settler Colonialism in Korea, 1876-1945*, Harvard University Press 2011, pp. 10-11. **54.** Jordan Sand, 'Subaltern Imperialists: The New Historiography of the Japanese Empire', *Past & Present*, no. 225, November 2014, pp. 277-8, 285. **55.** Iriye, *Pacific Estrangement*, pp. 130-32. **56.** Marx, *Capital*, vol. 1, p. 751. **57.** Charles-Maurice de Talleyrand, *Mémoires du prince de Talleyrand*, vol. 1, Calmann Lévy, Paris 1891, p. 237. **58.** Max Weber, *General Economic History*(1927), The Free Press, Glencoe, IL 1927, 1950, p. 298. **59.** Montesquieu, *De l'esprit des lois*, vol. 2, livre XX, 1장, pp. 609-10. **60.** J. Y. Wong, *Deadly Dreams: Opium, Imperialism, and the Arrow War(1856-60) in China*, Cambridge University Press 1998, pp. 339-43. **61.** 앞의 책, p. 350. **62.** 앞의 책, p. 378. **63.** 앞의 책, pp. 390, 429. **64.** 조약 원문은 다음 인터넷 주소에서 볼 수 있다: http://web.jjay.cuny.edu/~jobrien/reference/ob24.html. **65.** Rebecca E. Karl, 'Creating Asia: China in the World at the Beginning of the Twentieth Century', *American Historical Review*, vol. 103, no. 4, October 1998, p. 1103. **66.** Hsü, *The Rise of Modern China*, pp. 432-6. **67.** Hans-Ulrich Wehler, *The*

German Empire, 1871-1918, Berg, Leamington Spa 1985, p. 174.   **68.**   Woodruff D. Smith, 'The Ideology of German Colonialism, 1840-1906', *Journal of Modern History*, vol. 46, no. 4, December 1974, p. 648.   **69.**   Osterhammel, *The Transformation of the World*, p. 419.   **70.**   Anon., 'England's Outlook in East Africa', *Fortnightly Review*, no. 281, May 1890, p. 770.   **71.**   Joseph Chamberlain, Speech to the House of Commons, 20 March 1893, in *Mr. Chamberlain's Speeches*, ed. Charles W. Boyd, vol. 1, Constable, London 1914.   **72.**   비공식 제국이라는 개념을 둘러싸고 오랫동안 흥미로운 논쟁이 벌어진 바 있다. 여러 자료 가운데 J. Gallagher and R. Robinson, 'The Imperialism of Free Trade', *Economic History Review*, 1953; Platt, *Finance, Trade, and Politics in British Foreign Policy, 1815-1914*; Andrew Thompson, 'Informal Empire? An Exploration in the History of Anglo-Argentine Relations, 1810-1914', *Journal of Latin American Studies*, vol. 24, no. 2, 1992, pp. 419-36; A. G. Hopkins, 'Informal Empire in Argentina: An Alternative View', *Journal of Latin American Studies*, vol. 26, no. 2, May 1994, pp. 469-84 등을 보라.   **73.**   영국의 티베트 침략에 관한 설명으로는 Charles Allen, *Duel in the Snows: The True Story of the Younghusband Mission to Lhasa*, John Murray, London 2004, 특히 pp. 1-2, 29-31, 111-27을 보라. John Powers, *History as Propaganda: Tibetan Exiles versus the People's Republic of China*, Oxford University Press 2004, p. 80도 보라. 커즌에 관해 좀더 관대한 설명으로는 David Gilmour, *Curzon: Imperial Statesman, 1859-1925*, John Murray, London 2004, pp. 275-7을 보라.   **74.**   Marius B. Jansen, *The Making of Modern Japan*, Belknap Press, Cambridge, MA 2000, p. 432.   **75.**   Yukichi Fukuzawa, *The Autobiography of Yukichi Fukuzawa*, p. 415.   **76.**   Mori Ōgai, 'Yellow Peril', in Richard John Bowring, *Mori Ōgai and the Modernization of Japanese Culture*, Cambridge University Press 1979, p. 120.   **77.**   Inagaki, *Japan and the Pacific*, p. 47.   **78.**   앞의 책, p. 54.   **79.**   W. G. Beasley, *Japanese Imperialism, 1894-1945*, Clarendon Press, Oxford 1987, p. 9; Marius B. Jansen, 'Japanese Imperialism: Late Meiji Perspectives', in *The Japanese Colonial Empire, 1895-1945*, ed. Ramon Hawley Myers and Mark R. Peattie, Princeton University Press, 1984, pp. 61-79도 보라.   **80.**   Uchida, *Brokers of Empire*, p. 394.   **81.**   Jansen, 'Japanese Imperialism', p. 64에서 인용.   **82.**   Akira Iriye, 'Japan's Drive to Great-Power Status', in *The Cambridge History of Japan*, vol. 5: *The Nineteenth Century*, ed. Marius B. Jansen, Cambridge University Press 1989, pp. 753-5.   **83.**   Dudden, *Japan's Colonization of Korea: Discourse and Power*, pp. 47-8. Naoyuki Umemori, 'The Historical Contexts of the High Treason Incident', in Masako Gavin and Ben Middleton(eds), *Japan and the High Treason Incident*, Routledge, London and New York 2013, pp. 56-7도 보라.   **84.**   Dudden, *Japan's Colonization of Korea*, p. 101.   **85.**   Tierney, *Tropics of Savagery*, p. 44.   **86.**   앞의 책, pp. 38-9.   **87.**   Kōtoku Shūsui, *L'impérialisme, le spectre du XXe siècle*, translated into French by Christine Lévy, CNRS éditions,

Paris 2008, p. 127. **88.** Iriye, *Pacific Estrangement*, p. 76. **89.** Naoyuki, 'The Historical Context of the High Treason Incident', p. 52. **90.** Patrick O'Brien and Leandro Prados de la Escosura, 'The Costs and Benefits for Europeans from their Empires Overseas', *Revista de Historia Económica*, vol. 16, no. 1, Winter 1998, p. 61의 수치를 보라. **91.** Richard Gott, *Britain's Empire: Resistance, Repression and Revolt*, Verso, London 2012 에서 훌륭한 개관을 볼 수 있다. 예를 들어 pp. 138ff, 242, 108 등을 보라. **92.** Shula Marks, *Reluctant Rebellion: The 1906-8 Disturbances in Natal*, Clarendon Press, Oxford 1970, p. 237. **93.** John Iliffe, 'The Organization of the Maji Maji Rebellion', *Journal of African History*, vol. 8, no. 3, November 1967, 특히 pp. 497-500. **94.** Thomas Bender, *A Nation among Nations*, Hill and Wang, New York 2006, p. 230. **95.** 앞의 책, p. 231. **96.** Marc Ferro, 'Introduction' to *Le livre noir du colonialisme*, Robert Laffont, Paris 2003을 보라. **97.** 헤레로족 학살에 관해서는 David Olusoga and Casper W. Erichsen, *The Kaiser's Holocaust: Germany's Forgotten Genocide and the Colonial Roots of Nazism*, Faber and Faber, London 2010을 보라. **98.** Isabel V. Hull, *Absolute Destruction: Military Culture and the Practices of War in Imperial Germany*, Cornell University Press 2004, pp. 8, 11. **99.** 앞의 책, pp. 25, 29, 33. **100.** 앞의 책, pp. 57-9, 88. **101.** BBC, 'Germany Admits Namibia Genocide': http://news.bbc.co.uk/1/hi/world/africa/3565938. stm. **102.** David Van Reybrouck, *Congo: The Epic History of a People*, Fourth Estate, ondon 2014, pp. 90-94. **103.** 앞의 책, pp. 94-5. **104.** Adam Hochschild, *King Leopold's Ghost: A Story of Greed, Terror, and Heroism in Colonial Africa*, Macmillan, London 2000, p. 227. **105.** 앞의 책, p. 229. **106.** 앞의 책, pp. 231-3. **107.** Émile Vandervelde, *Les crimes de la colonisation capitaliste. Interpellation de Vandervelde au Gouvernement*, Volksdrukkerij, Gand 1906, p. 10. **108.** Émile Vandervelde, *Les derniers jours de l'État du Congo. Journal de voyage(juillet-octobre 1908)*, Édition de la Société Nouvelle, Mons 1909, pp. 189-96. **109.** Liebman, *Les socialistes belges, 1885-1914*, p. 221. **110.** Ronald Robinson and John Gallagher, *Africa and the Victorians: The Official Mind of Imperialism*, Macmillan, London 1965. **111.** Ronald Robinson, 'European Imperialism and Indigenous Reactions in British West Africa, 1880-1914', in H. L. Wesseling(ed.), *Expansion and Reaction*, Leiden University Press 1978, p. 144. **112.** Bayly, *Indian Society and the Making of the British Empire*, pp. 110-11. **113.** Maddison, *Contours of the World Economy, 1-2030 AD*, p. 376. **114.** Chamberlain, *Foreign and Colonial Speeches*, p. 144. **115.** Ashley Jackson, *The British Empire: A Very Short Introduction*, Oxford University Press 2013, pp. 4-5. **116.** Bernard Porter, *The Lion's Share: A Short History of British Imperialism, 1850-1970*, Longman, London and New York, 1975, p. 2. **117.** Spulber, *Russia's Economic Transitions*, p. 7. **118.** Porter, *The Lion's Share*, p. 76. **119.** Jules Ferry, speech of 28 July

1885 in *1885: le tournant colonial de la République. Jules Ferry contre Georges Clemenceau*, introduction by Gilles Manceron, La Découverte/Poche, Paris 2007, pp. 60-62. **120.** Gougeon, 'Les élites dirigeantes dans l'Allemagne des années 1890', p. 244. **121.** Treitschke and Hausrath, *Treitschke*, pp. 200, 210. **122.** Smith, 'The Ideology of German Colonialism, 1840-1906', pp. 643-4. **123.** Treitschke and Hausrath, *Treitschke*, p. 203. **124.** Arne Perras, *Carl Peters and German Imperialism, 1856-1918*, Oxford University Press 2004, pp. 197-9, 247-9. **125.** '세계 정책'에 관해서는 Aloys Schumacher, 'L'Allemagne à la fin du XIXe siècle, l'illusion de la "Weltpolitik" et l'interrogation sur les limites de siècles', in *Les limites de siècles. Lieux de ruptures novatrices depuis les temps modernes*, ed. Marita Gilli, Presses Universitaires Franc-Comtoises 1998, pp. 225-36을 보라. **126.** Wehler, *The German Empire, 1871-1918*, p. 174. **127.** Geoff Eley, *Reshaping the German Right: Radical Nationalism and Political Change after Bismarck*, Yale University Press 1980, pp. 173, 366. **128.** Engels to Bebel, in Karl Marx and Friedrich Engels, *Collected Works*, vol. 47: *Letters 1883-1887*, Lawrence and Wishart, London 2010, electronic edition, p. 55. **129.** Smith, 'The Ideology of German Colonialism, 1840-1906', p. 655. **130.** John Phillip Short, *Magic Lantern Empire: Colonialism and Society in Germany*, Cornell University Press 2012, p. 25. **131.** Adrian Vickers, *A History of Modern Indonesia*, Cambridge University Press 2005, p. 13. **132.** H. L. Wesseling, *Imperialism and Colonialism: Essays on the History of European Expansion*, Greenwood Press, Westport, CT 1997, pp. 79, 82. **133.** Pierre van der Eng, 'Exploring Exploitation: The Netherlands and Colonial Indonesia, 1870-1940', *Revista de Historia Económica*, vol. 16, no. 1, Winter 1998, pp. 293, 299. **134.** Duggan, *Francesco Crispi*, p. 695. **135.** Raymond Jonas, *The Battle of Adwa: African Victory in the Age of Empire*, Harvard University Press 2011, pp. 3-4. **136.** Giolitti, *Discorsi extraparlamentari*, p. 105. **137.** Stefano Jacini, *Pensieri sulla politica italiana*, G. Civelli, Florence 1889, pp. 58ff; Maria Giovanna Missaggia, *Stefano Jacini e la classe politica liberale*, Leo S. Olschki, Florence 2003, p. 376도 보라. 이 용어는 프랑스어에서는 'mégalomanie'로, 이후에는 영어에서도 사용되게 되었다. **138.** Giovanni Federico, 'Italy's Late and Unprofitable Forays into Empire', *Revista de Historia Económica*, vol. 16, no. 1, Winter 1998, p. 381. **139.** Gramsci, *Il Risorgimento*, p. 102. **140.** Gian Luca Podestà, 'L'émigration italienne en Afrique orientale', *Annales de démographie historique*, no. 113, 1, 2007, pp. 59-60. **141.** Webster, *Industrial Imperialism in Italy, 1908-1915*, p. 51. 아르헨티나로 향한 이탈리아의 대규모 이민에 관해서는 Friedman, 'Beyond "Voting with their Feet"', pp. 558-9를 보라. **142.** Zamagni, *The Economic History of Italy, 1860-1990*, p. 123. **143.** Alberti, *Senza lavoro*, p. 26. **144.** Pedro Lains, 'An Account of the Portuguese African Empire, 1885-1975', *Revista de Historia Económica*, vol. 16, no. 1, Winter 1998, pp. 238-40.   **145.** Gervase Clarence-Smith, *The Third Portuguese Empire, 1825-1975: A Study in Economic Imperialism*, Manchester University Press 1983, p. 61.   **146.** 앞의 책, p. 83.   **147.** João Ferreira Duarte, 'The Politics of Non-Translation: A Case Study in Anglo-Portuguese Relations', *TTR: traduction, terminologie, redaction*, vol. 13, no. 1, 2000, p. 104: http://www.erudit.org/revue/TTR/2000/v13/n1/037395ar.pdf.   **148.** A. H. de Oliveira Marques, *Histoire du Portugal et de son empire colonial*, Karthala, Paris 1998, p. 422.   **149.** Payne, *A History of Spain and Portugal*, p. 525.   **150.** Oliveira Marques, *Histoire du Portugal et de son empire colonial*, pp. 413-15.   **151.** Clarence-Smith, *The Third Portuguese Empire, 1825-1975*, pp. 105-6.   **152.** Fraile and Escribano, 'The Spanish 1898 Disaster', p. 265.   **153.** 앞의 글, p. 281.   **154.** Pierre Paul Leroy-Beaulieu, 'Les États-Unis, puissance coloniale', *Revue des deux mondes*, January 1902, p. 85.   **155.** Jose A. Lansang, 'The Philippine-American Experiment: A Filipino View', *Pacific Affairs*, vol. 25, no. 3, September 1952, p. 226.   **156.** Woodrow Wilson, 'Democracy and Efficiency', *Atlantic Monthly*, vol. 87, no. 521, March 1901, pp. 292, 297-8.   **157.** Theodore Roosevelt, 'State of the Union Address', 6 December 1904: http://www.infoplease.com/t/hist/state-of-the-union/116.html.   **158.** 루스벨트의 성격에 관한 묘사는 다음 책에서 인용한 것이다. Philip Secor, *Presidential Profiles: From George Washington to G. W. Bush*, iUniverse, Bloomington, IN 2008, p. 283을 보라.   **159.** Hofstadter, *Social Darwinism in American Thought*, p. 175.   **160.** 루스벨트 연설 전문은 'The Strenuous Life', the Hamilton Club, Chicago, 10 April 1899: https://en.wikisource.org/wiki/The_Strenuous_Life. Hofstadter, *Social Darwinism in American Thought*, p. 184도 보라.   **161.** William Graham Sumner, 'The Conquest of the United States by Spain', *The International Monthly*에 처음 실린 뒤 *War and Other Essays*, Yale University Press 1911, pp. 303-5에 수록됨.   **162.** Alexander Livingston, *Damn Great Empires! William James and the Politics of Pragmatism*, Oxford University Press 2016, p. 59.   **163.** 'Death of Mr. Cecil Rhodes', *Manchester Guardian*, 27 March 1902: https://www.theguardian.com/century/1899-1909/Story/0,,126334,00.html?redirection=century.   **164.** 동인도회사에 관한 좀더 관대한 견해로는 인도에서 나온 한 평가를 보라: Tirthankar Roy, *The East India Company: The World's Most Powerful Corporation*, Allen Lane, Penguin Books India, New Delhi 2012, 특히 pp. 174-86.   **165.** Jeremy Bentham, *An Introduction to the Principles of Morals and Legislation*. Nick Robins, *The Corporation that Changed the World: How the East India Company Shaped the Modern Multinational*, Pluto Press, London 2012의 에필로그에서 인용.   **166.** Richard Bourke, *Empire & Revolution: The Political Life of Edmund Burke*, Princeton University Press 2015, p. 563.   **167.** Smith, *An Inquiry into the Nature and Causes of the Wealth of Nations*, p. 616.   **168.** Philip Lawson, *The East India Compa-*

ny: A History, Longman, London 1993, p. 137.   **169.** 앞의 책, pp. 156-9.   **170.** H. V. Bowen, *The Business of Empire: The East India Company and Imperial Britain, 1756-1833*, Cambridge University Press 2006, p. 297.   **171.** Lawson, *The East India Company*, p. 162.   **172.** Bouda Etemad, 'Grandeur et vicissitudes du débat colonial. Tendances récentes de l'histoire de la colonisation', *Tiers-Monde*, vol. 28, no. 112, 1987, p. 804.   **173.** Bairoch, *Economics and World History*, p. 27.   **174.** S. B. Saul, 'The Export Economy 1870-1914', *Bulletin of Economic Research*, vol. 17, no. 1, May 1965, pp. 5-18을 보라.   **175.** Robert Hughes, *The Culture of Complaint: The Fraying of America*, Oxford University Press 1993, p. 88.   **176.** Jacques Marseille, *Empire colonial et capitalisme français. Histoire d'un divorce*, Albin Michel, Paris 1984, p. 35.   **177.** Jean-François Sirinelli, 'Guerre d'Algérie, guerre des pétitions?', in Jean-Pierre Rioux and Jean-François Sirinelli(eds), *La Guerre d'Algérie et les intellectuels français*, Éditions Complexe, Brussels 1991, p. 290.   **178.** 기자회견 영상을 보라: http://www.ina.fr/fresques/de-gaulle/fiche-media/Gaulle00218/conference-de-presse-du-11-avril-1961.   **179.** Marseille, *Empire colonial et capitalisme français*, p. 359.   **180.** John Darwin, *The Empire Project: The Rise and Fall of the British World System, 1830-1970*, Cambridge University Press 2009, pp. 617-18.   **181.** Caroline Elkins, *Imperial Reckoning: The Untold Story of Britain's Gulag in Kenya*, Holt and Co., New York 2005, pp. 144-5, 156ff.   **182.** William Hague, Statement of the Secretary of State for Foreign and Commonwealth Affairs, House of Commons, 6 June 2013, Mau Mau Claims(Settlement): http://www.publications.parliament.uk/pa/cm201314/cmhansrd/cm130606/debtext/130606-0002.htm#13060646000005.   **183.** Bouda Etemad, *De l'utilité des empires. Colonisation et prospérité de l'Europe*, Armand Colin, Paris 2005, pp. 211-13.   **184.** R. J. Moore, 'India and the British Empire', in C. C. Eldridge(ed.), *British Imperialism in the Nineteenth Century*, Macmillan, London 1984, p. 74.   **185.** 정착민의 수에 관해서는 Pierre Brocheux and Daniel Hémery, *Indochine: la colonisation ambiguë, 1858-1954*, La Découverte, Paris 1995, p. 175를 보라.   **186.** Patrick O'Brien, 'The Costs and Benefits of British Imperialism, 1846-1914', *Past & Present*, no. 120, August 1988, p. 166.   **187.** Patrick O'Brien, 'European Economic Development: The Contribution of the Periphery', *Economic History Review*, vol. 35, no. 1, February 1982, pp. 1-18.   **188.** Bairoch, *Economics and World History*, pp. 72-3.

제18장 식민지 대논쟁: 프랑스와 영국

1. 이 논쟁을 훌륭하게 개관한 글은 Avner Offer, 'The British Empire, 1870-1914: A Waste of Money?', *Economic History Review*, vol. 46, no. 2, 1993, pp. 215-38이다. Michael Edelstein, *Overseas Investment in the Age of High Imperialism: The United Kingdom, 1850-1914*, Columbia University Press 1982; Lance E. Davis and Robert A. Huttenback, *Mammon and the Pursuit of Empire: The Economics of British Imperialism*, Cambridge University Press 1988; Etemad, 'Grandeur et vicissitudes du débat colonial', p. 799 등도 보라. **2.** S. M. Mollan, 'Business Failure, Capital Investment and Information: Mining Companies in the Anglo-Egyptian Sudan, 1900-1913', *Journal of Imperial and Commonwealth History*, vol. 37, no. 2, June 2009, p. 230. **3.** Landes, *Unbound Prometheus*, p. 241. **4.** Hitchins, *Rumania*, pp. 188-9. **5.** Berindei, 'The Nineteenth Century', p. 230. **6.** Robinson, 'European Imperialism and Indigenous Reactions', p. 142. **7.** Annie Rey-Goldzeiguer, *Le royaume arabe. La politique algérienne de Napoléon III, 1861-1870*, SNED, Algiers 1977, pp. 584-5. **8.** D. C. M. Platt, 'Economic Factors in British Policy during the "New Imperialism"', *Past & Present*, no. 39, April 1968, p. 125. **9.** Marseille, *Empire colonial et capitalisme français*, pp. 40-41, 50-51. **10.** Jean Fremigacci, 'L'état colonial français, du discours mythique aux réalités(1880-1940)', *Matériaux pour l'histoire de notre temps*, nos 32-3, 1993, p. 33. **11.** Emma Rothschild, *The Inner Life of Empires: An Eighteenth-Century History*, Princeton University Press 2011, pp. 211-12. **12.** Samuel Johnson, *The Life of Savage*, 210절: http://andromeda.rutgers.edu/~jlynch/Texts/savage.html. **13.** Smith, *An Inquiry into the Nature and Causes of the Wealth of Nations*, p. 498. **14/** Hobson, 'Free Trade and Foreign Policy', pp. 172-5. **15.** 앞의 글, p. 167. **16.** 앞의 글, p. 168. **17.** 앞의 글. 1850년 11월 14일 평화협회 Peace Society의 후원으로 웨일스 렉섬에서 리처드 코브던이 한 연설과 1862년 10월 25일 맨체스터 상공회의소를 대상으로 한 연설을 보라: http://www.econlib.org/library/YPDBooks/Cobden/cbdSPP.html. **18.** P. J. Cain, 'Variations on a Famous Theme: Hobson, International Trade and Imperialism, 1902-1938', in Michael Freeden(ed.), *Reappraising J. A. Hobson*, Unwin Hyman, London 1990, p. 33. **19.** Mill, *Considerations on Representative Government*, p. 322(18장). **20.** John Stuart Mill, 'A Few Words on Non-Intervention', in John Stuart Mill, *Dissertations and Discussions: Political, Philosophical, and Historical*, Longmans, Green, Reader, and Dyer, London 1867-75, vol. 3, pp. 167-8. **21.** John Stuart Mill, 'Civilization', 원래 *London and Westminster Review*, April 1836에 게재되었다가 Mill, *Dissertations and Discussions*, vol. 1, p. 165에 수록됨. **22.** James Lorimer, *The Institutes of the Law of Nations: A Treatise of the Jural Relations of Separate Political Communities*, vol. 1, Blackwood, Edinburgh 1883, pp. 102-3. **23.** Samuel Taylor Coleridge, *Specimens of the Table Talk of the Late Samuel Taylor Coleridge*, John Murray, London 1835, vol. 2, p. 166: http://archive.org/stream/specimensoftable02cole#page/n5/mode/2up. **24.** Hegel, *The Philosophy of History*, p. 157. **25.**

Victor Hugo, 'Discours sur l'Afrique', 18 May 1879, in *Actes et Paroles IV*, in *Politique*, Robert Laffont, Paris 1985, p. 1012.   **26.** Capitaine Renard, *La colonisation au Congo Français. Étude sur les Concessions accordées au Congo en vertu du décret du 28 mars 1899*, Kugelmann, Paris 1901, pp. 56ff.   **27.** Richard West, *Brazza of the Congo: European Exploration and Exploitation in French Equatorial Africa*, Jonathan Cape, London 1972, pp. 183-6에 있는 설명을 보라.   **28.** 앞의 책, p. 188.   **29.** 앞의 책, p. 163.   **30.** John Flint, *Cecil Rhodes*, Hutchinson, London, 1976, pp. 248-9.   **31.** H. C. G. Matthew, 'Introduction', in *The Gladstone Diaries*, vol. X: *January 1881-June 1883*, ed. H. C. G. Matthew, Clarendon Press, Oxford 1990, p. xc.   **32.** Peter Cain, 'Was it Worth Having? The British Empire, 1850-1950', *Revista de Historia Económica*, vol. 16, no. 1, Winter 1998, p. 351.   **33.** Langer, *The Diplomacy of Imperialism, 1890-1902*, p. 77.   **34.** 앞의 책, p. 78.   **35.** Frank Trentmann, *Free Trade Nation*, Oxford University Press 2008은 이 명제를 주요하게 내세우는 책이다.   **36.** P. J. Cain and A. G. Hopkins, *British Imperialism: Innovation and Expansion, 1688-1914*, Longman, London 1993, pp. 141-3.   **37.** Trentmann, *Free Trade Nation*, pp. 178, 321-2.   **38.** 이 주장은 Cain and Hopkins, *British Imperialism*, 특히 3장과 7장에서 전개된다.   **39.** Michael Edelstein, 'Foreign Investment and Empire, 1860-1914', in Roderick Floud and Donald McCloskey(eds), *The Economic History of Britain since 1700*, vol. 2: *1860 to the 1970s*, Cambridge University Press 1981, p. 70.   **40.** Davis and Huttenback, *Mammon and the Pursuit of Empire*, pp. 112-21.   **41.** 앞의 책, p. 121에서 인용.   **42.** Keith M. Wilson(ed.), *The International Impact of the Boer War*, Routledge, London 2014(개정판), pp. 160-61.   **43.** O'Brien, 'The Costs and Benefits of British Imperialism, 1846-1914', pp. 189, 192, 197.   **44.** Davis and Huttenback, *Mammon and the Pursuit of Empire*, pp. 14-15; O'Brien, 'The Costs and Benefits of British Imperialism, 1846-1914', pp. 187, 188. 이어서 벌어진 논쟁도 보라: 폴 케네디의 답변, *Past & Present*, no. 125, November 1989, pp. 186-192와 패트릭 오브라이언의 답변, pp. 192-9.   **45.** 애브너 오퍼에 따르면 영국은 보어 전쟁 기간을 제외하고 프랑스보다 더 적은 돈을 썼다. Offer, 'The British Empire, 1870-1914', p. 225를 보라.   **46.** Edelstein, 'Foreign Investment and Empire, 1860-1914', p. 74.   **47.** Karl Marx, *Capital*, vol. 3, Progress Publishers, Moscow 1971, p. 249.   **48.** D. C. M. Platt, 'Canada and Argentina: The First Preference of the British Investor, 1904-14', *Journal of Imperial and Commonwealth History*, vol. 13, no. 3, May 1985, p. 80.   **49.** 수치는 모두 Davis and Huttenback, *Mammon and the Pursuit of Empire*, pp. 43-52에 실린 것이다.   **50.** Ferguson, *Empire*, p. 317.   **51.** Rudyard Kipling, 'The Lesson', 처음에 *The Times*, 29 July 1901에 발표됨.   **52.** Green, *The Crisis of Conservatism*, p. 17.   **53.** Halik Kochanski, 'Wolseley and the South African War', in John Gooch(ed.), *The Boer War: Direction, Experience, and Image*, Frank Cass, London 2000, p. 59.   **54.**

John R. Seeley, *The Expansion of England: Two Courses of Lectures*, Macmillan, London 1914, p. 233. **55.** Gaillard, *Jules Ferry*, p. 357. **56.** H. H. (Sir 'Harry') Johnston, 'The Development of Tropical Africa under British Auspices', *Fortnightly Review*, no. 86, October 1890, p. 687. **57.** N. J. Ryan, *The Making of Modern Malaysia*, Oxford University Press, Kuala Lumpur 1967, pp. 122-3. Porter, *The Lion's Share*, p. 5에서 인용. **58.** Seeley, *The Expansion of England*, p. 10. **59.** Bernard Porter, *The Absent-Minded Imperialists: Empire, Society, and Culture in Britain*, Oxford University Press 2004, p. 53. 이 책의 제목은 앞에서 인용한 존 로버트 실리의 언급에서 따온 것이다. **60.** 앞의 책, p. 161. **61.** 앞의 책, p. 49. **62.** Wiener, *English Culture and the Decline of the Industrial Spirit, 1850-1980*, p. 84. C. R. L. Fletcher and Rudyard Kipling, *A History of England*, Doubleday, Page and Co., New York 1911, pp. 246-7을 보라. **63.** Fletcher and Kipling, *A History of England*, p. 299. **64.** Ozouf, 'Le thème du patriotisme dans les manuels primaires', p. 23. **65.** 앞의 글, p. 24. **66.** David Cannadine, *Ornamentalism: How the British Saw their Empire*, Penguin, London 2002, p. 29. **67.** Porter, *The Absent-Minded Imperialists*, p. 254. **68.** 영국 하원의원 존 브라이트(1811~89)가 1858년 10월 29일 버밍엄 타운홀에서 유권자들을 상대로 연설하면서 한 말. Herman, *Gandhi and Churchill*, p. 29에서 인용. **69.** Hobson, *Imperialism*, p. 158. **70.** Hubert Deschamps, 'La vocation coloniale et métier d'administrateur', *Afrique française*, September 1931, p. 499. William B. Cohen, 'The Lure of Empire: Why Frenchmen Entered the Colonial Service', *Journal of Contemporary History*, vol. 4, no. 1, 1969, p. 111에서 인용. 1960년에 이르러 데샹은 식민지 총독(Gouverneur-Général des Colonies)으로 식민지 행정의 최고위직에 올랐다. **71.** Bédarida, 'Perspectives sur le mouvement ouvrier et l'impérialisme', pp. 34-5. **72.** Maurice Zimmermann, 'Leçon d'ouverture du cours d'histoire et de géographie coloniales', *Annales de Géographie*, vol. 9, no. 43, 1900, pp. 76-80. **73.** Offer, 'The British Empire, 1870-1914', p. 236. **74.** Catherine Hall and Sonya Rose(eds), *At Home with the Empire: Metropolitan Culture and the Imperial World*, Cambridge University Press 2006, pp. 2, 25. **75.** Joanna de Groot, 'Metropolitan Desires and Colonial Connections: Reflections on Consumption and Empire', in Hall and Rose(eds), *At Home with the Empire*, pp. 172, 176-7. **76.** Ardant, *Histoire financière*, p. 333. **77.** Porter, *The Absent-Minded Imperialists*, pp. 238-40. **78.** 앞의 책, p. 306. **79.** Roberts, *Salisbury*, p. 694. **80.** Lord Robert Cecil(Lord Salisbury), 'English Politics and Parties', *Bentley's Quarterly Review*, vol. 1, March 1859, p. 25. **81.** Speech to the Constitutional Club, December 1898. Roberts, *Salisbury*, p. 667에서 인용. **82.** Lord Salisbury's speech to the House of Lords on the Second Reading of the Anglo-German Agreement Bill, 10 July 1890: http://hansard.millbanksystems.com/lords/1890/jul/10/second-reading-2를 보라. **83.** Benjamin Disraeli(Lord Beaconsfield), *Selected Speeches*, vol. 2, edited by T. E.

Kebbel, Longmans, Green and Co., London 1882, pp. 523-35, 특히 pp. 527-8. **84.** 앞의 책, pp. 530-31. **85.** Cain and Hopkins, *British Imperialism*, pp. 381-2. **86.** Daniel J. Rankin, *The Zambesi Basin and Nyassaland*, Blackwood, London 1893, pp. 204, 263. **87.** Thomas Babington Macaulay, Speech of 10 July 1833, in *Miscellaneous Writings and Speeches*, vol. 4: http://www.gutenberg.org/etext/2170. **88.** Peter Handford, 'Edward John Eyre and the Conflict of Laws', *Melbourne Law Review*, vol. 32, no. 3, 2008: http://www.austlii.edu.au/au/journals/MelbULawRw/2008/26.html. **89.** Letter of 30 November 1865. Peter Ackroyd, *Dickens*, Vintage, London 1999, p. 1025에서 인용. **90.** Joseph Chamberlain, Speech to the House of Commons, 20 March 1893, in *Mr. Chamberlain's Speeches*, vol. 1, p. 345. **91.** 앞의 책, p. 89. **92.** 앞의 책, pp. 244, 246. **93.** Baring(Lord Cromer), *Modern Egypt*, vol. 1, p. 7; "나는 아랍어를 할 줄 모른다"고 말하는 각주 2를 보라. **94.** 앞의 책, vol. 2, p. 123. **95.** 앞의 책, p. 124. **96.** 앞의 책, pp. 132, 147, 151-4, 161. **97.** Keith McClelland and Sonya Rose, 'Citizenship and Empire, 1867-1928', in Hall and Rose(eds), *At Home with the Empire*, p. 283. **98.** Eliza Riedi, 'Women, Gender, and the Promotion of Empire: The Victoria League, 1901-1914', *Historical Journal*, vol. 45, no. 3, September 2002, p. 578. **99.** Chandrika Kaul, '"You cannot govern by force alone": W. H. Russell, *The Times* and the Great Rebellion', in Marina Carter and Crispin Bates(eds), *Mutiny at the Margins*, vol. 3, Sage, London 2013, pp. 28-32. 인도 전쟁에서 벌어진 잔학행위를 일부 서술하는 윌리엄 하워드 러셀의 일기도 보라. William Howard Russell, *My Diary in India, in the Year 1858-9*, Routledge, Warne, and Routledge, London 1860, 특히 pp. 215ff. **100.** Charles Dickens, letter to Baroness Burdett-Coutts, October 1857, in *The Letters of Charles Dickens*, vol. 8, Clarendon Press, Oxford 2006, p. 459. **101.** 적어도 그의 아들이자 작가인 앙드레 제르맹의 회고에 따르면 그랬다. André Germain, *La bourgeoisie qui brûle. Propos d'un témoin, 1890-1914*, Sun, Paris 1951, p. 28을 보라. **102.** Jean-Pierre Rioux, *La France coloniale sans fard ni déni*, André Versaille, Brussels 2011, pp. 20-21. **103.** Gilman, 'L'empire colonial et la longue stagnation', pp. 386-9. **104.** Raoul Girardet, *L'idée coloniale en France de 1871 à 1962*, Pluriel, Paris 1972, pp. 53-7; Charles-Robert Ageron, *L'anticolonialisme en France de 1871 à 1914*, Presses Universitaires de France, Paris 1973, p. 8. **105.** Paul Leroy-Beaulieu, *De la colonisation chez les peuples modernes*, Guillaumin, Paris 1882(2nd edition), pp. 91, 145. **106.** 앞의 책, p. 347. **107.** Rey-Goldzeiguer, *Le royaume arabe*, p. 552와 Etemad, *De l'utilité des empires*, p. 183. **108.** Patrick Weil, *Qu'est-ce qu'un Français?*, Grasset, Paris 2002, p. 226에서 인용. **109.** 앞의 책, pp. 228-32. **110.** Etemad, *De l'utilité des empires*, p. 184. Benjamin Stora, *Les trois exils. Juifs d'Algérie*, Stock, Paris 2006, p. 52도 보라. **111.** Jules Ferry, Speech of 28 July 1885, in *1885: le tournant colonial de la République. Jules Ferry contre Georges Clemenceau*, introduction by Gilles Manceron, La Découverte/Poche, Paris 2007, p. 56.　**112.** Jules Ferry, *Discours et opinions*, vol. V, ed. Paul Robiquet, Armand Colin, Paris 1898, p. 185.　**113.** *1885: le tournant colonial de la République*, pp. 104-6.　**114.** 앞의 책, pp. 41-2.　**115.** 앞의 책, p. 77.　**116.** Marie-Hélène Gilman, 'L'empire colonial et la longue stagnation', in Yves Breton, Albert Broder, and Michel Lutfalla(eds), *La longue stagnation en France. L'autre dépression, 1873-1907*, Economica, Paris 1997, p. 386.　**117.** *1885: le tournant colonial de la République*, p. 45.　**118.** Ageron, *L'anticolonialisme en France de 1871 à 1914*, pp. 45-7.　**119.** Girardet, *L'idée coloniale en France de 1871 à 1962*, pp. 63, 100.　**120.** Ageron, *L'anticolonialisme en France de 1871 à 1914*, pp. 75-6.　**121.** Paul d'Estournelles de Constant, *La êonquete de la Tunisie*, Sfar, Paris 2002, p. 258(초판은 *La politique française en Tunisie: Le Protectorat et ses origines*라는 제목으로 1891년 출간).　**122.** Jean Jaurès, 'Les compétitions coloniales', *La Petite République*, 17 May 1896.　**123.** Jean Jaurès, 'En Algérie', in *Oeuvres de Jean Jaurès*, vol. 6, Fayard, Paris 2001, p. 180. 원래 *La Petite République*, 29 January 1898에 수록.　**124.** Jean Jaurès, 'La question juive en Algérie', *La Dépêche*, 1 May 1895. Winock, *La France et les Juifs*, p. 91에서 인용.　**125.** Girardet, *L'idée coloniale en France de 1871 à 1962*, p. 163.　**126.** Vincent Duclert, *Jaurès 1859-1914. La politique et la légende*, Éditions Autrement, Paris 2013, p. 239.　**127.** Lenin, 'The International Socialist Congress in Stuttgart', in *Collected Works*, vol. 13, pp. 76, 86.　**128.** Girardet, *L'idée coloniale en France de 1871 à 1962*, pp. 92, 99, 104-5.　**129.** Charles Péguy, *L'Argent(suite)*, in Charles Péguy, *Oeuvres en prose, 1909-1914*, Bibliothèque de la Pléiade Gallimard, Paris 1961, p. 1238.　**130.** Henri Brunschwig, *Mythes et réalités de l'impérialisme colonial français, 1871-1914*, Colin, Paris 1960, p. 185.　**131.** J.-C. Allain, 'L'expansion française au Maroc de 1902 à 1912', in Jean Bouvier and René Girault(eds), *L'impérialisme français d'avant 1914*, Mouton, Paris 1976, pp. 39, 44, 53.　**132.** Jean Bouvier, 'Les traits majeurs de l'impérialisme français avant 1914', *Le Mouvement Sociale*, no. 86, January-March 1974, p. 9.　**133.** Rioux, *La France coloniale sans fard ni déni*, p. 15.　**134.** Jean Bouvier and René Girault(eds), *L'impérialisme français d'avant 1914*, Mouton, Paris 1976, p. 9.　**135.** Bouvier, 'Les traits majeurs de l'impérialisme français avant 1914', pp. 20-22.　**136.** Brocheux and Hemery, *Indochine: la colonisation ambiguë, 1858-1954*, p. 41.　**137.** 어쨌든 아편무역은 식민지 비용의 일부를 부담하는 데 사용되었다. Chantal Descours-Gatin, *Quand l'opium finançait la colonisation en Indochine*, L'Harmattan, Paris 1992, p. 9를 보라.　**138.** Albert de Mun, Speech to the Chambre des Députés, 24 March 1884, in *Discours*, Tome 3, Poussielgue, Paris 1888-95, p. 194.　**139.** Albert de Mun, Speech of 24 March 1884, 앞의 책, 특히 pp. 195-6, 202-3을 보라.　**140.** Gerald M. Berg, 'Writing Ideology: Ranavalona, the Ancestral Bureaucrat',

History in Africa, vol. 22, 1995, pp. 73-92를 보라.　**141.** *1885: le tournant colonial de la République*, pp. 34-7.　**142.** *1885: le tournant colonial de la République*, pp. 60-62. Ferry, *Discours et opinions*, p. 189도 보라.　**143.** Léon Blum, 'Débat sur le budget des colonies à la Chambre des Députés, 9 juillet 1925', in *Débats parlementaires, Assemblée, Session Ordinaire(30 juin-12 juillet 1925)*, in *Journal Officiel*, p. 848.　**144.** Michael G. Vann, 'Building Colonial Whiteness on the Red River: Race, Power, and Urbanism in Paul Doumer's Hanoi, 1897-1902', *Historical Reflections/Réflexions historiques*, vol. 33, no. 2, Summer 2007, pp. 277-304, 특히 pp. 280-81.　**145.** Dino Costantini, *Una malattia europea. Il 'nuovo discorso coloniale' francese e i suoi critici*, Pisa University Press 2006, pp. 70-71.　**146.** Girardet, *L'idée coloniale en France de 1871 à 1962*, pp. 135-6.　**147.** Gustave Le Bon, *La psychologie politique et la défense sociale*, Flammarion, Paris 1910, pp. 227-8, 232, 241.　**148.** Albert Sarraut, *Grandeur et servitude coloniales*, L'Harmattan, Paris 2012, p. 137. 이 책은 원래 1931년에 출간되었다.　**149.** 앞의 책, p. 90. 니콜라 쿠퍼가 쓴 서론, pp. xxxv-xxxvi도 보라.　**150.** Sarraut, *Grandeur et servitude coloniales*, p. 74.　**151.** Girardet, *L'idée coloniale en France de 1871 à 1962*, p. 134.　**152.** Herbert Vivian, 'The French in Tunisia', *Contemporary Review*, vol. 74, October 1898, p. 569.　**153.** Daniel J. Rankin, 'The Portuguese in East Africa', *Fortnightly Review*, February 1890, no. 278, p. 161.　**154.** David Motadel, 'Islam and the European Empires', *Historical Journal*, vol. 55, no. 3, September 2012, pp. 834, 836, 839.　**155.** Margery Perham, *Lugard: The Years of Adventure, 1858-1898*, Collins, London 1956, p. 311.　**156.** Eugène Étienne, *Les compagnies de colonisation*, Augustin Challamel, Paris 1897, p. 8.

제19장 첫 번째 지구적 위기

1. S. B. Saul, *The Myth of the Great Depression, 1873-1896*, Macmillan, London 1969, p. 55.　**2.** Vidal, *Dépression et retour de la prospérité*, pp. 169ff.　**3.** Landes, *Unbound Prometheus*, p. 231.　**4.** 앞의 책, p. 233.　**5.** Charles Feinstein, 'New Estimates of Average Earnings in the United Kingdom, 1880-1913', *Economic History Review*, vol. 43, no. 4, November 1990, pp. 607, 612; Mary Mackinnon, 'Living Standards, 1870-1914', in Roderick Floud and Donald McCloskey(eds), *The Economic History of Britain since 1870*, vol. 2: *1860-1939*, Cambridge University Press 1994, p. 290.　**6.** Peter Gourevitch, *Politics in Hard Times: Comparative Responses to International Economic Crises*, Cornell University Press 1986, pp. 70-77에 있는 구레비치의 유용한 요약을 보라.　**7.** Winch, *Riches and Poverty*, p. 165.　**8.** O'Brien, 'Do We Have a Typology for the Study of

European Industrialization in the ⅩIXth Century?', p. 296. **9.** Arrighi, *Adam Smith in Beijing*, p. 137; David Washbrook, 'South Asia, the World System, and World Capitalism', *Journal of Asian Studies*, vol. 49, no. 3, August 1990, p. 481도 보라. **10.** Tony Smith, *The Pattern of Imperialism: The United States, Great Britain, and the Late-Industrializing World since 1815*, Cambridge University Press 1981, p. 37. **11.** Mira Wilkins, *The History of Foreign Investment in the United States to 1914*, Harvard University Press 1989, p. 141. **12.** OECD 보고서를 보라: http://www.keepeek.com/Digital-Asset-Management/oecd/governance/government-at-a-glance-2015/general-government-debt-per-capita-2009-2013-and-2014_gov_glance-2015-graph21-en#page1. **13.** Wilkins, *The History of Foreign Investment in the United States to 1914*, p. 557. **14.** 앞의 책, p. 145. **15.** 앞의 책, p. 557. **16.** 앞의 책, pp. 625, 600. **17.** Rudolf Hilferding, *Finance Capital: A Study of the Latest Phase of Capitalist Development*, Routledge and Kegan Paul, London 1981, p. 322. **18.** Émile Becqué, *L'internationalisation des capitaux. Étude économique, financière et politique*, Imprimerie générale du Midi, Montpellier 1912, p. 173. **19.** Lehmann, *The Roots of Modern Japan*, pp. 173-4. **20.** Jean-François Vidal, *Dépression et retour à la prospérité. Les économies européennes à la fin du XIXe siècle*, L'Harmattan, Paris 2000, pp. 9-10. **21.** 'Commercial History and Review of 1879', *The Economist*, 13 March 1880, in *English Historical Documents*, vol. 10: *1874-1914* ed. W. D. Handcock, Routledge, London 1996, p. 198. **22.** Charles P. Kindleberger, *Manias, Panics and Crashes: A History of Financial Crises*, 4th edition, Palgrave, London 2000, pp. 253-9. **23.** Larry Neal, 'The Financial Crisis of 1825 and the Restructuring of the British Financial System', Prepared for the 22nd Annual Economic Policy Conference at the Federal Reserve Bank of St. Louis, 16-17 October 1997, p. 37: https://www.researchgate.net/profile/Larry_Neal/publication/5047144_The_financial_crisis_of_1825_and_the_restructuring_of_the_British_financial_system/links/5457bb330cf26d5090ab5057.pdf. **24.** Hector Denis, *La dépression économique et sociale et l'histoire des prix*, Huysmans, Brussels 1895, pp. 2-4. **25.** C. P. Kindleberger, 'The Rise of Free Trade in Western Europe, 1820-1875', in *Journal of Economic History*, vol. 35, no. 1, March 1975, p. 49; 루마니아의 밀에 관해서는 Hitchins, *Rumania*, p. 189와 Chirot, *Social Change in a Peripheral Society*, p. 122를; 포르투갈에 관해서는 Clarence-Smith, *The Third Portuguese Empire, 1825-1975*, p. 81를; 스웨덴에 관해서는 Berend and Ránki, *The European Periphery and Industrialization, 1780-1914*, p. 31 을 보라. **26.** 'Commercial History and Review of 1880', *The Economist*, 12 March 1881, in Handcock(ed.), *English Historical Documents*, vol. 10, p. 200. **27.** Kevin O'Rourke and Jeffrey G. Williamson, 'Late Nineteenth-Century Anglo-American Factor-Price Convergence: Were Heckscher and Ohlin Right?', *Journal of Economic History*, vol. 54, no.

4, December 1994, p. 900.   **28.** Wilkins, *The Emergence of Multinational Enterprise*, p. 35.   **29.** Barkin, *The Controversy over German Industrialization, 1890-1902*, p. 28.   **30.** Yves Breton, ʻLa perception de la ˮgrande dépressionˮ de la fin du ⅩⅨe siècle(1873-1896) par les économistes français. Analyses et perspectivesʼ, *Économies et sociétés*, no. 8, 1993, pp. 210-11.   **31.** Clément Juglar, *Des crises commerciales et de leur retour périodique en France, en Angleterre et aux États-Unis*, Guillaumin et Cie, Paris 1862, p. 1.   **32.** 위기의 심각성에 관해서는 Gianni Toniolo, *Storia economica dell'Italia liberale, 1850-1918*, Il Mullino, Bologna 1988, pp. 139ff를 보라.   **33.** Giovanni Giolitti, Speech in Dronero, 19 October 1896, *Discorsi extraparlamentari*, p. 149.   **34.** 노동조합 조합원 수치는 모두 Bairoch, *Victoires et déboires*, vol. Ⅱ, p. 491에서 가져온 것이다.   **35.** Arrighi, *Adam Smith in Beijing*, p. 101.   **36.** Daunton, ˮˮGentlemanly Capitalismˮ and British Industry 1820-1914ʼ, p. 155.   **37.** Breton, ʻLa perception de la ˮgrande dépressionˮ de la fin du ⅩⅨe siècle(1873-1896)ʼ, p. 205.   **38.** Jean Leduc, *Histoire de la France: l'enracinement de la République, 1879-1918*, Hachette, Paris 1991, pp. 132-3.   **39.** Shorter and Tilly, *Strikes in France, 1830-1968*, p. 112.   **40.** 앞의 책, p. 114.   **41.** Émile Cheysson, *La crise du revenu et la loi du travail*, Comité de défense et de progrès social, Paris 1898, p. 45, 1897년 4월 6일 아미앵에서 한 강연을 바탕으로 한 텍스트임.   **42.** Hobsbawm, *Industry and Empire*, p. 119.   **43.** Piketty, *Capital in the Twenty-First Century*, p. 421.   **44.** J. A. Hobson, ʻThe General Election: A Sociological Interpretationʼ, *Sociological Review*, vol. 3, 1910, pp. 112-13. Peter Cain, ʻJ. A. Hobson, Financial Capitalism and Imperialism in Late Victorian and Edwardian Englandʼ, *Journal of Imperial and Commonwealth History*, vol. 13, no. 3, May 1985, pp. 8-9에서 인용.   **45.** Smith, ʻThe Ideology of German Colonialism, 1840-1906ʼ, pp. 646-7.   **46.** Otto Pflanze, *Bismarck and the Development of Germany*, vol. Ⅲ: *The Period of Fortification, 1880-1898*, Princeton University Press 1990, pp. 3-4, 7, 9, 14.   **47.** Puissant, ʻ1886, La contre-réforme sociale?ʼ, p. 70.

제20장 경제 보호하기

1. Bairoch, *Economics and World History*, p. 18.   **2.** Dale C. Copeland, *Economic Interdependence and War*, Princeton University Press 2015, p. 99.   **3.** David Stevenson, *Armaments and the Coming of War: Europe, 1904-1914*, Clarendon Press, Oxford 1996, pp. 26-7, 331.   **4.** Becker, *The Monied Metropolis*, p. 306.   **5.** F. W. Taussig, *The Tariff History of the United States: A Series of Essays*, Putnam and Sons, New York and London 1892, pp. 172-3, 174ff, 320.   **6.** Smith, *The Pattern of Imperialism*, pp. 37-

8. **7.** Sibylle H. Lehmann, 'The German Elections in the 1870s: Why Germany Turned from Liberalism to Protectionism', *Journal of Economic History*, vol. 70, no. 1, March 2010, p. 149. **8.** Barkin, *The Controversy over German Industrialization, 1890-1902*, p. 35. **9.** Cornelius Torp, 'The "Coalition of Rye and Iron" under the Pressure of Globalization: A Reinterpretation of Germany's Political Economy before 1914', *Central European History*, vol. 43, no. 3, 2010, p. 411. **10.** Barkin, *The Controversy over German Industrialization, 1890-1902*, pp. 52-6. **11.** Winkler, *Germany: The Long Road West, 1789-1933*, pp. 240-41. **12.** Torp, 'The "Coalition of Rye and Iron" under the Pressure of Globalization', p. 412. **13.** Berman, 'Modernization in Historical Perspective', pp. 441-2. **14.** Trentmann, *Free Trade Nation*, pp. 3-6, 15ff. **15.** 앞의 책, Plate Ⅳ, 'The Hungry Forties' by Robert Morley, and Plate Ⅷ. **16.** Green, *The Crisis of Conservatism*, p. 244. **17.** *Mr. Chamberlain's Speeches*, vol. 2, p. 206: http://archive.org/stream/mrchamberlainssp02chamuoft#page/206/mode/2up. 앞의 책, p. 246에서 인용. **18.** Richard G. Robbins, *Famine in Russia, 1891-1892*, Columbia University Press 1975, p. 6; Anatoli Vichnevski, *La faucille et le rouble. La modernisation conservatrice en URSS*, Gallimard, Paris 2000, p. 53; Lyashchenko, *History of the National Economy of Russia*, p. 561. **19.** V. L. Stepanov, 'Ivan Alekseevich Vyshnegradskii', *Russian Studies in History*, Fall 1996, no. 2, vol. 35, p. 81. **20.** Robbins, *Famine in Russia, 1891-1892*, p. 189. **21.** 앞의 책, pp. 58-60; Stepanov, 'Ivan Alekseevich Vyshnegradskii', p. 97. **22.** J. Y. Simms, 'The Economic Impact of the Russian Famine of 1891-92', *Slavonic and East European Review*, vol. 60, no. 1, January 1982, p. 69. **23.** Cormac Ó Gráda, *Famine: A Short History*, Princeton University Press 2009, p. 236. **24.** Simms, 'The Economic Impact of the Russian Famine of 1891-92', pp. 70-73. **25.** Sen, *Poverty and Famines*, 특히 4장을 보라. **26.** Milyoukov, *Russia and its Crisis*, p. 465. **27.** Vichnevski, *La faucille et le rouble*, pp. 67-8. **28.** Witte, *The Memoirs of Count Witte*, pp. 62, 71, 74. **29.** Von Laue, 'A Secret Memorandum of Sergei Witte', pp. 98-9. **30.** Jordi Nadal, 'Un siglo de industrialización en España, 1833-1930', in Nicolás Sánchez-Albornoz(ed.), *La modernización económica de España, 1830-1930*, Alianza Editorial, Madrid 1985, p. 93. **31.** John Michael Montias, 'Notes on the Romanian Debate on Sheltered Industrialization: 1860-1906', in Kenneth Jowitt(ed.), *Social Change in Romania, 1860-1940: A Debate on Development in a European Nation*, University of California Press 1978, p. 53. **32.** Silvia Marton, *La construction politique de la nation. La nation dans les débats du Parlement de la Roumanie(1866-1871)*, Institute European, Bucharest 2009, pp. 181-4는 이 논쟁을 요령 있게 요약한다. **33.** Hitchins, *Rumania*, pp. 187-8. **34.** 앞의 책, pp. 160-61. **35.** 앞의 책, pp. 83-5. **36.** Montias, 'Notes on the Romanian Debate on Sheltered Industrialization: 1860-1906', pp. 60-61. **37.** 앞의 글, p. 66. **38.**

Janos, *East Central Europe in the Modern World*, p. 128.   **39.**   Durandin, *Histoire des roumains*, pp. 183-4.   **40.**   Joseph L. Love, 'Resisting Liberalism: Theorizing Backwardness and Development in Rumania before 1914', in Michalēs Psalidopoulos and Maria Eugéna Mata(eds), *Economic Thought and Policy in Less Developed Europe: The Nineteenth Century*, Routledge, London 2002, pp. 108-9.   **41.**   Herman Lebovics, *The Alliance of Iron and Wheat in the Third French Republic, 1860-1914: Origins of the New Conservatism*, Louisiana State University Press 1988, p. 55.   **42.**   Olivier Jacquet and Gilles Laferté, 'Le contrôle républicain du marché. Vignerons et négociants sous la Troisième République', *Annales*, no. 5, September-October 2006, pp. 1149-51.   **43.**   Bertrand Joly, 'Le parti royaliste et l'affaire Dreyfus(1898-1900)', *Revue Historique*, no. 546, April-June 1983, pp. 311-64.   **44.**   Léon Gambetta, 'La politique et les affaires', *Revue politique et littéraire*, 6 June 1868, in *Discours et plaidoyers politiques*, vol. 11, p. 136.   **45.**   Gaillard, *Jules Ferry*, pp. 157-8, 162.   **46.**   앞의 책, p. 301.   **47.**   Pomeranz and Topik, *The World that Trade Created*, p. 54.   **48.**   Kenneth Morgan, 'Mercantilism and the British Empire, 1688-1815', in Winch and O'Brien(eds), *The Political Economy of British Historical Experience, 1688-1914*, p. 173.   **49.**   Sarah Palmer, *Politics, Shipping and the Repeal of the Navigation Laws*, Manchester University Press 1990, p. 162.   **50.**   David Todd, *L'identité économique de la France: Libre-échange et protectionnisme, 1814-1851*, Grasset, Paris 2008, p. 415.   **51.**   John V. C. Nye, *War, Wine, and Taxes: The Political Economy of Anglo-French Trade, 1689-1900*, Princeton University Press 2007, p. 3; Lucette Le Van-Lemesle, *Le Juste ou le Riche. L'enseignement de l'économie politique, 1815-1950*, Comité pour l'histoire économique et financière de la France, Paris 2004, p. 237; Paul Bairoch, *Economics and World History*, Harvester, New York and London 1993, pp. 22-3도 보라.   **52.**   Jean-Charles Asselain, 'Les résurgences du protectionnisme français', *Le débat*, no. 76, September-October 1993, pp. 148-66.   **53.**   Michael S. Smith, *Tariff Reform in France, 1860-1900*, Cornell University Press 1980, p. 196.   **54.**   Jules Méline, *Le Retour à la terre et la surproduction industrielle*, Hachette, Paris 1905, pp. 201, 206, 310.   **55.**   Lévêque, *Histoire des forces politiques en France, 1880-1940*, p. 24.   **56.**   Girault, 'Place et rôle des échanges extérieurs', pp. 209-10.   **57.**   앞의 글, pp. 223-4.   **58.**   Jean Jaurès, Les plus beaux discours, Librio, Paris 2014, p. 116.   **59.**   Eugene Genovese, *The Southern Tradition: The Achievement and Limitations of an American Conservatism*, Harvard University Press 1994, p. 8.   **60.**   Keith Tribe, *Strategies of Economic Order: German Economic Discourse, 1750-1950*, Cambridge University Press 1995, 3장과 특히 pp. 49-50.   **61.**   Tribe, *Strategies of Economic Order*, pp. 49-51; Donald Winch, *Riches and Poverty: An Intellectual History of Political Economy in Britain, 1750-1834*, Cambridge University Press 1996, p. 162도 보

라. **62.** C. Knick Harley, 'International Competitiveness of the Antebellum American Cotton Textile Industry', *Journal of Economic History*, vol. 52, no. 3, September 1992, p. 560. **63.** Brownlee, *Federal Taxation in America*, p. 33. **64.** Gould, *Reform and Regulation*, p. 33. **65.** Bensel, *The Political Economy of American Industrialization, 1877-1900*, pp. 463-5. **66.** 앞의 책, p. 457. **67.** William McKinley, First Inaugural Address, 4 March 1897: http://avalon.law.yale.edu/19th_century/mckin1.asp. **68.** Albert Carreras, 'What Can We Learn from Long-Term Spanish Economic Performance?', in Pablo Martín-Aceña and James Simpson(eds), *The Economic Development of Spain since 1870*, Elgar, Aldershot 1995, pp. 40-43. **69.** Cormac Ó Gráda, 'British Agriculture, 1860-1914', in Roderick Floud and Donald McCloskey(eds), *The Economic History of Britain since 1700*, 2nd edition, vol. 2: *1860-1939*, Cambridge University Press 1994, p. 145. 이 책에는 오기가 있다. '1816년'은 '1860'년으로 바꿔야 한다. **70.** Ó Gráda, 'British Agriculture, 1860-1914', p. 146에서 인용한 C. P. 킨들버거의 주장. **71.** Peter Cain, 'Political Economy in Edwardian England: The Tariff-Reform Controversy', in Alan O'Day(ed.) *The Edwardian Age: Conflict and Stability, 1900-1914*, Macmillan, London 1979, p. 36. **72.** Merger, *Un siècle d'histoire industrielle en Italie, 1880-1998*, pp. 22-4. **73.** Duggan, *Francesco Crispi*, pp. 518-23; Merger, *Un siècle d'histoire industrielle en Italie, 1880-1998*, pp. 31-2. **74.** Stefano Fenoaltea, 'Manchester, Manchesteriano ... Dekwakoncoz?', in Cafagna and Crepax(eds), *Atti di intelligenza e sviluppo economico*, pp. 493-9. **75.** Friedrich Katz, 'Mexico: Restored Republic and Porfiriato, 1867-1910', in Bethell(ed.), *The Cambridge History of Latin America*, vol. Ⅴ, pp. 29-31. **76.** Bairoch, *Victoires et déboires*, vol. Ⅱ, pp. 308-9. **77.** 앞의 책, p. 310. **78.** 앞의 책, p. 311. **79.** Darwin, *The Empire Project*, p. 277. **80.** Christopher Clark, *The Sleepwalkers: How Europe Went to War in 1914*, Allen Lane, London 2012, p. xxv. **81.** *Reading the Twentieth Century: Documents in American History*, ed. Donald W. Whisenhunt, Rowman & Littlefield, Lanham, MD 2009, p. 21.

에필로그: 여전히 승승장구하나? 여전히 불안한가?

1. Joan Robinson, *Economic Heresies: Some Old-fashioned Questions in Economic Theory*, Macmillan, London and Basingstoke 1972, p. 143. **2.** Friedrich Hayek, *The Fatal Conceit: The Errors of Socialism*, University of Chicago Press 2011, p. 6. **3.** Marx, *Capital*, vol. 3, p. 241. **4.** 앞의 책, vol. 1, p. 595. **5.** John Maynard Keynes, 'National Self-Sufficiency', 원래 *New Statesman*(8 July 1933)에 실렸고 현재는 *Activities 1931-1939*, vol. XXI of *The Collected Writings of John Maynard Keynes*, Macmillan and

Cambridge University Press 1982에 수록, p. 239. **6.** 예이츠의 시를 표절한 사례에 관한 닉 테이버의 훌륭한 에세이를 보라. Nick Tabor, 'No Slouch', *The Paris Review*, 7 April 2015. **7.** Joan Didion, *Slouching towards Bethlehem*, Burning Man Books, Seattle 2009, p. 5. **8.** Max Nordau, *Degeneration*, University of Nebraska Press 1968, pp. 4-5. **9.** Peter Temin, 'Globalization', *Oxford Review of Economic Policy*, vol. 15, no. 4, 1999, p. 85. **10.** Daniel Bell, *The Cultural Contradictions of Capitalism*, Basic Books, London 1996, p. ⅹⅹⅰ (1978년판 서문. 초판은 1976). **11.** Carlo Fumian, 'Per una storia della tecnocrazia. Utopie meccaniche e ingegneria sociale tra Otto e Novecento', *Rivista storica italiana*, vol. 124, no. 3, December 2012, pp. 908-59에서 근대 '테크노크라시' 사상가들에 관한 면밀한 논의를 찾아볼 수 있다. **12.** Murray N. Rothbard, 'A Future of Peace and Capitalism', in James H. Weaver(ed.), *Modern Political Economy: Radical and Orthodox Views on Crucial Issues*, Allyn and Bacon, Boston, MA 1973, p. 423. **13.** Caroline Humphrey, 'Creating a Culture of Disillusionment: Consumption in Moscow, a Chronicle of Changing Times', in Daniel Miller(ed.), *Worlds Apart: Modernity through the Prism of the Local*, Routledge, New York and London 1995, pp. 61-2. **14.** Marx, *Capital*, vol. 1, p. 35. 마르크스는 이미 이 표현을 1859년에 사용한 바 있다. *A Contribution to the Critique of Political Economy*, Progress Publishers, Moscow 1970, p. 3을 보라. **15.** http://www.worldpublicopinion.org/pipa/articles/btglobalizationtradera/644.php?nid=&id=&pnt=644와 http://www.worldpublicopinion.org/pipa/pdf/. **16.** Pope Francis Ⅰ, 'Address of His Holiness Pope Francis to Representatives of the Confederation of Italian Cooperatives', 28 February 2015: https://w2.vatican.va/content/francesco/en/speeches/2015/february/documents/papa-francesco_20150228_confcooperative.html. **17.** Margaret Thatcher, 'Speech to General Assembly of the Church of Scotland', 21 May 1988: http://www.margaretthatcher.org/document/107246. **18.** Tocqueville, *The Ancien Régime and the French Revolution*, p. 11. **19.** 노동조합 데이터의 출처는 OECD임. 노동조합 통계와 관련된 기술적 문제들에 관해서는 Susan Hayter and Valentina Stoevska, 'Social Dialogue Indicators: International Statistical Inquiry 2008-09. Technical Brief', ILO November 2011: http://laborsta.ilo.org/applv8/data/TUM/TUD%20and%20CBC%20Technical%20Brief.pdf를 보라. **20.** 이 입법의 세부사항에 관해서는 Chris Wrigley(ed.), *British Trade Unions, 1945-1995*, Manchester University Press 1997, pp. 161-80을 보라. **21.** Paul Smith, 'Labour under the Law', *Industrial Relations Journal*, vol. 46, nos 5-6, November 2015, p. 358. Paul Smith, 'New Labour and the Commonsense of Neoliberalism: Trade Unionism, Collective bargaining, and Workers' Rights', *Industrial Relations Journal*, vol. 40, no. 4도 보라. **22.** Colin Crouch, 'A Third Way in Industrial Relations?', in Stuart White(ed.), *New Labour: The Progressive Future?*, Palgrave, London 2001, p. 104. **23.** The Conservative and Unionist Party Manifesto 2017, *Forward*

Together: Our Plan for a Stronger Britain and a Prosperous Future, p. 9.   **24.** ETUI: http://www.worker-participation.eu/National-Industrial-Relations/Countries/Sweden/Trade-Unions.   **25.** 노동당의 시온주의가 어떻게 사회주의를 민족주의에 종속시켰는지에 관해서는 Zeev Sternhell, *Aux origines d'Israël. Entre nationalisme et socialisme*, Gallimard, Paris 2004, 특히 3장을 보라.   **26.** William J. Clinton, Address before a Joint Session of the Congress on the State of the Union, 23 January 1996: http://www.presidency.ucsb.edu/ws/?pid=53091.   **27.** Gordon Brown, Mansion House Speech, 22 June 2006: https://www.theguardian.com/business/2006/jun/22/politics.economicpolicy.   **28.** William J. Baumol, Robert E. Litan, and Carl J. Schramm, *Good Capitalism, Bad Capitalism, and the Economics of Growth and Prosperity*, Yale University Press 2007, pp. 74-5.   **29.** https://www.amnesty.org/en/latest/news/2018/07/nicaragua-represion-estatal-ha-llegado-a-niveles-deplorables/.   **30.** CNN과 BBC, 『가디언』의 보도를 보라: http://edition.cnn.com/2013/09/02/world/americas/mexicodrug-war-fast-facts/index.html; https://www.theguardian.com/world/2018/feb/10/mexico-drug-cartels-soldiers-military; https://www.bbc.co.uk/programmes/p06cc1mm; https://edition.cnn.com/2018/06/27/americas/mexico-political-deaths-election-season-trnd/index.html.   **31.** Joseph E. Stiglitz, *Globalization and its Discontents*, Norton, New York 2002, p. 13.   **32.** 앞의 책, p. 5.   **33.** Paul Krugman, 'In Praise of Cheap Labor', *Slate Magazine*, 21 March 1997과 'Safer Sweatshops', *The New York Times*, 8 July 2013.   **34.** David Riesman, 'The Nylon War', in David Riesman, *Abundance for What? and Other Essays*, Chatto and Windus, New York 1964, p. 69. C-54 스카이매스터C-54 Skymaster는 과거에 미군이 사용한 수송기다.   **35.** Greg Castillo, 'Domesticating the Cold War: Household Consumption as Propaganda in Marshall Plan Germany', *Journal of Contemporary History*, vol. 40, no. 2, 2005, pp. 261-2, 282.   **36.** Gideon Rachman, *Easternisation: War and Peace in the Asian Century*, Bodley Head, London 2016은 마지막으로 언급하지만 마찬가지로 중요한 연구다.   **37.** Justin R. Pierce and Peter K. Schott, 'The Surprisingly Swift Decline of US Manufacturing Employment', *American Economic Review*, vol. 106, no. 7, July 2016, p. 1,632.   **38.** CIA, *World Factbook*: https://www.cia.gov/library/publications/the-world-factbook/rankorder/2079rank.htmlUS.   **39.** Shanghai Ranking Consultancy: http://www.shanghairanking.com/ARWU2016.html.   **40.** 2015년의 데이터는 국제전략연구소International Institute of Strategic Studies(IISS)의 자료를 보라: The Military Balance: https://www.iiss.org//media//images/publications/the%20military%20balance/milbal2016/mb%202016%20top%2015%20defence%20budgets%202015.jpg?la=en.   **41.** Richard Walker and Daniel Buck, 'The Chinese Road: Cities in the Transition to Capitalism', *New Left Review*, no. 46, July-August 2007, pp. 50-51. *Jing Daily*, 16 February 2016은 상하이에 본사를 둔 사치품 컨설팅 업체인 포춘캐릭터Fortune

Character의 보고서를 인용한다. **42.** 출처: Chris Rhodes, 'Manufacturing: International Comparisons', House of Commons Briefing Paper no. 05809, 5 January 2018, Table 5에서 인용한 UNCTAD 자료. **43.** Robert Rowthorn and Ramana Ramaswamy, 'Deindustrialization—Its Causes and Implications', Economic Issues no. 10, IMF, Washington, DC 1997. Rowthorn and Ramaswamy, 'Growth, Trade, and Deindustrialization', *IMF Staff Papers*, vol. 46, no. 1, March 1999, pp. 18-41도 보라. 찰스 파인스타인이 인용하는 OECD 수치는 다르다: 미국은 1965년이 아니라 1966년에, 28퍼센트가 아니라 36퍼센트로 정점을 찍었다. Charles Feinstein, 'Structural Change in the Developed Countries during the Twentieth Century', *Oxford Review of Economic Policy*, vol. 15, no. 4, 1999, p. 39를 보라. **44.** Feinstein, 'Structural Change in the Developed Countries during the Twentieth Century', p. 38. **45.** Rowthorn and Ramaswamy, 'Deindustrialization—Its Causes and Implications', p. 5. **46.** A. B. Atkinson, 'The Distribution of Income in the UK and OECD Countries in the Twentieth Century', *Oxford Review of Economic Policy*, vol. 15, no. 4, 1999, pp. 59, 60, 65. **47.** Feinstein, 'Structural Change in the Developed Countries during the Twentieth Century', pp. 35-7. **48.** 앞의 글, pp. 47-8. **49.** Liyan Chen, 'How Uber Surpasses Ford and GM in Valuation in 5 Years', *Forbes Magazine*, December 2015: http://www.forbes.com/sites/liyanchen/2015/12/04/at-68-billion-valuation-uber-will-be-bigger-than-gm-ford-and-honda/#3fff593c5858. **50.** Alex Hern and Nick Fletcher, 'Fangs: The Lighting Rise of Facebook, Amazon, Netflix and Google', *The Guardian*, 29 April 2017. **51.** Christopher Ingraham, 'The Entire Coal Industry Employs Fewer People than Arby's', *Washington Post*, 31 March 2017: https://www.washingtonpost.com/news/wonk/wp/2017/03/31/8-surprisingly-small-industries-that-employ-more-people-than-coal/?utm_term=.38c8e500b1f3. **52.** https://www.cnbc.com/2018/06/20/heres-why-google-and-amazon-probably-will-never-be-included-in-the-dow.html. **53.** Marx, *Capital*, vol. 3, p. 401. **54.** Robert Brenner, 'The Boom and the Bubble', *New Left Review*, no. 6, November-December 2000, pp. 6, 27, 39-40. **55.** Barry Z. Cynamon and Steven M. Fazzari, 'Inequality, the Great Recession and Slow Recovery', *Cambridge Journal of Economics*, vol. 40, no. 2, March 2016, pp. 373-99에서 이런 주장이 자세하게 설명된다. Robin Blackburn, 'The Subprime Crisis', *New Left Review*, no. 50, March-April 2008, pp. 64-6도 보라. **56.** Susan Strange, *Casino Capitalism*, Blackwell, Oxford 1986, p. 1. **57.** Hyman P. Minsky, 'The Financial-Instability Hypothesis: Capitalist Processes and the Behavior of the Economy', in *Financial Crises: Theory, History, and Policy*, ed. Charles P. Kindleberger and Jean-Pierre Laffargue, Cambridge University Press and Éditions de la Maison des Sciences de l'Homme, Cambridge and Paris 1982, pp. 22, 36; Hyman Minsky, *Can 'It' Happen Again? Essays on Instability and Finance*, Routledge, London 2016(초판은 1982), pp. viiff도 보

라. **58.** Doug Guthrie, *China and Globalization: The Social, Economic and Political Transformation of Chinese Society*, Routledge, London 2012; 자동차 시장의 규모에 관해서는 http://www.statista.com/statistics/416036/largest-automobile-markets-worldwide-based-on-new-car-registrations/를, 탄소 배출과 석탄 생산 통계에 관해서는 미국 에너지정보청의 데이터를 활용하는 *The Guardian*, 30 January 2013을 보라.

찾아보기

〈007 골드핑거〉(영화) 813

〈007 네버 다이Tomorrow Never
　　Dies〉(1997) 813

1인당 소득(유럽) 172, 174

1차 대세계화(1860~1910) 61

2차 대세계화(1980) 61

2차 선거법 개정(1867, 영국) 533, 535, 540-1

'1825년 공황' 768

1829년 로마가톨릭교도 해방령Roman
　　Catholic Relief Act of 1892 524

1832년 선거법 개정(영국) 532

1833년 인도정부법Government of India
　　Act, 1833(특허장법) 711

1842년 광산법Mines and Collieries Act of
　　1842 606, 608

1850년 탄광조사법Coal Mines Inspection
　　Act of 1850 608

1855년 유한책임법Limited Liability Act of
　　1855(영국) 23

1860년 식품음료위화제법1860 Food and
　　Drink Adulteration Act 158

1862년 자영농지법Homestead Act of 1862
　　409-10

1866년 위생법 159

1869년 지방참정권법Municipal Franchise
　　Act 1869(영국) 518

1875년 공중보건법 159, 163

1876년 상선법1876 Merchant Shipping Act
　　608

1882년 기혼여성재산법Married Women's
　　Property Act 1882(영국) 520

1882년 중국인배제법Chinese Exclusion Act
　　of 1882 499-500

1886년 유아후견법Guardianship of Infants
　　Act 1886 187

1887년 주간통상법Interstate Commerce Act
　　of 1887 404

1905년 외국인법Aliens Act of 1905(영
　　국) 509

1911년 의회법Parliamentary Act of 1911
　　(영국) 589

1933년 글래스-스티걸법Glass-Steagall Act
　　of 1933 836

1933년 글래스-스티걸법Glass-Steagall Act
　　of 1933 836

1965년 투표권법Voting Rights Act of 1965
　　(미국) 522, 534

【 ㄱ 】

가나
　　아샨티 제국 688

가렐리, 알레산드로Garelli, Alessandro 441

가륭제(嘉隆帝, 응우옌 왕조) 756

가르니에, 조제프Garnier, Joseph 748

가토 히로유키(加藤弘之, Kato Hiroyuki) 219

가톨릭중도당(독일) 524, 545, 581-2, 647-50

가폰, 게오르기Gapon, Georgy 471, 626

가필드, 제임스Garfield, James 808

간디, 마하트마Gandhi, Mahatma 506

감리교 630-1

강단사회주의자Kathedersozialisten 270, 271

강베타, 레옹Gambetta, Léon 324, 570-1, 789

강유위(康有爲, 캉유웨이) 203, 208

강희제康熙帝 191

개미지, 로버트Gammage, Robert 539

개스켈, 엘리자베스Gaskell, Elizabeth

　　『메리 바턴Mary Barton』(1848) 602

개입주의 223, 267, 270-1, 278, 315, 563,

　　574, 597, 608, 617, 621, 652, 742, 747,

　　789, 832

개정 구빈법(1834) 146, 566

개트럴, 피터Gatrell, Peter 370

개혁동맹Reform League 539

갤러거, 존Gallagher, John 694

갤브레이스, 존 케네스Galbraith, John Ken-neth

　　『풍요한 사회The Affluent Society』

　　(1958) 439, 551

거셴크론, 알렉산더Gerschenkron, Alexan-

　　der 319, 344, 354, 366, 369-70

거스타트, 허먼Gutstadt, Herman 500

건륭제乾隆帝 191-2

건턴, 조지Gunton, George 407

게드, 쥘Guesdes, Jules 530

게르첸, 알렉산드르Herzen, Alexander 346,

　　395

게옥테페 포위전siege of Geók Tepé(1881) 363

게이지, 헨리Gage, Henry 501

경제발전 318-9, 321-2, 331, 333, 334-5, 771

경제성장

　　국내총생산 172-7

　　국민총생산 174-7

계몽된 보수주의(동정적 보수주의) 42-3, 440-1

계몽주의 150, 185, 679

계획경제 789, 811, 816

고노 히로나카(河野廣中, Kōno Hironaka) 216

고대 로마 16, 122

고드킨, 에드윈 L. Godkin, Edwin L. 559

　　『네이션The Nation』 400

고비노 백작Gobineau, comte de 67

고토쿠 슈스이(幸德秋水, Kotoku Shusui)

　　687-8

고토쿠 슈스이(幸德秋水, Kotoku Shusui)

　　444, 687

고티에, 테오필Gautier, Théophile 27

곡물법 268

곤살레스, 호세 루이스González, José Luis 242

골드먼, 실번 N. Goldman, Sylman N. 554

골드스미스, 올리버Goldsmith, Oliver

　　「황폐한 마을The Deserted Village」

　　(1770) 117

골레스쿠, 니콜라에Golescu, Nicolae 786

골족(프랑스인의 조상) 76

곰퍼스, 새뮤얼Gompers, Samuel 500, 709

공공부문 155, 233, 244, 275, 281, 330, 458,

　　820, 830

공모 및 재산보호법(1875)Conspiracy and
    Protection of Property Act 607
공장법(1833~78) 606, 608
공장작업장법(1878)Factory and Workshop
    Act 608
공친왕恭親王 204
관료제 252, 281
관세 582, 602, 645, 680, 769, 772, 779-83,
    786, 791, 793-7
광서제光緖帝 202-3, 208
광저우 122, 144
괴테, 요한 볼프강 폰Goethe, Johann Wolf-
    gang von 386, 437
교토(일본) 122
교황 교황 무오류설 536
구글 834
구롱, 피에르Gouron, Pierre 111
구메 구니타케(久米邦武, Kume Kunitake) 146
구빈법(1601) 146, 565-6
국가 형성 81-2, 104, 681
국민당(중국) 209
국민보험법National Insurance Code(1911,
    독일) 580
국민예산People's Budget(1909, 영국) 442
국제노동기구International Labour Organiza-
    tion(ILO) 271
국제노동자협회International Workingmen's
    Association(제1 인터내셔널) 606-7
국제연맹League of Nations 487
국제전신연맹International Telegraph
    Union(1865) 66
국제주의 68

국제통화기금International Monetary
    Fund(IMF) 254, 823-4, 831
굴드, 제이Gould, Jay 399
'굴욕의 세기'(중국) 105, 202, 253
권위주의 320, 526, 837-8
귀족정 528-9, 531-2
귄츠부르크, 자크 드Günzburg, Jacques de 495
그람시, 안토니오Gramsci, Antonio 215,
    273, 590, 702
그레고리우스 16세Gregory ⅩⅥ(교황)
    「그대들을 놀라게 하는 것Mirari Vos」
    (1832) 634
그레이 경, 에드워드Grey, Sir Edward 453, 728
그레이, 얼Grey, Earl 533
그리고로비치, 드미트리Grigorovich, Dmitry
    『불행한 안톤Anton-Goremyka』(1847) 354
그리스 87, 94, 245-6, 451, 824
그리프법Loi Griffe(1889) 788
그릴로, 베페Grillo, Beppe 825
근대성 124, 382, 409, 549~50, 629
글래드스턴, 윌리엄Gladstone, William 340, 659
글래든, 위싱턴Gladen, Washington 400
글래스고 412
금융 부문 834-6
금융 시스템 255
'급진적 제국주의자' 727
급진주의 271, 293, 390, 542, 559, 569-70
기근 165
    러시아(1890년대) 120, 367, 784-5
    벵골(1943~4) 671
    아나톨리아(1873~4) 229
    인도 669-71

핀란드(1866~8) 175

기능공·노동자주거개선법Artisans' and
Labourers' Dwellings Improvement
Act(1875) 585

기니비사우 705

기대수명 156-65

기독교사회주의 642-4

기독교사회주의자 642-4

기번스, 제임스Gibbons, Cardinal James(추
기경) 636

기술혁신 21, 111

기요, 이브Guyot, Eves
『피쇼 가족La famille Pichot』(1882) 603

기조, 프랑수아Guizot, François 326

기카, 그리고레Ghica, Grigore(왈라키아 공) 227

긴축 정책 825-6
긴축 반대운동 824-5

【ㄴ】

나기브, 무하마드Naguib, Muhammad 674

나미비아
헤레로족 691

나세르, 가말 압델Nasser, Gamal Abdel 674

나쓰메 소세키(夏目漱石, Natsume Sōseki) 218

나오로지, 다다바이Naoroji, Dadabhai(영국
하원의원) 670

나이지리아 83, 759

나탈 729
줄루족의 반란(1906) 690

나폴레옹 보나파르트 75

나폴레옹 전쟁(1797~1815) 343

나폴레옹 제국(1804~15) 94

나폴리 122, 133, 145, 166-7, 244

나프타NAFTA(북미자유무역협정North Ameri-
can Free Trade Agreement) 250

낙양(뤄양, 중국) 122

난징
난징조약(1852) 196, 680

남북전쟁 96-7, 380-5

남수단 86

남아프리카 104, 107-8, 167, 506, 585, 678,
688, 710, 842

남해회사South Sea Company 837

낭만주의 348

『내셔널리뷰The National Review』 312

내셔널캐시레지스터National Cash Register
412, 554

냉전 811, 816, 829

냉전 811-3, 829-30

너지미, 존Najemy, John 628

네그리에 장군, 오스카르 드Négrier, General
Oscar de 733

네덜란드
네덜란드 동인도회사Vereenigde Oost
Indische Compagnie 709
'튤립 파동' 834

네크라소프, 니콜라이Nekrasov, Nikolay
359, 480

넷플릭스 834

노던시큐리티Northern Securities 404

노동계급주거법Housing of the Working
Classes Act(1885, 영국) 585

노동당(영국) 549, 775

신노동당 819

노동쟁의법Trade Disputes Act(1906, 영국) 588

노동조합법Trade Union Act(1871) 608

노동조합회의Trade Union Congress(영국) 601

노령연금법Old Age Pensions Act(1907, 영국) 588

노르다우, 막스Nordau, Max

　　『타락Entartung』(1892~3) 806-7

노르망, 샤를Normand, Charles 360

노르웨이 87, 94

『노스차이나헤럴드North China Herald, 北
　　華捷報』 200

노예 플랜테이션 농장 63, 384

노이만-슈팔라르트, 프란츠 크사버 폰Neu-
　　mann-Spallart, Franz Xaver von 335-6

농노제 245, 354, 464

농민동맹Bund der Landwirte(독일) 782

농업 생산성 170, 335, 769

뉴질랜드 99, 103, 560, 712

니덤, 조지프Needham, Joseph: 『중국의 과
　　학과 문명Science and Civilisation in
　　China』 189

니체, 프리드리히Nietzsche, Friedrich 419

니카라과 822

니콜, 윌리엄 로버트슨Nicoll, William Robertson
　　『브리티시위클리British Weekly』 630

니콜라이 1세Nicolas I(차르) 228, 354

니콜라이 2세NIcolas II(차르) 356, 364,
　　468-71, 474, 785

　　10월 선언(1905) 473, 481

니티, 프란체스코 사베리오Nitti, Francesco
　　Saverio 272, 620

닉슨, 리처드Nixon, Richard(미국 대통령)
　　250, 829

【 ㄷ 】

다닐렙스키, 니콜라이Danilevsky, Nikolay 364

다마스쿠스 664

다오카 레이운(田岡嶺雲, Taoka Reiun) 444

다우존스 834

다윈, 찰스Darwin, Charles 265, 743

다윈주의 49

다이시, A. V. Dicey, A. V. 509, 538, 541,
　　595, 608-9

다첼리오, 마시모D'Azeglio, Massimo 420

다카스기 신사쿠(高杉晋作, Takasugi Shin-
　　saku) 219

단체교섭 594-5, 610, 818

단테 알리기에리Dante Alighieri
　　『신곡Divina Commedia』 624-5

닷컴 혁명 831

당베르 백작, 카엥d'Anvers, Count Cahen
　　495

대만 105, 197, 202, 225, 254, 332, 678, 681,
　　685, 687, 707

대약진운동(1958~61, 중국) 209

대중자유행동당Action libérale populaire(프
　　랑스) 639

대처, 마거릿Thatcher, Margaret 819, 824, 833

대합병 물결Great Merger Wave(1898~1902)
　　403

더글러스, 프레더릭Douglas, Frederick 657

더비 경Derby, Lord 540

『더타임스』 83, 314, 503, 587, 744-5

던, 존Donne, John 65, 378

덩샤오핑(鄧小平, Deng Xiaoping) 35, 379

데룰레드, 폴Déroulède, Paul 751

데를랑제 남작d'Erlanger, Baron 495

데브스, 유진Debs, Eugene 561

데샹, 위베르 쥘Deschamps, Hubert Jules 737

데스투르넬, 폴 앙리d'Estournelles, Paul
　　Henri 751

『데일리텔레그래프Daily Telegraph』 313

'데카당스' 807

덴마크 93, 94, 710: 노령수당법(1891)Alder-
　　domsunderstøttelsen 578

도갈리 전투(1887) 701

도쿄 200

'도금시대Gilded Age' 50, 396

도미니카공화국 99

도브로제아누-게레아, 콘스탄틴Dobrogea-
　　nu-Gherea, Constantin 271

도스토옙스키, 표도르Dostoevsky, Fyodor
　　363, 466

　　『악령The Devils』(1871) 350

도슨, 윌리엄 하벗Dawson, William Harbutt
　　『비스마르크와 국가사회주의Bismarck
　　and State Socialism』 579

도요토미 히데요시豊臣秀吉 77, 685

도쿄(에도) 142, 144, 224, 767

독일제국 93, 681-2, 689, 690, 691

돈바스(우크라이나) 141

동유럽 318, 329-31, 644-6

동인도회사East India Company 668, 671,
　　709-12

　　특허장법(1833)Charter Act 711

동치제同治帝 198, 202

동치중흥(同治中興, 1860년대) 198

두메르, 폴Doumer, Paul 756

두보이스, W. E. B. Dubois, W. E. B. 384

뒤낭, 앙리Dunant, Henri 750

뒤코, 피에르-로제Ducos, Pierre-Roger 567

뒤포, 조르주Dufaud, Georges 306

뒤페티오, 에두아르Ducpétiaux, Édouard 130

듀이, 존Dewey, John 709

듀크, 제임스 뷰캐넌Duke, James Buchanan
　　399

드골, 샤를Gaulle, Charles de 633, 656, 713

드골당 817, 826

드니, 엑토르Denis, Hector 769

〈드레드 스콧 대 샌드퍼드Dred Scott v.
　　Sandford〉 사건(1857) 547

드레퓌스 사건(1894) 431-2, 639, 752

드뤼몽, 에두아르Drumont, Édouard 751
　　프랑스반유대주의연맹Anti-Semitic
　　League of France(1889) 492-3

드모프스키, 로만Dmowski, Roman(폴란드
　　민족주의자) 430-1, 486-7

드쿠르탱, 가스파르Decurtins, Gaspar 636

드퓌소, 알프레드Defuisseaux, Alfred 543

드프레, 이폴리트Desprez, Hippolyte 234

들라크루아, 외젠Delacroix, Eugène 211

들라포스, 쥘Delafosse, Jules 749

들르크루아, 장-바티스트-조제프Delecroy,
　　Jean-Baptiste-Joseph 568

디그비, 윌리엄Digby, William 670

디디온, 존Didion, Joan
　　「베들레헴을 향해 걸음을 떼며Slouth-

ing towards Bethlehem」 805-6

디아스, 포르피리오Díaz, Porfirio 447-8,
　　457-9

디아스포라 629

디어, 존Deere, John 235

디엔비엔푸 716

디오게네스 68

디즈레일리, 벤저민Disraeli, Benjamin 42,
　　48, 489
　　『시빌, 또는 두 개의 나라Sybil, or The
　　Two Nations』(1845) 439

디킨스, 찰스Dickens, Charles 388, 602,
　　743, 746

디턴, 앵거스Deaton, Angus 177

디포, 대니얼Defoe, Daniel

딜크 경, 찰스Dilke, Sir Charles 584, 727

딩글리관세법Dingley Tariff Act 780

【ㄹ】

라 폴레트, 로버트 M. La Follette, Robert M.
　　565

라가르드, 폴 드Lagarde, Paul de 493

라나발로나 여왕Queen Ranavalona(마다가
　　스카르) 755

라뤼(랑그르 주교), 알퐁스 마르탱Larue,
　　Alphonse Martin 638

라므네, 펠리시테 로베르 드Lamennais,
　　Félicité Robert de 634

라베, 빌헬름Raabe, Wilhelm
　　『피스터의 방앗간: 여름방학 공책
　　Pfisters Mühle: Ein Sommerferienheft』

(1884) 603

라볼레, 르네Lavollée, René 750

라부아송(수도원장) 피에르 드Raboisson,
　　Pierre de 748

라비스, 에르네스트Lavisse, Ernest 429

라살, 페르디난트Lassalle, Ferdinand 617, 636

라스파이레스, 에티엔Laspeyres, Étienne 270

라신, 장Racine, Jean 69

라운트리, 시봄Rowntree, Seebohm 147-8, 443

라이나흐 남작, 자크 드Reinach, Baron
　　Jacques de 495

라이베리아 85, 107-8

라이프니츠, 고트프리트Leibniz, Gottfried
　　210, 211

라차레티, 다비데Lazzaretti, Davide 659

라트비아 644

라파르그, 폴Lafargue, Paul 530

람페두사, 주세페 토마시 디Lampedusa,
　　Giuseppe Tomasi di
　　『표범Il gattopardo』 43

랑선 전투Battle of Lang Son(1885) 747

랑쥐네 백작, 폴-앙리Lanjuinais, Comte
　　Paul-Henri 572

랜드, 아인Rand, Ayn
　　『아틀라스Atlas Shrugged』(1957) 812

랜즈, 데이비드 762

랜즈버리, 조지Lansbury, George 644

랭킨, 대니얼Rankin, Daniel 741

랴슈첸코, 표트르Lyashchenko, Peter 365

러셀, 윌리엄 하워드Russell, William Howard
　　745-6

러스킨, 존Ruskin, John 535, 743

러시아 42, 73, 77, 343-75

　10월당Octobrists 472

　1905년 혁명 364, 447

　나로드니키(인민주의자) 346, 353, 484-5

　농노해방령(1861) 300, 355, 359

　농민토지은행 365

　두마 465, 473, 475, 486

　사회민주당 471

　사회혁명당 346

　슬라브주의자와 서구화론자의 논쟁
　347-8, 354, 463-4

　오브시치나(마을 공동체) 346-8, 351-4,
　359, 367-70, 372-4, 382

　'인민의 의지파Narodnaya Volya' 355,
　464-5, 474, 484

　진보블록Progressists 472-3

　카데트(입헌민주당) 353, 469, 472-3, 475

러시아 제국 77, 91, 112, 120, 317, 479,
　481, 523

러시아연방 92

러시아정교회 347, 626

러시아혁명(1917) 799, 815

러일전쟁(1905) 708

런던, 잭London, Jack

　『강철 군화The Iron Heel』(1907) 603

　『밑바닥 사람들The People of the
　Abyss』(1903) 135

런던

　이스트엔드 129, 134-5 166, 488

　콜레라 165-6

　하이드파크 539

레닌, V. I. 264, 367-8, 687

『러시아의 자본주의 발전The Develop-
　ment of Capitalism in Russia』(1896~9)
　373-5

레르몬토프, 미하일Lermontov, Mikhail

　「예언A Prophecy」(1862) 344

레비, 카를로Levi, Carlo

　『그리스도는 에볼리에 머물렀다Christ
　Stpped at Eboli』(1946) 114

레비츠카, 마리나Lewycka, Marina 259

레빗, 시어도어Levitt, Theodore 61

레오 13세Leo XIII, Pope(교황)

　「새 질서Rerum Novarum」(1891, 회칙)
　620, 637-9

레오폴드 2세Leopold II(벨기에 왕) 597, 691-2

레온티예프, 콘스탄틴Leontiev, Konstantin 356

레옹 보네프와 모리스 보네프 형제Bonneff,
　Léon and Maurice 125

레이건, 로널드Reagan, Ronald(미국 대통령)
　656, 833

레이그, 조르주Leygues, George 757

레이스, 콜린Leys, Colin 320

렘미우스 팔라이몬, 퀸투스Remmius Palae-
　mon, Quintus 16

로게, 크리스티안Rogge, Christian 117

로도, 호세 엔리케Rodó, José Enrique 243

로리머, 제임스Lorimer, James 523, 723-4

로리스-멜리코프 백작, 미하일Loris-Me-
　likov, Count Mikhail 355-6, 465

로리아, 아킬레Loria, Achille 266

로마 가톨릭 교회 45, 48, 572, 624, 645, 630,
　632-41, 655-6

로마넨코, 게라심 그리고레비치Romanenko, Gerasim Grigorevich 484

로만, 테오도어Lohmann, Theodor 581

로버츠, 데이비드Roberts, David 211

로버트슨, 에드워드Robertson, Edward
『국가와 빈민가The State and the
Slums』(1884) 584

로비네스쿠, 에우젠Lovinescu, Eugen 232

로빈슨, 로널드Robinson, Ronald 694

로빈슨, 조앤Robinson, Joan 803

로사스, 후안 마누엘 데Rosas, Juan Manuel
de 457

로스바드, 머리Rothbard, Murray 276, 811

로스차일드, 라이오넬 드Rothschild, Lionel
de 524

로스차일드가(은행 가문) 494-5

로스토, 월트Rostow, Walt
『경제성장의 여러 단계: 비공산주의
선언The Stages of Economic Growth: A
Non-Communist Manifesto』(1960) 319

로시, 아돌포Rossi, Adolfo 514

로시, 알레산드로Rossi, Alessandro 315

로열더치셸Royal Dutch Shell 404

로이, 윌리엄 G. Roy, William G. 279, 384

로이드 조지, 데이비드Lloyd George, David
487

로이테른, 미하일 폰Reutern, Mikhail von
356-7

로젠 남작, G. V. Rosen, Baron G. V. 363

로즈, 세실Rhodes, Cecil 710, 727-8

로즈베리 경Rosebery, Lord 543

로크, 존Locke, John 288, 378

로트실드 남작, 알퐁스 드Rothschild, Baron
Alpholse de 614

록펠러, 존 D. Rockefeller, John D. 399, 401-4

롬브로소, 체사레Lombroso, Cesare 266, 806-7

루가드, 프레더릭Lugard, Frederick 83, 759

루마니아 87, 121, 172, 232-40, 298, 490-1,
786-7
서민은행Popular Banks 설립법(1903) 239

루소, 장-자크Rousseau, Jean-Jacques 116,
288, 348

루쉰(魯迅, Lu Xun)
『광인일기狂人日記』(1918) 207

루스벨트, 시어도어Roosevelt, Theodore 42,
157, 159, 403-4, 407, 564, 577, 707-8
혁신당(미국)Progressive Party 562, 565

루스벨트, 프랭클린Roosevelt, Franklin
뉴딜 563, 816

루이 나폴레옹(나폴레옹 3세)Louis Na-
poléon(Napoléon Ⅲ) 274, 530, 570-1, 789

루이, 폴Louis, Paul 751

루제놉스키, 가브릴Luzhenovsky, Gavril 468

루차티, 루이지Luzzatti, Luigi 272

루터, 마르틴Luther Martin 625

루터교 647

루터교회 644

룰라 다 시우바(룰라), 루이스 이나시우Lula
da Silva, Luiz Inácio(Lula) 822

뤼거, 카를Lueger, Karl 424, 646-56

류큐제도 685

르 봉, 귀스타브Le Bon, Gustave 757

르 플레, 프레데리크Le Play, Frédéric 612
『프랑스의 사회개혁: 유럽 민족들
의 비교 관찰에서 추론함La réforme

sociale en France, déduite de l'observation comparée des peuples européens』 (1864) 640

르낭, 에르네스트Renan, Ernest 190, 419, 506

르루아-볼리외, 아나톨Leroy-Beaulieu, Anatole 332, 359

르루아-볼리외, 폴Leroy-Beaulieu, Paul 178, 275, 412, 444

르베리우, 마들렌Rebérioux, Madeleine 569

르완다 165

르쿠튀리에르, 앙리Lecouturier, Henri 『공화국과 양립할 수 없는 파리: 혁명이 불가능한 새로운 파리를 위한 계획 Paris incompatible avec la République, Plan d'un nouveau Paris où les révolutions seront impossibles』 142

르크뢰조 철강공장(부르고뉴) 141, 612-3

르투르노, 샤를Letourneau, Charles 395

르펜, 마린Le Pen, Marine 826

리먼브라더스 붕괴(2008) 255

리벳-카낙, 해리Rivett-Carnac, Harry 669

리브스, 모드 펨버Reeves, Maud Pember 『1주일에 1파운드로 살기Round About a Pound a Week』(1913) 126

리비아 91, 451

리스, 제이컵 A. Riis, Jacob A. 501

리스먼, 데이비드Riesman, David 『고독한 군중: 미국인의 변화하는 성격에 관한 연구The Lonely Crowd: A Study of the Changing American Character』(1950, 네이선 글레이저, 루엘 데니와 공저) 551

리스트, 프리드리히List, Friedrich 270, 319 『정치경제학의 민족적 체계The National System of Political Economy』 (1841) 255-7, 785

리치, 데이비드 조지Ritchie, David George 265

리치, 마테오(Ricci, Matteo, 利瑪竇) 211-2

리카도, 데이비드Ricardo, David 67, 257, 262, 362, 566, 834

리투아니아 77

리틀빅혼 전투Battle of the Little Bighorn 385

리티흐, 알렉산드르Rittikh, Alexander 367

리히텐슈타인 86

린드, 마이클Lind, Michael 382

린뱌오(林彪, Lin Biao) 『인민전쟁 승리 만세!』(1965) 827

린턴, 일라이저 린Linton, Eliza Lynn 152

릴(프랑스) 125

릴, 빌헬름 하인리히Riehl, Wilhelm Heinrich 117

링컨, 에이브러햄Lincoln, Abraham 445, 658, 808

【ㅁ】

마그나카르타Magna Carta(1215) 286

마다가스카르 749, 754-6

마데로, 프란시스코Madero, Francisco 459

마두로, 니콜라스Maduro, Nicolás 822

마라, 장-폴Marat, Jean-Paul 529

마르치안, 디오니시에 포프Marţian, Dionisie Pop 787

마르코 폴로Marco Polo 61

마르크스, 카를 16, 32, 46
　　『공산당 선언Communist Manifesto』
　　　(1848) 53, 334, 592
　　『독일 이데올로기The German Ideolo-
　　　gy』(1846) 335
마르크스주의 368
마비, 프랑수아 드Maby, François de 755
마사이족 83
마스터먼, 찰스Masterman, Charles 439
　　『잉글랜드의 상태The Condition of
　　　England』(1909) 303
마스트리히트 조약Treaty of Maastricht(1992)
　　71
마쓰바라 이와고로(松原岩五郎, Matsubara
　　Iwagoro) 142
마에스투, 라미로 데Maeztu, Ramiro de 705
마오쩌둥(毛澤東, Mao Zedong) 207
마이완드 전투Battle of Maiwand(1880) 688
마이크로소프트 834
마치니, 주세페Mazzini, Giuseppe 413
마카오 681
마케도니아 450
마크롱, 에마뉘엘Macron, Emmanuel 825
마크리, 마우리시오Macri, Mauricio 828
마키아벨리, 니콜로Machiavelli, Niccolò
　　251, 288
마티노, 해리엇Martineau, Harriet 278, 294
마틴, 로버트 몽고메리Martin, Robert Mont-
　　gomery 195
마흐무드 2세Mahmud II(술탄) 227
만국우편연합(1874) 66
만델슨, 피터Mandelson, Peter(영국 하원의원)

812
만주
　　만주사변(1931) 209
　　만주족 104, 191
매너스 경, 존Manners, Lord John 440
매닝, 헨리 에드워드(추기경)Manning, Cardi-
　　nal Henry Edward 636
매더, 윌리엄Mather, William(영국 하원의원)
　　600
매카트니, 조지Macartney, George
　　중국 사절단 191-2
매콜리, 토머스 배빙턴Macaulay, Thomas
　　Babington 532, 742
매클레인, 앨런MacLean, Allan(장군) 148
매클루언, 마셜McLuhan, Marshall 62
매킨리, 윌리엄McKinley, William 562, 564,
　　706-7, 808
매킨리관세법(1890)McKinley Tariff Act 780
맥그로힐McGraw-Hill 411
맥도널드, 램지Macdonald, Ramsay 643
맥케이, 찰스Mackay, Charles
　　『터무니없는 대중의 미망과 군중의 광
　　　기Extraordinary Popular Delusions and
　　　the Madness of Crowds』(1841) 837
맥코믹McCormick 410, 412
맨체스터 130
『맨체스터가디언Manchester Guardian』
　　584, 710
맨체스터 학파 267, 268, 305, 642-3, 728
맬서스, 토머스Malthus, Thomas 566
　　『인구론An Essay on the Principle of
　　　Population』(1798) 36

맬컴 엑스Malcolm X 658

머스그레이브, 리처드Musgrave, Richard 301

먹을거리와 식사

　　기대수명 163-5

　　'즉석'식품 139-40, 555

먼로 독트린Monroe Doctrine 683

먼스, 앤드루(목사)Mearns, Revd Andrew

　　『버려진 런던의 절규The Bitter Cry of

　　Outcast London』(1883) 443, 583

멀홀, 마이클Mulhall, Michael

　　『세계 예술, 농업, 상업, 제조업, 교

　　육, 철도, 공적 부의 진보The Progress

　　of the World in Arts, Agriculture,

　　Commerce, Manufactures, Instruction,

　　Railways, and Public Wealth』(1880) 325

메넬리크 2세Menelik Ⅱ 107, 701

메소포타미아 15

메스트르, 조제프 드Maistre, Joseph de 38

메이어, 아노Mayer, Arno 435

메이저, 존Major, John 819

메이휴, 헨리Mayhew, Henry

　　『런던의 노동자와 런던의 빈민London

　　Labour and the London Poor』(1851) 134

멕시코 99, 101, 266, 823

　　1857년 헌법 458

　　1910년 혁명 447, 458-60, 808

멜린, 쥘Méline, Jules 791

멩거, 카를Menger, Carl

　　『국민경제학의 원리Principles of Eco-

　　nomics』(1871) 277

명나라 189, 191

모건, J. 피어폰트Morgan, J. Pierpont 397,

399, 401, 503

모건, 토머스 제퍼슨Morgan, Thomas Jeffer-

　　son 502

모더니즘 810

모디, 나렌드라Modi, Narendra 821

모라스, 샤를Maurras, Charles 633

모랄레스, 에보Morales, Evo 822-3

모레노, 가르시아Moreno, García 632

모레노, 레닌Moreno, Lenin 823

모렐, 에드먼드 D. Morel, Edmund D. 693

모로코 752-3, 797

모리 오가이(森鷗外, Mori Ōgai) 685

모리스, 윌리엄Morris, William 513, 644

모리스, 프레더릭 데니슨Maurice, Frederick

　　Denison 643

모자파르 앗딘Mozaffar ad-Din(페르시 왕) 451

모잠비크 704-5

모티머, 토머스Mortimer, Thomas

　　『상업, 정치, 재정의 첫걸음The

　　Elements of Commerce, Politics and

　　Finances』(1772) 292

몬테네그로 78-9, 90

몬테데이파스키디시에나Monte dei Paschi

　　di Siena(은행) 495

몬테카를로 86

몰다비아와 왈라키아 87, 172

몰리, 존Morley, John

　　『리처드 코브던의 생애Life of Richard

　　Cobden』(1881) 608

몽골 60, 189

몽골족 60, 189

몽테스키외, 샤를 드 스콩다Montesquieu,

Charles de Secondat 326, 679

『법의 정신De l'esprit des lois』(1748) 186

뮐러, 카티 앙커Møller, Katti Anker 576

묑, 알베르 드Mun, Albert de 634-5, 639-40, 754-6

무리, 로몰로Murri, Romolo 641

무소르그스키, 모데스트Mussorgsky, Modest 〈보리스 고두노프Boris Godun-ov〉(1868~73) 358

무슬림 433, 748-9, 757

무어, 배링턴Moore, Barrington 384 『독재와 민주주의의 사회적 기원Social Origins of Dictatorship and Democra-cy』(1966) 319

무질, 로베르트Musil, Robert 『특성 없는 남자The Man Without Qualities』(1930~33) 118-9

무함마드 알리 샤 카자르Mohammad Ali Shah Qajar(페르시아 왕) 452

무함마드 알리Muhammad Ali(이집트 헤디브) 455, 672

문명화 사명 719-20, 723-5, 743, 755

문테, 악셀Munthe, Axel 145

문해율(문해력) 810

문화대혁명(중국) 209

'문화투쟁(Kulturkampf)' 647-8

미국 사회당Socialist Party of America(SPA) 560, 562

미국 헌법 97, 418, 793

미국투자은행가협회Investment Banker's Association of America 766

미라보 백작Mirabeau, Count 418

미르망, 레옹Mirman, Léon 573

미에슈코 1세Mieszko Ⅰ(폴란드 왕) 76

미제스, 루트비히 폰Mises, Ludwig von 278

미하일로프스키, 니콜라이Mikhaylovsky, Nikolay 353

민스키, 하이먼Minsky, Hyman 836

민족 건설 417-46

민주주의 지수 522-6

밀 생산 235, 330, 376, 410, 770

밀, 존 스튜어트Mill, John Stuart 27, 262, 278 『자유론』(1859) 216

밀라노 516

밀랑, 알렉상드르Millerand, Alexandre 611-2

밀류코프, 파벨Milyoukov, Pavel 231, 345, 353-4, 469-70, 785

밀턴애비Milton Abbey(도싯의 저택) 149

【 ㅂ 】

바그너, 아돌프Wagner, Adolf 270, 486, 605

바그다드 122

바레스, 모리스Barrès, Maurice 431-2, 633

바로케, 라울Warocqué, Raoul 614

바르도 조약Treaty of Bardo(1881) 675-6

바르차기, 일라리아Barzaghi, Ilaria 316

바빌론 122 함무라비 법전(기원전 1750년경) 18

바스크 95

바스티아, 프레데리크Bastiat, Frédéric 305 『경제의 조화Harmonies économiques』(1850) 275-6

바이, 장-실뱅Bailly, Jean-Silvain 419

바이킹 17, 60

바킹고족(콩고족) 83

바턴, 에드먼드 ('토비')Barton, Edmund ('Toby') 503-4

바토, 앙투안Watteau, Antoine 210

박애 445, 565-6

박애적 온정주의 612-6

반가톨릭(독일) 647

반데르벨데, 에밀Vandervelde, Émile 693

반동주의자 39, 44-5, 817

반식민주의 719-21

반유대주의 485-9, 491-4, 650-2

반유대주의자 423, 494

반제국주의동맹Anti-Imperialism League (미국) 709

발데크-루소, 피에르Waldeck-Rousseau, Pierre(프랑스 총리) 571-2, 610-1, 776

발라, 레옹Walras, Léon 275

발자크, 오노레 드Balzac, Honoré de 388

발전이론 321

발칸 전쟁(1912~13, 1차, 2차) 450-1, 496, 798, 807

발트 3국 92

방델, 프랑수아 드Wendel, François de 306

백일유신百日維新운동(1898, 중국) 202, 205

밴더빌트, 코넬리어스Vanderbilt, Cornelius 399

밸푸어, 아서Balfour, Arthur 482, 684

　　밸푸어 선언Balfour Declaration(1917) 482

버뎃-카우츠, 앤젤라Burdett-Coutts, Angella 746

버크, 에드먼드Burke, Edmund 263, 286, 296, 710, 711,

버킹엄, 제임스 실크Buckingham, James Silk 712

버틀러-존스턴H. A. M. Butler-Johnstone, H. A. M. 541

범슬라브주의 364

베네딕토 15세Benedict XV(교황) 632

베네수엘라 518, 822

베네치아 18, 74

베라르 지방(인도) 669

베렌베르크은행Berenberg Bank 495

베르댜예프, 니콜라이Berdyaev, Nikolai 359, 374

　　『러시아의 이념The Russian Idea』 (1946) 349

베르비-플레롭스키, 바실Bervi-Flerovskii, Vasil 593

베르킨게토릭스Vercingetorix 76, 429-30

베를루스코니, 실비오Berlusconi, Silvio 825

베를린 87-90, 157

베를린 회의(1878) 90

베링, 에벌린Baring, Evelyn(크로머 경Lord Cromer) 456

베미스, 에드워드 웹스터Bemis, Edward Webster 502

베버, 막스Weber, Max 282, 289, 510, 627, 679, 699

　　『중국의 종교: 유교와 도교The Religion of China: Confucianism and Taoism』 (1915) 200

　　『프로테스탄트 윤리와 자본주의 정신 The Protestant Ethic and the Spirit of Capitalism』(1904~5) 283, 627

베벨, 아우구스트Bebel, August 699

베블런, 소스타인Veblen, Thorstein

　　『기술자와 가격체계The Engineers and
　　the Price System』(1919) 811

　　『유한계급론The Theory of the Leisure
　　Class』(1899) 553

베서머, 헨리Bessemer, Henry 307

베어링브라더스은행Baring Brothers Bank
　　495, 767

베이징 122

베이징(북경) 119, 122, 196, 203, 204, 211

베이징조약(1860) 196

베이커, 조지 M. Baker, George M.

　　『진퇴양난A Tight Squeeze』(1879) 603

베인스, 에드워드Baines, Edward 539

베전트, 애니Besant, Annie 513

베카리스, 바바Beccaris, Bava(장군) 516

베커트, 스벤Bekert, Sven 384

베케를레 산도르 Wekerle Sándor 331

베키아, 조반니 달라Vecchia, Giovanni Dalla
　　337

베트남 683, 693, 716, 756

벤담, 제러미Bentham, Jeremy 65, 262

벤틀리, 마이클Bentley, Michael 44

벨기에 94, 130, 277, 425

　　1893년 총파업 654

　　가톨릭당Confessional Catholic Party
　　277, 543, 544, 653-5

　　광부 파업(1886) 513

　　박애적 온정주의 612

　　사회당 543-4, 653-5, 693

　　자유당 653-5

정치적 기독교 646

'학교 전쟁la guerre scolaire'(1차, 2차)
　　543, 653

벨라루스 371

벨러미, 에드워드Bellamy, Edward

　　『뒤돌아보며: 2000년에 1887년을
　　Looking Backward: From 2000 to 1887』
　　(1888) 555, 811

벨린스키, 비사리온Belinsky, Vissarion 68,
　　352, 593

보골레포프, 니콜라이Bogolepov, Nikolai 464

보날, 루이 드Bonald, Louis de 38

보날드(추기경)Bonald, Cardinal 636

보노미, 이바노에Bonomi, Ivanoe 703

보론초프, 바실리Vorontsov, Vasilii

　　『러시아 자본주의의 운명The Fate of
　　Capitalism in Russia』(1882) 374

보멀, 윌리엄 J. Baumol, William J. 254

보수당(영국) 441, 541-3

보수주의 42-3, 44, 48, 316-7, 382, 440-1

보스니아와 헤르체고비나 92, 451

보스코, 로사리오 가리발디Bosco, Rosario
　　Garibaldi 511

보어 전쟁(1899~1902) 585-6, 729, 732, 733

보우소나루, 자이르Bolsonaro, Jair 823

보주아, 앙리Vaugeois, Henri 432

보클레어, 윌리엄 N. Beauclerk, William N. 113

보헤미아 271

보호주의 769, 775, 779-801, 816

복지국가 301, 334, 558, 576, 578-9, 589,
　　608, 612, 816

볼로냐 17

볼리바르, 시몬Bolívar, Simón 100-2

볼리비아 822-3

볼테르Voltaire 210, 506, 772

『샤를 12세의 역사Histoire de Charles
XII』(1731) 186

『표트르 대제 치하 러시아 제국의 역
사Histoire de l'Empire de Russie sous
Pierre le Grand』(1823~7) 186

봉기, 루지에로Bonghi, Ruggiero 638

뵈이요, 루이Veuillot, Louis 38

뵈이요, 외젠Veuillot, Eugène

『여기저기Ça et là』(1860) 635

뵘-바베르크, 오이겐 폰Böhm-Bawerk,
Eugene von 278

부다페스트 652

부르주아 민주주의 308-9, 322

부르주아, 레옹Bourgeois, Léon 296-7, 573

부스, 윌리엄(구세군) 133, 433

부스, 찰스Booth, Charles 338, 443

『런던 하층민의 삶과 노동Life and
Labour of the People of London』(1889)
133-4

부아소나드, 귀스타브Boissonade, Gustave 217

부트미, 에밀Boutmy, Émile 390

부트웰 조지 S. Boutwell, George S. 709

부허, 로타르Bucher, Lothar 682

북아프리카 91

분게, 니콜라이Bunge, Nikolai 279, 300,
356-7, 365-6

불가리아 451

농민연합Agrarian Union 645

불가리아 자유당 577

불가코프, 세르게이Bulgakov, Sergei 626

불교 212

불랑제 장군Boulanger, Général 750, 775

뷔레, 외젠Buret, Eugène 128

뷔조, 토마Bugeaud, Thomas(원수) 665

브라운, 고든Brown, Gordon 821

브라운, 존Brown, John 657

브라이언, 윌리엄 제닝스Bryan, William
Jennings 399, 406, 517, 562

브라이트, 존Bright, John(영국 하원의원)
267, 540, 674-5

브라자, 피에르 사보르냥 드Brazza, Pierre
Savorgnan de(브라차, 피에트로 디Brazzà,
Pietro di) 726

브라질 101, 822-3

1881년 사라이바법Sariava Law of 1881
519

독립(1822) 94

브랜다이스, 루이스Brandeis, Louis 503, 622

브러티아누, 이온Brătianu, Ion 490, 491

브레튼우즈 협정 250

브렌타노, 루요Brentano, Lujo 271, 326

브로델, 페르낭Braudel, Fernand 120

브로이 공작, 알베르 드Broglie, Duc Albert
de 751

브론테, 샬럿

『셜리Shirley』(1849) 602

브루케르, 루이 드Brouckère, Louis de 693

브륀, 앙리에트 장Brunhes, Henriette Jean 552

브리스틀 폭동(1831) 533

브리튼 제도 96

블래치퍼드, 로버트Blatchford, Robert

『살기 좋은 잉글랜드Merrie England』
   (1893) 644
블랙스톤, 윌리엄Blackstone, William 527
블랙앤데커Black and Decker 411-2
블레인, 제임스 G. Blaine, James G. 500
블로크, 알렉산드르Blok, Alexander
   「보복Vozmezdie」 467
   「새로운 아메리카Novaia Amerika」 377
비른바움, 나단Birnbaum, Nathan 106
비만 140
비바스, 예후다Bibas, Yehuda 106
비비언, 허버트Vivian, Herbert 758
비솔라티, 레오니다Bissolati, Leonida 703
비슈네그라드스키, 이반Vyshnegradsky, Ivan
   300, 356-7, 366-7, 599, 784
비스마르크, 오토 폰Bismarck, Otto von 42,
   491, 544, 648-50
비스워우크, 이지도르 카예탄Wysłouch,
   Izydor Kajetan 642
비아프라(분리주의 운동) 85
비어스, 앰브로즈Bierce, Ambrose 709
비예르메, 루이 르네Villermé, Louis René
   130, 596
비오 10세Piux X(교황)
   「확고한 목적Il Fermo Proposito」(1905)
   632
비오 9세Pius IX(교황) 37, 632, 634, 637
비테 백작, 세르게이Witte, Count Sergei 357,
   360-1, 367, 468-9, 473, 483, 599, 785
빅토리아 여왕 193, 430, 540, 739, 746
빅토리아동맹Victoria League 745
빈 회의(1815) 93-4

빈민 구제 565-7
빈증권거래소 768
빌라리, 파스콸레Villari, Pasquale 132, 272,
   421, 514
빌헬름 2세(독일 황제) 649-50

【 ㅅ 】
사가스타, 프락세데스 마테오Sagasta,
   Práxedes Mateo 461
사로, 알베르Sarraut, Albert 758
사마린, 유리Samarin, Yuri 463-4
사망률 156-7
사모아제도 706
사우디아라비아 520, 523
사이드, 에드워드Said, Edward
   『오리엔탈리즘Orientalism』(1978) 211
사전트, 에런(미국 상원의원)Sargent, Aaron 534
사회다윈주의 49, 206, 398-9
사회민주당(독일) 548, 579, 649-50
사회민주연맹Social Democratic Federation
   (영국) 512-3
사회위생연맹Alliance d'hygiène sociale
   (1904~11) 575
사회입법 277, 566, 581, 597, 607-8, 611,
   619-20, 639, 655
사회적 가톨릭 634-6
사회적 기독교 612, 643, 817-8
사회적구매자연맹La ligue social d'acheteurs
   552
사회정책학회Verein für Sozialpolitik 270
사회주의자여성국제회의International Con-

ference of Socialist Women(1907) 520

산마리노 86

산맥너머파Ultramontanisme 634

산업혁명 20

산타 안나, 안토니오 로페스 드Santa Anna, Antonio López de 457

살가리, 에밀리오Salgari, Emilio 735

삼국동맹(1881, 독일, 오스트리아-헝가리, 이탈리아) 797

삼국협상(1907, 러시아, 프랑스, 영국) 798

상드, 조르주Sand, George 531

상투메프린시페 705

상트페테르부르크 136, 470, 479

상하이 144, 179

새뮤얼콜트 412

새비지, 리처드Savage, Richard 721

새커리, 윌리엄Thackeray, William
「새장에 갇힌 매The Caged Hawk」(1848) 664

샌던 자작Sandon, Viscount 541

생-보네, 앙투안 블랑 드Saint-Bonnet, Antoine Blanc de 492, 635
『프랑스 왕정복고 시대Restauration française』(1851) 492

생시몽, 앙리 드Saint Simon, Henri de 362, 811

생태적 한계 127-8, 144-5, 837-9

생트-뵈브, 샤를-오귀스탱Sainte-Beuve, Charles-Augustin 395

샤토뇌프, 브누아스통 드Chateauneuf, Benoiston de 130

샬르멜-라쿠르, 폴-아르망Challemel-Lacour, Paul-Armand 324

섀드웰, 아서Shadwell, Arthur
『산업의 효율성Industrial Efficiency』(1906) 312

섀프츠베리 경Shaftesbury, Lord 606

서먼드, 스트롬Thurmond, Strom 497-8

서태후西太后 198, 199, 203, 208

석탄 생산 20, 22, 158, 304, 339, 498, 834

선철 생산 24-5, 302

선페스트(1855, 중국) 167

설탕 63-4, 102, 139, 149-51, 677, 739

섬너, 윌리엄 그레이엄Sumner, William Graham 398, 708-9
『사회계급들이 서로 빚지고 있는 것What Social Classes Owe to Each Other』(1883) 49

세, 장-바티스트Say, Jean-Baptiste 256, 260, 275, 568
『실천정치경제학통론Cours complet d'économie politique pratique』(1829) 568

세계 여성의 날International Women's Day 561

세계무역기구(WTO) 66

세계산업노동자동맹Industrial Workers of the World(IWW) 500, 561

세계시민주의 65

세계은행World Bank 254, 308, 322, 824, 831

세르게이 알렉산드로비치 대공Sergei Alexandrovich, Grand Duke 465

세르비아 78, 87, 90, 798-9

세메리, 외젠Sémérie, Eugène 531

세속주의 426-7

세이프웨이Safeway 412

센, 아마르티아Sen, Amartya

『빈곤과 기근Poverty and Famine』
(1981) 785

셔먼 독점금지법Sherman Antitrust
Act(1890) 403

셔먼, 존Sherman, John(미국 상원의원) 404

셰송, 에밀Cheysson, Émile 612, 776

셰필드 135, 144, 306, 532, 728

셸리, 퍼시 비시
『무질서의 가면The Mask of Anarchy』
(1819) 533
「피터 벨 3세Peter Bell the Third」(1819)
125

솅겐 협정Shengen Agreement 73

소득 불평등 120, 150-1, 159, 163-4, 438, 558

소련 34, 77, 79-80, 92, 95-6, 112, 253-4, 286,
451, 675, 698, 815-6, 829-30

소말리아 702

소비, 알프레드Sauvy, Alfred 671

소비자 자본주의 30-4, 828-30

소콜로프, 나훔Sokolov, Nahum 423

손, 윌Thorne, Will 601

손웰, 제임스 헨리Thornwell, James Henry 658

솔, S. B. Saul, S. B. 761

솔즈베리 경Salisbury, Lord 44, 372, 451,
453, 456, 461, 536-7, 583, 672, 704, 740

송나라 189

쇠너러, 게오르크Schönerer, Georg 424

쇼, 조지 버나드Shaw, George Bernard 513

쇼, 플로라Shaw, Flora 83

쇼르스케, 카를Schorske, Carl 424, 491

쇼펜하우어, 아르투어Schopenhauer, Arthur
75

수에즈운하 393-4, 455, 457, 673-4

수족 대전쟁Great Sioux War(1876) 385

순정식품의약품법Pure Food and Drug
Act(1906, 미국) 159, 565

쉐보르스키, 아담Przeworski, Adam 253

슈네데르, 앙리Schneider, Henri 612-3

슈네데르, 외젠Schneider, Eugène 141, 306

슈라멕, 얀Šrámek, Jan 646

슈몰러, 구스타브 폰Schmoller, Gustav von 270

슈베르니성城 Château de Cheverny 154

슈스터, W. 모건Shuster, W. Morgan 188,
452, 454

슈툼, 카를 페르디난트Stumm, Carl Ferdi-
nand 580, 615

〈슈퍼맨Superman〉(영화) 813

슈펭글러, 오스발트Spengler, Oswald
『서구의 몰락Der Untergang des
Abendlandes』(1918~22) 806

슐레스비히-홀슈타인 94, 309

슐체-개버니츠, 게르하르트 폰Schul-
ze-Gaevernitz, Gerhart von 326

슘페터, 조지프Schumpeter, Joseph 46, 55,
290, 834, 844

스노 박사, 존Snow, Dr John 166

스메 드 나에야르 백작, 파울 드Smet de
Naeyer, Count Paul de 654

스미스, 브루스Smith, Bruce
『자유와 자유주의Liberty and Liberal-
ism』(1887) 266

스미스, 애덤Smith, Adam
『국부론The Wealth of Nations』(1776)
179, 206, 257-8, 260, 319, 711, 721, 834

스미스, 폴Smith, Paul 537

스바니아(선지자) 119

스뱌토폴크-미르스키 공작Sviato-
polk-Mirsky, Prince 469

스웨덴 94, 112, 156, 162-3, 177, 247, 309-
10, 379, 696, 710, 769, 819

　교회법(1686) 310

스위스 78, 94, 113, 226, 426, 518

　연방공장법(Eidgenössisches Fabrikge-
setz, 1877) 596

스칸디나비아 124, 172, 177, 309, 508, 549,
578, 605, 817

스코틀랜드 74, 81, 135, 148, 171, 179, 211,
290, 292, 429, 462, 768

스키톱스키, 티보르Scitovsky, Tibor 557

스탈, 제르멘 드Staël, Germaine de 326

스탈린, 이오시프Stalin, Josef 253, 468,
476, 784

스탐볼리스키, 알렉산다르Stamboliski,
Alexander 645

스탕달Stendhal

　『파르마의 수도원La Chartreuse de
Parme』(1839) 387

스탠더드오일Standard Oil 393, 399, 402-4,
407, 622

스탠퍼드, 릴런드Stanford, Leland 498-9

스테드, W. T. Stead, W. T.

　『세계의 미국화, 또는 20세기의 추세
The Americanization of the World, or
The Trend of the Twentieth Century』
(1902) 378

스톨리핀, 표트르Stolypin, Pyotr 300, 364,
369-70, 372, 465, 469

스투르자, 디미트리에Sturdza, Dimitrie 236

스트레인지, 수전Strange, Susan 62, 835

스트루베, 표트르Struve, Peter 374-5

스티글리츠, 조지프Stiglitz, Joseph 824

스파필드 폭동Spa Fields Riots(1816) 532

스펜서, 허버트Spencer, Herbert 265-7,
743, 757

　『개인 대 국가The Man versus the
State』(1884) 265

스펜스, 조너선Spence, Jonathan 301

스피리도노바, 마리아Spiridonova, Maria 468

슬로바키아 34, 93, 96, 177, 424, 490

시니어, 나소 W. Senior, Nassau W.

　『공장법에 관한 서한Letters on the
Factory Act』(1837) 599

시라크, 오귀스트Chirac, Auguste 494

시리아 82, 104, 673, 821-2

시모노세키 조약(1910) 685

시모어 경, 보샴Seymour, Sir Beauchamp 674

시민권 255-6, 547

시민권법(1866) 547

시스몽디, 장-샤를 드Sismondi, Jean-Charles de
　『정치경제학의 새로운 원리Nouveaux
principes d'économie politique』(1819)
771

　『정치경제학 연구Études sur l'écono-
mie politique』(1837) 390

시안(장안) 122, 203

시어스로벅Sears, Roebuck & Co. 411, 554

시에라리온 85,

시에예스, 아베 에마뉘엘Sieyès, Abbé Emmanuel 528-9

시온주의 106, 271, 423-4, 482-3, 492

시지윅, 헨리Sidgwick, Henry 268, 575

시칠리아 145, 462

시카고(정육 산업) 159

시티(런던) 436-7

시피야긴, 드미트리Sipyagin, Dmitry 464

식민 전쟁 734

식민주의 54, 66

　　식민지 대논쟁 718-60

　　정착민 국가 96-104, 240, 677-8, 699

식민화 663-717, 688-90

식품의약청Food and Drug Administration(
　　미국) 159

신문화운동(중국) 207

신자유주의 72, 817, 819-23

'신정(新政, 새로운 정책, 1906~11)' 208

신페인당Sinn Fein 525

신해혁명(1911) 188, 208, 422, 681

실, M. P. Shiel, M. P.
　　『황색 위협The Yellow Danger』(1898) 508

실리, 존Seeley, John 217, 733, 735, 738

실증주의 266, 272

실크로드 60

싱가포르 538, 734, 833

싱어Singer 139, 393, 412

싱클레어, 업턴Sinclair, Upton 『정글The
　　Jungle』(1906) 159, 603

쑨원(孫文, Sun Yat-sen) 208-9, 422

　　삼민주의 422

【 ㅇ 】

아기날도, 에밀리오Aguinaldo, Emilio 690, 706

아나키즘운동 809

아널드, 매슈Arnold, Matthew
　　『교양과 무질서Culture and Anarchy』
　　(1869) 535

아두와 전투Battle of Adwa(1896) 107, 701,
　　732

아랍의 봄Arab Spring(2011) 518-9

아레날, 콘셉티온Arenal, Conception 576-7

아르날, 피에르-마르크Arnal, Pierre-Marc
　　572-3

아르메니아
　　아르메니아인 학살(1915, 터키) 496

아르항겔스키 박사, G. I. Arkhangel'skii, Dr
　　G. I. 136

아르헨티나 457, 683, 822

아리옹, 샤를Arion, Charles 121

아마데오 국왕Amadeo(에스파냐 왕) 94

아마존(기업) 834

아메리카 식민지(영국의 조세) 292

아메리카 원주민 169

아메리카식민협회American Colonization
　　Society(라이베리아) 108

〈아바타Avatar〉(2009, 영화) 813

아베, 에른스트Abbe, Ernst 600

아샨티 제국Ashanti Empire(가나) 688

아이슬란드 87, 94

아이자와 세이시사이(會澤正志齋, Aizawa
　　Seishisai)
　　『신론新論』(1825) 215-6

아이티 688

아일랜드 기근 165

아일랜드

    1881년 아일랜드토지법1881 Irish Land
    Acts(토지법) 583

    반유대주의(리머릭) 488

아일랜드공화국 87

아일랜드민족동맹Irish National League 512

아일랜드의회당Irish Parliamentary Party 586

아일랜드자유국 74

아체 술탄국 700

아체베, 치누아Achebe, Chinua 805

아편전쟁 192, 195, 678

아편전쟁(1839~42년과 1856~60년) 192-4,
    195, 680

아프가니스탄 684, 688

아프리카 쟁탈전 682, 743

아프리카민족회의African National Con-
    gress(ANC) 822

아프리카연합African Union 66

아프리카통일기구Organization of African
    Unity 85

아흐마드 샤Ahmad Shah(페르시아의 샤) 453

악사코프, 콘스탄틴Aksakov, Konstantin 347

안도라 86

안중근 687

알라르, 모리스Allard, Maurice 504

알래스카 97

알래스카독립당Alaskan Independence
    Party 97

알렉산드르 2세(러시아 차르) 467, 479

알렉산드르 3세(러시아 차르) 299, 356, 465,
    467-8

『알무크타타프Al-Muqtataf』(아랍 저널) 226

알바니아 808

알솔라, 파블로 데de Alzola, Pablo 247

알자스와 로렌 75-6, 93

알제리 666, 715, 757

알칼라이, 유다Alkalai, Judah 106

알키오, 산테리Alkio, Santeri 644

암스테르담 19-20

압델 카데르Abd el-Kader(알제리의 에미르
    [대공]) 663-5

압뒬하미드 2세Abdülhamid II(술탄) 228-9,
    448-9, 450

앙골라 704-5

애넌, 노엘Annan, Noel 389

애덤스 2세, 찰스 프랜시스Adams, Charles
    Francis, Jr 401

애덤스, 헨리Adams, Henry 503

애스퀴스 H. H. Asquith, H. H. 728

애틀랜타(미국 조지아주)

    애틀랜타 폭동 497

애플Apple(기업) 31, 834

앤더슨, 베네딕트Anderson, Benedict 103

앨저, 허레이쇼Alger, Horatio 402

    『부랑자 토니Tony the Tramp』(1876) 603

앵초단Primrose League 461

야치니 백작, 스테파노Jacini, Count Stefano
    103, 701

양계초(梁啓超, Liang Qichao) 205, 680

양신楊慎(명나라 시인) 226

에르도안, 레제프 타이이프Erdoğan, Recep
    Tayyip 821

에르베, 귀스타브Hervé, Gustave 71, 337, 429

에리트레아 85-6, 702

에스콧, T. H. S. Escott, T. H. S. 129

에어 사건(1865, 자메이카) 742

에어, 에드워드Eyre, Edward(자메이카 총독) 743

에이나우디, 루이지Einaudi, Luigi(이탈리아 대통령) 315, 621

〈에이리언 3Alien Ⅲ〉(1992, 영화) 813

에이본Avon(미용제품) 411

에콰도르 519-20, 632, 822-3

에티엔, 외젠Étienne, Eugène 760

에티오피아 107, 808

　　오가덴 해방운동 85

에프뤼시Ephrussi 가문 480

엑스라샤펠 조약Treaty of Aix-la-Chapelle(1668) 75

엘긴 경Elgin, Lord 195

엘리엇, T. S. Eliot, T. S.

　　『황무지The Waste Land』 804

엘리엇, 조지Eliot, George 486

엘리자베스 1세(영국 여왕) 709

엥거먼, 스탠리Engerman, Stanley 381

엥겔스, 프리드리히Engels, Friedrich 332, 530, 644

여성참정권 반대 남성동맹Men's League for Opposing Women's Suffrage 187

역사주의 경제학파(독일) 270

연합법Act of Union(1707년, 스코틀랜드 합병) 292

연합법Act of Union(1801년, 아일랜드 합병) 292

영 제국 694-5, 729-32

영국 남아프리카회사British South Africa Company 710

영국 숭배 306-7, 326-8

영국 해군 764-5

영국-오스만 조약(1838, 발타리만 조약) 455

영국-터키 상업협정Anglo-Turkish Convention(1838) 228

영국-페르시아 석유회사Anglo-Persian Oil Company(브리티시석유[BP]의 전신) 23, 404

영러협상Anglo-Russian Convention(1907) 451, 684

영허즈번드, 프랜시스Younghusband, Francis 684

예리카우, 옌스 아돌프Jerichau, Jens Adolf 149

예방접종법(1840년부터 1907년까지) 159

예수회 211-2, 492

예이츠, W. B. Yeats, W. B.

　　「재림The Second Coming」(1919) 804-5

예카테리나 대제(예카테리나 2세) 347

　　포고문(1763) 251

옌푸(嚴復, Yan Fu) 186, 206-7, 266, 517

옐친, 보리스Yeltsin, Boris 80

오가덴 해방운동(에티오피아) 85

오데사 481

　　'유대인 박해' 472

　　〈포툠킨 호〉 반란 471

오드 경, 해리Ord, Sir Harry 734

오르테가, 다니엘Ortega, Daniel 822

오마에 겐이치(大前研一, Ohmae Kenichi) 71

오브라이언, 제임스 브론테르O'Brien, James Bronterre 538

오브라이언, 패트릭O'Brien, Patrick 320

오설리번, 존O'Sullivan, John 666

오스만 남작Haussmann, Baron 142, 274

오스만 제국

　　1876년 헌법 450

　　개혁 칙령(1856) 448

　　'재조직화'(탄지마트Tanzimat) 227

　　청년투르크당Young Turks 혁명(1908)

　　447, 449, 808

　　해체 87-91, 230, 252-3, 450-1

오스트레일리아 99, 103, 560, 713

　　백호 정책White Australia Policy 504

　　보호주의당Protectionist Party 503

오스트리아 271, 277, 650-2

오스트리아-헝가리(오스트리아-헝가리 제국)

　　52, 92-3

　　보스니아와 헤르체고비나 병합 451

오언, 로버트Owen, Robert 600

오제로프, 이반 K. Ozerov, Ivan K. 377

오포보의 '왕' 자자Jaja, 'King' of Opobo 672

왕망王莽(신나라) 293

왕병섭王炳燮 213

외인부대Foreign Legion 733

요루바족Yoruba 83

요코야마 겐노스케(橫山源之助, Yokoyama

　　Gennosuke) 142

요코이 쇼난(橫井小楠, Yokoi Shōnan) 214

우돌, 윌리엄Woodall, William(영국 하원의원)

　　152

우르(메소포타미아) 16, 122

우버 택시 834

우에르타, 빅토리아노Huerta, Victoriano 459

우즈베키스탄 80

우크라이나 79-80, 120-1, 141, 317, 371,

　　433, 471, 483-4, 814-5

우플린Houplines(프랑스) 125

울슬리 경, 가넷Wolseley, Sir Garnet 729, 733

울워스, F. W. Woolworth, F. W. 554

움베르토 1세Umberto Ⅰ(이탈리아 왕) 516,

　　618

웅가레티, 주세페Ungaretti, giuseppe

　　「군인Soldati」(1918) 804

워너메이커, 존Wanamaker, John 554

워드, 윌리엄 조지Ward, William George 536

워싱턴 컨센서스Washington Consensus 253-4

워싱턴 컨센서스Washington Consensus

　　253-4, 322

워즈워스, 윌리엄Wordsworth, William

　　「세상은 우리에게 너무 벅차다The

　　World Is Too Much with Us」(1802) 37

워클리, 메리 앤Walkley, Mary Anne 32

원나라 104, 189, 191

원나라 189, 191

원정대(1900, 서양 연합군, 중국) 203

월마트 834

월스트리트 붕괴(1929) 815

『월스트리트저널』 254

웨이드 경, 토머스Wade, Sir Thomas 210

웰스, H. G. 733

　　『현대의 유토피아A Modern Utopia』

　　(1905) 811

웹, 비어트리스Webb, Beatrice 493

웹, 시드니Webb, Sidney 268, 493, 542, 602

위고, 빅토르Hugo, Victor 413, 604, 724

위니옹-제네랄레드프랑스Union Générale de

France(은행) 767

위레, 쥘Huret, Jules 141, 603, 612, 614

윈치, 도널드Winch, Donald 258

윌리엄스, 어니스트 E.Williams, Ernest E.
『'독일제Made in Germany'』(1896) 311

윌버포스, 윌리엄Wilberforce, William 326, 659

윌슨, 샬럿Wilson, Charlotte 513

윌슨, 우드로Wilson, Woodrow(미국 대통령) 406, 487, 547, 563-4

윌슨, 제임스Wilson, James 278

윌슨, 조지프 해블록Wilson, Joseph Have-lock 507

윌슨, 헨리 레인Wilson, Henry Lane 458, 459

유고슬라비아 78, 91, 96, 451

유곤일(劉坤一, Liu Kunyi) 204

유교 200, 201-2, 206-7, 212, 625

유대 민족주의 423

유대교 625-6

유대인 박해 481

유럽 연방 413

유럽연합 71, 73, 95-6
마스트리히트 조약Maastricht Trea-ty(1992) 250

유럽연합 탈퇴 국민투표(2016, 영국) 826

유병장(劉秉章, Liu Ping-chang) 213

유아 사망률 156, 161-2, 163-4

유엔 세계인권선언 573

유월(俞樾, Yü Yueh) 212

의료보험 577-8, 580

의화단사건(1899~1901) 105, 197, 203, 208, 691, 706

의화단사건(1899~1901) 197, 203, 680

이나가키 만지로(稲垣滿次郎, Inagaki Man-jirō) 217

이노우에 가오루(井上馨, Inoue Kaoru) 686

이란
이슬람혁명 230
입헌혁명(1906) 188, 447, 451-2, 808

이민 통제 509

이산들와나 전투Battle of Isandlwana(1879) 688

이세른, 다미안Isern, Damián
『민족의 재난과 그 원인Del desastre nacional y sus causas』(1899) 462

이스라엘 81, 106

이스마일 파샤(이집트 헤디브) 455, 672-3

이스트먼, 조지Eastman, George 399

이스트먼코닥Eastman Kodak 399, 411

이스파한 122

이슬람: 자선zakat 565-6

이오르가, 니콜라에Iorga, Nicolae 239

이와쿠라 도모미(岩倉具視, Iwakura Tomo-mi) 215

이와쿠라 사절단岩倉使節團 216-7

이집트 672-5
1952년 혁명 674
수에즈운하 지분 673
우라비 반란(1881) 673

『이코노미스트』 254, 278, 542

이탈리아 74, 86
1888년 공중보건법Public Health Act of 1888 590
남부주의자들meridionalisti(실증주의 인

텔리겐차) 272

삼국동맹(Triple Alliance, 1881) 797-8

시칠리아동맹Fasci siciliani 513-5

전국산업박람회Esposizione Industriale
Nazionale(1881) 316

칼라브리아 141, 145

이토 히로부미(伊藤博文, Itō Hirobumi) 545,
686-7

「인간과 시민의 권리 선언Declaration des
droits de l'homme et du citoyen」(1789)
288

「인간과 시민의 권리 선언Declaration des
droits de l'homme et du citoyen」(1793)
567

인도 151, 744-5

네루와 간디의 국민회의당Neh-
ru-Gandhi Congress Party 820

무굴 제국 95, 694

인도인민당Bharatiya Janata Party(BJP)
820-1

인도 반란(1857) 668, 712, 745-6

인도네시아 683, 713-4

인도정부법Government of India Act(1858) 712

인두세 287, 366, 547

인디언시민권법 Indian Citizenship
Act(1924) 547

인민당(포퓰리스트당)(미국) 401, 562

인민대표법Representation of the People
Act(1884, 3차 선거법 개정, 영국) 534

울타리치기(인클로저) 331-2, 828

「인터내셔널가Internationale」 434

인터내셔널하베스터International Harvester

412

일본 77, 213-26, 266

도쿠가와 막부 214-5

러일전쟁(1905) 205, 471, 685

메이지유신(1868) 213-4, 223, 297-8

은행법(1872) 224

존황양이尊皇攘夷 운동 216, 218

청일전쟁(1894~5) 197, 202, 220-1,
225, 685

헌법(1889) 545

임금위원회법Trade Board Act(1909) 586

임칙서(林則徐, Lin Zexu)

빅토리아 여왕에게 보낸 편지 193-4

입센, 헨리크Ibsen, Henrik 388

잉글랜드토지반환동맹English Land Resto-
ration League 585

【 ㅈ 】

자본 유출 767

자선 576

자술리치, 베라Zasulich, Vera 352-3, 467

자유당(영국) 549, 775

자유방임 166, 262-3, 267-8, 270, 272, 275,
278, 306, 331, 402, 602, 783, 844

자유방임 255-6, 257, 262-3, 306

'자유와 소유 연맹Liberty and Property
League' 266

자유재산방어동맹Liberty and Property
Defence League 584

장기 불황(1873~96) 229, 273, 279, 587

장애·노령보험법Invalidity and Old-Age

Insurance Law(1889, 독일) 580

장제스(蔣介石, Chiang Kai-Shek) 105

장지동(張之洞, Zhang Zhidong) 193, 202, 204

『권학편勸學篇』(1898) 205

장티, 에밀Gentil, Émile 727

재건 수정헌법 조항Reconstruction Amend-

ments 547

재건 수정헌법 조항Reconstruction Amend-

ments 547

'재무성 심사' 719

잭슨, 앤드루Jackson, Andrew 382

쟁의조정법Conciliation Act(1896) 586

적십자(1863) 66

전국소비자연맹National Consumers

League(1891, 미국) 552

전미경제학회American Economic Associa-

tion 501

정관응(鄭觀應, Cheng Kuan-ying) 206, 252

정착민 국가 104, 106, 677

정체성의 정치 487

정화鄭和 60

제1차 세계대전(1차대전) 798-800

제2 인터내셔널(1889) 520, 560, 578, 601, 752

제3공화국(프랑스) 746-7, 788-9

제3세계 320, 671-2, 716, 797

제너럴모터스General Motors 411

제너럴일렉트릭General Electric 412

제네바 147, 625

제네바 협약(1864) 66

제노바 75

제노바공화국

제노비스, 유진Genovese, Eugene 792

제르맹, 앙리Germain, Henri 747

제번스, 윌리엄 스탠리Jevons, William Stanley

『노동과의 관계에서 본 국가The State

in Relation to Labour』(1882) 574

『석탄문제The Coal Question』(1865) 339

제이쿡앤컴퍼니Jay Cooke and Company 767

제임스 본드 영화(007) 813

제임스, 윌리엄 709

제임스, 헨리 709

제퍼슨, 토머스Jefferson, Thomas 382, 389

젤레틴, 슈테판Zeletin, Ştefan 232

조레스, 장Jaurès, Jean 337, 493

조르게, 프리드리히Sorge, Friedrich 559

조약항(중국) 196

조지, 헨리George, Henry 500

『진보와 빈곤Progress and Poverty』

(1879) 392, 603

조지아 79, 92

존스턴, 해리Johnston, Harry 734

존슨, 린든 B. Johnson Lyndon B. 833

존슨, 새뮤얼Johnson, Samuel 721

존슨앤존슨Johnson and Johnson 411

졸라, 에밀Zola, Émile 388, 432, 604, 752, 810

『제르미날Germinal』(1885) 603

졸리티, 조반니Giolitti, Giovanni(이탈리아 수

상) 272, 274, 514, 515

좀바르트, 베르너Sombart, Werner 46, 310,

397, 834, 844

『왜 미국에는 사회주의가 없는가?Why

is there no Socialism in the United

States?』(1906) 559

『유대인과 경제생활Die Juden und das

Wirtschaftsleben』(1911) 492

종속이론(종속이론가) 667, 681

주나라 625

줄루족 690

중동 104, 683

중상주의 259

쥐글라르, 클레망Juglar, Clément 36, 748, 771

증국번(曾國藩, Zeng Guofan) 201

'지구촌'(마셜 매클루언) 62

지니, 코르라도Gini, Corrado 176

지니계수 176-7

지드, 샤를Gide, Charles 750

지로, 아르튀르Girault, Arthur
　　『식민화와 식민지 입법의 원리Prin-
　　cipes de colonisation et de législation
　　coloniale』(1895) 757

지멜, 게오르크Simmel, Georg 116, 235, 395

지베르, 니콜라이Ziber, Nikolai 370

질레트 411

질병 164-70
　　결핵 116, 125
　　독감 168
　　발진티푸스 141
　　비타민 결핍증 116
　　선페스트 167
　　예방접종 165
　　장티푸스 163
　　천연두 165
　　콜레라 141, 165-6

짐메르만, 모리스Zimmermann, Maurice
　　462, 737

짐바브웨 104

쭐랄롱꼰 대왕(시암 왕) 447

【 ㅊ 】

차나르델리, 주세페Zanardelli, Giuseppe
　　515, 544, 618

차니켈리, 도메니코Zanichelli, Domenico 329

차다예프, 표트르Chaadayev, Pyotr 347

차베스, 우고Chávez, Hugo 822

차티스트 운동(차티즘) 27, 95

창조론 49
　　스콥스 '원숭이' 재판(1925) 406

처칠, 윈스턴Churchill, Winston 23

철강 생산 25, 306, 377

철도법Railway Act(1842, 1844) 608

청교도주의 627

청나라 104, 190-1, 198, 203-6, 210, 625, 680

청나라 191, 198, 204-6, 209, 423, 625

청년체코당 271

체르니셰프스키, 니콜라이Chernyshevski,
　　Nikolai
　　『무엇을 할 것인가?What Is To Be
　　Done?』(1862) 351

체임벌린, 조지프Chamberlain, Joseph 269,
　　585, 666, 695

체첸 92

체코공화국 96

체코농민당Czech Agrarian Party 645

초등교육법(1880) 587

초석(질산염) 241, 242

총리아문總理衙門 199

최소 국가 265, 267, 277, 306, 843

추근(秋瑾, Qiu Jin) 187-8

'추믹쉔코Chumik Shenko 학살'(1903) 684

출산율, 피임기구 170-1

치체린, 보리스Chicherin, Boris 344-5

친시장적, 독재적인 도둑정치(아프리카) 821

칠레 457, 460, 822

【 ㅋ 】

카네기, 앤드루Carnegie, Andrew 399, 403,
    445-6, 615, 709

카노바스 델 카스티요, 안토니오Cánovas
    del Castillo, Antonio(이탈리아 수상) 461

카니힌, 유리Kanyhin, Yurii 80

카롤루스 시대 17

카르프, 페트레Carp, Petre 236

카를루스 1세Carlos Ⅰ(포르투갈 왕) 317, 705

카바피, 콘스탄티노스Cavafy, Constantine
    「야만인을 기다리며Waiting for the
    Barbarians」 806

카보우르 백작, 카밀로 벤소Cavour, Camilo
    Benso, Count of 328

카요, 조제프Caillaux, Joseph 297

카타네오, 카를로Cattaneo, Carlo 420

카탈루냐 81, 96, 462

카탕가(분리주의 운동) 85

카트코프, 미하일Katkov, Mikhail 356, 366, 478

카프리비, 레오 폰Caprivi, Leo von(독일 수상)
    582, 697, 781-2

칸크린, 게오르크Kankrin, Georg 357

칸트, 이마누엘Kant, Immanuel 65, 74, 292, 335

칼라브리아(이탈리아) 141, 145

칼라일, 토머스Carlyle, Thomas
    「시대의 징후Signs of the Times」(1829) 36

칼리셔, 히르쉬Kalischer, Hirsch 106

칼뱅, 장Calvin, John 625

칼뱅주의(칼뱅교) 627-8

캐나다 98, 103

캘리포니아 169

캘리포니아 169, 411

커닝엄 신부, 윌리엄Revd Cunningham,
    William 336-7

커즌 경Curzon, Lord 684, 730
    『페르시아와 페르시아 문제Persia and
    the Persian Question』(1892) 453-4

커피 63, 241

『컨템포러리리뷰The Contemporary Review』
    337

케냐: 마우마우 반란(1952~60) 715

케네, 프랑수아Quesnay, François
    『경제표Tableau économique』(1766) 287

케네디, 존 F. Kennedy, John F. 428

케보르키앙, 레몽Kévorkian, Raymond 496

케이 박사, 제임스 필립스Kay, Dr James
    Phillips 130

케인스, 존 메이너드Keynes, John Maynard
    176, 389

케텔러(마인츠 주교), 빌헬름 엠마누엘 폰
    Ketteler, Wilhelm Emmanuel von 636

켈로그, 존 하비Kellogg, John Harvey 139

코레아, 라파엘Correa, Raffael 822

코르시카 75, 95

코르테스, 후안 도노소Cortés, Juan Donoso 37

『코리에레델라세라(Corriere della Sera. 저녁

통신)』 621

코브던, 리처드Cobden, Richard 267, 305, 721

코빈, 제러미Corbyn, Jeremy 826

코빗, 윌리엄Cobbett, William 144

코슈트 러요시Kossuth Lajos 489

코스타, 안드레아Costa, Andrea 703

코카콜라 139, 695

코콥초프, 블라디미르Kokovtsov, Vladimir 300

코흐, 로베르트Koch, Robert 166, 167

콘스탄티노플(이스탄불) 122

콜럼, 존Colomb, John(영국 하원의원) 488

콜리니, 스테판Collini, Stefan 340

콜리지, 새뮤얼 테일러Coleridge, Samuel
    Taylor 724

콜베르, 장-바티스트Colbert, Jean-Baptiste
    275, 291, 709-10, 789

콩고 85, 692-3

콩도르세 후작Condorcet, Marquis de 65, 568

콩스탕, 뱅자맹Constant, Benjamin 528

콩트, 오귀스트Comte, Auguste 266

쾨니히스바르터 남작, 막시밀리앙König-
    swarter, Maximilien 495

쾨슬러, 아서Koestler, Arthur 482

쿠겔만, 루트비히Kugelmann, Ludwig 186

쿠르치, 카를로 마리아Curci, Carlo Maria 641

쿠바 822

쿠빌라이 칸Kublai Khan 104, 189

쿠자, 알렉산드루Cuza, Alexandru 787

쿨리쇼프, 안나Kuliscioff, Anna 516

쿨리지, 아치볼드Coolidge, Archibald 501

퀘이커(교) 49, 630-1, 657

퀘이커오츠 555

퀼리치, 넬로Quilici, Nello 274

크라우스, 카를Kraus, Karl 271

크라우추크, 레오니드Kravchuk, Leonid 80

크라우치, 콜린Crouch, Colin 819

크레디리요네Crédit Lyonnais 495

크레미외, 아돌프Crémieux, Adolphe 748

크레타 451

크로넨베르크, 레오폴트Kronenberg, Leop-
    old 480

크로머 경Cromer, Lord 187, 456-7, 744

크로스, 게리Cross, Gary 601

크로스비, 앨프리드Crosby, Alfred 169

크로아티아 136-7

크롬웰, 토머스Cromwell, Thomas 64

크루그먼, 폴Krugman, Paul 825

크루프, 알프레트Krupp, Alfred 306

크루프Krupp 524

크리스톨, 어빙Kristol, Irving 382

크리스피, 프란체스코Crispi, Francesco(이탈
    리아 수상) 272, 513, 514-5

크림 전쟁(1853~6) 228

크세노폴, 알렉산드루 디미트리에Xenopol,
    Alexandru Dimitrie 232, 787

클래런던 경Clarendon, Lord 156

클레, 파울
    〈새로운 천사Angelus Novus〉 237-9

클레망소, 조르주Clemenceau, George 570,
    747, 750

클리블랜드, 그로버Cleveland, Grover(미국
    대통령) 393, 405, 547, 709

클린턴, 빌Clinton, Bill(미국 대통령) 821

키르도르프, 에밀Kirdorf, Emil 615

키르치네르, 네스토르Kirchner, Néstor 822

키르치네르, 크리스티나Kirchner, Cristina 822

키플링, 러디어드Kipling, Rudyard 735

　　「백인의 짐The White Man's Burden」

　　　(1899) 707

　　「섬나라 사람들The Islanders」(1902)

　　　585-6

킨들버거, 찰스Kindleberger, Charles 322, 768

킹, 마틴 루서King, Martin Luther 657

킹즐리, 찰스Kingsley, Charles 642

　　『앨턴 로크Alton Locke』(1850) 602

【 ㅌ 】

타스카-란차, 주세페Tasca-Lanza, Giuseppe

　　590

탄자니아(탕가니카) 83, 85, 690,

탈레랑, 샤를-모리스 드Talleyrand,

　　Charles-Maurice de 679

탈산업화 667-8, 833

탈식민화 104, 713-4

태국 281, 447, 678, 683, 799

태즈메이니아 691

태평양전쟁(1879~83) 101

태평천국의 난(1850~64) 105, 197, 8, 208,

　　219, 301, 305

태평천국의 난(1850~64) 197, 301

태프트, 윌리엄 하워드Taft, William How-

　　ard(미국 대통령) 563

터너, 냇Turner, Nat 657

터너, 프레더릭 잭슨Turner, Frederick Jack-

　　son 97, 390, 410

터브먼, 해리엇Tubman, Harriet 657

터키(투르크) 87, 91, 229, 450-2, 496, 821-2

　　케말혁명(1923) 450

테노치티틀란(멕시코시티) 122

테니슨, 앨프리드Tennyson, Alfred 743

테니얼, 존Tenniel, John 32

테메르, 미셰우Temer, Michel 823

테살로니키 450-1

테일러, 해리엇Taylor, Harriet 520

텍사스 병합 666

텍사스민족주의운동Texas Nationalist

　　Movement 97

텐, 이폴리트Taine, Hippolyte 129, 531

톈진조약(1858) 196

토니, R. H. Tawney, R. H.

　　『종교와 자본주의의 발흥Religion and

　　the Rise of Capitalism』(1926) 627

　　『취득적 사회The Acquisitive Society』

　　　(1920) 551

토마시 마사리크Tomáš Masaryk 271

토인비, 아널드Toynbee, Arnold

　　『역사의 연구A Study of History』

　　　(1934~61) 806

토지국유화협회Land Nationalization Society

　　585

토케-고드 사건(프랑스령 콩고) 726-7

토크빌, 알렉시 드Tocqueville, Alexis de 43,

　　145, 387, 390-1, 529, 568, 665-7, 757, 816

〈토탈 리콜Total Recall〉(1990) 813

톨리아티, 팔미로Togliatti, Palmiro 620

톨스토이 백작, 드미트리Tolstoy, Count

　　Dmitry 356

톨스토이, 레프Tolstoy, Leo 344

톨스토이, 소피아 안드레예브나Tolstoy, Sofia Andreevna 361

톰슨, 제임스Thomson, James
「지배하라 브리타니아Rule Britannia」 (1740) 303, 765

투라티, 필리포Turati, Filipp 516

투르게네프, 이반Turgenev, Ivan
『아버지와 아들Fathers and Sons』 (1862) 464
『연기Dym』(1867) 349

투생 르베르튀르Toussaint Louverture 688

튀니지 104, 675-6, 736, 753, 758, 797, 821

트라이치케, 하인리히 폰Treitschke, Heinrich von 160, 493, 532, 697

트럼프, 도널드Trump, Donald 656, 826

트레데가(사우스웨일스) 488

트레포프, 표도르Trepov, Fyodor 467

트렌트먼, 프랭크Trentmann, Frank 729, 783

트로츠키, 레온Trotsky, Leon 474

트로타, 로타르 폰Trotha, Lothar von 691

트롤럽, 앤서니Trollope, Anthony 388, 810

트리스탕, 플로라Tristan, Flora 143

트리쿠피스, 하릴라오스Trikoupis, Charilaos 246

트웨인, 마크Twain, Mark 709
『도금시대The Gilded Age』(1873, 찰스 더들리 워너와 공저) 396

티르피츠, 알프레트 폰Tirpitz, Alfred von 697

티무르(타메를란/태멀레인) 80

티베트 245, 681, 684

티에르, 아돌프Thiers, Adolphe 296

티에스, 안-마리Thiesse, Anne-Marie 419

티푸 술탄Tipu Sultan 688

【 ㅍ 】

파라과이 101
1904년 혁명 808

파레토, 빌프레도Pareto, Wilfredo 421

파리 64, 103, 116
르봉마르셰Le Bon Marché 백화점 555

파리증권거래소 324

파리코뮌(1871) 597

파머스턴 경Palmerston, Lord 210, 284, 294, 540

파스퇴르, 루이Pasteur, Louis 167

파시, 프레데리크Passy, Frédéric 750

파운드, 에즈라Pount, Ezra 388

파이니의회위원회Faini Parliamentary Commission(이탈리아, 1907~10) 114

파인스타인, 찰스Feinstein, Charles 833

파크스, 에드먼드 A. Parkes, Edmund A. 164

팔레스타인 482

『팔말가제트Pall Mall Gazette』 268, 313-4, 488

패튼, 사이먼Patten, Simon 139, 552

팽크허스트, 에멀린Pankhurst, Emmeline 520,

퍼거슨, 니얼Ferguson, Niall 676, 731

퍼거슨, 애덤Ferguson, Adam 721

『펀치Punch』 32, 745-6

페기, 샤를Péguy, Charles 387, 753

페닌, 알렉산드르Fenin, Aleksandr 361

페루 63, 103

페르시아 186, 451, 453, 454, 684, 724, 808, 809

페리 제독, 매슈Perry, Commodore Matthew 214, 216

페리, 엔리코Ferri, Enrico 266

페리, 쥘Ferry, Jules 324, 570, 571, 789

페이비언협회Fabian Society 271, 585

페이스북 834

페인, 토머스(톰)Paine, Thomas 295

　　『상식Common Sense』(1776) 264

　　『인간의 권리The Rights of Man』(1792) 567

페키오, 주세페Pecchio, Giuseppe 328

펠저(사우스캐롤라이나) 613

포겔, 로버트Fogel, Robert 381

포너, 에릭Foner, Eric 383

포드, 헨리Ford, Henry 408-9, 554

포드자동차 411, 554, 834

포르탈레스, 디에고Portales, Diego 457

포르투갈 93, 316-7, 695, 703-5

　　1910년 혁명 447, 808

포르투나토, 주스티노Fortunato, Giustino 272

포베도노스체프, 콘스탄틴Pobedonostsev, Konstantin 465-7, 481, 599

포셋, 밀리센트Fawcett, Millicent 744

포천, 로버트Fortune, Robert 179

포터, 데이비드 M. Potter, David M. 556, 557

포터, 버나드Porter, Bernard 736

포터, 에드먼드Potter, Edmund 668

포티에, 외젠Pottier, Eugène

　　「인터내셔널가Internationale」 434

폴라니, 칼Polanyi, Karl 319

폴란드 26, 75, 76-7, 91, 418, 425, 430-1, 486-7, 642

폴랴코프, 사무엘Polyakov, Samuel 480

폴리사리오Polisario 운동(서사하라) 85

표트르 대제Pter the Great(러시아 차르) 186, 290, 347, 354, 357, 373, 626

푸리에, 샤를Fourier, Charles 493

푸시킨, 알렉산드르Pushkin, Alexander 160, 211, 261, 343, 468

푸이(溥儀, Puyi) 208-9

푸자스 드 생-퐁, 바르텔레미Faujas de Saint-Fond, Barthélemy 148-9, 327

풀먼, 조지Pullman, George 405, 614

풍계분(馮桂芬, Feng Guifen) 201, 204

프란츠 1세Francis I(오스트리아 황제, 신성로마제국의 황제 프란츠 2세) 92-3

프란츠 요제프Franz Joseph(오스트리아 황제) 281, 489, 651

프란치스코Francis, Pope(교황) 815

프랑스 동인도회사Compagnie française des Indes orientales 709-10

프랑스 제국 747-60

　　마다가스카르 749, 754-6

　　모로코 752

　　베트남 716, 747, 754, 756-7

　　알제리 663-5

　　인도차이나 683, 715, 716, 754

　　튀니지 675-6, 758-9

　　프랑스령 콩고 725-6

프랑스아프리카위원회Comité de l'Afrique Française 754

프랑스-프로이센 전쟁(1870) 576, 753

프랑스혁명 528

프랭클린, 벤저민Franklin, Benjamin 382, 387

프레르-오르방, 발테르Frère-Orban, Walthère 277

프레이시네, 샤를 드Freycinet, Charles de 747
프레이시네 계획 279

프로이센 425, 429, 434-6
융커 374-5, 581-2, 781, 783

프로이센 425, 436

프로테스탄티즘 492, 629, 635

프로테스탄티즘 49, 283, 627

프록터앤갬블Procter and Gamble 139

프뢸릭, 존Froelich, John 235

프뢰벨, 율리우스Fröbel, Julius 413

프루동, 피에르-조제프Proudhon, Pierre-Joseph 493

프리드먼, 밀턴Friedman, Milton 477

프리치, 테오도어Fritsch, Theodor 493

프릭, 헨리 클레이Frick, Henry Clay 615

플라톤
『국가』 422, 811

플랑드르 17

플레베, 뱌체슬라프 폰Plehve, Vyacheslav von 465, 469

플레처, C. R. L. Fletcher, C. R. L. 735

플레하노프, 게오르기Plekhanov, Georgi
『우리의 차이Our Differences』(1885) 373

플로베르, 귀스타브Flaubert, Gustave 211, 531

피렌체
치옴피의 난tumulto dei Ciompi 17-8

피츠버그 캠브리아제철Cambria Iron Works 393

피츠제럴드, F. 스콧Fitzgerald, F. Scott 719

피카베아, 리카르도 마시아스Picavea, Ricardo Macías
『민족문제: 사실, 원인, 해법El problema nacional. Hechos, causas y remedios』(1899) 462

피케티, 토마Piketty, Thomas 177, 776

피코, 조르주Picot, Georges
『노동자의 상태를 개선하는 법Les Moyens d'améliorer la condition de l'ouvrier』(1891) 603

피털루 학살Peterloo Massacre 533

피트, 윌리엄(아들) 263, 284

피히테, 요한 고틀리프Fichte, Johann Gottlieb 231

핀란드 92, 465
농민동맹Maalaisliitto 644

필록세라(진드기) 776

필리핀 454, 462, 680, 683, 690, 695, 706-9

필린, 에드워드Filene, Edward 554

핑커턴, 앨런Pinkerton, Allan 385

핑커턴전국탐정사무소Pinkerton National Detective Agency 385-6

【 ㅎ 】

하디, 키어Hardie, Keir 643

하레트, 스피루Haret, Spiru 239

하살 박사, 아서 힐Hassall, Dr Arthur Hill 158

하와이 97, 706

하우스라트, 아돌프Hausrath, Adolf 160

하월, 조지Howell, George(영국 하원의원) 601

하이에크, 프리드리히Hayek, Friedrich 278
『치명적 자만The Fatal Conceit』(1988) 803

하인즈Heinz 139

하진(何震, He Zhen) 188

하츠, 루이스Hartz, Louis 386

하크니스, 마거릿Harkness, Margaret 133

　『실직Out of Work』(1888) 507

　『암흑의 런던에서In Darkest London』

　　(1889) 133

하트, 로버트Hart, Robert 192, 200

『하퍼스먼슬리Harper's Monthly』 224

학스트하우젠, 아우구스트 폰Haxthausen,

　　August von 348

한국 197, 202, 225, 678, 681, 685-7

한국 217, 254, 281, 332, 558, 678, 681,

　　685-7, 833

함부르크 166

함브로 남작, 카를 요아킴Hambro, Baron

　　Carl Joachim 149

핫토리 시소(服部之総, Hattori Shiso) 222

항저우(항주) 122

항해조례Navigation Acts(1849년 폐지) 790

해리먼, E. H. Harriman, E. H. 399

해리스, 리Harris, Lee

　　『부랑자The Man Who Tramps』(1878) 603

해리슨, 오스틴Harrison, Austin 311

해밀턴 경Hamilton, Lord 730

해밀턴, 알렉산더Hamilton, Alexander 382, 793

　　『제조업에 관한 보고서Report on Man-

　　ufactures』(1791) 793

해브마이어, 헨리 O. Havemeyer, Henry O. 399

해외투자 730-1, 753-4, 767-8

『햄프셔크로니클Hampshire Chronicle』 135-6

허스트, 윌리엄 랜돌프Hearst, William

　　Randolph 406

허시먼, 앨버트Hirschman, Albert

　　『정념과 이해관계The Passions and the

　　Interests』(1977) 390

허시푸드Hershey Food 411

헝가리

　　사회과학협회Society for the Social

　　Sciences 272

헤겔, G. W. F. 190, 210, 231, 387, 505, 724

헤네시, 데이비드Hennessey, David 502

헤딘, 아돌프Hedin, Adolf 579

헤르더, 요한 고트프리트Herder, Johann

　　Gottfried 348

헤르츨, 테오도어Herzl, Theodor 106-7

　　『유대 국가Der Juden-staat』(1896) 423

헤이마켓 '학살'Haymarket 'Massacre'(1886)

　　513, 561

헤이스팅스, 워런Hastings, Warren 710

헨리 8세Henry Ⅷ(영국 왕) 290

헨트(플랑드르) 17

혁신주의 시대Progressive Era(대략

　　1890~1920) 406, 565

호먀코프, 알렉세이Khomyakov, Aleksey 347

호메이니, 아야톨라 루홀라Khomeini, Aya-

　　tollah Ruhollah 230

호사족Xhosa 688

호세프, 지우마Rousseff, Dilma 823

호엔로에-랑엔부르크 대공Hohenlohe-Lan-

　　genburg, Prince 681

호프&Co Hope&Co 495

호프스태터, 리처드Hofstadter, Richard 386

홀, J. C. Hall, J. C. 145

홈스 2세, 올리버 웬들Holmes, Oliver Wendell, Jr 289

홉스봄, 에릭Hobsbawm, Eric 302, 659

홉슨, J. A. Hobson, J. A. 442, 494, 687

홍수전洪秀全 208

홍수전洪秀全 208

홍콩 678, 833

화이트, 린다White, Linda 132

화이트, 아널드White, Arnold
　『현대의 유대인The Modern Jew』(1899)
　488

황하 197

후쿠자와 유키치(福沢諭吉, Fukuzawa Yukichi) 218-9, 222, 545, 685

휘트먼, 월트Whitman, Walt 379, 393-5
　『풀잎Leaves of Grass』(1888) 51

휴스, 휴 프라이스Hughes, Hugh Price
　『메소디스트타임스Methodist Times』 630

흄, 데이비드Hume, David 212, 262

흐루쇼프, 니키타Khrushchev, Nikita 829-30

히르쉬, 모리스 폰Hirsch, Maurice von 488

힌두교 626, 628

힌두교도 628, 711

힐퍼딩, 루돌프Hilferding, Rudolf 687, 767

불안한 승리
자본주의의 세계사, 1860~1914

2020년 11월 26일 초판 1쇄 찍음
2020년 12월 10일 초판 1쇄 펴냄

지은이 도널드 서순
옮긴이 유강은

펴낸이 정종주
편집주간 박윤선
편집 강민우 김재영
마케팅 김창덕

펴낸곳 도서출판 뿌리와이파리
등록번호 제10-2201호(2001년 8월 21일)
주소 서울시 마포구 월드컵로 128-4 2층
전화 02)324-2142~3
전송 02)324-2150
전자우편 puripari@hanmail.net

디자인 씨디자인 조혁준+기경란
종이 화인페이퍼
인쇄 및 제본 영신사
라미네이팅 금성산업

값 55,000원
ISBN 978-89-6462-151-6 (03900)

이 도서의 국립중앙도서관 출판예정도서목록(CIP)은 서지정보유통지원시스템 홈페이지(http://seoji.nl.go.kr)와 국가자료공동목록시스템(http://www.nl.go.kr/kolisnet)에서 이용하실 수 있습니다.(CIP 제어번호: CIP2020049949)